Erfurter Reihe zum Arbeitsrecht

herausgegeben von
Hans-Jürgen Dörner und Friedrich Hauck

Arbeitsrechtlicher Diskriminierungsschutz

Das Allgemeine Gleichbehandlungsgesetz und andere arbeitsrechtliche Benachteiligungsverbote

von

Professor Dr. Gregor Thüsing LL.M. (Harvard)
Direktor des Instituts für Arbeitsrecht und Recht der Sozialen Sicherheit
Rheinische Friedrich-Wilhelms-Universität Bonn

2., neu bearbeitete Auflage

Verlag C. H. Beck München 2013

www.beck.de

ISBN 978 3 406 65116 8

© 2013 Verlag C. H. Beck oHG
Wilhelmstraße 9, 80801 München
Druck und Bindung: Nomos Verlagsgesellschaft
In den Lissen 12, 76547 Sinzheim

Satz: ottomedien, 64295 Darmstadt

Gedruckt auf säurefreiem, alterungsbeständigem Papier
(hergestellt aus chlorfrei gebleichtem Zellstoff)

Vorwort der Herausgeber

Bereits wenige Tage nach Verabschiedung des Allgemeinen Gleichbehandlungsgesetzes (AGG) im August 2006 schloss Gregor Thüsing sein Manuskript für einen Leitfaden zum neuen Gesetz und zu anderen arbeitsrechtlichen Benachteiligungsverboten ab. Er legte noch Ende des Jahres ein vielbeachtetes Grundwerk vor, das den Rechtsanwendern nicht nur eine erste Hilfe bei der Bewältigung der verstärkt in der Praxis auftauchenden Rechtsfragen war, sondern auch ein zuverlässiger Ratgeber auch bei der Lösung besonders schwieriger Probleme wurde. Schon in dieser ersten Darstellung war die vom Verfasser gewählte Bezeichnung als Leitfaden eine Untertreibung. Vielmehr handelte es sich schon 2006 um eine umfangreiche systematische Darstellung des Arbeitsrechtlichen Diskriminierungsschutzes nicht nur in Deutschland. Nunmehr liegt die 2. Auflage des Werks vor, das Aufnahme in die Erfurter Reihe zum Arbeitsrecht gefunden hat, in der die Rechtsfragen zu den verschiedenen Gebieten des Arbeitsrechts vorrangig in ihrem systematischen Zusammenhang und nicht nur nach den Tatbestandsmerkmalen eines Gesetzes abgehandelt werden.

Der Verfasser hat den Aufbau seines Werkes gegenüber der 1. Auflage nicht verändert. In einem ersten Teil widmet er sich dem AGG. Schwerpunkte dieses Abschnitts bilden nach der Darstellung der Diskriminierungstatbestände die Rechtsfragen zu den Formen der Benachteiligung, zu den Rechtfertigungen einer Benachteiligung und zu den Rechtsfolgen. Ein besonders wichtiger Schlussabschnitt befasst sich mit den Schwerpunkten in der Praxis. Im zweiten Teil beschreibt der Verfasser die arbeitsrechtlichen Benachteiligungsverbote außerhalb des AGG wie die nach dem TzBfG, dem AÜG, Art. 9 Abs. 3 GG und nach dem arbeitsrechtlichen Gleichbehandlungsgrundsatz. In allen Abschnitten beider Teile hat der Verfasser die Entwicklung der letzten sechs Jahre in Rechtsprechung und Wissenschaft umfangreich eingearbeitet. Im dritten Teil finden sich die für das Verständnis des Diskriminierungsschutzes unverzichtbaren Richtlinien der EU.

Die Herausgeber der Erfurter Reihe zum Arbeitsrecht freuen sich, ein weiteres bedeutsames Werk in der von ihnen betreuten Sammlung systematischer arbeitsrechtlicher Darstellungen präsentieren zu können. Sie sind sicher, dass das Buch unverändert seinen Benutzern wertvolle Hilfe in der Praxis leisten wird.

Erfurt, im Februar 2013   Die Herausgeber

Vorwort

Seit der Antike gehört das Gleichheitsprinzip zu den fundamentalen Vorstellungen jeder Rechtskultur. Gleichheit und Gerechtigkeit scheinen untrennbar verbunden, sie bedingen und bewirken einander: „Das Gleichheitsprinzip ist die abstrakteste Präferenz des Rechtsystems, das letzte Kriterium für die Zuteilung von Streitfällen auf Recht und Unrecht. Sie nimmt in dieser Funktion auch den ‚Namen Gerechtigkeit' an" formulierte es *Niklas Luhmann* beispielhaft in seinem Versuch über „Das Recht der Gesellschaft". Eben dies mag der Grund sein, warum der Diskriminierungsschutz auch im deutschen Arbeitsrecht schon seit vielen Jahren fest etabliert ist und im Zivilrecht sich langsam zu etablieren beginnt. Auch diejenigen, die wissen, dass die Vertragsfreiheit ein hohes Gut ist, in das leichtfertig weder Gesetzgeber noch Richter eingreifen dürfen, und auch diejenigen, die zur Wahrung größtmöglicher Flexibilität und Beschäftigung einen weitgehend ungeregelten Arbeitsmarkt befürworten, können sich darauf verständigen, dass es ungerechtfertigte Zurücksetzungen und Ausgrenzungen einzelner Bevölkerungs- und Arbeitnehmergruppen nicht geben darf.

Götz Hueck stellte bereits 1958 im Vorwort seiner Habilitationsschrift „Der Grundsatz der gleichmäßigen Behandlung im Privatrecht" fest, dass „eine große Zahl von Entscheidungen und sonstigen Veröffentlichungen zeigt, dass der Grundsatz der gleichmäßigen Behandlung ... immer größere Bedeutung gewinnt" – insbesondere „auch im Arbeitsrecht". Mehr als ein halbes Jahrhundert später scheint mir dies so richtig wie damals. Anderes hat sich freilich geändert: Damals konnte der Autor noch das Diskriminierungsverbot wegen des Geschlechts ausnehmen, spätestens mit dem Inkrafttreten des AGG bilden die besonderen Diskriminierungsverbote jedoch ein ebenbürtiges Pendant zum allgemeinen arbeitsrechtlichen Gleichbehandlungsgrundsatz. Der Schutz vor Diskriminierungen ist nach und nach weiter fortgeschritten, und das vorliegende Gesetz bildet einen wichtigen Meilenstein, sicherlich aber nicht den Schlusspunkt dieser Entwicklung. Im Ausland ist man weiter: *„Employment discrimination is probably the most important component of employment law"* heißt es im ersten Kapitel des meines Erachtens besten *case book* dieser Materie in den USA (*Zimmer/Sullivan/White*, Employment Discrimination, 6. Aufl., 2003). Für Deutschland wird dies aus vielerlei Gründen nicht der Fall sein, denn bei uns ist das Arbeitsrecht sehr viel dichter. Die Entwicklung seit Inkrafttreten des AGG hat dies gezeigt. Doch auch die hiesigen Gerichte haben das Anliegen des Gesetzgebers weitergetragen und es in ihren Judikaten zu Regeln für die Praxis verdichtet. Hierbei soll dieses Buch weiterhin Hilfe sein. Die erste Auflage ist freundlich aufgenommen worden und dies hat eine zweite Auflage möglich gemacht. Rechtsprechung und Literatur sind bis Februar 2013 berücksichtigt; vereinzelt konnten noch spätere Stellungnahmen in den Fahnen nachgetragen werden.

In Dankbarkeit und Verbundenheit gewidmet ist das Buch weiterhin denjenigen, von denen ich das Handwerkszeug im Diskriminierungsrecht gelernt habe: Zuerst und vor allem meinem verehrten akademischen Lehrer *Herbert Wiede-*

mann, aber auch dem Gedenken an meinen Lehrer an der Harvard Law School, *David Westfall,* der mir die Freude an der Rechtsvergleichung im Arbeitsrecht vorgemacht hat.

Bonn, im Februar 2013 *Gregor Thüsing*

Inhaltsübersicht

Teil 1: Die arbeitsrechtlichen Vorschriften des Allgemeinen Gleichbehandlungsgesetzes – AGG

	Rnr.
A. Einleitung	1
B. Sachlicher und persönlicher Anwendungsbereich	91
C. Ziel des Gesetzes und verbotene Benachteiligungsgründe	145
D. Formen der Benachteiligung	226
E. Rechtfertigung einer Benachteiligung	313
F. Rechtsfolgen	492
G. Rechte des Betriebsrats und der Gewerkschaft	619
H. Beweislast	654
J. Praxisschwerpunkte	677

Teil 2: Arbeitsrechtliche Benachteiligungsverbote außerhalb des AGG

K. Verbot der Benachteiligung wegen Teilzeit und Befristung gemäß § 4 Abs. 1 und 2 TzBfG	738
L. *Equal pay* und *Equal treatment* bei Leiharbeit – Gleichbehandlungspflicht nach dem AÜG	832
M. Verbot der Benachteiligung wegen der Gewerkschaftsmitgliedschaft Art. 9 Abs. 3 GG	899
N. Allgemeiner arbeitsrechtlicher Gleichbehandlungsgrundsatz	926

Teil 3: Anhang

	Seite
Richtlinie 2006/54/EG	453
Richtlinie 2000/43/EG	469
Richtlinie 2000/78/EG	476
Sachverzeichnis	487

Inhaltsverzeichnis

Teil 1: Die arbeitsrechtlichen Vorschriften des Allgemeinen
Gleichbehandlungsgesetzes – AGG

	Rnr.
A. Einleitung	1
I. Entstehung des Gesetzes	1
1. Entwicklung des Diskriminierungsschutzes im Zivilrecht	2
2. Entwicklung des Diskriminierungsschutzes im Arbeitsrecht	6
a) Nationale Entwicklung	6
b) Internationale Entwicklung	8
c) Europäische Entwicklung	11
3. Die Umsetzung der Richtlinien 2000/78/EG, 2000/43/EG und 2002/73/EG	14
a) Die europarechtlichen Vorgaben	15
b) Die deutsche Umsetzung	19
c) Notwendigkeit einer Umsetzung	22
d) Umsetzung in anderen europäischen Ländern.	24
e) Umsetzungsdefizite	35
II. Konsequenzen europarechtlicher Vorgaben	36
1. Unmittelbar horizontale Drittwirkung gegenüber staatlichen Arbeitgebern	37
2. Europarechtskonforme Auslegung von Generalklauseln	41
3. Gültigkeit europarechtswidrigen Rechts – Schadensersatzpflicht	42
4. Konsequenzen unvollkommener Umsetzung	44
III. Diskriminierungsschutz und Verfassungsrecht	48
IV. Diskriminierungsschutz und Effizienz	49
1. Gründe der Diskriminierung	50
2. Effiziente Märkte und Anti-Diskriminierungsgesetzgebung	55
V. Flankierende Gesetzesänderungen anlässlich der Verabschiedung des AGG	61
VI. Bedeutung des Diskriminierungsschutzes für die Entwicklung des Arbeitsrechts	72
1. Nationales Recht	72
2. Europarecht	77
VII. Internationale Geltung	81
VIII. Unabdingbarkeit	86
B. Sachlicher und persönlicher Anwendungsbereich	91
I. Systematik des Gesetzes	91
II. Sachlicher Geltungsbereich	94
1. Bedingungen für den Zugang zu unselbstständiger und selbstständiger Erwerbstätigkeit	94

	Rnr.
2. Beschäftigungs- und Arbeitsbedingungen einschließlich Arbeitsentgelt und Entlassungsbedingungen	100
3. Berufsbildung	102
4. Mitgliedschaft in berufsbezogenen Organisationen	104
5. Ausschluss von Kündigungen gemäß § 2 Abs. 4 AGG	105
a) Genese des Ausschlusses	105
b) Europarechtskonformität des Ausschlusses	108
aa) Unterschiede KSchG/AGG: Tatbestand	109
bb) Unterschiede KSchG/AGG: Beweislast	113
cc) Unterschiede KSchG/AGG: Sanktionen	114
dd) Fazit	115
c) Konsequenzen	116
6. Kein Ausschluss der betrieblichen Altersversorgung gemäß § 2 Abs. 2 S. 2 AGG	119
III. Personeller Geltungsbereich	120
1. Erweiterung über das Arbeitsrecht hinaus	120
2. Die einzelnen Gruppen	121
a) Arbeitnehmer	122
b) Zur Berufsbildung Beschäftigte	125
c) Arbeitnehmerähnliche Personen und Heimarbeiter	126
d) Personen im öffentlich-rechtlichen Dienstverhältnis	128
aa) Beamte	129
bb) Richter	131
cc) Soldaten	132
e) Selbstständige und Organmitglieder	134
IV. Zeitlicher Geltungsbereich	135
V. Definition des Arbeitgebers	136
1. Leiharbeit	137
2. Heimarbeit	142
3. Kleine und mittlere Unternehmen	143
VI. Konkurrenzen	144
C. Ziel des Gesetzes und verbotene Benachteiligungsgründe	145
I. Gesetzgeberisches Ziel als Maßstab der Auslegung	145
II. Ziele des Diskriminierungsschutzes	147
1. Allgemeiner Gleichbehandlungsgrundsatz und besondere Diskriminierungsverbote	148
2. Formale Gleichbehandlung und tatsächliche Gleichbehandlung	153
3. Andere Institute des Arbeitsrechts im Dienst des Diskriminierungsschutzes	156
a) Art. 33 Abs. 2 GG	157
b) § 75 Abs. 1 BetrVG / § 27 Abs. 1 SprAuG / § 67 Abs. 1 BPersVG	160
c) § 4 Abs. 1 und 2 TzBfG / *Equal Pay*-Gebot der §§ 3 Abs. 1 Nr. 1, 9 Nr. 2, 10 Abs. 4 AÜG	165
d) §§ 19 ff. GenDG	166
e) § 106 GewO	167

Inhaltsverzeichnis

	Rnr.
aa) Schutz vor religiösen Konflikten und Gewissenskonflikten	168
bb) Rücksicht auf Behinderung	173
f) § 32 BDSG – Datenschutz als Diskriminierungsschutz	175
III. Die einzelnen Diskriminierungsmerkmale	176
1. Rasse und ethnische Zugehörigkeit	177
2. Geschlecht	182
3. Religion	184
a) Ansätze in deutscher und europäischer Rechtsprechung	185
b) Indizien einer Religion	187
c) Nicht erfasste Unterscheidungen	193
4. Weltanschauung	194
5. Behinderung	200
a) Keine Beschränkung auf schwerbehinderte Menschen	201
b) § 2 Abs. 1 S. 1 SGB IX als Anknüpfungspunkt	204
c) Einzelfälle	206
6. Alter	210
7. Sexuelle Identität	212
IV. Analogiefähigkeit der Regelungen des AGG	217
1. Diskriminierungen wegen politischer Ansichten	218
2. Diskriminierung wegen der Staatsangehörigkeit	224
3. Diskriminierung wegen Krankheit	225
4. Diskriminierung wegen sonstiger Gründe	225a
D. Formen der Benachteiligung	226
I. Allgemeines – Begriff der Benachteiligung	226
II. Unmittelbare Benachteiligung	230
1. Benachteiligungsgefahr als Benachteiligung?	231
2. Allgemeine Äußerungen des Arbeitgebers	234
3. Mit einem unerlaubten Benachteiligungsgrund in Zusammenhang stehendes Merkmal	235
a) Verdeckte Diskriminierung	236
b) Benachteiligung von Teilgruppen	237
c) Benachteiligung wegen der Schwangerschaft	239
aa) Unterscheidung nach der Schwangerschaft als unmittelbare Benachteiligung wegen des Geschlechts	240
bb) Entwicklung der Rechtsprechung	241
cc) Verbleibende Fälle zulässiger Differenzierung	242
dd) Konsequenzen	245
III. Mittelbare Benachteiligung	246
1. Struktur	246
2. Definition	248
3. Vergleichsrahmen	255
4. Rechtfertigung	258
5. Gefahr der Benachteiligung als Benachteiligung	261
6. Einzelfälle	262
a) Geschlecht	262

	Rnr.
b) Alter	265
c) Behinderung	268
d) Religion	270
e) Rasse und ethnische Zugehörigkeit	271
IV. Belästigung	272
1. Belästigung und sexuelle Belästigung als Benachteiligung	272
2. Begriff der Belästigung	276
3. Erfordernis feindlicher Umfeldprägung	279
4. Mittelbar und drittbezogene benachteiligende Belästigung	283
V. Sexuelle Belästigung	284
1. Begriff	284
2. Abgrenzung zur geschlechtsbezogenen Belästigung nach § 3 Abs. 3 AGG	286
3. Einzelfälle	287
a) Strafrechtlich relevantes Verhalten (entsprechend ehemaligem § 2 Abs. 2 Satz 2 Nr. 1 BeschSchG)	288
b) Sonstiges Verhalten mit sexuellem Bezug (entsprechend ehemaligem § 2 Abs. 2 Satz 2 Nr. 2 BeschSchG)	289
VI. Anweisung zur Benachteiligung als Benachteiligung	293
1. Konzeptionelle Rechtfertigung	294
2. Fälle der Anweisung	297
3. Fehlende Ausführung durch den Angewiesenen	302
4. Haftung des Angewiesenen und des Hilfeleistenden	303
VII. Benachteiligung aus mehreren Gründen	306
1. Unmittelbare Benachteiligung	308
2. Mittelbare Benachteiligung	309
3. Belästigung	310
4. Positive Maßnahmen als Rechtfertigung einer Benachteiligung aus anderen Gründen	311
5. Rechtsfolgen	312
E. Rechtfertigung einer Benachteiligung	313
I. Maßstab der Rechtfertigung bei den unterschiedlichen Formen der Benachteiligung	313
II. Rechtfertigung unmittelbarer Benachteiligung nach § 8 Abs. 1 AGG	316
1. Einheitlicher Maßstab	316
2. Wesentliche und entscheidende berufliche Anforderungen	317
a) Dogmatische Einordnung der beruflichen Anforderungen	318
b) Begriffliche Voraussetzungen	321
3. Konkretisierung durch Gruppenbildung	323
a) Wesentliche und entscheidende berufliche Anforderung im engeren Sinne	324
b) Wesentliche und entscheidende berufliche Anforderung im weiteren Sinne	326
c) Tendenzschutz als wesentliche und entscheidende Anforderung	334
4. Einzelfälle	335

	Rnr.
a) Rasse und ethnische Herkunft	335
b) Geschlecht	337
c) Alter	340
d) Religion	343
e) Sexuelle Identität	346
f) Behinderung	352

5. Maßstab für Merkmale, die im Zusammenhang mit einem in § 1 AGG genannten Grund stehen ... 354
III. Rechtfertigung nach § 8 Abs. 2 AGG – Vereinbarung einer geringeren Vergütung für gleiche oder gleichwertige Arbeit ... 355
  1. Reichweite und Herkommen ... 355
  2. Kein Grundsatz „Gleiches Geld für gleiche oder gleichwertige Arbeit" ... 358
  3. Begrifflichkeiten ... 359
     a) Gleiche Arbeit ... 359
     b) Gleichwertige Arbeit ... 360
     c) Vereinbarung ... 364
     d) Vergütung ... 367
  4. Benachteiligung wegen eines Grundes i. S. d. § 1 AGG ... 374
     a) Unmittelbare Benachteiligung ... 375
     b) Mittelbare Benachteiligung ... 380
IV. Rechtfertigung durch positive Maßnahmen i. S. d. § 5 AGG ... 385
  1. Systematik und Entstehung ... 385
  2. Gesetzessystematische Grundlage positiver Maßnahmen ... 389
  3. Dogmatische Leitlinien positiver Maßnahmen ... 391
     a) Verhältnismäßigkeit als bindende Vorgabe ... 392
     b) Unterscheidung nach der Art der Bevorzugung ... 394
     c) Funktionaler Nexus ... 396
     d) Positive Maßnahmen aus einem Grund als Benachteiligung aus einem anderen ... 397
     e) Vergleichsgruppe der Förderung und Gleichbehandlung ... 399
  4. Fallgruppen ... 400
     a) Förderung von Frauen ... 401
     b) Förderung behinderter Arbeitnehmer ... 403
     c) Förderung älterer Arbeitnehmer ... 406
     d) Rücksichtnahme auf religiöse Pflichten ... 407
V. Zulässige unterschiedliche Behandlung wegen des Alters gemäß § 10 AGG ... 408
  1. Allgemeines ... 408
  2. Besonderheiten der Altersdiskriminierung ... 411
  3. Zulässige Gründe einer unmittelbaren Diskriminierung ... 413
     a) Allgemeines ... 413
     b) Europarechtlicher Hintergrund ... 416
     c) Legitimes Ziel ... 418
        aa) Interessen nur der Allgemeinheit oder auch des Arbeitgebers? ... 419
        bb) Entlohnung höherer Qualifikation des Arbeitnehmers ... 420

	Rnr.
cc) Abdeckung größeren Bedarfs des älteren Arbeitnehmers	421
dd) Schutz älterer Arbeitnehmer vor ungesunden Arbeitsverhältnissen	422
ee) Sicherheit Dritter	423
ff) Honorierung von Betriebstreue	424
4. Einzelfragen	425
a) Altersgrenzen zur Einstellung	426
b) Obligatorischer Ruhestand	431
aa) Die Rechtsprechung vor Inkrafttreten des AGG	432
bb) Konsequenzen des AGG	435
c) Sozialplanabfindungen – Höchstbetragsklauseln	445
d) Kündigungsfristen und Unkündbarkeit	450
e) Sozialauswahl	455
f) Altersteilzeit	460
g) Entgeltvereinbarungen	461
h) Betriebliche Altersversorgung	463
5. Mittelbare Diskriminierung	467
VI. Benachteiligung wegen der Religion durch kirchliche Arbeitgeber – § 9 AGG	468
1. Allgemeines	468
2. Entstehungsgeschichte	472
3. Rechtfertigungsmaßstab des § 9 AGG	478
4. Beschäftigung durch eine Religions- oder Weltanschauungsgemeinschaft	482
5. Religiöse Tendenzbetriebe	486
6. Loyalitätspflichten der Beschäftigten	487
F. Rechtsfolgen	492
I. Allgemeines	492
II. Unwirksamkeit einer Vereinbarung nach § 7 Abs. 2 AGG	493
1. Deklaratorischer Charakter der Norm	493
2. Rechtsfolgen der Unwirksamkeit	495
III. Vertragspflichtverletzung nach § 7 Abs. 3 AGG	504
1. Diskriminierungsverbot als Konkretisierung vertraglicher Nebenpflichten	504
2. Vertragspflichtverletzung durch den Arbeitgeber	506
3. Vertragspflichtverletzung durch den Arbeitnehmer – Regress	507
4. Entsprechende Geltung für Beamte	511
IV. Schadensersatz und Entschädigung nach § 15 AGG	512
1. Inhalt der Regelung	512
2. Ersatz des Nichtvermögensschadens	515
a) Allgemeines	515
b) Anspruchsberechtigung	517
c) Voraussetzungen eines Nichtvermögensschadens	519
d) Kriterien der Entschädigungshöhe	522
aa) Höchstgrenze nur bei Einstellung	522

	Rnr.
bb) Einzelkriterien	526
cc) Konzept des Strafschadensersatzes	528
e) Verstoß bei Einstellung	531
3. Ersatz des Vermögensschadens	537
a) Anspruchsgrundlagen	538
b) Voraussetzung des Verschuldens	540
c) Höhe des Ersatzanspruchs	542
aa) Diskriminierende Nichteinstellung	543
bb) Unterbliebene Beförderung	546
cc) Benachteiligung beim Entgelt	547
d) Wertungswidersprüche und europarechtliche Defizite	548
4. Schadenersatz und Entschädigung bei Kündigung	550
5. Kollektivvereinbarungen	551
6. Kein Einstellungsanspruch	558
7. Ausschlussfrist	560
8. Haftung des Angewiesenen	564
V. Schadensersatz und Entschädigung aus Delikt – Unterlassungsanspruch nach § 1004 BGB	566
VI. Leistungsverweigerungsrecht nach § 14 AGG	570
1. Allgemeines	570
2. Voraussetzungen des Leistungsverweigerungsrechts	575
3. Rechtsfolgen des Leistungsverweigerungsrechts	582
4. Sonstige Leistungsverweigerungsrechte	585
a) Leistungsverweigerung gemäß § 273 BGB	586
b) Leistungsverweigerung gemäß § 275 BGB	587
VII. Beschwerderecht nach § 13 AGG	589
1. Allgemeines	589
2. Beschwerderecht (§ 13 Abs. 1 S. 1 AGG)	591
3. Prüfung und Einleitung von Maßnahmen (§ 13 Abs. 1 S. 2 AGG)	597
4. Rechte der Arbeitnehmervertretungen (§ 13 Abs. 2 AGG)	601
VIII. Maßregelungsverbot nach § 16 AGG	602
1. Allgemeines	602
2. Voraussetzungen des Benachteiligungsverbots	607
a) Inanspruchnahme von Rechten nach diesem Gesetz	607
b) Weigerung, eine gegen dieses Gesetz verstoßende Anweisung auszuführen	608
c) Schutz Dritter	611
3. Inhalt der Benachteiligung	614
4. Nachweis der Benachteiligung	615
5. Rechtsfolgen	616
6. Berücksichtigungsverbot nach § 16 Abs. 2 AGG	618
G. Rechte des Betriebsrats und der Gewerkschaft	619
I. Unterlassungsanspruch nach § 17 Abs. 2 AGG	619
1. Gesetzestechnische Gestaltung des Zwangsverfahrens gegen den Arbeitgeber	622

	Rnr.
2. Anspruchsvoraussetzungen	623
a) Grober Verstoß des Arbeitgebers gegen seine Pflichten aus dem Gesetz als Rechtsschutzvoraussetzung	623
b) Antragsberechtigung	627
c) Antrag	629
d) Entscheidung des Arbeitsgerichts	631
e) Einstweilige Verfügung	634
3. Vollstreckungsverfahren	635
a) Sonderregelung der Zwangsvollstreckung	635
b) Antragsberechtigung	636
c) Verpflichtung zur Unterlassung oder Duldung einer Handlung	637
d) Verpflichtung zur Vornahme einer Handlung	642
e) Festsetzung des Ordnungs- und Zwangsgeldes	644
f) Vollstreckung des Ordnungs- und Zwangsgeldes	647
II. Zustimmungsverweigerungsrecht nach § 99 Abs. 2 BetrVG bei Einstellungen, Versetzungen, Eingruppierungen und Umgruppierungen	648
III. Beschwerderecht nach § 85 BetrVG	650
IV. Mitbestimmung nach § 87 Abs. 1 Nr. 1 BetrVG	651
V. Rechte nach § 80 Abs. 2 BetrVG	653
H. Beweislast	654
I. Entstehungsgeschichte und Normzweck	654
II. Anwendungsbereich	657
III. Beweislast des Arbeitnehmers	659
IV. Beweislast des Arbeitgebers	674
V. Entsprechende Geltung in Fällen des § 16 AGG	676
J. Praxisschwerpunkte	677
I. Ausschreibung und Bewerbung	677
1. Allgemeines	677
2. Inhalt	678
a) Ausschreibung	678
b) Verstoß gegen § 7 Abs. 1 AGG	680
3. Rechtsfolgen	684
a) Beweiserleichterung nach § 22 AGG	684
b) Betriebsverfassungsrechtliche Sanktionen	687
c) Schadensersatz – Regress	688
II. Fragerecht bei Einstellung	690
1. Reichweite des Fragerechts: Abwägung der beiderseitigen berechtigten Interessen	691
2. Schranke des Fragerechts: Datenschutz – § 32 BDSG	692
3. Schranke des Fragerechts: Diskriminierungsrecht	695
4. Einzelfragen	697
a) Frage nach der Schwangerschaft	697
b) Frage nach einer Behinderung und nach der Schwerbehinderteneigenschaft	698
c) Frage nach Religion, Weltanschauung und sexueller Identität	700

d) Frage nach Vorerkrankungen – Gesundheits- und Drogentests . 702
e) Frage nach der Gewerkschaftszugehörigkeit 705
III. Maßnahmen und Pflichten des Arbeitgebers zum Schutz vor
Belästigung und Benachteiligung 707
1. Inhalt der Schutzpflichten nach § 12 AGG 707
2. Pflichten des Arbeitgebers zur Prävention 709
3. Benachteiligung durch Beschäftigte 712
4. Benachteiligung durch Dritte 716
5. Rechtsfolgen der Pflichtverletzung 719
6. Erfolglosigkeit des Arbeitgeberbemühens 721
7. Bekanntmachungspflicht 722
IV. AGG und Tarifvertrag 724
1. Adressaten des Diskriminierungsverbots 724
2. Vergleichsgruppen 727
3. Rechtfertigung – Einschätzungsprärogative der Tarifparteien 730

Teil 2: Arbeitsrechtliche Benachteiligungsverbote außerhalb des AGG

K. Verbot der Benachteiligung wegen Teilzeit und Befristung gemäß
§ 4 Abs. 1 und 2 TzBfG 738
I. Allgemeines 738
II. Entstehungsgeschichte 742
1. Teilzeitbeschäftigte 742
2. Befristet Beschäftigte 746
III. Zeitlicher Anwendungsbereich 748
IV. Struktur der Diskriminierungsverbote 751
1. Allgemeiner Gleichbehandlungsgrundsatz und besondere
Diskriminierungsverbote 751
2. Struktur des § 4 TzBfG 753
a) Sonderfall des allgemeinen Gleichbehandlungsgrundsatzes 753
b) Unmittelbare und mittelbare Diskriminierung 755
c) Kausalität 756
d) Subjektive Elemente 759
e) Vorrang der individuellen Vereinbarung 760
V. Verbot der Diskriminierung von Teilzeitbeschäftigten 761
1. Ungleichbehandlung – Vergleichsrahmen 761
2. Gleichbehandlung nach dem *Pro-rata-temporis*-Grundsatz 767
a) Konkretisierung der Gleichbehandlung 767
b) Folgerungen für die verschiedenen Arbeitsbedingungen 771
3. Sachlicher Grund zur Ungleichbehandlung 784
a) Definition und Anwendungsbereich 784
b) Von der Rechtsprechung anerkannte sachliche Gründe 788
VI. Verbot der Diskriminierung befristet beschäftigter Arbeitnehmer . . . 807
1. Geltungsbereich 807
2. Systematik entsprechend dem Verbot der Diskriminierung von
Teilzeitbeschäftigten 808

	Rnr.
3. Vorläufer in der Rechtsprechung	812
4. *Pro-rata-temporis*-Grundsatz und sachlicher Grund	813
5. Fallgruppen	815
VII. Beweislast	824
VIII. Rechtsfolgen	825

L. *Equal pay* und *Equal treatment* bei Leiharbeit – Gleichbehandlungspflicht nach dem AÜG ... 832
    I. Allgemeines ... 832
    II. Entstehungsgeschichte ... 833
        1. Nationale Entwicklung ... 833
        2. Europarechtliche Vorgaben ... 836
    III. Reichweite der Gleichbehandlungspflicht ... 842
        1. Geltungsbereich ... 843
            a) Wirtschaftliche Tätigkeit ... 843
            b) Dauer des Gleichbehandlungsgebotes ... 844
        2. Wesentliche Arbeitsbedingungen ... 846
        3. Arbeitsentgelt ... 847
        4. Nutzung sozialer Einrichtungen ... 848
        5. Kollektivvertraglich geregelte Arbeitsbedingungen ... 852
        6. Vergleichbarer Arbeitnehmer ... 853
            a) Fehlen eines vergleichbaren Arbeitnehmers ... 857
            b) Kein einheitliches Lohnniveau im Entleiherbetrieb ... 859
        7. Günstigkeitsvergleich ... 860
        8. Anwendung des Gleichbehandlungsgrundsatzes im Verleiherbetrieb ... 863
    IV. Ausnahmen vom Diskriminierungsverbot ... 864
        1. Europarechtliche Grundlagen ... 866
        2. Tarifvertragliche Regelungen ... 868
            a) Zweckentfremdung des Tarifvertrags ... 869
            b) Inhalt des Tarifvertrags ... 870
            c) Gestaltungsgrenzen des tarifdispositiven Rechts ... 873
            d) Besonderheit: Begrenzung durch Mindestlohn nach §§ 3 Abs. 1 Nr. 3 Hs. 2; 9 Nr. 2 Hs. 2; 3a AÜG ... 876
            e) Tariffähigkeit der Koalitionen in der Zeitarbeitsbranche ... 878
            f) Normative Geltung und Nachwirkung ... 881
            g) Bezugnahme ... 883
            h) Grenzüberschreitender Verleih ... 887
            i) Ausnahme: Beschäftigung in letzten 6 Monaten ... 888
        3. Rechtfertigung einer Ungleichbehandlung aus anderen Gründen? ... 889
    V. Rechtsfolgen eines Verstoßes gegen das Gleichbehandlungsgebot ... 890
    VI. Verfassungsrechtliche Fragen ... 895

M. Verbot der Benachteiligung wegen der Gewerkschaftsmitgliedschaft Art. 9 Abs. 3 GG ... 899
    I. Allgemeines ... 899
    II. Individuelle Koalitionsfreiheit – Unerlaubt benachteiligende Abreden ... 902

	Rnr.
III. Kollektive Koalitionsfreiheit	905
IV. Insbesondere: Differenzierung der Entgelte zwischen organisierten und nicht organisierten Arbeitnehmern	906
1. Allgemeines	906
2. Keine Pflicht zur Gleichstellung von Nichtorganisierten wie Organisierten	907
3. Keine Pflicht zur Schlechterstellung von Organisierten gegenüber Nichtorganisierten	908
4. Kein Recht zur sachgrundlosen Besserstellung von Nichtorganisierten gegenüber Organisierten	910
a) Besserstellung von Nichtorganisierten	911
b) Andersbehandlung von Organisierten	912
c) Wahlrecht als Besserstellung	914
d) Besserstellung durch das Angebot günstigerer Arbeitsbedingungen	918
e) Rechtfertigung einer Besserstellung	923
N. Allgemeiner arbeitsrechtlicher Gleichbehandlungsgrundsatz	926
I. Allgemeines	926
1. Herkunft und Geltung	926
2. Abgrenzung	928
II. Geltungsbereich	930
1. Maßnahmen mit kollektivem Bezug	931
2. Bestehendes Rechtsverhältnis zwischen Arbeitgeber und Arbeitnehmer	937
3. Tarifvertrag und Betriebsvereinbarung	939
III. Vergleichsgruppe	941
IV. Rechtfertigungsgründe einer Ungleichbehandlung	947
V. Beweislast	954
VI. Rechtsfolgen des Verstoßes	956
VII. Einzelfragen	964
1. Ungleichbehandlung verschiedener Arbeitnehmergruppen	964
2. Arbeitsentgelt	968
a) Allgemeines	968
b) Lohnerhöhungen	969
c) Gratifikationen	970
d) Ruhegeldzusage	971
e) Sozialplan	972

Teil 3: Anhang

	Seite
Richtlinie 2006/54/EG	453
Richtlinie 2000/43/EG	469
Richtlinie 2000/78/EG	476
Sachverzeichnis	487

Teil 1: Die arbeitsrechtlichen Vorschriften des Allgemeinen Gleichbehandlungsgesetzes – AGG

A. Einleitung

Kommentare: Insb. *Bauer/Göpfert/Krieger*, Allgemeines Gleichbehandlungsgesetz: AGG Kommentar, 3. Aufl. 2011; *Däubler/Bertzbach*, Allgemeines Gleichbehandlungsgesetz Handkommentar, 2. Aufl. 2008; *Meinel/Heyn/Herms*, Allgemeines Gleichbehandlungsgesetz Kommentar, 2. Aufl. 2010; *Schleusener/Suckow/Voigt*, Kommentar zum AGG, 4. Aufl. 2013; *Wendeling-Schröder/Stein*, Allgemeines Gleichbehandlungsgesetz: AGG Kommentar, 2008

Materialien: BT-Drucks. 15/4538; BR-Drucks. 103/05; BT-Drucks. 15/5717; BT-Drucks. 16/1780; BT-Drucks. 16/2022; BR-Drucks. 329/06; BT-Drucks 466/06; Stellungnahmen der Ausschussanhörung Familie, Senioren, Frauen und Jugend vom 7. März 2005 Ausschussdrucks. 15 (12) 440

I. Entstehung des Gesetzes

Liberté – égalité – fraternité beginnt die Geburtsurkunde der modernen Demokratie. In der Erklärung der Menschen- und Bürgerrechte von 1789 steht die Gleichheit erst an zweiter Stelle, aber sie scheint das Ideal zu sein, dem heute die breiteste Zustimmung zu Teil wird. Das Versprechen des Grundgesetzes, dass alle Menschen vor dem Gesetz gleich sein sollen und dass niemand wegen seines Geschlechts, seiner Abstammung, seiner Rasse, seiner Sprache, seiner Heimat und Herkunft, seines Glaubens und seiner religiösen oder politischen Anschauungen benachteiligt werden darf, ist ein wesentliches Kennzeichen des Rechtsstaats und tragender Pfeiler in der Architektur unserer Rechtskultur. Dass diese Bindung nicht allein den Staat treffen sollen, sondern auch den Bürger, ist eine Vorstellung, die nach und nach Einfluss auf das Handeln des Gesetzgebers und die Entscheidungen der Gerichte genommen hat. So ging dem **Inkrafttreten des AGG** am 18.8.2006 (BGBl. I s. 17.8.2006, S. 1897) eine längere Entwicklung voran, die von einem schrittweisen Ausbau des Diskriminierungsschutzes nicht nur im Arbeitsrecht und nicht nur im deutschen Recht geprägt war. Treibende Kraft war – wie in jüngerer Zeit so oft bei neuen zivil- und arbeitsrechtlichen Regelungen – das Europarecht, dessen Vorgaben durch den deutschen Gesetzgeber umgesetzt werden mussten. 1

1. Entwicklung des Diskriminierungsschutzes im Zivilrecht

Diskriminierungsschutz außerhalb des Arbeitsrechts **im allgemeinen Zivilrecht** ist für das deutsche Recht bislang noch neu (s. auch *Neuner*, JZ 2003, 57; *Reichold*, JZ 2004, 384; *Picker*, JZ 2003, 540); auch der Schwerpunkt des AGG liegt im Arbeits-, nicht im Zivilrecht. Anders als etwa in den USA, wo der Civil 2

A. Einleitung

Rights Act seit über 40 Jahren nicht nur das Arbeitsrecht erfasst, sondern z.B. auch die Kreditvergabe, und seit 1964 ein Diskriminierungsverbot insb. wegen der Rasse und Hautfarbe beim Verkauf und der Vermietung von Wohnraum vorgibt, war die Verweigerung des Vertragsschlusses aus sachfremden Gründen im deutschen allgemeinen Zivilrecht eher möglich als im Arbeitsrecht. Allein im Hinblick auf Unternehmen der Daseinsvorsorge und solchen mit Monopolstellungen gab es einen die Vertragsfreiheit beschränkenden Kontrahierungszwang (ausführlich *Busche*, Kontrahierungszwang und Privatautonomie, 1999, S. 162 ff.), für behinderte Menschen gilt seit 2001 das Recht auf barrierefreies Wohnen, hierzu (MüKo/*Bieber*, BGB, § 554 a Rnr. 1 ff.).

3 Das in § 19 AGG geregelte zivilrechtliche Benachteiligungsverbot geht nun einen wesentlichen Schritt weiter. Es bezieht sich auf sämtliche in § 1 AGG genannten Gründe außer der Weltanschauung und geht damit deutlich über die gemeinschaftsrechtlichen Vorgaben hinaus. Europarechtlich geboten ist ein Diskriminierungsschutz insoweit aufgrund Richtlinie 2000/43/EG wegen der Rasse und der ethnischen Herkunft und aufgrund Richtlinie 2004/113/EG wegen des Geschlechts. Zu den Merkmalen Religion, Alter, Behinderung und sexuelle Identität bestehen keine gemeinschaftsrechtlichen Vorgaben. Dennoch wurden auch diese Merkmale in den zivilrechtlichen Teil übernommen – außer der **Weltanschauung.** Grund hierfür war der politische Wille, keine Ungleichbehandlungen durch Diskriminierungsschutz zu schaffen, im Zivilrecht also das eine Merkmal nicht besser zu stellen als das andere. Hier jedoch gerade die Weltanschauung heraus zu nehmen, kann nicht überzeugen. Man sah die Gefahr, dass „z.B. Anhänger rechtsradikalen Gedankenguts aufgrund der Vorschrift versuchen, sich Zugang zu Geschäften zu schaffen, die Ihnen aus anerkennenswerten Gründen verweigert werden" (BT-Drucks. 16/2022, S. 28). Die Weltanschauung umfasst aber gerade nicht die politische Gesinnung, wie die Begründung des Gesetzes an gleicher Stelle ausdrücklich betont (BT-Drucks. 16/2022, S. 28). Richtiger wäre es gewesen, dies auch ausdrücklich in das Gesetz zu schreiben. Dies hätte dann auch Klarheit für das Arbeitsrecht gebracht, s. Rnr. 194 ff.

4 Bei der Ausgestaltung eines zivilrechtlichen Benachteiligungsschutzes für alle nach diesem Gesetz erfassten Merkmale war sicherzustellen, dass die **grundgesetzlich gewährleistete Vertragsfreiheit** angemessen berücksichtigt wird. Daher beschränkt § 19 Abs. 1 AGG das zivilrechtliche Benachteiligungsverbot auf solche Geschäfte, die typischerweise ohne Ansehen der Person zu vergleichbaren Bedingungen in einer Vielzahl von Fällen zustande kommen (Massengeschäfte) oder bei denen das Ansehen der Person nach der Art des Schuldverhältnisses eine nachrangige Bedeutung hat und die zu vergleichbaren Bedingungen in einer Vielzahl von Fällen zustande kommen, sowie auf privatrechtliche Versicherungen. Lediglich eine Benachteiligung aus Gründen der Rasse oder wegen der ethnischen Herkunft ist darüber hinaus nach § 19 Abs. 2 AGG auch bei der Begründung, Durchführung und Beendigung sonstiger zivilrechtlicher Schuldverhältnisse im Sinne des § 2 Abs. 2 Nr. 5 bis 8 AGG unzulässig, da dies europarechtlich vorgeben ist. Ausgenommen bleiben das Familien- und das Erbrecht (§ 19 Abs. 4 AGG) sowie Schuldverhältnisse, die einen besonders engen Bezug zur Privatsphäre haben (§ 19 Abs. 5 AGG). Darüber hinaus ist für die Merkmale Geschlecht, Lebensalter, Behinderung, sexuelle Orientierung und Religion eine unterschiedliche Behandlung aus sachli-

chen Gründen zulässig, s. § 20 Abs. 1 S. 1 AGG. Das ist erforderlich, weil es eine Vielzahl „höchst wünschenswerter" oder zumindest objektiv erforderlicher Differenzierungen nach den genannten Merkmalen gibt (BT-Drucks. 16/1780, S. 43). Durch dieses Vorgehen versucht das Gesetz, den Schutz vor Benachteiligung mit der Vertragsfreiheit in ein ausgewogenes Verhältnis zu bringen. Ob es ihm gelungen ist, wird unterschiedlich beurteilt (s. Stellungnahme des Bundesrates vom 16. 6. 2006, BR-Drucks. 329/06(B), zuvor bereits in BR-Drucks. 103/05(B)).

Die Vorgaben der Richtlinien für das Zivilrecht lassen sich damit etwas vereinfacht wie folgt veranschaulichen: **5**

Geschütztes Merkmal	Rasse oder ethnische Herkunft	Geschlecht	Religion/Alter/Behinderung/Sexuelle Identität
Richtlinie	Antirassismus-Richtlinie 2000/43/EG	Richtlinie zur Gleichstellung der Geschlechter 2004/113/EG	– Keine Vorgabe –
Vorgaben der Richtlinie	Zugang zu Bildung, Gesundheits- und Sozialleistungen Zugang zu öffentlich angebotenen Gütern und Dienstleistungen Keine Anwendung im privaten Nähebereich	Massengeschäfte beim Zugang zu Gütern und Dienstleistungen privatrechtliche Versicherungen Erlaubte Unterscheidung bei sachlichem Grund Keine Anwendung im privaten Nähebereich	– Keine Vorgabe –
Umsetzung im allgemeinen Privatrecht	Zugang zu Bildung, Gesundheits- und Sozialleistungen sowie Zugang zu öffentlich angebotenen Gütern und Dienstleistungen auf der Grundlage zivilrechtlicher Schuldverhältnisse.	Massengeschäfte beim Zugang zu Gütern und Dienstleistungen sowie privatrechtliche Versicherungen auf der Grundlage zivilrechtlicher Schuldverhältnisse Erlaubte Unterscheidung bei sachlichem Grund; Konkretisierung über Regelbeispiele	
	Keine Anwendung im privaten Nähebereich		

2. Entwicklung des Diskriminierungsschutzes im Arbeitsrecht

a) Nationale Entwicklung

Auch und vor allem im Arbeitsrecht kannte das deutsche Recht bereits vor Inkrafttreten des AGG Diskriminierungsverbote. Insbesondere Diskriminierungen wegen des Geschlechts wurden seit 1980 (Arbeitsrechtliches EG-Anpassungsgesetz, BGBl. I, S. 1308) durch § 611a BGB arbeitsrechtlich untersagt und sanktioniert. Im Bereich des öffentlichen Dienstes sind die Grundsätze des Art. 3 Abs. 3 **6**

A. Einleitung

GG sowohl im BRRG als auch im BBG verankert (s. § 7 BRRG, § 8 BBG). Art. 33 Abs. 2 GG garantiert jedem Deutschen den gleichen Zugang zu jedem öffentlichen Amt entsprechend seiner Eignung, Befähigung und fachlichen Leistung und verbietet damit sachwidrige Differenzierungen. Das BeschSchG verbot sexuelle Belästigungen in der Privatwirtschaft wie auch im öffentlichen Dienst. In §§ 67, 105 S. 2 BPersVG wie auch in § 75 Abs. 1 BetrVG (erweitert um das Verbot der Benachteiligung wegen der sexuellen Identität durch das BetrVerf-Reformgesetz vom 27.6.2001 [BGBl. I, S. 1852]) sind entsprechende Überwachungspflichten für Dienstherren/Arbeitgeber sowie für den Personal-/Betriebsrat verankert. Das neue Bundesgleichstellungsgesetz (BGBl. I 2001, S. 3234; hierzu *Franke*, NVwZ 2002, 779), das am 5.12.2001 in Kraft trat, enthält vielfältige Fördermaßnahmen, um gegen Diskriminierungen wegen des Geschlechts innerhalb der Bundesverwaltung vorzugehen. Am 23.12.2000 trat die Änderung von Art. 12 a Abs. 4 S. 2 GG in Kraft, die Frauen den Zugang zu allen Bereichen der Streitkräfte ermöglicht (Auslöser war das EuGH-Verfahren *Tanja Kreil*, s. Rnr. 342 ff.). Im SGB IX – Rehabilitation und Teilhabe behinderter Menschen – wurden seit dem 1.7.2001 neben einem allgemeinen Diskriminierungsverbot in § 81 Abs. 2 SGB IX, das nun im AGG aufgegangen ist, auch weitreichende positive Maßnahmen festgeschrieben, mit denen die Beschäftigungssituation schwerbehinderter Menschen verbessert werden soll. Im Behindertengleichstellungsgesetz ist in § 13 ein Verbandsklagerecht vorgesehen.

7 Trotz dieses Fortschritts hat der Diskriminierungsschutz bislang auch nach mehreren Jahren des Bestehens des AGG **keinen zentralen Platz im deutschen Arbeitnehmerschutzrecht** eingenommen. Dies ist in anderen Staaten, insbesondere den USA anders. Der Unterschied liegt nicht so sehr darin begründet, dass es in Deutschland „bisher keine Kultur der Antidiskriminierung" gab oder dass „Frauen oft über weniger Geld verfügen" (so aber – neben anderen, ähnlich stichhaltigen Gründen – die Begründung des Regierungsentwurfs BT-Drucks. 16/1780, S. 23), sondern dass wesentliche Funktionen, die im Ausland der Diskriminierungsschutz einnimmt, in Deutschland andere arbeitsrechtliche Vorschriften, insb. der allgemeine Kündigungsschutz des KSchG erfüllt. Wer in den USA oder auch Großbritannien versucht, eine ungerechtfertigte Benachteiligung darzulegen, versucht in Deutschland, die mangelnde soziale Rechtfertigung der Kündigung zu belegen. Das Recht strukturiert jeweils die Argumente (s. zur funktionalen Verwandtschaft von Diskriminierungsschutz und Kündigungsschutz die Entwicklung des Kündigungsrechts im US-amerikanischen Bundesstaat Montana und den dortigen Wrongful Discharge from Employment Act [Mont. Code Ann. SS 39–2-901]; *Bierman/Youngblood*, Interpreting Montana's Pathbreaking Wrongful Discharge from Employment Act: A Preliminary Analysis, 53 Mont. L. Rev., 71–73 [1992]; s. auch *Geyr*, Der Kündigungsschutz von Arbeitnehmern durch Willkür- und Diskriminierungsverbote im deutschen und amerikanischen Arbeitsrecht, 2000; zur funktionalen Verwandtschaft von Diskriminierungsschutz und Kündigungsschutz durch Sachgrunderfordernis s. auch *Kittner/Kohler*, BB 2000, Beil. 4 zu Heft 13, S. 1 ff.). Weil es in Deutschland anders als in anderen Ländern ein weit entwickeltes Arbeitsrecht gibt, kann das Diskriminierungsrecht nur eine Stütze des Arbeitnehmerschutzes sein, nicht aber zentraler Pfeiler.

I. Entstehung des Gesetzes

b) Internationale Entwicklung

Die deutsche Entwicklung ordnet sich in einen weltweiten politischen Kontext ein. Es gibt eine Reihe von Diskriminierungsverboten in völkerrechtlichen Übereinkommen, die von der Bundesrepublik Deutschland ratifiziert wurden (das Internationale Übereinkommen der Vereinten Nationen zur Beseitigung jeder Form von Rassendiskriminierung vom 7.3.1966 [vgl. Gesetz v. 9.5.1969, BGBl. II S. 961], den Internationalen Pakt über bürgerliche und politische Rechte vom 19.12.1966 [vgl. Gesetz v. 15.11.1973, BGBl. II 1533], den Internationalen Pakt über wirtschaftliche, soziale und kulturelle Rechte vom 19.12.1966 [vgl. Gesetz v. 23.11.1973, BGBl. II S. 1569], das Übereinkommen zur Beseitigung jeder Form von Diskriminierung der Frau vom 18.12.1979 [vgl. Gesetz v. 25.4.1985, BGBl. II S. 647], das Übereinkommen über die Rechte des Kindes vom 20.11.1989 [vgl. Gesetz v. 17.2.1992, BGBl. II S. 121], die Europäische Konvention zum Schutz der Menschenrechte und der Grundfreiheiten vom 4.11.1950 [vgl. Gesetz v. 15.12.1953, BGBl. 1954 II S. 14], das Rahmenübereinkommen zum Schutz nationaler Minderheiten vom 1.2.1995 [vgl. Gesetz v. 22.7.1997, BGBl. II S. 1406]). Die Bundesrepublik Deutschland hat zudem als Mitglied der Internationalen Arbeitsorganisation (ILO) mehrere Übereinkommen ratifiziert, die Diskriminierungen in Beschäftigung und Beruf verbieten und gleiches Entgelt gebieten. **ILO-Übereinkommen** Nr. 100 vom 29.6.1951 gibt in seinem Art. 2 vor, dass jedes Mitglied der ILO den Grundsatz der Gleichheit des Entgeltes männlicher und weiblicher Arbeitskräfte sicherzustellen hat.

Treibende Kraft des fortschreitenden Diskriminierungsschutzes im internationalen Kontext war vor allem die **Vorreiterrolle der USA**. Deren arbeitsrechtliche Diskriminierungsverbote datieren mehr als eine Generation früher als die europäische Gesetzgebung. Title VII Civil Rights Act stellt seit 1964 einen zentralen Pfeiler des US-amerikanischen Arbeitsrechts dar. Er verbietet eine Diskriminierung wegen *race, color, religion, sex or national origin* und wurde damit Vorbild für zahlreiche ausländische Rechtsakte. Andere Diskriminierungsverbote folgen: 1967 der Age Discrimination in Employment Act mit seinen differenzierten Regelungen zur Unterscheidung von Arbeitnehmern nach dem Alter, 1990 der Americans with Disabilities Act, der nicht nur für das Arbeitsrecht ein Meilenstein zum Schutz und zur Integration von behinderten Menschen war (zu den neueren Entwicklungen *Brors*, RdA 2003, 223; s. auch *Thüsing*, NZA 2001, 939; *Thüsing/Leder*, NZA 2004, 957). Die englischen Fassungen der Anti-Diskriminierungsrichtlinien stimmen teilweise wörtlich mit ihren amerikanischen Vorläufern überein. So kann die nun 40jährige Rechtsprechungspraxis der amerikanischen Gerichte einen Hinweis darauf geben, was deutsche Gerichte aus einem vergleichbaren Normgerüst machen könnten. Dies alles nicht in dem Sinne, dass das was wir bereits jenseits des Atlantiks haben, auch hier kommen wird, aber doch in dem Sinne, dass es so kommen kann. Die Rechtsvergleichung bietet hier nicht nur einen Vorrat an Lösungen und zeigt damit nicht nur, wie die Rechtsprobleme sinnvoll gelöst werden können, sondern sie zeigt vor allem auch, welche Probleme ein neues Recht bringen kann, wo es zu Konflikten zwischen Arbeitnehmern und Arbeitgebern kommen wird und wie die Gerichte hier Fallgruppen orten und strukturieren könnten.

A. Einleitung

Diesen Weg ist gerade im Diskriminierungsrecht auch der EuGH gegangen. In seiner grundlegenden Rs. Jenkins, in der er das Institut der mittelbaren Diskriminierung bei der Benachteiligung wegen des Geschlechts erfand, obwohl sie im Wortlaut der Richtlinie nicht vorgesehen war, rekurrierte er auf amerikanische Erfahrung. Die Anträge des Generalanwalts beziehen sich ausdrücklich auf die Rechtssache *Griggs v. Duke-Power,* in der der amerikanische Supreme Court ebenfalls vorbei am Gesetzeswortlaut diese Rechtsfigur erfunden hatte (s. Rnr. 77). Der Möglichkeit eines *legal transplant*, der Übernahme einer Rechtsfigur von einem Rechtskreis in den anderen, sind hier keine allzu engen Grenzen gesetzt. Auch in neueren Anträgen nehmen die Generalanwälte auf die Entscheidungen der US-Gerichte im Anti-Diskriminierungsrecht Bezug (S. GA *Jacobs* in seinen Anträgen vom 27. 10. 2005 in der Rs. C227/04 P im Hinweis auf Los Angeles Department of Water and Power/Manhart (1978) 435 US 702, 712 und 713; ebenso GA in *Kokott* in ihren Anträgen vom 30. 9. 2010 in der Rs. Test-Achats C-236/09).

10   Das AGG belegt, wie sehr sich der **Diskriminierungsschutz ausweitet.** Nicht nur die unmittelbare Benachteiligung wegen eines verbotenen Grundes, sondern auch die mittelbare Benachteiligung wird verboten. Mehr noch, die bloße Anweisung zur Benachteiligung gilt als Benachteiligung selbst. Erfasst werden – entsprechend dem US-amerikanischen Vorbild – auch die Belästigung und die sexuelle Belästigung. Das Gesetz zeigt damit eine immer größere Zahl nicht nur der verbotenen Merkmale, sondern auch der verbotenen Benachteiligungsformen. Am Beginn des Diskriminierungsschutzes – dogmatisch wie in seiner historischen Entwicklung – stand die unmittelbare Benachteiligung wegen des verbotenen Merkmals selbst. Erst nach und nach griff das Diskriminierungsrecht weiter aus. Diese Entwicklung setzt sich in anderen Gesetzen fort, zu §§ 19 ff. GenDG s. Rnr. 166).

c) Europäische Entwicklung

11   Die internationale Entwicklung spiegelt sich in der europäischen Entwicklung. Je verschiedener die Kulturen und gesellschaftlichen Rahmenbedingungen sind, desto schwieriger wird eine Einigung über ein gerechtes Arbeitsrecht zu erzielen sein. Diese Einigung muss sich dann auf einen Minimalkonsens beschränken. Ein solcher Minimalkonsens wird sicherlich den Satz umfassen, dass Gleiches gleich behandelt werden muss. Dies ist der Grundgedanke der Diskriminierungsverbote, und daher wundert es nicht, dass sie ein wichtiges Mittel in der Vereinheitlichung des europäischen Rechts sind. Ihre Normierung ist freilich nur ein erster Schritt der Angleichung, denn sie lassen die entscheidende Wertung, was denn gleich ist, offen: Gleiches muss gleich behandelt werden, aber was ist schon gleich und was nur ähnlich?

12   **Diskriminierungsverbote im europäischen Recht sind zahlreich** und nehmen einen zentralen Platz ein. Außerhalb des Arbeitsrechts findet sich in Art. 18 AEUV ein allgemeines Diskriminierungsverbot im Anwendungsbereich des Vertrages: „Unbeschadet besonderer Bestimmungen dieses Vertrages ist in seinem Anwendungsbereich jede Diskriminierung aus Gründen der Staatsangehörigkeit verboten". Arbeitsrechtliche Bedeutung hat die Arbeitnehmerfreizügigkeit des Art. 45 AEUV. Sie umfasst gemäß Abs. 2 „die Abschaffung jeder auf der Staatsangehörig-

I. Entstehung des Gesetzes

keit beruhenden unterschiedlichen Behandlung der Arbeitnehmer der Mitgliedstaaten in Bezug auf Beschäftigung, Entlohnung und sonstige Arbeitsbedingungen". Diese und andere Grundfreiheiten sind ursprünglich als reine Diskriminierungsverbote konzipiert worden und erst durch die Rechtsprechung des EuGH zu umfassenden Behinderungsverboten ausgebaut worden. Der EuGH hat einige dogmatische Muster, die an diesen Freiheiten erprobt wurden, später auf das Arbeitsrecht übertragen (so insbesondere die mittelbare Diskriminierung, s. Rnr. 246 ff.

Die Diskriminierungsverbote im Europäischen Arbeitsrecht lassen sich grob in **13** **zwei Gruppen** unterteilen. Am Anfang stand das Verbot der Diskriminierung wegen bestimmter Merkmale einer Person. Dies fing an mit dem Verbot der Geschlechtsdiskriminierung durch Art. 119 EGV (jetzt Art. 157 AEUV), die Richtlinien 75/117/EWG und 76/207/EWG (geändert durch Richtlinie 2002/73/EG und nun ersetzt mit Wirkung vom 15. 8. 2009 durch Richtlinie 2006/54/EG) und setzte sich in neuerer Zeit fort mit der Richtlinie 2002/73/EG zur Geschlechtsdiskriminierung und dem Verbot der Diskriminierung wegen der Rasse und ethnischen Zugehörigkeit gemäß Richtlinie 2000/43/EG und der Religion, der Weltanschauung, der Behinderung, des Alters und der sexuellen Ausrichtung gemäß Richtlinie 2000/78/EG, die Grundlage des AGG sind. Daneben steht der Diskriminierungsschutz für besondere Arbeitsverhältnisse. Die Diskriminierungsverbote der Leiharbeits-RL 2008/104/EG, der Teilzeitarbeitsrichtlinie 97/81/EG, der Befristungsrichtlinie 99/70/EG und auch der Rahmenvereinbarung Telearbeit (hierzu *Prinz*, NZA 2002, 1268) unterscheiden sich von dieser ersten Gruppe dadurch, dass hiermit nicht ein Merkmal oder eine Eigenschaft eines Arbeitnehmers angesprochen wird, sondern bestimmte arbeitsvertragliche Gestaltungen einem Diskriminierungsverbot unterworfen werden. Das knüpft am Vertrag, nicht am Arbeitnehmer an; darin liegt eine wesentliche Fortentwicklung des Diskriminierungsschutzes.

3. Die Umsetzung der Richtlinien 2000/78/EG, 2000/43/EG und 2002/73/EG

Die neueste Entwicklung bei den arbeitsrechtlichen Diskriminierungsverboten **14** waren die Richtlinien, die dem AGG zugrunde liegen. Vereinfacht lassen sich die Brüsseler Vorgaben wie folgt darstellen:

Richtlinie	Umsetzungsfrist	Geschütztes Merkmal	Anwendungsbereich
Antirassismus-Richtlinie 2000/43/EG vom 29. Juni 2000	19. Juli 2003	• Rasse/ ethnische Herkunft	• Beschäftigung und Beruf (vor allem Arbeitsrecht) • Bildung, Gesundheits- und Sozialleistungen (Schwerpunkt im öffentlichen Recht) • Zugang zu öffentlich angebotenen Gütern und Dienstleistungen (vor allem Zivilrecht)

Richtlinie	Umsetzungsfrist	Geschütztes Merkmal	Anwendungsbereich
Rahmen-Richtlinie 2000/78/EG vom 27. November 2000	2. Dezember 2003 (wegen Alter 2. Dezember 2006)	• Religion/Weltanschauung • Behinderung • Alter • sexuelle Identität	• Beschäftigung und Beruf (vor allem Arbeitsrecht)
Revidierte Gleichbehandlungs-Richtlinie 2002/73/EG vom 23. September 2002	5. Oktober 2005	• Geschlecht	• Beschäftigung und Beruf (vor allem Arbeitsrecht)
Richtlinie zur Gleichstellung der Geschlechter 2004/113/EG	21. Dezember 2007	• Geschlecht	• Zugang zu öffentlich angebotenen Gütern und Dienstleistungen bei Massengeschäften; privatrechtliche Versicherungen (vor allem Zivilrecht, insbesondere Privat-versicherungsrecht)
Richtlinie zur Verwirklichung des Grundsatzes der Chancengleichheit und Gleichbehandlung von Männern und Frauen in Arbeits- und Beschäftigungsfragen 2006/54/EG	5. Juli 2006	Geschlecht	Beschäftigung und Beruf (vor allem Arbeitsrecht)

a) Die europarechtlichen Vorgaben

15   Im November 1999 legte die Europäische Kommission zwei Richtlinienvorschläge zur Bekämpfung der Diskriminierung im Erwerbsleben vor, mit denen die Ermächtigung des Art. 13 EG (jetzt Art. 19 AEUV) mit Leben gefüllt werden sollte. Das weitestreichende Vorhaben war der Vorschlag für eine Richtlinie des Rates zur Festlegung eines allgemeinen Rahmens für die Verwirklichung der Gleichbehandlung in Beschäftigung und Beruf (KOM [99] 564 endg.; auch abgedruckt in RdA 2000, 115 ff.). Hieraus ist die Richtlinie 2000/78/EG geworden, verabschiedet am 27. 11. 2000. Durch sie soll dem Arbeitgeber eine Benachteiligung von Arbeitnehmern wegen der Rasse, der ethnischen Herkunft, der Religion oder der Weltanschauung, einer Behinderung, des Alters oder der sexuellen Ausrichtung verboten werden. Bereits einige Monate zuvor wurde der gleichzeitig eingebrachte Vorschlag einer Richtlinie zur Anwendung des Gleichbehandlungsgrundsatzes ohne Unterschied der Rasse oder der ethischen Herkunft (KOM [99] 566 endg.) angenommen. Aus ihm wurde die Richtlinie 2000/43/EG. Anders als

I. Entstehung des Gesetzes

die erstgenannte Richtlinie erfasst diese nicht nur das Arbeitsrecht, sondern auch „den Zugang zu und die Versorgung mit Gütern und Dienstleistungen, die der Öffentlichkeit zur Verfügung stehen, einschließlich von Wohnraum" (Art. 3 Abs. 1 lit. h RL 2000/43/EG) und damit auch den allgemein zivilrechtlichen Bereich. Ihre Vorgaben haben daher auch im dritten Abschnitt des AGG Niederschlag gefunden, s. §§ 19 ff. AGG.

Grundlage dieser beiden Richtlinien – ebenso wie der Richtlinie 2004/113/EG, die sich nicht auf das Arbeitsrechts bezieht – war **Art. 13 EG (jetzt Art. 19 AEUV)**, der durch den Vertrag von Amsterdam geschaffen wurde und der die Ermächtigung für ein umfassendes Tätigwerden zum Schutz vor Diskriminierungen nicht nur im Arbeitsrecht bildet. Der Rat wurde hierdurch ermächtigt, „geeignete Vorkehrungen zu treffen, um Diskriminierung aus Gründen des Geschlechts, der Rasse, der ethnischen Herkunft, der Religion oder der Weltanschauung, einer Behinderung, des Alters oder der sexuellen Ausrichtung zu bekämpfen" (s. hierzu *Bryan,* Journal of Social Welfare and Family Law 24 [2002], 223; *Dieball,* EuR 2000, 274; *Langner,* ZIAS 1999, 178; *Jochum,* ZRP 1999, 279). Die Regelung des Art. 13 EG (jetzt Art. 19 AEUV) wurde aufgenommen in den Verfassungsvertrag und findet sich nun wortgleich in Art. 19 AEUV. Zudem ist man offen für Erweiterung, sodass sich den bisherigen Diskriminierungsmerkmalen weitere hinzugesellen könnten. In Art. 21 der EU-Grundrechte-Charta heißt es: „Diskriminierungen insbesondere wegen des Geschlechts, der Rasse, der Hautfarbe, der ethnischen oder sozialen Herkunft, der genetischen Merkmale, der Sprache, der Religion oder der Weltanschauung, der politischen oder sonstigen Anschauung, der Zugehörigkeit zu einer nationalen Minderheit, des Vermögens, der Geburt, einer Behinderung, des Alters oder der sexuellen Ausrichtung sind verboten". Die weitere Entwicklung bleibt also abzuwarten, s. auch Rnr. 72 ff. **16**

An die Seite dieser neuen Diskriminierungsverbote trat kurze Zeit später die **Richtlinie 2002/73/EG**, die zur Neufassung der Richtlinie 76/207/EWG führte und damit im Verbot der Geschlechtsdiskriminierung einige wesentliche Neuerungen implementierte. Mit Wirkung vom 15. 8. 2006 wird diese Richtlinie aufgehoben und durch die Richtlinie 2006/54/EG zur Verwirklichung des Grundsatzes der Chancengleichheit und Gleichbehandlung von Männern und Fraune in Arbeits- und Beschäftigungsfragen ersetzt. Dieses Verbot war von Anfang an in den europäischen Verträgen enthalten. Art. 119 EGV bestimmte, den Grundsatz des gleichen Entgelts für Männer und Frauen bei gleicher Arbeit bis spätestens zum 31. 12. 1961 zu realisieren. Dies geschah nicht überall, was aber von der Kommission faktisch geduldet wurde (s. die Ausführungen in der Entscheidung *Defrenne II* EuGH v. 8. 4. 1976 – Rs. 43/75, Slg. 1976, 455 Rnr. 69–75; s. auch EuGH v. 11. 12. 1997 – Rs. C-246/96, Slg. 1997, I-7153). Zur Effektivierung dieses Gebots wurde die Richtlinie 75/170/EWG erlassen, die die primärrechtliche Verpflichtung des Art. 119 EGV präzisieren sollte. Die Umsetzung, für die die Mitgliedstaaten nochmals eine einjährige Frist erhielten, erfolgte in Deutschland durch den nun aufgehobenen § 612 Abs. 3 BGB und auch § 612a BGB, der über den Gleichbehandlungskontext hinaus sämtliche Maßregelungen eines Arbeitnehmer wegen der Ausübung seiner Rechte verbietet. Ein Jahr später trat die Richtlinie 76/207/EWG hinzu, die über das Entgelt hinaus sämtliche Arbeitsbedingungen dem Diskriminierungsverbot unterstellte. Umgesetzt wurde sie durch § 611a, § 611b und wie- **17**

A. Einleitung

derum § 612 a BGB. Die Entwicklung war damit nicht abgeschlossen: Durch den Vertrag von Amsterdam im Jahre 1997 wurde aus Art. 119 EGV Art. 141 EG (jetzt: Art. 157 AEUV) und wie in der Richtlinie der Grundsatz des gleichen Entgelts nicht nur auf gleiche, sondern auch auf gleichwertige Arbeit erstreckt; durch Einfügung eines Abs. 4 wurde die bis dahin umstrittene Frage der Zulässigkeit von Frauenförderungsmaßnahmen positiv beantwortet. Bis dahin war die Regelung allein in Art. 2 Abs. 4 der Richtlinie 76/207/EWG enthalten, und die Vereinbarkeit mit dem europäischen Primärrecht war fraglich (s. dazu auch den vorangegangenen Vorschlag der Kommission für eine Richtlinie zur Erläuterung von Art. 2 Abs. 4 KOM [1996] 93 endg.; s. hierzu auch *Hasselbach*, NZA 1996, 1308). Kurz zuvor war die Richtlinie 97/80/EG zur Regelung der Beweislast bei der Geschlechtsdiskriminierung erlassen worden. Sie gilt für alle Situationen, welche von Art. 157 AEUV, der Entgeltrichtlinie, der Gleichbehandlungsrichtlinie und, soweit darin Fragen einer Diskriminierung wegen des Geschlechts angesprochen werden, auch der Mutterschutzrichtlinie sowie der Richtlinie über den Elternurlaub erfasst werden. Die Richtlinie 2002/73/EG führte insbesondere zu einer Bestätigung der Rechtsprechung des EuGH, dass eine Benachteiligung wegen der Schwangerschaft eine unmittelbare Ungleichbehandlung wegen des Geschlechts darstellt (s. Rnr. 240) sowie zu einer Erweiterung des Schutzes vor Ungleichbehandlung um den Schutz vor Belästigung und sexueller Belästigung. Diese werden nun unter den Diskriminierungsbegriff subsumiert, wie es vorher bereits etwa in den US-amerikanischen und auch den irischen Diskriminierungsgesetzen der Fall war. In den neuen Diskriminierungsrichtlinien 2000/43/EG und 2000/78/EG wurde bereits kurz zuvor der Belästigungsschutz für die dortigen Diskriminierungsmerkmale unter den Diskriminierungsschutz subsumiert. Zur Sinnhaftigkeit einer solchen Regelung und den praktischen Konsequenzen s. Rnr. 272 ff.

18 Am 5. 7. 2006 wurde die **RL 2006/54/EG** verabschiedet. Sie zielt darauf ab, die einschlägigen Bestimmungen unter Berücksichtigung der jüngsten Rechtsprechung des EuGH in einem Dokument zusammen zu führen und so mehr Rechtssicherheit bei der Durchsetzung des Grundsatzes der Gleichbehandlung von Männern und Frauen in Arbeits- und Beschäftigungsfragen zu schaffen. Es wurden daher **sechs Richtlinien zu einer verschmolzen.** Sie betrafen das gleiche Entgelt für Männer und Frauen (RL 75/117/EWG, die Gleichbehandlung beim Zugang zu Beschäftigung, Berufsbildung und beruflichen Aufstieg sowie in Bezug auf die Arbeitsbedingungen (RL 76/207/EWG, geändert durch die RL 2002/73/EG), die Gleichbehandlung bei den Systemen der sozialen Sicherheit (RL 86/378/EWG, geändert durch RL 96/97/EG) und die Beweislast bei Diskriminierung auf Grund des Geschlechts (RL 97/80/EG). Für die im Vergleich zu den früheren Richtlinien inhaltlich unverändert gebliebenen Bestimmungen gelten die dort genannten, bereits abgelaufenen Umsetzungsfristen. Diejenigen Bestimmungen, deren Inhalt neu bzw. geändert wurde, waren bis zum 15. 8. 2008 in nationales Recht zu überführen.

b) Die deutsche Umsetzung

19 Die Umsetzung ins deutsche Recht vollzog sich auf einem langwierigen und mühsamen Weg. Der erste Anlauf der Bundesregierung zur Umsetzung der Richt-

I. Entstehung des Gesetzes

linien 2000/43/EG und 2000/78/EG führte im Juli 2002 zu einem Referentenentwurf, der jedoch nach massiver Kritik insbesondere auch aus der Wissenschaft zurückgezogen wurde, weil er deutlich über das europarechtlich Gebotene hinausging (s. *Picker,* JZ 2003, 540; *Säcker,* ZRP 2002, 286; *Wiedemann/Thüsing,* DB 2002, 463; *Neuner,* JZ 2003, 57; *Reichold,* JZ 2004, 384, 389 ff.). Etwa zwei Jahre später folgte der Referentenentwurf eines Gesetzes zum Schutz vor Diskriminierungen (Antidiskriminierungsgesetz – ADG), dessen Art. 1 einen Vorschlag für ein Gesetz über die Stelle des Bundes zum Schutz vor Diskriminierungen – Antidiskriminierungsstellengesetz – ADSG bildete, dessen Art. 2 den Vorschlag eines Arbeitsrechtlichen Antidiskriminierungsgesetzes (AADG) enthielt, und dessen Art. 3 Vorschläge zur Änderung des BGB zur Schaffung zivilrechtlicher Diskriminierungsverbote beinhaltete. Der Entwurf beschränkte sich insbesondere auch im zivilrechtlichen Bereich (Art. 3: Einfügung der §§ 319 a ff. BGB) darauf, die Vorgaben der Richtlinien zu erfüllen. Dies war allein im Hinblick auf den Schutz behinderter Menschen nicht der Fall. Hier entschied man sich bewusst für eine Übererfüllung des europäischen Solls. Auch dieser Entwurf wurde dann freilich zurückgezogen, bevor er der breiteren Öffentlichkeit vorgestellt wurde (s. hierzu aber *Meinel/ Herms,* DB 2004, 2370; *Thüsing,* NZA 2004, Beilage Heft 22, S. 2 ff.).

Das **AGG** beruht auf einem Regierungsentwurf, der im Januar 2005 in das Gesetzgebungsverfahren eingebracht wurde (BT-Drucks. 15/4538), dann aber – nach einigen wesentlichen Verbesserungen aufgrund der Ausschussanhörung (s. hierzu *Thüsing,* FA 2005, Beilage zu Heft 4, 1–8, aufbauend auf *Thüsing,* Ausschussdrucks. 15 (12) 440-C) – an der vorgezogenen Bundestagswahl gescheitert war. Nach der Wahl wurde der Entwurf in einer nur in wenigen Punkten geänderten Fassung erneut durch die Bundesregierung in das Gesetzgebungsverfahren eingebracht (BR-Drucks. 329/06 = BT-Drucks. 16/1780; zuvor hatte bereits die Fraktion Bündnis 90/Die Grünen einen Entwurf eingebracht, der in den meisten Regelungen wortgleich mit dem gescheiterten Gesetzesentwurf nach Ausschussanhörung war, BT-Drucks. 16/297). Das AGG bildet Art. 1 und damit den Hauptbestandteil eines Artikelgesetzes **(Gesetz zur Umsetzung europäischer Antidiskriminierungsrichtlinien vom 14. 8. 2006, BGBl. I, S. 1897)**. Abschnitt 1 enthält das Ziel, Benachteiligungen aus Gründen der Rasse oder wegen der ethnischen Herkunft, des Geschlechts, der Religion oder Weltanschauung, einer Behinderung, des Alters oder der sexuellen Identität zu verhindern oder zu beseitigen. Ferner werden der Anwendungsbereich (Arbeitsleben, Sozialschutz, soziale Vergünstigungen, Bildung, zivilrechtlicher Teil) sowie die Begriffbestimmungen der unmittelbaren und mittelbaren Diskriminierung, der Belästigung und sexuellen Belästigung entsprechend den Vorgaben der Richtlinien festgelegt. Abschnitt 2 enthält die arbeitsrechtlichen Bestimmungen zum Schutz der Beschäftigten mit einem ausdrücklichen Benachteiligungsverbot sowie seinen Ausnahmeregelungen, ferner werden dort die Maßnahmen und Pflichten des Arbeitgebers sowie die Rechte der Beschäftigten beschrieben, die u. a. aus dem Beschäftigtenschutzgesetz herrühren. Kernstück sind die Regelungen zu Entschädigung und Schadensersatz, die die Vorgaben der EU-Richtlinien mit dem deutschen Schadensersatzrecht verknüpfen. Abschnitt 3 enthält die Regelungen zum Schutz vor Benachteiligung im Zivilrechtsverkehr. Entsprechend den Vorgaben der Antirassismus-Richtlinie 2000/43/EG und der Richtlinie 2004/113/EG werden spezifische zivilrechtliche Benachteili-

A. Einleitung

gungsverbote verankert. Über das Gemeinschaftsrecht hinausgehend werden auch die Merkmale Religion oder Weltanschauung, Behinderung, Alter, sexuelle Identität und Geschlecht in den zivilrechtlichen Diskriminierungsschutz einbezogen. Der Rechtsschutz der Betroffenen wird in Abschnitt 4 verbessert. Sie erhalten neben der aus § 611a Abs. 1 S. 3 BGB bereits bekannten Beweiserleichterung zukünftig die Möglichkeit, sich durch Antidiskriminierungsverbände unterstützen zu lassen. Im Arbeitsrecht können der Betriebsrat oder eine im Betrieb vertretene Gewerkschaft bei groben Verstößen gegen das Benachteiligungsverbot das Arbeitsgericht anrufen, § 17 Abs. 2 AGG, s. Rnr. 619 f. Eine ergänzende Rolle bei der Bekämpfung von Diskriminierungen soll der Antidiskriminierungsstelle des Bundes zukommen, die nach den Bestimmungen des Abschnitts 6 beim Bundesministerium für Familie, Senioren, Frauen und Jugend eingerichtet wird. Sie wird neben den Beauftragten des Bundestages oder der Bundesregierung, die ebenfalls gegen Diskriminierungen bestimmter Personengruppen vorgehen, die Betroffenen unabhängig informieren und beraten, ggf. Beratung durch andere Stellen vermitteln und eine gütliche Beilegung zwischen den Beteiligten anstreben. Zusätzlich hat sie die Aufgabe, wissenschaftliche Untersuchungen durchzuführen, dem Bundestag regelmäßig Berichte über Diskriminierungen vorzulegen und Empfehlungen zu ihrer Beseitigung und Vermeidung abzugeben. Artikel 2 enthält das Gesetz zum Schutz der Soldatinnen und Soldaten vor Diskriminierungen (Soldatinnen- und Soldaten-Gleichbehandlungsgesetz – SoldGG), Artikel 3 enthält Folgeänderungen bestehender Gesetze, darunter des ArbGG, BetrVG, SGB I, SGB III, SGB IV, SGB IX und des SoldatenG.

21   Die **handwerklichen Unzulänglichkeiten des AGG** waren und sind offensichtlich. Wie eilig einiges formuliert ist, zeigt sich schon an Normen wie § 5 AGG: Danach sind positive, fördernde Maßnahmen zulässig zur Verhinderung oder Beseitigung „bestehender Nachteile" für bestimmte Arbeitnehmergruppen – wie können Nachteile, sind sie einmal vorhanden, noch verhindert werden? Ebenso schwer verständlich ist, dass nach der neu formulierten Regelung des § 75 BetrVG dem Arbeitgeber und dem Betriebsrat jede unterschiedliche Behandlung unter anderem wegen des Alters verboten wird – gleichzeitig aber § 10 S. 3 Nr. 6 AGG bei den von Arbeitgeber und Betriebsrat ausgehandelten Sozialplänen eine unterschiedliche Behandlung wegen des Alters (ganz und gar richtig) in bestimmten Bereichen erlauben will. Nach § 2 Abs. 4 AGG ist die Kündigung aus dem Anwendungsbereich des Gesetzes herausgenommen – in § 10 S. 3 Nr. 6 AGG a.F. fanden sich jedoch dezidierte Hinweise für die Rechtfertigung einer Benachteiligung durch Kündigungen. In § 10 S. 3 Nr. 4 AGG befindet sich noch eine Sonderregelung zur betrieblichen Altersversorgung, obwohl – scheinbar, s. Rnr. 124 – der gesamte Bereich der Altersversorgung in § 2 Abs. 2 Satz 2 AGG aus dem Anwendungsbereich des Gesetzes ausgenommen wurde. Mit wenig Sorgfalt gemacht ist auch die Herausnahme der Weltanschauung als verbotenes Kriterium der Benachteiligung im Zivilrecht: Als Benachteiligungsverbot ist es in § 19 AGG gestrichen worden, in der Vorschrift zur Rechtfertigung von Benachteiligungen in § 20 Abs. 2 AGG ist die Weltanschauung jedoch noch enthalten. In § 23 AGG des Gesetzes wurde ausdrücklich im letzten Moment des Gesetzgebungsverfahrens die Möglichkeit herausgenommen, dass Antidiskriminierungsverbände als Bevollmächtigte vor Gericht auftreten können – zulässig soll nur die Vertretung als Bei-

stand sein. Im neuen § 11 Abs. 1 ArbGG ist jedoch weiterhin ausdrücklich die Vertretung aufgrund von Vollmacht vorgesehen. Über solcherlei Kuriosa wird sich eine kluge Rechtsprechung vielleicht hinwegsetzen und gesetzgeberische Nachlässigkeiten in Eigenregie nachbessern können. Dennoch: Es zeigt, dass hier einiges mehr politischer Kompromiss als juristische Präzision ist. **Erste – und bislang einzige – Änderungen des AGG wurden durch das Zweite Gesetz zur Änderung des Betriebsrentengesetzes** vom 11. 12 2006 (BGBl. I S. 2742) vorgenommen. In § 20 wurde das Kriterium der Weltanschauung gestrichen, in § 10 wurden die Nr. 6 und 7 gestrichen, und § 11 Abs. 1 ArbGG wurde an das AGG angepasst werden.

c) Notwendigkeit einer Umsetzung

Die Richtlinien 2000/43/EG und 2000/78/EG sind ein schönes Beispiel dafür, 22 wie europäisches Recht geschaffen wird. Am 19. 10. 2000 veröffentlichte die Financial Times Deutschland eine kurze Mitteilung, die aus heutiger Sicht erstaunlich ist: Kurz nachdem man sich auf den Inhalt der neuen Antidiskriminierungsrichtlinien politisch geeinigt hatte, äußerte der Berliner Unterhändler, dass dies in Deutschland zu keiner Änderung der Rechtslage führen würde. Das neue Recht zwinge in Deutschland zu keinen Gesetzesänderungen, da Deutschland bereits einen umfassenden Schutz gegen Diskriminierungen habe (vgl. FTD vom 19. 10. 2000, EU beschließt Regelwerk gegen Diskriminierung, S.11: „In Deutschland werde die Richtlinie keine Änderung der Gesetzgebung bringen"). Diese Meinung wurde auch danach noch von einigen prominenten Arbeitsrechtlern geteilt (s. insb. *Picker*, JZ 2003, 540, 544; *ders.*, ZfA 2005, 167; w. Nachw. bei *Armbrüster*, ZRP 2005, 41 [Fn. 8, 9]; *Klumpp*, NZA 2005, 848, 849). Das bisherige Recht reichte jedoch aus vielerlei Gründen nicht zur Umsetzung aus (ebenso *Reichold/Hahn/ Heinrich*, NZA 2005, 1270, 1271). Da ist zum einen das bloße Faktum der Entscheidungen des EuGH, der sowohl für die Richtlinie 2000/43/EG als auch für die Richtlinie 2000/78/EG auf ein solches Defizit ausdrücklich hingewiesen hat (EuGH v. 28. 4. 2005 – C-329/04, EuZW 2005, 444; EuGH v. 23. 2. 2006 – C-43/ 05, FA 2006, 219). Die Richtigkeit dieser Entscheidungen – nicht die Verbindlichkeit – mögen Skeptiker bezweifeln. Sie sind freilich im Unrecht: Zum einen bedarf es eines ausdrücklichen Antidiskriminierungsrechts aufgrund der europarechtlichen **Vorgabe einer klaren Umsetzung** europäischer Richtlinien. Nach der Rechtsprechung des EuGH sind die Bestimmungen von Richtlinien in nationales Recht so umzusetzen, dass „die Begünstigten in der Lage sind, von all ihren Rechten Kenntnis zu erlangen und diese gegebenenfalls vor den nationalen Gerichten geltend zu machen" (EuGH v. 10. 5. 2001 – Rs C-144/99; s. hierzu auch *Thüsing/Lambrich*, BB 2002, 829, 830). Das ist nicht der Fall, wenn auf bloße Generalklauseln verwiesen wird, die in Voraussetzungen und Folgen unbestimmt sind, wenn es der Rechtsfortbildung durch die Gerichte bedarf, um den vorhandenen Normenbestand passend zu machen. Dies gilt auch deswegen, weil die Richtlinien in Art. 15 Richtlinie 2000/43/EG bzw. Art. 17 Richtlinie 2000/78/EG vorschreiben, dass ein Verstoß gegen die europäischen Vorgaben mit effektiven Sanktionen verbunden sein muss. An dieser effektiven Sanktionierung etwa fehlt es, wenn auf den allgemeinen Gleichheitssatz zurückgegriffen wird. Auch ergibt sich aus der Rechtspre-

A. Einleitung

chung zur Geschlechtsdiskriminierung, insbesondere der Entscheidung *Draehmpaehl*, dass Schadensersatzverpflichtungen aufgrund diskriminierenden Arbeitgeberverhaltens sanktioniert werden müssen, auch wenn es unverschuldet geschehen ist (EuGH v. 22. 4. 1997 – Rs C-180/95, Slg. 1997 I, 2195, 2219, Rnr. 16 f.; hierzu *Abele*, NZA 1997, 641 f.; *Oetker*, ZIP 1997, 802 f.). In die allgemeinen Grundsätze des deutschen Schadensrechts fügt sich eine derartige verschuldensunabhängige Schadensersatzhaftung kaum ein. Die Generalklauseln des Zivilrechts reichen also weder von der Tatbestandsseite noch von den Sanktionen her aus. Freilich verbleiben gewichtige Umsetzungsdefizite, s. Rnr. 35.

23   An der Notwendigkeit einer Umsetzung vermag auch der von vielen beklagte **Eingriff in die Privatautonomie** und die Vertragsfreiheit nichts ändern (exemplarisch für diese Kritik wiederum *Picker*, ZfA 2005, 167; *ders.*, Antidiskriminierungsprogramme im freiheitlichen Privatrecht, in: Karlsruher Forum 2004: Haftung wegen Diskriminierung nach derzeitigem und zukünftigem Recht (VersR 31), Karlsruhe 2005, S. 7–115. S. auch Rnr. 48). Dies ist ein rechtspolitisches Argument, das nach Verabschiedung der Richtlinie erst dann Bedeutung erlangen könnte, wenn die europarechtliche Schwelle aus *Solange I, Solange II* und *Maastricht* überschritten wäre, wenn also die Grundrechte durch das Antidiskriminierungsrecht in ihrem Wesensgehalt in Frage gestellt wären (s. zur Strenge dieses Maßstabs *Herdegen*, Europarecht, § 10 Rnr. 29). Das wird man schlechterdings nicht behaupten können, und selbst wenn man dieser Meinung wäre: Es scheint ganz und gar ausgeschlossen, dass das BVerfG die Unverbindlichkeit europäischer Rechtssetzung das erste Mal gerade beim europäischen Diskriminierungsschutz feststellen sollte. Die Privatautonomie und Vertragsautonomie mahnten damit zur vorsichtigen Umsetzung, zur Orientierung an dem, was getan werden muss, ohne Zusätze und Erweiterungen. Hierüber ist man freilich nicht nur im zivilrechtlichen, sondern auch im arbeitsrechtlichen Teil an einigen Stellen bewusst hinausgegangen (s. Rnr. 619, 495 ff.).

d) Umsetzung in anderen europäischen Ländern

24-34   Deutschland hat sich mit der Umsetzung der Antidiskriminierungsrichtlinien mehr Zeit gelassen als seine europäischen Nachbarn. Hier war man nahezu durchgehend eher in der Lage, die erforderlichen Regelungen zeitnah in das nationale Recht zu implementieren. Dem gegen Deutschland (als einem von sechs Mitgliedsstaaten) eingeleiteten Vertragsverletzungsverfahren wurde mit Verabschiedung des AGG die Grundlage genommen. Hinweise zur Umsetzung in anderen Staaten finden sich in einer Zusammenstellung von Expertenberichten auf Veranlassung der Kommission (http://ec.europa.eu/social/main.jsp?catId=423& langId=de) in einem **Überblick über die verschiedenen Gesetze** in der jeweiligen Originalsprache (http://eur-lex.europa.eu/LexUriServ/LexUriServ.do?uri=CELEX: 72000L0043:DE:NOT) und der im November 2009 erschienenen vergleichenden Studie im Auftrag der Kommission „Entwicklung des Antidiskriminierungsrechts in Europa" (http:// ec.europa.eu/social/BlobServlet?docId=5681&langId=de). Hilfreich ist auch die Europäische Zeitschrift zum Antidiskriminierungsrecht mit aktuellen Berichten (http://ec.europa.eu/social/keyDocuments.jsp?type=0&policy

Area=0&subCategory=0&country=0&year=0&advSearchKey=lawrev&mode=advancedSubmit&langId= de).

e) Umsetzungsdefizite

Der deutsche Gesetzgeber hat in der Umsetzung teilweise deutlich mehr getan, als er europarechtlich hätte tun müssen; teilweise ist er jedoch hinter dem europäischen Auftrag zurückgeblieben. Problematisch sind insbesondere die Herausnahme der betrieblichen Altersversorung (Rnr. 119), der Kündigung (s. Rnr. 105 ff.), die Bindung des Schadensersatzanspruchs an das Verschulden (Rnr. 512 ff.) sowie die Gestaltung der Beweislast (Rnr. 654 ff.). Unvollkommen ist die Umsetzung im Hinblick auf Art. 5 Richtlinie 2000/78/EG, der durch § 81 Abs. 4 SGB IX nicht hinreichend erfasst ist, weil sich dieser nur auf Schwerbehinderte bezieht, nicht auf Behinderte insgesamt, und auch weil er erst bei bestehendem Arbeitsverhältnis greift (ausführlicher *Thüsing/Wege*, FA 2003, 296). In all diesen Bereichen stellt sich die Frage, wieweit eine europarechtskonforme Auslegung das richtige Ergebnis dennoch gewährleisten kann (Rnr. 45 ff.). Gleichwohl hatte die EU-Kommission 2007 ein Vertragsverletzungsverfahren gegen Deutschland eingeleitet und forderte im Oktober 2009 förmlich dazu auf, die Antidiskriminierungsrichtlinien vollständig umzusetzen. Das Vertragsverletzungsverfahren wurde so am 28. 10. 2010 eingestellt.

II. Konsequenzen europarechtlicher Vorgaben

Der europarechtliche Ursprung des Gesetzes hat Konsequenzen für die Auslegung des Gesetzes und dort, wo der deutsche Gesetzgeber hinter den europäischen Vorgaben zurückgeblieben ist. Letzteres gilt insbesondere auch für die Zeit zwischen Ablauf der Umsetzungsfrist der Richtlinien 2000/43/EG und 2000/78/EG und dem verspäteten Inkrafttreten des AGG.

1. Unmittelbar horizontale Drittwirkung gegenüber staatlichen Arbeitgebern

Entsprechend dem Wortlaut des Art. 288 Abs. 3 AEUV entfalten Richtlinien grundsätzlich erst nach Umsetzung durch die Mitgliedstaaten ihre Wirkung. Nach der ständigen Rechtsprechung des EuGH gilt dies jedoch nicht, wenn die Umsetzungsfrist abgelaufen ist und die Richtlinie so genau formuliert ist, dass daraus unmittelbar, d. h. ohne Umsetzungsspielraum für den nationalen Gesetzgeber, Rechte abgeleitet werden können (grundlegend EuGH v. 4. 12. 1974 – Rs. 41/74, Slg. 1974, 1337 Rnr. 12 *[van Duyn/Home Office]*; EuGH v. 19. 1. 1982 – Rs. 8/81, Slg. 1982, 53 Rnr. 21 ff. *[Becker]*; in neuerer Zeit EuGH v. 20. 3. 1997 – Rs. C-96/95, Slg. 1997, I-1653 Rnr. 37 *[Kommission/Deutschland]*; ausführlich *Ruffert* in: Calliess/Ruffert, EUV/AEUV, Art. 288 Rnr. 47 ff.). Hier kann sich der Bürger gegenüber dem Staat und seinen Untergliederungen auf die Richtlinien berufen (ständige Rechtsprechung s. EuGH v. 19. 1. 1982 – Rs. 8/81, Slg. 1982, 53;

A. Einleitung

EuGH v. 2.12.1997 – Rs. C-336/94, EuZW 1998, 48). Anerkannt ist damit eine vertikale Drittwirkung, die von der horizontalen Drittwirkung zu unterscheiden ist. In einem Rechtsstreit unter Privaten ist eine Berufung auf die Richtlinie nicht möglich, soweit sie zu einer Verpflichtung Privater führen würde (s. insbesondere EuGH v. 5.10.2004 – C-397/01 bis C-403/01, NZA 2004, 1135 *[Pfeiffer]*; EuGH v. 14.7.1994 – Rs. C-91/92, EuZW 1994, 498; EuGH v. 7.3.1996 – Rs. C-192/94, EuZW 1996, 236; EuGH v. 16.7.1998 – Rs. C-355/96, EuZW 1998, 563). Hier ist die Richtlinie also nie *self-executing*; der Wortlaut des Art. 288 Abs. 3 AEUV ist insoweit prohibitiv (zu Grenzbereichen zwischen beiden Gestaltungen s. EuGH v. 26.9.2000 – Rs. C-443/98, EuZW 2001, 153 [Unilever]; hierzu *Grundel*, EuZW 2001, 143; s. auch zur Entscheidung *Pfeiffer* die Analyse durch *Thüsing*, ZIP 2004, 2301; großzügiger *Riesenhuber/Domröse*, RIW 2005, 47; und auch die Entscheidung *Mangold*, s. Rnr. 43 ff.). Daran haben die Rs. Mangold und „**Kücükdeveci**" nichts geändert. Diese stützten sich in ihrer unmittelbaren Wirkung vielmehr auf den primärrechtlichen Gleichbehandlungsgrundsatz, s. Rnr. 43.

38 Die zentralen Diskriminierungsvorschriften des Art. 2 Richtlinie 2000/43/EG und Art. 2 Richtlinie 2000/78/EG sind zumindest im Hinblick auf das Vorliegen einer Diskriminierung hinreichend konkret im Sinne dieser Rechtsprechung, denn ein bestimmtes, genau bezeichnetes Verhalten soll verboten werden. Die Konzeption der Normen ist sehr ähnlich denen des ehemaligen Art. 141 EG-Vertrag, jetzt Art. 157 AEUV, der die Diskriminierung wegen des Geschlechts beim Entgelt verbietet und dessen unmittelbare Geltung bereits seit langem durch die Rechtsprechung anerkannt ist (EuGH v. 8.4.1976 – Rs. 43/75, Slg. 1976, 455 *[Defrenne II]*; später wurde auch die unmittelbare Wirkung des Art. 141 EG für mittelbare Diskriminierungen anerkannt: EuGH v. 31.3.1981 – Rs. 96/80, Slg. 1981, 911 Rnr. 18 *[Jenkins]*). Art. 4 Abs. 1 der Richtlinie 2000/78/EG und Art. 4 der Richtlinie 2000/43/EG mit ihrer Ermächtigung an die Mitgliedstaaten, Ausnahmen vom Diskriminierungsverbot zu schaffen, stehen dem nicht entgegen (*Thüsing*, NJW 2003, 3441, 3442). Nach der ständigen EuGH-Rechtsprechung ist eine Richtlinie auch dann inhaltlich unbedingt, wenn sie Ausnahmen zulässt, die die Mitgliedstaaten erlassen können, auch wenn der EuGH bislang – soweit ersichtlich – nur mit sehr viel konkreter gefassten Ausnahmevorschriften zu tun hatte, dürfte hier nichts anderes gelten (s. EuGH v. 19.1.1982 – Rs. 8/81, Slg. 1982, 53 = NJW 1982, 499 Rnr. 30 ff. *[Becker]*; EuGH v. 24.3.1987 – Rs. 286/85, Slg. 1987, 1453 Rnr. 14 *[McDermott und Cotter]*; EuGH v. 10.11.1992 – Rs. 156/91, Slg. 1992, I-5567 = EuZW 1993, 37 Rnr. 15 *[Hansa Fleisch Ernst Mundt]*; EuGH v. 14.7.1994 – Rs. C-91/92, Slg. 1994, I-3325 = NJW 1994, 2473 = EuZW 1994, 498 Rnr. 17 *[Faccini Dori]*; EuGH v. 17.10.1996 – verb. Rs. C-283/94 u. a., Slg. 1996, I-5063 Rnr. 39).

39 Diskriminierungen waren **dem Staat** also mit Ablauf der Umsetzungsfrist unmittelbar aufgrund europäischen Rechts verboten. Wie weit der Begriff des Staates im Sinne des Art. 288 AEUV zu fassen ist, ist freilich im Einzelnen fraglich und durch die Judikate des EuGH nur angedeutet (s. EuGH v. 12.7.1990 – Rs. C-188/89, Slg. 1990, I-3313 = EuZW 1990, 424; EuGH v. 14.9.2000 – Rs. C-343/98, Slg. 2000, I-6659 Rnr. 30 ff., NZA 2000, 1279; EuGH v. 26.2.1986 – Rs. 152/84, Slg. 1986, 723, NJW 1986, 2178, 2180 *[Marshall I]*; aus der Litera-

II. Konsequenzen europarechtlicher Vorgaben

tur *Curtin,* 15 European Law Review [1990], S. 195). Jedenfalls ist auch der Staat als Arbeitgeber erfasst (EuGH v. 26. 2. 1986 – Rs. 152/84, Slg. 1986, 723 Rnr. 49 ff., NJW 1986, 2178, 2180 *[Marshall I];* EuGH v. 15. 5. 1986 – Rs. 222/84, Slg. 1986, 1651 Rnr. 56 *[Johnston/Chief Constable of the Royal Ulster Constabulary]*), und auch privatisierte Unternehmen in öffentlicher Hand, soweit sie Aufgaben der Daseinsvorsorge wahrnehmen (EuGH v. 12. 7. 1990 – Rs. C-188/89, Slg. 1990, I-3313 Rnr. 20 *[Foster/British Gas]*). Zur Abgrenzung im Einzelnen steht eine nicht allzu umfangreiche Judikatur zur Verfügung, die Detailaussagen schwierig macht (zur Frage der Wirkung von Richtlinien gegenüber in staatlicher Trägerschaft betriebenen Privatrechtssubjekten in jüngerer Zeit auch EuGH Rs. C-297/03, EuGH Beschl. v. 26. 5. 2005, ABl. C 182, S. 19 v. 23. 7. 2005). Angesichts der starken kommunalen Tendenzen zur Ausgliederung von Aufgaben der Daseinsvorsorge kommt den Grenzen der unmittelbaren Wirkung wachsende Bedeutung zu – die Fragen, mit denen sich der EuGH in naher Zukunft zu befassen haben wird, werden Abgrenzungsfragen sein: Was gilt etwa bei einer nicht alleinigen, aber maßgeblichen staatlichen Beteiligung, was bei lediglich untergeordneter staatlicher Minderheitenbeteiligung? Die von deutschen Gerichten bereits entwickelten Leitlinien zur Grundrechtsbindung gemischt-wirtschaftlicher Unternehmen (vgl. nur *Ebber/Ehrichsen,* Jura 1999, S. 373 ff.; *Spannowsky,* ZHR 160 (1996), S. 560 ff.) könnten sich hier als hilfreich erweisen (s. hierzu auch ausführlich *Bühring/Lang,* ZEuP 2005, 88 ff.).

Unmittelbare Wirkung auch unter Privaten hat das **Verbot der Benachteiligung** **40** **wegen des Geschlechts beim Entgelt** nach Art. 157 AEUV (EuGH v. 8. 4. 1976 – Rs. 43/75, Slg. 1976, 455 Rnr. 40; 17. 5. 1990 – Rs. C-262/88, Slg. 1990, I-1889 Rnr. 39; BAG v. 7. 9. 2004 – 3 AZR 550/03, AP BetrAVG § 1 Nr. 15 = EzA EG-Vertrag 1999 Art. 141 Nr. 16). Dabei ist die Feststellung einer tatsächlichen erheblichen Benachteiligung ebenso Sache des nationalen Gerichts (EuGH v. 9. 2. 1999 – Rs. C-167/97; Slg. 1999, I-623) wie die Feststellung, ob und inwieweit eine mittelbar diskriminierende Regelung durch objektive Gründe, die nichts mit einer Diskriminierung auf Grund des Geschlechts zu tun haben, gerechtfertigt ist (EuGH v. 13. 5. 1986 – Rs. 170/84, Slg. 1986, 1607 Rnr. 36; EuGH v. 13. 7. 1989 – Rs. 171/88, Slg. 1989, 2743 Rnr. 15). Die Beweislastregeln sind dieselben wie die der Richtlinien (s. BAG v. 18. 10. 2005 – 3 AZR 506/04, AP BetrAVG § 1 Nr. 13 Unverfallbarkeit). Eine die Differenzierung begründende nationale Regelung kann aufgrund der unmittelbaren Wirkung nicht bereits für sich eine Rechtfertigung sein (BAG aaO).

2. Europarechtskonforme Auslegung von Generalklauseln

Ist auch im **Rechtsstreit zwischen Privaten** eine unmittelbare Geltung der Richt- **41** linie ausgeschlossen, kann hier das Rechtsinstitut der europarechtskonformen Auslegung – ein dogmatischer Zwilling der verfassungskonformen Auslegung (aufgrund der trotz aller Gemeinsamkeiten verbleibenden nicht unerheblichen Unterschiede wohl eher ein zweieiiger als ein eineiiger Zwilling, s. hierzu *Ress,* DÖV 1994, 489 ff.) – zu einem ähnlichen Ergebnis führen. Soweit Auslegungsspielraum besteht, haben nationale Gerichte und Behörden das nationale Recht im Lichte der erlassenen, aber noch nicht umgesetzten Richtlinie zu deuten (grundsätzlich EuGH v. 5.10.2004 – C-397/01 bis C-403/01, NZA 2004, 1135 [*Pfeiffer*]; EuGH v. 10.4.1984 – Rs. 14/83, Slg. 1984, 1891, 1909; EuGH v. 13.11.1990 – Rs. C-308/89, Slg. 1990, I-4185). Umsetzungslücken können also durch ein modifiziertes Verständnis des bereits vorgefundenen nationalen Rechts geschlossen werden. Während also die unmittelbare Wirkung keine Verpflichtung von Privaten bewirken kann, wirkt sich die richtlinienkonforme Auslegung auf sämtliche Rechtsbeziehungen aus. Ihre Grenze findet sie dort, wo Wortlaut, Systematik und Zweck des nationalen Rechts eine Deutung entsprechend der europarechtlichen Vorgaben nicht zulassen: Eine europarechtskonforme Auslegung ist möglich und geboten, eine europarechtskonforme Beugung ist unzulässig (s. BAG v. 18.2.2003 – 1 ABR 2/02, NZA 2003, 742, 747 im Anschluss an die *SIMAP*-Entscheidung des EuGH v. 3.10.2000 – Rs. C-303/ 98, Slg. 2000, I-7963; ebenso entgegen der Schlussanträge des Generalanwalts *Colomer* in der Rechtssache *Pfeiffer*, EuGH v. 5.10.2004 – Rs. C-397/01 bis C-403/01, NZA 2004, 1135). Hier gilt nichts anderes als für das Gebot der verfassungskonformen Auslegung (s. hierzu BAG v. 18.2.2003 – 1 ABR 2/02, DB 2003, 1387, 1389 mit Anm. *Koenigs*). Bevor die Frist zur Umsetzung abgelaufen ist, besteht nach Auffassung des BAG keine Pflicht zur europarechtskonformen Auslegung (ErfK/*Wißmann*, Vorb. AEUV Rnr. 36; gerade im Hinblick auf die Altersdiskriminierung siehe BAG v. 16.8.2005 – 9 AZR 378/04, NZA-RR 2006, 253). Dies entspricht nicht der Vorstellung des EuGH: Das Gebot zur richtlinienkonformen Interpretation innerstaatlichen Rechts tritt nach seiner Rechtsprechung wohl nicht erst mit der gezielten Umsetzung des Richtlinieninhalts, sondern bereits mit Ablauf der Umsetzungsfrist ein, ohne dass der Mitgliedstaat die Umsetzung versucht oder in Angriff genommen haben muss (s. GA *Tizzano* in seinem Schlussantrag zur Rs. C-144/04 [*Mangold*], Slg. 2005, I-9981 Rnr. 115 unter Hinweis auf die – allerdings nicht eindeutige – Entscheidung des EuGH v. 8.10.1987 – Rs. 80/86, Slg. 1987, 3969 [*Kolpinghuis Nijmegen*]; s. auch die ausführliche Begründung der GA Kokott, Rs C.212/04 vom 27.10.2005).

3. Gültigkeit europarechtswidrigen Rechts – Schadensersatzpflicht

42 Wo aber eine unmittelbare Geltung nicht in Betracht kommt, weil es sich um einen Rechtsstreit unter Privaten handelt, und eine europarechtskonforme Auslegung scheitert, weil das nationale Recht klar den europäischen Vorgaben entgegengesetzt wertet, bleibt es bei der Gültigkeit des europarechtswidrigen nationalen Rechts. Der Bürger kann sich weder vor den deutschen Gerichten noch vor dem EuGH auf die Europarechtswidrigkeit einer Norm berufen. Einzige Sanktionen sind entweder ein Vertragsverletzungsverfahren nach Art. 258 AEUV oder eine Schadensersatzpflicht, die sich gegen den Staat richtet, der seiner Umsetzungspflicht nicht rechtzeitig nachgekommen ist (s. erstmals EuGH v. 19.11.1991 – Verb. Rs. C-6/90 und C-9/90, Slg. 1991 I, 5357 [*Frankovich*]; EuGH v. 5.3.1996 – Verb. Rs. C-46/93 und C-48/93, Slg. 1996, I-1029, Rnr. 31 [*Brasserie du Pêcheur und Factortame*]; EuGH v. 16.12.1993 – Rs. C-334/92, EuZW 1994, 182; s. hierzu auch Calliess/*Ruffert*, EUV/AEUV, Art. 340 Rnr. 36ff.). Dies

II. Konsequenzen europarechtlicher Vorgaben

hat der EuGH in der Rs. „**Kücükdeveci**" (Schlussanträge v. 7.7.2009 – C-555/07, abgedruckt in ZIP 2009, 1483) jüngst noch einmal bestätigt, in der er sich entgegen Generalanwalt Bot (NJW 2010, 427) in aller Deutlichkeit gegen eine unmittelbare Drittwirkung von Richtlinien ausgesprochen hat.

Auch in der Rs. „**Mangold**" hatte der EuGH nichts anderes gesagt (EuGH v. 22.11.2005 – Rs-C-144/04, NZA 2005, 1345, hierzu *Bauer/Arnold*, NJW 2006, 6; *Giesen*, SAE 2006, 45; *Koenigs*, DB 2006, 49; *Nicolai*, DB 2005, 2641; *Preis*, NZA 2006, 401; *Reich* EuZW 2006, 20; *Thüsing*, ZIP 2005, 2149). In dem viel beachteten Verfahren um § 14 Abs. 3 TzBfG griff das Gericht nicht auf die Richtlinie zurück, sondern begründete die Unanwendbarkeit dieser Norm mit dem Verbot der Altersdiskriminierung als ungeschriebenem Bestandteil des primären Gemeinschaftsrechts. Auch danach besteht die unmittelbare Wirkung jedoch nur gegenüber Ungleichbehandlungen durch den nationalen Gesetzgeber, nicht durch den Arbeitgeber. Bereits zuvor war anerkannt: „Nach ständiger Rechtsprechung ist der Gleichbehandlungsgrundsatz ein Grundprinzip des Gemeinschaftsrechts" (EuGH v. 22.6.1972 – Rs. 1/72, Slg. 1972, 457 = BeckRS 2004, 70557; EuG v. 25.10.2005 – Rs. T-298/02 Rnr. 76) – nunmehr ergibt er sich ausdrücklich aus **Art. 21 Abs. 1 EuGRC**. Der Gleichbehandlungsgrundsatz bindet nach Art. 51 Abs. 1 S. 1 EuGRC nur die Union und die Mitgliedsstaaten „bei der Durchführung von Unionsrecht". Darunter fällt die legislative Umsetzung von Richtlinienvorgaben (vgl. zu den erfassten Fallkonstellationen ausführlich *Pötters/Traut*, ZESAR 2010, 267, 268f.), nicht aber das Handeln des privaten Arbeitgebers. Der Arbeitgeber ist genauso wenig an die europäischen Grundrechte gebunden wie an die deutschen. Allerdings können sie – ebenso wie ein Verstoß gegen die deutschen Grundrechte zur Nichtigkeit nationaler zivilrechtlicher Normen führt – nationales Recht im Anwendungsbereich des Unionsrechts unanwendbar machen. Dann ist dem Arbeitgeber auch im Prozess gegen seinen Arbeitnehmer die Berufung auf die unionsgrundrechtswidrige Norm versperrt. Insofern kann man untechnisch von einer unmittelbaren Wirkung sprechen, sie ist aber letztlich lediglich eine Reflexwirkung. Dennoch darf man die Bedeutung der Unionsgrundrechte für das nationale Privatrecht nicht unterschätzen. Der EuGH hat in der Rs. „**Kücükdeveci**" zumindest den Kreis der nationalen Normen, die als Umsetzungsbestimmungen in den Anwendungsbereich der Unionsgrundrechte fallen, weit gezogen. Der EuGH maß dort § 622 Abs. 2 S. 2 BGB an den Unionsgrundrechten, weil die Norm in den von der Richtlinie 2000/78/EG geregelten Bereich falle und die Umsetzungsfrist abgelaufen sei (EuGH v. 19.1.2010 – C-555/07, NJW 2010, 427 Rnr. 25). Er legt damit ein weites Verständnis des „Umsetzungsaktes" zu Grunde. Erfasst sind alle nationalen Normen, die nach objektiver Betrachtung in den Regelungsbereich einer Richtlinie fallen (*Pötters/Traut*, ZESAR 2010, 267, 270, 273). So konnte auch eine Norm, die lange vor der Richtlinie, zu deren „Durchführung" sie dienen könnte, geschaffen wurde und die vom deutschen Gesetzgeber nie als Umsetzungsakt intendiert war, an den europäischen Grundrechten gemessen werden. Zwingend ist ein solch weites Verständnis nicht: Aus Gründen der Rechtssicherheit hätte man den Anwendungsbereich der Unionsgrundrechte auf vom nationalen Gesetzgeber als solche deklarierte Umsetzungsakte begrenzen können (vgl. *Thüsing*, RdA 2008, 51, 52; *ders.*, ZESAR 2009, 26, 27; zweifelnd auch *Bauer/Arnold*, NJW 2008, 3377, 3379f.). Ein solches subjektives Verständ-

43

A. Einleitung

nis des Umsetzungsaktes hatten die Entscheidung in der Rs. „Palacios" (EuGH Slg. 2007, I-8531) und die Anträge der Generalanwälte dort (*Mazák* Schlussanträge v. 15.2.2007 zur Rs. C-411/05, Slg. 2007, I-8531, Rnr. 137f.) und in der Rs. „Bartsch" (EuGH Slg. 2008, I-7245, insbesondere Rnr. 69 der Schlussanträge) nahegelegt (dazu *Thüsing*, RdA 2008, 51, 52). Der EuGH ist nun weiter gegangen. Damit hat er zwar seine Kompetenzen nicht überschritten, aber sie bis zur Grenze ausgereizt. Jetzt werfen die Unionsgrundrechte ihre langen Schatten über viele Normen, die man bis vor kurzem noch für rein national hielt. Das ist der **Rechtssicherheit** nicht zuträglich; zumindest aber wird der EuGH in noch mehr Fällen auch im nationalen Arbeitsrecht das letzte Wort haben. Entsprechend häufen sich nur die Vorlagen (zur Vorlagepflicht vgl. auch BVerfG NZA 2008, 753, dazu *Thüsing/Pötters/Traut*, NZA 2010, 930. Maßgeblich nun der Honeywell-Beschluss des BVerfG v. 6.7.2010 – 2 BvR 2661/06, NZA 2010, 995).

4. Konsequenzen unvollkommener Umsetzung

44 Die Konsequenzen, die sich hieraus für die Zeit bis zum Inkrafttreten des AGG ergeben, sind schwierig zu ermessen. Einige Eckpunkte möglicher Schlussfolgerungen lassen sich jedoch benennen (ausführlicher *Thüsing*, NJW 2003, 3441, 3444f.; *Klumpp*, NZA 2005, 848). Unsicherer noch sind Prognosen darüber, wie der EuGH die Umsetzungsdefizite des AGG beantworten wird (s. Rnr. 35).

45 **Richtlinienkonforme Auslegung:** Ein recht klares Ergebnis gewinnt man für die Ausübung einseitiger Gestaltungsrechte im Widerspruch zu den Diskriminierungsverboten der Richtlinien. Bei Kündigungen im Anwendungsbereich des KSchG wird ein europarechtskonformes Verständnis der personenbedingten Rechtfertigung im Sinne des § 1 Abs. 2 KSchG zu dem richtigen Ergebnis führen. Außerhalb des KSchG und in anderen Rechtsgebieten, wie etwa beim Mietvertrag, wird man auf § 242 BGB zurückgreifen können, wie es die Rechtsprechung bereits bei der Kündigung wegen Homosexualität getan hat (BAG v. 23.6.1994 – 2 AZR 617/93, AP BGB § 242 Nr. 9 Kündigung) und dann auch in Bezug auf Religion und kulturellen Hintergrund (BAG v. 22.5.2003 – 2 AZR 426/02, AP KSchG 1969 § 1 Nr. 18 Wartezeit). Wenig Hilfe bietet bei zweiseitigen Rechtsgeschäften demgegenüber § 138 BGB. Wenn danach sittenwidrige Rechtsgeschäfte nichtig sind, mag man dies auch für diskriminierende Rechtsgeschäfte so halten. Die Nichtigkeit müsste jedoch eine effektive Sanktionierung sein, die dem Diskriminierten zugute kommt. Das wird regelmäßig nicht der Fall sein, denn die Unwirksamkeit von Verträgen mit Dritten, die statt des Diskriminierten begünstigt werden, kommt dem Diskriminierten nicht zugute. Es ist ja zumeist der verwehrte Vertragsschluss, der die Diskriminierung begründet – da hilft § 138 BGB nicht. Geeignetere Konsequenz wird daher für die **Zeit bis zum Inkrafttreten des AGG** zumeist die Verpflichtung zum Schadensersatz sein, die auf § 823 Abs. 1 BGB wegen Verletzung des allgemeinen Persönlichkeitsrechts gestützt werden kann. Dies hat Vorläufer in der Rechtsprechung zur Geschlechtsdiskriminierung vor Anpassung des § 611a BGB im Jahre 1994 (BAG v. 14.3.1989 – 8 AZR 447/87 und 8 AZR 351/86, AP BGB § 611a Nr. 5 und 6). Der Schaden umfasst hier materielle wie immaterielle Schäden. Hinsichtlich der Bewertung der immateriellen Schäden mag

II. Konsequenzen europarechtlicher Vorgaben

Anleihe an § 611 a BGB genommen werden, zumindest soweit es um die Anstellung von Arbeitnehmern geht. Für die **Zeit nach dem Inkrafttreten des AGG** kann aus dem gleichen Gedanken wohl auch ein Wegfall des Verschuldenserfordernis, wie es § 15 AGG fälschlich normiert, begründet werden, s. Rnr. 540.

Darüber hinaus sind Weisungen, die zur Diskriminierung auffordern, rechtswidrig, weil sie nicht billigem Ermessen entsprechen (vgl. § 106 Satz 1 GewO). Sie sind daher gemäß § 315 Abs. 3 BGB (analog) unverbindlich (vgl. *Hoppe/Wege*, LAGE § 626 BGB 2002 Nr. 2a). Dies gebieten die europarechtlichen Vorgaben durch die Fiktionen in Art. 2 Abs. 4 der RL 2000/43/EG und Art. 2 Abs. 4 der RL 2000/78/EG. „Die Anweisung zur Diskriminierung einer Person (...) gilt als Diskriminierung", heißt es dort. Wenn die Anweisung selbst eine Diskriminierung darstellt, und Diskriminierungen verboten sind, so sind damit zwangsläufig auch Weisungen untersagt, die zur Diskriminierung auffordern. Ein Fall, in dem eine solche Weisung tatsächlich einmal vor Gericht gelangte, hatte das ArbG Wuppertal (v. 10. 12. 2003 LAGE § 626 BGB 2002 Nr. 2a mit Anm. *Hoppe/Wege*) zu entscheiden. Ein Arbeitgeber hatte seinem Geschäftsführer den Auftrag erteilt, keine türkischen Arbeitnehmer mehr einzustellen, weil er in der Vergangenheit Handgreiflichkeiten von türkischen Verwandten ausgesetzt war.

Unmittelbare Wirkung. Bei der unmittelbaren Wirkung müssen sich die Rechtsfolgen aus der Richtlinie ergeben. Die Art. 15 Richtlinie 2000/43/EG und Art. 17 Richtlinie 2000/78/EG stellen es in die Verantwortung und das Ermessen der Mitgliedstaaten, Sanktionen festzulegen, die bei einem Verstoß gegen die einzelstaatlichen Vorschriften zur Anwendung dieser Richtlinie zu verhängen sind, und insofern alle erforderlichen Maßnahmen zu treffen. Einzige Voraussetzung ist, dass die Sanktionen wirksam, verhältnismäßig und abschreckend sein müssen. Der darin eingeräumte Gestaltungsspielraum spricht *prima facie* gegen eine hinreichende Präzision für eine unmittelbare Geltung auch bei den Rechtsfolgen. Es ist jedoch nach bestätigter Rechtsprechung des EuGH (EuGH v. 19. 11. 1991 – Rs. C-6/90 und C-9/90, Slg. 1991, I-5357 *[Frankovich]*) ausreichend, dass sich aus den Vorgaben der Richtlinie gewisse Mindestsanktionen herleiten lassen; diese gelten dann unmittelbar. Eine solche Mindestsanktion könnte die Nichtigkeit einer einseitigen Willenserklärung im Widerspruch zum Diskriminierungsverbot sein. Dies wäre etwa – ab dem 3. 12. 2003 – die Kündigung eines Arbeitsverhältnisses im staatlichen Dienst wegen unerwünschter religiöser Betätigung (Stichwort: Kopftuch einer Lehrerin – s. hierzu BVerwG v. 4. 7. 2002 – 2 C 21/01, NJW 2002, 3344 und BVerfG v. 24. 9. 2003 – 2 BvR 1436/02, NJW 2003, 3111 *[Ludin]* sowie Rnr. 724 ff.; ausführlich *Thüsing*, Festschrift Leinemann, 2006, S. 817 ff.). Vorsicht ist freilich angebracht, denn auch Schadensersatzansprüche sind – ohne dass die Gültigkeit der Kündigung berührt wird – denkbar und würden zur Umsetzung der Richtlinie genügen, so dass die Unwirksamkeit von Kündigungen nur dann eine Mindestanforderung der Richtlinie ist, wenn sie als Minus gegenüber einem umfassenden Schadensersatzanspruch anzusehen ist. Das ist eine Wertungsfrage, deren Antwort offen ist. Demgegenüber besteht kein Kontrahierungszwang aufgrund unmittelbarer Geltung der Richtlinien, denn dieser ist – wie schon die Umsetzung der Richtlinie 76/207/EWG durch den ehemaligen § 611a BGB belegt – keine Mindestsanktion europarechtlicher Diskriminierungsverbote (s. auch EuGH v. 10. 4. 1984 – Rs. 14/83 und 79/83, AP BGB § 611a Nr. 1, 2).

Auch Schadensersatzverpflichtungen werden aus einer unmittelbaren Geltung der Richtlinie nicht herzuleiten sein, denn hierzu bieten die europarechtlichen Vorgaben keine geeigneten Anspruchsgrundlagen, heißt es doch bei der Regelung der Sanktionen ausdrücklich, dass „Schadensersatzleistungen an die Opfer" nur eine mögliche Sanktion sind – zwingend sind sie also nicht. Nur für den Fall, dass sich ein Mitgliedsland in seiner Umsetzung für die Sanktion des Schadensersatzes entscheidet, hat die EuGH-Rechtsprechung Mindestregeln formuliert (EuGH v. 2.8. 1993 – Rs. C-271/91, EuZW 1993, 706 Rnr. 26 ff.). Die möglichen Folgen einer unmittelbaren Geltung sind also überschaubar. Insbesondere in den Fällen der diskriminierenden Vertragsverweigerung wird daher nur die europarechtskonforme Auslegung zu Sanktionen führen können. Ein **Beispiel aus der Rechtsprechung** bietet eine erste Entscheidung des ArbG Berlin (v. 13.7.2005, NZA-RR 2005, 608; hierzu *Thüsing/Wege*, NZA 2006, 136; *Marschner*, Anm. zu EzBAT § 8 BAT Schadenersatzpflicht des Arbeitgebers Nr. 40). Dieses hatte über einen Schadensersatzanspruch einer wegen ihrer Behinderung abgelehnten Bewerberin zu entscheiden. Das Gericht gab der Klägerin Recht und gestand ihr einen Anspruch auf Ersatz materiellen und immateriellen Schadens „aus der Richtlinie 2000/78/ EG i. V. m. dem in den § 611 a BGB, § 81 II SGB IX gesetzlich normierten allgemeinen Rechtsgrundsätzen zur Entschädigung wegen gemeinschaftsrechtswidriger Diskriminierung bei der Einstellung" zu. Der Ansatz ist durch andere Gerichte in der Folgezeit freilich nicht aufgegriffen worden.

III. Diskriminierungsschutz und Verfassungsrecht

48 Gegen einen umfassenden Diskriminierungsschutz – insbesondere im Zivilrecht – wurden früh schon verfassungsrechtliche Bedenken erhoben (*Picker*, JZ 2003, 540; *Säcker*, ZRP 2002, 286, 287 ff.; spezifisch zum Verbot der Diskriminierung wegen der Religion *Thüsing*, JZ 2004, 172; ganz anders bereits vor einiger Zeit die heutige Richterin am BVerfG *Hohmann-Dennhardt*, ZRP 1979, 241). Auf den ersten Blick mag dies verwundern: Nach **Art. 3 Abs. 3 GG** ist eine Ungleichbehandlung aufgrund des Geschlechts, der Abstammung, der Rasse, der Sprache, der Heimat und Herkunft, des Glaubens, der religiösen oder politischen Anschauungen sowie einer Behinderung verboten. Es scheint ein kleiner Schritt zu sein, Diskriminierungsverbote, die den Staat treffen, auf die Rechtsbeziehungen zwischen seinen Bürgern zu übertragen. Dies wäre freilich systemwidrig. Art. 3 Abs. 1 GG wirkt insbesondere als Abwehrrecht gegenüber dem Staat. Der Gleichheitssatz entfaltet anders als die Freiheitsrechte unter den Grundrechten auch keine Drittwirkung für den Privatrechtsverkehr über die Generalklauseln und andere auslegungsbedürftige Begriffe der einzelnen Rechtsgebiete, denn hierin ist keine Wertentscheidung für den Privatrechtsverkehr verkörpert, sondern allein das Verbot staatlicher Willkür normiert (*Hesse*, Grundzüge des Verfassungsrechts der BRD, 20. Auflage 1995, § 11 Rnr. 356; *Dietlein*, Die Lehre von den grundrechtlichen Schutzpflichten, 1992, S. 84; *Erichsen*, Jura 1997, 87 Sp. 1; *Canaris*, AcP 184 [1984], 201, 236 Fn. 113; a. A. *Szczekela*, Die sog. grundrechtlichen Schutzpflichten im deutschen und europäischen Recht, 2002, S. 338 f.; *Unruh*, Zur Dogmatik der grundrechtlichen Schutzpflichten, 1996, S. 75; a. A. auch die Begrün-

dung des Gesetzesentwurfs BT-Drucks. 15/4538, S. 19). Ob dies auch für Art. 3 Abs. 3 GG gilt, ist zwar fraglicher, weil hier besondere Ungleichbehandlungen genannt werden, die als verfassungswidrig gebrandmarkt werden (daher leiten einige Stellungnahmen hieraus **Schutzpflichten des Staates** ab, etwa *Canaris*, AcP 184 [1984], 201, 235 ff.; *Szczekela*, Die sogenannten grundrechtlichen Schutzpflichten im deutschen und europäischen Recht, 2002, S. 338 f.; *Unruh*, Zur Dogmatik der grundrechtlichen Schutzpflichten, 1996, S. 75; hiergegen allerdings *Isensee*, HbStR V, § 111 Rnr. 96; *Stern*, Staatsrecht III/1, § 76 IV 6 c, S. 1580 f.). Auch hier dürfte aber allzu weiter Verfassungsinterpretation mit Vorsicht zu begegnen sein, wenn auch das verfassungsrechtliche Schrifttum diese Zurückhaltung nicht immer teilt (vgl. etwa Jarass/Pieroth/*Jarass*, Art. 3 Rnr. 132 f.: Auftrag an den Staat, Diskriminierungen durch Privaten entgegenzuwirken; Ausstrahlung bei Art. 3 Abs. 3 GG stärker als bei Art. 3 Abs. 1 GG, aber schwächer als bei Art. 3 Abs. 3 GG. Siehe auch *Dreier*/*Heun*, GG Art. 3 Rnr. 123: Bedeutung von Art. 3 Abs. 3 GG insb. bei öffentlich angebotenen Leistungen. Eher zurückhaltend, die Vertragsfreiheit betonend, *vMangoldt*/*Klein*/*Starck*, GG, Art. 3 Abs. 3 Rnr. 376). **Anders als dem Staat ist dem Bürger Vertragsfreiheit garantiert.** Das Zivilrecht kannte dementsprechend bisher nur wenige und eng umrissene Benachteiligungsverbote (so etwa im Versicherungsrecht – ebenfalls auf europarechtlicher Grundlage – § 81 e VAG). Grundsätzlich gilt Vertragsfreiheit und damit das Recht, einen Vertrag ohne Angabe von Gründen abzuschließen oder zu verweigern. Das AGG greift in diese Freiheit ein, um den Personenschutz der genannten Gruppen zu verstärken. Gleichzeitig hat die Regelung auch **eine die Vertragsfreiheit entfaltende Komponente**. Wie das Bundesverfassungsgericht (BVerfG v. 7. 2. 1990 – 1 BvR 26/84, BVerfGE 81, 242 [Handelsvertreter]; BVerfG v. 19. 10. 1993 – 1 BvR 567/89, 1 BvR 1044/89, NJW 1994, 36, 38 sowie BVerfG v. 5. 8. 1994 – 1 BvR 1402/89, NJW 1994, 2749, 2750 [Bürgschaft] gezeigt hat, gewährleistet Art. 2 Abs. 1 GG die *beiderseitige* Vertragsfreiheit. Erweitert man den Schutz der Privatautonomie um eine faktische Komponente – also nicht nur das formale Recht, Verträge abschließen zu können, sondern auch die tatsächliche Möglichkeit zum Vertragsschluss, wenn ein solcher angeboten wird – dann wird durch den angestrebten Diskriminierungsschutz die Vertragsfreiheit der geschützten Personen soweit erhöht, wie diejenige der potentiellen Vertragspartner geschmälert wird (ebenso *Canaris*, AcP 200 [2000], 273, 300). Das gilt nicht erst mit dem Abschluss eines Vertrages, sondern nach § 311 Abs. 3 BGB bereits mit Aufnahme von Vertragsverhandlungen, ja sogar schon bei geschäftlichen Kontakten. Angesichts der europarechtlichen Vorgabe in Art. 19 AEUV und der dazu ergangenen Richtlinien und weiter auf der Grundlage des Art. 3 Abs. 2 und 3 GG bleibt dem nationalen Gesetzgeber ein nicht allzu großzügiger Gestaltungsspielraum, in dem er eine Balance zwischen der Vertragsfreiheit als Institution und den verschiedenen Grundrechtsträgern (ver-)suchen muss.

IV. Diskriminierungsschutz und Effizienz

Die arbeitsrechtlichen Diskriminierungsverbote wurden sicherlich nicht geschaffen, gerade um die Effizienz des Arbeitsrechts zu erhöhen. Sie zielen vielmehr auf den Schutz der Menschenwürde: Die ungerechtfertigte Zurücksetzung bestimmter

Personengruppen soll aus ethischen Gründen verhindert werden, nicht aus wirtschaftlichen. Dies ist ein wichtiges Anliegen, und wenn es Aufgabe des Staates ist, „für einen Ausgleich der sozialen Gegensätze und damit für eine gerechte Sozialordnung zu sorgen" (BVerfG v. 18.7.1967 – 2 BvF 3/62 u.a., BVerfGE 22, 180, 204; ähnlich BVerfG v. 16.7.1985 – 1 BvL 5/80 u.a., BVerfGE 69, 272, 314 m.w.N.), dann kann das Arbeitsrecht hiervon nicht ausgenommen bleiben. Dies verbietet jedoch nicht die Frage, wie weit arbeitsrechtliche Regelungen ineffizient und damit tendenziell wohlstandsfeindlich sind. Wenn ein Kompromiss zwischen Billigkeit und Effizienz zu suchen ist, muss klar sein, wie hoch denn der Preis eingeschränkter Wirtschaftlichkeit ist. Denn Bestandteil des Sozialstaatsprinzips und der Menschenwürdegarantie ist auch die Verpflichtung des Staates zur Sicherung der materiellen Existenz seiner Bürger: Die Berufsfreiheit braucht Arbeitsplätze, für das Recht zum Leben bedarf es der Nahrung, der Schutz der Wohnung setzt eine Wohnung voraus, das Eigentum hat Verfassungsrang. Daher scheinen Überlegungen zur Effizienz arbeitsrechtlicher Diskriminierungsverbote nicht nur erlaubt, sondern auch sinnvoll (grundlegend *Gary S. Becker*, The Economics of Discrimination, 1. Aufl. 1957, 2. Aufl. 1971.; aus dem deutschen Schrifttum *Thüsing*, RdA 2003, 257; s. auch die *working papers* des NBER: *Kuhn/Shen*, Gender Discrimination in Job Ads: Theory and Evidence [Nr. W17453; September 2011]; *Lang/Lehmann*, Racial Discrimination in the Labor Market: Theory and Empiries [Nr. W 17450, September 2011]; *Fang/Moro*, Theories of Statistical Discrimination and Affirmative Action: A Survey [Nr. W15860, April 2010]; *Goldin*, A Pollution Theory of Discrimination: Male and Female Differences in Occupations and Earnings [Nr. W8985, Juni 2002]; *Collins*, The Labor Market Impact of State-Level Anti-Discrimination Laws, 1940–1960 [Nr. W8310, Mai 2001]; *Neumark/Stock*, The Effects of Race and Sex Discrimination Laws [Nr. W8215, Mai 2001]; *Neumark*, Age Discrimination Legislation in the United States [Nr. W8152, März 2001]; *Blau/Kahn*, Gender Differences in Pay [Nr. W7732, Juni 2000]; abzufragen über www.nber.com).

1. Gründe der Diskriminierung

50   Um festzustellen, welchen ökonomischen Effekt Antidiskriminierungsgesetze haben, müssen die Gründe benannt werden, aus denen der Arbeitgeber eine nach verbotenen Merkmalen differenzierende Entscheidung treffen will. Der Jurist kümmert sich zumeist wenig darum. Er findet Unterscheidungen nach mittelbarer und unmittelbarer Diskriminierung und nach *formal* oder *substantive equality*, eine Unterscheidung nach den Gründen hat sich in der Dogmatik der Gleichbehandlungsgrundsätze nicht niedergeschlagen. Die können aber durchaus sehr unterschiedlich sein:

51   Die am einfachsten gelagerten Fälle, die wahrscheinlich nicht die häufigsten sind, jedoch diejenigen, die zu verhindern die größte ethische Rechtfertigung in Anspruch nehmen kann, sind Benachteiligungen von Arbeitnehmern, weil der Arbeitgeber misogyn oder rassistisch ist, Homosexuelle nicht mag oder älteren Arbeitnehmern schlichtweg wegen ihres Alters nichts zutraut. Bringt man es auf einen vereinfachten Nenner, sind es hier **Vorurteile**, die zur Unterscheidung führen.

IV. Diskriminierungsschutz und Effizienz

Daneben können es aber auch durchaus anerkennenswerte Motive des Arbeitgebers sein, die ihn zu einer verbotenen Unterscheidung geführt haben. Wenn ein Arbeitgeber eine schwangere Arbeitnehmerin nicht auf einem Fließband-Arbeitsplatz einstellen will (was in den USA keiner Genehmigung wie nach § 4 Abs. 3 Nr. 2 MuSchG bedarf, s. eine Entscheidung des Iowa Supreme Court, 72 FEP Cases 1820 [22.1.1997]) oder Frauen keine Nachtschicht zumuten will (BVerfG v. 28.1.1992 – 1 BvR 1025/82 u. a. – BVerfGE 85, 191), dann mag das Gesetz eben dies verbieten, ein Frauenfeind wird er dadurch jedoch nicht. Der **Arbeitnehmer soll geschützt werden,** wenn auch u. U. gegen seinen Willen. Amerikanische Gerichte lehnen hier eine Rechtfertigung der Unterscheidung generell ab, und haben der Frau auch das Recht zugesprochen, an einem quecksilbergefährdenden Arbeitsplatz während der Schwangerschaft zu arbeiten, wenn dies der Gesetzgeber nicht verbietet. Die mögliche Schädigung der Leibesfrucht macht die Frau nicht ungeeignet zur Arbeitsleistung: „No one can disregard the possibility of injury to future children: the BFOQ, however, is not so broad that it transforms this deep social concern into an essential aspect of battery making" (Automobile Workers v. Johnson Controls, 499 U.S. 187 (1991). Anders hatte noch die Vorinstanz entschieden, 886 F.2d 871 (7th Cir. 1989) – mit einer *dissenting opinion* von *Judge Posner* und von *Judge Easterbrook*, zwei der bekanntesten und einflussreichsten Richterpersönlichkeiten in den USA; hierzu kritisch *Maloney*, BFOQ Defense Extended to Fetal Pro-Policies: International Union UAW v. Johnson Controls, Inc., 32 Boston College L. Rev. 250 [1990]). 52

Neben solchen im weitesten Sinne paternalistischen Motiven können es **rein wirtschaftliche Überlegungen** sein, die den Arbeitgeber zu einer verbotenen Ungleichbehandlung bewegen: Wer eine schwangere Arbeitnehmerin nicht einstellen will, weil sie ihre Tätigkeit bis zum Ende der Schwangerschaft nicht wird ausführen können, mag dies tun, weil er jeden Arbeitnehmer, der über längere Zeit hin entgeltfortzahlungsberechtigt fehlen würde, nicht einstellen würde. Dass gerade die Schwangerschaft die Ursache ist, ist unerheblich. 53

Diese grobe Dreiteilung – Vorurteile, Paternalismus und Wirtschaftlichkeit – lässt **Zwischengruppen** zu. Die Fluggesellschaft etwa, die nur weibliches Bordpersonal einstellen will, mag persönlich vielleicht keine Präferenzen für das eine oder andere Geschlecht haben, sondern sich allein daran orientieren, dass der überwiegende Teil ihrer Passagiere vorzugsweise von Stewardessen betreut werden will (Diaz v. Pan American 442 F2d 385 [5th Cir. 1971]). Aus der Perspektive des Arbeitgebers sind wirtschaftliche Erwägungen maßgeblich, sie spiegeln jedoch letztlich nur die Vorurteile der Kundschaft. Auch mag die Entscheidung, schwangere oder ältere Arbeitnehmer nicht mehr zu gefährlichen oder anstrengenden Arbeiten einzuteilen, nicht nur auf die Sorge um das Wohlergehen des Arbeitnehmers, sondern auch auf die Angst vor möglichen Entgeltfortzahlungspflichten zurückzuführen sein. Auch können gutgemeinter Paternalismus und Vorurteile durchaus ineinander übergehen. Die Zuweisung typischer Frauenberufe an Frauen mag beide Gründe haben. 54

2. Effiziente Märkte und Anti-Diskriminierungsgesetzgebung

55 Welches der genannten Motive regelmäßig ausschlaggebend für eine Ungleichbehandlung verschiedener Arbeitnehmergruppen ist, kann allein die **empirische Analyse** zeigen (*v. Hoff*, Das Verbot der Altersdiskriminierung, 2009, 34). Solche Studien gibt es insbesondere für Geschlechtsdiskriminierung und die Diskriminierung wegen der ethnischen Zugehörigkeit. Dass es Benachteiligungen von Frauen und Farbigen im Arbeitsverhältnis gibt, ist vielfach, insbesondere für den US-amerikanischen Markt, nachgewiesen worden. Der Grund, wie diese *wage gap* zu erklären ist, ist jedoch streitig. Farbige mögen im Durchschnitt schlechter qualifiziert sein als ihre weißen Kollegen, und auch mag es immer noch eine durch tradierte Erziehungsmuster bedingte geringere Qualifizierung von Frauen geben. Deren schlechtere Stellung am Arbeitsmarkt mag jedoch auch darin begründet liegen, dass sie als Elternteil, der typischerweise eher zur Übernahme elterlicher Pflichten bereit ist, wesentliche Karrierephasen außerhalb des Berufs verbringen, oder dass sie weiblich sozialisiert eher zu Berufen tendieren, deren Vorteile nichtfinanzieller Art sind. Hilfsbereite Menschen werden in einem sozialen Beruf eine Befriedigung empfinden, die mehr wert sein kann als der hohe Verdienst in einem anderen Beruf. All dies ist bekannt und zeigt, dass Ungleichheiten nicht notwendig auf Diskriminierungen zurückgehen. Der Jurist muss diese zum Teil sehr unterschiedlichen Studien zur Kenntnis nehmen, ohne sie qualifiziert hinterfragen zu können. Allen Studien gemein ist jedoch der Versuch zu erklären, warum auch in einem effizienten Markt Unterscheidungen vorkommen, wie sie die Antidiskriminierungsgesetzgebung verbietet (s. nur *v. Hoff*, Economic Analysis of the Age Discrimination in Employment Act of 1967 (www.ssrn.com); *ders.*, Das Verbot der Altersdiskriminierung, 2009, 32).

56 Der rational handelnde Arbeitgeber wird die Unterscheidung zwischen seinen Arbeitnehmern am **Kriterium der Nutzenmaximierung** ausrichten. Bevorzugt er dennoch Männer gegenüber Frauen, jüngere gegenüber älteren, weiße gegenüber farbigen Mitarbeitern, dann mag dies daran liegen, dass er die Gleichwertigkeit und gleiche Befähigung des Arbeitnehmers auf Grund seiner Vorurteile nicht erkennt. Die Ungleichbehandlung ist hier Ergebnis *unvollkommener Information* oder zumindest unvollkommener Informationsverarbeitung. Aber auch, wenn der Arbeitgeber die wirtschaftliche Gleichwertigkeit erkennt, kann er auf Grund seiner individuellen Vorlieben oder Antipathien einen Unwillen zur Gleichbehandlung haben, jenseits aller ökonomischen Erwägungen. Auch hier handelt er nutzenmaximierend, jedoch sind Teile seines Nutzens nicht wirtschaftlicher Art. Der Effekt der Antidiskriminierungsgesetzgebung kann in diesen Fällen unterschiedlich gedeutet werden. Zum einen kann argumentiert werden, der Arbeitgeber, der zur Gleichbehandlung gezwungen ist, müsste dadurch höhere, wenn auch nicht-ökonomische Kosten tragen. Dadurch wird nicht jede wirtschaftliche Nutzenmehrung ihn bereits zur Einstellung neuer Arbeitnehmer veranlassen. Dort vielmehr, wo der marginale finanzielle Nutzen hinter der Summe von finanziellen und nichtfinanziellen Kosten zurückbleibt, wird er Einstellungen unterlassen, die er bei Fehlen eines Antidiskriminierungsgesetzes vorgenommen hätte (*Posner*, The Efficiency and the Efficacy of Title VII, 136 U. Pa. L. Rev. 513 [1987]). Andererseits

IV. Diskriminierungsschutz und Effizienz

kann argumentiert werden, dass durch diese Kostenerhöhung Arbeitgeber mit diskriminierenden Vorurteilen, da sie mit höheren Kosten nicht wettbewerbsfähig sind, gegenüber anderen Arbeitgebern, noch schneller aus dem Markt gedrängt werden, als dies ohnehin auf Grund ihrer mit niedrigerem finanziellen Nutzen verbundenen diskriminierenden Personalpolitik der Fall wäre (so *Donohue*, Is Title VII Efficent? 134 U. Pa. L. Rev. 1411 [1986]; s. auch *ders.*, Prohibiting Sex Discrimination in the Workplace: An Economic Perspective, 56 U. Chi. L. Rev. 1337 [1989]). Die Auswirkungen werden also kontrovers diskutiert ohne dass man eine allgemein akzeptierte Schlussfolgerung gefunden hätte.

Ganz anders ist die Diskriminierungsgesetzgebung hinsichtlich solcher Ungleichbehandlungen zu bewerten, die selber schon aus finanziellen Erwägungen des Arbeitgebers heraus erfolgen. Deckt sich hier der persönliche Nutzen mit dem finanziellen Nutzen, weil keinerlei vorurteilsbedingte nicht-monetäre Kosten in die Unterscheidung mit einfließen, dann ist im Grundsatz davon auszugehen, dass die auf beiderseitige Nutzenmehrung angelegte Entscheidung des Arbeitnehmers und des Arbeitgebers auch die gesamtgesellschaftlich den größten Nutzen bringende ist. Jeder gerichtliche Eingriff in die Anpassung würde das **wirtschaftliche Gleichgewicht** zerstören. Werden Frauen also zu den gleichen Arbeitsbedingungen beschäftigt, obwohl sie durch schwangerschaftsbedingte Abwesenheit vom Arbeitsplatz mit größeren Kosten für den Arbeitgeber verbunden sind, dann ist dies eine Subventionierung der einen Arbeitsplätze durch die anderen, die erstem Vermuten nach ineffektiv ist. 57

Auch die **paternalistische Entscheidung** des Arbeitgebers, es besser zu wissen als der zurückgesetzte Arbeitnehmer kann unter bestimmten Umständen effektiv sein (allgemein zum Paternalismus unter ökonomischen Gesichtspunkten: *Kronman*, Paternalism and the Law of Contracts, 92 Yale L. J. 763 [1983]; auch mit mathematischer Herleitung *Zamir*, Efficieny and Paternalism, 84 Va. L. Rev. 229 [1998]). Dies gilt vor allem dann, wenn der Arbeitnehmer seine Präferenzen – sei es aufgrund fehlender Information, fehlenden intellektuellen Fähigkeiten, Leichtsinn oder wirtschaftlicher Notwendigkeit – abweichend von einer rationalen, auf vollständiger Information beruhenden freien Entscheidung trifft. Auch können mit der Ent-scheidung des Arbeitnehmers Externalitäten verbunden sein, die er nicht in seine Entscheidungsfindung einbeziehen muss, oder der eigene Schaden wird ihm, weil versichert, ersetzt und kann daher keine steuernde Wirkung ausüben. Ältere Arbeitnehmer daher nicht sie überfordernder körperlich schwerer Arbeit auszusetzen oder weibliche Arbeitnehmer nicht zur Nachtschicht einteilen zu wollen, kann nutzensteigernd sein, weil mögliche Kosten einer Schädigung, die durch die Unfallversicherung aufgefangen würden und die der Arbeitnehmer daher ausblenden mag, mit in die Überlegungen einbezogen werden – und auch die vielleicht leichtfertige Wertung, das traue man sich noch zu, kann durch einen Dritten korrigiert werden. 58

Sehr ähnlich gelagert sind die – in der Praxis wohl häufigen – Fälle, in denen der rational handelnde Arbeitgeber ein bestimmtes verbotenes Merkmal als leicht nachweisbares und nach praktischer Lebenserfahrung durchaus zielsicheres **Hilfskriterium** zur Unterscheidung nach anderen Kriterien, die wirtschaftliche Gründe tragen, jedoch schwerer nachzuweisen sind, verwendet. Man spricht von *statistical discriminiation* (grundlegend *Phelps*, The Statistical Theory of Racism and 59

Sexism, 62 Am. Econ. Rev. 659, 659 [1972]: „A prior discrimination against minorities may be based on statistical expectations which seem to the employer more cost effective than making individual determination"; s. auch *Posner*, The Effiency and the Efficacy of Title VII, 136 U. Pa. L. Rev. 513, 516 [1987]). Gebrechliche Arbeitnehmer nicht körperlich schweren Arbeiten auszusetzen, ist für den Arbeitgeber effizient, wie es allgemein effizient ist, Arbeitnehmer nicht zu überfordern, sondern sie nur mit Arbeiten zu betrauen, die ihrer intellektuellen und körperlichen Qualifikation entsprechen. Wie aber stelle ich fest, wer gebrechlich ist? Da bei der Einstellung nur eine Momentaufnahme vorliegt, die auch bei eingehender Untersuchung zukünftige Entwicklungen nur mit höheren oder geringeren Wahrscheinlichkeiten prognostizieren kann, ist es ein die Kosten der Überwachung minimierendes Verfahren, die Unterscheidung nach dem Alter, zuzulassen. Statt zu warten, dass ein Flugzeug auf Grund altersbedingter Ausfälle des Piloten vom Himmel fällt, mag es sinnvoller sein, die allgemein praktizierten Altersgrenzen für das Cockpit anzuerkennen (Fälle, in denen eine solche Unterscheidung nicht effizient ist, versuchen allerdings darzulegen *Lundberg/Startz*, Private Discrimination and Social Intervention in Competitive Labor Markets, 73 Am. Econ. Rev. 340 [1983]; *Schwab*, Is Statistical Discrimination Efficient?, 76 Am. Econ. Rev. 228 [1986]).

60 Antidiskriminierungsgesetzgebung hat also ganz **unterschiedliche Auswirkungen** auf die Effizienz des Arbeitsverhältnisses, je nachdem gegen welche Gründe der Ungleichbehandlung sie gerichtet ist. Insbesondere dort, wo es finanzielle Gründe sind, die den Arbeitgeber zur Ungleichbehandlung bewegen, spricht ein erstes Vermuten gegen die Effizienz des staatlichen Eingriffs in den Vertragsschluss (weitere Einzelheiten *Thüsing*, RdA 2003, 257; *v. Hoff*, Das Verbot der Altersdiskriminierung, 2009, 242).

V. Flankierende Gesetzesänderungen anlässlich der Verabschiedung des AGG

61 Anlässlich der Verabschiedung des AGG sind einige andere Gesetze geändert worden. Die Änderungen finden sich in Art. 3 des Gesetzes zur Umsetzung europäischer Antidiskriminierungsvorschriften, dessen Art. 1 das AGG und dessen Art. 2 das SoldGG (s. Rnr. 132 f.) bildet:

62 Im **Arbeitsgerichtsgesetz** wurde mit dem neuen Satz 6 des § 11 Abs. 1 die Kongruenz der Vorschriften über die Vertretung vor den Arbeitsgerichten mit der neuen Regelung in § 23 AGG hergestellt. Soweit den dort näher bezeichneten Verbänden die Besorgung fremder Rechtsangelegenheiten erlaubt ist, sind sie zur Prozessvertretung vor den Arbeitsgerichten zugelassen. Die Kongruenz ist freilich nicht ganz gelungen: Gemäß § 11 Abs. 1 S. 6 ArbGG ist auch der bevollmächtigte Verband zur Vertretung befugt (§ 79 ZPO), gemäß § 23 AGG ist nur ein Auftreten als Beistand (§ 90 ZPO) erlaubt.

63 Die in § 61 b Abs. 1 ArbGG vorgesehene Frist von drei Monaten zur Erhebung einer Klage auf Entschädigung wurde beibehalten. Der Verweis auf § 611 a BGB wurde ersetzt durch einen Verweis auf § 15 AGG. Die Klagefrist ist damit in allen Fällen einer Benachteiligung einzuhalten.

V. Flankierende Gesetzesänderungen anlässlich der Verabschiedung des AGG

Mit der Aufhebung des Artikels 2 des Gesetzes über die Gleichbehandlung von Männern und Frauen am Arbeitsplatz und über die Erhaltung von Ansprüchen bei Betriebsübergang (**Arbeitsrechtliches EG-Anpassungsgesetz**) wurde dem Umstand Rechnung getragen, dass die Vorschrift mit der Aufhebung der entsprechenden Vorschriften im BGB gegenstandslos geworden ist. Die Verpflichtung des Arbeitgebers, die gesetzlichen Vorschriften den Beschäftigten bekannt zu machen, wurde nunmehr für alle Richtlinien einheitlich in § 12 Abs. 5 AGG umgesetzt.

In **§ 75 Abs. 1 BetrVG** wurden die aufgestellten Grundsätze für die Behandlung der im Betrieb tätigen Personen an die Terminologie des § 1 AGG dadurch angepasst, dass die Insbesondere-Aufzählung der unzulässigen Differenzierungsmerkmale durch die Einfügung der Benachteiligungsverbote aus Gründen der Rasse oder wegen der ethnischen Herkunft, Weltanschauung, Behinderung und des Alters, die bisher in § 75 Abs. 1 BetrVG nicht ausdrücklich genannt waren, ergänzt wurde.

In vergleichbarer Weise wurden die in **§ 67 BPersVG** enthaltenen Grundsätze für die Behandlung der Beschäftigten dem AGG angepasst und die Verpflichtung von Dienststelle und Personalvertretung auf alle Diskriminierungsmerkmale der EU-Richtlinien erweitert. Entsprechendes gilt nach dem geänderten § 27 Abs. 1 SprAuG für die Behandlung der leitenden Angestellten des Betriebs.

§ 8 Abs. 1 S. 2 BBG wurde dahingehend neu gefasst, dass die Merkmale, welche bei der Auslese von Bewerberinnen und Bewerbern nach einer Stellenausschreibung nicht berücksichtigt werden dürfen, um die Merkmale ethnische Herkunft, Behinderung, Weltanschauung und sexuelle Identität erweitert werden. Dabei wurde durch die Änderung des § 8 Abs. 1 S. 3 BBG klargestellt, dass gesetzliche Maßnahmen zur Förderung schwerbehinderter Menschen von der Ergänzung des Berücksichtigungsverbots des Satzes 2 um das Merkmal der Behinderung unberührt bleiben.

Im **SGB I** wurde in Umsetzung der Richtlinie 2000/43/EG durch Einfügung des neuen § 33c das Benachteiligungsverbot aus Gründen der Rasse und wegen der ethnischen Herkunft im Bereich des Sozialgesetzbuches normiert und auch die Benachteiligung wegen einer Behinderung einbezogen. Unter die sozialen Rechte fallen die in den Büchern des Sozialgesetzbuches vorgesehenen Dienst-, Sach- und Geldleistungen (§ 11 SGB I), insbesondere auch die Aufklärung, Auskunft und Beratung im Sinne des Sozialgesetzbuches (§§ 13 bis 15 SGB I). Daraus entstehen keine neuen sozialen Rechte; diese sind allein in den einzelnen Büchern des Sozialgesetzbuches festgelegt.

Durch die Änderung von **§ 36 Abs. 2 SGB III** wurde die Umsetzung der Richtlinien durch den zweiten Abschnitt des AGG für die Grundsätze der Vermittlung durch die Bundesagentur für Arbeit nachvollzogen, soweit das SGB III nicht in Bezug auf einzelne Benachteiligungsgründe bereits ein höheres Schutzniveau gewährleistete.

Soweit der Bereich der Berufsberatung durch das Inkrafttreten des AGG betroffen ist, wurde durch einen neuen **§ 19a SGB IV** das Benachteiligungsverbot für die betroffenen Leistungsträger festgeschrieben. Mit der Änderung in § 36 S. 3 **SGB IX** wurde klargestellt, dass nun auch die Regelungen des AGG im Bereich der Teilhabe am Arbeitsleben und über § 138 Abs. 4 SGB IX auch in Werkstätten für behinderte Menschen entsprechende Anwendung finden. Das **Bundesgleichstellungsgesetz** wurde an den Wegfall des Beschäftigtenschutzgesetzes angepasst. In

A. Einleitung

§ 3 Abs. 1 SoldatenG wurden die Merkmale, welche bei Entscheidungen über Ernennungen und Verwendungen der Soldatinnen und Soldaten nicht berücksichtigt werden dürfen, um die Merkmale sexuelle Identität, Weltanschauung und ethnische Herkunft erweitert. Durch die Änderung in **§ 73 Abs. 6 SGG** wurden dem neu geschaffenen Vertretungsrecht von Mitgliedern und Beschäftigten der Antidiskriminierungsverbände im Sinne von § 23 Abs. 1 AGG Rechnung getragen.

71   Durch die umfassende Neuregelung im AGG wurden die **§§ 611 a, 611 b und 612 Abs. 3 BGB**, die bisher den Schutz vor Benachteiligung wegen des Geschlechts regeln, entbehrlich und deshalb aufgehoben. Art. 4 des Gesetzes zur Umsetzung europäischer Antidiskriminierungsrichtlinien bestimmt das zeitgleiche Außerkrafttreten des **Beschäftigtenschutzgesetzes** vom 24. Juni 1994 (BGBl. I S. 1406, 1412). Seine Regelungen gehen im neuen AGG auf.

VI. Bedeutung des Diskriminierungsschutzes für die Entwicklung des Arbeitsrechts

1. Nationales Recht

72   **Wesentlicher Effekt** des AGG wird nicht so sehr sein, dass zahlreiche Arbeitgeberentscheidungen verboten sein werden, sondern dass sie alle kontrollfähig werden. Die Gleichbehandlungsgebote eröffnen die Tür zur gerichtlichen Kontrolle (*Wiedemann*, Die Gleichbehandlungsgebote im Arbeitsrecht, 2001, S. 95). Der Arbeitgeber mag sich rechtfertigen können, er muss es jedoch, soll seine Entscheidung vor den Gerichten Bestand haben. Der einseitigen, schlecht begründeten, ja willkürlichen Entscheidung durch den Arbeitgeber ist Einhalt geboten. Dies gilt nicht nur während des Arbeitsverhältnisses, wo der allgemeine Gleichbehandlungsgrundsatz bei kollektiven Entscheidungen bereits einen Schutz des Arbeitnehmers bewirkt, sondern insbesondere auch da, wo bislang weitgehende Vertragsfreiheit bestand, nämlich bei der Einstellung. Eben hier liegt auch der spannungsreiche Konflikt zur Vertragsfreiheit, denn bislang brauchte sich der Arbeitgeber hier nicht zu rechtfertigen (auch nicht bei der Unterscheidung nach ethnischer Herkunft: ArbG Wuppertal v. 10. 12. 2003 – 3 Ca 4927/03, LAGE § 626 BGB 2002 Nr. 2 a).

73   Die Reichweite des Diskriminierungsschutzes, der sehr viel weiter greifen kann als dies auf den ersten Blick scheinen mag, zeigt am anschaulichsten das viel diskutierte **Beispiel des Kopftuchverbotes** (s. auch Rnr. 724). Als unzulässige, unmittelbare Religionsdiskriminierung haben es US-amerikanische Gerichte gewertet – und zwar mehrfach, und ohne dass dies zu sonderlichem Aufheben in der Literatur geführt hätte (s. etwa Equal Employment Opportunity Commission v. Mayer, Brown & Platt, Case No. 98 C 6084 [E. D. Ill. Sept. 1998]; hierzu Koonin, 15 Lab. Law. 19 [1999]). Das Verbot lässt sich aber auch unter die mittelbare Rassendiskriminierung subsumieren, wie es das britische Employment Appeal Tribunal vorgemacht hat. Weil Arbeitnehmerinnen bestimmter Ethnien eher islamische Kopftücher tragen als Arbeitnehmerinnen anderer Herkunft, konnte das Verbot des Race Relation Act Anknüpfungspunkt zum Schutz der Arbeitnehmerinnen

VI. Bedeutung des Diskriminierungsschutzes

sein und den Platz des ehemals fehlenden Diskriminierungsverbots wegen der Religion einnehmen (Hussain v. MCSL, No. EAT/915/00 [2002] Emp. L. R. 713; hierzu *Thüsing/Wege*, ZEuP 2004, 404). Ein solcher Anknüpfungspunkt kann auch das Verbot der Geschlechtsdiskriminierung sein, wie eine Entscheidung des dänischen Obersten Gerichtshofs vorgemacht hat. Dieser entschied, gestützt auf das dänische Antidiskriminierungsgesetz vom 6.6.1996, ebenso wie das BAG im Hinblick auf eine Verkäuferin im Kaufhaus. Er verwarf das Kopftuchverbot, weil hier überproportional Frauen betroffen sind, ohne dass dies hinreichend gerechtfertigt gewesen wäre (*Hansen* berichtet über eine Entscheidung des Obersten Dänischen Gerichtshofs vom 10.8.2002 zu einer Kündigung einer Mitarbeiterin durch das Kaufhaus „Magasin", nachzulesen bei http://europa.eu.int/comm/employment_social/fundamental_rights/pdf/aneval/religion_da.pdf. In einem Bericht für den französischen Senat findet sich eine Darstellung einer gleichlaufenden Entscheidung des Kopenhagener Appellationsgerichts vom August 2000, http://www.droitconstitutionnel.net/Senat-foulard.html. Ob es sich um die Vorinstanz handelt, war mir nicht ersichtlich). Am weitesten geht das französische Recht. Art. L 1132-1 Code du travail verbietet seit 2002 auch die Diskriminierung wegen der *apparence*, also der äußeren Erscheinung (s. hierzu auch *Thüsing*, JZ 2006, 223 mit Hinweisen auf Parallelen im Recht Kaliforniens). Diese ist nicht allein auf die physischen Merkmale beschränkt, sondern umfasst auch die Kleidung. Die Cour d'appel de Paris sah hier keine hinreichenden Rechtfertigungsgründe, denn nach der Konzeption des Art. 122 – 45 Code du travail (jetzt Art. L 1132-1) wäre eine unmittelbare Diskriminierung nur dann nicht gegeben, wenn der Arbeitgeber hätte beweisen können, dass seine Entscheidung gerechtfertigt ist durch objektive Elemente fern jeder Diskriminierung (C. A. Paris, 18ème chambre E, 16 mars 2001, Mme C./re SA Hamon, *Puigelier*, JCP E Semaine Juridique [édition entreprise], n° 31, 02/08/2001, pp. 1339–1342. S. auch CPH Paris 17.12. 2002 (RJS 3/03, No 308 sequ.; hierzu auch *Pousson*, D. 2004, 177; im deutschen Schrifttum *LeFriant*, NZA 2004, Sonderbeil. Heft 22, 49 f.). Wenn also schon ein einziger Fall von ganz verschiedenen Diskriminierungsverboten berührt wird, mag das eine Ahnung davon geben, wie viele Fälle nach den Maßstäben der Antidiskriminierungsrichtlinien und des AGG indirekte oder direkte Benachteiligungen darstellen können. Sie alle sind nun kontrollfähig.

Dies gilt auch und vor allem für das **Kündigungsschutzrecht**. Hier existiert **74** zwar bereits das Kündigungsschutzgesetz – und wo es nicht greift § 242 BGB – als gesetzgeberisches Schild gegen die einseitige Entscheidung des Arbeitgebers. Hierzu ist jedoch eine zweite arbeitsrechtliche Schutzschicht getreten. Zwar hat § 2 Abs. 4 AGG die Kündigung in letzter Minute des Gesetzgebungsverfahrens aus dem Anwendungsbereich des AGG ausgeschlossen, jedoch ist dies europarechtswidrig, s. Rnr. 108 ff. Richtig wäre es gewesen, nicht die Umsetzung zu verweigern, sondern das KSchG anzupassen. Das Recht wird also auch hier die Argumente der Praxis formen. Die Folgen können erheblich sein. Nicht das KSchG, sondern das Antidiskriminierungsrecht könnte hier die entscheidende Messlatte werden.

Wie wenig sorgfältig der deutsche Gesetzgeber aber vorgegangen ist, zeigt sich **75** auch am Beispiel der **betrieblichen Altersversorgung**. Hier scheint § 2 Abs. 2 S. 2 AGG erstem Anschein nach eine Bereichsausnahme zu formulieren. Diese wäre zwar eine klare gesetzgeberische Wertung für mehr Freiheit durch den Arbeitgeber, sie ist aber ebenso klar europarechtswidrig, s. Rnr. 119. Wie schwer sich der deutsche Gesetzgeber tut, hier diese zweite arbeitsrechtliche Schutzschicht in das bereits vorhandene System zu integrieren, zeigt auch sein Vorgehen bei Schaffung des § 81 Abs. 2 SGB IX. Der Quote nach § 71 SGB IX wurde das Diskriminierungsverbot zur Seite gestellt. Dies mag vertretbar sein, denn behinderte Menschen bedürfen allen Schutzes und Förderung der Gesellschaft, jedoch fällt auf, dass der englische Gesetzgeber als er 1996 den Disability Discrimination Act geschaffen hat, eine entsprechende Quotenverpflichtung, wie sie das deutsche Recht vorsieht, abgeschafft hat. Von einem Schutzsystem wurde auf das andere umgesattelt; in Deutschland sattelt man drauf (s. schon *Thüsing*, ZfA 2001, 397, 405).

76 Ein Beispiel für diese Doppelung wird wohl auch die **Altersdiskriminierung** treffen. Hier korrigierte das BAG die Unterscheidung nach dem Alter bislang vor allem auf Grundlage des Art. 12 GG, insbesondere in Tarifverträgen (BAG v. 21.7. 2004 – 7 AZR 589/03, EzA § 620 BGB 2002 Altersgrenze Nr. 5; BAG v. 31.7. 2002 – 7 AZR 140/01, BAGE 102, 65–73; hierzu auch Wiedemann/*Thüsing*, TVG, § 1 Rnr. 347), jedoch tritt nun an dessen Seite der Diskriminierungsschutz. Ist das strenger – ist das nur ein Perspektivenwechsel? Die Frage ist einstweilen offen und Gerichten und Kommentatoren zur Antwort aufgegeben. S. ausführlich Rnr. 425 ff.

2. Europarecht

77 Das AGG scheint eine Etappe in der Entwicklung des Anti-Diskriminierungsrechts zu sein, der weitere folgen werden. Das gilt zum einen in der Hinsicht, dass weitere Merkmale in Zukunft verboten werden. Europa will – wie es als großes Ziel der arbeitsrechtlichen Vorschriften des EG-Vertrages Art. 136 EG (jetzt Art. 151 AEUV) formuliert hat – den Fortschritt auf dem Wege der Angleichung und schaut man auf die verschiedenen mitgliedsstaatlichen Diskriminierungsverbote, so wird schnell klar, dass Europa bei dem Vorhandenen nicht stehen bleiben wird, dass die jetzigen Richtlinien nicht Schlussstein einer Architektur des Diskriminierungsrechts sind, sondern wohl eher zu ihrem Fundament gehören werden.

78 Erste Zeichen zeigen sich schon jetzt. Der deutsche Gesetzgeber hat 2009 mit den §§ 19 ff. GenDG ein **Verbot der Diskriminierung wegen genetischer Merkmale** geschaffen. Bereits 2008 wurde in den USA ein entsprechendes Gesetz erlassen (Genetic Information Nondiscrimination Act of 2008 (Pub.L. 110-233, 122 Stat. 881, enacted May 21, 2008, GINA)). Dass zudem auch ein Verbot der Diskriminierung wegen politischer Überzeugung nahe liegt, zeigt schon die Erwähnung dieses Verbots in der europäischen Charta für Menschenrechte. Ebenso ist es auffällig, dass in Art. 21 der EU-Grundrechte-Charta nicht sehr viel mehr Diskriminierungsmerkmale erwähnt wurden als im AGG. (s. Rnr. 16). Nicht allein die Entwicklung in Amerika hat also gezeigt, dass man mit wenigen Diskriminierungsvorschriften angefangen hat und zu immer mehr verbotenen Merkmalen gefunden hat; gleiches dürfte langfristig für Europa zu erwarten zu sein.

79 Das Antidiskriminierungsrecht wird sich jedoch nicht nur in den Merkmalen ausweiten, sondern auch in Handlungen. Der Gesetzgeber hat bei der Geschlechtsdiskriminierung angefangen mit dem Verbot der unmittelbaren Diskriminierung, der

EuGH erfand dann im Anschluss an die US-amerikanische Rechtsprechung die mittelbare Diskriminierung (s. Rnr. 246 ff.), die Richtlinien 2000/43/EG, 2000/78/EG und 2002/73/EG fügten die Belästigung als Form der Diskriminierung hinzu und verbieten auch die Anweisung zur Diskriminierung und stellen sie der eigentlichen Diskriminierung gleich. Immer mehr wird also das eigentliche Ziel, die Sicherstellung von Gleichstellung und Gleichbehandlung geschützt. Man baut Verbote um das eigentliche Verbot herum, um eben diesen eigentlichen Kern stärker zu schützen. Die Anweisung zur Diskriminierung ist keine Diskriminierung. Sie schädigt selber den geschützten Arbeitnehmer noch nicht. Wird sie dennoch europarechtlich gleichgestellt mit der eigentlichen Benachteiligung, dann wird hier „**ein Zaun um die Thora gebaut**", entsprechend der Entstehung des mosaischen Gesetzes, das immer mehr Verbote formulierte als „Vorfeldschutz", um das eigentliche Verbot des Dekalogs zu schützen (so der Talmud Abot. 1.1; s. zu dieser Genese des jüdischen Gesetzes *Stemberger*, Epochen der jüdischen Literatur, 1982, S. 79 ff.).

Wie weit Europa gehen könnte zeigen dann nicht zuletzt auch die Urteile in **80** den Rs. Mangold und Kücükdeveci (EuGH v. 22. 11. 2005 – Rs. C-144/04, NZA 2005, 1345; EuGH v. 22. 11. 2005 – C-144/04, hierzu *Thüsing*, ZIP 2005, 2149, ausführlicher Rnr. 43). Dort geht der EuGH von einem allgemeinen europäischen Gleichbehandlungsgrundsatz aus. Die Richtlinien sprechen also nur das aus, was bereits vorhanden ist: Das „grundsätzliche Verbot dieser Formen der Diskriminierung, wie sich aus der ersten und der vierten Begründungserwägung der Richtlinie ergibt, [hat] seinen Ursprung in verschiedenen völkerrechtlichen Verträgen und den gemeinsamen Verfassungstraditionen der Mitgliedstaaten" (EuGH v. 22. 11. 2005 – Rs. C-144/04, NZA 2005, 1345, 1348). Dadurch kann der Stein eines unbegrenzten Diskriminierungsschutz ins Rollen gebracht werden, auch in Bezug auf Merkmale, die die Richtlinien und das nationale Recht (noch?) nicht kennen. Denn die verschiedenen Antidiskriminierungsgesetze der Mitgliedstaaten, die zusammen vielleicht dann auch „Verfassungstraditionen der Mitgliedstaaten bilden", kennen noch viele Merkmale mehr, s. Rnr. 151. Es ist eben nicht so, dass die besonderen Diskriminierungsverbote gleichsam naturrechtlich vorgegeben sind und nur noch in rechtsethischer Verbalinspiration niedergeschrieben werden müssen. Sie beruhen auf gesellschaftlicher Wahl, und wo der Gesetzgeber sie nicht schafft, fehlen sie, und zwar auch, wenn völkerrechtliche Verträge ohne Bindungswirkung Programmsätze für eine gerechtere Welt formulieren. Man fragt sich, ob der EuGH hier tatsächlich alle Konsequenzen bedacht hat (zurückhaltend daher zurecht EuGH vom 11. 7. 2006 – C-13/05 *[Chacón Navas]*, BB 2006, 1640, NZA 2006, 839, im Hinblick auf eine ausweitende Auslegung des europäischen Diskriminierungsrechts *de lege lata*).

VII. Internationale Geltung

Das AGG ist als Bestandteil des deutschen Rechts immer anwendbar, wenn **81** deutsches Recht anwendbar ist. Wann das der Fall ist, richtet sich nach den Art. 3 ff. Rom I-VO (ausführlich dazu *Lüttringhaus*, Grenzüberschreitender Diskriminierungsschutz – Das internationale Privatrecht der Antidiskriminierung, 2010, 79 ff.; zum Arbeitsrecht *Junker*, NZA 2008, Beilage Nr 2, 59, 62)

A. Einleitung

82 Welches Recht auf den Arbeitsvertrag anwendbar ist, beurteilt sich nach den **Art. 3 ff., insbesondere Art. 8 Rom I-VO**. Damit ist zunächst wie bei jedem Vertrag entscheidend, ob sich die Parteien auf ein bestimmtes anwendbares Recht geeinigt haben, s. Art. 3 Rom I-VO. Danach ist jedoch auch das anwendbare Recht nach objektiven Kriterien gemäß Art. 8 Abs. 2 Rom I-VO zu bestimmen. Auch wenn eine Rechtswahl erfolgt ist, ist das in objektiver Anknüpfung ermittelte Recht gemäß 8 Rom I-VO anwendbar, soweit die vertragliche Wahl des anwendbaren Rechts dem Arbeitnehmer den ihm ohne diese Wahl zustehenden zwingenden arbeitsrechtlichen Schutz nehmen würde. Es kann also zu Mischformen kommen. Das so bestimmte Arbeitsvertragsstatut wird gemäß Art. 9 Rom I-VO ergänzt durch Regelungen, die international zwingend ohne Rücksicht auf das Arbeitsvertragsstatut sind, und gemäß Art. 12 Abs. 2 Rom I-VO durch eine Berücksichtigung des Ortsrechts bei der Vertragserfüllung (s. im Einzelnen *Thüsing*, NZA 2002, 1303; *Schlachter*, NZA 2000, 57; monographisch *Gamillscheg*, Internationales Arbeitsrecht, 1959; *Junker*, Internationales Arbeitsrecht im Konzern, 1992).

83 Das so ermittelte Arbeitsvertragsstatut ist grundsätzlich maßgeblich für die **gesamten Beziehungen zwischen Arbeitgeber und Arbeitnehmer**. Dazu gehören auch die Vertragsanbahnung (Art. 10 Abs. 1 Rom I-VO) und die nachwirkenden Vertragspflichten. Erfasst sind alle Personengruppen des § 6 AGG und § 24 AGG. Der Arbeitnehmerbegriff in der Rom I-VO ist weit zu verstehen und deckt selbst den GmbH-Geschäftsführer ab (s. ausführlich *Mankowski*, RIW 2004, 167). Nicht erfasst ist aber das kollektive Arbeitsrecht, also BetrVG und TVG, da diese sich nicht in der Regelung der Beziehungen zwischen Arbeitnehmer und Arbeitgeber erschöpfen und nicht den Arbeitsvertrag zur Grundlage haben. Hier gelten eigene Anknüpfungsregelungen (dazu MünchArbR/*Birk*,, § 21 Rnr. 17 ff.; *Schlachter*, NZA 2000, 59, 63 f.).

84 Auch wenn grundsätzlich ausländisches Recht anwendbar ist, sind die Normen des AGG anwendbar, wenn sie international zwingendes Recht i. S. d. Art. 9 Rom I-VO bilden. Dies ist nicht bereits jedes zwingende nationale Recht. Es ist erforderlich, dass die Norm nicht nur den Ausgleich zwischen individuellen Parteiinteressen regeln will, sondern darüber hinaus aus **Gemeinwohlinteressen** unbedingt Geltung verlangt (s. BGH v. 13. 12. 2005 – XI ZR 82/05, NJW 2006, 762; BAG v. 24. 8. 1989, AP Internationales Privatrecht Nr. 30: Arbeitsrecht; *Lüttringhaus*, Grenzüberschreitender Diskriminierungsschutz – Das internationale Privatrecht der Antidiskriminierung, 2010, 194; MüKo/*Martiny*, 5. Aufl. 2010, Art. 9 Rom I-VO, Rnr. 4) oder doch seinen internationalen Geltungswillen deutlich zum Ausdruck bringt. Nur wenn mit hinreichender Sicherheit festgestellt werden kann, dass der Schutz eines öffentlichen Interesses tragender Beweggrund der Norm ist, ist eine Sonderanknüpfung geboten (s. auch BAG v. 24. 3. 1992 – 9 AZR 76/91, NZA 1992, 1129). Dieses besondere öffentliche Interesse ist in Anbetracht des hohen Stellenwerts des Diskriminierungsschutzes in der grundgesetzlichen und zivilrechtlichen Werteordnung kaum bezweifelbar (s. auch die Begründung des Regierungsentwurfs BT-Drucks. 16/1780, S. 30: „Neben den individuellen Schutzwirkungen zugunsten der von Diskriminierung Betroffenen wird mit dem Gesetz vor allem eine Signalwirkung im Hinblick auf alle Diskriminierungsmerkmale angestrebt. Das Gesetz ist Ausdruck des politischen Willens, eine Kultur der Vielfalt

VIII. Unabdingbarkeit

und gegen Diskriminierung in Deutschland zu schaffen. Dazu gehört, für die Problematik der unbeabsichtigten, aber auch der strukturellen Diskriminierung zu sensibilisieren"). Dieses Ziel greift über die einzelne Person hinaus und gerade auch seine Verknüpfung mit der Menschenwürde (s. BT-Drucks. 17/1780, S. 1: „[D]er Schutz aller Menschen vor Diskriminierungen ist ein Menschenrecht") spricht sehr nachhaltig für eine internationale Eingriffsnorm. Nach **§ 2 Nr. 7 AEntG** findet dementsprechend der Diskriminierungsschutz des AGG zwingend Anwendung auch auf ein Arbeitsverhältnis zwischen einem im Ausland ansässigen Arbeitgeber und seinem im Inland beschäftigten Arbeitnehmer (ähnlich § 1 Abs. 4 öster.GleiBG; vgl. Thüsing/*Thüsing* AEntG § 2 Rnr. 13). Das AGG ist damit insoweit zwingende Norm i. S. d. Art. 9 Rom I-VO und setzt sich auch gegen ein abweichendes Vertragsstatut durch. Das Ausland denkt hier freilich anders. So ist das britische Anti-Diskriminierungsrecht nicht anwendbar auf Beschäftigungen gänzlich außerhalb Großbritanniens (sec. 8 (1) RRA, sec. 6 (1), 10 (1) SDA 1975); auch das US-amerikanische Recht hat hier differenzierte Regelungen: Nach dem ADEA ist kein Arbeitgeber im Sinne des Gesetzes, wer „a foreign person, not controlled by an American employer" ist. Der Gesetzgeber wollte damit klarmachen, dass zwar die extraterritoriale Anwendung des Gesetzes für amerikanische Arbeitgeber gilt, aber diese Extraterritorialität nicht Arbeitgeber erfaßt, die nicht amerikanische Unternehmen sind oder von solchen kontrolliert werden, auch wenn sie amerikanische Staatsbürger beschäftigen (Morelli v. Cedel, 76 FEP Cases 709 [26. 3. 1998]. S. sec. 702 (a) Title VII Civil Rights Act; sec. 11 (f) ADEA; dazu *Thüsing*, NZA 2002, 1303, 1308).

Unklar ist die Rechtslage allein, wenn ausländisches Recht kraft Rechtswahl **85** anwendbar ist, deutsches Recht auch nicht nach objektiver Anknüpfung eingreift, und es sich auch nicht um einen im Ausland ansässigen Arbeitgeber und seinen im Inland beschäftigten Arbeitnehmer handelt. Die Fälle werden in der Praxis selten sein. Sie werden allein dort zu finden sein, wo ein deutscher Arbeitnehmer dauerhaft von einem deutschen Unternehmen im Ausland eingestellt wird; hier mag man an der objektiven Anknüpfung deutschen Rechts zweifeln (ausführlicher *Thüsing*, NZA 2002, 1303). Auch hier wäre wohl von einer internationalen Geltung des AGG auszugehen, wie bislang schon arbeitsrechtliche Antidiskriminierungsvorschriften als Eingriffsnormen i. S. d. Art. 34 EGBGB gewertet wurden (vgl. *Thüsing*, Europäisches Arbeitsrecht. 2. Aufl. 2011, § 11 Rnr. 13; s. zum allgemeinen Gleichbehandlungsgrundsatz *Junker*, IPRax 1994, 21, 26; *Bittner*, NZA 1993, 161, 165).

VIII. Unabdingbarkeit

Von den Vorschriften des AGG kann gemäß § 31 AGG nicht zuungunsten der **86** geschützten Person abgewichen werden. Entsprechend den europarechtlichen Vorgaben sind die in diesem Gesetz enthaltenen Schutzvorschriften zwingend. In anderen Ländern finden sich ähnliche Vorschriften (s. sec. 77 (3) SDA; sec. 72 (3) SDA). Weder im Arbeitsvertrag noch in kollektiven Vereinbarungen kann zu ungunsten der Beschäftigten davon abgewichen werden.. Die Anwendbarkeit des AGG kann also nicht ausgeschlossen werden, ebenso seine Rechtsfolgen.

87 Die tarifvertragliche Unabdingbarkeit gilt jedoch nicht für **Fristen zur Geltendmachung des arbeitsrechtlichen Schadensersatz- und Entschädigungsanspruchs** in § 15 Abs. 4, da hier allgemein die Öffnung für die Tarifvertragsparteien normiert ist: „etwas anderes" kann hier auch „etwas ungünstigeres" sein (Schleusener/Suckow/Voigt/*Suckow*, AGG, § 31 Rnr. 4; *Bauer/Göpfert/Krieger*, AGG, § 31 Rnr. 3; a.A. Wendeling-Schröder/Stein/*Stein*, AGG, § 31 Rnr. 2). Allerdings heißt es in der Gesetzesbegründung ausdrücklich, § 31 gelte „insbesondere auch für die Fristen zur Geltendmachung des Entschädigungsanspruchs in § 15 Abs. 4" (BT-Drucks. 17/1780 S. 53). Dies ist jedoch ein gesetzgebungstechnisches Versehen und als solches nicht zu beachten: Die Ausführungen der Erläuterung zu § 31 beziehen sich noch auf eine vorangegangene Fassung des Gesetzes, in der dies in der Tat der Fall war und eine Öffnung für die Tarifvertragsparteien – anders als ehemals bei § 611a BGB – nicht vorgesehen war, und eben deshalb in der Erläuterung besonders hervorgehoben wurde (s. noch BT-Drucks. 15/4538 S. 7, 51). Nach Änderung des Wortlauts des Gesetzes aufgrund der Expertenanhörung im März 2005 hat man dies nicht mehr angepasst. Die Tariföffnungsklausel des § 15 Abs. 4 AGG wäre sonst sinnlos: Dass die Ausschlussfrist verlängert werden kann – durch Arbeitsvertrag oder Tarifvertrag – ist selbstverständlich, dass sie aber nur durch Tarifvertrag verkürzt werden kann, leuchtet ein, denn nur dem Tarifvertrag kommt die – auch vom Gesetzgeber des AGG betonte (BT-Drucks. 16/1780 S. 38) – höhere Richtigkeitsgewähr zu.

88 Unklar ist, inwieweit dies auch einen **Verzicht** auf die Ansprüche und Rechte aus dem AGG ausschließt, nachdem sie einmal entstanden sind. Die Rechtsprechung zu § 13 BUrlG hält den Verzicht auch dann für unzulässig (s. HWK/*Schinz*, § 13 BUrlG Rnr. 26; Wendeling-Schröder/Stein/*Stein*, AGG, § 31 Rnr. 9). Dies kann freilich nicht auf § 31 AGG übertragen werden, denn diese Rechtsprechung liegt im besonderen Zweck des Urlaubsanspruchs begründet (so auch *Bauer/Göpfert/Krieger*, AGG, § 31Rnr. 13 f). Hilfreicher ist es, sich an der Rechtsprechung zu § 12 EFZG zu orientieren. Hier ist ein Verzicht zwar während des Bestehens des Arbeitsverhältnis unzulässig, ein Verzicht anlässlich oder nach Beendigung des Verhältnisses aber zulässig (BAG v. 20.8.1980 – 5 AZR 955/78, AP LohnFG § 6 Nr. 12; BAG v. 20.8.1980 – 5 AZR 218/78, AP LohnFG § 6 Nr. 11; BAG v. 28.11.1979 – 5 AZR 849/77, AP LohnFG § 6 Nr. 9; BAG v. 28.11.1979 – 5 AZR 955/77, AP LohnFG § 6 Nr. 10). Dies ist nicht unbestritten in die eine wie die andere Richtung (für eine generelle Unverzichtbarkeit ErfK/*Dörner/Reinhard*, § 12 EFZG Rnr. 5; für eine generelle Verzichtbarkeit fälliger Entgeltfortzahlungsansprüche HWK/*Schliemann*, § 12 EFZG Rnr. 6), dürfte jedoch auch hier systematisch in sich stimmig sein, solange die Rechtsprechung bei ihrer Auslegung von § 12 EFZG bleibt.

89 Auch ein **Vergleich** über einen solchen Anspruch ist möglich (Schleusener/Suckow/Voigt/*Suckow*, AGG, § 31 Rnr. 5; *Bauer/Göpfert/Krieger*, AGG, § 31 Rnr. 13, 17). Erforderlich ist nach § 779 BGB freilich eine Ungewissheit zwischen den Parteien, die im Wege gegenseitigen Nachgebens beseitigt werden soll. Wenn im Streitfall nicht festgestellt werden kann, dass zwischen den Parteien zum Zeitpunkt des Vergleichs Streit über das Vorliegen eines Anspruch aus dem AGG bestand, wird der insoweit beweisbelastete Arbeitgeber sich nicht auf den Vergleich berufen können (s. zu § 13 BUrlG: BAG v. 20.1.1998 – 9 AZR 812/96, AP

VIII. Unabdingbarkeit

BUrlG § 13 Nr. 45), jedenfalls wenn nicht auch ein Verzicht möglich gewesen wäre.

Weitere Schutzmechanismen sieht das deutsche Recht nicht vor. Im britischen Recht etwa bedarf es für einen wirksamen Vergleich über Ansprüche aus Rassendiskriminierung eines unabhängigen Beistands des Geschädigten, also regelmäßig der anwaltlichen Vertretung (sec. 147 (3) Equality Act 2010). Die Unverzichtbarkeit hat Entsprechungen auch im US-amerikanischen Antidiskriminierungsrecht. Auch auf die Ansprüche nach Title VII Civil Rights Act, dem ADA und dem ADEA kann nicht verzichtet werden (s. Alexander v. Gardener Denver Company, 415 US 36 [1974]). Auch dies schließt jedoch einen Vergleich nicht aus (s. Moore v. McGraw Edison Company, 804 F2d 1023 [8th Circuit 1986]; Runyan v. National Cash Register Corporation, 787 F2d 1039 [6th Circuit 1986]). Im Hinblick auf Ansprüche aus Altersdiskriminierung verlangt der Older Worker Benefit Protection Act (OWBPA), dass der Streit, auf den sich der Vergleich/Verzicht bezieht, bereits offenkundig geworden ist, dass der Vergleich schriftlich in klar verständlichen Worten abgefasst wird, dass er eine spezifische Inbezugnahme von Ansprüchen aus Altersdiskriminierung enthält, dass er sich nicht auf zukünftige Ansprüche aus Altersdiskriminierung bezieht, dass dies mit einer Gegenleistung oder einem Entgegenkommen des Arbeitgebers verbunden ist, dass dem Arbeitnehmer schriftlich geraten wird, einen Rechtsbeistand beizuziehen, dass er mindestens 21 Tage Zeit hat, über den Vergleich zu entscheiden, und dass er selbst nach Unterschrift sieben Tage Zeit hat, zu widerrufen (29 USC, § 626 (f) (§ 1), § 7 (f) (§ 1) OWBPA). All diese Sicherungsvorschriften fehlen im deutschen Recht.

B. Sachlicher und persönlicher Anwendungsbereich

Schrifttum: *Adomeit/Mohr*, Geltung des AGG für die betriebliche Altersversorgung, ZfA 2008, 449; *Böhm/Cisch*, Das Allgemeine Gleichbehandlungsgesetz und die betriebliche Altersversorgung in Deutschland, BB 2007, 602; *Freckmann*, Betriebsbedingte Kündigungen und AGG – was ist noch möglich?, BB 2007, 1049; *Hamacher/Ulrich*, Die Kündigung von Arbeitsverhältnissen nach Inkrafttreten und Änderung des AGG, NZA 2007, 657; *Hein*, AGG x KschG = Europa² ?, NZA 2008, 1033; *Hellkamp/Rinn*, Gleichbehandlung in der betrieblichen Altersversorgung nach dem AGG, BetrAV 2008, 442; *Lutter*, Anwendbarkeit der Altersbestimmungen des AGG auf Organpersonen, BB 2007, 725; *von Medem*, Kündigungsschutz und Allgemeines Gleichbehandlungsgesetz, 2008; *Preis/Sajan*, Der GmbH-Geschäftsführer in der arbeits- und diskriminierungsrechtlichen Rechtsprechung des EuGH, BGH und BAG, ZGR 2013, 26; *Rolfs*, „Für die betriebliche Altersversorgung gilt das Betriebsrentengesetz" – Über das schwierige Verhältnis von AGG und BetrAVG, NZA 2008, 553; *Schubert*, Der Diskriminierungsschutz der Organvertreter und die Kapitalverkehrsfreiheit der Investoren im Konflikt, ZIP 2013, 289; *Steinmeyer*, Das Allgemeine Gleichbehandlungsgesetz und die betriebliche Altersversorgung, ZfA 2007, 27; *Thum*, AGG und betriebliche Altersversorgung – Anpassungsbedarf für Versorgungsordnungen?, BB 2008, 2291; *Thüsing/Stiebert*, Altersgrenzen bei Organmitgliedern, NZG 2011, 641; *Wendeling-Schröder*, KSchG, BetrVG und AGG – unvereinbare Gerechtigkeitskonzepte bei betriebsbedingten Kündigungen?, NZA 2010, 14.

I. Systematik des Gesetzes

91 § 2 Abs. 1 AGG bestimmt den sachlichen Anwendungsbereich des Gesetzes. Man orientierte sich eng an den europäischen Vorgaben. § 2 Nr. 1 bis 4 AGG entspricht weitgehend Artikel 3 Abs. 1 a) bis d) der Richtlinien 2000/43/EG, 2000/78/EG und Art. 1 RL 2006/54/EG; zur Klarstellung wurde in Nr. 2 ein Hinweis auf individual- und kollektivrechtliche Vereinbarungen hinzugefügt. Nr. 5 bis 8 entspricht wortgleich Art. 3 Abs. 1 e) bis h) der Antirassismus-Richtlinie 2000/43/EG. Eine gesonderte Wiedergabe von Art. 2 a) der Richtlinie 2004/113/EG war entbehrlich, weil dieser von Nr. 8 erfasst wird.

92 § 6 AGG beschreibt den persönlichen (Abs. 1 S. 1, Abs. 3) und den zeitlichen (Abs. 1 S. 2) Anwendungsbereich des 2. Abschnitts des Gesetzes, der den Schutz der Beschäftigten vor Benachteiligungen regelt. Er setzt die Art. 3 Abs. 1 a) bis c) der Richtlinien 2000/43/EG, 2000/43/EG und 76/207/EWG (ersetzt durch Art. 1 a und b der RL 2006/54/EG) um. Diese ausdrücklichen Festlegungen vermeiden Schwierigkeiten, wie sie sich bei der Ausdeutung der Reichweite des ehemaligen § 611a BGB ergeben haben (HWK/*Thüsing*, 2. Aufl. 2006, § 611a BGB Rnr. 14).

93 Im **Anwendungsbereich des § 2 Abs. 1 Nr. 1 bis 4 AGG** werden meist die Bestimmungen des Abschnitts 2 anzuwenden sein, weil es in der Regel um Benachteiligungen Beschäftigter im Sinne des § 6 AGG gehen wird. § 2 Abs. 1 Nr. 5 bis 7 AGG beruhen auf der Umsetzung der Antirassismus-Richtlinie 2000/43/EG, die – anders als die Rahmenrichtlinie 2000/78/EG und die Richtlinie 2006/54/EG – nicht nur für Beschäftigung und Beruf gilt, sondern auch für den Sozialschutz, die sozialen Vergünstigungen, die Bildung sowie den Zugang zu und die Versorgung mit Gütern und Dienstleistungen, die der Öffentlichkeit zur Verfügung stehen, einschließlich von Wohnraum. Hier werden die meisten Sachverhalte als öffent-

lich-rechtliche Fragen nicht vom Gesetz erfasst werden. Auch im Anwendungsbereich von Nr. 8, der auf Art. 3 Abs. 1 h) Richtlinie 2000/43/EG zurückgeht, sind öffentlich-rechtliche Sachverhalte denkbar. Meist wird es hierbei aber um privatrechtlich zu beurteilende Schuldverhältnisse gehen (BT-Drucks. 17/1780, S. 31).

II. Sachlicher Geltungsbereich

1. Bedingungen für den Zugang zu unselbstständiger und selbstständiger Erwerbstätigkeit

§ 2 Abs. 1 Nr. 1 AGG nennt den Zugang zu unselbstständiger und selbstständiger Erwerbstätigkeit unabhängig von Tätigkeitsfeld und beruflicher Position, sowie den beruflichen Aufstieg und betont wegen der besonderen Bedeutung, Auswahlkriterien und Einstellungsbedingungen. 94

Gemäß § 6 Abs. 3 AGG gelten die Vorschriften des 2. Abschnitts des AGG für Selbstständige und Organmitglieder entsprechend, soweit es Bedingungen für den Zugang zur Erwerbstätigkeit sowie den beruflichen Aufstieg betrifft. Mit der hierdurch angeordneten Einbeziehung des Zugangs zu selbstständiger Erwerbstätigkeit ist der **persönliche Anwendungsbereich** deutlich weiter gefasst, als ihn § 611 a BGB formulierte. Dessen Wortlaut setzte die europarechtlichen Vorgaben nur unvollkommen um, und so wurde vertreten, dass europarechtskonforme Auslegung auch die Einbeziehung arbeitnehmerähnlicher Personen (ErfK/*Schlachter*, 4. Aufl. 2004, § 611 a BGB Rnr. 6; MüKo/*Müller-Glöge*, 4. Aufl. 2004, BGB, § 611 a Rnr. 5; a. A. Staudinger/*Annuß*, Neubearbeitung 2005, BGB, § 611 a Rnr. 24; MünchArbR/*Richardi*, § 11 Rnr. 12), von Geschäftsführern und von Verträgen mit freien Mitarbeitern (s. hierzu auch EuGH v. 2. 10. 1997 – Rs. C-100/95, NZA 1997, 1221 [Steuerberaterprüfung]) gebiete. In der Rechtsprechung der schlug sich dies freilich nicht nieder. Zu Unrecht: Das Verbot der Geschlechtsdiskriminierung will nicht erst seit der Ergänzung der ehemaligen Richtlinie 76/207/EWG durch die Richtlinie 2002/73/EG gemäß Art. 3 Abs. 1 lit. a) ausdrücklich den Zugang zu „unselbstständiger und selbstständiger Erwerbstätigkeit" erfassen. Bereits in ihrer alten Fassung wurde „Beschäftigung" insgesamt erfasst und durch Richtlinie 86/613/EWG wurden Selbstständige ausdrücklich mit in den Schutzbereich des Diskriminierungsverbots einbezogen. Eine Beschränkung auf den persönlich abhängigen Arbeitnehmer verbietet sich daher. Die gleiche Formulierung findet sich nun in Art. 3 Abs. 1 a) Richtlinie 2000/43/EG und Art. 3 Abs. 1 a) Richtlinie 2000/78/EG. Der Gesetzgeber folgt hier einer Anregung der Wissenschaft, die Umsetzunglücken in vorangegangen Entwürfen beklagte (*Thüsing*, NZA 2004, Beilage Heft 22, S. 4). 95

Welche **Verträge in Bezug auf selbstständige Tätigkeit** für eine Anwendbarkeit des 2. Abschnitts des Gesetzes erfasst sein müssen, ist noch nicht durch die Rspr. strukturiert. Für § 611 a BGB ist zuweilen vertreten worden, europarechtskonform müssten alle Dienstverträge erfasst sein (ErfK/*Schlachter*, 4. Aufl. 2004, § 611 a BGB Rnr. 6; MüKo/*Müller-Glöge*, 4. Aufl. 2004, BGB, § 611 a Rnr. 5; KR/*Pfeiffer*, 7. Aufl. 2004, § 611 a BGB Rnr. 16). So weit gehen §§ 2 Abs. 1 Nr. 1, 6 Abs. 3 AGG jedoch nicht, denn will man sämtliche Dienstverträge mit selbstständigen Unternehmern hierunter subsumieren, würde dies die engeren Grenzen des Anwen- 96 dungsbereichs der Richtlinie 2000/78/EG gegenüber der Richtlinie 2000/43/EG verwischen. Die Grenzen zwischen dem arbeitsrechtlichen und dem zivilrechtlichen Teil des AGG würden zerfließen. Wollte man dieses weite Verständnis tatsächlich der Richtlinie zu Grunde legen, wäre zudem nicht einsichtig, warum hiervon nicht auch Kaufverträge erfasst wären, denn auch diese können in Ausübung selbstständiger Erwerbstätigkeit geschlossen werden. Missverständlich ist daher der Hinweis der Gesetzesmaterialien, wonach auch „bürgerlich-rechtliche Werkverträge ... bei richtlinienkonformer Auslegung des § 2 Abs. 1 Nr. 1 bis 4 als Erwerbstätigkeit bzw. Beschäftigungsverhältnis im Sinne des Artikels 3 Abs. 1 Buchstabe a bis d der Richtlinien 2000/43/EG, 2000/78/EG und 2006/54//EG zu qualifizieren sein [können]" (BT-Drucks. 15/4538, S. 40 zum ehemaligen § 20 Abs. 3 ADG-E). Allerdings kann in einem Werkvertrag Erwerbstätigkeit liegen, jedoch wäre er nur vom AGG erfasst, wenn dieser Vertrag den Zugang zur Erwerbstätigkeit schaffen würde. Dies ist kaum denkbar. Sinnvoller scheint daher eine engere Interpretation des Wortlauts der Richtlinien (ähnlich Wendeling-Schröder/Stein/*Stein*, AGG, § 2 Rnr. 12, § 6 Rnr. 21 ff; *Bauer/Göpfert/Krieger*, AGG, § 2 Rnr. 16). **Ein einzelner Dienstvertrag und ein Werkvertrag schaffen nicht die Bedingungen für den Zugang zu selbstständiger Erwerbstätigkeit, sondern sind Teil praktizierter selbstständiger Erwerbstätigkeit.** Dies dürfte selbst dann gelten, wenn es ein Nachfragemonopol nur eines Unternehmens gibt, dieses also durch seine diskriminierende Auswahl den Markt auf Anbieterseite strukturieren kann (so für Leistungen im Postwesen s. Malik v. Post Office Counters Ltd. [1993] ICR 93 in Bezug auf sec. 12 des britischen RRA). Es können damit nur solche Verträge gemeint sein, die den Rahmen und die Grundlage für die Tätigkeit als Selbstständiger bieten. Dazu gehören – im Ausland teilweise ausdrücklich geregelt – Franchiseverträge, die Entscheidung über den Aufstieg vom Associate zum Partner (s. sec. 11 (1) SDA sec. 10 RRA; so auch *Bauer/Göpfert/Krieger*, AGG, § 2 Rnr. 16), sowie die Vergabe von Belegbetten (Sibley Memorial Hospital v. Wilson 488 F.2 d 1338 (DC-Cir 1973); s. auch *Thüsing*, NZA 2004, Beilage Heft 22, S. 1, 4 m.w.N.). Für die Steuerberaterprüfung als Voraussetzung zur selbstständigen Berufsausübung hat der EuGH bereits im Hinblick auf das Verbot der Geschlechtsdiskriminierung die Anwendbarkeit bejaht (EuGH v. 2.10.1997; NZA 1997, 1221). Auch der Vertrag mit freien Mitarbeitern können davon umfasst sein, wenn sie ein ständiges Dienstleistungsverhältnis begründen, für das der Mitarbeiter den ganz überwiegenden Teil seiner Arbeitskraft zur Verfügung stellt (ebenso *Bauer/Göpfert/Krieger*, AGG, § 2 Rnr.16; einschränkend Wendeling-Schröder/Stein/*Stein*, AGG, § 6 Rnr. 23). Nicht erforderlich ist allerdings, dass es sich bei der selbstständigen Tätigkeit um einen eigenständigen Beruf im Sinne der Rechtsprechung des BVerfG handelt (BVerwG v. 26.1.2011 – 8 C 46/09, BVerwGE 139, 1).

97 Die entsprechende Geltung des 2. Abschnitts gilt bei Selbstständigen und Organmitgliedern also nur für Zugang zur Erwerbstätigkeit und den beruflichen Aufstieg. Beide Begriffe sind – trotz der dargelegten Einschränkungen – nicht allzu eng zu interpretieren. Zum **Zugang zur Erwerbstätigkeit** gehört nicht nur die Frage, ob ein Bewerber Vorstand einer Gesellschaft wird, sondern auch die Gestaltung des Anstellungsvertrags (Nur den Anstellungsvertrag einbeziehend *Bauer/Göpfert/Krieger*, AGG, § 6 Rnr. 27; wie hier Wendeling-Schröder/Stein/*Stein*, AGG, § 6 Rnr. 28).

II. Sachlicher Geltungsbereich

Zugang zur Beschäftigung beim Organmitglied meint auch den fortgesetzten 98
Zugang, und damit als den *actus contrarius* zur Begründung die Kündigung des
Anstellungsvertrages. Ein anderes Ergebnis wäre sinnwidrig: Bei der Bewerbung
müsste der Ältere berücksichtigt werden, könnte aber danach gleich wieder entlassen werden ohne gesetzlichen Diskriminierungsschutz. Altersgrenzen, wie sie
etwa zurzeit noch im Deutschen Corporate Governance Kodex empfohlen sind
(s. Abschnitt 5.1.2.: „Eine Altersgrenze für Vorstandsmitglieder soll festgelegt
werden"), können damit leicht in Konflikt zum AGG geraten (s. *Bauer/Krieger*,
DB 2005, 595; *Fleischer*, Handbuch des Vorstandsrechts, § 1 Rnr. 80).

Weil selbstständige Erwerbstätigkeit nur insoweit in den Anwendungsbereich 99
des AGG einbezogen ist, als es um den Zugang und den Bereich des beruflichen
Aufstiegs geht (§ 6 Abs. 3 AGG), ist die europarechtliche Definition der nichtselbstständigen Erwerbstätigkeit entscheidend (das negiert ohne überzeugende Argumente *Schubert*, ZIP 2013, 289). Das AGG ist europarechtskonform auszulegen (s. Rnr. 210) und der **Begriff des unselbstständigen Erwerbstätigen** ist weiter
gefasst als der des Arbeitnehmers (s. ausführlich *Mankowski*, RIW 2004, 167).
Abzustellen ist insoweit auf den Arbeitnehmerbegriff des 45 AEUV (ex-Art. 39
EGV). Gemeinschaftsrechtlich ist etwa der Geschäftsführer als Träger der Niederlassungsfreiheit, nicht aber der Arbeitnehmerfreizügigkeit allein dann anzusehen,
wenn nach der gesetzlichen oder satzungsmäßigen Verteilung der Befugnisse in
den juristischen Personen der Weisung keiner anderen Person oder keines Organs,
das er selbst nicht kontrolliert, unterliegt (Generalanwalt *Leger*, Schlussanträge v.
15.2.1996 in der Rechtssache C-107/94 SLG 1996, I-3091, I-3091, I-3096
Abschn. 29; *Mankowski*, RIW 2004, 167). Damit ist der **Geschäftsführer** einer
deutschen GmbH regelmäßig wohl auch Arbeitnehmer i.S. des AGG, da er den
Weisungen der Gesellschaft unterworfen ist (s. nur Streinz/Franzen, EUV/AEUV,
Art. 45 AEUV Rnr. 19; vgl. auch EuGH v. 11.11.2010, DB 2011. 2270 –
Danosa, Für die Richtlinie 92/89/EWG; hierzu *Preis/Sajan*, ZGR 2912, 26, 99 ff.
Für ihn gilt das AGG nicht nur bei Zugang und beruflichem Aufstieg, sondern
insgesamt (s. auch *Preis/Sajan*, ZGR 2013, 26, 57). Jüngst hat der BGH Stellung
zur Anwendbarkeit des AGG auf den GmbH-Geschäftsführer genommen (BGH v.
23.4.2013 – II ZR 163/10, NJW 2012, 2346). Fraglich war, ob bei der Nicht-
Verlängerung des Vertrags mit dem GmbH-Geschäftsführer das AGG Anwendung
finden kann. Der BGH judizierte, dass unter Zugang iSv. § 6 Abs. 3 AGG der
„fortgesetzte" Zugang zu verstehen sei, so dass es auf die Arbeitnehmereigenschaft nach § 6 Abs. 1 S. 1 Nr. 1 AGG in casu nicht ankomme. Diese Aufspaltung
in eine diskriminierungsrechtlich überprüfbare Auswahlentscheidung, die dem
BGH zufolge Zugangsbedingung iSv. § 6 Abs. 3 AGG sei und eine nicht nach
dem AGG zu beurteilende Entlassungsentscheidung kann zu einem „widersinnigen Hin und Her" (*Lutter*, BB 2007, 725, 728) zwischen Kündigung und anschließendem Bewerbungsverfahren führen (für eine Einordnung des GmbH-Geschäftsführers als Arbeitnehmer iSv. § 6 Abs. 1 S. 1 daher *Preis/Sajan*, ZGR 2013,
26, 61 ff.; *Eßer/Baluch*, NZG 2007, 321; dem BGH folgend *Wolf*, BB 2012,
1932; *Stenslik/Zahn*, DStR 2012, 1865; kritisch *Bauer/Arnold*, NZG 2012, 921).
Der Wortlaut des § 6 Abs. 3 AGG ist insoweit erweiternd europarechtskonform
auszulegen; die Regelung hat nur Bedeutung für den Gesellschafter-Geschäftsführer mit beherrschender Stellung. Offen gelassen wurde von der Rechtsprechung

hingegen, ob der öffentlich bestellte Sachverständige dem Anwendungsbereich der Norm unterliegt (Bayerischer VGH v. 28.1.2009 – 22 BV 08.1413) – da er durch die öffentliche Bestellung gerade keinen Selbständigen im Sinne der Norm darstellt.

2. Beschäftigungs- und Arbeitsbedingungen einschließlich Arbeitsentgelt und Entlassungsbedingungen

100 Nach § 2 Abs. 1 Nr. 2 AGG unterfallen dem Gesetz alle Beschäftigungs- und Arbeitsbedingungen einschließlich Arbeitsentgelt und Entlassungsbedingungen, insbesondere Vereinbarungen und Maßnahmen bei der Durchführung und Beendigung eines Beschäftigungsverhältnisses sowie für den beruflichen Aufstieg. Mit erfasst werden damit auch die nachwirkenden Folgen eines beendeten Beschäftigungsverhältnisses. Die Aufzählung im zweiten Halbsatz dient der Konkretisierung, sie ist nicht abschließend und umfasst z. B. auch Weisungen oder sonstige Anordnungen wie Versetzung oder Umsetzung durch den Arbeitgeber (BT-Drucks. 16/1780, S. 30 f.). Erfasst werden **alle individual- und kollektivrechtlichen Vereinbarungen und Maßnahmen** bei der Durchführung und Beendigung eines Beschäftigungsverhältnisses sowie für den beruflichen Aufstieg. Die Wortwahl lehnt sich an den der ehemaligen § 611a BGB und § 81 Abs. 2 SGB IX an („Vereinbarung oder einer Maßnahme, insbesondere bei der Begründung des Arbeitsverhältnisses, beim beruflichen Aufstieg, bei einer Weisung oder einer Kündigung") und greift Art. 3 Abs. 1 lit. a Richtlinie 2000/78/EG, Art. 4 Abs. 1 lit. a Richtlinie 2000/43/EG und Art. 1 lit. a und b der RL 2006/54/EG auf.

101 Mit „Vereinbarungen und Maßnahmen" sollen weitestgehend alle Benachteiligungen tatsächlicher oder rechtlicher Art im Zusammenhang mit einem Arbeitsverhältnis untersagt werden (Staudinger/*Annuß*, Neubearbeitung 2005, BGB, § 611a Rnr. 27; Soergel/*Raab*, BGB, § 611a Rnr. 11; MüKo/*Thüsing*, AGG, § 2 Rnr. 10). Davon erfasst sind alle Maßnahmen und Anordnungen des Arbeitgebers bezogen auf das Arbeitsverhältnis – also sowohl Weisungen und einseitige Leistungsbestimmungen (auch im Rahmen des Direktionsrechts (LAG Berlin-Brandenburg LAGE § 3 AGG Nr. 1)) als auch Versetzungen und Umsetzungen (BAG AP Nr. 1 zu § 15 AGG). Auch der Begriff des Arbeitsentgelt ist weit zu verstehen (s. Rnr. 367 zum dortigen Begriff Vergütung). Erfasst werden damit von „Vereinbarungen und Maßnahmen" alle arbeitgeberseitig gesetzten oder beeinflussten Arbeitsbedingungen (EuGH v. 13.7.1995 – Rs. C-116/94, AP EWG-Vertrag Art. 119 Nr. 69). Hierzu gehören – wie §§ 15 Abs. 3, 17 Abs. 1 AGG verdeutlichen – auch Betriebsvereinbarungen, Dienstvereinbarungen und Tarifverträge (Schleusener/Suckow/Voigt/*Schleusener*, AGG, § 2 Rnr. 10). Nicht erfasst wird die betriebsverfassungsrechtliche Stellung und die Unterscheidung etwa nach § 15 Abs. 2 BetrVG, denn dies ist eine Unterscheidung des Gesetzgebers, nicht des Arbeitgebers; inwieweit diese Norm ein Verstoß gegen die Vorgaben der Richtlinie 2006/54/EG sein könnte, ist derzeit offen; einiges spricht dafür (s. LAG Köln v. 13.10.2003 – 2 TaBV 1/03, AP BetrVG 1972 § 15 Nr. 1; LAG Köln v. 31.3.2004 – 3 TaBV 12/03, LAGReport 2004, 307). Ungeklärt war darüber hinaus bisher auch, welcher Maßstab hinsichtlich der möglichen Rechtfertigung von

diskriminierenden tarifvertraglichen Regelungen gilt. Diese Problematik stellt sich insbesondere auf Grund der Aufnahme der Tarifautonomie in die europäische Grundrechtcharta (Art. 28 GRC). In der Rs. *Hennigs* entschied der EuGH, dass auch die Tarifvertragsparteien die Grundsätze der RL 2000/78/EG beachten müssen, vgl. Art. 16 Abs. 1 b) der RL (EuGH v. 8.9.2011 – Rs. C-297/10 u.a., NZA 2011, 1100; zur Koalitionsfreiheit nach Art. 28 EuGrC insgesamt *Thüsing/Traut*, RdA 2012, 65). Ihnen stehe aber wie den Mitgliedsstaaten bei der Festlegung der Maßnahmen zur Erreichung rechtfertigender Ziele iSv. Art. 6 Abs. 1 der RL 2000/78/EG ein weiter Ermessensspielraum zu. Die Maßnahmen müssen aber, da die Koalitionsfreiheit des Art. 28 EuGrC nur im Einklang mit Unionsrecht gewährleistet ist, im Sinne des Unionsrechts erforderlich und angemessen sein. Insofern gilt der gleiche Maßstab wie bei mitgliedstaatlichen Regelungen.

3. Berufsbildung

§ 2 Abs. 1 Nr. 3 AGG nennt wegen der besonderen Bedeutung ausdrücklich den Zugang zu allen Formen und allen Ebenen der Berufsbildung, Umschulung etc., soweit diese im Verantwortungsbereich des Arbeitgebers liegen. Öffentlich-rechtlich geregelte Bereiche der Berufsberatung, Berufsbildung und Umschulung werden durch dieses Gesetz nicht berührt. Die Formulierung lehnt sich fast wörtlich an Art. 3 Abs. 1 lit. b Richtlinie 2000/78/EG, Art. 3 Abs. 1 lit. b Richtlinie 2000/43/EG, Art. 1 lit. a Richtlinie 2006/54/EG an („den Zugang zu allen Formen und Ebenen der Berufsberatung, der Berufsausbildung, der beruflichen Weiterbildung und der Umschulung einschließlich der praktischen Berufserfahrung"). Die praktische Bedeutung dürfte gering sein. Nach der **Legaldefinition in § 1 Abs. 1 BBiG** ist Berufsbildung der **Oberbegriff für die Berufsausbildung, die berufliche Fortbildung und die berufliche Umschulung**. Die **berufliche Fortbildung** soll es ermöglichen, die beruflichen Kenntnisse und Fertigkeiten zu erhalten, zu erweitern, der technischen Entwicklung anzupassen oder beruflich aufzusteigen (§ 1 Abs. 3 BBiG). Die **berufliche Umschulung** unterscheidet sich von ihr dadurch, dass sie zu einer anderen beruflichen Tätigkeit befähigen soll (§ 1 Abs. 4 BBiG). 102

Die Berufsbildung des BBiG ist vollständig auch von § 2 Abs. 1 Nr. 2 AGG erfasst. Man wird ihn jedoch weiter fassen können entsprechend dem betriebsverfassungsrechtlichen Begriff der Berufsbildung (s. Richardi/*Thüsing*, BetrVG, § 96 Rnr. 7 f.). Hierfür genügt es, dass **Maßnahmen** dem Arbeitnehmer **gezielt Kenntnisse und Erfahrungen vermitteln**, die ihn zur **Ausübung einer bestimmten Tätigkeit erst befähigen** oder es ermöglichen, die **beruflichen Kenntnisse und Fähigkeiten zu erhalten** (BAG v. 28.1.1992 – 1 ABR 41/91, AP BetrVG 1972 § 96 Nr. 1). Nicht erfasst werden dagegen, weil es hier um die Berufsbildung der Arbeitnehmer geht, die *berufsvorbereitenden Bildungsmaßnahmen*, auch soweit sie von der Bundesanstalt für Arbeit gefördert werden (§§ 59 ff. SGB III). 103

4. Mitgliedschaft in berufsbezogenen Organisationen

104 § 2 Abs. 1 Nr. 4 AGG betrifft die Mitgliedschaft und Mitwirkung in berufsbezogenen Organisationen auf Beschäftigten- und Arbeitgeberseite. Die Richtlinien wollen umfassend der Benachteiligung in Beschäftigung und Beruf entgegenwirken. Um dieses Ziel zu erreichen, kommt der Möglichkeit der ungehinderten Mitwirkung in entsprechenden Berufsverbänden und ähnlichen Organisationen erhebliche Bedeutung zu (BT-Drucks. 16/1780, S. 31). Im Wesentlichen geht es hier um **Gewerkschaften und Arbeitgeberverbände**. Eine Definition für die berufsbezogene Organisation gibt das Gesetz freilich nicht. Die Definition wird auch alle anderen Vereinigungen von Beschäftigten und Unternehmen erfassen, die zu einem bestimmten Tätigkeitsfeld in Bezug stehen. Der Bund deutscher Architekten kann daher ebenso dazu gehören wie die Vereinigung katholischer Hausgehilfinnen; der Anwaltsverein wird ebenso erfasst wie der deutsche PEN. Die Grenze dürfte da zu ziehen sein, wo die spezifische Erwerbstätigkeit nicht mehr Anknüpfungspunkt der Mitgliedschaft und die damit verbundene Interessenwahrung nicht mehr maßgebliches Ziel der Vereinigung ist.

5. Ausschluss von Kündigungen gemäß § 2 Abs. 4 AGG

a) Genese des Ausschlusse

105 Der im Dezember 2004 vorgelegte Entwurf eines Gesetzes zur Umsetzung europäischer Antidiskriminierungsrichtlinien (BT-Drucks. 15/4538) sah im Gegensatz zur jetzigen Gesetzesfassung noch keinen Ausschluss von Kündigungen aus dem Anwendungsbereich des Gesetzes vor. Anders lautete bereits das am 17. Juni 2005 vom Bundestag verabschiedete, letztlich aber aufgrund der vorgezogenen Bundestagswahl der Diskontinuität zum Opfer gefallene „Gesetz zur Umsetzung europäischer Antidiskriminierungsrichtlinien". Angelehnt an die Beschlussempfehlung des Ausschusses für Familie, Senioren, Frauen und Jugend hieß es nun in § 2 Abs. 4 des ADG-E: „Für Kündigungen gelten vorrangig die Bestimmungen des Kündigungsschutzgesetzes". Nach der Begründung diente der neu eingeführte Abs. 4 der Klarstellung, dass die Vorschriften des Kündigungsschutzgesetzes durch das AGG unberührt bleiben. Zugleich sollte der Praxis hiermit verdeutlicht werden, dass Rechtsstreitigkeiten bei Kündigungen auch in Zukunft vorwiegend nach dem Kündigungsschutzgesetz zu entscheiden sind (BT-Drucks. 15/4538, 15/5717, S. 36).

106 Im Januar 2006 wurde dieser Entwurf in überarbeiteter Form erneut von der Fraktion Bündnis 90/Die Grünen in den Bundestag eingebracht (BT-Drucks. 16/297). Die Bestimmung des § 2 Abs. 4 wurde unverändert und mit derselben Begründung übernommen (BT-Drucks. 16/297, S. 5, 30). Auch der schließlich von der Bundesregierung im Juni 2006 vorgelegte Entwurf für ein Allgemeines Gleichbehandlungsgesetz (BT-Drucks. 16/1780), übernahm zunächst den Wortlaut des § 2 Abs. 4 und führt dieselben Erwägungen als Begründung an (BT-Drucks. 16/1780, S. 32). Hieß es in dieser Phase der Gesetzgebung demzufolge noch, dass *„vorrangig"* die Bestimmungen des Kündigungsschutzgesetzes Anwendung finden sollen, lautet nun § 2 Abs. 4 in der Fassung, wie sie zum 1. August 2006 in Kraft getreten ist: „**Für Kündigungen gelten ausschließlich die Bestimmungen des allgemeinen und besonderen Kündigungsschutzes.**" (BT-Drucks. 16/1780, 16/1852, 16/2022, S. 8, 26 f.). Die Gesetzesbegründung definiert die Begriffe näher: Hiermit meint der Gesetzgeber entsprechend der Begründung des Gesetzes: „Die wesentlichen Bestimmungen des allgemeinen Kündigungsschutzes finden sich im Bürgerlichen Gesetzbuch sowie im Ersten Abschnitt des Kündigungsschutzgesetzes. Bestimmungen zum besonderen Kündigungsschutz enthalten zum Beispiel der Zweite Abschnitt des Kündigungsschutzgesetzes, Artikel 48 Abs. 2 Satz 1 des Grundgesetzes, § 9 des Mutterschutzgesetzes, §§ 18, 19 des Bundeserziehungsgeldgesetzes, § 2 des Arbeitsplatzschutzgesetzes, § 2 des Eignungsübungsgesetzes, §§ 85 ff., § 96 Abs. 3 des Neunten Buches Sozialgesetzbuch, § 47 des Bundespersonalvertretungsgesetzes, § 36 Abs. 3 Satz 3 des Bundesdatenschutzgesetzes, § 53 des Bundes-Immissionsschutzgesetzes oder § 21 f. des Wasserhaushaltsgesetzes" (BT-Drucks. 16/2022, S. 26 f.).

Diese Änderung des Gesetzeswortlauts greift eine Formulierung des Bundesrates **107** auf, der in seiner Stellungnahme gegenüber dem Bundestag angeregt hatte, in der endgültigen Gesetzesfassung klarzustellen, dass ausschließlich die Bestimmungen des Kündigungsschutzgesetzes gelten, wenn die Benachteiligung in einer Kündigung liegt (BT-Drucks. 16/1852, S. 2). Der Rechtsausschuss nahm in seiner Beschlussempfehlung an den Deutschen Bundestag dieses Anliegen auf und empfahl ebenfalls eine entsprechende Änderung des Wortlautes, um das Verhältnis beider Gesetze zueinander zu präzisieren. Im Falle einer Kündigung sei die ausschließliche Anwendung der kündigungsrechtlichen Bestimmungen aufgrund ihres speziellen Zuschnitts auf Kündigungen sachgerechter (BT-Drucks. 16/2022, S. 26 f.).

b) Europarechtskonformität des Ausschlusses

Der Ausschluss des Anwendungsbereiches des AGG bei Eingreifen des KSchG **108** wäre nur zulässig, wenn letzteres – ggf. nach europarechtskonformer Auslegung – in Tatbestand und in den Sanktionen dem Europarecht völlig Genüge tut. Beides erscheint fraglich – im Ergebnis ist wohl von einer **Europarechtswidrigkeit** auszugehen (Schleusener/Suckow/Voigt/*Schleusener*, AGG, § 2 Rnr. 29; Wendeling-Schröder/Stein/*Stein*, AGG, § 2 Rnr. 55 ff; *Bauer/Preis/Schunder*, NZA 2006, 1261; ebenso *Wisskirchen*, DB 2006, 1491, 1495, die freilich – ohne Begründung – für Änderungskündigungen unproblematisch von einer Anwendbarkeit des AGG ausgeht. In jeder Änderungskündigung steckt jedoch eine Beendigungskündigung. Ohne jedes Problembewusstsein *Löwisch*, BB 2006, 2189; ebenfalls für eine (zumindest partielle) Europarechtskonformität *Diller/Krieger/Arnold*, NZA 2006, 887).

aa) Unterschiede KSchG/AGG: Tatbestand. Tatbestandlich ist das Diskrimi- **109** nierungsrecht strenger als das KSchG. Das KSchG erfasst in seiner aktuellen Ausdeutung durch die Rechtsprechung nicht alle diskriminierenden Kündigungen, d. h. Kündigungen können nach dem KSchG gerechtfertigt sein, sind aber dennoch diskriminierend. Hierfür lassen sich Beispiele finden: Schon in der Vergangenheit galt § 611 a BGB bei geschlechtsdiskriminierenden Kündigungen unabhängig von einer Prüfung nach dem KSchG. Welche Bedeutung der Diskriminierungsschutz

B. Sachlicher und persönlicher Anwendungsbereich

auch bei Kündigungen haben kann, zeigen insbesondere die Fälle, in denen eine Krankheit gleichzeitig eine Behinderung ist (vgl. hierzu EuGH v. 11. 7. 2006 – Rs. C-13/05 *[Chacón Navas]*, BB 2006, 1640, NZA 2006, 839). Entscheidend sind dann nicht mehr betriebliche Ablaufstörungen und Lohnfortzahlungskosten jenseits der sechs Wochen, sondern ob das Fehlen der Behinderung „wesentliche und entscheidende berufliche Anforderung ist". Das ist ein noch strengerer Maßstab, denn die Krankheit wird die Arbeitsleistung nicht gänzlich unmöglich machen, sondern nur zeitweise. Das wäre dann eine deutliche Ausweitung des Kündigungsschutzes bei **der personenbedingten Kündigung**.

110 Auch der **Kopftuchfall** des BAG vom 10. 10. 2002 belegt die Verschiedenheit der Maßstäbe (BAG v. 10. 10. 2002 – 2 AZR 472/01, NJW 2003, 1685; hierzu u. a. *Thüsing*, NJW 2003, 405). Eine muslimische Verkäuferin eines Kaufhauses in einer hessischen Kleinstadt bestand darauf, künftig bei ihrer Tätigkeit ein Kopftuch zu tragen. Ihre Arbeitgeberin war der Ansicht, dies sei ihr wegen des Zuschnitts ihres Kaufhauses nicht zuzumuten und kündigte daraufhin ordentlich. Erste und zweite Instanz gaben ihr Recht, das BAG entschied anders: Auch unter Berücksichtigung der örtlichen Verhältnisse gebe es keinen Erfahrungssatz, dass es bei der Beschäftigung einer Verkäuferin mit einem islamischen Kopftuch in einem Kaufhaus notwendigerweise zu erheblichen wirtschaftlichen Beeinträchtigungen des Unternehmens etwa durch negative Reaktionen von Kunden komme. Der Beklagten wäre es zumindest zuzumuten gewesen, die Klägerin zunächst einmal einzusetzen und abzuwarten, ob sich ihre Befürchtungen in einem entsprechenden Maße realisierten und ob dann etwaigen Störungen nicht auf andere Weise als durch Kündigung zu begegnen gewesen wäre. Das BAG verlangte also Einiges von der Arbeitgeberin, und es verwundert nicht, dass zwei Instanzen hier anders werteten (s. LAG Frankfurt a. M. v. 21. 6. 2001 – 3 Sa 1448/00, NJW 2001, 3650) und auch der Betriebsrat der Kündigung einstimmig zustimmte. Die damalige Entscheidung war also angreifbar, bei Geltung des Diskrimierungsrechts wäre sie es nicht: Zulässig ist dann eine Unterscheidung nach der Religion nur, wenn sie sich auf eine „wesentliche und entscheidende berufliche Anforderung" bezieht. Wer nicht nach Kopftüchern allgemein differenziert, sondern gerade auf die religiös bestimmte Verdeckung des Haupthaars abstellt, der unterscheidet nach der Religion. Eine „wesentliche und entscheidende berufliche Anforderung" ist der Verzicht auf ein islamisches Kopftuch im Normalfall (d.h. außerhalb des Schulbetriebs (BAG v. 10. 12. 2009 – 2 AZR 55/09, NZA-RR 2010, 383; BAG v. 20. 8. 2009 – 2 AZR 499/08, NZA 2010, 227; BVerwG v. 16. 12. 2008 – 2 B 46/08, NJW 2009, 1289)) aber sicherlich nicht (vgl. Rnr. 343).

111 Differenzen bestehen schließlich auch bei der **betriebsbedingten Kündigung**. Ist bislang etwa im Kündigungsschutz die Schließung eines Unternehmens als unternehmerische Entscheidung weitgehend der Kontrolle der Gerichte entzogen – wenn auch nicht unbegrenzt (zu den Grenzen s. die umstrittene Entscheidung BAG v. 26. 9. 2002 – 2 AZR 636/01, EzA Nr. 124 zu § 1 KSchG Betriebsbedingte Kündigung mit Anm. *Thüsing/Stelljes*) – so verlangt das Europarecht, dass auch diese Entscheidung nicht gänzlich von richterlicher Kontrolle freigestellt sein darf. In den Downsizing-Fällen, die amerikanische Gerichte zu beurteilen haben, wird regelmäßig danach gefragt, ob denn die Schließung einer bestimmten Betriebsstätte gerade deswegen erfolgte, weil hier überproportional viele ältere Arbeitnehmer,

II. Sachlicher Geltungsbereich

farbige oder weibliche Arbeitnehmer beschäftigt waren (*Lewis/Norman,* Employment Discrimination Law and Practice, 2001, S. 376). Dies gilt auch für das europäische Recht.

Das Gesagte gilt erst recht für einen **Vergleich § 242 BGB/AGG.** Allerdings hat das BAG festgestellt: „Zu den typischen Tatbeständen einer treuwidrigen Kündigung zählen Rechtsmissbrauch und Diskriminierungen" (BAG v. 22. 5. 2003, 2 AZR 426/02, AP § 1 KSchG 1969 Wartezeit Nr. 18, mit Hinweis auf BAG v. 25. 4. 2001 – 5 AZR 360/99, AP § 242 BGB Kündigung Nr. 14). Beides kann jedoch nicht gleich gesetzt werden: Die Treuwidrigkeit schließen schon sachliche Gründe aus, die unmittelbare Benachteiligung nur „wesentliche und entscheidende berufliche Anforderungen". Das ist eine sehr viel höhere Messlatte, s. auch Rnr. 119. Eine treuwidrige Kündigung kann daher auch diskriminieren. Nicht jede diskriminierende Kündigung ist jedoch treuwidrig. 112

bb) Unterschiede KSchG/AGG: Beweislast. Die Europarechtswidrigkeit des Ausschlusses dürfte sich auch aus den Regeln zur **Beweislast** ergeben. Für diese gelten die europäischen Vorgaben der Art. 8 der Richtlinie 2000/43/EG und Artikel 10 der Richtlinie 2000/78/EG sowie des Art. 4 der Beweislastrichtlinie 97/80/EG. Hinsichtlich des Beruhens **der Benachteiligung** auf einem Grund gemäß § 1 AGG greift die Beweislastregelung des § 22 AGG. Schon diese Beweislastregel enthält europarechtliche Defizite, weil sie es nicht genügen lässt, dass der Arbeitnehmer die Tatsachen glaubhaft macht, aus denen sich die Bedingtheit der Benachteiligung durch einen unzulässigen Diskriminierungsgrund ergibt, sondern stattdessen vollen Beweis fordert (s. Rnr. 659 f.). Sieht man davon ab, dann mögen die Beweislastregeln des KSchG mit denen des AGG noch kompatibel sein, denn der Arbeitgeber muss gemäß § 1 Abs. 2 S. 4 KSchG die soziale Rechtfertigung der Kündigung darlegen und beweisen (vgl. hierzu im Einzelnen ErfK/*Oetker,* 13. Aufl. 2013, § 1 KSchG Rnr. 179 ff., 206 ff., 259 ff.). Mit den Beweislastregeln des § 242 BGB ist dies jedoch sicherlich nicht mehr in Einklang zu bringen: Die Treuwidrigkeit muss allgemeinen Regeln entsprechend der darlegen, der sich darauf beruft. Die Darlegungs- und Beweislast für das Vorliegen derjenigen Tatsachen, aus denen sich die Treuwidrigkeit ergibt, liegt damit beim Arbeitnehmer (vgl. BAG v. 22. 5. 2003 – 2 AZR 426/02, AP § 1 KSchG 1969 Wartezeit Nr. 18; BAG 21. 2. 2001 – 2 AZR 15/00, AP § 242 BGB Kündigung Nr. 12). Ergibt sich aus seinem Vorbringen ein Treueverstoß des Arbeitgebers, muß dieser sich nach § 138 Abs. 2 ZPO qualifiziert auf das Vorbringen des Arbeitnehmers einlassen, um es zu entkräften. Die Erleichterung des AGG gilt damit für den Arbeitnehmer nicht. Zumindest dies verstößt klar gegen das Europarecht. 113

cc) Unterschiede KSchG/AGG: Sanktionen. Die Unsicherheit im Hinblick auf die vollständige Abdeckung der europäischen Vorgaben gilt auch für die **Sanktionen.** Nun stellen Art. 15 Richtlinie 2000/43/EG und Art. 17 Richtlinie 2000/78/EG es in die Verantwortung und das Ermessen der Mitgliedstaaten, Sanktionen festzulegen, die bei einem Verstoß gegen die einzelstaatlichen Vorschriften zur Anwendung dieser Richtlinie zu verhängen sind, und insofern alle erforderlichen Maßnahmen zu treffen. Einzige Voraussetzung ist, dass die Sanktionen wirksam, verhältnismäßig und abschreckend sein müssen. Der darin eingeräumte Gestaltungsspielraum spricht *prima facie* dafür, es hier bei der für das Kündigungsrecht im internationalen Vergleich sehr weitgehenden Sanktion der Unwirksamkeit der 114

Kündigung zu belassen (s. zum Kündigungsrecht anderer Länder *Rebhahn*, ZfA 2003, 163–235). Unklar ist jedoch, ob es nicht zusätzlich erforderlich ist, Schadensersatz für Nichtvermögenschaden zu gewähren, was nach dem KSchG ausgeschlossen ist. Dies hat der EuGH noch nicht festgestellt, aber gemessen am Ziel vollständiger *restitutio ad integrum* scheint eine Bejahung nahe liegend (Schleusener/Suckow/Voigt/*Schleusener*, AGG, §2 Rnr. 38). Wenig hilfreich ist es jedoch, bei diskriminierenden Kündigungen, die nach dem Maßstab des KSchG wirksam sind, allein einen Schadensersatz für Nichtvermögenschäden auszusprechen (*Diller/Krieger/Arnold*, NZA 2006, 887, 890). Dies wäre keine hinreichend effektive Sanktion, da der Schadensersatz europarechtlich eben den gesamten Schaden erfassen muss (s.Rnr. 542ff.). Will man stattdessen auch den Vermögensschaden ersetzen (so wohl Wendeling-Schröder/Stein/*Stein*, AGG, §2 Rnr. 49f.), würde dies de facto dann doch zur Anwendung des AGG führen, denn die Naturalrestitution einer rechtswidrigen Kündigung ist die Unwirksamkeit der Kündigung.

115 dd) Fazit. Ob das KSchG verbunden mit einer weiten Auslegung der Generalklauseln letztlich also für die Umsetzung der europäischen Richtlinien ausreicht, kann nicht abschließend gesagt werden. Eine solche Anwendung stößt aber zumindest auf starke Bedenken (umfassend zu dieser Problematik insbesondere in Bezug auf die materielle Übereinstimmung: *von Medem*, Kündigungsschutz und Allgemeines Gleichbehandlungsgesetz, S. 225ff.). Eine europarechtskonforme, gegenüber dem bisherigen Maßstab erweiterte Auslegung der Generalklauseln des §1 KSchG und des §242 BGB mag zwar im Gros der Fälle zu vergleichbaren Ergebnissen kommen wie die Anwendung des AGG (BAG v. 22.10.2009 – 8 AZR 642/08, AP Nr. 2 zu §15 AGG; BAG v. 6.11.2008 – 2 AZR 523/07, AP Nr. 182 zu §1 KSchG 1969 Betriebsbedingte Kündigung) und ist jedenfalls auch trotz der klaren Regelung des §2 Abs. 4 AGG möglich. Ob ein solches Vorgehen aber europarechtlich ausreicht, ist freilich fraglich, ist doch der deutsche Gesetzgeber zu einer transparenten Umsetzung verpflichtet (hierzu: *von Medem*, Kündigungsschutz und Allgemeines Gleichbehandlungsgesetz, S. 194): Der EuGH verlangt, „dass die Begünstigten in der Lage sind, von allen ihren Rechten Kenntnis zu erlangen und diese ggf. vor den nationalen Gerichten geltend zu machen" (EuGH v. 10.5.2001 – Rs. C-144/99, Slg. 2001 I, 3541 = ZIP 2001, 1373 Rnr. 17). Bei Generalklauseln ist dies nur eingeschränkt der Fall, zumindest wenn die Rechtsprechung den Wortlaut der Norm nicht nur konkretisieren, sondern korrigieren muss. Im Übrigen sind die Grenzen umstritten (ausführlicher *Thüsing/Lambrich*, BB 2002, 829).

c) Konsequenzen

116 Das nationale Gericht steht damit vor der Aufgabe, die fehlende ausdrückliche Umsetzung im Kündigungsbereich so weit wie möglich zu kompensieren. Eine unmittelbare Berufung auf die Richtlinie scheidet aus (s. Rnr. 37). Das **BAG** hat sich dieser Aufgabe gestellt: die Vorgaben des AGG sind in die Generalklauseln des §242 BGB und des §1 KSchG hineinzulegen (so auch BAG v. 22.10.2009 – 8 AZR 642/08, AP Nr. 2 zu §15 AGG; BAG v. 6.11.2008 – 2 AZR 523/07, AP Nr. 182 zu §1 KSchG 1969 Betriebsbedingte Kündigung). Insofern ist eine richt-

II. Sachlicher Geltungsbereich

linienkonforme Auslegung der Norm durch diese Anwendung möglich. Probleme stellen sich allerdings dort, wo sie eine entsprechende Auslegung nicht mehr vornehmen können, sei es weil der Wortlaut prohibitiv oder weil die etablierte Auslegung zu weit weg vom europarechtskonformen Ziel ist.

Schwieriger noch zu beurteilen ist es, ob es daher darüber hinaus zu einer **Anwendung des AGG** selbst kommen kann, ungeachtet des ausdrücklichen Ausschlusses, und daher auch ein Schadensersatzanspruch für Nichtvermögensschäden nach § 15 Abs. 2 zugesprochen werden kann. Das BAG geht diesen Weg (bislang?) nicht, jedoch könnte dies eine Konsequenz der Entscheidung *Mangold* (EuGH v. 22. 11. 2005 – Rs. C-144/04, NZA 2005, 1345, s. auch Rnr. 43) und *Kücükdeveci* (EuGH NZA 2010, 85) sein. Im Bereich der Umsetzung europäischer Richtlinien greift der primärrechtliche Gleichbehandlungsgrundsatz. Gleiches darf nicht ohne sachlichen Grund ungleich geregelt werden. Nun ist die Kündigung anders als anderes Arbeitgeberverhalten aus dem Anwendungsbereich des AGG herausgenommen, und es ist fraglich, ob es hierfür einen sachlichen Grund gibt. Ferner könnte eine solche Anwendung aus der durch das BAG vorgegebenen Auslegung des § 2 Abs. 4 AGG resultieren. Die Regelung soll ihrem Sinn und Zweck entsprechend gerade keine umfassende Sperre begründen. Somit wird von der instanzgerichtlichen Rechtsprechung ein Ersatzanspruch aus § 15 AGG teilweise bejaht (LAG Bremen, Urteil vom 29. 6. 2010 – NZA-RR 2010, 510).

Wem eine solche weitgehende Auslegung in Anbetracht der bestehenden Umsetzungslücken allerdings nicht reicht, der wird auf Grund der dann bestehenden Europarechtswidrigkeit zu einer Unanwendbarkeit des Ausschlusses kommen. Die daraus resultierenden Folgen für die gerichtliche Praxis sind wiederum nicht eindeutig zu bestimmen. Vieles spricht dafür, dass die deutschen **Gerichte den Ausschluss unbeachtet lassen** können, um den Richtlinien zur vollen Wirksamkeit zu verhelfen und insbesondere um das Gebot effektiver Sanktionierung zu realisieren. Ob eine solche Anwendung tatsächlich für das nationale Recht geboten ist, ist umstritten. Die Rechtsprechung hat sich weitestgehend den Vorgaben des EuGH angeschlossen und lässt eine entsprechende Regelung bei nicht möglicher europarechtskonformer Auslegbarkeit unangewendet (LAG Düsseldorf v. 30. 4. 2010 – 9 Sa 354/09 (juris); Hessisches LAG v. 23. 4. 2010 – 19 Sa 1309/09 (juris); LAG Düsseldorf NZA-RR 2010, 240). In der Literatur hingegen ist die Entscheidung nicht unumstritten geblieben (zusammenfassend zu Mangold und Kücükdeveci: *Pötters/Traut*, ZESAR 2010, 267). Kritisiert wird insbesondere, die Entscheidung sei ein ausbrechender Rechtsakt und nicht mehr von den Verträgen gedeckt (*Gerken/Rieble/Roth/Stein/Streinz*, „Mangold" als ausbrechender Rechtsakt. 2009, S. VII, Leitsatz 2; S. 17 ff.) und die Unionsgrundrechte würden zu weit in die nationalen Rechte ausgeweitet (*Heilbronner*, NZA 2006, 811; *Kuras*, RdA 2007, 169). Nicht zuletzt durch die Rechtssache Honeywell hat aber auch das BVerfG die Praxis der Unanwendbarkeit der Regelungen bestätigt (BVerfG v. 6. 7. 2010 – 2 BvR 2661/06, NZA 2010, 995). Eine ultra-vires Kontrolle komme nur bei hinreichend qualifiziertem Kompetenzverstoß in Betracht, dazu muss das Handeln offensichtlich kompetenzwidrig sein. Ein solcher Verstoß liegt nach der Ansicht des BVerfG in der Nichtanwendung der Norm nicht vor.

6. Kein Ausschluss der betrieblichen Altersversorgung gemäß § 2 Abs. 2 S. 2 AGG

119 Gemäß § 2 Abs. 2 S. 2 AGG gilt für die betriebliche Altersversorgung das BetrAVG. In der Begründung hierzu heißt es: „Es wird klargestellt, dass für die betriebliche Altersversorgung die auf Grundlage des Betriebsrentengesetzes geregelten Benachteiligungsverbote gelten. Daüber hinaus bleibt die Richtlinie 86/378/EWG ... zur Verwirklichung des Grundsatzes der Gleichbehandlung von Männern und Frauen bei den betrieblichen Systemen der Sozialen Sicherheit maßgeblich" (BT-Drucks. 16/1780, S. 32). Dies kann als ein Ausschluss der betrieblichen Altersversorgung aus dem Anwendungsbereich des AGG missverstanden werden. Der wäre jedoch klar europarechtswidrig. Das jetzige BetrAVG sorgt nicht für einen hinreichenden Schutz gegen Diskriminierungen, fehlt ihm doch aufgrund seiner ganz anders gearteten Zielsetzung ein umfassendes Diskriminierungsverbot, das Benachteiligungen verbieten würde. Es ist zu beachten, dass zahlreiche Entscheidungen zur Geschlechtsdiskriminierung zur Altersversorgung ergangen sind, der Bereich also von den Richtlinien voll und ganz umfasst ist (s. die Schlussanträge des Generalanwalts *Jacobs* vom 27. 10. 2005 im Verfahren Rs. C227/04 P). Aus diesem Grund hat auch das BAG festgestellt, dass eine Bereichsausnahme der betrieblichen Altersvorsorge aus dem Anwendungsbereich des AGG gerade nicht erfolgen sollte (BAG v. 11. 12. 2007 – 3 AZR 249/06, NZA 2008, 532). Bereits aus nationalem Recht soll eine Anwendbarkeit des AGG folgen (*Adomeit/Mohr*, ZfA 2008, 449; *Langohr-Plato/Stahl*, NJW 2008, 2378; *Baulfs*, NZA-Beilage 2012, Nr. 3, 88, 91; *Walk/Lipke*, BB 2008, 561). Gerade das Gebot der europarechtskonformen Auslegung (s. Rnr. 41) spricht auch nachhaltig für eine Einbeziehung auch der betrieblichen Altersversorgung. Dies umso mehr als sich in § 10 S. 3 Nr. 4 AGG eine dezidierte Regelung zur Rechtfertigung der Benachteiligung wegen des Alters bei der betrieblichen Altersversorgung (als bedeutsamster Unterfall der betrieblichen Systeme der sozialen Sicherung) findet – und diese Rechtfertigung wurde auch nicht durch das Zweite Gesetz zur Änderung des Betriebsrentengesetzes herausgenommen. Da der Gesetzgeber die explizit auf die betriebliche Altersversorgung bezogenen Rechtfertigungsgründe unverändert im Gesetz belassen hat, zeigt er, dass er § 2 Abs. 2 S. 2 nicht ähnlich ausgelegt wissen will wie den sehr viel klarer („*gilt ausschließlich*") formulierten § 2 Abs. 4 in Bezug auf die Kündigung (vgl. Rnr. 105) Auch heißt es in Erläuterung zu § 6 Abs. 1 S. 2 AGG, dass die Diskriminierungen bei der betrieblichen Altersversorgung vom Gesetz erfasst sein sollen, und daher auch ehemalige Arbeitnehmer vom Gesetz geschützt werden (BT-Drucks. 16/1780, S. 34). Da also der Wortlaut des § 2 Abs. 2 S. 2 AGG nicht ausdrücklich die ausschließliche Anwendbarkeit des BetrAVG bestimmt, die Einbeziehung europarechtlich geboten ist, weil eine sachliche Regelung spezifisch zur Altersversorgung im Gesetz normiert ist, und das Gesetz in seiner Begründung an anderer Stelle die betriebliche Altersversorgung erfasst sieht, ist eine **Anwendbarkeit des AGG auf den Bereich der betrieblichen Altersversorgung** zwingend (ebenso Schleusener/Suckow/Voigt/*Schleusener*, AGG, § 2 Rnr. 19; aA Wendeling-Schröder/Stein/*Stein*, AGG, § 2 Rnr. 32; für eine richtlinienkonforme Auslegung des Betriebsrentengesetzes Bauer/Göpfert/Krieger, AGG, § 2 Rnr. 47).

III. Personeller Geltungsbereich

1. Erweiterung über das Arbeitsrecht hinaus

Anders als ehemals § 611a BGB und § 81 Abs. 2 SGB IX erfasst das AGG auch in seinem 2. Abschnitt nicht nur Arbeitnehmer, sondern ebenso andere Dienstverpflichtete, die als vergleichbar schutzwürdig angesehen werden. Der erfasste Personenkreis wird in § 6 Abs. 1 Satz 1 AGG im Einzelnen aufgezählt und mit dem Begriff des Beschäftigten überschrieben. Erfasst werden alle Beschäftigten in der Privatwirtschaft und im öffentlichen Dienst, und – unter Berücksichtigung ihrer besonderen Rechtsstellung – über § 24 AGG zudem Beamte und Richter (s. Rnr. 128 ff.). Für freie Dienstverhältnisse sowie sonstige Beschäftigungsverhältnisse gilt Abschnitt 2 des Gesetzes gemäß § 6 Abs. 3 AGG. Danach gelten die Vorschriften dieses Abschnitts entsprechend für Selbstständige und Organmitglieder, soweit es die Bedingungen für den Zugang zur Erwerbstätigkeit sowie den beruflichen Aufstieg betrifft. **120**

2. Die einzelnen Gruppen

Die erfassten Beschäftigten werden in Satz 1 abschließend aufgezählt. Das Gesetz knüpft an vorhandene Begriffe an. Eigenständige Definitionen im Sinne nur dieses Gesetzes gibt es nicht. **121**

a) Arbeitnehmer

Es gilt der **allgemeine Arbeitnehmerbegriff**. Maßgebend für die Rspr. und das herrschende Schrifttum ist im Ausgangspunkt immer noch die erstmals von *Alfred Hueck* geprägte Begrifflichkeit, dass Arbeitnehmer ist „wer auf Grund eines privatrechtlichen Vertrages zur Arbeit im Dienst eines anderen verpflichtet ist" (*Hueck/Nipperdey*, Arbeitsrecht I, 1. Aufl. 1928, § 8 II, S. 33. Ebenso BAG v. 15.3.1978 – 5 AZR 819/76, AP BGB § 611 Nr. 26 Arbeitsvertrag; BAG v. 24.3.1992 – 9 AZR 76/91, DB 1992, 2352). Die Definition ist weitgehend anerkannt, jedoch unvollkommen, denn sie deckt nicht die Maßstäbe auf, nach denen der Arbeitsvertrag vom sonstigen Dienstvertrag zu sondern ist, in welchem Maße die Arbeitsleistung selbstständig oder unselbstständig sein soll, damit davon gesprochen werden kann, der Arbeitsleistende stehe im Dienst eines anderen. Im Einzelnen ist die Abgrenzung schwierig. Diese Schwierigkeit teilt das AGG freilich mit dem Arbeitsrecht insgesamt. **122**

Nicht zu den Arbeitnehmern gehören damit die **Beamten, Richter** und **Soldaten,** deren Grundlage ein öffentlich-rechtliches Sonderstatusverhältnis ist (BAG v. 25.2.1998 – 7 ABR 11/97, AP BetrVG 1972 § 8 Nr. 8; BAG v. 31.7.1965 – 5 AZR 85/65, AP ArbGG 1953 § 2 Nr. 29: Zuständigkeitsprüfung). Auch **erwerbsfähige Hilfebedürftige,** für die im Rahmen der Grundsicherung für Arbeitsuchende eine Arbeitsgelegenheit geschaffen wurde, werden aufgrund eines öffentlich- **123** rechtlichzen Sonderverhältnisses tätig und sind daher keine Arbeitnehmer, § 16 Abs. 3 SGB II (s. auch *Ehlers*, NZA 1989, 832). Für sie greift auch nicht § 24 AGG. Dies gilt auch für **Zivildienstleistende** (§ 25 WPflG i. V. m. dem Gesetz über den Zivildienst der Kriegsdienstverweigerer [Zivildienstgesetz – ZDG] i. d. F. vom 28. 9. 1994, BGBl. I, S. 2811, s. aber Rnr. 128), auch wenn sie nicht-staatlichen Beschäftigungsstellen überlassen sind. Kein Arbeitnehmer ist auch derjenige, der Dienst im Rahmen des **freiwilligen sozialen Jahres** leistet; für ihn gelten arbeitsrechtliche Bestimmungen nur insoweit, als das Gesetz zur Förderung eines freiwilligen sozialen Jahres vom 17. 8. 1964 (BGBl. I, S. 640) ihre Anwendung anordnet (s. auch BAG v. 12. 2. 1992 – 7 ABR 42/91, AP BetrVG 1972 § 5 Nr. 52 zur Frage der Belegschaftszugehörigkeit). Keine Arbeitnehmer sind auch **Strafgefangene** (BAG v. 3. 10. 1978 – 6 ABR 46/76, AP BetrVG 1972 § 5 Nr. 18; zu deren Entgeltanspruch s. BVerfG v. 1. 7. 1998 – 2 BvR 441/90, BVerfGE 98, 169, s. auch *Pontath*, BlStSozArbR 1982, 117), **Fürsorgezöglinge** und in Sicherungsverwahrung Genommene. Gehen Strafgefangene als Freigänger jedoch einem Beschäftigungsverhältnis außerhalb der Anstalt nach, kann dies auch ein Arbeitsverhältnis sein (LAG Baden-Württemberg v. 15. 9. 1988 – 4 b Sa 41/88, NZA 1989, 886).

124 Auch **geringfügig beschäftigte Arbeitnehmer** (zu § 611 a BGB: EuGH v. 14. 12. 1995 – Rs. C 317/93, NZA 1996, 129) und befristet beschäftigte Arbeitnehmer werden erfasst. Das britische Recht kannte eine Ausnahme vom Verbot der Geschlechtsdiskriminierung für private Haushalte und wurde hierfür vom EuGH gerügt (s. EuGH v. 8. 11. 1983 – Rs. 165/82, Slg. 1983, 3431, 3447). Für das deutsche Recht wurde zu Recht auf eine solche Ausnahme verzichtet.

b) Zur Berufsbildung Beschäftigte

125 Geschützt werden auch die zu ihrer Berufsbildung Beschäftigten. Diese Abgrenzung des Anwendungsbereichs findet sich bereits in § 1 Abs. 2 Nr. 1 BeschSchG. Dort wurde die Formulierung gegenüber dem Regierungsentwurf (BT-Drucks. 12/5468, S. 12) dahingehend geändert, dass in Nr. 1 das Wort „Berufsausbildung" durch „Berufsbildung" ersetzt worden ist. Damit wurde klargestellt, dass nicht nur Auszubildende in den Anwendungsbereich des Gesetzes fallen, sondern auch Beschäftigte, die sich in beruflicher Fort- oder Umschulung befinden (vgl. hierzu *Worzalla,* NZA 1994, 1016, 1017; *Bauer/Göpfert/Krieger*, AGG, § 6 Rnr. 7). Dies gilt auch hier. Der Begriff ist damit weiter, als der der zu ihrer Berufsausbildung Beschäftigten, die in anderen Gesetzen unter den Arbeitnehmerbegriff subsumiert werden (so § 5 Abs. 1 BetrVG, § 17 Abs. 1 S. 1 BetrAVG; vgl. auch § 2 S. 1 BUrlG, § 5 Abs. 1 S. 1 ArbGG).

c) Arbeitnehmerähnliche Personen und Heimarbeiter

126 **Arbeitnehmerähnliche Personen** sind keine Arbeitnehmer, werden aber von einigen arbeitsrechtlichen Gesetzen als dem Arbeitnehmer vergleichbar eingestuft und daher vom arbeitsrechtlichen Schutz erfasst (ausführlich HWK/*Thüsing*, vor § 611 BGB Rnr. 111 ff.; *Willemsen/Müntefering*, NZA 2008, 193; *Mikosch*, FS Löwisch

III. Personeller Geltungsbereich

2007, 189). Dies gilt gemäß § 6 Abs. 1 Nr. 3 AGG auch für das AGG. Kennzeichnend für die Gruppe der arbeitnehmerähnlichen Personen ist ihre **wirtschaftliche Abhängigkeit** (BAG v. 17. 6. 1999 – 5 AZB 23/98, NZA 1999, 1175; *Schaub/Vogelsang*, Arbeitsrechts-Handbuch, § 10 Rnr. 1; ErfK/*Schlachter*, § 6 AGG Rnr. 2; Wendeling-Schröder/Stein/*Stein*, AGG, § 6 Rnr. 10). Sie sind wegen ihrer fehlenden Eingliederung in die betriebliche Organisation und die Möglichkeit, über ihre Arbeitszeit im Wesentlichen frei zu bestimmen, in geringerem Maße persönlich abhängig als Arbeitnehmer. Arbeitnehmerähnliche Personen sind daher Selbstständige (BAG v. 30. 8. 2000 – 5 AZB 12/00, NZA 2000, 1359). Sie sind aber dem Arbeitnehmer vergleichbar sozial schutzbedürftig ist. Für das Kriterium der sozialen Schutzbedürftigkeit sind die gesamten Umstände des Einzelfalls unter Berücksichtigung der Verkehrsanschauung maßgeblich (ständige Rspr. des BAG; vgl. BAG v. 17. 10. 1990 – 5 AZR 639/89, BAGE 66, 113, 116). Soziale Schutzbedürftigkeit ist anzunehmen, wenn das Maß der Abhängigkeit nach der Verkehrsanschauung einen solchen Grad erreicht, wie er im Allgemeinen nur in einem Arbeitsverhältnis vorkommt und die geleisteten Dienste nach ihrer sozialen Typik mit denen eines Arbeitnehmers vergleichbar sind (BAG v. 17. 12. 1968 – 5 AZR 86/68, AP ArbGG 1953 § 5 Nr. 17). Zu **Einzelfällen,** die zur Entscheidung der Gerichte standen, s. ausführlich HWK/*Thüsing*, vor § 611 BGB Rnr. 114.

127 **Heimarbeiter** im Sinne des Gesetzes sind die Heimarbeiter im Sinne des § 2 Abs. 2 HAG, also jeder, der in selbstgewählter Arbeitsstätte (eigener Wohnung oder selbstgewählter Betriebsstätte) allein oder mit seinen Familienangehörigen (§ 2 Abs. 5 HAG) im Auftrag von Gewerbetreibenden oder Zwischenmeistern erwerbsmäßig arbeitet, jedoch die Verwertung der Arbeitsergebnisse dem unmittelbar oder mittelbar auftraggebenden Gewerbetreibenden überlässt. Beschafft der Heimarbeiter die Roh- und Hilfsstoffe selbst, so wird hierdurch seine Eigenschaft als Heimarbeiter nicht beeinträchtigt. Der Heimarbeiter unterliegt nicht dem Direktionsrecht des Auftraggebers: Er arbeitet nämlich in selbstgewählter Arbeitsstätte (§ 2 Abs. 1 HAG). Ort, Tag, Beginn und Ende der Arbeitszeit einschließlich Dauer und Lage von Arbeitsunterbrechungen oder Pausen bestimmt der Heimarbeiter selbst. Soweit es die Arbeitsaufgabe zulässt, bestimmt er auch die Abfolge der Arbeitsschritte. Dabei kann er seine Hilfsmittel, Werkzeuge und Geräte sowie das Ausmaß ihrer Nutzung selbst bestimmen. Hinsichtlich all dieser Umstände ist der Heimarbeiter – gleichermaßen wie ein Hausgewerbetreibender (§ 2 Abs. 2 HAG) – weisungsfrei, also selbstständig, im Gegensatz zum Betriebsarbeitnehmer, der in den vom Arbeitgeber örtlich bestimmten Betrieb und in den auch von diesem festgelegten Betriebsablauf eingegliedert ist. Er unterliegt allenfalls generellen Anweisungen. Die Kontrollbefugnis des Auftraggebers beschränkt sich auf die Abnahme des Produktes, mithin auf die Frage, ob auftragsgemäß gearbeitet wurde. Der Heimarbeiter schuldet seinem Auftraggeber einen bestimmten Erfolg, im Gegensatz zum Arbeitnehmer, der die Erledigung einer aufgetragenen Arbeit schuldet (ausführlich *Otten,* NZA 1995, 289).

d) Personen im öffentlich-rechtlichen Dienstverhältnis

128 Gemäß § 24 AGG gelten die Regelungen des AGG – und damit auch seines auf Beschäftigte bezogenen 2. Abschnitts – entsprechend für die Beamten des Bundes, der Länder, der Gemeinden, der Gemeindeverbände sowie der sonstigen der Aufsicht des Bundes oder eines Landes unterstehenden Körperschaften, Anstalten und Stiftungen des öffentlichen Rechts. Gleiches gilt für Richter des Bundes und der Länder und die Zivildienstleistenden. Die Konsequenzen einer entsprechenden Anwendung liegen zum einen in den Grenzen des **Leistungsverweigerungsrecht** (s. Rnr. 570). Das Leistungsverweigerungsrecht nach § 14 AGG gilt für den Öffentlichen Dienst nicht, soweit im Einzelfall dienstliche Belange entgegenstehen. Eine solche Einschränkung ist wegen der sachgerechten und kontinuierlichen Erfüllung öffentlicher Aufgaben mit Blick auf die Gemeinwohlverpflichtung des Öffentlichen Dienstes notwendig (BT-Drucks. 17/1780, S. 49). Für Soldaten besteht nach dem SoldGG ein solches Recht nicht. Daneben bestehen Unterschiede in der Einordnung der **Benachteiligung als Vertragspflichtverletzung** (s. Rnr. 504). Diese kann in Bezug auf den Beamten nur eine Pflichtverletzung im öffentlich-rechtlichen Sonderstatus nach den Grundsätzen der Staatshaftung sein.

129 aa) **Beamte.** Beamte waren vom Wortlaut des § 611a BGB nicht erfasst. Die Norm war auch nicht auf Grund einer europarechtskonformen Auslegung im Lichte der Gleichbehandlungsrichtlinien analog anzuwenden (so aber ErfK/ *Schlachter*, 4. Aufl. 2004, § 611a BGB Rnr. 6; wie hier Staudinger/*Annuß*, Neubearbeitung 2005, BGB, § 611a Rnr. 26), denn eine Umsetzungslücke bestand auf Grund Art. 33 Abs. 2 GG nicht, solange dort der Rahmen zulässiger Unterscheidung wegen des Geschlechts nach den gleichen Maßstäben bestimmt wurde wie bei § 611a BGB (vMangoldt/Klein/Starck/*Jachmann*, GG, Art. 33 Rnr. 18). Die Sanktionen des **Art. 33 Abs. 2 GG** mit den Möglichkeiten der Konkurrentenklage und eines Kontrahierungszwangs gehen weiter als die des § 611a BGB gingen und trugen damit hinreichend dem Gebot effektiver Sanktionierung Rechnung (zu diesem Sanktionierungsgebot s. EuGH v. 22.4.1997 – Rs. C 180/95, Slg. 1997, I-2195, 2219, Rnr. 16 ff.). Für das AGG stellt sich diese Frage nicht, sind doch Beamte ausdrücklich vom Schutz des Gesetzes erfasst. Zur Normenkonkurrenz zu Art. 33 Abs. 2 GG s. Rnr. 158.

130 Nicht alle Beamten sind vom AGG erfasst, sondern nur solche „des Bundes, der Länder, der Gemeinden, der Gemeindeverbände sowie der sonstigen der Aufsicht des Bundes oder eines Landes unterstehenden Körperschaften, Anstalten und Stiftungen des öffentlichen Rechts". Zu den Beamten in diesem Sinn sollen auch die kommunalen Wahlbeamten zählen (OVG Lüneburg v. 10.1.2012 – 5 LB 9/10, DÖD 2012, 88). **Nicht erfasst sind Kirchenbeamte.** Die katholische Kirche und die evangelischen Kirchen haben als Körperschaften des öffentlichen Rechts die Möglichkeit, Beamte zu ernennen. Dementsprechend stellt § 135 Satz 2 BRRG fest, dass es den Kirchen überlassen bleibt, die Rechtverhältnisse ihrer Beamten und Seelsorger zu regeln. Ihre Dienstherrenfähigkeit ist auf Grund ihres Status nach Art. 137 Abs. 4 WRV unbeschränkt. Sie unterstehen jedoch nicht der Aufsicht des Bundes oder eines Landes (s. BVerfG v. 13.12.1983 – 2 BvL 13/82

III. Personeller Geltungsbereich

u. a., BVerfGE 66, 1, 20 unter Hinweis auf vorangegangene Rechtsprechung; s. auch Listl/Pirson/*Kirchhof*, Handbuch des Staatskirchenrechts Bd. I, S. 664).

bb) **Richter.** Richter wurden nicht durch das geschlechtsspezifische Benachteiligungsverbot des § 611a BGB geschützt; weder waren sie „Arbeitnehmer" im Sinne dieser Vorschrift noch war eine analoge Anwendung des § 611a BGB erforderlich (so aber ErfK/*Schlachter*, 4. Aufl. 2004, § 611a BGB Rnr. 6 für Beamte); notwendiger Schutz vor sachwidrigen Entscheidungen betreffend des Richteramtes wurde bislang primär über Art. 33 Abs. 2 GG verwirklicht (s. dazu Rnr. 159 ff.). Hiervon ist der Gesetzgeber nunmehr abgewichen und hat „Richterinnen und Richter des Bundes und der Länder" überdies in den persönlichen Geltungsbereich des 2. Abschnitts des AGG einbezogen. Mit dem Hinweis auf Bund und Länder wird klargestellt, dass **nur Richter an staatlichen Gerichten**, d. h. solchen Spruchkörpern, die ihre Existenz aus staatlichem Recht ableiten, erfasst sind. Hierzu gehört, ungeachtet eventueller verfassungsrechtlicher Bedenken gegen diese „Privatisierung der Rechtssprechung" (vgl. Sachs/*Detterbeck*, GG, Art. 92 Rnr. 29 m. w. N.), nicht der Richter eines Schiedsgerichts i. S. d. §§ 1025 ff. ZPO. Ansonsten kann sich zur Bestimmung des Richterbegriffs an Art. 92, 97 Abs. 1 GG orientiert werden. Richter sind danach sämtliche Personen, die Rechtsprechung ausüben, Berufsrichter wie ehrenamtliche (BVerwG v. 8. 5. 1991 – 2 WD 18/91, BVerwGE 93, 90, 92; BAG v. 25. 8. 1982 – 4 AZR 1147/79, BAGE 40, 75, 85; Jarass/*Pieroth*, GG, Art. 97 Rnr. 2) oder nebenamtliche Richter (von Münch/Kunig/*Meyer*, GG, Art. 97 Rnr. 11). Nicht erfasst sind damit Rechtspfleger (BVerfG v. 9. 2. 1971 – 1 BvL 27/70, BVerfGE 30, 170, 171 f.), die Einigungsstelle nach dem BetrVG (BVerfG v. 18. 10. 1986 – 1 BvR 1426/83, NJW 1988, 1135), Spruchkörper der Sozialversicherungs- und Versorgungsverwaltung (von Münch/Kunig/*Meyer*, GG, Art. 92 Rnr. 29; offen gelassen von BVerfG v. 1. 10. 1987 – 2 BvR 1178/86 u. a., BVerfGE 77, 1, 42) oder beispielsweise Gemeindebeamte als Friedensrichter (BVerfG v. 17. 11. 1959 – 1 BvR 88/56, BVerfGE 10, 200, 216 ff.; Jarass/*Pieroth*, GG, Art. 97 Rnr. 8 f. m. w. N.). **131**

cc) **Soldaten.** Nicht erfasst vom AGG sind Soldaten und Wehrpflichtige. Für sie gilt das SoldGG, verabschiedet als Art. 2 des Gesetzes zur Umsetzung europäischer Antidiskriminierungsvorschriften. Dieses Gesetz setzt für den Bereich der Soldatinnen und Soldaten die Vorgaben der Antidiskriminierungsrichtlinien um. Keiner Umsetzung für Soldatinnen und Soldaten mehr bedurfte die Richtlinie 2002/73/EG zur Änderung der Richtlinie 76/207/EWG. Dieser Richtlinie wird bereits durch das Gesetz zur Durchsetzung der Gleichstellung von Soldatinnen und Soldaten der Bundeswehr (**Soldatinnen- und Soldatengleichstellungsdurchsetzungsgesetz – SDGleiG**) Rechnung getragen. Wegen der Aufhebung des Beschäftigtenschutzgesetzes, das auch für Soldaten galt, war es notwendig, den Schutz der Soldaten vor Benachteiligungen auf Grund des Geschlechts in Form von Belästigung und sexueller Belästigung im Dienstbetrieb in das Soldatinnen- und Soldaten-Gleichbehandlungsgesetz aufzunehmen. Die Bundesregierung hat von der in Artikel 3 Abs. 4 der Richtlinie 2000/78/EG den Mitgliedstaaten eingeräumten Möglichkeit Gebrauch gemacht, „diese Richtlinie hinsichtlich von Diskriminierungen wegen einer Behinderung und des Alters nicht für die Streitkräfte" der Bundeswehr umzusetzen. Die Bundesregierung begründet dies mit dem überragenden Erfordernis der Einsatzbereitschaft und Schlagkraft der Streitkräfte. Der militärische **132**

Dienst der Soldaten, der letztlich die äußere Sicherheit und die Existenz des staatlichen Gemeinwesens gewährleistet, ist nicht ohne weiteres mit sonstigen staatlichen Tätigkeiten im öffentlichen Dienst vergleichbar. Im Rahmen der staatlichen Daseinsvorsorge kommt der Einsatzbereitschaft und allseitigen Verwendbarkeit der Soldatinnen und Soldaten ein besonderer Stellenwert zu. Dieser gewichtige militärische Grund, der staatspolitisch fundiert ist, rechtfertigt es, für die Streitkräfte von der Auflage abzusehen, Personen einstellen oder weiterbeschäftigen zu müssen, die hinsichtlich ihrer körperlichen oder geistigen Fähigkeiten oder aus Altersgründen nicht in der Lage sind, den jeweiligen Anforderungen an sämtliche, ihnen zu stellenden militärischen Aufgaben zu erfüllen. Angesichts der im Rahmen der Transformation der Bundeswehr vorzunehmenden Reduzierung auch des militärischen Personals nimmt die Bundesregierung die oben genannten Ausnahmen für die gesamten Streitkräfte in Anspruch. Gegenstand des Soldatinnen- und Soldaten-Gleichbehandlungsgesetzes sind ausschließlich die Rechtsverhältnisse der den Streitkräften der Bundeswehr angehörenden Soldaten und von Personen, die – sei es nach Maßgabe des Wehrpflichtgesetzes, sei es auf Grund freiwilliger Verpflichtung – vor der Begründung eines soldatischen Dienstverhältnisses stehen und in diesem Zusammenhang mit Soldaten sowie mit militärischen Dienststellen in Berührung kommen (BT-Drucks. 17/1780, S. 26 ff.).

133 Auch das **SoldGG ist europarechtlich gefordert**. Art. 3 Abs. 4 der Richtlinie 2000/78/EG bezieht die Streitkräfte ausdrücklich in ihren Geltungsbereich mit ein und ermöglicht den Mitgliedstaaten nur, diesbezüglich Ausnahmen in Bezug auf Behinderung oder Alter zu regeln. Konfliktpotential existiert hier insbesondere bei der Diskriminierung wegen des Geschlechts (EuGH 11. 1. 2000 – Rs. C-285/98, NJW 2000, 497 *[Tanja Kreil]*, s. Rnr. 6) und der sexuellen Orientierung (Rnr. 212 ff.), in der US-amerikanischen Rechtsprechung auch zur Diskriminierung wegen der Religion (so der Fall eines Armeeangehörigen, der die Kippah bzw. Jarmulke auch im Dienst tragen wollte: Goldman v. Weinberger, 475 US 503 [1986]).

e) Selbstständige und Organmitglieder

134 Organmitglieder können – etwa als GmbH-Geschäftsführer –Arbeitnehmer sein, und sind in diesem Fall bereits deshalb von den arbeitsrechtlichen Vorschriften des AGG erfasst (s. ausführlich *Goette* und *Wank*, Festschrift Wiedemann, 2002, S. 587 und 873 ff.; die ordentlichen Gerichte sind zurückhaltender, einen aktuellen Rechtsprechungsüberblick gewährt OLG Düsseldorf v. 18. 10. 2012 – I-6 U 47/12, das die Frage offen lässt). Der Schutz des AGG greift darüber hinaus und erfasst jedes Organmitglied, soweit es um den Zugang zur Erwerbstätigkeit und den beruflichen Aufstieg geht. Dies gilt – mangels Eingrenzung des Wortlauts auch in den Richtlinien – auch für den Gesellschafter-Geschäftsführer (so auch *Bauer/Göpfert/Krieger*, AGG, § 6 Rnr. 29). Eine teleologische Reduktion der Norm – wie etwa bei § 17 Abs. 1 S. 2 BetrAVG von der ständigen Rspr. praktiziert – verbietet sich (s. hierzu *Thüsing*, AG 2003, 484–494; aA *Schroeder/Diller*, NZG 2006, 278. Hiergegen Rnr. 92 ff.). Selbstständige fallen nur unter das AGG, soweit es um den Zugang zur Erwerbstätigkeit und den beruflichen Aufstieg geht, s. Rnr. 94 ff.

IV. Zeitlicher Geltungsbereich

Das AGG greift schon vor Abschluss eines Arbeitsvertrages: Gemäß § 6 Abs. 1 **135** Satz 2 AGG gelten als Beschäftigte auch die Bewerber (einschränkend verlangt die Rechtsprechung für diese jedoch, dass sie für die zu besetzende Stelle objektiv geeignet sind und sich subjektiv ernsthaft bewerben, s. BAG v. 28. 5. 2009 – 8 AZR 536/08, NZA 2009, 1016; BAG v. 17. 12. 2009 – 8 AZR 670/08, NZA 2010, 383; *Bauer/Göpfert/Krieger*, AGG, § 6 Rnr. 10; ohne diese Einschränkungen zum Merkmal Bewerber Wendeling-Schröder/Stein/*Stein*, AGG, § 6 Rnr. 11) für ein Beschäftigungsverhältnis sowie die Personen, deren Beschäftigungsverhältnis beendet ist. Diese Fiktion erweitert den Diskriminierungsschutz um die Phase der Vertragsanbahnung und die Zeit der Abwicklung der Vertrags. Dies stimmt mit dem Verständnis des ehemaligen § 611 a BGB überein (s. HWK/*Thüsing*, 2. Aufl. 2006, § 611 a BGB Rnr. 15; s. auch EuGH v. 22. 9. 1998 – Rs. C-185/97, NZA 1998, 1223: Verweigerung eines Zeugnisses nach bereits beendetem Arbeitsverhältnis). Auch gilt das AGG nach der Beendigung des Arbeitsvertrages: Zu den noch nachwirkenden Folgen, die damit vom Diskriminierungsverbot erfasst sein können, gehört zum Beispiel auch die betriebliche Altersvorsorge (BT-Drucks. 16/1780, S. 33; s. hierzu *Adomeit/Mohr*, ZfA 2008, 449 ff.; *Cisch/Böhm*, BB 2007, 602 ff.; *Rengier*, NZA 2006, 1251 ff.; für Fälle der betrieblichen Hinterbliebenenversorgung s. LAG Baden-Württemberg v. 12. 11. 2009 – 11 Sa 41/09, NZA-RR 2010, 315; LAG Rheinland-Pfalz v. 19. 12. 2008 – 6 Sa 399/08 (juris)). Die Anwendbarkeit des AGG auf die betriebliche Altersvorsorge hat das BAG trotz der Verweisung des § 2 Abs. 2 S. 2 auf das Betriebsrentengesetz explizit zumindest soweit bestätigt, dass im Betriebsrentengesetz keine vorrangigen Spezialregelungen enthalten sind (BAG v. 11. 12. 2007 – 3 AZR 249/06, NZA 2008, 532). Soweit solche aber bestehen, so sind diese selbst europarechtskonform auszulegen (*Bezani/Nacewicz*, EwiR 2008, 417). Hinsichtlich der betrieblichen Altersversorgung kommt es für die Anwendbarkeit des AGG darauf an, dass unter seinem zeitlichen Geltungsbereich ein Rechtsverhältnis zwischen dem Versorgungsberechtigten und dem Versorgungsschuldner bestanden hat (BAG v. 13. 10. 2009 – 9 AZR 722/08 Rnr. 28). Abzustellen ist bei der Beurteilung einer Diskriminierung auf den Beschäftigten und nicht auf den Verbliebenen (BAG v. 13. 10. 2009 – 9 AZR 722/08 Rnr. 28). Zeitlich nicht vom AGG erfasst sind Handlungen, die vor dem 1. 8. 2006 bereits abgeschlossen waren (LAG Hessen v. 25. 10. 2011 – 12 Sa 527/10).

V. Definition des Arbeitgebers

Arbeitgeber i. S. d. AGG sind gemäß § 6 Abs. 2 AGG natürliche oder juristische **136** Personen sowie rechtsfähige Personengesellschaften, die Beschäftigte i. S. d. § 6 Abs. 1 beschäftigen. Die Bestimmung des Arbeitgebers kann in einer Unternehmensgruppe zu Schwierigkeiten führen (dazu *Forst*, FA 2012, 290). Auf einige Sonderkonstellationen ist im Folgenden einzugehen.

1. Leiharbeit

137 § 6 Abs. 2 S. 2 AGG berücksichtigt die Situation von Beschäftigten, die zur Arbeitsleistung an einen Dritten überlassen werden, indem der Entleiher neben dem die Beschäftigten überlassenden Arbeitgeber auch als Arbeitgeber im Sinne dieses Gesetzes gilt. Aus der Natur der Arbeitnehmerüberlassung ergibt sich dies nicht. Diese kennzeichnet sich gerade dadurch, dass ein Arbeitsverhältnis zum Entleiher nicht besteht (*Thüsing*, AÜG, Einl. Rnr. 1 ff., 37 ff.).

138 Die Einordnung des Entleiher als Arbeitgeber im Sinne des Diskriminierungsrecht hat ausländische Vorbilder, s. sec. 9 (2) des britischen SDA, und sec. 7 (1) des britischen RRA. Sie umfasst echte wie unechte Leiharbeit und gewerbliche wie nicht gewerbliche; auch die Konzernleihe ist umfasst. In den **Vergleich einer Ungleichbehandlung** mit einzubeziehen sind nicht allein die Leiharbeitnehmer sondern auch die Stammbelegschaft des Entleihers, sofern diesem, nicht dem Verleiher, eine Benachteiligung vorgeworfen wird (für das britische Recht Allonby v. Accrington & Rossendale College [2001] IRLR 364 CA). Freilich gilt auch hier, dass Ungleichbehandlungen, die auf verschiedenen Quellen beruhen, nicht erfasst sind (s. auch das Urteil des EuGH in der gleichen Sache v. 13. 1. 2004 – Rs. C-256/01, EuZW 2004, 210 mit Anmerk. *Evtimov*, in der der Gerichtshof an die Rechtssache Lawrence [EuGH v. 17. 9. 2001 – Rs. C-320/00, Slg. 2002, I-7325] anknüpft im Hinblick auf die schlechteren Arbeitsbedingungen, die der Verleiher einer weiblichen Arbeitnehmerin einräumt, gegenüber dem, was ein männliches Mitglied der Stammbelegschaft vom Entleiher erhält).

139 Mit der Gleichsetzung als Arbeitgeber treffen den Entleiher auch die **Pflichten nach § 12 AGG**. Dies allerdings hat Parallelen auch im Recht der Arbeitnehmerüberlassung. Aufgrund der Eingliederung in den Betrieb ist der Entleiher dem Leiharbeitnehmer zu **Schutz und Rücksichtnahme** verpflichtet, ähnlich wie der Verleiher als Arbeitgeber. Das Fehlen einer eigenständigen Hauptleistungspflicht ändert daran nichts (s. *Schüren*, AÜG, Einl. Rnr. 117 unter Rückgriff auf *Canaris*, JZ 1965, 475; *Thüsing*, AÜG, Einl. Rnr. 39, s. auch § 6 Abs. 3 öster. AÜG: „Für die Dauer der Beschäftigung im Betrieb des Beschäftigers obliegen die Fürsorgepflichten des Arbeitgebers auch dem Beschäftiger").

140 Unklar und durch die Systematik des Gesetzes nicht vorgegeben ist es, inwieweit ergänzend diese **Pflichten auch den Verleiher treffen** können. Einschlägige Rechtsprechung in Bezug auf das BeschSchG oder § 611 a BGB fehlt. Sicher darf der Verleiher selber keine diskriminierende Maßnahme treffen, etwa in der Auswahl seiner Arbeitnehmer oder der Verleihung. Schwieriger sind die Grenzen seiner Schutzpflichten. Ungeklärt ist auch, inwieweit der Entleiher bei Erfüllung der Pflichten nach § 12 AGG als Erfüllungsgehilfe des Verleihers tätig wird, so dass er dann bei Pflichtverletzung einen Schadensersatzanspruch gegen den Verleiher begründet. Zumindest der älteren Rechtsprechung zu den Schutz- und Nebenpflichten im Allgemeinen kann man diese Tendenzen entnehmen (RAG v. 5. 6. 1940, ARS 40, 10, 12 ff.; RAG v. 17. 12. 1942, RGZ 170, 216, 218; *Hueck/Nipperdey*, Arbeitsrecht I, § 54 IV 4 b, S. 524; s. auch Schüren/*Schüren*, AÜG, Einl. Rnr. 363). Sie sind freilich zurückzuweisen. Genauso wie der Verleiher dem Entleiher nicht die ordnungsgemäße Durchführung der Arbeitsleistung schuldet,

V. Definition des Arbeitgebers

schuldet er während dieser Zeit nicht dem Leiharbeitnehmer die spezifische Fürsorge, die Pendant der Arbeitspflicht ist (im Ergebnis Schüren/*Schüren*, AÜG, Einl. Rnr. 366 f.). Dies muss auch für § 12 AGG gelten.

Das Gesetz lässt offen, welche Folgen es hat, wenn der Arbeitnehmer aufgrund 141 eines Fehlverhaltens des Entleihers sein Leistungsverweigerungsrecht nach § 14 AGG wahrnimmt. Der Arbeitnehmer behält getreu dem Wortlaut des § 14 AGG seinen **Entgeltanspruch**, der Verleiher behält jedoch seinen **Vergütungsanspruch**, wenn der Entleiher schuldhaft gehandelt hat, s. § 326 Abs. 2 BGB. Dies ist im Vertrag zwischen Entleiher und Verleiher bei grober Fahrlässigkeit gemäß § 309 Nr. 7 b BGB formularmäßig nicht abdingbar (s. ausführlicher *Thüsing*, AÜG, Einl. Rnr. 42).

2. Heimarbeit

§ 6 Abs. 2 S. 3 AGG betrifft die **Besonderheiten des Heimarbeitsverhältnisses.** 142 Heimarbeiter bzw. die ihnen gleichgestellten Personen sind keine Arbeitnehmer, jedoch werden sie nach § 6 Abs. 1 Nr. 3 vom AGG erfasst. An die Stelle des Arbeitgebers tritt in diesem Fall der Auftraggeber, d.h. der Gewerbetreibende, in dessen Auftrag der Heimarbeiter tätig wird oder der Zwischenmeister. Letzterer ist entsprechend der Definition des § 2 Abs. 3 HAG derjenige, der, ohne Arbeitnehmer zu sein, die ihm von Gewerbetreibenden übertragene Arbeit an Heimarbeiter oder Hausgewerbetreibende weitergibt. Ein Zwischenmeister ist mit anderen Worten der Mittler zwischen dem auftraggebenden Gewerbetreibenden und den in Heimarbeit Beschäftigten (*Schmidt*, HAG, § 2 Rnr. 43). Mischformen sind denkbar und in der Praxis verbreitet: Wer beispielsweise den ihm angelieferten Stoff zuschneidet und dann zum Nähen weiterleitet, kann Zwischenmeister und zugleich Heimarbeiter oder Hausgewerbetreibender sein (BAG v. 15.12.1960 – 5 AZR 437/58, AP HAG § 2 Nr. 2).

3. Kleine und mittlere Unternehmen

Europarechtskonform kannte § 611a BGB keine Kleinbetriebsklausel (hierfür 143 jedoch de lege ferenda *Kutsch*, BB 1991, 2149, 2152; allgemein zu Schwellenwerten im Arbeitsrecht die Ausführungen von *Junker*, Gutachten B für den 65. DJT, 2004, S. 19 ff.; s. auch *ders./Dietrich*, NZA 2003, 1057) und ebenso hält es das AGG. Andernorts hat man anders gedacht. Das britische Recht kannte eine Ausnahme vom Verbot der Geschlechtsdiskriminierung für private Haushalte und wurde hierfür vom EuGH gerügt (s. EuGH v. 8.11.1983 – Rs. 165/82, Slg. 1983, 3431, 3447). Der US-amerikanische ADEA ist gemäß sec. 630 (b) nur anwendbar auf Arbeitgeber, die im laufenden oder vergangenen Jahr mindestens 20 Arbeitnehmer in einer kontinuierlichen Zeit von mindestens 20 Wochen beschäftigt haben. Auch die übrige US-amerikanische Diskriminierungsgesetzgebung enthält Ausnahmen für kleine Unternehmen, wenn auch mit unterschiedlichen Schwellenwerten (s. sec. 2000e (b) Title VII Civil Rights Act: 15 Arbeitnehmer für eine Zeit von 20 Wochen; sec. 101 (5) (A) ADA: 15 Arbeitnehmer über eine Zeit von 20 Wochen, bis zum 26.7.1994 waren es noch mindestens 25 Arbeitnehmer). Die

Frage, ob eine Ausnahme für kleine Unternehmen möglich wäre, wurde auch bei der Beratung der Richtlinie gesehen, doch von Ausnahmen wurde abgesehen, „da Diskriminierungen in allen Unternehmen auftreten, unabhängig von der Zahl der Beschäftigten" (so die Begründung des Richtlinienvorschlags KOM [1999] 565 endg., S. 31). Das ist nicht zu leugnen, doch es bleibt offen, ob in kleinen Unternehmen ähnlich strenge Objektivierungen und Begründungslasten für das Arbeitgeberhandeln geboten sind wie in großen Einheiten. Das amerikanische Schrifttum weist u. a. auf die erheblichen Kosten hin, um die Befolgung der Antidiskriminierungsgesetzgebung sicherzustellen, insbesondere im Hinblick auf mögliche Strafschadensersatzforderungen, die auch nach dem ADEA möglich sind (29 U. S. C. § 216 (b), hierzu *Fenske*, Altersdiskriminierung, S. 232 f.). Beachtet man, dass auch der nationalstaatliche Gesetzgeber in Europa verpflichtet ist, effektive Sanktionen zur Durchsetzung des Diskriminierungsverbots zu schaffen (Art. 17 Richtlinie 2000/78/EG), und hat man im Hinterkopf die recht strenge Rechtsprechung des EuGH zur Sicherstellung dieses Erfordernisses bei der Geschlechtsdiskriminierung (EuGH v. 10. 4. 1984 – Rs. 14/83, Slg. 1984, 1891; EuGH v. 10. 4. 1984 – Rs. 79/83, Slg. 1984, 1921; weitere Nachweise bei *M. Schmidt*, Das Arbeitsrecht der Europäischen Gemeinschaft, Abschn. III Rnr. 122), so wäre es wohl nicht unzweckmäßig gewesen, hätte es der europäische Gesetzgeber den Mitgliedstaaten freigestellt, hier besondere Regelungen vorzusehen. Dies insbesondere deshalb, weil auch das Europarecht die besondere Bedeutung kleinerer und mittlerer Unternehmen kennt: Nach Art. 153 Abs. 2 b AEUV sollen arbeitsrechtliche Richtlinien keine Auflagen vorschreiben, die der Gründung und Entwicklung von kleinen und mittleren Unternehmen entgegenstehen.

VI. Konkurrenzen

144 § 2 Abs. 3 AGG stellt ebenso wie § 32 AGG klar, dass dieses Gesetz lediglich der Umsetzung der Richtlinien 2000/43/EG, 2000/78/EG, 2006/54/EG und 2004/113/EG dient und keine vollständige und abschließende Regelung des Schutzes vor Benachteiligung darstellt. Benachteiligungsverbote oder Gleichbehandlungsgebote, die auf anderen Rechtsvorschriften beruhen, bleiben unberührt (s. ausführlich Rnr. 156). Dies gilt auch für öffentlich-rechtliche Schutzvorschriften bestimmter Personengruppen, wie z. B. die Mutterschutzvorschriften.

C. Ziel des Gesetzes und verbotene Benachteiligungsgründe

Literatur: Allgemein: *Bramann/Hoffjan,* Gesetzesfolgekosten des Allgemeinen Gleichbehandlungsgesetzes, BB 2007, 2625; *Däubler,* Die Kündigung als unmittelbare Diskriminierung, AiB 2007, 22; *Diller/Kern/Zeh,* AGG-Archiv: Die Schlussbilanz, NZA 2009, 1386; *Ettwig/Schiefer/Worzalla,* Ein Jahr Allgemeines Gleichbehandlungsgesetz, DB 2007, 1977; *Feuerborn,* Nachbesserungsbedarf beim Diskriminierungsschutz im Arbeitsrecht – Baumängel der Vorschriften des Allgemeinen Gleichbehandlungsgesetzes, JR 2008, 485; *Franke/Steinel,* Diskriminierungsschutz in den Mitgliedstaaten der EU, ZESAR 2012, 157; *Grobys,* Einstellung von Arbeitnehmern im Licht des AGG, NJW-Spezial 2007, 81; *Hinrichs/Maier/Mehlich/Zwanziger,* Allgemeines Gleichbehandlungsgesetz – Ende des arbeitsrechtlichen Gleichbehandlungsgrundsatzes?, DB 2007, 574; *Hunold,* Ausgewählte Rechtsprechung zum Antidiskriminierungsrecht, NZA-RR 2009, 113; *Kleinebrink,* Abmahnung und Allgemeines Gleichbehandlungsgesetz, FA 2007, 230; *Krebber,* Rechtsfolgen einer Diskriminierung durch gesetzliche und kollektivrechtliche Regelungen, EuZA 2009, 200; *Mahlmann,* Gleichbehandlungsschutz im öffentlichen Dienstrecht – ein Überblick, ZBR 2007, 325; *Maier/Mehlich,* Das Ende des richterlich entwickelten arbeitsrechtlichen Gleichbehandlungsgrundsatzes, DB 2007, 110; *Perreng,* AGG – was hat's gebracht?, NZA Beilage 2008 Nr. 2, 102; *Preis,* Diskriminierungsschutz zwischen EuGH und AGG (Teil I und II), ZESAR 2007, 249; *Raab,* Der arbeitsrechtliche Gleichbehandlungsgrundsatz, FS für Peter Kreutz, S. 317; *Richardi,* Januskopfigkeit der Pflicht zur Gleichbehandlung im Arbeitsrecht, ZfA 2008, 31; *Seel,* Die Gleichbehandlung in der arbeitsrechtlichen Praxis, JA 2007, 792; *Schiefer,* Zwei Jahre allgemeines Gleichbehandlungsgesetz, ZfA 2008, 493; *Steiner,* Das Deutsche Arbeitsrecht im Kraftfeld von Grundgesetz und Europäischem Gemeinschaftsrecht, NZA 2008, 73; *Stuber,* AGG: Zum Erfolg verpflichtet, BB 2008, 945; *Thüsing,* Europarecht als politischer Vorwand und gesetzgeberischer Schleichweg, FA 2010, 33; *Thüsing,* AGB und AGG: Arbeitsrechtliche Schranken der Vertragsfreiheit und ihre Berechtigung, in Heinrich (Hrsg.): Krisen im Aufschwung 2009, 117.

Zur Diskriminierung wegen der Rasse und ethnischen Zugehörigkeit: *Busch,* Sprachkenntnisse und mittelbare Diskriminierung, AiB 2010, 370; *Ford,* Race as Culture? Why not?, 47 UCLA L. Rev. 1803 (2000); *greiner,* Putativ-Diskriminierung gegen Ethnie oder Rasse – der Fall „Minus: Ossi", DB 2010, 1940; *Guild,* The EC Directive on Race Discrimination: Surprises, Possibilities and Limitations, ILJ 2000, 416; *Herbert/Oberrath,* Beherrschung und Verwendung der deutschen Sprache bei Durchführung und Beendigung des Arbeitsverhältnisses, DB 2010, 391; *dies.,* Beherrschung und Verwendung der deutschen Sprache bei der Begründung des Arbeitsverhältnisses, DB 2009, 2434; *McInerney,* Equal Treatment between Persons irrespective of Racial or Ethnic Origin: A Comment, ELRev. 2000, 317; *Schmitt-Rolfes,* We speaken Deutsch, AuA 2010, 455; *Rädler,* Gesetz wegen Rassendiskrimination, ZRP 1997, 5; *Schiek,* Diskriminierung wegen „Rasse" oder „ethnischer Herkunft" – Probleme bei der Umsetzung der Richtlinie 2000/43/EG, AuR 2003, 44; *Stock,* Zugang zu Gaststätten und Rassendiskriminierung, ZAR 1999, 118–127; *Strauss,* The Law and Economics of Racial Discrimination in Employment: The Case for Numerical Standards, 79 Geo. L. J. 1619 (1991); *Waas,* Die neue EG-Richtlinie zum Verbot der Diskriminierung aus rassischen oder ethnischen Gründen im Arbeitsverhältnis, ZIP 2000, 2151; *Wittinghofer/Neuleischner,* Verbietet das AGG die Auswahl von Schiedsrichtern aufgrund ihrer Nationalität, RIW 2011, 527.

Zur Diskriminierung wegen des Geschlechts: *Abele,* Schadensersatz wegen geschlechtsbezogener Diskriminierung eines Stellenbewerbers, NZA 1997, 641; *Annuß,* Grundfragen der Entschädigung bei unzulässiger Geschlechtsdiskriminierung, NZA 1999, 739; *Bergwitz,* Die neue EG-Richtlinie zur Beweislast bei geschlechtsbedingter Diskriminierung, DB 1999, 94; *Buchner,* Gleichbehandlungsgebot und Mutterschutz, Arbeitsgesetzgebung und Arbeitsrechtsprechung, Festschrift für Stahlhacke, 1995, S. 83; *Colneric,* Frauenförderung nach der Kalanke-Entschei-

C. Ziel des Gesetzes und verbotene Benachteiligungsgründe

dung des EuGH, ArbRGgwart 34, 69; *Colneric,* Voller Schadensersatz bei geschlechtsbedingter Diskriminierung, ZEuP 1995, 646; *Dah*m, Statistiken zur Geschlechterverteilung als Indiz i.S. des § 22 AGG?, BB 2010, 1792; *Fastrich,* Gleichbehandlung und Gleichstellung, RdA 2000, 65; *Freis,* Das Gesetz zur Änderung des Bürgerlichen Gesetzbuchs und des Arbeitsgerichtsgesetzes, NJW 1998, 2779; *Gotthardt,* Die Vereinbarkeit der Ausschlussfristen für Entschädigungsansprüche wegen geschlechtsbedingter Benachteiligung (§ 611a IV BGB, § 61b I ArbGG) mit dem europäischen Gemeinschaftsrecht, ZTR 2000, 448; *Herrmann,* Die Abschlussfreiheit – ein gefährdetes Prinzip, ZfA 1996, 19; *Hadeler,* Die Revision der Gleichbehandlungsrichtlinie 76/207/EWG – Umsetzungsbedarf für das deutsche Arbeitsrecht, NZA 2003, 77; *Huep,* Die zeitliche Reichweite des geschlechtsbezogenen Entgeltgleichheitsgrundsatzes im deutschen und europäischen Arbeitsrecht, RdA 2001, 325; *Koberski,* Gleichbehandlung und Diskriminierung unter besonderer Berücksichtigung der Gleichstellung von Mann und Frau, Arbeitsrecht und Arbeitsgerichtsbarkeit, Festschrift 50-jähriges Bestehen der Arbeitsgerichtsbarkeit Rheinland-Pfalz, 1999, 503; *Kocher,* Verfassungsrechtliche Anforderungen an die Umsetzung des Gleichbehandlungsgebots, AuR 1998, 221; *Kocher,* Vom Diskriminierungsverbot zum „Mainstreaming", RdA 2002, 167; *Körner,* Der Dialog des EuGH mit den deutschen Arbeitsgerichten, NZA 2001, 1046; *Kort,* Zur Gleichbehandlung im deutschen und europäischen Arbeitsrecht, insbesondere beim Arbeitsentgelt teilzeitbeschäftigter Betriebsratsmitglieder, RdA 1997, 277; *Müller,* Der steinige Weg des § 611a BGB zur Europarechtskonformität – Ein Plädoyer für Wertungsoffenheit in Entscheidungsbegründungen (Übungsblätter), JA 2000, 119; *Pape,* Von Kalanke zu Marschall – Ein Erfolg für die Gleichberechtigung, AuR 1998, 14; *Paul,* Einstellung Schwangerer bei Beschäftigungsverboten nach dem Mutterschutzgesetz, DB 2000, 974; *Pfarr,* Gleichbehandlung von Männern und Frauen im Arbeitsverhältnis, AR-Blattei SD 800.2; *Pfarr/Kocher,* Kollektivverfahren im Arbeitsrecht, NZA 1999, 358; *Rieble,* Entgeltgleichstellung der Frau, RdA 2011, 36; *Prehm/hellenkemper,* Eine Bewertung von Frauenquoten aus arbeitsrechtlicher Sicht, NZA 2012, 960; *Raulf,* Unisex in der betrieblichen Altersverorgung oder: Nach dem Urteil ist vor dem Urteil, NZA Beilage 2012, Nr. 3 88; *Röthel,* Beweislast und Geschlechtsdiskriminierung, NJW 1999, 611; *Rolfs/Wessel,* Aktuelle Rechtsprechung und Praxisfragen zur Benachteiligung wegen des Geschlechts, NJW 2009, 3329; *Rust,* Änderungsrichtlinie 2002 zur Gleichbehandlungsrichtlinie von 1976, NZA 2003, 72; *Sachs,* Frauenquoten wieder vor dem EuGH, RdA 1998, 129; *Schiek,* Draehmpaehl und die Folgen, BB 1998, 586; *Schiek,* „Kalanke" und die Folgen – Überlegungen zu EG-rechtlichen Anforderungen an betriebliche Gleichstellungspolitik, AuR 1996, 128; *Schiek/Horstkötter,* Kündigungsschutz via Diskriminierungsverbot, NZA 1998, 863; *Schlachter,* Richtlinie über die Beweislast bei Diskriminierung, RdA 1998, 321; *Schliemann,* Gleichberechtigung bei der Begründung von Arbeitsverhältnissen – eine (fast) unendliche Geschichte von Europa und Michel, Richterliches Arbeitsrecht, Festschrift für Dieterich, 1999, S. 569; *Schwintowski,* Geschlechtsdiskriminierung durch risikobasierte Versicherungstarife?, VersR 2011, 164; *Stürmer,* Bewerbung und Schwangerschaft, NZA 2001, 526; *Thüsing,* Zulässige Ungleichbehandlung weiblicher und männlicher Arbeitnehmer – Zur Unverzichtbarkeit iS des § 611a Abs. 1 Satz 2 BGB, RdA 2001, 319; *Tödtmann,* Der Einfluss des EuGH auf die Gleichstellung von Mann und Frau, DB 1998, 2322; *Volmer,* „Punitive Damages" im deutschen Arbeitsrecht?, BB 1997, 1582; *Wendeling-Schröder,* Aktuelle Fragen der Neuregelung des § 611a BGB, Brennpunkte des Arbeitsrechts 2000, 2001, 245; *Wendeling-Schröder,* Der Wert des entgangenen Arbeitsplatzes, DB 1999, 1012; *Wiedemann,* Probleme der Gleichberechtigung im europäischen und deutschen Arbeitsrecht, Staat Wirtschaft Steuern, Festschrift für Friauf, 1996, S. 135; *Worzalla,* Die Haftung des Arbeitgebers wegen geschlechtsspezifischer Diskriminierung bei Einstellung nach der neueren Rechtsprechung des EuGH, NJW 1997, 1809; *Zwanziger,* Die Neuregelung des Verbots der Geschlechterdiskriminierung im Arbeitsrecht, DB 1998, 1330.

Zur Diskriminierung wegen der Religion oder Weltanschauung: S. Übersicht Rnr. 468.

Zur Diskriminierung wegen einer Behinderung: *Düvell,* Die Neuregelung des Verbots der Benachteiligung wegen der Behinderung im AGG; BB 2006, 1741; *Giesen,* Frage nach der Schwerbehinderung, RdA 2013, 48; *Grimme,* Diskriminierung wegen einer Behinderung, AiB 2012, 513; *Hughes,* Disability Discrimination and the Duty to make Reasonable Accomodations, 33 ILJ 358 (2004); *James,* The Meaning of Disability: Physical and Mental Impairment, 31 ILJ 156 (2002); *Joussen,* Die Diskriminierung behinderter Arbeitnehmer, ZESAR 2005, 375–383; *Jürgens,* Vom Umgang mit Benachteiligungen, DVBl. 1997, 764; *Otte,* Gesundheitliche Eignung und Diskriminierung wegen Behinderung, ZBR 2007, 401; *Rolfs/Paschke*, Die Pflichten des Arbeitgebers und die Rechte schwerbehinderter Arbeitnehmer nach § 81 SGB IX, BB 2002, 1260; *Ruthergleen/Karlan*, Disabilities, Discrimination, and Reasonable Accommodation, 46 Duke L. J. (1996); *Spranger*, Wen schützt Art. 3 Abs. 3 S. 2 GG?, DVBl. 1998, 1058; *Thüsing/Wege*, Das Verbot der Diskriminierung wegen einer Behinderung nach § 81 Abs. 2 Satz 2 Nr. 1 SGB IX", FA 2003, S. 296–300; *Thüsing/Wege*, Behinderung und Krankheit bei Einstellung und Kündigung, NZA 2006, S. 136–139; *Whittle*, The Framework Directive for Equal Treatment in Employment and Occupation: An Analysis from a Disability Rights Perspective, European Law Review, Bd. 27 (2002), 303–326; *Welti*, Behinderung und Rehabilitation im sozialen Rechtsstaat: Freiheit, Gleichheit und Teilhabe behinderter Menschen, 2005; *ders.*, Arbeits- und sozialrechtliche Ansprüche behinderter Menschen auf Qualifizierung, AuR 2003, 445–452.

Zur Diskriminierung wegen des Alters: s. Übersicht Rnr. 408.

Zur Diskriminierung wegen der sexuellen Identität: *Franzen*, Gleichbehandlung eingetragener Lebenspartner mit Ehepaaren bei der Hinterbliebenenversorgung, EuZA 2009, 395; *ders.*, Ehebezogene Leistungen des Arbeitgebers, gleichgeschlechtliche Lebenspartnerschaft und Allgemeines Gleichbehandlungsgesetz, FS Peter Kreutz, 2010, S. 111; *Hammer/Rzadkowski*, Antidiskriminierungsgesetz für homosexuelle Frauen und Männer in Arbeit und Beruf, ZTR 1991, 363–371; *Oliver*, Sexual Orientation Discrimination: Perceptions, Definitions and Genuine Occupational Requirements, 33 ILJ 1 (2004); *Powietzka*, Eingetragene Lebenspartnerschaft und Arbeitsrecht, BB 2002, 146–150; *Rengier*, Gleichstellung eingetragener Lebenspartner in der betrieblichen Hinterbliebenenversorgung, BB 2005, 2574–2580; *Rivas Vaño*, La Prohibición de Discriminación por Orientación Sexual en la Directiva 2000/78, Temas Laborales, Nr. 59 (2001), 193–220; *Skidmore*, Improving the position of lesbians and gay men at work in the light of the Framework Directive for Equal Treatment in Employment: A German Case Study, Cambridge Yearbook of European Law, volume 3 [2002], S. 3.; *ders.*, Lesbische und schwule ArbeitnehmerInnen: ein Thema für die Rechtswissenschaften?, Kritische Justiz 2002, 35; *Stüber*, Kein Familienzuschlag für Lebenspartner?, NJW 2006, 1774–1776; *Windisch-Graetz*, Das Diskriminierungsverbot aufgrund der sexuellen Orientierung, ZAS 2004, 58.

I. Gesetzgeberisches Ziel als Maßstab der Auslegung

§ 1 AGG benennt die unzulässigen Merkmale einer Benachteiligung und gibt **145** zugleich das Ziel des Gesetzes vor. Diese Festschreibung des Gesetzesziels im Regelwerk selber entspricht einem europäischen Gesetzgebungsstil, der an französische und anglo-amerikanische Traditionen anknüpft. Für den deutschen Gesetzgeber ist eine solche Technik zumindest außerhalb des öffentlichen Rechts recht neu, auch wenn entsprechende Gestaltungen seit einiger Zeit auch im Arbeitsrecht zu beobachten sind (TzBfG, AEntG).

Für das AGG folgt aus der Fixierung des gesetzgeberischen Zieles zunächst, **146** dass die Auslegung einer Norm diesem Ziel nicht widersprechen darf. Sollte es im Einzelfall durch die Anwendung einer Norm des AGG zu einem geringeren Schutz vor Benachteiligungen kommen, als er vor Einführung der diskriminierungsrechtlichen Regelungen bestand, müsste dieses Ergebnis – soweit es die Grenzen von grammatischer und systematischer Auslegung zulassen (s. hierzu *Larenz*, Methodenlehre der Rechtswissenschaft, S. 320) – mit Blick auf § 1 AGG korrigiert werden. Darüber hinaus folgt aus der Formulierung des § 1 AGG, der Benachteiligungen nicht nur verbieten, sondern „verhindern" und sogar „beseitigen" will, dass verbotenen Ungleichbehandlungen konsequent entgegen getreten werden muss. Dieser Gedanke effektiver Schutzgewährleistung, dem bei der Auslegung der Normen des AGG weitgehend Rechnung zu tragen ist, wird dem *effet utile* der europarechtlichen Regelung gerecht (vgl. zum Gebot „nützlicher Wirksamkeit" EuGH v. 15.7.1960 – Rs. 20/59, Slg. 1960, 683, 708; EuGH v. 5.4.1979 – Rs. 148/78, Slg. 1979, 1629 ff.; Streinz/*Streinz*, EUV/AEUV, Art. 4 EUV Rnr. 34, 53, 61).

II. Ziele des Diskriminierungsschutzes

147 Ziel des Gesetzes ist es, Benachteiligungen aus Gründen der Rasse oder wegen der ethnischen Herkunft, des Geschlechts, der Religion oder Weltanschauung, einer Behinderung, des Alters oder der sexuellen Identität in Beschäftigung und Beruf zu verhindern oder zu beseitigen. Damit wird die Benachteiligung bestimmter Personengruppen, die im Arbeitsleben sachwidrig ungleich behandelt werden, verboten. Anders als die Diskriminierungsverbote wegen der Teilzeit, der Befristung (§ 4 Abs. 1, 2 TzBfG) oder auch wegen des Status als Leiharbeitnehmer (§ 3 Abs. 1 Nr. 3, § 9 Nr. 2 AÜG) handelt es sich hier jeweils um Zurückstellungen, die auf der **Person des Arbeitnehmers beruhen, nicht auf der Besonderheit seines Arbeitsvertrags.**

1. Allgemeiner Gleichbehandlungsgrundsatz und besondere Diskriminierungsverbote

148 Das AGG verfolgt sein Ziel durch **besondere Diskriminierungsverbote** (vgl. zu der Unterscheidung zwischen allgemeinem Gleichbehandlungsgebot und besonderen Diskriminierungsverboten ausführlich *Wiedemann*, Die Gleichbehandlungsgebote im Arbeitsrecht, S. 11, 59 ff. und *passim*), die man früher im Staatsrecht als besondere Gleichheitssätze bezeichnete (*Rüfner*, Bonner Kommentar, Art. 3 Rnr. 5.36; Isensee/Kirchhof/*Sachs*, HStR, 1. Aufl. 1992, Bd. V, § 126, S. 1017). Es wird keine generelle Pflicht zur Gleichbehandlung aufgegeben, sondern nur das Verbot der Benachteiligung aus bestimmten, ausdrücklich normierten Gründen.

149 Dies unterscheidet das Gesetz vom **allgemeinen arbeitsrechtlichen Gleichbehandlungsgrundsatz**. Dieses Rechtsinstitut – etabliert in der Rechtsprechung seit den Tagen des Reichsarbeitsgerichts (grundlegend RAG v. 19.1.1938, ARS 33, 172) – verbietet dem Arbeitgeber eine Schlechterstellung einzelner Arbeitnehmer aus sachfremden Gründen gegenüber anderen Arbeitnehmern in vergleichbarer Lage. Seine Geltung ist allgemein anerkannt, seine Herleitung jedoch umstritten. Teilweise wird unmittelbar auf Art. 3 Abs. 1 GG zurückgegriffen, wonach der Arbeitgeber ebenso wie die öffentliche Gewalt verpflichtet sein soll, wesensmäßig Gleiches gleich zu regeln. Teilweise lehnt man sich an § 315 Abs. 1 BGB an, wonach die arbeitsrechtliche Gleichbehandlungspflicht als ein Unterfall der allgemeinen Billigkeits- und Inhaltskontrollen von arbeitsvertraglichen Einheitsregelungen gewertet wird. Charakteristikum ist, dass jede sachwidrige Ungleichbehandlung verboten ist, gleichzeitig aber auch jeder sachliche Grund zur Rechtfertigung ausreicht. Einzelheiten s. Rnr. 926. Dies gilt letztlich auch für den primärrechtlichen Gleichbehandlungsgrundsatz des Europarechts, der aus den allgemeinen Rechtsgrundsätzen der Mitgliedstaaten verbunden mit der EMRK hergeleitet wird, auf den sich die Rechtssachen Mangold und Kücükdeveci stützten (s. Rnr. 37). Dieser wird durch die spezifischen

II. Ziele des Diskriminierungsschutzes

Diskriminierungsverbote (bspw. Alter) nur konkretisiert, nicht aber inhaltlich eingeschränkt. Er knüpft damit auch nicht an spezielle Differenzierungsmerkmale an, sondern ermöglicht einen umfassenden Schutz. In Abweichung dazu beruht das Diskriminierungsverbot in Art. 21 der GRC wiederum auf spezielle Diskriminierungsmerkmale, die aber deutlich weiter reichen, als diejenigen des AGG.

Besondere Diskriminierungsverbote und allgemeiner arbeitsrechtlicher Gleichbehandlungsgrundsatz haben jeweils ihre eigene Geschichte, Aufgabe und Rechtsfolge. Der allgemeine Gleichheitssatz spricht die *Verteilungsgerechtigkeit* bei der Zuweisung von Gütern oder Lasten an. Die besonderen Diskriminierungsverbote haben ihre Wurzel in der Anerkennung der *Menschenwürde;* sie verbieten es, bestimmte Merkmale als Unterscheidungskriterium einer Regelung oder einseitigen Maßnahme zu benutzen, wenn dadurch Personen herabgesetzt, ausgegrenzt oder sonst benachteiligt werden. Diskriminierungsverbote stellen zwar keine absoluten Verhaltensnormen auf, sondern lassen in begrenztem Umfang begründete Ausnahmen zu – bei den verschiedenen Kriterien in unterschiedlichem Maße, s. § 8 Abs. 1 AGG sowie § 10 AGG. 150

Die **Unterschiede dieser Rechtsinstitute** führen dazu, dass in der Gewährleistung eines besonderen Gleichheitsschutzes eine Ungleichbehandlung liegt, die einer Rechtfertigung bedarf. Der Diskriminierungsschutz wurde durch das AGG erheblich erweitert, aber dennoch bleibt er unvollkommen. Solange man sich auf eine Liste unzulässiger Diskriminierungsmerkmale beschränkt, wird es immer auch sachfremde Diskriminierungen geben, die zulässig bleiben. Die Gründe eines besonderen Diskriminierungsschutzes sind nicht naturrechtlich vorgegeben, sondern beruhen auf gesellschaftlicher Wahl. So zeigen schon die verschiedenen nationalen Regelungen, dass hier durchaus unterschiedliche Schwerpunkte gesetzt werden können. Die **Vorbilder im Ausland** sind vielfältig: Irland kennt etwa zusätzlich noch das Verbot, wegen der Zugehörigkeit zum fahrenden Volk zu diskriminieren (sec. 6 (2) (i) Employment Equality Act), Frankreich verbietet dem Arbeitgeber die Diskriminierung aufgrund der politischen Überzeugung seines Arbeitnehmers, seines Familienstandes und seiner Sitten (Art. L. 1132-1 Code du travail: „moers"; zur Benachteiligung wegen politischer Überzeugungen siehe unten Rnr. 218 ff.), das niederländische allgemeine Gleichbehandlungsgesetz verbietet auch die Diskriminierung aufgrund der Nationalität (§ 1 Algemene wet gelijke behandeling). Ein Blick auf die andere Seite des Atlantiks zeigt eine noch größere Vielfalt verbotener Differenzierungsmerkmale, verfügen doch die meisten Einzelstaaten der USA über ihre eigenen Antidiskriminierungsgesetze. Nach dem Bundesrecht von Massachusetts sind beispielsweise Ungleichbehandlungen anhand der Merkmale „race, color, religious creed, national origin, sex, sexual orientation" (G. L. c. 151B, § 4 [2004]) untersagt, der Bundesstaat Wisconsin fügt dieser Liste weitere hinzu: „age, race, creed, color, disability, marital status, sex, national origin, ancestry, arrest record, conviction record, membership in the national guard" (Wis. Stat. § 111.321 [2004]). Einen noch längeren Verbotskatalog kennt das Gleichbehandlungsgesetz Südafrikas: „race, gender, sex, pregnancy, marital status, ethnic or social origin, colour, sexual orientation, age, disability, religion, conscience, belief, culture, language and birth" gehören dort zu den verbotenen Unterscheidungsmerkmalen (Sec. 1 xxii (a) South African Promotion of Equality and Prevention of Unfair Discrimination Act of 2000). All dies sind wohl nicht minder wichtige Diskrimi- 151 nierungsgründe, und dennoch lässt sie das europäische Recht außen vor. Wer einzelne Gruppen herausgreift und sie unter einen Gleichheitsschutz stellt, den er anderen nicht gewährt, trifft eine Ungleichbehandlung, für die Gründe nicht immer zu finden sind, die jedenfalls selber der Rechtfertigung bedarf.

152 Eben daher finden sich in jüngerer Zeit in den Vereinigten Staaten auch **Anti-Antidiskriminierungsgesetze**. Der Landesgesetzgeber verbietet darin den Städten und Gemeinden Gesetze zu schaffen, die bestimmte Personengruppen – meist Homosexuelle – unter einen besonderen Diskriminierungsschutz stellen. Stärkstes Argument neben der Vertragsfreiheit war hier der allgemeine Gleichheitssatz (z. B. Amendment II zur Verfassung von Colorado, für verfassungswidrig erklärt als gleichheitswidrig durch den Supreme Court in Romer v. Evans, 517 U. S. 620, 620, 623, 635 [1996]; s. hierzu *Dworkin*, Sovereign Virtue, 2000, S. 456). Eben daher werden in letzter Zeit die Stimmen amerikanischer Juristen immer lauter, die einen Kündigungsschutz nicht von der Diskriminierung her begründen wollen, sondern allgemein einen arbeitsverhältnisbezogenen sachlichen Grund verlangen (rechtsvergleichend s. auch *Kittner/Kohler*, BB Beilage 2000, Nr. 4, 1–29). Auch in Frankreich hat man bemerkt, dass das Diskriminierungsverbot des Art. L. 1132-1 Code du travail immer länger wurrde, Man hielt es daher für sinnvoller, statt mehr und mehr Merkmale hinzuzufügen, einen allgemeinen arbeitsrechtlichen Gleichbehandlungsgrundsatz einzuführen (dazu *Pélissier/Auzero/Dockès*, Droit du travail, 26. Aufl. 2012, Rnr. 662; s. bereits *Thüsing*, ZfA 2001, 397, 404).

2. Formale Gleichbehandlung und tatsächliche Gleichbehandlung

153 Durch das Gesetz sollen verhindert werden Benachteiligungen aus Gründen der Rasse oder wegen der ethnischen Herkunft, des Geschlechts, der Religion oder Weltanschauung, einer Behinderung, des Alters oder der sexuellen Identität. Die einzelnen Verbote, einen Arbeitnehmer zu benachteiligen, sind gleichförmig wie Perlen auf einer Schnur aneinandergereiht. Nähere Betrachtung zeigt jedoch, dass hier durchaus Unterschiedliches gemeint ist, zwei ganz verschiedene Arten von Gleichheit angesprochen werden: Die eine ist das Verbot der ungerechtfertigten Ungleichbehandlung, die andere das Verbot der Gleichbehandlung, wo sie zu unbilligen Ergebnissen führt.

154 Das hat nichts mit unmittelbarer oder mittelbarer Benachteiligung zu tun (s. hierzu Rnr. 230, 246), sondern betrifft eine ganz andere Ebene: die Unterscheidung zwischen **Normanwendungsgleichheit und Ergebnisgleichheit,** zwischen *formal* und *substantive equality* (hierzu *Barnard/Hepple*, 59 C. L. Rev. 562 [2000]). Wenn das Gesetz ein Erbe nach gleichen Teilen unter die Kinder verteilt, ist dies formale Gleichbehandlung, und schon sie erscheint gerecht. Wenn aber nach dem schönen Satz von *Anatol France* die majestätische Gleichheit des Gesetzes es arm und reich gleichermaßen verbietet, unter Brücken zu schlafen, in den Straßen zu betteln und ihr Brot zu stehlen, dann ist dies zwar formale Gleichbehandlung, aber dennoch werden nur bestimmte Personengruppen hierdurch beeinträchtigt, das Ergebnis scheint ungerecht, und Gerechtigkeit erst gegeben, wenn arm und reich es gleichermaßen nicht nötig haben, in der verbotenen Weise zu handeln, wenn also die sozialen Unterschiede überwunden werden.

II. Ziele des Diskriminierungsschutzes

Auf der einen Seite stehen die Diskriminierungsverbote wegen der Rasse und der ethnischen Zugehörigkeit sowie der sexuellen Identität. Hier handelt es sich um Kriterien, die regelmäßig nichts mit der Arbeitsleistung oder dem Gegenstand des zivilrechtlichen Massengeschäfts zu tun haben, so dass bereits eine formale Gleichbehandlung und eine Entscheidung nach objektiven, auf die Arbeitsleistung und das zivilrechtliche Geschäft bezogenen Kriterien das gewünschte Resultat der tatsächlichen Chancengleichheit bringen. Verboten ist allein, den Arbeitnehmer oder Kunden schlechter gegenüber anderen zu behandeln, eben weil der Arbeitgeber und Anbieter Farbige, Sinti oder Homosexuelle geringer schätzt. Auf der anderen Seite steht die Behinderung und die Frage, wann ein Behinderter diskriminiert ist: Einen behinderten wie einen nicht behinderten Menschen zu behandeln ist oftmals nicht genug; die Benachteiligung, die er in seine Arbeit mitbringt, muss kompensiert werden, um ihm gleichberechtigte Teilhabe am Arbeitsleben zu ermöglichen. Hier gehen Förderung und Gleichbehandlung ineinander über, nicht als freiwilliges Entgegenkommen, wie es § 5 AGG ermöglicht, sondern als bindende Pflicht. Eben hier greift das AGG zu kurz, denn in Art. 5 entscheidet sich die Richtlinie 2000/78/EG klar für eine Gleichstellung, nicht bloß Gleichbehandlung. Dort heißt es: „Um die Anwendung des Gleichbehandlungsgrundsatzes auf Menschen mit Behinderungen zu gewährleisten, sind, soweit erforderlich, angemessene Vorkehrungen zu treffen, um den Betreffenden den Zugang zur Beschäftigung, eine Teilnahme am Arbeitsmarkt und einen beruflichen Aufstieg zu ermöglichen, sofern dies keine unbillige Härte darstellt". Dieser Aspekt der Nicht-Diskriminierung behinderter Menschen wurde in das AGG nicht aufgenommen sondern bleibt weiterhin – unvollkommen – in § 81 Abs. 4 SGB IX geregelt, s. Rnr. 35. Hier wurde getrennt, was zusammengehört, definiert doch Art. 5 der Richtlinie 2000/78/EG die Diskriminierung Behinderter unter Einbeziehung der Förderungspflichten. Dies hat der deutsche Gesetzgeber nicht aufgegriffen und dies ist ein systematischer Bruch, den handwerklich gute Gesetzgebung vermieden hätte.

3. Andere Institute des Arbeitsrechts im Dienst des Diskriminierungsschutzes

Neben dem AGG gibt es einige andere arbeitsrechtliche Vorschriften im Dienste des Diskriminierungsschutzes (s. Rnr. 738 ff.). Soweit es sich um den Diskriminierungsschutz im engeren Sinne handelt, treten sie regelmäßig hinter das AGG als die *lex specialis* zurück. Versteht man den Begriff des Diskriminierungsschutzes jedoch nur weit genug, dann lassen sich andere Normen um das AGG gruppieren, die eine vergleichbare Schutzrichtung haben; die Begründung des Regierungsentwurfs zählt dazu sogar das ProstG (BT-Drucks. 16/1780, S. 22) und versteht damit Prostituiertenschutz auch als Frauenschutz.

a) Art. 33 Abs. 2 GG

Nach Art. 33 Abs. 2 GG hat jeder Deutsche nach seiner Eignung, Befähigung und fachlichen Leistung gleichen Zugang zu jedem öffentlichen Amt. Inhaltlich verbirgt sich hinter dieser Formulierung das sog. **„Prinzip der Bestenauslese"**

C. Ziel des Gesetzes und verbotene Benachteiligungsgründe

(BVerwG v. 15. 2. 1990 – 1 WB 36/88, BVerwGE 86, 244, 249). Im Interesse der Allgemeinheit sollen möglichst qualifizierte Bewerber in die öffentlichen Ämter berufen werden (BVerfG v. 4. 2. 1981 – 2 BvR 570/76 u. a., BVerfGE 56, 146, 163; Jarass/Pieroth/*Jarass*, GG, Art. 33 Rnr. 7). Überdies soll jedem Bürger nach seinen Fähigkeiten die Möglichkeit zum Eintritt in den Staatsdienst gesichert werden (Maunz/Dürig/*Badura*, GG, Art. 33 Rnr. 23). Der Begriff des öffentlichen Amts ist dabei weit zu verstehen. Erfasst werden davon nicht nur Beamtenstellen – für die § 8 Abs. 1 BBG die Diskriminierungsverbote des AGG noch einmal ausdrücklich wiederholt –, sondern auch solche Stellen, die von Arbeitnehmern besetzt werden können (BAG v. 2. 12. 1997 – 9 AZR 445/96, AP GG Art. 33 Abs. 2 Nr. 40; BAG v. 28. 5. 2002 – 9 AZR 751/00, AP GG Art. 33 Abs. 2 Nr. 56). Der Schutzbereich des Art. 33 Abs. 2 GG gilt damit für alle Beschäftigten und angehenden Beschäftigten des öffentlichen Dienstes, und zwar unabhängig davon, ob es sich um Beamte, Angestellte oder Arbeiter handelt (BAG v. 5. 11. 2002 – 9 AZR 451/01, AP GG Art. 33 Abs. 2 Nr. 57). Nicht nur jede Einstellung in den öffentlichen Dienst muss nach den Kriterien des Art. 33 Abs. 2 GG beurteilt werden; dasselbe gilt für Beförderungen (BAG v. 28. 5. 2002 – 9 AZR 751/00, AP GG Art. 33 Abs. 2 Nr. 56), die Weiterbeschäftigung eines Jugend- und Auszubildendenvertreters (BVerwG v. 9. 9. 1995 – 6 P 5/98, BVerwGE 109, 295, 300 ff.) oder den Entzug des öffentlichen Amtes (BVerfG v. 8. 7. 1997 – 1 BvR 1934/93, BVerfGE 96, 189, 198 f.). Überdies wirkt Art. 33 Abs. 2 GG in verfahrensrechtlicher Hinsicht. Jeder Bewerber um ein öffentliches Amt hat ein subjektives Recht auf chancengleiche Teilnahme am Bewerbungsverfahren (BAG v. 2. 12. 1997 – 9 AZR 445/96, AP GG Art. 33 Abs. 2 Nr. 40; BAG v. 28. 5. 2002 – 9 AZR 751/00, AP GG Art. 33 Abs. 2 Nr. 56).

158 Mit seinem Verbot der eignungswidrigen Benachteiligung greift Art. 33 Abs. 2 GG über das Regelungsziel des AGG hinaus. Letzteres verbietet dem Arbeitgeber allein das Anknüpfen an eines der in § 1 AGG aufgezählten Unterscheidungsmerkmale, vorbehaltlich des Eingreifens einer Rechtfertigung. Dadurch werden häufig bestimmte irrationale Entscheidungen untersagt, notwendige Folge des Diskriminierungsverbots ist dies aber nicht. Es mag durchaus Fälle geben, in denen umgekehrt gerade die Ungleichbehandlung bestimmter Arbeitnehmergruppen anhand der verbotenen Differenzierungsmerkmale aus Arbeitgebersicht mit einem Effizienzgewinn einhergehen würde (s. Rnr. 49). Aber selbst wo dies nicht der Fall ist, bedingt allein das in § 7 Abs. 1 AGG niedergelegte Benachteiligungsverbot nicht zwangsläufig rationale Arbeitgeberentscheidungen. Allein mit der Tatsache, dass ein Arbeitgeber beispielsweise die Beförderung eines Arbeitnehmers nicht von dessen Religion abhängig machen darf, ist noch nicht gesagt, dass sich dieser deshalb notwendigerweise rationaler Beförderungskriterien bedient. Gerade dies aber verlangt Art. 33 Abs. 2 GG und geht damit den entgegengesetzten Weg: **Verboten wird nicht – positiv – das Anknüpfen an ein bestimmtes Merkmal, sondern – negativ – die Berücksichtigung anderer Merkmale als der Eignung als alleinige Entscheidungsgrundlage.** Umgekehrt wird Art. 33 Abs. 2 GG immer dann verletzt sein, wenn die Entscheidung des Dienstherrn zugleich als unerlaubte Diskriminierung i. S. d. AGG zu werten wäre.

159 Noch in einem anderen Fall greift das verfassungsrechtliche Gleichbehandlungsgebot weiter. Während das AGG die Naturalrestitution in Form der Begründung

II. Ziele des Diskriminierungsschutzes

eines Arbeitsverhältnisses als Sanktion für einen Verstoß gegen das Diskriminierungsverbot in § 15 Abs. 6 AGG ausdrücklich ausschließt, kann aus Art. 33 Abs. 2 GG ein derartiger **Einstellungsanspruch** folgen. Voraussetzung ist allerdings, dass der Bewerber sämtliche Einstellungsvoraussetzungen erfüllt und dessen Einstellung die einzig rechtmäßige und ermessensfehlerfreie Entscheidung des Dienstherrn ist (BAG v. 19. 2. 2003 – 7 AZR 67/02, AP GG Art. 33 Abs. 2 Nr. 58). Nur der am besten geeignete Bewerber hat einen Besetzungsanspruch für die ausgeschriebene Stelle (BAG v. 21. 1. 2003 – 9 AZR 72/02, AP GG Art. 33 Nr. 59). Bei mehreren gleich qualifizierten Bewerbungen verbleibt dem Arbeitgeber hingegen ein Auswahlermessen (BAG v. 21. 1. 2003 – 9 AZR 307/02, AP GG Art. 33 Abs. 2 Nr. 60 mit Anm. *Sachs*). An dieser Rechtsfolge will das AGG nichts ändern.

b) § 75 Abs. 1 BetrVG/§ 27 Abs. 1 SprAuG/§ 67 Abs. 1 BPersVG

Die wesentlichen Grundsätze für die Behandlung der Betriebsangehörigen durch Arbeitgeber und Betriebsrat sind in § 75 Abs. 1 S. 1 BetrVG verankert. Die Betriebspartner haben danach darüber zu wachen, dass alle im Betrieb beschäftigten Personen nach den Grundsätzen von Recht und Billigkeit behandelt werden, insbesondere, dass jede unterschiedliche Behandlung von Personen aus Gründen ihrer Rasse oder wegen ihrer ethnischen Herkunft, ihrer Abstammung oder sonstigen Herkunft, ihrer Nationalität, ihrer Religion oder Weltanschauung, ihrer Behinderung, ihres Alters, ihrer politischen oder gewerkschaftlichen Betätigung oder Einstellung oder wegen ihres Geschlechts oder ihrer sexuellen Identität unterbleibt; eine inhaltsgleiche Verpflichtung statuiert § 27 Abs. 1 S. 1 SprAuG für die Behandlung der leitenden Angestellten durch Arbeitgeber und Sprecherausschuss sowie § 67 Abs. 1 S. 1 BPersVG bezüglich der Behandlung der Angehörigen einer Dienststelle durch die Dienststelle und Personalvertretung. 160

§ 75 BetrVG begründet **betriebsverfassungsrechtliche Verpflichtungen** für Arbeitgeber und Betriebsrat, richtet sich mithin an sie gerade in ihrer Eigenschaft als Betriebsverfassungsorgane. Entsprechende Anwendung findet die Vorschrift auf den Gesamt- und Konzernbetriebsrat, den Wirtschaftsausschuss sowie die Jugendauszubildendenvertretung (*Fitting*, BetrVG, § 75 Rnr. 6), aber auch auf einzelne Betriebsratsmitglieder, soweit diese betriebsverfassungsrechtliche Aufgaben wahrnehmen (ErfK/*Kania*, § 75 BetrVG Rnr. 2; GK-BetrVG/*Kreutz*, Rnr. 10). Individuelle Rechtsansprüche für den einzelnen Arbeitnehmer erzeugt sie daneben allerdings nicht (BAG v. 3. 12. 1985 – 4 ABR 60/85, AP BAT § 74 Nr. 2; Richardi/*Richardi*, BetrVG, § 75 Rnr. 9; a. A. DKK/*Berg*, BetrVG § 75 Rnr. 8). Im Gegensatz zum AGG, dessen wesentliches Anliegen gerade die Schaffung eines individualrechtlichen Anspruchs auf Freiheit von verbotener Ungleichbehandlung ist, normiert § 75 BetrVG damit nur Amtspflichten der betriebsverfassungsrechtlichen Organe. Diese werden ergänzt durch die §§ 104, 99 Abs. 2 Nr. 6 BetrVG. Danach kann der Betriebsrat vom Arbeitgeber die Entlassung oder Versetzung eines Arbeitnehmers verlangen, wenn dieser z. B. durch eine grobe Verletzung der Grundsätze des § 75 BetrVG den Betriebsfrieden wiederholt ernstlich stört (§ 104 BetrVG). Ein Recht zur Verweigerung der Zustimmung bei der Einstellung ergibt sich jedoch auch bei diskriminierender Ablehnung von anderen Bewerbern nicht 161

C. Ziel des Gesetzes und verbotene Benachteiligungsgründe

aus § 99 Abs. 2 Nr. 1 BetrVG, denn wenn das AGG selber keinen Einstellungsanspruch vorsieht, dann folgt auch kein Einstellungsverbot über den Umweg des BetrVG (s. Rnr. 648). Der Betriebsrat kann seine Zustimmung zu einer beabsichtigten Einstellung oder Versetzung nur verweigern, wenn zu befürchten steht, dass diese den Betriebsfrieden durch grobe Verletzung der Grundsätze des § 75 BetrVG stören werde (§ 99 Abs. 2 Nr. 6 BetrVG). Diese Sanktionsmöglichkeiten eines Verstoßes gegen die Grundsätze des § 75 BetrVG behalten gerade auch nach Inkrafttreten des AGG ihre Bedeutung, weil sie die in diesem Gesetz vorgesehenen Entschädigungsansprüche um weitere kollektivrechtliche Reaktionsmöglichkeiten auf gleichheitswidriges Verhalten ergänzen.

162 Die **Grundsätze von Recht und Billigkeit**, deren Überwachung § 75 BetrVG den Betriebspartnern zur Pflicht macht, aber gleichzeitig auch als Recht an die Seite stellt, greifen gegenständlich weiter als der Wirkungsbereich des AGG. Während sich letzteres allein die Durchsetzung von bestimmten Differenzierungsverboten zur Aufgabe macht, reicht das Überwachungsrecht bzw. die Überwachungspflicht der Betriebspartner darüber hinaus: Hinter den „Grundsätzen von Recht" verbirgt sich nicht weniger als die Einhaltung der Arbeitsrechtsordnung insgesamt (ErfK/*Kania*, § 75 BetrVG Rnr. 5; *Fitting*, BetrVG, § 75 Rnr. 25). Zur Arbeitsrechtsordnung zählen fortan ebenso die Regelungen des AGG. Hieraus folgt, dass Arbeitgeber und Betriebsrat sich bei der Gestaltung der betrieblichen Ordnung, d.h. etwa bezüglich der Frage, inwiefern letzterer seine Mitbestimmung ausüben darf (DKK/*Berg*, BetrVG, § 75 Rnr. 1; Richardi/*Richardi*, BetrVG, § 75 Rnr. 4), auch von den Wertungen des neuen Gesetzes leiten lassen müssen.

163 Andererseits erfahren die in § 75 BetrVG genannten „absoluten Differenzierungsverbote" (DKK/*Berg*, BetrVG, § 75 Rnr. 21; Richardi/*Richardi*, BetrVG, § 75 Rnr. 33) eine **Präzisierung durch das AGG**. Obgleich die Begründungsansätze hierzu variierten, galten diese bereits bislang nicht absolut in dem Sinne, dass sie niemals einer Arbeitgeberentscheidung zugrunde gelegt werden konnten. Eine Ungleichbehandlung sollte den Betriebspartnern selbst im Falle der in dieser Vorschrift aufgeführten Merkmale beim Vorliegen eines sachlichen Grundes (DKK/*Berg*, BetrVG, § 75 Rnr. 21) bzw. bei „sachlich relevanten Unterschieden" (GK-BetrVG/*Kreutz*, Rnr. 45) möglich sein. Hier bietet es sich zukünftig an, zur Vermeidung von Wertungswidersprüchen direkt an die §§ 8–10 AGG anzuknüpfen und die Zulässigkeit einer Abweichung vom grundsätzlichen Differenzierungsverbot des § 75 BetrVG anhand der entsprechenden Ausnahmetatbestände des AGG zu beurteilen. Davon geht auch die Begründung des Gesetzes aus (BT-Drucks. 16/1780, S. 56: „Der Begriff der Benachteiligung und die Zulässigkeit einer unterschiedlichen Behandlung richten sich nach den Bestimmungen des Allgemeinen Gleichbehandlungsgesetzes").

164 Insgesamt geht die Bedeutung der in § 75 Abs. 1 S. 1 BetrVG aufgeführten einzelnen Differenzierungsverbote, die sich seit ihrer Neufassung anlässlich des Inkrafttretens des AGG mit den Anknüpfungsmerkmalen des AGG decken, merklich zurück; der Schutz vor Ungleichbehandlungen wird insoweit über das AGG effektiver verwirklicht. Dies gilt nicht zuletzt deshalb, weil sich der Anwendungsbereich des AGG nicht auf die individualarbeitsrechtliche Ebene beschränkt, sondern ebenso kollektivrechtliche Vereinbarungen einschließt (§ 2 Abs. 1 Nr. 2 AGG) und überdies das AGG als Bestandteil der Arbeitsrechtsordnung im Rahmen des

II. Ziele des Diskriminierungsschutzes

§ 75 BetrVG ohnehin zu berücksichtigen ist. Wegen der unterschiedlichen Sanktionsmöglichkeiten kann ein Rückgriff auf das kollektiv-rechtliche Gleichbehandlungsgebot im Einzelfall aber angebracht sein, hierzu s. auch Rnr. 619).

c) § 4 Abs. 1 und 2 TzBfG/*Equal Pay*-Gebot der §§ 3 Abs. 1 Nr. 1, 9 Nr. 2, 10 Abs. 4 AÜG

Neben die Diskriminierungsverbote des AGG treten die des **TzBfG** im Hinblick auf Teilzeit- und Befristung. Ein Diskriminierungsverbot ist auch das *Equal Pay*-Gebot der §§ 3 Abs. 1 Nr. 1, 9 Nr. 2, 10 Abs. 4 AÜG, also das Gebot zur gleichen Entlohnung von Leiharbeitnehmern und Stammbelegschaft, das gemäß § 19 AÜG erst zum 1.1.2004 geltendes Recht wurde. Zu beiden Regelungen s. Rnr. 738ff. bzw. 832ff. 165

d) §§ 19ff. GenDG

Ein spezielles Diskriminierungsverbot wird durch § 21 Absatz 1 Satz 1 Gendiagnostikgesetz (GenDG) begründet. Vorgesehen ist ein Diskriminierungsverbot aus Gründen der eigenen genetischen Eigenschaften oder der genetischen Eigenschaften einer genetisch verwandten Person. Damit soll das in § 4 GenDG vorgesehene Benachteiligungsverbot auf Grund genetischer Eigenschaften der eigenen Person oder genetisch verwandter Personen vollumfänglich umgesetzt werden und durch die eigenständige, konkretisierende Norm speziell im Rahmen der Beschäftigungsverhältnisse Wirkung zeigen (BT-Drs. 16/10532, S. 23). Diese speziellen Regelungen ergänzen das AGG und führen zu einer parallelen Anwendbarkeit (§ 4 Abs. 2 GenDG). Neben dem klassischen Diskriminierungsverbot in Absatz 1 Satz 1 enthält § 21 Absatz 1 Satz 2 GenDG zudem ein Verbot der Diskriminierung bei Weigerung der Durchführung von genetischen Analysen. Dieses Diskriminierungsverbot knüpft damit nicht an eine konkrete genetische Eigenschaft, sondern nur an eine spezielle Verhaltensweise an. Im Gegensatz zu § 4 GenDG genügt hier aber nicht die Weigerung genetisch verwandter Personen, die Untersuchung durchzuführen (*Fischinger*, NZA 2010, 65, 69). Abweichend zu den Vorgaben des AGG besteht für die speziellen Diskriminierungsvorschriften aus systematischen Gründen hingegen keine Rechtfertigungsmöglichkeit. Allerdings bleiben durch den Verweis in § § 4 Abs. 2 S. 1 GenDG Rechtfertigungen von Benachteiligungen etwa wegen des Geschlechts oder einer Behinderung, die auch eine genetische Eigenschaft darstellen können (BT-Drs. 16/10532, S. 23f.), nach § 20 AGG zulässig (vgl. auch *Präve*, VersR 2009, 857, 859). 166

e) § 106 GewO

Mangels expliziter Diskriminierungsverbote oder Rücksichtnahmegebote für den Arbeitgeber musste die Rechtsprechung bislang zuweilen auf die allgemeinen zivilrechtlichen Instrumentarien zurückgreifen. 167

aa) Schutz vor religiösen Konflikten und Gewissenskonflikten. Den Schutz des Arbeitnehmers vor religiösen und Gewissenskonflikten verwirklicht sie dabei 168-169 durch eine **Begrenzung des Direktionsrechts des Arbeitgebers.** Dieses darf nur nach billigem Ermessen ausgeübt werden, was früher aus § 315 BGB (analog) hergeleitet wurde und seit dem 1.1.2003 in § 106 S. 1 GewO ausdrücklich normiert ist. Der unbestimmte Rechtsbegriff des billigen Ermessens erfordere eine Interessenabwägung zwischen den Belangen des Arbeitgebers und denen des Arbeitnehmers, die auch die entgegenstehenden grundrechtlich geschützten Freiheiten würdigen müsse. Insofern wird der Begriff des billigen Ermessens bei religiösen oder gewissensgeleiteten Konflikten inhaltlich durch das Grundrecht des Art. 4 GG bestimmt. Entwickelt hat das BAG diese Grundsätze in einem Urteil aus dem Jahre 1984 (Urteil v. 20.12.1984 – 2 AZR 436/83, NZA 1986, 21; siehe hierzu *Brox*, AP BGB § 611 Nr. 27 Direktionsrecht; *Preuß*, AuR 1986, 382; *Mayer*, AuR 1985, 105; *Kissel*, NZA 1988, 145, 151; *Konzen/Rupp*, Gewissenskonflikte im Arbeitsverhältnis, 1990). Dabei hatte es über die Kündigung eines Druckers zu entscheiden, der als anerkannter Kriegsdienstverweigerer und Mitglied der „Vereinigung der Verfolgten des Naziregimes" die Mitarbeit am Druck einer Werbebroschüre ablehnte, mit der für Bücher über das Dritte Reich und den Zweiten Weltkrieg geworben wurde, die den Krieg verharmlosten und verherrlichten. Das Gericht hielt den Arbeitnehmer im Gegensatz zur Vorinstanz für berechtigt, die Arbeit aus Gewissensgründen zu verweigern, so dass die Kündigung keinen Bestand hatte. Der Arbeitgeber habe bei der Ausübung seines Weisungsrechts nach § 315 Abs. 1 BGB den Gewissenskonflikt des Arbeitnehmers nicht hinreichend berücksichtigt. Statt ihm die gewissensbelastende Tätigkeit zuzuweisen, hätte er eine anderweitige Beschäftigungsmöglichkeit in Betracht ziehen müssen. Das BAG entwickelte **drei Kriterien,** die im Rahmen der Abwägung der gegenseitigen Interessen von Bedeutung sind: die Vorhersehbarkeit des Konflikts für den Arbeitnehmer, die betrieblichen Belange des Arbeitgebers und die Wahrscheinlichkeit weiterer Konflikte in der Zukunft. Die vom BAG aufgestellten Kriterien haben in der Rechtsprechung (siehe nur LAG Hessen v. 20.12.1994 – 7 Sa 560/94, AP BGB § 611 Nr. 18 Abmahnung; ArbG Hamburg v. 22.10.2001 – 21 Ca 187/01, NZA-RR 2002, 87; ArbG Köln v. 18.4.1989 – 16 Ca 650/89, NZA 1991, 276; LAG Düsseldorf v. 7.8.1992 – 9 Sa 794/92, NZA 1993, 411) und im Schrifttum Zustimmung, aber insbesondere das der Vorhersehbarkeit auch beachtliche Kritik erfahren (*Kothe*, NZA 1989, 161, 166f. m.w.N.; *Henssler*, AcP 190 [1990], 538). In seinem nur wenige Jahre später erlassenen Urteil aus dem Jahre 1989 bestätigt das Gericht sie, stellt jedoch fest, „[d]em Merkmal der Vorhersehbarkeit dürfte dabei keine absolute Bedeutung beizumessen sein [...] noch ist es irrelevant [...], was vorliegend jedoch aus tatsächlichen Gründen keiner abschließenden Entscheidung bedarf." (BAG v. 24.5.1989 – 2 AZR 285/88, NZA 1990, 144, 146; siehe hierzu *Bydlinski*, SAE 1991, 6; *Kothe*, NZA 1989, 161; *Kempff*, AiB 1990, 48; *Berger-Delhey/Kraft/Raab*, Anm. zu BAG v. 24.5.1989 – 2 AZR 285/88, AP BGB § 611 Nr. 1 Gewissensfreiheit; zum vorinstanzlichen Urteil des LAG Düsseldorf v. 22.4.1988 – 11 Sa 1349/87, BB 1988, 1750, siehe *Kempff*, AiB 1988, 256).

170 Die **Rechtsprechung** hat sich bereits vor Erlass des AGG zunehmend dem Diskriminierungsrecht zugewandt. Deutlich geschieht dies in einem Urteil des BAG vom 22.5.2003, das sich mit der Kündigung eines Angehörigen einer Sinti-Familie beschäftigte, der es aus „kulturellen und religiösen Gründen" abgelehnt hatte,

II. Ziele des Diskriminierungsschutzes

Bestattungsarbeiten zu verrichten (BAG v. 22. 5. 2003 – 2 AZR 426/02, AP KSchG § 1 Nr. 18 Wartezeit; hierzu *Kort*, SAE 2004, 51). Der klagende Sinto war bei einer Kommune als „Hilfsgärtner" beschäftigt. Im Verlaufe des Einstellungsgesprächs wurde er darauf hingewiesen, dass er dabei auch Bestattungsarbeiten durchzuführen habe, womit er sich einverstanden erklärte. Er wurde in einer Bestatterkolonne auf dem Friedhof eingesetzt. Diese Tätigkeit lehnte er mit der Begründung ab, ihm seien Arbeiten als „Hilfsgärtner" zuzuweisen. Er habe jeden Kontakt mit Toten zu vermeiden. Die Vertreter der beklagten Kommune erklärten ihm daraufhin, der Vertrag als „Hilfsgärtner" sei ihm versehentlich gegeben worden, er war als „Bestattungsgehilfe" vorgesehen. Entweder unterschreibe er nun einen entsprechend lautenden Vertrag oder er werde innerhalb der Probezeit gekündigt. Der Sinto erklärte sich hierzu nicht bereit. Nach Ausspruch der Kündigung erhob er Kündigungsschutzklage, die in sämtlichen Instanzen erfolglos blieb. Das BAG erwog u. a. einen Verstoß gegen Art. 3 Abs. 3 und Abs. 1 GG, an die die beklagte Stadt unmittelbar gebunden ist, und lehnt dabei seine Argumentation eng an die Erfordernisse an, die die Richtlinie 2000/78/EG aufstellt. Dazu gehört zunächst die Trennung zwischen unmittelbarer und mittelbarer Diskriminierung. „Die Beklagte hat mit der Kündigung nicht unmittelbar an die genannten Merkmale angeknüpft, sondern an die Weigerung des Klägers, die ihm abverlangte Arbeitsleistung zu erbringen. Allerdings ist der vom Kläger geltend gemachte Grund für die Weigerung mit seinen weltanschaulichen Vorstellungen verbunden, die ihrerseits von seiner Herkunft nicht getrennt werden können. Mittelbar hat die Kündigung ihre Ursache darin, dass der Kläger der Gruppe der Sinti angehört." (BAG v. 22. 5. 2003 – 2 AZR 426/02, AP KSchG § 1 Nr. 18 Wartezeit, Abschnitt B. II. 4. a) der Gründe) Ob eine mittelbare Benachteiligung des Klägers vorliegt, ließ das Gericht dahingestellt, da die Arbeitgeberin jedenfalls einen sachlichen Grund für ihr Verhalten hatte: „Die Bereitschaft des Kl., auch Bestattungsarbeiten auszuführen, stellte eine wesentliche und entscheidende berufliche Anforderung dar (vgl. Art. 4 Abs. 1 RL 2000/78/EG). Der Arbeitgeber, der einem Arbeitnehmer kündigt, weil dieser eine wesentliche und entscheidende berufliche Anforderung entgegen seiner Zusicherung bei Vertragsschluss nicht erfüllt, handelt nicht treuwidrig". Diesen Ansatz bestätigt nachfolgende Rechtsprechung des BAG zur Kündigung eines Muslim, der als Ladengehilfe eingestellt war und sich aus Glaubensgründen weigerte, mit Alkohol umzugehen (BAG v. 24. 2. 2011 – 2 AZR 636/09, BAGE 137, 164, dazu ausführlich Rn. 270).

Dennoch bleibt die **Rechtsprechung zum Weisungsrecht des Arbeitgebers** auch nach Umsetzung des europäischen Antidiskriminierungsrechts relevant. Denn mit Hilfe des AGG können nicht sämtliche Konflikte einer Lösung zugeführt werden. Zunächst gilt dies nur für religiöse bzw. weltanschauliche Konfliktlagen des Arbeitnehmers. Beruht die Ablehnung einer Tätigkeit allein auf einer Entscheidung des Gewissens, ohne dass sie einen religiösen Hintergrund hat, vermag § 14 AGG dem Arbeitnehmer kein Recht auf Leistungsverweigerung zuzugestehen. Insoweit bleibt § 106 GewO und die Rechtsprechung zum Direktionsrecht des Arbeitgebers weitgehend maßgebend. Sie wird sich dann jedoch zunehmender Kritik stellen müssen (siehe nur *Konzen/Rupp*, Gewissenskonflikte im Arbeitsverhältnis, 1990, mit umfangreichen weiteren Nachweisen; *Kothe*, NZA 1989, 161; *Häusele*, Weisung und Gewissen im Arbeitsrecht, 1989; *Grabau*, BB 1991, 1257; *Derleder*,

171

C. Ziel des Gesetzes und verbotene Benachteiligungsgründe

AuR 1991, 193; *Wendeling-Schröder,* Autonomie im Arbeitsrecht, S. 116 ff.; *Henssler,* AcP 190 (1990), 538, 541 ff.; *Larenz,* Schuldrecht AT, S. 135 f.). Denn wenn für religiöse Konflikte dem Arbeitnehmer ein **Leistungsverweigerungsrecht** zugestanden wird, liegt es nahe, bei Gewissensentscheidungen ohne religiösen oder weltanschaulichen Hintergrund ebenso zu verfahren und daher § 275 Abs. 3 BGB heranzuziehen, anstatt weiterhin eine Begrenzung des Direktionsrechts im Rahmen der Auslegung des Begriffs des billigen Ermessens (§ 106 GewO) vorzunehmen (näher hierzu *Canaris,* JZ 2001, 499, 501; *Henssler/Muthers,* ZGS 2002, 219, 223; siehe auch BT-Drucks., 14/6040, S. 130).

172 Darüber hinaus gibt es Fälle, in denen der Arbeitnehmer zwar aus religiösen Gründen eine Tätigkeit ablehnt, eine daraufhin erfolgende Maßnahme jedoch keine Diskriminierung darstellt, der mit den Normen des AGG begegnet werden kann. Denn hierzu bedarf es einer Benachteiligung gegenüber anderen Arbeitnehmern. Teilen andere Arbeitnehmer, die der gleichen Religion angehören, diese in Rede stehende religiöse Auffassung des Arbeitnehmers nicht, so scheidet u. U. eine Diskriminierung aus. Dann muss statt des Rechtes auf Gleichberechtigung die religiöse Freiheit des Arbeitnehmers gewürdigt werden und den betrieblichen Belangen des Arbeitgebers gegenüber gestellt werden. Insofern bleibt die beschriebene Rechtsprechung auch für diese Fälle weiterhin einschlägig.

173 **bb) Rücksicht auf Behinderung.** Die Pflicht zur Rücksichtnahme auf Behinderungen des Arbeitnehmers hat der Gesetzgeber inzwischen ausdrücklich normiert in § 106 S. 3 GewO. Danach hat der Arbeitgeber seit dem 1.1.2003 bei der Ausübung des Ermessens auf Behinderungen des Arbeitnehmers Rücksicht zu nehmen. Der Begriff der Behinderung ist hier weiter als der des SGB IX und dürfte sich mit dem des AGG decken; die Behinderung muss also nicht den Grad der Schwerbehinderung im Sinne des SGB IX erreichen (s. auch BT-Drucks. 14/8796 S. 24). Eine präzisere Konkretisierung enthält für den Bereich der schwerbehinderten Menschen § 81 Abs. 4 SGB IX. Aus § 106 S. 3 GewO kann kein darüber hinausgehender Schutz behinderter Menschen hergeleitet werden. Dass bei der Ausübung des Direktionsrechts „auch" auf die Behinderung Rücksicht zu nehmen ist, entspricht schon der Rechtsprechung des BAG vor Neufassung der Norm (ebenso ErfK/*Preis,* § 106 GewO Rnr. 22). Daneben besteht unverändert die sehr weit reichende Rechtsprechung, die den Arbeitgeber verpflichtet, dem Arbeitnehmer nach Möglichkeit einen leidensgerechten Arbeitsplatz zuzuweisen und sogar von der Ausübung des Direktionsrechts im Vorfeld von Kündigungen entsprechenden Gebrauch zu machen (BAG 29.1.1997 – 2 AZR 9/96, AP § 1 KSchG 1969 Nr. 32 Krankheit). Darüber hinaus findet der in § 106 S. 3 GewO geregelte Grundsatz Berücksichtigung in der zurückhaltenden Rechtsprechung des BAG, bei personenbedingten Leistungsminderungen, die auf Krankheit oder Behinderung beruhen, eine Kündigung zuzulassen (s. hierzu BAG v. 26.9.1991 – 2 AZR 132/91, AP KSchG 1969 § 1 Nr. 28: Krankheit, wo das Gericht eine Minderleistung von 33 % als eine erhebliche Störung des Austauschverhältnisses angesehen hat. Das Gericht betont allerdings, dass dem Schutz unverschuldet erkrankter Arbeitnehmer Rechnung getragen werden muss, s. BAG v. 11.12.2003 – 2 AZR 667/02, AP KSchG 1969 § 1 Nr. 48 Verhaltensbedingte Kündigung). In § 1 Abs. 2 KSchG ist die Schwerbehinderung seit dem 1.1.2004 ausdrücklich als Kriterium der Sozialauswahl normiert.

Die **Pflicht zu positiven Fördermaßnahmen** bis zur Grenze der unverhältnismäßi- 174
gen Belastung, wie sie Art. 5 Richtlinie 2000/78/EG vorgibt, hat der deutsche Gesetzgeber nicht in AGG übernommen. Hierin liegt ein Umsetzungsdefizit, s. Rnr. 35.

f) § 32 BDSG – Datenschutz als Diskriminierungsschutz

Auch der Datenschutz kann als Vorfeldschutz zum Diskriminierungsschutz ver- 175
standen werden. Was der Arbeitgeber nicht erfragen darf, auf das kann er auch
keine diskriminierende Entscheidung stützen. Zum Fragerecht im Zusammenspiel
von Diskriminierungsschutz und Datenschutz s. Rnr. 692, 695).

III. Die einzelnen Diskriminierungsmerkmale

Die einzelnen Diskriminierungsmerkmale sind in ihrer Definition und prakti- 176
schen Handhabe sehr unterschiedlich.

1. Rasse und ethische Zugehörigkeit

Der **Begriff „Rasse"**, seit dem 13. Jahrhundert in romanischen Sprachen belegt, 177
bezog sich bis zum 17. Jahrhundert nicht auf biologische, sondern auf soziale
Kategorien. Rasse bezeichnete die Zugehörigkeit oder die Abstammung von einer
Familie, einem „Haus" i. S. von „edlem Geschlecht" bis hin zum Synonym für
„Herrscherhaus". In den Entdeckungs- und Reiseberichten des 17. Jahrhunderts
bezeichnet „Rasse" zusammen mit „genre", „espèce", „classe", „kind" und „sort"
unbekannte menschliche Populationen fremder Länder. Der EuGH hat bislang
nur einmal zum arbeitsrechtlichen Verbot der Rassendiskriminierung Stellung genommen (EuGH v. 6. 10. 2005 – Rs. C-328/04 *[Vajnai Attila]*; EuGRZ 2005,
699). Der EuGH stellte fest, dass das ungarische Verbot, einen fünfzackigen roten
Stern zu tragen, nicht mit dem Verbot der Rassendiskriminierung kollidiert. Das
war nicht sonderlich überraschend; **nähere Präzisierung des Begriffs Rasse fehlt**
(„Es ist festzustellen, dass der Fall von Herrn Vajnai keinen Bezug zu einer der
von den Bestimmungen der Verträge in Betracht gezogenen Situationen aufweist
und dass die in dem Ausgangsverfahren angewandte ungarische Regelung nicht in
den Bereich des Gemeinschaftsrechts fällt"). Auch ein Blick in die Richtlinie
2000/78/EG hilft kaum weiter: Nach der Begründung des Regierungsentwurfs
wird wie in der Richtlinie 2000/43/EG und in Art. 19 des AEU-Vertrags der Begriff „Rasse" verwendet, um die Anknüpfung an den Begriff des „Rassismus" zu
verdeutlichen und die Signalwirkung des Wortes zu erhalten. Ebenso wie auch in
Art. 3 Abs. 3 S. 1 GG soll damit nicht die Existenz verschiedener menschlicher
Rassen anerkannt werden (BT-Drucks. 16/1780, S. 31). Dies steht in Übereinstimmung mit Erwägungsgrund Nr. 6 der Richtlinie 2000/43/EG, wo es heißt: „Die
Europäische Union weist Theorien, mit denen versucht wird, die Existenz verschiedener menschlicher Rassen zu belegen, zurück. Die Verwendung des Begriffs
‚Rasse' in dieser Richtlinie impliziert nicht die Akzeptanz solcher Theorien" (s.
aber *Lévi-Strauss*, Strukturale Anthropologie II. Frankfurt a. M., 1975, S. 365:

C. Ziel des Gesetzes und verbotene Benachteiligungsgründe

„Das Problem der Ungleichheit der *Rassen* kann also nicht dadurch gelöst werden, daß man ihre Existenz verneint, wenn man sich nicht gleichzeitig mit dem der Ungleichheit – oder Verschiedenheit – der *Kulturen* beschäftigt, die in der öffentlichen Meinung, wenn auch nicht theoretisch, so doch praktisch, eng mit jener zusammen hängt"). Bei dem Begriff der Rasse handele es sich insofern nicht um ein „tatsächliches Merkmal", und daher wurde zur Klarstellung im AGG die Formulierung „aus Gründen der Rasse" und nicht „wegen der Rasse" verwendet (BT-Drucks. 16/1780, S. 31). Diese Feststellung verwundert, denn eine größere Distanz zum Begriff Rasse ist in der Formulierung „aus Gründen der Rasse" nicht zu finden. „Wegen der Rasse" und „aus Gründen der Rasse" sind sinngleiche Formulierungen; nur eine freilich ist gutes Deutsch. Auch verwendet Art. 3 Abs. 3 S. 1 GG unverändert die Formulierung „wegen der Rasse", ohne damit dem Verdacht des Rassismus ausgesetzt zu sein. Andere Länder waren hier in der Umsetzung weniger nachdenklich: sie sprechen schlicht von der Zugehörigkeit zu einer Rasse (Art. L. 1132-1 Code du travail *„appartenance à une race"*) oder aber sie waren geschickter: ihre Gesetze sprechen von „vorgeblicher" Rasse (*„une race prétendue"*, so im belgischen Gleichbehandlungsgesetz [Loi du 20 janvier 2003 relative au renforcement de la législation contre le racisme]) und zeigen damit klarer, dass sie nicht von der Existenz menschlicher Rassen ausgehen. Bei der Suche nach einer Präzisierung des Begriffs kann sich den Erkenntnissen in Bezug auf das Internationale Übereinkommen zur Beseitigung jeder Form von Rassendiskriminierung vom 7. März 1966 (BGBl. 1969 II S. 961) bedient werden (hierfür die Begründung des Regierungsentwurfs BT-Drucks. 16/41780, S. 31; vorher bereits *Rodrigues,* Nederlands Tijdschrift van Europees Recht, 2000, 279). Der Begriff der „Rassendiskriminierung" wird dort verstanden als „jede auf der Rasse, der Hautfarbe, der Abstammung, dem nationalen Ursprung oder dem Volkstum beruhende Unterscheidung, Ausschließung, Beschränkung oder Bevorzugung, die zum Ziel oder zur Folge hat, dass dadurch ein gleichberechtigtes Anerkennen, Genießen oder Ausüben von Menschenrechten und Grundfreiheiten im politischen, wirtschaftlichen, sozialen, kulturellen oder jedem sonstigen Bereich des öffentlichen Lebens vereitelt oder beeinträchtigt wird".

178 Schwieriger noch scheint zu bestimmen, was eine **ethnische Herkunft** definiert. Nicht gleichzusetzen ist das Merkmal mit dem der Nationalität; in Erwägungsgrund Nr. 13 der Richtlinie 2000/43/EG heißt es ausdrücklich: „Dieses Diskriminierungsverbot ... betrifft ... nicht die Ungleichbehandlung aus Gründen der Staatsangehörigkeit" (hierzu ausführlich unten Rnr. 224). Eine positive Umschreibung findet sich in der Richtlinie jedoch nicht. Im außerjuristischen Verständnis bezeichnet Ethnie Menschengruppen, die kulturell, sozial historisch und genetisch eine Einheit bilden und auch sonst als Stämme oder Völker bezeichnet werden (so exemplarisch die Definition des Brockhaus, Art. Ethnie). Die modere Ethnologie definiert Ethnie auch als die größte feststellbare souveräne Einheit, die von den betreffenden Menschen selbst gewusst und gewollt ist (grundlegend: *Mühlmann*, Rassen Ethnien Kulturen, 1964; s. auch den Bericht der UNESCO, The Race Difference in Modern Science, 1952, http://unesdoc.unesco.org/images/0007/000733/073351eo.pdf). Das ist noch wenig greifbar.

179 Die britische Rechtsprechung wird in Ausdeutung des ehemaligen **Race Relations Act** präziser. Danach ist eine ethnische Herkunft definiert durch „eine lange

III. Die einzelnen Diskriminierungsmerkmale

gemeinsame Geschichte, deren sich die Gruppe bewusst ist als ein Unterschied gegenüber anderen Gruppen; eine eigene kulturelle Tradition, einschließlich familiären und sozialen Gebräuchen und Sitten, oftmals aber nicht notwendig im Einklang mit religiösen Gebräuchen; eine gemeinsame Religion unterschiedlich von der benachbarter Gruppen oder der sie umgebenden Allgemeinheit"; oder – viertens – „eine Gruppe in der Minderheit, oder eine benachteiligte Gruppe innerhalb einer größeren Gruppe" (Lord *Fraser*, in: Mandla v. Lee, 2 AC 548 [House of Lords 1983]; hierzu auch *Gay*, NZA 2004 Beilage zu Heft 22, S. 39).

All dies kann als **Ausgangspunkt auch für die Auslegung des deutschen Rechts** 180 übernommen werden. Zurückhaltung ist freilich angebracht im Hinblick auf das vierte Kriterium. Als alternative Voraussetzung ist sie zu weit geraten, um nur eine ethnische Gruppe zu umfassen, als kumulatives Kriterium hingegen nicht notwendig, um eine ethnische Gruppe zu kennzeichnen. Diese Klassifizierung trifft zwar die Zielrichtung des Benachteiligungsverbots, kann aber nicht mehr als ein Hilfskriterium zur Kontrollwertung sein. Maßgeblich ist insgesamt die Wahrnehmung als „andere Gruppe" in Gebräuchen, Herkunft und Erscheinung. Hautfarbe, äußeres Erscheinungsbild, Sprache und Religion können hier wichtige Merkmale sein, den Typos der Ethnie zu beschreiben (s. auch *Schiek*, AuR 2003, 44; ähnlich *Ford*, 47 UCLA L. Rev. 1803 [2000]). Auffällig sind damit die Berührungspunkte zum Verbot der Benachteiligung wegen der Religion. Da sie ein wesentliches, die ethnische Herkunft prägendes Merkmal sein kann, hat in der Vergangenheit die britische Rechtsprechung Religionsgruppen als ethnische Gruppen anerkannt (so etwa in Mandla v. Lee, 2 AC 548 [House of Lords 1983] – Sikhs; abgelehnt Dawkins v. Department of Environment, ICR 583 [EAT 1991] – Rastafarians; s. hierzu auch *Fredman*, Discrimination Law [2002], 70 ff.; zu den Überlappungen von Rassendiskriminierung und religiöser Diskriminierung s. auch *Brown*, Yearbook of European Law 21 [2002], 195; am Beispiel des Kopftuchverbotes auch *Thüsing/Wege*, ZEuP 2004, 404).

Ethnische Gruppen sind damit wohl Sinti und Roma, die im irischen Recht 181 vom Diskriminierungsschutz wegen Zugehörigkeit zur traveller community gesondert geschützt werden (s. auch die Definition in sec. 2 [2] d Equal Status Act: *„Traveller community' means the community of people who are commonly called Travellers and who are identified [both by themselves and others] as people with a shared history, culture and traditions including, historically, a nomadic way of life on the island of Ireland"*; zum britischen Recht Commission for Racial Equality v. Dutton, IRLR 8 [1989]). Eine ethnische Gruppe sind auch die Sorben in der Oberlausitz. Auch Juden sind in der britischen Rechtsprechung als ethnische Gruppe anerkannt (s. z.B. Seide v. Gillette Industries Ltd., IRLR 427 [1980]), Ethnische Gruppe sind demgegenüber nicht „Farbige", denn diese verbindet keine gemeinsame kulturelle Herkunft. Das Benachteiligungsverbot wegen der Hautfarbe muss unter den missglückten Rassenbegriff subsumiert werden. Gleiches gilt für eine Diskriminierung wegen unterschiedlich dunkler Hautfarbe. Der Schutz einer Diskriminierung wegen der Rasse umfasst nicht nur den Schutz einer Benachteiligung als Farbiger, sondern auch als von dunklerer Hautfarbe als andere Farbige (s. Walker v. Secretary of the Treasury, 713 F. Supp. 403). Die Benachteiligung etwa von Türken oder Polen ist eine Benachteiligung einer ethnischen Gruppe, sofern hier nicht die Staatsangehörigkeit tragend ist, sondern die Zugehörigkeit zur Volks- und Kulturgemeinschaft (siehe hierzu unten Rnr. 224). Die Benachteiligung von „Islamisten" kann eine Benachteiligung wegen der ethnischen Zugehörigkeit sein, wenn dies nur das falsche Etikett einer Zurückstellung wegen äußerer, volksbezogener Umstände ist, die in Deutschland mit dem Islamismus assoziiert werden. **Keine Ethnien** – und erst recht keine Rassen – sind Ost- und Westdeutsche, Bayern und Schwaben (ebenso ArbG Stuttgart v. 15.4.2010 – 17 Ca 8907/09, RDV 2010, 128 f. („Ossi"); *Adomeit/Mohr*, § 1 Rnr. 59; Wendeling-Schröder/Stein/*Stein*, AGG, § 1 Rnr. 12; aA *Bauer/Göpfert/Krieger*, AGG, § 1 Rnr. 23, ähnlich *Meinel/Heyn/Herms*, AGG, § 1 Rnr. 13, vorsichtiger Däubler/Bertzbach/*Däubler*, AGG, § 1 Rnr. 43), gar Düsseldorfer und Kölner. Wir sind ein Volk – auch diskriminierungsrechtlich. Ein anderes Verständnis wäre ohne Vorbild und würde das Herkommen des Diskriminierungsverbots wegen der ethnischen Zugehörigkeit ignorieren.

2. Geschlecht

182 Der Begriff des Geschlechts im Sinne des AGG entspricht dem des außerjuristischen Wortsinns. Sie bezeichnet die Erscheinungsform menschlicher Organismen als weiblich oder männlich, wie sie durch die Geschlechtschromosomen bestimmt wird. Bei abnormen Kombinationen der Geschlechtschromosomen können gewisse intersexuelle Formen entstehen. Eine Benachteiligung wegen des Geschlechts ist daher auch die Zurücksetzung von Hermaphroditen sowie nach der Rechtsprechung des EuGH, die insoweit bindend für die Interpretation des deutschen Rechts ist, auch die **Benachteiligung von Transsexuellen**, also Menschen, die durch einen operativen Eingriff ihre Geschlechtsmerkmale geändert haben (aA *Bauer/Göpfert/Krieger*, AGG, § 1 Rnr. 25; Wendeling-Schröder/Stein/*Stein*, AGG, § 1 Rnr. 22, die insoweit unter das Merkmal der „sexuellen Identität" subsumieren wollen; wie hier Däubler/Bertzbach/*Däubler*, AGG, § 1 Rnr. 48; Schleusener/Suckow/Voigt/*Schleusener*, AGG, § 1 Rnr. 73). Dies gilt unabhängig davon, ob der Gesetzgeber den Wechsel des Geschlechts anerkennt oder nicht (s. EuGH v. 7.1.2004 – Rs. C-117/01, NJW 2004, 1440; hierzu auch *Plett*, ZESAR 2004, 303–308), und wohl auch unabhängig davon, wie weit dieser Geschlechtswandel gediehen ist. Unerheblich ist damit ob die Voraussetzungen des § 8 Transsexuellengesetz erfüllt sind. Da ein Geschlechtswandel im eigentlichen Sinne des Wortes nie möglich ist, kann die Schwelle des nationalen Gesetzgebers nicht zur Auslegung des europäischen Rechts herangezogen werden. Auch der, der noch keinen operativen Eingriff vorgenommen hat, kann aufgrund seines äußeren Erscheinungsbilds als im Geschlecht gewechselt wahrgenommen werden (aA Schleusener/Suckow/Voigt/*Schleusener*, AGG, § 1 Rnr.47). Dann muss ihm auch Diskriminierungsschutz zukommen. Zur Abgrenzung zur sexuellen Orientierung s. Rnr. 213.

183 Der **Weg des EuGH ist eigenständig.** Die Mehrzahl der US-amerikanischen Gerichte etwa hat die Diskriminierung wegen der Transsexualität nicht unter das Verbot der Geschlechtsdiskriminierung des *Title VII Civil Rights Act* subsumiert (s. für alle Sommers v. Budget Marketing Inc., 667, F2d 748 [8th Circuit 1982]; anders allein Ulane v Eastern Airlines, 742 F2d 1081 [7th Circuit 1984]). Großzügiger ist man in der Ausdeutung von einzelstaatlichen Gesetzen zur Ge-

III. Die einzelnen Diskriminierungsmerkmale

schlechtsdiskriminierung. Hier haben einige Gerichte auch die Benachteiligung von Transsexuellen als verboten gewertet (s. Maffey v. Clayton Industries, 624 NYS 2 d 391 [Supreme Court 1995] in Bezug auf das Recht des Staates New York). In einigen Staaten ist Diskriminierung wegen Transsexualität vom Verbot der Diskriminierung wegen Behinderung erfasst (so etwa in New Jersey, s. Enriquez v. West Jersey Health Systems 777 A2 d 365 [Appellate Division]; ebenso das Gesetz des Staates Washington, s. Washington Code Rev., § 49.60–120 (3); hierzu Doe v. Boeing Company, 846 P2 d 531 [1993]; dies trifft sich mit den Ansätzen älterer deutscher Rechtsprechung (s. LAG Berlin v. 21.1.1980, EzA Nr. 1 zu § 1 KSchG Personenbedingte Kündigung: Transsexualität als Krankheit im medizinischen Sinne).

3. Religion

Auch für die Religion gibt das **Gesetz keine Legaldefinition** des Diskriminierungsmerkmals. Das ist verständlich, eignet sich doch der Typusbegriff der Religion kaum für eine subsumtionsfähige Definition und wird man doch in den meisten Fällen intuitiv wissen, ob eine bestimmte Überzeugung und Weltsicht eine Religion ist oder nicht. Hier besteht jedoch erhebliches Konfliktpotential z.B. in Bezug auf die Scientology Church: Ob es sich hier um eine Religion handelt ist fraglich. Deutsche und englische Gerichte verneinen, französische und U.S. amerikanische Gerichte bejahen dies (zutreffend BAG v. 22.3.1995 – 5 AZB 21/94, NJW 1996, 143; Regina v. Registrar General, Ex parte Segerdal [1970] 2 QB 697; Hernandez v. Commissioner 109 S. Ct. 2136 [1989]; Cour d'appel de Lyon v. 28.7.1997, D.1997, IR, S. 197f. Umfassend hierzu *Thüsing*, ZevKR 2000, 592). Von deutschen Gerichten wird die Entscheidung weitestgehend offen gelassen, wobei eine Tendenz zur Verneinung der Religionseigenschaft zu bestehen scheint (BVerwG v. 6.11.1997 – 1 C 18/95, BVerwGE 105, 313; BAG v. 26.9.2002 – 5 AZB 19/01, BAGE 103, 20; OVG Münster v. 12.2.2008, Az. 5 A 130/05 (juris); Bayerischer Verwaltungsgerichtshof v. 2.11.2005 – 4 B 99.2582, NVwZ-RR 2006, 297).

184

a) Ansätze in deutscher und europäischer Rechtsprechung

Der EuGH hat bislang keine Definition der Religion gefunden und auch die Richtlinie liefert sie nicht. Das BVerfG hat sie ebenfalls nicht formuliert, wenn auch im Verfassungsrecht in Ansehung des Art. 4 GG eine sehr viel dichtere Argumentation als im Zivil- oder Arbeitsrecht herausgebildet worden ist. Das BVerfG stellte schon vor einiger Zeit fest, das Grundgesetz habe „nicht irgendeine, wie auch immer geartete freie Betätigung des Glaubens schützen wollen, sondern nur diejenige, die sich bei den heutigen Kulturvölkern auf der Basis gewisser übereinstimmender sittlicher Grundanschauungen im Laufe der geschichtlichen Entwicklung herausgebildet hat" (BVerfG v. 8.11.1960 – 1 BvR 59/56, BVerfGE 12, 1, 4; zitiert in BVerfG v. 16.10.1968 – 1 BvR 241/66, BVerfGE 24, 236, 246). Dieser stark auf die christlich-abendländische Geschichte bezogene Beschreibung der Religionsausübungsfreiheit findet Entsprechungen in vereinzelten Äußerungen des

185

älteren Schrifttums, die Religionsfreiheit allgemein als Schutz allein des christlichen Bekenntnisses verstanden (insbesondere *Hamel*, Die Bekenntnisfreiheit, ZStW 109 [1953], S. 54 ff., insbesondere S. 71 und *Wertenbruch*, Grundgesetz und Menschenwürde, 1958, S. 155 ff. In diese Richtung auch *G. Anschütz*, Die Verfassung des Deutschen Reiches vom 11. 8. 1919, 14. Aufl. 1933, S. 633, der nur den Glauben an eine „persönliche (personifizierte) Gottheit" vom Religionsbegriff erfasst sieht). Das BVerfG (BVerfG v. 17. 12. 1975 – 1 BvR 63/68, BVerfGE 41, 29, 50) hat sich jedoch schon 1975 von dem oben zitierten Diktum erkennbar distanziert und auch im Schrifttum wird der ausschließliche Schutz des Christentums und christlicher Religionsgesellschaften nicht mehr vertreten. Allgemein anerkannt ist, dass das Grundgesetz keine unterschiedliche Wertigkeit der Religionen kennt; für den neutralen Staat und den Schutz der Religion ist es nicht entscheidend, was für eine Religion eine Gemeinschaft verkündet, sondern nur, dass sie eine verkündet. Dies schließt indes nicht aus, den Religionsbegriff vor dem Hintergrund der christlichen Gesellschaft zu sehen, in der die Idee der Religionsfreiheit entstand (zur Entwicklung des Idee der Religionsfreiheit im Christentum und der christlichen Gesellschaft anschaulich *B. Tierney*, Religious Rights, A Historical Perspective, in: N. Reynolds/W. Durham, From Religious Liberty in Western Thought, 1996, S. 29–57). Die ganz herrschende Meinung im Schrifttum – in der heutigen Rechtsprechung findet sich nichts gegenteiliges – betont demgegenüber, dass der Religionsbegriffs des Grundgesetzes nicht aus einem christlichen Blickwinkel bestimmt werden dürfe und verlangt eine Interpretation dieser verfassungsrechtlichen Begriffe nach allgemeingültigen, nicht konfessionell oder weltanschaulich gebundenen Gesichtspunkten (s. Listl/Pirson/*Listl*, Handbuch des Staatskirchenrechts, Bd. I, S. 439, 452; *Muckel*, Religiöse Freiheit und staatliche Letztentscheidung, S. 131). Dementsprechend dürfe sich das Verfassungsrecht bei der Begriffsbestimmung auch nicht an den Aussagen einzelner Theologen über Wesen und Entstehung von Religion orientieren (siehe Listl/Pirson/*Listl*, Handbuch des Staatskirchenrechts, Bd. I, S. 452; *Muckel*, Religiöse Freiheit und staatliche Letztentscheidung, S. 131 m.w.N. in Fn. 43).

186 Man mag zweifeln, ob dies alles auch für das **Europarecht** gilt. Dessen Auslegung folgt anderen Regeln (s. zuletzt *Schroeder*, JuS 2004, 180; umfassend *Franzen*, Privatrechtsangleichung durch die Europäische Gemeinschaft, 1999, S. 445 ff.) und die praktischen Folgen dieser Unsicherheit sind nicht unerheblich. Weil aber die Richtlinie selber keine Hinweise für einen Religionsbegriff gibt, muss ein eigenständiger Versuch der Konkretisierung durch die deutsche Rechtsprechung erfolgen.

b) Indizien einer Religion

187 Für diesen Versuch einer Konkretisierung können bestimmte Eckpunkte einer Argumentation festgemacht werden (ausführlicher *Thüsing*, ZevKR 2000, 592; s. auch *Pieroth/Görisch*, JuS 2002, 937–941; zu Versuchen im britischen Antidiskriminierungsrecht s. *Gay*, NZA 2004, Beilage Heft 22, S. 44):

188 **Religion als umfassende Deutung menschlicher Existenz:** Religion beantwortet nicht irgendwelche Fragen, die das Leben so bringen mag, sondern gibt Antwort

auf das, was den Menschen unbedingt angeht, das „Wo komm ich her?", das „Was darf ich hoffen?", und das „Was soll ich tun?". In zweierlei Hinsicht mag diese Aussage präzisiert werden. Erstens: Da auch die Philosophie sich diesen Essenzialia menschlicher Existenz widmet, Philosophie aber nicht notwendig religiös ist, kann nicht jedes gedankliche Konzept, dass auf diese Fragen Antwort gibt, Religion sein. Dieses Kriterium ist also notwendige, nicht aber hinreichende Bedingung. Zweitens: Die Intensität oder die Art und Weise, in der eine Religion diese Fragen beantwortet und Aussagen versucht zu treffen, kann nicht entscheidend sein. Eine Überzeugung ist nicht um so eher Religion, je mehr Dogmen sie aufstellt und je mehr Verhaltensregeln sie formuliert (vgl. dazu auch *Fleischer,* Der Religionsbegriff des Grundgesetzes, S. 152 ff: „Die Entwicklung einer systematischen, dogmatisch durchgebildeten Lehre ist für die verfassungsrechtliche Beurteilung ohne Bedeutung"; ähnlich *Freih. v. Campenhausen,* ZevKR 25, S. 135; *Müller-Volbehr,* JZ 1981, 41, 42). Was aber erforderlich ist, ist mehr als ein bloßes „Wir wissen es nicht" als Erwiderung auf diese Fragen, denn dies wäre keine Antwort auf die Fragen, sondern nichts anderes als Agnostizismus, und Agnostizismus ist keine Religion.

Religion als Bekenntnis. Ein zweiter Punkt hängt eng mit dem Gesagten zusammen, ändert aber ein wenig den Blickwinkel. Art. 4 GG nennt Religionsfreiheit in den ersten beiden Absätzen und Gewissensfreiheit im dritten Absatz, die französische Erklärung der Menschen- und Bürgerrechte erklärte die Freiheit der Meinungen *„même religieuses".* In der Tat, Religionsfreiheit und Gewissensfreiheit sind jeweils eigenständige Freiheiten und Phänomene, es besteht jedoch eine grundlegende Gemeinsamkeit: beide stellen Gebote auf, denen sich der einzelne unbedingt verpflichtet fühlt (s. aus dem Blickwinkel des Verfassungsrechts *Muckel,* Religiöse Freiheit und staatliche Letztentscheidung, S. 155 f.). Auch die Religion, die das Europarecht schützt, ist damit wohl das Bekenntnis zu einem spezifischen Glauben und den sich *daraus* ergebenden Handlungsgeboten; geschützt ist die Freiheit des Glaubens, und die Freiheit diesen Glauben zu verwirklichen, beispielsweise durch das Tragen eines Kopftuches in der Öffentlichkeit (ArbG Berlin v. 28. 3. 2012 – 55 Ca 2426/12, BB 2012, 2752). **189**

Eine dritte Aussage zur Bestimmung von Religion ist negativ gefasst: Das **Bekenntnis zu einem Gott** ist weder notwendiges noch hinreichendes Kriterium dafür, dass eine bestimmte Weltsicht als religiös zu werten ist. **190**

Der Glaube an Gott ist keine notwendige Bedingung: Entscheidungen in den USA (US v. Seeger, 380 U. S. 163 [1965]) und in Großbritannien (Regina v. South Place Ethical Society, 1 W. L. R. 1565 ff. [1980]) weisen zu Recht darauf hin, dass es Formen des Buddhismus gibt, die nicht den Glauben an ein höchstes Wesen beinhalten. Dies entspricht zumindest der Auffassung einiger Religionswissenschaftler (siehe Art. „Religion I" in: Theologische Real-Enzyklopädie (TRE), Bd. 28, 1997, S. 517). Die Entscheidung darüber, ob sie sich irren oder nicht, und ob die Kräfte oder Prinzipien, an die der Buddhist glaubt, auch als außerweltliche Wirklichkeit gedacht werden kann oder keine Gemeinsamkeit mit einer wie auch immer gearteten Vorstellung von Gott und dem Göttlichen hat, kann nicht bestimmen sein dafür, ob Buddhismus eine Religion im Sinne des Europarechts ist oder nicht. Denn die Richtlinie knüpft ihren Schutz nicht an solcherlei theologische Feinheiten: der Buddhismus ist eine Weltreligion und das Europarecht kann nicht dahingehend interpretiert werden, den Glauben von mehreren Hundert Mil- **191**

lionen Menschen aus seinem Schutzbereich auszuklammern. Dieser Glaube richtet sich an den Menschen als ganzes, und hat eine Ethik, die auf seinem Verständnis von den letzten Dingen beruht. Darüber hinaus versteht er sich als Religion und ist weltweit als Religion anerkannt. Ein überzeugender Grund, warum er nicht in den Schutzbereich des Diskriminierungsverbots fallen sollte, ist nicht ersichtlich. Das hier dargelegte Verständnis entspricht auch dem **Verständnis des österreichischen Gesetzgebers:** Religion stehe „in enger Beziehung zur jeweiligen ‚Unverfügbarkeit', die als personale (Gott, Götter) und nichtpersonale (Weltgesetz, Erkenntnis, Wissen) Transzendenz vorgestellt wird" (307 der Beilagen XXII. GP – Regierungsvorlage – Materialien, S. 15).

192 **Der Glaube an Gott ist keine hinreichende Bedingung:** Auch die Kehrseite dieser Argumentation scheint zutreffend zu sein. Die alleinige Tatsache, dass eine Gemeinschaft die Existenz eines Gottes bejaht, macht sie noch nicht zur Religion. Glaubt sie an Gott, dann muss sie diesen Glauben zum zentralen Punkt ihrer Lehre machen, zum Fundament ihrer Ethik und zur Antwort auf die Fragen des Woher und Wohin. Die Anerkennung der Existenz eines Gottes, die keinen Bezug zum Leben eines Einzelnen hat, aus der keine Schlussfolgerungen gezogen werden, zu der ein Bekenntnis nicht erforderlich ist, und die letztlich in keiner Beziehung zur Antwort auf die Frage nach den letzten Dingen steht, kann vielleicht noch nicht einmal im allgemeinen oder dem anthropologischen Sprachgebrauch als Gottesglaube bezeichnet werde; jedenfalls vermag ein solcher Glaube keine Religion im Sinne des Europarechts zu konstituieren, denn er steht nicht im Zusammenhang mit dem, was die Richtlinie schützen will: das Bekenntnis und dessen Verwirklichung.

c) Nicht erfasste Unterscheidungen

193 Nicht vom Verbot der Diskriminierung erfasst ist die Benachteiligung von Arbeitnehmern nicht wegen ihrer eigenen Religion, sondern wegen einer Heirat oder Verbindung mit einem Angehörigen einer bestimmten Religion. Der Wortlaut der §§ 1, 7 AGG ist hier eindeutig. Das britische Recht denkt hier großzügiger, s. Employment Equality (Religon or Belief) Regulations 2003, Regulation 3 (1) (a).

4. Weltanschauung

194 Religion und Weltanschauung liegen dicht beieinander und diskriminierungsrechtlich können sie nicht verschieden behandelt werden. Daher mag es müßig sein, beide Phänomene voneinander zu sondern. Weil aber der europäische Gesetzgeber diese Unterscheidung getroffen hat und weil sie auch das deutsche Recht nachvollzogen hat, müssen doch Abgrenzungen gefunden werden, die ein Subsumieren ermöglichen. **Klassisches Abgrenzungskriterium** von *Religion* und *Weltanschauung* ist die Annahme, dass Religion sich auf Transzendenz bezieht, Weltanschauung dagegen ein rein diesseitig ausgerichtetes Phänomen ist (BVerwG v. 27. 3. 1992 – 7 C 21/90, BVerwGE 90, 112, 115; BVerfG v. 19. 10. 1971 – 1 BvR 387/65, BVerfGE 32, 98, 108; ähnlich für den Bereich des Wehrpflichtgesetzes beschränkt bereits BVerwG v. 14. 11. 1980 – 8 C 12/79, BVerwGE 61, 152, 156. Für das Schrifttum vgl. *Müller-Volbehr,* JZ 1981, 41, 42; *Kästner,* ZevKR 34, 260,

III. Die einzelnen Diskriminierungsmerkmale

284; Sachs/*Kokott*, GG, Art. 4 Rnr. 17 ff.). Diese Auffassung steht und fällt mit der Bestimmung eines nicht einfacheren Begriffes als des Religionsbegriffes, mit der Antwort auf die Frage, was Transzendenz ist. Hier hat gerade die Religionswissenschaft der letzten Jahrzehnte eine Aufweichung starrer Begriffe und Unterscheidungen bewirkt. Die Gedanken *Emmanuel Lévinas* und seine Idee von der Transzendenz in der Immanenz mögen hier nur beispielhaft angeführt werden (*Emmanuel Lévinas,* De Dieu qui vient a l'idee, 2. Aufl. Paris 1986, S. 53 ff.; allgemein aus juristischer Sicht zur zunehmend schwächeren Aussagekraft dieses Abgrenzungskriteriums vgl. Bonner-Kommentar/*Obermeyer* (1996), Art. 140 GG Rnr. 42; *Muckel,* Religiöse Freiheit und staatliche Letztentscheidung, S. 136 f.). Daher wird heute verstärkt das rein subjektive Kriterium des Selbstverständnisses der jeweiligen Gemeinschaft als entscheidendes Abgrenzungsmerkmal angesehen (Listl/Pirson/*Listl,* Handbuch des Staatskirchenrechts, Bd. I, S. 453; *Muckel,* Religiöse Freiheit und staatliche Letztentscheidung, S. 137 m. w. N. in Fn. 79). Die Gemeinschaft kann damit selbst entscheiden, ob sie eine Weltanschauung oder eine Religion verkündet. Dies ist nicht unbedenklich, garantiert doch z. B. Art. 7 Abs. 3 GG ausdrücklich nur den Religionsunterricht, nicht aber die Unterweisung in eine Weltanschauung (vgl. auch *Isensee,* Wer definiert die Freiheitsrechte, 1980, S. 10, der es als eine „kopernikanische Wende" im Grundrechtsverständnis ansieht, wolle man dem Träger eines Grundrechts die Kompetenz zusprechen, seinen Schutzbereich zu definieren; ähnliches ließe sich wohl auch hier sagen).

195 Für das Diskriminierungsrecht im Arbeitsrecht ist die Abgrenzung jedoch folgenlos – da die Rechtsfolgen der Benachteiligung wegen der Religion und der Benachteiligung wegen der Weltanschauung dieselben sind. Dies gilt jedoch nicht im Zivilrecht, s. Rnr. 3. Eine Abgrenzung ist daher tatsächlich erforderlich, und daher ist es wenig hilfreich, dass auch das BVerwG eine Abgrenzung beider Begriffe scheut. Es stellte im Hinblick auf die Glaubens- und Bekenntnisfreiheit fest „Das Nebeneinander von Glauben und Gewissen sowie von religiösem und weltanschaulichem Bekenntnis in Art. 4 Abs. 1 GG macht ... deutlich, dass das Grundgesetz einerseits sehr wohl zwischen Religion und Weltanschauung unterscheidet; andererseits behandelt es aus der Sicht des zu religiöser und weltanschaulicher Neutralität verpflichteten Staates ... beide in einer Weise als gleichrangig und prinzipiell gleichartig, dass daraufhin jegliches ‚Bekenntnis', gleich, ob religiös oder weltanschaulich fundiert, geschützt wird. Angesichts dieser jegliches Bekenntnis umfassenden Freiheitsgarantie des Art. 4 Abs. 1 GG kommt es hinsichtlich der Reichweite des Schutzes des konkreten Bekenntnisses letztlich nicht darauf an, wie im einzelnen die Grenze zwischen ‚religiösem' und ‚weltanschaulichem' Bekenntnis zu ziehen ist; denn da jegliches Bekenntnis geschützt wird, folglich keines ‚herausfällt', scheidet ein religiös begründetes Bekenntnis auch nicht etwa deshalb aus dem Schutzbereich des Art. 4 Abs. 1 GG aus, weil es z. B. keiner der etablierten Kirchen zugeordnet werden kann. Voraussetzung für den Schutz des Art. 4 Abs. 1 GG ist somit lediglich, dass es sich um ein – religiös oder weltanschaulich begründetes – ‚Bekenntnis' handelt" (BVerwG v. 19. 2. 1992 – 6 C 3/91, NVwZ 1992, 1187).

196 Abzugrenzen ist die Weltansschauung auch im Hinblick auf **andere säkulare Überzeugungen.** Weltanschauung ist nicht jede Weltsicht säkularer Art, sondern sie muss sich am gleichen umfassenden Anspruch wie die religiöse Überzeugung messen lassen, und sie muss auf die grundlegenden Fragen des Woher und Wohin menschlicher Existenz antworten. Sie muss Konsequenzen haben für das Verhalten des Menschen in dieser Welt. Wo eine Lehre lediglich Teilaspekte des Lebens beleuchtet, mag diese eine Lebensmaxime sein, nicht aber Weltanschauung. Weltanschauung ist das *analogon* zur Religion, wenn auch mit säkularen Wurzeln. Deshalb ist **Scientology** aus den gleichen Gründen, warum sie keine Religion ist, auch keine Weltanschauung (so bereits BAG v. 22.3.1995 – 5 AZB 21/94, NJW 1996, 143. S. hierzu auch Wendeling-Schröder/Stein/*Stein*, AGG, § 1 Rnr. 42; Schleusener/Suckow/Voigt/*Schleusener*, AGG, § 1 Rnr. 51; Bauer/Göpfert/*Krieger*, AGG, § 1 Rnr. 33) .Die in eine entgegengesetzte Richtung weisende verwaltungsgerichtliche Rechtsprechung (Bay. VGH v. 14.2.2003 – 5 CE 02.3212, NVwZ 2003, 998, VGH Mannheim v. 12.12.2003 – 1 S 1972/00, NVwZ-RR 2004, 904; OVG Lüneburg v. 15.3.2004 – 12 LA 410/03, NVwZ-RR 2004, 884) vermag nicht zu überzeugen und behandelt die Frage der Eingruppierung von Scientology nur am Rande. Auch die **Tätigkeit als Betriebsrat** ist weder Ausdruck einer Religion noch die einer Weltanschauung (ganz und gar zutreffend ArbG Wuppertal v. 1.3.2012 – 6 Ca 3382/11 – was Kläger nicht so alles vorbringen …).

197 Es sei konzediert, dass diese enge, am Wortlaut orientierte Interpretation an Überzeugungskraft verliert, schaut man auf die **Wortwahl anderer Sprachen.** So spricht der niederländische Text von *overtuiging* (Überzeugung), der englische Text von *„belief"*, der italienische von *convinzioni personali"*, der französische von *conviction*, der spanische von *convicciones*, der schwedische von *övertygelse* (Überzeugung). Es scheint hier also nicht nur um die großen Ideologien sondern auch um Vorstellungen und Überzeugungen minderen Ranges zu handeln. *Säcker* ist daher der Auffassung, dass man hier „keine allzu hohen Anforderungen im Sinne abendländisch idealistischer Philosophie stellen kann" (*Säcker*, ZRP 2002, 286, 289), *Runggaldier* knüpft daran an und hält es sogar für möglich, dass man hierunter auch politische Überzeugungen subsumieren könnte. Auch wenn ein derart weites Verständnis nicht zu wünschen wäre so spreche doch dafür, dass die Erwägungsgründe ausdrücklich ausführen, dass die Union die Grundrechte achte, wie sie in der EMRK zum Schutze der Menschrechte und der Grundfreiheiten gewährleistet seien und eben hier auch die politische Überzeugung in Art. 14 geschützt seien (*Runggaldier*, FS Doralt, 2004, S. 511, 524). Ähnliches scheint sich auch der österreichische Gesetzgeber gedacht zu haben. In den Materialien des Gleichbehandlungsgesetzes heißt es, „Der Begriff ,Weltanschauung' ist eng mit dem Begriff ,Religion' verbunden. Er dient als Sammelbezeichnung für alle religiösen, ideologischen, politischen, u.ä. Leitauffassungen vom Leben und von der Welt als einem Sinnganzen sowie zur Deutung des persönlichen und gemeinschaftlichen Standortes für das individuelle Lebensverständnis" (307 der Beilagen XXII. GP – Regierungsvorlage – Materialien, S. 15).

198 Auch die **Gesetze anderer EU-Mitgliedstaaten** sind freilich ähnlich streng wie der deutsche Gesetzgeber, der in der Begründung des Gesetzes ausdrücklich feststellte, dass die politische Überzeugung keine Weltanschauung ist. Anlässlich der Herausnahme des Begriffs Weltanschauung aus dem zivilrechtlichen Antidiskriminierungsverbots führt er aus, dass der Begriff der Weltanschauung eng zu verstehen ist, „als eine mit der Person des Menschen verbundene Gewissheit über bestimmte Aussagen zum Weltganzen sowie der Herkunft und zum Ziel menschlichen Lebens, die auf innerweltliche Bezüge beschränkt ist und die allgemeine politische Gesinnung gerade nicht erfasst." (BT-Drucks. 16/2022, S. 28). Eine einschränkende Bedeutung der Weltanschauung findet sich auch in den Niederlanden, die den Begriff *levensovertuiging* (Lebenseinstellung) in ihr Gesetz aufgenommen haben. Dieser wurde bereits von der Rechtsprechung zuvor ausgelegt: darunter fallen große Gedankengebäude wie der Humanismus, allerdings nicht jede Auffassung im Bezug auf die Gesellschaft. Andere Mitgliedstaaten haben die politische Meinung freilich als verbotenen Diskriminierungsgrund ausdrücklich normiert. Hierzu gehören Frankreich, Luxemburg, die Niederlande, Spanien und das Vereinigte Königreich im Hinblick auf Nordirland (s. auch *Däubler*, NJW 2006, 2608).

Obwohl die Argumente für ein weites Verständnis der Weltanschauung, das auch die politische Überzeugung mit einschließt, valide sind, scheint es unwahrscheinlich, dass der EuGH soweit gehen würde. Die Weltanschauung geht im Schlepptau der Religion und eine **systematische Interpretation** spricht damit nachhaltig für eine strengere Sicht der Dinge: Der Schutz von Religion wäre ansonsten nur ein Unterfall des Schutzes wegen allgemeiner Überzeugungen. So liegt der Gegenschluss, dass gerade nicht der Schutz politischer Überzeugungen in die Richtlinie aufgenommen wurde, näher als eine umfassende Interpretation, die alles unter einem begrifflichen Hut vereint. Nur die einer Religion ähnliche Überzeugung wird also geschützt, trotz des missverständlichen Wortlauts der Richtlinie. Das sollte dann auch für die deutsche Umsetzung gelten. Dies hat Vorbilder auch in der Ausdeutung der Europäischen Grundrechtscharta (s. McFeeley v. UK, 3 EHRR 161 [1981]). **199**

5. Behinderung

Auf die Frage, wer im Sinne des AGG behindert ist, antwortet das Gesetz nicht. Auf den ersten Blick verwundert dies freilich nicht, werden doch auch die übrigen verbotenen Anknüpfungsmerkmale des § 1 AGG im Gesetz nicht definiert. Vergegenwärtigt man sich allerdings, dass im internationalen Vergleich verschiedene Gesetze zum Schutz behinderter Menschen vor Diskriminierungen beträchtlich weiter greifen, als dies mit dem traditionellen Verständnis von Behinderung hierzulande zu vereinbaren ist, wäre eine Positionsbestimmung des deutschen Gesetzgebers von Nutzen gewesen. Die Begriffsdefinition des U.S.-amerikanischen *Americans with Disabilities Act* ist beispielsweise derart weit angelegt, dass der Gesetzgeber bestimmte Beeinträchtigungen wie Exhibitionismus, Kleptomanie oder Pyromanie ausdrücklich vom Anwendungsbereich des Gesetzes ausgenommen hat (vgl. *Thüsing*, ZfA 2001, 397, 402) und auch die Rechtsprechung sieht sich jenseits des Atlantiks zusehends damit konfrontiert, das Gesetzeswerk nicht der Uferlosigkeit preiszugeben (s. weiterführend *Thüsing/Leder*, NZA 2004, 1310, 1312 f.; s. auch *Günzel/Heilmann*, RdA 2000, 341). Ob die Väter der Rahmenrichtlinie einen vergleichbar weiten Wirkungsbereich im Sinn hatten, ist derweil unklar; das Gemeinschaftsrecht jedenfalls hilft bei der Frage der Absteckung des persönlichen Geltungsbereichs des AGG unmittelbar nicht weiter, denn auch dieses verwendet den Begriff der Behinderung, ohne ihn zu definieren. Europarechtlich bleibt der Behindertenbegriff damit offen. Generalanwalt *Geelhoed* be- **200** tont dementsprechend „Der Begriff ‚Behinderung' [ist] als medizinisch-wissenschaftlicher Terminus, der in seiner sozialen Bedeutung einer recht raschen Entwicklung unterliegt. Dabei ist nicht auszuschließen, dass bestimmte physische oder psychische Einschränkungen in einem bestimmten gesellschaftlichen Kontext den Charakter einer ‚Behinderung' haben, in einem anderen Kontext aber nicht" (Schlussanträge im Verfahren *Chacón Navas* v. 16.3.2006, EuGH C13/05, Slg. 2006, I-6467). Dennoch kommt er zu einer Präzisierung, die freilich vom EuGH selber nicht aufgegriffen wurde: „Behinderte sind Personen mit ernsthaften Funktionsbeeinträchtigungen (Behinderungen) als Folge körperlicher, geistiger oder psychischer Probleme. Hieraus ergibt sich Zweierlei: Es muss sich um Beeinträchtigungen handeln, die auf ein Gesundheitsproblem oder eine physiologische Abweichung beim Betroffenen zurückgehen und die entweder langwierig oder dauerhaft sind; das Gesundheitsproblem als Ursache der Funktionsbeeinträchtigung ist grundsätzlich von der Beeinträchtigung selbst zu unterscheiden". Der **EuGH** selbst formuliert dann vorsichtiger: „Der **Begriff ‚Behinderung'** [ist] so zu verstehen, dass er eine Einschränkung erfasst, die insbesondere auf physische, geistige oder psychische Beeinträchtigungen zurückzuführen ist und die ein Hindernis für die Teilhabe des Betreffenden am Berufsleben bildet" (EuGH v. 11.7.2006 – Rs. C13/05 – *Chacón Navas*, Slg. 2006, I-6467; hierzu *Thüsing/ Grosse-Brockhoff*, EWiR 2006, 473). Damit ist der Behindertenbegriff anderer Diskriminierungsvorschriften teilweise verworfen, wenn man nicht die Einschränkung des „insbesondere" ernst nimmt. Wenn es auf die Teilhabe am Berufsleben ankommt, dann ist dies enger als der Begriff des ADA, der auf ein *„substantial impairment of a major life activity"* abstellt (s. sec. 3 (2) (A)) und daher auch die symptomlose **HIV-Infektion** als Behinderung wertet (Bragdon v. Abbott, 524 US 624 [1998]; a.A. ArbG Berlin v. 21.7.2011 – 17 Ca 1102/11, BB 2011, 2036; offen lassend LAG Berlin-Brandenburg v. 13.1.2012 – 6 Sa 2159/11, NZA-RR 2012, 183). Der britische Equality Act 2010 stellt auf die Beeinträchtigung einer „*day-to-day-activity*" ab (6 (1) (b)) und fordert damit auch keine Beeinträchtigung des Berufslebens. Zuletzt unterstrich der EuGH jedoch das Erfordernis des Hindernisses für die Teilhabe am Berufsleben, stellte aber zugleich klar, dass nicht der vollständige Ausschuss von Berufsleben erforderlich ist (EuGH v. 11.4.2013 – C-335/11). Zudem komme es nicht auf die Notwendigkeit der Verwendung besonderer Hilfsmittel an. Schon daher ist fraglich, ob die Ausführungen in der Rs. *Chacón Navas* europarechtlich das letzte Wort war.

a) Keine Beschränkung auf schwerbehinderte Menschen

201, 202   Eine Beschränkung des Schutzes behinderter Menschen vor Diskriminierungen im Erwerbsleben auf die **Gruppe der schwerbehinderten Menschen** nimmt § 81 Abs. 2 S. 1 SGB IX vor. „Arbeitgeber", heißt es dort, „dürfen schwerbehinderte Beschäftigte nicht wegen ihrer Behinderung benachteiligen". Eingefügt wurde dieses Diskriminierungsverbot in die ansonsten unverändert auf § 14 SchwerbehindertenG zurückgehende Vorschrift im Rahmen der Überführung des Schwerbehindertengesetzes in das SGB IX im Jahr 2001 (BGBl. I. S. 1046). Mit ihrer Aufnahme wollte der Gesetzgeber ausdrücklich auch seinen Umsetzungsverpflichtungen

III. Die einzelnen Diskriminierungsmerkmale

aus der Rahmenrichtlinie 2000/78/EG nachkommen (BT-Drucks. 14/5074, S. 113), so dass in der Folgezeit im Schrifttum verbreitet davon ausgegangen wurde, dass die Antidiskriminierungsrichtlinien zumindest für das Merkmal der Behinderung bereits vollständig umgesetzt seien (s. etwa *Langguth,* DStR 2001, 1351, 1354).

Eine entsprechende Beschränkung des **Anwendungsbereiches des AGG** auf schwerbehinderte Menschen lehnt die Rechtsprechung daher zu Recht ab (BAG v. 27. 1. 2011 – 8 AZR 580/09, NJW 2011, 2070, bereits zuvor hM, s. nur *Bauer/ Göpfert/Krieger,* AGG, § 1 Rnr. 39; Wendeling-Schröder/Stein/*Stein,* AGG, § 1 Rnr. 45). Nicht nur findet sie im Gesetz selbst keinen Rückhalt – der Begriff der „Behinderung" ist bereits seinem Wortsinn nach weiter als jener der „Schwerbehinderung" –, sondern ist ebenso wenig in der Richtlinie selbst angelegt (s. bereits *Thüsing/Lambrich,* BB 2002, 1146, 1148). Vom Blickwinkel des Diskriminierungsschutzes ist sie zudem systemfremd. Anders als im Sozialrecht, wo es primär um die Vergabe von Rehabilitationsleistungen geht und das Anknüpfen an einen bestimmten Grad der Erheblichkeit einer Behinderung als sachlich gerechtfertiges Kriterium zur abgestuften Leistungsverteilung herangezogen werden kann, steht beim Diskriminierungsschutz der bloße Schutz vor sachwidrigen Ungleichbehandlungen im Vordergrund. Mit dieser Feststellung soll nicht in Abrede gestellt werden, dass ebenso im Diskriminierungsrecht aus der Bandbreite möglicher Beeinträchtigungen jene ausgegrenzt werden müssen, bei denen ein gesetzliches Anknüpfungsverbot verzichtbar erscheint; bestritten wird nur die Sinnhaftigkeit der schematischen Übernahme der sozialrechtlichen Grenzen, denn diese ist ohne zwingenden materiellen Gerechtigkeitsgehalt. Zudem ist die Heranziehung des nach § 69 SGB IX festzustellenden Grades der Behinderung als Grenze für den Benachteiligungsschutz dogmatisch unbefriedigend. Der Grad der Behinderung deckt sich nämlich mit dem Begriff der Minderung der Erwerbsfähigkeit nach dem Versorgungsrecht und dem Recht der Unfallversicherung. Maßgebend ist damit, um wie viel die Befähigung zur üblichen, auf Erwerb gerichteten Arbeit und deren Ausnutzung im wirtschaftlichen Leben durch die als Folgen einer Schädigung anerkannten Gesundheitsstörung beeinträchtigt ist (vgl. § 30 Abs. 1 Bundesversorgungsgesetz). Dies führt dazu, dass mit steigendem Grad der Erwerbsunfähigkeit die Wahrscheinlichkeit der Erfüllung der Begriffsmerkmale der Behinderung steigt (in diese Richtung *Schwidden,* RiA 1997, 70, 71). Der Diskriminierungsschutz macht seinerseits aber die prinzipielle Eignung eines Arbeitnehmers zur Ausübung der infrage stehenden Arbeitsstelle zu seiner Anwendungsvoraussetzung und behandelt die Frage der Geeignetheit einer Person damit auf einer anderen Ebene. Sie zur Konkretisierung der Zugehörigkeit zu einer geschützten Personengruppe nach § 1 AGG heranzuziehen, hieße diese Differenzierung zu vernachlässigen.

b) § 2 Abs. 1 S. 1 SGB IX als Anknüpfungspunkt

Inzwischen hat sich das einfachgesetzliche Begriffsverständnis der Behinderung im Zuge eines vielfach beschworenen **„Paradigmenwechsels in der Behindertenpolitik"** (*Stähler,* NZA 2002, 777) geändert. Unter Berücksichtigung der internationalen Diskussion über die Ursachen und Wirkungen von Behinderungen soll nach dem Willen des Deutschen Bundestages anstelle der staatlichen Fürsorge und Ver-

C. Ziel des Gesetzes und verbotene Benachteiligungsgründe

sorgung von behinderten Menschen ihre selbstbestimmte Teilhabe am gesellschaftlichen Leben und die Beseitigung der Hindernisse, die ihrer Chancengleichheit entgegenstehen, treten (BT-Drucks. 14/2913, S. 3); angeknüpft wird damit an die von der Weltgesundheitsorganisation im Mai 2001 verabschiedete Internationale Klassifikation der Funktionsfähigkeit, Behinderung und Gesundheit. Dieser Bewusstseinswandel hat im Zuge der Eingliederung des SchwerbehindertenG in das SGB IX vor allem eine Modifizierung der begrifflichen Erfassung der Behinderung herbeigeführt. § 2 Abs. 1 S. 1 SGB IX bzw. der insoweit übereinstimmende § 3 des Gesetzes zur Gleichstellung behinderter Menschen vom 27. 4. 2002 (BGBl. I S. 1468) sehen Menschen nunmehr dann als behindert an, „wenn ihre körperliche Funktion, geistige Fähigkeit oder seelische Gesundheit mit hoher Wahrscheinlichkeit länger als sechs Monate von dem für das Lebensalter typischen Zustand abweichen und daher ihre Teilhabe am Leben in der Gesellschaft beeinträchtigt ist." Entscheidend für das Vorliegen einer Behinderung sind dementsprechend zwei Faktoren: Das Vorliegen einer Funktionsbeeinträchtigung einerseits sowie einer Teilnahmebeeinträchtigung andererseits.

205 Diese **Umschreibung der Behinderung** liefert einen brauchbaren Ausgangspunkt für die Bestimmung der durch § 1 AGG umschriebenen Personengruppe; schematisch übertragen werden kann man sie allerdings nicht, auch wenn dies wohl die Intension des deutschen Gesetzgebers war und das **BAG** inzwischen von einer Begriffsidentität zwischen § 1 AGG und § 2 Abs. 1 S. 1 SGB IX ausgeht (BAG v. 13. 10. 2011 – 8 AZR 608/10, ZTR 2011, 719). In der Begründung des Regierungsentwurfs heißt es: „Der Begriff der ‚Behinderung' entspricht den gesetzlichen Definitionen in § 2 Abs. 1 Satz 1 Sozialgesetzbuch Neuntes Buch (IX) – Rehabilitation und Teilhabe behinderter Menschen (SGB IX) und in § 3 des Gesetzes zur Gleichstellung behinderter Menschen (BGG)" (BT-Drucks. 16/1780, S. 31). Eine solche Gleichsetzung eins zu eins kann schon deshalb nicht überzeugen, weil der Behindertenbegriff des AGG anders als der des SGB IX **europarechtskonform ausgelegt** werden muss. Abzulehnen ist zunächst die Übertragung der sechs Monatsgrenze im Rahmen der Bestimmung der Funktionsbeeinträchtigung (ebenso Wendeling-Schröder/Stein/*Stein*, AGG, § 1 Rnr. 48; aA und die Sechsmonatsgrenze anwendend *Meinel/Heyn/Herms*, AGG, § 1 Rnr. 24; Schleusener/Suckow/Voigt/*Schleusener*, AGG, § 1 Rnr. 66). Zwar spricht viel dafür, kurzzeitige Beeinträchtigungen aus dem Behinderungsbegriff auszunehmen, um eine Abgrenzung zu bloßen Krankheit zuzulassen. Starre Zeitvorgaben bieten sich hierfür aber nicht an. Noch ungeklärt ist überdies, ob sich die Beschränkung der Funktionsstörung auf medizinische Normabweichungen auch für den Bereich des Antidiskriminierungsrechts durchhalten lässt. Im Grunde geht es dabei um die Frage, ob auch die negative Bewertung eines Zustandes durch die Gesellschaft zur Annahme einer Behinderung gereicht, sofern dies zu einer Teilhabebeeinträchtigung führt (dagegen *Neumann*, NVwZ 2003, 897; dafür *Spranger*, DVBl. 1998, 1058, 1061). Dass Häme und Spott allein die Tür des Benachteiligungsschutzes nicht aufzustoßen vermögen, liegt auf der Hand – knüpfen Vorurteile aber an physische Merkmale erscheint es wenig gerecht, den Tatbestand der Diskriminierung allein mit dem Verweis auf die fehlende medizinische Erheblichkeit zu verneinen. Zumindest aber soweit es um die Feststellung der Folgen einer Beeinträchtigung geht, darf die Frage des Vorliegens einer Behinderung nicht ausschließlich auf medizinische Faktoren reduziert werden. Vielmehr sind ebenso Umweltbeziehungen bei der Beurteilung der beeinträchtigenden Wirkung einer Funktionsstörung einzubeziehen. Für die Annahme einer Behinderung ist es daher ausreichend, wenn eine Abweichung von der typischen körperlichen Funktion, geistigen Fähigkeit oder seelischen Gesundheit vorliegt, diese aber selbst nicht beeinträchtigend wirkt, sondern erst durch die Gestaltung des Arbeitsplatzes zu einem Hindernis für die betreffende Person wird. Auf die Behandlungsbedürftigkeit einer Beeinträchtigung kommt es somit nicht an. Ein entsprechender Ansatz war dem SchwerbehindertenG noch fremd, er wird nunmehr aber durch die Richtlinie 2000/78/EG gefordert (vgl. z. B. den 20. Erwägungsgrund). Festgeschrieben ist mit dem neuen Recht der **Übergang vom rein medizinischen zu einem sozialen Behinderungsbegriff** (s. auch *Niemann*, NZS 2001, 583, 584). Dies ist auch vom Standpunkt des Diskriminierungsschutzes sinnvoll, geht es diesem doch gerade darum, irrationalen Ängsten, Vorurteilen oder fehlgeleiteten Effizienzeinschätzungen entgegenzuwirken.

c) Einzelfälle

In den Mittelpunkt der Abgrenzung von erheblichen Behinderungen zu rechtlich unerheblichen, sonstigen Beeinträchtigungen tritt die Frage nach dem Vorliegen einer **Funktionsbeeinträchtigung**. Die weiterhin erforderliche Beeinträchtigung der Teilhabe nämlich ist denkbar weit gefasst, weil sie alle Bereiche des menschlichen Lebens erfasst. Eine medizinisch feststellbare Funktionsbeeinträchtigung liegt in den Fällen der Beeinträchtigung der körperlichen Funktion, geistigen Fähigkeit und seelischen Gesundheit vor, ohne dass es auf eine Abgrenzung dieser Faktoren voneinander ankommt; entscheidend ist das Gesamtbild (vgl. Lachwitz/Schellhorn/*Welti*, HK-SGB IX, 2002, § 2 SGB IX Rnr. 22). Dabei ist der Begriff der Funktionsbeeinträchtigung weit auszulegen. Nicht nur blinde, taube, stumme Menschen oder der Beinamputierte unterfallen dem Behinderungsbegriff. Eingeschlossen sind ebenso graduale Beeinträchtigungen wie solche des Stütz- und Bewegungsapparates, Verschleißerscheinungen der Wirbelsäule, Atemwegserkrankungen sowie körperliche Entstellungen; allein vorübergehende Zustände wie Schnupfen, Fieber oder Zahnschmerzen reichen nicht. Auch die Allergie einer Reinigungskraft gegen ein Reinigungsmittel wurde für den Einzelfall zutreffend *nicht* als Behinderung eingestuft (LAG Sachsen-Anhalt v. 4. 2. 2011 – 6 Sa 237/10), obwohl nicht generell ausgeschlossen werden kann, dass eine Allergie wegen der Art und Schwere der Beeinträchtigung zu einer Behinderung erstarkt. Keine Behinderung sind ferner rein ästhetische Zustände, sofern sie ohne medizinisch messbare Auswirkungen bleiben. Der Mensch, der „keine schöne und edle Gestalt hat, so dass wir ihn anschauen mochten" (Jes 53,2), hat es schwerer im Leben; behindert ist er nicht. Die bloße Übergewichtigkeit ist demzufolge nicht als Behinderung zu klassifizieren, es sei denn, das überhöhte Körpergewicht bedingt seinerseits medizinisch erhebliche Beeinträchtigungen (Wendeling-Schröder/Stein/*Stein*, AGG, § 1 Rnr. 52; Bauer/ Göpfert/Krieger, AGG, § 1 Rnr.44). Entsprechendes hat für unregelmäßig auftretende körperliche Störungen wie Rückenschmerzen zu gelten, die nicht die Schwelle einer medizinisch diagnostizierbaren Beeinträchtigung erreichen.

206

C. Ziel des Gesetzes und verbotene Benachteiligungsgründe

207 Die diskriminierungsrechtlich oftmals entscheidende Frage ist damit, inwieweit **Krankheiten** dem Behindertenbegriff des § 1 AGG unterfallen. Der EuGH hat hierzu bislang noch nicht abschließend Stellung bezogen. Gefragt, ob denn das Diskriminierungsverbot auch die Kündigung wegen Krankheit verbietet, antwortete er (EuGH v. 11. 7. 2006 – Rs. C13/05 – *Chacón Navas*, Slg. 2006, I-6467; hierzu *Thüsing/Grosse-Brockhoff*, EWiR 2006, 39, s. auch Rnr. 200), dass eine Krankheit nicht generell mit einer Behinderung gleichgesetzt werden kann. Einige Krankheiten können durchaus als Behinderung eingestuft werden, denn zurückgewiesen hat der EuGH nur die Gleichstellung der Behinderung mit „irgendeiner Krankheit".

208 Schwierig ist insbesondere die **Beeinträchtigungen der geistigen Fähigkeit und seelischen Gesundheit** zu konkretisieren. Hierunter fallen etwa Legasthenie, Intelligenzmangel oder Mongolismus (Großmann/*Schimanski*, GK-SGB IX, § 2 Rnr. 72). Allein mangelnde Sprachkenntnisse eines Ausländers genügen anderseits nicht (BSG v. 23. 4. 1980 – 4 RJ 29/79, SozSich. 1980, 314). Für psychische Störungen soll es nach der Rechtsprechung darüber hinaus genügen, wenn diese sich negativ auf die Erwerbsfähigkeit auswirken und vom Betroffenen nicht selbst überwunden werden können (BSG v. 2. 9. 1964 – 2. 9. 1964, SozEntsch. BSG 6 § 23 D Nr. 1). Aufgeworfen ist damit die Frage, ob es für den Benachteiligungsschutz darauf ankommen kann, ob eine Beeinträchtigung selbstverschuldet oder überwindbar ist. Nahe liegend ist es zumindest dann, wenn ein Zustand ohne größere Anstrengungen beseitigbar ist, die Annahme einer Behinderung zu verneinen. Bei schwerer überwindbaren Suchtkrankheiten wie Alkoholismus oder Drogensucht wird es anderseits regelmäßig bereits an der objektiven Eignung des Arbeitnehmers fehlen, so dass sich die Frage nach einer Einbeziehung in den Diskriminierungsschutz nicht stellt.

209 Dennoch ist bislang unklar, ob die Benachteiligung wegen **Drogensucht** nicht in einem sehr viel weiteren Ausmaß vom Verbot der Behindertendiskriminierung erfasst wird. Bislang waren Drogentests am Arbeitsplatz nicht diskriminierungsrechtlich erfasst, sondern allein durch das Persönlichkeitsrecht des Arbeitnehmers eingeschränkt (BAG v. 12. 8. 1999 – 2 AZR 55/99, NZA 1999, 1209). Zwar ist ein Arbeitnehmer regelmäßig nicht verpflichtet, im laufenden Arbeitsverhältnis routinemäßigen Blutuntersuchungen zur Klärung, ob er alkohol- oder drogenabhängig ist, zuzustimmen. Dennoch hat der Arbeitgeber ein rechtlich anerkennenswertes Interesse daran, nur solche Arbeitnehmer zu beschäftigen, die nicht infolge Alkohol bzw. Drogenmissbrauch im Betrieb eine Gefahr für sich und andere darstellen. Dem allgemeinen Persönlichkeitsrecht des Arbeitnehmers und den dadurch gewährleisteten grundsätzlichen Schutz vor der Erhebung und Weitergabe von Befunden über den Gesundheitszustand des Arbeitnehmers ist jedoch hinreichend Rechnung getragen, wenn die Begutachtung sich lediglich auf solche Umstände bezieht, die bei vernünftiger, lebensnaher Einschätzung die ernsthafte Besorgnis begründen, beim betreffenden Arbeitnehmer könne eine Alkohol- bzw. Drogenabhängigkeit vorliegen. Die Entscheidung des Arbeitgebers, die Begutachtung durch den Arzt auf eine mögliche Alkohol- bzw. Drogenabhängigkeit zu erstrecken, muss deshalb auf hinreichend sicheren tatsächlichen Feststellungen beruhen, die einen derartigen Eignungsmangel des Arbeitnehmers als nahe liegend erscheinen lassen (s. hierzu auch *Künzl*, BB 1993, 1581; *Keller*, NZA 1988, 561, 564; *Wilhelmsen*, DB 1988, 2304, 2306; *Diller-Provietzka*, NZA 2001, 1227). Gleichzeitig hat das BAG jedoch anerkannt, dass Drogensucht eine Behinderung im Sinne von § 2 SGB IX sein kann (BAG v. 14.1.2004 – 10 AZR 188/03, AP AVR Nr. 3 Caritasverband Anlage 1). Würde dies auch für den Behindertenbegriff des AGG gelten, dann könnte der bislang geltende Maßstab noch weiter eingeschränkt werden: Nachgewiesen müsste nicht nur ein konkreter Anhaltspunkt für eine Drogensucht und eine damit einhergehende Beeinträchtigung der Arbeitsleistung oder Gefährdung Dritter, sondern ebenso eine völlige Ungeeignetheit für den Beruf aufgrund dieser Drogensucht. Ein derart weites Verständnis des Behindertenbegriffs ist jedoch abzulehnen, nicht nur weil andere Länder aus ihren Antidiskriminierungsvorschriften die Drogensucht ausdrücklich ausschließen (so für Amerika sec. 104 ADA; für die Behindertendefinition anderer Länder s. *Degener*, Definition of disability, download unter http://ec.europa.eu/employment_social/fundamental_rights/pdf/aneval/disabdef.pdf). Das Bundesjustizministerium und ein Sprecher der Kommission gehen davon aus, dass **Nikotinsucht und Alkoholismus** nicht vom AGG erfasst sind. Ob es sich bei diesen Merkmalen jedoch um Behinderungen handeln könnte, blieb ungeprüft (s. Süddeutsche Zeitung Nr. 182, 9.8.06, „Rauchen Sie? – Abgelehnt", S. 12). In der Literatur ist die Erfüllung des Merkmals der Behinderung bei Süchten umstritten (wie hier dagegen *Bauer/Göpfert/Krieger*, AGG, § 1 Rnr. 44; differenzierend nach der Art der Sucht Wendeling-Schröder/Stein/*Stein*, AGG, § 1 Rnr. 53; auf die Schwere der Sucht abstellend *Adomeit/Mohr*, AGG, § 1 Rnr. 137).

6. Alter

Alter im Sinne des AGG meint das **biologische Alter im Sinne der vergangenen** 210
Zeit des Lebens eines Menschen. Das Merkmal unterscheidet sich von Rasse, Geschlecht und Religion dadurch, dass es sich innerhalb eines Kontinuums bewegt: Jeder Arbeitnehmer ist geschützt. Das Gesetz enthält ebenso wie die zugrundeliegende Richtlinie keine Altersbeschränkung nach oben oder nach unten hin; alle Arbeitnehmer sind erfasst, unabhängig von einem Mindest- oder Höchstalter. Der irische *Employment Equality Act* erfasste bis 2004 demgegenüber gemäß sec. 6 (3) nur die 18–65jährigen, der US-amerikanische *ADEA* gemäß sec. 623 (f) die mindestens 40jährigen. Die Folgen solcher Eingrenzung sind erheblich: Besteht ein Höchstalter, ist der obligatorische Ruhestand ab dieser Grenze rechtlich unproblematisch, besteht ein Mindestalter, so sind rechtlich Benachteiligungen Jüngerer gegenüber Älteren unbeschränkt zulässig.

Geschützt wird nicht nur vor einer Benachteiligung der Älteren gegenüber den 211
jüngeren, sondern auch der jüngeren gegenüber den Älteren, mag auch eine „Jugenddiskriminierung" sehr viel seltener sein, als eine „Altersdiskriminierung". Bedeutung hat dies aber etwa für die Altersstufen beim tarifvertraglichen Entgelt sowie beim zusätzlichen Urlaub für ältere Arbeitnehmer, s. Rnr. 406 und generell bei der Zulässigkeit positiver Maßnahmen zugunsten älterer Arbeitnehmer, s. Rnr. 385. Auch die Rs. *Kücükdeveci*, in der § 622 Abs. 2 S. 2 BGB durch den EuGH für unanwendbar erklärt wurde, betraf einen Fall der Jugenddiskriminierung (EuGH v. 19.1.2010 – C-555/07, Slg. 2010, I-365).

C. Ziel des Gesetzes und verbotene Benachteiligungsgründe

7. Sexuelle Identität

212 Erfasst vom Benachteiligungsverbot ist entsprechend dem Wortlaut der Norm jede sexuelle Identität. Die Gesetzesbegründung enthält hier keine Einschränkung und auch die Richtlinie 2000/78/EG vermag zur Konkretisierung dieses Differenzierungsmerkmals nichts beizutragen. Andere Länder waren hier vorsichtiger. Dort schließt man im Verbot der Benachteiligung wegen sexueller Orientierung ausdrücklich „*sexuality involving minor children*" aus (so das Antidiskriminierungsgesetz des Staates Massachusetts, G. L. c. 151 B, § 4 [2004]). Dass eine solche Regelung im AGG fehlt, steht im Konflikt zu den Wertungen des Strafrechts, das bestimmte Formen praktizierter Sexualität verbietet und sanktioniert. Will man hier nicht zu einer einschränkenden Auslegung kommen, dann kann ein Beschäftigter zwar wegen Kindesmissbrauchs verurteilt werden, jedoch kann der Arbeitgeber einen nach § 176 StGB Verurteilten nicht aufgrund eben dieser Verurteilung als Bewerber zurückweisen. Die Rechtfertigung nach § 8 AGG greift regelmäßig nicht ein, denn die beruflichen Fähigkeiten werden durch die sexuelle Veranlagung nicht berührt (zu Ausnahmen s. Rnr. 346). Das Ergebnis scheint widersinnig: Ein Bewerber könnte zwar zurückgewiesen werden, weil er wegen die Diebstahls verurteilt wurde (denn das AGG enthält anders als die Antidiskriminierungsgesetzgebung anderer Länder kein Diskriminierungsverbot wegen Vorstrafen, s. Rnr. 151), nicht aber weil er nach § 176 StGB strafbar geworden ist. Die Einheit der Rechtsordnung hilft da nur wenig als Argument (so aber Schleusener/Suckow/Voigt/*Schleusener*, AGG, § 1 Rnr. 74; Bauer/Göpfert/Krieger, AGG, § 1 Rnr. 52) – jedenfalls wenn man allein den nationalen Rechtsrahmen betrachtet. Da der Begriff der sexuellen Identität europarechtskonform ausgelegt werden muss, kommt es darauf an, ob solches Verhalten europaweit strafbar ist. Gibt es ein solches *ius commune*, ist auch nicht davon auszugehen, dass der europäische Gesetzgeber es unter Diskriminierungsschutz stellen wollte.

213 Mit dem **Begriff „sexuelle Identität"** wird das Benachteiligungsverbot der Richtlinie 2000/78/EG wegen der sexuellen Ausrichtung umgesetzt. Beide Begriffe sollen wohl dasselbe meinen, genauso wie das österreichische Gleichbehandlungsgesetz, das von „sexueller Orientierung" spricht (§ 17 Abs. 1 österGlBG). Es verwundert, dass hier nicht der Begriff der Richtlinie verwandt wurde. Die abweichende Wortwahl knüpft an eine frühere, ebenfalls unbegründete abweichende Wortwahl an: Der Begriff der „sexuellen Identität" wurde bereits zur Umsetzung der Richtlinie 2000/78/EG im BetrVG gewählt. Erfasst werden laut Gesetzesbegründung homosexuelle Männer und Frauen ebenso wie bisexuelle, transsexuelle oder zwischengeschlechtliche Menschen (BT-Drucks. 17/1780, S. 30; BT-Drucks. 14/5741, 45 für die BetrVG-Reform). Dies steht im Widerspruch zur bisherigen – nicht überzeugenden– Rechtsprechung des EuGH, wonach die Benachteiligung Transsexueller eine Benachteiligung wegen des Geschlechts ist (EuGH v. 30.4. 1996 – Rs. 3/94, Slg. 1996, I-2143 [P/S u. Cornwall County Council]; a. A. für das US-Recht Holloway v. Arther Anderson & Co., 566 F. 2 d659 [9th Cir. 1977]; wie der EuGH das House of Lords: A v. Chief Constable of West Yorkshire Police, UKHL 21 [2004]). Wenn der EuGH recht hat, dann ist die Begründung des des AGG falsch. Eine Diskriminierung wegen des Geschlechts ist eine andere als

III. Die einzelnen Diskriminierungsmerkmale

wegen der sexuellen Identität. Beide Merkmale schließen einander aus (grundlegend die Entscheidung des US-Supreme Court: Oncale v. Sundowner, 523 U.S. 75 [1998]): Sexuelle Identität bezeichnet die Präferenz bei der sexuellen „Objektwahl". Er wird allgemein als „heterosexuell, homosexuell und bisexuell" verstanden. Damit wird vor allem ein Diskriminierungsschutz für schwule und lesbische Arbeitnehmer/innen geschaffen werden, aber auch heterosexuelle in einer homosexuell geprägten Arbeitsumwelt sind geschützt (*Windisch-Graetz*, ZAS 2004, 61). Von dieser sexuellen Identität (= Ausrichtung = Orientierung) ist jedoch die Geschlechtsidentität zu unterscheiden. Diese bezeichnet das Gefühl, männlich, weiblich oder hermaphroditisch zu sein. Fällt die Geschlechtsidentität nicht mit dem anatomischen Geschlecht zusammen, spricht man von Transsexualität. Diskriminierungen aufgrund von Transsexualität können daher nur als Diskriminierung aufgrund des Geschlechts gesehen werden, nicht der sexuellen Identität (aA *Bauer/Göpfert/Krieger*, AGG, § 1 Rnr. 25; Wendeling-Schröder/Stein/*Wendeling-Schröder*, AGG, § 1 Rnr. 22, 76; wie hier Däubler/Bertzbach/*Däubler*, AGG, § 1 Rnr. 48, 90; Schleusener/Suckow/Voigt/*Schleusener*, AGG, § 1 Rnr. 73). Generalanwalt *Tesauro* hielt in seinen Schlussanträgen in der Rechtssache P/S u. Cornwall County Council fest, dass die Ansicht überholt sei, dass das Recht eine Frau schützt, die gegenüber einem Mann diskriminiert wird, und umgekehrt, diesen Schutz aber demjenigen versagt, der, wieder aufgrund des Geschlechts, ebenfalls diskriminiert wird, und zwar nur deshalb, weil er außerhalb der traditionellen Einteilung Mann/Frau steht. Auch wenn man dem nicht zustimmt, kann dieser Sachverhalt nicht unter das Merkmal der sexuellen Identität subsumiert werden.

Das Gesetz differenziert nicht klar nicht zwischen **homosexuellem Status und** 214 **Verhalten**. Diese z. B. im U.S.-amerikanischen Militär (s. hierzu rechtsvergleichend *Psonak*, 33 Conn. L. Rev. [2000] S. 337) oder im kirchlichen Dienst (s. Rnr. 490) praktizierte Unterscheidung differenziert zwischen der abstrakten Präferenz für Personen eines bestimmten Geschlechts, im Unterschied zu einer realisierten Bereitschaft, homosexuelle Akte auszuführen. Ob hier in der rechtlichen Würdigung zu unterscheiden ist, wird nicht einhellig beurteilt (dafür Hanau/ *Thüsing*, Europarecht und kirchliches Arbeitsrecht, S. 35; *Thüsing*, JZ 2004, 173; dagegen: *Joussen*, RdA 2003, 32, 38; *Däubler*, RdA 2003, 204, 209; *Schiek*, NZA 2004, 873, 875; abwägend *Windisch-Graetz*, ZAS 2004, 61). Da Sexualkontakt etwas anderes ist als sexuelle Ausrichtung, wird man beides gegen den Wortlaut der Richtlinie und des AGG nicht gleichsetzen können. Wer kündigt, weil der Arbeitnehmer Ehebruch begangen hat, kündigt ihm nicht wegen seiner Heterosexualität. Genauso kann eine Kündigung wegen homosexuellen Verhaltens allein gegen die Praxis, nicht aber gegen den Menschen und seine Veranlagung gerichtet sein. Dies schließt freilich eine unmittelbare Diskriminierung wohl nicht notwendig aus, s. Rnr. 236. Man wird zudem genau prüfen müssen, ob nicht in Wahrheit bereits die Veranlagung Grund der Kündigung war.

Die **praktische Relevanz** dieses Diskriminierungsmerkmals wird die Zukunft 215 zeigen. In der Vergangenheit hatte sich das BAG bereits mit einschlägigen Sachverhalten zu beschäftigen (BAG v. 21.2.1991 – 2 AZR 449/90, NZA 1991, 719 [zu Transsexuellen]; s. auch BAG v. 23.6.1994, NZA 1994, 1080 = EzA Nr. 39 zu § 242 BGB mit krit. Anm. *v. Hoyningen-Huene*). In der Begründung des Regierungsentwurfs heißt es ohne Quellenangabe, hinsichtlich des Diskriminierungsmerkmals „sexuelle Identität" sei davon auszugehen, „dass viele Homosexuelle ihre sexuelle Identität am Arbeitsplatz verheimlichen, weil sie Diskriminierungen durch Kollegen und Kolleginnen und Vorgesetzte befürchten. 79% der Frauen und 69% der in einer Untersuchung befragten Männer haben es im Laufe ihrer beruflichen Biographie schon einmal für notwendig befunden, ihre Homosexualität am Arbeitsplatz gänzlich zu verschweigen" (was nicht belegt und sehr hoch gegriffen ist und wohl zumindest voraussetzt, dass alle Befragten homosexuell waren). Zur Abgrenzung zur Geschlechtsdiskriminierung s. Rnr. 213.

216 In den USA, wo ein bundesstaatliches Diskriminierungsverbot wegen der sexuellen Identität/Orientierung fehlt, wurde auch diese zuweilen unter die Geschlechtsdiskriminierung (s. Macauley v. Massachusetts Commission against Discrimination, 397 NE2d 370 [1979]) subsumiert. Inzwischen verfügen zahlreiche Staaten und der District of Columbia über eigenständige Diskriminierungsvorschriften zugunsten sexueller Orientierung, z.B. der Sexual Orientation Non-Discrimination Act (SONDA) des Staates New York von Januar 2003. Demgegenüber schließt sec. 511 (a) des ADEA ausdrücklich die abnorme sexuelle Orientierung aus dem Begriff der *disability* aus.

IV. Analogiefähigkeit der Regelungen des AGG

217 Mit der Aufzählung bestimmter verpönter Merkmale schließt das Gesetz gleichzeitig andere, nicht benannte Eigenschaften oder Merkmale vom Diskriminierungsschutz aus: *enummeratio unius, exclusio alterius.* Dies betont auch der EuGH am Beispiel der Diskriminierung wegen Krankheit, die nicht in den Richtlinien normiert ist und daher auch nicht hineingelesen werden kann. Er verweist dabei insbesondere auf die durch die Aufzählung des Art. 13 EG (jetzt Art. 19 AEUV) begrenzte Zuständigkeit des europäischen Gesetzgebers (EuGH v. 11.6. 2006 – Rs. C-13/05 [Chacón Navas], BB 2006, 1640, NZA 2006, 839 Rz 55). Offen bleibt der Schutz vor Diskriminierungen insbesondere wegen politischer Ansichten und wegen der Staatsangehörigkeit.

1. Diskriminierungen wegen politischer Ansichten

218 Die Richtlinie 2000/78/EG und das AGG gewähren keinen Schutz vor Ungleichbehandlungen wegen politischer Ansichten, weil Art. 19 AEUV einen solchen nicht vorsieht und der Begriff der Weltanschauung die politische Überzeugung nicht mit umfasst, s. Rnr. 198 f. Der Verzicht auf den Schutz von politischen Ansichten ist nicht selbstverständlich, ist doch dieses Merkmal in Art. 14 EMRK („Der Genuss der in dieser Konvention [der EMRK] anerkannten Rechte und Freiheiten ist ohne Diskriminierung insbesondere wegen (...) der politischen oder sonstigen Anschauung (...) zu gewährleisten.") als auch in den Verfassungen einiger Mitgliedstaaten als verbotener Diskriminierungsgrund erwähnt, so etwa in Art. 3 Abs. 3 GG. Ein explizites Verbot, Arbeitnehmer unabhängig von ihren politischen Überzeugungen gleich zu behandeln, existiert nicht. Es kann nicht durch die analoge Anwendung der Regelungen des AGG herbeigesehnt werden, denn § 1 AGG stellt eine abschließende Auflistung der verpönten Merkmale dar,

IV. Analogiefähigkeit der Regelungen des AGG

s. Rnr. 217. Dies zeigt auch ein Vergleich zum Entwurf über eine europäische Verfassung vom 18. Juli 2003, nach dessen Art. II-21 auch Diskriminierungen wegen „der politischen und sonstigen Anschauung" verboten sein sollte. Der Unterschied in der Wortwahl der Richtlinie 2000/787EG und ihr folgend des AGG sind zu beachten.

Bei der **Einstellung von Bewerbern** darf der Arbeitgeber daher weiterhin in zulässiger Weise auch nach politischen Ansichten differenzieren, die meist durch öffentliche und nicht-öffentliche Meinungskundgabe erkennbar werden. Danach fragen darf er freilich – den allgemein geltenden Grundsätzen zufolge – nur dann, wenn er ein besonderes, schützenswertes Interesse an der Kenntnis der politischen Einstellung des Stellenbewerbers hat (siehe zum Fragerecht des Arbeitgebers Rnr. 690 f.). Dies wird in aller Regel in Tendenzbetrieben der Fall sein. Für den Bereich des öffentlichen Dienstes gilt hingegen Art. 33 Abs. 2 GG (s. Rnr. 157 ff.). **219**

Für **Ungleichbehandlungen während des Arbeitsverhältnisses** gilt der – gegenüber dem speziellen Diskriminierungsschutz schwächere – arbeitsrechtliche Gleichbehandlungsgrundsatz (siehe hierzu Rnr. 926). Dieser setzt einen kollektiven Tatbestand voraus, der bei der Unterscheidung nach politischen Ansichten regelmäßig fehlen wird. **220**

Ein Grund für die Nichterwähnung der politischen Ansichten in Art. 19 AEUV und damit auch in der Richtlinie 2000/78/EG und im AGG könnte sein, dass ein Vergleich von Beschäftigten nach ihren politischen Ansichten, wie ihn ein spezielles Diskriminierungsverbot erfordert, kaum möglich ist. Während sich Menschen nach ihrer ethnischen Zugehörigkeit, ihrer Religion oder ihrer sexuellen Ausrichtung noch relativ einfach in verschiedene Kategorien einordnen lassen, obwohl auch hier der Übergang selbstverständlich fließend ist, fällt eine solche in Bezug auf politische Ansichten schwerer. Die Einteilung in ein politisch „linkes" und ein „rechtes" Lager wird den unterschiedlichen Auffassungen nicht gerecht. Letztlich hat jeder seine individuellen politischen Ansichten. Ein Vergleich, wie ihn das AGG erfordert (vgl. Rnr. 226) ist hier schwieriger zu realisieren. **221**

Darüber hinaus haben politische Auffassungen von Beschäftigten meist erst dann Einfluss auf das Beschäftigungsverhältnis, wenn sich ein Beschäftigter im Betrieb politisch zu betätigen sucht. Dann geht es jedoch nicht um die Frage, ob nun dieser Arbeitnehmer gegenüber seinen Kollegen benachteiligt oder bevorzugt wird. Es geht vielmehr um die Bestimmung der gegenseitigen **Rücksichtnahmepflichten**. Das Grundrecht der freien Meinungsäußerung umfasst auch das Recht zu aktiver politischer Betätigung im Rahmen der demokratischen Grundordnung. Insbesondere für Angestellte des öffentlichen Dienstes ist dieses Recht allerdings eingeschränkt durch die im Arbeitsverhältnis begründete Pflicht, bei politischen Äußerungen maßvoll und zurückhaltend zu sein (BAG v. 23. 2. 1959 – 3 AZR 583/57, AP GG Art. 5 Abs. 1 Nr. 1 Meinungsfreiheit). Im Bereich des öffentlichen Dienstes sahen tarifliche Bestimmungen – so etwa ehemals § 8 Abs. 1 BAT (zur Rechtslage nach TVöD s. BAG v. 28. 10. 2010 – 2 AZR 293/09, AP Nr 62 zu § 1 KSchG 1969 Verhaltensbedingte Kündigung) – vor, dass sie sich mit ihrem Verhalten zur freiheitlich demokratischen Grundordnung zu bekennen haben. Nicht allen Arbeitnehmern des öffentlichen Dienstes ist das gleiche Maß an politischer Treue abzuverlangen wie den Beamten; bei Arbeitnehmern müssen sich die in politischer Hinsicht zu stellenden Anforderungen aus dem jeweiligen Amt ergeben **222**

(BAG v. 31.3.1976 – 5 AZR 104/74, AP GG Art. 33 Abs. 2 Nr. 2). So ist es angestellten Lehrern beispielsweise verwehrt, mittels auffälligen Plakaten für ein bestimmtes politisches Ziel zu werben, z.B. – wie in einem 1982 vom BAG entschiedenen Fall – für die Abschaffung der Atomenergie mittels einer Plakette mit dem Aufdruck „ATOMKRAFT? – NEIN DANKE" (BAG v. 2.3.1982 – 1 AZR 694/79, AP GG Art. 5 Nr. 8 Meinungsfreiheit). Die **Rechtsprechung ist auch in neuerer Zeit zu Recht streng**: „Bezeichnet ein Arbeitnehmer des öffentlichen Dienstes in einer außerdienstlich verfassten und – u.a. im Internet – verbreiteten Pressemitteilung die Anschläge des 11. September 2001 u.a. als ‚längst überfällige Befreiungsaktion', so billigt er damit die Terroranschläge. Ein derartiges Verhalten ist als ein Angriff auf die Menschenwürde der Opfer und ihrer Hinterbliebenen zu bewerten und nicht mehr vom Grundrecht der freien Meinungsäußerung gedeckt. Der Arbeitgeber ist daher berechtigt, das Arbeitsverhältnis ohne vorherige Abmahnung wegen des hierdurch entstandenen Vertrauensverlustes zu kündigen (LAG Schleswig-Holstein v. 6.8.2002 – 2 Sa 150/02, NZA-RR 2004, 351).

223 Auch im **privat-arbeitsrechtlichen Bereich** unterliegt der Arbeitnehmer einer besonderen Treuepflicht gegenüber seinem Arbeitgeber, so dass er sich während der Arbeitszeit so zu verhalten hat, dass der Betriebsfrieden nicht ernsthaft gefährdet wird und dass die Zusammenarbeit im Betrieb mit den übrigen Beschäftigten, aber auch mit dem Arbeitgeber zumutbar bleibt (BAG v. 3.12.1954 – 1 AZR 150/54, AP KSchG § 13 Nr. 2). Der Arbeitnehmer darf bei Ausübung seines Grundrechts auf Meinungsfreiheit (Art. 5 Abs. 1 GG) nicht den Interessen des Arbeitgebers zuwiderhandeln oder diese beeinträchtigen. Bei der Ausübung des Weisungsrechts nach billigem Ermessen (§ 106 GewO) muss der Arbeitgeber die grundrechtlich geschützte Meinungsfreiheit des Arbeitnehmers beachten und würdigen. Insoweit gilt nichts andere als für die Beachtung der Religionsfreiheit (siehe oben Rnr. 168). Für den Schutz vor Diskriminierungen wegen politischer Ansichten bleibt es insoweit bei den von der Rechtsprechung entwickelten Grundsätzen (BAG v. 9.12.1982 – 2 AZR 620/80, AP BGB § 626 Nr. 73).

2. Diskriminierung wegen der Staatsangehörigkeit

224 Ein anderes, in § 1 AGG nicht genanntes Merkmal ist das der Staatsangehörigkeit. Zwar existiert bereits in Art. 18 AEUV ein europarechtliches Diskriminierungsverbot aufgrund der Staatsangehörigkeit. Dieses schützt jedoch nur Unionsbürger und keine Drittstaatsangehörige (Schwarze/*Holoubek*, EU-Kommentar, 3. Aufl. 2012, Art. 18 AEUV, Rnr. 36). Es gilt nur im Anwendungsbereich des EUV/AEUV und damit nur dann, wenn eine „gemeinschaftsrechtlich geregelte Situation" (EuGH v. 2.2.1989, Rs. 186/87, Slg. 1989, 195 Rnr. 10, *Cowan*), also ein Sachverhalt mit Bezug zum Gemeinschaftsrecht vorliegt (Schwarze/*Holoubek*, EU-Kommentar, 3. Aufl. 2012, Art. 18 AEUV, Rnr. 25). Ob Art. 18 AEUV überhaupt Horizontalwirkung entfaltet, ist umstritten (vgl. zum Stand der Diskussion Schwarze/*Holoubek*, EU-Kommentar, 3. Aufl. 2012, Art. 18 AEUV, Rnr. 43 ff.). Ein Verbot der Diskriminierung wegen der Staatsangehörigkeit in § 1 würde daher deutlich mehr Schutz gewähren. Denn es gilt auch zwischen Privaten und unterscheidet nicht zwischen Unionsbürgern und Drittstaatenangehörigen. Es lässt sich

IV. Analogiefähigkeit der Regelungen des AGG

jedoch in § 1 AGG nicht hineinlesen. Hier gilt das bereits zur Diskriminierung wegen politischer Ansichten Gesagte (siehe oben Rnr. 218): Die Aufzählung ist abschließend, die Vertragsparteien haben bewusst ein eigenes Diskriminierungsverbot in Art. 18 AEUV geschaffen und es nicht in Art. 19 AEUV, auf dem die Richtlinien 2000/43/EG und 2000/78/EG basieren, integriert. Dies schließt jedoch nicht aus, dass eine an die Nationalität anknüpfende Benachteiligung eine mittelbare Diskriminierung wegen der ethnischen Herkunft darstellt. Die Übergänge zwischen diesen Merkmalen sind ohnehin fließend, so dass im Einzelfall sorgfältig ermittelt werden muss, an welches Merkmal der Arbeitgeber anknüpft. Erteilt er beispielsweise – wie in einem vom *ArbG Wuppertal* (10.12.2003 – 3 Ca 4927/03, LAGE § 626 BGB 2002 Nr. 2a mit Anm. *Hoppe/Wege*) entschiedenen Fall – seinem Geschäftsführer den Auftrag, „keine Türken" mehr einzustellen, weil er in der Vergangenheit Handgreiflichkeiten von türkischen Verwandten ausgesetzt war, so handelt es sich nur scheinbar um eine Benachteiligung wegen der Nationalität. Legt man die Anordnung im Lichte ihrer Umstände aus, so wird gewiss, dass der Arbeitgeber nicht nur die Bewerber außen vor lassen möchte, die einen türkischen Pass haben, sondern alle, die türkische Verwandte haben. Denn er hat keine Angst vor dem türkischen Pass, türkischen Behörden oder anderen aus der Staatsangehörigkeit resultierenden Folgen, sondern vor türkischen Verwandten. Türkische Verwandte haben aber all jene, die türkischer Abstammung sind, und das können auch solche sein, die nur einen deutschen und keinen türkischen Pass besitzen. Und wer nach der Abstammung unterscheidet, unterscheidet auch nach der Volkszugehörigkeit und damit nach der ethnischen Herkunft.

3. Diskriminierung wegen Krankheit

Ein allgemeines Diskriminierungsverbot wegen Krankheit kann nicht aus dem Verbot der Benachteiligung wegen einer Behinderung herausgelesen werden. Eine Krankheit kann jedoch im Einzelfall eine Behinderung darstellen, s. Rnr. 207. **225**

4. Diskriminierung wegen sonstiger Gründe

Art. 21 EU-Grundrechtecharta nennt als weitere geschützte Merkmale die soziale Herkunft, genetische Merkmale, das Vermögen, die Geburt oder die Zugehörigkeit zu einer nationalen Minderheit. Für manche dieser Merkmale bestehen mitgliedstaatliche Sonderregelungen (z. B. das GenDG für die genetischen Merkmale), andere sind Verfassungslyrik und schlicht nicht justiziabel („soziale Herkunft"). Ungeachtet dessen kann sich vor Gericht so lange niemand auf Art. 21 EU-Grundrechtecharta berufen, wie dessen Merkmale nicht durch Sekundärrecht präzisiert wurden. Denn die Grundrechtecharta bindet die Mitgliedstaaten nur bei der Duchführung von Unionsrecht (Art. 51). Dieses untersagt eine Benachteiligung wegen des Vermögens jedoch bislang nicht (zutreffend daher LAG Düsseldorf v. 16.9.2011 – 6 Sa 909/11, NZA-RR 2012, 127). **225a**

D. Formen der Benachteiligung

Literatur: Allgemein: *Bayreuther*, Drittbezogene und hypothetische Diskriminierungen, NZA 2008, 986; *Däubler*, Was bedeutet „Diskriminierung" nach neuem Recht?, ZfA 2006, 479; *Donohue*, Employment Discrimination Law in Perspective: Three Concepts of Equality, 92 Mich. L. Rev. 2583 (1994); Greiner, Putativ-Diskriminierung wegen Ethnie oder Rasse – der Fall „Minus: Ossi", DB 2010, 1940; *Mohr*, Schutz vor Diskriminierungen im Europäischen Arbeitsrecht – Die Rahmenrichtlinie 2000/78/EG vom 27. November 2000 – Religion, Weltanschauung, Behinderung, Alter oder sexuelle Ausrichtung, 2004; *Ohlendorf/Schreier*, AGG-konformes Einstellungsverfahren – Handlungsanleitung und Praxistipps, BB 2008, 2458; *Plötscher*, Der Begriff der Diskriminierung im Europäischen Gemeinschaftsrecht, 2003; *Rosenfeld*, Substantive Equality and Equal Opportunity: A Jurisprudential Appraisal, 74 Cal. L. Rev. 1687 (1986); *Rupp*, Die unmittelbare Benachteiligung nach § 3 Abs. 1 AGG, RdA 2009, 307; *Schaub*, Gleichbehandlung, Gleichberechtigung und Lohngleichheit, NZA 1984, 73; Sutschet, Assoziierte Diskriminierung, EuZA 2009, 245; *Waddington/Hendriks*, The Expanding Concept of Employment Discrimination in Europe: From Direct and Indirect Discrimination to Reasonable Accommodation Discrimination, 18 Int. J. CLLIR 403 (2002).

Zur Benachteiligung wegen der Schwangerschaft: *Bellgardt*, Die Zulässigkeit der Frage nach der Schwangerschaft und das Benachteiligungsverbot des § 611 a BGB, BB 1983, 2187; *ders.*, Die Frage nach der Schwangerschaft beim Einstellungsgespräch, BB 1986, 2414–2418; *Honeyball*, Pregnancy and Sex Discrimination, 29 ILJ 43 (2000); *McGlynn*, Pregnancy Discrimination in EU Law, in: Numhauser-Henning, Legal Perspectives on Equal Treatment and Non-Discrimination, 2001, S. 205; *Stürmer*, Bewerbung und Schwangerschaft, NZA 2001, 526–530; *Pallasch*, Diskriminierungsverbot wegen Schwangerschaft bei der Einstellung, NZA 2007, 306; *Paul*, Einstellung Schwangerer bei Beschäftigungsverboten nach dem Mutterschutzgesetz, DB 2000, 974–978; *v. Koppenfels-Spies*, Schwangerschaft und Schwerbehinderung – zwei weiterhin unbeliebte Fragen im Arbeitsrecht, AuR 2004, 43–47; *R. Wintemute*, When ist pregnancy discrimination indirect sex discrimination?, 1972, I. L. J., 23 ff. (1998); s. auch die Nachweise zum Fragerecht Rnr. 697.

Zur mittelbaren Benachteiligung: *Appel*, Mittelbare Diskriminierung durch Lohngruppenbildung in kirchenarbeitsrechtlichen Entgeltsystemen, 1999; *Bieback*, Die mittelbare Diskriminierung wegen des Geschlechts, 1997; *C. Blomeyer*, Das Verbot der mittelbaren Diskriminierung gemäß Art. 119 EGV, 1994; *Brauer*, Das Verbot der mittelbaren Diskriminierung und seine Anwendung auf die gesetzliche Rentenversicherung, 2004; *Däubler*, Die Kündigung als mittelbare Diskriminierung, AiB 2007, 9; *Fuchsloch*, Das Verbot der mittelbaren Geschlechtsdiskriminierung, 1995; *Göddeke*, Die mittelbare Diskriminierung im System der Gleichbehandlung, 1998; *Hanau/Preis*, Zur mittelbaren Diskriminierung wegen des Geschlechts, ZfA 1988, 177; *Hunter/Shoben*, Disparate Impact Discrimination: American Oddity or Internationally Accepted Concept?, 19 Berkeley J. Emp. & Lab. L. 108 (1998); *Mauer*, Mittelbare Diskriminierung von Frauen bei der Höhergruppierung gem. § 23 a BAT, NZA 1991, 501; *Perry*, The Disproportionate Impact Theory of Racial Discrimination, 125 U. Pa. L. Rev. 540 (1977); *Pfarr*, Mittelbare Diskriminierung von Frauen, NZA 1986, 585; *Rating*, Mittelbare Diskriminierung der Frau im Erwerbsleben nach europäischem Gemeinschaftsrecht, 1994; *Reich/Dieball*, Mittelbare Diskriminierung teilzeitbeschäftigter weiblicher Betriebsratsmitglieder, AuR 1991, 225; *Rutherglen*, Disparate Impact Under Title VII: An Objective Theory of Discrimination, 73 Va. L. Rev. 1297 (1987); *Schlachter*, Probleme der mittelbaren Benachteiligung im Anwendungsbereich des Art. 118 EGV, NZA 1995, 393; *Shoben*, Disparate Impace Theory in Employment Discrimination: What's Griggs still Good for? What nor?, 42 Brandeis L. J. 597 (2004); *Sievers*, Die mittelbare Diskriminierung im Arbeitsrecht, 1997; *Steiner*, Das Verbot der indirekten Diskriminierung augrund des Geschlechts im Erwerbsleben (zum Schweizer Recht) 1999; *Traupe,* Mittelbare Diskriminierung teilzeitbeschäftigter Betriebsratsmitglieder? 2002; *Waas,* Zur mittelbaren Diskriminierung von Frauen in der Rechtsprechung von EuGH und deutschen Gerichten, EuR 1994, 97; *Regine Winter,* Mittelbare Diskriminierung bei gleichwertiger Arbeit, ZTR 2001, 7; *G. Wisskirchen,* Mittelbare Diskriminierung von Frauen im Erwerbsleben, 1994; *Wißmann,* Mittelbare Geschlechtsdiskriminierung: iudex calculat, Festschrift Wlotzke (1996), 807.

Zur (sexuellen) Belästigung: *Bährle,* Sexuelle Belästigung am Arbeitsplatz, BuW 2003, 569; *Degen,* Sexuelle Belästigung am Arbeitsplatz, PersR 95, 145; *ders.,* Neue Rechtsprechung zu sexueller Belästigung am Arbeitsplatz, PersR 1999, 8; *Goergens,* Fristlose Kündigung wegen sexueller Belästigung, AiB 1998, 178; *Herzog,* Sexuelle Belästigung am Arbeitsplatz im US-amerikanischen und deutschen Recht, 1997; *Hohmann,* Thesen zur Weiterentwicklung des Beschäftigtenschutzgesetzes mit dem Ziel eines besseren Schutzes vor sexueller Belästigung am Arbeitsplatz, ZRP 1995, 167; *Holzbecher/Braszeit/Müller/Plogstedt,* Bundesminister für Jugend, Frauen, Familie und Gesundheit (Hrsg.), Sexuelle Belästigung am Arbeitsplatz, 5. Aufl., 1997; *Linde,* Sexuelle Belästigung am Arbeitsplatz, BB 1994, 2412; *ders.,* Beschwerde und Einigungsstellenverfahren bei sexueller Belästigung, ArbuR 95, 398; *Lorenz,* Sexuelle Belästigung am Arbeitsplatz, ZMV 2002, 170 (Teil 1) und 224 (Teil 2); *Lindena,* Zweites Gleichberechtigungsgesetz verbessert Diskriminierungsschutz, BuW 1994, 800; *Marzodko/Rinne,* Sexuelle Belästigung am Arbeitsplatz, ZTR 2000, 305; *Mästle,* Der zivilrechtliche Schutz vor sexueller Belästigung am Arbeitsplatz, 2000; *Mästle,* § 2 Beschäftigtenschutzgesetz als Schutzgesetz i. S. v. § 823 II BGB, NJW 2001, 3317; *ders.,* Sexuelle Belästigungen im Betrieb – angemessene Reaktionsmöglichkeiten des Arbeitgebers, BB 2002, 250; *ders.,* Ist sexuelle Belästigung am Arbeitsplatz strafbar?, AuR 2002, 410; *Marzodka/Rinne,* Sexuelle Belästigung am Arbeitsplatz, ZTR 2000, 305; *Mauer,* Das Zweite Gleichberechtigungsgesetz, BB 1994, 1283; *Merkel,* 2. GleiBG – wichtige Signale auch für die private Wirtschaft, AuA 1994, 265; *Schiek/Schlachter,* Sexuelle Belästigung am Arbeitsplatz – Inhalt und Funktion des Arbeitsplatzbezuges, NZA 2001, 121.

I. Allgemeines – Begriff der Benachteiligung

226 Die verschiedenen Formen der Benachteiligung sind in § 3 AGG legaldefiniert. Die Vorschrift setzt Artikel 2 Abs. 2 der Richtlinien 2000/43/EG, 2000/78/EG und 2006/54/EG (ursprünglich Richtlinie 76/207/EWG) um. Die Begriffsbestimmungen sind weitgehend wörtlich aus den Richtlinien übernommen. Nur vereinzelt sind zur Klarstellung Ergänzungen erfolgt.

227 Eine Benachteiligung liegt nicht bereits in der **unterschiedlichen Behandlung** von Arbeitnehmern (ErfK/*Schlachter,* § 3 AGG Rnr. 2). Unterschiedliche Dienstkleidungen für männliche und weibliche Arbeitnehmer sowie unterschiedliche Schichten für Türken und Kurden werden daher nicht von § 7 Abs. 1 AGG erfasst, solange die Unterscheidung nicht Ausdruck einer unterschiedlichen Wertigkeit ist. Nach Ansicht des BAG kann sich an dieser Stelle auch der Gesetzeszweck auswirken. So sei ein Angebot zum Abschluss von Aufhebungsverträgen, das nur an unter-54-Jährige gerichtet ist, schon keine Benachteiligung der Älteren, da der Gesetzeszweck in erster Linie auf den Verbleib der älteren Arbeitnehmer im Betrieb ziele und dies erreicht werde. Dies führe aber nicht nur zu einer Rechtfertigung, sondern lasse schon die Benachteiligung entfallen (BAG v. 25. 2. 2010 – 6 AZR 911/08, NZA 2010, 561). Das Fehlen einer Wahlmöglichkeit an sich scheint das BAG somit nicht als Benachteiligung ausreichen zu lassen; europarechtlich ist die gesamte Begründung freilich zweifelhaft (Däubler/Bertzbach/*Däubler,* AGG, § 7 Rnr. 17; aA *Bauer/Göpfert/Krieger,* AGG, § 3 Rnr. 8a). An einer Benachteili-

D. Formen der Benachteiligung

gung kann es jedoch fehlen, wenn eine Schlechterstellung in einem Punkt mit einer Besserstellung in einem anderen Punkt aufgewogen wird. § 3 AGG erlaubt den Sachgruppen übergreifenden Günstigkeitsvergleich (anders für das Verhältnis Arbeitsvertrag und Tarifvertrag die ständige Rechtsprechung: BAG v. 20. 4. 1999 – 1 ABR 72/98, NZA 1999, 887 [Burda], s. auch Wiedemann/*Wank*, TVG, § 4 Rnr. 467; für die Betriebsvereinbarung/Arbeitsvertrag BAG v. 27. 1. 2004 – 1 AZR 148/03, NZA 2004, 667). Wo aber ein Maß fehlt, Vorteil und Nachteil miteinander zu vergleichen, stellt die Besserstellung in einem anderen Punkt die Benachteiligung im vom Arbeitnehmer mit seiner Klage angegriffenen Punkt nicht in Frage. Der Arbeitnehmer hat zwar die Benachteiligung voll zu beweisen (s. Rnr. 659), jedoch reicht hierfür der Nachweis der Schlechterstellung im Hinblick auf einzelne Arbeitsbedingungen. Daher muss der Arbeitnehmer in seiner Klage nicht einen umfassenden Vergleich der jeweiligen Vertragsbedingungen vornehmen. Der Arbeitgeber hat jedoch die Möglichkeit seinerseits den Vergleichsrahmen zu erweitern und die Gleichwertigkeit der unterschiedlichen Behandlungen darzulegen. Allerdings kann auch schon der Ausschluss eines Beschäftigten aus dem Vergleichsrahmen eine Benachteiligung darstellen, wenn dem Beschäftigten hierdurch eine Chance genommen wird (BAG v. 13. 10. 2011 – 8 AZR 608/10, ZTR 2011, 719).

228 Die **Vergleichsgruppe** umfasst grundsätzlich alle Arbeitnehmer eines Arbeitgebers. Darüber hinaus kann es Fälle eines den einzelnen Arbeitgeber übergreifenden Vergleichs geben, etwa wenn Tarifverträge mehrere Unternehmen erfassen oder eine Konzernmutter einheitlich die Arbeitsbedingungen in allen Betrieben ihrer Töchter vorgibt (s. Schlussanträge des Generalanwalts *Geelhoed* v. 14. 3. 2002 im Verfahren *Lawrence*, EuGH v. 17. 9. 2002 – Rs. C-320/00, Slg. 2002, I-7325; s. auch EuGH v. 13. 1. 2004 – C-256/01, NZA 2004, 201; hierzu auch *Thüsing*, DB 2002, 2601). Erfasst wird immer der gesamte Regelungsbereich. Die Vergleichsgruppe hat Bedeutung insbesondere zur Bestimmung einer mittelbaren Diskriminierung (s. Rnr. 255 ff.). Vergleichsgruppe bei der Betriebsvereinbarung ist die Belegschaft des Betriebs in den Grenzen des § 5 BetrVG, bei der Gesamtbetriebsvereinbarung die Belegschaft des Unternehmens, bei der Konzernbetriebsvereinbarung die des Konzerns. Vergleichsgruppe beim Tarifvertrag ist der gesamte normative Anwendungsbereich (personell, örtlich, sachlich). Bei der mittelbaren Benachteiligung mögen freilich die unterschiedlichen Betroffenheiten im einzelnen Unternehmen einen hinreichenden Indizcharakter haben, s. auch Rnr. 256.

229 Eine Benachteiligung wegen eines in § 1 AGG genannten Grundes liegt bereits dann vor, wenn nachteilige Folgen an eines der verbotenen Merkmale geknüpft werden. Eine zusätzlich **subjektive Komponente** im Sinne einer Diskriminierungsabsicht ist **nicht erforderlich**. Es gilt hier nichts anders als bei § 612a BGB (s. HWK/*Thüsing*, § 612a BGB Rnr. 11; Staudinger/*Annuß*, Neubearbeitung 2005, § 611a BGB Rnr. 32; Soergel/*Raab*, § 611a BGB Rnr. 19; *Schlachter*, Wege zur Gleichberechtigung, S. 150, 156; LAG Hamburg v. 28. 3. 2001 – 8 Sa 115/00, n. v.). Daher können auch Ungleichbehandlungen zwischen männlichen und weiblichen oder jüngeren und älteren Arbeitnehmern, die zum Wohle des Betroffenen ergriffen werden, eine Benachteiligung sein, wenn sie denn von den gegen ihren Willen Geschützten so empfunden werden (s. auch BVerfG v. 28. 1. 1992 – BvR 1025/82, 1 BvL 16/83, 1 BvL 10/ 91, BVerfGE 85, 191, 209 f. [Nachtarbeitsverbot für Frauen]; zur Frage, ob hierin eine Rechtfertigung liegen kann, s. Rnr. 316, 49 ff.; zustimmend Schleusener/Suckow/Voigt/*Schleusener*, AGG, § 3 Rnr. 13). Liegt der benachteiligenden Arbeitgeberentscheidung ein Motivbündel zugrunde, so ist allein maßgebend, ob in diesem auch das Geschlecht, das Alter, die ethnische Zugehörigkeit etc. des Stellenbewerbers als Kriterium enthalten ist (BAG v. 18.3.2010 – 8 AZR 77/09, NZA 2010, 872; BVerfG v. 16.11.1993 – 1 BvR 258/86, BVerfGE 89, 276). Liegt eine Diskriminierungsabsicht vor, so kommt es nicht darauf an, ob die Entscheidung auch durch legitime, nicht durch das AGG verbotene Gründe hätte gerechtfertigt werden können.

II. Unmittelbare Benachteiligung

§ 3 Abs. 1 Satz 1 AGG definiert die unmittelbare Benachteiligung. Sie liegt vor, 230 wenn eine Person eine weniger günstige Behandlung erfährt, als eine andere Person in einer vergleichbaren Situation erfährt, erfahren hat oder erfahren würde. Dies bezieht sich gleichermaßen auf alle in § 1 AGG genannten Gründe einer unterschiedlichen Behandlung. Eine Benachteiligung kann auch in einem Unterlassen liegen (BT-Drucks. 17/1780, S. 29; *Bauer/Göpfert/Krieger*, AGG, § 3 Rnr. 9). Der Nachteil besteht in einer Zurücksetzung (*Bauer/Göpfert/Krieger*, AGG, § 3 Rnr. 7). Die Zurücksetzung muss wegen eines der in § 1 AGG erwähnten Merkmale erfolgt sein. Die benachteiligende Maßnahme muss also durch eines (oder mehrere) dieser Merkmale motiviert sein bzw. der Benachteiligende muss bei seiner Handlung hieran anknüpfen. Die unmittelbare Benachteiligung muss entweder noch andauern oder bereits abgeschlossen sein.

1. Benachteiligungsgefahr als Benachteiligung?

In der Begründung des Regierungsentwurfs heißt es, es genüge zur Benachteili- 231 gung, „dass eine hinreichend konkrete Gefahr besteht, dass eine solche Benachteiligung eintritt (,erfährt, erfahren hat oder erfahren würde')". Lediglich eine nur abstrakte Gefahr löse noch keine Ansprüche aus. Für eine Benachteiligung i. S. d. Gesetzes reiche jedoch bereits eine Wiederholungsgefahr – bei bereits erfolgter Benachteiligung – oder eine ernsthaften Erstbegehungsgefahr (BT-Drucks. 16/1780, S. 32 unter Bezugnahme auf Palandt-*Bassenge*, BGB, 63. Auflage 2004, § 1004 Rnr. 32). **Dies ist falsch;** ein entsprechendes Verständnis ergibt sich weder aus dem Wortlaut des Gesetzes, noch aus seinem Zweck oder den europarechtlichen Vorgaben. Dies würde eine deutliche Überdehnung des Diskriminierungsschutzes bedeuten, die zu uferlosen Ausweitungen führen würde (zustimmend Wendeling-Schröder/Stein/*Wendeling-Schröder*, AGG, § 3 Rnr. 5).

Diese Einwände hat der Gesetzgeber anerkannt und im Wortlaut des Gesetzes 232 berücksichtigt. In der Fassung des Gesetzes vor der Ausschussanhörung im März 2005 war der Wortlaut des Gesetzes anknüpfend an die deutsche Fassung der Richtlinie 2000/43/EG nicht ganz eindeutig (BT-Drucks. 15/4538, S. 43). Dort wie auch in Art. 2 Abs. 2 lit. a Richtlinie 2000/43/EG hieß es, eine unmittelbare Diskriminierung liege vor, wenn „eine Person eine weniger günstige Behandlung als eine

D. Formen der Benachteiligung

andere Person erfährt, erfahren hat oder erfahren würde". Die vergangene oder hypothetische Handlung bezog sich danach also nicht notwendig auf die Vergleichsperson, sondern konnte sich auch auf den Benachteiligten beziehen, der Rechte aus diesem Gesetz ableiten will. **Diese sprachliche Ungenauigkeit ist jedoch ein Schnitzer der deutschen Fassung der Richtlinie,** der nicht die Absicht der Richtlinie trifft. Daher wurde die entsprechende Formulierung des AGG nach der Ausschussanhörung im März 2005 nach entsprechendem Hinweis geändert (s. *Thüsing,* Ausschussdrucks. 15 (12)440-C). Im endgültigen Wortlaut der Norm ist nun der Vergleich richtig umschrieben wie in den Richtlinien 2000/78/EG und 2006/54/EG. Dort heißt es in Art. 2 Abs. 2 wie jetzt auch im Gesetzeswortlaut, eine unmittelbare Diskriminierung liegt vor, wenn „eine Person eine weniger günstige Behandlung *erfährt,* als eine andere Person erfährt, erfahren hat oder erfahren würde". Diese weist die hypothetische und die vergangene Handlung eindeutig der Vergleichsperson zu. Nicht für eine hypothetische Handlung ist also Schadensersatz geschuldet, sondern für eine aktuelle Handlung, die nur mit einer vergangenen oder hypothetischen Handlung verglichen werden kann. Die englische und französische Fassung aller drei Richtlinien sind hier identisch und regeln entsprechend. Die Begründung des Gesetzes wurde seinem bewusst geänderten Wortlaut nicht angepasst und ist deshalb als gesetzgebungstechnischer Fehler irrelevant.

233 Dieses Verständnis ergibt sich auch aus der **Rechtsprechung des EuGH und der Systematik des Diskriminierungsschutzes:** Die Feststellung einer unmittelbaren Benachteiligung setzt stets einen Vergleich voraus. Ein Beschäftigter muss aufgrund eines der in § 1 AGG genannten Merkmale eine ungünstigere Behandlung erfahren als eine andere Person in einer vergleichbaren Situation. Wie dieser Vergleich konkret zu erfolgen hat, blieb bei § 611a BGB noch offen. Im Grundsatz verboten war dort schlechterdings die „unterschiedliche Behandlung wegen des Geschlechts". Eine Definition der unmittelbaren Diskriminierung fehlte an dieser Stelle ebenso wie in dem dieser Vorschrift zugrundeliegenden Art. 2 Abs. 1 der Richtlinie 76/207/EWG vor seiner Änderung durch Richtlinie 2002/73/EG. Eine Präzisierung der zugrunde zu legenden Vergleichsbasis bringt nunmehr § 3 Abs. 1 AGG, in dem er klarstellt, dass eine unmittelbare Benachteiligung nicht notwendigerweise voraussetzt, dass die herangezogene Vergleichsperson aktuell eine andersartige Behandlung erfährt; der Vergleich mit einer in der Vergangenheit liegenden oder künftigen Arbeitgebermaßnahme genügt. Der Arbeitgeber, der nie Frauen einstellt, kann danach einer abgelehnten Bewerberin, die sich im Prozess zum Nachweis einer unmittelbaren geschlechtsspezifischen Benachteiligung auf diese Einstellungsgeschichte beruft, nicht entgegenhalten, er hätte die in Frage stehende Stelle nicht besetzt, so dass die Bewerberin keine Benachteiligung erfahren hätte. Dieses Ergebnis ist stimmig, und obgleich in der Sache nichts neues, mag man die Klarstellung im Wortlaut des Benachteiligungsverbots nicht zuletzt wegen dessen appellativen Charakter begrüßen. Entsprechendes gilt für den Hinweis, dass es zur Annahme einer unmittelbaren Benachteiligung ausreicht, wenn ein Beschäftigter gegenüber einem anderen benachteiligt „würde". Der hiermit umschriebene Verzicht auf eine konkrete Vergleichsperson findet sich bereits in der Rechtsprechung sowohl des EuGH als auch das BAG zur Benachteiligung wegen der Schwangerschaft. Sie bedeutet nichts anderes, dass auch der Arbeitgeber, der bislang keine männlichen Arbeitnehmer eingestellt hat, sie aber wenn, dann nur zu besseren Konditionen beschäftigten würde, unzulässig diskriminieren kann (s. für das britische Recht das House of Lords Shamoon/Chief Constable of the Royal Ulster Constabulary UKHL 11[2003]; IRLR 285 [2003]). Deshalb kann es auch eine Benachteiligung wegen des Geschlechts darstellen, wenn Schwangere zurückgewiesen werden, obwohl sich keine Männer beworben haben (s. BAG v. 15.10.1992, AP BGB §611a Nr. 8; BAG v. 1.7.1993, AP BGB §123 Nr. 36). Nur deshalb heißt es – europarechtskonform – „erfährt, erfahren hat oder erfahren würde". Eine Ausdehnung auf konkrete Gefährdungen der Benachteiligung ist demgegenüber sinnwidrig und hat kein Vorbild im Recht anderer Rechtsordnungen. Es brächte das Antidiskriminierungsrecht in die Nähe eines Gesinnungsrechts. Die praktischen Probleme wären zudem unübersehbar: Wie sieht hier die Rechtfertigung der Ungleichbehandlung aus? Wer ist in den Vergleich einzubeziehen? Wie hoch soll die Entschädigung bemessen sein, und wer soll hierzu berechtigt sein? Wann ist eine Gefährdung hinreichend konkret? Auch dies zeigt, dass die Gesetzesbegründung hier allzu wortreich Dinge interpretiert, die der Verfasser schlicht nicht verstanden hat. Die einzige Entschädigungspflicht bei hypothetischer Benachteiligung kann damit im Fall einer **Anweisung zur Benachteiligung** gegeben sein. Hier ist es nicht erforderlich, dass der Anweisung Folge geleistet wurde (s. Rnr. 293).

2. Allgemeine Äußerungen des Arbeitgebers

Eine ähnliche Fallgruppe stellen allgemeine Äußerungen des Arbeitgebers dar, er werde bestimmte Personengruppen nicht einstellen. Auch hier ist durch die reine Äußerung noch keine konkrete Person benachteiligt. Dennoch sieht der EuGH hierin nicht nur ein Indiz, wenn später ein Angehöriger dieser Gruppe tatsächlich nicht eingestellt wird (s. MüKo/ *Thüsing*, AGG, § 22, Rnr. 11), sondern schon in der Äußerung an sich eine unmittelbare Diskriminierung, gegen die sogar wirksame Sanktionen gefordert werden (EuGH v. 16.7.2008 – C-54/07, Slg. 2008, I-5187 – Feryn; vgl. auch Schleusener/Suckow/Voigt/*Schleusener*, AGG, § 3 Rnr. 25). **234**

3. Mit einem unerlaubten Benachteiligungsgrund in Zusammenhang stehendes Merkmal

Im Grenzbereich zur unmittelbaren Benachteiligung liegen Unterscheidungen, die nicht explizit am verbotenen Merkmal selbst anknüpfen, sondern an einem Merkmal, was mit einem Grund i.S.d. § 1 AGG in Zusammenhang steht. In dem an der vorgezogenen Bundestagswahl 2005 gescheiterten Gesetzesentwurf fand sich noch eine Sonderregelung, die solche Unterscheidungen stets der unmittelbaren Benachteiligung zusprechen wollte (BT-Drucks. 14/4538, S. 32). Diese Erweiterung wurde, da europarechtlich nicht geboten, nach der Ausschussanhörung vom März 2005 auf Anregung der Experten fallen gelassen (s. *Thüsing*, Ausschussdrucks.15 (12)440-C, BT-Drucks. 15/5717, S. 5). Als europarechtlich gebotener Sonderfall blieb allein die Schwangerschaft erwähnt. Es bleibt fraglich, inwieweit dies analogiefähiges Regelbeispiel ist oder nicht analogiefähige Ausnahmevorschrift (ablehnend Wendeling-Schröder/Stein/*Wendeling-Schröder*, AGG, § 3 Rnr. 11). **235**

D. Formen der Benachteiligung

a) Verdeckte Diskriminierung

236 Vom Verbot unmittelbarer Benachteiligung erfasst ist auch das Verbot sog. verdeckter Diskriminierung, bei der ein Arbeitgeber zwar nicht ausdrücklich auf z. B. das Geschlecht abstellt, jedoch auf Merkmale, die allgemein bei Frauen oder allgemein bei Männern vorhanden sind (*Wiedemann*, Die Gleichbehandlungsgebote im Arbeitsrecht, 2002, S. 29. Ein Beispiel zitiert *Schlachter*, Wege zur Gleichberechtigung, S. 150: „Arbeitnehmer, die nach den gesetzlichen Regelungen ab dem 60. Lebensjahr Leistungen aus der gesetzlichen Rentenversicherung in Anspruch nehmen können"; vgl. Wendeling-Schröder/Stein/*Wendeling-Schröder*, AGG, § 3 Rnr. 3). Dass solcherlei Camouflage nicht das Verbot der unmittelbaren Benachteilung umgehen kann, versteht sich von selbst (vgl. Schleusener/Suckow/Voigt/ *Schleusener*, AGG, § 3 Rnr. 15). Das BAG tendiert dazu, eine unmittelbare Benachteiligung auch dann schon anzunehmen, wenn nicht in jedem Einzelfall, aber in aller Regel die Träger des Merkmals, auf das abgestellt wird, auch Träger des Diskriminierungskriteriums sind – zu einem Fall des Abstellens auf den Erhalt einer Rente statt auf das Alter, ab dem die Rente bezogen wird, wobei der Erhalt einer Altersrente der Regel-, aber nicht der einzige Fall war: siehe BAG v. 11. 8. 2009 – 3 AZR 23/08, NZA 2010, 408, freilich ohne dies abschließend zu entscheiden, da der Maßstab für mittelbare und unmittelbare Diskriminierungen beim Alter der gleiche ist. Eine unmittelbare Benachteiligung kann schließlich auch durch Unterlassen erfolgen. So hat das BVerwG eine unmittelbare Benachteiligung wegen einer Behinderung angenomen, weil der öffentliche Arbeitgeber einen schwerbehinderten Bewerber entgegen § 82 S. 2 SGB IX nicht zu einem Vorstellungsgespräch eingeladen hat, obwohl die fachliche Eignung nicht offensichtlich fehlte (BVerwG v. 3. 3. 2011 – 5 C 16/10, BVerwGE 139, 135).

b) Benachteiligung von Teilgruppen

237 Es spricht darüber hinaus viel dafür, dass als unmittelbare Diskriminierung auch die **Benachteiligung von Teilgruppen** einer Gruppe mit einem bestimmten geschützten Merkmal anzusehen ist (*Bauer/Göpfert/Krieger*, AGG, § 3 Rnr. 19 f.): zurückgewiesen werden Muslima nur, wenn sie Kopftuch tragen (BAG v. 20. 8. 2009 – 2 AZR 499/08, NZA 2010, 227 nimmt hier ohne weitere Begründung eine unmittelbare Benachteiligung an), Frauen nur, wenn sie übergewichtig sind, Homosexuelle nur, wenn Sie einen „gay pride"-Sticker tragen oder verpartnert sind (nach BAG v. 14. 1. 2009 – 3 AZR 20/07, NZA 2009, 489 liegt eine unmittelbare Benachteiligung wegen der sexuellen Identität vor, wenn hinterbliebene eingetragene Lebenspartner schlechter gestellt werden als hinterbliebene Ehegatten; so auch EuGH v. 1. 4. 2008 – C-267/06, Slg. 2008, I-1757; BAG v. 15. 9. 2009 – 3 AZR 294/09, NZA 2010, 216), ältere Bewerber nur, wenn sie auch entsprechend alt aussehen. Derartige Diskriminierungen bilden ein Mittelding zwischen ummittelbarer und mittelbarer Benachteiligung: Es wird nicht nach einem Merkmal unterschieden, dass stets mit einem verbotenen Unterscheidungsmerkmal verbunden ist – das wäre verdeckte unmittelbare Benachteiligung – und auch nicht nach einem Merkmal, das zwar überwiegend an ein verbotenes Unterschei-

II. Unmittelbare Benachteiligung

dungsmerkmal geknüpft ist, aber dennoch in beiden Vergleichgruppen auftreten kann – dies wäre eine mittelbare Benachteiligung. Es ist ein Merkmal, das nur verbunden mit dem verbotenen Unterscheidungsmerkmal vorkommt, aber nicht immer. Man kann es also nicht ganz der einen oder anderen Seite zuschlagen; der Wortlaut der europäischen Diskriminierungsrichtlinien hilft hier nicht weiter. Im US-amerikanischen Recht wird dieser Sachverhalt als *sex plus*-Diskriminierung bezeichnet, da die Benachteiligung kumulativ von der Geschlechtszugehörigkeit und einem weiteren Merkmal abhängig ist, und man neigt hier zur unmittelbaren Diskriminierung (hierzu Phillips v. Martin Marietta Corp., 4000 US 542, 544 [1971]; *Lewis/Norman*, Employment Discrimination Law and Practice, 2001, S. 48 ff.; aus dem deutschen Schrifttum erstmals *Schlachter*, Wege zur Gleichberechtigung, 1993, S. 149). Auch wertete ein US-amerikanisches Gericht die Entscheidung eines Colleges, nur Jesuiten in bestimmte Positionen zu berufen als unmittelbare Religionsdiskriminierung – weil zwar nicht alle, aber nur Katholiken Jesuiten sind (Pime v. Loyola University of Chicago, 803 F2 d 351). In diese Richtung deutet auch die Rechtsprechung des BAG zur Teilzeitarbeit: „Die unterschiedliche Behandlung einer Gruppe teilzeitbeschäftigter Arbeitnehmer gegenüber den vollzeitbeschäftigten Arbeitnehmern entfällt nicht dadurch, dass der Arbeitgeber eine andere Gruppe teilzeitbeschäftigter Arbeitnehmer nicht diskriminiert" (BAG v. 24. 9. 2003 – 10 AZR 675/02, AP TzBfG § 4 Nr. 4 mit Anm. Thüsing; BAG v. 12. 6. 1996 – 5 AZR 960/94, AuR 1997, 122 [Ungleichbehandlung Studenten]; BAG v. 1. 11. 1995 – 5 AZR 84/94, AuR 1996, 507 [Ungleichbehandlung haupt- und nebenberufliche Beschäftigung]; BAG v. 26. 9. 2001 – 10 AZR 714/00, DB 2002, 47 [Teilzeitbeschäftigte mit unterschiedlicher Lage der Arbeitszeit]). Dies bestätigen die Ausführungen zur Geschlechtsdiskriminierung (s. BAG v. 5. 2. 2004 – 8 AZR 112/03, NZA 2004, 540 [Stellenanzeige durch die Bundesagentur für Arbeit]). Ähnlich formuliert das BAG neuerdings für Befristungen. Knüpft eine Befristung an das Lebensalter an, stellt dies eine unmittelbare Diskriminierung wegen des Alters dar, wenn einem jüngeren, im Übrigen aber vergleichbaren Beschäftigten ein Vertrag mit längerer Laufzeit angeboten worden wäre (BAG v. 6. 4. 2011 – 7 AZR 524/09, NZA 2011, 970).

Will man hier einen tragfähigen Kompromiss formulieren wird man wohl nicht **238** jedes dieser teilgruppenspezifischen Benachteiligung als unmittelbare Benachteiligung auffassen können, denn sonst wäre die Diskriminierung der Muslima wegen des islamischen Kopftuchs auch eine unmittelbare Geschlechtsdiskriminierung – denn nur Frauen gebietet der Islam Kopftücher zu tragen. Dies hat das BAG aber wohl zu Recht nicht erwogen, denn dies wäre nicht die richtige Perspektive: hier waren es ja die Vorbehalte gegen eine Religion, nicht gegen ein Geschlecht, die zur Benachteiligung führten (BAG v. 10. 10. 2002 – 2 AZR 472/01, AP KSchG 1969 § 1 Nr. 44 Verhaltensbedingte Kündigung; hierzu *Schiek*, Industrial Law Journal 2004, S. 68; *Hoevels*, NZA 2003, S. 701; *Thüsing*, NJW 2003, S. 1685; *Preis/Greiner*, FS Wolfgang Rüfner, 2004, S. 653; *dies.*, RdA 2003, S. 244. Daher wertete einen ähnlichen Fall der oberste dänische Gerichtshof in einer Entscheidung vom 10. 8. 2000 nur als mittelbare Diskriminierung; s. hierzu die Darstellung bei *Hansen*, www.europa.eu.int/comm/employment_social/fundamental_ rights/pdf/legisln/msracequality/denmark.pdf). Maßgeblich muss vielmehr sein, ob ein bestimmtes Merkmal der Teilgruppe repräsentativ für das verbotene Unterscheidungsmerkmal ist. Wenn es Ausdruck der Religion ist, dann liegt eine Religionsdiskriminierung vor, auch wenn nicht jeder Angehöriger dieses Glaubens diesen Ausdruck wählt. Keine unmittelbare, sondern nur mittelbare Diskriminierung kann es demgegenüber sein, wenn kahlköpfige Frauen als Verkäuferinnen zurückgewiesen werden, nicht aber kahlköpfige Männer, denn keine Haare zu haben ist nicht Ausdruck des „Frauseins". Wer Angehörige der Waffen-SS zurückweist, der begeht daher keine unmittelbare, sondern nur eine mittelbare Benachteiligung wegen des Alters. Ob ein Homosexueller, der durch Tragen eines Stickers in Regenbogenfarben auf seine sexuelle Einstellung aufmerksam macht, und deshalb nicht eingestellt wird, wegen unmittelbarer oder mittelbarer Benachteiligung klagen kann, dürfte ein Grenzfall sein. Da diese Kenntlichmachung nach außen nicht wesenstypischer Ausdruck der Homosexualität ist, dürfte die mittelbare Benachteiligung der richtige Aufhänger sein. Anders bei der Diskriminierung wegen homosexuellen Verhaltens: dies ist gerade Ausdruck der Homosexualität und daher ein mit der sexuellen Identität so eng in Zusammenhang stehendes Merkmal, dass es vertretbar ist, eine hieran anknüpfende Benachteiligung als unmittelbare Benachteiligung wegen der sexuellen Orientierung einzustufen, s. Rnr. 214.

c) Benachteiligung wegen der Schwangerschaft

239   Die Benachteiligung wegen der Schwangerschaft ist dann folgerichtig nur ein Unterfall unmittelbarer Diskriminierung wegen des Geschlechts (vgl. Wendeling-Schröder/Stein/*Wendeling-Schröder*, AGG, § 3 Rnr. 11, die diese Unterscheidung jedoch nicht vornehmen). Dies ordnet § 3 Abs. 1 S. 2 AGG auch ausdrücklich an und bestätigt damit Rechtsprechung des EuGH (s. auch BT-Drucks. 16/1780, S. 32).

240   aa) **Unterscheidung nach der Schwangerschaft als unmittelbare Benachteiligung wegen des Geschlechts.** Es entspricht inzwischen bestätigter Rechtsprechung, dass die Unterscheidung nach der Schwangerschaft eine unmittelbare Benachteiligung wegen des Geschlechts darstellt (EuGH v. 11. 7. 1990 – Rs. 304/86, Slg. 1990, 2941; EuGH v. 5. 2. 1998 – Rs. C-394/96, Slg. 1998, I-4187; EuGH v. 3. 2. 2000 – Rs. C-207/98, NZA 2000, 255; EuGH v. 4. 10. 2001 – Rs. C-109/00, NZA 2001, 1241). Weil nicht Frauen an sich, sondern nur schwangere Frauen benachteiligt werden, gingen einige Stimmen des Schrifttums ehemals davon aus, die Unterscheidung nach der Schwangerschaft sei eine mittelbare Diskriminierung (*Hanau/Preis*, ZfA 1988, 177, 200) oder aber sie könne überhaupt nicht unter das Verbot der Geschlechtsdiskriminierung subsumiert werden (so noch Staudinger/*Annuß*, Neubearbeitung 2005, § 611a BGB Rnr. 42; Soergel/ *Raab*, § 611a BGB Rnr. 27; eingehend *Wiedemann*, Die Gleichbehandlungsgebote im Arbeitsrecht, S. 42 f.). Wenn die Schwangerschaft so behandelt wird wie jede andere krankheitsbedingte Abwesenheit von der Arbeit, dann liegt darin keine Ungleichbehandlung, sondern eine Frauen lediglich faktisch, aber nicht rechtlich benachteiligende Gleichbehandlung (LAG Köln v. 24. 11. 1993 – 7 Sa 832/92, LAGE Nr. 20 zu § 611 BGB Gratifikation). Naheliegend ist daher eine nur materielle Diskriminierung. Hier behandelt eine Regelung zwar alle betroffenen Personen formal gleich, ihre Wirkungen sind aber für einzelne Personen oder

II. Unmittelbare Benachteiligung

Personengruppen unterschiedlich (auch sog. *substantive equality*, s. hierzu *Wiedemann*, Die Gleichbehandlungsgebote im Arbeitsrecht, 2001, S. 29 sowie Rnr. 255) Eben daher wurde Title VII Civil Rights Act ausdrücklich dahingehend ergänzt, dass auch eine Unterscheidung nach der Schwangerschaft eine Diskriminierung wegen des Geschlechts sei (42 US Code 2002 (k); vor der Gesetzesänderung 1978 a. A. zuvor General Electric Company v. Gilbert, 429 US 125, 97). Seit der Änderung durch Richtlinie 2002/73/EG stellte dies auch Art. 2 Abs. 7 Richtlinie 76/207/EWG ausdrücklich klar: „Die ungünstigere Behandlung einer Frau im Zusammenhang mit Schwangerschaft oder Mutterschaftsurlaub im Sinne der Richtlinie 92/85/EWG gilt als Diskriminierung im Sinne dieser Richtlinie" (sinngemäß beibehalten in Art. 2 Abs. 2 lit. c) der Nachfolge-RL 2006/54/EG). Dies hat der deutsche Gesetzgeber durch § 3 Abs. 1 Satz 2 AGG übernommen (seltsamerweise aber nicht in § 3 Abs. 1 SoldGG – Können Soldatinnen nicht schwanger werden?).

bb) Entwicklung der Rechtsprechung Angesichts dieser **dogmatischen Schwierigkeiten** hat die Rechtsprechung zur Ungleichbehandlung wegen Schwangerschaft stark geschwankt. Ältere Judikate des BAG differenzierten danach, ob sich auch Männer auf den Arbeitsplatz beworben hatten, bei dem Schwangere zurückgewiesen wurden (BAG v. 20. 6. 1986 – 2 AZR 244/85, AP BGB § 123 Nr. 31; zustimmend *Moritz*, NZA 1997, 329; ablehnend *Walker*, DB 1987, 273). Angestoßen durch die europäische Rechtsprechung gab das BAG seine gespaltene Lösung jedoch auf (BAG v. 15. 10. 1992 – 2 AZR 227/92, AP BGB § 611 a Nr. 8 *[Coester]*; BAG v. 1. 7. 1993 – 2 AZR 25/93, AP BGB § 123 Nr. 36 *[Wank]*) und ließ die Frage nach der Schwangerschaft allein zu, wenn der Beschäftigung ein Verbot insbesondere nach § 4 MuSchG entgegenstand (BAG v. 15. 10. 1992 – 2 AZR 227/92, AP BGB § 611 a Nr. 8; BAG v. 1. 7. 1993 – 2 AZR 25/93, AP BGB § 123 Nr. 36). Der **EuGH** hat auch dieser Rechtsprechung ein Ende gesetzt und entschieden, dass sowohl in unbefristeten (EuGH v. 3. 2. 2000 – Rs. C-207/98, Slg. 2000, I-549) als auch in befristeten Arbeitsverhältnissen (EuGH v. 4. 10. 2001 – Rs. C-109/00, DB 2001, 2451 m. Anm. *Thüsing*) eine Unterscheidung nach der Schwangerschaft nicht zulässig ist, auch wenn im letzteren Fall die Arbeitnehmerin einen erheblichen Teil ihrer Beschäftigungszeit nicht wird arbeiten können. Das **BAG** orientiert sich an dieser strengen Rechtsprechung und hält die Frage nach der Schwangerschaft einer Bewerberin auch dann für unzulässig, wenn die Frau die vereinbarte Tätigkeit wegen eines mutterschutzrechtlichen Beschäftigungsverbotes zunächst nicht aufnehmen kann (BAG 6. 2. 2003 – 2 AZR 621/01, NZA 2003, 848).

cc) Verbleibende Fälle zulässiger Differenzierung sind ungeklärt. Leitlinie des EuGH ist der Gedanke, dass die Anwendung der Vorschriften zum Schutz der werdenden Mutter dieser **keine Nachteile beim Zugang zur Beschäftigung** bringen darf (EuGH v. 3. 2. 2000 – Rs. C-207/98, Slg. 2000, I-549 Abschn. 27). So einschränkungslos formuliert ergibt sich dies allerdings nicht aus der Systematik des Diskriminierungsschutzes und den diesen umsetzenden Richtlinien. In der Praxis dürfte damit die Frage nach der Schwangerschaft aber endgültig verboten sein (s. auch BAG v. 6. 2. 2003 – 2 AZR 621/01, NZA 2003, 848; zuletzt auch LAG Köln v. 11. 10. 2012 – 6 Sa 641/12, BB 2012, 3200). Dies führt in Einzelfällen zu unbefriedigenden Ergebnissen: Eine Mitarbeiterin soll als Schwangerschaftsvertre-

D. Formen der Benachteiligung

tung eingestellt werden, aber auch sie ist schwanger. Möglicherweise kann hier mit dem Rechtsinstitut des Rechtsmissbrauchs oder des *venire contra factum proprium* eine Schranke gefunden werden, die eine unbillige Härte korrigieren kann. Europarechtlich abgesichert ist das nicht (anders dann jüngst auch LAG Köln zur Schwangerschaftsvertretung, v. 11.10.2012 – 6 Sa 641/12, BB 2012, 3200), aber auch mit dem Kriterium der ernsthaften Bewerbung als Voraussetzung für den Schadensersatzanspruch nach § 15 AGG hat das BAG ein Korrektiv gefunden, das nicht unmittelbar im Text der Norm angelegt, von der Sache aber sicherlich geboten ist (s. Rnr. 531). Dies lässt sich auch durch § 8 AGG rechtfertigen: Wesentliche und entscheidende Voraussetzung ist die fehlende Schwangerschaft für die Tätigkeit sicherlich, wenn die Schwangerschaft eben dazu führt, dass die Tätigkeit in Gänze oder ganz überwiegend nicht ausgeführt wird und auch nicht ausgeführt werden darf. Das Arbeitsverhältnis ist ein Austauschverhältnis Arbeit gegen Entgelt; wenn eines davon wegfällt, verfehlt es seinen Zweck. Das ist bei Daueranstellungen nicht der Fall, wenn aber eine Arbeitnehmerin gerade als Schwangerschaftsvertretung eingestellt wird, dann vereitelt ihre Schwangerschaft die Arbeitsleistung. Das macht aus der Perspektive des Arbeitgebers keinen Unterschied gegenüber anderen Fällen der Nichtleistung. Die **Größe des Arbeitgeberunternehmens** hat entsprechend dem uneingeschränkten Wortlaut der zugrunde liegenden Richtlinie jedoch keinen Einfluss auf die Zulässigkeit der Frage, auch wenn insbesondere in Kleinbetrieben damit erhebliche finanzielle Belastungen verbunden sind (EuGH v. 4.10.2001 – Rs. C-109/00, DB 2001, 2451; EuGH v. 3.2.2000 – Rs. C-207/98, Slg. 2000, I-549; überholt damit ArbG Leipzig v. 31.8.2000 – 1 Ca 5749/00, NZA-RR 2000, 628).

243 Eine Benachteiligung nicht wegen der Schwangerschaft, sondern wegen eines Verstoßes gegen das Ethos der Einrichtung stellt es dar, wenn eine Beschäftigte eines kirchlichen Arbeitgebers gekündigt wird, weil der Arbeitgeber erfährt, dass die Arbeitnehmerin ein Verhältnis mit einem Priester hat, von dem sie ein Kind erwartet. Dies wird schon daran deutlich, dass der Kündigungsgrund nicht wegfällt, wenn das Kind geboren ist und auch vorliegen würde, wenn es nicht zur Schwangerschaft gekommen wäre. Die Kündigung stellt hier nicht auf die Konsequenzen des Sexualverkehrs ab, sondern auf den Sexualverkehr selbst (a. A. jedoch O'Neill v. Gouvernors of St. Thomas More, ICR 33 EAT [1997]); auch hier verbietet sich freilich zweierlei Maß zwischen weiblichen und männlichen Arbeitnehmern: Percy v. Church of Scotland Board of National Mission (Scotland) UKHL 73 [2005]).

244 Keine Benachteiligung wegen der Schwangerschaft stellt es dar, wenn eine Arbeitnehmerin gekündigt wird, weil sie versucht hatte mittels einer **Invitro-Fertilisierung** schwanger zu werden (anders der dänische Oberste Gerichtshof im Dezember 2003, Rs. 603/2003). Hierin wird jedoch eine Diskriminierung wegen des Geschlechts liegen, weil es ein mit dem Geschlecht in Zusammenhang stehendes Merkmal ist, s. Rnr. 237, 354. In welcher Phase der Invitro-Fertilisation der Schutz nach § 3 Abs. 1 S. 2 AGG beginnt, ist zwar noch nicht entschieden, der Kündigungsschutz von Schwangeren beginnt aber nicht bereits mit der Befruchtung der Eizelle, sondern erst in einem vorgerückten Behandlungsstadium, wenn die Einsetzung unmittelbar bevorsteht (EuGH v. 26.2.2008 – C-506/06, NZA 2008, 345 – Mayr; s. hierzu auch *Thüsing*, RdA 2007, 307, 310)

II. Unmittelbare Benachteiligung

dd) Konsequenzen. Eine Pflicht zur **Offenbarung der Schwangerschaft** im Einstellungsverfahren besteht nicht (LAG Hamm v. 1.3.1999 – 19 Sa 2596/98, DB 1999, 2114; LAG Köln v. 11.10.2013 – 6 Sa 641/12, BB 2012, 3200; ErfK/ *Schlachter,* § 3 AGG Rnr. 6). Dies gilt selbst bei einer Vereinbarung über die Abkürzung eines Erziehungsurlaubs, wenn die Schwangerschaft dazu führt, dass die Arbeitnehmerin auf Grund des vom ersten Tag an eingreifenden gesetzlichen Beschäftigungsverbots nicht ihre Tätigkeit ausüben kann (Vorlage AG Lübeck 6.8.2001 – 1 Ca 1222/01, n. v. [juris]; nachgehend EuGH v. 27.2.2003 – Rs. C-320/01, NZA 2003, 373). Dementsprechend ist auch ein Anfechtungsrecht wegen Irrtum des Arbeitgebers über die Schwangerschaft einer Bewerberin ausgeschlossen. Schon die Frage nach der Schwangerschaft selbst stellt bereits einen Verstoß gegen § 7 Abs. 1 AGG dar, soweit nach der Schwangerschaft nicht unterschieden werden darf (BAG v. 20.2.1986 – 2 AZR 244/85, AP BGB § 123 Nr. 31; BAG v. 1.7.1993 – 2 AZR 25/93, AP BGB § 123 Nr. 36; großzügiger der EuGH v. 8.11.1990 – Rs. C-177/88, AP EWG-Vertrag Art. 119 Nr. 23, der erst auf die hieraus folgende Entscheidung abstellt, im Ergebnis auf Grund der Indizwirkung aber zu keinem unterschiedlichen Ergebnis kommen wird; LAG Köln v. 11.10.2012 – 6 Sa 641/12, DB 2012, 2872). Wird die Frage nach der Schwangerschaft unzulässigerweise gestellt, hat die Arbeitnehmerin ein **Recht zur Lüge** (erstmals BAG v. 22.9.1961 – 1 AZR 241/60, AP BGB § 123 Nr. 15; krit. zur Terminologie MünchArbR/*Buchner,* § 30 Rnr. 365; zu den mit der Anfechtung verbundenen Rechtsproblemen s. *Strick,* NZA 2000, 695, s. auch Rnr. 690). Auch die **Vereinbarung einer Befristung** des Arbeitsverhältnisses kann als Benachteiligung wegen des Geschlechts unwirksam sein, wenn nachweisbar damit die Unzulässigkeit der Frage nach der Schwangerschaft kompensiert wird (LAG Köln v. 26.5.1994 – 10 Sa 244/94, NZA 1995, 1105). Ob die ältere Rechtsprechung des EuGH, wonach eine **Entlassung von Arbeitnehmerinnen auf Grund von Fehlzeiten,** die zum Teil schwangerschaftsbedingt sind, keine geschlechtsbedingte Benachteiligung darstellt (EuGH v. 8.11.1990 – Rs. C-177/88, AP EWG-Vertrag Art. 119 Nr. 23; EuGH v. 30.6.1998 – Rs. C-394/96, NZA 1998, 871), angesichts der neueren Rechtsprechungslinie noch gültig ist, ist zweifelhaft. Entscheidend dürfte sein, ob sich die Zulässigkeit der Fehlzeiten aus allgemeinen Regeln des Schuldrechts und der Lohnfortzahlung oder aber aus spezifischen mutterschützenden Regelungen ergibt. Daher braucht ein Arbeitgeber, wenn er eine freiwillige Weihnachtsgratifikation wegen krankheitsbedingter Fehlzeiten kürzt, nicht nach den Ursachen der Erkrankung zu forschen und zu differenzieren; die Außerachtlassung der Tatsache, dass eine Erkrankung durch eine Schwangerschaft verursacht war, ist keine unterschiedliche Behandlung wegen des Geschlechts (LAG Köln v. 24.11.1993 – 7 Sa 832/92, LAGE Nr. 20 zu § 611 BGB Gratifikation). Wird ein Arbeitsverhältnis zur Erprobung **befristet** und kann eine Arbeitnehmerin einen wesentlichen Teil dieser Befristung auf Grund schwangerschaftsbedingter Fehlzeiten ihre Eignung nicht erweisen, dann ist eine deswegen erfolgende nochmalige Befristung anstelle eines ursprünglich geplanten unbefristeten Arbeitsverhältnisses zulässig, wenn der Arbeitgeber auch bei krankheitsbedingten Fehlzeiten so verfahren würde (s. ArbG Kaiserslautern v. 6.5.1992 – 4 Ca 677/91, ARST 1993, 67).

245

III. Mittelbare Benachteiligung

1. Struktur

246 Die mittelbare Diskriminierung ist dogmatisch schwieriger zu fassen. Ihre **Definition ist noch nicht abschließend geglückt.** Nach § 3 Abs. 2 AGG liegt eine mittelbare Benachteiligung vor, wenn dem Anschein nach neutrale Vorschriften, Maßnahmen, Kriterien oder Verfahren Personen oder Personengruppen, bei denen eines der in § 1 AGG genannten Merkmale vorliegt, in besonderer Weise gegenüber anderen Personen oder Personengruppen benachteiligen, bei denen die in § 1 AGG genannten Merkmale nicht vorliegen. Dies gilt jedoch nicht, wenn ein sachlicher Grund die Ungleichbehandlung rechtfertigt und die eingesetzten Mittel erforderlich und angemessen sind. Das Verbot mittelbarer Benachteiligung ist im Kern in jedem Diskriminierungsverbot enthalten. Es soll verhindern, dass Vorwände gesucht werden, nach scheinbar neutralen Kriterien zu unterscheiden, um letztlich dann doch die verbotene Entscheidung zu realisieren (vgl. *Bauer/Göpfert/Krieger*, AGG, § 3 Rnr. 20; Wendeling-Schröder/Stein/*Wendeling-Schröder*, AGG, § 3 Rnr. 17). Es handelt sich nicht um ein Verbot mit selbstständigem Gerechtigkeitsgehalt, sondern ist allein ein Hilfsinstrument zur Durchsetzung des eigentlichen Verbots unmittelbarer Diskriminierung (vgl. *Bauer/Göpfert/Krieger*, AGG, § 3 Rnr. 20).

247 Der Schutz vor mittelbarer Benachteiligung kann eine **Brücke** sein zum **Schutz vor Benachteiligungen aus anderen Gründen,** bei denen eine unmittelbare Diskriminierung nicht verboten ist. Dies belegt anschaulich etwa die britische Rechtsprechung. Soweit eine Benachteiligung älterer Arbeitnehmer in Großbritannien bislang geltend gemacht werden konnte, musste dies auf eine mittelbare Diskriminierung wegen des Geschlechts (Frauen haben auf Grund der typischen beruflichen Pausen wegen der Kinderbetreuung oftmals eine geringere Seniorität) oder der Rasse (Emigranten kamen in einem späteren Zeitpunkt ihres Lebens nach Großbritannien und auf den britischen Arbeitsmarkt und konnten daher nur eine geringere Seniorität erlangen) stützen, denn ersteres verbietet der SDA, letzteres der RRA, ein Verbot der Altersdiskriminierung existierte jedoch bis zum 1. 10. 2006 noch nicht (umfassende Analyse bei *Glass*, The British Resistance to Age Discrimination Legislation: Is it time to follow the U.S. Example, Comparative Labour Law Journal 1995, S. 491 ff.).

2. Definition

248 Die Definition der mittelbaren Benachteiligung des AGG entspricht der Definition mittelbarer Diskriminierung in Art. 2 Abs. 1 der Richtlinie 2006/54/EG sowie Art. 2 Abs. 2 der, Richtlinie 2000/43/EG, 2000/78/EG. Sprachlich abweichend bestimmte Art. 2 Abs. 2 Richtlinie 97/80/EG (nunmehr ebenfalls durch RL 2006/54/EG ersetzt), eine mittelbare Diskriminierung sei anzunehmen, „wenn dem Anschein nach neutrale Vorschriften, Kriterien oder Verfahren einen wesentlich höheren Anteil der Angehörigen eines Geschlechts benachteiligen, es sei denn, die betreffenden Vorschriften, Kriterien oder Verfahren sind angemessen und notwen-

III. Mittelbare Benachteiligung

dig und sind durch nicht auf das Geschlecht bezogene sachliche Gründe gerechtfertigt". Auf die prozentuale Betroffenheit, die für die mittelbare Geschlechtsdiskriminierung maßgeblich ist (s. auch BAG v. 8.6.2005 – 4 AZR 412/04, NZA 2006, 611) stellt der Wortlaut des Gesetzes nun nicht mehr ab.

Es ist fraglich, ob und inwieweit mit dieser **Änderung in der Wortwahl** tatsächlich eine Änderung im materiellen Recht verbunden ist. Einige Stimmen gehen in der Tat davon aus, ohne freilich genau abzugrenzen, wie weit die Änderung geht. Sie argumentieren mit Hinweis auf diesbezüglich nicht unterscheidende Entscheidungen des EuGH zur Arbeitnehmerfreizügigkeit, der Nachweis einer statistischen Ungleichbehandlung sei künftig auch bei der Benachteiligung im Sinne der Diskriminierungsrichtlinien entbehrlich (*Schiek*, NZA 2004, S. 873, 875; *dies.*, Torn between Arithmetic and Substantive Equality? Perspectives on Equality in German Labour Law, International Journal of Comparative Labour Law and Industrial Relations, 2002, vol. 18, iss. 2, S. 149 ff.). Dies wird gestützt von der Begründung des Richtlinienentwurfs, die ausdrücklich auf diese Rechtsprechung Bezug nimmt (KOM [1999] 565 endg. unter Hinweis auf EuGH v. 23.5.1996 – Rs. C-237/94 *[O'Flynn]*, Slg. 1996, I-2617). Auch die neuere Rechtsprechung des EuGH führt dies fort und geht wohl noch darüber hinaus. In den Schlussanträgen der Generalanwältin *Stix-Hackel* vom 5.2.2004 im Verfahren Merida (EuGH v. 16.9.2004 – Rs. C-400/02 *[Merida]*, Slg. 2004, I-8471) heißt es: „Eine mittelbare Diskriminierung liegt vor, wenn unterschiedliche Vorschriften auf gleichartige Situationen oder wenn dieselbe Vorschrift auf unterschiedliche Situationen angewandt wird und dies nicht durch einen objektiven Unterschied bzw. Zweck gerechtfertigt werden kann". Eben diese zweite Variante ist der große Schritt über die bisherige Regelung hinaus und es ist fraglich, ob eben dieser Schritt in der neuen Wortwahl zum Ausdruck kommt. Damit würde auch die Gleichbehandlung, nicht nur die Ungleichbehandlung durch den Arbeitgeber von den Diskriminierungsverboten erfasst. Die Gleichbehandlung bedürfte der Rechtfertigung, wenn sie besonders nachteilig für eine bestimmte Arbeitnehmergruppe wäre. Diese besondere Benachteiligung kann in der Tat nur wertend erfolgen; statistische Nachweise taugen beim Verbot materieller Diskriminierung nicht.

Dennoch ist bei so **weitgehenden Schlüssen Vorsicht geboten**, denn zu groß sind die dogmatischen und sachlichen Unterschiede. Zum ersten: Die Arbeitnehmerfreizügigkeit ist nach vielfach bestätigter Entscheidungslinie des EuGH wie auch die Niederlassungsfreiheit schon lange kein bloßes Verbot von ungerechtfertigten Ungleichbehandlungen, sondern ein umfassendes Behinderungsverbot (Lenz/Borchardt/*Weerth*, EU-Verträge, 6. Aufl. 2012, Art. 45 AEUV Rnr. 38; ErfK/*Wißmann*, Art. 45 AEUV Rnr. 54, beide m.w.N.). Sie umfasst damit auch das Verbot einer materiellen Diskriminierung. Hier behandelt eine Regelung zwar alle betroffenen Personen formal gleich, ihre Wirkungen sind aber für einzelne Personen oder Personengruppen unterschiedlich. Im anglo-amerikanischen Sprachraum spricht man von „*substantive equality*" (s. hierzu *Wiedemann*, Die Gleichbehandlungsgebote im Arbeitsrecht, 2001, S. 29; *Schiek*, NZA 2004, S. 873). Wenn die Richtlinien nun an diese Rechtsprechung anknüpfen, so bleibt zu beachten, dass auch bei der Arbeitnehmerfreizügigkeit die Rechtsprechung in den meisten Judikaten weiterhin zwischen mittelbarer Diskriminierung und unerlaubter Behinderung unterscheidet und es besteht Einigkeit, das letztere kein Unterfall der ersteren ist. Auch für die Anforderungen an die Rechtfertigung verwendet die Rechtsprechung zumeist unterschiedliche Vokabeln (Nachweise und Deutungen bei Lenz/Borchardt/*Weerth*, EU-Verträge, Art. 45 AEUV Rnr. 37, 41; ErfK/*Wißmann*, Art. 45 AEUV Rnr. 45, 58; HWK/*Tillmanns*, Art. 45 AEUV Rnr. 42, 45). Schon dies spricht dagegen, dass der Gesetzgeber dann bei den Antidiskriminierungsrichtlinien per Definition eine Gleichstellung gewollt haben könnte. Zum zweiten: Hätte er dies tatsächlich gewollt, dann hätte er auch die Beweislastrichtlinie 97/80/EG angepasst, was er nicht getan hat. Die Gleichsetzung entspricht auch nicht dem Zweck der mittelbaren Diskriminierung. Sie will verhindern, dass man Wege um das Verbot unmittelbarer Diskriminierung herum sucht und findet. Das Verbot der Gleichbehandlung mit ungleichen Folgen aber greift einen ganz anderen Sachverhalt. Daher dürfte weiter davon auszugehen sein, dass beide Formulierungen dasselbe meinen: Kennzeichnend ist, dass die Arbeitsbedingungen zunächst korrekt erscheinen, sie aber in ihrem Vollzug weibliche oder männliche Arbeitnehmer benachteiligen, weil diese im Kreis der benachteiligten Personen überproportional vertreten sind. Dies sollte dann auch für die Ausdeutung des deutschen Rechts gelten.

251 Starkes Argument gegen eine Gleichsetzung der Gleichbehandlung mit ungleichen Folgen und der mittelbaren Diskriminierung dürfte vor allem auch **Art. 5 der Richtlinie 2000/78/EG** sein. Dort wird für Menschen mit Behinderung ausdrücklich eine Verpflichtung zu angemessenen Vorkehrungen durch den Arbeitgeber formuliert. Hier macht der europäische Gesetzgeber klar, dass es ihm nicht allein um die Gleichbehandlung geht, sondern um die Gleichstellung. Im Hinblick auf die Diskriminierung wegen der Religion aber fehlt eine solche europarechtliche Forderung, obwohl sie in anderen Rechtsordnungen schon zu finden war bevor eine entsprechende Verpflichtung zugunsten Behinderter normiert wurde (so in sec. 703 (a) Title 7 Civil Rights Act). Der europäische Gesetzgeber hat also den Unterschied erkannt und in die Systematik des Gesetzes aufgenommen.

252 Trotz der neuen Formulierung der mittelbaren Diskriminierung hat sich also ungeachtet des größeren Spielraums beim Nachweis nichts daran geändert, dass als Voraussetzung mittelbarer Benachteiligung grundsätzlich **eine prozentual wesentlich stärkere Belastung einer Gruppe** erforderlich ist (BAG v. 24. 9. 2008 – 10 AZR 639/07, ZTR 2009, 20: „Das Vorliegen einer mittelbaren Benachteiligung wird durch den statistischen Vergleich zweier Gruppen festgestellt" im Anschluss an das bisherige Recht und Bezugnahme auf BAG v. 8. 6. 2005 – 4 AZR 412/04, NZA 2006, 611). Hiervon geht auch der britische Gesetzgeber aus, der seine Gesetzgebung nicht angepasst hat, und weiterhin dem statistischen Vergleich traut (s. sec. 1 (1) (b) SDA, sec. 1 (1) (b) RRA). Zufälligkeiten und konjunkturelle Schwankungen sollen das Ergebnis nicht beeinflussen (EuGH v. 27. 10. 1993 – Rs. C-127/92, AP EWG-Vertrag Art. 119 Nr. 50). Wann die Wesentlichkeitsschwelle überschritten ist, ist weder der Rechtsprechung des BAG noch der des EuGH sicher zu entnehmen, da bislang nur eindeutige Fälle zu entscheiden waren. Das Gros der Entscheidungen bezog sich auf Diskriminierung wegen Teilzeit, bei denen Frauen durchschnittlich mehr als 90% ausmachen (Für Statistiken vgl. Angabe in BAG v. 20. 11. 1990 – 3 AZR 613/89, BB 1991, 1570 und BT-Drucks. 14/4374, S. 11). Im Schrifttum findet sich die Grenze von 75%, sofern die absolute Abweichung so aussagekräftig ist, dass Zufälligkeiten ausgeschlossen

III. Mittelbare Benachteiligung

sind (*Wißmann*, FS Wlotzke, 1996, S. 809, 815; zustimmend ErfK/*Schlachter*, § 3 AGG Rnr. 10; Wendeling-Schröder/Stein/*Wendeling-Schröder*, AGG, § 3 Rnr. 23). Gesichert ist, dass allein die absolute Zahl der betroffenen Personen kein hinreichend aussagekräftiges Indiz ist, sondern es in erster Linie auf das prozentuale Verhältnis der Beschäftigten mit und ohne verbotenes Unterscheidungsmerkmal in den zu vergleichenden Gruppen ankommt (BAG v. 2. 12. 1992 – 4 AZR 152/92, AP BAT § 23a Nr. 28; s. auch LAG Hamm v. 19. 12. 1989 – 6 Sa 115/89, DB 1990, S. 590, 592; ErfK/*Schlachter*, § 3 AGG Rnr. 10; *dies.*, Wege zur Gleichberechtigung, S. 152 f.). Leitlinie ist, dass der statistische Vergleich sicher belegen soll, dass die ungleiche Betroffenheit tatsächlich auf einem Grund i. S. d. § 1 AGG beruht. Erst dann ist dem Arbeitgeber aufgegeben, Rechtfertigungsgründe für diese Ungleichbehandlung zu nennen. Das BAG betont dementsprechend, dass es nicht allein auf einen bestimmten Prozentsatz ankommt, sondern auf die Signifikanz der Abweichung gemessen an der zu erwartenden Normalverteilung (BAG v. 20. 8. 2002 – 9 AZR 750/00, NZA 2003, 861, 983). Zudem muss die Vergleichsgruppe ausreichend groß sein, um statistische Zufälligkeiten hinreichend sicher ausschließen zu können (EuGH 27. 10. 1993 – Rs. C-127/92, Slg. 1993, I-5535, Rnr. 17; s. auch *Wissmann*, FS Wlotzke, 1996, S. 807, 813; *Bauer/Göpfert/Krieger*, AGG, § 3 Rnr. 25). Im US-amerikanischen Recht haben sich hierzu sehr unterschiedliche Berechnungsmethoden entwickelt. Die Equal Employment Opportunity Commission hat eine *80%-rule* entwickelt, ohne auf die Größe der betroffenen Gruppe zu achten. Andere Gerichte haben sich an einer treffsicheren aber komplizierten *Standard Deviation Analysis*, die an die Gaußsche Normalverteilung anknüpft, oder einer *Multiple Regression Analysis* orientiert. Insgesamt ist die dogmatische Durchdringung hier sehr viel weiter fortgeschritten als im europäischen Recht (für eine eingehende Darstellung s. *Norman/Lewis*, Employment Discrimination Law in Practice, 2001, S. 181 f., 184; monographisch *Baldus/Cole*, Statistical Proof of Discrimination, 1989; s. auch *Schlachter*, Wege zur Gleichberechtigung, S. 325 f. Aus dem neuen Schrifttum *Lee/Liu*, 6 U. Chi. L. Sch. Roundtable 195, 196 ff., 1999).

Der **statistische Nachweis** ist jedoch dann **entbehrlich**, wenn das Kriterium, auf **253** das abgestellt wird, typischerweise zur Benachteiligung wegen eines der Merkmale des § 1 geeignet ist (so jedenfalls das BAG v. 18. 8. 2009 – 1 ABR 47/08, NZA 2010, 222 – zum Kriterium des Alters unter Berufung auf das gemeinschaftsrechtliche Gebot des *effet-utile*; erneut bekräftigt in: BAG v. 20. 4. 2010 – 3 AZR 509/08, DB 2010, 2000; vgl. *Bauer/Göpfert/Krieger*, AGG, § 3 Rnr. 27 f.; Wendeling-Schröder/Stein/*Wendeling-Schröder*, AGG, § 3 Rnr. 24; s. auch Schleusener/Suckow/Voigt/*Schleusener*, AGG, § 3 Rnr. 82, der gänzlich auf einen statistischen Nachweis verzichtet). Vorzugswürdig scheint auch weiterhin eine enge Interpretation, die sich an der zitierten Rechtsprechung des EuGH anlehnt. In der Rechtssache O'Flynn ging es um ein Sterbegeld, dass nur solchen Beschäftigten gewährt wurde, die sich in Großbritannien begraben ließen. Hierdurch wurden offensichtlich Wanderarbeiter benachteiligt. Generalanwalt *Lenz* führte aus, dass dies eben keine Regelung darstelle, die neutral gegenüber der Nationalität sei, sondern eine gebietsbezogene Bedingung aufstelle. Auch hier lag also eine Ungleichbehandlung vor und es entsprach vernünftigem Vermuten, dass ungleiche Betroffenheiten vorlagen. Der Nachweis tatsächlich ungleicher Betroffenheit wäre nur sehr schwer zu führen gewesen und das Unterscheidungsmerkmal hatte ein große Nähe zum verbotenen Merkmal selbst (Schlussanträge zu EuGH v. 23.5. 1996 – Rs. C-237/94, Slg. 1996, I-2617, Rnr. 37; hierzu auch *Mohr*, Schutz vor Diskriminierungen im Europäischen Arbeitsrecht, 2004, S. 294 ff.). Ist all dies gegeben, dann scheint es in der Tat angemessen, auf einen Nachweis durch Zahlen zu verzichten.

254 Eine besondere Benachteiligung einer bestimmten Gruppe kann auch dann vorliegen, **wenn im Ergebnis die Gruppe bevorzugt** wird. Weist der Arbeitgeber alleinerziehende Arbeitnehmer bei der Bewerbung als Sekretärin zurück, so liegt darin eine mittelbare Geschlechtsdiskriminierung. Dies gilt auch dann, wenn er gleichzeitig ausschließlich Frauen einstellt und alle Männer zurückweist. Hier kann auch die Alleinerziehende aus dem AGG klagen, denn die Tatsache, dass andere Frauen gleichheitswidrig bevorzugt werden, negiert nicht ihre diskriminierende Zurückstellung. Geschützt wird das Individuum, nicht die Gruppe. Daher kann auch ein Beschäftigter einer Gruppe benachteiligt werden, wenn die Gruppe zwar durch den Arbeitgeber gefördert wird im Sinne positiver Maßnahmen nach § 5 AGG, aber eben dieser diskriminierte Beschäftigte trotzdem nicht zum Kreis der Geförderten gehört. Eine Argumentation, unter dem Strich liege keine Benachteiligung vor, ist unzulässig. Das Diskriminierungsverbot greift bei jeder verbotenen Unterscheidung auf dem Weg zur Einstellung (zur Unzulässigkeit der sog. *bottom line defense,* s. auch Connecticut v. Teal, 457 US 440 [1982]; *Chamallas,* Evolving Conceptions of Equality Under Title VII: Disparate Impact and the Demise of the Bottom Line Principle, 31 UCLA L. Rev. 305 (1983)).

3. Vergleichsrahmen

255 Voraussetzung dafür, eine wesentlich stärkere Betroffenheit von Beschäftigten mit einer bestimmten Religion, einem bestimmten Geschlecht, einer bestimmten Behinderung etc. auszumachen, ist die **Festlegung von Vergleichsgruppen.** Der prozentuale Anteil jedes Geschlechts sowohl an der begünstigten als auch an der benachteiligten Gruppe ist zu ermitteln und zueinander ins Verhältnis zu setzen (s. EuGH v. 13.5.1986 – Rs. 170/84, NZA 1986, 599; BAG v. 14.10.1986 – 3 AZR 66/83, NZA 1987, 445; BAG v. 2.12.1992 – 4 AZR 152/92, AP BAT § 23a Nr. 28; s. auch EuGH v. 13.7.1989 – Rs. 171/88, NZA 1990, 437). Die Vergleichsgruppen müssen dem Geltungsbereich der differenzierenden Entscheidung angepasst werden (vgl. *Bauer/Göpfert/Krieger*, AGG, § 3 Rnr. 24). Bei Einstellungen ist die Vergleichsgruppe an der in Betracht kommenden Bewerbergruppe zu orientieren, die den relevanten Arbeitsmarkt unter Berücksichtigung von Beschäftigten und Arbeitslosen bildet. Auf die mehr oder minder zufällige Zusammensetzung der tatsächlichen Bewerber abzustellen, kann nicht genügen (*Wiedemann*, Die Gleichbehandlungsgebote im Arbeitsrecht, 2002, S. 33; ErfK/*Schlachter,* § 3 AGG Rnr. 10; zustimmend Schleusener/Suckow/Voigt/*Schleusener*, AGG, § 3 Rnr. 79.). Für Arbeitsbedingungen, Beförderungen und Kündigung ist der relevante Adressatenkreis grundsätzlich die Belegschaft des Arbeitgebers. Wird die maßgebliche Entscheidung nicht auf Unternehmensebene, sondern durch die Konzernleitung getroffen, kann auf den Konzern abzustellen sein. Bei Bewerbern ist

III. Mittelbare Benachteiligung

Vergleichsgruppe die Gruppe der ernsthaften Bewerber (ohne Scheinbewerbungen, die nur auf eine Diskriminierung abzielen, um Ansprüche stellen zu können). Deshalb überzeugt es nicht, wenn das BAG darauf abstellt, ob andere Bewerber „gleichermaßen die objektive Eignung für die zu besetzende Stelle aufweisen" (so BAG v. 7.4.2011 – 8 AZR 679/09, NZA-RR 2011, 494).

Beim **Tarifvertrag** ist grundsätzlich auf den gesamten räumlichen und personellen Anwendungsbereich abzustellen (s. Schlussanträge des Generalanwalts *Geelhoed* v. 14.3.2002 im Verfahren *Lawrence*, EuGH v. 17.9.2002 – Rs. C-320/00, Slg. 2002, I-7325; dazu *Thüsing*, DB 2002, 2600; zustimmend Schleusener/Sukkow/Voigt/*Schleusener*, AGG, § 3 Rnr. 78). Da insbesondere im letzten Fall die absolute und prozentuale Verteilung der Geschlechter/Religionen/Alter etc. in der begünstigten und benachteiligten Vergleichsgruppe regelmäßig schwer zu ermitteln sein wird, dürfte hier die Verteilung innerhalb der Belegschaft des den Tarifvertrag umsetzenden Arbeitgebers hinreichendes Indiz sein. Kann der benachteiligte Arbeitnehmer eine auf die Belegschaft bezogene ungleiche Betroffenheit darlegen, steht es dem Arbeitgeber jedoch frei, eine abweichende Geschlechts-/Religions-/Altersverteilung etc. im Anwendungsbereich des Tarifvertrags insgesamt oder in einer anderen Belegschaft einzuführen. Ob dies auch dann gilt, wenn Klagegrund nicht die normative Geltung, sondern die individualvertragliche Bezugnahme auf den Tarifvertrag ist, ist fraglich und dürfte zu verneinen sein. Hier ist Regelungsgeber der Arbeitgeber, nicht die Gemeinschaft der Tarifvertragsparteien. Der Rechtssprechung des BAG sind jedoch bislang keine verlässlichen Hinweise für die Bestimmung der jeweils maßgeblichen Vergleichsgruppe zu entnehmen (Staudinger/*Annuß*, Neubearbeitung 2005, § 611a BGB Rnr. 42; ähnlich KR/*Treber*, AGG § 3 Rnr. 46 ff.; s. auch *Blomeyer*, SAE 1994, 174, 179). 256

Bei **benachteiligenden Gesetzen** ist – soweit eine unmittelbare Geltung der Richtlinien möglich ist, s. Rnr. 37 – ist auf den Anwendungsbereich des Gesetzes insgesamt abzustellen (s. für Art. 141 EG, jetzt Art. 157 AEUV, die Argumentation BAG v. 18.10.2005 – 3 AZR 506/04, DB 2006, 1014). Soll einem Gruppenvergleich eine hinreichende Wahrscheinlichkeit für eine geschlechtsbedingte Benachteiligung entnommen werden, müssen grundsätzlich alle Personen betrachtet werden, auf die sich das untersuchte Kriterium auswirken kann (EuGH v. 31.5.1995 – Rs. C-400/93, EuGHE I 1995, 1275 Rnr. 38). 257

4. Rechtfertigung

Durch die Neufassung der Definition mittelbarer Diskriminierung ist klargestellt, dass der Nachweis, dass die faktische Benachteiligung eines Geschlechts auf „**geschlechtsspezifischen Gründen**" beruht, nicht mehr erforderlich ist. Auch das BAG ist bereits vor einigen Jahren von einer dementsprechenden älteren Rechtsprechung abgerückt (BAG v. 2.12.1992 – 4 AZR 152/92, AP BAT § 23a Nr. 28; ebenso BAG v. 9.3.1994 – 4 AZR 301/93, AP BAT § 23a Nr. 31; BAG v. 26.5.1993 – 5 AZR 184/92, AP EWG-Vertrag Art. 119 Nr. 42). Gleiches gilt nun für die übrigen Benachteiligungsgründe nach § 1 AGG. 258

Die **sachliche Rechtfertigung** durch ein rechtmäßiges Ziel bei Angemessenheit und Erforderlichkeit des Mittels ist ein Maßstab, der deutlich hinter dem Maß- 259 stab des für die unmittelbare Benachteiligung geltenden § 8 AGG zurückbleibt. Es soll allein sichergestellt werden, dass die Anknüpfung an andere Merkmale als dem des Grundes nach § 1 AGG nicht erfolgt, um eine verbotene Diskriminierung auf Umwegen zu realisieren. Zumindest die ältere Rechtsprechung des BAG sah hierin eine strengere Begrenzung als in dem sachlichen Grund, der nach dem allgemeinen Gleichbehandlungsgrundsatz oder auch nach § 2 BeschFG/§ 4 TzBfG eine Ungleichbehandlung rechtfertigen kann (s. BAG v. 14.3.1989 – 3 AZR 490/87, NZA 1990, 25; BAG v. 26.5.1993 – 5 AZR 184/92, NZA 1994, 413; BAG v. 5.10.1993 – 3 AZR 695/92, NZA 1994, 315; BAG v. 23.10.1990 – 3 AZR 58/88, NZA 1990, 778; BAG v. 20.11.1990 – 3 AZR 613/89, NZA 1991, 635). Dies vermag nicht zu überzeugen. Eine Differenz zwischen den Begriffen zu beschreiben, ist sprachlich kaum möglich und sachlich entbehrlich. Eine überzeugende Trennlinie erscheint ohnehin rational nicht begründbar (s. auch zum Vergleich von § 2 BeschFG/§ 4 TzBfG und dem Verbot der mittelbaren Diskriminierung MünchArbR/*Schüren*, § 45 Rnr. 138; *Winter*, ZTR 2001, 7; unnötig vorsichtig TZA/*Buschmann*, § 4 TzBfG Rnr. 8: „Die objektiven Faktoren des Art. 119 EGV, 141 EG und die sachlichen Gründe des Satzes 1 werden sich im Einzelfall weitgehend decken"). Was ein sachlicher Grund im Sinne des allgemeinen arbeitsrechtlichen Gleichbehandlungsgrundsatzes ist (s. Rnr. 947 ff.), ist daher auch Rechtfertigung einer mittelbaren Benachteiligung.

260 Die **Tarifautonomie** stellt keinen sachlichen Grund zur Ungleichbehandlung dar, jedoch kann den Vertragsparteien eine begrenzte Einschätzungsprärogative zugute kommen bei der Beurteilung dessen, was ein sachlicher Grund ist, der eine mittelbare Ungleichbehandlung wegen des Geschlechts rechtfertigen kann (BAG v. 19.1.2011 – 3 AZR 29/09, BAGE 137, 19). Es kann zwar trotz des besonderen Sachgrundes den Tarifvertragsparteien nicht unterstellt werden, dass die Regelung stets den Anforderungen des Diskriminierungsschutzes genüge, jedoch entspricht die Anerkennung einer Einschätzungsprärogative der Tarifvertragsparteien gefestigter Rechtsprechung auch in anderen Fragen des Diskriminierungsschutzes (s. EuGH v. 31.5.1995 – Rs. C-400/93, AP EWG-Vertrag Art. 119 Nr. 68; kritisch *Colneric*, FS Dieterich, 1999, S. 37; zurückhaltend auch ErfK/*Schlachter*, § 3 AGG Rnr. 14). Unionsrechtlich geboten ist dies nicht zuletzt durch Art. 28 EU-Grundrechtecharta, der den Rang von Primärrecht genießt und gleichrangig mit Art. 21 EU-Grundrechtecharta ist, dem zentralen primärrechtlichen Diskriminierungsverbot. Beide Vorschriften sind in praktische Konkordanz zu bringen. In der Rechtsprechung des EuGH spiegelt sich dies allerdings nicht hinreichend deutlich wieder (exemplarisch EuGH v. 8.9.2011 – C-297/10, NZA 2011, 1100, dazu *Forst*, EuZA 2012, 225). Erlaubt sind den Tarifvertragsparteien weiterhin Pauschalierungen, die es erleichtern, einen Tarifvertrag zu vollziehen (BAG v. 15.2.2011 – 9 AZR 584/09, NZA-RR 2011, 467). Mitunter gehen die Ansichten des BAG und des EuGH über den zulässigen Grad an Pauschalierung allerdings auseinander, etwa bei der Berücksichtigung des Lebensalters (nicht: des Dienstalters) im Rahmen der tariflichen Einstufung (EuGH v. 8.9.2011 – C-297/10, NZA 2011, 1100). Der EuGH hielt die Einstufung nach dem Lebensalter im BAT für unzulässig. Die Einstufung nach dem Dienstalter, wie sie im TVöD vorgesehen ist, hält er hingegen für zulässig. Soweit unter dem BAT eingestufte Beschäftigte auf den TVöD übergeleitet wurden, setze sich die unzulässige BAT-Einstufung

III. Mittelbare Benachteiligung

zwar in abgeschwächter Form fort, jedoch sei dies im Hinblick auf die künftige, gleichbehandlungskonforme Einstufungspraxis hinzunehmen. Das BAG hat inzwischen entschieden, dass der im BAT angelegte Diskriminierung durch eine Angleichung „nach oben" zu erfolgen hat, und zwar auch für die Vergangenheit. Die Tarifvertragsparteien könnten insoweit kein Vertrauen auf die Wirksamkeit des BAT einwenden (BAG v. 10.11.2011 – 6 AZR 481/09, ZTR 2012, 38).

5. Gefahr der Benachteiligung als Benachteiligung

Aus den gleichen Gründen wie im Hinblick auf die unmittelbare Benachteiligung ist die in der Gesetzesbegründung vermutete Erweiterung des Diskriminierungsschutzes auf Tatbestände der konkreten Gefährdung abzulehnen (zustimmend Wendeling-Schröder/Stein/*Wendeling-Schröder*, AGG, § 3 Rnr. 25; s. aber BT-Drucks. 17/1780, S. 33: „Der Benachteiligte muss von der mittelbaren Benachteiligung konkret betroffen sein bzw. es muss eine hinreichend konkrete Gefahr bestehen, dass ihm im Vergleich zu Angehörigen anderer Personengruppen ein besonderer Nachteil droht"; sich auf die Gesetzesbegründung stützend *Bauer/Göpfert/Krieger*, AGG, § 3 Rnr. 26). S. hierzu Rnr. 231 ff. **261**

6. Einzelfälle

a) Geschlecht

Die meisten Entscheidungen zur mittelbaren Geschlechtsdiskriminierung betreffen die **Ungleichbehandlung von Teilzeit- und Vollzeitarbeitskräften** (aus der Rechtsprechung des BAG: BAG v. 2.12.1992 – 4 AZR 152/92, NZA 1993, 367; BAG v. 20.11.1990 – 3 AZR 613/89, NZA 1991, 635; BAG v. 26.5.1993 – 5 AZR 184/92, NZA 1994, 413; BAG v. 5.6.1984 – 3 AZR 66/83, NZA 1984, 84; BAG v. 6.10.1991 – 5 AZR 598/90, NZA 1992, 259; BAG v. 23.1.1990 – 3 AZR 58/88, NZA 1990, 778; BAG v. 5.10.1993 – 3 AZR 695/92, NZA 1994, 315; BAG v. 20.6.1995 – 3 AZR 539/93, NZA 1996, 597; BAG v. 14.3.1989 – 3 AZR 490/87, NZA 1990, 25; BAG v. 24.2.1996 – 3 AZR 886/94, NZA 1996, 992; BAG v. 25.10.1994 – 3 AZR 149/94, NZA 1995, 730; BAG v. 20.10.1993 – 7 AZR 581/92, NZA 1994, 77). Dieser Bereich ist heute von § 4 Abs. 1 TzBfG abgedeckt. Damit entfällt für die Praxis die Notwendigkeit der indirekten Kontrolle (*Wiedemann*, Die Gleichbehandlungsgebote im Arbeitsrecht, S. 33 f.; MünchArbR/*Schüren*, § 45 Rnr. 138), denn alle Teilzeitbeschäftigten dürfen unabhängig vom Geschlecht „wegen der Teilzeitarbeit nicht schlechter behandelt werden als vergleichbare vollzeitbeschäftigte Arbeitnehmer". Während bei der Teilzeit oftmals ein Verstoß gegen das Diskriminierungsverbot angenommen wurde, billigte das BAG die Kürzung einer Jahressonderprämie auf Grund schwangerschaftsbedingter Fehlzeiten, wenn andere krankheitsbedingte Fehlzeiten ebenso berücksichtigt werden (BAG v. 27.7.1994 – 10 AZR 314/93, NZA 1995, 233), und auch, dass die aus dem Erziehungsurlaub zurückkehrende Angestellte nach § 47 Abs. 3 BAT keinen Anspruch auf Berechnung ihrer Urlaubsvergütung wie eine neu ein- **262** gestufte Mitarbeiterin hat (BAG v. 19. 3. 1996 – 9 AZR 1150/94, NZA 1996, 1218). Dies dürfte heute als unmittelbare Diskriminierung gelten (s. Rnr. 237) und daher am strengeren Maßstab des § 8 AGG zu messen sein – und daran scheitern.

263 Die **bevorzugte Einstellung von Wehr- und Ersatzdienstleistenden** im juristischen Vorbereitungsdienst ist zum Ausgleich der durch den Dienst verursachten Verzögerung zulässig (EuGH v. 7. 12. 2000 – Rs. C-79/99, NZA 2001, 141 – nur als mittelbare Diskriminierung eingeordnet. Dies ist fraglich, s. Rnr. 237; deswegen ablehnend Schleusener/Suckow/Voigt/*Schleusener*, AGG, § 3 Rnr. 19, der hier eine unmittelbare Diskriminierung annimmt). Durch die Suspendierung der Wehrpflicht sollte das Problem an praktischer Bedeutung verlieren. Der größere **Gewinn an Erfahrung**, der sich aus dem größeren Arbeitsvolumen vollzeitbeschäftigter Arbeitnehmer ergibt, kann grundsätzlich eine Ungleichbehandlung rechtfertigen. Sie erfordert aber eine Prüfung der Umstände des Einzelfalls, insbesondere der Frage, welche Beziehung zwischen der Art der ausgeübten Tätigkeit und der Erfahrung besteht, die die Ausübung dieser Tätigkeit nach einer bestimmten Anzahl geleisteter Arbeitsstunden verschafft (EuGH v. 7. 5. 1991 – Rs. C-229/89, Slg. 1999, I-2205, 2228; EuGH v. 13. 7. 1989 – Rs. 171/88, NZA 1990, 437; EuGH v. 13. 5. 1986 – Rs. 170/84, NZA 1986, 599). Auch die im TVöD vorgesehene **Hemmung der Stufenlaufzeit bei der Inanspruchnahme von Elternzeit** stellt daher aber keine mittelbare Benachteiligung wegen des Geschlechts dar (BAG v. 27. 1. 2011 – 6 AZR 526/09, BAGE 137, 80). Generell gilt, dass der rechtfertigende Grund möglichst präzise genannt werden sollte; allzu pauschale Hinweise genügen nicht (s. in Bezug auf die Benachteiligung von Teilzeitkräften EuGH v. 2. 10. 1997 – Rs. C-1/95, EuGRZ 1997, 494; EuGH v. 2. 10. 1997 – Rs. C-100/95, NZA 1997, 1221).

264 Die Geschlechtsdiskriminierung gewinnt auch im Bereich der betrieblichen Altersversorgung bzw. betrieblicher Vorruhestandsleistungen zunehmend an Bedeutung. Eine tarifvertragliche Bestimmung, die den Anspruch von Arbeitnehmern auf Gewährung von zusätzlich bezahlter Freistellung ab Vollendung des 60. Lebensjahres ausschließt, sofern der Arbeitnehmer **vorgezogenes Altersruhegeld** in Anspruch nehmen kann, kann Frauen mittelbar diskriminieren. Dass die Frauen im Verhältnis zu Männern begünstigende Altersgrenze von 60 Jahren verfassungsrechtlich (noch) unbedenklich ist, rechtfertigt ihren Ausschluss nicht (BAG v. 20. 8. 2002 – 9 AZR 750/00, NZA 2003, 861 unter Aufgabe von BAG v. 6. 2. 1985 – 4 AZR 275/83, BAGE 48, 65). Die Bestimmung einer **Versorgungsordnung einer Pensionskasse**, wonach der Anspruch eines Hinterbliebenen auf Versorgungsleistungen im Fall der Wiederheirat entfällt, beinhaltet weder eine mittelbare noch eine unmittelbare Diskriminierung wegen des Alters oder wegen des Geschlechts (LAG München v. 1. 2. 2011 – 6 Sa 1078/10, Revision anhängig unter dem Az. 3 AZR 294/11). Auch eine Klausel, wonach der Rentenanwärter nicht mehr als 20 Jahre älter sein darf als der überlebende Ehegatte, ist wirksam (LAG Niedersachsen v. 23. 6. 2011 – 4 Sa 381/11 B, NZA-RR 2011, 600, Revision anhängig unter dem Az. 3 AZR 653/11). Eine Vereinbarung, nach welcher der Anspruch auf **betriebliche Vorruhestandsleistungen** mit dem Zeitpunkt des frühestmöglichen Renteneintritts endet, benachteiligt Frauen der Geburtsjahrgänge 1940 bis 1951 wegen des Geschlechts und ist unwirksam (BAG v. 15. 2. 2011 – 9

AZR 750/09, BAGE 137, 136). Der Annahme einer mittelbaren Benachteiligung steht nicht entgegen, dass die Tarifvertragsparteien mit einer Regelung an rentenrechtliche Vorschriften anknüpfen (BAG v. 15.2.2011 – 9 AZR 584/09, NZA-RR 2011, 467).

b) Alter

Das AGG erfasst auch die mittelbare Diskriminierung wegen des Alters. Dies **265** steht in Übereinstimmung mit dem bereits vor Umsetzung der Richtlinien geltenden irischen Recht (sec. 31 Employment Equality Act), war jedoch lange Zeit streitig für das US-amerikanische Recht. Erst in der Entscheidung Smith v. City of Jackson entschied der U.S. Supreme Court, dass ebenso wie in Title VII Civil Rights Act auch mittelbare Diskriminierungen vom ADEA erfasst werden (544 US 228 [2005]). Zuvor hatten zahlreiche Instanzgerichte einen Schadensersatzanspruch wegen mittelbarer Altersdiskriminierung abgelehnt (so gesehen in EEOC v. Francis W. Parker School, 41 F.3d 1073 [7th Cir. 1994]; Martinic v. Urban Redevelopment Authority of Pittsburgh, 844 F. Supp. 1073, 1076 ff. [W.D. Pennsylvania 1994], bestätigt durch 43 F.3rd 1461 (3rd Cir. 1994); Hiatt v. Union Pacific Rail Co., 859 F. Supp. 1416, 1433 f. [D. Wyoming 1994]; Zweifel drückte auch das Gericht aus in Stutts v. Sears, Roebuck & Co., 855 F. Supp. 1574 [N.D. Alabama 1994] sowie Judge *Greenberg* in DiBiase v. SmithKline Beecham Corp., 48 F.3rd 719, 732 [3rd Cir. 1995]). Dafür gibt es gute Gründe: Die mittelbare Diskriminierung zu bestimmen fällt bei der Altersdiskriminierung schwieriger als etwa bei der Geschlechtsdiskriminierung, weil die Vergleichsgruppen, die eine über- bzw. unterproportionale Betroffenheit aufweisen müssen, nicht offen zu Tage treten: Beim Geschlecht gibt es nur das eine oder das andere, während das Alter ein Kriterium ist, das graduelle Abstufungen hat: Wenn ein 60jähriger wegen größerer Krankheitsanfälligkeit zurückgewiesen wird, soll er mit der Gruppe der 25jährigen oder der 35jährigen verglichen werden, sollen alle 50 bis 60jährigen den 25 bis 35jährigen gegenübergestellt werden? Das irische Recht hat hier die Frage offen gelassen und dem Wortlaut des Employment Equality Act sind Hinweise nicht zu entnehmen. Es würde hiernach ausreichen, dass ein beliebiges Vergleichsalter gewählt wird. In der Tat: Die **Vergleichsgruppe** bei der mittelbaren Altersdiskriminierung kann daher mangels Einschränkung im Gesetzeswortlaut durch den Kläger selbst festgelegt werden. Möglich sind daher Vergleichsgruppen etwa diesseits und jenseits eines bestimmten Alters (unter 45 und über 45 Jahren), aber auch verschiedene Zeitabschnitte (Arbeitnehmer von 35–45 Jahren und von 45–55 Jahren). Zulässig dürfte es auch sein, einzelne Jahrgänge miteinander zu vergleichen (60jährige Arbeitnehmer gegenüber 35jährigen Arbeitnehmern). Je kleiner freilich die Vergleichsgruppe ist, desto eher wird man darauf achten müssen, ob die unterschiedlichen statistischen Betroffenheiten rein zufällig sind. Eine mittelbare Benachteiligung wegen eines verbotenen Merkmals ist dann nicht hinreichend dargelegt, s. Rnr. 665.

Besonderheit der unmittelbaren und der mittelbaren Altersdiskriminierung ist, **266** dass hier gemäß § 10 AGG derselbe Maßstab zur Rechtfertigung einer Ungleichbehandlung gilt – bei allen anderen Gründen i.S.d. § 1 AGG ist die unmittelbare

D. Formen der Benachteiligung

Benachteiligung sehr viel schwerer zu rechtfertigen als die mittelbare. Die unmittelbare Benachteiligung wegen des Alters ist gemäß § 10 AGG zulässig, „wenn sie objektiv und angemessen und durch ein legitimes Ziel gerechtfertigt ist. Die Mittel zur Erreichung dieses Ziels müssen angemessen und erforderlich sein". Dies ist derselbe Maßstab wie in § 3 Abs. 2 AGG formuliert („rechtmäßiges Ziel sachlich gerechtfertigt und die Mittel sind zur Erreichung dieses Ziels erforderlich und angemessen"). Diesen Gleichlauf sieht auch die europäische Vorlage vor. Art. 6 Abs. 1 Richtlinie 2000/78/EG erfordert ein legitimes Ziel zur Ungleichbehandlung. In der Wortwahl entspricht es in der englischen und französischen Fassung der Richtlinie dem „rechtmäßigen Ziel" der mittelbaren Diskriminierung gemäß Art. 2 Abs. 2 Richtlinie 2000/78/EG; nur die deutsche Fassung belegt beides mit verschiedenen Worten. Wahrscheinlich ist es daher, dass der gleichlautende Begriff in Art. 6 des Richtlinie nicht enger interpretiert werden muss als in Art. 2 Abs. 2 (zurückhaltender noch *Wiedemann/Thüsing*, NZA 2002, 1234). Der **Rechtfertigungsmaßstab nach § 3 Abs. 2 AGG und § 10 AGG** ist damit trotz leicht unterschiedlicher Wortwahl **identisch.**

267 Die **wichtigsten Fallgruppen** mittelbarer Altersbenachteiligung ist die **Unterscheidung nach Betriebstreue** (auch nach geringer Betriebszugehörigkeit, wie eine innerbetriebliche Stellenausschreibung nur für Arbeitnehmer im ersten Berufs-/Tätigkeitsjahr: BAG v. 18. 8. 2009 – 1 ABR 47/08, NZA 2010, 222), s. Rnr. 424. Eine mittelbare Diskriminierung wegen des Alters kann auch in der Benachteiligung des Arbeitnehmers wegen **geminderter Leistungsfähigkeit** oder **vermehrten krankheitsbedingten Fehltagen** liegen. Wird die Sollleistung eines Akkords etwa altersunabhängig festgelegt, dann kann es eine mittelbare Benachteiligung wegen des Alters darstellen, wenn typischerweise ältere Arbeitnehmer die Akkordleistung schwerer erreichen. Ebenso kann eine Anwesenheitsprämie, die sich auch auf krankheitsbedingte Fehltage bezieht, ältere Arbeitnehmer überproportional belasten, wenn der Krankheitsstand Älterer typischerweise höher ist (was durchaus nicht in jedem Betrieb der Fall ist). Hier ist jeweils nach einer Rechtfertigung im Sinne des § 3 Abs. 2 AGG zu suchen und oftmals auch zu finden.

c) Behinderung

268 Die mit dem Tatbestand der mittelbaren Diskriminierung einhergehenden Schwierigkeiten potenzieren sich beim Merkmal der Behinderung. Nimmt man § 3 Abs. 2 GG des Gesetzes beim Wort, reicht allein die Möglichkeit, dass ein scheinbar neutrales Kriterium behinderte Beschäftige in besonderer Weise benachteiligen kann. Angesichts der Vielgestaltigkeit möglicher Behinderungen (s. Rnr. 200) würde es kaum Regelungen geben, denen nicht zumindest potentiell mittelbar benachteiligende Wirkung zukäme. Die Erlaubnis beispielsweise, im Betrieb zu rauchen, beeinträchtigt Personen mit Atemwegserkrankungen weit überproportional. Bewirbt sich ein Asthmatiker um eine Stelle in diesem Betrieb, könnte er einen Verstoß gegen das mittelbare Benachteiligungsverbot rügen, selbst wenn der Arbeitgeber bislang – etwa weil seine Arbeitnehmerschaft ausschließlich aus Rauchern bestand – keinen Anlass dafür hatte, die Regelung auf eine diskriminierende Wirkung gegenüber Personen mit einer bestimmten Behinderung zu untersuchen. Dogmatisch befriedigt dieses Ergebnis nicht. Die mittelbare Diskriminierung soll primär Schutzlücken schließen, die sich dadurch auftun können, dass ein Arbeitgeber, wissend um das Verbot der direkten Anknüpfung an bestimmte Arbeitnehmermerkmale, subtilere Mittel findet, um Entscheidungen in seinem Sinne beeinflussen zu können. Um Arbeitnehmern in diesen Fällen den Beweis der unerlaubten Diskriminierung zu erleichtern, lässt der Gesetzgeber die ungleichen Auswirkungen einer Arbeitgeberregel genügen, um auf einen Fall der Diskriminierung zu schließen. Eben jener Rückschluss droht jedoch in den Fällen der mittelbaren Diskriminierung wegen einer Behinderung zur bloßen Fiktion zu werden.

Praktisch unbillige Ergebnisse lassen sich, wie im Beispiel der Raucherlaubnis, **269** dadurch vermeiden, dass man behinderte Bewerber zur Geltendmachung einer angemessenen Vorkehrung (zum Begriff vgl. Rnr. 403) verpflichtet, bevor sie sich auf eine mittelbare Diskriminierung berufen können. Dies würde dem Arbeitgeber die Möglichkeit einräumen, seine Einstellungs- und Arbeitsbedingungen auf die bezüglich einer bestimmten Behinderung mittelbar diskriminierende Wirkung zu kontrollieren und gegebenenfalls Abhilfe zu schaffen. Ein anderer Weg, mögliche Ausuferungen des mittelbaren Diskriminierungstatbestandes zu begegnen, ist eine Unterscheidung zwischen (lediglich) materieller und mittelbarer Diskriminierung zu treffen (s. dazu Rnr. 226). Wie bei der Einordnung der Diskriminierung wegen der Schwangerschaft als geschlechtsspezifische Benachteiligung geht es nämlich auch bei der mittelbaren Diskriminierung wegen einer Behinderung häufig um Maßnahmen, die alle betroffenen Arbeitnehmer formell gleich behandeln, sie gleichzeitig aber mit unterschiedlicher Wirkung betreffen. Setzt man beide Begrifflichkeiten inhaltlich gleich, verlagern sich die Probleme auf die Rechtfertigungsebene. Ohne Vorbild wäre dies nicht: Der U.S.-amerikanische Americans with Disabilities Act beispielsweise nimmt diese Konsequenz offen in Kauf. Allerdings begnügt sich das U.S.-amerikanische Gesetzeswerk im Gegensatz zum AGG nicht mit einem generalklauselhaften Verbot unmittelbarer bzw. mittelbarer Diskriminierung, sondern beschreibt konkret verschiedene Arbeitgeberpraktiken, die es als diskriminierend verbietet. Bereits dadurch wird ein Maß an Rechtsklarheit erreicht, für das das AGG andere Ansatzpunkte erst suchen muss (zum US-Recht s. auch rechtsvergleichend *Leder*, Diskriminierungsschutz wegen einer Behinderung im Erwerbsleben nach europäischem, U.S.-amerikanischem und deutschem Recht, Diss. Hamburg 2005).

d) Religion

Auch die Fälle der mittelbaren Benachteiligung wegen der Religion werden **270** zahlreicher sein, als die der unmittelbaren. Entscheidend ist hier vor allem, ob auch die Gleichbehandlung mit ungleichen faktischen Auswirkungen unter das Verbot mittelbarer Benachteiligung fällt (s. auch Rnr. 168). Nimmt man dies an, dann kann die verweigerte Gebetspause für den Muslim (s. hierzu vgl. LAG Hamm v. 18. 1. 2002 – 5 Sa 1782/01, NJW 2002, 1970; LAG Hamm v. 26. 2. 2002 – 5 Sa 1582/01, NZA 2002, 1090) auch dann eine mittelbare Benachteiligung darstellen, wenn kein Arbeitnehmer Kurzpausen zur Unterbrechung seiner Arbeitszeit bewilligt bekommt. Die französische Rechtsprechung hatte sich etwas früher als die deutschen Gerichte mit der Frage zu befassen und ließ solche Vorgaben des Arbeitgebers in weitem Rahmen zu: „Wenn der Arbeitgeber auch gehalten ist, die Glaubensüberzeugungen seiner Arbeitnehmer zu achten, so sind diese, außer bei ausdrücklicher Vereinbarung, nicht im Rahmen des Arbeitsvertrages angesiedelt und der Arbeitgeber begeht keinen Fehler, wenn er dem Arbeitnehmer aufträgt, eine Aufgabe auszuführen, für die er eingestellt worden ist, sofern diese der öffentlichen Ordnung nicht zuwiderläuft" (Cass. Soc. 24. 3. 1998, Droit social 1998, 614 m. Anm. *Savatier*; ähnlich im Fall eines Arbeitnehmers, der an einem hohen islamischen Festtag die Arbeit verweigerte, s. Cass. Soc. 16. 12. 1981, Bull. V. Nr. 968). Das BAG ist dieser Linie gefolgt in einem Fall, in dem ein Muslim als Ladenhilfe angestellt war. Der Arbeitgeber wies ihn an, Alkohol ein- und auszuräumen. Der Arbeitnehmer verweigerte dies unter Verweis auf seinen Glauben. Gegen die daraufhin ausgesprochene, ordentliche Kündigung wandte er ein, es handele sich bei der Weisung des Arbeitgebers und bei der nachfolgenden Kündigung um eine unzulässige Benachteiligung wegen der Religion. Das BAG stellt zu Recht klar, dass die arbeitsvertraglich vereinbarte Leistungspflicht sich nicht durch den Glauben des Arbeitnehmers einschränke, sondern dass diesem allenfalls ein Leistungsverweigerungsrecht zustehe. Der Arbeitgeber habe bei der Ausübung seines Direktionsrechts auf die religiöse Überzeugung Rücksicht zu nehmen und habe sein Weisungsrecht nach § 241 Abs. 2 BGB gegebenenfalls erneut auszuüben, wenn der Arbeitnehmer sich gegenüber einer Weisung berechtigt auf einen Glaubenskonflikt berufe. Den Arbeitnehmer treffe die materiellrechtliche Pflicht, den Grund und die Grenzen des Konflikts aufzuzeigen, welcher eine prozessuale Darlegungs- und Beweislast korrespondiere. Könne der Arbeitnehmer nicht anderweitig sinnvoll eingesetzt werden, könne ein Glaubenskonflikt aber auch eine personenbedingte Kündigung rechtfertigen (BAG v. 24.2.2011 – 2 AZR 636/09, BAGE 137, 164). Dem ist im Grundsatz zuzustimmen (s. auch Rnr. 170). Wenn jedoch der Arbeitgeber Ausnahmen von allgemeinen Anweisungen macht, dann kann es eine mittelbare Benachteiligung darstellen, wenn er sie nicht auch aus religiösen Gründen des Arbeitnehmers macht. Dies wäre dann zu rechtfertigen: Gewährt er Raucherpausen, muss er begründen, warum nicht auch Gebetspausen; gibt er an Karneval frei, muss er begründen, warum nicht an hohen religiösen Feiertagen.

e) Rasse und ethnische Zugehörigkeit

271   Eine unzulässige mittelbare Benachteiligung wegen der Rasse und ethnischen Herkunft kann auch das **Erfordernis eines Muttersprachlers** *(native speakers)* sein. Nur dort wo es tatsächlich auf die perfekte Sprachbeherrschung ankommt oder aber die lebenslange kulturelle Eingebundenheit eines Arbeitnehmers etwa in ein Entsendungsland entscheidend ist, kann der Arbeitgeber verlangen, dass nicht nur die kulturelle Kenntnis oder die perfekte Beherrschung der Sprache vorliegt, sondern der Arbeitnehmer tatsächlich diesem Kultur und Sprachkreis entstammt. Ob diese strengen Arbeitsplatzanforderungen tatsächlich der späteren Tätigkeit entsprechen, ist vom Gericht zu überprüfen. Ebenso eine mittelbare Benachteili-

gung wegen der ethnischen Zugehörigkeiten kann im **Erfordernis „akzentfreiem Deutsch"** liegen (zur „english-only-rule" US-amerikanischer Arbeitgeber s. *Avenbach*, Language Classifiactions and the Equal Protection Clause: When is Language a Pretext for Race or Ethnicity? 74 B. U. L. Rev. 481 [1994]; *Mealy*, English-Only Rules and „Innocent" Employers: Clarifying National Origin Discrimination and Disparate Impact Theory Under Title VII, 74 Minn. L. Rev. 387, 388 (1989);); s. auch ArbG Hamburg v. 26.1.2010 – 25 Ca 282/09 (juris), zum Kriterium deutsch „ansprechend klar und deutlich" zu sprechen für die Stelle eines Postzustellers). Wo dies durch die Tätigkeit nicht vorgegeben ist, etwa ein Kundenkontakt nicht vorliegt oder der Arbeitgeber bzw. die Branche üblicherweise auch Arbeitnehmer beschäftigt, die nicht akzentfrei Deutsch sprechen, fehlt eine hinreichende Rechtfertigung, die den Arbeitnehmer fremder ethnischer Herkunft zurückweisen lassen kann. Die Anforderung schriftliche Anweisungen auf Deutsch zu verstehen, kann dagegen auch bei einfacheren Tätigkeiten gerechtfertigt werden (BAG v. 28.1.2010 – 2 AZR 764/08, NZA 2010, 625; *Leder*, BB 2010, 1734; *Hunold*, NZA-RR 2009, 17; allgemein zur Sprache bei der Begründung von Arbeitsverhältnissen: *Herbert/Oberrath*, DB 2009, 2434). Ebenso darf der Arbeitgeber den Arbeitnehmer auffordern, einen Deutschkurs zu besuchen, um arbeitsnotwendige Sprachkenntnisse zu erwerben (BAG v. 22.6.2011 – 8 AZR 48/10, NZA 2011, 1226). Auch ist es nicht zu beanstanden, wenn ein Arbeitgeber von einem Bewerber um eine Stelle als Softwarespezialist „sehr gutes Deutsch" erwartet, denn ein Softwarespezialist muss sich im Austausch mit Kollegen und Kunden präzise ausdrücken können (unrichtig deshalb LAG Nürnberg v. 5.10.2011 – 2 Sa 171/11, AuR 2012, 40). Soweit der Arbeitgeber **Berufserfahrung** als Voraussetzung einer Stellenbesetzung verlangt, muss es sich hierbei um einschlägige, jedenfalls für die zu besetzende Stelle notwendige Berufserfahrung handeln. Im ersten Fall zur mittelbaren Diskriminierung wegen der Rasse im US-amerikanischen Recht (Griggs v. Duke Power 401 US 424 (1971)) versuchte der Arbeitgeber das Verbot des *Title 7 Civil Rights Act* zu umgehen, in dem er für den Beruf nicht erforderliche Qualifikationen verlangte, von denen er wusste, dass Farbige sie weniger häufig erfüllen konnten. Zwar mag also ein sachlicher Grund vorliegen, für eine Sekretärin Fremdsprachenkenntnisse zu verlangen. Wenn Sie jedoch allein Standardkorrespondenz zu verfassen hat, so kann das Erfordernis der fremden Mutersprache unverhältnismäßig sein und nicht zur Rechtfertigung nach § 3 Abs. 2 AGG führen.

IV. Belästigung

1. Belästigung und sexuelle Belästigung als Benachteiligung

§ 3 Absätze 3 und 4 AGG bestimmen, dass Belästigung und sexuelle Belästigung als Benachteiligungen gelten und insofern ebenfalls dem grundsätzlichen Benachteiligungsverbot unterliegen. Dies setzt die Vorgaben der Richtlinien 2000/43/EG, 2000/78/EG und 2002/73/EG detailgetreu um. Den **Schutz vor Belästigungen** durch ein Gleichbehandlungsgebot zu realisieren ist für das europäische

272

D. Formen der Benachteiligung

Recht dennoch recht neu und **systemwidrig** (anders aber für die Rassendiskriminierung bereits der Employment Equality Act Irland 1998; das niederländische Algemene wet gelijke behandeling v. 2. 3. 1994 umfasste demgegenüber im Zeitpunkt der Verabschiedung der Richtlinie nicht den Belästigungsschutz; zur englischen Rechtsprechung, die trotz ehemals fehlendem gesetzlichen Hinweis den Belästigungsschutz unter den Diskriminierungsschutz subsumierte s. Porcelli v. Strathcycle Reginal Council, IRLR 151 (EAT 1986]; *Bourn/Whitmore*, Anti-Discrimination Law in Britain, 3. Aufl. 1996, Abschn. 5–67 ff. *[racial harassment]* und 5–49 ff. *[sexual harassment]*; so auch *Bauer/Göpfert/Krieger*, AGG, § 3 Rnr. 39). Die Richtlinie 76/207/EWG enthielt eine solche Vorschrift bis zur Änderung durch Richtlinie 2002/73/EG nicht und es wurden dementsprechend die Diskriminierungsverbote des deutschen und des französischen Rechts nicht unter Einbeziehung des Belästigungsschutzes formuliert. Wo es einen Schutz der Beschäftigten vor sexuellen Belästigungen am Arbeitsplatz gab, wurde dieser oftmals durch eigenständige Gesetze realisiert, in Deutschland etwa durch das nun abgelöste BeschSchG. Bereits dies legt den Verdacht nahe, dass das eine mit dem anderen nur wenig zutun hat.

273 Dies bestätigt sich durch eine intuitive Wertung: Einschüchterungen, Anfeindungen und Beleidigungen sind zu unterbinden, nicht weil sie eine Ungleichbehandlung darstellen, sondern weil es **Verletzungen der Würde und des Persönlichkeitsrechts** des beeinträchtigten Arbeitnehmers sind (zustimmend Schleusener/Suckow/Voigt/*Schleusener*, AGG, § 3 Rnr. 138). Dieses Handeln wird nicht dadurch akzeptabler, dass der Arbeitgeber unterschiedslos alle seine Arbeitnehmer beleidigt. Das leuchtet unmittelbar ein und die Struktur des Gleichbehandlungssatzes zeigt warum: Diskriminierungsverbote versuchen das Unrecht zu vermeiden, das dadurch entsteht, dass ein an sich legitimes Verhalten durch gleichheitswidrige Unterscheidung ungerecht wird: Der Vater, der seinem Sohn ein Auto zur Volljährigkeit schenkt, tut nichts unbilliges, ebenso wie der, der sich mit bescheidenerer Gabe begnügt. Wenn ein Vater aber dem einen Sohn das Auto schenkt, und dem anderen zum gleichen Anlass ein Fahrrad, dann ist dies eine Ungleichbehandlung, die unbillig erscheint. Bei der Beleidigung – wie bei jedem unangemessenen Verhalten gegenüber einem Arbeitnehmer – braucht es jedoch nicht des Vergleichs zu anderen Arbeitnehmern, damit die Unbilligkeit festgestellt werden kann. **Das Unrecht liegt in der Handlung selbst, nicht im Vergleich zu anderen Handlungen** (so auch Wendeling-Schröder/Stein/*Wendeling-Schröder*, AGG, § 3 Rnr. 28). Eben dies ist auch der Grund warum es nicht unmittelbar einleuchtet, warum ein Arbeitgeber eine unterschiedliche Behandlung erfahren soll, je nach dem, ob er seinen Arbeitnehmer wegen seines Alters oder aber wegen abstehender Ohren beleidigt, warum die abfällige Bezeichnung als Homosexueller anderes zu werten ist als die beleidigende Bezugnahme auf die Nationalität des Arbeitnehmers: In allen Fällen hat er beleidigt, und dies hat er in allen Fällen zu unterlassen.

274 Wie problematisch es ist, auf den Diskriminierungsschutz zu vertrauen, zeigt auch eine viel beachtete US-amerikanische Entscheidung: Dort hatte ein an beiden Geschlechtern interessierter Arbeitgeber männliche und weibliche Arbeitnehmer sexuell belästigt. Hierin lag keine unterschiedliche Behandlung der Geschlechter und daher griff der Schutz des Tile VII Civil Rights Act, an dem sich der deutsche

IV. Belästigung

Gesetzgeber nun orientieren will, nicht ein. Ein durchaus fragwürdiges Ergebnis (so zumindest der Court of Appeals for the 7th Circuit: Hohlman v. Indiana, 82 Fep. Cases 1287 v. 1.5.2000; dazu bereits *Thüsing*, NZA 2001, 939 ff.; aus britischer Sicht zum sog. *"equal opportunity harasser"* s. die gewundene Argumentation von Lord *Nickols of Birkenhead* in Pearce v. Governing Body of Mayfield School [2003] IRLR 512: „Degrading treatment of this nature differs materially from unpleasant treatment inflicted on an equally disliked male colleague, regardless of equality of overall unpleasantness: see Lord President Emslie in Strathclyde Regional Council v Porcelli 1986 SC 137, 145–146; [1986] ICR 564, 568–570. Because the form of the harassment is gender specific, there is no need to look for a male comparator. It would be no defence to a complaint of sexual harassment that a person of the opposite sex would have been similarly treated: see Morison J in British Telecommunications Plc v. Williams [1997] IRLR 668, 669").

Dennoch ist es in den meisten Fällen gedanklich möglich, auch solche Verhaltensweisen unter den Diskriminierungsschutz zu subsumieren, auch wenn dies über das spezifische Anliegen des Gleichheitssatzes hinausgreift: Wenn ein Arbeitnehmer beleidigt wird, weil er Farbiger ist, dann liegt darin eine Schlechterbehandlung des Farbigen gegenüber anderen Arbeitnehmern, eben weil der Arbeitnehmer Farbiger ist. Der Unterschied zu den übrigen Fällen der Diskriminierung ist hier nur, dass der Arbeitnehmer oftmals keinen finanziellen Nachteil erleidet, seine Benachteiligung immaterieller Art ist. **275**

2. Begriff der Belästigung

§ 3 Abs. 3 AGG definiert den **Begriff der Belästigung.** Wesentlich ist die Verletzung der Würde der Person durch unerwünschte Verhaltensweisen; darüber hinaus muss ein von Einschüchterungen, Anfeindungen, Erniedrigungen, Entwürdigungen und Beleidigungen gekennzeichnetes Umfeldes geschaffen werden, beide Voraussetzungen müssen also kumulativ vorliegen (BAG v. 24.9.2009 – 8 AZR 705/08, NZA 2010, 387; das BAG spricht sich hier explizit gegen die Ansicht aus, dass das „feindliche Umfeld" nur eine Konkretisierung darstellt). Die unerwünschte Verhaltensweise muss geeignet sein, die Würde der betreffenden Person zu verletzen. Damit scheiden nach der Begründung des Regierungsentwurfs geringfügige Eingriffe aus (BT-Drucks. 17/1780, S. 33; sich auf die Begründung des Regierungsentwurfs stützend *Bauer/Göpfert/Krieger*, AGG, § 3 Rnr. 43). Welche unerwünschte Verhaltensweise, die mit einem in § 1 AGG genannten Grund in Zusammenhang steht, so geringfügig ist, dass sie nicht die Würde des Beschäftigten verletzt, bleibt freilich offen. Die Begründung des Regierungsentwurfs führt aus, dass das Verhalten aber andererseits auch nicht die Qualität einer Verletzung der Menschenwürde im Sinne des Artikel 1 GG erreichen muss (BT-Drucks. 17/1780, S. 33). Das ist sicherlich richtig, dürfte aber nur einen eindeutig zu hoch gegriffenen Maßstab ausschließen. Die eigentliche Grenze liegt im Erfordernis feindlicher Umfeldprägung, s. sogleich Rnr. 279 ff. Das BAG schließt in der Konkretisierung des Begriffs der Belästigung an seine frühere Rechtsprechung zum „Mobbing" – freilich auf die Diskriminierungsmerkmale des § 1 beschränkt – an **276**

(BAG v. 25. 10. 2007 – 8 AZR 593/06, NZA 2008, 223 unter Verweis auf BAG v. 15. 1. 1997 – 7 ABR 14/96, NZA 1997, 781).

277 Es kommt auch nicht entscheidend darauf an, ob eine entsprechende Verletzung der Würde tatsächlich eintritt; ausreichend ist, dass dies bezweckt wird. Die **Unerwünschtheit der Verhaltensweise** muss nicht bereits vorher ausdrücklich gegenüber dem Belästigenden zum Ausdruck gebracht worden sein. Vielmehr ist es ausreichend, dass die Handelnden aus der Sicht eines objektiven Beobachters davon ausgehen können, dass ihr Verhalten unter den gegebenen Umständen von den Betroffenen nicht erwünscht ist oder nicht akzeptiert wird (vgl. *Bauer/ Göpfert/Krieger*, AGG, § 3 Rnr. 42). Belästigendes Verhalten kann sowohl verbaler als auch nonverbaler Art sein. Hierunter können z. B. Verleumdungen, Beleidigungen und abwertende Äußerungen, Anfeindungen, Drohungen und körperliche Übergriffe fallen, die im Zusammenhang mit einem der in § 1 AGG genannten Gründe stehen (so auch *Bauer/Göpfert/Krieger*, AGG, § 3 Rnr. 41).

278 Daneben können Handlungen, die die Gesundheit oder die sexuelle Selbstbestimmung verletzen, **Schadenersatz- oder Schmerzensgeldansprüche** nach §§ 823 Abs. 1, 253 Abs. 2 BGB auslösen (ausdrücklich nicht ausgeschlossen nach § 15 Abs. 5 AGG). Auch können entsprechende Handlungen strafrechtliche Konsequenzen nach sich ziehen, s. § 185 StGB.

3. Erfordernis feindlicher Umfeldprägung

279 Gemäß Art. 2 Abs. 3 Richtlinie 2000/43/EG, Art. 2 Abs. 3 Richtlinie 2000/78/ EG und Art. 2 Abs. 1 lit. c) der Richtlinie 2006/54/EG ist es für eine Belästigung erforderlich, dass durch die Belästigung ein „feindliches Umfeld" geschaffen wird. Dies setzt regelmäßig ein kontinuierliches Handeln voraus (BAG v. 25. 10. 2007 – 8 AZR 593/06, NZA 2008, 223; BAG v. 24. 9. 2009 – 8 AZR 705/08, NZA 2010, 387; bejahend *Bauer/Göpfert/Krieger*, AGG, § 3 Rnr. 45; Wendeling-Schröder/Stein/*Wendeling-Schröder*, AGG, § 3 Rnr. 36). Bei bleibenden Handlungen bleibt der Betroffene schutzlos. Dass das Europarecht nicht jede Belästigung des Arbeitgebers wegen der verbotenen Diskriminierungsmerkmale als unzulässige Ungleichbehandlung ansieht, sondern nur solche, die das Arbeitsumfeld prägen, mag auf den ersten Blick verwundern. Das Gleichbehandlungsgebot gibt diese Einschränkung nicht her: Auf die Schwere und Reichweite der Belästigung kommt es hier nicht an, entscheidend ist allein die Schlechterstellung gegenüber dem nicht Belästigten. Ein Blick auf das US-amerikanische Arbeitsrecht führt auch hier weiter: Auch hier geht seit nunmehr über 30 Jahren die ständige Rechtsprechung davon aus, dass Belästigungen Diskriminierungen sein können. Die werden in zwei Fallgruppen unterschieden: Zum einen das sog. *quid pro quo harassment* durch das Versprechen von Vorteilen oder die Androhung von Nachteilen als Antwort auf ein bestimmtes auf ein Diskriminierungsmerkmal bezogenes Verhalten, zum anderen das *hostile environment harassment,* d. h. das schuldhaftes Verhalten durch den Arbeitgeber, das eine Arbeitsumgebung schafft, in der es leichter zu auf ein Diskriminierungsmerkmal bezogenen Belästigungen kommt. Während die erste Alternative ausschließlich bei der sexuellen Belästigung Bedeutung gewinnt, ist die zweite Alternative auch auf andere Diskriminierungsmerkmale anwendbar.

IV. Belästigung

In der Praxis handelt es sich dabei neben der Geschlechtsdiskriminierung fast immer um Rassendiskriminierung. Fälle der Rassendiskriminierung waren auch die ersten Fälle, anhand derer die Rechtsfigur des „*hostile environment*" von den Gerichten entwickelt wurde (Leitentscheidung: Meritor Savings Bank v. Vinson, 477 US 57 [1986]; s. auch Burlington Industries, Inc. v. Ellerth, 118 S. Ct. 2257 [1998]; ausführlich *Lewis/Norman*, Emplyoment Discrimination Law and Practice, S. 64). Man las dieses Erfordernis aus dem Wortlaut des Title VII heraus. Danach ist erforderlich, dass die Belästigung die Arbeitsbedingungen ändert *(„sufficiently severe or pervasive 'to alter the conditions of [the victim's] employment and create an abusive working environment")*. Dies sei bei der immateriellen Benachteiligung durch Belästigung, die eben keinen unmittelbaren Bezug zu den arbeitsvertraglichen Pflichten hat, nur gegeben, wenn sich am Arbeitsvertrag vorbei das Arbeitsumfeld feindlich prägt. Wenn der Europäische Gesetzgeber dieses Kriterium übernimmt, obwohl er an den Wortlaut des *Title VII* nicht gebunden ist, dann liegt dies vor allem daran, dass er nur Belästigungen von gewisser Erheblichkeit von der Richtlinie erfassen will. Man mag dies begrüßen oder nicht, festzustellen ist aber, dass auch das deutsche Recht eine solche Erheblichkeitsschwelle kennt, und damit nicht allein die Verletzung der Würde der Person ausreicht – die nämlich ist, wie uns das Strafrecht lehrt, bereits bei jeder Beleidigung gegeben (für alle Schönke/Schröder/*Lenckner/Eisele*, StGB, 28. Aufl. 2010, § 185 Rnr. 2 ff.). In der ursprünglichen Fassung des Regierungsentwurfs war dies noch anders, doch wurde dies nach Anregung in der Sachverständigenanhörung im März 2005 geändert (s. *Thüsing*, Ausschussdrucks. 15 (12)440-C, BT-Drucks. 15/5717, S. 5). Der deutsche Gesetzgeber erfasst damit in seiner Antidiskriminierungsgesetzgebung nicht mehr Belästigungen als das US-amerikanische oder auch französische Recht (s. Art. L. 1152–1 Code du travail – dort ausdrücklich auch auf die Wiederholung abstellend; anders freilich sec. 3 (A) The Race Relations Act 1976 (Amendment) Regulations 2003, wo die feindliche Umfeldprägung alternativ zur Ehrverletzung gefordert wird). Dies hat Auswirkungen vor allem auch auf die Reichweite der Pflichten nach § 12 Abs. 1 AGG, s. Rnr. 707.

Ob eine **feindliche Umfeldprägung** anzunehmen ist, ist im Einzelfall schwierig **280** zu bestimmen. Die US-Rechtsprechung stellt auf verschiedene Faktoren ab, deren wertende Gesamtschau die Antwort gibt: „Da die Belästigung durch eine ‚feindliche Umfeldprägung' verschiedene Formen annehmen kann, können auch verschiedenste Faktoren Einfluss auf deren Feststellung haben, z. B. (1) ob die Belästigung verbal oder körperlich erfolgte oder beides zugleich; (2) die Regelmäßigkeit der Belästigung; (3) ob die Annäherung feindlich und offenkundig aggressiv war; (4) ob der vermeintlich Belästigende ein Vorgesetzter oder gleichrangiger Mitarbeiter war; (5) ob andere dazu beitrugen, die Belästigung fortzuführen oder zu verfestigen; (6) ob die Belästigung gegen mehr als eine Einzelperson gerichtet war" (Meritor Savings Bank v. Vinson, 477 IS 57; zustimmend Schleusener/Suckow/Voigt/*Schleusener*, AGG, § 3 Rnr. 143). Solange es sich nicht um eine schwerwiegende Belästigung handelt, können in einzelner Zwischenfall oder einzeln isolierbare Zwischenfälle sexueller Annäherung oder verbaler Belästigung in der Regel nicht die Annahme rechtfertigen, es liege eine feindselige Umfeldprägung vor. Diesen Grundsätzen, wonach immer eine wertende Gesamtschau aller Faktoren zu erfolgen hat und ein Einzelfall nur bei besonders schwerwiegenden Fällen genügt, hat sich auch das BAG angeschlossen (BAG v. 24. 9. 2009 – 8 AZR 705/08, NZA 2010, 387). Konkret genügen schriftliche Äußerungen in einem bloß begrenzten Ausschnitt des Umfeldes des Arbeitnehmers nicht (BAG v. 24. 9. 2009 – 8 AZR 705/08, NZA 2010, 387: hier konkret Beleidigungen an Toilettenwänden). Zeigt der Arbeitgeber durch Desinteresse des Vorgesetzten aber eine Gleichgültigkeit gegenüber der Würdeverletzung, kann dies ein „feindliches Umfeld" begründen.

281 Da das BAG die Grundsätze der US-Rechtsprechung aufgenommen hat, werfen weitere Fälle aus diesem Bereich ein genaueres Licht auf die Bestimmung des Begriffs des „feindlichen Umfelds". Wie das Gericht im Fall Vinson (106 S. Ct. 2406; quoting Rogers v. EEOC, 454 F.2 d 234, 4 EPD 7597 [5th Cir. 1971]) bemerkte, könne die bloße Äußerung einer Wendung mit ethnischem oder rassistischem Beigeschmack, das den Angestellten in seinen Gefühlen verletzt, die Arbeitsbedingungen nicht hinreichend beeinträchtigen, als dass dies zu einer Verletzung von Title VII führen könnte. Der Begriff des *„hostile environment"* verlangt generell den Nachweis eines anstößigen Verhaltensmusters.

282 Im Fall Scott v. Sears, Roebuck and Co. (798 F.2 d 210, 214, 41 EPD 36,439 [7th Cir. 1986]) waren beleidigende Bemerkungen und Verhalten von Mitarbeitern nur vereinzelt aufgetaucht und es fehlte an einem Wiederholungseffekt, welcher notwendig ist, um eine Klage wegen eines feindlichen Umfelds aufrecht zu erhalten. Im Fall Moylan v. Maries County (792 F.2 d 746, 749 40 EPD 36,228 [8t Cir. 1986]) waren einmalige oder vereinzelte Vorkommnisse von Belästigungen ebenfalls nicht ausreichend, um eine Verletzung zu begründen; vielmehr müsse die Belästigung fortwährend und nichttrivial sein. Nach Downes v. Federal Aviation Administration (775 F.2 d 288, 293, 38 EPD 35,590 [D. C. Cir. 1985]) erlaubt title VII nicht eine Klage wegen sexueller Belästigung „bei jedem einzelnen geschmacklosem Witz oder sexuell eindeutigen Bemerkung, die bei der Arbeit gemacht wird … [es muss ein] erkennbares Muster von anzüglichem Benehmen bewiesen werden …". In der Entscheidung Sapp v. City of Warner-Robins (655 F. Supp. 1043, 43 FEP Cases 486 [M. D. Ga. 1987]) hält das Gericht fest, dass der einmalige Versuch eines Mitarbeiters, den Kläger dazu zu bewegen mit ihm auszugehen, kein beleidigendes Arbeitsumfeld begründet; auch im Fall Freeman v. American Standard, 41 FEP Cases 471 [D. N. J. 1986] wurde ein feindliches Umfeld durch das Erhalten einer obszönen Nachricht und das sexuelle Werben eines Mitarbeiters abgelehnt. In Hollis v. Fleetguard, Inc., (44 FEP cases 1527 8 [M. D. Tenn. 1987]) begründete die viermalige Anfrage eines Mitarbeiters der Klägerin während eines Zeitraums von vier Monaten, ob sie mit ihm eine Affäre haben möchte, gefolgt von seiner anschließenden Kühle/Reserviertheit ebenfalls kein feindliches Umfeld; es gab keine Beweise dafür dass er die Klägerin nötigte, unter Druck setzte oder beschimpfte, nachdem sie seine Annäherungsversuche zurückgewiesen hatte. All dies mag Anhaltspunkte auch für das richtige Verständnis des deutschen Rechts geben, handelt es sich doch um ein **legal transplant** direkt aus dem US-Recht. Hilfreich zur Ausdeutung können daher auch die Guidelines der EEOC sein (http://www.eeoc.gov/policy/docs/currentissues.html).

4. Mittelbar und drittbezogene benachteiligende Belästigung

Eine Belästigung ist nur erfasst, wenn die unerwünschten Verhaltensweisen mit einem in § 1 AGG genannten Grund in Zusammenhang stehen. Wiederum ist die Art des Zusammenhangs nicht beschrieben. Es reicht danach auch ein nur mittelbarer Zusammenhang. Danach ist eine verbotene Belästigung auch die Beleidigung wegen weißer Haare, die Folge hohen Alters sind, wegen Sprachfehlern, die Folge einer Behinderung sind, wegen des Tragens von Frauenkleidern des Transsexuellen oder wegen der dunklen Hautfarbe Farbiger und fremder Gebräuche einer ethnischen Minderheit (zustimmend Schleusener/Suckow/Voigt/*Schleusener*, AGG, § 3 Rnr. 149). Zur Belästigung, wenn nicht der Belästigte selbst das Merkmal aufweist, s. MüKo/*Thüsing*, AGG, § 7, Rnr. 6. 283

V. Sexuelle Belästigung

1. Begriff

Die Definition der sexuellen Belästigung in § 3 Abs. 4 AGG baut auf der Struktur der Belästigungsdefinition in § 3 Abs. 3 AGG auf. Gegenüber der Formulierung in § 2 Abs. 2 BeschSchG („Sexuelle Belästigung am Arbeitsplatz ist jedes vorsätzliche, sexuell bestimmte Verhalten, das die Würde von Verletzten am Arbeitsplatz verletzt") ist an die Stelle der Beschreibung eines „vorsätzlichen" und „erkennbar abgelehnten" Verhaltens – entsprechend der Änderung in Artikel 2 Abs. 2 der Richtlinie 76/207/EWG (entsprechend weiterhin in der Nachfolgenorm des Art. 2 Abs. 1 lit. d) der RL 2006/54/EG) – die Formulierung „unerwünscht" getreten. Weil aber der Tatbestand einer Diskriminierung aus Gründen der Rechtssicherheit nicht allein vom Empfinden der betroffenen Person abhängen kann, wird auch das Bezwecken bzw. Bewirken so auszulegen sein, dass zumindest ein zielgerichtetes und bedingt vorsätzliches Verhalten vorliegen muss. Dies folgt auch schon aus dem Begriff „Belästigung", der ein unbewusstes Verhalten ohne erkennbare Ablehnung durch die betroffene Person sachlogisch nicht erfasst. 284

Fehlendes Unrechtsbewusstsein schließt den Vorsatz nicht aus, wenn die Wirkung des Verhaltens als belästigend vorherzusehen war (ErfK/*Schlachter*, § 3 AGG Rnr. 20). Wann das Verhalten sexuell bestimmt ist, ist eine Frage des Einzelfalles und kann nur unter Heranziehung der Beurteilung eines **objektiven Beobachters** beantwortet werden (*Schaub/Linck*, Arbeitsrechts-Handbuch, § 36 Rnr. 37). Durch die sexuelle Verhaltensweise muss schließlich die Würde der Frau oder des Mannes beeinträchtigt sein. Es ist Aufgabe der Rechtsprechung, einen sachgemäßen Interessenausgleich und eine Falltypik zu entwickeln So werden **im Einzelnen** als sexuelle Belästigung angesehen (*Holzbecher* u. a., Sexuelle Belästigung am Arbeitsplatz, S. 160 ff., 205 ff.): unerwünschte Einladungen oder Briefe mit eindeutiger Absicht (LAG Hamm v. 10.3.1999 – 18 Sa 2328/98, LAGE Nr. 75 zu § 1 KSchG Verhaltensbedingte Kündigung), vulgäre oder obszöne Äußerungen (BDiG Frankfurt v. 24.6.1999 – XVI VL 3/99, n. v. [juris]; BVerwG v. 4.4.2001 – 1 D 15/01, Buchholz 232 § 54 Satz 3 BBG Nr. 27; ArbG Lübeck v. 2.11.2000 – 1 Ca 285

2479/00, EzA-SD 2001 Nr. 11, 12–13), Erzwingung sexueller Handlungen, aufgedrängte körperliche Berührungen und Küsse (BVerwG v. 12. 11. 1998 – 2 WD 12/98, Buchholz 236.1 § 17 SG Nr. 23; LAG Rheinland-Pfalz v. 24. 10. 2007 – 8 Sa 125/07 (juris)), Berührung der weiblichen Brust (LAG Hamm v. 22. 10. 1996 – 6 Sa 730/96, NZA 1997, 769, 770; ArbG Lübeck v. 2. 11. 2000 – 1 Ca 2479/00, EzA-SD 2001 Nr. 11, 12–13), Kneifen oder Klapsen des Gesäßes (Sächsisches LAG v. 10. 3. 2000 – 2 Sa 635/99, LAGE Nr. 130 zu § 626 BGB), pornographische Bilder am Arbeitsplatz und Aufforderung zu sexuellen Handlungen (ArbG Düsseldorf v. 19. 6. 1997 – 11 Ca 122/97, AuR 1997, 447) oder sexuellem Verkehr sowie der Missbrauch (übertragener) betrieblicher oder dienstlicher Vorgesetztenpositionen (BVerwG v. 14. 5. 2002 – 1 D 30/01, n. v. [juris]; BVerwG v. 9. 10. 2001 – 2 WD 10/01, BVerwGE 115, 174; BVerwG v. 8. 11. 2000 – 1 D 35/99, n. v. [juris]; BVerwG v. 10. 11. 1998 – 2 WD 4/98, BVerwGE 113, 279, 286 m. w. N.; BVerwG v. 19. 2. 1997 – 2 WD 27/96, BVerwGE 113, 63, 66; BVerwG v. 12. 11. 1997 – 1 D 90/95, Buchholz 232 § 54 Satz 3 BBG Nr. 13). Erfasst wird **heterosexuelle wie homosexuelle** Belästigung, nicht jedoch die **Belästigung wegen sexueller Orientierung**, etwa die Beschimpfung als „Schwuchtel" (s. zum britischen Recht House of Lords, Pearce v. Governing Body of Mayfield Secondary School [2003] IRLR 512; s. für das US-Recht Oncale v. Sundowner, 523 US 75 [1998]). Hier gilt die engere Begrifflichkeit des § 3 Abs. 3 AGG; erforderlich ist die feindliche Umfeldprägung (zustimmend Schleusener/Suckow/Voigt/*Schleusener*, AGG, § 3 Rnr. 158).

2. Abgrenzung zur geschlechtsbezogenen Belästigung nach § 3 Abs. 3 AGG

286 In Art. 2 Abs. 2 Richtlinie 2002/73/EG wird erstmals eine **geschlechtsbezogene Belästigung** definiert, der die sexuelle Belästigung unterzuordnen ist, und die schon vorliegen soll, wenn „unerwünschte geschlechtsbezogene Verhaltensweisen gegenüber einer Person erfolgen", die dieselben Auswirkungen wie die der sexuellen Belästigung haben. Zweifelhaft ist, wann eine solche Belästigung vorliegen soll und wie diese von der sexuellen Belästigung abzugrenzen ist (ähnlich zweifelnd Wendeling-Schröder/Stein/*Wendeling-Schröder*, AGG, § 3 Rnr. 40). Das bloße Erzählen von „Männer- oder Frauenwitzen" dürfte zur Erfüllung des Tatbestandes aber nicht ausreichen. Zweifelhaft ist auch, ob es ausreicht, wenn sich derartige Gespräche und Witze nicht gegen eine Person richten, sondern in einem Arbeitsumfeld fallen, in dem solche Verhaltensweisen an der Tagesordnung sind. Als geschlechtsbezogene Verhaltensweisen werden nur solche in Betracht kommen, die von sexuellem Interesse zeugen und auf eine **Begutachtung als Sexualobjekt** schließen lassen, z. B. die an die Mitarbeiterin gerichtete Äußerung, ob sie immer oben ohne baden würde und dies zeigen solle (Sächsisches LAG v. 19. 8. 1997 – 7 Sa 870/96, n. v. [juris]). In diesem Fall dürfte aber schon der Unterfall der sexuellen Belästigung gegeben sein.

3. Einzelfälle

Zur Illustration dessen, was der Gesetzgeber mit sexueller Belästigung gemeint **287** hat, empfehlen sich die Beispiele, die § 2 Abs. 2 BeschSchG gab (so auch die Begründung des Regierungsentwurfs BT-Drucks. 16/1780, S. 33). Danach gehören zur sexuellen Belästigung „1. sexuelle Handlungen und Verhaltensweisen, die nach den strafgesetzlichen Vorschriften unter Strafe gestellt sind, sowie 2. sonstige sexuelle Handlungen und Aufforderungen zu diesen, sexuell bestimmte körperliche Berührungen, Bemerkungen sexuellen Inhalts sowie Zeigen und sichtbares Anbringen von pornographischen Darstellungen, die von den Betroffenen erkennbar abgelehnt werden". Hieran knüpfen auch die in § 3 Abs. 4 AGG genannten Beispiele an.

a) Strafrechtlich relevantes Verhalten (entsprechend ehemaligem § 2 Abs. 2 Satz 2 Nr. 1 BeschSchG)

Zur Feststellung, ob eine sexuelle Belästigung nach Abs. 2 Satz 2 Nr. 1 vorliegt, **288** ist eine **strafrechtliche Beurteilung** des Sachverhalts erforderlich (zur Untersuchung strafrechtlicher Verhaltensweisen eingehend *Mästle*, AuR 2002, 410.). Erfasst werden alle Handlungen, die einen Tatbestand der §§ 174 ff. StGB erfüllen: sexueller Missbrauch von Schutzbefohlenen (§ 174 StGB), sexuelle Nötigung (LAG Düsseldorf v. 8. 12. 1999 – 12 TaBV 35/99, AuR 2000, 191, 192 m. Anm. *Bell*) und Vergewaltigung (§ 177 StGB), exhibitionistische Handlungen (§ 183 StGB) und Beleidigungen (BGH v. 19. 9. 1991 – 1 StR 509/91, NStZ 1992, 33, 34) (§ 185 StGB). Eine Strafbarkeit kommt nur in Betracht, wenn aktives Tun oder Unterlassen vorliegt, welches das Geschlechtliche im Menschen zum unmittelbaren Gegenstand hat, und zwar unter Einsatz mindestens des eigenen oder eines fremden Körpers (*Worzalla*, NZA 1994, 1016, 1018). Für eine sexuelle Belästigung im strafrechtlichen Sinn ist weiter erforderlich, dass die sexuellen Handlungen im Hinblick auf das geschützte Rechtsgut von einiger Erheblichkeit sind (vgl. § 184 c Nr. 1 StGB). Nicht erfasst werden also bloße Taktlosigkeiten, Geschmacklosigkeiten und Handlungen, die nicht als sexuell bedeutsam empfunden werden (*Worzalla*, NZA 1994, 1016, 1018). Zur Feststellung einer sexuellen Belästigung genügt die Tatbestandsmäßigkeit der Verletzung strafrechtlicher Normen; unerheblich ist, ob strafrechtliche Rechtfertigungs- oder die Entschuldigungsgründe (zB § 20 StGB) vorliegen (ErfK/*Schlachter*, 7. Aufl. 2007, § 2 BeschSchG Rnr. 6).

b) Sonstiges Verhalten mit sexuellem Bezug (entsprechend ehemaligem § 2 Abs. 2 Satz 2 Nr. 2 BeschSchG)

Eine sexuelle Belästigung liegt in der Aufforderung zu sexuellen Handlungen. **289** Darunter fällt jede direkte, ausdrückliche oder konkludente Ansprache eines Dritten mit dem Ziel, diesen zu bewegen, eine sexuelle Handlung an sich selbst oder dem Auffordernden vorzunehmen; ausreichend ist, wenn der Auffordernde zumindest billigend in Kauf nimmt, dass der Betroffene die Aufforderung als solche versteht (*Worzalla*, NZA 1994, 1016, 1018). Eine derartige Aufforderung ist z.B. gegeben, wenn ein Beschäftigter an eine Kollegin mit den Worten herantritt, „Wie wäre es denn mit uns? Stell dich nicht so an" und „Du bist eingebildet, kein Wunder, dass du keine Männer kriegst" (ArbG Lübeck v. 2.11.2000 – 1 Ca 2479/00, EzA-SD 2001 Nr. 11, 12–13.)

290 **Sexuell bestimmte körperliche Berührungen** müssen anders als strafrechtlich relevantes Verhalten von keiner besonderen Erheblichkeit sein, um sexuelle Belästigungen zu sein (LAG Hamm v. 13.2.1997 – 17 Sa 1544/96, LAGE Nr. 110 zu § 626 BGB). Das Umlegen des Armes um die Schultern einer Auszubildenden wurde als sexuell bestimmte, körperliche Berührung angesehen (LAG Hamm v. 13.2.1997 – 17 Sa 1544/96, LAGE Nr. 110 zu § 626 BGB.). Gleiches galt in dem Fall, in dem der Belästigende wiederholt Mitarbeiterinnen umarmt, in einem engen Gang dicht an sie herangetreten war und das Haar gestreichelt hatte (LAG Hamburg v. 21.10.1998 – 4 Sa 53/98, LAGE Nr. 3 zu § 4 BeschSchG); ebenso das wiederholte Anfassen von Rücken, Schulter und Oberschenkel (LAG Rheinland-Pfalz v. 24.10.2007 – 8 Sa 125/07, (juris)).

291 **Bemerkungen sexuellen Inhalts** sind verbale Äußerungen (LAG Hamm v. 22.10.1996 – 6 Sa 730/96, NZA 1997, 769; ArbG Düsseldorf v. 19.6.1997 – 11 Ca 122/97, AuR 1997, 447), die mit dem Willen abgegeben werden, einen anderen zu belästigen und sich nicht unmittelbar an diesen richten müssen (ArbG Lübeck v. 2.11.2000 – 1 Ca 2479/00, EzA-SD 2001 Nr. 11, 12–13). Es kann sich um Äußerungen über sexuelles Verhalten, Partnerwahl, sexuelle Neigungen oder die Ausstrahlung oder das Erscheinungsbild An- und Abwesender handeln (ArbG Ludwigshafen v. 29.11.2000 – 3 Ca 2096/00, n.v. [juris]; LAG Rheinland-Pfalz v. 24.10.2007 – 8 Sa 125/07 (juris); LAG Niedersachsen v. 29.11.2008 – 1 Sa 547/08, NZA-RR 2009, 249; vgl. auch *Bauer/Göpfert/Krieger*, AGG, § 3 Rnr. 56).

292 Um das Merkmal des **Zeigens und sichtbaren Anbringens von pornographischen Darstellungen** zu erfüllen, ist erforderlich, dass die Darstellung dem Betroffenen unmittelbar vor Augen gehalten wird oder dass sie so positioniert wird, dass er während der normalen Erbringung seiner Arbeitsleistung von ihr Kenntnis nehmen muss (z.B. durch Legen auf den Schreibtisch oder Anbringen an der Wand; vgl. auch *Worzalla*, NZA 1994, 1016, 1018). Eine **pornographische Darstellung** ist eine grobe Darstellung des Sexuellen, die in einer den Sexualtrieb aufstachelnden Weise den Menschen zum bloßen auswechselbaren Objekt geschlechtlicher Begierde degradiert (OLG Düsseldorf v. 28.3.1974 – 1 Ss 847/73, NJW 1974, 1474, 1475) oder die aufdringlich vergröbernde, aufreißerische, verzerrende Darstellung der Sexualität (BGH v. 22.7.1969 – 1 StR 456/68, BGHSt 23, 40, 43). Diese Darstellungen bleiben ohne Sinnzusammenhang mit anderen Lebensäußerungen und nehmen spurenhafte gedankliche Inhalte zum Vorwand für provozierende Sexualität. Legt man diesen strafrechtlichen Pornographiebegriff zugrunde, ist das Aufhängen oder Zeigen von Fotos oder Bildern mit unbekleideten oder spärlich bekleideten Personen (pin up-Fotos) keine Pornographie und damit kein Fall des § 2 Abs. 2 Satz 2 Nr. 2 BeschSchG, selbst wenn ein Beschäftigter dies subjektiv als belästigend empfindet. Bei Abs. 4 stellt sich diese Frage nicht; auch dies kann sexuelle Belästigung sein, wenn sie denn geeignet ist, die Würde weib-

licher Beschäftigter zu verletzten (aA *Bauer/Göpfert/Krieger*, § 3 Rnr. 57; Wendeling-Schröder/Stein/*Wendeling-Schröder*, AGG, § 3 Rnr. 47; Schleusener/Suckow/Voigt/*Schleusener*, AGG, § 3 Rnr. 155).

VI. Anweisung zur Benachteiligung als Benachteiligung

§ 3 Abs. 5 AGG dient der Umsetzung von Artikel 2 Abs. 4 der Richtlinien **293** 2000/43/EG und Richtlinie 2000/78/EG sowie Art. 2 Abs. 2 lit. b) der RL 2006/54/EG, nach denen auch die Anweisung zu einer Benachteiligung eine Benachteiligung darstellt. Die Weisung muss vorsätzlich erfolgen (BT-Drucks. 17/1780, S. 33). Es ist hingegen nicht erforderlich, dass der Anweisende sich der Verbotswidrigkeit der Handlung bewusst ist, denn das gesetzliche Benachteiligungsverbot erfasst alle Benachteiligungen, ohne dass ein Verschulden erforderlich ist (zustimmend Wendeling-Schröder/Stein/*Wendeling-Schröder*, AGG, § 3 Rnr. 52). Für das Vorliegen einer Anweisung kommt es nicht darauf an, ob die angewiesene Person die Benachteiligung tatsächlich ausführt. Im Bereich des allgemeinen Zivilrechts, für die die Definition des § 3 Abs. 5 AGG ebenfalls gilt (denn nur die beispielhafte Illustrierung des S. 2 beschränkt sich auf das Arbeitsrecht), sind die hier geregelten Sachverhalte nach der Begründung des Regierungsentwurfs regelmäßig über die zivilrechtlichen Zurechnungsnormen zu erfassen (§§ 31, 278, 831 BGB)(vgl. auch Wendeling-Schröder/Stein/*Wendeling-Schröder*, AGG, § 3 Rnr. 51). Dies gilt nicht anders als für das Arbeitsrecht aber eben nur, wenn die Anweisung dann auch tatsächlich ausgeführt wurde. Hierin liegt ein deutlicher Unterschied zu den Regelungen des AGG.

1. Konzeptionelle Rechtfertigung

Anweisungen zu einer Benachteiligung gelten als Benachteiligung. Dies hat seine **294** **Vorbilder im ausländischen Recht** (für Großbritannien s. sec. 30 RRA; sec. 39 SDA 1975). Nicht erfasst vom AGG ist damit anders als im Antidiskriminierungsrecht anderer Länder die Hilfe zur Diskriminierung (zustimmend *Bauer/Göpfert/Krieger*, AGG, § 3 Rnr. 66). Jemand, der sexuelle Belästigung willentlich und wissentlich möglich macht, haftet nicht nach dem AGG, soweit er nicht Arbeitgeber ist und damit seine Pflichten aus § 12 AGG verletzt. Jemand, der Bewerbungsschreiben von Frauen oder Farbigen aussortiert oder dem Arbeitgeber Vorwände zur Ablehnung vorschlägt, ist nach AGG nicht haftbar. Im britischen Recht ist das anders (sec. 33 (1) RRA – hierzu Hallam v. Avery and Another ICR 408 HL [2001]; sec. 42 (1) SDA). Inwieweit hier auf den allgemeinen Rechtsschutz wegen Persönlichkeitsverletzung zurückgegriffen werden kann, ist eine Frage des Einzelfalls (s. Rnr. 303). Zu einer möglichen Haftung aus Delikt s. Rnr. 566.

Indem die Anweisung der Diskriminierung gleich gestellt wird, erfüllt das AGG **295** die **Vorgaben der Art. 2 Abs. 4 der Richtlinien 2000/78/EG und RL 2000/78/EG sowie Art. 2 Abs. 2 lit. b) der RL 2006/54/EG** (vgl. hierzu *Hadeler*, NZA 2003, 77, 79). In all jenen sekundärrechtlichen Diskriminierungsverboten wird die Anweisung zur Diskriminierung der Diskriminierung gleich gestellt. Das bedeutet in-

D. Formen der Benachteiligung

des nicht, dass der Anweisende – der Arbeitgeber – den Angewiesenen diskriminieren würde. Das Opfer der Diskriminierung bleibt gleich. Das gleiche Ergebnis wurde für die Diskriminierung wegen des Geschlechts bereits nach ehemals geltendem Recht auf anderem Wege erreicht. Über dessen dogmatischen Anknüpfungspunkt wurde zwar gestritten, im Ergebnis bestand jedoch Einigkeit darin, dass sich der Arbeitgeber eine Benachteiligung seines Mitarbeiters zurechen lassen muss. *Hanau* (in: Erman, 10. Aufl. 2000, § 611a BGB, 10. Auflage 2000, Rnr. 6) wendete die Regelungen über die rechtsgeschäftliche Stellvertretung an, während andere (z. B. MüKo/*Müller-Glöge*, 4. Aufl. 2004, § 611a BGB Rnr. 48) § 278 BGB heranziehen. Das BAG hat für § 611b BGB entschieden, dass es sich der Arbeitgeber sogar zurechnen lassen muss, wenn ein Dritter (in diesem Fall die Bundesagentur für Arbeit) die Stellenausschreibung allein auf ein Geschlecht bezogen vornimmt. Die dogmatische Konstruktion lässt es dahinstehen. „Im Ergebnis besteht jedenfalls eine volle Verantwortlichkeit desjenigen, der sich des Dritten bedient" (BAG v. 5. 2. 2004 – 8 AZR 112/03, NZA 2004, 540, 544). Das europäische Diskriminierungsrecht löst dies nun durch eine Fiktion, statt durch eine bloße Zurechnungsnorm. Dies hat zur Folge, dass Schadensersatzansprüche bereits dann entstehen können, wenn zwar jemand zur Benachteiligung angewiesen wurde, diese aber überhaupt nicht erfolgt ist (hierzu ausführlicher Rnr. 300). Eben hierin liegt die praktische Bedeutung der Erweiterung. **Kommt es tatsächlich zur Benachteiligung, dann kann auf diese selbst abgestellt werden. Ein Rückgriff auf § 3 Abs. 5 AGG ist dann entbehrlich** (vgl. auch *Bauer/Göpfert/Krieger*, AGG, § 3 Rnr. 68 („versuchte Anstiftung")).

296 Der **Grund für diese Erweiterung** liegt im Schutz vor der Benachteiligung selbst. Es verfolgt keinen davon unabhängigen, eigenständigen Schutzzweck. Dadurch, dass bereits die Anweisung zur Benachteiligung als Benachteiligung von den Verboten des AGG erfasst wird, wird sichergestellt, dass vor der Benachteiligung selbst noch sicherer geschützt wird. Es wird damit ein **„Zaun um die Thora"** gebaut: das eigentlich gemeinte Gebot wird durch ergänzende Verhaltenspflichten erweitert, um jedenfalls dessen Erfüllung durchzusetzen (s. auch Rnr. 79).

2. Fälle der Anweisung

297 Eine Anweisung liegt nach dem Wortlaut des Gesetzes zumindest für den Bereich des § 2 Abs. 1 Nr. 1 bis 4 AGG immer vor, wenn ein anderer **zur Benachteiligung bestimmt** wird. Für den Bereich der § 2 Abs. 1 Nr. 5 bis 8 wird nichts anderes gelten. Dies ähnelt dem Begriff der Anstiftung im Strafrecht gemäß § 26 StGB. Bestimmen bedeutet danach Hervorrufen des Tatentschlusses (Schönke/Schröder/*Cramer/Heine*, StGB, 28. Aufl. 2010, § 26 Rnr. 4). Im Bereich des AGG muss der Begriff des Bestimmens hingegen in einem Aspekt weiter, in einem anderen enger verstanden werden:

298 Eine Anweisung zur Benachteiligung liegt nicht nur dann vor, wenn der Angewiesene erst durch die Weisung auf den Gedanken kommt, zu diskriminieren. Es genügt, dass der **Anweisende wissentlich und willentlich die Weisung zur Diskriminierung** erteilt (zustimmend Schleusener/Suckow/Voigt/*Schleusener*, AGG,

VI. Anweisung zur Benachteiligung als Benachteiligung

§ 3 Rnr. 164). Erfasst sind demnach auch Fälle, in denen der Angewiesene den Arbeitgeber um die Erlaubnis zur Diskriminierung bittet und sie ihm gestattet wird – hier liegt zwar kein Hervorrufen des Entschlusses zur Diskriminierung seitens des Arbeitgebers vor, denn der Angewiesene war bereits entschlossen, dennoch ist der potentiell Benachteiligte nicht weniger schutzwürdig.

Anweisung setzt – anders als die Anstiftung im Strafrecht – seinem Wortlaut nach **Anweisungsbefugnis** voraus. Allerdings hätte auch ein weiteres Verständnis internationale Vorläufer. Nach der Rechtsprechung zu *Title VII Civil Rights Act* ist auch ein Arzt haftbar, der einem Arbeitgeber rät, eine schwangere Bewerberin nicht auf einem bestimmten gesundheitsgefährdenden Arbeitsplatz einzustellen, wenn diese Tätigkeit ihr nicht verboten wäre (s. eine Entscheidung des Iowa Supreme Court 72 FEP Cases 1820 [22. 1. 1997], hierzu *Thüsing*, NZA 1999, 640). Eine Haftung des Arztes nach § 15 AGG bestünde jedoch nicht, denn diese erfasst nur den Arbeitgeber. Dies gilt auch für Anweisungen, die der Arbeitgeber von der Konzernmutter bekommt – auch sie ist nicht der Arbeitgeber des Benachteiligten (siehe zur Haftung des Anweisenden, der nicht Arbeitgeber ist, unten Rnr. 305). Der englische und französische Text der Richtlinie deutet jedoch ebenso wie die deutsche Wortwahl auf ein enges Verständnis des Anweisungsbegriffs (Art. 2 Abs. 4 der Richtlinie 2000/78/EG spricht in der englischen Version von *„instruction to discriminate"*; in der französischen Fassung heißt es: etwas weiter *„tout comportement consistant à enjoindre à quiconque de pratiquer une discrimination"*). Es ist nicht anzunehmen, dass der deutsche Gesetzgeber hierüber hinausgehen wollte, betonen die Gesetzgebungsmaterialien doch, dass hiermit (nur) die europarechtlichen Vorgaben erfüllt werden sollen (s. BT-Drucks. 16/1780, S. 38). Der Anweisende wird damit regelmäßig der Arbeitgeber selbst oder ein Vorgesetzer des unmittelbar Benachteiligten sein (vgl. *Bauer/Göpfert/Krieger*, AGG, § 3 Rnr. 64).

Erfasst ist dem Wortlaut der Norm nach **nicht nur die Anweisung zur Benachteiligung eines Beschäftigten**. Erforderlich ist nur die Anweisung zur Benachteiligung einer Person, die sich im sachlichen Schutzbereich des § 2 AGG befindet. Dies kann auch ein anderer als ein Beschäftigter sein. Andere Ländern haben in diese Richtung ebenfalls entschieden: So wird vom US-amerikanischen Diskriminierungsverbot einerseits die Anweisung an einen Gefängniswart erfasst, schwarzen Gefangenen anders als weißen eine Dusche nach der Arbeit zu verweigern (Moyo v. Gomez, 40 F.3 d 982, 984 [9th Cir.1994]), andererseits die Anweisung eines Autoverleihers an seinen Angestellten, an Angehörige ethnischer Minderheiten keine Autos zu verleihen (Weatherfield Ltd. t/a Van Truck Rentals v. Sargent, ICR 425 CA [1999]). Erforderlich ist aber hier, dass diese Geschäfte vom Anwendungsbereich des § 19 AGG erfasst sind. Daran wird es im ersten Fall fehlen, im zweiten nicht.

Die **Anweisung muss nicht einzelfallbezogen** sein. Sowohl die abstrakte Anweisung „Stellen Sie keine Frauen ein!", als auch die Anweisung zur Ablehnung konkreter weiblicher Bewerberinnen können also erfasst sein. Nicht erforderlich ist ferner, dass der Angewiesene weiß, dass er aus einem in § 1 AGG genannten Grund benachteiligt. Es reicht hier der objektive Tatbestand der Benachteiligung durch den unmittelbar Handelnden selbst. Der Arbeitgeber kann damit durch die Verschleierung seiner Motive nicht der Haftung des § 15 AGG entgehen.

D. Formen der Benachteiligung

3. Fehlende Ausführung durch den Angewiesenen

302 Für das Vorliegen einer Anweisung kommt es nicht darauf an, ob die angewiesene Person die Benachteiligung tatsächlich ausführt (BT-Drucks. 16/1780, S. 33). Wenn er sie nicht ausführt, fehlt es freilich an einer aktuell eingetretenen Benachteiligung. Fraglich ist, ob hier dennoch ein **Nichtvermögensschaden nach § 15 AGG** entstanden ist. Nicht entscheidend kann sein, dass sich die Benachteiligung nicht ausgewirkt hat, also keine Konsequenzen gezeitigt hat, denn auch der Bewerber, der auch ohne unzulässige Benachteiligung nicht beschäftigt worden wäre, hat einen Anspruch auf Entschädigung nach § 15 AGG, wie die ständige Rechtsprechung zu § 611 a BGB zeigt (s. Rnr. 515). Daher wird man nach der Systematik des Gesetzes wohl auch hier einen Nichtvermögensschaden bejahen müssen. Dieser wird freilich deutlich geringer ausfallen, als für den Fall, dass es tatsächlich zur Schlechterstellung gekommen ist (zustimmend *Bauer/Göpfert/Krieger*, AGG, § 3 Rnr. 68 („ein geringerer Entschädigungsanspruch"); Schleusener/Suckow/Voigt/*Schleusener*, AGG, § 3 Rnr. 163). Trotz der Gleichsetzung zwischen Anweisung und Benachteiligung kann damit der Entschädigungsanspruch nach § 15 AGG niedriger bemessen werden. Ein gegriffener, aber sinnvoller Kompromiss kann hier die Hälfte des bei Ausführung der Anweisung Zuzusprechenden sein.

4. Haftung des Angewiesenen und des Hilfeleistenden

303 Eine kaum verständliche **Auslassung des Gesetzgebers** ist es, nicht normiert zu haben, welche **Haftung des Angewiesenen** besteht, wenn er denn die Weisung ausführt. § 15 AGG greift hier nicht, denn der Angewiesene ist nicht Arbeitgeber. Haftungsgrundlage für den unmittelbar Handelnden können also nur die allgemeinen Vorschriften des BGB sein, vor allem § 823 Abs. 1 BGB aufgrund Verletzung des allgemeinen Persönlichkeitsrechts. Diese wird regelmäßig gegeben sein, wenn denn in der angewiesenen Ungleichbehandlung, hätte sie der Arbeitgeber selbst vollzogen, eine Persönlichkeitsverletzung liegen würde. Allerdings berechtigt nicht jede Persönlichkeitsverletzung zum Schadensersatz in Geld des damit verbundenen Nichtvermögensschadens. Die Rechtsprechung verlangt bei Verletzung des allgemeinen Persönlichkeitsrechts eine objektiv erheblich ins Gewicht fallende Persönlichkeitsrechtsverletzung und ebenso ist erforderlich, dass die Beeinträchtigung nicht in anderer Weise (Genugtuung durch Unterlassen, Gegendarstellung oder Widerruf) befriedigend ausgeglichen werden kann (BGH v. 5. 4. 1965 – VIII ZR 10/64, NJW 1965, 1374, 1375; BGH v. 26. 1. 1971 – VI ZR 95/70, NJW 1971, 698, 699; BGH v. 22. 1. 1985 – VI ZR 28/83, NJW 1985, 1617, 1619). Ob ein derart schwerwiegender Eingriff in das allgemeine Persönlichkeitsrecht vorliegt, hängt vor allem von Art und Intensität der Beeinträchtigung, ferner von Anlass und Beweggründen des Handelnden sowie von dem Grad seines Verschuldens ab (Exemplarisch BGH v. 15. 11. 1994 – VI ZR 56/94, NJW 1995, S. 861; weitere Nachweise Bamberger/Roth/*Bamberger*, BGB, § 12 Rnr. 94 f.). Die Schwelle ist hoch und die meisten Fälle liegen wohl darunter, betrachtet man das Gros der einschlägigen Rechtsprechung Eine Haftung des Angewiesenen besteht damit nur in Ausnahmefällen, vor allem etwa, wenn der Angewiesene von sich aus über die Weisung des Arbeitgebers hinausgeht und sich so mit ihr identifiziert. Weist der Arbeitgeber etwa seinen Arbeitnehmer an, Bewerber über 45 Jahre auszusortieren, so kann berücksichtigt werden, wenn der Angewiesene von sich aus alle über 40jährigen zurückweist. Hier wäre dann auch ein Verschulden zu bejahen, was aufgrund der arbeitsvertraglichen Abhängigkeit des Angewiesenen vom Arbeitgeber sonst regelmäßig fraglich sein mag. Zwar hat der Angewiesene das Recht, die Anweisung zu verweigern, er muss jedoch – trotz des Schutzes des § 16 AGG, der ein Maßregelungsverbot entsprechend § 612a BGB festschreibt – Maßregelungen des Arbeitgebers fürchten. Eine Vorwerfbarkeit des Verhaltens ist damit geringer als bei freiwilligem Handeln aus eigenem Antrieb. Ein bei § 823 BGB anerkannter Entschuldigungsgrund ist freilich nicht ersichtlich und auch sonst entschuldigt die Weisung des Arbeitgebers zu unerlaubter Handlung nicht den unmittelbar handelnden Arbeitnehmer. Wo die Grenzen im Einzelnen liegen, wird die Rechtsprechung herauszufinden haben.

Das Gleiche gilt für die **Haftung des bei einer Benachteiligung Hilfeleistenden.** 304
Auch hier kann eine Haftung nur nach Delikt bestehen und ein Schadensersatz in Geld scheidet für den eingetretenen (Nichtvermögens-)Schaden regelmäßig aus. Die Hilfeleistung kann jedoch auch eine mittelbare sein, etwa das Schalten einer Anzeige, sogar das veröffentlichen einer Anzeige oder generell die Personalberatung. Im britischen Recht kann dies auch eine mit einem Ordnungsgeld zu belegende Handlung sein (s. etwa sec. 38 SDA; ähnlich Österreich § 10 Abs. 1 und 2 GlBG, hierzu *Rebhahn*, GlBG, § 9 Rnr. 15). Eine Haftung besteht danach nur dann nicht, wenn der die Anzeige veröffentlichende auf die Stellungnahme des Auftraggebers vertrauen konnte, die Unterscheidung sei gerechtfertigt.

Davon zu unterscheiden ist die **Haftung des Anweisenden, der nicht Arbeitge-** 305
ber ist – etwa des Kunden, der sich in Geldangelegenheiten nur von Männern beraten lassen will und ein entsprechendes Verlangen gegenüber dem Filialleiter äußert, der dem bereitwillig folgt. Hier kommt mangels vertraglicher Beziehung zum Benachteiligten ebenfalls nur ein deliktischer Anspruch in Betracht. Grundlage kann § 823 Abs. 2 BGB i.V.m. § 3 Abs. 5 AGG sein, nimmt man denn an, die Benachteiligungsverbote des AGG sind Schutzgesetze im Sinne dieser Norm. Hier kann dann freilich bei Urheberzweifeln § 830 Abs. 2 BGB gelten, so dass es dann eines eigenständigen Rückgriffs auf § 823 Abs. 2 BGB für den Anweisenden nicht bedarf.

VII. Benachteiligung aus mehreren Gründen

Bei einer unterschiedlichen Behandlung wegen mehrerer der in § 1 AGG ge- 306
nannten Gründe muss sich gemäß § 4 AGG die Zulässigkeit der unterschiedlichen Behandlung auf jeden einzelnen Grund beziehen. Eine nach den §§ 8 bis 10 AGG zulässige unterschiedliche Behandlung wegen eines der in § 1 AGG genannten Gründe rechtfertigt allein keine unterschiedliche Behandlung aus einem anderen in § 1 AGG genannten Grund.

Die Vorschrift stellt klar, dass jede Ungleichbehandlung für sich auf ihre Recht- 307
fertigung hin zu prüfen ist. Ist eine unterschiedliche Behandlung möglicherweise

D. Formen der Benachteiligung

im Hinblick auf einen der in § 1 AGG genannten Gründe gerechtfertigt, liegt darin nicht zugleich die Rechtfertigung einer Benachteiligung wegen eines anderen in § 1 AGG genannten – ebenfalls vorliegenden – Grundes. Die Regelung berücksichtigt den Umstand, dass Beschäftigte der Gefahr der Benachteiligung aus mehreren nach § 1 AGG unzulässigen Gründen ausgesetzt seien können (BT-Drucks. 16/1780, S. 33). Ein Vorbild dieser gesetzestechnischen Selbstverständlichkeit fehlt in den dem AGG zugrunde liegenden Richtlinien (so auch *Bauer/Göpfert/Krieger*, AGG, § 4 Rnr. 2).

1. Unmittelbare Benachteiligung

308 Jeder Grund muss selbst gerechtfertigt sein entsprechend dem für ihn geltenden Maßstab (vgl. Wendeling-Schröder/Stein/*Wendeling-Schröder*, AGG, § 4 Rnr. 2). Wer als Bedienung im chinesischen Restaurant nur junge asiatische Männer einstellt, muss nachweisen, dass das Alter ein legitimer Zweck (§ 10 AGG) und das Geschlecht und die Ethnie eine wesentliche und entscheidende berufliche Anforderung ist (§ 8 Abs. 1 AGG).

2. Mittelbare Benachteiligung

309 Weniger offensichtlich ist eine Benachteiligung wegen mehrerer Gründe bei mittelbarer Diskriminierung. Hier sind für jedes verbotene Merkmal jeweils gesonderte Vergleichsgruppen zu bilden, in deren Schnittmenge der Benachteiligte liegt. Die Prüfung, ob ein legitimes Ziel vorliegt und dieses mit erforderlichen und angemessenen Mitteln erreicht werden soll, ist dann jeweils eigenständig in Bezug auf die verschiedenen Vergleichsgruppen durchzuführen. Wird eine Betriebsstätte geschlossen, in der überproportional Frauen und ältere Arbeitnehmer beschäftigt sind, so ist dies jeweils gesondert auf eine mittelbare Diskriminierung nach dem Geschlecht und dem Alter zu untersuchen.

3. Belästigung

310 Da das AGG die Belästigung per se als unzulässig wertet und die Rechtfertigungsgründe des § 8 AGG hier nicht greifen, stellt sich die Frage nach der jeweils gesonderten Rechtfertigung der verschiedenen Aspekte der Diskriminierung nicht.

4. Positive Maßnahmen als Rechtfertigung einer Benachteiligung aus anderen Gründen

311 Eine positive Maßnahme nach § 5 AGG kann nicht nur die unmittelbare Ungleichbehandlung im Hinblick auf das der Maßnahme zugrunde liegende Unterscheidungskriterium rechtfertigen, sondern auch eine damit unter Umständen verbundene mittelbare Benachteiligung nach anderen Merkmalen. Ein Arbeitgeber, der in einem technischen Beruf vorrangig Frauen einstellen will, wird damit oftmals auch im Durchschnitt jüngeren Arbeitnehmern den Vorzug geben.

VII. Benachteiligung aus mehreren Gründen

Einer gesonderten Rechtfertigung hierfür bedarf es nicht, jedoch muss auch im Hinblick auf diese Zurücksetzungen die Maßnahme verhältnismäßig sein (s. hierzu Rnr. 392).

5. Rechtsfolgen

Gesonderte Regelungen für die Rechtsfolgen bei Benachteiligung aus mehreren Gründen kennt das Gesetz nicht. Der Entschädigungsanspruch nach § 15 AGG zur Kompensation des immateriellen Schadens wird jedoch umso höher ausfallen müssen, je mehr unerlaubte Unterscheidungen der Maßnahme zugrunde liegen (so auch BT-Drucks. 17/1780, S. 33; aA Wendeling-Schröder/Stein/*Wendeling-Schröder*, AGG, § 4 Rnr. 3). Eine schlichte Multiplizierung des bei einfacher Diskriminierung zuzusprechenden Betrages auf das zwei-, drei- oder vierfache ist jedoch regelmäßig zu hoch gegriffen, denn auch bei Benachteiligung aus verschiedenen Gründen ist es nur eine Benachteiligung, die ausgeglichen werden muss (*Bauer/Göpfert/Krieger*, AGG, § 4 Rnr. 6 f.). Bei Nichteinstellung ist auch bei mehrfacher Benachteiligung die Höchstgrenze des § 15 Abs. 2 AGG zu beachten.

312

E. Rechtfertigung einer Benachteiligung

I. Maßstab der Rechtfertigung bei den unterschiedlichen Formen der Benachteiligung

313 § 8 AGG setzt Art. 4 Abs. 1 der Richtlinien 2000/43/EG und 2000/78/EG und Art. 14 Abs. 2 der Richtlinie 2006/54/EG um. Die Regelung stellt klar, unter welchen allgemeinen Voraussetzungen berufliche Anforderungen eine unmittelbare Benachteiligung rechtfertigen können. Bei der mittelbaren Benachteiligung zählt die Rechtfertigung durch einen sachlichen Grund bereits zu den tatbestandlichen Voraussetzungen; bei einer Belästigung oder sexuellen Belästigung kommt eine Rechtfertigung nicht in Betracht (unnötig vorsichtig: BT-Drucks. 16/1780, S. 35: „regelmäßig" nicht in Betracht). Die Rechtfertigung einer Anweisung richtet sich nach der Rechtfertigung der angewiesenen Benachteiligung: Wird zur mittelbaren Benachteiligung aufgefordert, greift der Maßstab des § 3 Abs. 2 AGG, wird zur unmittelbaren Benachteiligung aufgefordert, muss die erwartete Handlung nach § 5, § 8, § 9 oder § 10 AGG gerechtfertigt sein.

314 Die Möglichkeit der Rechtfertigung ist ein **zentraler und auch notwendiger Baustein** im Recht der Antidiskriminierung. Diskriminierungsverbote gelten nicht absolut. Es gibt stets zwingende sachliche Gründe, die es erlauben, auch pönalisierte Kriterien zu benutzen, weil entweder die Interessen des Vertragspartners oder dritter Personen, gelegentlich auch diejenigen der gesetzlich geschützten Rechtsträger selbst dies erfordern. Die dogmatische Schwierigkeit besteht darin, „berechtigte Gründe" für jedes Benachteiligungsverbot getrennt zu entwickeln und sie außerdem vom sachlichen Grund im Sinn des allgemeinen Gleichbehandlungsgebotes abzugrenzen (vgl. dazu die sog. „neue Formel" des Bundesverfassungsgerichts in BVerfG v. 7. 10. 1980 – 1 BvL 50/79 u. a., BVerfGE 55, 72, 88 und später in BVerfG v. 26. 1. 1993 – 1 BvL 38/92 u. a., BVerfGE 88, 87, 96; BVerfG v. 14. 12. 1994 – 1 BvR 720/90, BVerfGE 91, 346, 362 und BVerfG v. 27. 1. 1998 – 1 BvL 15/87, BVerfGE 97, 169, 181). Dass jedes Verbotskriterium seine eigene Sachgesetzlichkeit hat, liegt – wenn man die berechtigte Benachteiligung wegen des Geschlechts mit derjenigen wegen einer Teilzeitarbeit vergleicht – auf der Hand. Das hat sich sprachlich auch in den verschiedenen EG-Richtlinien niedergeschlagen. Die Richtlinie 76/207/EG ließ in Art. 2 Abs. 2 bis zu ihrer Änderung durch Richtlinie 2002/73/EG eine Ausnahme zu, wenn das Geschlecht „eine unabdingbare Voraussetzung darstellt". Etwas anders formulieren die Richtlinie 2000/43/EG und die Richtlinie 2000/78/EG jeweils in Art. 4 sowie die Richtlinie 2006/54/EG in Art. 14, dass die Benachteiligung erlaubt wird, wenn das Unterscheidungsmerkmal „eine wesentliche und entscheidende berufliche Voraussetzung darstellt" und überdies der Grundsatz der Verhältnismäßigkeit eingehalten wird. Davon wieder abweichende Formulierungen finden sich für die Rechtfertigungsgründe in kirchlichen oder religiösen Organisationen in Art. 4 Abs. 2, für die Behinderung in Art. 5 und für das Alter in Art. 6 der Richtlinie 2000/78/EG.

Die Rechtsordnung umfasst auch im nationalen Bereich die Spannweite eines Ermessensspielraums in § 4 TzBfG einerseits bis zur absoluten Gleichberechtigung in § 9 Nr. 2 AÜG andererseits. Das AGG zeichnet diese **Verschiedenheit möglicher Rechtfertigung** durch eine Unterscheidung in den §§ 8, 9 und 10 AGG nach. Sie differiert nach dem Grund der Benachteiligung – s. § 8 Abs. 1 und § 10 AGG – oder nach der Person des Benachteiligenden – s. § 9 gegenüber § 8 Abs. 1 AGG.

Die **für alle Diskriminierungsverbote geltenden Sachgesetzlichkeiten** sind noch wenig erforscht (wertvolle Ansätze dazu bei *Wiedemann*, Gleichbehandlungsgebote, 2001, S. 59 f.). An die Rechtfertigungsgründe für eine Ungleichbehandlung werden aber unter verschiedenen Gesichtspunkten „härtere" Anforderungen gestellt als an den sachlichen Grund des allgemeinen Gleichheitssatzes. Einmal können bloße Marktüberlegungen eine verbotene Diskriminierung nicht legitimieren, weil sonst bei den wichtigen Arbeitsverträgen eine besonders einschneidende Minderung der Gegenleistung erlaubt wäre. Zum anderen wird es für eine Rechtfertigung – anders als bei der allgemeinen Gleichbehandlung – nicht ausreichen, dass ein sachlicher Bezug zum Inhalt des vertraglichen Rechtsgeschäfts besteht und dieser für den durchschnittlichen Betrachter nachzuvollziehen ist. Die Abwägung zwischen den Interessen und letztlich: Grundrechten der betroffenen Personen muss zusätzlich dem Prinzip der Verhältnismäßigkeit genügen.

II. Rechtfertigung unmittelbarer Benachteiligung nach § 8 Abs. 1 AGG

Literatur: *Guild*, The EC Directive on Race Discrimination: Surprises, Possibilities and Limitations, Industrial Law Journal, Bd. 29 (2000), 416; *Rivas Vaño*, La Prohibición de Discriminación por Orientación Sexual en la Directiva 2000/78, Temas Laborales, Nr. 59 (2001), 193–220; *Schaub*, Ist die Frage nach der Schwerbehinderung zulässig?, NZA 2003, 299–301; *Schiek*, Diskriminierung wegen der „Rasse" oder „ethnischer Herkunft" – Probleme bei der Umsetzung der RL 2000/43/EG im Arbeitsrecht, AuR 2003, 44–51; *Thüsing*, Zulässige Ungleichbehandlung männlicher und weiblicher Arbeitnehmer, RdA 2001, 319–325; *Whittle*, The Framework Directive for Equal Treatment in Employment and Occupation: An Analysis from a Disability Rights Perspective, European Law Review, Bd. 27 (2002), 303–326

1. Einheitlicher Maßstab

§ 8 Abs. 1 AGG bestimmt **einheitlich** für alle Diskriminierungsmerkmale, dass eine Benachteiligung zulässig ist, wenn der Grund für die Diskriminierung wegen der Art der auszuübenden Tätigkeit oder der Bedingungen ihrer Ausübung eine wesentliche und entscheidende berufliche Anforderung darstellt, sofern der Zweck rechtmäßig und die Anforderung angemessen ist. Diese einheitliche Regelung war ursprünglich nicht vorgesehen. Im an der vorgezogenen Bundestagswahl 2005 gescheiterten Gesetzesentwurf war ursprünglich vorgesehen, als gesonderten Maßstab für das Geschlecht die Unverzichtbarkeit beizubehalten, wie es in § 611 a Abs. 1 S. 2 BGB zu finden war. Diese **Unterscheidung** hielt man nach der Begründung des Gesetzesentwurfs für notwendig, weil bei der Umsetzung der Richtlinien bereits bestehende Vorschriften nicht verschlechtert werden dürfen (BT-Drucks. 15/4538, S. 32). Dies war jedoch unzutreffend, auch wenn Art. 8 e Abs. 2

E. Rechtfertigung einer Benachteiligung

Richtlinie 76/207/EWG es verbot, die Umsetzung der Richtlinie zur Rechtfertigung einer Absenkung des bereits garantierten Schutzniveaus in Bezug auf Diskriminierungen in den von der Richtlinie abgedeckten Bereichen zu nutzen. Damit dieses Verbot eingreift, müsste die Umsetzung zur Rechtfertigung einer Minderung des Schutzes herangezogen werden. Das war hier nicht der Fall, anders als wenn bspw. die Einführung eines Diskriminierungsverbots zum Schutz von Behinderung zur Abschaffung von Einstellungsquoten für Behinderte herangezogen wird, wie dies im Vereinigten Königreich anlässlich der Einführung des DDA geschah. Zum anderen setzt ein Verbot des Gleichlaufs beider Maßstäbe voraus, dass der neue Maßstab großzügiger ist als der alte. Wenn aber nun Art. 2 Abs. 6 der Richtlinie 76/207/EWG seit ihrer Änderung durch Richtlinie 2002/73/EG auf europäischer Ebene den gleichen Maßstab zur Rechtfertigung bei der Geschlechtsdiskriminierung wie in Art. 4 Richtlinie 2000/43/EG und Art. 4 Richtlinie 2000/78/EG in Bezug auf die übrigen Diskriminierungsverbote aufgestellt hat (auch die Nachfolgerichtlinie 2006/54/EG behält dies bei), um die Maßstäbe einander anzugleichen, dann wäre dies ohne Wirkung, wenn man gleichzeitig mit Einfügung des Art. 8e Abs. 2 Richtlinie 76/207/EWG durch Richtlinie 20002/73/EG ein europarechtliches Verbot geschaffen hätte, das den Mitgliedstaaten verbietet, eben diese Angleichung nachzuvollziehen. Die These der Bundesregierung könnte daher nur dann zutreffen, wenn man davon ausgeht, das die deutsche Umsetzung in § 611a Abs. 1 S. 2 BGB bereits über das hinausging, was durch die Richtlinie 76/207/EWG vor ihrer Änderung durch Richtlinie 2002/73/EG geboten war, und dieser erhöhte Maßstab nun beibehalten werden müsste. Das aber ist nicht anzunehmen: „unverzichtbar" (§ 611a Abs. 1 S. 2 BGB) ist nicht strenger als „unabdingbare Voraussetzung" (Art. 2 Abs. 2 Richtlinie 76/207/EWG a. F.). Man konnte also für alle Gründe einen einheitlichen Maßstab der Rechtfertigung heranziehen – wie es andere Mitgliedstaaten auch getan haben, s. z.B. Art. L. 1132-1 Code du travail; anders allerdings §§ 9, 20 österr. GlBG. Dies hat der deutsche Gesetzgeber auch so erkannt. Er ließ die Unterscheidung nach der Ausschussanhörung im März 2005 fallen (*Thüsing*, Ausschussdrucks. 15(12) 440-C; s. jetzt auch BT-Drucks. 16/1780, S. 35: „Eine Absenkung des Schutzstandards hinsichtlich des Merkmals Geschlecht ist damit nicht verbunden.").

2. Wesentliche und entscheidende berufliche Anforderungen

317 Entsprechend den Vorgaben der Richtlinien 2000/43/EG, 2000/78/EG und 2006/54/EG stellt § 8 Abs. 1 AGG für die Zulässigkeit einer unterschiedlichen Behandlung wegen eines in § 1 AGG genannten Grundes auf die wesentliche und entscheidende berufliche Anforderung ab. Eine Ungleichbehandlung kann danach nicht durch Erwägungen der bloßen Zweckmäßigkeit zulässig werden. Vielmehr muss die an den Beschäftigten gestellte Anforderung erforderlich sein und dem Grundsatz der Verhältnismäßigkeit zwischen beruflichem Zweck und Schutz vor Benachteiligung standhalten (BT-Drucks. 16/1780, S. 35). Hierfür ist es allerdings nicht erforderlich, dass die wesentliche Anforderung in dem Kriterium selbst liegt; es genügt, wenn sie damit im Zusammenhang steht (EuGH v. 12.1.2010 – C-229/08, NJW 2010, 2193 – Wolf). Mit anderen Worten genügt es damit, wenn die entschei-

II. Rechtfertigung unmittelbarer Benachteiligung nach § 8 Abs. 1 AGG

dende berufliche Voraussetzung in Kriterien liegt (bspw. körperliche Fitness), die mit den Gründen aus § 1 AGG (bspw. Alter) in Verbindung stehen. Geboten ist hierfür allerdings eine restriktive Betrachtung hinsichtlich des Zusammenhangs von Gründen gemäß § 1 und Anknüpfungspunkten für die berufliche Anforderung.

a) Dogmatische Einordnung der beruflichen Anforderungen

Viel spricht dafür, dass der deutsche Gesetzgeber bei der Umsetzung der „beruflichen Anforderungen" gem. Art. 4 der Richtlinien 2000/43/EG und 2000/78/EG durch § 8 Abs. 1 AGG ein dogmatisch anderes Verständnis dieser Ausnahmevorschriften zugrundegelegt hat als es die Kommission im Sinn hatte. „Berufliche Anforderungen" ermöglichen einem Arbeitgeber nach der europarechtlichen Konzeption allein auf das Vorhandensein eines geschützten Differenzierungsmerkmals ausnahmsweise bestehen zu können. Ein Arbeitgeber kann mit anderen Worten gerade verlangen, dass der einzustellende Beschäftigte beispielsweise männlich, jung, asiatisch oder katholisch ist. Der umgekehrte Fall wird durch den Wortlaut des Art. 4 der jeweiligen Richtlinie dagegen nicht gedeckt: Das Anknüpfen an die Gruppenzugehörigkeit zum Nachteil des von der Maßnahme Betroffenen. Recht klar äußert sich die Kommission in dieser Hinsicht zum Merkmal der Religion. Es liege auf der Hand, heißt es in der Begründung des Richtlinienentwurfs, dass in Organisationen, die bestimmte religiöse Werte vertreten, für bestimmte Arbeitsplätze oder Tätigkeiten nur Arbeitnehmer mit der entsprechenden religiösen Überzeugung in Betracht kommen (vgl. KOM(1999) 565 endg. v. 24.11.1999, S. 11 f.). Ein Arbeitgeber kann demzufolge zwar das Vorhandensein einer bestimmten religiösen Überzeugung zur positiven Voraussetzung machen, ihr Fehlen aber nicht. Dieses restriktive Verständnis der beruflichen Anforderungen spiegelt sich ebenso im Katalog möglicher Fallbeispiele wider, die unter Umständen imstande sein sollen, eine ungleiche Behandlung wegen der Rasse oder ethnischen Herkunft zu rechtfertigen. Als mögliche Anwendungsfälle der beruflichen Anforderungen in diesem Rahmen nennt die Kommission den Fall, dass aus Gründen der Authentizität ein Schauspieler benötigt wird, der einer bestimmten Rasse oder ethnischen Gruppe angehört; gedacht ist ferner daran, dass im Rahmen einer Tätigkeit persönliche Dienstleistungen für Angehörige einer bestimmten ethnischen Gruppe zu erbringen sind und dies am effektivsten von einem Angehörigen dieser Gruppe geleistet werden kann (s. KOM(1999) 566 endg. v. 25.11.1999, S. 9). Wiederum wird dem Arbeitgeber damit allein das Bestehen auf das Vorhandensein eines geschützten Differenzierungsmerkmals zugestanden. Die **Möglichkeit einer negativen Anknüpfung** an ein geschütztes Merkmal würde danach allein den allgemeinen Regeln folgen. Danach kann es im Einzelfall an der notwendigen Geeignetheit eines Beschäftigten für die infrage stehende Arbeitsstelle und damit einer Anwendungsvoraussetzung des Diskriminierungsschutzes fehlen; an dem bereits im Rahmen des § 611 a BGB anerkannten Prinzip, dass das Benachteiligungsverbot den Arbeitgeber nicht zur Einstellung ungeeigneter Arbeitnehmer zwingt (st. Rechtsprechung s. zuletzt BAG v. 5.2.2004 – 8 AZR 112/03, NJW 2004, 2112, 2115), hat sich auch unter der Neuregelung nichts geändert. Die Zulässigkeit mittelbarer Diskriminierungen richtet sich andererseits primär nach Art. 2

318

Abs. 2 lit. b) der Richtlinien und der dort verankerten Möglichkeit einer sachlichen Rechtfertigung entsprechender Benachteiligungen. Ergänzend kann bei einer Ungleichbehandlung wegen des Alters Art. 6 der Richtlinie 2000/78/EG sowie bei positiven Maßnahmen Art. 5 der Richtlinie 2000/43/EG bzw. Art. 7 der Richtlinie 2000/78/EG herangezogen werden.

319 Um eine Erfindung des europäischen Gesetzgebers handelt es sich bei der Berücksichtigung „beruflicher Anforderungen" nicht. Das **US-amerikanische Antidiskriminierungsrecht** kennt eine entsprechende Durchbrechung des Gleichbehandlungsgrundsatzes mit der Figur der sog. *bona fide occupational qualification defense* bereits seit geraumer Zeit (s. hierzu *Thüsing*, RdA 2001, 319, 320 f.). Gegenständlich ist diese allerdings auf die Merkmale der Religion, des Geschlechts, der nationalen Herkunft (42 U. S. C. § 2000 e-2(e)(2004)) sowie des Alters (29 U. S. C. § 623 (f)(1)(2004)) beschränkt. Neben der im Einzelnen nicht unproblematischen Ausklammerung von Rasse und Hautfarbe (vgl. etwa *Bryant*, 33 Georgia Law Review 211 (1988) zur Besetzung der Filmrolle von Martin Luther King, Jr.) wird damit insbesondere das Merkmal der Behinderung nicht von diesen Ausnahmevorschriften erfasst. Letzteres erscheint sinnvoll, sind doch Fälle, in denen gerade das Vorhandensein einer Behinderung notwendige Voraussetzung für die Ausübung einer bestimmten Arbeitsstelle ist, praktisch nicht vorstellbar.

320 Der **deutsche Gesetzgeber** hat sich dieses restriktive Verständnis der Richtlinien wohl nicht zueigen gemacht. Zwar lässt der Wortlaut des § 8 Abs. 1 AGG eine entsprechende Interpretation zu, Systematik und gesetzgeberische Intention weisen allerdings in eine andere Richtung. Anstatt – wie auch die Kommission – das positive Anknüpfen an geschützte Merkmale in der Vordergrund zu rücken, spricht die Gesetzesbegründung schlechterdings davon, dass „berufliche Anforderungen eine Ungleichbehandlung rechtfertigen können" (BT-Drucks. 16/1780, S. 35). Untermauert wird dieses Verständnis der europarechtlichen Vorgaben durch einen Blick auf die Vorgängervorschrift des § 611 a BGB. Eine unterschiedliche Behandlung wegen des Geschlechts war dort zulässig, soweit eine Vereinbarung oder eine Maßnahme die Art der vom Arbeitnehmer auszuübenden Tätigkeit zum Gegenstand hat und ein bestimmtes Geschlecht unverzichtbare Voraussetzung für diese Tätigkeit ist. Erfasst waren von dieser Ausnahmevorschrift sämtliche Differenzierungen nach dem Geschlecht, ungeachtet davon, ob sie sich zum Vorteil oder Nachteil des betroffenen Arbeitnehmers auswirkten. Eine entsprechende Unterscheidung war zudem beim Geschlecht hinfällig, da Bevorzugungen des einen Geschlechts spiegelbildlich das andere benachteiligen. Dementsprechend machte es in der Sache keinen Unterschied, ob etwa die „Eigenschaft als Frau" eine unverzichtbare Voraussetzung des Arbeitsverhältnisses als Arzthelferin ist (BAG v. 21.2.1991 – 2 AZR 449/90, NZA 1991, 719, 723) oder umgekehrt formuliert, dass die Zugehörigkeit zum männlichen Geschlecht unvereinbar mit den Anforderungen dieses Arbeitsplatzes ist (so ErfK/*Schlachter*, § 8 AGG Rnr. 5).

b) Begriffliche Voraussetzungen

321 Für die Definition dessen, was eine wesentliche und entscheidende berufliche Anforderung ausmacht, dürfte *mutatis mutandis* dasselbe gelten wie für die Un-

II. Rechtfertigung unmittelbarer Benachteiligung nach § 8 Abs. 1 AGG

verzichtbarkeit zur Rechtfertigung einer Benachteiligung wegen des Geschlechts, wie es ehemals § 611a BGB forderte. Eine Anforderung ist dann „**entscheidend**" für eine bestimmte berufliche Tätigkeit, wenn die Tätigkeit ohne sie nicht oder nicht ordnungsgemäß durchgeführt werden kann (so auch BAG v. 28.5.2009 – 8 AZR 536/08, NZA 2009, 1016, das hervorhebt, dass es genügt, dass die Tätigkeit „nur schlechter bzw. nicht ordnungsgemäß" erbracht werden kann). Die zusätzliche Einschränkung auf „**wesentliche**" Anforderungen soll eine gewisse Erheblichkeitsschwelle statuieren (*Bauer/Göpfert/Krieger*, AGG, § 8 Rnr. 21: „Die berufliche Anforderung muss für das jeweilige Berufsbild prägend sein"; Schleusener/Suckow/Voigt/*Schleusener*, AGG, § 8 Rnr. 14). Hierbei ist ein Vergleich nötig zwischen dem gesamten Aufgabenbereich, der dem Beschäftigten zugewiesen werden soll, und dem Teilbereich, den er aufgrund seiner Benachteiligung nicht ordnungsgemäß ausüben kann. Dabei muss sich ergeben, dass der Aufgabenbereich, der ohne eine bestimmte Religion, ethnische Herkunft, ein bestimmtes Alter oder eine gewisse sexuelle Identität nicht ausgeübt werden kann, einen erheblichen Teil des gesamten dem Beschäftigten übertragenen Aufgabenfeldes ausmacht. Das Wesentlichkeitskriterium ist angesichts des Zieles der Richtlinie, einen umfassenden Benachteiligungsschutz zu gewährleisten, tendenziell eng auszulegen (so bereits *Thüsing/Wege*, FA 2003, 296, 298 sowie *dies.*, ZEuP 2004, 399, 421). Aus der Beschränkung auf „wesentliche und entscheidende" Berufsanforderungen folgt, dass der Arbeitgeber sich bei einer Ungleichbehandlung allein zur Durchsetzung sonstiger, unwesentlicher Arbeitsplatzanforderungen nicht zur Rechtfertigung auf § 8 Abs. 1 AGG stützen kann. Die nicht durchführbaren Tätigkeiten müssen aber keineswegs überwiegen, es genügt, wenn sie eine unter mehreren zentralen Aufgaben betreffen (BAG v. 28.5.2009 – 8 AZR 536/08, NZA 2009, 1016).

Welche beruflichen Anforderungen im Einzelfall wesentlich sind, hängt von der auszuübenden Tätigkeit ab. Als **allgemeiner Maßstab** dürfte gelten, dass zumindest solche Anforderungen, die das jeweilige Berufsbild prägen bzw. derentwegen der Arbeitgeber den betreffenden Arbeitsplatz geschaffen hat, als wesentlich einzustufen sind. Ferner muss sich eine berufliche Anforderung am Verhältnismäßigkeitsgrundsatz messen lassen. Der Arbeitgeber darf deshalb nur dann vom Gleichbehandlungsgrundsatz abweichen, wenn er mit der Bezugnahme auf ein geschütztes Merkmal einen legitimen Zweck verfolgt und die Anforderung zur Erreichung desselben geeignet, erforderlich und angemessen ist. Zu prüfen ist also insbesondere, ob das vom Arbeitgeber verlangte Merkmal tatsächlich zur Verwirklichung des unternehmerischen Zwecks erforderlich ist. Die konkrete Stellenausschreibung ist also am übergeordneten Unternehmenszweck zu messen (BAG v. 28.5.2009 – 8 AZR 536/08, NZA 2009, 1016). Die Aufteilung der Arbeitsleistung, die dann eine Diskriminierung erforderlich macht, wird ihrerseits von der Unternehmerfreiheit geschützt, sodass nur eine Willkürkontrolle stattfindet (BAG v. 28.5.2009 – 8 AZR 536/08, NZA 2009, 1016). Eine Diskriminierung kann demnach nur als *ultima ratio* in Betracht kommen. Das US-amerikanische Antidiskriminierungsrecht ist in diesem Punkt überaus streng. Eine *bona fide occupational qualification* kann ein Arbeitgeber dort im wesentlichen nur dann für sich in Anspruch nehmen, wenn er beweist, dass er Grund zur Annahme hatte, dass kein Beschäftigter in der durch die Anforderung ausgeschlossenen Gruppe zur Ableistung der Arbeitsplatzanforderungen in der Lage war (vgl. grundlegend Dothard v. Rawlinson, 433 U. S. 321 (1977) m. w. N.). **Testfrage** ist: Wäre die Stelle dauerhaft unbesetzt geblieben, wenn sich nur Arbeitnehmer ohne das geforderte Differenzierungsmerkmal beworben hätten? Nur dort, wo das männliche oder weibliche Geschlecht, das Alter, die Religion, die Rasse oder die ethnische Herkunft, die Behinderung oder sexuelle Identität nicht bloß erwünschte Nebeneigenschaft ist, sondern der Arbeitnehmer gerade dafür bezahlt wird, es damit Bestandteil seiner entgoltenen Leistung und seiner konkreten Tätigkeit ist, ist das Merkmal eine wesentliche und entscheidende berufliche Anforderung. Eine Beschränkung auf einzelne Merkmale des § 1 AGG erfolgt – im Gegensatz zum angloamerikanischen Recht (vgl. MüKo/*Thüsing*, AGG, § 8 Rnr. 7) – nicht, so dass grundsätzlich alle Merkmale Anknüpfungspunkt des § 8 sein können, wenn auch die praktische Relevanz unterschiedlich stark ausgeprägt sein wird.

3. Konkretisierung durch Gruppenbildung

323   Bei § 611a BGB bot es sich an, in grober Ordnung zwischen Unverzichtbarkeit im engeren Sinne und Unverzichtbarkeit im weiteren Sinne zu unterscheiden (ausführlich *Thüsing*, RdA 2001, 319 f.; s. auch *Schlachter*, Wege zur Gleichberechtigung, S. 167 ff.). Dies kann auf den Maßstab der „wesentlichen und entscheidenden beruflichen Anforderung" übertragen werden. Beide Maßstäbe lassen sich übereinstimmend interpretieren, s. Rnr. 316. Das Kriterium der „wesentlichen und entscheidenden beruflichen Anforderung" stellt – unabhängig von den Schwierigkeiten der Konkretisierung dieses Begriffs im Einzelfall – jedenfalls erheblich **höhere Anforderungen** an das Gewicht des rechtfertigenden Umstands **als ein sachlicher Grund**, denn – so das BAG in Ausdeutung des § 611a BGB in wohl zu strenger Formulierung – das Geschlecht ist nur dann unverzichtbar, wenn ein Angehöriger des jeweils anderen Geschlechts die vertragsgemäße Leistung nicht erbringen kann und dieses Unvermögen auf Gründen beruht, die ihrerseits der gesetzlichen Wertentscheidung der Gleichberechtigung beider Geschlechter genügen (so BAG v. 27. 4. 2000 – 8 AZR 295/99, AuA 2000, 281). Diese restriktive Rechtsprechung hat sich auch für das AGG durchgesetzt, indem das BAG wiederholt die Gleichbehandlung von § 611a Abs. 1 S. 2 BGB und § 8 Abs. 1 klargestellt hat (BAG v. 18. 3. 2010 – 8 AZR 77/09, NZA 2010, 872; BAG v. 28. 5. 2009 – 8 AZR 536/08, NZA 2009, 1016). Eine Einschränkung ist aber insofern geboten, dass es genügt, wenn die wesentliche Voraussetzung mit einem der Kriterien aus § 1 AGG verbunden ist, sie muss nicht unmittelbar an das Merkmal anknüpfen.

a) Wesentliche und entscheidende berufliche Anforderung im engeren Sinne

324   Die Differenzierung nach dem Geschlecht ist zulässig, wenn nur Männer oder Frauen die betreffende Tätigkeit ausführen können; die Differenzierung nach der ethnischen Zugehörigkeit ist zulässig, wenn nur Asiaten oder Farbige eine Tätigkeit ausüben können. Hier kann es eine tatsächliche oder – vor allem im Bezug auf das Geschlecht und das Alter – eine rechtliche Unverzichtbarkeit geben. Die tatsächliche Unverzichtbarkeit bilden die Fälle **biologischer Notwendigkeit,** für die beispielhaft die Amme steht (s. *Preis*, Arbeitsrecht, S. 380; *Hanau*, FS Lüderitz,

II. Rechtfertigung unmittelbarer Benachteiligung nach § 8 Abs. 1 AGG

2000, S. 247; Wendeling-Schröder/Stein/*Wendeling-Schröder*, AGG, § 8 Rnr. 6). Zur tatsächlichen Unverzichtbarkeit gehört auch die Fallgruppe der Authentizitätswahrung: Damenmode kann authentisch nur von Damen vorgeführt werden und eine Sopranrolle nur von einer Frau gesungen werden, *Othello* spielt am glaubhaftesten ein Farbiger, ein Kellner im Chinarestaurant sollte kein Schwede sein (zur Authentizitätswahrung s. auch Art. R. 1142–1 Code du travail; danach ist eine Ungleichbehandlung wegen des Geschlechts nur bei Schauspielern, Mannequins und Modellen möglich. Schleusener/Suckow/Voigt/*Schleusener*, AGG, § 8 Rnr. 8).

Zur **rechtlichen Unverzichtbarkeit** gehören alle Fälle, in denen ein Gesetz die Beschäftigung des jeweils anderen Geschlechts verbietet (z. B. § 64 a BBergG; hierzu auch MüKo/*Müller-Glöge*, 4. Aufl. 2004, BGB, § 611 a Rnr. 50) oder auch die Beschäftigung ab einem bestimmtem Alter – so die Altersgrenzen von Notaren oder Piloten von Passagierflugzeugen. Hier kann kein Verstoß gegen das AGG vorliegen, wohl aber kann das Verbotsgesetz selber gegen europarechtliche Vorgaben verstoßen, weil es der vollständigen Umsetzung der dem Diskriminierungsverbot zugrunde liegenden Richtlinien entgegensteht. Solange der deutsche Gesetzgeber aber nicht tätig wird, um ein eventuelles Umsetzungsdefizit zu beheben, kann sich der Arbeitnehmer – wo er nicht staatlich Bediensteter ist und wo nicht das Verbot der Geschlechtsdiskriminierung beim Entgelt nach Art. 157 AEUV (ex-Art. 141 EG) greift – nicht unmittelbar auf das Europäische Recht berufen, da dies eine horizontale verpflichtende Wirkung von Privaten bedeuten würde, die nach gefestigter Rechtsprechung des EuGH ausgeschlossen ist (s. Rnr. 37).

b) Wesentliche und entscheidende berufliche Anforderung im weiteren Sinne

Daneben kann eine wesentliche und entscheidende berufliche Anforderung im weiteren Sinne gegeben sein. Diese Fälle sind sehr viel schwerer einzukreisen, denn sie sind die eigentlich problematischen Sachverhalte.

Erste Voraussetzung ist hier, dass ein Arbeitnehmer eines bestimmten Geschlechts, eines bestimmten Alters, einer bestimmten Religion oder Weltanschauung, einer bestimmten Behinderung oder einer bestimmten Hautfarbe die berufliche Tätigkeit zwar verrichten kann, jedoch tatsächlich schlechter ausübt als Angehörige einer Gruppe, die die bestimmten Merkmale nicht aufweist. In einem zweiten Schritt ist dann zu fragen, ob die Minderleistung biologisch, wenn auch u. U. nicht unmittelbar, sondern reflektiert durch Dritte, mit denen der Arbeitnehmer zu tun hat, bedingt ist. Das ist in allen Fällen gegeben, wo die Scham gegenüber dem anderen Geschlecht relevant wird. Denn bei solchen Sachverhalten (Masseur, ärztliches und medizinisches Personal) sind keine Vorurteile gegenüber Frauen oder Männern entscheidend, sondern ein Gefühl, das zwar gesellschaftlich geformt sein mag, aber dennoch biologisch begründet ist. Daher ist immer dann, wenn glaubhaft nachgewiesen werden kann, dass Kunden zur **Wahrung der Intimsphäre** das andere Geschlecht zurückweisen, eine Differenzierung zwischen den Geschlechtern zulässig (BAG v. 28. 5. 2009 – 8 AZR 536/08, NJW 2009, 3672, 3675 f.; *Bauer/Göpfert/Krieger*, AGG, § 8 Rnr. 30). Eine Abwägung von Interessen ist nicht erforderlich, denn es wird nur die biologische Verschiedenheit von Mann und Frau anerkannt, nicht aber eine diskriminierende Unterscheidung getroffen.

E. Rechtfertigung einer Benachteiligung

Wie vernünftig oder wie verbreitet das Schamgefühl ist, ist nicht relevant. Entscheidend ist allein, ob dies der tatsächliche Grund für die Differenzierung ist.

328 In den übrigen Fällen, in denen der Unterschied in der Fähigkeit, einer Aufgabe gerecht zu werden, nicht biologisch begründet ist, ist danach zu fragen, ob nicht dennoch ein **legitimes öffentliches Interesse** an der bestmöglichen Erfüllung der Aufgabe besteht. Hier ist dann abzuwägen: Zwar mag man die Vorurteile von Häftlingen gegenüber weiblichen oder älteren Bewachern verurteilen, jedoch liegt die Sicherheit des Gefängnisses sicherlich im öffentlichen Interesse und kann daher eine unterschiedliche Behandlung rechtfertigen.

329 Es bleiben damit die Fälle, in denen ein Arbeitnehmer bei einer Tätigkeit einzig aufgrund der **Vorurteile oder schlicht Präferenzen der Kundschaft** weniger erfolgreich ist als ein Kollege des anderen Geschlechts, einer anderen Ethnie oder eines anderen Alters, und kein besonderes öffentliches Interesse an einer optimalen Ausführung der Tätigkeit besteht (Problem der sog. *customer preferences*). In den USA begegnet man den *customer preferences* regelmäßig mit großer Vorsicht. Die *guidelines* der *Equal Employment Opportunity Commission* (EEOC) gehen davon aus, dass die Wünsche von Mitarbeitern oder Kunden nie eine unmittelbare geschlechtsspezifische Diskriminierung rechtfertigen können (29 C.F.R. 1604.2 a III). Die Praxis der Gerichte überträgt dies auch auf andere Diskriminierungsmerkmale: Fernandez, 653 F.2d at 1276–77 *(preference of clients in South America for dealing with males cannot make sex into a bona fide qualification)*; Diaz, 442 F.2d at 389 *(preference of airplane passengers for female flight attendants cannot make sex into a bona fide qualification)*; Ray v. University of Ark., 868 F. Supp. 1104, 1126–27 (E.D. Ark. 1994) *(even if race could ever be a bona fide qualification, students' preference for police officers of their own race is insufficient)*; EEOC v. Sedita, 755 F. Supp. 808, 810–11 (N.D. Ill. 1991) *(objections by female health club members to having male instructors do not make sex a bona fide qualification, unless clients will leave the club if males are employed there"* – *clients' general preference for a female instructor is not enough)*; Levendos v. Stern Entertainment, Inc., 723 F. Supp. 1104, 1107 (W.D. Pa. 1989) *(perception by employer that male waiters „present a better image" for the restaurant cannot make sex into a bona fide qualification)*; Bollenbach v. Board of Educ. of Monroe-Woodbury Cent. Sch. Dist., 659 F. Supp. 1450, 1472 (S.D.N.Y. 1987) *(preference of religious parents for male school bus drivers can't make sex into a bona fide qualification)*; Bohemian Club, 187 Cal. App. 3d at 21, 231 Cal. Rptr. at 781–82 *(client preference for male service personnel, based upon the supposed „inhibiting effect women employees might have on men" in a private club, cannot make sex into a bona fide qualification)*.

330 Die **deutsche Kommentarliteratur** zu § 611a BGB war hier regelmäßig großzügiger, dies hat sich aber in den Kommentaren zum AGG nicht fortgesetzt (*Bauer/Göpfert/Krieger*, AGG, § 8 Rnr. 29f.; Wendeling-Schröder/Stein/*Wendeling-Schröder*, AGG, § 8 Rnr. 8f.; Schleusener/Suckow/Voigt/*Schleusener*, AGG, § 8 Rnr. 9ff.). Sie wollte Unterscheidungen zulassen, wenn die Erwartungen der Person, mit der der Arbeitgeber in Geschäftsbeziehungen tritt, sie vorgeben. Man könne vom Arbeitgeber nicht verlangen, geschlechtsneutral zu agieren, wenn er dadurch den von ihm unbeeinflussten Erwartungen und Einstellungen seiner Geschäftspartner zuwider handeln würde (*Eich*, NJW 1980, 2339; ähnlich KR/*Pfeif-*

II. Rechtfertigung unmittelbarer Benachteiligung nach § 8 Abs. 1 AGG

fer, 7. Aufl. 2004, § 611a Rnr. 54; großzügig auch MüKo/*Müller-Glöge,* BGB, 4. Aufl. 2004, § 611a Rnr. 41). Dies soll zumindest dann gelten – so vorsichtige Stimmen – wenn dadurch der Bestand seines Unternehmens nachhaltig gefährdet würde – wann ist das freilich der Fall (KR/*Treber,* AGG, § 8 Rnr. 9 Schleusener/Suckow/Voigt/*Schleusener,* AGG, § 8 Rnr. 16)?

Ein **Mittelweg** ist möglich. Man wird sinnvollerweise unterscheiden müssen, ob die Kundenerwartungen selber diskriminierend sind, die durch die Entscheidung des Arbeitgebers reflektiert und damit perpetuiert werden würden, oder ob den Kundenerwartungen ein solches Diskriminierungselement fehlt. In diese Richtung scheint auch der EuGH zu tendieren (EuGH v. 16. 7. 2008 – C-54/07, Slg. 2008 I-05187 – Feryn). Auch die deutsche arbeitsgerichtliche Rechtsprechung knüpft an die Diskriminierungsfreiheit der Kundenwünsche an (LAG Niedersachsen v. 19. 4. 2012 – 4 SaGa 1732/11). Wer übermäßiges Piercing für unhygienisch hält und deswegen weniger gern von solchen Arbeitnehmern beraten und bedient wird, der hat keine religiösen Vorurteile (zum Piercing als Religionsausübung Cloutier v. Costco Wholesale, 390 F.3d 126 [1st Cir. 2004]; hierzu *Thüsing,* JZ 2006, 223), wer jedoch ein islamisches Kopftuch ablehnt, weil es islamisch ist, wendet sich spezifisch gegen die Religion des Arbeitnehmers, und wenn hier der Arbeitgeber den geballten Kundeninteressen nachgibt, scheint dies angreifbarer als in Hinblick auf ein Piercing-Verbot. Weil der Diskriminierungsschutz gerade darauf angelegt ist, vorurteilsbedingte Benachteiligung bestimmter Arbeitnehmergruppen zu verhindern, kann er sie auch nicht akzeptieren, wenn sie nicht vom Arbeitgeber, sondern von seinen Kunden ausgehen (so auch *Bayreuther,* NZA 2008, 986, 988 f.). **331**

Man wird in diesen Fällen eine unmittelbare Benachteiligung wohl nur in Ausnahmefällen rechtfertigen können. Das mag erstens der Fall sein, wenn andernfalls der **Bestand des Betriebs oder Unternehmens** gefährdet ist – was selten oder nie der Fall ist. Auch hier bleibt der fade Beigeschmack, dass eine Diskriminierung durch den Arbeitgeber erlaubt ist, weil andere sie ihm vormachen. Ein absoluter und unbedingter Vorrang des Diskriminierungsschutzes kann jedoch nicht verlangt werden. Bei der Abwägung auch im Diskriminierungsschutz dürfen die Arbeitgeberinteressen, die selber ja nicht diskriminierend sind, nicht gänzlich außen vor bleiben. Das mag zweitens der Fall sein, wenn die Benachteiligungen in den **Erwartungen** *ausländischer* **Kunden** begründet sind – am deutschen Wesen soll die Welt nicht genesen, fremde Kulturkreise durch das deutsche Diskriminierungsrecht zu einem Umdenken zu zwingen sollte erst gar nicht versucht werden. Bei Entsendung in einen fremden Kulturkreis kann es danach auch zu einer Rechtfertigung einer Altersbenachteiligung kommen. Werden im asiatischen Bereich Vorgesetzte nicht akzeptiert, die jünger als die ihnen nachgeordneten Arbeitnehmer sind, dann kann der Arbeitgeber bei seiner Einstellungsentscheidung hierauf Rücksicht nehmen. Dies geht ohnehin dann, wenn deutsches Recht keine Anwendung findet oder ein deutscher Gerichtsstand nicht begründet ist (s. Rnr. 81 ff.). Ob man solche kulturbedingten Unterscheidungen auch bei ausländischen Unternehmen in Deutschland erlauben soll, erscheint zweifelhaft und ist im Ergebnis zu verneinen. Daneben sollten jedoch – drittens – solche Benachteiligungen erlaubt sein, wenn die Differenzierung nicht zu einer systematischen Benachteiligung bestimmter Arbeitnehmergruppen führt, sondern lediglich zu einer **332**

Markttrennung. Ein China-Restaurant mag darauf bestehen einen chinesischen Kellner einzustellen, weil das spanische Restaurant einen spanischen Kellner einstellen wird und das französische Restaurant einen Franzosen (s. zu Gründen der Authentizitätswahrung das britische Recht und das französische Recht: 5 (2) c Race Relations Act im Hinblick auf den Kellner in einem *ethnic restaurant;* ebenso Art. R 1142–1 Code du travail im Hinblick auf das Geschlecht des Schauspielers und des Mannequin). Hier kommt es insgesamt betrachtet nur zu einer Markttrennung, nicht zu einer Marktdiskriminierung. Das ist hinnehmbar.

333   Keine wesentliche und entscheidende berufliche Anforderung ist ferner dann gegeben, wenn das verbotene Merkmal in der Auswahl des Arbeitgebers nur **Hilfskriterium** ist, um nach einem anderen, schwieriger nachprüfbaren, aber eigentlich angestrebten und unter Umständen sachlich gerechtfertigten Kriterium zu unterscheiden. Wer Arbeitnehmer für schwere körperliche Arbeit sucht, darf daher nicht *per se* Frauen oder ältere Bewerber ausschließen, denn ob Bewerber die Anforderun-gen eines Arbeitsplatzes erfüllen können, ist individuell festzustellen und darf nicht wegen der Geschlechtszugehörigkeit oder des Alters vermutet werden (LAG Köln v. 8. 11. 2000 – 3 Sa 974/00, NZA-RR 2001, 232; zustimmend ErfK/*Schlachter*, § 8 AGG Rnr. 1). Dass das Verbot gerade einer solchen *statistical discrimination* freilich ineffizient sein kann, ist vielfach nachgewiesen worden (s. Rnr. 55 ff.). Der EuGH scheint deswegen in der Rs Wolf (EuGH v. 12. 1. 2010 – C-229/08, NJW 2010, 2193 – Wolf) anders zu werten. Dies kann jedoch nur gelten, wo das Hilfskriterium (Alter) vom Zielkriterium (Belastbarkeit) nur mit unüberwindbarem Aufwand getrennt werden kann oder stets und ausnahmslos beide Kriterien miteinander verbunden sind (es gibt schlichtweg keine 100jährigen Rettungsschwimmer).

c) Tendenzschutz als wesentliche und entscheidende Anforderung

334   Bislang offen ist, inwieweit ein Tendenzschutz möglich ist. Der Tendenzschutz findet seine Grundlagen und Rechtfertigung in den Grundrechten. Für § 118 BetrVG ist der Grundrechtsbezug als materielle Rechtfertigung der Sonderstellung von Tendenzunternehmen in der Mitbestimmungsordnung weitgehend anerkannt (s. BAG v. 22. 4. 1975 – 1 AZR 604/73; *Richardi/Thüsing*, BetrVG § 118 Rnr. 13 ff; s. auch *Fitting*, BetrVG § 118 Rnr. 1 ff.). Die Grundrechte sind nicht nur Abwehrrechte gegen staatliches Handeln, sondern in ihnen manifestiert sich auch eine Werteentscheidung, aufgrund dessen sich einzelne Schutzpflichten ableiten können. Mit der Schaffung von Tendenzklauseln erfüllt der Staat seinen verfassungsrechtlich begründeten Schutzauftrag. Dies kann auch mitbestimmungsrechtlich nicht gänzlich unbeachtet bleiben. Für kirchliche Einrichtungen schafft § 9 AGG in Übereinstimmung mit Art. 4 Richtlinie 2000/78/EG einen weiten Freiheitsraum. Die Kirchen sind zwar keine Tendenzbetriebe, sondern können sich auf das kirchliche Selbstbestimmungsrecht nach Art. 140 GG i. V. m. Art. 137 Abs. 3 WRV berufen. Die Begründung des Gesetzes verweist jedoch darauf, dass eine unterschiedliche Behandlung nach § 8 AGG gerechtfertigt sein kann, wenn bei Organisationen der in Deutschland anerkannten nationalen Minderheiten und der anerkannten Regional- oder Minderheitensprachen Personen bevorzugt ein-

II. Rechtfertigung unmittelbarer Benachteiligung nach § 8 Abs. 1 AGG

gestellt werden, die der jeweiligen Gruppe angehören (BT-Drucksache 16/1780 S. 35). Das ist der Sache nach Tendenzschutz. Dennoch bleibt es dabei, dass § 8 AGG keine Tendenzklausel kennt, und wer mit den Grundrechten argumentiert, kommt nicht umhin die Schwelle zu definieren, ab der das Freiheitsrecht des Arbeitgebers vor den Grundrechten des Bewerbers Vorrang haben soll. Eine Rechtfertigung kann der Tendenzschutz daher nur für Tendenzträger im Sinne der Rechtssprechung zum Betriebsverfassungsgesetz sein (s. dazu *Richardi/Thüsing*, BetrVG § 118 Rnr. 76ff.). Auch hier hat das Tendenzunternehmen darzulegen, dass es zur Verwirklichung seines grundrechtlich geschützten Handelns erforderlich ist, nach einem Grund nach § 1 AGG zu differenzieren. Da regelmäßig jedoch entscheidend hierfür ist, was getan wird, nicht wer es tut, scheinen die bisherigen im Bereich des Tendenzschutz ergangenen Entscheidungen zur Geschlechtsdiskriminierung unangemessen großzügig (s. sogleich Rnr. 338).

4. Einzelfälle

a) Rasse und ethnische Herkunft

Die Rechtfertigung nach § 8 AGG wird bei der Rasse und der ethnischen Herkunft recht selten eingreifen. Dem entspricht es, dass im US-amerikanischen Recht Title VII des Civil Rights Act für die Rassendiskriminierung keine Rechtfertigung anerkennt. Der britische RRA (sec. 5 (2) (b) und (c)) nennt jedoch Gründe der Authentizität als zulässiges Unterscheidungsmerkmal: Ein China-Restaurant kann also durchaus darauf bestehen, dass seine Kellner Asiaten sind, ein Schauspieler, der einen Farbigen darstellt, soll tatsächlich auch ein Farbiger sein. Das dürfte auch für das deutsche Recht gelten. Unzulässig dürfte es hingegen sein, wenn ein türkisches Bankhaus einen türkischen Geschäftsführer fordert (LG Frankfurt aM 17. 1. 2001 – 3-13 O 78/00, EzA Nr. 26 zu § 138 BGB). Hier sind die besonderen Vertragspflichten darzulegen, die zu erfüllen dem Nicht-Türken unmöglich sind. **335**

Breiteren Anwendungsbereich mag die Rechtfertigungsmöglichkeit bei der **ethnischen Zugehörigkeit** haben. Stellt ein Arbeitnehmer, der zahlreiche Kroaten beschäftigt, keine Serben ein – oder umgekehrt –, dann differenziert er nach der ethnischen Zugehörigkeit. Wenn er dies tut, um den Betriebsfrieden zu wahren und er belegen kann, dass eine solche Einstellungspolitik zur Vermeidung von Spannungen in der Belegschaft erforderlich ist, dann kann darin eine wesentliche und entscheidende berufliche Anforderung liegen. Den Betriebsfrieden so hoch zu bewerten steht in Übereinstimmungen mit den Wertungen des Gesetzgebers an anderer Stelle, s. etwa die Rechtsprechung zur Druckkündigung oder auch § 104 BetrVG (hierzu s. Richardi/*Thüsing*, BetrVG, § 104 Rnr. 1ff.). **336**

b) Geschlecht

Die Bundesregierung hat als Antwort auf eine Aufforderung des EuGH (EuGH v. 21. 5. 1985 – Rs. 248/83, Slg. 1985, 1459, 1484) in einer Stellungnahme an die Europäische Kommission **Beispiele** gegeben, die sie – rechtlich unverbindlich – als **337** aufgrund Unverzichtbarkeit gerechtfertigte Ungleichbehandlung der Geschlechter betrachtet (BArbBl. 1987/11, S. 40 f.; ähnlich auch Begründung Regierungsentwurf BT-Drucks. 8/3317, S. 9; enger noch für das französische Recht Art. R. 1141–1 Code du travail: Schauspieler, Mannequins und Modelle). Sie haben auch heute noch Indizwert: Berufliche Tätigkeiten, bei denen die authentische Erfüllung einer Rolle oder einer Aufgabe von einem bestimmten Geschlecht abhängig ist, wie z. B. Schauspieler (LAG München v. 10. 4. 1992 – 3 Sa 800/91, NZA 1992, 982) oder Mannequin; Tätigkeiten im kirchlichen Bereich, soweit der Verkündungsauftrag der Kirche berührt ist, z. B. Priester der katholischen Kirche; Tätigkeiten in Ländern außerhalb der EG, in denen aufgrund gesetzlicher Vorschriften und religiöser Überzeugung oder kultureller Besonderheiten nur ein Geschlecht akzeptiert wird; Tätigkeiten in einem Frauenhaus, soweit das Betreuungskonzept des Frauenhausträgers ihre Ausübung ausschließlich durch Frauen erfordert (hierzu auch BAG v. 14. 3. 1989 – 8 AZR 351/86, AP BGB § 611a Nr. 6; LAG Düsseldorf v. 1. 2. 2002 – 9 Sa 1451/01, NZA-RR 2002, 345: nur sachlicher Grund, nicht aber unverzichtbare Voraussetzung); Tätigkeiten im Bereich der inneren und äußeren Sicherheit, wie z. B. bei der Bundeswehr, bei der Polizei, Tätigkeiten im Justizvollzugsdienst.

338 Dass diese Liste **europarechtlich letztlich nicht maßgeblich** sein kann, zeigt sich schon an der generellen Ausnahme vom Dienst an der Waffe, die in der jüngeren Rechtsprechung des EuGH nicht mehr anerkannt wurde (EuGH v. 11. 1. 2000 – Rs. C-285/98, NZA 2000, 137; s. auch EuGH v. 26. 10. 1999 – Rs. C-273/97, Slg. 1999, I-7403; dem trägt die Neufassung von Art. 12 a Abs. 4 Satz 2 GG Rechnung). Andererseits hat der EuGH festgestellt, dass das Geschlecht unabdingbare Voraussetzung für die Beschäftigungsverhältnisse eines **Aufsehers in Haftanstalten,** für Tätigkeiten wie die der Polizei bei schweren inneren Unruhen oder für den **Dienst in speziellen Kampfeinheiten,** bei denen die Soldaten jederzeit in verschiedenen Funktionen einsatzbereit sein sollen, sein kann (EuGH v. 30. 6. 1988 – Rs. 318/86, Slg. 1988, 3559; EuGH v. 15. 5. 1986 – Rs. 222/84, Slg. 1986, 1651; EuGH v. 26. 10. 1999 – Rs. C-273/97, Slg. 1999, I-7403). Darüber hinaus hat die Rechtsprechung als zulässige Ungleichbehandlung anerkannt, nur weibliche **Pflegekräfte** in einer kleinen Belegarztklinik mit überwiegend weiblichen Patienten und ganz überwiegend gynäkologischen Operationen sowie Patienten mit mohammedanischem Glauben einzustellen (ArbG Hamburg v. 10. 4. 2001 – 20 Ca 188/00, PflR 2001, 322). Ferner soll es auch zulässig sein in Fällen, in denen eine besondere Sensibilität und Vertrauensstellung gefordert ist, nur gleichgeschlechtliche Mitarbeiter einzustellen (Gleichstellungsbeauftragte zur Integrationsarbeit mit muslimischen Frauen: BAG v. 18. 3. 2010 – 8 AZR 77/09, NZA 2010, 872; Polizistin zur Befragung weiblicher Missbrauchsopfer: VG Kassel v. 6. 9. 2007 – 1 E 723/07; Mitarbeiterin bei Projekt gegen Zwangsverheiratung: ArbG Köln v. 6. 8. 2008 – 9 Ca 7687/07; Amtsvormund, LAG Niedersachsen v. 19. 4. 2012 – 4 SaGa 1732/11). Gleiches gilt für einen männlichen Betreuer in einem Mädcheninternat (BAG v. 28. 5. 2009 – 8 AZR 536/08, NZA 2009, 1016). Entscheidend in allen diesen Fällen ist allerdings nicht die Berufsbezeichnung als solche, sondern die jeweilige konkrete Tätigkeit im Einzelnen; anhand dieser ist zu bestimmen, inwiefern die Tätigkeit nur von einem Geschlecht erfolgsversprechend erfüllt werden kann. Unzulässig ist eine Differenzierung nach dem Ge-

II. Rechtfertigung unmittelbarer Benachteiligung nach § 8 Abs. 1 AGG

schlecht aber, wenn eine Pflegekraft zwar zur Intimpflege eingesetzt wird, jedoch ein Einsatz bei Patientinnen möglich ist, die die Pflege durch männliche Krankenpfleger nicht abgelehnt haben (ArbG Bonn v. 31.3.2001 – 5 Ca 2781/00, PflR 2001, 318). Unzutreffend als gerechtfertigt wertete die Rechtsprechung auch die Unterscheidung nach dem Geschlecht bei der Stelle einer **Geschäftsführerin in einem Frauenverband** (ArbG München v. 14.2.2001 – 38 Ca 8663/00, NZA-RR 2001, 365), bei – ebenso unzutreffend – der Stelle eines **wissenschaftlichen Mitarbeiters bei der Bundestagsfraktion** (ArbG Bonn v. 16.9.1987 – 4 Ca 1398/87, NJW 1988, 510) sowie bei der Einstellung als **Frauenreferentin** für eine politische Partei (LAG Berlin v. 14.1.1998 – 8 Sa 118/97, NZA 1998, 312). Sowohl die besondere Tendenzrichtung des Arbeitgebers als auch mögliche Vorurteile derjenigen, mit denen der Arbeitnehmer in Kontakt tritt, können hier richtigem Verständnis nach die Unterscheidung nicht rechtfertigen. § 8 AGG kennt keine – anders als § 9 AGG (s. Rnr. 468) – Tendenzklausel, und wer mit den Grundrechten argumentiert, kommt nicht umhin, die Schwelle zu definieren, ab der das Freiheitsrecht des Arbeitgebers vor dem Gleichheitsrecht des Bewerbers Vorrang haben soll. Die bisher entschiedenen Fälle konnten eine solche Schwelle nicht überzeugend formulieren, s. auch Rnr. 344. Ob Frauen bei der Bewerbung um die Stelle als **Gleichstellungsbeauftragte** bevorzugt werden dürfen, entscheidet nicht die gesetzliche Formulierung des Begriffs, sondern die Anforderung an die Tätigkeit im Einzelfall (in BAG v. 18.3.2010 – 8 AZR 77/09, NZA 2010, 872 zulässig, in BAG v. 12.11.1998 – 8 AZR 365/97, NZA 1999, 371 nicht). Eine Belegarztpraxis mit überwiegend muslimischen Patientinnen und überwiegend gynäkologischen Operationen ist berechtigt, nur weibliche Pflegekräfte einzustellen (ArbG Hamburg v. 10.4.2001 – 20 CA 188/00, PflR 2001, 322).

Für den **Verkauf von Damenoberbekleidung** (einschließlich Badebekleidung) in einem Einzelhandelsgeschäft mit Anprobemöglichkeiten ist das weibliche Geschlecht unverzichtbare Voraussetzung (LAG Köln v. 19.7.1996 – 7 Sa 499/96, AuR 1996, 504; das Ausland wertet teilweise anders, teilweise entsprechend, s. Rnr. 341). Die Entscheidung des BAG, wonach die Nichteinstellung einer **Arzthelferin** ausnahmsweise dann sachlich gerechtfertigt ist, wenn sie objektiv dem gesundheitlichen Schutz der Bewerberin und ihres ungeborenen Kindes dient (BAG v. 1.7.1993 – 2 AZR 25/93, AP BGB § 123 Nr. 36 im Anschluss an BAG v. 15.10.1992 – 2 AZR 227/92, AP BGB § 611a Nr. 8. S. auch ArbG Düsseldorf v. 15.11.2000 – 8 Ca 6041/00, PflR 2001, 437), erscheint in Anbetracht des strengen Maßstabs des EuGH überholt (s. auch Rnr. 52). Das Unbehagen, das in solchen Fällen entsteht, ist eine Aufgabe, die der Gesetzgeber zu bewältigen hat. Allein er, nicht aber der Richter, hat hier andere Rechtsgüter und öffentliche Aufgaben gegen das Gebot der Gleichbehandlung abzuwägen. Da eine Schwangere diese Tätigkeit objektiv ebenso gut ausführen kann wie ein männlicher Arbeitnehmer, dürfte das Geschlecht schwerlich unverzichtbare Voraussetzung sein, solange der Gesetzgeber die Tätigkeit nicht verbietet. Liegt tatsächlich ein **gesetzliches Verbot der Beschäftigung** vor, das es ausschließt, dauerhaft Frauen auf einem bestimmten Arbeitsplatz zu beschäftigen, ist die Ungleichbehandlung zulässig (s. LAG Hamm v. 18.12.1987 – 17 Sa 1225/87, LAGE Nr. 1 zu § 612a BGB im Hinblick auf den ehemaligen § 19 Abs. 2 AZO 1938; ebenso LAG München v. 10.4.1992 – 3 Sa 800/91, BB 1992, 1285). Eine nicht gerechtfertigte unmittel-

339

bare Benachteiligung wegen des Geschlechts kann die Benachteiligung wegen **Wehr- oder Zivildienst** sein (*Boemke*, RdA 2008, 129). Nur in Ausnahmefällen kann ein spezifisches Interesse des Arbeitgebers an der Kenntnis der entsprechenden Verweigerungsgründe bestehen – so beispielsweise bei der Einstellung als Professor an der Universität der Bundeswehr als Untergliederung des Bundesministeriums der Verteidigung (VG Ansbach v. 11. 11. 2009 – AN 11 K 08.01471), denn hier ist die Einstellung des Arbeitnehmers zur Institution Bundeswehr ein entscheidendes Kriterium zur Aufnahme der Tätigkeit.

c) Alter

340 Wann das Alter eine solche wesentliche und entscheidende berufliche Anforderung ist, fällt sehr viel schwerer zu sagen. Im deutschen Schrifttum wurde bereits das Beispiel eines jugendlichen Liebhabers im Theater genannt (*Schmidt/Senne*, RdA 2001, 83), aber es lassen sich wohl noch einige andere mehr nennen. Ein Blick auf das US-amerikanische Recht scheint hier wertvoll. Dort ist nach sec. 623(f) (1) ADEA eine Unterscheidung zulässig (ebenso wie bei Title VII Civil Rights Act), soweit das Alter eine *bona fide occupational qualification* ist. Allgemein werden hierunter Piloten (offen gelassen: BAG v. 17. 6. 2009 – 7 AZR 112/08, AP Nr. 64 zu § 14 TzBfG; tendenziell bejahend EuGH v. 13. 9. 2011 – C-447/09, NJW 2011, 3209), Feuerwehrmänner, Polizisten, Fluglotsen und Busfahrer subsumiert, die ab einem bestimmten Alter auch gegen ihren Willen pensioniert werden können, weil ihre körperliche Belastbarkeit wesentlicher Teil ihres Berufes ist und das Alter als eine legitime Vertypung der Belastbarkeitsgrenze erscheint (vgl. Hinw. zur Rechtsprechung zu sec. 4 (F) (1) ADEA bei Sullivan/Zimmer/White, Cases and Materials on Employment Discrimination, 6. Aufl. 2003, S. 426 ff.; im deutschen Schrifttum *Bauer/Göpfert/Krieger*, AGG, § 8 Rnr. 37; Wendeling-Schröder/Stein/*Wendeling-Schröder*, AGG, § 8 Rnr. 31; *Hebel*, Altersdiskriminierung, S. 216; *Fenske*, Altersdiskriminierung, S. 144–154. Feuerwehrleute und Polizisten sind unter bestimmten Voraussetzungen von Anwendungsbereich des Gesetzes ausgeschlossen, siehe sec. 4 (J) (1) ADEA). Erfasst werden also nicht nur Fälle tatsächlicher Unmöglichkeit, sondern auch solche, in denen ein öffentliches Schutzinteresse an der Unterscheidung nach dem Alter besteht, welches das Individualinteresse an der Berufsausübung deutlich überwiegt. Der Praxis, dass der nationale Gesetzgeber die in Art. 4 Richtlinie 2000/78/EG beschriebenen Sachgründe an die Parteien der Kollektiv- und Individualvereinbarungen weiterreicht – und zwar in der dogmatisch herkömmlichen Form der Rechtfertigungsgründe –, steht nichts entgegen.

341 Durch die Entscheidung in der Rechtssache Wolf (EuGH v. 12. 1. 2010 – C-229/08, NJW 2010, 2193 betreffend Einstellungsgrenze von 33 Jahren für Feuerwehrleute) hat der EuGH die **Grenzen dieses Anwendungsbereichs** hingegen noch erweitert. Bejaht wird hier das Alter als entscheidende berufliche Anforderung bereits dann, wenn damit eine besondere Eigenschaft (konkret körperliche Fitness) regelmäßig verknüpft ist. An eine solche Annahme sind allerdings strenge Vorgaben zu stellen, so muss zum einen die relevante Eigenschaft generell mit dem Alter verbunden sein und zum anderen eine konkrete Feststellung der Eigenschaft

II. Rechtfertigung unmittelbarer Benachteiligung nach § 8 Abs. 1 AGG

mit erheblichen Aufwand verbunden und damit praktisch nahezu unmöglich sein (siehe hierzu auch MüKo/*Thüsing*, AGG, § 8 Rnr. 21).

Im Einzelnen mag auch hier die Grenze nur unscharf zu bestimmen sein. Will man etwa die **Sicherheit der Allgemeinheit,** die in bestimmten Berufen nur durch körperlich und geistig hinreichend verlässliche Arbeitnehmer gewährleistet werden kann, als einen Differenzierungsgrund i. S. d. § 8 Abs. 1 AGG ansehen, wird man, sofern es sich nicht um recht eindeutige Fallgruppen – bspw. die bereits genannten Feuerwehrmänner, Fluglotsen und Busfahrer – handelt, genau prüfen müssen, ob der Schutz der Allgemeinheit wirklich ein Grund oder nur ein Vorwand ist. Behauptet ein Arbeitgeber, dass die bei ihm zu verrichtende Arbeit eine so große Verantwortung mit sich bringt, dass er sich keine altersbedingten plötzlichen Ausfälle leisten kann, so scheint dies nur glaubhaft, wenn er einen guten Gesundheitszustand bei allen seinen Arbeitnehmern, also auch bei seinen jüngeren, sicherzustellen versucht (s. zur US-amerikanischen Rechtsprechung EEOC v. Pennsylvania, 829 F.2d 392 [3rd Cir. 1987]; EEOC v. Mississippi, 837 F.2d 1398 [5th Cir. 1988]; EEOC v. Kentucky State Police Department, 860 F.2d 665 [6th Cir. 1988]; EEOC v. Tennessee Wildlife Resources Agency, 859 F.2d 24 [6th Cir. 1988]; ebenso *Note,* Minimum Physical Standards – Safeguarding the Rights of Protective Service Workers under the Age Discrimination Employment Act, 57 Fordham Law Review 1053, 1068 ff. [1989]; *Note,* The BFOQ in Law Enforcement: Guardian of Public Safety of Conduit for Arbitrary Discrimination?, 17 Stetson Law Review 787 [1988]). Nicht zulässig ist es aber, gestützt auf § 8 AGG eine Altersgrenze von 33 Jahren für Neueinstellungen von Piloten festzulegen (so jedenfalls Hessisches LAG v. 17.3.2009 – 4 TaBV 168/08, ArbR 2009, 98, das darüber hinaus auch eine Rechtfertigung nach § 10 AGG verneint). Hierdurch wird jedenfalls das Verhältnismäßigkeitsprinzip verletzt. Amerikanische Gerichte haben dem Arbeitgeber die Berufung aus einem Rechtfertigungsgrund in Fällen verweigert, in denen festgestellt wurde, dass Arbeitnehmer oberhalb der Pensionsgrenze auf vergleichbaren Stellen beschäftigt wurden (EEOC v. Tennessee Wildlife Resources Agency, a.a.O., 26; EEOC v. Mississippi, 654 F. Supp. 1168, 1181 [S. D. Mississippi 1987]) oder auch dann, wenn solche Altersgrenzen nicht branchenüblich waren (Western Air Lines v. Criswell, 472 U.S. 400, 423 = 105 S. Ct. 2743, 2756 [1985]). Der deutschen Rechtsprechung lässt sich gestützt auf Art. 12 GG bereits jetzt eine ähnliche Linie entnehmen (s. BAG v. 31.7.2002 – 7 AZR 140/01, NZA 2002, 1156: Eine tarifvertragliche Altersgrenze von 55 Jahren für Kabinenpersonal ist unwirksam trotz der von der Beklagten geltend gemachten Sicherheitsbedenken, wenn die Altersgrenze für das Cockpit 60 Jahre beträgt). Der **Maßstab wird hier regelmäßig nicht relevant,** weil § 10 AGG speziell für das Alter großzügiger in der Unterscheidung ist, s. Rnr. 408. Zulässig ist es schließlich, in einer Stellenausschreibung für ein **Trainee-Programm** ausschließlich „Young Professionals" anzusprechen (LAG Berlin-Brandenburg v. 14.1.2011 – 9 Sa 1771/10, DB 2011, 2040, Revision eingelegt unter dem Az. 8 AZR 429/11), weil betriebliche Gründe diese Benachteiligung rechtfertigen: Es geht darum, Nachwuchskräfte für künftige Führungsaufgaben vorzubereiten.

342

d) Religion

343 Auch eine Religion wird nur selten eine wesentliche und entscheidende berufliche Anforderung für eine Beschäftigung darstellen. In erster Linie ist dies bei Kirchen und anderen Religions- und Weltanschauungsgemeinschaften der Fall; hierfür existiert jedoch mit § 9 AGG eine eigenständige Regelung. In säkularen Betrieben sind kaum Tätigkeiten denkbar, die allein von Mitgliedern einer bestimmten Religion erfüllt oder von Angehörigen bestimmter Religionen nicht ausgeübt werden können. So ist etwa auch ein Christ in der Lage ein Tier zu schächten, so dass die religiösen Vorschriften keinen Grund für einen Schlachter darstellen, einen Christ nicht einzustellen. Anders ist es hingegen bei einem Koch eines jüdischen Restaurants. Dieser muss auch jüdischen Glaubens sein, um Essen koscher zubereiten zu können. Sein jüdischer Glauben ist deshalb eine wesentliche und entscheidende berufliche Anforderung. Auch das Ausland zeigt sonst nur wenige Fälle in denen eine unmittelbare Benachteiligung wegen der Religion gerechtfertigt sein könnte (s. aber z. B. Kern v. Dynalectron Corp., 577 F. Supp. 1196 (N. D. Tex. 1983): Der Arbeitgeber kann verlangen, dass alle Arbeitnehmer, die als Helikopterpiloten in Jeddah Dienst tun sollen, Muslime sind, da das saudiarabische Recht nur Muslimen Zutritt zu den Heiligen Stätten erlaubt und Nicht-Muslime entsprechend den Regeln der Scharia geköpft werden könnten). Ebenso wird es allgemein zulässig sein, keinen jüdischen Mitarbeiter in arabische Länder schicken zu wollen (s. Benachteiligung wegen des Geschlechts Rnr. 337). Denkbar sind allerdings Fälle, in denen gerade an die Religion ein spezifisches Vertrauen geknüpft wird, welches für eine Zusammenarbeit nötig ist. In diesen Fällen, welche in engem Zusammenhang zu geschlechtsbedingten Anforderungen stehen, ist eine Differenzierung zulässig (vgl. MüKo/*Thüsing*, AGG, § 8 Rnr. 28)(ArbG Köln v. 6. 8. 2008 – 9 Ca 7687/07, Streit 2008, 173)

344 In den häufigsten Fällen, in denen Arbeitnehmer einer bestimmten Religion besonders betroffen sind, geht es dem Arbeitgeber nicht um deren religiöse Überzeugungen, sondern um die Tätigkeit die sie ausüben sollen, so dass nur eine **mittelbare Benachteiligung** besteht, die bereits durch ein rechtmäßiges Ziel sachlich nach § 3 Abs. 2 AGG gerechtfertigt werden kann. Wenn der Arbeitgeber beispielsweise aus Hygienegründen eine bestimmte Kleidung vorschreibt, so mag dies Angehörige bestimmter Religionen mittelbar benachteiligen. Das Verbot, solche Kleidung zu tragen, die den hygienischen Anforderungen nicht gerecht wird, ist aber sachlich gerechtfertigt. Anders ist es freilich, wenn religiöse Symbole wie das Kopftuch einer Muslima oder der Turban des Sikh getragen werden können, ohne dass hygienische Bedenken bestehen. Ein Verbot könnte in diesen Fällen nicht sachlich gerechtfertigt werden (vgl. ArbG Hamburg v. 3. 1. 1996 – 19 Ca 141/95, AuR 1996, 243). Ähnlich sind die Fälle zu beurteilen, in denen muslimische Arbeitnehmer Gebetspausen für sich reklamieren (vgl. LAG Hamm v. 18. 1. 2002 – 5 Sa 1782/01, NJW 2002, 1970; LAG Hamm v. 26. 2. 2001 – 5 Sa 1582/01, NZA 2002, 1090; s. auch Wendeling-Schröder/Stein/*Wendeling-Schröder*, AGG, § 8 Rnr. 25; Schleusener/Suckow/Voigt/*Schleusener*, AGG, § 8 Rnr. 44). Sollte hierdurch der betriebliche Ablauf empfindlich gestört werden, mag zwar in der Aufforderung, die Gebete in den Pausenzeiten und nicht während der Arbeitszeit zu

II. Rechtfertigung unmittelbarer Benachteiligung nach § 8 Abs. 1 AGG

verrichten, eine mittelbare Diskriminierung wegen der Religion liegen, sie kann aber sachlich durch betriebliche Interessen gerechtfertigt sein.

Die Möglichkeit, Ungleichbehandlungen nach § 8 Abs. 1 AGG zu rechtfertigen, **345** besteht auch dann, wenn der Arbeitgeber die Abwesenheit einer bestimmten Religion fordert. Daher kann auch die Aufforderung, kein muslimisches Kopftuch zu tragen, unter Umständen nach § 8 Abs. 1 AGG gerechtfertigt sein (BAG v. 10. 12. 2009 – 2 AZR 55/09, NZA-RR 2010, 383; BAG v. 20. 8. 2009 – 2 AZR 499/08, NZA 2010, 227; BVerwG v. 16. 12. 2008 – 2 B 46/08, NJW 2009, 1289). Die Fälle, in denen eine Beschäftigte des **Kopftuches** wegen ihre Arbeit nicht ordnungsgemäß verrichten kann, werden jedoch selten vorkommen. Bloße Vorurteile der Kunden reichen nicht, wenn nicht eine erhebliche Beeinträchtigung der Arbeitgeberinteressen nachgewiesen werden kann (s. BAG 10. 10. 2002 – 2 AZR 472/01, NZA 2003, 483 = RdA 2003, 244 mit Anm. *Preis/Greiner*; s. auch *Thüsing*, NJW 2003, 405; *Thüsing/Wege*, ZEuP 2004, 404; strenger noch das ausländische Recht; s. aus dem US-Recht United States v. Board of Education of Philadelphia, 911 F.2d 882 [3rd Circuit 1990]; aus dem französischen Recht Cour d'appel de Paris v. 19. 6. 2003, Dalloz 2004, 176; hierzu und zu gleichgelagerten Entscheidungen *Savatier*, Droit social 2004, 354; *LeFriant*, NZA 2004, Beilage Heft 22, S. 5; zum britischen Recht *Thüsing/Wege*, a. a. O.; entsprechend für den umgekehrten Fall – Kopftucherfordernis für Verkäuferinnen, die sich an muslimische Kundschaft wenden – die niederländische Gleichbehandlungskommission am 4. 7. 2006 in der Entscheidung 138/2006, s. http://www.cgb.nl/opinion–full.php?id=453056405, zum Kopftuch s. auch Entscheidung 84/2006 vom 1. 5. 2006 sowie 23/2005 vom 28. 3. 2005). Es gilt der allgemeine Vorbehalt gegenüber einem allzu großzügigen Entgegenkommen gegenüber diskriminierenden Kundenwünschen, s. Rnr. 329. Bedeutsamste Fallgruppe ist demnach das Tragen des Kopftuches im Schuldienst.

e) Sexuelle Identität

Benachteiligungen wegen sexueller Identität können insbesondere bei Soldaten, **346** im kirchlichen Dienst und bei der Anknüpfung von Leistungen an den Ehestand auftreten.

Nach der gefestigten Rechtsprechung des BVerwG (BVerwG v. 8. 6. 1988 – 2 **347** WD 63/87, BVerwGE 93, 143; BVerwG v. 24. 3. 1994 – 2 WD 46/93, DokBer B 1994, 217; BVerwG v. 18. 5. 1994 – 2 WD 9/94; BVerwGE 103, 192) kann homosexuelles Verhalten innerhalb der Bundeswehr nicht toleriert werden. Der Zusammenhalt der Truppe würde empfindlich gestört werden, wenn homosexuelle Beziehungen zwischen einzelnen Soldaten mit all ihren emotionalen Implikationen geduldet würden (BVerwG v. 18. 11. 1997 – 1 WB 48/97, DokBer B 1998, 72; BVerwG v. 23. 2. 1999 – 2 WD 15/98, DokBer B 1999, 232). Selbst wenn man also den Schutz vor Benachteiligung wegen homosexuellen Verhaltens als unmittelbare Benachteiligung wegen der sexuellen Identität ansieht (dazu Rnr. 214) wäre eine solche Unterscheidung gerechtfertigt. Dies gilt unabhängig von einer inzwischen gewandelten Praxis in der Bundeswehr. Vorurteile der heterosexuellen Mehrheit gegenüber einer homosexuellen Minderheit sind freilich keine ausreichende Rechtfertigung für Eingriffe in das Privatleben, ebenso wenig wie ähnliche

E. Rechtfertigung einer Benachteiligung

negative Einstellungen gegenüber Personen anderer Rasse, Abstammung oder Hautfarbe (EGMR, Urteil vom 27. 9. 1999 – 33985/96 und 33986/96 [Smith und Grady/Vereinigtes Königreich], NJW 2000, 2049). Für das AGG spielt dies keine Rolle, denn für Soldaten gilt die spezialgesetzliche Regelung des SoldGG.

348 Die Kündigung von **Arbeitnehmern im kirchlichen Dienst** wegen praktizierter Homosexualität ist vor Inkrafttreten des AGG in ständiger Rechtsprechung anerkannt worden (s. u. a. BAG v. 30. 6. 1983 – 2 AZR 524/81, NJW 1984, 1917). Diese Rechtsprechung hat unverändert Bestand, denn hier ist der Verzicht auf homosexuelle Praktiken eine wesentliche und entscheidende berufliche Anforderung im Hinblick auf das Ethos des kirchlichen Dienstes (s. Rnr. 478; zum niederländischen Recht s. die Entscheidung 93/2006 der Gleichbehandlungskommission im Hinblick auf muslimische Lehrer an christlichen Gemeinschaftsschulen, www.cgb.nl).

349 Verschiedene **tarifvertragliche Regelungen knüpfen an dem Bestehen einer Ehe oder Lebensgemeinschaft an.** In diesem Zusammenhang stellt sich die Frage, inwieweit im Rahmen eines Arbeitsverhältnis zwischen der Ehe einerseits und heterosexuellen sowie homosexuellen Lebensgemeinschaften andererseits differenziert werden darf. Dabei sind zwei Fragestellungen zu unterscheiden, zunächst, ob sich die verglichenen Gruppen überhaupt in einer vergleichbaren Situation befinden, und sodann, ob eine schlechtere Behandlung von Homosexuellen bei vergleichbarer Situation verboten ist. Letzteres wurde früher vom EuGH in der Rs. „Grant" (EuGH v. 17. 2. 1998 – C-249/96, NJW 1998, 969 – Grant) noch verneint. Dort war einer Arbeitnehmerin, die für ihre Lebensgefährtin dieselbe Fahrtkostenvergünstigung beantragte, wie sie für Ehepartner und heterosexuelle Lebensgefährten vorgesehen ist, diese Vergünstigung verweigert worden. Da auch heterosexuellen Paaren außerhalb der Ehe die Vergünstigung gewährt wurde, stellte sich die Frage der Vergleichbarkeit hier nicht. Die Maßnahme war zulässig, weil schlicht kein Verbot der Diskriminierung wegen der sexuellen Orientierung bestand. Dies hat sich mittlerweile geändert. Seit Aufnahme des Merkmals „sexuelle Ausrichtung" in Art. 21 GRC, Art. 19 AEUV und Art. 1 RL 2000/78/EG sowie „sexuelle Identität" in § 1 AGG besteht kein Zweifel mehr, dass ein solches Diskriminierungsverbot besteht. Diese Verbote greifen freilich nur bei vergleichbaren Situationen. Da es üblicherweise um eine unterschiedliche Behandlung homosexueller Lebenspartner gegenüber Eheleuten geht, ist die entscheidende Frage also nunmehr, ob Ehe und Lebenspartnerschaft vergleichbar sind – oder ob homosexuelle Lebenspartnerschaften nicht vielmehr mit unehelichen heterosexuellen Lebensgemeinschaften zu vergleichen sind. Zu dieser Frage hatte sich der EuGH in der Rs. „Grant" nicht geäußert, mittlerweile ist die Frage aber in der Rs. „Maruko" (EuGH v. 1. 4. 2008 – C-267/06, NJW 2008, 1649 – Maruko) angesprochen worden. Dort wurde erneut festgestellt, dass eine Differenzierung nicht zulässig ist, wenn Ehe und Lebenspartnerschaft vergleichbar sind. Ob diese Vergleichbarkeit gegeben ist, sei jedoch von den nationalen Gerichten festzustellen, in diese Wertung spielt das Europarecht, wie sich auch am 22. Erwägungsgrund der RL 2000/78/EG zeigt, nicht hinein (*Windisch-Graetz*, öRdA 2004, 61). Wenn also im nationalen Recht die Ehe einen Sonderstatus besitzt, ist dies auch europarechtlich zulässig (ebenso *Windisch-Graetz*, öRdA 2004, 61; ausdrücklich auch sec. 25 Employment Equality (Sexual Orientation) Regulations 2003; hierzu die Europarechtskonformität

II. Rechtfertigung unmittelbarer Benachteiligung nach § 8 Abs. 1 AGG

bestätigend das House of Lords im Amicus case (2004) IRLR 430). Die Bewertung kann also rein nach deutschen Normen und Wertungen getroffen werden. Ob die Situationen unter dieser Ausgangslage vergleichbar sind, wird von den deutschen Gerichten nicht einheitlich beurteilt. So nahm das BVerfG – in Kenntnis des letzten Urteils des EuGH – zunächst an, dass keine Vergleichbarkeit bestehe (BVerfG v. 6.5.2008 – 2 BvR 1830/06, NJW 2008, 2325). Später revidierte es jedoch seine Ansicht und sieht nunmehr eine solche Vergleichbarkeit als gegeben an (BVerfG v. 21.7.2010 – 1 BvR 611/07, NJW 2010, 2783). Das **BAG** geht ebenfalls von einer Vergleichbarkeit aus, (BAG v. 15.9.2009 – 3 AZR 294/09, NZA 2010, 216) das BVerwG dagegen nicht (BVerwG v. 15.11.2007 – 2 C 33/06, NJW 2008, 868). Entscheidender Ansatzpunkt in der Argumentation – in beiden Richtungen – ist dabei der Schutz der Ehe nach Art. 6 Abs. 1 GG. Dieser spricht zunächst für eine Privilegierung der Ehe, sodass alle anderen Formen menschlichen Zusammenlebens dieser gegenüber benachteiligt werden dürften. Mittlerweile geht das BVerfG jedoch davon aus, dass diese Privilegierung nicht mehr pauschal zulässig ist, sondern auf die mit der Normierung verfolgten Zielen abzustellen ist. Sind Ehe und Lebenspartnerschaft im Hinblick hierauf und auf den Lebenssachverhalt vergleichbar, sei eine Differenzierung unzulässig. Danach muss also nunmehr für jede Norm einzeln geprüft werden, ob Ehe und Lebensgemeinschaft im Hinblick auf die Ziele der Norm vergleichbar sind, eine pauschale Aussage zur Vergleichbarkeit ist somit nicht mehr möglich. Ob ein solches Ergebnis im Sinne des Gesetzgebers liegt, darf bezweifelt werden, hat er doch mit der Schaffung eines eigenen Rechtsinstituts neben der Ehe gerade gezeigt, dass er die herausgehobene Stellung der Ehe beibehalten wollte. Da auch europarechtlich kein Handlungsbedarf bestand, hat die Rechtsprechung also ohne Not eine weitgehende Gleichstellung von Ehe und Lebenspartnerschaft bewirkt. Genauer zu der Situation im öffentlichen Dienst s. MüKo/*Thüsing*, AGG, § 24 Rnr. 4..

Keine Ungleichbehandlung stellt es dar, wenn ein Arbeitszeugnis jedem Arbeitnehmer nur einmal ausgestellt wird. Ein **Anspruch der transsexuellen Person auf Neuerteilung eines Zeugnisses** mit geändertem Vornamen bzw. mit geändertem Geschlecht folgt jedoch aus der nachvertraglichen Fürsorgepflicht des Arbeitgebers. Deren Umfang ergibt sich aus § 242 BGB i.V.m. Art. 2 Abs. 1 GG und § 5 TSG (LAG Hamm v. 17.12.1998 – 4 Sa 1337/98, NJW-RR 1999, 455). 350

Ein **Transsexueller kann nicht von der Bewerbung für den Posten eines Polizeibeamten** des höheren Dienstes ausgeschlossen werden (so das *House of Lords* in A. v. Chief Constable of West Yorkshire Police [2004] UKHL 21). Die möglichen Vorbehalte der Öffentlichkeit wiegen nicht so schwer, dass sie eine Zurückstellung des in seinem Geschlecht geänderten Arbeitnehmers rechtfertigen. Zur Einordnung der Transsexuellen-Diskriminierung als Unterfall der Geschlechtsdiskriminierung s. Rnr. 213. 351

f) Behinderung

Ungleichbehandlungen behinderter Menschen werden über § 8 Abs. 1 AGG weitaus häufiger als bei den anderen geschützten Personengruppen zu rechtfertigen sein. Während für die anderen Differenzierungsmerkmale des § 1 AGG – ggf. 352

E. Rechtfertigung einer Benachteiligung

mit Abstrichen beim Alter – die Vermutung streitet, dass diese im Regelfall tätigkeitsneutral sind, gilt dies für das Merkmal der Behinderung in vergleichbarem Ausmaß nicht. Eine Behinderung wirkt sich weitaus häufiger auf die Fähigkeit des Beschäftigten zur Ausübung der wesentlichen Arbeitsplatzfunktionen aus, als beispielsweise das Geschlecht, die Religion oder die sexuelle Identität. Beseitigt die Behinderung die Eignung zur Erfüllung der wesentlichen Arbeitsplatzanforderungen und nimmt der Arbeitgeber diesen Umstand zum Anlass einer nachteiligen Entscheidung, kann er sich zur Rechtfertigung der darin liegenden Ungleichbehandlung gegenüber nicht behinderten Beschäftigten auf § 8 Abs. 1 AGG des Gesetzes berufen (Schleusener/Suckow/Voigt/*Schleusener*, AGG, § 8 Rnr. 51).

353 Besondere Bedeutung hat in diesem Zusammenhang **Art. 5 der Richtlinie 2000/78/EG**. Ein Arbeitgeber ist nach dieser Bestimmung dazu verpflichtet, die geeigneten und im konkreten Fall erforderlichen Maßnahmen zu ergreifen, um den Menschen mit Behinderung den Zugang zur Beschäftigung, die Ausübung eines Berufes, den beruflichen Aufstieg sowie die Teilnahme an Aus- und Weiterbildungsmaßnahmen zu ermöglichen, es sei denn, diese Maßnahmen würden den Arbeitgeber unverhältnismäßig belasten. Das bedeutet im Ergebnis, dass ein Arbeitgeber zwar eine nachteilige Entscheidung mit der Behinderung eines Beschäftigten begründen kann, sofern dieser berufliche Anforderungen gem. § 8 Abs. 1 AGG nicht erfüllt. Dies gilt aber nur solange der Arbeitgeber seinerseits nicht dazu imstande ist, dieses Beschäftigungshindernis durch Vornahme angemessener Vorkehrungen nach Art. 5 der Richtlinie 2000/78/EG zu beseitigen. Eine partielle Entsprechung im deutschen Recht findet diese Bestimmung für schwerbehinderte Menschen in § 81 Abs. 4 SGB IX. Da der Dienstherr im Rahmen der gesundheitlichen Eignungsbeurteilung auch dem Verbot der Benachteiligung behinderter Menschen Rechnung zu tragen hat, darf er einen Bewerber wegen seiner Behinderung nur dann von dem Beförderungsgeschehen ausschließen, wenn dienstliche Bedürfnisse eine dauerhafte Verwendung in dem angestrebten Amt zwingend ausschließen (BVerfG v. 10. 12. 2008 – 2 BvR 2571/07, NVwZ 2009, 389). Der Begriff der gesundheitlichen Eignung eines Beamtenbewerbers, der behindert, aber nicht schwerbehindert ist, ist dabei dahin zu modifizieren, dass der Bewerber für die Übernahme in das Probebeamtenverhältnis als gesundheitlich geeignet anzusehen ist, wenn sich nach der prognostischen Einschätzung des Dienstherrn künftige Erkrankungen des Bewerbers und dauernde vorzeitige Dienstunfähigkeit mit einem überwiegenden Grad an Wahrscheinlichkeit, also mit mehr als 50 vom Hundert, ausschließen lassen (OVG Lüneburg v. 25. 1. 2011 – 5 LC 190/09, DÖD 2011, 113). Angehörige dieser Personengruppe haben danach u. a. Anspruch auf eine behindertengerechte Einrichtung und Unterhaltung der Arbeitsstätten bzw. eine Ausstattung ihres Arbeitsplatzes mit den erforderlichen technischen Arbeitshilfen. Insbesondere mit ihrer Beschränkung auf schwerbehinderte Arbeitnehmer bleibt die Vorschrift jedoch hinter den europarechtlichen Vorgaben zurück (s. dazu *Thüsing/Wege*, FA 2003, 296 sowie *Leder*, Anm. zu LAG Rheinland-Pfalz v. 9. 2. 2004 – 7 Sa 1099/03, LAGE Nr. 2 zu § 81 SGB IX): Die Verpflichtung nach § 81 Abs. 4 SGB IX greift erst im vorhandenen Arbeitsverhältnis, nicht aber bei seiner Begründung. Sie schützt nur den Schwerbehinderten, nicht den Behinderten generell. Auch sind die Sanktionsregelungen bei einer Verletzung der Pflicht nach § 81 Abs. 4 SGB IX andere als bei der Verletzung des Diskriminierungsgebotes. Nach den Vorgaben der Richtlinie 2000/78/EG müssen sie jedoch ähnlich effektiv sein. Daran fehlt es zurzeit. Eine richtlinienkonforme Auslegung oder eine Analogie werden sich angesichts des eindeutigen Wortlauts verbieten (vgl. *Thüsing*, NJW 2003, 3441; *Thüsing/Wege*, FA 2003, 296, 297). Der Gesetzgeber wird insoweit nachbessern müssen, ggf. nach erfolgreichem Vertragsverletzungsverfahren, s. auch Rnr. 44.

5. Maßstab für Merkmale, die im Zusammenhang mit einem in § 1 AGG genannten Grund stehen

Wenn eine unterschiedliche Behandlung wegen eines Merkmals erfolgt, das mit **354** einem unzulässigen Unterscheidungsgrund nach § 1 AGG im Zusammenhang steht, und diese ausnahmsweise als unmittelbare Benachteiligung einzuordnen ist (s. Rnr. 237), ist nicht entscheidend, ob das Geschlecht, sondern ob die fehlende Schwangerschaft unverzichtbar für eine Tätigkeit ist, also nicht ob das fehlende Bekenntnis zum Islam wesentliche und entscheidende berufliche Anforderung ist, sondern die Bereitschaft, kein islamisches Kopftuch zu tragen (s. Rnr. 724), also nicht die fehlende Homosexualität, sondern das fehlende homosexuelle Verhalten.

III. Rechtfertigung nach § 8 Abs. 2 AGG – Vereinbarung einer geringeren Vergütung für gleiche oder gleichwertige Arbeit

Literatur: *Adams*, Das bürgerlich-rechtliche Benachteiligungsverbot gemäß § 612 III BGB, JZ 1991, 534; Albrecht, Der Begriff der gleichwertigen Arbeit im Sinne des Lohngleichheitssatzes „Mann und Frau haben Anspruch auf gleichen Lohn für gleichwertige Arbeit" (Art. 4 II BV), 1998; Aldrich/Buchele, The Economics of Comparable Worth, 1986; *Däubler*, Lohngleichheit von Mann und Frau als Rechtsproblem, AuR 1981, 193; *Lorenz,* Zur Lohngleichheit von Männern und Frauen, DB 1996, 1234; *Feldhoff*, Mittelbare Diskriminierung von frauentypischen Tätigkeiten in der Vergütungsordnung zum BAT, ZTR 1999, 207–213; *dies.*, Der Anspruch auf gleichen Lohn für gleichwertige Arbeit, 1998; Fishel/Lazear, Comparable Worth and Discrimination in Labor Market, 53 U. Chi. L. Rev. 891 (1986); *Holzhauer*, The Economic Possibilities of Comparable Worth, 53 U. Chi. L. Rev. 919 (1986); *Mockenhaupt*, Gleicher Lohn für „gleiche" Arbeit oder für „vergleichbare" Arbeit, ZfA 1984, 31; *Otte*, Eingruppierung nach beruflicher Vorbildung und Diskriminierungsverbot, ZTR 1992, 460; *Rieble,* Entgeltgleichstellung der Frau, RdA 2011, 36; *Thüsing*, Gleicher Lohn für gleichwertige Arbeit, NZA 2000, 570; *Treu,* „Equal pay and comparable worth: a view from. Europe." Comp.Lab.LJ 8(1) (1986), 1–33; *Waas,* Zur mittelbaren Diskriminierung von Frauen in der Rechtsprechung von EuGH und deutschen Gerichten, EuR 1994, 97; *R. Winter*, Gleiches Entgelt für gleichwertige Arbeit – Ein Prinzip ohne Praxis, 1998; *dies.*, Mittelbare Diskriminierung bei gleichwertiger Arbeit, ZTR 2001, 7; *Wißmann*, Mittelbare Geschlechtsdiskriminierung: iudex calculat, FS Wlotzke (1996), 807; *ders.*, Die tarifliche Bewertung unterschiedlicher Tätigkeiten und das gemeinschaftsrechtliche Verbot der mittelbaren Geschlechtsdiskriminierung, FS Schaub, 1998, 793; *Willborn*, „Equal pay for work of equal value: comparable. worth in the United Kingdom." AJ.CL 34 (1986), 415–457; *H. Wolter*, Probleme der Lohngleichheit zwischen Männern und Frauen, AuR 1981, 129.

E. Rechtfertigung einer Benachteiligung

1. Reichweite und Herkommen

355 § 8 Abs. 2 AGG greift die Vorschrift des § 612 Abs. 3 BGB auf und erstreckt den Grundsatz der Entgeltgleichheit über das Geschlecht hinaus auf alle in § 1 AGG genannten Diskriminierungsmerkmale. Der deutsche Gesetzgeber tut **mehr als europarechtlich geboten**. Art. 157 Abs. 1 AEUV (ursprünglich Art. 119 EWGV, zuletzt Art. 141 EG-Vertrag) gebietet allein die Gleichbehandlung von Männern und Frauen: „Jeder Mitgliedstaat stellt die Anwendung des Grundsatzes des gleichen Entgelts für Männer und Frauen bei gleicher oder gleichwertiger Arbeit sicher"; eine entsprechende Verpflichtung fand sich auch schon in Art. 1 Richtlinie 75/117/EWG (jetzt in Art. 4 der RL 2006/54/EG). Ein Verbot der Diskriminierung aufgrund des Geschlechts im Bereich der Entlohnung kommt auch in einigen Normen des internationalen Rechts zum Ausdruck. So bestimmt etwa das von der Bundesrepublik Deutschland ratifizierte (vgl. Gesetz v. 6. 2. 1956, BGBl. II, S. 23) **ILO-Übereinkommen** Nr. 100 vom 29. 6. 1951 in seinem Art. 2, dass jedes Mitglied der ILO den Grundsatz der Gleichheit des Entgeltes männlicher und weiblicher Arbeitskräfte sicherzustellen habe. In dem **Internationalen Pakt über wirtschaftliche, soziale und kulturelle Rechte** vom 19. 12. 1966 ist in Art. 7 niedergelegt, dass Frauen für gleiche Arbeit das gleiche Entgelt zu erhalten haben wie Männer (vgl. Gesetz v. 23. 11. 1973, BGBl. II, S. 1569). In ähnlicher Weise verpflichtete sich die Bundesrepublik als Vertragspartei der **Europäischen Sozialcharta** vom 18. 10. 1961 (vgl. Gesetz v. 19. 9. 1964, BGBl. II, S. 1261), deren Art. 4 Satz 1 Nr. 3 bestimmt, dass „das Recht männlicher und weiblicher Arbeitnehmer auf gleiches Entgelt anzuerkennen" ist. Bestätigt werden diese Grundlagen noch durch Art 23 der Europäischen Grundrechtscharta, der die Entgeltgleichheit für Männer und Frauen wiederholt.

356 Der deutsche Gesetzgeber geht über den Kontext der Geschlechtsdiskriminierung hinaus und schafft eine Norm, die **große dogmatische wie praktische Schwierigkeiten** bereitet. Insbesondere eine Ausweitung des Konzepts gleichwertiger Arbeit auf andere Unterscheidungsmerkmale als das Geschlecht erscheint sinnwidrig. Dieses wurde geschaffen, um der geringeren Entlohnung von typischen „Frauenberufen" entgegenzuwirken, die nach Ausbildungsstand, Anforderungen und Ertrag anderen Tätigkeiten, die typischerweise von männlichen Arbeitnehmern wahrgenommen werden, gleich zu ordnen sind. Dies lässt sich auf andere Diskriminierungsmerkmale nicht übertragen, da es keine typischen „Katholikenberufe", „Homosexuellenberufe" oder „Seniorenberufe" gibt. Zu Recht finden sich daher außerhalb der Geschlechtsdiskriminierung keine Parallelen im ausländischen Recht.

357 § 8 Abs. 2 stellt gemeinsam mit den Wertungen des § 2 Abs. 1 Nr. 2 und der jeweiligen diskriminierenden Regel eine **Anspruchsgrundlage** für die Zahlung des entsprechenden diskriminierungsfreien Entgelts (und damit für vorenthaltene Entgeltbestandteile) dar (st. Rspr.: BAG v. 11. 12. 2007 – 3 AZR 249/06, BAGE 125, 133; BAG v. 20. 8. 2002 – 9 AZR 710/00, BAGE 102, 225).

III. Rechtfertigung nach § 8 Abs. 2 AGG

2. Kein Grundsatz „Gleiches Geld für gleiche oder gleichwertige Arbeit"

Das deutsche Recht kennt keinen allgemeinen Grundsatz „gleiches Entgelt für gleiche Arbeit" (s. BAG v. 21.6.2000 – 5 AZR 806/98, EWiR 2000, 953 mit Anm. *Thüsing*; BAG v. 18.11.2003 – 1 AZR 604/02, NZA 2004, 804, 807). Auch der arbeitsrechtliche Gleichbehandlungsgrundsatz gebietet dies nicht, denn er ist bei der Einstellung selber nicht anwendbar und umfasst auch nur kollektive Sachverhalte. Diesen Grundsatz der Vertragsfreiheit durchbricht § 8 Abs. 2 AGG. Die Anordnung, dass die Vereinbarung einer geringeren Vergütung für gleiche oder gleichwertige Arbeit wegen eines in § 1 AGG genannten Grundes nicht durch die Geltung besonderer Schutzvorschriften aufgrund eines dieser Gründe gerechtfertigt wird, ist jedoch missverständlich. Denn die erste Frage ist, ob die Vereinbarung einer geringeren Vergütung wegen eines in § 1 AGG genannten Grundes unzulässig ist. Dies wird für gleiche Arbeit aus §§ 3, 7 AGG folgen, nicht aber notwendig für gleichwertige Arbeit. 358

3. Begrifflichkeiten

a) Gleiche Arbeit

Gleiche Arbeit wird zumeist als im Wesentlichen gleichartige Arbeit verstanden (*Thüsing*, NZA 2000, 570, 571). Entscheidend ist, dass die üblichen Tätigkeiten der verglichenen Personen identisch oder unter Berücksichtigung von Belastungen, Verantwortung, Arbeitsbedingung und Qualifikation jeweils gleichartig sind, so dass die Arbeitnehmer einander bei Bedarf ersetzen könnten (für alle: BAG v. 26.1.2005, 4 AZR 509/03 n.v. [juris]; ErfK/*Schlachter*, § 8 AGG Rnr. 9; *Bauer/Göpfert/Krieger*, AGG, § 8 Rnr. 46; Wendeling-Schröder/Stein/*Wendeling-Schröder*, AGG, § 8 Rnr. 38; ebenso sec. 7 Employment Equality Act 1998: „both perform the same work under the same or similar conditions, or each is interchangeable with the other in relation to the work"). Um gleiche Arbeit handelt es sich nach der Formulierung des BAG, wenn Arbeitnehmer an verschiedenen oder nacheinander an denselben Arbeitsplätzen **identische oder gleichartige Tätigkeiten** ausüben; ob die Arbeit gleich ist, müsse durch einen **Gesamtvergleich** der Tätigkeiten ermittelt werden, wobei bei einzelnen Abweichungen die jeweils überwiegende Tätigkeit maßgebend sein soll; einzelne gleiche Arbeitsvorgänge für sich allein genügen nicht für die Annahme, die insgesamt jeweils geschuldete Arbeit sei gleich (BAG v. 12.10.2005 – 4 AZR 429/04 n.v. [juris]; BAG v. 26.1.2005 – 4 AZR 171/03 – AP AVR Diakonisches Werk Anlage 18 Nr. 1; BAG v. 23.8.1995 – 5 AZR 942/93, AP BGB § 612 Nr. 48; ähnlich ArbR-BGB/*Schliemann*, BGB, § 612 Rnr. 53; Staudinger/*Richardi*, Neubearbeitung 2005, BGB, § 612 Rnr. 60; MüKo/*Thüsing*, AGG, § 8 Rnr. 49; Soergel/*Raab*, BGB, § 612 Rnr. 55; RGRK/*Michels-Holl*, BGB, § 612 Rnr. 81). Eine Arbeit ist **gleichartig**, wenn die verrichteten Arbeiten zwar nicht identisch sind, aber unter Berücksichtigung der Vorkenntnisse, Ausbildung, Anstrengung, Verantwortlichkeit und Arbeitsbedingungen keine ins Gewicht fallenden Unterschiede äußerlich er- 359 kennbar sind (MüKo/*Thüsing*, AGG, § 8 Rnr. 49; Wendeling-Schröder/Stein/*Wendeling-Schröder*, AGG, § 8 Rnr. 38). Als Anhaltspunkt gelten solche **Tätigkeitsumschreibungen,** die auch für die Eingruppierung maßgeblich sind (RGRK/*Michels-Holl*, BGB, § 612 Rnr. 81), aber auch die **Praxis der Tarifvertragsparteien** sowie die **allgemeine Verkehrsanschauung** können Anhaltspunkte liefern (BAG v. 23. 8. 1995 – 5 AZR 942/93, AP BGB § 612 Nr. 48). Nicht ausreichend ist, dass eine Identität allein in Bezug auf einzelne Arbeitsvorgänge besteht oder gleiche Arbeiten nur für einen vorübergehenden, dem Einzelfall gerecht werdenden **repräsentativen Zeitraum** ausgeübt werden (BAG v. 26. 1. 2005 – 4 AZR 171/03 – AP AVR Diakonisches Werk Anlage 18 Nr. 1; BAG v. 23. 8. 1995 – 5 AZR 942/93, AP BGB § 612 Nr. 48; Soergel/*Raab*, BGB, § 612 Rnr. 54). Entscheidendes Kriterium ist, dass die Arbeitnehmer nach Maßgabe ihrer arbeitsvertraglich geschuldeten Tätigkeit insgesamt gegeneinander **austauschbar** sein müssen (ArbR-BGB/ *Schliemann*, BGB, § 612 Rnr. 53; ErfK/*Schlachter*, § 8 AGG Rnr. 9). Gleiche Arbeit liegt dagegen nicht vor, wenn eine gleiche Tätigkeit über einen erheblichen Zeitraum von Arbeitnehmern mit **unterschiedlicher Berufsberechtigung** ausgeübt wird (EuGH v. 11. 5. 1999 – Rs. C-309/97, AP EG-Vertrag Art. 141 Nr. 1: Psychologen und Ärzte).

b) Gleichwertige Arbeit

360 Weder in Art. 157 AEUV noch in der Richtlinie 2006/54/EG sind Anhaltspunkte für die Bestimmung gleichwertiger Arbeit erkennbar (zu Argumenten für und gegen das Konzept gleichwertiger Arbeit *Thüsing*, NZA 2000, 570, 572). Nach der Begründung des Regierungsentwurfs zu § 612 Abs. 3 BGB sind Arbeiten gleichwertig, wenn sie nach **objektiven Maßstäben der Arbeitsbewertung** denselben Arbeitswert haben (zu § 612 Abs. 2 BGB: BT-Drucks. 8/3317, S. 10; Wendeling-Schröder/Stein/*Wendeling-Schröder*, AGG, § 8 Rnr. 39). Kriterien hierfür hat der EuGH bisher nur vereinzelt genannt. Im Fall *Enderby* (EuGH v. 13. 12. 1994 – Rs. C-297/93, Slg. 1994, I-5535), in dem die Gleichwertigkeit der Arbeit von Sprachtherapeuten und Pharmazeuten fraglich war, konnte der EuGH gemäß der gerichtlichen Vorlage von der Gleichwertigkeit der Tätigkeiten ausgehen, ebenso wie im Fall *Royal Copenhagen,* in dem es um die Gleichwertigkeit der Tätigkeit von verschiedenen Porzellanmalern ging (EuGH v. 27. 10. 1993 – Rs. C-127/92, NZA 1994, 797), wie auch in der Entscheidung, in der die Gleichbehandlung von Hebammen und Krankenhausingenieuren problematisch war (EuGH v. 30. 3. 2000 – Rs. C-236/98, EWiR 2000, 485 mit Anm. *Thüsing*). Jüngst konkretisierte der EuGH in der Rs. *Kenny*, dass Arbeitnehmer gleiche oder gleichwertige Arbeit verrichten, „wenn sie unter Zugrundelegung einer Gesamtheit von Faktoren, wie Art der Arbeit, Ausbildungsanforderungen und Arbeitsbedingungen, als in einer vergleichbaren Situation befindlich angesehen werden können" (EuGH v. 26. 2. 2013 – Rs. C-427/11, NZA 2013, 315). Die Gleichwertigkeit muss der **Arbeitnehmer darlegen und beweisen** (BAG v. 26. 1. 2005 – 4 AZR 171/03, BAGE 113, 276). Das ist europarechtskonform und steht in Übereinstimmung mit der Praxis anderer Länder. Bei sehr unterschiedlichen Tätigkeiten wird dies regelmäßig nicht möglich sein.

III. Rechtfertigung nach § 8 Abs. 2 AGG

Der deutsche Gesetzgeber hat zur Gleichwertigkeit verschiedener Tätigkeiten **361** keine Vorgaben gemacht, anders aber die **Gesetze unserer Nachbarn**. Hier geben die Normen, die in Umsetzung der europäischen Vorgaben entstanden sind, teilweise recht konkrete Hinweise. Wenig aufschlussreich ist das italienische Gesetz, das ähnlich der deutschen Norm nur von gleichwertiger Arbeit spricht (Art. 2 Abs. 1 des Gesetzes Nr. 903 vom 9. 12. 1977: *„La lavoratrice ha diritto alla stessa retribuzione del lavoratore quando le prestazioni richieste siano uguali o di pari valore."*). Hilfreicher ist etwa die französische Umsetzung der europarechtlichen Vorgaben. In Art. L. 3221-4 des *Code du travail* heißt es, zwei Arbeiten seien gleichwertig, die eine vergleichbare Ausbildung, bestätigt etwa durch einen Titel oder ein Diplom, gleiche berufliche Erfahrung, gleiche Verantwortung und gleiche physische oder psychische Belastung voraussetzen. Ähnlich sieht es Art. 7 des irischen Employment Equality Act 1998: Zwei Tätigkeiten sind gleichwertig, wenn sie die gleichen Anforderungen an die beruflichen Fähigkeiten, die physische und psychische Belastung, Verantwortung und Arbeitsbedingungen stellen *(„Two persons shall be regarded as employed on liked work ... c) where the work performed by one is equal in value to that performed by the other in terms of the demands it makes in relation to such matters as skill, physical or mental effort, responsibility and working conditions."*). Entscheidend sind also die Tätigkeit und ihre Merkmale selbst. Bei alledem fällt auf: In keinem Gesetz ist der Markt als Maßstab der Gleichwertigkeit genannt, man versucht sich vielmehr an einer objektiven Gleichwertigkeit, an einem Wert der Arbeit unabhängig von der Nachfrage. Das entspricht auch den gängigen Arbeitsbewertungssystemen, die in Deutschland gebräuchlich sind. Auch nach der REFA-Methode etwa, dem ältesten und wohl gebräuchlichsten System analytischer Arbeitsbewertung zurückreichend bis in die 20er Jahre, ist die Marktnachfrage irrelevant, entscheidend sind vielmehr die Arbeitsleistungen der verschiedenen Arbeitnehmer und deren Wert für das Unternehmen (ausführlicher zur analytischen Arbeitsbewertung Schettgen, Arbeit, Leistung, Lohn. Analyse- und Bewertungsmethoden aus sozioökonomischer Sicht, 1996).

Nach der Rechtsprechung des BAG ist bei der Frage nach der Gleichwertigkeit **362** auf den **Gegenstand der Arbeitsleistung** abzustellen; für die qualitative Wertigkeit der Arbeit sei unter anderem das Maß der erforderlichen Vorkenntnisse und Fähigkeiten nach Art, Vielfalt und Qualität bedeutsam. Je größer diese Anforderungen sind, desto höher ist der Wert der Arbeit einzuschätzen (BAG v. 26. 1. 2005 – 4 AZR 171/03 – AP AVR Diakonisches Werk Anlage 18 Nr. 1; BAG v. 23. 8. 1995 – 5 AZR 942/93, AP BGB § 612 Nr. 48). Ob die Arbeiten gleichwertig sind, kann nur festgestellt werden, indem die geschuldeten Tätigkeiten insgesamt miteinander verglichen werden. Für die qualitative Wertigkeit einer Arbeit ist unter anderem das Maß der erforderlichen Vorkenntnisse und Fähigkeiten nach Art, Vielfalt und Qualität bedeutsam (BAG v. 23. 8. 1995 – 5 AZR 942/93, AP BGB § 612 Nr. 48; BAG v. 26. 1. 2005 – 4 AZR 509/03, nv [juris]). Dementsprechend nahm das BAG an, es spreche vieles dafür, die Tätigkeiten, die den Berufen mit Fachhochschulabschluss entsprechen, in einem tariflichen Entgeltsystem im Allgemeinen gleich zu bewerten (BAG v. 23. 8. 1995 – 5 AZR 942/93, AP BGB § 612 Nr. 48; BAG v. 10. 12. 1997 – 4 AZR 264/96, NZA 1998, 599).

363 Im Schrifttum werden als **Kriterien** genannt: die Anforderungen des Arbeitsplatzes, das Angebot des Arbeitnehmers, der Beitrag des Arbeitnehmers zum Leistungserfolg, der Bedarf des Arbeitnehmers für seinen Lebensunterhalt, die Bedingungen des Arbeitsmarktes (alle *Wiedemann/Peters*, RdA 1997, 100, 106; s. auch MüKo/*Thüsing*, AGG, § 8 Rnr. 53). Teilweise wird der Objektivität der Ergebnisse der Arbeitsbewertung Misstrauen entgegengebracht, weil sie von dem jeweiligen Bewertungssystem abhinge; als entscheidendes Kriterium wird demgemäß die **Praxis der Tarifvertragsparteien** aufgefasst (BT-Drucks. 8/3317, S. 10; *Bauer/Göpfert/Krieger*, AGG, § 8 Rnr. 47; MüKo/*Thüsing*, AGG, § 8 Rnr. 49; ErfK/*Schlachter*, § 8 AGG Rnr. 9; einschränkend im Hinblick auf eine bloße Indizfunktion BAG v. 26. 1. 2005 – 4 AZR 509/03, n. v. [juris]). Das Argument hat Gewicht, sind doch die durch die Koalitionen repräsentierten Bewertenden prinzipiell gleichsam als Sachverständige in eigener Angelegenheit zur Bewertung berufen (vgl. näher *Hanau/Thüsing*, Europarecht und kirchliches Arbeitsrecht, S. 65); auch deuten die Gesetzesmaterialien zu § 611a BGB auf eine Einschätzungsprärogative der Tarifvertragsparteien hin (*Peters/Thüsing*, Anm. zu LAG Köln v. 11. 1. 1996 – 6 Sa 901/95, LAGE Nr. 15 zu Art. 119 EWG-Vertrag; a. A. *Walker*, Anm. zu BAG v. 10. 12. 1997 – 4 AZR 264/96, AP BGB § 612 Nr. 3 Diskriminierung). Als Maßstäbe für die Gleichwertigkeit kommen außerdem – unter Beachtung des § 77 Abs. 3 BetrVG – **betriebsverfassungsrechtliche Bewertungssysteme** in Betracht (ArbR-BGB/*Schliemann*, BGB, § 612 Rnr. 57). Bedenken ergeben sich daraus jedoch insoweit, als auch tarifvertragliche Gruppenbildungen (ErfK/*Schlachter*, § 8 AGG Rnr. 9) und die anderen genannten **Bewertungssysteme** ihrerseits gegen § 612 Abs. 3 BGB verstoßen können und deshalb nur Berücksichtigung finden dürfen, wenn sie **ihrerseits dem Lohngleichheitsgebot genügen** (ArbR-BGB/*Schliemann*, BGB, § 612 Rnr. 57). Richtet sich die Vergütung des Arbeitnehmers nach einer Vergütungsordnung, muss diese für die Prüfung, ob sie gegen das Lohngleichheitsgebot verstößt, **in ihrer Gesamtheit betrachtet** werden (BAG v. 10. 12. 1997 – 4 AZR 264/96, AP BGB § 612 Nr. 3 Diskriminierung mit Anm. *Walker*); so kann etwa eine Diskriminierung von Sozialarbeitern nicht bereits aus dem Vergleich der für ihre Eingruppierung geltenden speziellen Tätigkeitsmerkmale mit denjenigen für technische Angestellte abgeleitet werden, sondern es sind in die Vergleichsbetrachtung auch alle übrigen Tätigkeitsmerkmale für Angestellte anderer Berufe mit Fachhochschulabschluss und entsprechender Tätigkeit einzubeziehen (Sachverhalt BAG v. 10. 12. 1997 – 4 AZR 264/96, SAE 1999, 28 mit Anm. *Thüsing*). Unter den **analytischen Arbeitsbewertungssystemen** werden Rangreihen-, Stufenwert-, Rangfolge- und Lohngruppenverfahren unterschieden (näher ArbR-BGB/*Schliemann*, BGB, § 612 Rnr. 58; vgl. auch *Colneric*, FS Dieterich, 1999, S. 51).

c) Vereinbarung

364 Der Begriff der Vereinbarung in § 8 Abs. 2 AGG ist identisch mit dem des § 2 Abs. 1 Nr. 2 AGG. Hierzu gehören nicht nur echte **vertragliche Individualvereinbarungen** zwischen Arbeitgeber und Arbeitnehmer, sondern nach allgemeiner Ansicht ebenfalls **arbeitsvertragliche Einheitsregelungen, Gesamt-zusagen** und Leistungen aufgrund **betrieblicher Übung** (ArbR-BGB/*Schliemann*, BGB, § 612 Rnr. 50; Soer-

III. Rechtfertigung nach § 8 Abs. 2 AGG

gel/*Raab*, BGB, § 612 Rnr. 49; Erman/*Hanau*, BGB, § 612 Rnr. 27; MüKo/*Thüsing*, AGG, § 8 Rnr. 54; Staudinger/*Richardi*, Neubearbeitung 2005, BGB, § 612 Rnr. 56). Auch gebündelte Vertragszusagen, gleichlautende Vereinbarungen mit allen Arbeitnehmern (MüKo/*Thüsing*, AGG, § 8 Rnr. 54) sowie vertraglich übernommene kollektive Entgeltordnungen (ErfK/*Schlachter*, § 2 AGG Rnr. 10; Soergel/ *Raab*, BGB, § 612 Rnr. 49) werden hinzugezählt. Es ist nicht danach zu differenzieren, ob es sich um eine freiwillige oder verpflichtende Leistung handelt (Soergel/*Raab*, BGB, § 612 Rnr. 49 unter Verweis auf die Entscheidung des EuGH v. 4. 6. 1992 – Rs. 360/90, AP EWG-Vertrag Art. 119 Nr. 39, der dies allerdings nicht ohne weiteres zu entnehmen ist). Einbezogen in das Gleichbehandlungsgebot sind auch **Tarifverträge** sowie **Betriebs-** und **Dienstvereinbarungen** (EuGH v. 31. 5. 1995 – Rs. C 400/93 *[Royal Copenhagen]*, AP EWG-Vertrag Art. 119 Nr. 68; EuGH v. 7. 2. 1991 – Rs. 184/89 *[Nimz]*, AP BAT § 23 a Nr. 25; ArbR-BGB/*Schliemann*, BGB, § 612 Rnr. 51; MüKo/*Thüsing*, AGG, § 8 Rnr. 54; Staudinger/*Richardi*, Neubearbeitung 2005, BGB, § 612 Rnr. 58). Selbstverständlich ist dies angesichts des normativen Charakters freilich nicht (unter Hinweis auf das objektivrechtliche Wesen des Tarifvertrags und der Betriebsvereinbarung RGRK/*Michels-Holl*, BGB, § 612 Rnr. 73). Hierfür sprechen vor allem **europarechtliche Gründe** (vgl. z. B. ArbR-BGB/*Schliemann*, BGB, § 612 Rnr. 51), denn nach **Art. 23 der Richtlinie 2006/54/EG** ist umfassend sicherzustellen, „dass mit dem Grundsatz des gleichen Entgelts unvereinbare Bestimmungen in Tarifverträgen, Lohn- und Gehaltstabellen oder vereinbarungen oder Einzelarbeitsverträgen nichtig sind oder für nichtig erklärt werden können", weshalb die europarechtskonforme Auslegung der zur Umsetzung dieser Richtlinie ergangenen Norm in der Tat die Erstreckung auf Tarifverträge und Betriebsvereinbarungen verlangt. Nach den Ausführungen des EuGH kommt es für die Anwendung von **Art. 157 AEUV** auf die Rechtsnatur der Vergünstigungen nicht an, vorausgesetzt, dass sie im Zusammenhang mit dem Dienstverhältnis gewährt werden (EuGH v. 9. 2. 1982 – Rs. 12/81, Slg. 1982, 359); demgemäß wird in diesem Kontext darauf hingewiesen (Staudinger/*Richardi*, Neubearbeitung 2005, BGB, § 612 Rnr. 58; ArbR-BGB/*Schliemann*, BGB, § 612 Rnr. 51), dass der EuGH tarifvertragliche Regelungen an Art. 157 AEUV misst (EuGH v. 27. 6. 1990 – Rs. C 33/89, AP EWG-Vertrag Art. 119 Nr. 21; vom BAG offen gelassen in der Entscheidung v. 10. 12. 1997 – 4 AZR 264/96, AP BGB § 612 Nr. 3 Diskriminierung). Ein entsprechendes Verständnis kann auch § 8 Abs. 2 AGG zugrunde gelegt werden. Das BAG ließ die Frage offen, ob angesichts der Vorgaben des Gemeinschaftsrechts dem Tatbestandsmerkmal der Vereinbarung eine eigenständige Bedeutung bei § 612 Abs. 3 BGB zukommen kann (BAG v. 23. 9. 1992 – 4 AZR 30/92, AP BGB § 612 Nr. 1 Diskriminierung).

Wann eine Diskriminierung **auf einer Vereinbarung beruht,** wird von der Rechtsprechung weit ausgelegt. Das BAG formuliert, dass nach dem Grundsatz der gemeinschaftsrechtskonformen Auslegung eine Entgeltdiskriminierung jedenfalls dann auf einer Vereinbarung beruht, „wenn der unterschiedlichen Behandlung zumindest eine Vereinbarung mit dem begünstigten Arbeitnehmer zugrunde liegt; eine Vereinbarung mit dem benachteiligten Arbeitnehmer muss nicht hinzukommen" (BAG v. 23. 9. 1992 – 4 AZR 30/92, AP BGB § 612 Nr. 1 Diskriminierung). **365**

Bedeutung gewinnt das Merkmal der Vereinbarung etwa auch bei der **betrieblichen Altersversorgung über eine Pensionskasse.** Unmittelbar diskriminiert nur **366** die Pensionskasse, nicht der Arbeitgeber. Mit der Pensionskasse hat der Arbeitnehmer aber keine Vereinbarung. Doch die Rechtsprechung ist hier großzügig: Verstößt die Leistungsordnung einer Pensionskasse gegen Art 141 EG (jetzt Art. 157 AEUV), muss die wegen des Geschlechts benachteiligte Gruppe ebenso behandelt werden wie die begünstigte. Die sich hieraus ergebenden Ansprüche richten sich nicht nur gegen die Pensionskasse (vgl EuGH v. 9. 10. 2001 – Rs C-379/99 *[Menauer]*, Slg. 2001, I-7275; BAG 19. 11. 2002 – 3 AZR 631/97, BAGE 103, 373), sondern auch gegen den Arbeitgeber (BAG v. 7. 9. 2004, 3 AZR 550/03, AP BetrAVG § 1 Nr. 15 Gleichberechtigung; *Steinmeyer*, BetrAV 2004, 436, 439; s. auch § 1 Abs. 1 S. 3 BetrAVG).

d) Vergütung

367 Zu der Vergütung gehören grundsätzlich **alle Leistungen,** die der Arbeitgeber **in Bezug auf die Arbeitsleistung** unmittelbar oder mittelbar gewährt, und zwar nicht nur diejenigen, die im Gegenseitigkeitsverhältnis zur Dienstleistung stehen (Staudinger/*Richardi*, Neubearbeitung 2005, BGB, § 612 Rnr. 59; *Bauer/Göpfert/Krieger*, AGG, § 8 Rnr. 45; Wendeling-Schröder/Stein/*Wendeling-Schröder*, AGG, § 8 Rnr. 36). Gleichgültig ist, ob der Arbeitnehmer sie in bar oder als Sachleistung erhält (Staudinger/*Richardi*, Neubearbeitung 2005, BGB, § 612 Rnr. 59; RGRK/*Michels-Holl*, BGB, § 612 Rnr. 74; vgl. auch Art. 157 Abs. 2 AEUV) und auch, ob sie einmal oder regelmäßig entrichtet wird. Der Vergütungsbegriff ist weit auszulegen (Soergel/*Raab*, BGB, § 612 Rnr. 50). Soweit gesagt wird, dass der Begriff der Vergütung ebenso zu verstehen sei wie der Begriff des „Entgelts" i. S. v. Art. 157 AEUV (doch Staudinger/*Richardi*, Neubearbeitung 2005, BGB, § 612 Rnr. 59; RGRK/*Michels-Holl*, BGB, § 612 Rnr. 74), so ist dies im Ergebnis zutreffend, aber nicht ganz präzise: Vielmehr kann der Begriff der Vergütung nach § 612 Abs. 3 BGB zwanglos mit dem der **Vergütung** nach **Art. 157 AEUV** gleichgesetzt werden, handelt es sich bei dem „Entgelt" i. S. v. Art. 157 AEUV gemäß dessen Abs. 2 um „Mindestlöhne und -gehälter sowie alle sonstigen Vergütungen". Der EuGH fasst unter den Begriff des „Entgelts" i. S. v. Art. 157 AEUV „die üblichen Grund- oder Mindestlöhne und -gehälter sowie alle sonstigen Vergütungen (...), die der Arbeitgeber aufgrund des Dienstverhältnisses dem Arbeitnehmer mittelbar oder unmittelbar oder in Sachleistungen zahlt". Hierzu gehören nach ständiger Rechtsprechung des EuGH alle gegenwärtigen oder künftigen Vergütungen, vorausgesetzt, dass sie der Arbeitgeber dem Arbeitnehmer wenigstens mittelbar aufgrund des Dienstverhältnisses gewährt, sei es aufgrund eines Arbeitsvertrages, aufgrund von Rechtsvorschriften oder freiwillig (EuGH v. 17. 5. 1990 – Rs. C262/88 *[Barber]*, AP EWG-Vertrag Art. 119 Nr. 20; EuGH v. 4. 6. 1992 – Rs. C-360/90, AP EWG-Vertrag Art. 119 Nr. 39; vgl. auch BAG v. 26. 5. 1993 – 5 AZR 184/92, AP EWG-Vertrag Art. 119 Nr. 42).

368 Für die **Einzelfälle** der Vergütung gibt es vielfältiges Anschauungsmaterial in der Rechtsprechung von EuGH und BAG. Wie bei § 612 Abs. 3 BGB ist der Begriff der Vergütung auch bei § 8 Abs. 2 AGG weit auszulegen. Der EuGH zählt zu dem Anwendungsbereich des Art. 157 AEUV etwa „Entlassungsentschädigungen nach betriebsbedingter Kündigung", also etwa **Abfindungen** bzw. ein nach

III. Rechtfertigung nach § 8 Abs. 2 AGG

dem Ausscheiden des Arbeitnehmers gewährtes **Übergangsgeld** (EuGH v. 17. 5. 1990 – Rs. C262/88, AP EWG-Vertrag Art. 119 Nr. 20; vgl. Soergel/*Raab*, BGB, § 612 Rnr. 50). Bestätigt wird dies auch durch die deutsche Rechtsprechung (BAG v. 12. 11. 2002 – 1 AZR 58/02, BAGE 103, 321; LAG Berlin-Brandenburg v. 20. 11. 2007 – 19 Sa 1416/07; ArbG Köln v. 20. 3. 2008 – 22 Ca 8411/07). Ferner werden zur Vergütung allgemein die Leistungen für solche Zeiten gerechnet, in denen der Arbeitnehmer ohne Verschulden an der Arbeitsleistung verhindert ist und seinen Anspruch auf Fortzahlung behält (so Soergel/*Raab*, BGB, § 612 Rnr. 50), wie etwa die Entgeltfortzahlung bei Erholungsurlaub, bei Krankheit, die bezahlte Arbeitsfreistellung eines teilzeitbeschäftigten Betriebsratsmitglieds sowie die **Bezahlung von Überstunden** bei Teilnahme an Schulungsveranstaltungen (EuGH v. 4. 6. 1992 – Rs. C-360/90, AP EWG-Vertrag Art. 119 Nr. 39). Ebenso fallen Leistungen, die der Arbeitgeber einer Arbeitnehmerin aufgrund gesetzlicher Vorschriften oder aufgrund eines Tarifvertrags während ihres Mutterschaftsurlaubs zahlt, unter den Begriff der Vergütung, weswegen auch während der Schutzfrist eintretende Entgelterhöhungen bei der Berechnung des **Zuschusses zum Mutterschaftsgeld** zu berücksichtigen sind (BAG v. 31. 7. 1996 – 5 AZR 9/95, NZA 1996, 1205; zum Entgelt i. S. v. Art. 119 EWG-Vertrag: EuGH v. 13. 2. 1996 – Rs. C342/93 *[Gillespie]*, AP EWG-Vertrag Art. 119 Nr. 74. Dazu gehört darüber hinaus eine freiwillig und als Leistungsanreiz sowie Belohnung für Betriebstreue gedachte **Weihnachtsgratifikation;** diese darf einer Frau im Mutterschutzurlaub nicht mit der Begründung versagt werden, die Zuwendung hänge davon ab, dass sie sich im aktiven Beschäftigungsverhältnis befinde (EuGH v. 21. 10. 1999 – Rs. C333/97, AP EG-Vertrag Art. 119 Nr. 14).

Inwieweit **Unisex-Tarife** bei der betrieblichen Altersvorsorge zwingend erforderlich sind, ist strittig. Durch die Entscheidung des EuGH in der Rs. *Test-Achats* sind hier erste europarechtliche Hinweise gegeben, s. dazu Rnr. 794.

Leistungen der sozialen Sicherheit. Leistungen der sozialen Sicherheit sind nach der Rechtsprechung des EuGH in den Entgeltbegriff grundsätzlich einzubeziehen; etwas anderes gilt jedoch dann, wenn sie unmittelbar durch Gesetz geregelt sind, keinerlei vertragliche Vereinbarungen innerhalb des Unternehmens oder des betroffenen Gewerbezweigs zulassen und zwingend für allgemein umschriebene Gruppen von Arbeitnehmer gelten (EuGH v. 17. 5. 1990 – Rs. 262/88, AP EWG-Vertrag Art. 119 Nr. 20). Demzufolge schließt der Umstand, dass eine Leistung erst nach Beendigung des Arbeitsverhältnisses erbracht wird, nicht aus, sie als Vergütung i. S. v. § 8 Abs. 2 AGG und Art. 157 AEUV einzuordnen (Soergel/*Raab*, BGB, § 612 Rnr. 50). Hierfür spricht vor allem auch die Regelung in § 10 Nr. 4 AGG, die eine Unterscheidung nach dem Alter (aber nicht etwa nach dem Geschlecht) bei den betrieblichen Systemen der sozialen Sicherheit rechtfertigt. Es bedürfte eines solchen eigenen Rechtfertigungsgrundes nicht, wenn die betrieblichen Systeme der sozialen Sicherheit nicht in den Anwendungsbereich des Gesetzes fielen.

Leistungen der betrieblichen Altersversorgung. In seiner *Barber*-Entscheidung hat der EuGH nochmals festgestellt, dass (nur solche) Renten, die aufgrund eines an die Stelle des gesetzlichen Systems getretenen betrieblichen Systems gezahlt werden, unter den Begriff des Entgelts und damit in den Anwendungsbereich von Art. 157 AEUV fallen (EuGH v. 17. 5. 1990 – Rs. 262/88, AP EWG-Vertrag

Art. 119 Nr. 20; zuvor schon EuGH v. 13. 5. 1986 – Rs. 170/84, AP EWG-Vertrag Art. 119 Nr. 10; st. Rechtsprechung, vgl. EuGH v. 12. 9. 2002 – Rs. C-351/00, NZA 2002, 1141). Gleiches nimmt das BAG (BAG v. 5. 10. 1993 – 3 AZR 695/92, AP BetrAVG § 1 Nr. 20 Lebensversicherung; BAG v. 23. 1. 1990 – 3 AZR 58/88, AP BetrAVG § 1 Nr. 7 Gleichberechtigung) in ständiger Rechtsprechung an, gleiches gilt ferner – trotz § 2 Abs. 2 S. 2 AGG, s. Rnr. 214 – für das AGG.

372 Auch **Zulagen** sind grundsätzlich Bestandteil der Vergütung. Das BAG hat es als Verstoß gegen Art. 3 Abs. 2 GG betrachtet, wenn die Gewährung einer **Zulage** für Frauen **von einer besonderen Voraussetzung,** nämlich von einem Antrag **abhängig** gemacht wird, während dies für Männer nicht der Fall ist (BAG v. 20. 4. 1977 – 4 AZR 732/75, AP GG Art. 3 Nr. 111 mit Anm. *Wiedemann/Willemsen*; vgl. zum Antragserfordernis auch schon BAG v. 15. 1. 1964 – 4 AZR 75/63, BAGE 15, 228). Ob hierin ein Anwendungsfall des § 8 Abs. 2 AGG gesehen werden kann (für eine Anwendbarkeit des § 612 Abs. 2 BGB noch MüKo/*Müller-Glöge,* 4. Aufl. 2004, BGB, § 612 Rnr. 47), erscheint angesichts der Formulierung der Norm („geringere" Vergütung) fraglich; sie sollte auf Fälle der **quantitativ,** nicht der qualitativ **verringerten Entlohnung** beschränkt bleiben, um nicht zu einer Generalklausel bei Ungleichbehandlung der Geschlechter zu geraten, sobald irgendein finanzieller Bezug erkannt werden kann. Bei der Berechnung der Vergütung darf aber eine **Zulage für ungünstige Arbeitszeit** ebenso wenig berücksichtigt werden wie die **Verkürzung der Arbeitszeit,** wenn im Drei-Schichten-Betrieb gearbeitet wird (EuGH v. 30. 3. 2000 – Rs. C 336/98, AP EWG-Richtlinie Nr. 75/117 Nr. 15).

373 **Entgeltfortzahlung im Krankheitsfall.** Die Entgeltfortzahlung im Krankheitsfall gehört zur Vergütung nach § 8 Abs. 2 AGG, weshalb es unzulässig ist, die Teilzeitarbeitnehmer von der Entgeltfortzahlung auszunehmen, wenn davon wesentlich mehr Frauen als Männer betroffen sind und nicht dargelegt wird, dass dies aufgrund objektiver, nicht geschlechtsbezogener Faktoren gerechtfertigt ist (EuGH v. 13. 7. 1989 – Rs. 171/88, AP EWG-Vertrag Art. 119 Nr. 16; ArbR-BGB/*Schliemann*, BGB, § 612 Rnr. 71).

4. Benachteiligung wegen eines Grundes i. S. d. § 1 AGG

374 Ob die Benachteiligung wegen eines Grundes i. S. d. § 1 AGG erfolgt, richtet sich nach dem Merkmal, das zu dem Unterschied in der Höhe der Vergütungen führt.

a) Unmittelbare Benachteiligung

375 Das Lohngleichheitsgebot, wie es in § 8 Abs. 2 AGG Ausdruck gefunden hat, verbietet Entgeltregelungen, bei denen das Entgelt unmittelbar **von einem Grund i. S. d. § 1 AGG** abhängt (unmittelbare Benachteiligung) (BAG v. 14. 3. 1989 – 3 AZR 490/87, AP EWG-Vertrag Art. 119 Nr. 25). Auch soweit die Art der Tätigkeit ein **bestimmtes Geschlecht als unverzichtbare Voraussetzung** erfordert oder ein Grund i. S. d. § 1 AGG wesentliche und entscheidende berufliche Anforderung ist, liegt darin **kein zulässiger Grund** für eine Vergütungsdifferenzierung, denn die

III. Rechtfertigung nach § 8 Abs. 2 AGG

Erlaubnis erstreckt sich nur auf die Differenzierung in der Tätigkeit verschiedener Arbeitnehmer, nicht aber auf die Entlohnung.

Unklar ist, inwieweit dennoch eine **Ungleichbehandlung bei der Vergütung gerechtfertigt** sein kann. Eine Ausnahme von dem Verbot der unmittelbar geschlechtsbedingten Ungleichbehandlung enthält § 8 AGG mit der Zulässigkeit positiver Maßnahmen auch in Bezug auf die Vergütung, s. Rnr. 312. Darüber hinaus wird in Bezug auf § 157 AEUV teilweise vertreten, dass Ausnahmen vom Diskriminierungsverbot dann denkbar sein können, wenn der Unterschied durch biologische oder funktionale Unterschiede bedingt ist (Calliess/Ruffert/*Krebber*, EUV/AEUV, Art. 141 Rnr. 61; vorsichtiger Lenz/Borchardt/*Coen*, AEUV, Art. 157 Rnr. 26; v. d. Groeben/Thiesing/Ehlermann-*Currall*, EGV, Art. 119 Rnr. 50: die Frage sei „noch nicht geklärt"). Einen europarechtlichen Anknüpfungspunkt gibt es dafür jedoch nicht. Das Ergebnis erschiene zweifelhaft, denn hier werden ohne weitere Erörterung die Grenzen, die für die Ungleichbehandlung bei den zu verrichtenden Tätigkeiten gelten, auf die Ungleichbehandlung beim Entgelt übertragen. Dies hat der EuGH nicht getan und der Wortlaut des Art. 157 AEUV lässt dies auch nicht zu. Vielmehr ist davon auszugehen, dass es sich hierbei – abgesehen von der Zulässigkeit positiver Maßnahmen – um ein absolutes Gleichbehandlungsgebot handelt. Dies entspricht auch der Regelung im US-amerikanischen Equal Pay Act. Der britische Equal Pay Act erlaubt freilich die Unterscheidung nach dem Geschlecht, wenn sie auf einem *„material factor other than sex"* beruht, sec. 1 (3) Equal Pay Act; die Gerichte sind hier sehr zurückhaltend (s. *Kilpatrick*, ILJ 23 [1994], 311; hierzu auch *McColgan*, Discrimination Law, S. 597). Eine Sicht auf das Fallmaterial zeigt aber, dass hiervon wohl nur Fälle erfasst werden, bei denen sich die unterschiedliche Entlohnung der Geschlechter als die zufällige Folge einer Unterscheidung nach einem anderen Merkmal herausstellt (s. insbesondere Tyldesley v. TLM Plastics Ltd. [1996] ICR 356: die Rechtfertigung muss in einem Grund liegen, der *„not itself a factor of sex or tainted by sex discrimination"* ist). **376**

Rechtsprechung des EuGH und deutscher Gerichte existiert hier bislang nur in Ausdeutung von Art. 141 EG (jetzt Art. 157 AEUV) sowie § 612 Abs. 2 BGB und damit in Bezug auf die Benachteiligung wegen des Geschlechts. Bei der Gewährung einer **betrieblichen Altersversorgung** liegt eine unzulässige unmittelbare Diskriminierung aufgrund des Geschlechts vor, wenn für die Bezugsberechtigung je nach Geschlecht ein **unterschiedliches Renteneintrittsalter** gilt (EuGH v. 17. 5. 1990 – Rs. 262/88 [*Barber*], AP EWG-Vertrag Art. 119 Nr. 20; EuGH v. 14. 12. 1993 – Rs. C 110/91, AP BetrAVG § 1 Nr. 16 Gleichbehandlung; vgl. auch jüngst EuGH v. 12. 9. 2002 – Rs. C-351/00, NZA 2002, 1141; s. ferner BAG v. 31. 8. 1978 – 3 AZR 313/77, AP BetrAVG § 1 Nr. 1 Gleichberechtigung; BAG v. 7. 11. 1995 – 3 AZR 1064/94, AP EWG-Vertrag Art. 119 Nr. 71). Dies wurde vom EuGH auch dann für unzulässig erachtet, wenn ein solcher Unterschied der für das gesetzliche Rentensystem geltenden Regelung entspricht (EuGH v. 17. 5. 1990 – Rs. 262/88 [*Barber*], AP EWG-Vertrag Art. 119 Nr. 20). Ein unzulässiger Fall der unmittelbaren Diskriminierung wegen des Geschlechts ist etwa dann gegeben, wenn eine Pensionskasse, die der Arbeitgeber zur Zahlung von Versorgungsleistungen eingeschaltet hat, eine **Witwenpension** nur unter der Voraussetzung gewährt, dass die verstorbene Arbeitnehmerin den Familienunterhalt überwiegend bestritten hat **377**

E. Rechtfertigung einer Benachteiligung

(BAG v. 19. 11. 2002 – 3 AZR 631/97, AP BetrAVG § 1 Nr. 13 Gleichberechtigung nach Vorabentscheidungsersuchen an den EuGH, vgl. EuGH v. 9. 10. 2001 – Rs. C-379/99, AP BetrAVG § 1 Nr. 5 Pensionskasse). Bei Gewährung einer Witwenversorgung muss der Arbeitgeber auch eine gleich hohe **Witwerversorgung** zusagen; ein Ausschluss der Witwerversorgung verstieße gegen das Lohngleichheitsgebot (BAG v. 5. 9. 1989 – 3 AZR 575/88, AP BetrAVG § 1 Nr. 8 Hinterbliebenenversorgung). Unzulässig ist die Gewährung einer **Ehefrauenzulage,** die an die verheirateten männlichen Arbeitnehmer gezahlt wird, während verheiratete Arbeitnehmerinnen keine entsprechende Zulage erhalten (BAG v. 13. 11. 1985 – 4 AZR 234/84, AP GG Art. 3 Nr. 136 mit Anm. *Zuleeg*). Schon früh wurden tarifliche Klauseln, nach denen Frauen generell und schematisch nur einen geringeren Lohn erhielten, für unzulässig erklärt (BAG v. 15. 1. 1955 – 1 AZR 305/54, AP GG Art. 3 Nr. 4; vgl. auch für den Fall der Individualvereinbarung BAG v. 11. 1. 1973 – 5 AZR 321/72, AP GG Art. 3 Nr. 110).

378 Dementsprechend ist davon auszugehen, dass auch die unterschiedliche Vergütung nach dem Alter, also insbesondere die **Altersstufen der Tarifverträge,** nur als positive Maßnahme nach § 5 AGG gerechtfertigt sein kann. S. hierzu Rnr. 461. Dies ist ein strenger Maßstab; im Regelfall ist die Unterscheidung unzulässig. Der EuGH hat dies in der Rs. *Hennings* (EuGH v. 8. 9. 2011 – C-297/10, NZA 2011, 1100) für den BAT bestätigt (dazu ausführlich Rnr. 260).

379 **Altersabstandsklauseln** bei der Witwenrente sind zulässig, weil sie allenfalls eine mittelbare Diskriminierung wegen des Alters darstellen und daher durch einen sachlichen Grund gerechtfertigt sind, s. Rnr. 117. Gleiches gilt für die Regelung in einer Pensionsordnung, die den Anspruch auf Witwenrente davon abhängig macht, dass die Begünstigte im Zeitpunkt des Todes des Arbeitnehmers das 50. Lebensjahr vollendet hat (s. BAG v. 19. 2. 2002 – 3 AZR 99/01, AP BetrAVG § 1 Nr. 22 Hinterbliebenenversorgung) oder schon 10 Jahre bestanden hat (hierzu BAG v. 28. 7. 2005 – 3 AZR 457/04, DB 2006, 2018). Weiterhin unzulässig ist auch eine Ausnahme der eingetragenen Lebenspartnerschaft aus dem Anwendungsbereich der Hinterbliebenenversorgung (BAG v. 15. 9. 2009 – 3 AZR 294/09, NJW 2010, 1474; BAG v. 15. 9. 2009 – 3 AZR 797/08, DB 2010, 231). Gleiches gilt auch für die Herausnahme der eingetragenen Lebenspartnerschaft aus dem Bereich der betrieblichen Altersvorsorge (BAG v. 14. 1. 2009 – 3 AZR 20/07, BAGE 129, 105).

b) Mittelbare Benachteiligung

380 Auch eine mittelbare Benachteiligung wegen eines Grundes i. S. d. § 1 AGG sind von § 8 Abs. 2 AGG erfasst. Auch hier liegt Fallmaterial einzig in Bezug auf die Geschlechtsdiskriminierung vor, dessen Aussagen aber für die anderen Gründe übernommen werden können.

381 **Problematisch ist insbesondere die Entlohnung nach Marktlage** (ausführlich *Thüsing*, NZA 2000, 570, 574). Bei der Frage, inwieweit die Marktentwicklung und die unterschiedliche Nachfrage bei unterschiedlichen Tätigkeiten eine differenzierte Bezahlung rechtfertigen können, auch wenn dies zur schlechteren Entlohnung von Frauen führt, bejaht das Schrifttum in Hinblick auf die gleiche Entloh-

III. Rechtfertigung nach § 8 Abs. 2 AGG

nung gleichwertiger Arbeit zumeist die Möglichkeit eines am Arbeitsmarkt orientierten Rechtfertigungsgrundes (vgl. *Peters/Thüsing*, Anmerkung LAGE Nr. 15 zu Art. 119 EWG-Vertrag; *Bauer/Göpfert/Krieger*, AGG, § 8 Rnr. 44; *Wiedemann*, FS Friauf, 1996, S. 135, 145; *Wiedemann/Peters*, RdA 1997, 100, 106). Auch die Rechtsprechung des EuGH in der *Enderby*-Entscheidung (EuGH v. 13.12.1994 – Rs. C-297/93, Slg. 1994, I-5535) sowie die des BAG (BAG v. 23.8.1995 – 5 AZR 293/94, NZA 1996, 829) weisen vorsichtig in diese Richtung. In den Vereinigten Staaten wird die generelle Unanwendbarkeit der mittelbaren Diskriminierung auf die unterschiedliche Entlohnung gleichwertiger Arbeit vertreten (vgl. bereits die Entscheidung Griggs v. Duke Power Company 401 U.S. 424 [1973]); das Verbot der Geschlechtsdiskriminierung zwinge den Arbeitgeber nicht dazu, den Markt bei der Entscheidung über die Entgeltung verschiedener Tätigkeiten zu ignorieren. In der Tat kann eine mittelbare Benachteiligung bei der **Entlohnung nach Marktlage** bei gleichwertiger Arbeit nicht vorliegen: Zwar kann auch eine Entlohnung nach Marktlöhnen zu einer Schlechterstellung von typischen Frauenberufen gegenüber typischen Männerberufen führen, sie erfolgt jedoch **nicht wegen des Geschlechts** (im Ergebnis ebenso ArbR-BGB/*Schliemann*, BGB, § 612 Rnr. 74). Wer trotzdem eine Gleichbehandlung der weniger nachgefragten mit stärker nachgefragten Berufen verlangt, verlässt den Bereich des Gleichbehandlungsgebots und fordert eine Ungleichbehandlung, um eine Ergebnisgleichheit zu erreichen: Den einen wird der Marktlohn gezahlt, den anderen aber mehr als der Marktlohn, damit beide das Gleiche erhalten. Das wäre eine positive Maßnahme zugunsten der Frauen; sie hätte mit der mittelbaren oder unmittelbaren Diskriminierung aber nichts mehr zu tun und wäre vielmehr eine in engen Grenzen erlaubte, aber nicht durch die Verfassung gebotene Ungleichbehandlung wegen des Geschlechts. Bei der mittelbaren Diskriminierung **bei gleicher Arbeit** dagegen kann sicher getrennt werden, denn gleiche Arbeit ist – im Gegensatz zu gleichwertiger – die Arbeit, die unterschiedslos von verschiedenen Arbeitnehmern ausgeführt werden kann. Wenn bei gleicher Arbeit ein niedrigeres Gehaltsniveau für Frauen entsteht, dann kann dies *prima facie* nur seinen Grund in dem Umstand haben, dass hier die Arbeit von Frauen niedriger eingeschätzt wird als die der Männer, denn beide sind ja austauschbar, was bei gleich*wertigen* Arbeiten definitionsgemäß nicht der Fall ist. Hier ist mit der unterschiedlichen Nachfrage am Markt ein Faktor mitbestimmend, der gerade nicht geschlechtsbezogen ist. Dies rechtfertigt es, beide Fälle unterschiedlich zu behandeln. Am Markt unterschiedlich bewertete Tätigkeiten sind daher grundsätzlich nicht gleichwertig.

382 Ist der objektive Tatbestand einer **mittelbaren Diskriminierung** gegeben, so kann der Arbeitgeber zur Rechtfertigung seiner Regelung darlegen und beweisen, dass eine Rechtfertigung i. S. d. § 3 Abs. 2 AGG vorliegt. Als Kriterium für die Gewährung einer Zulage kann die **Anpassungsfähigkeit** der Arbeitnehmer an unterschiedliche Arbeitszeiten und -orte auch Frauen benachteiligen, wenn sie aufgrund der ihnen häufig obliegenden Aufgaben in Haushalt und Familie ihre Arbeitszeit im Vergleich zu Männern weniger leicht flexibel gestalten können. Das Kriterium ist jedoch gerechtfertigt, sofern es für die Ausführung der dem Arbeitnehmer übertragenen spezifischen Aufgaben von Bedeutung ist, nicht aber, wenn dieses Kriterium so verstanden wird, dass es die Qualität der vom Arbeitnehmer verrichteten Arbeit umfasst (EuGH v. 17.10.1989 – Rs. 109/88 *[Danfoss]*, AP EWG-Vertrag Art. 119

E. Rechtfertigung einer Benachteiligung

Nr. 19; *Walker*, Anm. zu BAG v. 10. 12. 1997 – 4 AZR 264/96, AP BGB § 612 Nr. 3 Diskriminierung). Auch die **Berufsausbildung** als Zulagekriterium kann weibliche Arbeitnehmer benachteiligen, „soweit diese weniger die Möglichkeit hatten, eine so gründliche Berufsausbildung zu erwerben als die männlichen Arbeitnehmer, oder diese Möglichkeit in geringerem Maße genutzt haben". Der Arbeitgeber kann jedoch die Vergütung einer besonderen Berufsausbildung rechtfertigen, indem er darlegt, dass diese Ausbildung für die Ausführung der dem Arbeitnehmer übertragenen spezifischen Aufgaben von Bedeutung ist (EuGH v. 17. 10. 1989 – Rs. 109/88 *[Danfoss]*, AP EWG-Vertrag Art. 119 Nr. 19). Zwar hält der EuGH auch eine ungerechtfertigte Benachteiligung aufgrund der **Anciennität** als Zulagekriterium nicht für ausgeschlossen, stellt es dem Arbeitgeber jedoch frei, die Anciennität bei der Entlohnung zu berücksichtigen, ohne dass er ihre Bedeutung für die Ausführung der dem Arbeitnehmer übertragenen spezifischen Aufgaben darlegen muss (EuGH v. 17. 10. 1989 – Rs. 109/88 *[Danfoss]*, AP EWG-Vertrag Art. 119 Nr. 19). Im Hinblick auf die Benachteiligung wegen des Alters dürfte europarechtlich dann der gleiche Maßstab gelten.

383 Im Fall des Bewährungsaufstiegs kann eine Bestimmung, die für Teilzeitbeschäftigte eine längere Bewährungszeit vorsieht als für Vollzeitbeschäftigte, insoweit gerechtfertigt werden, als mit dem Bewährungsaufstieg das **wachsende Erfahrungswissen** des Arbeitnehmers honoriert werden soll und dieses Erfahrungswissen in der im konkreten Fall ausgeübten Tätigkeit nach Ablauf der Bewährungszeit bei einem Vollzeitbeschäftigten regelmäßig nicht nur unwesentlich größer ist als bei einem Teilzeitbeschäftigten nach derselben Zahl von Jahren (BAG v. 2. 12. 1992 – 4 AZR 152/92, AP BAT § 23a Nr. 28). Eine Lohndifferenzierung nach dem Grad der erforderlichen **muskelmäßigen Beanspruchung** ist nicht allein schon deshalb diskriminierend, weil sie auf Eigenschaften abstellt, die Männer eher besitzen. Ein solches Lohnsystem muss jedoch so ausgestaltet sein, dass es solche als gleichwertig anerkannte Arbeitsplätze umfasst, bei denen die weiblichen Arbeitnehmer besonders geeignet sein können (EuGH v. 1. 7. 1986 – Rs. 237/85, AP EWG-Vertrag Art. 119 Nr. 13). Bei der Bestimmung körperlich leichter oder schwerer Arbeit ist auf die Verkehrsanschauung abzustellen, wobei nicht nur das Ausmaß der Muskelbeanspruchung, sondern vielmehr alle Umstände zu berücksichtigen sind, die auf den Menschen belastend einwirken und zu körperlichen Reaktionen führen können, wie z. B. auch die Arbeitspulsfrequenz (BAG v. 27. 4. 1988 – 4 AZR 707/87, AP TVG § 1 Nr. 63 Tarifverträge: Metallindustrie). Der Unterschied im Entgelt zweier gleichwertiger Tätigkeiten, von denen die eine fast ausschließlich von Frauen und die andere hauptsächlich von Männern ausgeübt wird, ist nicht allein damit sachlich zu rechtfertigen, dass die jeweiligen Entgelte für diese beiden Tätigkeiten in **Tarifverhandlungen** festgelegt wurden, die zwar von denselben Parteien, aber unabhängig voneinander geführt wurden, und die, je für sich betrachtet, keine diskriminierende Wirkung haben (EuGH v. 27. 10. 1993 – Rs. C 127/92 *[Enderby]*, AP EWG-Vertrag Art. 119 Nr. 50).

384 Das BAG hat für den kirchlichen Arbeitgeber den **Willen, durch eine geänderte Vergütungsregelung Ausgliederungen zu vermeiden,** als einen Rechtfertigungsgrund anerkannt (BAG 26. 1. 2005 – 4 AZR 171/03, AP AVR Nr. 1 Diakonisches Werk Anlage 18).

IV. Rechtfertigung durch positive Maßnahmen i. S. d. § 5 AGG

Literatur: *Burg*, Positive Maßnahmen zwischen Unternehmerfreiheit und Gleichbehandlung, Diss. 2009; *Caruso*, Limits of the Classic Method: Positive Action in the European Union after the New Equality Directives, 44 Harvard International Law Journal 331–386 (2003); *Clayton*, Hellmut Marschall v. Land Nordrhein-Westfalen: Has Equal Opportunity Between the Sexes Finally Found a Champion in European Community Law?, 16 B. U. Int'l L. J. 423 (1998); *Coen*, Gleichberechtigung durch Ungleichbehandlung, DB 1987, 2041; *Colneric*, Making Equality Law More Effective: Lessons From the German Experience, 3 Cardozo Women's Law Journal 229–245 (1996); *Colneric*, Frauenförderung nach der Kalanke-Entscheidung des EuGH, ArbRGgwart 34 (1997), 69; *Döring*, Frauenquoten und Verfassungsrecht: die Rechtmäßigkeit „umgekehrter Diskriminierung" nach US-amerikanischem Verfassungsrecht und ihre Bedeutung für die Verfassungsmäßigkeit gesetzlicher Frauenquoten auf dem Arbeitsmarkt der deutschen Privatwirtschaft, 1996; *Franke/Merx*, Positive Maßnahmen und Handlungsmöglichkeiten nach § 5 AGG, AuR 2007, 235; *Hansen*, Affirmative Action in Europa, 2004; *Raasch*, Frauenquoten und Männerrechte, 1991; *Rolfs/Wessel*, Aktuelle Rechtsprechung und Praxisfragen zur Benachteiligung wegen des Geschlechts, NJW 2009, 3329; *Empt*, Positive Diskriminierung ethnischer Minderheiten beim Hochschulzugang und der Gleichheitssatz im US-amerikanischen Verfassungsrecht, DÖV 2004, 239–244; *Epiney*, Umgekehrte Diskriminierungen, 1995; *Fredman*, Affirmative Action and the European Court of Justice: A Critical Analysis, in Social Law and Policy in an Evolving European Union (2000); *Hanau*, Die umgekehrte Geschlechtsdiskriminierung im Erwerbsleben, FS Herschel, 1982, S. 191; ders., Frauenförderung bei Ausschreibung und Besetzung von Arbeitsplätzen im deutschen und europäischen Recht, GS Lüderitz, 2000, S. 241; *Hasnas*, Equal Opportunity, Affirmative Action and the Anti-Discrimination Principle: the Philosophical Basis for the Legal Prohibition of Discrimination, 71 Fordham Law Review 423 (2003); *Joussen*, Schwerbehinderung, Fragerecht und positive Diskriminierung nach dem AGG, NZA 2007, 174; *Laskowski/Welti*, Die Integrationsvereinbarung nach § 83 SGB IX – Modell für die Umsetzung positiver Maßnahmen nach Maßgabe der europäischen Gleichbehandlungsrichtlinien?, EuroAS 2003, 215–222; *Maidowski*, Umgekehrte Diskriminierung – Quotenregelungen zur Frauenförderung im öffentlichen Dienst und in den politischen Parteien, 1989; *Mengel*, Maßnahmen „Positiver Diskriminierung" und Grundgesetz, JZ 1982, 530; *Pfarr*, Quoten und Grundgesetz; dies., Die Frauenquote, NZA 1995, 809; *Merino-Segovia*, Las medidas de acción positiva en las condiciones de trabajo, RDS, n⁰ 19, 2002, S. 115; *Rodriguez-Pinero*, Acción positiva, igualdad de oportunidades e igualación de resultados, RL, n⁰ 13, 1996, S. 1; *Rutherglen*, After Affirmative Action: Conditions and Consequences of Ending Preferences in Employment, 1992 U. Ill. L. Rev. 339; *Schubert*, Affirmative Action und Reverse Discrimination; *Sachs*, Gleichberechtigung und Frauenquote, NJW 1989, 553; *Schuck*, Affirmative Action: Past, Present, and Future, 20 Yale L. & Pol'y Rev. 1 (2002); *Sechting*, Affirmative Action und Frauenförderung, 1998; *Suerbaum*, Affirmative Action – Positive Diskriminierung im amerikanischen und im deutschen Recht, Der Staat 28 (1989), 419; *Thomas*, The Political Economy of Recognition: Affirmative Action Discourse and Constitutional Equality in Germany and the U. S. A., 5 Columbia Journal of European Law 329 (1999); *Vetter*, Die Förderung von Frauen und Schwerbehinderten als normativer Zielkonflikt, VBlBW 2000, 213; *Zuleeg*, Gender Equality and Affirmative Action Under the Law of the European Union, 5 Columbia Journal of European Law 319 (1999)

1. Systematik und Entstehung

Ungeachtet der in den §§ 8 bis 10 AGG formulieren Rechtfertigungsmöglichkeiten ist gemäß § 5 AGG eine unterschiedliche Behandlung auch zulässig, wenn durch geeignete und angemessene Maßnahmen bestehende Nachteile wegen eines in § 1 AGG genannten Grundes verhindert oder ausgeglichen werden sollen. Mit der Regelung werden die Artikel 5 der Richtlinie 2000/43/EG, Artikel 7 Abs. 1 der Richtlinie 2000/78/EG und Artikel 2 Abs. 8 der Richtlinie 76/207/EWG über positive Maßnahmen umgesetzt. Die Vorschrift lässt Maßnahmen zur Behebung bestehender Nachteile ebenso zu wie präventive Maßnahmen zur Vermeidung künftiger Nachteile (BT-Drucks. 16/1780, S. 33).

386 Die **Norm ist sprachlich missglückt** (so auch Wendeling-Schröder/Stein/*Stein*, AGG, § 5 Rnr. 11): Wie können bestehende Nachteile, sind sie denn bereits existent, noch verhindert werden? Die **Europarechtskonformität** der Vorschrift ist nicht ganz klar zu beurteilen (bejahend *Bauer/Göpfert/Krieger*, AGG, § 5 Rnr. 3; Wendeling-Schröder/Stein/*Stein*, AGG, § 5 Rnr. 7; Schleusener/Suckow/Voigt/*Voigt*, AGG, § 5 Rnr. 2). Die Richtlinien ermächtigen „die Mitgliedstaaten" zur Einführung oder Beibehaltung von positiven Maßnahmen; der deutsche Gesetzgeber hat diese Kompetenz zur Durchbrechung der formalen Gleichbehandlung auf den einzelnen Arbeitgeber übertragen. Die Maßstäbe der Bevorzugung bleiben damit vage und ebenso ihr Ausmaß. Ob auch die Ermächtigung zu positiven Maßnahmen nach dem Willen des einzelnen Arbeitgebers eine positive Maßnahme „der Mitgliedstaaten" ist, mag zweifelhaft erscheinen. Da aber auch andere Länder diesen Weg gegangen sind (s. z.B. § 8 österr. GlBG), und dem Ziel faktischer Gleichstellung dadurch Rechnung getragen wird, dürfte der Rückgriff auf Generalklauseln auch hier zulässig sein.

387 Die Zulässigkeit positiver Maßnahmen war im Rahmen des **§ 611 a BGB umstritten,** da hier die ausdrückliche Zulässigkeit positiver Maßnahmen nicht normiert war. Ob sie in den Wortlaut des § 611 a BGB aus systematischen Erwägungen und im Zuge einer europarechtskonformen Auslegung hineininterpretiert werden konnten, war strittig (pro: ErfK/*Schlachter*, 7. Aufl. 2007, BGB, § 611 a Rnr. 18 f.; *Hanau*, GS Lüderitz, 2000, S. 241, 249; Soergel/*Raab*, BGB, § 611 a Rnr. 32; contra: *Thüsing*, RdA 2001, 319).

388 Die Frage nach der Zulässigkeit positiver Maßnahmen stellt sich bei allen Diskriminierungsverboten, nicht allein bei denen des AGG. Im Bezug auf Teilzeit und Befristung lässt § 4 TzBfG positive Maßnahmen ausdrücklich und unbeschränkt zu; eine Grenze kann hier nur der allgemeine Gleichbehandlungsgrundsatz und das Verbot mittelbarer Geschlechtsdiskriminierung sein. Im Bezug auf die Grundfreiheiten wird sie unter dem Stichwort der *discrimination à rebours* diskutiert (ausführlich *Epiney,* Umgekehrte Diskriminierungen, 1995). Im US-amerikanischen Bereich hat sich der Begriff *affirmative action* eingebürgert.

2. Gesetzessystematische Grundlage positiver Maßnahmen

389 Die Grundlage positiver Maßnahmen ergibt sich aus ihrem **Zweck.** Bei der Gleichbehandlung kann es kein Mehr und kein Weniger geben. Mit dem Ziel der Verteilungsgerechtigkeit bei der Zuweisung von Gütern und Lasten ist die Bevorzugung oder Benachteiligung einzelner Gruppen unvereinbar; gerade sie soll verhindert werden, mag auch in der Vergangenheit der zu Bevorzugende oder auch ein anderer Angehöriger derselben Gruppe benachteiligt worden sein. Die besonderen Diskriminierungsverbote im Arbeitsrecht haben aber ihre stärksten Wurzeln nicht in der *iustitia distributiva,* sondern eher in der Anerkennung der Menschenwürde. Sie verbieten es, bestimmte Merkmale zum Unterscheidungskriterium ei-

IV. Rechtfertigung durch positive Maßnahmen i. S. d. § 5 AGG

ner Regelung zu nutzen, wenn dadurch Personen herabgesetzt, ausgegrenzt oder sonst benachteiligt werden (ausführlich *Wiedemann*, Die Gleichbehandlungsgebote im Arbeitsrecht, 2001, S. 59). Wegen dieses weitergehenden Schutzzweckes ist es möglich, dass ungleich behandelt wird, um gerade diese Ziele zu realisieren. In Art. 3 Abs. 2 GG heißt es daher nicht nur, dass Männer und Frauen gleichberechtigt sind, sondern auch, dass der Staat die tatsächliche Durchsetzung der Gleichbehandlung von Männern und Frauen fördert und auf die Beseitigung bestehender Nachteile hinwirkt. Die Überwindung der in der sozialen Wirklichkeit bestehenden Benachteiligung konnte durch den bloßen Auftrag zur Gleichbehandlung nicht erreicht werden und positive Maßnahmen, die spezifisch Frauen, ethnische Minderheiten oder ältere Arbeitnehmer begünstigen, scheinen zuweilen erforderlich, um Frauen gleiche Chancen im Erwerbsleben wie ihren männlichen Kollegen zu ermöglichen, älteren wie jüngeren Arbeitnehmern, ethnisch unvertrauten wie vertrauten. Tatsächliche Gleichheit verlangt zuweilen rechtliche Ungleichbehandlung: „*In order to treat some people equally, we must treat them differently.*" (Justice *Blackmun* in Regents v. Bakke, 438 U. S. 265 [1978]).

Die Diskussion um die **Fairness positiver Maßnahmen** hat im Ausland eine breitere Basis als in der Bundesrepublik (zum US-amerikanischen Recht s. *Dworkin*, Is Affirmative Action Fair?, Sovereign Virtue (2000), S. 409 ff.; *Hasnas*, 71 Fordham Law Review, 423 [2003]; *Burg*, Positive Maßnahmen zwischen Unternehmerfreiheit und Gleichbehandlung, 2009, S. 153 ff.). Dass positive Maßnahmen nicht schlechterdings verboten sein dürfen, entspricht der wohl herrschenden Meinung, jedoch ist das Ausmaß unklar, in dem unter Vernachlässigung der rechtlichen Gleichbehandlung die Förderung der tatsächlichen Chancengleichheit ermöglicht werden darf. Schon der Wortlaut der europarechtlichen Regelungen weicht hier erheblich voneinander ab (in Art. 2 Abs. 4 Richtlinie 76/207/EWG hieß es bis zur Änderung durch Richtlinie 2002/73/EG, dass die Richtlinie „Maßnahmen zur Förderung der Chancengleichheit für Männer und Frauen, insbesondere durch Beseitigung der tatsächlich bestehenden Ungleichheiten" nicht entgegensteht; nun heißt es in Art. 2 Abs. 8 Richtlinie 2002/73/EG: „Die Mitgliedstaaten können im Hinblick auf die Gewährleistung der vollen Gleichstellung von Männern und Frauen Maßnahmen im Sinne von Artikel 141 Absatz 4 des Vertrags beibehalten oder beschließen". Ein allgemeines Muster hat sich nicht herausgebildet (so auch Schleusener/Suckow/Voigt/*Voigt*, AGG, § 5 Rnr. 18), und auch gibt es im Ausland verschiedene Diskriminierungsgesetze, die keine Regelungen zur Ausnahme von der Gleichbehandlung kennen, oder doch nur beschränkt auf bestimmte Diskriminierungsmerkmale (in den Vereinigten Staaten etwa war eine Bevorzugung älterer Arbeitnehmer im Hinblick auf den Age Discrimination in Employment Act fraglich, bis der Supreme Court entgegen dem Wortlaut des Gesetzes entschied (*Cline v. General Dynamics Land Systems Inc.*, 540 US 581 [2004]); der englische Race Relations Act kannte keine Regelung zur *affirmative action* – anders jetzt sec. 158, 159 *Equality Act 2010*; ebenso das italienische Gesetz Nr. 216 vom 9. 7. 2003 zur Umsetzung der Richtlinie 2000/78/EG (man rätselt, inwieweit dennoch positive Maßnahmen möglich sind: *Grandi/Pera*, Commentario breve alle leggi sul lavoro, 3. Aufl. 2005, S. 2416); das irische Recht erlaubt sie bei der Altersdiskriminierung nur im beschränkten Ausmaß für die bevorzugte Einstellung von Arbeitnehmern jenseits der 50 Jahre, Behinderten und Angehörigen der *traveller community*, s. sec. 33 Employment Equality Act. So verwundert es nicht, dass auch die Rechtsprechung des EuGH ein fallübergreifendes Prüfungsraster bisher nicht erkennen ließ, und auch § 5 AGG gibt hier keine Hinweise.

3. Dogmatische Leitlinien positiver Maßnahmen

391   Der vorliegenden Rechtsprechung des EuGH und den dazugehörigen Anträgen der Generalanwälte sind jedoch einige wesentliche Grundaussagen zur Dogmatik der *affirmative action* zu entnehmen.

a) Verhältnismäßigkeit als bindende Vorgabe

392   Die Entscheidungsgründe der Entscheidung *Lommers* (EuGH v. 19. 3. 2002 – Rs. C-476/99, AP EWG-Richtlinie Nr. 76/207 Nr. 29; hierzu *Thüsing*, DB 2002, 1452; *Leder*, EzA Richtlinie 76/207 EG-Vertrag 1999 Nr. 4; *Merino-Segovia*, RDS, n° 19, 2002, S. 115; bestätigt EuGH v. 29. 6. 2004 – Rs. C-319/03, AP EWG-Richtlinie Nr. 76/207 Nr. 37 *[Briheche]*) bekennen sich klar zum Erfordernis der Verhältnismäßigkeit zwischen Förderung und Gleichbehandlung, auf die auch die Begründung des Regierungsentwurfs hinweist (BT-Drucks. 16/1780, 33 f.). Das war der vorangegangenen Rechtsprechung nicht sicher zu entnehmen; die zuvor ergangenen Urteile deuteten eher in die andere Richtung (so auch die Schlussanträge des Generalanwalts vom 6. 11. 2001 Rnr. 81). In der Entscheidung Abrahamsson verwandte der EuGH zwar bereits den Begriff der Verhältnismäßigkeit in Bezug auf Art. 141 Abs. 4 EG (jetzt Art. 157 Abs. 4 AEUV); er führte jedoch noch keine umfassende Prüfung derselben durch (EuGH v. 6. 7. 2000 – C-407/98, Slg. 2000, I-5539 Rnr. 55, 58 – Abrahamsson; vgl. auch *Burg*, Positive Maßnahmen zwischen Unternehmerfreiheit und Gleichbehandlung, 2009, S. 88 f.). Kriterien zur Ausfüllung der Verhältnismäßigkeit geben die Entscheidungsgründe nur spärlich an die Hand (hierzu ausführlich *Burg*, Positive Maßnahmen zwischen Unternehmerfreiheit und Gleichbehandlung, 2009, S. 89 ff.). Eine Rolle wird es spielen, welches Ausmaß die faktische Benachteiligung des zu fördernden Geschlechts hat, denn der EuGH stützt sich ausdrücklich auf die erhebliche Unterrepräsentation von Arbeitnehmerinnen (EuGH v. 19. 3. 2002 – Rs. C-476/99 *[Lommers]* Rnr. 36). Auch dürfte zu berücksichtigen sein, wie hart Frauen der Verzicht auf fördernde Maßnahmen trifft, wie effektiv diese also einer möglichen Chancenungleichheit entgegenwirken können.

393   Dieses Verhältnismäßigkeitserfordernis ergibt sich nicht zwingend aus der **Systematik des Diskriminierungsschutzes**. Dient das Diskriminierungsverbot allein dazu, die Benachteiligung bestimmter Arbeitnehmergruppen zu verhindern, so folgt aus dieser Zwecksetzung nicht eine Begrenzung von Maßnahmen, die gerade diese Arbeitnehmer fördern sollen. Die Grundlinien der *affirmative action* nach US-amerikanischem Recht unterscheiden sich daher deutlich von denen des EuGH. Hiernach sind harte Quoten ebenso ausgeschlossen, jedoch können auch minder qualifizierte Angehörige einer benachteiligten Arbeitnehmergruppe bevorzugt werden. Im Einzelnen ist die Unsicherheit hier jedoch nicht geringer als in Europa (s. Steel Workers v. Weber, 443 US 193 [1979]; Johnson v. Transportation

IV. Rechtfertigung durch positive Maßnahmen i. S. d. § 5 AGG

Agency, 480 US 616 [1987]; Higgins v. City of Vallejo, 823 F2d 351, [9th Cir. 1987]; zu den Unterschieden zwischen US-Recht und Europarecht auch *Caruso*, 44 Harv. Intl. L. J., 331 [2003]).

b) Unterscheidung nach der Art der Bevorzugung

Der Entscheidung *Lommers* ist ein weiterer wichtiger Punkt zu entnehmen: Zu unterscheiden ist auch bei der Art der Bevorzugung. In der Entscheidung ging es um die Bereitstellung von Kindergartenplätzen vorrangig für Kinder weiblicher Arbeitnehmer: Die Entscheidungsgründe stellen fest, dass Frauen keine Arbeitsplätze, sondern lediglich Inanspruchnahme bestimmter Arbeitsbedingungen vorbehalten wurde, wodurch mögliche Ursachen der geringeren Zugangschancen von Frauen zum Arbeitsmarkt und zur beruflichen Laufbahn beseitigt werden (EuGH v. 19. 3. 2002 – Rs. C-476/99, Slg. 2002, I-2891 Rnr. 38). Die Entscheidung des Arbeitgebers über den beruflichen Aufstieg einer Frau oder eines Mannes wird also nicht gebunden, es werden allein bessere Voraussetzungen für die Arbeitnehmerin im Vergleich zu ihren Kollegen geschaffen, bei einer Auswahl zu konkurrieren, die der Arbeitgeber weiterhin frei treffen kann. Das ist etwas anderes, und deshalb waren die vorangegangenen Entscheidungen zur Frauenquote nur eingeschränkt übertragbar. **394**

Der Generalanwalt *Alber* hat im Verfahren *Lommers* (EuGH v. 19. 3. 2002 – Rs. C-476/99, AP EWG-Richtlinie Nr. 76/207 Nr. 29) im Anschluss an die Schlussanträge *Tesauros* in der Rechtssache *Kalanke* versucht, eine **Dreiteilung möglicher Frauenfördermaßnahmen** (skeptisch in Bezug auf eine solche Dreiteilung Wendeling-Schröder/Stein/*Stein*, AGG, § 5 Rnr. 3) vorzunehmen: Die erste Gruppe versucht die Ursachen für die geringeren Chancen von Frauen auszuräumen, indem Einfluss auf die Berufswahl und die Berufsbildung genommen wird, die zweite Gruppe versucht das Gleichgewicht zwischen familiären und beruflichen Aufgaben und eine bessere Verteilung dieser Aufgaben auf die beiden Geschlechter zu fördern, eine dritte versucht fortdauernde nachteilige Auswirkungen historischer rechtlich relevanter Diskriminierung durch Stereotypen kompensierende Entscheidungsbindung wie insbesondere Quotensysteme zu korrigieren (dieser letzten Fallgruppe ist wohl der vom BAG v. 18. 3. 2010 – 8 AZR 77/09, NZA 2010, 872 zu beurteilende Sachverhalt zuzuordnen, wonach über die Rechtmäßigkeit einer Ausschreibung zur Stelle einer Gleichstellungsbeauftragten nur für Frauen zu entscheiden war. Das LAG hat diese für zulässig befunden; ebenfalls der letzten Fallgruppe zuzuordnen ist das Urteil des LAG Düsseldorf v. 12. 11. 2008 – 12 Sa 1102/08, ZTR 2009, 271, in der das Gericht sich mit dem in einer Ausschreibung verwendeten Passus „es besteht ein besonderes Interesse an Bewerbungen von Frauen und von Schwerbehinderten" auseinandersetzen musste und diesen als zulässige positive Maßnahme qualifizierte). Diese Gruppen stellen einen sinnvollen Ansatz in der Kanalisation der Argumente dar, wenn auch sie im einzelnen vielleicht klarer gefasst werden sollten, und präziser beschrieben werden muss, worin denn der rechtliche Unterschied zwischen den einzelnen Varianten liegt und welche Auswirkungen dies für die Zulässigkeit einer Frauenförderung hat. Der Unterschied zu den bisher entschieden Fällen der dritten Gruppe leuchtet **395** jedenfalls ein: der Gedanke der kompensatorischen Entscheidungsbindung trifft nur auf die Bevorzugung bei der Beförderung, nicht aber bei Kindergartenplätzen zu. Ob sich die beiden anderen Gruppen auch so trennscharf abgrenzen lassen und ob eine Abgrenzung erforderlich ist, erscheint derzeit noch offen. In der Literatur findet sie sich so nicht (vgl. die vom Generalanwalt zitierte deutsche Literatur, die alternative Abgrenzungen anbietet: *Pfarr*, Quoten und Grundgesetz, S. 203 f.; *Maidowski*, Umgekehrte Diskriminierung, S. 38 ff.). Generalanwalt *Maduro* greift sie jedoch auf in der Rs. Briheche (EuGH v. 29.6.2004 – Rs. C-319/03, AP EWG-Richtlinie Nr. 76/207 Nr. 37). Er betont zudem, der Gerichtshof ließe positive Maßnahmen nur zu, „soweit sie diskriminierende Entscheidungsmechanismen [...] korrigieren helfen könn[t]en, aber nicht, soweit sie diese ausgleichen soll[t]en". Quoten sind demnach nur insofern erlaubt, als sie Vorurteile und stereotype Vorstellungen im Bewerbungsverfahren neutralisieren und damit deren Auswirkungen verhindern.

c) Funktionaler Nexus

396   Erforderlich nach dem Wortlaut und Sinn der Vorschrift ist ein funktionaler Nexus zwischen positiver Maßnahme und der faktischen Benachteiligung. Zu unterscheiden ist dabei zwischen den verhindernden und den ausgleichenden, d.h. kompensierenden Maßnahmen. Bei den verhindernden Maßnahmen ist die Geeignetheit und Erforderlichkeit leichter zu beurteilen als bei den ausgleichenden, bei denen ein geeigneter Parameter der Bewertung oftmals fehlt. Eine Maßnahme zum Ausgleich der Benachteiligung ist etwa die Bevorzugung älterer Arbeitnehmer in der Sozialauswahl, die deren höheres Risiko der Entlassung bei betriebsbedingter Kündigung mindert. Eine kompensierende Maßnahme sind zusätzliche Urlaubsansprüche für ältere Arbeitnehmer, die eine geringere Belastbarkeit älterer Arbeitnehmer im Beruf ausgleichen können. Bezugspunkt des Ausgleichs oder der Verhinderung tatsächlicher Nachteile ist immer der einzelne Arbeitnehmer, nicht die Gruppe an sich. **Tatsächliche Nachteile können aber auch solche sein, die aufgrund der unvollkommenen Befolgung des Diskriminierungsverbots eintreten** (dies ist auch dem Verfassungsrecht bekannt, s. BVerfG v. 18.11.2003 – 1 BvR 302/96, BVerfGE 109, 64: „Legt der Gesetzgeber in Erfüllung seines Schutzauftrags zugunsten der Mutter dem Arbeitgeber Lasten auf, ist durch geeignete Regelungen im Rahmen des Möglichen der Gefahr zu begegnen, dass sich Schutzvorschriften auf Arbeitnehmerinnen faktisch diskriminierend auswirken"). Obwohl also eine Diskriminierung wegen des Alters unzulässig ist, droht faktisch älteren Arbeitnehmern eher die Kündigung als jüngeren; daher darf das Alter positiv bei der Sozialauswahl berücksichtigt werden.

d) Positive Maßnahmen aus einem Grund als Benachteiligung aus einem anderen

397   Bislang nicht geklärt ist, inwieweit positive Maßnahmen nicht nur gerechtfertigt sind in Hinblick auf das Merkmal, auf das sie sich beziehen (Frauenförderungen im Hinblick auf das Verbot der Geschlechtsdiskriminierung), sondern auch in

IV. Rechtfertigung durch positive Maßnahmen i. S. d. § 5 AGG

Hinblick auf andere Kriterien (Frauenförderung im Hinblick auf Altersdiskriminierung, wenn ein Beruf typischerweise erst in jüngeren Jahren von Frauen ergriffen wurde). Auch hier wird man freilich von einer Zulässigkeit ausgehen müssen, solange die Verhältnismäßigkeit gewahrt ist (s. Rnr. 392), (vorsichtig Schleusener/ Suckow/ Voigt/*Voigt*, AGG, § 5 Rnr. 6). Dass es einen Zielkonflikt zwischen den einzelnen positiven Maßnahmen im Hinblick auf die verschiedenen Gruppen gibt, ist schon erkannt worden (*Bauer/Göpfert/Krieger*, AGG, § 5 Rnr. 6; Wendeling-Schröder/Stein/*Stein*, AGG, § 5 Rnr. 4; Schleusener/Suckow/Voigt/*Voigt*, AGG, § 5 Rnr. 17): Fördert der Arbeitgeber Frauen, kann das auf Kosten behinderter Arbeitnehmer gehen, fördert er Behinderte, kann das auf die Kosten von Frauen gehen (s. hierzu *Vetter*, VBlBW 2000, 213). Erkennt man jedoch die Zulässigkeit positiver Maßnahmen an, dann ist der Arbeitgeber auch grundsätzlich frei darin, welche benachteiligte Gruppe er fördern will (a.A. Wendeling-Schröder/Stein/ *Stein*, AGG, § 5 Rnr. 4). Dem Ziel der Rechtsgleichheit entspricht dies freilich nicht (so auch Wendeling-Schröder/Stein/*Stein*, AGG, § 5 Rnr. 4, der sich für eine Abwägung mit den Rechten der übrigen Gruppen ausspricht). Dass es „Konkurrenzen" von Bevorzugungsgeboten geben kann, hat der deutsche Gesetzgeber durchaus gesehen und im Falle der behinderten Menschen in § 122 SGB IX so gelöst, dass die Beschäftigung schwerbehinderter Menschen den Vorrang vor allen anderen Pflichten haben soll. Solche Vorrangregeln lassen sich nicht beliebig erweitern (s. auch *Wendeling-Schröder*, NZA 2004, 1320).

Solange der Maßstab nach § 5 AGG gewahrt ist, scheint es also europarechtlich auch zulässig, dass die Förderung nicht in Hinblick auf benachteiligte Gruppen allgemein erfolgt, sondern in Hinblick auf bestimmte benachteiligte Gruppen. Nicht erforderlich ist also eine Förderung älterer Arbeitnehmer, wenn eine Förderung Behinderter oder des bisher unterpräsentierten Geschlechts erreicht werden soll, und auch die Regelung in § 8 Abs. 1 S. 2 BBG ist zulässig, der die Förderung wegen des Geschlechts auf Frauen beschränkt. Ebenso scheint eine Bevorzugung allein einer Teilgruppe einer unterrepräsentierten Gruppe zulässig, etwa die Förderung alleinerziehender Frauen statt Frauenförderung insgesamt. Zulässig ist auch die Kombination der verschiedenen Kriterien: Förderung von Bewerberinnen mit Migrationshintergrund als Durchbrechung des Verbots der Benachteiligung wegen des Geschlechts und wegen der ethnischen Herkunft. Eine Steigerung des Rechtfertigungsmaßstabs ist damit nicht verbunden (s. aber kritischer *DeGraffenreid v. General Motors* 413 F Supp. 142; hierzu *Perry*, Two Faces of Disparate Impact Discrimination, 59 Fordham L. Rev. 523[1991]), auch wenn dadurch immer mehr geeignete Bewerber ausgeschlossen werden: Wenn es jeweils in der Gruppe für sich betrachtet gerechtfertigt ist, dann ist es auch insgesamt gerechtfertigt. Das Ganze ist nicht mehr als die Summe seiner Teile. **398**

e) Vergleichsgruppe der Förderung und Gleichbehandlung

Augenmerk verdient auch die Argumentation des EuGH in der Rs. *Lommers* (EuGH v. 19. 3. 2002 – Rs. C-476/99, AP EWG-Richtlinie Nr. 76/207 Nr. 29), dass in Bezug auf die vom Arbeitgeber festgelegten Arbeitsbedingungen der Grundsatz der Gleichbehandlung zwangsläufig nur zwischen den bei ihm beschäftigten Ar- **399** beitnehmern Anwendung findet und daher auch bei der Förderung der eigenen Arbeitnehmerinnen eventuell Nachteile für die Arbeitnehmerinnen anderer Arbeitgeber nicht berücksichtigt werden dürfen. Die Argumentation ist so zwingend nicht: Sicherlich trifft es zu, dass ein Arbeitgeber nicht zur Gleichbehandlung seiner männlichen Arbeitnehmer mit den weiblichen Arbeitnehmern seines Konkurrenten verpflichtet ist. Dies trifft jedoch keine Aussage darüber, ob es das Ziel der Zulässigkeit positiver Maßnahmen ist, beschränkt auf ein bestimmtes Unternehmen Chancengleichheit zwischen Männern und Frauen zu realisieren oder aber gesamtgesellschaftlich. Nur letzteres erscheint sinnvoll, denn ein Nullsummenspiel bei der Frauenförderung brächte insgesamt keinen Vorteil. Um diese Frauenförderung insgesamt aber geht es, wie bereits in der Empfehlung 84/635/EWG zum Ausdruck kommt: die Mitgliedstaaten werden aufgefordert „eine Politik positiver Maßnahmen anzunehmen, um die faktischen Ungleichbehandlungen, mit denen Frauen im Berufsleben konfrontiert sind, zu beseitigen, sowie die Aufhebung der Geschlechtertrennung am Arbeitsmarkt zu fördern"; eine Beschränkung auf das einzelne Unternehmen fehlt (s. auch *Bauer/Göpfert/Krieger*, AGG, § 5 Rnr. 7; Wendeling-Schröder/Stein/*Stein*, AGG, § 5 Rnr. 12). Die Frauenförderung auf Kosten von Frauen sollte es nicht geben, denn die dargelegten Gründe, die positive Maßnahmen zulässig erscheinen lassen und eine Durchbrechung des Verbots der Ungleichbehandlung rechtfertigen, greifen hier nicht mehr ein. Die Begründung des EuGH scheint also so einschränkungslos formuliert kaum überzeugend (kritisch auch Schleusener/Suckow/Voigt/*Voigt*, AGG, § 5 Rnr. 22). Zurecht wählte Generalanwalt *Maduro* in seinen Anträgen zum Verfahren *Briheche* (Rs. C-319/03, Schlussanträge des GA Rnr. 31) einen weiteren Ansatz: Es sei zulässig, eine positive Maßnahme im öffentlichen Dienst zu erlassen, um einen Ausgleich für die Schwierigkeiten im Privatsektor zu schaffen. Auch in der Empfehlung des Rates 84/635/EWG vom 13. Dezember 1984 zur Förderung positiver Maßnahmen für Frauen fehlt eine Beschränkung auf das einzelne Unternehmen. Es bleibt abzuwarten, ob in folgenden Entscheidungen diese Argumentationslinie weiter verfolgt wird. Auf die übrigen Diskriminierungsmerkmale wäre diese Rechtsprechung dann jedoch übertragbar. Danach muss der Arbeitgeber zwar bei positiven Maßnahmen nicht einen Wirtschaftszweig insgesamt in den Blick nehmen; er kann es jedoch. Auch ein Unternehmen das bereits zahlreiche weibliche, ältere oder farbige Arbeitnehmer kann daher dennoch einen Frauförderplan auflegen oder vorzugsweise ältere oder farbige Bewerber einstellen.

4. Fallgruppen

400 Verschiedene Fallgruppen lassen sich damit aus dem Gesagten herleiten. Gesicherte Rechtsprechung existiert bislang nur für den Bereich der Geschlechtsdiskriminierung, jedoch wird man hier vorsichtige Parallelen für andere Diskriminierungsmerkmale versuchen können.

IV. Rechtfertigung durch positive Maßnahmen i. S. d. § 5 AGG

a) Förderung von Frauen

Der EuGH hatte in vier Entscheidungen zur Zulässigkeit von Frauen begüns- 401
tigenden Ungleichbehandlungen Stellung zu nehmen. In *Kalanke*, *Marschall* und *Badeck* urteilte das Gericht, dass Fördermaßnahmen grundsätzlich zulässig, jedoch dahingehend einzuschränken sind, dass sie einem „bestimmten und begrenzten" Zweck, nämlich der Beseitigung tatsächlich bestehender Defizite, dienen müssen. Zum anderen stellte es fest, dass die Frauenquote nur als weiche Quote zulässig ist: Das Geschlecht darf nicht bei gleicher Qualifikation den absoluten und unbedingten Vorrang haben. Zulässig ist allein eine Quotenregelung, die gleich qualifizierten männlichen Bewerbern in jedem Einzelfall garantiert, dass die Bewerbungen Gegenstand einer objektiven Beurteilung sind, bei der alle die Person der Bewerber betreffenden Kriterien berücksichtigt werden (EuGH v. 17.10.1995 – Rs. C-450/93 *[Kalanke]*, Slg. 1995, I-3051; EuGH v. 11.11.1997 – Rs. C-409/95 *[Marschall]*, Slg. 1997, I-6363; EuGH v. 28.3.2000 – Rs. C158/97 *[Badeck]*, Slg. 2000, I-1875; missverständlich der Leitsatz 1 des LAG Berlin-Brandenburg v. 14.1.2011 – 9 Sa 1771/10, DB 2011, 2040, wonach ein unbedingter Vorrang zulässig zu sein scheint; tatsächlich erfolgte die Ausschreibung „im Rahmen des rechtlich Möglichen", s. zum Ganzen auch *Burg*, Positive Maßnahmen zwischen Unternehmerfreiheit und Gleichbehandlung, 2009, S. 81 ff.; *Gamillscheg*, Kollektives Arbeitsrecht I, 1997, S. 75 f. mit umfassenden Nachweisen zur kommentierenden Literatur). In Übereinstimmung damit urteilte der EuGH in der letzten einschlägigen Entscheidung im Verfahren *Abrahamsson* und präzisierte das Gesagte: Hier wurde eine Frau gegenüber männlichen Bewerbern bei einer Beförderung vorgezogen, obwohl sie schlechter geeignet war als ihre Mitbewerber. Das war unzulässig. Der EuGH entschied, dass nur, wenn die Verdienste der Bewerber gleichwertig oder „fast gleichwertig" sind, eine Bevorzugung des unterrepräsentierten Geschlechts zulässig sei, obwohl der Wortlaut der Richtlinie dies nicht zur Voraussetzung einer positiven Maßnahme macht (EuGH v. 6.7.2000 – Rs. C-407/98, Slg. 2000, I5539 in Bezug auf ein schwedisches Frauenförderungsgesetz). Offen bleibt, was „fast gleichwertig" heißt, und wo die innere Rechtfertigung für diese Schranke liegt. In der gerichtlichen Praxis ist sie noch nicht relevant geworden.

Andere Fälle der Frauenförderung betrafen die Fälle *Lommers* (s. Rnr. 392) 402
und *Briheche* (EuGH v. 30.9.2004 – Rs. C-319/03, Slg. 2004, I8807 *[Briheche]*). Im letztgenannten Verfahren entschied der EuGH, Richtlinie 76/207/EWG sei dahin auszulegen, dass sie einer nationalen Regelung wie der im Ausgangsverfahren fraglichen entgegensteht, die die Befreiung von der Altersgrenze für den Zugang zu einer Beschäftigung im öffentlichen Dienst nicht wiederverheirateten Witwen vorbehält, die darauf angewiesen sind zu arbeiten, und nicht wiederverheiratete Witwer, die sich in der gleichen Situation befinden, davon ausschließt (s. hierzu *Linneweber*, RdA 2006, 53, 54; *Epiney*, NVwZ 2006, 407).

E. Rechtfertigung einer Benachteiligung

b) Förderung behinderter Arbeitnehmer

403 Der Wortlaut des AGG und auch der zugrunde liegenden RL 2000/78/EG stellt keine Schranken für die Bevorzugung Behinderter auf, denn verboten wird nur die ungerechtfertigte Benachteiligung wegen einer Behinderung; **der Nicht-Behinderte ist nicht geschützt.** Unzulässige Fördermaßnahmen zugunsten von Behinderten dürfte es schon daher nicht geben. Die Bevorzugung von Behinderten unterliegt damit nicht einem besonderen Gleichbehandlungsgebot (anders der unglückliche Wortlaut der Verfassung des Landes Brandenburg, s. Art. 12 Abs. 2: „Niemand darf wegen seiner ... seiner Behinderung ... bevorzugt oder benachteiligt werden"). Die Frage nach dem Vorliegen einer Schwerbehinderung ist daher diskriminierungsrechtlich uneingeschränkt zulässig, wenn der Arbeitgeber deutlich macht und auch beweisen kann, dass es ihm gerade um eine Bevorzugung nach § 5 geht (*Joussen* NZA 2007, 174, 178). Freilich kann auch hier eine Ungleichbehandlung unverhältnismäßig und damit insbesondere im öffentlichen Dienst als Verstoß gegen Art. 33 Abs. 2 GG unzulässig sein (OVG Münster v. 8.12.1998 – 6 B 2211/98, ZBR 2000, 100; VG Düsseldorf vom 23.9.2003, 2 L 3061/03).

404 Die Zulässigkeit positiver Maßnahmen zugunsten behinderter Arbeitnehmer folgt im Grundsatz den allgemeinen dogmatischen Leitlinien positiver Maßnahmen. Zwei Besonderheiten sind jedoch hervorzuheben. Zunächst wird sich die EuGH-Rechtsprechung zum Verbot der Frauenförderung durch sog. starre Quoten auf Arbeitnehmer mit einer Behinderung nicht übertragen lassen. In diese Richtung deutet Art. 7 Abs. 2 Richtlinie 2000/78/EG, wonach der Gleichbehandlungsgrundsatz im Falle von Menschen mit Behinderung nicht solchen Maßnahmen entgegensteht, mit denen Bestimmungen oder Vorkehrungen eingeführt oder beibehalten werden sollen, die einer Eingliederung von Menschen mit Behinderung in die Arbeitswelt dienen oder diese Eingliederung fördern. Noch offen ist allerdings, in welchem Ausmaß mit dieser Bestimmung eine Abkehr von der Judikatur des EuGH zur Zulässigkeit von positiven Fördermaßnahmen bezweckt ist. Festzustehen scheint lediglich, dass zumindest solche Quotenregelungen, die behinderten Arbeitnehmern bei gleicher Eignung einen automatischen Vorrang einräumen, nunmehr zulässig sind; andernfalls wäre die Bestimmung funktionslos. Viel spricht indes dafür, dass der europäische Gesetzgeber hier nicht stehen bleiben wollte, sondern vielmehr auch die quotale Förderung schlechter geeigneter behinderter Arbeitnehmer durch die Ausnahmebestimmung in Art. 7 Abs. 2 Richtlinie 2000/78/EG legitimieren wollte. So stellt die Bevorzugung von Arbeitnehmern mit einer Behinderung durch leistungsunabhängige Quoten in verschiedenen Mitgliedstaaten traditionell das Mittel zur Förderung von Angehörigen dieser Beschäftigtengruppe dar; dieses bereits vor Verabschiedung der Richtlinie gewonnene Schutzniveau darf im Zuge ihrer Umsetzung nicht abgesenkt werden (vgl. Art. 8 Abs. 2 Richtlinie 2000/78/EG). Gerade diese Förderungsmittel generell, d.h. auch in jenen Mitgliedstaaten, denen bislang eine entsprechende Quote fremd war, zuzulassen, wird Anliegen des im ursprünglichen Richtlinienentwurf noch fehlenden Art. 7 Abs. 2 Richtlinie 2000/78/EG gewesen sein. Mit positiven Maßnahmen i. S. d. bisherigen EuGH-Rechtsprechung hat dies freilich weniger zu tun als mit *affirmative action* nach US-amerikanischer Machart. Es bietet sich in-

IV. Rechtfertigung durch positive Maßnahmen i. S. d. § 5 AGG

sofern an, in Anlehnung an die Formulierung der Richtlinie von „spezifischen" anstatt von „positiven" Maßnahmen zu sprechen.

Ein weiteres behinderungsspezifisches Unikum ist **die Dichotomie von positiven Maßnahmen und angemessenen Vorkehrungen.** Letztere haben, obgleich in Art. 5 Richtlinie 2000/78/EG vorgesehen, keine eigenständige Regelung im AGG erfahren; eine partielle Entsprechung im deutschen Recht findet sich lediglich für schwerbehinderte Menschen in § 81 Abs. 4 SGB IX. Konkret handelt es sich bei angemessenen Vorkehrungen um Maßnahmen, die Menschen mit einer Behinderung den Zugang zur Beschäftigung, die Ausübung eines Berufes, den beruflichen Aufstieg und die Teilnahme an Aus- und Weiterbildungsmaßnahmen ermöglichen sollen. Als mögliche Beispiele führt die Richtlinie die der Behinderung entsprechende Gestaltung der Räumlichkeiten oder eine Anpassung des Arbeitsgeräts, des Arbeitsrhythmus, der Aufgabenverteilung oder des Angebots an Ausbildungs- und Einarbeitungsmaßnahmen an (vgl. den 20. Erwägungsgrund der Richtlinie 2000/78/EG). Bei all diesen Maßnahmen handelt es sich nicht um positive Maßnahmen, denn in Struktur und Zielsetzung verfolgen sie unterschiedliche Zwecke (s. auch Wendeling-Schröder/Stein/*Stein*, AGG, § 5 Rnr. 18). Während angemessene Vorkehrungen die Anwendung des Gleichbehandlungsgrundsatzes auf behinderte Menschen erst gewährleisten (vgl. Art. 5 S. 1 Richtlinie 2000/78/EG), durchbrechen positive Maßnahmen diesen Grundsatz gerade. Zudem sind Arbeitgeber zur Durchführung der geeigneten und im konkreten Fall erforderlichen Vorkehrungen bis zur Grenze der unverhältnismäßigen Belastung verpflichtet (vgl. Art. 5 S. 2 Richtlinie 2000/78/EG), positive Maßnahmen hingegen sind freiwillige Maßnahmen. Angemessene Vorkehrungen unterliegen folglich nicht den zusätzlichen Voraussetzungen des § 5 AGG, so dass stets zunächst zu fragen ist, ob eine Arbeitgebermaßnahme unter Art. 5 Richtlinie 2000/78/EG zu subsumieren ist, bevor sie an den einschränkenden Grenzen positiver Fördermaßnahmen gemessen wird.

c) Förderung älterer Arbeitnehmer

Schwieriger noch sind die Grenzen positiver Maßnahmen für ältere Arbeitnehmer aufzuzeigen. Dies liegt zum einen daran, dass zur geschützten Gruppe des Diskriminierungsverbotes Arbeitnehmer *jeden* Alters gehören. Ein Mindestalter wie im US-amerikanischen Recht (40 Jahre) gibt es nicht, und daher sind positive Maßnahmen nicht nur für ältere Arbeitnehmer denkbar, sondern auch für jüngere (vgl. ausführlich *Burg*, Positive Maßnahmen zwischen Unternehmerfreiheit und Gleichbehandlung, 2009, S. 243) – freilich müssen auch hier Nachteile wegen des Alters verhindert oder ausgeglichen werden. In der Praxis wird es dennoch regelmäßig um Vorteile älterer Arbeitnehmer gehen, die durch § 5 AGG gerechtfertigt werden sollen. Die Nachteile, die durch solche Vorteile ausgeglichen werden können, liegen zum einen in der verbreiteten Assoziierung von höherem Alter mit geringerer Produktivität als auch in den dieser Wahrnehmung zugrunde liegenden biologischen Entwicklungen: Ältere werden nicht eingestellt, weil sie für weniger leistungsfähig gehalten werden und es u. U. auch tatsächlich sind, Eine verlängerte Kündigungsfrist und ein stärkerer Schutz in der Sozialauswahl können daher ebenso gerechtfertigt sein wie zusätzlicher Urlaub oder die Befreiung von Wechselschichten für ältere Arbeitnehmer (auch hier aber gilt die Grenze der Verhältnismäßigkeit, s. die Entscheidung der niederländischen Gleichbehandlungskommission vom 24. 9. 2004 im Hinblick auf die Gewährung von Zusatzurlaub für ältere Arbeitnehmer, abrufbar unter www.cgb.nl; hierzu *Asscher-Vonk/Schlachter*, RIW 2005, 503). Dass älteren Arbeitnehmern nicht zu ihren Lasten pauschal unterstellt werden darf, sie seien weniger belastbar als jüngere, heißt nicht, dass es dem Arbeitgeber verboten wäre, es zu ihren Gunsten zu unterstellen und damit eine bevorzugte Behandlung zu rechtfertigen. Der hierin *prima facie* liegende Widerspruch rechtfertigt sich aus der Schutzrichtung des Verbots der Altersdiskriminierung. Zu den Einzelheiten s. Rnr. 411 ff. Keine geeignete positive Maßnahme ist regelmäßig die **höhere Vergütung älterer Arbeitnehmer**. Hier wird kein tatsächlicher Nachteil ausgeglichen. Von einem durchschnittlichen höheren finanziellen Bedarf des älteren Arbeitnehmers kann nicht ausgegangen werden. Überdies: Der Arbeitgeber bemisst den Stundenlohn generell nicht nach dem Bedarf des Arbeitnehmers, so dass hier auch keine Ausnahme gemacht werden kann. Es gilt die strenge Rechtsprechung zum Teilzeitbeschäftigten entsprechend, s. Rnr. 801.

d) Rücksichtnahme auf religiöse Pflichten

407 Eine Form positiver Maßnahmen ist auch die Rücksichtnahme auf religiöse Pflichten. Hierzu s. Rnr. 168.

V. Zulässige unterschiedliche Behandlung wegen des Alters gemäß § 10 AGG

Literatur: *Arnold/Krieger*, Rente statt Abfindung: Zulässigkeit des Ausschlusses älterer Arbeitnehmer von Sozialplänen, NZA 2008, 1153; *Bahnsen*, Altersgrenze im Arbeitsrecht, NJW 2008, 407; *Bauer.*, Altersdiskriminierung – oder: Der Arbeitgeber zwischen Skylla und Charybdis, FS Adomeit 2008, S. 25; *ders./Krieger*, Das Orakel von Luxemburg: Altersgrenze für Arbeitsverhältnisse zulässig – oder doch nicht?, NJW 2007, 3672; *Bayreuther*, Altersgrenze nach der Palacios-Entscheidung des EuGH, DB 2007, 2425; *Berg/Natzel*, Die Last des Alters aus arbeitsrechtlicher Sicht, BB 2010, 2885; *Bertelsmann.*, Kündigung nach Altersgruppen und das AGG, ArbuR 2007, 269; *Bissels/Dietrich*, Altersgrenzenklauseln in Arbeitsverträgen, AuA 2009, 76; *Dickerhof-Borello*, Zur Befristung von Arbeitsverhältnissen auf das Rentenneintrittsalter, ArbuR 2009, 251; *Dornbusch/Kasprzyk*, Vergütungsstaffeln nach Lebensalter, NZA 2009, 136; *Emmert/Pohlmann*, Altersgruppenbildung und Altersdiskriminierung, FA 2008, 130; *Gaul/Niklas*, Keine Altersdiskriminierung durch Sozialauswahl mit Altersgruppen, NZA-RR 2009, 457; *Hanau*, Neues vom Alter im Arbeitsverhältnis, ZIP 2007, 2381; *Henssler/Tillmanns*, Altersdiskriminierung in Tarifverträgen, FS Birk, 2008, 179; *Hepple*, Age Discrimination in Employment: Implementing the Framework Directive 2000/78/EC, in: *Fredman/Spencer*, Age as an Equality Issue, S. 71; *von Hoff*, Differenzierungen nach dem Alter bei der Sozialauswahl gemäß § 1 Abs. 3 KSchG: Namensliste, Punkteschema und Altersgruppenbildung, SAE 2009, 293; *ders.*, Tarifvertragliche Altersgrenzenregelung für Piloten entspricht dem gemeinschaftsrechtlichen Diskriminierungsverbot, BB 2007, 1739; *Kaiser/Dahm*, Sozialauswahl ohne Lebensalter!, NZA 2010, 473; *Kamanabrou*, Vereinbarkeit von Pensionsgrenzen mit Europarecht, EuZA 2008, 251; *Kleinebrink*, Gestaltung der Sozialauswahl durch Bildung von Altersgruppen, ArbRB 2010, 126; *Körner*, Diskriminierung von älteren Arbeitnehmern, NZA 2008, 497; *Kolbe*, Kücükdeveci und tarifliche Altersgrenzen, BB 2010, 501; *Krieger/Arnold*, Rente statt Abfindung: Zulässigkeit des Ausschlusses älterer Ar-

V. Zulässige unterschiedliche Behandlung wegen des Alters

beitnehmer von Sozialplanleistungen, NZA 2008, 1153; *Kühling/Bertelsmann*, Höchstaltergrenze bei der Einstellung von Beamten, NVwZ 2010, 87; *Lingemann/Beck*, Auswahlrichtlinie, Namensliste, Altersgruppenbildung und Altersdiskriminierung, NZA 2009, 577; *Löwisch*, Beschäftigung von Arbeitnehmern der Europäischen Gemeinschaft in Deutschland nach deutschem Arbeitsrecht, EuZA 2010, 198; *Lutter*, Anwendbarkeit der Alterbestimmung des AGG auf Organpersonen, BB 2007, 725; *Mohr*, Altersdifferenzierungen im Sozialplan nach deutschem und europäischem Recht, RdA 2010, 44; *O'Cinneide*, Comparative European perspectives on age discrimination legislation, in: *Fredman/Spencer*, Age as an Equality Issue; *Oelkers*, Altersdiskriminierung bei Sozialplänen, NJW 2008, 614; *Peirick*, Bemessung des Grundgehalts für Beamte unter Berücksichtigung der verbotenen Diskriminierung nach dem Kriterium des Alters, DÖD 2010, 93; *Pötters/Traut*, Eskalation oder Burgfrieden: Mangold vor dem BVerfG, ZESAR 2010, 267; *Preis*, Altersdiskriminierung im Betriebsrentenrecht, BetrAV 2010, 513; *ders./Temming*, Der EuGH, das BVerfG und der Gesetzgeber – Lehren aus Mangold II, NZA 2010, 185; *Reichhold*, Gleichbehandlung in Beschäftigung und Beruf/Altersdiskriminierung, ZESAR 2008, 49; *Reid*, The prohibition of age discrimination in employment: Issues arising in practice, abrufbar unter: www.era.int/www/en/c_10540_doc.htm (Europäische Rechtsakademie, Trier); *Rolfs*, Begründung und Beendigung des Arbeitsverhältnisses mit älteren Arbeitnehmern, NZA 2008, Beilage Nr.1, 8; *Sandmann*, Alter und Leistung: Fördern und Fordern, NZA Beilage Nr. 1 2008, 17; *Schiefer*, Betriebsbedingte Kündigung: „Antidiskriminierungskündigungsschutz", Namensliste, Punkteschema und Altersgruppenbildung, DB 2009, 733; *Schubert*, Europarechtswidrigkeit von § 622 Abs. 2 S. 2 BGB – Anmerkung zum EuGH-Urteil vom 19.1.2010, EuZW 2010, 180; *Sprenger*, Zulässigkeit sozialpolitisch motivierter Ungleichbehandlungen mit unmittelbarem Altersbezug, EuZA 2009, 355; *Stenslik*, Altersdiskriminierung – Berücksichtigung der Beschäftigungszeiten vor dem 25. Lebensjahr bei Kündigungsfristen, RdA 2010, 247; *Temming*, Der Fall Palacios: Kehrtwende im Recht der Altersdiskriminierung?, NZA 2007, 1193; *ders*., Altersdiskriminierung im Arbeitsleben, Diss. 2008; *Thüsing*, Blick in das europäische und ausländische Arbeitsrecht, RdA 2010, 187; *ders*., Vereinbarkeit einer Altersgrenze durch Tarifvertrag mit europäischem Recht, ZESAR 2009, 130; *ders./Stiebert*, Vergütung nach dem Lebensalter im BAT – Altersdiskriminierung – Beweislast; ZESAR 2010, 417; *Trebeck*, Die Verfassungsrechtliche Zulässigkeit von Altersgrenzen, Diss. 2008; *Wank*, Betriebliche Altersgrenze nach Age Concern England, SAE 2010, 123; *Wendeling/Schröder*, Der Prüfungsmaßstab bei Altersdiskriminierungen, NZA 2007, 1399; *dies*., KSchG, BetrVG und AGG – unvereinbare Gerechtigkeitskonzepte bei betriebsbedingten Kündigungen?, NZA 2010, 14; *Zetl/Blens*, Erste Änderung im Allgemeinen Gleichbehandlungsgesetz, ZMV 2007, 29.

1. Allgemeines

Der Kommissionsvorschlag begründete das Verbot der Altersdiskriminierung **408** mit dem Hinweis, es sei angesichts des demographischen Trends außerordentlich wichtig, sicherzustellen, dass ein möglichst hoher Prozentsatz der Personen im erwerbsfähigen Alter einer Beschäftigung nachgeht. Damit verträgt sich keine Zurücksetzung älterer Mitarbeiter, wie sie insbesondere mit der Festsetzung eines Höchstalters für eine Einstellung, der Beschränkung des Rechts auf Schulungen sowie durch Entlassungen im Rahmen von Umstrukturierungsmaßnahmen geschehen kann (KOM (1999) 565 endg., S. 3). Diesem Anliegen folgt der deutsche Gesetzgeber (BT-Drucks. 16/1780, S. 36). Die Vorschrift setzt Art. 6 der Richtlinie 2000/78/EG um.

Das **Merkmal Alter** zeichnet sich gegenüber allen anderen in § 1 AGG genann- **409** ten Gründen durch eine **besondere Struktur** aus. Alle Beschäftigten können während ihres Berufslebens einmal ein „kritisches" Alter durchlaufen. Dies kann z.B. der Zugang zum Beruf nach der Ausbildung für 20-jährige oder die Verdrängung aus dem Arbeitsmarkt für 55-jährige Beschäftigte sein. In Frankreich etwa ist die Jugendarbeitslosigkeit höher als die Altersarbeitslosigkeit; in Deutschland ist es umgekehrt. In einem Berufszweig kann die höhere „Belastbarkeit" jüngerer Beschäftigter im Vordergrund stehen, in anderen Berufszweigen die größere Lebens- und Berufserfahrung. Hier bestehen so komplexe Zusammenhänge, dass – nach der Begründung des Regierungsentwurfs – eine allgemeingültige Lösung durch den Gesetzgeber nicht möglich ist. Die Vorschrift beschränkt sich daher im Wesentlichen auf die Umsetzung der in den Richtlinien vorgegebenen allgemeinen Grundsätze (BT-Drucks. 16/1780, S. 36). Dies ist auch europarechtlich zulässig. Der deutsche Gesetzgeber kann sich, wie es etwa auch der französische bereits getan hat (s. Art. L. 122–45–3 Code du travail), auf die Verwendung von Generalklauseln bei der Frage der Rechtfertigung zurückziehen und die weitere Konkretisierung der Rechtsprechung überlassen. Die zuweilen in den Entscheidungen des EuGH zu findende Formulierung, „eine nationale Rechtsprechung, die innerstaatliche Rechtsvorschriften in einem Sinne auslegt, der als mit den Anforderungen der Richtlinie in Einklang stehend angesehen wird, [genüge nicht], um diesen Vorschriften die Qualität von Maßnahmen zur Umsetzung der Richtlinie zu verleihen" (so erstmals die Anträge des Generalanwalts *Léger* in der Sache Rs. C-236/95, Slg. 1996, I-4465 Rnr. 26; wiederholt in EuGH v. 10.5.2001 – Rs. C-144/99, Slg. 2001, I-3566 Rnr. 21; s. hierzu auch die Schlussanträge des Generalanwalts *Tizzano* v. 23.1.2001, Slg. 2001, I-3555 Rnr. 36; s. auch die Schlussanträge des Generalanwalts *Alber* v. 20.9.2001 in der Rs. C-372/99, Slg. 2002, I-835 Rnr. 53), steht dem nicht entgegen. Denn zum einen ist darauf hinzuweisen, dass dies nur als Grundsatz gelten soll, zum anderen handelt es sich bei den aufgeführten Entscheidungen jeweils um eine Rechtsprechung, die eine Gesetzesnorm korrigierte, nicht konkretisierte. Dass Letzteres nicht reichen mag, sei konzediert, vermag aber nicht generell die Umsetzung durch Richterrecht auszuschließen, solange gewährleistet ist, dass die sich aus diesem Recht ergebenden Regelungen hinreichend klar bestimmen lassen (s. auch EuGH v. 10.5.2001 – Rs. C-144/99, Slg. 2001, I-3565 Rnr. 17).

410 **Die europäische Regelung ist nicht ohne Vorbild**; in einigen Ländern gab es bereits vorher Regelungen zur Altersdiskriminierung. Diese waren zwar weniger zahlreich als Gesetze zu anderen Diskriminierungsgründen, jedoch sprachen bereits damals nicht nur § 75 BetrVG, sondern auch – wie die Entwurfsbegründung zu Richtlinie erwähnt – das schwedische Recht und das irische Recht die Diskriminierung wegen des Alters an. Daneben gibt es Regelungen zur Altersdiskriminierung insbesondere in Australien, Neuseeland und Südafrika (*Hepple/Coussey/Choudhury*, Equality – A New Framework, 2000, S. 5). Prominentester Vorläufer aber ist der Ende 1967 in den USA in Kraft getretene Age Discrimination and Employment Act. Bereits bei Verabschiedung des Title VII Civil Rights Act im Jahre 1964, der die Diskriminierungsmerkmale Rasse, Hautfarbe, Religion, Geschlecht und nationale Herkunft betrifft, erwog man eine Einbeziehung des Alters. Man sah jedoch hiervon ab, zum einen um größere Gewissheit über die Erforderlichkeit eines solchen Gesetzes zu bekommen, zum anderen aber auch, um durch ein gesondertes Gesetz den Besonderheiten der Altersdiskriminierung effektiver entgegenzuwirken (s. sec. 715 Title VII Civil Rights Act (42 USC § 2000 e) und s. hierzu US-Department of Labour, The old American Worker, Age Dis-

V. Zulässige unterschiedliche Behandlung wegen des Alters

crimination and Employment; aus deutscher Perspetive *Fenske,* Das Verbot der Altersdiskriminierung im US-amerikanischen Arbeitsrecht, 1998; *Hebel,* Age Discrimination in Employment, 1992). Seitdem hat umfangreiche Rechtsprechung und Literatur (umfassende Nachweise zu Rechtsprechung und Literatur im Praktiker-Standardwerk *Lindemann/Kadue,* Age Discrimination in Employment Law, 4. Aufl. 2002) die Altersdiskriminierung zu einem festen Bestandteil im Diskriminierungsrecht gemacht; es ist ein tragender Pfeiler des US-amerikanischen Arbeitsrechts.

2. Besonderheiten der Altersdiskriminierung

Die Diskriminierungsverbote unterscheiden sich nicht nur grundlegend vom allgemeinen Gleichbehandlungsgebot – also der aristotelischen Verteilungsgerechtigkeit (vgl. dazu *Wiedemann,* Die Gleichbehandlungsgebote im Arbeitsrecht, 2001, S. 11, 59 ff. und passim) –, sie weisen auch untereinander stärkere Divergenzen auf als ursprünglich erwartet. Das wird bewusst, wenn man sich die Besonderheiten der Gleichberechtigung nach Art. 3 Abs. 2 GG oder der Benachteiligung von Behinderten nach Art. 3 Abs. 3 GG und dann weiter etwa der Diskriminierung nach § 4 TzBfG vergegenwärtigt (vgl. dazu Thüsing, ZfA 2002, 249). Auf **drei Eigentümlichkeiten des Benachteiligungsverbots wegen des Alters** ist vorweg hinzuweisen: 411

Erstens ist das Benachteiligungsverbot nicht als Identitätsgebot zu verstehen. Altersunterschiede können und sollen nicht aufgehoben werden und ihre Bereicherung zur Struktur des Berufs- und Arbeitslebens ist augenfällig. Aufgabe des Persönlichkeitsschutzes ist es nicht, Ergebnisgleichheit anzupeilen, also ältere Arbeitnehmer wie jüngere Kollegen zu behandeln (*Anna Christensen,* in: Numhauser-Henning, Legal Perspectives on Equal Treatment and Non-Discrimination [2001], 31, 59). Überlegungen, wie sie zur Gleichberechtigung der Geschlechter entwickelt wurden, lassen sich für das Recht der älteren Arbeitnehmer nur begrenzt verwerten. Zu eng ist es freilich, wenn Art. 25 der Charta der Grundrechte der EU lediglich ein Recht auf „Teilnahme am sozialen und kulturellen Leben" anerkennen will. *Zweitens* ist „Alter" ein relativer Begriff (*Nussberger,* JZ 2002, 524). Wie alt muss man werden, um vor Benachteiligungen geschützt zu werden? Für eine Stewardess kann schon ein mittleres Alter zum Hinderungsgrund der Einstellung werden (s. den Sachverhalt BAG v. 31. 7. 2002 – 7 AZR 140/01, BAGE 102, 65: Obligatorische Altersgrenze von 55 Jahren. Bei Piloten: BVerfG v. 26. 1. 2007 – 2 BvR 2408/06; EuGRZ 2007, 231: Altersgrenze von 65 Jahren; BAG v. 17. 6. 2009 – 7 AZR 112/08, NZA 2009, 1355: 60 Jahre; ebenso LAG Köln v. 28. 2. 2008 – 10 Sa 663/07 – dazu jetzt auch EuGH v. 13. 9. 2011 – Rs. C-447/09, NZA 2011, 1039), und dies gilt auch bei Polizisten und Feuerwehrmännern oder anderen Berufen, bei denen es auf jugendliche Erscheinung oder körperliche Kraft ankommt (*Woodroff,* Unprotected until 40: The Limited Scope of the Age Discrimination and Employment Act of 1987, 73 Indiana L. J. 1295 [1998]). In der Richtlinie werden Benachteiligung und Förderung der Arbeitnehmer jeden Alters erfasst, solange sie in Abgrenzung zu (noch) jüngeren geschieht. *Drittens* ist zu bedenken, dass die Rechtsfolgen an abstrakte Altersgrenzen oder 412 individuelle Fähigkeitsprüfungen angeknüpft werden können. Darüber kann nicht einheitlich entschieden werden. Dem Schutz der Persönlichkeit dient es eher, eine individuelle Entscheidung zu verlangen, und dem Vorwand, der ältere Arbeitnehmer solle vor einer Überprüfung seiner Tauglichkeit bewahrt werden, entgegenzutreten.

3. Zulässige Gründe einer unmittelbaren Diskriminierung

a) Allgemeines

413 Bei der Antwort auf die Frage, wann eine Unterscheidung wegen des Alters zulässig sein kann, ist zwischen den allgemeinen, nach § 8 AGG (Rnr. 316) für jedes Diskriminierungsmerkmal geltenden Gründen zu unterscheiden, den besonderen Rechtfertigungsgründen für die Diskriminierung wegen des Alters nach § 10 AGG sowie den positiven Maßnahmen nach § 5 AGG (Rnr. 406). § 8 Abs. 1 AGG erlaubt eine Unterscheidung nach dem Alter ebenso wie eine Unterscheidung nach sonstigen Diskriminierungsmerkmalen nach § 1 AGG, wenn das betreffende Merkmal aufgrund der Art einer bestimmten beruflichen Tätigkeit oder den Bedingungen ihrer Ausübung eine wesentliche und entscheidende berufliche Voraussetzung darstellt und es sich um einen rechtmäßigen Zweck und eine angemessene Anforderung handelt. Wann das Alter eine solche wesentliche und entscheidende berufliche Anforderung darstellt, ist nicht einfach zu sagen. Die Fälle werden begrenzt sein; s. hierzu Rnr. 340.

414 Eine Rechtfertigung zur Ungleichbehandlung nach dem Alter kann auch der Wunsch des Gesetzgebers sein, **Arbeitnehmer eines bestimmten Alters stärker schützen** zu wollen. Die Richtlinie lässt dies in Grenzen zu. Gemäß Art. 7 Richtlinie 2000/78/EG hindert der Gleichbehandlungsgrundsatz die Mitgliedstaaten nicht daran, zur Gewährleistung der völligen Gleichstellung im Berufsleben spezifische Maßnahmen beizubehalten oder einzuführen, mit denen Benachteiligungen wegen eines in Art. 1 genannten Diskriminierungsgrunds verhindert oder ausgeglichen werden. Der Gesetzgeber hat diese Ermächtigung in § 5 AGG auf den einzelnen Arbeitgeber übertragen. Was daraus für das Alter folgt, ist schon dem Ansatz nach unklar. Auf ausländische Vorläufer kann hierbei kaum zurückgegriffen werden, denn nach dem Wortlaut des US-amerikanischen ADEA ist anders als bei der Rassen- und der Geschlechtsdiskriminierung eine Förderung älterer Arbeitnehmer nicht zulässig; *affirmative action* ist hier nur begrenzt erlaubt (s. jüngst festgestellt durch den Supreme Court in der Entscheidung General Dynamics Land Systems Inc. v. Cline, 540 U.S. 581, 124 S.Ct. 1236, 157 L.Ed. 2d 1094 [2004] – anders zuvor die EEOC). Zum Rahmen zulässiger Altersförderung s. Rnr. 391; zu möglichen Einzelfällen s. Rnr. 406.

415 Anders als bei den übrigen Gründen nach § 1 AGG ist es dem Arbeitgeber jedoch möglich, eine Ungleichbehandlung wegen des Alters in einem weiteren Umfang zu praktizieren. Die **allgemeine Regel** ist recht unbestimmt und öffnet Spielraum zur Ausdeutung im Einzelfall. Nach § 10 AGG ist eine unterschiedliche Behandlung wegen des Alters über die allgemeine Regelung in § 8 AGG hinaus auch zulässig, wenn sie objektiv und angemessen und durch ein legitimes Ziel

gerechtfertigt ist; das angewandte Mittel muss angemessen und erforderlich sein. Diese Generalklausel gilt sowohl für einzelvertragliche als auch kollektivvertragliche Regelungen. Die Legitimität eines Zieles ist unter Berücksichtigung der fachlich-beruflichen Zusammenhänge aus Sicht des Arbeitgebers oder der Tarifvertragsparteien zu beurteilen (BT-Drucks. 16/1780, S. 36).

b) Europarechtlicher Hintergrund

Nach Art. 6 Abs. 1 der Richtlinie 2000/78/EG stellen „insbesondere" eine Reihe 416 von ausdrücklich genannten Ungleichbehandlungen keinen unmittelbare Diskriminierung aufgrund des Alters dar, vorausgesetzt sie sind durch ein legitimes Ziel gerechtfertigt und zur Erreichung dieses Ziels angemessen und erforderlich. Da die ausdrücklich genannten Fallgruppen nach Wortlaut und Begründung der Norm lediglich beispielhaften Charakter haben, ist damit jede Ungleichbehandlung zulässig, die diese Voraussetzungen erfüllt. Damit unterscheidet sich der endgültige Wortlaut der Richtlinie vom Vorschlag der Kommission. Dieser hatte – gesetzgebungstechnisch unglücklich – lediglich fünf Beispielfälle gerechtfertigter Ungleichbehandlung aufgezählt, ohne aber ein allgemeines Prüfungsraster vorzugeben, das durch die Beispielsfälle verdeutlicht wird (s. Art. 5 Abs. 1 Richtlinienvorschlag: „Abweichend von den Bestimmungen von Artikel 2 Absatz 1 Buchstabe a stellen insbesondere die nachstehenden Ungleichbehandlungen keine unmittelbare Diskriminierung aufgrund des Alters dar, sofern sie durch ein legitimes Ziel objektiv gerechtfertigt und zur Erreichung dieses Ziels geeignet und erforderlich sind ..."; hierzu bereits *Thüsing*, ZfA 2001, 409).

Der **Maßstab** möglicher Rechtfertigung ist damit deutlich großzügiger und **ent-** 417 **spricht dem der mittelbaren Diskriminierung nach Art. 2 Abs. 2 b der Richtlinie 2000/78/EG bzw. § 3 Abs. 2 AGG.** Das ist ausweislich der Begründung des Richtlinienvorschlages durch die Kommission auch ausdrücklich so gewollt: Mit dem Kriterium der Angemessenheit und Erforderlichkeit sollten die Grenzen der mittelbaren Diskriminierung auf die durch die Mitgliedsstaaten geschaffenen Rechtfertigungsgründe übertragen werden. Mit anderen Worten: Eine unmittelbare Diskriminierung wegen des Alters kann nach Art. 6 Abs. 1 Richtlinie 2000/78/EG nur gerechtfertigt sein, wenn sie anknüpfend an einem anderen Merkmal als dem Alter keine ungerechtfertigte mittelbare Diskriminierung wäre. Dies gilt jetzt übertragen auch für eine Auslegung des § 10 AGG, der den Wortlaut der Richtlinie ohne Änderung übernommen hat.

c) Legitimes Ziel

Schwierigkeiten bereitet jedoch die Präzisierung des legitimen Ziels i. S. v. Art. 6 418 Abs. 1. In der Wortwahl entspricht es dem „rechtmäßigen Ziel" der mittelbaren Diskriminierung gemäß Art. 2 Abs. 2 in der englischen und französischen Fassung der Richtlinie; nur die deutsche Fassung belegt beides – recht unglücklich – mit verschiedenen Worten, und daher so jetzt auch der deutsche Gesetzgeber.

aa) **Interessen nur der Allgemeinheit oder auch des Arbeitgebers?** Die Beispiele 419 des legitimen Ziels, die Art. 6 der Richtlinie 2000/78/EG selbst nennt („Beschäfti-

E. Rechtfertigung einer Benachteiligung

gungspolitik, Arbeitsmarkt und berufliche Bildung") und die auch für die Ausdeutung von § 10 AGG maßgeblich sein dürften, zeichnen sich sämtlich dadurch aus, dass es sich nicht um Interessen in erster Linie des Arbeitgebers, sondern um Interessen der Allgemeinheit handelt. Das erscheint sinnvoll, erblickt man in Art. 6 allein eine Ermächtigung an den Gesetzgeber, im Interesse der Allgemeinheit von der lückenlosen Umsetzung des Diskriminierungsverbots abzusehen. In diese Richtung könnten auch die Erläuterungen des Richtlinienvorschlags verstanden werden. Dort heißt es, es stehe den Mitgliedstaaten frei, im Einklang mit ihren Rechtstraditionen und politischen Prioritäten andere als die in Art. 5 aufgeführten Ungleichbehandlungen aufgrund des Alters zuzulassen (KOM (1999) 565 endg., S. 12). Die Beispiele selber – die § 10 AGG nun übernommen hat – aber scheinen eine solche enge Interpretation nicht zwingend vorzugeben. Zumindest das unter Art. 6 Abs. 1 c der Richtlinie genannte Beispiel der Festsetzung eines Höchstalters für die Einstellung aufgrund der spezifischen Ausbildungsanforderung eines bestimmten Arbeitsplatzes oder die Notwendigkeit einer angemessenen Beschäftigungszeit vor dem Eintritt in den Ruhestand berücksichtigt genuine Arbeitgeberinteressen (jetzt § 10 S. 2 Nr. 3 AGG) (für eine Beschränkung auf Allgemeininteressen Däubler/Bertzbach/Brors/*Brors*, AGG, § 10 Rnr. 21; gegen eine Beschränkung auf Allgemeininteressen auch *Bauer/Göpfert/Krieger*, AGG, § 10 Rnr. 20; ErfK/*Schlachter*, § 10 AGG Rnr. 2; *Meinl/Heyn/Herms*, AGG, § 10 Rnr. 18a; Schleusener/Suckow/Voigt/*Voigt*, AGG, § 10 Rnr. 16; Wendeling-Schröder/Stein/*Stein*, AGG, § 10 Rnr. 7). Die wohl hM verfolgt daher einen großzügigen Ansatz; das BAG lässt die Frage offen (zum Meinungsstand hinsichtlich der legitimen Ziele vgl. BAG v. 22. 1. 2009 – 8 AZR 906/07, NZA 2009, 945 Rnr. 44 ff. sowie BAG v. 13. 10. 2009 – 9 AZR 722/08, NZA 2010, 327; Däubler/Bertzbach/Brors/*Brors*, AGG, § 10 Rnr. 20 ff.). Andererseits weist die Begründung des Regierungsentwurfs ausdrücklich darauf hin, dass auch Allgemeininteressen verfolgt werden können: Legitime Ziele „können auch Ziele sein, die über die Situation eines einzelnen Unternehmens oder einer Branche hinausgehen und von allgemeinem Interesse sind, wie etwa Beschäftigungspolitik, Arbeitsmarkt oder berufliche Bildung" (BT-Drucks. 16/1780, S. 36; *Bauer/Göpfert/Krieger*, AGG, § 10 Rnr. 20). Ein solcher Altruismus wird beim Arbeitgeber jedoch nur selten vermutet werden. Wenn er einen Mitarbeiter mit 60 in den Ruhestand versetzen will, dann wird er dies regelmäßig nicht zur Bekämpfung der Jugendarbeitslosigkeit, sondern zur Verjüngung seiner Belegschaft und vielleicht auch zur Kostenreduzierung tun. Ziele, die über die Situation eines einzelnen Unternehmens hinausgehen, werden daher regelmäßig nur die unternehmensübergreifenden Akteure verfolgen. Die Tarifvertragsparteien können sich also eher zur Rechtfertigung eines Flächentarifvertrags auf eine solche Rechtfertigung berufen als der einzelne Arbeitgeber zur Rechtfertigung seiner Ruhestandsrichtlinien. Interessen der Allgemeinheit kommen vor allem in sicherheitsrelevanten Berufen in Betracht. In der Praxis spielt dies vor allem bei den Piloten eine Rolle, für die der **EuGH** jedoch entschieden hat, dass eine starre Altersgrenze von 60 Jahren sie unzulässig wegen des Alters benachteiligt (EuGH v. 13. 9. 2011 – C-447/09, NZA 2011, 1039, damit nicht zu vereinbaren Hoge Raad v. 13. 7. 2012 – BW3367: Altersgrenze von 56 Jahren in einem Tarifvertrag der KLM zulässig, weil die Piloten eine gute Pension erhielten und dies dem Interesse des Arbeitgebers an einer ausgewogenen Altersstruktur diene). In der Rs. *Hörn-*

V. Zulässige unterschiedliche Behandlung wegen des Alters

feldt (EuGH v. 5.7.2012 – C-141/11, NZA 2012, 785) stellt der EuGH klar, dass die gesetzgeberischen Ziele sich nicht ausdrücklich aus dem zu Grunde liegenden Gesetz ergeben müssen. Auch komme es bei der Rechtfertigung einer Altersgrenze, die an das Bestehen eines gesetzlichen Rechtsanspruchs anknüpft, nicht auf dessen Höhe an.

bb) Entlohnung höherer Qualifikation des Arbeitnehmers. Ein mögliches legitimes Ziel kann auch die Entlohnung einer aufgrund größerer Lebens- und Berufserfahrung höheren Qualifikation des Arbeitnehmers sein. Es zeigen jedoch insbesondere die verschiedenen Entscheidungen zur Ungleichbehandlung Teilzeitbeschäftigter, dass auch hier die größere Qualifikation nur mit großer Zurückhaltung als Argument höherer Entlohnung angeführt werden kann. Regelmäßig wird es nur bei verhältnismäßig kurzen Beschäftigungszeiten und gehobenen Tätigkeiten ausschlaggebendes Gewicht haben. Verlängerte Kündigungsfristen älterer Arbeitnehmer können mit diesem Argument nicht gerechtfertigt werden (s. zur Unterscheidung nach Teilzeit und Vollzeit BAG v. 18.9.1997 – 2 AZR 592/96, BB 1998, 164; BAG v. 13.3.1997 – 2 AZR 175/96, BB 1997, 1638 – orientiert an Art. 3 Abs. 1 GG; s. auch BAG 17.6.1999 – 2 AZR 185/98, n.v. [juris], sowie Rnr. 788 ff.). Das Mehr an Qualifikation muss messbar sein; bloßes Alter reicht dafür regelmäßig nicht.

cc) Abdeckung größeren Bedarfs des älteren Arbeitnehmers. Das zunehmende Alter des Arbeitnehmers führt oftmals zu einem höheren Lebensstandard und damit zu einem höheren finanziellen Bedarf. Diesen zu entgelten scheint kein *prima facie* illegitimes Ziel zu sein, das eine Ungleichbehandlung nicht rechtfertigen würde. Anders aber als der US-amerikanische ADEA (§ 623 (2) (A)) und der irische Employment Equality Act (sec. 34 (7)) hat der europäische Gesetzgeber jedoch darauf verzichtet, die Zulässigkeit eines an Seniorität orientierten Entgeltsystems ausdrücklich zu normieren, und auch in diesen Regelungen ist das entscheidende Merkmal nicht Lebensalter, sondern Betriebszugehörigkeit. Das Argument verliert daher erheblich an Gewicht, und ob es in breitem Umfang Unterscheidungen tragen kann, ist eher fraglich und letztlich zu verneinen, s. Rnr. 461. Um eine Ahnung von seiner verbliebenen Reichweite zu haben, scheint ein Blick wiederum auf das Recht der Teilzeitarbeit sinnvoll. Obwohl noch die Gesetzesbegründung zu § 2 BeschFG ausdrücklich auf die soziale Lage als legitimes Unterscheidungskriterium zwischen Voll- und Teilzeitbeschäftigten hingewiesen hat (BT-Drucks. 10/2102, 24 rechte Spalte), stellt die neuere Rechtsprechung fest, dass der Arbeitgeber, anders als der Dienstherr des Beamten, keinen Soziallohn schuldet und daher das Entgelt regelmäßig nicht nach sozialen Grundsätzen differenzieren kann (BAG v. 1.11.1995 – 5 AZR 880/94, NZA 1996, 816; BAG v. 9.10.1996 – 5 AZR 338/95, BB 1997, 1157; a. A. noch BAG v. 22.8.1990 – 5 AZR 543/89, BB 1991, 141; BAG v. 11.3.1992 – 5 AZR 237/91, BB 1992, 1356. Zum Essenszuschuss s. auch BAG v. 26.9.2001 – 10 AZR 714/00, BB 2001, 2654). Dies schließt europarechtlich freilich nicht aus, dass besondere sozial bedingte Zulagen auch das Alter als Kriterium heranziehen können und auch der Dienstherr des Beamten, dessen Handeln gemäß Art. 3 Abs. 1 der Richtlinie und § 24 AGG ebenfalls vom Diskriminierungsverbot erfasst wird, aufgrund der bedürfnisorientierten Ausrichtung des Besoldungssystems größere Freiheiten hat. Auch ist festzustellen, dass Frankreich den gemäßigten Mindestlohn (SMIC) für

Arbeitnehmer unter 18 bzw. unter 17 Jahren auch nach Umsetzung der Richtlinie beibehalten hat (Art. D. 3231-3 Code du travail; s. hierzu *Pélissier/Supiot/Jeammaud*, Droit du travail, 22. Aufl. 2004, Rnr. 992 ff.). Die britische *minimum wage* erfasst keine Arbeitnehmer bis zum Alter von 17 Jahren, um diesen durch den Verdienst nicht den Anreiz zu nehmen ihre Ausbildung weiter zu verfolgen (Bedenken in Hinblick auf das Verbot der Altersdiskriminierung hegt *Simpson*, 33 ILJ 22 [2004]). Der deutsche und der europäische Gesetzgeber hat es jedoch versäumt, hier einen klaren Hinweis zu geben.

422 dd) **Schutz älterer Arbeitnehmer vor ungesunden Arbeitsverhältnissen.** Kein zulässiger Grund zur Unterscheidung nach dem Alter dürfte der Wille des Arbeitgebers sein, ältere Arbeitnehmer gegen ihren Willen vor ungesunden Arbeitsverhältnissen zu schützen und sie deshalb nicht einzustellen, s. auch Rnr. 52. Der EuGH hat die Sicherheit von Frauen als eine generelle Rechtfertigung des Ausschlusses weiblicher Arbeitnehmer von gefährlichen Arbeitsverhältnissen zurückgewiesen (s. die Begründung in den Entscheidungen EuGH v. 15. 5. 1986 – Rs. 333/84 *[Johnston]*, Slg. 1986, 1651; ähnlich auch die Argumentation zu Frauen in der Armee EuGH v. 11. 1. 2000 – Rs C-285/98 *[Kreil]*, Slg. 2000, I-69; überholt wohl die Argumentation in BAG v. 1. 7. 1993 – 2 AZR 25/93, NZA 1993, 933: Schwangere als Arzthelferin). In der Entscheidung *Stoeckel* entschied er, dass das französische Recht, das Frauen Nachtarbeitverbot, mit dem Verbot der Geschlechtsdiskriminierung unvereinbar war (EuGH v. 25. 7. 1991 – Rs. C-345/89, Slg. 1991, I-4047; s. auch EuGH v. 3. 2. 1994 – Rs. C-13/93 *[Minne]*, Slg. 1994, I-371). und argumentierte parallel zur Entscheidung des BVerfG von 1992 zur AZO (BVerfG v. 28. 1. 1992 – 1 BvR 1025/82 u. a., NZA 1992, 270). Das Gericht betonte, dass die Risiken für Frauen nicht anders seien als für Männer. Ebenso wie bei der Geschlechtsdiskriminierung gilt wohl auch hier der Satz, dass die Inanspruchnahme von Diskriminierungsschutz nicht zu Nachteilen für den Arbeitnehmer führen darf (s. auch EuGH v. 4. 10. 2001 – Rs. C-109/00, DB 2001, 2451; *Fuchs/Marhold*, Europäisches Arbeitsrecht 2010, S. 178 f.). Das BAG wertet nicht anders. Zwar stellt es fest, dass eine Dienstvereinbarung, die das Ziel verfolgt, Arbeitnehmer vor möglicherweise altersbedingt steigenden Belastungen zu schützen, dies ein legitimes sozialpolitisches Ziel iSv. § 10 Satz 1 darstellt (BAG v. 13. 10. 2009 – 9 AZR 722/08, NZA 2010, 327). Hier ging es jedoch nicht um Maßnahmen gegen den Willen des (ummittelbar betroffenen) älteren, sondern des jüngeren Arbeitnehmers. Solcherlei Ausgleich geringerer Belastbarkeit ist zulässig, hat jedoch ihre Grenzen. Es ist zweifelhaft, ob ein Erfahrungssatz besteht, wonach es Arbeitnehmern mit zunehmendem Alter wegen sinkender Flexibilität regelmäßig schwerer fällt, nach Versetzung unter veränderten Umständen zu arbeiten. In der Rechtsprechung ist lediglich anerkannt, dass die physische Belastbarkeit mit zunehmendem Alter abnimmt (BAG v. 13. 10. 2009 – 9 AZR 722/08, NZA 2010, 327; bestätigt durch BAG v. 20. 3. 2012 – 9 AZR 529/10, NZA 2012, 803).

423 ee) **Sicherheit Dritter.** Will man die Sicherheit der Allgemeinheit, die in bestimmten Berufen nur durch körperlich und geistig hinreichend verlässliche Arbeitnehmer gewährleistet werden kann, nicht bereits als von Art. 2 Abs. 2 der Richtlinie 2000/78/EG erfassten Differenzierungsgrund ansehen, so wird man ihn zumindest unter Art. 6 der Richtlinie und damit unter § 10 AGG subsumieren

V. Zulässige unterschiedliche Behandlung wegen des Alters

können. Mag der Arbeitnehmer noch in seine Eigengefährdung einwilligen können, in die Gefährdung der Allgemeinheit kann er es nicht. Freilich wird man dort, wo es sich nicht um recht eindeutige Fallgruppen handelt – wie die oben bereits genannten Feuerwehrmänner, Fluglotsen und Busfahrer –, genau prüfen müssen, ob der Schutz der Allgemeinheit hier wirklich Grund oder nur Vorwand ist. Behauptet ein Arbeitgeber, dass die bei ihm zu verrichtende Arbeit eine so große Verantwortung mit sich bringt, dass er sich keine altersbedingten plötzlichen Ausfälle leisten kann, so scheint dies nur glaubhaft, wenn er einen guten Gesundheitszustand bei allen seinen Arbeitnehmern, also auch bei seinen jüngeren sicherzustellen versucht (s. *Note,* Minimum Physical Standards – Safeguarding the Rights of Protective Service Workers Under the Age Discrimination Employment Act, 57 Fordham Law Review 1053, 1068 ff. [1989]; *Note,* The BFOQ in Law Enforcement: Guardian of Public Safety or Conduit for Arbitrary Discrimination?, 17 Stetson Law Review 787 [1988]). Amerikanische Gerichte haben dem Arbeitgeber die Berufung aus einem Rechtfertigungsgrund in Fällen verweigert, in denen festgestellt wurde, dass Arbeitnehmer oberhalb der Pensionsgrenze auf vergleichbaren Stellen beschäftigt wurden (EEOC v. Tennessee Wildlife Resources Agency, a. a. O., S. 26; EEOC v. Mississippi, 654 F. Supp. 1168, 1181 [S. D. Mississippi 1987], affirmed on other grounds, 837 F.2d 1398 [5th Cir. 1988]) oder auch dann, wenn solcherlei Altersgrenzen nicht branchenüblich waren (Western Air Lines v. Criswell, 472 U. S. 400, 423, 105 S. Ct. 2743, 2756 [1985]). Dies findet Parallelen in der bisherigen Rechtsprechung des BAG. Ein tarifvertraglich bestimmtes Ruhestandsalter von 55 Jahren für das Kabinenpersonal konnte nicht mit Sicherheitserwägungen gerechtfertigt werden, wenn es für Piloten bei 60 Jahren liegt (BAG v. 31. 7. 2002 – 7 AZR 140/01, AP TVG § 1 Nr. 14 Tarifverträge: Luftfahrt; anders für Piloten selbst, s. Rnr. 433). Dagegen stießen die tariflichen Altersgrenzen für Piloten selbst, die zwischen 60 (LAG Köln v. 28. 2. 2008 – 10 Sa 663/07, n.v. (juris)) und 65 (BVerfG v. 26. 1. 2007 – 2 BvR 2408/06, EuGRZ 2007, 231) Jahren liegen, in der Rechtsprechung bisher nicht auf Bedenken – und zwar selbst dann, wenn im gleichen Konzern für Flugzeugführer unterschiedliche Altersgrenzen galten (s. LAG Köln v. 28. 2. 2008 – 10 Sa 663/07, n.v. (juris), Rnr. 9). Der EuGH hat in der Rs. *Prigge* eine starre Altersgrenze von 60 Jahren in einem Tarifvertrag für unverhältnismäßig erklärt, weil es möglich sei, die Flugtauglichkeit älterer Piloten durch Tests festzustellen (EuGH v. 13. 9. 2011 – C-447/09, NZA 2011, 1039). Demgegenüber hält Luxemburg eine starre Altersgrenze von 65 Jahren für Piloten für zulässig.

ff) Honorierung von Betriebstreue. Der Arbeitgeber, der auf die Betriebstreue **424** seiner Arbeitnehmer bei der Gewährung einer Leistung abstellt, differenziert nicht nach dem Alter, jedoch nach einem Merkmal, das typischerweise bei älteren Arbeitnehmern eher erfüllt ist. Es gelten also die Regeln zur Rechtfertigung einer mittelbaren Diskriminierung gemäß § 3 Abs. 2 AGG, die wie dargelegt denen des § 10 AGG entsprechen, jedoch keiner besonderen Regelung durch die Mitgliedstaaten bedürfen. Die Entlohnung der Betriebstreue selbst stellt sicherlich ein legitimes Ziel dar und fraglich kann nur die Reichweite möglicher Differenzierungen sein (Wendeling-Schröder/Stein/*Stein,* AGG, § 10 Rnr. 37), s. Rnr. 461.

4. Einzelfragen

425 Bricht man das Gesagte auf **Fallgruppen** herunter, dann scheinen oftmals die Antworten für das Verhalten des jeweiligen Arbeitgebers recht klar. **§ 10 Nr. 1 bis 6 AGG sind hier hilfreiche Konkretisierungen.** Zuweilen stellt sich jedoch die Frage nach der Europarechtskonformität einer nach dem Alter differenzierenden gesetzlichen Regel außerhalb des AGG. Solange freilich die Regelung in Kraft ist, kann sich der einzelne Arbeitnehmer nur gegenüber dem Staat als Arbeitgeber unmittelbar auf das Europarecht berufen, s. Rnr. 37. Die **Gesetzgebungstechnik des § 10 AGG** mag dabei dogmatisch nur der zweitschönste Weg sein, in dem es Konkretisierungen anderer Gesetze im Hinblick auf das Verbot der Altersdiskriminierung formuliert (s. auch die Kritik *Richardi*, NZA 2006, 817. 819). Es ist jedoch sehr viel hilfreicher solche Konkretisierungen geschaffen zu haben, als gänzlich auf diese Beispiele zu verzichten. Diese sind auch keineswegs „kryptisch" und bringen keine „zusätzlichen Auslegungsschwierigkeiten", sie sind nicht „untauglich", und „verfehlt" (so die Kritik durch *Preis*, NZA 2006, 401–409). Sie sind vielmehr deutliche Zeichen des gesetzgeberischen Willens, was er als zulässig, und was er als unzulässig werten will. Die Formulierungen des Gesetzes, die in den Nummern 5 bis 6 auf einer Anregung der durch den Bundestag gehörten Sachverständigen beruhen (nämlich *Thüsing*, FA 2005, Beilage zu Heft 4, S. 1, 7), orientieren sich möglichst weitgehend an der bisherigen Rechtsprechung des BAG. Sollte die ein oder andere Konkresierung europarechtswidrig sein, dann führt dies mitnichten dazu, dass auf einmal das europäische Recht unmittelbar Anwendung findet (s. aber *Preis*, a.a.O.; richtiger *Waltermann*, ZfA 2006, Heft 3), s. auch Rnr. 43.

a) Altersgrenzen zur Einstellung

426 § 10 Nr. 3 AGG lässt die Festlegung eines Höchstalters für die Einstellung zu. Dem liegt die Überlegung zugrunde, dass bei älteren Beschäftigten, deren Rentenalter bereits absehbar ist, einer aufwendigen Einarbeitung am Arbeitsplatz auch eine betriebswirtschaftlich sinnvolle Mindestdauer einer produktiven Arbeitsleistung gegenüberstehen muss (BT-Drucks. 16/1780, S. 36; Schleusener/Suckow/Voigt/*Voigt*, AGG, § 10 Rnr. 39). Auch hier gilt jedoch das Gebot der **Verhältnismäßigkeit**, das solchen Beschränkungen engere Grenzen zieht, als sie in der Praxis oftmals zu finden sind. Wenn der Personalfluss so hoch ist, dass ein Großteil der Arbeitnehmer das Unternehmen jenseits der Einstellungsgrenze vor Erreichen des Ruhestands verlassen, dann greift das Argument ebenso wenig, wie wenn jüngere Arbeitnehmer in entsprechender Zeit zu einem erheblichen Teil den Arbeitgeber wechseln: Wenn nur wenige Arbeitnehmer tatsächlich 10 Jahre im Unternehmen bleiben, dann können 55jährige Bewerber nicht mit dem Argument zurückgewiesen werden, eine aufwendige Einarbeitung sei nicht sinnvoll.

427 Möglicher **Maßstab** kann die **bisherige Rechtsprechung zur Rückzahlung von Fort- und Ausbildungskosten** sein (ausführlich HWK/*Thüsing*, BGB, § 611 Rnr. 460 ff.). Die zulässige Bindungsdauer steht danach in Abhängigkeit zur Länge der Fortbildungszeit. Sind auch letztlich die Einzelfallumstände entscheidend, so hat die Rechtsprechung gewisse Richtlinien zur Beurteilung eines angemessenen Verhältnisses zwischen Fortbildungsmaßnahme und Bindungsdauer herausgearbeitet. Im Einzelnen gilt Folgendes: Eine bis zu zwei Monaten dauernde Fortbildungsmaßnahme lässt eine Bindung von einem Jahr zu (BAG v. 15.12.1993 – 5 AZR 279/93, NZA 1994, 835), bei drei bis vier Monaten sind es schon zwei Jahre (BAG v. 6.9.1995 – 5 AZR 241/94, NZA 1996, 314) und einer Fortbildungsdauer von sechs bis zwölf Monaten vermag eine Bindungsdauer von 3 Jahren zu rechtfertigen (BAG v. 11.4.1984 – 5 AZR 430/82, NZA 1984, 288; BAG v. 23.4.1986 – 5 AZR 159/85, NZA 1986, 741). Eine fünfjährige Bindungsdauer setzt eine mehr als zwei Jahre andauernde Fortbildungsmaßnahme voraus (BAG v. 12.12.1979 – 5 AZR 1056/77, AP BGB § 611 Nr. 4 Ausbildungsbeihilfe; BAG v. 8.5.1974 – 5 AZR 359/73, NJW 1974, 2151). Ein starres Schema ist das nicht, vielmehr gelten diese Grundsätze nur für den Regelfall. Im Einzelfall kann auch bei kürzerer Dauer der Fortbildung eine verhältnismäßig lange Bindung gerechtfertigt sein, wenn etwa der Arbeitgeber erhebliche Mittel aufwendet und die Teilnahme an der Fortbildung dem Arbeitnehmer besondere Vorteile bringt. Umgekehrt kann auch bei längerer Dauer der Fortbildung nur eine verhältnismäßig kurze Bindung gerechtfertigt sein. Das kann etwa dann der Fall sein, wenn der Arbeitgeber nur verhältnismäßig wenig Mittel aufwendet und die Teilnahme an der Fortbildung dem Arbeitnehmer nur geringe Vorteile bringt (BAG v. 6.9.1995 – 5 AZR 241/94, NZA 1996, 314). Hier zeigt sich, dass der Rechtsprechung zur Bindungsdauer die Erwägung zugrunde liegt, dass die Dauer der Fortbildung zwar ein starkes Indiz für die Qualität der erworbenen Qualifikation ist und daher in besonderem Maße bei der Interessenabwägung berücksichtigt werden muss, der Qualifikationsgrad des Arbeitnehmers aber letztlich auch durch andere Umstände geprägt werden kann.

Bei der Ausdeutung der § 10 Nr. 3 AGG sind diese Zeiten als **Mindestrahmen** anzunehmen, der Arbeitgeber wird jedoch deutlich darüber hinaus gehen können, schon weil der Ruhestand das sichere Ausscheiden aus dem Betrieb bedeutet, nach Ablauf der Bindungsfrist jedoch der Arbeitnehmer durchaus noch weiterbeschäftigt werden kann und in der Regel auch wird. Bei Zeiten jenseits von fünf Jahren wird man jedoch vorsichtig sein müssen. Je höherwertig die Position ist, desto eher wird man einen Ausschluss rentennaher Jahrgänge begründen können.

Wird ein Mitarbeiter zum **Führungskräftenachwuchs** gesucht, dann kann auch ein sehr junges Höchstalter gerechtfertigt sein. Maßgeblich ist, welche Zeit nach den regelmäßigen Karrierewegen des Unternehmens erforderlich wäre, um die angestrebte Führungsposition zu erreichen, und welche Zeit dann noch angemessen ist, diese Position im Unternehmen ausführen zu können (s. auch BAG v. 24.1.2013 – 8 AZR 429/11). Zwar musste das BAG nicht abschließend entscheiden, ob Altersgrenzen bei einer ausgeschriebenen Traineestelle zur Nachwuchsförderung von Führungskräften zulässig sind, es macht jedoch deutlich, dass bloße Vermutungen hinsichtlich der geminderten Lernfähigkeit Älterer nicht genügten (vgl. BAG v. 24.1.2013 – 8 AZR 429/11, Rnrn. 56). Im Gegenteil spreche „im Grundsatz nichts dagegen, dass auch ein fast Vierzigjähriger mit Erfolg an einem Traineeprogramm teilnehmen und anschließend eine Position in der Führungsebene eines Unternehmens ausfüllen" könne (BAG a.a.O., Rnr. 57). Generell gilt, dass Altersgrenzen eher akzeptabel sind, wo sie als weiche Zielvorga-

E. Rechtfertigung einer Benachteiligung

ben mit der Möglichkeit zur Einzelabwägung formuliert werden als harte Ausschlusskriterien, die auch bei geringfügiger Überschreitung einen Bewerber aus dem Auswahlpool ausschließen („Der Bewerber sollte Anfang 40 sein" ist also vorzugswürdig gegenüber „Wir suchen einen Bewerber bis Alter 45 Jahre"). Auch im öffentlichen Dienst können derartige Altersgrenzen relevant werden. So ist eine Höchstaltersgrenze für die Zulassung zum Aufstieg in den höheren Polizeivollzugsdienst nach Ansicht des OVG Berlin-Brandenburg nicht zu beanstanden (OVG Berlin-Brandenburg v. 4.5.2011 – OVG 4 B 53.09).

430 Eine mittelbare Diskriminierung wegen des Alters, die einen ähnlichen Effekt wie die Festsetzung von Höchst- und Mindestalter haben kann, ist das Erfordernis einer bestimmten Anzahl von Jahren **Berufserfahrung**. Als Mindestqualifikation kann sie gerechtfertigt sein durch die Erfordernisse der Tätigkeit (s. aber Rnr. 271) und auch zur Vermeidung von überqualifizierten Bewerbern kann sie als Höchstrahmen erlaubt sein („Wir suchen Bewerber von 3–6 Jahren Berufserfahrung"). Hinsichtlich der Vermeidung von Überqualifikationen dürfte jedoch ein strengerer Maßstab angebracht sein als im Hinblick auf eine Mindestdauer von Berufsjahren. Die Gefahr der Umgehung des Verbots der Altersdiskriminierung ist offensichtlich.

b) Obligatorischer Ruhestand

431 Brennpunkte der Diskussion zur Altersdiskriminierung sind gesetzliche oder kollektivvertragliche Höchstaltersgrenzen sowie besondere Einstellungsbedingungen zu Lasten älterer Arbeitnehmer. Der amerikanische ADEA beschränkte seinen Schutz ursprünglich auf Arbeitnehmer bis zum 65. Lebensjahr, erweiterte dies später auf 70 Jahre und hob 1986 diese Begrenzung ersatzlos auf (vgl. *M. L. Levine*, Age Discrimination and the Mandatory Retirement Controversy, 1988, 11 ff.). Starre Altersgrenzen sind seitdem nach Bundesrecht und in der Gesetzgebung der Einzelstaaten verboten. Freilich enthalten die Gesetze gewisse Ausnahmen, z.B. für Angestellte *„in a bona fide executive or high policy making position"*, die mit einer Pension in bestimmter Höhe abgesichert sind.

432 **aa) Die Rechtsprechung vor Inkrafttreten des AGG.** In Deutschland entscheidet sich dagegen die bisher überwiegende Rechtsmeinung für die Zulässigkeit zwingender Höchstaltersgrenzen (vgl. die Darstellung von *Boecken*, Gutachten zum 62. DJT (1998), B 20 ff.; *Nussberger*, JZ 2002, 524, 527; *Waltermann*, Berufsfreiheit im Alter, 1989, S. 39 ff.; alle mit umfangreichen weiteren Nachweisen) und diese Auffassung wurde vom BVerfG und vom BAG immer wieder bekräftigt.

433 Tarifvertragliche Regelungen wurden nicht unter dem Gesichtspunkt der Ungleichbehandlung sondern der **Beeinträchtigung der Berufsfreiheit** geprüft und zumeist für zulässig befunden (anerkannt bei den Altersgrenzen für Piloten bei 60 Jahren: BAG v. 27.11.2002 – 7 AZR 414/01, n.v. [juris]; BAG v. 20.2.2002 – 7 AZR 622/00, EzA § 17 TzBfG Nr. 1; abgelehnt bei den Altersgrenzen für Kabinenpersonal bei 55 Jahren BAG v. 31.7.2002 – 7 AZR 140/01, AP TVG § 1 Nr. 14 Tarifverträge: Luftfahrt). Die Rechtsprechung schlägt hier eine Brücke von den Grundrechten zum TzBfG: Führt eine tarifliche Altersgrenze unabhängig von dem Willen des Arbeitnehmers zur Beendigung seines Arbeitsverhältnisses, be-

V. Zulässige unterschiedliche Behandlung wegen des Alters

schränkt sie ihn in seiner arbeitsplatzbezogenen Berufswahlfreiheit. Das Grundrecht aus Art. 12 Abs. 1 GG schützt den Einzelnen nicht nur darin, eine konkrete Beschäftigungsmöglichkeit in einem gewählten Beruf zu ergreifen, sondern auch in seinem Willen, diese Beschäftigung beizubehalten oder aufzugeben. Allerdings schützt das Grundrecht nur gegen staatliche Maßnahmen, die diese Freiheit beschränken (vgl. Art. 1 Abs. 3 GG). Einen unmittelbaren Schutz gegen den Verlust eines Arbeitsplatzes aufgrund privater Dispositionen gewährt das Grundrecht dagegen nicht. Das gilt auch für Tarifnormen. Sie beruhen auf kollektiv ausgeübter Privatautonomie, nachdem Tarifvertragsparteien ihr Grundrecht aus Art. 9 Abs. 3 GG wahrgenommen und Regelungen zu bestimmten Arbeits- und Wirtschaftsbedingungen geschaffen haben. Dazu gehören auch Normen, die einen Sachgrund für die Beendigung von Arbeitsverhältnissen ohne Ausspruch einer Kündigung regeln und damit eine von § 620 BGB zugelassene Gestaltungsmöglichkeit von Arbeitsverhältnissen konkretisieren. Mit dem privatautonomen Entschluss, einem der tarifvertragschließenden Verbände beizutreten oder das Arbeitsverhältnis geltendem und künftigem Tarifrecht individualvertraglich zu unterwerfen, ist aber nicht der Verlust jeglichen Grundrechtsschutzes verbunden. Denn nach Art. 1 Abs. 3 GG sind auch staatliche Grundrechtsadressaten dazu verpflichtet, einzelne Grundrechtsträger vor einer unverhältnismäßigen Beschränkung ihrer Grundrechte durch privatautonome Regelungen zu bewahren. Zu den staatlichen Grundrechtsadressaten gehört zunächst der Gesetzgeber selbst, der hierzu das TzBfG geschaffen hat. Durch die arbeitsgerichtliche Befristungskontrolle ist der Arbeitnehmer vor einem grundlosen, den staatlichen Kündigungs- und Befristungsschutz umgehenden Verlust des Arbeitsplatzes zu schützen. Erweist sich die tarifvertragliche Befristung eines Arbeitsverhältnisses im Rahmen dieser Kontrolle als sachgrundlos, stellt sie gleichzeitig eine unangemessene Einschränkung der durch Art. 12 Abs. 1 GG geschützten Berufsfreiheit des Arbeitnehmers dar. Genügt ein tarifvertraglich vorgeschriebener Sachgrund aber den Maßstäben der arbeitsgerichtlichen Befristungskontrolle, wird das Grundrecht der Berufsfreiheit nach Art. 12 Abs. 1 GG dadurch nicht unangemessen eingeschränkt.

Die **Rechtsprechung unmittelbar vor Inkrafttreten des AGG** zeigte hier größere **434** Sensibilisierung als in vergangenen Tagen: Auch bei einer einzelvertraglich vereinbarten Altersgrenze handelt es sich um eine kalendermäßige Befristung des Arbeitsverhältnisses, die zu ihrer Wirksamkeit eines sachlichen Grundes bedarf. Dieser folgt nicht bereits aus der Regelung in § 41 Abs. 4 Satz 2 SGB VI a. F. (BAG v. 19. 11. 2003 – 7 AZR 296/03, AP TzBfG § 17 Nr. 3). Andere Gründe bewerten sich nach den Umständen des Einzelfalls: Das BAG hat mehrfach entschieden, dass eine auf das 65. Lebensjahr abstellende vertragliche Altersgrenzenvereinbarung sachlich gerechtfertigt sein kann (BAG v. 20. 11. 1987 – 2 AZR 284/86, AP BGB § 620 Nr. 2 Altersgrenze, B IV 3 der Gründe; BAG v. 11. 6. 1997 – 7 AZR 186/96, AP SGB VI § 41 Nr. 7, II 3 c der Gründe). Dabei haben die Senate die Interessen der Arbeitsvertragsparteien an der Fortsetzung des Arbeitsverhältnisses einerseits und seiner Beendigung andererseits gegeneinander abgewogen. Sie haben berücksichtigt, dass der Arbeitnehmer mit seinem Wunsch auf dauerhafte Fortsetzung seines Arbeitsverhältnisses über das 65. Lebensjahr hinaus legitime wirtschaftliche und ideelle Anliegen verfolgt. Das Arbeitsverhältnis sichert seine wirtschaftliche Existenzgrundlage und bietet ihm die Möglichkeit beruflicher

Selbstverwirklichung. Allerdings handelt es sich um ein Fortsetzungsverlangen eines mit Erreichen der Regelaltersgrenze wirtschaftlich abgesicherten Arbeitnehmers, der bereits ein langes Berufsleben hinter sich hat, und dessen Interesse an der Fortführung seiner beruflichen Tätigkeit aller Voraussicht nach nur noch für eine begrenzte Zeit besteht. Hinzu kommt – so das BAG –, dass der Arbeitnehmer auch typischerweise von der Anwendung der Altersgrenzenregelungen durch seinen Arbeitgeber Vorteile hatte, weil dadurch auch seine Einstellungs- und Aufstiegschancen verbessert worden sind. Demgegenüber stehe das Bedürfnis des Arbeitgebers nach einer sachgerechten und berechenbaren Personal- und Nachwuchsplanung. Diesen Bedürfnissen haben die Senate jedenfalls dann Vorrang vor dem Bestandsschutzinteresse des Arbeitnehmers gewährt, wenn der Arbeitnehmer durch den Bezug einer gesetzlichen Altersrente aufgrund der Vollendung des 65. Lebensjahres wirtschaftlich abgesichert war. Dieselben Erwägungen ließ die Rechtsprechung grundsätzlich auch für eine auf das 63. Lebensjahr abstellende Altersgrenzenvereinbarung gelten, wenn der Arbeitnehmer zu diesem Zeitpunkt durch den Bezug einer gesetzlichen Altersrente wirtschaftlich abgesichert ist (BAG v. 19.11.2003 – 7 AZR 296/03, AP TzBfG § 17 Nr. 3). Dem Interesse des Arbeitnehmers an einer zeitlich begrenzten weiteren Beschäftigung stehe das Interesse des Arbeitgebers gegenüber, beizeiten geeigneten Nachwuchs einzustellen oder bereits beschäftigte Arbeitnehmer fördern zu können. Diesem Interesse gebührt regelmäßig der Vorrang. Allerdings kann im Einzelfall das Interesse des Arbeitnehmers überwiegen, wenn bei Vertragsschluss oder bei Bestätigung nach § 41 Satz 2 SGB VI objektiv besondere Umstände vorgelegen haben, die bei der Entscheidung des Arbeitnehmers für seine Zustimmung zur Altersgrenzenvereinbarung nicht bekannt und deshalb nicht berücksichtigt werden konnten. Eine auf die Vollendung des 63. Lebensjahres bezogene vertragliche Altersgrenzenregelung könne allerdings auch dann „keinen Bestand haben, wenn sie den betroffenen Arbeitnehmer diskriminiert oder ihn dem allgemeinen Gleichbehandlungsgebot zuwider benachteiligt" (BAG v. 19.11.2003 – 7 AZR 296/03, AP TzBfG § 17 Nr. 3).

435 bb) **Konsequenzen des AGG.** Ob eine unzulässige Benachteiligung vorliegt, beantwortet das AGG klarer als die Richtlinie 2000/78/EG, s. Rnr. 418. Die Richtlinie verhält sich zu dieser Grundfrage doppelzüngig. Es wurde bereits auf die Abschwächung des endgültigen Textes gegenüber dem Richtlinienvorschlag hingewiesen (s. Rnr. 414). In Übereinstimmung damit wird in Erwägungsgrund Nr. 14 aber festgestellt, die Richtlinie berühre „die einzelstaatlichen Bestimmungen über die Festsetzung der Altersgrenzen für den Eintritt in den Ruhestand" nicht. Wer erwartet, dass dies nun auch in Art. 6 Abs. 1 der Richtlinie 2000/78/EG in den aufgeführten Beispielsfällen bestätigt wird, wird enttäuscht. Die Festsetzung eines Höchstalters für die aktive Tätigkeit fehlt gerade. Wahrscheinlich konnte man sich im Verfahren auf eine klare Antwort nicht einigen.

436 Der deutsche **Gesetzgeber** hat diese Lücke gefüllt. Er stand vor der schwierigen Aufgabe, die gegenläufigen Interessen des individuellen Personenschutzes und der public policy des Arbeits- und Berufslebens angemessen zu bewerten. Der Gesetzgeber bestimmt in **§ 10 S. 3 Nr. 5 AGG,** dass eine Vereinbarung, welche die Beendigung des Beschäftigungsverhältnisses ohne Kündigung zu einem Zeitpunkt vorsieht, in dem der oder die Beschäftigte eine Rente wegen Alters beantragen kann, zulässig ist. Der EuGH hat in der **Rs. Rosenbladt** (EuGH v. 12.10.2010 –

V. Zulässige unterschiedliche Behandlung wegen des Alters

C-45/09, NJW 2010, 3767 – Rosenbladt) auf Ersuchen des ArbG Hamburg (ArbG Hamburg v. 20. 1. 2009 – 21 Ca 235/08, ZESAR 2009, 129) entschieden, dass die Bestimmung des § 10 Nr. 5 AGG, die Vereinbarungen über die automatische Beendigung von Arbeitsverhältnissen bei Erreichen des Rentenalters des Beschäftigten erlaubt, dann europarechtskonform ist, wenn die Vereinbarung objektiv und angemessen und durch ein legitimes Ziel der Beschäftigungs- und Arbeitsmarktpolitik gerechtfertigt ist und zum anderen die Mittel zur Erreichung dieses Ziels angemessen und erforderlich sind. Damit kommt es auf die konkrete Ausgestaltung der Vereinbarung im Einzelfall an. Wird von der Ermächtigung des § 10 Nr. 5 AGG in einem Tarifvertrag Gebrauch gemacht, so ändert dies nichts an der gerichtlichen Überprüfbarkeit; die Tarifvertragliche Altersgrenze muss dann selbst den entsprechenden Voraussetzungen des Art. 6 der RL 2000/78/EG entsprechen (EuGH v. 12. 10. 2010 – C-45/09, NJW 2010, 3767 – *Rosenbladt*. Hierzu überzeugend *Preis*, NZA 2010, 1323). § 10 Nr. 5 AGG seinerseits ist mit der Richtlinie vereinbar. Die Vorlage durch das ArbG Hamburg war ihrerseits unnötig, da das BAG bereits über die Zulässigkeit von tarifvertraglichen Altersgrenzen entschieden hatte (BAG v. 18. 6. 2008 – 7 AZR 116/07, NZA 2008, 1302; s. hierzu Anm. *Böhm*, BB 2009, 223). Sie diente nicht der Rechtssicherheit, sondern war vielmehr ein Versuch eine Änderung der höchstrichterlichen Rechtsprechung zu erzwingen. Der EuGH jedoch hat die Rechtsprechung des BAG bestätigt.

437, Zulässig ist damit eine Altershöchstgrenze von 65 Jahren in einem Tarifvertrag **438** (so BAG v. 21. 9. 2011 – 7 AZR 134/10, NZA 2012, 271) oder einer Betriebsvereinbarung (BAG v. 5. 3. 2013 – 1 AZR 417/12; LAG Niedersachsen v. 7. 6. 2011 – 13 Sa 1611/1; LAG Hessen v. 7. 7. 2011 – 9 TaBV 168/10: zumindest, wenn eine betriebliche Altersversorgung besteht).

439 Wo die Grenzen der Altersbefristungen in anderen Fällen liegt, also eine **Beendigung des Arbeitsverhältnisses vor Rentenbezug** vereinbart wird, ist eine Abwägung im Einzelfall erforderlich:

440 Ein Höchstalter kann vorgesehen werden, um **berufsspezifischen Gefahren** einer Drittschädigung entgegenzutreten; Eigenschädigungen dürften – in Anlehnung an die Rechtsprechung zum Nachtarbeitsverbot von Frauen – nicht erheblich sein (a. A. noch *Wiedemann/Thüsing*, NZA 2002, 1234). Der Gedanke wird durch Art. 2 Abs. 5 der Richtlinie 2000/78/EG, durch eine reiche deutsche Rechtsprechung und durch die wissenschaftliche Forschung bestätigt (vgl. nur *Boecken*, Gutachten zum 62. DJT (1998), B 35; *Gitter/Boerner*, RdA 1990, 129, 134; *Schlüter/Belling*, NZA 1988, 297, 302). Der EuGH hat eine Altersgrenze für Piloten von 60 Jahren gleichwohl für unverhältnismäßig erklärt, weil die Flugtauglichkeit älterer Piloten durch Tests festgestellt werden könne (EuGH v. 13. 9. 2011 – C-447/09, NZA 2011, 1039; infolgedessen ebenso BAG v. 18. 1. 2012 – 7 AZR 211/09, NZA 2012, 691).Nicht sachlich gerechtfertigt und daher unzulässig ist damit erst Recht die Altersgrenze von 60 Jahren für die Flugbegleiter, bei diesen besteht bereits keine mit den Piloten vergleichbare Gefährdungslage, als Rechtfertigungsgrund (BAG v. 23. 6. 2010 – 7 AZR 1021/08, NZA 2010, 1248). Entsprechendes gilt für Flugingenieure (BAG v. 15. 2. 2012 – 7 AZR 904/08). Mangels Relevanz für die öffentliche Sicherheit ist auch eine Altersgrenze für öffentlich bestellte und vereidigte Sachverständige im Bereich EDV vom BVerwG für unwirksam erklärt worden (BVerwG v. 1. 2. 2012 – 8 C 24/11, NJW 2012,

E. Rechtfertigung einer Benachteiligung

1018). Demgegenüber ist eine Altersgrenze von 42 Jahren für SEK-Einsatzbeamte wegen der erforderlichen körperlichen Leistungsfähigkeit zulässig (so OVG Berlin-Brandenburg v. 8.8.2011 – OVG 4 B 20.10).

441 § 95 Abs. 7 Satz 3 SGB V wonach die Zulassung am Ende des Kalendervierteljahres endet, in dem der Vertragsarzt sein 68. Lebensjahr vollendet, wurde durch das GKV-OrgWG vom 15.12.2008 aufgehoben. Damit können sie auch nach Vollendung des 68. Lebensjahres im Rahmen der vertrags(zahn-)ärztlichen Versorgung tätig sein. Die Grenzen für Notare dürfen nach der Rechtsprechung des BGH auch weiterhin Bestand haben (BGH v. 22.3.2010 – NotZ 16/09, NJW 2010, 3783. Hierzu *Mohr*, LMK 2010, 303625). Auch die Ruhestandsversetzung eines Beamten mit Erreichen des 65. Lebensjahres verstößt nach verbreiteter Rechtsprechung nicht gegen das Verbot der Altersdiskriminierung (BVerwG v. 6.12.2011 – 2 B 85/11, NVwZ 2012, 1052; OVG Rheinland-Pfalz v. 13.4.2011 – 2 A 11447/10, DVBl. 2011, 982; OVG Rheinland-Pfalz v. 25.2.2011 – 2 A 11201/10, BB 2011, 820).

442 Ein Konsens scheint weiter darüber möglich, dass **reine Kostenargumente ausscheiden,** die Benachteiligung also nicht damit begründet werden kann, dass ältere Arbeitnehmer (oder andere Personengruppen) billiger zu haben sind oder dass sie dem Arbeitgeber später teurer zu stehen kommen (vgl. dazu *Wiedemann*, Die Gleichbehandlungsgebote im Arbeitsrecht, 2001, S. 60, 65). Die Debatte dazu ist im deutschen und im ausländischen Arbeitsrecht zur Geschlechtsdiskriminierung nachhaltig geführt worden und kann für alle besonderen Diskriminierungsverbote heute als geklärt gelten.

443 In diesem Rahmen hat der Gesetzgeber die Möglichkeit, feste Altersgrenzen selbst einzuführen oder sie den Parteien des Individual- oder Kollektivvertrags zu gestatten, um die Ausbildungs- und Arbeitsmarktlage zu verbessern – allerdings unter dem Vorbehalt der **Beachtung des Verhältnismäßigkeitsgrundsatzes.** Überkommene Vorurteile und ungesicherte Erfahrungssätze über mangelnde Arbeitsproduktivität reichen zur Rechtfertigung nicht aus (ausführliche Darstellung bei *M.L. Levine,* Age Discrimination and the Mandatory Retirement Controversy [1988]); in vielen Situationen wird nur eine individuelle Beurteilung der Person und des Arbeitsplatzes ein angemessenes Ergebnis zeitigen (im Ergebnis weitgehend zustimmend *Nussberger,* JZ 2002, 524, 528; *Schmidt/Senne,* RdA 2002, 80, 87). Einleuchtende Beispiele für eine starre Altersgrenze finden sich in den Entscheidungen des BVerfG zur Beendigung der Tätigkeit von Prüfingenieuren (im Interesse der öffentlichen Sicherheit) oder zur Zulassung zur vertragsärztlichen Versorgung (im Interesse eines geordneten Gesundheitswesens, s. BVerfG v. 4.5.1983 – 1 BvL 46/80, NJW 1983, 2869 und BVerfG v. 20.3.2001 – 1 BvR 491/96, BVerfGE 103, 172). Dagegen kann die frühzeitige Pensionierung von Richtern und Wissenschaftlern eine Vergeudung von öffentlichen Mitteln bedeuten, die weder mit dem Hinweis auf eine materielle Sicherung der Betroffenen noch mit der Rücksicht auf die jüngere Generation verbrämt werden sollte; ihr kommt die verlängerte Berufstätigkeit abermals zugute. Ein einfaches **Beispiel** verdeutlicht, wie sehr ein obligatorisches Ruhealter dem Sinn des Verbots der Altersdiskriminierung widerspricht: Würde der aufgrund seines Alters rechtmäßig von seinem Arbeitsplatz Vertriebene sich bei der anstehenden Wiederbesetzung bewerben, dürfte er wegen seines Altes nicht zurückgewiesen werden. Das passt nicht

V. Zulässige unterschiedliche Behandlung wegen des Alters

zueinander. Zudem fällt es nicht so leicht, hier als rechtfertigendes Ziel die Arbeitsmarktpolitik zu bemühen, denn durch eine solche Maßnahme würde keine neue Arbeit geschaffen, sondern es würden vorhandene Arbeitsplätze einzig zu Lasten Älterer umverteilt werden.

Den **Tarifvertragsparteien** wird man weitgehend anders als dem einzelnen Arbeitgeber zubilligen können, in ihren Vereinbarungen Altersgrenzen zu formulieren (s. auch BAG v. 18.6.2008 – 7 AZR 116/07, NZA 2008, 1302). Anders als die Höchstaltersgrenze im einzelnen Arbeitsvertrag, die regelmäßig nicht aus arbeitsmarktpolitischen Gründen vereinbart wird, kann dies beim Tarifvertrag, insbesondere in einem Verbandstarifvertrag, durchaus der Fall sein. Diese Motivation von Gewerkschaft und Arbeitgeberverband sollte freilich hinreichend sicher dokumentiert sein. Dann wird man es für ausreichend halten müssen, dass durch diesen Tarifvertrag Arbeit lediglich zugunsten der Jüngeren umverteilt, nicht aber neu geschaffen wird. Sachlicher Grund ist also die Vorstellung, dass Altersarbeitslosigkeit ein kleineres Übel ist als Jugendarbeitslosigkeit. Diese Wertung haben die Gerichte nachzuvollziehen. Der **EuGH** lässt diese Großzügigkeit freilich nicht anklingen.

444

c) Sozialplanabfindungen – Höchstbetragsklauseln

Soweit eine **Sozialplanabfindung** sich mit dem Alter des entlassenen Arbeitnehmers erhöht, ist dies eine positive Maßnahme, die im Rahmen der Verhältnismäßigkeit nach § 5 AGG erlaubt sein kann. Daher bestimmt § 10 S. 3 Nr. 6 AGG, dass die Differenzierung von Leistungen in Sozialplänen i. S. d. BetrVG zulässig ist, wenn die Parteien eine nach Alter oder Betriebszugehörigkeit gestaffelte Abfindungsregelung geschaffen haben, in der die wesentlich vom Alter abhängigen Chancen auf dem Arbeitsmarkt durch eine verhältnismäßig starke Betonung des Lebensalters erkennbar berücksichtigt worden sind, oder die Parteien Beschäftigte von den Leistungen des Sozialplans ausgeschlossen haben, die wirtschaftlich abgesichert sind, weil sie, ggf. nach Bezug von Arbeitslosengeld, rentenberechtigt sind. Die Formulierung greift die bisherige Rechtsprechung des BAG auf (BAG v. 31.7.1996 – 10 AZR 45/96, AP BetrVG 1972 § 112 Nr. 103). Sie ist europarechtskonform (BAG v. 12.4.2011 – 1 AZR 743/09, BAGE 137, 310; BAG v. 23.3.2010 – 1 AZR 832/08, NZA 2010, 774, 775; BAG v. 26.5.2009 – 1 AZR 198/08, NZA 2009, 849, 853). Die Richtlinie 2000/78/EG erlaubt es dem Gesetzgeber, das Verbot der Altersdiskriminierung zu beschränken, wenn er legitime sozialpolitische Ziele verfolgt und gibt ihm dabei einen weiten Einschätzungsspielraum (EuGH v. 5.3.2009 – C-388/07, NZA 2009, 305 – Age Concern). Diesen Einschätzungsspielraum hat der deutsche Gesetzgeber genutzt; das Ziel, die Verteilungsgerechtigkeit durch den Ausgleich des höheren Arbeitslosigkeitsrisiko im Alter zu wahren, ist ein legitimes im Sinne der Richtlinie und kann auch unmittelbare Diskriminierungen rechtfertigen (BAG v. 26.5.2009 – 1 AZR 198/08, NZA 2009, 849, 853f.). Andererseits ist es im Hinblick auf das gleiche Ziel auch legitim, die Sozialplanabfindung bei rentennahen Jahrgängen zu reduzieren, um das weitere Anwachsen der Abfindungen trotz abnehmender Schutzbedürftigkeit zu korrigieren (BAG v. 26.5.2009 – 1 AZR 198/08, NZA 2009, 849, 854) oder

445

E. Rechtfertigung einer Benachteiligung

um eine Absicherung durch den alsbald zu erwartenden Bezug einer Altersrente zu berücksichtigen (LAG München v. 8.2.2011 – 7 Sa 887/10; LAG Baden-Württemberg v. 13.9.2011 – 15 Sa 104/10, Revision anhängig unter dem Az. 1 AZR 916/11; LAG Niedersachsen v. 29.9.2011 – 7 Sa 323/11, Revision anhängig unter dem Az. 1 AZR 857/11; LAG Düsseldorf v. 10.11.2011 – 11 Sa 764/11; LAG Düsseldorf v. 6.7.2012 – 10 Sa 866/11). Auf Vorlage des ArbG München (ArbG München v. 17.2.2011 – 22 Ca 8260/10, ZESAR 2011, 328 m. Anm. *Thüsing*) hat der EuGH entschieden, dass Artt. 2 Abs. 2 und 6 Abs. 1 der Richtlinie 2000/78/EG einer Regelung eines betrieblichen Systems der sozialen Sicherheit nicht entgegenstehen, die vorsieht, dass bei Mitarbeitern, die älter als 54 Jahre sind und denen betriebsbedingt gekündigt wird, die ihnen zustehende Abfindung auf der Grundlage des frühestmöglichen Rentenbeginns berechnet wird und im Vergleich zur Standardberechnungsmethode, nach der sich die Abfindung insbesondere nach der Dauer der Betriebszugehörigkeit richtet, eine geringere als die sich nach der Standardmethode ergebende Abfindungssumme, mindestens jedoch die Hälfte dieser Summe, zu zahlen ist. Demgegenüber stehe Art. 2 Abs. 2 Richtlinie 2000/78/EG einer Regelung eines betrieblichen Systems der Sicherheit entgegen, die vorsieht, dass bei Mitarbeitern, die älter als 54 Jahre sind und denen betriebsbedingt gekündigt wird, die ihnen zustehende Abfindung auf der Grundlage des frühestmöglichen Rentenbeginns berechnet wird und im Vergleich zur Standardberechnungsmethode, nach der sich die Abfindung insbesondere nach der Dauer der Betriebszugehörigkeit richtet, eine geringere als die sich nach der Standardmethode ergebende Abfindungssumme, mindestens jedoch die Hälfte dieser Summe, zu zahlen ist und bei der Anwendung der alternativen Berechnungsmethode auf die Möglichkeit, eine vorzeitige Altersrente wegen einer Behinderung zu erhalten, abgestellt wird (EuGH v. 6.12.2012 – C-152/11, DB 2012, 2872). Sieht ein Sozialplan vor, dass die Arbeitnehmer zusätzlich zu der sich nach der Dauer der Betriebszugehörigkeit und dem Arbeitsverdienst errechnenden Grundabfindung mit dem Erreichen des 45. und des 50. Lebensjahres der Höhe nach gestaffelte Alterszuschläge erhalten, werden hierdurch jüngere Arbeitnehmer in der Regel nicht unzulässig wegen ihres Lebensalters benachteiligt (BAG v. 12.4.2011 – 1 AZR 743/09, BAGE 137, 310). Ebenso zulässig ist die Regelung des altersbezogenen Faktors in einem Sozialplan, wonach Beschäftigte erst ab dem 40. Lebensjahr die volle Abfindung erhalten, Beschäftigte ab dem 30. bis zum 39. Lebensjahr dagegen nur 90 % und bis zum 29. Lebensjahr nur 80 % (BAG v. 12.4.2011 – 1 AZR 764/09, NZA 2011, 988). Auch Stichtagsregelungen sind zulässig (LAG Köln v. 24.6.2011 – 4 Sa 246/11; LAG Düsseldorf v. 16.9.2011 – 6 Sa 613/11, Revision anhängig unter dem Az. 1 AZR 813/11). Die ehemals üblichen Differenzierungen dürften damit weiterhin prinzipiell zulässig sein, so lange sie die Verhältnismäßigkeit wahren (detailliert DKK/*Däubler*, BetrVG, §§ 112, 112a Rnr. 165f.). Mit **Bezug von Arbeitslosengeld** ist allein der Bezug von Arbeitslosengeld I gemeint, denn Arbeitslosengeld II setzt seinerseits voraus, dass der Arbeitnehmer eben nicht mehr wirtschaftlich abgesichert ist. Eine pauschale Berücksichtigung von Arbeitslosengeld II, das nach der individuellen Bedürftigkeit gewährt wird, wäre in Sozialplänen technisch ohnehin nicht möglich.

446 Je größer freilich die Gewichtung der Betriebzugehörigkeit gegenüber dem Lebensalter ist, desto eher ist eine einseitige Bevorzugung Älterer ohne hinreichende

V. Zulässige unterschiedliche Behandlung wegen des Alters

Berücksichtung anderer Vorsorgeinteressen ausgeschlossen. Der **Verhältnismäßigkeit** dient es, wenn auch andere Typisierungen größeren Arbeitslosigkeitsrisikos aufgenommen werden. Denn wenn das Alter nur eine Vertypung unter mehreren ist, kommt ihm ein geringer Einfluss auf die Abfindung zu und die Gefahr, andere Interessen außer Acht gelassen zu haben, ist geringer. Maßstab der Verhältnismäßigkeit ist freilich stets nur die Benachteiligung Jüngerer, und inwieweit deren Schlechterstellung allein aufgrund des Alters gerechtfertigt ist. Dass bei ihnen mit dem Alter verbundene Risiken der Arbeitslosigkeit nicht berücksichtigt wurden, ist für das Verbot der Altersdiskriminierung unerheblich, wenn die absolute Spreizung zwischen alt und jung für sich gesehen akzeptabel ist.

Höchstbetragsklauseln, die die Entgeltleiter auf eine bestimmte Summe beschränken und sich damit nachteilig für Mitarbeiter mit höherem Alter auswirken, dürften weiterhin in unverändertem Ausmaß zulässig sein (BGH v. 2.10.2007 – 1 AZN 793/07, BAG AP Nr. 52 zu § 75 BetrVG 1972). Sie finden sich in Tarifverträgen und Betriebsvereinbarungen, insbesondere in Sozialplänen und bei anderen betriebseinheitlichen Vergünstigungen. Ein Beispiel für die Benachteiligung wegen des Alters bietet die Entscheidung des BAG zur Obergrenze einer Sozialplanabfindung. In BAG (v. 19.10.1999 – 1 AZR 838/98, AP BetrVG § 112 Nr. 135 1972) sah der Sozialplan vor, dass die für den Fall der Entlassung vorgesehene und mit Alter- und Betriebszugehörigkeit steigende Abfindung auf 75000 DM begrenzt sei. Das bedeutet, dass ältere Arbeitnehmer gegenüber jüngeren Arbeitnehmern bei der Überbrückungshilfe zunächst ein Vorsprung eingeräumt wird, sie aber mit der „Deckelung" eine unter Umständen fühlbare Benachteiligung erleiden. Der *Senat* sah darin keine sachwidrige Benachteiligung älterer Arbeitnehmer, weil sich jüngere Arbeitnehmer vielfach noch im Aufbau ihrer wirtschaftlichen und familiären Existenz befänden und deshalb zwar andere, aber nicht geringere Probleme beim Verlust ihres Arbeitsplatzes gegenwärtigen müssten. Das gelte insbesondere, wenn die Arbeitslosenquote in der betroffenen Region besonders hoch sei. 447

Die Begründung stellt ganz auf die Verteilungsgerechtigkeit, also auf das allgemeine arbeitsrechtliche Gleichbehandlungsgebot ab. Solange der nationale Gesetzgeber hier keine andere Wertung trifft, kann der Hinweis allein, dass die Vergabe knapper Mittel eine Verteilung notwendig macht, für die Zurücksetzung älterer Arbeitnehmer nicht ausreichen. Denkbar ist es aber durchaus, dass für freiwillige Sozialleistungen der – dem Alter oder der Betriebszugehörigkeit proportionale – Anstieg im Verlauf der Kurve abgeflacht wird. Ebenso bedeutet die Deckelung nur eine Begrenzung der Bevorzugung älterer Arbeitnehmer, wenn die Überschreitung des Höchstbetrags gerade auf ihrem Alter und der Länge ihrer Betriebszugehörigkeit beruht. Zumindest dann ist sie zulässig, da insoweit keine unmittelbare oder mittelbare Altersbenachteiligung vorliegt. 448

Problematischer ist die **Kürzung des Sozialplananspruchs** wegen des (nahen Renten-)Alters (s. auch Rnr. 445). Der Wortlaut des AGG lässt auch dies grundsätzlich zu. Hier wird man die Differenzierung der Sozialplanabfindung nach dem Alter am **Zweck der Zahlung** festmachen müssen. Ist der Sozialplan streng auf seine in neuerer Rechtsprechung immer wieder betonten Vorsorge und Überbrückungsfunktion ausgerichtet, dann können pauschalierte Zahlungen aufgrund des Lebensalters des Arbeitnehmers vorgesehen werden, denn sie können Maßstab 449 sein, mit welchen Chancen der Arbeitnehmer auf den Arbeitsmarkt tritt, um sich für eine neue Stelle zu bewerben. Ist der Arbeitnehmer rentennah, dann ist der Übergang in den Ruhestand abzusehen und so ist aus der Überbrückungsfunktion heraus auch angesichts des Verbots der Benachteiligung wegen des Alters eine Schlechterstellung sachlich gerechtfertigt (jüngst BAG v. 26. 3. 2013 – 1 AZR 813/11). Solche Formalisierungen sind erforderlich und sachlich gerechtfertigt, da nur mit ihrer Hilfe der Verteilungsrahmen von den Betriebsparteien sicher bestimmt werden kann. Auch das BAG hat ausdrücklich anerkannt, dass die Betriebspartner bei der Aufstellung eines Sozialplans darauf Bedacht sein können, dass die Regelung praktikabel ist und nicht zu einem unzumutbaren Verwaltungsaufwand führt (BAG v. 12. 3. 1997 – 10 AZR 648/96, AP BetrVG § 112 Nr. 111 1972). Zulässig ist es nach Ansicht des BAG zudem, einen Arbeitnehmer von einem Sozialplan ganz auszuschließen, wenn er nicht beschäftigt wird, weil er (befristet) eine volle Erwerbsminderungsrente erhält und mit der Wiederherstellung der Arbeitsfähigkeit nicht zu rechnen sei. Es fehle insoweit an der Vergleichbarkeit zwischen den Aktiven und dem Rentner (BAG v. 7. 6. 2011 – 1 AZR 34/10, NZA 2011, 1370).

d) Kündigungsfristen und Unkündbarkeit

450 Schon durch die Zulässigkeit positiver Maßnahmen nach § 5 AGG wäre es grundsätzlich gedeckt, wenn die Kündigung des Arbeitsverhältnisses von einem gewissen Alter an eingeschränkt oder ausgeschlossen wird. Die Rechtsprechung muss gegen Tarifvertragsbestimmungen nicht einschreiten, die ältere Arbeitnehmer unkündbar stellen oder mit zunehmendmr Betriebszugehörigkeit längere Kündigungsfristen vorschreiben, vgl. § 34 TVöD. Auch der Gesetzgeber braucht § 622 Abs. 2 BGB nicht zu ändern – unzulässig ist jedoch § 622 Abs. 2 S. 2 BGB, der allerdings insofern eine Änderung nicht erfordert, als er ohnehin wegen eines Verstoßes gegen das primärrechtliche Diskriminierungsverbot nicht mehr anzuwenden ist (EuGH v. 19. 1. 2010 – C-555/07, NZA 2010, 85 – Kücükdeveci. Dazu *Thüsing*, ZIP 2010, 199; *Preis/Temming*, NZA 2010, 185; *Mörsdorf*, NJW 2010, 1046; *Bauer/v. Medem*, ZIP 2010, 449, *Pötters/Traut*, ZESAR 2010, 267). Der ältere Arbeitnehmer trägt im Regelfall ein höheres Kündigungsrisiko und hat geringere Chancen einer Wiedereingliederung in den Arbeitsmarkt. Diesen Nachteil können Arbeitgeber und Tarifvertragsparteien ausgleichen. Dies grundsätzlich anerkennend bestimmte daher **§ 10 Nr. 7 AGG** weitergehend auch die Zulässigkeit einer individual- oder kollektivrechtlichen Vereinbarung der Unkündbarkeit von Beschäftigten eines bestimmten Alters und einer bestimmten Betriebszugehörigkeit, soweit dadurch nicht der Kündigungsschutz anderer Beschäftigter im Rahmen der Sozialauswahl nach § 1 Abs. 3 KSchG grob fehlerhaft gemindert wird. Die Regelung wurde durch das **Zweite Gesetz zur Änderung des Betriebsrentengesetzes** vom 2. 12. 2006 (BGBl. I S. 2742) gestrichen im Hinblick auf § 2 Abs. 4 AGG. Dennoch: auch wenn das AGG nicht auf Kündigungen anwendbar sein sollte – s. Rnr. 105 ff. – wird man dennoch die Regelung als verbindlichen Hinweis des Gesetzgebers zur Frage der Rechtfertigung einer Altersdifferenzierung bei der Kündigung auffassen müssen. Nur also soweit § 10 Nr. 7 AGG europarechtskon-

V. Zulässige unterschiedliche Behandlung wegen des Alters

form ausgelegt werden kann, kann auch das KSchG in der durch diese Norm geregelten Frage ausgelegt werden.

Unabhängig von § 2 Abs. 4 AGG ist jedoch die RL 2000/78/EG auf das Kündigungsrecht anwendbar, so dass die Vereinbarung von Unkündbarkeitsregelungen an den Vorgaben der Richtlinie zu messen ist. Das BAG hält zu Recht Unkündbarkeitsregelungen für grundsätzlich mit der Richtlinie vereinbar (BAG v. 5. 6. 2008 – 2 AZR 907/06, NZA 2008, 1120, 1123 f.). Jedoch ist auch bei der Unkündbarkeit die **Verhältnismäßigkeit** zu beachten, weil hier – anders als bei längeren Kündigungsfristen älterer Arbeitnehmer – die Besserstellung älterer Arbeitnehmer durch Ausschluss der ordentlichen Kündbarkeit im Falle einer betriebsbedingten Kündigung zu einem höheren Kündigungsrisiko für den nicht so geschützten jüngeren Kollegen führt (KR/*Griebeling*, KSchG, § 1 Rnr. 665 ff.; *Stahlhacke/Preis/Vossen*, Kündigung und Kündigungsschutz im Arbeitsrecht, Rnr. 1065; s. auch *Bütefisch*, Die Sozialauswahl, 2000, S. 128 ff.). Hier sind an die Verhältnismäßigkeit strengere Maßstäbe anzulegen als bei der schlichten Bevorzugung älterer Arbeitnehmer: Den jüngeren Arbeitnehmer, mag es nicht kümmern, dass der Arbeitgeber „anderen gut ist" (Mt. 20, 15), doch diese Bevorzugung älterer verschlechtert seinen *Status quo*. Eben deshalb fordert das BAG generell bei Vereinbarungen, die die Sozialauswahl zu Lasten Dritter beeinflussen können, einen sachlichen Grund (BAG v. 2. 6. 2005 – 2 AZR 480/04, NZA 2006, 207). Um den Konflikt zu entschärfen, mag man einen Tarifvertrag bei hinreichenden Anhaltspunkten dahin auslegen, dass die Unkündbarkeitsregel die Einbeziehung des Arbeitnehmers in eine Sozialauswahl nicht ausschließen soll, der Arbeitnehmer also vor einer aus diesem Anlass ausgesprochenen außerordentlichen Kündigung nicht geschützt wird (s. Wiedemann/*Thüsing*, TVG, § 1 Rnr. 538; *Kempen*/Zachert, Grundlagen, Rnr. 213). Gelingt dies nicht, dann muss der Maßstab sein, wie sich das Zahlenverhältnis der Unkündbaren zu den Kündbaren verhält, und ob der Schutz der älteren zu einer (nahezu) zwangsläufigen Kündigung der jüngeren Arbeitnehmer führt. Die Grenze kann da liegen, wo die Fehlgewichtung durch den eingeschränkten Auswahlpool zu einer grob fehlerhaften Auswahl i. S. d. § 1 Abs. 4, 5 KSchG führen würde (ebenso nun BAG v. 5. 6. 2008 – 2 AZR 907/06, NZA 2008, 1120, 1123 f.). Dies hat der Gesetzgeber auf Vorschlag der Expertenanhörung im März 2005 ausdrücklich so formuliert (s. *Thüsing*, FA 2005, Beilage Heft 4, S. 1; vorher bereits *Zwanziger*, DB 2000, 2168). **451**

Der **Begriff der groben Fehlerhaftigkeit** entspricht dem der § 1 Abs. 4, 5 KSchG. Die dort geltenden Maßstäbe können übertragen werden (s. im Einzelnen APS/*Kiel*, KSchG, § 1 Rnr. 779 f.; ähnlich Wendeling-Schröder/Stein/*Wendeling-Schröder*, AGG, § 10 Rnr. 31). Hinsichtlich der sozialen Kriterien Dauer der Betriebszugehörigkeit, Lebensalter, Unterhaltspflichten und einer etwaigen Schwerbehinderteneigenschaft des Arbeitnehmers ist danach eine Namensliste im Interessenausgleich dann als grob fehlerhaft anzusehen, wenn die Gewichtung der Kriterien jede Ausgewogenheit vermissen lässt (vgl. BT-Drucks. 15/1204, S. 12 unter Berufung auf BAG v. 2. 12. 1999 – 2 AZR 757/98, NZA 2000, 531; 21. 1. 1999 – 2 AZR 624/98, NZA 1999, 866), so dass sich über die Fehlerhaftigkeit der Sozialauswahl nicht mehr ernsthaft diskutieren lässt (*Willemsen/Annuß*, NJW 2004, 177, 181). Dies entspricht der Gesetzesbegründung zum ArbRBeschFG und dem damaligen Meinungsstand (BT-Drucks. 13/4612, S. 9; vgl. ferner KR/*Griebeling*, **452**

§ 1 KSchG Rnr. 730 o f.; *Fischermeier*, NZA 1997, 1089, 1097; *Löwisch*, NZA 1996, 1009, 1012; *Preis*, NJW 1996, 3369, 3371). Wurde einer der in § 1 Abs. 3 S. 1 KSchG vorgegebenen Gesichtspunkte überhaupt nicht gewürdigt, ist die soziale Auswahl evident unausgewogen.

453 Die **Prüfungsreihenfolge** ist damit zweischrittig: Zuerst erfolgt eine Sozialauswahl ohne die unkündbaren Arbeitnehmer, danach unter Einbeziehung der Unkündbaren. Wenn der Vergleich zeigt, dass hier ein schlechterdings unvertretbares Ergebnis erreicht wurde, dann ist die Herausnahme unwirksam und die Sozialauswahl unter Einbeziehung auch der unkündbaren Arbeitnehmer des Betriebs vorzunehmen.

454 Die **Unwirksamkeit** geht wohl nur soweit, wie es zur Erreichung eines in der Benachteiligung gerechtfertigten Ergebnisses erforderlich ist. Ggf. sind also nicht alle Vereinbarungen der Unkündbarkeit unwirksam, sondern nur so viele, wie es für die Vermeidung einer grob fehlerhaften Sozialauswahl erforderlich ist. Dieses Ergebnis dürfte auch beim tarifvertraglichen Kündigungsausschluss mit **§ 7 Abs. 2 AGG** vereinbar sein. Wenn danach die benachteiligende Vereinbarung unwirksam ist, dann schließt dies zwar grundsätzlich eine geltungserhaltende Reduktion aus. Dies verbietet jedoch zumindest für vor dem Inkrafttreten des AGG abgeschlossenen Tarifverträge nicht die ergänzende (Tarif)Vertragsauslegung. Das BAG ist einen vergleichbaren Weg bei der AGB-Kontrolle gegangen (BAG v. 12. 1. 2005 – 5 AZR 364/04, NZA 2005, 465) und auch hier erscheint dieser Weg im Interesse des Vertrauensschutzes richtig, zumal die ergänzende Vertragsauslegung bei Tarifverträgen durchaus praktiziert wird (BAG v. 29. 4. 2004 – 6 AZR 101/03, NZA 2005, 57). Freilich ist es besser, wenn die Tarifvertragsparteien hier einen entsprechenden Vorbehalt in den Tarifvertrag selbst aufnehmen, dass die Unkündbarkeit nur insoweit gilt, als dies nicht zur grob fehlerhaften Sozialauswahl i. S. d. § 10 Nr. 7 AGG führen würde. Zukünftig könnte beim Fehlen solcher Vorbehalte die Unwirksamkeit der tarifvertraglichen Regelung insgesamt drohen.

e) Sozialauswahl (hierzu auch *Kopke*, NJW 2006, 1040)

455 Systematisch ebenso nicht stimmig (wie § 10 Nr. 7 AGG) war es nach der durch den Gesetzgeber beabsichtigten Herausnahme der Kündigung aus dem Anwendungsbereich des AGG durch § 2 Abs. 4 AGG, dass sich in **§ 10 Nr. 6 AGG** weiterhin eine Regelung zur Zulässigkeit der altersabhängigen Sozialauswahl fand. Die Regelung, gestrichen durch das zweite Gesetz zur Änderung des Betriebsrentengesetzes von 2006, war jedoch der Sache nach richtig und ist damit bei der Auslegung des Kündigungsschutzgesetzes zugrunde zu legen. Damit hat sich allein der Ort der Prüfung, nicht das Maß der Prüfung geändert.

456 Gemeinschaftsrechtlich nicht zu beanstanden ist es, wenn das **Lebensalter und die Betriebszugehörigkeit** zu den relevanten Grunddaten bei der Sozialauswahl für betriebsbedingte Kündigungen zählt. Die in § 1 Abs. 3 Satz 1 KSchG vorgesehene Berücksichtigung des Lebensalters als Sozialdatum stellt eine an das Alter anknüpfende unterschiedliche Behandlung dar. Sie ist jedoch unionsrechtskonform (BAG v. 15. 12. 2011 – 2 AZR 42/10, NZA 2012, 1044). Auch kann die Bildung von Altersgruppen nach § 10 Satz 1, 2 durch legitime Ziele gerechtfertigt sein (BAG v. 6. 11. 2008 – 2 AZR 523/07, BAGE 128, 238; LAG Baden-Württemberg

V. Zulässige unterschiedliche Behandlung wegen des Alters

v. 25.3.2011 – 18 Sa 77/10, NZA-RR 2011, 407; vgl. ausführlich *Brors*, AuR 2005, 41; Wendeling-Schröder/Stein/*Wendeling-Schröder*, AGG, § 10 Rnr. 28). Wenn ein Arbeitnehmer nach § 1 Abs. 3 S. 2 KSchG als Leistungsträger aus der Sozialauswahl ausscheidet und ein anderer, älterer Arbeitnehmer dafür gekündigt wird, hat keine Interessenabwägung zwischen den beiden Arbeitnehmern zu erfolgen, sondern maßgeblich bleibt, ob die Sozialauswahl insgesamt eine unzulässige Benachteiligung wegen des Alters herbeiführt oder nicht (LAG Baden-Württemberg v. 25.3.2011 – 18 Sa 77/10, NZA-RR 2011, 407).

Allerdings ist mit dieser **zweifachen Anknüpfung an das Alter** – einmal direkt, einmal indirekt – eine starke Gewichtung dieses Kriteriums zugunsten des Arbeitnehmers verbunden, die oftmals den Ausschlag geben kann. Im Hinblick auf die mittelbare Altersdiskriminierung, die in der Anknüpfung an der Betriebszugehörigkeit liegt, besteht jedoch eine sachlicher Grund: Der Arbeitnehmer hat im Regelfall betriebsspezifische Investitionen getätigt und hat einen höheren sozialen Besitzstand aufgebaut. Im Hinblick auf das direkte Anknüpfen an das Alter greift wiederum der Erfahrungssatz, dass ältere Arbeitnehmern bei ungebundener Arbeitgeberentscheidung ein höheres Kündigungsrisiko und höheres Arbeitslosigkeitsrisiko tragen. Eine positive Maßnahme ist möglich (*Schmidt/Senne*, RdA 2002, 80, 83f.; *Thüsing*, NZA 2001, 1064; dies übersieht *Bauer*, NJW 2001, 2672f.). Das gilt umso mehr, als die Bevorzugung älterer Arbeitnehmer nicht automatisch erfolgt, vielmehr nach ständiger Rechtsprechung alle sozial beachtenswerten Umstände in die Auswahl einbezogen werden können und zumindest Unterhaltspflichten und Schwerbehinderung einbezogen werden müssen. Die Verhältnismäßigkeit bleibt also gewahrt, eben weil keines der Merkmale unbedingten Vorrang haben darf (BAG v. 24.3.1983 – 2 AZR 21/82, AP KSchG 1969 § 1 Nr. 12 Betriebsbedingte Kündigung; BAG v. 18.10.1984 – 2 AZR 543/83, AP KSchG 1969 § 1 Nr. 6 Soziale Auswahl; BAG v. 8.8.1985 – 2 AZR 464/84, AP KSchG 1969 § 1 Nr. 10 Soziale Auswahl; BAG v. 18.1.1990 – 2 AZR 357/89, AP KSchG 1969 § 1 Nr. 19 Soziale Auswahl). Der Spielraum zulässiger Gewichtung des Alterskriteriums innerhalb des Sozialauswahl, den das BAG bislang anerkannt hat, dürfte auch weiterhin bestand haben (s. auch *Thüsing*, FA 2005, Beilage Heft 4, S. 1, s. auch BAG v. 5.12.2002 – 2 AZR 549/01, AP KSchG 1969 § 1 Nr. 59 Soziale Auswahl und den dortigen Überblick über die Rechtsprechung).

Die **Chancen des Arbeitnehmers auf dem Arbeitsmarkt**, auf die § 10 Nr. 6 AGG a. F. bei der Strukturierung der Sozialauswahl abstellte, stellen kein eigenständiges Sozialkriterium dar, das in die Punktebemessung einzubeziehen wäre. Sie ist vielmehr Ansatz zur Gewichtung der einzelnen Sozialkriterien zueinander: Die Sozialauswahl verfehlt ihren Zweck, wenn sie letztlich nicht der Bemessung der Chancen am Arbeitsmarkt dient. Soweit vorgeschlagen wird, künftig aufgrund der kumulativen Benachteiligung wegen des Alters durch die Kriterien Alter und betriebliche Zugehörigkeit keine lineare Berücksichtigung diese Kriterien bei der Vergabe von Sozialpunkten vorzunehmen, sondern dieses erst ab einem kritischen Alter in die Betrachtung mit einzubeziehen (s. *Annuß*, BB 2006, 325, 326; *Bauer/ Göpfert/Krieger*, AGG, § 10 Rnr. 43ff.; Wendeling-Schröder/Stein/*Wendeling-Schröder*, AGG, § 10 Rnr. 30; ebenso *Kamanabrou*, RdA 2006, 331, *Willemsen/ Scheibert*, NJW 2006, 2586), so mag dies sinnvoll aber wohl nicht zwingend geboten sein. Die Wortwahl des Gesetzgebers lässt klar erkennen, dass er an die bisherige Praxis der Gerichte anknüpfen will. Dies dürfte auch europarechtskonform sein, handelt es sich hierbei doch der Sache nach um eine positive Maßnahme nach § 5 AGG, die insgesamt die Verhältnismäßigkeit wahrt.

459 Auch das **Kriterium der ausgewogenen Personalstruktur** zur Segmentierung der Sozialauswahl ist weiterhin zulässig; es muss aber vom Arbeitgeber dargelegt werden. Gemäß § 1 Abs. 3 S. 2 KSchG sind in die soziale Auswahl Arbeitnehmer nicht einzubeziehen, deren Weiterbeschäftigung, insbesondere zur Sicherung einer ausgewogenen Personalstruktur des Betriebes, im berechtigten betrieblichen Interesse liegt. Selbst wenn man das Merkmal der Personalstruktur umfassend im Sinne einer Beschäftigungsstruktur versteht, wird es in den meisten Fällen darum gehen, eine angemessene Altersstruktur im Betrieb zu erhalten. Der Arbeitgeber kann bei der konkreten Umsetzung der Erhaltung einer ausgewogenen Altersstruktur Gruppen bilden, in die er die vergleichbaren Arbeitnehmer einsortiert, um dann die Sozialauswahl nicht zwischen sämtlichen in Betracht gezogenen Arbeitnehmern, sondern innerhalb der entstandenen Gruppen durchzuführen (BAG v. 23. 11. 2000 – 2 AZR 533/99, NZA 2001, 601; Schleusener/Suckow/Voigt/ *Voigt*, AGG, § 10 Rnr. 67; s. auch *Küttner*, FS 50 Jahre BAG, S. 409, 419 ff.; zum Gestaltungsspielraum des Arbeitgebers bei Punkteschemata *Gaul/Lunk*, NZA 2004, 184). Dieses Verfahren ist bei der **Kündigung** schon deshalb zulässig, weil es ältere Arbeitnehmer nicht benachteiligt, sondern nur ihre durch die Sozialauswahl begründete rechtliche Bevorzugung begrenzt. Will man das Ziel, eine ausgewogene Altersstruktur des Betriebes zu erreichen freilich als **Argument zur Einstellung** eines jüngeren Arbeitnehmers verwenden, dann muss es im einzelnen dargelegt werden. Ein Parallelschluss von den Grenzen des § 1 Abs. 3 S. 2 KSchG zur Reichweite dieses Arguments bei der Einstellungsentscheidung ist nicht möglich, denn hier geht es ggf. um die Benachteiligung älterer Arbeitnehmer. Es muss die Verhältnismäßigkeit gewahrt sein: Wieviel älter sind die zurückgewiesenen Bewerber, wie überaltert ist der Betrieb?

f) Altersteilzeit

460 Das **Altersteilzeitgesetz** privilegiert Arbeitnehmer, die das 55. Lebensjahr vollendet haben. Sofern sie im Einvernehmen mit dem Arbeitgeber ihre Arbeitszeit auf die Hälfte der bisherigen wöchentlichen Arbeitszeit vermindern, wird unter weiteren Voraussetzungen ihr anteilig reduziertes Arbeitsentgelt auf mindestens 70% ihres bisherigen Nettoeinkommens aus der Vollzeitbeschäftigung aufgestockt. Damit soll älteren Arbeitnehmern der gleitende Übergang vom Erwerbsleben in die Altersrente erleichtert werden. Diese Maßnahme muss sich als gesetzliche Vorgabe nicht an § 10 AGG messen, doch auch gemeinschaftsrechtlich dürfte sie zulässig sein: Zum einen kann man sie als **positive Maßnahme** i. S. d. Art. 7 der Richtlinie 2000/78/EG bzw. § 5 AGG werten (im Ergebnis abweichend *Schmidt/Senne*, RdA 2002, 83). Da die älteren Arbeitnehmer hier nicht benachteiligt, sondern begünstigt werden sollen, wäre es dann rechtlich ohne Bedeutung, ob sich das Gesetz zur Förderung eines allmählichen Ausscheidens aus dem Erwerbsleben als geeignet und verhältnismäßig erweist. Es wird nicht dadurch gemeinschaftswidrig, dass sich Arbeitgeber und Arbeitnehmer ganz überwiegend für eine „Blockabwicklung" entscheiden, wonach der Arbeitnehmer zunächst weiter Vollzeittätigkeit erbringt, um anschließend gänzlich von der Arbeitspflicht freigestellt zu werden. Erforderlich wäre dann jedoch die Verhältnismäßigkeit der Bevorzugung älterer gegenüber der Benachteiligung jüngerer Arbeitnehmer, die freilich regelmäßig gegeben sein dürfte, weil jüngeren aus dieser Bevorzugung älterer kein Nachteil erwächst. Richtiger scheint es jedoch hierin eine gerechtfertigte Ungleichbehandlung nach Art. 6 Abs. 1 der Richtlinie 2000/78/EG zu sehen. Die positiven Maßnahmen des Art. 7 Richtlinie 2000/78/EG dienen dazu, tatsächliche Benachteiligungen durch rechtliche Besserstellungen auszugleichen. Das entspricht nicht der Gesetzesintention des Altersteilzeitgesetzes. Der ältere Arbeitnehmer in Altersteilzeit wird nicht in seiner tatsächlichen Stellung dem jüngeren angeglichen, sondern er bekommt die Chance, eine Vertragsgestaltung zu wählen, an der ein jüngerer typischerweise kein Interesse hat, der nicht beabsichtigt in den Ruhestand zu gehen und der entsprechend dem Wille des Gesetzgebers auch gar keine Hilfe bekommen soll, sich allzu früh zur Ruhe zu setzen.

g) Entgeltvereinbarungen

Das Entgelt für die erbrachte Leistung pflegt mit den Jahren zu steigen. Darin **461** liegt eine soziale Vergünstigung, die man oftmals mit höherem Lebensstandard und später größerer Gesundheitspflege zu rechtfertigen versucht. Das kann regelmäßig nicht gelingen. Vielmehr sind altersabhängige Entgeltstufen oftmals diskriminierend, weil kompensatorisch auf den Lebenserwerbszyklus angelegt: Da der Höhepunkt der Leistungsfähigkeit in den meisten Berufen viele Jahre vor Erreichen des Ruhestands liegt, die Vergütung jedoch vielfach bis zum Ende hin ansteigt, wird bei langfristigen Beschäftigungen die zu geringe Bezahlung zum Zeitpunkt höherer Leistungsfähigkeit mit erhöhter Bezahlung zum Zeitpunkt geringerer Produktivität ausgeglichen. Arbeitnehmer, die in einem bestimmten Unternehmen ihre Arbeit beginnen, müssten – ohne einen vertraglichen oder gesetzlichen Schutz gegen Altersdiskriminierung – damit rechnen, dass sich der Arbeitgeber gegen Ende ihrer Beschäftigungszeit von ihnen trennen möchte, um den höheren Entgeltverpflichtungen auszuweichen. Das Benachteiligungsverbot wegen des Alters verhindert derart opportunistisches Verhalten des Arbeitgebers – einmal indem des die Kündigung allein wegen des Alters verbietet, aber auch in dem es die altersabhängige Vergütung, wenn überhaupt, dann nur in sehr geringem Ausmaß zulässt. Schon deshalb ist es zu begrüßen. Zwar ist ein höherer finanzieller Bedarf aus dem sozialen Umfeld (Alter, Familienstand) ein bislang anerkanntes Element der Entgelthöhe (*Wiedemann*, Die Gleichbehandlungsgebote im Arbeitsrecht, 2001, S. 47). Der deutsche Gesetzgeber hat hier jedoch eine andere Entscheidung getroffen. Durch die Erstreckung der Gebots gleichen Entgelts für gleiche oder gleichwertige Arbeit auch auf das Kriterium des Alters hat er – europarechtlich nicht vorgegeben – ein absolutes Diskriminierungsverbot geschaffen (s. Rnr. 376). Möglich wäre ein höheres Entgelt bei höherem Alter damit nur als positive Maßnahme i. S. d. § 5 AGG. Dazu gehören aber nur solche Maßnahmen, die tatsächliche Nachteile wegen des Alters verhindern oder ausgleichen, und dies ist nicht der Fall: Anders als der erhöhte Kündigungsschutz älterer Arbeitnehmer

E. Rechtfertigung einer Benachteiligung

deren höheres Kündigungsrisiko ausgleicht (s. Rnr. 450) und anders als längerer Urlaub deren erhöhte körperliche Belastung ausgleicht (s. zu den Grenzen hier Rnr. 406), steht ein höheres Entgelt nicht im Zusammenhang mit einem bei gleichem Entgelt drohenden Nachteil. Ein nach dem Alter differenzierendes Entgelt ist damit regelmäßig unzulässig. Eine Rechtfertigung kann allenfalls insofern in Betracht kommen, als das Alter mit höherer Berufs- und Lebenserfahrung, die ihrerseits zu einer höheren Leistung des Arbeitnehmers führt, korrelieren kann. Legitimes Ziel wäre demnach nicht, das Alter an sich zu honorieren, sondern die höhere Leistung (EuGH v. 3. 10. 2006 – C-17/05, Slg. 2006, I-9583, Rnr. 34-36 – Cadman; EuGH v. 1. 2. 1991 – C-184/89, Slg. 1991, I-297 – Nimz; EuGH v. 17. 10. 1989 – C-109/88, Slg. 1989, 3199 Rnr. 24-25 – Danfoss; vgl. auch BAG v. 20. 5. 2010 – 6 AZR 148/09 (A), NZA 2010, 961, 964, Rnr. 26). Der EuGH hat sich allerdings in der Rs. *Hennings* (s. bereits Rnr. 260) gegen diese Lesart entschieden. Das BAG hatte in seinem Vorlagebeschluss angedeutet, dass es den Tarifvertragsparteien eine Pauschalierung dergestalt gestatten wolle, dass diese an das höhere Lebensalter eine höhere Vergütung wegen der vermuteten höheren Leistungsfähigkeit älterer Arbeitnehmer knüpfen (auch BAG v. 20. 5. 2010 – 6 AZR 148/09 (A), NZA 2010, 961, 964, dazu auch *Thüsing/Thieken*, ZESAR 2010, 333). Der EuGH hat demgegenüber klargestellt, dass das bloße Lebensalter kein taugliches Differenzierungskriterium ist, sondern dass nur eine Berücksichtigung des Dienstalters in Betracht kommt. Immerhin hält der EuGH den TVöD für rechtmäßig, selbst wenn sich aufgrund der Überleitungsvorschriften einige der Diskriminierungen des BAT weiterhin auswirken (EuGH v. 8. 9. 2011 – C-297/10, NZA 2011, 1100, dazu *Forst*, EuZA 2012, 225). Entsprechendes wie für das eigentliche Entgelt gilt auch für den Erholungsurlaub. Das BAG hat deshalb § 26 Abs. 1 S. 2 TVöD für unwirksam erklärt, wonach Beschäftigte nach der Vollendung ihres 40. Lebensjahrs in jedem Kalenderjahr Anspruch auf 30 Arbeitstage Urlaub haben, während der Urlaubsanspruch bis zur Vollendung des 30. Lebensjahres nur 26 Arbeitstage und bis zur Vollendung des 40. Lebensjahres nur 29 Arbeitstage beträgt. Folge ist eine Anpassung „nach oben" (BAG v. 20. 3. 2012 – 9 AZR 529/10, NZA 2012, 803). Das VG Berlin hat dem EuGH die Frage vorgelegt, ob Landesrecht über die Besoldung von Beamten, das das Grundgehalt und Gehaltssteigerungen vom Lebensalter abhängig macht, mit dem Unionsrecht vereinbar ist (VG Berlin v. 23. 10. 2012 – 7 K 369.12).

462 Der Arbeitgeber, der auf die **Betriebstreue** seiner Arbeitnehmer bei der Gewährung einer Leistung abstellt, differenziert nicht nach dem Alter, jedoch nach einem Merkmal, das typischerweise bei älteren Arbeitnehmern eher erfüllt ist. Es gelten also die Regeln zur Rechtfertigung einer mittelbaren Benachteiligung. Die Entlohnung der Betriebstreue selbst stellt sicherlich ein legitimes Ziel dar und fraglich kann nur die Reichweite möglicher Differenzierungen sein. Die Gestaltungsfreiheit des Arbeitgebers dürfte hier nicht allzu sehr eingeengt sein (BT-Drucks. 17/1780, S. 36: „Hinsichtlich des Entgelts dürfte etwa eine Anknüpfung an die Berufserfahrung eher zu rechtfertigen sein als an das bloße Lebensalter."; s. auch *Schmidt/Senne*, RdA 2002, 88). So erkennt bereits die Rahmenvereinbarung Befristung (enthalten in Richtlinie 1999/70/EG) in § 4 Abs. 4, dass der Wille, bestimmte Leistungen von einer gewissen Betriebszugehörigkeit abhängig zu machen, eine hinreichende Rechtfertigung für eine Ungleichbehandlung ist. Dies hat

V. Zulässige unterschiedliche Behandlung wegen des Alters

der deutsche Gesetzgeber in der Begründung zum Teilzeit- und Befristungsgesetz ausdrücklich wiederholt (BT-Drucks. 14/4374, S. 16). Die Verhältnismäßigkeit ist jedoch zu beachten (s. auch die Anträge des Generalanwalts *Maduro*, Rs. C17/05, v. 18.5.2006 im Bezug auf die mittelbare Geschlechtsdiskriminierung: Erforderlich ist „dass die Art und Weise der Anwendung des Kriteriums [Dienstalter] als entgeltbestimmender Faktor in Bezug auf die betroffene Stelle die betrieblichen Bedürfnisse des Unternehmens berücksichtigt und dass das Kriterium verhältnismäßig angewendet wird, um die nachteilige Wirkung für Frauen auf ein Mindestmaß zu verringern. Wenn der Arbeitgeber keine Rechtfertigung für die Struktur des Entgeltsystems liefern kann, muss er für den Unterschied der Entgeltniveaus des Arbeitnehmers, der sich beschwert hat, und der anderen Arbeitnehmer, die dieselbe Tätigkeit ausführen, eine besondere Rechtfertigung liefern"). Das ausländische Recht gibt dies zuweilen ausdrücklich vor. Für die als mittelbare Benachteiligung wegen des Alters einzuordnende Differenzierung des Entgelts nach der Betriebs- und Unternehmenszugehörigkeit bestimmt sec. 33 der Employment Equality (Age) Regulations 2006, dass eine Unterscheidung zulässig ist, wenn es „vernünftig erscheint, dass der Arbeitgeber einen Vorteil haben wird von der Belohnung der Betriebstreue, der Motivation und der Entlohnung von Arbeitserfahrung". Dies gilt der Sache nach auch für das deutsche Recht. Wann eine Differenzierung nach der Betriebstreue danach nicht mehr angemessen ist, kann *in abstracto* schwerlich gesagt werden. Insbesondere wenn es sich nicht um das Grundentgelt, sondern um zusätzliche Sozialleistungen handelt, wird man im Zweifel von der Zulässigkeit einer Unterscheidung ausgehen können. Die Differenzierung der Vergütung nach Betriebstreue darf jedoch kein bloßer **Umweg zur Differenzierung nach dem Alter** sein. Dass ist etwa der Fall, wenn sachgrundlos fremde Vordienstzeiten angerechnet werden, an denen der Arbeitgeber selber keinen eigenen Nutzen hatte (Schleusener/Suckow/Voigt/*Voigt*, AGG, § 10 Rnr. 34; s. auch Wendeling-Schröder/Stein/*Wendeling-Schröder*, AGG, § 10 Rnr. 37). Hierauf sind insb. Tarifverträge zu überprüfen. Allgemein kann man sich an den Ausführungen des **EuGH zur mittelbaren Benachteiligung wegen des Geschlechts** orientieren, die nach gleichem Maßstab zu rechtfertigen sind: „Wenn der Arbeitnehmer Anhaltspunkte liefert, die geeignet sind, ernstliche Zweifel daran aufkommen zu lassen, dass ... der Rückgriff auf das Kriterium des Dienstalters zur Erreichung des genannten Zieles geeignet ist, [d]ann ist es Sache des Arbeitgebers, zu beweisen, dass das, was in der Regel gilt, nämlich dass das Dienstalter mit der Berufserfahrung einhergeht und dass diese den Arbeitnehmer befähigt, seine Arbeit besser zu verrichten, auch in Bezug auf den fraglichen Arbeitsplatz zutrifft. Hinzuzufügen ist, dass dann, wenn zur Festlegung des Entgelts ein System beruflicher Einstufung verwendet wird, dem eine Bewertung der zu verrichtenden Arbeit zugrunde liegt, die Rechtfertigung des Rückgriffs auf ein bestimmtes Kriterium nicht individuell auf die Situation der betreffenden Arbeitnehmer einzugehen braucht. Daher muss, wenn das mit dem Rückgriff auf das Kriterium des Dienstalters verfolgte Ziel in der Anerkennung der Berufserfahrung liegt, im Rahmen eines solchen Systems nicht bewiesen werden, dass ein individuell betrachteter Arbeitnehmer während des einschlägigen Zeitraums eine Erfahrung erworben hat, die es ihm ermöglicht hat, seine Arbeit besser zu verrichten. Demgegenüber ist die Art der zu verrichtenden Arbeit objektiv zu berücksichtigen" (EuGH v.

3. 10. 2006 – C-17/05, DB 2006, 2350; s. auch Wendeling-Schröder/Stein/*Wendeling-Schröder*, AGG, § 10 Rnr. 38).

h) Betriebliche Altersversorgung

463 Auch die betriebliche Altersversorgung ist – trotz des missverständlichen Wortlauts des § 2 Abs. 2 S. 2 AGG – vom Anwendungsbereich des AGG umfasst, s. Rnr. 117. Daher muss die Festlegung von Altersgrenzen bei den betrieblichen Systemen der sozialen Sicherheit zur Erreichung eines legitimen Ziels angemessen und erforderlich sein. Dieses Ziel muss vom Arbeitgeber herausgearbeitet und im Streitfall bewiesen werden. § 10 Nr. 4 AGG stellt jedoch klar, dass die Festsetzung von Altersgrenzen bei den betrieblichen Systemen der sozialen Sicherheit – insbesondere der betrieblichen Altersversorgung – regelmäßig keine Benachteiligung wegen des Alters darstellt. Zulässig sind auch unterschiedliche Altersgrenzen für bestimmte Beschäftigte oder Gruppen von Beschäftigten. Die Regelung ist europarechtskonform; das vom nationalen Gesetzgeber verfolgte Ziel der Förderung der betrieblichen Altersversorgung ist ein legitimes Ziel iSd. § 10 Satz 1 (BAG v. 11. 8. 2009 – 3 AZR 23/08, NZA 2010, 408). Die betriebliche Altersvorsorge ist darauf angewiesen, Altersgrenzen für den Bezug von Leistungen vorzusehen. § 10 S. 3 Nr. 4 AGG verdeutlicht zunächst, dass auch die Ausgestaltung der betrieblichen Systeme der sozialen Sicherheit „Beschäftigungs- und Arbeitsbedingungen" im Sinne von § 2 Nr. 2 AGG darstellen, innerhalb derer eine Benachteiligung wegen der genannten Kriterien zu unterbleiben hat (hierzu Rnr. 117); denn wären diese nicht erfasst, bedürfte es keines (eigenständigen) Rechtfertigungsgrundes. Während die Richtlinie 2000/78/EG diesem Rechtfertigungsgrund einen eigenen Absatz widmet (vgl. Art. 6 Abs. 2 Richtlinie 2000/78/EG), integriert das AGG ihn in seinem § 10. Nicht übernommen wurde dabei die von Art. 6 Abs. 2 Richtlinie 2000/78/EG gemachte Einschränkung, dass eine Unterscheidung nach dem Alter keine Diskriminierung darstelle, „solange dies nicht zu Diskriminierungen wegen des Geschlechts führt". Gleichwohl ist § 10 S. 3 Nr. 4 AGG richtlinienkonform (so auch LAG Köln v. 15. 4. 2011 – 10 Sa 1405/10). Dass dieser Relativsatz weggelassen wurde, stellt kein Umsetzungsdefizit dar; denn § 4 Satz 2 AGG verbietet ausdrücklich die unterschiedliche Behandlung aus einem anderen Grunde. Hier ist im Rahmen von § 10 S. 3 Nr. 4 AGG insbesondere auf Benachteiligungen wegen des Geschlechts zu achten, worauf auch die Gesetzesbegründung hinweist (BT-Drucks. 16/1780, S. 36). Allerdings kann eine unterschiedliche Behandlung wegen des Geschlechtes unter Umständen ihrerseits gerechtfertigt werden (hierzu, insbesondere zu den Unisex-Tarifen Rnr. 369).

464 Für die betriebliche Altersversorgung besteht gesetzlich **keine bestimmte Altersgrenze**. Scheidet ein Arbeitnehmer vor Eintritt des Versorgungsanfalls aus dem Unternehmen des Arbeitgebers aus, so wird bei Unverfallbarkeit der Versorgungsanwartschaft nach § 1b BetrAVG diese nach § 2 BetrAVG ratierlich gekürzt, soweit die jeweilige Versorgungsordnung keine für den Arbeitnehmer günstigere Berechnungsmethode vorsieht. Zulässig bleibt regelmäßig eine Gestaltung der betrieblichen Altersversorgung, nach der das Interesse des Arbeitnehmers an einer Weiterbeschäftigung über diese Altersgrenze hinaus dadurch vermindert wird,

V. Zulässige unterschiedliche Behandlung wegen des Alters

dass Beschäftigungszeiten nach vollendeter Altersgrenze zu keinen Rentensteigerungen führen.

Die Regelungen zur gesetzlichen **Unverfallbarkeit der Anwartschaften in § 1b** **465** BetrAVG unterscheidet nach dem Alter (mindestens 25 Jahre alt, mindestens 5 Jahre betriebszugehörig), doch auch wenn dies ein unzulässige Altersdiskriminierung wäre, wäre sie als eindeutige gesetzliche Regelung für den privaten Arbeitgeber bindend, s. Rnr. 37 (gegen ein mittelbare Diskriminierung wegen des Geschlechts BAG v. 18.10.2005 – 3 AZR 506/04, AP BetrAVG § 1 Nr. 13 Unverfallbarkeit). Das LAG Köln hält selbst die Frist von 30 Jahren des § 1b BetrAVG a.F. noch für zulässig (LAG Köln v. 15.4.2011 – 10 Sa 1405/10), und zwar ausdrücklich auch unter dem Gesichtspunkt einer möglichen mittelbaren Benachteiligung wegen des Geschlechts. Die Altersgrenze führe zu einem Ausgleich der Interessen der Arbeitnehmer an einer unverfallbaren Anwartschaft und dem Interesse der Arbeitgeber, unverfallbare Anwartschaften nicht schon entstehen zu lassen, wenn ein Wechsel des Arbeitnehmers noch wahrscheinlich ist. Die Anknüpfungspunkte des Gesetzes seien dabei geschlechtsneutral ausgestaltet. Auch wenn man der Argumentation des LAG Köln im Ergebnis folgen mag, genügt es nicht, auf die Anknüpfungspunkte des Gesetzes abzustellen, um eine mittelbare Diskriminierung auszuschließen. Die Argumentation des Gerichts schließt lediglich eine unmittelbare Diskriminierung aus. Zu fragen ist, ob von der gesetzlichen Regelung Frauen typischerweise stärker betroffen sind als Männer. Das BAG wird Gelegenheit haben, sich mit dieser Frage zu befassen. Keine gesetzliche Vorgabe besteht hingegen für allzu lange **Wartezeiten** in der betrieblichen Altersversorgung (BAG v. 19.4.2005 – 3 AZR 469/04, NZA 2005, 840. Unklar, dem Wortlaut nach aber sehr großzügig BAG v. 11.8.2009 – 3 AZR 23/08, NZA 2010, 408: „Die Festsetzung von Altersgrenzen in den betrieblichen Systemen der sozialen Sicherheit ist somit europarechtlich in der Regel zulässig".). Auch sie müssen sich als mittelbare Diskriminierung wegen des Alters dem Erfordernis sachlicher Rechtfertigung stellen. Daran kann es bei allzu langen Fristen fehlen. Zulässig ist aber ein Mindestalter von 50 Jahren bei Eintritt der Invalidität für einen Anspruch auf Invalidenrente (LAG Niedersachsen v. 16.8.2011 – 3 Sa 133/11 B, Revision anhängig unter dem Az. 3 AZR 796/11). In jedem Fall notwendig ist es, **Lebenspartner** nach dem LPartG den Eheleuten bei der Hinterbliebenenversorgung gleich zu stellen. Die Rechtsprechung des EuGH in der Rs. **Maruko** (EuGH v. 1.4.2008 – C-267/06, Slg. 2008, I-1757 – Maruko) ist eindeutig und das BAG (BAG v. 15.9.2009 – 3 AZR 294/09, NZA 2010, 216) ist ihr gefolgt. Auch die neuere Rechtsprechung des BVerfG zu Art. 6 Abs. 1 GG (BVerfG v. 21.7.2010 – 1 BvR 611/07, NJW 2010, 2783) liegt auf dieser Linie: Für die Zukunft ist von einer **weitgehenden Gleichstellung von Ehe und eingetragener Lebenspartnerschaft** auszugehen – nach AGG, Richtlinie und Art. 6 GG ist wohl nur noch der Ausgleich konkreter Nachteile der Familien zulässig, nicht aber eine pauschale Bevorzugung der Ehe (anders noch im Hinblick auf Art. 6 GG BVerfG v. 3.11.1982 – 1 BvR 620/78, NJW 1983, 271; weiterhin kritisch Stimmen in der Literatur: Epping/Hillgruber/*Uhle*, GG, Ed. 16 (1.10.2012), Art. 6 Rnr. 36f.; *Hillgruber*, JZ 2010, 41). Zu der Anpassung bestehender Verträge s. MüKo/Thüsing, AGG. § 33 Rnr. 4f.

Bei **Altersabstandsklauseln in der Witwenversorgung** liegt keine unmittelbare **466** Altersdiskriminierung vor, weil nicht am Alter des Arbeitnehmers selbst angeknüpft wird, sondern am Altersabstand zur Witwe, der eben auch durch deren Alter mitbestimmt ist. Auch eine Klausel, wonach der Rentenanwärter nicht mehr als 20 Jahre älter sein darf als der überlebende Ehegatte, ist wirksam (LAG Niedersachsen v. 23.6.2011 – 4 Sa 381/11 B, NZA-RR 2011, 600, Revision anhängig unter dem Az. 3 AZR 653/11). Nicht ausgeschlossen ist je nach Gestaltung des Versorgungswerks jedoch eine mittelbare Diskriminierung. Hierfür dürfte regelmäßig als sachlicher Grund ausreichen, dass Versorgungsehen zu verhindern sind und insbesondere der jüngere Hinterbliebene noch selber arbeiten kann (s. hierzu auch die Vorlage des BAG v. 27.6.2006 – 3 AZR 352/05, noch n.v.). Die Bestimmung einer Versorgungsordnung einer Pensionskasse, wonach der Anspruch eines Hinterbliebenen auf Versorgungsleistungen im Fall der Wiederheirat entfällt, beinhaltet jedoch weder eine mittelbare noch eine unmittelbare Diskriminierung wegen des Alters oder wegen des Geschlechts (LAG München v. 1.2.2011 – 6 Sa 1078/10, Revision anhängig unter dem Az. 3 AZR 294/11).

5. Mittelbare Diskriminierung

467 Die Gründe, die eine mittelbare Diskriminierung rechtfertigen können, entsprechen bei einer Benachteiligung wegen des Alters denen einer unmittelbaren Diskriminierung. Weil die **Maßstäbe des § 10 AGG denen des § 3 Abs. 2 AGG** entsprechen, kommt es nicht darauf an, ob eine unmittelbare oder eine mittelbare Diskriminierung vorliegt (BAG v. 11.8.2009 – 3 AZR 23/08, NZA 2010, 408). Das zur Rechtfertigung einer unmittelbaren Diskriminierung Gesagte kann daher auf die mittelbare Diskriminierung grundsätzlich übertragen werden. Durch das Verbot mittelbarer Altersdiskriminierung können Entscheidungen kontrollfähig werden, die sich bislang einer Überprüfung durch das Arbeitsgericht entzogen. Kommt es etwa zur Schließung eines Betriebs bei gleichzeitiger Fortführung anderer Betriebe, so kann ein überproportionaler Anteil von einer Kündigung betroffener älterer Arbeitnehmer Indiz einer mittelbaren Benachteiligung wegen des Alters sein, der ggf. zu rechtfertigen wäre. Im US-amerikanischen Recht hat sich hierzu eine umfangreiche Kasuistik entwickelt (s. zu den sog. *reduction in force cases* s. Glover v. McDonnell Douglas Corporation, 981 F2d 388 [8th Cir. 1992]).

VI. Benachteiligung wegen der Religion durch kirchliche Arbeitgeber – § 9 AGG

Literatur: *Arntzen*, Loyalität und Loyalitätsprobleme in kirchlichen Arbeitsverhältnissen. Eine Analyse des teilkirchlichen deutschen Arbeitsrechts und neuerer Leitungskonzepte im Caritasbereich, 2003; *Beaumont*, Christian perspectives on law: what makes them distinctive?, in: O'Dair/Lewis, Law and Religion, Current Legal Issues 2001, Bd. 4 (2001); *Belling*, Gestaltungsfreiheit und Gestaltungszwang bei der Umsetzung der Anti-Diskriminierungsrichtlinie 2000/78/EG im Hinblick auf das kirchliche Arbeitsrecht, NZA 2004, 885–889; *Bellocchi*, Pluralismo religioso, discriminazione ideologiche e diritto del lavoro, Argomenti di diritto del lavoro, Nr. 1 (2003), 157–217; *Budde*, Kirchenaustritt als Kündigungsgrund? – Diskriminierung durch kirchliche Arbeitgeber vor dem Hintergrund der Antidiskriminierungsrichtlinie 2000/78/EG, AuR 2005, 353–359; *Deinert*, Arbeitnehmerschutz vor Diskriminierung in kirchlichen Einrichtungen, EuZA 2009, 332; *de Wall*, Europäisches Staatskirchenrecht, ZevKR 45 (2000), 157–172; *ders.*, Neue

VI. Benachteiligung wegen der Religion durch kirchliche Arbeitgeber

Entwicklungen im Europäischen Staatskirchenrecht, ZevKR 47 (2002), 205–219; *Dill*, Die Anti-Diskriminierungsrichtlinien der EU und das deutsche Staatskirchenrecht, ZRP 2003, 318–322; *Dütz*, Kirchliches Individualarbeitsrecht und Europarecht, Festgabe zum 30jährigen Bestehen der Juristischen Fakultät Augsburg, 2003, 103–113; *ders.*, Rechtsschutz für kirchliche Bedienstete im individuellen Arbeitsrecht, insbesondere im Kündigungsschutzverfahren, NZA 2006, 65–71; *Fey*, Richtlinie über Anforderungen der beruflichen Mitarbeit in der Evangelischen Kirche in Deutschland und ihrer Diakonie, AuR 2005, 349–352; *ders.*, Entwurf eines Antidiskriminierungsgesetzes, ZMV 2005, 61–64; *ders.*, Das Allgemeine Gleichbehandlungsgesetz und die kirchengemäße Erfüllung der Arbeitgeberverpflichtungen, ZMV 2007, 277; *Germann/de Wall*, Kirchliche Dienstgemeinschaft und Europarecht, GS Blomeyer, 2004, 549–578; *Grabenwarter*, Die Kirchen in der Europäische Union – am Beispiel von Diskriminierungsverboten in Beschäftigung und Beruf, in: *ders.*, Standpunkte im Kirchen- und Staatskirchenrecht, 2002, 60–78; *Hammer*, Kirchliches Arbeitsrecht, 2002; *Hanau/Thüsing*, Europarecht und kirchliches Arbeitsrecht, 2001; *Heinig*, Art. 13 EGV und die korporative Religionsfreiheit nach dem Grundgesetz, in: Haratsch u. a., Religion und Weltanschauung im säkularen Staat, 2001, 215–254; *Hoevels*, Islam und Arbeitsrecht, 2003; *ders.*, Kopftuch als Kündigungsgrund?, NZA 2003, 701–704; *Joussen*, Die Folgen der europäischen Diskriminierungsverbote für das kirchliche Arbeitsrecht, RdA 2003, 32–39; *ders.*, § 9 AGG und die europäischen Grenzen für das kirchliche Arbeitsrecht, NZA 2008, 675; *Fink-Jamann*, Das Anti-Diskriminierungsrecht und seine Folgen für die kirchliche Dienstgemeinschaft, Diss. Bonn 2007; *Kämper*, Eingetragene Lebenspartnerschaft und kirchlicher Dienst, FS Rüfner, 2003, 401–421; *Kehlen*, Europäische Antidiskriminierung und kirchliches Selbstbestimmungsrecht, 2003; *Kirchhof*, Der unverzichtbare Kern des deutschen Staatskirchenrechts und seine Perspektiven im EU-Gemeinschaftsrecht, in: v. Campenhausen, Deutsches Staatskirchenrecht zwischen Grundgesetz und EU-Gemeinschaft, 2003, S. 147–179; *Kummer*, Umsetzungsanforderungen der neuen arbeitsrechtlichen Antidiskriminierungsrichtlinie (RL 2000/78/EG), 2003; *Lingscheid*, Antidiskriminierung im Arbeitsrecht, 2004; *Link*, Antidiskriminierung und kirchliches Arbeitsrecht, GS Blomeyer, 2004, 675–690; *ders.*, Antidiskriminierung und kirchliches Arbeitsrecht, ZevKR 50 (2005), 403–418; *ders.*, Staat und Kirche im Rahmen des europäischen Einigungsprozesses, ZevKR 42 (1997), 131–154; *Mohr*, Schutz vor Diskriminierungen im Europäischen Arbeitsrecht, 2004; *Müller-Volbehr*, Europa und das Arbeitsrecht der Kirchen, 1999; *Öing*, Loyalitätsbindungen des Arbeitnehmers im Dienst der katholischen Kirche, 2004; *Reichegger*, Die Auswirkungen der Richtlinie 2000/78/EG auf das kirchliche Arbeitsrecht unter Berücksichtigung von Gemeinschaftsgrundrechten als Auslegungsmaxime, 2005; *Reichold*, Europa und das deutsche kirchliche Arbeitsrecht, NZA 2001, 1054–1060; *ders.*, Bedroht das Europäische Recht die Sonderstellung des kirchlichen Arbeitsrechts?, ZMV Sonderheft 2001, 21–28; *Richardi*, Arbeitsrecht in der Kirche, 2003; *Rohe*, Schutz vor Diskriminierung aus religiösen Gründen im Europäischen Arbeitsrecht – Segen oder Fluch?, GS Blomeyer, 2004, 217–244; *Schäfer*, Das kirchliche Arbeitsrecht in der europäischen Integration, Münsterischer Kommentar zum Codex Iuris Canonici, Heft 18 (1997); *Schliemann*, Europa und das deutsche kirchliche Arbeitsrecht, NZA 2003, 407–415; *ders.*, Das kirchliche Arbeitsrecht zwischen Grundgesetz und Gemeinschaftsrecht – Rechtslage und Perspektiven, in: v. Campenhausen, Deutsches Staatskirchenrecht zwischen Grundgesetz und EU-Gemeinschaft, 2003, 113–146; *Schnorr/Wissing*, Vorfeld der Gesetzgebung, ZRP 2002, 423–424; *Seelmann*, Kirchenmitgliedschaft als Voraussetzung kirchlicher Anstellungsverhältnisse, ZevKR 44 (1999), 226–243; *Streinz*, Auswirkungen des Europarechts auf das deutsche Staatskirchenrecht, EssG 31 (1997), 53–105; *Thüsing*, Kirchliches Arbeitsrecht, 2006; *ders.*, Das kirchliche Arbeitsrecht vor neuen Herausforderungen, ZTR 2006, 230–235; *ders.*, Religion und Kirche in einem neuen Antidiskriminierungsrecht, JZ 2004, 172–179; *ders./Fink-Jamann/von Hoff*, Das kirchliche Selbstbestimmungsrecht als Legitimation zur Unterscheidung nach der Religion, ZfA 2009, 153; *Triebel*, Das europäische Religionsrecht am Beispiel der arbeitsrechtlichen Antidiskriminierungsrichtlinie 2000/78/EG, 2005; *ders.*, Loyalitätspflichten im kirchlichen Arbeitsrecht auf dem Prüfstand der Anti-Diskriminierungsrichtlinie der EU, ZMV 2004, 107–110; *von Notz*, Lebensführungspflichten im evangelischen Kirchenrecht, 2002; *v. Tiling*, Kirchlicher Dienst: Neue Rahmenbedingungen für Einstellungen durch das AGG?, ArbRB 2009, 80; *Waldhoff*, Kirchliche Selbstbestimmung und Europarecht, JZ 2003, 978–986; *Weber*, Geltungsbereiche des primären

E. Rechtfertigung einer Benachteiligung

und sekundären Europarechts für die Kirchen, ZevKR 47 (2002), 221–247; *Weiß*, Die Loyalität der Mitarbeiter im kirchlichen Dienst – Zur Festsetzung der Loyalitätsobliegenheiten in der Grundordnung, FS Listl, 1999, 510–542; *Winter*, Das Verhältnis von Staat und Kirche als Ausdruck der kulturellen Identität der Mitgliedstaaten der Europäischen Union, FS Hollerbach, 2001, 893–905.

1. Allgemeines

468 Unabhängig von § 8 AGG ist eine unterschiedliche Behandlung wegen der Religion oder Weltanschauung bei der Beschäftigung durch Religionsgemeinschaften, die ihnen zugeordneten Einrichtungen ohne Rücksicht auf ihre Rechtsform oder und Vereinigungen, die sich die gemeinschaftliche Pflege einer Religion oder Weltanschauung zur Aufgabe machen, gemäß § 9 Abs. 1 AGG auch zulässig, wenn eine bestimmte Religion oder Weltanschauung unter Beachtung des Selbstverständnisses der jeweiligen Religionsgemeinschaft oder Vereinigung im Hinblick auf ihr Selbstbestimmungsrecht oder nach der Art der Tätigkeit eine gerechtfertigte berufliche Anforderung darstellt. Das Verbot unterschiedlicher Behandlung wegen der Religion oder Weltanschauung berührt gemäß § 9 Abs. 2 AGG nicht die nach anderen Rechtsvorschriften bestehende Berechtigung der in § 9 Abs. 1 AGG genannten Religionsgesellschaften oder Weltanschauungsvereinigungen, von ihren Beschäftigten ein loyales und aufrichtiges Verhalten im Sinne ihres jeweiligen Selbstverständnisses verlangen zu können.

469 Die Vorschrift setzt Art. 4 Abs. 2 der Richtlinie 2000/78/EG europarechtskonform um. Die Europäische Kommission sieht hier dennoch ein Umsetzungsdefizit (ausführlich hierzu und warum dies unzutreffend ist: *Thüsing/Fink-Jamann/von Hoff*, ZfA 2009, 153). Grundsätzlich darf wegen der Religionszugehörigkeit nach den §§ 1 AGG und 3 Abs. 1 AGG keine unterschiedliche Behandlung der Beschäftigten erfolgen. Die Richtlinie 2000/78/EG ermöglicht aber den Mitgliedstaaten, bereits geltende Rechtsvorschriften und Gepflogenheiten beizubehalten, wonach eine Ungleichbehandlung wegen der Religion oder Weltanschauung keine Benachteiligung darstellt, wenn die Religion oder Weltanschauung einer Person nach der Art der Tätigkeit oder der Umstände ihrer Ausübung angesichts des Ethos der Organisation eine wesentliche und gerechtfertigte berufliche Anforderung darstellt. Von dieser Möglichkeit wird mit § 9 AGG Gebrauch gemacht. Dies wird auch **durch das deutsche Verfassungsrecht vorgegeben:** Nach Art. 140 GG i. V. m. Art. 136 Abs. 3 WRV steht den Religionsgesellschaften und gemäß Art. 137 Abs. 7 WRV auch den Weltanschauungsgemeinschaften das Recht zu, über Ordnung und Verwaltung ihrer Angelegenheiten selbstständig zu entscheiden. Dies umfasst auch die Berechtigung, die beruflichen Anforderungen für die bei ihnen Beschäftigten zu bestimmen (BT-Drucks. 16/1780, S. 35; grundlegend BVerfG v. 4.6.1985 – 2 BvR 1703/83, 2 BvR 1718/83, 2 BvR 856/84, AP GG Art. 140 Nr. 24; *Bauer/Göpfert/ Krieger*, AGG, § 9 Rnr. 6; Wendeling-Schröder/Stein/*Stein*, AGG, § 9 Rnr. 6).

470 Der Gesetzestext stellt aber in Übereinstimmung mit der Richtlinie klar, dass es sich um eine in Bezug auf die Tätigkeit gerechtfertigte Anforderung handeln muss. Die Regelung in § 9 Abs. 2 AGG ergänzt dabei § 9 Abs. 1 AGG hinsichtlich der Frage, welche Verhaltensanforderungen eine Religions- oder Weltanschauungsgemeinschaft an ihre Mitarbeiter stellen darf. Danach können die Organisationen ein

loyales und aufrichtiges Verhalten von den für sie arbeitenden Personen verlangen. Es obliegt den Kirchen und Weltanschauungsgemeinschaften selbst, dementsprechend verbindliche innere Regelungen zu schaffen (BT-Drucks. 16/1780, S. 35 f.; *Bauer/Göpfert/Krieger*, AGG, § 9 Rnr. 17). Die Frage, welche **arbeitsrechtlichen Folgen ein Verstoß** gegen derartige Verhaltenspflichten haben kann, beurteilen unter Berücksichtigung des Grundsatzes der Verhältnismäßigkeit die Arbeitsgerichte (so – verkürzt – die Rechtsprechung des BVerfG zusammenfassend die Begründung des Regierungsentwurfs BT-Drucks. 16/1780, S. 36). Im Übrigen gelten für berufliche Anforderungen auch bei Religions- und Weltanschauungsgemeinschaften die allgemeinen Regeln des § 8 AGG, s. Rnr. 316. Diese werden jedoch nicht relevant, da § 9 AGG den großzügigeren Maßstab gegenüber § 8 AGG formuliert.

Die Sonderregelung des § 9 AGG gilt nur für **Religionsgemeinschaften und Weltanschauunggsgemeinschaften**. Damit ist der Begriff der Religion und der Weltanschauung Ausgangspunkt zur Beantwortung der Frage, ob eine solche Gemeinschaft vorliegt, s. Rnr. 184. Die Rechtsform und die Rechtsform einer der Religionsgemeinschaft zugeordneten Einrichtung ist für die Anwendbarkeit des § 9 AGG nicht erheblich. Damit folgt der Gesetzgeber anerkannten Maßstäben in der Auslegung zu § 118 BetrVG (s. Rnr. 482). 471

2. Entstehungsgeschichte

§ 9 AGG ist nur verständlich vor dem **Hintergrund der europarechtlichen Vorlage**. Eine generelle Ausnahme für kirchliche Arbeitgeber vom Verbot der Ungleichbehandlung wegen der Religion war ursprünglich für die Anti-Diskriminierungsrichtlinie nicht vorgesehen, sondern einzig eine an die europäische Betriebsräte-Richtlinie angelehnte Tendenzschutzregel, die auch die Kirchen erfassen sollte. In Art. 4 Abs. 2 des Entwurfs hieß es: 472

„Mitgliedstaaten können in Bezug auf öffentliche oder private Organisationen, die in den Bereichen Religion oder des Glaubens im Hinblick auf Erziehung, Berichterstattung und Meinungsäußerung unmittelbar und überwiegend eine bestimmte weltanschauliche Tendenz verfolgen und innerhalb dieser Organisationen hinsichtlich spezieller beruflicher Tätigkeiten, die unmittelbar und überwiegend diesem Zweck dienen, vorsehen, dass eine unterschiedliche Behandlung dann keine Diskriminierung darstellt, wenn sie durch ein bestimmtes Merkmal begründet ist, das mit der Religion oder dem Glauben zusammenhängt und wenn auf Grund der Eigenschaft dieser Tätigkeiten, dieses bestimmte Merkmal eine wesentliche berufliche Anforderung darstellt." (Vorschlag für eine Richtlinie des Rates zur Festlegung eines allgemeinen Rahmens für die Verwirklichung der Gleichbehandlung in Beschäftigung und Beruf [KOM (99) 564 endg.], abgedruckt auch in RdA 2000, 115 ff.).

Diese Tendenzklausel war ein Schritt in die richtige Richtung, blieb jedoch deutlich hinter dem Erforderlichen zurück. Hier wurde nur ein begrenzter Teilaspekt des kirchlichen Wirkens aus dem Anwendungsbereich der Richtlinie herausgenommen, ein sehr viel größerer blieb einbezogen. Dies erschien willkürlich nicht nur aus der Perspektive der Kirchen, die zwischen „Erziehung, Berichterstattung und Meinungsäußerung" und übrigem Dienst nicht unterscheiden, die Dienstgemeinschaft vielmehr umfassend verstehen und einen Arzt im kirchlichen Krankenhaus an den gleichen Maßstäben messen wie einen Lehrer in kirchlichen Schulen. Dies erkannte auch der europäische Gesetzgeber und ist diesen Bedenken im weiteren 473

E. Rechtfertigung einer Benachteiligung

Verfahren gefolgt, weshalb es zur einschränkungslosen Freistellung in der endgültigen Fassung der Richtlinie in Art. 4 Abs. 2 gekommen ist (s. die Nachweise zur Entstehungsgeschichte bei *Kehlen*, Europäische Antidiskriminierung und kirchliches Selbstbestimmungsrecht, S. 181–184). Der europäische Gesetzgeber folgt damit seinen eigenen Grundlagen. Die Europäische Union hat in Art. 17 AEUV (vorher bereits in ihrer Erklärung Nr. 11 zum Vertrag von Amsterdam) ausdrücklich anerkannt, dass sie den Status, den Kirchen und religiöse Vereinigungen oder Gemeinschaften in den Mitgliedstaaten nach deren Rechtsvorschriften genießen, achtet und ihn nicht beeinträchtigt, und dass dies in gleicher Weise für den Status von weltanschaulichen Gemeinschaften gilt. Diesem Ziel dient die partielle Herausnahme aus den Antidiskriminierungsregeln, wie die Bezugnahme in Abschnitt 24 der Präambel zur Richtlinie 2000/78/EG verdeutlicht.

474 Auch die Entstehungsgeschichte des § 9 AGG ist geprägt von einer zunächst eher restriktiven Umsetzung hin zu einer am Selbstverständnis der Kirchen ausgerichteten Regelung. So hieß es noch in der ursprünglichen Fassung des Gesetzesentwurfs:

„§ 9 Antidiskriminierungsgesetz – ADG: Zulässige unterschiedliche Behandlung wegen der Religion oder Weltanschauung
(1) Ungeachtet des § 8 ist eine unterschiedliche Behandlung wegen der Religion oder Weltanschauung bei der Beschäftigung durch Religionsgesellschaften und Vereinigungen, die sich die gemeinschaftliche Pflege einer Weltanschauung zur Aufgabe machen, auch zulässig, wenn eine bestimmte Religion oder Weltanschauung angesichts des Selbstverständnisses der jeweiligen Religionsgesellschaft oder Weltanschauungsvereinigung nach der Art der bestimmten beruflichen Tätigkeit oder der Bedingungen ihrer Ausübung eine wesentliche, rechtmäßige und gerechtfertigte berufliche Anforderung darstellt.
(2) Das Verbot unterschiedlicher Behandlung wegen der Religion oder Weltanschauung berührt nicht die nach anderen Rechtsvorschriften bestehende Berechtigung der in Absatz 1 genannten Religionsgesellschaften oder Weltanschauungsvereinigungen, von ihren Beschäftigten ein loyales und aufrichtiges Verhalten im Sinne ihres jeweiligen Selbstverständnisses verlangen zu können." (BT-Drucks. 15/4538, S. 6).

475 Die Klausel schöpfte den Rahmen des Möglichen noch nicht aus und blieb unklar in der Reichweite des den Kirchen eingeräumten Freiraumes. Insbesondere war sie im Hinblick auf die bislang gängige – und nach ganz herrschender Meinung im Schrifttum (statt aller *Richardi*, Arbeitsrecht in der Kirche, 2009, S. 79 ff. m.w.N.) und vielfach bestätigter Rechtsprechung (zur umfangreichen Rechtsprechung vgl. *Thüsing*, Kirchliches Arbeitsrecht, 2006, S. 254 ff.) zulässige – Praxis der Kirchen, bei der Einstellung ihrer Mitarbeiter bevorzugt auf Bewerber der eigenen Konfession zurückzugreifen, bedenklich. Zumindest dort, wo Tätigkeiten nicht nur von Angehörigen der eigenen Konfession wahrgenommen werden, sondern auch – und sei es nur in Ermangelung geeigneter Bewerber mit einer der Kirche entsprechenden Glaubensüberzeugung – von Andersgläubigen verrichtet werden, wäre diese Vorgehensweise in Zukunft fraglich geworden; denn die Voraussetzung des übereinstimmenden Bekenntnisses kann in dieser Konstellation nicht mehr als „wesentlich" im Sinne des Gesetzes erachtet werden, sonst wäre ja nicht auf sie verzichtet worden.

476 Zu Recht besserte der Gesetzgeber daher nach. In der überarbeiteten Entwurfsfassung, die im Januar 2006 erneut von der Fraktion Bündnis 90/Die Grünen in den Bundestag eingebracht wurde (BT-Drucks. 16/297, S. 6) hieß es wie folgt:

VI. Benachteiligung wegen der Religion durch kirchliche Arbeitgeber

„(1) Ungeachtet des § 8 ist eine unterschiedliche Behandlung wegen der Religion oder Weltanschauung bei der Beschäftigung durch Religionsgemeinschaften, die ihnen zugeordneten Einrichtungen ohne Rücksicht auf ihre Rechtsform oder durch Vereinigungen, die sich die gemeinschaftliche Pflege einer Religion oder Weltanschauung zur Aufgabe machen, auch zulässig, wenn eine bestimmte Religion oder Weltanschauung unter Beachtung des Selbstverständnisses der jeweiligen Religionsgemeinschaft oder Vereinigung nach der Art der Tätigkeit eine gerechtfertigte berufliche Anforderung darstellt.

(2) Das Verbot unterschiedlicher Behandlung wegen der Religion oder der Weltanschauung berührt nicht das Recht der in Absatz 1 genannten Religionsgemeinschaften, der ihnen zugeordneten Einrichtungen ohne Rücksicht auf ihre Rechtsform oder der Vereinigungen, die sich die gemeinschaftliche Pflege einer Religion oder Weltanschauung zur Aufgabe machen, von ihren Beschäftigten ein loyales und aufrichtiges Verhalten im Sinne ihres jeweiligen Selbstverständnisses verlangen zu können." (BT-Drucks. 15/5717, S. 8 und BT-Drucks. 16/297, S. 6).

Im Vergleich zu der vorangegangenen Entwurfsfassung war der Maßstab der Rechtfertigung nun um einige Pegelstriche großzügiger, insbesondere auch im Hinblick auf die Ausweitung der Freistellung auf jede der Kirche zugeordnete Einrichtung ohne Rücksicht auf ihre Rechtsform, wodurch auch karitative und diakonische Einrichtungen in den Anwendungsbereich miteinbezogen wurden, s. ausführlich Rnr. 482. Allerdings blieb maßgebliches Kriterium einer möglichen Ungleichbehandlung aus Gründen der Religion immer noch die *Art der Tätigkeit*, was weiterhin eine Differenzierung nach den verschiedenen Arbeitnehmergruppen erforderlich gemacht hätte. Dieser in älterer Rechtsprechung des BAG versuchten Unterscheidung hat das BVerfG in seiner Grundsatzentscheidung aus dem Jahre 1985 jedoch eine klare Absage erteilt, denn auch hierbei handelt es sich um eine Vorgabe der Kirchen, nicht des weltlichen Arbeitsrechts (BVerfG v. 4.6.1985 – 2 BvR 1703/83, 2 BvR 1718/83, 2 BvR 856/84, AP GG Art 140 Nr. 24; Schleusener/Suckow/Voigt/*Voigt*, AGG, § 9 Rnr. 29). Der letztlich vom Bundestag am 29.6.2006 verabschiedete Gesetzesentwurf nimmt in Abs. 1 explizit auf das Selbstbestimmungsrecht der Religionsgemeinschaften Bezug. Damit hat der Gesetzgeber eine Regelung geschaffen, die den europarechtlichen Rahmen so weit wie möglich ausnutzt und der verfassungsrechtlichen Sonderstellung der Religionsgemeinschaften hinreichend Rechnung trägt, s. hierzu auch Rnr. 468 ff. 477

3. Rechtfertigungsmaßstab des § 9 AGG

Eine Benachteiligung wegen der Religion ist zulässig, wenn diese unter Beachtung des Selbstverständnisses der jeweiligen Religionsgemeinschaft oder Vereinigung im Hinblick auf ihr Selbstbestimmungsrecht oder nach der Art der Tätigkeit eine gerechtfertigte berufliche Anforderung darstellt. Mit der gegenüber dem Maßstab des § 8 Abs. 1 AGG unterschiedlichen Wortwahl wollte man eine Abschwächung in der Rechtfertigung für die Kirchen erreichen. **Nicht alles was gerechtfertigt ist, muss also auch „entscheidend" sein** (s. auch *Kehlen*, Europäische Antidiskriminierung und kirchliches Selbstbestimmungsrecht, S. 183; *Bauer/Göpfert/Krieger*, AGG, § 9 Rnr. 13). 478

Für die **Konkretisierung der Rechtfertigung nach § 9 Abs. 1 AGG** gilt damit grundsätzlich das zu § 8 Abs. 1 AGG Gesagte, s. Rnr. 317. Was danach an Differenzierungen zulässig ist, ist es auch nach § 9 AGG. § 9 Abs. 1 AGG ist damit 479 nicht überflüssig, denn er erlaubt Rechtfertigungen im größeren Ausmaß: „Entscheidend" i. S. einer Unterscheidung zwischen geeignet und gänzlich ungeeignet für eine Aufgabe muss die Religion nach § 9 AGG eben nicht sein. Sie muss nur rechtmäßig sein; wann dem aber so ist, das geben die Kirchen vor. Man wird § 9 Abs. 1 AGG vor allem im Zusammenhang mit Abs. 2 sehen müssen: § 9 AGG will – ebenso wie sein Vorbild Art. 4 Abs. 2 Richtlinie 2000/78/EG – seinen *Telos* nach die Freiheit der Kirchen gegenüber den allgemeinen Regeln erweitern. Differenzierungen, die schon nach den allgemeinen Regeln zulässig sind, bleiben es ungeachtet dieser Sondervorschrift, jedoch können ansonsten unzulässige Differenzierungen durch diese Norm gerechtfertigt sein. Dies nun ist die entscheidende Aussage des Abs. 2: Das Recht, Loyalität und Aufrichtigkeit im Sinne des jeweiligen Selbstverständnisses zu verlangen, ist zu akzeptieren. Hierdurch ist klargestellt, dass die besondere Zielrichtung des kirchlichen Dienstes Rechtfertigung der Ungleichbehandlung sein kann. Das ist beim bloßen Tendenzschutz nicht immer der Fall, auch wenn die Rechtsprechung hier im Bezug auf die Geschlechterdiskriminierung zuweilen allzu großzügig war, s. Rnr. 334. Hier mag eine an den Grundrechten orientierte Argumentation im Einzelfall zu erlaubten Ungleichbehandlungen führen; dieser Gewichtung und Abwägung *in concreto* ist der kirchliche Arbeitgeber im Bezug auf das Verbot der Benachteiligung wegen der Religion jedoch enthoben. Seine Vorgaben zur Loyalität seiner Mitarbeiter sind verbindliches Datum. Dementsprechend wiederholt die Gesetzesbegründung die einschlägige Rechtsprechung des BVerfG: „Dieses Recht umfasst grundsätzlich auch die Berechtigung, die Religion oder Weltanschauung als berufliche Anforderung für die bei ihnen Beschäftigten zu bestimmen." (BT-Drucks. 16/1780, S. 35).

480   Dieser Maßstab muss auch dort gelten, wo Tätigkeiten ausgeübt werden, die keine Nähe zum Verkündigungsauftrag der Kirche haben. Abzulehnen ist es, nur **gestufte Loyalitätspflichten** im kirchlichen Dienst als europarechtlich und diskriminierungsrechtlich zulässig anzuerkennen (in diese Richtung u. a. *Bauer/Göpfert/Krieger*, AGG, § 9 Rnr. 14; Wendeling-Schröder/Stein/*Stein*, AGG, § 9 Rnr. 36 ff.; *Link*, GS Blomeyer, 2004, S. 685; *Kehlen,* Europäische Antidiskriminierung und kirchliches Selbstbestimmungsrecht, 2003, S. 191 ff.; so auch das erste Urteil zu dieser Frage (ArbG Hamburg v. 4. 12. 2007 – 20 Ca 105/07, ArbuR 2008, 109), das aber von den Folgeinstanzen, allerdings aus anderen Gründen, aufgehoben wurde, sodass eine gerichtliche Entscheidung der Frage noch aussteht). Dies kann aus dem Rechtfertigungskriterium des § 9 Abs. 1 AGG nicht herausgelesen werden, denn welche Loyalitätsanforderungen gerechtfertigt für den kirchlichen Dienst sind, das entscheiden – in Einklang mit ihrem verfassungsrechtlich garantierten Selbstbestimmungsrecht – weiterhin die Kirchen, nicht der weltliche Richter. Eine Unterscheidung nach der Religion ist damit im Ergebnis immer möglich, wenn sie durch die Lehre und den Auftrag der Kirche vorgegeben ist. Eben deshalb verweist der Text des Gesetzes auf das Selbstverständnis der Kirchen. Beschränkt eine innerkirchliche Richtlinie das Erfordernis der Religionszugehörigkeit dagegen selbst auf bestimmte Arbeitnehmergruppen, muss sich die Kirche auch hieran messen lassen (ArbG Hamburg v. 28. 8. 2009 – 11 Ca 121/09 (juris). Ausführlich *Thüsing/Fink-Jamann/v. Hoff*, ZfA 2009, 153)

481   Wenn ein kirchlicher Träger für die gleiche Position Mitarbeiter nicht-christlichen Glaubens einstellt, kann dies ihm die Möglichkeit abschneiden, sich darauf

VI. Benachteiligung wegen der Religion durch kirchliche Arbeitgeber

zu berufen, der christliche Glauben sei eine wesentliche berufliche Anforderung – denn so wesentlich kann der christliche Glaube oder eine spezifische Konfession ja nicht sein, wenn im Einzelfall oder breitflächig auf dieses Erfordernis verzichtet wird (Wendeling-Schröder/Stein/*Stein*, AGG, § 9 Rnr. 39). Dennoch kann eine **bevorzugte Einstellung von Arbeitnehmern des eigenen Bekenntnisses** weiterhin möglich sein, denn gerechtfertigt in Anbetracht des Selbstverständnis bleibt sie allemal. Das Recht nach der Religion zu unterscheiden führt nicht zu einer Pflicht zur Unterscheidung. Das Erfordernis bestimmter Konfessionalität braucht nicht einheitlich in Ansehung aller Arbeitsplätze bestimmt zu werden, sondern kann in verschiedenen Situationen unterschiedlich ausfallen. So kann es für die religiöse Prägung der Einrichtung erforderlich sein, dass alle Krankenpfleger katholisch sind, für die fachgerechte Pflege kann es erforderlich sein, dass genug qualifizierte Pfleger vorhanden sind. Wenn beides nicht geht – was insbesondere in Gebieten der Diaspora in den neuen Bundesländern der Fall sein kann – dann muss es dem kirchlichen Arbeitgeber freistehen, zwischen den verschiedenen Notwendigkeiten abzuwägen, und sich ggf. für die Einstellung eines ungetauften Bewerbers zu entscheiden, weil ein qualifizierter Christ nicht vorhanden ist. Bei der Besetzung der nächsten Stelle kann er jedoch wieder auf die Konfession abstellen. Voraussetzung ist allein, dass er dort, wo er Angehörige fremder Bekenntnisse einstellt, zuvor erfolglos versucht hat, einen qualifizierten Angehörigen des eigenen Bekenntnisses zu finden. Gerade in der dargelegten erweiterten Möglichkeit der Differenzierung liegt der Unterschied zwischen § 8 Abs. 1 AGG und § 9 Abs. 1 AGG: Entscheidend muss die Religion des Arbeitnehmers nicht sein, dass die Kirchen nach ihr unterscheiden dürfen. Damit bleibt es im Ergebnis bei der bisher praktizierten und von der Rechtsprechung akzeptierten Auswahl. Die **Vorgaben der Grundordnung und der Loyalitätsrichtlinie der EKD sind damit europarechtskonform und vom AGG gebilligt** (ausführlicher *Thüsing*, Kirchliches Arbeitsrecht, 2006, S. 100 ff.; s. auch HWK-*Thüsing*, Vor § 611 BGB Rnr. 128).

4. Beschäftigung durch eine Religions- oder Weltanschauungsgemeinschaft

§ 9 AGG gilt nur für die Beschäftigung durch Religions- und Weltanschauungsgemeinschaften, sowie die ihnen zugeordneten Einrichtungen ohne Rücksicht auf ihre Rechtsform (Schleusener/Suckow/Voigt/*Voigt*, AGG, § 9 Rnr. 11; *Schliemann*, NZA 2003, 407, 411). Nur sie können ungeachtet des Diskriminierungsschutzes von ihren Beschäftigten ein loyales und aufrichtiges Verhalten im Sinne ihres jeweiligen Selbstverständnisses verlangen. Diese zugeordneten Einrichtungen können den **Einrichtungen von Religionsgemeinschaften i. S. d. § 118 Abs. 2 BetrVG, § 1 Abs. 3 Nr. 2 SprAuG, § 112 BPersVG, § 1 Abs. 4 Satz 2 MitbestG** gleichgesetzt werden. Auch diese nehmen an der Verfassungsgarantie des Art. 140 GG i. V. m. Art. 137 Abs. 3 WRV teil, und auch diese werden von § 9 AGG erfasst sein. Hierfür spricht auch Art. 4 Abs. 2 S. 3 der Richtlinie 2000/78/EG, der ausdrücklich auf das nationale Verfassungsrecht Bezug nimmt (ausführlicher *Thüsing*, JZ 2004, 172). Dementsprechend stellt die Gesetzesbegründung ausdrücklich fest: § 9 AGG „gilt aber auch für andere selbstständige oder unselbstständige Vereinigungen, wenn und soweit ihr Zweck die Pflege oder Förderung eines religiösen Bekennt-

482

E. Rechtfertigung einer Benachteiligung

nisses oder die Verkündung des Glaubens ihrer Mitglieder ist. Maßstab für das Vorliegen dieser Voraussetzungen kann das Ausmaß der institutionellen Verbindung mit einer Religionsgemeinschaft oder die Art der mit der Vereinigung verfolgten Ziele sein." (BT-Drucks. 5/4538, S. 33 unter Hinweis auf BVerfG v. 16.10.1968 – 1 BvR 241/66, BVerfGE 24, 236, 246 f. sowie BVerfG v. 11.10.1977 – 2 BvR 209/76, BVerfGE 46,73, 85 ff. und BVerfG v. 4.6.1986 – 2 BvR 1703/83, 2 BvR 1718/83, 2 BvR 856/84, BVerfGE 70, 138 bis 173; ebenso auch BT-Drucks. 16/1780, S. 35; *Bauer/Göpfert/Krieger*, AGG, § 9 Rnr. 10; Schleusener/Suckow/Voigt/*Voigt*, AGG, § 9 Rnr. 21).

483 Die genannten Normen benennen einheitlich **zwei Kriterien zur Ausnahme aus der Mitbestimmung:** Es muss sich um eine Einrichtung einer Religionsgemeinschaft handeln und diese muss einem erzieherischen oder karitativen Zweck dienen. Gemäß dem eindeutigen Wortlaut ist daher nicht ausreichend die bloße organisatorische Zuordnung zur Kirche einerseits und auch nicht die inhaltliche Übereinstimmung zwischen Einrichtung und Religionsgemeinschaft andererseits (so aber *Rüthers,* Anmerkung zu BVerfG v. 11.10.1977 – 2 BvR 209/76, EZA Nr. 15 zu § 118 BetrVG 1972; a. A. GK-BetrVG/*Weber*, § 118 Rnr. 224). Beides gilt auch im Hinblick auf § 9 AGG; beide Kriterien bedürfen der Erläuterung:

484 Zur Feststellung der **hinreichenden Zuordnung** hat die Rechtsprechung nach einigem Schwanken praxistaugliche Kriterien benannt, die den Wortlaut der dargestellten Normen hilfreich konkretisieren. Sie lässt es zur hinreichenden Zuordnung zur Religionsgemeinschaft genügen, dass die Gemeinschaft nach ihrem Selbstverständnis die Einrichtung als ihre begreift (BAG v. 6.12.1977 – 1 ABR 28/77, AP BetrVG 1972 § 118 Nr. 10 *[Volmarstein]*), und stellt zusätzlich darauf ab, ob ein (nicht notwendig satzungsmäßig abgesicherter) ordnender und verwaltender Einfluss der Kirche gegeben ist (BAG v. 14.4.1988 – 6 ABR 36/86, AP BetrVG 1972 § 118 Nr. 36 und BAG v. 30.4.1997 – 7 ABR 60/95, AP BetrVG 1972 § 118 Nr. 60).

485 Missverständlich ist freilich das zweite Kriterium, nach dem kirchliche Einrichtungen den Besonderheiten des kirchlichen Arbeitsrechts unterfallen sollen: **die Verfolgung eines karitativen oder erzieherischen Zweckes.** Der hiermit von der Rechtsprechung benannte Bereich ist durchaus weit zu verstehen und nur die Betriebe und Unternehmen sind auszuklammern, bei denen rein wirtschaftliche Zwecke mit der durch die Kirche gehaltene Einrichtung verfolgt werden (s. auch *Fink-Jamann*, Das Antidiskriminierungsrecht und seine Folgen für die kirchliche Dienstgemeinschaft, 2008, S. 301). *Richardi* nennt hier das Beispiel der Bierbrauerei in der Rechtsform einer GmbH, deren Geschäftsanteile einer Kirche gehören (*Richardi*, Arbeitsrecht in der Kirche, 2009, § 3 Rnr. 12, S. 40. Ebenso bereits *Hueck/Nipperdey*, Arbeitsrecht II, 1959, S. 705: „Das Landgut oder die Brauerei einer Kirchengemeinde oder eines Ordens fällt daher ... unter das Gesetz [d. h. das BetrVG]."). Die Grundlage dieses weiten Verständnisses liegt in den verfassungsrechtlichen Rahmenbedingungen: Karitative Bestimmungen kirchlicher Einrichtungen können nicht ohne die Freiheitsrechte der Kirchen definiert werden, stellte das BAG zu Recht fest (BAG v. 23.10.2002 – 7 ABR 59/01, EzA Nr. 1 zu § 118 BetrVG 2001. Bei dem Begriff „erzieherisch" sieht die Rechtsprechung jedoch – ohne jegliche Begründung – keinen Unterschied zwischen § 118 Abs. 1 BetrVG und § 118 Abs. 2 BetrVG: BAG v. 14.4.1988 – 6 ABR 36/86, AP BetrVG

§ 118 Nr. 36 unter Rückgriff auf GK-BetrVG/*Fabricius*, § 118 Rnr. 773). Die kirchliche Dienstgemeinschaft fordert eine eigenständige Regelung der Mitarbeitervertretung; diese Gemeinschaft besteht aber nicht allein bei Einrichtungen mit karitativen oder religiösen Zwecksetzungen. Entscheidend ist, ob die Einrichtung einen spezifisch kirchlichen Zweck verfolgt, ob die Kirche hiermit ihren Auftrag in der Zeit erfüllen will (s. auch *Fink-Jamann*, Das Antidiskriminierungsrecht und seine Folgen für die kirchliche Dienstgemeinschaft, 2008, S. 301). Die Rechtsprechung folgt dem ohne Abstriche: „Eine Stiftung des privaten Rechts ist eine karitative Einrichtung einer Religionsgemeinschaft im Sinne von § 118 Abs. 2 BetrVG, wenn die von ihr wahrzunehmenden Aufgaben sich als Wesens- und Lebensäußerung der Kirche darstellen" formulierte das BAG (BAG v. 6. 12. 1977 – 1 ABR 28/77, AP BetrVG § 118 Nr. 10; bestätigt von BAG v. 23. 10. 2002 – 7 ABR 59/01, EzA Nr. 1 zu § 118 BetrVG 2001; vgl. auch Richardi/*Thüsing*, BetrVG, § 118 Rnr. 181 ff.; ähnlich *Rüthers*, Anm. zu BVerfG v. 11. 10. 1977 – 2 BvR 209/76, EzA Nr. 15 zu § 118 BetrVG 1972). Dies gilt übertragen auch für § 9 AGG. Entscheidend ist damit allein, ob die Einrichtung den religiösen Auftrag selbst verwirklicht, oder ob sie lediglich der Mittelbeschaffung hierzu dient (zu eng daher ArbG Hamburg v. 10. 4. 2006 – 21 BV 10/05, AuR 2006, 213; s. auch Wendeling-Schröder/Stein/*Stein*, AGG, § 9 Rnr. 18). Da kirchliche Versorgungswerke dazu dienen, den für den religiösen Auftrag erforderlichen Personalbestand zu erhalten, sind auch sie von § 9 AGG erfasst. Das gilt etwa für die evangelische Zusatzversorgungskasse (unzutreffend somit LAG Hessen v. 8. 7. 2011 – 3 Sa 742/11).

5. Religiöse Tendenzbetriebe

Auch **Vereinigungen, die sich die gemeinschaftliche Pflege einer Religion oder Weltanschauung zur Aufgabe machen,** können sich auf den besonderen Rechtfertigungsmaßstab des § 9 berufen. Der Begriff greift über den der Weltanschauungsgemeinschaft als dem Pendant zur Religionsgemeinschaft hinaus und erfasst auch Tendenzbetriebe, die nicht in einer organisatorischen Einbindung zur Religionsgemeinschaft stehen. Allerdings ist auch hier Voraussetzung, dass Ziel die gemeinschaftliche Pflege einer Religion sein muss. Dieser Begriff war im deutschen Staatskirchenrecht bislang allein auf die Religion bezogen. Die gemeinschaftliche Pflege setzt voraus, dass es sich um eine Vereinigung handelt, die auf die Religion hin ausgerichtet ist, ihr Ziel die Verkündigung oder karitative religiöse Tätigkeit ist. Eine religiös homogene Vereinigung selbst ist noch keine solche Gemeinschaft. Erfasst von § 9 werden daher Kolpingvereine – soweit man sie nicht bereits als Einrichtung der katholischen Kirche begreift –, nicht aber katholische Studentenverbindungen (ausführlich und mit weiteren Bsp. *Fink-Jamann*, Das Antidiskriminierungsrecht und seine Folgen für die kirchliche Dienstgemeinschaft, 2008, S. 305).

6. Loyalitätspflichten der Beschäftigten

Nach § 9 Abs. 2 AGG berührt das Verbot der unterschiedlichen Benachteiligung wegen der Religion und der Weltanschauung nicht das Recht der Religionsgemeinschaften, der ihnen zugeordneten Einrichtungen ohne Rücksicht auf ihre

486

487

E. Rechtfertigung einer Benachteiligung

Rechtsform oder der Vereinigungen, die sich die gemeinschaftliche Pflege einer Religion oder einer Weltanschauung zur Aufgabe machen, von ihren Beschäftigten ein loyales und aufrichtiges Verhalten im Sinne ihres jeweiligen Selbstverständnisses erwarten zu können. Diese Loyalitätspflichten der kirchlichen Beschäftigten sind für die katholische Kirche in der Ende 1993 verabschiedeten **„Grundordnung des kirchlichen Dienstes im Rahmen kirchlicher Arbeitsverhältnisse"** geregelt. Hier finden sich Bestimmungen sowohl zu den Loyalitätspflichten der verschiedenen Mitarbeiter als auch zu möglichen Sanktionen (abgedruckt im Mitteilungsteil von NJW 1994, Heft 21 sowie in *Thüsing*, Kirchliches Arbeitsrecht, 2006, S. 301 ff.; s. hierzu auch *Dütz*, NJW 1993, 1369; ausführlich *Richardi*, Arbeitsrecht in der Kirche, 2009, S. 88 ff.). Katholisch muss sein, wer als Arbeitnehmer pastorale, katechetische, erzieherische oder leitende Aufgaben übernehmen soll. Wer sich kirchenfeindlich betätigt oder aus der katholischen Kirche ausgetreten ist, wird nicht eingestellt und muss gekündigt werden. Für die Beschäftigten gelten unterschiedliche Anforderungen je nach Nähe zur katholischen Kirche. Kirchenmitglieder sollen den katholischen Glauben und die katholische Sittenlehre anerkennen und sie in ihrer ganzen Lebensführung bezeugen. Von nichtkatholischen, christlichen Mitarbeitern wird erwartet, dass sie den christlichen Glauben bezeugen und von konfessionslosen Beschäftigten, dass sie ihre Aufgaben im Sinne der Kirche erfüllen. Sanktionen können vom ermahnenden Gespräch bis zur außerordentlichen Kündigung reichen. Den Dienstgebern ist auferlegt, sich eine Kündigung nicht leicht zu machen. Insbesondere sollen sie prüfen, ob jemand die Lehre der Kirche bekämpft oder sie grundsätzlich anerkennt, aber persönlich versagt. Die Zahl der Kündigungen wegen Illoyalität ist nach einhelliger Einschätzung der Deutschen Bischofskonferenz, der EKD und der Gewerkschaften im katholischen und im evangelischen Bereich sehr gering. Zur Bestimmung der Loyalitätspflichten im Dienst der evangelischen Kirche dient die **Loyalitätsrichtlinie für privatrechtliche berufliche Mitarbeit in EKD und Diakonie**. Ihr Aufbau entspricht dem des katholischen Vorbildes (abgedruckt in *Thüsing*, Kirchliches Arbeitsrecht, 2006, S. 312 ff.; s. hierzu auch *Haspel*, epd- Dokumentation 2004/35, 4 ff.).

488 Im aufgezeigten Rahmen darf der kirchliche Arbeitgeber also seine Beschäftigten nach der Religion auswählen und sie etwa im Falle des Kirchenaustritts kündigen (s. BAG v. 4. 3. 1980 – 1 AZR 1151/78, AP GG Art. 140 Nr. 4; LAG Rheinland-Pfalz v. 9. 1. 1997 – 11 Sa 428/96, RDG 2008, 232; siehe auch die Beispiele bei *Bauer/Göpfert/Krieger*, AGG, § 9 Rnr. 17). Der nationale Gesetzgeber nimmt die Kirchen jedoch allein vom Verbot der Diskriminierung wegen der Religion aus. Außer acht bleibt § 4 Abs. 2 Unterabs. 2 Richtlinie 2000/78/EG, wonach die Kirchen und andere öffentliche oder private Organisationen, deren Ethos auf religiösen Grundsätzen oder Weltanschauungen beruht, im Einklang mit den einzelstaatlichen verfassungsrechtlichen Bestimmungen und Rechtsvorschriften von den für sie arbeitenden Personen verlangen können, dass sie sich loyal und aufrichtig im Sinne des Ethos der Organisation verhalten. Diese Exemption greift über das Verbot der Diskriminierung wegen der Religion hinaus auf jedes Diskriminierungsverbot: **Nicht nur eine Erlaubnis zur Unterscheidung nach der Religion des Arbeitnehmers, sondern eine Erlaubnis zur Unterscheidung wegen der Religion des Arbeitgebers.** Mit anderen Worten: Die Sonderstellung der Kirche bezieht sich nicht allein auf eine Benachteiligung wegen der Religion,

VI. Benachteiligung wegen der Religion durch kirchliche Arbeitgeber

sondern fußt in der Religion der Kirche, die in einem Konflikt auch zu einem nicht-religiösen Verhalten des Arbeitnehmers stehen kann. Bedeutsam wird die Unterscheidung etwa bei der Zurückweisung homosexueller Praktiken durch die katholische Kirche und dem daraus resultierenden Beschluss der deutschen Bischofskonferenz, s. sogleich Rnr. 491. Sie ist europarechtlich weiterhin zulässig, nicht aber nach dem Wortlaut des § 9 AGG. Dies verkürzt den Freiheitsraum der Kirchen unangemessen, es verfehlt den Zweck der Richtlinie – und es scheint auch verfassungswidrig:

Das **BVerfG** führte aus, dass es „grundsätzlich den verfassten Kirchen überlassen [ist], verbindlich zu bestimmen, was ‚die Glaubwürdigkeit der Kirche und ihrer Verkündigung erfordert', was ‚spezifisch kircheneigene Aufgaben' sind, was ‚Nähe' zu ihnen bedeutet, welches die ‚wesentlichen Grundsätze der Glaubens- und Sittenlehre' sind und was als – gegebenenfalls schwerer – Verstoß gegen diese anzusehen ist" (BVerfG v. 4.6.1985 – 2 BvR 1703/83, 2 BvR 1718/83, 2 BvR 856/84, BVerfGE 70, 138, 168). Denn zu all dem bedarf es des *sentire cum ecclesia*; das kann von einem weltlichen Gericht nicht verlangt werden. Die Autonomie und die aus ihr resultierenden kirchlichen Vorgaben dürfen sich allerdings nicht in Widerspruch zu den Grundprinzipien der Rechtsordnung stellen, wie das allgemeine Willkürverbot, die Wahrung der guten Sitten und den *ordre public* (BVerfG v. 4.6.1985 – 2 BvR 1703/832, 2 BvR 1718/83, 2 BvR 856/84, BVerfGE 70, 138, 168; Schleusener/Suckow/Voigt/*Voigt*, AGG, § 9 Rnr. 41 fordern bei Kündigungsschutzprozessen, dass das Prinzip der Verhältnismäßigkeit bei einer Pflichtverletzung nach dem Selbstverständnis der Religionsgemeinschaft beachtet wird; s. auch *Schliemann*, NZA 2003, 407). Betrachtet man diesen Rahmen, wird schnell deutlich, dass eine Einschränkung, die dem kirchlichen Arbeitgeber eine Unterscheidung nach der homosexuellen Praxis verbieten würde, weit über das hinausgehen würde, was das kirchliche Selbstbestimmungsrecht erlaubt: hier würde der Kern des kirchlichen Dienstes betroffen. Die Kirche muss grundlegende Zuwiderhandlungen ihrer Dienstnehmer gegen ihre Lehre nicht hinnehmen; der Mitarbeiter würde durch das Wie seines Handelns seinen Sinn in Frage stellen. Die aufgezeigte Kontrolltrias macht dies deutlich. Niemand – oder doch niemand, der sich innerhalb der Grenzen des wissenschaftlichen Diskurses bewegen will – wird behaupten, die Kündigung Verpartneter widerspreche dem Anstandsgefühl aller billig und gerecht Denkenden, vergleichbar dem Bordellkauf, dem Glücksspiel, der Bestechung.

489

Eine **verfassungskonforme weite Auslegung ist daher geboten,** und wie dargestellt auch europarechtlich zulässig: Das kirchliche Selbstbestimmungsrecht muss auch Unterscheidungen rechtfertigen, die eine Nähe zu anderen Diskriminierungsmerkmalen haben (im Ergebnis ebenso *Joussen*, RdA 2003, 32). Diese Sichtweise wird bestätigt durch die amerikanische Rechtsprechung. Im Verfahren *Vigars v. Valley Christian Centre* (805 F. Supp. 802 [Northern Distr. California 1992]) war zu entscheiden, ob die Entlassung einer Pfarrbibliothekarin, die von einem anderen Mann als ihrem Ehemann schwanger wurde, als unzulässige Geschlechtsdiskriminierung anzusehen ist. Für den Fall, dass eine Kündigung wegen Schwangerschaft nur ein Unterfall der Kündigung wegen eines Handelns im Widerspruch zu den Maßstäben der Kirche ist, entschied sich das Gericht eingehend begründet gegen eine Diskriminierung wegen der Schwangerschaft und fand damit Zustimmung in

490

E. Rechtfertigung einer Benachteiligung

der Literatur (s. *Lewis/Norman*, Employment Discrimination Law and Practice, 2004, S. 34; ebenso Cline v. Catholic Diocese of Toledo, 206 F.3 d 651 [6th. Cir. 2000]). Dies kann auf die vorliegende Frage eins zu eins übertragen werden. Das bisherige Verständnis des Diskriminierungsrechts spricht nachhaltig dafür: Auch der sich aus dem kirchlichem Selbstverständnis ergebende Ausschluss der Frau vom Priesteramt (s. can. 1024 CIC: „Sacram ordinationem valide recipit solus vir baptizatus") ist allgemein als unverzichtbare Voraussetzungen anerkannt (s. Rnr. 337; s. auch *Link*, GS Blomeyer, 2004, S. 682; *Waldhoff*, JZ 2003, 978; richtigerweise wird man wohl bereits die Anwendbarkeit der Diskriminierungsrichtlinien auf das Priesteramt verneinen müssen, s. Rnr. 118; tendenziell a. A. freilich Murphy v. Derwinski, 990 F2 d 540 [10th Cir. 1993]: Es stellte eine Geschlechtsdiskriminierung dar, dass ein Krankenhaus als katholischen Krankenhausseelsorger nur einen Priester einstellen wollte. Dem Krankenhaus sei es zumutbar gewesen, auch eine nicht geweihte Theologin zu bestellen, und für die Fälle der Sakramentenspendung Vorsorge durch den Rückgriff auf externe Priester zu treffen); nichts anderes kann dann für die sich aus dem kirchlichen Selbstverständnis ergebenden Konsequenzen einer Verpartnerung gelten. Wenn die Kirche hier keinen Unterschied macht, dann unterscheidet hier auch nicht das Diskriminierungsrecht. Dogmatischer Ausgangspunkt kann ein Rückgriff auf die allgemeinere Norm des § 8 AGG sein. Wenn das kirchliche Selbstbestimmungsrecht europarechtskonform und verfassungskonform in § 9 AGG als Rechtfertigung anerkannt ist, dann muss dies grundsätzlich auch für § 8 AGG gelten: Der **Verzicht auf praktizierte Homosexualität ist damit eine wesentliche und entscheidende berufliche Anforderung** im Dienst der katholischen Kirche (im Ergebnis ebenso *Link*, GS Blomeyer, 2004, S. 687). Angesichts des sakramentalen Charakters der Ehe und der deutlichen biblischen Ablehnung homosexueller Praktiken kann auch keine Verhältnismäßigkeitsprüfung zu einem abweichenden Ergebnis führen.

491 Dies gilt auch für eine **Kündigung wegen Verpartnerung.** Nach dem Beschluss des Ständigen Rates der Deutschen Bischofskonferenz v. 24. 6. 2002 (abgedruckt in den Amtsblättern der deutschen Diözesen, etwa: Kirchliches Amtsblatt Trier 2002, S. 162; Kirchliches Amtsblatt Paderborn 2002, S. 141; Kirchliches Amtsblatt Münster 2002, S. 170; Kirchliches Amtsblatt Essen 2002, S. 116; vgl. hierzu auch den Bericht in: Herder Korrespondenz 2002, S. 483 f.) widerspricht das Rechtsinstitut der Lebenspartnerschaft der Auffassung über Ehe und Familie, wie sie die katholische Kirche lehrt. Hiernach verstoßen Mitarbeiter im kirchlichen Dienst, die sich verpartnern, gleich ob sie der katholischen Kirche angehören, gegen die für sie geltenden Loyalitätsobliegenheiten nach Art. 4 der Grundordnung. Das Eingehen einer eingetragenen Lebenspartnerschaft ist daher ein schwerwiegender Loyalitätsverstoß i. S. d. Art. 5 der Grundordnung, der im Regelfall eine Kündigung nach sich zieht. Ob der katholischen Kirche auch die Weiterbeschäftigung nichtkatholischer, etwa evangelischer Mitarbeiter, die eine eingetragene Lebenspartnerschaft eingegangen sind, nicht zuzumuten ist, mag zweifelhaft erscheinen, da die evangelische Kirche eingetragene Lebenspartnerschaften für vereinbar mit dem christlichen Glauben hält. Für ein Recht zur Kündigung spricht jedoch der hohe Stellenwert, den die katholische Kirche der Ehe in der Schöpfungs- und Erlösungsordnung, aber auch im kanonischen Recht zuspricht (hierzu *Prader*, Die Ehe in der kirchlichen Rechtsordnung, in: Listl/Schmitz, Handbuch des katholi-

VI. Benachteiligung wegen der Religion durch kirchliche Arbeitgeber

schen Kirchenrechts, 1999, S. 884 ff.; vorsichtiger Schleusener/Suckow/Voigt/*Voigt*, AGG, § 9 Rnr. 35 f.). Die Kirche muss derartig grundlegende Zuwiderhandlungen gegen das Verständnis des Ehesakraments, die die gesamte Lebensführung des Mitarbeiters dauerhaft prägen, nicht hinnehmen, zumal die Eingehung einer Lebenspartnerschaft durch einen Mitarbeiter im Kirchendienst öffentlich wahrgenommen wird und die Glaubwürdigkeit des kirchlichen Zeugnisses für die Ausschließlichkeit der Ehe als Lebensbund untergräbt. Dass der betroffene Mitarbeiter im Einklang mit den Vorgaben seines Glaubens handelt, rechtfertigt keine andere Beurteilung. Nähme man dies an, dann müsste man in letzter Konsequenz einem Mormonen oder Muslim im Kirchendienst die Heirat mehrerer Frauen gestatten. Auch die fehlende Verpartnerung kann also eine wesentliche und entscheidende berufliche Anforderung sein. Dieses Verständnis spiegelt sich in der Umsetzung der Richtlinien im britischen Recht (s. Regulation 7 (3) Employment Equalitiy [Sexual Orientation] Regulations 2003). Auch hier kann eine Kirche einen Arbeitnehmer wegen seiner sexuellen Orientierung benachteiligen, wenn dies erforderlich ist „*to comply with the doctrines of the religion*", oder Gläubige andernfalls Anstoß nehmen könnten (s. hierzu freilich die enge Interpretation des House of Lords im Amicus case [2004] IRLR 430).

F. Rechtsfolgen

I. Allgemeines

492 Das AGG hat – wie § 32 AGG ausdrücklich hervorhebt – keinen abschließenden Charakter. Auch seine Rechtsfolgen werden damit nicht ausschließlich durch das Gesetz selbst bestimmt. Soweit man in einer ungerechtfertigten Benachteiligung eine unerlaubte Handlung sieht (s. Rnr. 566), greifen die Rechtsfolgen des **Delikts**; § 7 Abs. 3 AGG verweist auf die Rechtsfolgen einer **Vertragsverletzung** (Rnr. 504). Daneben schafft das AGG eigene Rechtsfolgen: In erster Linie die **Unwirksamkeit einer benachteiligenden Vereinbarung** nach § 7 Abs. 2 AGG (s. Rnr. 493) sowie den **Schadensersatz- und Entschädigungsanspruch** nach § 15 AGG, aber auch das **Beschwerderecht** nach § 13 AGG, das **Leistungsverweigerungsrecht** nach § 14 AGG und das **Maßregelungsverbot** nach § 16 AGG (s. Rnr. 512, 589, 602). Daneben existieren Rechte des Betriebsrats und der Gewerkschaft (s. Rnr. 619).

II. Unwirksamkeit einer Vereinbarung nach § 7 Abs. 2 AGG

1. Deklaratorischer Charakter der Norm

493 § 7 Abs. 2 AGG setzt Art. 14 der Richtlinie 2000/43/EG, Art. 16 der Richtlinie 2000/78/EG und Art. 3 Abs. 2 der Richtlinie 2002/73/EG um, wonach ein Verstoß gegen das Benachteiligungsverbot die Nichtigkeit der entsprechenden Klausel in Individual- oder Kollektivverträgen (also auch Tarifvertrag und Betriebsvereinbarung; s. BAG v. 13.10.2009 – 9 AZR 722/08, AP Nr. 1 zu § 7 AGG) zur Folge hat. Dies entspricht der bisherigen Rechtslage. Die Vorschrift hat deklaratorischen Charakter und soll die primäre Sanktionierung derartiger Rechtsverstöße deutlich machen. Sonstige Unwirksamkeits- oder Nichtigkeitsgründe werden durch die Vorschrift nicht berührt (BT-Drucks. 16/1780, S. 34). Die Regelung ist damit überflüssig. Dass eine Vereinbarung, die gegen das Benachteiligungsverbot verstößt, unwirksam ist, ergibt sich bereits aus § 134 BGB. Eine **geltungserhaltende Reduktion**, also die Zurückführung solcher Bestimmungen auf ein „nicht diskriminierendes" Maß, ist **ausgeschlossen** (*Bauer/Thüsing/Schunder*, NZA 2005, 32, 33). Es gilt nichts anderes als bei sonstigen sitten- oder gesetzeswidrigen Vereinbarungen. Die Folgen für den Vertrag im Übrigen bestimmen sich nach den §§ 139, 140 BGB)BAG v. 6.4.2011 – 7 AZR 524/09, NZA 2011, 970).

494 § 7 Abs. 2 AGG betrifft nur **Bestimmungen, die in der arbeitsrechtlichen Normenhierarchie unterhalb der Ebene des Gesetzes stehen,** also Arbeitsverträge, Betriebsvereinbarungen (BAG v. 13.10.2009 – 9 AZR 722/08, NZA 2010, 327; *Bauer/Göpfert/Krieger*, AGG, § 7 Rnr. 21; Schleusener/Suckow/Voigt/*Schleusener*, AGG, § 7 Rnr. 37) und Tarifverträge. Eine gesetzliche Regelung, die gegen das

II. Unwirksamkeit einer Vereinbarung nach § 7 Abs. 2 AGG

Benachteiligungsverbot verstößt, ist auch nach Inkrafttreten von § 7 Abs. 2 AGG vielleicht europarechtswidrig, jedoch weiterhin wirksam, soweit sich der Arbeitnehmer nicht gegenüber dem Staat als Arbeitgeber unmittelbar auf die Richtlinie berufen kann oder das Verbot der Geschlechtsdiskriminierung beim Entgelt nach Art. 141 EG eingreift (s. Rnr. 37). Die Gerichte sind allerdings – wie bisher auch schon – zur richtlinienkonformen Auslegung verpflichtet. Problematisch ist hingegen die Rechtsfolge dann, wenn die Auslegung der Normen in richtlinienkonformer Weise nicht möglich wäre und nur eine Umdeutung zu einer Europarechtskonformität gelangen würde. Hier dürfte nach den Urteilen des EuGH in den Rechtssachen **Mangold** (EuGH v. 22. 11. 2005 – C-144/04, Slg. 2005, I-9981 – Mangold) und **Kücükdeveci** (EuGH v. 19. 1. 2010 – C-555/07, NZA 2010, 85 – Kücükdeveci) klar sein, dass diese Regelungen durch die nationalen Gerichte unbeachtet zu bleiben haben. Bestätigt wird eine solche Nichtanwendung, trotz der in der Literatur hiergegen vorgebrachten Kritikpunkte (umfassend: *Gerken/Rieble/Roth/Stein/Streinz*, „Mangold" als ausbrechender Rechtsakt. 2009; weitere Nachweise: siehe MüKo/*Thüsing*, AGG, § 2 Rnr. 25ff), nunmehr auch durch das BVerfG durch sein Urteil in der Entscheidung **Honeywell** (BVerfG v. 6. 7. 2010 – 2 BvR 2661/06, NZA 2010, 995). Die Einzelheiten einer solchen Anwendung sind aber jedenfalls in der dogmatischen Herleitung weiterhin umstritten (vgl. dazu MüKo/*Thüsing*, AGG, § 2 Rnr. 25ff.).

2. Rechtsfolgen der Unwirksamkeit

Probleme schafft nicht die Regelung selbst, sondern ihr Schweigen auf die sich aus der Nichtigkeit ergebenden Folgen: Was tritt an die Stelle der unwirksamen Vereinbarung? Bei einseitigen Willenserklärungen seitens des Arbeitgebers ist das klar: das Arbeitsverhältnis besteht unverändert weiter und die Versetzung, die Kündigung oder der Widerruf einer Zulage ist unwirksam. Bei einer **diskriminierenden Entgeltregel** droht stets eine Anpassung hin zu einer begünstigenden Regelung, denn die Unwirksamkeit der benachteiligenden Vereinbarung ist keine Unwirksamkeit insgesamt, sondern führt lediglich zur Unwirksamkeit des diskriminierenden Anspruchsausschlusses und damit zur uneingeschränkten Anwendbarkeit der begünstigenden Regelung (für den Bereich des § 4 TzBfG: BAG v. 17. 4. 2002 – 5 AZR 413/00, AP BeschFG 1985 § 2 Nr. 84; BAG v. 22. 5. 1996 – 10 AZR 618/95, BB 1996, 1724; mit weiteren Nachweisen BAG v. 9. 10. 1996 – 5 AZR 338/95, BB 1997, 1157; BAG v. 25. 9. 1997 – 6 AZR 65/96, BB 1998, 590; zu § 7 AGG s. Schleusener/Suckow/Voigt/*Schleusener*, AGG, § 7 Rnr. 45). Daher kommt es regelmäßig zu einer „**Anpassung nach oben**", wie dies auch der ständigen Rechtsprechung des EuGH zur Wirkung des Diskriminierungsverbots aus Art. 157 AEUV (ex-Art. 141 EGV) entspricht (EuGH v. 20. 3. 2003 – C-187/00, Slg. 2003, I-2741 – Kutz-Bauer; EuGH v. 27. 6. 1990 – Rs. C-33/89, Slg. 1990, I-2591 – Kowalska; ebenso BAG v. 24. 9. 2003 – 10 AZR 675/02, AP TzBfG § 4 Nr. 4; BAG v. 7. 9. 2004 – 3 AZR 550/03, AP BetrAVG § 1 Nr. 15 Gleichberechtigung; s. auch BAG v. 20. 11. 1990 – 3 AZR 613/89, BB 1991, 1570; LAG Düsseldorf v. 18. 1. 2011 – 8 Sa 1274/10, ZTR 2011, 496). Eines Rückgriffs auf § 134 BGB bedarf es daher nicht. Allerdings hat das BAG verschie-

F. Rechtsfolgen

dentlich festgestellt, dass ein Verstoß gegen das Diskriminierungsverbot des §2 BeschFG zur Teilnichtigkeit der diskriminierenden Regelung des Arbeitsvertrags führt und die dadurch entstehende Lücke gemäß §612 Abs. 2 BGB durch die übliche Vergütung zu füllen ist (BAG v. 17. 4. 2002 – 5 AZR 413/00, AP BeschFG 1985 §2 Nr. 84; BAG v. 19. 8. 1992 – 5 AZR 513/91, AP BGB §242 Nr. 102 Gleichbehandlung; BAG v. 25. 1. 1989 – 5 AZR 161/88, BB 1989, 1271; siehe bereits BAG v. 10. 3. 1960 – 5 AZR 426/58, AP BGB §138 Nr. 2; LAG Niedersachsen v. 24. 3. 2000 – 3 Sa 514/99 E, n. v. [juris]; lediglich *obiter dictum* außerhalb des öffentlichen Dienstes BAG v. 25. 4. 2001 – 5 AZR 368/99, BB 2001, 1908; ebenso MHH/*Herms*, TzBfG, §4 Rnr. 48; ErfK/*Preis*, §4 TzBfG Rnr. 72; a. A. MünchArbR/*Schüren*, §45 Rnr. 120, *Mosler*, AR-Blattei SD 1560 [2002] Rnr. 65, die den Anspruch direkt aus §2 Abs. 1 BeschFG, jetzt §4 Abs. 1 TzBfG, herleiten). Weil es sich hier jedoch stets um öffentliche Arbeitgeber handelte, die ihre Arbeitnehmer unterschiedslos nach BAT/TVöD bezahlen, machte dies im Ergebnis keinen Unterschied. Die übliche Vergütung entsprach der Vergütung der Arbeitnehmer gegenüber denen der klagende Teilzeitbeschäftigte gleichgestellt zu werden verlangte. Der Umweg ist jedoch abzulehnen, denn er trägt dem Ziel des Diskriminierungsverbotes dort nicht Rechnung, wo die übliche Vergütung schlechter oder besser ist als die Vergütung der vergleichbaren nicht diskriminierten Arbeitnehmer (im Ergebnis wie hier MünchArbR/*Schüren*, §45 Rnr. 115; *Mosler*, AR-Blattei SD 1560 [2002] Teilzeitarbeit Rnr. 51). Die Anpassung ist auch bereits dann vorzunehmen, wenn der Gesetzgeber oder die jeweiligen Tarifvertragsparteien der diskriminierenden Normen eine solche noch nicht vorgenommen haben. Ein Abwarten ist hier nicht geboten (EuGH v. 20. 3. 2003 – C-187/00, Slg. 2003, I-2741 – Kutz-Bauer). Das **BAG** hat zudem infolge der Entscheidung des EuGH in der Rs. *Hennings* (EuGH v. 8. 9. 2011 – C-297/10, NZA 2011, 1100) entschieden, dass der im BAT angelegte Diskriminierung durch eine Angleichung „nach oben" zu erfolgen hat, und zwar auch für die Vergangenheit. Die Tarifvertragsparteien könnten insoweit kein Vertrauen auf die Wirksamkeit des BAT einwenden (BAG v. 10. 11. 2011 – 6 AZR 481/09, ZTR 2012, 38). Entsprechendes gilt für die Urlaubsregelung in §26 Abs. 1 S. 2 TVöD, weil diese eine nicht gerechtfertigte Diskriminierung wegen des Alters beinhaltete (BAG v. 20. 3. 2012 – 9 AZR 529/10, NZA 2012, 803).

496 Diese Anpassung nach oben kann aber gerade bei **Kollektivregelungen** oftmals **nicht befriedigen** (s. auch *Bauer*, FS Bepler, 2012, S. 10 f.; *Bauer/Göpfert/Krieger*, AGG, §7 Rnr. 29; Wendeling-Schröder/Stein/*Wendeling-Schröder*, AGG, §7 Rnr. 26 f.; *Rieble/Zeidler*, ZfA 2006, 273, 291; *Kamanabrou*, ZfA 2006, 327, 333; *Lingemann/Gotham*, NZA 2007, 663; *Forst*, EuZA 2012, 225, 232). Probleme bestehen hierbei insbesondere darin, dass eine Leistung in Form von Stufen gewährt wird, bzw. für Personengruppen unterschiedlich ausfällt (*Lingemann/Gotham*, NZA 2007, 663). Eine Gewährung der höchsten Begünstigungsstufe wäre zwar bei einer Anpassung nach oben zwingend, ist aber vom hypothetischen Parteiwillen keinesfalls gedeckt und unzweckmäßig. So kann der jüngste Arbeitgeber etwa auf die letzte Altersstufe im Entgelt klagen, muss also nicht Klage auf Unterlassen einer Benachteiligung, sondern Leistungsklage auf die günstigste mögliche Regelung erheben. Hier wäre die Schaffung differenzierter Rechtsfolgenregelungen hilfreicher gewesen; dies hat der deutsche Gesetzgeber versäumt. Nun aber

II. Unwirksamkeit einer Vereinbarung nach § 7 Abs. 2 AGG

anzuraten, bei diskriminierender Bevorzugung den Tarifvertrag eben in diesen Teilen nicht mehr zu befolgen (so *Preis*, Tarifverträge in der Diskriminierungsfalle, FAZ vom 11.10.2006; s. auch *Bauer/Göpfert/Krieger*, AGG, § 7 Rnr. 30), kann nicht überzeugen: Dies ist Aufruf zum Tarifbruch. Dem Bessergestellten darf sein Anspruch nicht genommen werden. Ebenso wenig überzeugend wäre, für alle Betroffenen eine Begünstigung in Form eines „Mittelwertes" einzuführen – auch dies hätte dann zur Folge dass Betroffene ihre bisherige Begünstigung verlieren.

Das **Schweigen des Gesetzgebers** ist **rechtspolitisch unbefriedigend**. Eine Anpassung nach oben leuchtet zwar intuitiv ein, denn ansonsten würde eine Klage wegen Diskriminierung allzu leicht zu einer Klage aus Neid. Ziel des Arbeitnehmers wäre es nicht den eigenen Vorteil zu mehren, sondern den der Kollegen zu schmälern. Regelmäßig wird es den klagenden Arbeitnehmer jedoch nicht kümmern, dass der Arbeitgeber anderen Arbeitnehmer einen Vorteil zukommen lässt, sondern dass er ungerechtfertigt zurückgesetzt wird und er selber diesen Vorteil vorenthalten bekommt. Es geht um den eigenen Nachteil, nicht den Vorteil des anderen. Hierauf muss die Rechtsordnung antworten. Auf der anderen Seite stehen jedoch die hieraus erwachsenden Konsequenzen für den Arbeitgeber und die Tarifvertragsparteien. Sie haben mit einer Zuwendung nur an eine Arbeitnehmergruppe eine bestimmte Kostenerwartung verbunden. Die Kosten aber können sich vervielfachen, wenn jüngere Arbeitnehmer den ältesten Arbeitnehmern, die Frauen den Männern gleichgestellt werden müssten. Hätte man sie vorhergesehen, hätte man vielleicht auf die gleichheitswidrige Bevorzugung einer Gruppe verzichtet – entscheidende Maxime ist demnach die Anwendung des Grundsatzes der ergänzendem Vertragsauslegung. **497**

Diesem zweiten Einwand trägt die **Rechtsprechung des BAG** zumindest *obiter dictum* Rechnung, wenn die Tarifvertragsparteien einen eindeutigen Dotierungsrahmen vorgegeben haben (BAG v. 24.5.2000 – 10 AZR 629/99, AP BeschFG 1985 § 2 Nr. 79; Schleusener/Suckow/Voigt/*Schleusener*, AGG, § 7 Rnr. 46). Das werden sie selten tun, aber es stellt sich die Frage, ob sie dies nicht vor dem Hintergrund der dargelegten Konsequenzen tun müssen. Das Schrifttum verneint das (*Wiedemann/Peters*, RdA 1997, 100, 107) und betont zurecht den stets bestehenden engen Zusammenhang von Leistungsgewährung und Adressatenbestimmung. Das hat viel für sich und dem entspricht in der Tendenz auch die neuere Rechtsprechung anderer Senate zum allgemeinen arbeitsrechtlichen Gleichbehandlungsgrundsatz und bei den Sozialplänen, s. Rnr. 956 f. Diese Beschränkung in den Rechtsfolgen wäre sinnvoll auch für den Diskriminierungsschutz (s. auch *v. Steinau-Steinrück/Schneider/Wagner*, NZA 2005, 28, 30), sie hätte jedoch durch den Gesetzgeber selbst vorgenommen werden müssen. **498**

Dennoch führt nach **dem gegebenen Recht** wohl kein Weg vorbei an der „**Anpassung nach oben**" (s. auch *Löwisch*, DB 2006, 1729; Wendeling-Schröder/Stein/*Wendeling-Schröder*, AGG, § 7 Rnr. 25; differenzierend *Bauer/Göpfert/Krieger*, AGG, § 7 Rnr. 30). Dies folgt aus der bereits zitierten Rechtsprechung des EuGH, wonach es bei der Verletzung des Verbots der Diskriminierung wegen des Geschlechts stets zu einer Anpassung nach oben gekommen ist. Diese ist erforderlich, denn das Europarecht verlangt effektive Sanktionen, die eine solche Diskriminierung verhindern (s. z.B. Art. 17 Richtlinie 2000/78/EG). Eine Umsetzung der europäischen Vorgaben ist nur dann wirksam erfolgt, wenn die Verletzung des dann **499**

F. Rechtsfolgen

nationalen Rechts hinreichend sanktionsbewehrt ist. Das ist bei einer Klage aus dem Diskriminierungsverbot, die nur dem Neider Erfolg brächte, nicht gegeben. Nicht *soft law*, sondern *hard law* wird verlangt. Europarechtliche Vorgaben setzten sich also gegen deutsche Tarifautonomie durch (s. EuGH v. 27. 6. 1990 – Rs. C-33/89, AP EWG-Vertrag Abschn. 18, 19 Art 119 Nr. 21; zuvor bereits EuGH v. 13. 12. 1989 – Rs. C-102/88, AP EWG-Vertrag Art 119 Nr. 22; EuGH v. 4. 12. 1986 – Rs. 71/85, Slg. 1986, 3855), das heißt bei einer diskriminierenden Altersstufenregelung ist allen Beteiligten die höchste Altersstufe zu gewähren (LAG Berlin-Brandenburg v. 11. 9. 2008 – 20 Sa 2244/07, NZA-RR 2009, 378; Hessisches LAG v. 6. 1. 2010 – 2 Sa 1121/09 (juris); a.A.: *Lingemann/Gotham*, NZA 2007, 663, die auf Grund der Tarifautonomie eine Kompetenz der Arbeitsgerichte auf Vornahme der Anpassung nach oben verneinen). Anders wäre erst dann zu entscheiden, wenn der deutsche Gesetzgeber selbst Rechtsfolgen eines Gleichheitsverstoßes benennt, die zwar hinreichend effektiv sind, aber eben doch nicht in jedem Fall die volle Anpassung nach oben brächten. Die Grenze wäre hier in gleicher Weise wie zuvor bei der Geschlechtsdiskriminierung bei Einstellungen durch den deutschen Gesetzgeber auszuloten. Der hat in den Rechtsfolgen angepasst, wenn er vom europäischen Gesetzgeber dazu aufgefordert wurde (EuGH v. 22. 4. 1997 – Rs. C-180/95, Slg. 1997, I-2195; EuGH v. 2. 8. 1993 – Rs. C-271/91, Slg. 1993, I-4367; EuGH v. 8. 11. 1990 – Rs. C-177/88, Slg. 1990, I-3941; s. *Annuß*, NZA 1999, 738) Das BAG hat deshalb entschieden, dass die Unanwendbarkeit des § 622 Abs. 2 S. 2 BGB dazu führt, dass es zu einer „Anpassung nach oben" dergestalt kommt, dass sämtliche in dem Betrieb oder Unternehmen zurückgelegten Beschäftigungszeiten zu berücksichtigen sind (BAG v. 29. 9. 2011 – 2 AZR 177/10, NZA 2012, 754). Die Anpassung nach oben kommt jedoch manchmal aus faktischen Gründen nicht in Betracht: Eine unzulässige Benachteiligung des Arbeitnehmers bei der Befristungsdauer führt zwar gemäß § 7 Abs. 2 AGG zur Unwirksamkeit der Befristungsabrede, jedoch scheidet eine „Anpassung nach oben" hier aus, weil eine Befristung ohne Befristungsdauer schlechthin nicht denkbar ist (BAG v. 6. 4. 2011 – 7 AZR 524/09, NZA 2011, 970).

500 Folgt man der Ansicht einer Anpassung nach oben, dann muss der Anspruch grundsätzlich auch **rückwirkend** gegeben sein, weil andernfalls risikolos der Versuch unternommen werden könnte, wenigstens zeitweise auf eine unzulässige Lohngestaltung zu spekulieren. Die Ausschlussfrist des § 15 Abs. 4 AGG greift nicht, s. Rnr. 560. Das hat das BAG für den BAT inzwischen bestätigt (BAG v. 10. 11. 2011 – 6 AZR 148/09, NZA 2012, 161). Auch beim altersdiskriminierenden Urlaubsanspruch nach § 26 Abs. 1 S. 2 TVöD (bis zum 30. Lebensjahr nur 26 Urlaubstage, ab dem 40. Lebensjahr hingegen 30) nahm das BAG mit Blick auf die Sanktionswirkung eine rückwirkende Anpassung nach oben vor (BAG v. 20. 3. 2012 – 9 AZR 529/10, NZA 2012, 803).

501 Im Fall der Unwirksamkeit einer **betrieblichen Versorgungsordnung** wegen mittelbarer Diskriminierung weiblicher Teilzeitbeschäftigter ist nicht die gesamte Versorgungsordnung nichtig; vielmehr entfällt lediglich der gleichbehandlungswidrige Ausschlusstatbestand (BAG v. 14. 10. 1986 – 3 AZR 66/83, AP EWG-Vertrag Art. 119 Nr. 11; BAG v. 14. 3. 1989 – 3 AZR 490/87, AP EWG-Vertrag Art. 119 Nr. 25; BAG v. 20. 11. 1990 – 3 AZR 613/89, AP BetrAVG § 1 Nr. 8 Gleichberechtigung). Das BAG schließt eine Anpassungsfrist für den Arbeitgeber aus, wes-

II. Unwirksamkeit einer Vereinbarung nach § 7 Abs. 2 AGG

wegen die Arbeitnehmer den Verstoß auch nicht zeitweilig hinnehmen müsssen (BAG v. 20. 11. 1990 – 3 AZR 613/89, AP BetrAVG § 1 Nr. 8 Gleichberechtigung; ebenso BAG v. 5. 9. 1989 – 3 AZR 575/88, AP BetrAVG § 1 Nr. 8 Hinterbliebenenversorgung). Kann die – nicht als Schadensersatz-, sondern als Erfüllungsanspruch – geschuldete Altersversorgung nicht auf dem vorgesehenen Durchführungsweg erbracht werden, so hat der Arbeitgeber auf Grund seiner Einstandspflicht erforderlichenfalls selbst die Versorgungsleistungen zu erbringen (BAG v. 7. 3. 1995 – 3 AZR 282/94, AP BetrAVG § 1 Nr. 26 Gleichbehandlung). Verstößt eine Versorgungsordnung gegen das Lohngleichheitsgebot, weil sie Teilzeitbeschäftigte diskriminiert, kann der Arbeitgeber die Kostensteigerung, die durch die gebotene Einbeziehung der Teilzeitbeschäftigten entsteht, nur für die Zukunft durch eine anpassende Betriebsvereinbarung korrigieren; in der **Vergangenheit** erdiente Versorgungsansprüche und Anwartschaften müssen hingegen nach der alten Versorgungsordnung berechnet werden (BAG v. 14. 10. 1986 – 3 AZR 66/83, AP EWG-Vertrag Art. 119 Nr. 11). Allerdings hat der EuGH es im Interesse der Rechtssicherheit **ausgeschlossen**, entsprechende Ansprüche gegen den Arbeitgeber auch rückwirkend – **vor dem 17. 5. 1990**, dem Tag der Verkündung seiner *Barber*-Entscheidung (EuGH v. 17. 5. 1990 – Rs. C-262/88 *[Barber]*, Slg. 1990, I-1889) – geltend zu machen, sofern nicht bereits zu diesem Zeitpunkt eine entsprechende Klage gegen den Arbeitgeber anhängig war (EuGH v. 14. 12. 1993 – Rs. C-110/91, AP BetrAVG § 1 Nr. 16 Gleichbehandlung; zur Rückwirkung richterlicher Entscheidungen zum Lohngleichheitsgrundsatz in der betrieblichen Altersversorgung s. auch *Huep*, RdA 2001, 325 ff., 328 ff.). Diese Rechtsprechung wurde bei der Schaffung des Maastrichter Vertrages in das Protokoll Nr. 17 zu Art. 141 des EG 1992 aufgenommen (vgl. aber BAG v. 7. 3. 1995 – 3 AZR 282/94, AP BetrAVG § 1 Nr. 26 Gleichbehandlung sowie BAG v. 16. 1. 1996 – 3 AZR 767/94, AP EWG-Vertrag Art. 119 Nr. 73, wonach diese Protokollerklärung nicht die Geltung von neben Art. 119 EWG-Vertrag anwendbarer nationaler Schutzvorschriften wie Art. 3 Abs. 1 GG einschränkt). Im Zusammenhang mit dieser Begrenzung trifft **§ 30 a BetrAVG** eine ausdrückliche Regelung.

Nach bestätigter Rechtsprechung des BAG gilt für eine **Übergangszeit**, dass Regelungen in Versorgungsverträgen, die ein unterschiedliches Rentenzugangsalter vorsehen, nicht gegen Art. 3 Abs. 3 GG verstoßen, sofern dadurch bisher noch für Frauen bestehende Nachteile im Berufsleben ausgeglichen werden (BAG v. 3. 6. 1997 – 3 AZR 910/95, AP BetrAVG § 1 Nr. 35 Gleichbehandlung m. Anm. *Schlachter*; BAG v. 18. 3. 1997 – 3 AZR 759/95, AP BetrAVG § 1 Nr. 32 Gleichbehandlung); zwar liegt darin ein Verstoß gegen Art. 157 AEUV (ex-Art. 141 EG), doch bleibt eine Verpflichtung des Arbeitgebers nach den Grundsätzen der *Barber*-Entscheidung sowie des zitierten Protokolls (Rnr. 501) ausgeschlossen, so dass jedenfalls für Zeiten nach dem 17. 5. 1990 ein einheitliches Rentenzugangsalter bestehen muss. Diese Rechtsprechung wird zu Recht in Frage gestellt mit dem Hinweis auf Art. 157 Abs. 4 AEUV (ex-Art. 141 Abs. 4 EG), wonach eine „effektive Gewährleistung der vollen Gleichstellung" des benachteiligten Geschlechts durch ungleich gewährte Vergünstigungen erlaubt ist (ArbR/*Schliemann*, BGB, § 612 Rnr. 67). 502

Ein **Ausschluss der Rückwirkung** gilt ansonsten für Fälle der mittelbaren Diskriminierung, auch im Zusammenhang mit betrieblicher Altersversorgung, **im Allgemeinen nicht** (ausführl. zur Problematik der Rückwirkung, insbesondere im Zu- 503

F. Rechtsfolgen

sammenhang mit betrieblicher Altersversorgung, BVerfG v. 28.9.1992 – 1 BvR 496/87, AP GG Art. 20 Nr. 15 sowie BVerfG v. 19.5.1999 – 1 BvR 263/98, NZA 1999, 815f.). Daher haben Beschäftigte einen Verstoß gegen das Lohngleichheitsgebot grundsätzlich auch nicht zeitweilig hinzunehmen. Das BAG begründete dies im Hinblick auf § 612 Abs. 3 BGB a. F. damit, dass mit dem Verbot der mittelbaren Diskriminierung kein Richterrecht geschaffen, sondern lediglich dem bereits durch Art. 3 Abs. 2 GG gewährleisteten Lohngleichheitsgebot Geltung verschafft wird (BAG v. 20.11.1990 – 3 AZR 613/89, AP BetrAVG § 1 Nr. 8 Gleichberechtigung). Es gelten hier also nur die allgemeinen Verjährungsregeln des § 195 BGB.

III. Vertragspflichtverletzung nach § 7 Abs. 3 AGG

1. Diskriminierungsverbot als Konkretisierung vertraglicher Nebenpflichten

504   Nach der Gesetzesbegründung verdeutlicht § 7 Abs. 3 AGG, dass eine Benachteiligung bei Begründung, Durchführung und nach Beendigung eines Beschäftigungsverhältnisses eine Verletzung vertraglicher Pflichten darstellt. Da nach § 32 AGG die Vorschriften des allgemeinen Schuldrechts des BGB gelten, sind damit die Regelungen des vertraglichen Leistungsstörungsrechts anwendbar. Daran knüpft auch § 12 Abs. 3 AGG an, der mögliche Maßnahmen des Arbeitgebers beschreibt (BT-Drucks. 16/1780, S. 34).

505   Die Regelung – die ihr **Vorbild in § 2 Abs. 3 BeschSchG** hat – ist gut gemeint, aber schlecht gemacht. Ob eine Vertragspflichtverletzung vorliegt, richtet sich begriffsnotwendig nach dem Vertrag, nicht nach dem Gesetz: Nur ein Blick auf den Vertrag kann Aufschluss darüber geben, ob die darin statuierten Pflichten verletzt sind. Auch setzt eine Vertragspflichtverletzung zwingend voraus, dass ein Vertrag vorliegt. Daran fehlt es z.B. bei einer Diskriminierung durch den Entleiher eines Arbeitnehmers. Auch bei Bewerbern für ein Arbeitsverhältnis kann keine Vertragspflichtverletzung gegeben sein, wenn ein Vertrag verweigert wird, sondern nur die Verletzung eines vorvertraglichen Schuldverhältnisses, s. § 311 Abs. 2 BGB. Hierfür müssen aber die allgemeinen Voraussetzungen vorhanden sein; das ist oftmals nicht der Fall, denn für die Entstehung eines solchen Schuldverhältnisses bedarf es mehr als einer unaufgeforderten Bewerbung, die u. U. wegen des Geschlechts des Bewerbers direkt in den Papierkorb geht. Dieser eingeschränkten Reichweite des allgemeinen Vertragsrechts entsprach auch die differenzierende Sicht der Dinge bei der Geltendmachung von Schadensersatz aufgrund Vertragspflichtverletzung bei § 611a BGB (s. einerseits MüKo/*Müller-Glöge*, 4. Aufl. 2004, § 611a BGB Rnr. 47; Soergel/*Raab*, § 611a BGB Rnr. 74; andererseits Staudinger/*Annuß*, Neubearbeitung 2005, BGB, § 611a Rnr. 80). Hierbei hätte man es belassen sollen.

2. Vertragspflichtverletzung durch den Arbeitgeber

506   Weil das Gesetz keine weiteren Konkretisierungen hinsichtlich der Rechtsfolgen bei enem Verstoß gegen das Benachteiligungsverbot vornimmt, gelten die allgemeinen Regeln. Damit werden insbesondere Schadensersatzansprüche nach § 280

III. Vertragspflichtverletzung nach § 7 Abs. 3 AGG

BGB praktische Bedeutung haben. Für das Vorliegen einer unerlaubten Benachteiligung und damit für den objektiven Tatbestand der Vertragspflichtverletzung gilt die **Beweislast** des § 22 AGG, auch wenn hier ein Anspruch aus dem BGB und nicht dem AGG geltend gemacht wird. Allerdings bedarf es nach § 280 BGB zusätzlich eines Verschuldens des Arbeitgebers. Dass ein solches fehlt, muss gemäß § 280 Abs. 1 S. 2 BGB der Arbeitgeber beweisen. Zum Schadensersatzanspruch würde gemäß § 253 Abs. 2 BGB grundsätzlich auch der immaterielle Schaden aufgrund einer Verletzung des allgemeinen Persönlichkeitsrechts gehören (s. zu den Neuerungen aufgrund der Reform des Schadensrechts *Wagner*, NJW 2002, 2049; rechtsvergleichend *Thüsing*, ZEuP 2003, 745). Hier ist freilich § 15 Abs. 2 AGG vorrangig und großzügiger.

3. Vertragspflichtverletzung durch den Arbeitnehmer – Regress

Entsprechend seinem offenen Wortlaut meint § 7 Abs. 3 AGG sowohl die **Verletzung vertraglicher Pflichten des Arbeitgebers als auch des Beschäftigten.** Er greift daher auch, wenn ein Beschäftigter einen Kollegen benachteiligt, sei es aus eigenem Antrieb oder auf Anweisung des Arbeitgebers. Hierin kann jedoch seinerseits auch eine Vertragspflichtverletzung des Arbeitgebers liegen, sei es über § 3 Abs. 5 AGG, sei es über eine Verletzung der Pflichten nach § 12 AGG. u seinem Kollegen steht der Beschäftigte jedoch selber nicht in vertraglicher Verbindung. Die Vertragspflichtverletzung, die § 7 Abs. 3 AGG meint, ist immer die Verletzung von arbeitsvertraglichen Pflicht, sei es des Vertrags zwischen benachteiligendem Arbeitnehmer und Arbeitgeber oder zwischen Arbeitgeber und benachteiligtem Arbeitnehmer.

507

Die Einordnung der Benachteiligung als Verletzung vertraglicher Pflichten hat auch Bedeutung für die Möglichkeit des Regress eines Arbeitgebers gegen einen (leitenden) Arbeitnehmer. Schon für § 2 Abs. 3 BeschSchG war – trotz des insoweit uneingeschränkten Wortlaut – anerkannt, dass auch hier die allgemeinen Voraussetzungen einer Vertragspflichtverletzung vorliegen müssen (s. HWK/*Thüsing*, 2. Aufl. 2006, BeschSchG § 2 Rnr. 20 m.w.N.). Nichts anderes gilt auch für das AGG. Die Tatbestandsverwirklichung muss für den Handelnden also vermeidbar und erkennbar gewesen sein. Bei der Festsetzung der Schwere der Pflichtverletzung, wie sie insbesondere bei (sexueller) Belästigung vorkommen kann, ist nicht anders abzuwägen als bei anderen Pflichtverletzungen auch. Aus der Einordnung als Pflichtverletzung folgt jedoch, dass eine Benachteiligung durch einen Arbeitnehmer gegenüber einem Kollegen grundsätzlich auch eine verhaltensbedingte Kündigung rechtfertigen oder gar einen wichtigen Grund für eine außerordentliche Kündigung darstellen kann.

508

Soweit der Arbeitgeber Regress nehmen will gegenüber einem benachteiligenden Arbeitnehmer, dessen Handlung zu einer Haftung des Arbeitgebers nach § 15 Abs. 1 AGG führt, gilt zum einen die **Haftungsprivilegierung des innerbetrieblichen Schadensausgleichs** nicht anders als bei anderen Vertragspflichtverletzungen des Arbeitnehmers auch (HWK/*Henssler*, § 619a BGB Rnr. 32 ff.; ErfK/*Preis* § 619a BGB Rnr. 9 ff.; aA *Bauer/Göpfert/Krieger*, AGG, § 7, Rnr. 44; Wendeling-Schröder/Stein/*Wendelin-Schröder*, AGG, § 7 Rnr. 44). Daneben ist ein Regress

509

237

ausgeschlossen, wenn der benachteiligende Arbeitnehmer nach Anweisung des Arbeitgebers gehandelt hat. Zwar ist die Anweisung zur Benachteiligung unwirksam nach § 3 Abs. 5 AGG i. V. m. § 134 BGB. Es wäre jedoch treuwidrig, wollte der Arbeitgeber Schadensersatz daraus herleiten, dass der Arbeitnehmer genau das getan hat, was ihm gesagt wurde. Ebenso wie er in diesen Fällen keine anderen Sanktionen auf das Verhalten des Arbeitnehmers stützen kann, kann er ihn in Regress nehmen. Ebenso kann die Ersatzpflicht des Arbeitnehmers nach § 254 BGB gemindert sein, wenn dem Arbeitgeber wegen Verletzung seiner Pflichten aus § 12 AGG ein Mitverschulden an der verbotenen Benachteiligung trifft (*Bauer/Evers*, NZA 2006, 821, 826). Dort wo die Fehlerhaftigkeit des Verhaltens offensichtlich war, bedarf es jedoch keiner Schulung und der Mitverschuldenseinwand greift ins Leere.

510 Die **Beweislastregel des § 22 AGG** gilt nicht für den Regress des Arbeitgebers gegenüber dem Arbeitnehmer, für den der Arbeitgeber nach § 15 AGG haften muss und gegenüber dem er nach § 7 Abs. 3 AGG auf Grund der Vertragspflichtverletzung einen Rückgriffsanspruch haben kann. Auch für den Fall also, dass die unzulässig Benachteiligung im Prozess gegenüber dem Arbeitgeber festgestellt wurde und dem Arbeitnehmer der Streit verkündet wurde, steht im nachfolgenden Regressprozess die unzulässige Benachteiligung nicht bindend fest.

4. Entsprechende Geltung für Beamte

511 Obwohl Beamte in keiner vertraglichen Beziehung zum Dienstherrn stehen, ordnete der Gesetzgeber eine analoge Anwendung auf Beamte und Richter gemäß § 24 an. Dem Arbeitsverhältnis entspricht das Sonderstatusverhältnis. Ansprüche können sich aus Amtshaftung nach § 839 BGB ergeben oder aus der auf Grund der Fürsorgepflicht begründeten Sonderverbindung. Eine Verletzung der dem Dienstherrn obliegenden Fürsorgepflicht (§ 79 BBG) ist idR Verletzung der schuldrechtsähnlichen Sonderverbindung sowie eine Amtspflichtverletzung. Für erstgenannten kommen vertragsähnliche Schadensersatzansprüche entsprechend §§ 276, 278, 280 BGB in Betracht (BGH v. 9. 3. 1965 – VI ZR 218/63, BGHZ 43, 184: „Verletzung der beamtenrechtlichen Fürsorgepflicht kann Schadensersatzansprüche des Beamten und seiner Hinterbliebenen gegen den Dienstherrn unmittelbar begründen" in Aufgabe vom BGH v. 16. 2. 1959 – III ZR 199/57, BGHZ 29, 310), für die nach § 116 Abs. 1 BRRG die Verwaltungsgerichte zuständig sind. Für letztgenannte ist Anspruchsgrundlage § 839 BGB. Beide Ansprüche stehen in Anspruchskonkurrenz nebeneinander. Für Schäden, die dadurch entstehen, dass ein Beamter im Rahmen der gemeinsamen Dienstausübung durch seinen Dienstvorgesetzten systematisch und fortgesetzt schikaniert und beleidigt wird (Mobbing), haftet der Dienstherr des Schädigers nach Amtshaftungsgrundsätzen (BGH v. 25. 4. 2001 – 5 AZR 368/99, NZA 2002, 1214). Allerdings setzt § 839 Abs. 1 Satz 1 BGB voraus, dass der Amtsträger in Ausübung des ihm anvertrauten öffentlichen Amtes handelt. Auch ein Missbrauch des Amtes zu eigennützigen, schikanösen oder gar strafbaren Zwecken, eine Pflichtwidrigkeit aus eigensüchtigen oder rein persönlichen Gründen schließt jedoch den für das Handeln in Ausübung des Amtes maßgeblichen inneren Zusammenhang zwischen Amtsausübung und

schädigendem Verhalten nicht von vornherein aus (vgl. BAG v. 30. 4. 1953 – III ZR 204/52, LM BGB § 139 [Fg] Nr. 5). Dies gilt nicht nur für Mobbing allgemein, sondern auch für Belästigung und sexuelle Belästigung.

IV. Schadensersatz und Entschädigung nach § 15 AGG

Literatur: *Bauer/Evers,* Schadensersatzpflicht und Entschädigung bei Diskriminierung, NZA 2006, 893, 898; *Colneric,* Voller Schadensersatz bei geschlechtsbedingter Diskriminierung, ZEuP 1995, 646–654; *Ehrich,* Die Entschädigung nach § 611a Abs. 2 BGB – ein neuer „Nebenverdienst"?, BB 1996, 1007–1008; *Eisemann,* Der Ersatz von „immateriellen" Diskriminierungsschäden, AuR 1988, 225–234; *Kandler,* Sanktionsregeln für Verstöße gegen die EG-Gleichbehandlungsrichtlinie (76/207/EWG) im deutschen Recht, 2003; *Nicolai,* Rechtsfolgen der Unvereinbarkeit arbeitsrechtlicher Regelungen mit Art. 119 EG-Vertrag, ZfA 1996, 481–502; *Raab,* Neuregelung der Entschädigung bei Benachteiligung wegen des Geschlechts durch den Arbeitgeber, DStR 1999, 854–861; *Treber,* Entschädigung bei diskriminierenden Bewerbungsverfahren, DZWir 1998, 177–186; *Vollmer,* „Punitive Damages" im deutschen Arbeitsrecht?, BB 1997, 1582–1585; *Wendeling-Schröder,* Der Wert des entgangenen Arbeitsplatzes, DB 1999, 1012–1017; *dies./Buschkröger,* Sanktionen bei geschlechtsspezifischen Diskriminierungen, FS Däubler, 1999, 127–142; *Weyand,* Die Höhe des finanziellen Ausgleichs nach § 15 Abs. 1 und 2 AGG unter besonderer Berücksichtigung der Rechtsprechung des EuGH, 2010

1. Inhalt der Regelung

Gemäß § 15 Abs. 1 AGG ist der Arbeitgeber bei einem Verstoß gegen das Benachteiligungsverbot verpflichtet, hierdurch entstandenen Schaden zu ersetzen. Dies gilt nicht, wenn der Arbeitgeber die Pflichtverletzung nicht zu vertreten hat – die Europarechtskonformität der Regelung ist freilich ungewiss, s. Rnr. 548. Wegen eines Schadens, der Nichtvermögensschaden ist, kann der Beschäftigte nach § 15 Abs. 2 AGG eine angemessene Entschädigung in Geld verlangen. Die Entschädigung darf bei einer Nichteinstellung drei Monatsgehälter nicht überschreiten, wenn der Beschäftigte auch bei benachteiligungsfreier Auswahl nicht eingestellt worden wäre. Bei der Anwendung kollektivrechtlicher Vereinbarungen, also insbesondere von Tarifverträgen und Betriebsvereinbarungen, ist der Arbeitgeber gemäß § 15 Abs. 3 AGG nur dann zur Entschädigung verpflichtet, wenn er vorsätzlich oder grob fahrlässig handelt – auch dies ist europarechtlich fragwürdig, s. Rnr. 557. Die Ansprüche nach § 15 Abs. 1 und 2 AGG müssen innerhalb einer Frist von zwei Monaten schriftlich geltend gemacht werden, es sei denn, die Tarifvertragsparteien haben etwa anderes vereinbart. Die Frist beginnt gemäß § 15 Abs. 3 S. 2 AGG im Falle einer Bewerbung oder eines beruflichen Aufstiegs mit dem Zugang der Ablehnung und in sonstigen Fällen einer Benachteiligung – und trotz fehlendem Hinweis im Gesetz: auch dann, wenn bei einer Bewerbung keine Ablehnung zugegangen ist – zu dem Zeitpunkt, in dem der Beschäftigte von der Benachteiligung Kenntnis erlangt. Gemäß § 15 Abs. 6 AGG begründet ein Verstoß gegen das Benachteiligungsverbot keinen Anspruch auf Begründung eines Beschäftigungsverhältnisses, Berufsausbildungsverhältnisses oder einen beruflichen Aufstieg, es sei denn, ein solcher ergibt sich aus einem anderen Rechtsgrund. 512

Die Vorschrift setzt Artikel 15 der Richtlinie 2000/43/EG, Artikel 17 der Richtlinie 2000/78/EG und Artikel 18 und 25 der Richtlinie 2006/54/EG um. Die Re- 513

F. Rechtsfolgen

gelung sieht als zentrale Rechtsfolge einer Verletzung des Benachteiligungsverbotes einen Anspruch auf Schadensersatz und Entschädigung des Betroffenen vor. Gegenüber § 611a BGB und § 81 Abs. 2 SGB IX wird klarer zwischen dem Ersatz materieller und immaterieller Schäden unterschieden. Zugleich wird damit die Einbindung in das Schadensersatzrecht des BGB betont (BT-Drucks. 16/1780, S. 38). Das Ergebnis ist **europarechtlich zweifelhaft,** in dem es Verschulden erfordert (s. Rnr. 550). **Rechtsdogmatisch und rechtspolitisch ist es verfehlt:** Immaterieller Schaden ist möglicherweise auch da ersetzbar, wo materieller Schaden nicht ersetzbar ist (s. Rnr. 548).

514 Die Rechtsfolgenregelung der unzulässigen Benachteiligung gestaltete sich schon bei der **Vorgängerregelung des § 611a BGB** im Hinblick auf die Geschlechtsdiskriminierung rechtstechnisch schwierig und rechtspolitisch problematisch. Die Schaffung einer über das europarechtlich Erforderliche hinausgehenden Regelung war im Rahmen des § 611a BGB nicht beabsichtigt. BAG v. 14.3.1989 – 8 AZR 447/87, AP BGB § 611a Nr. 5; Staudinger/*Annuß,* Neubearbeitung 2005, BGB, § 611a Rnr. 2; *Schlachter,* Wege zur Gleichberechtigung, 1993, S. 146; *Abele,* EuR 1990, 371). Dieser bewusst eng gefasste Ansatz führte dazu, dass der Gesetzgeber zweimal nachbessern musste, um den Forderungen des EuGH nach einer europarechtskonformen Umsetzung Rechnung zu tragen. Die ursprünglich in § 611a Abs. 2 BGB enthaltene Beschränkung der Sanktionen auf den Ersatz des Vertrauensschadens wurde durch den EuGH mehrfach beanstandet (EuGH v. 10.4.1984 – Rs. 14/83, Slg. 1984, 1891, 1908 Rnr. 24; EuGH v. 10.4.1984 – Rs. 79/83, Slg. 1984, 1921, 1941 Rnr. 24; EuGH v. 2.8.1993 – Rs. C-271/91, Slg. 1993, I-4367, 4408 Rnr. 27f.). Die Norm wurde durch das zweite Gleichberechtigungsgesetz vom 4.6.1994 (BGBl. I, S. 1406) ergänzt, jedoch wurde auch diese Sanktionierung angesichts der Begrenzung des Schadensersatzes durch Höchstsummen und dem Erfordernis eines Verschuldens vom EuGH als ungenügend bewertet (EuGH v. 22.4.1997 – Rs. C-180/95, Slg. 1997, I-2195, 2219 Rnr. 16f.; hierzu *Abele,* NZA 1997, 641f.; *Oetker,* ZIP 1997, 802f.). Hierauf wurde durch das Gesetz zur Änderung des Bürgerlichen Gesetzbuchs und das Arbeitsgerichtsgesetz vom 29.6.1998 (BGBl. I, S. 1694ff.) die bis Inkrafttreten des AGG gültige Gesetzesfassung geschaffen. Solche Nachbesserungen sind wohl auch im Hinblick auf § 15 AGG zu erwarten (a. A. *Diller/Evers,* NZA 2006, 821).

2. Ersatz des Nichtvermögensschadens

a) Allgemeines

515 Der Anspruch auf Entschädigung soll die Forderungen der Richtlinien sowie der Rechtsprechung des EuGH nach einer wirksamen und verschuldensunabhängig ausgestalteten Sanktion bei Verletzung des Benachteiligungsverbotes durch den Arbeitgeber erfüllen. Der aus § 611a BGB bekannte Grundgedanke wird hier auf alle Tatbestände einer Benachteiligung übertragen. Die Entschädigung wird ausschließlich für immaterielle Schäden gewährt. § 15 Abs. 2 AGG ist damit gegenüber § 253 BGB die speziellere Norm (BT-Drucks. 16/1780, S. 38). Der Gesetzgeber geht davon aus, dass der Geschädigte sich nicht auf eine Naturalrestitution

IV. Schadensersatz und Entschädigung nach § 15 AGG

seines immateriellen Schadens – so sie denn überhaupt möglich sein sollte – verweisen lassen muss. Daher erlischt ein Anspruch aus § 15 Abs. 2 AGG auch nicht dadurch, dass der Arbeitgeber einen abgelehnten Bewerber auffordert, sich erneut zu bewerben und zu einem Vorstellungsgespräch zu erscheinen (LAG Hamm v. 19. 5. 2011 – 14 Ta 519/10, NZA-RR 2011, 399) – zumal dies die erfolgte Zurückweisung nicht ungeschehen macht.

Nach der klaren Gesetzesbegründung soll die Pflicht zur **Entschädigung der Nichtvermögensschäden verschuldensunabhängig** sein (BT-Drucks. 16/1780, S. 38: „Damit wird klargestellt, dass der materielle Schadensersatzanspruch – anders als bei der Entschädigung – nur entsteht, wenn der Arbeitgeber die Pflichtverletzung zu vertreten hat."). Dies ist nicht stimmig, denn auch die „Entschädigung", die § 15 Abs. 2 AGG regelt, dient dem Ersatz des Schadens, nämlich des Nichtvermögensschadens. Zudem ist § 15 Abs. 2 AGG nur als Rechtsfolgenregelung formuliert. Der Wortlaut des Gesetzes deutet also eher auf ein anderes Verständnis, und so passt die Begründung nicht zum Text. Dies liegt daran, dass sich die Begründung auf den Text in der Fassung vor der Ausschussanhörung im März 2005 bezog, wo in § 15 Abs. 1 AGG tatsächlich nicht vom Nichtvermögensschaden gesprochen wurde: „Verstößt der Arbeitgeber gegen das Benachteiligungsverbot des § 7 Abs. 1, so kann der oder die Beschäftigte zum Ausgleich des Schadens, der nicht Vermögensschaden ist, eine angemessene Entschädigung in Geld verlangen" (BT-Drucks. 15/4538, S. 35 f.). Anregungen der Expertenanhörung wurden dann unvollständig und damit fehlerhaft umgesetzt (s. *Thüsing*, Ausschussdrucks. 15 (12)440-C). Will man der Begründung folgen, wäre das Ergebnis grob sinnwidrig: Nichtvermögensschaden wäre leichter ersetzbar als Vermögensschaden. Dies wäre ein Unikum im deutschen Recht. Die besseren Argumente sprechen daher dafür, dass der Gesetzgeber tatsächlich gemeint hat, was er im Gesetzestext gesagt hat, und auch der Nichtvermögensschaden Verschulden voraussetzt (was freilich ebenso europarechtswidrig ist wie beim Schadensersatz für Vermögensschäden, s. Rnr. 548). Die **Begründung des Gesetzes** wäre dann als **gesetzestechnisches Versehen** unerheblich. Das **BAG** jedoch hat die verschuldensunabhängige Haftung für den Nichtvermögensschaden explizit bestätigt (BAG v. 22. 1. 2009 – 8 AZR 906/07, NZA 2009, 945; BAG v. 15. 3. 2010 – 8 AZR 1044/08, NZA 2010, 1129). Es stützt sich dabei vor allem auf eine gemeinschaftsrechtskonforme Auslegung des § 15 Abs. 2 AGG unter Berücksichtigung der Rechtsprechung des EuGH. Für die Praxis ist die Frage damit entschieden. Offen bleibt aber weiterhin, ob nicht auch für den Vermögensschaden eine europarechtkonforme Auslegung den verschuldensunabhängigen Ersatz gebietet.

b) Anspruchsberechtigung

Anspruchsberechtigt ist **der durch die nach § 3 AGG verbotene Maßnahme Benachteiligte.** Diesen zu bestimmen bereitet zuweilen Schwierigkeiten. Unklar ist, ob bei der **mittelbaren Benachteiligung** anspruchsberechtigt auch derjenige sein kann, der nicht zur geschützten Personengruppe gehört: Kann der männliche Teilzeitbeschäftigte einen Anspruch aus § 15 AGG haben, wenn durch die schlechtere Behandlung Teilzeitbeschäftigter überproportional Frauen betroffen werden und

F. Rechtsfolgen

damit eine ungerechtfertigte mittelbare Geschlechtsdiskriminierung vorliegt? Bei einer **unmittelbaren Benachteiligung** stellt sich diese Frage ähnlich: Stellt ein Arbeitgeber keine allein erziehenden Mütter ein, kann dann auch die zurückgewiesene, nicht allein erziehende Mutter einen Anspruch aus § 15 AGG geltend machen? Die besseren Argumente sprechen in beiden Fällen gegen einen Anspruch. Allerdings ist im rechtsvergleichenden Seitenblick zu beobachten, dass bei der mittelbaren Diskriminierung auch den gleichfalls benachteiligten Angehörigen der nicht diskriminierten Gruppen ein Anspruch zugesprochen wurde (Allen v. American Home Foods Inc., 644 F. Supp. 1553 [N. D. Ind. 1986]: mittelbare Diskriminierung von Frauen kann auch Männer berechtigen). § 15 Abs. 2 AGG bezieht sich jedoch allein auf den immateriellen Schaden, der durch die am verbotenen Merkmal unmittelbar oder mittelbar anknüpfenden Zurücksetzung entsteht. Ein solcher Schaden entsteht dem Angehörigen der nicht benachteiligten Gruppe nicht. Hinsichtlich eines etwaigen Vermögensschaden s. Rnr. 537 ff.

517a Besondere Schwierigkeiten wirft das sogenannte **AGG-Hopping** auf. Darunter wird ein Sachverhalt verstanden, in dem eine Person, die ein geschütztes Merkmal aufweist, eine Vielzahl von nicht ernsthaften Bewerbungen absendet, um im Fall der (erwarteten) Ablehnung einen Nichtvermögensschaden wegen einer Benachteiligung aufgrund des geschützten Merkmals zu beanspruchen. Das Gesetz trifft gegen derartiges Verhalten keine speziellen Vorkehrungen. Gleichwohl entspricht es nicht dem Zweck des § 15 Abs. 2 AGG, hier einen Anspruch zu gewähren. Eine Lösung kann mithilfe des allgemeinen Zivilrechts gelingen. Das AGG-Hopping ist rechtsmissbräuchlich, ein Anspruch nach § 242 BGB zu verwehren. Freilich sind die bekannt gewordenen Fälle nicht so zahlreich, wie vor Inkrafttreten des AGG von manchen befürchtet wurde. Der Rechtsprechung lässt sich entnehmen, dass die größte Schwierigkeit darin besteht, ein AGG-Hopping nachzuweisen. Das Verwenden standardisierter Anwaltsschreiben soll als Beweis nicht genügen (VGH Baden-Württemberg v. 7.2.2012 – 4 S 82/12), ebenso wenig, dass eine Vielzahl von Bewerbungen versandt wurde (BAG v. 21.7.2009 – 9 AZR 431/08, BAGE 131, 232 Rnr. 52). Zumindest zusammengenommen wird man in derartigen Tatsachen jedoch eine Vermutungstatsache für ein AGG-Hopping zu sehen sein.

518 Bei der **Anweisung** zur Benachteiligung ist im Hinblick auf die Anspruchsberechtigung nicht nach der aktuellen Benachteiligung zu schauen, sondern allein nach der Benachteiligung, die eingetreten wäre, wäre die Anweisung ausgeführt worden. Bei der **Belästigung** ist Anspruchsberechtigter nur der Belästigte; eine Arbeitnehmerin etwa, die Anstoß nimmt an der sexuellen Belästigung ihrer Kollegin, kann sich nicht auf § 15 AGG berufen (sogn. *bystander-case*, s. *Thüsing*, NZA 1999, 693, 695).

c) Voraussetzungen eines Nichtvermögensschadens

519 In der Begründung des Regierungsentwurfs heißt es, dass Nichtvermögensschäden regelmäßig bei einer ungerechtfertigten Benachteiligung aus den in § 1 AGG genannten Gründen vorliegen (BT-Drucks. 16/1780, S. 38). Dem hat sich das BAG angeschlossen. Hierbei genügt es für den erforderlichen Kausalzusammenhang zwischen den unzulässigen Differenzierungsmerkmalen des § 1 und der Benachtei-

IV. Schadensersatz und Entschädigung nach § 15 AGG

ligung, dass einer dieser Gründe Bestandteil eines Motivbündels ist, das die benachteiligende Entscheidung mit beeinflusst hat (BAG v. 22.10.2009 – 8 AZR 642/08, NZA 2010, 280). Für die Ersetzbarkeit des Nichtvermögensschadens muss sich die Benachteiligung daher nicht ausschließlich auf eines der unzulässigen Differenzierungsmerkmale stützen lassen. Voraussetzung ist lediglich, dass eines der unzulässigen Merkmale für die Auswahlentscheidung mitursächlich war. Der Bewerber trägt für die Indizien, auf die er sich zur Substantiierung seines Entschädigungsanspruchs stützt, die Beweislast. Erfolgt die Benachteiligung durch eine Kündigung, ist Voraussetzung für den Anspruch aus § 15 Abs. 2 AGG nicht, dass der Beschäftigte eine Kündigungsschutzklage erhebt. Die Fiktionswirkung des § 7 KSchG erfasst nicht den Benachteiligungsvorwurf selbst (ArbG Stuttgart v. 16.3.2011 – 30 Ca 1772/10). § 15 Abs. 2 AGG findet über § 81 Abs. 2 S. 1 SGB IX auch Anwendung, wenn der Arbeitgeber wegen einer Schwerbehinderung diskriminiert (BAG v. 7.7.2011 – 2 AZR 396/10, NZA 2012, 34).

Nichtvermögensschaden ist der Schaden, der nicht in Geld gemessen werden **520** kann, denn Geld ist seiner Funktion nach einzig ein Vermögensäquivalent (vgl. auch *Stoll*, Gutachten 44. DJT, S. 131: „Maßgebliches Kriterium des immateriellen Schadens ist die fehlende Messbarkeit in Geld."). Es ist also der Schaden, der nicht ärmer macht, und dennoch eine Beeinträchtigung geschützter Rechtsgüter bedeutet. Grundlage des Nichtvermögensschadens kann daher bei der Benachteiligung aus einem in § 1 AGG genannten Grund nur die Verletzung des allgemeinen Persönlichkeitsrechts des Beschäftigten durch den Arbeitgeber sein. Danach läuft § 15 Abs. 2 AGG leer, wenn eine solche Verletzung des Persönlichkeitsrechts nicht vorliegt. Die Schwelle hierfür ist so niedrig nicht: Letztlich geht es um die Achtung der Menschenwürde und des Rechts auf freie Entfaltung der Person. Der Beschäftigte muss „herabgewürdigt" werden, ihm müssen sachwidrig die Chancen einer gleichberechtigten Teilnahme am Arbeitsleben einzig aufgrund seines „Soseins" genommen werden. Anderer Ansicht ist jedoch das **BAG**, s. BAG v. 22.1.2009 – 8 AZR 906/07, NZA 2009, 945: „Voraussetzung für einen Entschädigungsanspruch wegen eines erlittenen Nichtvermögensschadens nach § 15 Abs. 2 AGG ist nicht, dass der Arbeitnehmer in seinem allgemeinen Persönlichkeitsrecht verletzt worden ist. Bei einem Verstoß des Arbeitgebers gegen das Benachteiligungsverbot des § 7 i.V. mit § 1 AGG ist grundsätzlich das Entstehen eines immateriellen Schadens beim Arbeitnehmer anzunehmen, der zu einem Entschädigungsanspruch führt" (ebenso BAG v. 18.3.2010 – 8 AZR 1044/08, NZA 2010. 1129). Es lässt – in einem auf eine Diskriminierung bei der Einstellung bezogenen Fall – allein offen, ob in bestimmten Ausnahmefällen ein immaterieller Schaden und damit ein Entschädigungsanspruch zu verneinen ist, weil die Benachteiligung so geringe Auswirkungen hat, dass die Zahlung einer Entschädigung nicht mehr in einem angemessenen Verhältnis zu der Benachteiligung steht.

Dennoch ist weiterhin nicht entschieden, ob auch mit jedem **ungleichen Ent-** **521** **gelt**, das eine unmittelbare oder mittelbare Benachteiligung wegen eines in § 1 genannten Grundes darstellt, ein Nichtvermögensschaden verbunden ist. In der Vergangenheit wurde in diesen Fällen stets nur der materielle Schaden eingeklagt; ein gesonderter Entschädigungsanspruch nach § 611a BGB wurde nicht zugesprochen. Dem entspricht es, dass der Benachteiligte bei Verletzung des US-amerikanischen oder des britischen Equal Pay Act, der ein vergleichbares Verbot in den

USA respektive in Großbritannien statuiert, ebenfalls keinen Nichtvermögensschaden ersetzt bekommt (Für die USA allerdings entsprechend den Regeln des FLSA mit einem Strafaufschlag von 100% des vorenthaltenen Entgelts, s. *Lewis/ Norman*, Employment Discrimination Law and Practice, 2004, S. 427; für das britische Recht sec. 2 (5) Equal Pay Act 1970; hierzu *Trolley's* Employment Handbook, Abschn. 17.11). Der Grund hierfür leuchtet ein: Wer gleiche Arbeitsbedingungen erhält und sich der unterschiedlichen Behandlung nicht Tag für Tag während der Arbeit, sondern nur auf dem monatlichen Gehaltsscheck ausgesetzt sieht, dessen Persönlichkeitsrechte und sozialer Geltungsanspruch werden in geringerer Weise beschnitten als dies in anderen Fällen gegeben ist (a.A. Wendeling-Schröder/Stein/*Stein*, AGG, § 15 Rnr. 34). Man klagt wegen eines ungerechtfertigt niedrigeren Lohnes, nicht wegen einer Persönlichkeitsverletzung. Dies muss jedenfalls dort gelten, wo es sich um eine mittelbare Diskriminierung handelt. Ansonsten wäre nahezu jeder Anspruch aus § 4 Abs. 1 TzBfG mit einem Anspruch aus § 15 Abs. 2 verbunden. Ein solcher Anspruch wurde aber bislang soweit ersichtlich niemals eingeklagt. Er wäre europarechtlich nicht geboten und verlagert die Schwerpunkte des Rechtsschutzes (ähnlich jedoch der österr. Gesetzgeber, s. § 12 Abs. 2 GlbG: „Erhält ein/e Arbeitnehmer/in wegen Verletzung des Gleichbehandlungsgebotes ... durch den/die Arbeitgeber/in für gleiche Arbeit oder für eine Arbeit, die als gleichwertig anerkannt wird, ein geringeres Entgelt als ein/e Arbeitnehmer/in des anderen Geschlechtes, so hat er/sie gegenüber dem/der Arbeitgeber/in Anspruch auf Bezahlung der Differenz und eine Entschädigung für die erlittene persönliche Beeinträchtigung.").

d) Kriterien der Entschädigungshöhe

522-524 aa) **Höchstgrenze nur bei Einstellung.** Gemäß § 15 Abs. 2 Satz 2 AGG darf die Entschädigung bei einer Nichteinstellung drei Monatsgehälter nicht übersteigen, wenn der oder die Beschäftigte auch bei benachteiligungsfreier Auswahl nicht eingestellt worden wäre. Im Übrigen ist die Höhe der Entschädigung ist unter Berücksichtigung aller Umstände des Einzelfalles zu bemessen (BT-Drucks. 16/1780, S. 38). Dies entspricht der bewährten Regelung des Schmerzensgeldes in § 253 Abs. 2 BGB. Damit bleibt dem Gericht der notwendige Beurteilungsspielraum erhalten, um die Besonderheiten jedes einzelnen Falles zu berücksichtigen. Auf Grund der Funktion der Entschädigung, eine „wirklich abschreckende Wirkung" (gefordert durch das europäische Recht: EuGH v. 22.4.1997 – Rs. C-180/95 *[Draehmpaehl]*, Slg. 1997, I-2195) zu erzielen, ist ein Nachweis des exakten Schadensumfangs entbehrlich (ErfK/*Schlachter*, § 15 AGG Rnr. 9). Er kann in einem **unbezifferten Klageantrag** geltend gemacht werden, dabei obliegt es dem Kläger lediglich Tatsachen zu benennen, die das Gericht bei der Bestimmung des Betrages heranziehen soll, und die Größenordnung der geltend gemachten Forderung anzugeben (LAG Niedersachsen v. 12.3.2010 – 10 Sa 583/09, LAGE § 15 AGG Nr. 11; *Bauer/Göpfert/Krieger*, AGG, § 15 Rnr. 38). Weil der Entschädigungsanspruch nicht den materiellen Schaden umfasst, ist eine Unterscheidung zwischen den Bewerbern, die ohne Benachteiligung eingestellt worden wären, und denen, die auch bei benachteiligungsfreier Auswahl ohne Erfolg geblieben wären, sinnlos,

IV. Schadensersatz und Entschädigung nach § 15 AGG

da diese Unterscheidung nur den unterschiedlichen materiellen Schaden betrifft. Dennoch wurde die Unterscheidung aus § 611 a BGB in das AGG übernommen – dort freilich war sie sinnvoll, weil die Entschädigung des § 611 a BGB auch den materiellen Schaden mit umfasste, der beim bestqualifizierten Bewerber anders war, als bei dem, der ohnehin nicht eingestellt worden wäre. Da beim bestqualifizierten Bewerber kein höherer Nichtvermögensschaden eintritt als beim wegen eines verbotenen Merkmals nach § 1 AGG zurückgewiesenen schlechter qualifizierten Bewerber, ist auch hier die Dreimonatsgrenze zu beachten – der letzte Halbsatz des § 15 Abs. 2 S. 2 AGG daher gedanklich zu streichen (a.A. *Jacobs*, RdA 2009, 193, 203). Systematisch ist er nicht zu begründen. Man hat § 611 a BGB abgeschrieben ohne ihn zu verstehen. Freilich ist die Regelung besser als der ursprüngliche Gesetzesentwurf, wo man ganz auf eine Höchstgrenze verzichtet hatte (BT-Drucks, 15/4538, S. 35; hierzu *Thüsing*, Ausschussdrucks. 15 (12)440-C). Es war **sinnvoll, die Beschränkung** auf drei Monatsverdienste **beizubehalten**. Die Begründung des Gesetzesentwurfs führte freilich aus, da es hier um den Ausgleich immaterieller Schäden gehe, stelle das Monatseinkommen, auf das § 611 a BGB abstellt, keine sachgerechte Bemessungsgröße dar. Auch bei der Dreimonatsverdienstgrenze des § 611 a Abs. 3 BGB ging es aber allein um den Ersatz von Nichtvermögensschäden: Wäre der Bewerber auch bei benachteiligungsfreier Auswahl nicht eingestellt worden, so ist ihm durch die Benachteiligung ein Vermögensschaden nicht entstanden. Richtigerweise hat daher auch der österreichische Gesetzgeber eine solche Höchstgrenze formuliert. Sie liegt bei diskriminierenden Einstellungspraktiken bei **500 Euro** (s. §§ 12 Abs. 1, 26 Abs. 1 GlBG), und damit deutlich niedriger als durch das AGG festgelegt. Dies hätte ein Richtwert auch für den deutschen Gesetzgeber sein können; er war freilich großzügiger. Höchstgrenzen einzuführen entspricht zudem guter internationaler Übung auch jenseits des deutschen Rechtskreises. Selbst *Title VII Civil Rights Act* enthält in sec. 102 als US-amerikanisches Pendant seit 1991 Höchstgrenzen, die mit der Größe des Arbeitgebers variieren, s. 42 U. S. C. A. 1981a(b)(3). Die dortigen Summen dürften für das deutsche Recht deutlich zu hoch gegriffen sein (bis zu 300 000 $), aber auch dies belegt die Notwendigkeit der Beschränkung.

Eine **Höchstgrenze der Entschädigung** hat der deutsche Gesetzgeber nur für den Fall der Nichteinstellung gewählt, weil dies durch Art. 18 der RL 2006/54/EG ausdrücklich zulässig ist. Für andere Fälle fürchtet er im Widerspruch zu den durch den EuGH aufgestellten Grundsätzen zu geraten, nach denen die Sanktion des Schadensersatz immer den vollständigen Ersatz des Schadens beinhalten muss (s. Rnr. 548). Die Grenze von drei Monatsgehältern gibt aber einen Anhaltspunkt auch für die Bewertung der immateriellen Schäden in anderen Fällen. Sie dürfte allgemein als Obergrenze gelten, da ein massiver Eingriff in das Persönlichkeitsrecht als die Vorenthaltung eines Arbeitsplatzes im bestehenden Arbeitsverhältnis kaum zu denken ist. Allein in besonders schweren Fällen der Belästigung und der sexuellen Belästigung mag man höher greifen. Auch hier sind aber die ansonsten im internationalen Vergleich eher niedrigen Schmerzensgeldbeträge der deutschen Rechtsprechung in anderen Fällen der Persönlichkeitsverletzung zu beachten (s. auch *Kern*, NZA 200, 124). **525**

bb) Einzelkriterien. Die **Kriterien, die Höhe** der Entschädigung zu bestimmen, ähneln damit denen, die bei **§ 253 Abs. 2 BGB** genannt werden: Der Grad des **526**

Verschuldens, die Schwere und Art der Beeinträchtigung, Nachhaltigkeit und Fortdauer der Interessen des Bewerbers sowie Anlass und Beweggründe für das Handeln des Arbeitgebers (zu § 611a BGB: ArbG Düsseldorf v. 7.10.1999 – 9 Ca 4209/99, DB 2000, 381; ähnlich Staudinger/*Annuß*, Neubearbeitung 2005, BGB, § 611a Rnr. 100; *Soergel/Raab*, BGB, § 611a Rnr. 54; *Treber*, NZA 1998, 854, 858; s. auch ArbG Hannover v. 25.6.1999 – 11 Ca 518/98, FA 1999, 325). Dem entspricht es auch, dass wie allgemein beim Schmerzensgeld für Persönlichkeitsverletzungen die wirtschaftliche Lage des Schädigers und des Geschädigten zu berücksichtigen ist (a. A. im Hinblick auf die wirtschaftliche Situation des Arbeitgebers *Zwanziger*, DB 1998, 1330, 1331; wie hier Staudinger/*Annuß*, Neubearbeitung 2005, BGB, § 611a Rnr. 100; Soergel/*Raab*, BGB, § 611a Rnr. 54). Der von dem Geschädigten erlittene immaterielle Schaden ist jedoch im Ansatz unabhängig von seinen materiellen Lebensumständen zu bemessen. Bei der Bemessung der Entschädigungshöhe hat daher auch der Umstand des benachteiligten Stellenbewerbers unberücksichtigt zu bleiben, dass er inzwischen einen anderen Arbeitsplatz gefunden hat (LAG Hessen v. 28.8.2009 – 19/3 Sa 1742/08, juris). Eine erhöhte Entschädigung kommt in Betracht, wenn die Verletzung **außergewöhnliche Folgen** für das physische und psychische Wohlbefinden und das Leistungsvermögen des Geschädigten hat. Auch die **Obliegenheit zur Schadensminderung** (§ 254 Abs. 2 BGB) kann auf den Ausgleich eines immateriellen Schaden übertragen werden (s. im Einzelnen auch MüKo/*Oetker*, BGB, § 253 Rnr. 39 ff.).

527 Bei unmittelbarer Diskriminierung dürfte der Anspruch höher sein als bei mittelbarer Diskriminierung, bei vorsätzlicher höher als bei fahrlässiger oder gar schuld-loser. Auch wird etwa eine erhöhte Entschädigung geboten sein, wenn ein Beschäftigter aus mehreren Gründen unzulässig benachteiligt oder belästigt wird (BT-Drucks. 16/1780, S. 38; Rnr. 31). Berücksichtigung muss es auch finden, ob der Arbeitgeber selbst gehandelt hat oder aber ein Arbeitnehmer, dessen Verhalten er sich zurechnen lassen muss, etwa eine Personalfindungsagentur. Haftet der Arbeitgeber nach § 12 AGG für einen Arbeitnehmer, so muss die Entschädigung überdies noch einmal niedriger bemessen werden, wenn der Arbeitgeber substantielle, wenn auch letztlich nicht erfolgreiche Schutzmaßnahmen zur Verhinderung von Benachteiligungen getroffen hat. Entsprechend dem Sanktionszweck kann im Wiederholungsfall die Entschädigung deutlich höher angesetzt werden (ebenso Staudinger/*Annuß*, Neubearbeitung 2005, BGB, § 611a Rnr. 102); dies gilt erst recht für gleichartige Wiederholungen.

528 cc) **Konzept des Strafschadensersatzes.** Die Entschädigung nach § 15 Abs. 2 AGG ist kein Strafschadensersatz. Nach europarechtlicher Vorgabe (s. Art. 15 Richtlinie 2000/43/EG, Art. 17 Richtlinie 2000/78/EG) muss die Höhe der Entschädigung geeignet sein, den Arbeitgeber von künftigen Benachteiligungen abzuhalten. Daher kann der Präventionsgedanke die Entschädigungshöhe auch beeinflussen (LAG München v. 19.11.2008 – 5 Sa 556/08, juris; LAG Hamm v. 26.2.2009 – 17 Sa 923/08, juris; Schleusener/Suckow/Voigt/*Voigt*, AGG, § 15 Rnr. 52). Die Entschädigung ist jedoch als Ersatz des Nichtvermögensschadens gedacht und insoweit Ausnahme zu § 253 Abs. 1 BGB, wie die Gesetzesmaterialen ausdrücklich betonen (BT-Drucks. 16/1780, S. 38). Damit muss sich die Höhe der Entschädigung in erster Linie nach dem Ausmaß des entstandenen Nichtvermögensschadens bestimmen, nicht nach seiner abschreckenden Wirkung. Denn nicht

IV. Schadensersatz und Entschädigung nach § 15 AGG

anders als der Schadensersatz für Vermögensschäden ist der Schadensersatz für Nichtvermögensschäden ein kompensatorischer Schadensersatz (s. aber *Wagner,* AcP 206 [2006], 352, 393). Eben daher ist die Norm auch verfassungsgemäß. Es liegt insoweit keine nach dem Rechtsstaatsprinzip (Art. 20 Abs. 2, Art. 28 Abs. 1 Satz 1 GG) bedenkliche Zivilstrafe vor (für die Behindertendiskriminierung BAG v. 15.2.2005 – 9 AZR 635/03, AP SGB IX § 81 Nr. 7; für die Geschlechtsdiskriminierung BAG v. 14.3.1989 – 8 AZR 447/87, AP BGB § 611a Nr. 5). In den USA ist dies anders. Hier können punitive damages, insb. nach den entsprechenden Diskriminierungsgesetzen der Einzelstaaten zugesprochen werden. Die Höhe ist dann auch in Ansehung der Größe des Unternehmens und seines Gewinns zu bemessen (s. *Lewis/Norman,* Employment Discrimination and Practice, 2001, S. 217 ff.; allgemein zu den punitive damages und die Regeln, sie zu bemessen *Dobbs,* Law of Remedies, 1993, S. 310 ff.)

Das AGG folgt damit den durch den BGH vorgezeichneten Bahnen. Der Große **529** Zivilsenat wies in seinem Beschluss vom 6.7.1955 (BGH v. 6.7.1955 – GSZ 1/55, BGHZ 18, 149) dem Anspruch auf Schmerzensgeld bei Persönlichkeitsverletzung eine Ausgleichsfunktion zu. Dem Geschädigten ist ein angemessener Ausgleich für diejenigen Schäden, diejenigen Lebens-(oder Persönlichkeits-)minderungen zu bieten, die nicht vermögensrechtlicher Art sind. Zudem trägt der Schmerzensgeldanspruch der Genugtuungsfunktion Rechnung. Der Schädiger schuldet dem Geschädigten Genugtuung für das, was er ihm zugefügt hat. Der Beschluss betont die besondere Bedeutung der Genugtuungsfunktion. Diesen Gedanken hat der BGH in seiner Entscheidung vom 19.9.1961 (BGH v. 19.9.1961 – VI ZR 259/60, BGHZ 35, 363) aufgegriffen und dem Anspruch auf Geldersatz für Persönlichkeitsrechtsverletzungen sein heutiges Gepräge gegeben. Der BGH führte aus, dass unter dem Einfluss der Werteentscheidung des Grundgesetzes und des nach Art. 1 und Art. 2 Abs. 1 GG hohen Wertes der menschlichen Persönlichkeit der zivilrechtliche Persönlichkeitsschutz lückenhaft und unzulänglich wäre, wenn eine Persönlichkeitsrechtsverletzung keine der ideellen Beeinträchtigungen adäquate Sanktion auslösen würde. Eine Geldentschädigung wird als das wirksamste und oft einzige Mittel angesehen, das geeignet ist, die Respektierung der Persönlichkeit des Einzelnen zu sichern.

Während § 15 Abs. 1 und Abs. 2 AGG also einen kompensierenden Schadens- **530** ersatz anstrebt, kann ein überkompensierender Schadensersatz zur **Prävention** erforderlich sein. Dies wird – anerkannt in der US-Rechtsprechung – vor allem dann der Fall sein, wenn der Schädiger damit rechnen kann, nicht in allen Fällen einer Schädigung tatsächlich zum Ersatz herangezogen zu werden oder wenn er aus der Schädigung einen Nutzen zieht, der den Schaden des Geschädigten übersteigt. Der rationale Schädiger wird dann ungeachtet einer vollen Ersatzpflicht handeln (s. hierzu *Thüsing,* Wertende Schadensberechnung, 2000, S. 361 ff.). Strafschadensersatz ist aber – international – bei fahrlässiger Schädigung nicht geschuldet (und erst recht nicht bei verschuldensunabhängiger Haftung), und zuweilen wird dann gerade hier auch auf den Ersatz des Nichtvermögensschaden verzichtet (s. für das niederländische Recht Art. 106 Abs. 1 lit. a NWB 6. Buch). Weil aber der Entschädigungsanspruch nach § 15 Abs. 2 AGG schon nicht den Vermögensschaden umfasst, scheint er kaum geeignet, hinreichend abschreckende Wirkung zu entfalten (daher verfehlt auch die Hoffnung *Bauer/Evers,* NZA 2006,

821, dies allein sei eine ausreichende verschuldensunabhängige Sanktion i. S. des Europarechts). Erforderlich ist vielmehr auch der verschuldensunabhängige Ersatz des Vermögensschadens. Die Norm ist missglückt und es bleibt abzuwarten, ob die Gerichte sie reparieren werden können. Hierbei müssen sie sich an der Rechtsprechung des EuGH orientieren. In der **Entscheidung** *Draehmpaehl* (EuGH v. 22. 4. 1997 – Rs. C-180/95, Slg. 1997, I-2195) stellte das Gericht fest, eine hinreichend abschreckende Wirkung sei gegeben, wenn der Arbeitgeber verschuldensunabhängig für den gesamten entstandenen Schaden haftet – und damit auch für den Vermögensschaden. Wird dieser mit ersetzt ist also ein überkompensierender Schadensersatz nicht erforderlich. Darin liegt der entscheidende Unterschied zum Strafschadensersatz US-amerikanischer Prägung. Dieser schaut nicht auf den entstandenen Schaden, sondern auf den Schädiger: Maßgeblich ist nicht, was erforderlich ist, um den Schaden wieder gut zu machen, sondern was erforderlich ist, um vergleichbare Schädigungen für die Zukunft zu verhindern (ausführlich *Dobbs*, Law of Remedies, 1993, S. 310 ff.; zu den neueren Entwicklungen auch *Schwarze*, NZG 2003, 804; einen mutigen Schritt zurück im Hinblick auf überhöhte Strafschadensersatzverdikte der US Supreme Court in Mutual Automobile Insurance Co. v. Campbell, 538 US 408 (2003)).

e) Verstoß bei Einstellung

531 Der Entschädigungsanspruch besteht auch bei der Ablehnung einer Bewerbung unter Verstoß gegen § 7 Abs. 1 AGG. Weil ein Einstellungsanspruch hier nach § 15 Abs. 6 AGG ausgeschlossen ist (zur Reichweite des Ausschlusses s. Rnr. 559), kommt dem Entschädigungsanspruch besondere Bedeutung zu. Dabei ist es unerheblich, ob im Rahmen der Personalentscheidung das Vorliegen eines Diskriminierungsmerkmals bei der Benachteiligung nur irrig angenommen wird oder ob dieses auch tatsächlich gegeben ist; auch der „Versuch am untauglichen Objekt" stellt eine grundsätzlich zur Entschädigung verpflichtende Benachteiligung dar (BAG v. 17. 12. 2009 – 8 AZR 670/08, NZA 2010, 383).

532 Obwohl soweit ersichtlich die Rechtsprechung bislang ausschließlich Fälle unmittelbarer Diskriminierung zu entscheiden hatte, kann anspruchsbegründend auch eine mittelbare Diskriminierung sein (z. B. wenn ein Arbeitgeber für einen Wachdienst ausschließlich nach „ehemaligen Soldaten der Bundeswehr" sucht). Abzustellen ist hier jedoch – wie auch ehemals bei § 611 a Abs. 2 BGB (s. HWK/*Thüsing*, 2. Aufl. 2006, § 611 a BGB Rnr. 64) – nicht allein auf die formale Position eines allein durch die Einreichung eines Bewerbungsschreibens begründeten Status als Bewerber. Vielmehr kann im Stellenbesetzungsverfahren nur benachteiligt werden, wer sich **subjektiv ernsthaft beworben hat** (LAG Baden-Württemberg v. 20. 3. 2009 – 9 Sa 5/09, juris; LAG Rheinland-Pfalz v. 11. 1. 2008 – 6 Sa 522/07, NZA-RR 2008, 343; kritisch hierzu *Maier*, ArbuR 2008, 273; LAG Baden-Württemberg v. 13. 8. 2007 – 3 Ta 119/07, AuA 2007, 624; hierzu s. *Bissels/Lützeler*, BB 2008, 666, 670 *Walker*, NZA 2009, 5; *Schiefer*, ZfA 2008, 493, 504; Schleusener/Suckow/Voigt/*Voigt*, AGG, § 15 Rnr. 36). Das grundlose Ausschlagen einer Einladung zur Teilnahme an einem Vorstellungsgespräch stellt ein sicheres Indiz für die fehlende Ernsthaftigkeit der Bewerbung dar (LAG Hamburg

IV. Schadensersatz und Entschädigung nach § 15 AGG

v. 19. 11. 2008 – 3 Ta 19/08, juris). Ebenso kann ein Bewerbungsschreiben in dem der Bewerber ohne nachvollziehbare Gründe auf Umstände hinweist, die einen Arbeitgeber üblicherweise abschrecken oder die Bewerbung offensichtlich unvollständig ist darauf hindeuten, dass es dem Bewerber lediglich um einen Entschädigungsanspruch nach § 15 Abs. 2 geht (ArbG Stuttgart v. 11. 3. 2009 – 14 Ca 7802/08, Behindertenrecht 2010, 81). Allein aus dem Umstand, dass der Bewerber sich parallel und zeitnah auf zahlreiche Stellen beworben hat, kann jedoch noch nicht die fehlende Ernsthaftigkeit gefolgert werden (LAG Schleswig-Holstein v. 9. 12. 2008 – 5 Sa 286/08, LAGE § 15 AGG Nr. 7). Etwas anderes kann gelten, wenn der Bewerber sich überwiegend auf benachteiligende Stellen beworben hat und den Eindruck erweckt hat, er habe § 15 Abs. 1 und 2 als Einnahmequelle entdeckt (LAG Schleswig-Holstein v. 29. 1. 2009 – 4 Sa 346/08, SchlHA 2009, 168; LAG Hamm v. 26. 6. 2008 – 15 Sa 63/08, LAGE § 15 AGG Nr. 5).

Daneben findet sich die Formulierung, der Arbeitnehmer müsse objektiv für **533** die zu besetzende Stelle überhaupt in Betracht kommen (BAG v. 12. 11. 1998 – 8 AZR 365/97, AP BGB § 611 a Nr. 60, BAG v. 19. 8. 2010 – 8 AZR 466/09, NZA 2011, 203). Der Stellenbewerber muss jedenfalls in der Lage sein, sich fehlende Kenntnisse und Erfahrungen in einer zumutbaren Einarbeitungszeit anzueignen (LAG Hessen v. 28. 8. 2009 – 19/3 Sa 2136/08, juris). Dabei kann sich das **Fehlen der objektiven Eignung** auch durch ein provokatives Auftreten des Stellenbewerbers im Bewerbungsverfahren herausstellen (LAG Köln v. 10. 2. 2010 – 5 Ta 408/09, NZA-RR 2010, 234). Diese Rechtsprechung hat zumindest im Ergebnis Zustimmung in der Literatur gefunden (Staudinger/*Annuß*, Neubearbeitung 2005, BGB, § 611 a Rnr. 91; Soergel/*Raab*, BGB, § 611 a Rnr. 38; ErfK/*Schlachter*, § 15 AGG Rnr. 12; *Ehmann/Emmert*, SAE 1997, 253) und dürfte europarechtlich zulässig sein. Entscheidend ist nicht so sehr der Wortlaut des Gesetzes, sondern das *Telos* des Diskriminierungsschutzes: Es dient nicht der Verwirklichung der Ziele des § 1 AGG, wenn Bewerbungen berücksichtigt werden, die allein mit dem Ziel der Entschädigung eingereicht werden; dem **Rechtsmissbrauch** braucht der Gesetzgeber nicht die Hand zu reichen. Die fehlende objektive Eignung ist jedoch nur ein Indiz für eine nicht ernsthaft gemeinte Bewerbung, kein eigenes Tatbestandsmerkmal zum Ausschluss vom Ersatzanspruch (a. A. jedoch BAG v. 19. 8. 2010 – 8 AZR 466/09, NZA 2011, 203). Andere Indizien für rechtsmissbräuchliche Bewerbungen können die offensichtliche Minder- oder Überqualifikation (Schleusener/Suckow/Voigt/*Voigt*, AGG, § 15 Rnr. 38) für die ausgeschriebene Stelle sein oder Bewerbungen ausschließlich auf in Widerspruch zu § 11 AGG ausgeschriebene Stellen (ArbG Köln v. 13. 6. 1996 – 14 Ca 7934/95, ZIP 1997, 804), ein bestehendes Arbeitsverhältnis mit höherer Vergütung (ErfK/*Schlachter*, § 15 AGG Rnr. 12) und die äußere Aufmachung der Bewerbung (Vollständigkeit der Bewerbungsunterlagen, seriöses Anschreiben). Den Beweis des Rechtsmissbrauchs muss stets derjenige führen, der sich darauf beruft, also hier der Arbeitgeber (ArbG Köln v. 13. 6. 1996 – 14 Ca 7934/95, ZIP 1997, 804; ErfK/*Schlachter*, § 15 AGG Rnr. 12; a. A. *Walter*, SAE 2000, 64, 66).

Nicht erforderlich ist, dass es ohne die Benachteiligung zur **Einstellung des Be- 534 werbers** gekommen wäre – dies ist nur entscheidend für die Frage, ob ein Vermögensschaden vorliegt (allg. Meinung. Sächsisches OVG v. 24. 2. 2010 – 2 A 161/09, juris; so bereits zu § 611 a BGB: LAG Hamm v. 22. 11. 1996 – 10 Sa 1069/

96, LAGE Nr. 9 zu § 611 a BGB; s. auch BT-Drucks. 12/5468, S. 44; ebenso bereits zur alten Fassung der Norm BVerfG v. 16. 11. 1993 – 1 BvR 258/86, EzA Nr. 42 zu Art. 3 GG unter C I. 2. c) der Gründe).

535 Nicht erforderlich ist es weiter, dass die **ausgeschriebene Stelle tatsächlich besetzt** wird, dass also überhaupt ein Bewerber eingestellt wird (BAG v. 23. 8. 2012 – 8 AZR 285/11, NZA 2013, 37; a. A. LAG Düsseldorf v. 1. 2. 2002 – 9 Sa 1451/01, NZA-RR 2002, 345; *Hanau*, FS Gnade, 1992, S. 351, 353; Schleusener/Suckow/Voigt/*Voigt*, AGG, § 15 Rnr. 34) Das gilt nicht nur dann, wenn die Besetzung des Arbeitsplatzes allein deshalb unterbleibt, weil der Arbeitgeber auf Grund seiner diskriminierenden Auswahl keinen geeigneten Bewerber gefunden hat (so noch KR/*Pfeiffer*, 7. Aufl. 2004, § 611 a BGB Rnr. 104), denn der Anspruch des Bewerbers auf einen diskriminierungsfreien Bewerbungsprozess besteht unabhängig vom Ausgang dieses Prozesses. Die Benachteiligung, die das AGG und die zugrunde liegenden europarechtlichen Vorgaben verhindern wollen, wird durch die Nichtbesetzung des Arbeitsplatzes nicht berührt. Möglich scheint es jedoch, diesen Umstand bei der Höhe der Entschädigung zu berücksichtigen, ebenso wie die Tatsache, dass der Arbeitgeber sich freiwillig und ohne gerichtlichen Druck dazu entschieden hat, seine diskriminierende Maßnahme wieder rückgängig zu machen, Berücksichtigung finden kann (LAG Düsseldorf v. 29. 6. 1992 – 10 Sa 595/92, LAGE Nr. 8 zu § 611 a BGB: Binnen weniger als einem Monat nach Ablauf eines befristeten Arbeitsvertrages, der auf Grund Schwangerschaft der Arbeitnehmerin nicht erneuert wurde, bot der Arbeitgeber die Fortsetzung eines Arbeitsverhältnisses an).

536 Die Höchstgrenze von drei Monatsgehältern muss von den Gerichten nicht ausgeschöpft werden. Vielmehr hat das Gericht den Grad des Verschuldens und die Schwere der Diskriminierung zu berücksichtigen. Ein Arbeitgeber, der eine niedrige Altersschwelle formuliert, kann daher auf einen höheren Betrag haften als der, der eine höhere, aber dennoch ungerechtfertigte Altersgrenze seinen Bewerbungen zugrunde legt. Auch bei Mehrfachdiskriminierungen kann die Höchstsumme von drei Monatsverdiensten nach dem eindeutigen Wortlaut der Norm nicht überschritten werden.

3. Ersatz des Vermögensschadens

537 § 15 Abs. 5 AGG stellt klar, dass sich aus sonstigen allgemeinen Rechtsvorschriften ergebende Ansprüche gegen einen benachteiligenden Arbeitgeber unberührt bleiben. In Betracht kommen insbesondere Ansprüche auf Unterlassung entsprechend § 1004 BGB oder auf Ersatz des materiellen Schadens nach den §§ 252, 823 BGB (BT-Drucks. 16/1780, S. 38).

a) Anspruchsgrundlagen

538 Nach § 15 Abs. 1 AGG ist der Arbeitgeber, verstößt er gegen das Benachteiligungsverbot des § 7 Abs. 1 AGG, verpflichtet, den hierdurch entstandenen Schaden zu ersetzen. Dies gilt nicht, wenn der Arbeitgeber die Pflichtverletzung nicht zu vertreten hat. Das Gesetz lässt offen, was der Arbeitgeber zu vertreten hat. Aufgrund des ausdrücklichen Hinweises in der Gesetzesbegründung wird man in-

IV. Schadensersatz und Entschädigung nach § 15 AGG

soweit auf die Regelung des BGB zurückgreifen müssen und nur eigenes schuldhaftes Verhalten nach § 276 BGB oder solches des Erfüllungsgehilfen nach § 278 BGB als zu vertretendes Verhalten einstufen können (s. BT-Drucks. 16/1780, S. 38, ebenso LAG Hessen v. 7. 2. 2012 – 2 Sa 1411/10, das auch eine „Zurechnung" über § 831 BGB für möglich hält). § 15 Abs. 1 AGG bildet damit eine eigenständige Anspruchsgrundlage.

Es handelt sich bei § 15 Abs. 1 AGG aber um **keine abschließende Regelung** der vertragsrechtlichen Folgen einer Diskriminierung, weshalb daneben Ansprüche aus *culpa in contrahendo* gemäß den §§ 280, 311 Abs. 2 BGB oder aus positiver Vertragsverletzung gemäß § 280 BGB in Frage kommen (ebenso zu § 611a BGB MüKo/*Müller-Glöge*, 4. Aufl. 2004, BGB, § 611a Rnr. 47; Soergel/*Raab*, BGB, § 611a Rnr. 74; a. A. Staudinger/*Annuß*, Neubearbeitung 2005, BGB, § 611a Rnr. 80). Der Anspruchsinhalt ist freilich identisch. Für **Beamte und Richter** kann sich ein Anspruch aus der Verletzung der zum Dienstherrn bestehenden öffentlich-rechtlichen Sonderbeziehung ergeben. Die Regeln folgen weitgehend denen einer Vertragspflichtverletzung, s. Rnr. 506. Hier wird regelmäßig zusätzlich eine Amtspflichtverletzung i. S. d. § 839 BGB vorliegen. Zwischen beiden Ansprüchen besteht Anspruchskonkurrenz (s. auch BGH v. 10. 1. 1972 – III ZR 202/66, MDR 1972, 305; BGH v. 9. 12. 1999 – III ZR 194/98, WM 2000, 626).

539

b) Voraussetzung des Verschuldens

§ 15 Abs. 1 AGG setzt den Willen des Gesetzgebers nach Vertretenmüssen voraus. Fehlendes Vertretenmüssen hat der Arbeitgeber darzulegen. Zu Vertreten hat der Arbeitgeber Vorsatz und Fahrlässigkeit, s. § 276 BGB. Voraussetzung ist damit, dass der Arbeitgeber um die Rechtswidrigkeit seines Handelns weiß oder aber unter außer Achtlassung der im Verkehr erforderlichen Sorgfalt nicht weiß. Dieses Verschuldenserfordernis ist jedoch europarechtswidrig. Wie die Gerichte hierauf reagieren werden, ist unklar. Allerdings trifft es zu, dass eine – europarechtlich gebotene (s. Rnr. 549) – Abschreckung und Sanktion nur auf solches Handeln bezogen sein kann, für das der Arbeitgeber Alternativen hätte, bei dem er also anders hätte handeln können (s. Staudinger/*Annuß*, Neubearbeitung 2005, BGB, § 611a Rnr. 92; *Annuß*, NZA 1999, 738). Ein individueller Schuldvorwurf ist damit aber nicht notwendige Voraussetzung für einen Entschädigungsanspruch, denn auch derjenige, der pflichtgemäße Sorgfalt angewandt hat, hätte noch sorgfältiger handeln können. Mit seiner verschuldensunabhängigen, jedoch in seiner Sanktionswirkung begründeten Haftung bildet § 15 AGG einen Fremdkörper im deutschen Schadensrecht, geht doch die ganz h. M. (national wie international) davon aus, dass sich eine strikte Haftung nur durch die Ausgleichsfunktion, nicht aber durch ihre Sanktionswirkung rechtfertigen lässt (s. jüngst noch BT-Drucks 14/7752, S. 30 in Begründung des Zweiten Gesetzes zur Änderung schadensrechtlicher Vorschriften; *Viney/Jourdain*, Les conditions de la responsabilité, 1998, Nr. 254; zu § 611a BGB s. Staudinger/*Annuß*, Neubearbeitung 2005, BGB, § 611a Rnr. 93; Soergel/*Raab*, BGB, § 611a Rnr. 49; *Gamillscheg*, Anm. EzA Nr. 15 zu § 611a BGB). Da der Ersatz des vollständigen Schadens wohl Mindestsanktion im Sinne einer unmittelbaren Geltung der Richtlinien ist (s. Rnr. 549),

540

ist gegenüber dem **Staat als Arbeitgeber** (s. Rnr. 37) das **Verschuldenserfordernis unanwendbar**. Im Übrigen wird man als klarer Wille des Gesetzgebers das Verschuldenserfordernis zumindest bei der Geltendmachung des materiellen Schadens zu beachten haben; bei der Entschädigung besteht – aufgrund der dargelegten Unsicherheiten zwischen Text und Begründung – mehr Spielraum für eine europarechtskonforme Auslegung.

541 Ungeachtet der Zweifel, ob Verschulden also Voraussetzung der Haftung ist, muss der Arbeitgeber sich das **Verschulden seiner Erfüllungsgehilfen** nach § 278 BGB zurechnen lassen. Erfüllungsgehilfe ist freilich nur der, dessen sich der Arbeitgeber zur Erfüllung seiner arbeitsvertraglichen Pflichten gegenüber dem Arbeitnehmer bedient. Werden Benachteiligungen im Betrieb oder in der Dienststelle damit von Vorgesetzten begangen, hat der Arbeitgeber mit der Rechtsfolge einer Entschädigungspflicht **ohne Rücksicht auf ein eigenes Verschulden** einzustehen. Der Gesetzgeber ging davon aus, dass dies nicht nur dem Grundgedanken des § 278 BGB entspricht, sondern auch den Anforderungen der Rechtsprechung des EuGH an eine wirksame und verschuldensunabhängige Sanktion (BT-Drucks. 15/4538, S. 36). Bei der stellvertretenden Verhandlung und Unterzeichnung eines benachteiligenden Arbeitsvertrags leuchtet dies unmittelbar ein. Bei der Belästigung und sexuellen Belästigung durch Vorgesetze setzt dies jedoch voraus, dass belästigende Kollegen, wenn sie in Ausübung ihrer Befugnisse tätig sind, als Erfüllungsgehilfen im Hinblick auf die Pflichten des Arbeitgebers gegenüber den Belästigten handeln (so in der Tat LAG Niedersachsen v. 3. 5. 2000 – 16 a Sa 1391/99, NZA-RR 2000, 517, 519; *v. Hoyningen-Huene*, BB 1991, 2215, 2221; vgl. zum sog. Mobbing auch *Rieble/Klumpp*, ZIP 2002, 369, 379 f.). Hierfür spricht, dass § 278 BGB sich nicht allein auf Haupt- und Nebenleistungspflichten bezieht, sondern auch auf alle anderen Verhaltenspflichten (Palandt/*Grüneberg*, BGB, § 278 Rnr. 18) und damit auch auf die Fürsorgepflicht des Arbeitgebers, die es gebietet, die Arbeitnehmer nicht zu diskriminieren. Werden Benachteiligungen im Betrieb oder in der Dienststelle von Arbeitskollegen begangen – auch dies werden überwiegend **Fälle der Belästigung oder sexuellen Belästigung** sein –, trifft den Arbeitgeber eine Entschädigungspflicht nur, wenn er seine Verpflichtung zum Ergreifen geeigneter Schutzmaßnahmen nach § 12 AGG wenigstens fahrlässig verletzt hat (BT-Drucks. 15/4538, S. 36). Die kann jedoch nicht aus § 15 hergeleitet werden, denn § 15 Abs. 1 setzt den Verstoß gegen das Benachteiligungsverbot voraus, nicht gegen das Gebot zu Schutzmaßnahmen. Einschlägig sind die allgemeinen Regeln des Delikts- und des Vertragsrechts.

c) Höhe des Ersatzanspruchs

542 Für die Höhe des Schadensersatzanspruchs sind maßgeblich die §§ 249 ff. BGB. Danach schuldet der Arbeitgeber den Ersatz des vollen Vermögensschadens: die Differenz zwischen dem, was der Beschäftigte an Vermögen hat und dem was er hätte, läge eine ungerechtfertigte Benachteiligung nicht vor.

543 aa) **Diskriminierende Nichteinstellung.** Wäre der Bewerber ohne Benachteiligung eingestellt worden, hat er Anspruch auf das Arbeitsentgelt, zumindest bis zum ersten hypothetischen Kündigungstermin (auf diese Summen beschränkend:

IV. Schadensersatz und Entschädigung nach § 15 AGG

Soergel/*Raab*, BGB, § 611a Rnr. 54; Staudinger/*Annuß*, Neubearbeitung 2005, BGB, § 611a Rnr. 99; *Wisskirchen*, Mittelbare Diskriminierung, 1994, S. 157; *Oetker*, ZIP 1997, 802, 803; ausführlich *Kandler*, Sanktionsregeln für Verstöße gegen die EG-Gleichbehandlungsrichtlinie (76/207/EWG) im deutschen Recht, 2003, S. 195 ff.). Dies erfordert aber ein Vorbringen der Bestqualifikation des Bewerbers (ErfK/*Schlachter*, § 15 AGG Rnr. 2, *Däubler/Bertzbach*, AGG, § 15 Rnr. 38, Schleusener/Suckow/Voig/*Voigt*, AGG, § 15 Rnr. 17; *Meinel/Heyn/Herms*, AGG, § 15 Rnr. 40, Wendeling-Schröder/Stein/*Stein*, AGG, § 15 Rnr. 19), nur dann ist ein Vermögensschaden überhaupt denkbar. hm kommt aber nach der Rechtsprechung des BGH eine Beweiserleichterung zugute, wenn nach der Lebenserfahrung eine tatsächliche Vermutung oder Wahrscheinlichkeit für eine Einstellung bei regelgerechtem Vorgehen besteht (v. 23.4.2012 – II ZR 163/10, NZA 2012, 797).

Ein darüber hinausgehender Anspruch auf **Abfindung in Anlehnung an die** **544** **§§ 9, 10 KSchG** steht dem Bewerber hingegen nicht zu (a. A. Hanau, FS Kahn-Freund, 1980, S. 457, 473). Die Rechtsprechung des BAG zu § 628 Abs. 2 BGB kann insofern nicht übertragen werden (hierzu BAG v. 26.7.2001 – 8 AZR 739/00, NZA 2002, 325, 330; s. auch BAG v. 22.4.2004 – 8 AZR 269/03, AP BGB § 628 Nr. 18). Danach kann der Arbeitnehmer, der durch ein vertragswidriges Verhalten des Arbeitgebers zu einer außerordentlichen Kündigung veranlasst wurde, außer dem Anspruch auf Ersatz des Arbeitsentgelts bis zum nächsten Kündigungstermin auch einen Abfindungsanspruch nach den Regeln der §§ 9, 10 KSchG geltend machen. Die Lage des wegen schuldhafter Vertragspflichtverletzung des Arbeitgebers selbst kündigenden Arbeitnehmers sei vergleichbar derjenigen des Arbeitnehmers, dem gegenüber der Arbeitgeber eine unberechtigte Kündigung ausgesprochen hat und der nun seinerseits einen Auflösungsantrag stellt (BAG v. 26.7.2001 – 8 AZR 739/00, NZA 2002, 325, 330). Es ließe sich erwägen, diese Rechtsprechung für die diskriminierende Ablehnung von Stellenbewerbern zu übernehmen und insofern den Arbeitnehmer, der aufgrund eines bestimmten Merkmals nicht eingestellt wird, demjenigen gleichzustellen, dem sofort nach Aufnahme seiner Arbeit aus dem gleichen Grunde unberechtigterweise gekündigt wird. Ein Blick in die Literatur zeigt, dass dies nicht fern liegt (s. etwa Bamberger/Roth/*Fuchs*, 1. Aufl. 2003, BGB, § 611a Rnr. 41 zur Höhe des Entschädigungsanspruches eines wegen seines Geschlechts abgelehnten Stellenbewerbers: „Es darf der Zeitraum bis zum nächstmöglichen Kündigungstermin für den Arbeitgeber zugrunde gelegt werden. Denn es ist nicht ersichtlich, dass ein nach [§ 611a] Abs. 1 diskriminierter Bewerber entschädigungsrechtlich anders gestellt werden soll als er stünde, wenn ihm vom Arbeitgeber gleich nach Aufnahme der Arbeit rechtswidrigerweise gekündigt worden wäre."). Wenn dem so wäre, läge es nahe, auch dem abgelehnten Stellenbewerber einen zusätzlichen Abfindungsanspruch nach den §§ 9, 10 KSchG an die Hand zu geben. Indes lässt sich die Situation eines Bewerbers, der wegen eines verpönten Merkmales nicht eingestellt wird, nicht mit der eines Arbeitnehmers vergleichen, dem gekündigt wird. Denn letzterer genießt bereits den Bestandsschutz des Arbeitsverhältnisses, sofern er dem KSchG unterfällt. Die §§ 9, 10 KSchG rechtfertigen sich daraus, dass der Arbeitnehmer auf diesen Bestandsschutz verzichtet und dieser Verzicht letztlich auf einem unrechtmäßigen Verhalten des Arbeitgebers beruht. In dieser Situation trifft

F. Rechtsfolgen

den Arbeitnehmer neben dem Verlust der Vergütung ein weiterer wirtschaftlicher Verlust, für den er einen angemessenen Ausgleich verlangen kann (BAG v. 26.7.2001 – 8 AZR 739/00, NZA 2002, 325, 330; ErfK/*Kiel*, § 9 KSchG Rnr. 8 m.w.N.).: Ein Bewerber um einen Arbeitsplatz genießt jedoch noch gar keinen Bestandsschutz, zu dessen Ausgleich die §§ 9, 10 KSchG herangezogen werden könnten. Und es ist auch noch nicht sicher, ob er überhaupt jemals in diesen Genuss kommen wird, setzt doch § 1 Abs. 1 KSchG ein sechsmonatiges Beschäftigungsverhältnis voraus. Die Situation eines Bewerbers, der wegen eines verpönten Merkmals nicht eingestellt wird, ist deshalb nicht mit derjenigen vergleichbar, in der ein Arbeitnehmer wegen eines vertragswidrigen Verhaltens des Arbeitgebers kündigt. Ein über die Vergütung bis zum nächstmöglichen Kündigungszeitraum hinausgehender Schadensersatzanspruch, angelehnt an die §§ 9, 10 KSchG, steht dem abgelehnten Bewerber daher nicht zu.

545 Möglich scheint es allein mit dem **Ziel eines billigen Ersatzanspruches** nicht auf den nächstmöglichen Kündigungszeitpunkt abzustellen, sondern einen späteren Termin zu wählen, in der Annahme, dass der Bewerber eben nicht ungeachtet unzulässiger Diskriminierung beim nächstmöglichen Zeitpunkt gekündigt worden wäre (s. auch Rebhahn/*Rebhahn*, GlBG, § 3 Rnr. 60). Orientierung könnte die übliche oder durchschnittliche Fluktuation der Bewerber im Betrieb sein. Testfrage ist insoweit: Wie lange wäre der Arbeitnehmer voraussichtlich im Unternehmen verblieben? Man müsste hierzu Wahrscheinlichkeiten im Kausalverlauf unterstellen und einen mutmaßlichen Wert zugrunde legen. Ansatzpunkte zu einer solchen Lösung sind jedoch in der bisherigen arbeitsgerichtlichen Rechtsprechung nicht vorhanden (s. aber allgemein im Schadensrecht etwa bei der Beweislastumkehr grober Behandlungsfehler und alternativer Lösungswege durch das Konzept der Anspruchsquotelung nach Schadenswahrscheinlichkeit v. Bar, Gemeineuropäisches DeliktsR II, 1999, Rdnrn. 444, 445 m.w.N.; Stoll, FS Steffen, 1995, S. 465 [England]). Angesichts dieser Unsicherheiten hat der **österreichische Gesetzgeber** sich entschieden, genauere Vorgaben zur Bezifferung des materiellen Schadens zu machen. Er gibt einen Mindestanspruch von einem Monatsentgelt (§ 12 Abs. 1 Nr. 1, § 26 Abs. 1 Nr. 1 österr. GlBG) vor. Je weiter man den hypothetisch zugrunde gelegten Kündigungstermin hinausschiebt, desto gewichtiger wird die Sanktion. Ziel muss eine möglichst enge Parallelität zu sonstigen Fällen des Schadensrechts sein. Ggf. hat der Richter den Schaden nach § 287 Abs. 1 ZPO zu schätzen.

546 bb) **Unterbliebene Beförderung.** Der Schadensersatz für materielle Schäden bei unterbliebener Beförderung ist ebenso schwierig zu bestimmen wie bei der Einstellung. Einerseits besteht kein Anspruch auf Aufstieg (§ 15 Abs. 6 AGG), andererseits soll voller Schadensersatz geleistet werden. Wenn der ungerechtfertigt benachteiligte Arbeitnehmer der bestqualifizierte Bewerber war – nur dann kann ihm ein materieller Schaden entstanden sein – dann kann er grundsätzlich für die Vergangenheit die gesamte Differenz einklagen. Für die Zukunft wird man noch großzügiger sein, denn eine Änderungskündigung zur Degradierung wäre nicht möglich. Auch eine Beendigungskündigung wäre bei Eingreifen des KSchG regelmäßig keine Option. Für die Zukunft wird der Anspruch daher nicht beschränkt. Damit bewirkt § 15 Abs. 6 AGG allein einen Ausschluss des Anspruchs auf Beschäftigung auf höherer Ebene. Korrektiv wäre auch hier allein die durchschnittliche Fluktuation im Arbeitsverhältnis. Ein Anspruch auf Vergütung nach höherer

IV. Schadensersatz und Entschädigung nach § 15 AGG

Ebene besteht jedoch und kann für die Zukunft grundsätzlich unbegrenzt eingeklagt werden. Der Nachweis der besten Qualifikation wird freilich regelmäßig schwer zu führen sein.

cc) Benachteiligung beim Entgelt. Im Falle eines **Verstoßes gegen das Gebot gleichen Entgelts** haben die aus einem Grund nach § 1 AGG benachteiligten Beschäftigten in Übereinstimmung mit der der Rechtsprechung zu § 611 a BGB und zu § 4 TzBfG Anspruch auf die Leistungen, die der bevorzugten Gruppe gewährt werden. Anspruchsgrundlage ist § 280 BGB (BAG v. 23.9.1992 – 4 AZR 30/92, AP BGB § 612 Nr. 1 Diskriminierung; krit. zu der dadurch bewirkten „Spirale nach oben" Soergel/*Raab*, BGB, § 612 Rnr. 83). Dies entspricht ausländischer Gesetzgebung, s. § 12 Abs. 3, 6 österr. GlBG. Die Angleichung an den höheren Lohn beinhaltet eine Sanktion, die wirksam zu einem dem Entgeltgleichheitsgebot konformen Verhalten anreizt, da jede diskriminierende Ungleichbehandlung mit einem finanziellen Risiko belegt wird, ausführlicher Rnr. 495. Der Schadensersatzanspruch, für den die Ausschlussfrist des § 15 Abs. 4 AGG gilt, greift hier nicht. Bei der Benachteiligung beim Entgelt wird daher regelmäßig die Sanktionenregelung des § 7 Abs. 2 AGG i. V. m. § 7 Abs. 3 AGG i. V. m. § 280 BGB die praktisch entscheidende sein. 547

d) Wertungswidersprüche und europarechtliche Defizite

Die Wertungswidersprüche des AGG sind offensichtlich: Der Ersatz materieller Schäden gestaltet sich – zumindest nach vertretbarer Auslegung, s. Rnr. 516 – schwieriger als der immaterieller Schäden: Für letztere ist kein Verschulden erforderlich. Dies bedeutet nicht nur eine Friktion zu etablierten Traditionen des Schadensrechts, sondern auch einen Rückschritt gegenüber dem vorangegangenen Rechtszustand, der gerade im Hinblick auf die hehre Wortwahl der Gesetzesbegründung und dem Ziel eines verstärkten Diskriminierungsschutzes befremden muss. Dies ist jedoch eine Frage guter Gesetzgebungspolitik und kann nach Verabschiedung des Gesetzes dahingestellt bleiben. 548

Schwerer wiegen die Einwände möglicher Unvereinbarkeit mit den Vorgaben des europäischen Rechts. Diese liegt wohl nicht in einem **Verstoß gegen das Absenkungsverbot des Art. 27 Abs. 2 RL 2006/54/EG, Art. 8 Abs. 2 RL 2000/78/ EG**. Danach darf die Umsetzung der Richtlinie nicht als Rechtfertigung für die Absenkung des von den Mitgliedsstaaten bereits garantierten allgemeinen Schutzniveaus in Bezug auf Diskriminierungen in den von der Richtlinie abgedeckten Bereichen benutzt werden. Allerdings ist die primärrechtliche Zulässigkeit einer solchen europarechtlichen Effizienzklausel fraglich, geht es doch hier nicht mehr um die Harmonisierung von Mindeststandards, sondern die Festschreibung von Höchststandards. Auch gerade jüngste Stellungnahmen aus Luxemburg haben deutlich gemacht, dass dies wohl nicht sehr viel mehr als ein „Transparenzgebot der Umsetzung" ist: Europäisches Recht darf nicht als Begründung zur Absenkung gegebenen Schutzes dienen (s. die Anträge des Generalanwalts *Tizzano* v. 30.6. 2005 – Rs. C-144/04 *[Mangold]* und die Entscheidung des EuGH im Verfahren *Mangold*: EuGH v. 22.11.2005 – Rs. C-144/04 *[Mangold]*, NZA 2005, 1345 Rnr. 44 ff.). Es bestehen jedoch klare Defizite auch im Hinblick auf das **Gebot** 549 effektiver Sanktionierung unzulässiger Diskriminierungen nach Art. 8 d RL 76/207/EG, Art. 15 RL 2000/43/EG, Art. 17 2000/78/EG und Art. 8d RL 2002/73/EG. Der Gesetzgeber des AGG sieht dieses Gebot durch den Ersatz des Nichtvermögensschadens gewahrt. Dies greift jedoch zu kurz, da der Nichtvermögensschaden eben nur einen Teil des Schadens eines Benachteiligten ausmacht, und oftmals nur den geringeren. Diesen Schaden aber nur bei Verschulden des Arbeitgebers ersetzt zu bekommen ist, wie der EuGH bereits in den ersten Jahren des 611 a BGB feststellte, unzureichend (s. hierzu EuGH v. 10. 4. 1984 – Rs. 14/83, Slg. 1984, 1891, 1908, Rnr. 24; EuGH v. 10. 4. 1984 – Rs. 79/83, Slg. 1984, 1921, 1941, Rnr. 24; EuGH v. 2. 8. 1993 – Rs. C-271/91, Slg. 1993, I-4367, 4408, Rnr. 27 f.). Er stellte fest, dass, wenn ein Staat als Sanktion für eine Diskriminierung wegen des Geschlechts Schadensersatzansprüche gesetzlich festschreibt, diese es erlauben müssen, die durch die diskriminierende Entlassung tatsächlich entstandenen Schäden *in vollem Umfang* auszugleichen (EuGH v. 2. 8. 1993 – Rs. C-271/91, EuZW 1993, 706, Rnr. 26 ff.). Daher darf auch die Geltendmachung des Vermögensschadens nicht an das Verschuldenserfordernis gebunden sein. Die Einschränkung ist damit europarechtswidrig. Soweit das Verbot der Geschlechtsdiskriminierung beim Entgelt nach Art. 157 AEUV (ex-Art. 141 EG) eingreift oder soweit ein staatlicher Arbeitgeber betroffen ist, ist sie damit unwirksam. Zu den Folgen in anderen Fällen s. Rnr. 44 ff.

4. Schadenersatz und Entschädigung bei Kündigung

550 Für Kündigungen enthält § 2 Abs. 4 AGG eine Bereichsausnahme; für diese gelten ausschließlich die Bestimmungen zum allgemeinen und besonderen Kündigungsschutz. Der Ausschließlichkeitsanordnung des § 2 Abs. 4 AGG steht ein Entschädigungsanspruch nach § 15 Abs. 2 AGG jedoch nach instanzgerichtlicher Rechtsprechung nicht entgegen (LAG Bremen v. 29. 6. 2010 – 1 Sa 29/10, NZA-RR 2010, 510). Dies kann nur richtig sein, wenn man den Umweg über das Deliktsrecht und den Verstoß gegen das allgemeinen Persönlichkeitsrecht geht; § 823 Abs. 1 BGB kann dann Anspruchsgrundlage für den Schadensersatz sein. Für die Geltendmachung ist freilich die Erhebung einer Kündigungsschutzklage erforderlich: Eine Kündigung, deren Rechtmäßigkeit nach § 7 KSchG fingiert wird, kann auch nicht diskriminierend sein.

5. Kollektivvereinbarungen

551 Das Benachteiligungsverbot des § 7 Abs. 1 AGG bindet auch die Tarifvertragsparteien (s. auch BAG v. 18. 11. 2003 – 9 AZR 122/03, AP SGB IX für § 81 Abs. 2 SGB IX § 81 Nr. 4) und andere Kollektivverbände. Erfolgen Benachteiligungen im Betrieb oder in der Dienststelle durch die Anwendung kollektivrechtlicher Vereinbarungen, trifft den Arbeitgeber gemäß § 15 Abs. 3 AGG eine Entschädigungspflicht nur, wenn er vorsätzlich oder grob fahrlässig handelt (für eine umfassende Aufarbeitung der tatbestandlichen Voraussetzungen s. *Nebeling/Miller*, RdA 2007, 289). Trotz des missverständlichen Wortlauts der Norm ist hier nicht die vorsätzliche oder grob fahrlässige Anwendung der Tarifnormen gemeint

IV. Schadensersatz und Entschädigung nach § 15 AGG

– das wäre sinnlos –, sondern die vorsätzliche oder grob fahrlässige Diskriminierung. Er muss also bei der Anwendung der Vereinbarung um die **rechtliche Unverbindlichkeit gewusst haben oder leichtfertig vor ihr die Augen verschlossen haben**. Folgt der Arbeitgeber einer vertretbaren Rechtsansicht, so ist ein grobes Verschulden regelmäßig zu verneinen (s. auch *Kamanabrou* ZfA 2006, 339; *Lingemann/Gotham*, NZA 2007, 663, 669; Schleusener/Suckow/Voigt/*Voigt*, AGG, § 15 Rnr. 66; *Bauer/Göpfert/Krieger*, AGG, § 15 Rnr. 40; tendenziell strenger *Steinau-Steinrück/Schneider/Wagner* NZA 2005, 28, 31).

Wenn Arbeitgeber und Arbeitnehmer einem tarifschließenden Verband angehören, wirken die Bestimmungen eines Tarifvertrages als Rechtsnormen auf das Arbeitsverhältnis ein. Dieser Gedanke trifft ebenso für Betriebs- bzw. Dienstvereinbarungen zu, die – ggf. über den Spruch der Einigungsstelle – unmittelbare Bindungswirkung entfalten. Gleiches gilt – auch wenn dies die Gesetzesbegründung nicht erwähnt – für die Regelungen aufgrund des kircheneigenen Verfahrens des Dritten Weges. Auch sie sind nach kirchlichem Recht unmittelbar bindend (ausführlich *Thüsing*, Kirchliches Arbeitsrecht, 2006, S. 119 ff.; s. aber BAG v. 8. 6. 2005 – 4 AZR 412/04, NZA 2006, 611). Zu den Kollektivvereinbarungen gehören damit **Tarifverträge, Betriebsvereinbarungen, Dienstvereinbarungen aber auch die Regelungen des kirchlichen Arbeitsrechtsregelungsverfahrens** (a.A. Wendeling-Schröder/ Stein/*Stein*, AGG, § 15 Rnr. 62). 552

Auch wenn den kirchlichen Regelung keine normative Wirkung zukommt, so kommt ihnen doch eine vergleichbare Richtigkeitsgewähr zu (BAG v. 17. 11. 2005, 6 AZR 160/05, NZA 2006, 872); sie verdienen daher dieselbe Privilegierung. Denn der Grund für die Privilegierung ist nicht die normative Wirkung. Die Richtlinien übertragen den Sozialpartnern bei der Umsetzung der Richtlinien eigenständige Verantwortung. Die vermutete „höhere Richtigkeitsgewähr" rechtfertigt es nach dem Willen des Gesetzgebers, die Rechtsfolgen benachteiligender kollektiver Regelungen anders auszugestalten als bei Maßnahmen, für die der Arbeitgeber allein verantwortlich ist (BT-Drucks. 16/1780, S. 38; s. auch Wiedemann/*Thüsing*, TVG § 1 Rnr. 249). 553

Diese Grundsätze greifen auch dann, wenn – mangels Tarifbindung – die Geltung von Tarifverträgen im Arbeitsvertrag vereinbart ist, ferner wenn ein Tarifvertrag für allgemeinverbindlich erklärt ist (BT-Drucks. 16/1780, S. 38). Auch kann auf einen nachwirkenden Tarifvertrag mit der gleichen privilegierenden Wirkung Bezug genommen werden, ebenso wie er selber den Arbeitgeber in der Haftung privilegiert. Bei der **Bezugnahme** ist es wegen des einschränkungslosen Wortlauts nicht erforderlich, dass es sich um einen einschlägigen Tarifvertrag handelt oder dass die Bezugnahme voll umfänglich erfolgt. Allerdings gilt die Richtigkeitsvermutung nur für das Gesamtwerk und nur für den Bereich, für den es bestimmt ist. Sinnvoll scheint es daher, entsprechend der AGB-Privilegierung einer Bezugnahme auf den Tarifvertrag nach § 310 Abs. 4 BGB zu verfahren (hierzu ausführlich HWK/*Gotthardt*, § 307 BGB Rnr. 14; *Däubler*, NZA 2001, 1329, 1335; *Reinecke*, NZA 2000 Beil. 3, 23, 29; v. Westphalen/*Thüsing*, Arbeitsverträge Rnr. 84; *Diehn*, NZA 2004, 129, 130). Die h. M. geht hier davon aus, dass nur die Bezugnahme auf einen **fachlich, räumlich und zeitlich** einschlägigen Tarifvertrag die Inhaltskontrolle auszuschließen vermag, da nur dieser die Gewähr für eine angemessene Regelung in sich trägt. Einzig die fehlende personelle Tarifbin- 554

F. Rechtsfolgen

dung nach § 3 TVG darf durch die Bezugnahmeklausel überwunden werden (*Thüsing/Lambrich*, NZA 2002, 1361 m.w.N.; *Gotthardt*, Arbeitsrecht nach der Schuldrechtsreform, 2002, Rnr. 240). Die Grenze der normativen Wirkung des Tarifvertrages bildet damit grundsätzlich auch die Grenze der Angemessenheitsvermutung (anders aber bei den Verweisen der kirchlichen Arbeitsrechtsregelungen auf den BAT, vgl. BAG v. 6.11.1996 – 5 AZR 334/95, AP AVR § 10 a Nr. 1 Caritasverband; BAG v. 6.9.1995 – 5 AZR 174/94, AP BGB § 611 Nr. 22 Ausbildungsbeihilfe mit Anm. *v. Hoyningen-Huene*). Eine die Inhaltskontrolle eröffnende Abweichung von einem Tarifvertrag i.S.v. § 307 Abs. 3 S. 1 BGB liegt ferner bei einer bloßen **Teilverweisung** vor (*Thüsing/Lambrich*, NZA 2002, S. 1361 m.w.N.; *Däubler*, NZA 2001, 1329, 1335 f.; *Gotthardt*, Arbeitsrecht nach der Schuldrechtsreform, 2002, Rnr. 241; vgl. dazu bereits *Preis*, Grundfragen der Vertragsgestaltung im Arbeitsrecht, 1993, S. 318). Das entspricht einer schon vor der Schuldrechtsmodernisierung im Schrifttum vertretenen Ansicht, wonach bei einer teilweisen Inbezugnahme eine gerichtliche Billigkeitskontrolle eingreifen müsse, da die Übernahme von nur vereinzelten Teilen des tarifvertraglichen Regelungskomplexes den von den Tarifvertragsparteien hergestellten ausgewogenen Sachzusammenhang zerstöre (*Rieble*, Arbeitsmarkt und Wettbewerb, 1996, Rnr. 1729; *Gamillscheg*, Kollektives Arbeitsrecht I, 1997, S. 739; *Hanau/Kania*, FS Schaub, 1998, S. 239, 245; *Preis*, ZIP 1989, 885, 887; *Fenski*, AuR 1989, 168, 172; wohl auch *Schliemann*, ZTR 2000, 198, 203 f.). Dass man eine Verweisung in den wesentlichen Teil einer Globalverweisung gleichstellt, ist freilich vertretbar (s. auch BAG v. 17.11.2005 – 6 AZR 160/05, n.v. [juris] schon im Bereich auf einzelne Regelungskomplexe).

555 Eine **Verantwortlichkeit des Arbeitgebers für Nichtvermögensschäden** ist nur gegeben, wenn er bei der Anwendung des Kollektivrechts zumindest grob fahrlässig gehandelt hat. Benachteiligende kollektive Regelungen sind nach § 7 Abs. 2 AGG unwirksam. Im Übrigen verbleibt es über § 15 Abs. 5 AGG für die Bereiche des Kollektivvertragsrechts bei den von der Rechtsprechung aus allgemeinen Rechtsgrundsätzen abgeleiteten Folgen von Verstößen gegen höherrangiges Recht (BT-Drucks. 16/1780, S. 38). Die Vorstellung, die Privilegierung nach § 15 Abs. 3 AGG greife auch im Hinblick auf Vermögensschaden, hat im Wortlaut der Norm keinen Niederschlag gefunden und ebenso fehlt – wie dargelegt – in den Gesetzesmaterialien ein entsprechender Hinweis (a. A. jedoch *Bauer/Evers*, NZA 2006, 821, 825). Hier haftet er also entsprechend den Regeln des § 15 Abs. 1 AGG. S. hierzu – und insb. im Hinblick auf das Verschuldenserfordernis – Rnr. 537. § 15 Abs. 3 AGG hat damit **keine praktische Bedeutung**, denn in der Vergangenheit wurde im Hinblick auf § 611 a BGB soweit ersichtlich noch nie eine Entschädigung für Nichtvermögensschäden bei der Anwendung von Tarifverträgen eingeklagt. Zukünftig wird es wohl nicht anders sein.

556 Die **Regelung des § 15 Abs. 3 AGG ist klar europarechtswidrig** (hierzu auch *Jacobs*, RdA 2009, 193, 198; a.A. Schleusener/Suckow/Voigt/*Voigt*, AGG, § 15 Rnr. 59). Allerdings: Die Tarifautonomie hat europarechtlich Anerkennung gefunden. Art. 155 AEUV (ex-Art. 139 EG-Vertrag) sieht einen Dialog zwischen den Sozialpartnern vor, der zu vertraglichen Vereinbarungen führen kann, die dann europarechtlich umgesetzt werden (vgl. EuGH v. 21.9.1999 – Rs. C-67/96 *[Albany]*, Slg. 1999, I-5863; EuGH v. 21.9.1999 – Rs. C-115 bis C-117/97 *[Brentjens]*,

IV. Schadensersatz und Entschädigung nach § 15 AGG

AP EG-Vertrag Art. 85 Nr. 2 Rnr. 51 bis 61). Mag man auch für die Privilegierung der Tarifvertragsparteien rechtpolitisch viel Sympathie haben, so bliebe doch selbst schuldhafte, weil leicht fahrlässige Diskriminierung, folgenlos. Seit der Entscheidung *Draehmpael* ist klar, dass jeder Schaden aufgrund einer Diskriminierung auch bei fehlendem Verschulden ersetzt werden muss (s. Rnr. 548). Ist der Staat Arbeitgeber oder das Verbot der Geschlechtsdiskriminierung beim nach Art. 157 AEUV (ex-Art. 141 EG-Vertrag), so ist recht sicher von einer verschuldensunabhängigen Haftung auszugehen. Im Übrigen s. Rnr. 44 ff.

Eine **Haftung der vertragsschließenden Tarifvertragsparteien bzw. Betriebs-** **557** **parteien** fordert das Europarecht nicht und wird auch durch dieses Gesetz nicht begründet. In anderen Ländern gibt es jedoch eine Haftung der Tarifvertragsparteien selbst, insbesondere in den USA (s. hierzu Lyon v. Temple University, 543 F. Supp. 1372; Donnell v. General Motors, 576 F2d 1292; *Haggard*, Understanding Employment Discrimination, 2001, S. 168).

6. Kein Einstellungsanspruch

Einen Anspruch auf Begründung eines Beschäftigungsverhältnisses oder auf **558** einen beruflichen Aufstieg gewährt § 15 AGG nicht. Rechtsansprüche auf einen beruflichen Aufstieg, die sich aus anderen Gründen ergeben, etwa ein tariflicher Bewährungsaufstieg, bleiben nach § 15 Abs. 6 AGG unberührt, s. Rnr. 561. Der Gesetzgeber schreitet hiermit auf seinem bei § 611a BGB eingeschlagenen Weg fort. Dies ist auch europarechtskonform, denn ein Kontrahierungszwang ist als effektive Sanktionierung einer unerlaubten Diskriminierung nicht erforderlich (s. EuGH v. 10. 4. 1984 – Rs. 14/83, AP BGB § 611a Nr. 1; EuGH v. 10. 4. 1984 – Rs. 79/83, AP BGB § 611a Nr. 2). Das AGG wählt hiermit einen vernünftigen, mit der Vertragsfreiheit des Arbeitgebers in Einklang stehenden, Kompromiss. Wäre generell von einem Kontrahierungszwang auszugehen, würde dies wohl eine unverhältnismäßige Einschränkung der Vertragsfreiheit bedeuten (ausführlich *Busche*, Privatautonomie und Kontrahierungszwang, 1999; *Bydlinski*, AcP 180 (1980), 1 ff.; *Kilian*, AcP 180 (1980), 47 ff.; *Herrmann*, ZfA 1996, 19 ff.). Diese Beschränkung in den Rechtsfolgen hat Entsprechungen in den Umsetzungsgesetzen unserer Nachbarn Niederlande, Österreich und Frankreich.

Unklar ist, wieweit der Ausschluss des § 15 Abs. 6 AGG in **anderen Fällen als** **559** **der Einstellung und des beruflichen Aufstiegs** reicht (s. auch die unsichere Rechtsprechung im Hinblick auf die Reichweite des Ausschlusses im ehemaligen § 81 Abs. 2 S. 2 Nr. 2 a. E. SGB IX: BAG v. 18. 11. 2003 – 9 AZR 122/03, AP SGB IX § 81 Nr. 4: Abschluss einer Altersteilzeitvereinbarung). Richtigerweise wird man wohl die Vereinbarung jeglichen Vertrages und jeglicher Vertragsänderung als ausgeschlossen betrachten, soweit nicht andere Rechtsgründe bestehen. Der Parallelschluss zur Einstellung und Beförderung liegt näher als der Gegenschluss. Die Erwägungen zur Privatautonomie, die die Regelung tragen, greifen auch bei anderen Vereinbarungen über Arbeitsbedingungen im gleichen Maß. Einstellung und beruflicher Aufstieg sind damit nur *pars pro toto*.

7. Ausschlussfrist

560 § 15 Abs. 4 AGG schreibt eine Frist von zwei Monaten zur Geltendmachung des Schadensersatz- und des Entschädigungsanspruchs fest. Schuldner des Entschädigungsanspruchs wegen einer Diskriminierung des Bewerbers ist ausschließlich der potentielle Arbeitgeber des Bewerbers für die ausgeschriebene Stelle; dieser Anspruch kann zur Wahrung der zweimonatigen Ausschlussfrist auch nur gegenüber dem potenziellen Arbeitgeber selbst oder einem von ihm bevollmächtigten Vertreter geltend gemacht werden (LAG Düsseldorf v. 14. 2. 2008 – 11 Sa 1939/07, AE 2009, 31; *Fischer*, NJW 2009, 3547, 3548). Dabei muss sich der potentielle Arbeitgeber das Verhalten Dritter ggf. zurechnen lassen (Hierzu ausführlich s. *Simon/Greßlin*, BB 2007, 1782 ff.), um den externen Personalberater in Regress nehmen zu können, ist es von Vorteil von vornherein im Beratervertrag eine verschuldensunabhängige Haftung zu vereinbaren (Vgl. hierzu *Diller*, NZA 2007, 649; *Adomeit/Mohr*, NJW 2007, 2522; *Oberthür*, ArbRB 2007, 86). Gegen den Personalvermittler steht dem benachteiligten Stellenbewerber ein Auskunftsanspruch hinsichtlich der Person des Arbeitgebers zu (A.A. *Mohr*, SAE 2008, 106, 109, dieser räumt dem Stellenbewerber stattdessen das Recht ein, den Entschädigungsanspruch gegenüber dem Personalberater geltend zu machen, wenn dieser trotz Aufforderung die Preisgabe der Identität des Arbeitgebers verweigert); der Bewerber muss die Person des Arbeitgebers kennen, um einen Schadenersatz- oder Entschädigungsanspruch nach § 15 AGG überhaupt geltend machen zu können (*Schwab*, NZA 2007, 178, 179).

561 Die **Ausschlussfrist** des § 15 Abs. 4 AGG ist auch **europarechtskonform** (EuGH v. 8. 7. 2010 – C-246/09, NZA 2010, 869 (Rs. Bulicke) nach Vorlage durch das LAG Hamburg ZESAR 2009, 489 m. Anm. *Thüsing*; s. auch BAG v. 15. 3. 2012 – 8 AZR 37/11, NZA 2012, 910; BAG v. 24. 9. 2009 – 8 AZR 705/08, NZA 2010, 387). Die Vorschrift ist jedoch **richtlinienkonform** dahingehend **auszulegen**, dass die Frist auch im Fall einer Bewerbung oder Beförderung erst zu dem Zeitpunkt beginnt, zu dem der Beschäftigte von der behaupteten Diskriminierung Kenntnis erlangt (EuGH v. 8. 7. 2010 – C-246/09, NZA 2010, 869; *Jacobs*, RdA 2009, 193, 201; *Deinert*, DB 2007, 398, 402; a.A. BAG v. 15. 3. 2012 – 8 AZR 37/11, NZA 2012, 910: Mit Zugang der Ablehnung). Eine Verkürzung oder Verlängerung der Frist durch Tarifvertrag ist weiterhin möglich. Allerdings ist zu beachten, dass derartige tarifliche Fristverkürzungen einem Bewerber vielfach nicht bekannt sind; das Gleiche gilt für die Tarifbindung des möglichen Vertragspartners. Die bloße Unkenntnis dieser Umstände führt jedoch nicht zur Fristhemmung. Da der Schadensersatz- und Entschädigungsanspruch nach § 15 AGG selbst nicht tarifdispositiv ist, dürfte eine allzu starke Verkürzung der Frist nicht mehr möglich sein; drei Wochen scheinen – entsprechend § 4 KSchG – das Minimum. In Fällen fortgesetzter Benachteiligungen oder Belästigungen kann es schwierig sein, den Fristbeginn zu bestimmen. Eine abstrakte Regelung lässt sich wegen der Vielzahl möglicher Fallgestaltungen nicht aufstellen. Die Rechtsprechung zu der ähnlich gelagerten Problematik von Dauertatbeständen und tariflichen Ausschlussfristen bietet dafür differenzierte Anwendungshilfen (s. hierzu Wiedemann/*Wank*, TVG, § 4 Rnr. 712, 811 ff.; *Löwisch/Rieble*, TVG, § 1

IV. Schadensersatz und Entschädigung nach § 15 AGG

Rnr. 1637 ff.). **Wiederkehrende Ansprüche** müssen nur einmal geltend gemacht werden. Die Geltendmachung verbraucht sich nicht (a. A. LAG Köln v. 15.3.1989 – 2 Sa 9/89, ZTR 1990, 249). Die Ansprüche können aber verwirken. **Gleichartige Ansprüche** müssen für jeden Sachverhalt erneut geltend gemacht werden (BAG v. 26.10.1994 – 5 AZR 404/93, DB 1995, 2534). Verfolgt der Arbeitnehmer lediglich einen Anspruch auf Gleichbehandlung mit dem zuvor Begünstigten, so unterliegt dieses Begehren der Ausschlussfrist des § 15 Abs. 4 AGG nicht (Hessisches LAG v. 6.1.2010 – 2 Sa 1121/09, juris; Wendeling-Schröder/Stein/*Stein*, AGG, § 15 Rnr. 95; Schleusener/Suckow/Voigt/*Voigt*, AGG, § 15 Rnr. 70.).

Die **Frist beginnt** zu dem Zeitpunkt, in dem der oder die Benachteiligte von der Benachteiligung Kenntnis erlangt. Im Fall einer Bewerbung oder eines beruflichen Aufstiegs ist das der Zeitpunkt des Zugangs der Ablehnung durch den Arbeitgeber. Kenntnis von der Benachteiligung hat der Benachteiligte erst dann, wenn er auch um die Besserstellung der anderen weiß. Hierzu ist bei der mittelbaren Diskriminierung jedoch nicht die Kenntnis der Größe der Vergleichsgruppen erforderlich. Der Benachteiligte muss nur wissen, dass er gegenüber anderen benachteiligt wird, nicht, ob er wegen eines in § 1 AGG genannten Grundes benachteiligt wird. Jedes weitere Verständnis wäre durch den Wortlaut der Norm nicht geboten. Das erforderliche Wissen ist damit enger gefasst als für den Beginn der Verjährung nach § 199 Abs. 1 Nr. 2 BGB, wonach der Gläubiger Kenntnis oder grob fahrlässige Unkenntnis sämtlicher den Anspruch begründenden Umstände und der Person des Schuldners haben muss (s. hierzu MüKo/*Grothe*, BGB, § 199 Rnr. 24 ff.; Palandt/*Ellenberger*, BGB, § 199 Rnr. 32 ff.; Staudinger/*Peters/Jacoby*, Neubearbeitung 2009, BGB, § 199 Rnr. 53 ff.; Jauernig/*Jauernig*, BGB, § 199 Rnr. 5 ff.; Bauer/Göpfert/*Krieger*, AGG, § 15 Rnr. 51). **562**

Auch für Ansprüche auf **Ersatz des materiellen Schadens gemäß § 15 Abs. 1 AGG** greift die Zweimonatsfrist, nicht aber für vertragliche oder deliktische Anspruchsgrundlagen. Der Wortlaut des § 15 Abs. 4 AGG ist eindeutig (a. A. jedoch BAG v. 21.6.2012 – 8 AZR 188/11, NZA 2012, 1211 m. w. N.). Nach der Rechtsprechung erfasst die Ausschlussfrist jedoch alle Schadensersatzansprüche, die auf denselben Lebenssachverhalt einer Benachteiligung wie der Schadensersatzanspruch des § 15 Abs. 1 AGG gestützt werden. **563**

8. Haftung des Angewiesenen

Eine kaum verständliche Auslassung des Gesetzgebers ist es, nicht normiert zu haben, nach welchen Grundsätzen derjenige haftet, der einer Anweisung des Arbeitgebers zur Benachteiligung einer Person Folge leistet; denn auch die Anweisung zur Benachteiligung einer Person aus einem in § 1 AGG genannten Grund gilt gemäß § 3 Abs. 5 AGG als Benachteiligung. § 15 AGG greift hier nicht, denn der Angewiesene ist nicht Arbeitgeber. Haftungsgrundlage für den unmittelbar Handelnden können also nur die allgemeinen Vorschriften des BGB sein, vor allem § 823 Abs. 1 BGB wegen Verletzung des allgemeinen Persönlichkeitsrechts. Diese wird regelmäßig gegeben sein, wenn in der angewiesenen Ungleichbehandlung, hätte sie der Arbeitgeber selbst vollzogen, eine Persönlichkeitsverletzung lie- **564** gen würde. Der Angewiesene haftet dann – entsprechend der allgemeinen Regelung – schon bei einfachem Verschulden auch auf den Vermögensschaden.

565 Allerdings berechtigt nicht jede Persönlichkeitsverletzung zum **Schadensersatz in Geld** des damit verbundenen Nichtvermögensschadens. Die Rechtsprechung verlangt bei Verletzung des allgemeinen Persönlichkeitsrechts eine objektiv erheblich ins Gewicht fallende Persönlichkeitsrechtsverletzung und, dass die Beeinträchtigung nicht in anderer Weise befriedigend ausgeglichen werden kann. Ob ein derart schwerwiegender Eingriff in das allgemeine Persönlichkeitsrecht vorliegt, hängt vor allem von Art und Intensität der Beeinträchtigung, ferner von Anlass und Beweggründen des Handelnden sowie von dem Grad seines Verschuldens ab (Exemplarisch BGH v. 15.11.1994 – VI ZR 56/94, NJW 1995, 861; weitere Nachweise Bamberger/Roth/*Bamberger*, BGB, § 12 Rnr. 93 f.). Die Schwelle ist hoch, und die meisten Fälle liegen wohl darunter, betrachtet man das Gros der einschlägigen Rechtsprechung. Eine Haftung des Angewiesenen besteht damit nur in Ausnahmefällen, vor allem etwa, wenn der Angewiesene von sich aus über die Weisung des Arbeitgebers hinausgeht und sich so mit ihr identifiziert. Weist der Arbeitgeber etwa seinen Arbeitnehmer an, Bewerber über 45 Jahre auszusortieren, so kann berücksichtigt werden, wenn der Angewiesene von sich aus alle über 40jährigen zurückweist. Hier wäre dann auch ein **Verschulden** zu bejahen, was aufgrund der arbeitsvertraglichen Abhängigkeit des Angewiesenen vom Arbeitgeber ansonsten fraglich sein mag. Zwar hat der Angewiesene das Recht, die Ausführung der Anweisung zu verweigern, er muss jedoch – trotz des Schutzes des § 16 AGG, – Maßregelungen des Arbeitgebers fürchten. Die Vorwerfbarkeit des Verhaltens ist damit geringer als bei freiwilligem Handeln aus eigenem Antrieb. Ein bei § 823 BGB anerkannter Entschuldigungsgrund ist freilich nicht ersichtlich und auch sonst entschuldigt die Weisung des Arbeitgebers zu einer unerlaubten Handlung nicht den unmittelbar handelnden Arbeitnehmer. Wo die Grenzen im Einzelnen liegen, wird die Rechtsprechung herauszufinden haben. Exemplarisch für die Unsicherheit, die hier in der Praxis herrscht s. Bamberger/Roth/*Grüneberg*, 1. Aufl. 2003, BGB, § 278 Rnr. 7: „Darüber hinaus kann ... der Gesichtspunkt der Unzumutbarkeit in engen Ausnahmefällen den Schuldvorwurf entkräften".

V. Schadensersatz und Entschädigung aus Delikt – Unterlassungsanspruch nach § 1004 BGB

566 Möglich ist auch ein Schadensersatzanspruch aus **§ 823 Abs. 1 BGB** wegen Verletzung des allgemeinen Persönlichkeitsrechts, insbesondere bei sexueller Belästigung, der auch den materiellen Schaden mit umfasst. Diese Ansprüche sind nach § 15 Abs. 5 AGG ausdrücklich nicht ausgeschlossen. Für sie gelten die Fristen des § 15 Abs. 4 AGG entsprechend dem klaren Wortlaut des Gesetzes nicht. Schadensersatz in Geld für Nichtvermögensschäden kann es jedoch außerhalb der Verletzung des sexuellen Selbstbestimmungsrecht nur jenseits einer in der Rechtsprechung formulierten Erheblichkeitsschwelle geben, s. Rnr. 519 ff. Unzutreffend behauptet das BAG „Jede Diskriminierung wegen Schwerbehinderung stellt eine Verletzung des allgemeinen Persönlichkeitsrechts dar, die auch nach allgemeinen Grundsätzen zu Schadensersatz- und Schmerzensgeldansprüchen führen würde."

V. Schadensersatz und Entschädigung aus Delikt

(BAG v. 15.2.2005 – 9 AZR 635/03, AP SGB IX § 81 Nr. 7). Die allgemeinen Regeln zu § 823 BGB geben das nicht her, soweit es nicht um Naturalrestitution, sondern Schadensersatz in Geld geht, s. soeben Rnr. 520.

Ob ein **Einstellungsanspruch** und ein Anspruch auf beruflichen Aufstieg aus den allgemeinen Regeln des Schadensersatzrechts als **Form der Naturalrestitution** hergeleitet werden können, ist fraglich und im Ergebnis zu verneinen. Allerdings: Der Wortlaut des § 15 Abs. 6 AGG weicht vom Wortlaut des ehemaligen § 611a Abs. 2 BGB ab, weil er ausdrücklich einen Einstellungsanspruch aus anderem Rechtsgrund zulässt. Wird ein Bewerber nur deswegen nicht eingestellt, weil er alt, katholisch oder behindert ist, dann wird gerade diese Persönlichkeitsverletzung durch eine Einstellung beseitigt. Der Bewerber stünde dann, wie er bei benachteiligungsfreier, nicht sein Persönlichkeitsrecht verletzender Auswahl gestanden hätte. Das allgemeine Schadensersatzrecht scheint also einen Anspruch auch auf Einstellung zuzusprechen. Die Begründung der neuen Norm verweist freilich auf das alte Recht und nennt als einen „anderen Rechtsgrund" i.S.d. § 15 Abs. 6 AGG allein den tariflichen Bewährungsaufstieg (BT-Drucks. 16/1780, S. 38). Ein solcher anderer Rechtsgrund wird sicherlich auch Art. 33 Abs. 2 GG für den öffentlichen Dienst sein (s. Rnr. 154). Das Schadensersatzrecht ist es jedoch wohl nicht, denn § 15 Abs. 6 AGG liefe sonst gänzlich leer. Ein dahingehender Wille kann dem Gesetzgeber nicht unterstellt werden. **§ 15 Abs. 6 AGG ist damit lex specialis** zum Grundsatz der Naturalrestitution gemäß § 249 BGB. Ein Einstellungsanspruch besteht nur da, wo er nicht auf eine Verletzung des § 7 Abs. 1 AGG und/oder einer sich daraus ergebenden deliktkischen oder vertraglichen Haftung hergeleitet wird, sondern sich auf andere Anspruchsgrundlagen stützen kann. Dies kann bei der Einstellung etwa auch ein Tarifvertrag oder eine Betriebsvereinbarung zur Übernahme von Auszubildenden sein. 567

Die wohl h. M. wertete das Verbot der Geschlechtsdiskriminierung darüber hinaus als Schutzgesetz i.S.d. **§ 823 Abs. 2 BGB** (s. insbesondere die Kommentarliteratur KR/*Pfeiffer*, § 611a BGB, 7. Aufl. 2004, Rnr. 127; Soergel/*Raab*, BGB, § 611a Rnr. 74; MünchArbR/*Buchner*, 2000, § 37 Rnr. 194; aus der Rechtsprechung LAG Hamm v. 21.11.1996 – 17 Sa 987/96, BB 1997, 844; a. A. Staudinger/*Annuß*, Neubearbeitung 2005, BGB, § 611a Rnr. 81; MüKo/*Müller-Glöge*, 4. Aufl. 2004, BGB, § 611a Rnr. 41; ErfK/*Schlachter*, 6. Aufl. 2006, § 611a BGB Rnr. 32). Dies entspricht auch der herrschenden Meinung zu anderen Diskriminierungsverboten (s. zu § 2 BeschFG BAG v. 12.6.1996 – 5 AZR 960/94, NZA 1997, 191; BAG v. 25.4.2001 – 5 AZR 368/99, NZA 2002, 1211). DAS BAG hat dies für das AGG offengelassen (BAG v. 21.6.21012 – 8 AZR 188/11, NZA 2012, 1211). Die besseren Argumente sprechen jedoch dagegen. Schutzsetze i. S. d. § 823 Abs. 2 BGB sind typischerweise Vorschriften, die Verhaltenspflichten für einen Schädiger normieren, der in keiner vertraglichen Beziehung zum Geschädigten steht. Hier ist ein Anspruch auf deliktischen Schadensersatz zum effektiven Rechtsschutz erforderlich. In das arbeitsrechtliche Gesamtsystem des Zivil- und Arbeitsrechts passt der generelle Schutzgesetzcharakter des AGG jedoch nicht. Nicht jede zwingende arbeitsrechtliche Vorschrift ist gleichzeitig auch Schutzgesetz. 568

Unabhängig von § 15 AGG kann dem Beschäftigten ein **Unterlassungsanspruch** nach § 1004 BGB wegen andauernder oder drohender Verletzung des allgemeinen 569

F. Rechtsfolgen

Persönlichkeitsrechts zustehen. Erforderlich ist hier freilich bei der Abwehr drohender Verletzungen eine hinreichend konkrete Gefahr. Zu den **Einzelheiten** der Besorgnis künftiger Beeinträchtigungen gibt es umfangreiche Rechtsprechung, insbesondere zur Unterlassungsklage im Wettbewerbsrecht und bei Persönlichkeitsverletzung außerhalb des Arbeitsrechts. Die Ergebnisse dürfen nur mit Vorsicht übertragen werden (s. auch zur Eigentumsverletzung MüKo/*Baldus*, § 1004 BGB Rnr. 135 m. w. N.). Jedenfalls genügt nicht schon die bloße Möglichkeit einer Beeinträchtigung; die Besorgnis muss auf Tatsachen und nicht nur auf subjektiven Befürchtungen beruhen. Der Anspruch erlischt bei Fortfall der Gefahr (BGH v. 14.10.1994 – V ZR 76/93, NJW 1995, 132). In der Regel begründet die vorangegangene rechtswidrige Beeinträchtigung eine tatsächliche Vermutung für die Wiederholungsgefahr, an deren Widerlegung durch den Störer hohe Anforderungen zu stellen sind (BGH v. 30.10.1998 – V ZR 64-98, BGHZ 140, 1 = NJW 1999, 356). Das bloße Versprechen, die rechtswidrige Handlung künftig nicht mehr vorzunehmen, räumt nach der strengen Rechtsprechung zu § 1004 BGB die Wiederholungsgefahr idR nicht aus (BayObLG 95, 174, 179). Trotz des Wortlauts des § 1004 BGB („weitere") genügt auch eine erstmals drohende ernsthafte Beeinträchtigung, für sie spricht jedoch keine tatsächliche Vermutung („vorbeugender Unterlassungsanspruch") (LM § 1004 Nr. 27; OLG Zweibrücken v. 4.2.1992 – 8 U 103/91, NJW 1992, 1242; OLG Hamm v. 15.5.1995 – 13 U 16/95, NJW-RR 1995, 1399).

VI. Leistungsverweigerungsrecht nach § 14 AGG

1. Allgemeines

570 Ergreift der Arbeitgeber keine oder offensichtlich ungeeignete Maßnahmen zur Unterbindung einer Belästigung oder sexuellen Belästigung am Arbeitsplatz, sind die betroffenen Beschäftigten gemäß **§ 14 AGG** berechtigt, ihre Tätigkeit ohne Verlust des Arbeitsentgelts einzustellen, soweit dies zu ihrem Schutz erforderlich ist. § 273 BGB bleibt nach § 14 S. 2 AGG unberührt.

571 Die Vorschrift entspricht im Wortlaut dem ehemaligen **§ 4 Abs. 2 BeschSchG** und berechtigt den Beschäftigten, die Tätigkeit ohne Verlust des Entgeltanspruchs einzustellen, wenn der Arbeitgeber – oder i. V. m. § 24 AGG der Dienstvorgesetzte – keine ausreichenden Maßnahmen zur Unterbindung einer Belästigung oder sexuellen Belästigung ergreift. Der Wortlaut stellt klar, dass ein Leistungsverweigerungsrecht nur dann besteht, wenn im konkreten Einzelfall dazu Anlass besteht. Das kann insbesondere der Fall sein, wenn der Arbeitgeber auf eine Beschwerde nicht ausreichend reagiert oder bei einer Benachteiligung durch den Arbeitgeber oder Dienstvorgesetzten selbst. Die Verletzung der allgemeinen Verpflichtung zu Schutzmaßnahmen nach § 12 Abs. 1 AGG allein genügt nicht (BT-Drucks. 16/1780, S. 37). Das Leistungsverweigerungsrecht besteht nur, soweit es zum Schutz des oder der betroffenen Beschäftigten erforderlich ist.

572 Das Zurückbehaltungsrecht besteht nur bei Belästigungen und sexuellen Belästigungen. Die Fassung des Gesetzes weicht damit von vorangegangenen Formulierungen ab, die ein Zurückbehaltungsrecht in Bezug auf jede Form der Benach-

VI. Leistungsverweigerungsrecht nach § 14 AGG

teilgung formulierten (BT-Drucks 14/4538, S. 7: „Ergreift der Arbeitgeber im Einzelfall keine oder offensichtlich ungeeignete Maßnahmen zur Unterbindung einer Benachteiligung wegen eines in § 1 genannten Grundes"). Die Änderung beruht auf einer Anregung in Rahmen der Sachverständigenanhörung im Bundestag (s. *Thüsing*, Ausschussdrucks.15 (12)440-C). Sie hat ihren guten Sinn: Bereits bei jeder Differenzierung im Entgelt, die sich nach Jahren in dritter Instanz als unzulässig erweisen würde, hätte der Arbeitnehmer sonst ein Leistungsverweigerungsrecht.

Das **Zurückbehaltungsrecht** des § 273 BGB bleibt gemäß § 14 S. 2 AGG unberührt. Die Vorschriften verfolgen unterschiedliche Ziele. § 273 BGB soll einen Zwang zur Erfüllung einer Verbindlichkeit ausüben, während § 14 AGG dem Schutz der Beschäftigten vor weiteren Benachteiligungen dient (BT-Drucks. 16/1780, S. 37). Dennoch sind Überschneidungen beider Anwendungsbereiche möglich, s. Rnr. 585. 573

Erste Stellungnahmen im Schrifttum gehen davon aus, dass **§ 14 AGG wohl kaum praktische Bedeutung** erlangen wird (s. *Bauer/Thüsing/Schunder*, NZA 2005, 32, 34). In der Tat: Welcher Arbeitnehmer wird schon seinen Arbeitsplatz riskieren, wenn er der Meinung ist, sein Arbeitgeber tue zu wenig gegen Belästigungen am Arbeitsplatz? Besteht kein Leistungsverweigerungsrecht nach § 14 AGG, so kann das Arbeitsverhältnis des zuhause gebliebenen Arbeitnehmers wegen beharrlicher Leistungsverweigerung verhaltensbedingt gekündigt werden. Die Beweislast für das Vorliegen des Leistungsverweigerungsrechts trägt grundsätzlich der Arbeitnehmer (*Steinau-Steinrück/Schneider/Wagner*, NZA 2005, 28, 31; *Bauer/Göpfert/Krieger*, AGG, § 14 Rnr. 2; Wendeling-Schröder/Stein/*Stein*, AGG, § 14 Rnr. 1.); allein in Bezug auf das Vorliegen einer Diskriminierung greift § 22 AGG (A.A. Wendeling-Schröder/Stein/*Stein*, AGG, § 14 Rnr. 8). Das Risiko des Irrtums liegt bei ihm und auch die fahrlässige Fehlvorstellung, die zur unberechtigten Arbeitsverweigerung geführt hat, kann ggf. eine Kündigung rechtfertigen (*Bauer/Thüsing/Schunder*, NZA 2005, 32, 34; Schleusener/Suckow/Voigt/*Suckow*, AGG, § 14 Rnr. 27). 574

2. Voraussetzungen des Leistungsverweigerungsrechts

Die Berechtigung zur **Einstellung der Tätigkeit** ist im Hinblick auf die Leistungsverweigerung eine *lex specialis* zu § 275 Abs. 3 BGB, im Hinblick auf die Entgeltpflicht des Arbeitgebers eine *lex specialis* zu § 326 Abs. 2 BGB. Sie setzt voraus, dass die Belästigung tatsächlich stattgefunden hat. Je nach ihrer Art kommt es auf den Aspekt der Fortsetzung oder Wiederholungsgefahr an. Bei einem schwerwiegenden Fall reicht jedoch schon der erste Vorfall am betreffenden Arbeitsplatz aus (zu § 4 Abs. 2 BeschSchG: BT-Drucks. 12/5468, S. 47). Die zuständigen Stellen im Betrieb müssen unterrichtet sein und gleichwohl untätig bleiben. Dem **Untätigbleiben** gleichgestellt wird der Fall einer **offensichtlich ungeeigneten Maßnahme** zur Unterbindung der Benachteiligung. Ein Beispiel für eine offensichtlich ungeeignete Maßnahme wäre eine vorläufige Beschränkung der Angelegenheit auf interne schriftliche Vermerke, ohne Täter und Opfer anzusprechen (so jedenfalls zu § 4 Abs. 2 BeschSchG: BT-Drucks. 12/5468, S. 47). 575

F. Rechtsfolgen

576 Das Leistungsverweigerungsrecht der belästigten Beschäftigten betrifft im Falle der Belästigung lediglich die **konkreten Tätigkeiten am Ort der Belästigung**, erstreckt sich also grundsätzlich nicht auf den Betrieb oder die Dienststelle. Dies gibt der Wortlaut des § 14 AGG nicht wieder, folgt aber aus der Funktionsnachfolge zu § 4 Abs. 2 BeschSchG. Die Leistungsverpflichtung besteht außerhalb des „Tatortes" unverändert fort und ihr muss an einem anderweitig angebotenen Arbeitsplatz auch nachgekommen werden, sofern sich dies noch innerhalb der arbeitsvertraglichen Versetzungsbefugnis bewegt. Auch die Versetzung des belästigten Beschäftigten kann eine geeignete Maßnahme sein, die Belästigung zu unterbinden. Die Leistungsverpflichtung entfällt, wenn das nicht möglich ist, wenn z. B. die Belästigung im „Ein-Raum-Büro" andauert (zum BeschSchG BT-Drucks. 12/5468, S. 48).

577 Als weitere Voraussetzung muss die Einstellung der Tätigkeit zum Schutz des Beschäftigten **erforderlich** sein, d. h. die Art der Belästigung muss die Konsequenz der Einstellung der Tätigkeit an diesem Arbeitsplatz rechtfertigen. Es kommt demnach auf die Verhältnismäßigkeit zwischen Tat und Reaktion an (für das BeschSchG BT-Drucks. 12/5468, S. 48). Diese objektiv feststellbare Voraussetzung hat zur Folge, dass ein Leistungsverweigerungsrecht entfällt, wenn es ein anderes, milderes Mittel zur Unterbindung der Belästigung gibt, selbst wenn die Betroffenen dieses nicht gekannt oder erkannt haben (vgl. ErfK/*Schlachter*, § 14 AGG Rnr. 1).

578 Der Benachteiligte/Belästigte muss also nicht nur beurteilen, ob der Arbeitgeber keine oder offensichtlich ungeeignete Maßnahmen gegenüber dem Belästiger ergriffen hat (hiervon wird er häufig keine Kenntnis erhalten), sondern auch, ob die Verhältnismäßigkeit gewahrt ist. Damit verbunden ist das **Risiko**, bei **Fehleinschätzungen** über das Vorliegen der Voraussetzungen des § 14 AGG wegen Arbeitsverweigerung mit arbeitsrechtlichen Sanktionen belegt zu werden. Die Ausübung des Zurückbehaltungsrechts ist daher mit **erheblichen Unsicherheiten** belastet (Schaub/*Linck*, Arbeitsrechts-Handbuch § 36 Rnr. 115; *Bauer/Göpfert/Krieger*, AGG, § 14 Rnr. 2).

579 Trotz des insoweit unzufriedenstellenden Wortlauts der Norm besteht auch ein Leistungsverweigerungsrecht bei **Belästigungen durch den Arbeitgeber selbst** (*Bauer/Göpfert/Krieger*, AGG, § 14 Rnr. 6). Der *a maiore ad minus*-Schluss liegt nahe: Hat der Beschäftigte bereits ein Leistungsverweigerungsrecht, wenn der Arbeitgeber nicht hinreichend gegen fremde Belästigungen schützt, dann muss er es erst recht haben, wenn er selber ungerechtfertigt benachteiligt (Wendeling-Schröder/Stein/*Stein*, AGG, § 14 Rnr. 5). Benachteiligt er den Beschäftigten in der Zuweisung der Arbeit, dann ergibt sich das Recht zur Leistungsverweigerung bereits aus der bisherigen Rechtsprechung im Hinblick auf das Überschreiten der Grenzen des Direktionsrecht, da hierin eine diskriminierende Anweisung liegt, s. Rnr. 293. Benachteiligt der Arbeitgeber durch ungerechtfertigte Differenzierungen im Entgelt, dann hat er ab Fälligkeit – vorher liegt eine Benachteiligung nicht vor – ein Leistungsverweigerungsrecht aus § 273 BGB. Die hierfür in der Rechtsprechung herausgearbeiteten Grenzen greifen freilich auch hier, s. Rnr. 585.

580 Nach der Regierungsbegründung zum BeschSchG (BT-Drucks. 12/5468, S. 48) muss das Recht zur Leistungsverweigerung im Sinne einer notwendigen Rechtsgüterabwägung **ausnahmsweise vorläufig zurücktreten** während der Erfüllung vor-

VI. Leistungsverweigerungsrecht nach § 14 AGG

dringlicher akuter öffentlicher oder privatrechtlicher Aufgaben, etwa beim Einsatz der Polizei oder Feuerwehr, bei Maßnahmen der ärztlichen oder anderweitigen Hilfe, der Gefahrenabwehr für Menschen und erhebliche Sachwerte oder bei der Beseitigung von Störungen der öffentlichen Sicherheit und Ordnung. Das steht in Übereinstimmung zur Wertung bei § 275 Abs. 3 BGB und gilt auch für § 14 AGG. Für Soldaten gilt ohnehin das SoldGG; ein Leistungsverweigerungsrecht fehlt hier.

Das **Leistungsverweigerungsrecht endet**, wenn der Arbeitgeber das nach § 12 AGG Erforderliche getan hat oder die durch ihn selber begangene Belästigung eingestellt hat. Hiervon muss der Arbeitnehmer Kenntnis erlangen. Ein vertraglicher Ausschluss des Leistungsverweigerungsrecht ist – ebenso wie eine Abdingung des AGG insgesamt – nach § 31 AGG ausgeschlossen. **581**

3. Rechtsfolgen des Leistungsverweigerungsrechts

Das Recht zur Arbeitsverweigerung führt nicht zum Entgeltverlust. Für die aufgrund berechtigter Leistungsverweigerung unterbliebene Arbeitsleistung hat der Beschäftigte einen Anspruch auf Fortzahlung des Arbeitsentgelts. Es sind die Bezüge zu zahlen, die er erhalten hätte, wenn er während dieser Zeit gearbeitet hätte; es gilt das **Lohnausfallprinzip** (Wendeling-Schröder/Stein/*Stein*, AGG, § 14 Rnr. 10). Weitergezahlt wird nur das auf Grund des Arbeitsverhältnisses geschuldete Arbeitsentgelt. Wird ein Beschäftigter regelmäßig über die vertraglich geschuldete Arbeitsleistung hinaus zu weiteren Arbeitseinsätzen herangezogen, ist während der Leistungsverweigerung das Entgelt auch für die ausgefallenen zusätzlichen Arbeitseinsätze fortzuzahlen (zu § 37 BetrVG s. BAG v. 3.12.1997 – 7 AZR 490/93, AP BetrVG 1972 § 37 Nr. 124). Der Arbeitgeber ist dagegen nicht verpflichtet, den Ausfall eines Entgelts, das von ihm nicht geschuldet wird, zu ersetzen, z. B. ein Trinkgeld, das dem Bedienungspersonal in Gaststätten von den Gästen freiwillig gegeben wird (vgl. BAG v. 28.6.1995 – 7 AZR 1001/94, AP BetrVG 1972 § 37 Nr. 112; Wendeling-Schröder/Stein/*Stein*, AGG, § 14 Rnr. 10). Das steht in Übereinstimmung mit der Rechtsprechung zur Lohnfortzahlung infolge Krankheit, wonach ebenfalls ein Anspruch auf Ersatz der entgangenen Trinkgelder nur besteht, wenn sich der Arbeitgeber im Arbeitsvertrag hierzu verpflichtet hat (*Schmitt*, EFZG, § 4 Rnr. 86; ErfK/*Dörner/Reinhard*, § 4 EFZG Rnr. 12). **582**

Erhält der Arbeitnehmer ein **zeitbezogenes Arbeitsentgelt** (Monatsgehalt, Wochenlohn) so ist die Berechnung einfach: Die Zeit der Versäumnis wird wie Arbeitszeit behandelt. Soweit Zulagen auf die Erbringung der Arbeitsleistung abstellen, sind sie weiterzuzahlen, z. B. Schwerarbeiter- oder Schmutzzulagen (vgl. RAG v. 13.1.1932 – RAG.240/31, BenshSlg. 14, 50, 52). Ebenso sind Überstunden und Nachtarbeit, die ein Arbeitnehmer wegen seiner Leistungsverweigerung nicht erbringen muss, mit dem besonderen, auf sie entfallenden Entgeltsatz zu vergüten (vgl. zu § 37 BetrVG BAG v. 21.6.1957 – 1 AZR 465/56, AP BetrVG § 37 Nr. 5; BAG v. 7.2.1985 – 6 AZR 72/82, AP BPersVG § 46 Nr. 3). Bei Akkordarbeit kann dagegen die Berechnung des Verdienstes Schwierigkeiten bereiten, da er nicht allein von der Zeit abhängig ist. Hier ist entweder der zuletzt in der gleichen Zeit verdiente Akkordlohn zugrunde zu legen oder der Durchschnittsver- **583** dienst aller Akkordleistenden während der Arbeitsversäumnis (vgl. RAG v. 10. 8. 1928 – RAG.76/28, BenshSlg. 3, 210, 212). Dem wirklichen Verdienstverlust käme am nächsten ein Entgeltbetrag, der zu dem Durchschnittsverdienst aller Akkordleistenden während der Arbeitsversäumnis im gleichen Verhältnis steht wie der Letzte in der gleichen Zeiteinheit vom Belästigten verdiente Akkordlohn zum damaligen Durchschnittsverdienst aller Akkordleistenden. Da eine derartige Berechnung nur schwer durchgeführt werden kann, ist, soweit feststellbar, die Bezahlung des zuletzt verdienten Akkordlohnes zugrunde zu legen, weil bei ihr die Berechnung dem konkreten Lohnausfall am nächsten kommt; die Zugrundelegung des Durchschnittsverdienstes aller Akkordarbeitnehmer nimmt dagegen auf die Arbeitsleistung gerade dieses Beschäftigten keine Rücksicht. Auch bei anderen leistungs- oder erfolgsbezogenen Zahlungen kann die Festsetzung schwierig sein. Ggf. hat der Arbeitsrichter hier eine größere Freiheit, die Summe analog § 287 Abs. 2 ZPO zu schätzen (zu § 37 BetrVG s. Richardi/*Thüsing*, BetrVG, § 37 Rnr. 31). **Fällt während der Zeit der Leistungsverweigerung** die **Arbeit aus**, ohne dass dies der Arbeitgeber nach den Grundsätzen der Betriebsrisikolehre zu vertreten hat, so besteht kein Anspruch auf das Arbeitsentgelt (vgl. zum Arbeitsausfall wegen Schlechtwetters im Baugewerbe BAG v. 23. 4. 1974 – 1 AZR 139/73, AP BetrVG 1972 § 37 Nr. 11).

584 Im Hinblick auf die Wahrung des Entgeltanspruchs wird man davon ausgehen müssen, dass auch eine **Kürzung von Anwesenheitsprämien** wegen Zeiten berechtigter Leistungsverweigerung ausscheidet. Dies wird man nicht aus dem Maßregelungsverbot nach § 16 AGG herleiten können, wie es auch das BAG abgelehnt hat, die Kürzung von Anwesenheitsprämien wegen Zeiten krankheitsbedingten Arbeitsausfalls an § 612a BGB zu messen (BAG v. 26. 10. 1994 – 10 AZR 482/93, AP BGB § 611 Nr. 18 Anwesenheitsprämie m. Anm. *Thüsing*). Man wird dies jedoch aus dem Grundsatz ableiten können, dass sich niemand auf eigenes Unrecht zu seinem Vorteil berufen kann: Anders als bei der Streikteilnahme oder dem Arbeitsausfall wegen Krankheit ist Grundlage der Arbeitsversäumnis des Beschäftigten ein pflichtwidriges Tun oder Unterlassen des Arbeitgebers; dies kann ihn nicht begünstigen.

4. Sonstige Leistungsverweigerungsrechte

585 Als sonstige Leistungsverweigerungsrechte, die dem Arbeitnehmer durch § 14 AGG nicht genommen werden sollen, kommen insbesondere § 273 BGB sowie § 275 BGB in Betracht.

a) Leistungsverweigerung gemäß § 273 BGB

586 Hat ein Schuldner aus demselben rechtlichen Verhältnis, auf dem seine Verpflichtung beruht, einen fälligen Anspruch gegen den Gläubiger, so kann er, sofern nicht aus dem Schuldverhältnis sich ein anderes ergibt, gemäß § 273 BGB die geschuldete Leistung verweigern, bis die ihm gebührende Leistung bewirkt wird. Solche Ansprüche, die den Beschäftigten zur Leistungsverweigerung berechtigten, können auch solche aus dem AGG sein, da hier die für § 273 BGB Kon-

VI. Leistungsverweigerungsrecht nach § 14 AGG

nexität zur Arbeitspflicht unzweifelhaft gegeben ist; die Ansprüche aus dem AGG und die Arbeitspflicht entstammen „demselben rechtlichen Verhältnis" (hierzu MüKo/*Krüger*, BGB, § 273 Rnr. 13 ff.). Hierzu gehört vor allem der Anspruch auf Entschädigung und Schadensersatz nach § 15 AGG. Anders als bei der Aufrechnung müssen die Forderungen nicht gleichartig sein. I. d. R. steht die Gleichartigkeit sogar der Geltendmachung des Zurückbehaltungsrechts entgegen, da diese nicht sinnvoll ist und der Fall von der – weiter gehenden – Aufrechnung erfasst wird. Ebenfalls zur Leistungsverweigerung berechtigt der nicht erfüllte Anspruch auf Gleichbehandlung nach § 7 Abs. 1 AGG sowie auf Schutz nach § 12 AGG. Insoweit überschneidet sich das Leistungsverweigerungsrecht des § 14 AGG mit dem des § 273 BGB. Man wird daher die Wertung des § 14 AGG auch hier übernehmen müssen: Allerdings besteht ein konnexer, fälliger und durchsetzbarer Anspruch des Arbeitnehmers auf Schutzmaßnahmen durch den Arbeitgeber, wenn dessen bisherige Maßnahmen nicht ausreichen und hinter dem zurückbleiben, was nach § 12 AGG erforderlich ist. Nur aber wenn sie offensichtlich ungeeignet sind zur Unterbindung einer Benachteiligung, besteht das Leistungsverweigerungsrecht (s. auch BAG v. 8.5.1996 – 5 AZR 315/95, AP BGB § 618 Nr. 23).

b) Leistungsverweigerung gemäß § 275 BGB

Unerwähnt lassen Gesetz und Gesetzesbegründung ein etwaiges Leistungsverweigerungsrecht aus § 275 BGB. Denkbar ist vor allem ein **Leistungsverweigerungsrecht wegen persönlicher Unzumutbarkeit nach § 275 Abs. 3 BGB** (zu § 275 Abs. 1 und 2 BGB s. HWK/*Thüsing*, § 611 BGB Rnr. 389 ff.). Voraussetzung ist, dass der Schuldner die Leistung persönlich zu erbringen hat, was beim Arbeitsverhältnis wegen dessen grundsätzlicher Unübertragbarkeit gemäß § 613 BGB im Zweifel der Fall ist. Die Erbringung der Leistung muss dem Schuldner – anders als bei § 275 Abs. 2 BGB – nach einer Abwägung des Leistungsinteresses des Schuldners und des Leistungsinteresses des Gläubigers unzumutbar sein. Auf ein Verschulden des Schuldners kommt es im Gegensatz zu § 275 Abs. 2 S. 2 BGB nicht an (BT-Drucks. 14/6857, S. 47; *Gotthardt*, Arbeitsrecht nach der Schuldrechtsreform, 2003, Rnr. 39; *Huber/Faust*, Schuldrechtsmodernisierung, 2002, Rnr. 2/89. Auf das Verschulden kommt es u. a. erst für die Frage der Vergütungspflicht an). Dem Arbeitnehmer kann die Leistung auch **teilweise** unzumutbar sein. § 275 Abs. 2 S. 2 RegE brachte dies noch durch die Bezugnahme auf die Wendung „soweit" in § 275 Abs. 2 S. 1 RegE zum Ausdruck. Eine inhaltliche Änderung ist durch den eigenständigen Absatz in § 275 Abs. 3 BGB nicht gewollt. (BT-Drucks. 14/7052, S. 183). Das Verweigerungsrecht wegen persönlicher Unzumutbarkeit ist wie das Leistungsverweigerungsrecht nach § 275 Abs. 2 BGB als **Einrede** ausgestaltet, auf die sich der Arbeitnehmer berufen muss (ErfK/*Preis*, § 611 BGB Rnr. 685; Palandt/*Heinrichs*, BGB, § 275 Rnr. 32). Auch eine **rückwirkende Geltendmachung** der Einrede ist möglich. Der Arbeitnehmer kann wählen, ob er die Arbeitsleistung erbringt oder sich auf Unzumutbarkeit beruft. Der Tatbestand des § 275 Abs. 3 BGB erfordert ein der Leistung entgegenstehendes Hindernis, das – anders als bei § 616 BGB – nicht auf in der Person des Arbeitnehmers liegende Gründe beschränkt ist. Im Gegensatz zu § 616 BGB werden von § 275 Abs. 3

587

BGB nicht auch Umstände umfasst, die bereits eine subjektive (oder gar objektive) Unmöglichkeit i. S. v. § 275 Abs. 1 BGB bilden (Palandt/*Heinrichs*, BGB, § 275 Rnr. 30). § 275 Abs. 3 BGB ist zu Abs. 1 subsidiär (Palandt/*Heinrichs*, BGB, § 275 Rnr. 30). Mit der Einfügung als allgemeines Leistungsverweigerungsrecht in § 275 Abs. 3 BGB und durch die Gleichbehandlung der Abs. 1–3 des § 275 BGB, insb. in §§ 283 S. 1, 326 Abs. 1 BGB, stellt der Gesetzgeber klar, dass die Unzumutbarkeit in ihrer Intensität dem Unvermögen, d. h. der subjektiven Unmöglichkeit, entsprechen muss (ausdrücklich der Regierungsentwurf des Schuldrechtsmodernisierungsgesetzes, der den § 275 Abs. 3 BGB noch als unselbstständigen S. 2 in § 275 Abs. 2 BGB vorsah: BT-Drucks. 14/6040, S. 130. Zustimmend *Gotthardt*, Arbeitsrecht nach der Schuldrechtsreform, 2003, Rnr. 99; ErfK/*Preis*, § 611 BGB Rnr. 685). In Betracht kommen daher insbesondere folgende fünf **Gründe der Unzumutbarkeit**: Arbeitsunfähigkeit wegen Krankheit, gesetzliche Verbote, Gefahr für Leib und Leben, familiäre und sonstige persönliche Gründe und Gewissensgründe. In der Praxis stellt sich insofern die **schwierige Frage der Einordnung unter § 275 Abs. 1 oder Abs. 3 BGB**, d. h. der Unmöglichkeit oder Unzumutbarkeit der Leistung. Der Maßstab ist hier recht streng. Dies zeigt sich insbesondere an der Unzumutbarkeit, wenn die Erbringung der Arbeitsleistung nur unter Umständen möglich ist, die für den Arbeitnehmer eine **erhebliche (objektive) Gefahr für Leben oder Gesundheit** begründen (*Gotthardt*, Arbeitsrecht nach der Schuldrechtsreform, 2003, Rnr. 88; *Henssler/Muthers*, ZGS 2002, 219, 222). Die Interessen des Arbeitnehmers überwiegen grundsätzlich das Leistungsinteresse des Arbeitgebers, da er sein Leben und seine Gesundheit, wenn er dazu nicht vertraglich verpflichtet ist, zur Erfüllung seiner Pflichten nicht riskieren muss (ErfK/*Preis*, § 611 BGB Rnr. 686). Erforderlich, aber auch ausreichend, ist ein ernsthafter, objektiv begründeter Verdacht der Gefährdung, auch als Bestandteil des allgemeinen Lebensrisikos – die subjektive Annahme einer Gefahr durch den Arbeitnehmer reicht dagegen nicht aus (ErfK/*Preis*, § 611 BGB Rnr. 686).

588 All dies ist bei der Auslegung des § 14 AGG zu berücksichtigen, jedoch dürfte hier **§ 14 AGG *lex specialis*** sein (Wendeling-Schröder/Stein/*Stein*, AGG, § 14 Rnr. 14), soweit es um Belästigung und sexuelle Belästigung geht. Ein Rückgriff auf die allgemeinere Norm des BGB ist ausgeschlossen. Der Schutzzweck des § 14 AGG und des § 275 Abs. 3 BGB ist insoweit derselbe.

VII. Beschwerderecht nach § 13 AGG

1. Allgemeines

589 Die Beschäftigten haben gemäß § 13 AGG das Recht, sich bei den zuständigen Stellen des Betriebs, des Unternehmens oder der Dienststelle zu beschweren, wenn sie sich im Zusammenhang mit ihrem Beschäftigungsverhältnis vom Arbeitgeber, von Vorgesetzten, anderen Beschäftigten oder Dritten wegen eines in § 1 AGG genannten Grundes benachteiligt fühlen. Die Beschwerde ist zu prüfen und das Ergebnis der oder dem beschwerdeführenden Beschäftigten mitzuteilen.

590 Die Regelung sieht das Recht der Beschäftigten vor, sich wegen einer eingetretenen Benachteiligung bei einer zuständigen Stelle des Betriebs oder bei der Ar-

VII. Beschwerderecht nach § 13 AGG

beitnehmervertretung zu beschweren. Die Vorschrift enthält keine Neuerung; entsprechende Beschwerdemöglichkeiten bestehen bereits nach geltendem Recht (BT-Drucks. 16/1780, S. 37). Da die Beschwerde aber sowohl Grundlage für Maßnahmen des Arbeitgebers als auch für weitere Ansprüche des oder der Beschäftigten sein kann, ist die Vorschrift entsprechend § 3 BeschSchG aufgenommen worden (BT-Drucks. 16/1780, S. 37).

2. Beschwerderecht (§ 13 Abs. 1 S. 1 AGG)

Das Recht des Belästigten, sich bei der zuständigen Stelle zu beschweren, besteht nach dem Wortlaut der Norm bereits dann, wenn sich der Beschäftigte **benachteiligt fühlt** (*Bauer/Göpfert/Krieger*, AGG, § 13 Rnr. 4; Schleusener/Suckow/Voigt/*Suckow*, AGG, § 13 Rnr. 5). Ob der Vorfall auch objektiv eine Benachteiligung oder (sexuelle) Belästigung darstellt, ist demnach unerheblich. Das **Beschwerderecht** ist §§ 84, 85 BetrVG nachgebildet und besteht gem. § 13 Abs. 2 AGG ausdrücklich neben diesem. Nach §§ 84 Abs. 1 S. 1 BetrVG hat der Arbeitnehmer das Recht, sich bei der zuständigen Stelle oder dem Betriebsrat zu beschweren, wenn er sich vom Arbeitgeber oder von Arbeitnehmern des Betriebs benachteiligt oder ungerecht behandelt oder in sonstiger Weise beeinträchtigt fühlt. Eine solche Beeinträchtigung liegt z. B. bei einer sexuellen Belästigung durch den Arbeitgeber oder andere Arbeitnehmer vor. 591

Das Beschwerderecht umfasst das Recht, in angemessener Form sein Anliegen vorzutragen. Vertragswidriges Verhalten, insbesondere Beleidigungen oder Verleumdungen, werden vom Schutz des § 13 AGG nicht umfasst. Auch besteht kein Anspruch auf Freistellung für die Beschwerde. Der Arbeitgeber kann den Arbeitnehmer auf die Pausenzeiten zur Beschwerdeleistung verweisen, wenn dem nicht arbeitstechnische Gründe entgegenstehen (a.A. Wendeling-Schröder/Stein/*Stein*, AGG, § 13 Rnr. 4; *Bauer/Göpfert/Krieger*, AGG, § 13 Rnr. 8a). 592

Das **Beschwerderecht nach § 13 Abs. 1 S. 1 AGG** ist von den Voraussetzungen der §§ 84, 85 BetrVG unabhängig mit der Folge, dass eine Beschwerde auch leitenden Angestellten zusteht (Allgemein zum Beschwerderecht: Schaub/*Linck*, Arbeitsrechts-Handbuch § 36 Rnr. 109f.) und die Fälle der Belästigung durch Dritte erfasst werden, für die das Beschwerderecht aus §§ 84, 85 BetrVG nicht gelten soll (*Worzalla*, NZA 1994, 1016, 1019 m.w.N.). Darüber hinaus erfolgt im Hinblick auf den Anwendungsbereich der §§ 84, 85 BetrVG über Abs. 1 S. 1 eine Erweiterung auf Benachteiligungen in Kleinbetrieben mit weniger als fünf ständigen wahlberechtigten Arbeitnehmern (vgl. § 1 BetrVG), soweit man nicht entgegen der überwiegenden Ansicht (Richardi/*Thüsing*, BetrVG, Vor § 81 Rnr. 5 mwN; GK-BetrVG/*Wiese* Vor § 81 Rnr. 21) annimmt, auch in diesen Betrieben sei ohnehin das Beschwerderecht zu bejahen (H/S/W/G/N/R/*Rose*, BetrVG, § 84 Rnr. 4). 593

Unproblematisch steht **Leiharbeitnehmern** gegenüber ihrem Verleiherbetrieb und Arbeitgeber nach § 13 AGG das Beschwerderecht zu; zweifelhaft dagegen ist, ob sie auch im Entleiherbetrieb nach § 13 beschwerdeführungsberechtigt sind (s. hierzu *Oetker* NZA 2008, 264, 265). § 14 Abs. 2 S. 3 AÜG ordnet die Anwendung des § 84 BetrVG hinsichtlich der im Entleiherbetrieb beschäftigten Leiharbeitnehmer an, für § 13 AGG aber fehlt eine entsprechende gesetzliche Anord- 594 nung. Jedoch gelten nach § 6 Abs. 2 S. 1 Dritte, denen ein Arbeitnehmer überlassen wird als „Arbeitgeber" im Sinne des auch § 13 AGG einschließenden Abschnitts; damit steht auch den Leiharbeitnehmern im Entleiherbetrieb ein Beschwerderecht nach § 13 zu (*Oetker* NZA 2008, 264, 265: Schleusener/Suckow/Voigt/*Suckow*, AGG, § 13 Rnr. 8).

595 Der Begriff der zuständigen Stelle ist umfassend zu verstehen (BT-Drucks. 16/1780, S. 37). **Zuständige Stelle** des Betriebes oder der Dienststelle ist der Arbeitgeber bzw. der Dienstvorgesetzte. Es bestehen keine Anhaltspunkte dafür, dass im Rahmen des § 13 AGG ein von §§ 84, 85 BetrVG abweichendes Verständnis zugrunde zu legen ist (ErfK/*Schlachter*, § 13 AGG Rnr. 1; *Worzalla*, NZA 1994, 1016, 1019 m. w. N.). Im Bereich des § 84 Abs. 1 S. 1 BetrVG, dem § 13 Abs. 1 S. 1 AGG nachgebildet wurde, hat der Arbeitgeber die zuständige Stelle zu bestimmen (H/S/W/G/N/R/*Rose*, BetrVG, § 84 Rnr. 24). Diese ist im Betrieb bzw. in der Dienststelle bekannt zu machen. Fehlt eine ausdrückliche Bestimmung, ist zuständige Stelle der unmittelbare Vorgesetzte oder, falls sich die Beschwerde gegen diesen richtet, der nächsthöhere Vorgesetzte (H/S/W/G/N/R/*Rose*, BetrVG, § 84 Rnr. 24). Die benachteiligte oder belästigte Person kann zu ihrer Unterstützung ein Mitglied des Betriebsrates hinzuziehen oder sich an die Frauenbeauftragte wenden; diese hat eine besondere Aufgabe als beratende Vertrauensperson (BT-Drucks. 12/5468, S. 47). Der Betriebsrat gehört nicht zu den zuständigen Stellen i. S. v. § 84 BetrVG; er hat Beschwerden nach § 85 Abs. 1 BetrVG lediglich entgegenzunehmen und, falls er sie für berechtigt hält, beim Arbeitgeber auf Abhilfe hinzuwirken (vgl. GK-BetrVG/*Wiese*, § 85 Rnr. 7).

596 Bisherige **Erfahrungen in der Praxis** im Bezug auf das BeschSchG zeigen, dass das Beschwerderecht aus §§ 84, 85 BetrVG im Hinblick auf sexuelle Belästigungen wenig genutzt worden ist (*Holzbecher* u. a., Sexuelle Belästigung am Arbeitsplatz, 1997, S. 192 ff.). Eine deutlich andere Entwicklung hat sich auch durch das Beschwerderecht in § 3 Abs. 1 S. 1 BeschSchG nicht abgezeichnet und wird sich wohl auch nicht im Hinblick auf § 13 AGG abzeichnen. Um etwa sexuell Belästigte zu ermutigen, ihre Rechte verstärkt wahrzunehmen, wird vorgeschlagen, den Beschäftigten jeweils Ansprechpartner des eigenen Geschlechts anzubieten und bei Beschwerden gegenüber dem Betriebsrat auf das im Rahmen des § 85 BetrVG bestehende Erfordernis, den Namen des Beschwerdeführers zu nennen, zu verzichten (ErfK/*Schlachter*, § 13 AGG Rnr. 2).

3. Prüfung und Einleitung von Maßnahmen (§ 13 Abs. 1 S. 2 AGG)

597 Der Arbeitgeber oder Dienstvorgesetzte hat die Beschwerde zu prüfen und den **Sachverhalt** durch Anhörung beider Seiten und ggf. Dritter mit den ihm zur Verfügung stehenden Mitteln **aufzuklären** (so für das BeschSchG BT-Drucks. 12/5468, S. 47). Es dürfen also keine Erfolg versprechenden Beweismittel außer Acht gelassen werden. Soweit erforderlich, ist die belästigende Person aufzufordern, ihr pflichtwidriges Verhalten einzustellen bzw. eine Wiederholung zu unterlassen. Es soll sichergestellt werden, dass die persönliche Integrität und die Würde der als Opfer betroffenen Beschäftigten ab dem Zeitpunkt der Einleitung eines förmlichen Beschwerdeverfahrens gewahrt werden (BT-Drucks. 12/5468, S. 47). Daraus

VII. Beschwerderecht nach § 13 AGG

folgt, dass es sich um Maßnahmen im Vorfeld von arbeitsrechtlichen Sanktionierungen des § 12 Abs. 3 AGG handelt. Werden keine vorläufigen schützenden Maßnahmen ergriffen, kommen Schadensersatzansprüche gegen den Arbeitgeber in Betracht, s. Rnr. 719.

Der Arbeitgeber oder Dienstvorgesetzte hat bei **festgestellter Belästigung** geeig- **598** nete, weitergehende **Maßnahmen zu treffen**, um die Belästigung zu unterbinden. Nach der Regierungsbegründung des BeschSchG (BT-Drucks. 12/5468, S. 47) enthielt § 4 Abs. 2 BeschSchG eine Konkretisierung der Schutzpflicht aus § 2 Abs. 1 BeschG, die sich nun in § 13 AGG wieder findet. Die Beurteilung, welche Maßnahmen geeignet sind, um das Betriebsklima wieder herzustellen, obliegt dem Arbeitgeber. Es kommen insbesondere **durch Ausübung des Weisungsrechts umzusetzende Eingriffe** in Betracht wie räumliche Trennung, allerdings nicht zu Lasten des Opfers (BT-Drucks. 12/5468, S. 47), Zuweisung anderer Tätigkeiten, Ermahnungen und Gespräche mit dem Belästiger bzw. der benachteiligenden Person. Als *ultima ratio* kommt schließlich die Kündigung des Belästigers in Betracht. Eine sexuelle Belästigung stellt „an sich" einen wichtigen Grund i.S.d. § 626 BGB dar, bei hinreichender Schwere kann sie eine fristlose Kündigung rechtfertigen (BAG v. 9.6.2011 – 2 AZR 323/10, NZA 2011, 1342).

Auf die **Unterlassung von Behauptungen**, die Gegenstand eines Beschwerde- **599** verfahrens sind, hat der angebliche Benachteiliger/Belästiger nur dann einen Anspruch, wenn die Behauptungen bewusst unwahr oder leichtfertig aufgestellt wurden (LAG Frankfurt v. 28.6.2000 – 8 Sa 195/99, LAGE Nr. 1 zu § 3 Beschäftigtenschutzgesetz).

Um die Rechte von Betroffenen im Hinblick auf **Arbeitslosengeldansprüche** im **600** Falle einer **Eigenkündigung** wegen Benachteiligung nicht zu beeinträchtigen, muss ein Nachweis über die Einleitung des Beschwerdeverfahrens erteilt werden, d. h. der von einer Benachteiligung (insbesondere einer sexuellen Belästigung) betroffene Beschäftigte sollte frühzeitig darauf hinwirken, dass die Benachteiligung **aktenkundig** gemacht wird. Falls nämlich ein Versuch zur Beseitigung der sexuellen Belästigung erfolglos unternommen worden ist, entfällt nach den Durchführungsanweisungen der Bundesagentur für Arbeit hinsichtlich des Arbeitslosengeldes bzw. der Arbeitslosenhilfe eine Sperrzeit beim Leistungsbezug wegen Eigenkündigung auf Grund **Unzumutbarkeit der Fortsetzung des Arbeitsverhältnisses**. Ein wichtiger Grund im Sinne des § 144 Abs. 1 SGB III liegt danach dann vor, wenn psychischer Druck oder Mobbing am Arbeitsplatz konkret festgestellt worden ist bzw. sexuelle Belästigung aktenkundig ist (Durchführungsanweisungen der Bundesanstalt für Arbeit, DA 1.7. 2 Abs. 1 Nr. 3 zu § 144 SGB III, 21. Erg.Lfg. 02/2002). Im Rahmen der Sachverhaltsfeststellung ist Arbeitslosen auf Wunsch oder initiativ ein spezieller Gesprächspartner, z. B. die Beauftragte für Frauenbelange in der Leistungsabteilung bei angedeuteter sexueller Belästigung einer Frau anzubieten. Zum Sachverhalt, zur Plausibilität des Vortrags und zum (ggf. unzumutbaren) Versuch, den wichtigen Grund zu beseitigen, erstellt der Gesprächspartner des Arbeitslosen einen Vermerk (Durchführungsanweisungen der Bundesanstalt für Arbeit, DA 4.1 Abs. 2 zu § 144 SGB III, 20. Erg.Lfg. 01/2002). Grundsätzlich liegt die Beweislast für das Vorliegen der Voraussetzungen des § 144 Abs. 1 SGB III beim Arbeitsamt. Verweigert der Betroffene allerdings sein Einverständnis für unverzichtbare Rückfragen beim Arbeitgeber, dann kann diese in der Verantwortungssphäre des Betroffenen entstandene Nichterweislichkeit des wichtigen Grundes (Durchführungsanweisungen der Bundesanstalt für Arbeit, DA 4.1 Abs. 2 zu § 144 SGB III, 20. Erg.Lfg. 01/2002) zum Eintritt der Sperrzeit gem. § 144 Abs. 1 Nr. 1 SGB III führen.

4. Rechte der Arbeitnehmervertretungen (§ 13 Abs. 2 AGG)

601 § 13 Abs. 2 AGG stellt klar, dass Rechte der Arbeitnehmervertretungen unberührt bleiben. Neben dem Beschwerderecht nach § 85 BetrVG besteht das Recht des Betriebsrates, Unterlassung zu verlangen nach § 17 Abs. 2 AGG i. V. m. § 23 BetrVG, s. Rnr. 619. Im BPersVG für den Bereich des öffentlichen Dienstes des Bundes, sowie im kirchlichen Bereich nach MAVO (katholische Kirche) oder MVG.EKD (evangelische Kirche) fehlen entsprechende Vorschriften. Die **Bestimmung einer Beschwerdestelle** nach § 13 AGG und ihre personelle Besetzung ist als Erfüllung einer geschuldeten Pflicht ohne unmittelbaren Bezug auf das Verhalten der Arbeitnehmer im Betrieb **nicht mitbestimmungspflichtig** (BAG v. 21.7.2009 – 1 ABR 42/08, NZA 2009, 1049; LAG Hamburg v. 17.4.2007 – 3 TaBV 6/07, NZA-RR 2007, 413 s. Anm. *Mohr* BB 2007, 2074; LAG Saarbrücken v. 6.6.2007 – 2 TaBV 2/07, AiB 2007, 660, s. hierzu Anm. *Walter* AiB 2007, 662; *Grobys* NJW-Special 2007, 417, 418; *Walk/Shipton* BB 2010, 1917, 1918; *Bauer/Göpfert/Krieger*, AGG, § 13 Rnr. 6a; Wendeling-Schröder/Stein/*Stein*, AGG, § 13 Rnr. 22; a.A. ArbG Frankfurt v. 23.10.2006 – 21 BV 690/06, AiB 2007, 49; *Ehrich/Frieters* DB 2007, 1026, 1027). Mitbestimmungspflichtig nach § 87 Abs. 1 Nr. 1 BetrVG dagegen ist die Entscheidung über die Einführung und Ausgestaltung des Verfahrens, in dem Arbeitnehmer ihr Beschwerderecht nach § 13 Abs. 1 S. 1 AGG wahrnehmen können (*Bauer/Göpfert/Krieger*, AGG, § 13 Rnr. 6a; Wendeling-Schröder/Stein/*Stein*, AGG, § 13 Rnr. 24): hier hat der Betriebsrat auch ein Initiativrecht (BAG v. 21.7.2009 – 1 ABR 42/08, NZA 2009, 1049; *Besgen* BB 2007, 213, 214; a.A. LAG Nürnberg v. 19.2.2008 – 6 TaBV 80/07, DB 2009, 71; *Hunold* NZA-RR 2009, 113, 122; *Westhauser/Sediq* NZA 2008, 78, 81; *Walk/Shipton* BB 2010, 1917, 1918 *Gach/Julis* BB 2007, 773, 776). Eine Gefahr besteht jedoch, dass der Betriebsrat über sein Initiativrecht zur Einführung einer Verfahrensordnung mittelbar Druck auf den Arbeitgeber ausüben kann, ihn auch bei der personellen Besetzung der Beschwerdestelle zu beteiligen; denn der Betriebsrat hat es in Hand durch Verweigerung seiner Zustimmung zur Verfahrensordnung der Beschwerdestelle, deren Arbeitsaufnahme zu verzögern (*Bissels/Lützeler* BB 2010, 1725, 1730).

VIII. Maßregelungsverbot nach § 16 AGG

Literatur: *Faulenbach*, das arbeitsrechtliche Maßregelungsverbot (§ 612 a BGB), 2005; *Thüsing*, Anwendungsbereich und Regelungsgehalt des Maßregelungsverbots gemäß § 612 a BGB, NZA 1994, 728; *Wilken*, Regelungsgehalt des Maßregelungsverbots gemäß § 612 a BGB, 2001 sowie die Kommentierungen zu § 612 a BGB.

VIII. Maßregelungsverbot nach § 16 AGG

1. Allgemeines

Der Arbeitgeber darf gemäß § 16 AGG Beschäftigte nicht wegen der Inanspruchnahme von Rechten nach dem AGG oder wegen der Weigerung, eine gegen dieses Gesetz verstoßende Anweisung auszuführen, benachteiligen. Gleiches gilt für Personen, die den Beschäftigten hierbei unterstützen oder als Zeuginnen oder Zeugen aussagen. Die Zurückweisung oder Duldung benachteiligender Verhaltensweisen durch betroffene Beschäftigte darf nicht als Grundlage für eine Entscheidung herangezogen werden, die diese Beschäftigten berührt. Die Beweislastregel des § 22 AGG gilt entsprechend. Neben dem Arbeitgeber unterliegen auch die Betriebsparteien dem Benachteiligungsverbot (BAG, v. 18.9.2007 – 3 AZR 639/06, NZA 2008, 56). Im öffentlichen Dienst gelten für die Verfolgung der Rechte aus § 16 AGG die allgemeinen dienstrechtlichen Bestimmungen (VG Gießen v. 26.5.2011 – 5 K 401/11.GI). 602

Die Regelung setzt Artikel 9 der RL 2000/43/EG, Artikel 11 der RL 2000/78/EG und Artikel 7 der RL 2002/73/EG um. Die Vorschrift entspricht dem bereits in § 612a BGB (MüKo/*Müller-Glöge*, 5. Aufl. § 612a BGB Rnr. 2 ff.; HWK/*Thüsing*, BGB, § 612a Rnr. 1 ff.) und § 5 TzBfG (HWK/*Henssler*, § 1 TzBfG Rnr. 1 ff.; *Annuß/Thüsing* TzBfG § 5 Rnr. 1 ff.) enthaltenen Grundsatz, dass Beschäftigte wegen der Inanspruchnahme ihrer Rechte aus diesem Gesetz nicht benachteiligt werden dürfen. Dieser Schutz wird nach Vorgabe der Richtlinien auch auf Personen, die Beschäftigte unterstützen sowie auf Zeugen ausgedehnt. 603

Die Ausführung einer Anweisung, die andere Beschäftigte benachteiligen würde, wäre nach § 7 Abs. 1 AGG ebenso rechtswidrig wie die Erteilung der Anweisung selbst, s. § 3 Abs. 5 AGG. § 16 Abs. 1 Satz 1 AGG bestimmt, dass die Weigerung, eine derartige Weisung auszuführen, vom Arbeitgeber nicht mit Sanktionen belegt werden darf. § 16 Abs. 2 AGG stellt dabei klar, dass der Arbeitgeber keine Folgen daraus ableiten darf, ob der oder die Benachteiligte die Benachteiligung geduldet oder zurückgewiesen hat (BT-Drucks. 16/1780, S. 39). 604

§ 16 AGG regelt einen **Sonderfall der Sittenwidrigkeit** (Wendeling-Schröder/Stein/*Stein*, AGG, § 16 Rnr. 2). Er geht inhaltlich nicht über § 612a BGB hinaus. Da § 16 AGG ein **Sonderfall des allgemeinen Maßregelungsverbots** gemäß § 612a BGB darstellt, das sich lediglich im engeren Anwendungsbereich von der allgemeineren Norm unterscheidet, kann die zu § 612a BGB entwickelte Dogmatik weitgehend übernommen werden (ausführlich hierzu HWK/*Thüsing*, § 612a Rnr. 1 ff.). Unterschiede bestehen lediglich bei den Rechten, auf deren Ausübung sich das Maßregelungsverbot bezieht. 605

Die Norm hat Vorbilder im US-amerikanischen Recht. Sowohl in Title VII Civil Rights Act, der ADEA als auch der ADA verbieten dem Arbeitgeber ausdrücklich Maßregelungen des Arbeitnehmers bei Wahrnehmung seiner Rechte aus den jeweiligen Gesetzen. Solche *retaliation claims* nehmen mehr und mehr zu. Nach Statistiken der EEOC erhöhte sich die Zahl der Eingaben, die bei der Kommission geltend gemacht wurden, von unter 8000 in 1991 auf mehr als 19 000 im Jahr 1998. Damit machen sie fast ein Viertel aller Verfahren aus (s. auch *Kendle*, Retaliation: Grown riskier than discrimination, Employee Relations Law Journal, 25/1 [1999], 5 ff.). Hier beobachtet man, dass Klagen, die nur unzureichend auf 606

F. Rechtsfolgen

Diskriminierung selbst gestützt wurden, erfolgreich werden, wenn sie ergänzend und stattdessen auf die jeweiligen Maßregelungsverbote gestützt werden (s. Alvarez v. City of New York, 98 CIV 7727 [1998]: „All too often, however, employers react negatively to the assertion of a claim and consequently turn a weak discrimination case into a strong retaliation case"). Diese Gefahr besteht auch nach deutschem Recht.

2. Voraussetzungen des Benachteiligungsverbots

a) Inanspruchnahme von Rechten nach diesem Gesetz

607   Voraussetzung für das Verbot der Benachteiligung ist, dass der Arbeitnehmer Rechte nach dem AGG in Anspruch nimmt. Arbeitsvertraglich unzulässiges Verhalten kann demgegenüber vom Arbeitgeber sanktioniert werden. Rechte nach diesem Gesetz sind der Anspruch auf Gleichbehandlung nach § 7 Abs. 1 AGG, auf Schutz nach § 12 AGG, das Beschwerderecht nach § 13 AGG, das Leistungsverweigerungsrecht nach § 14 AGG, die Entschädigung nach § 15 AGG. Erfasst werden also sowohl die Wahrnehmung von Gestaltungsrechten als auch die Geltendmachung gesetzlicher Ansprüche.

b) Weigerung, eine gegen dieses Gesetz verstoßende Anweisung auszuführen

608   Der Inanspruchnahme von Rechten nach diesem Gesetz gleichgestellt ist die Weigerung, eine gegen dieses Gesetz verstoßene Anweisung auszuführen. Dies hat Vorbilder im ausländischen Diskriminierungsrecht (s. § 704 (a) Title VII Civil Rights Act; sec. 30 RRA; sec. 39 SDA). Auch im Hinblick auf diese Fälle regelt § 16 AGG einen Sonderfall der Sittenwidrigkeit. Eine gegen das Gesetz verstoßende Anweisung liegt insbesondere in Anweisungen zur Benachteiligung nach § 3 AGG. Nicht erfasst ist die Anweisung zur diskriminierenden Benachteiligung von Dritten, die in Großbritannien und den USA einen Großteil der Fälle ausmachen. Die Anweisung etwa, an Sinti und Roma keine Autos zu verleihen (s. Weatherfiled Ltd v. Sargent, ICR 425 CA [1999]), würde nicht den Schutz des § 16 AGG nach sich ziehen, wohl aber nach § 612a BGB, denn eine gegen § 19 AGG verstoßende Weisung ist rechtswidrig, und der Arbeitnehmer hat das Recht, diese nicht zu befolgen.

609   Nicht erfasst vom Maßregelungsverbot sind **über die Weigerung hinausgehende Akte des Beschäftigten.** Diese darf der Arbeitgeber mit Sanktionen belegen, soweit sie eine Vertragspflichtverletzung darstellen. Verbindet der Beschäftigte seine Weigerung mit einem lautstarken Protest und informiert er die Öffentlichkeit, kann er sich nicht auf den Schutz nach § 16 AGG berufen (Schleusener/Suckow/Voigt/*Voigt*, AGG, § 16 Rnr. 12; s. zur parallelen Frage im US-Recht, *Lewis/Norman*, Employment Discrimination Law and Practice, 2004, S. 100f.).

610   Irrt der Benachteiligte über Rechte aus dem AGG oder die Rechtmäßigkeit einer Anweisung, so geht dies zu seinen Lasten. Der Wortlaut des § 16 AGG ist klar und damit enger als das Diskriminierungsrecht anderer Länder (zu *Title VII*

VIII. *Maßregelungsverbot nach § 16 AGG*

des Civil Rights Act, bei dem auch der gutgläubig irrende Arbeitnehmer geschützt ist (*Lewis/Norman,* Employment Discrimination Law in Practice, 2001, S. 97 ff.; wie in Deutschland jedoch Art. L. 122–45 S. 2 und 3 Code du travail).

c) Schutz Dritter

Den gleichen Schutz erfahren die, die den Beschäftigten bei der Geltendmachung seiner Rechte oder der Verweigerung diskriminierender Weisungen unterstützen oder als Zeugen aussagen. Auch der Schutz von Zeugenaussagen hat seine direkten Vorbilder im US-amerikanischen Recht (s. *Lewis/Norman,* Employment Discrimination Law and Practice, 2004, S. 102). Nicht erfasst sind Falschaussagen. Diese darf der Arbeitgeber regelmäßig sanktionieren, jedenfalls wenn der Arbeitnehmer insoweit schuldhaft gehandelt hat. Vertragspflichtverletzung will das Gesetz nicht privilegieren. Es gelten hier letztlich die allgemeinen Regeln, wie sie die Rechtsprechung in Bezug auf die Anzeige einer Straftat des Arbeitgebers durch den Arbeitnehmer herausgearbeitet hat (hierzu zuletzt BAG v. 3. 7. 2003 – 2 AZR 235/02, AP KSchG 1969 § 1 Nr. 45 Verhaltensbedingte Kündigung: „Eine zur Kündigung berechtigende arbeitsvertragliche Pflichtverletzung eines Arbeitnehmers liegt nicht nur dann vor, wenn der Arbeitnehmer in einer Strafanzeige gegen den Arbeitgeber oder einen seiner Repräsentanten wissentlich oder leichtfertig falsche Angaben gemacht hat. Eine kündigungsrelevante erhebliche Verletzung arbeitsvertraglicher Nebenpflichten kann sich im Zusammenhang mit der Erstattung einer Strafanzeige im Einzelfall auch aus anderen Umständen ergeben."). 611

Wieweit der **Begriff der Unterstützung** geht, ist fraglich. Vorzugswürdig ist ein weites Verständnis, denn § 16 AGG greift ja nur ein, wenn der Arbeitgeber dieses Handeln tatsächlich zum Anlass einer Maßregelung genommen hat. Damit ist jedes willentliche Handeln und jede öffentliche Parteinahme zugunsten des Benachteiligten bei Geltendmachung seiner Rechte oder Weigerung der Ausführung einer Anweisung zu beachten. Auch aufgedrängte Unterstützung ist Unterstützung. Entscheidend ist jedoch, dass die Unterstützung nicht gegen vertragliche Pflichten verstößt. Wer sich leichtfertig „an die Öffentlichkeit" wendet, der verletzt die dem Arbeitnehmer obliegende Loyalitätspflichten und ist dauch nicht durch § 16 AGG geschützt. § 16 AGG schützt den Unterstützer soweit sein Verhalten keine Pflichtverletzung darstellt. Die Norm erweitert jedoch nicht die Rechte des Unterstützers. 612

Auch die **Zeugen oder Unterstützer** müssen Beschäftigte des Arbeitgebers sein, damit sie sich auf den Schutz des § 16 AGG berufen können. Andere darf der Arbeitgeber sanktionieren, er darf also Kunden (Wendeling-Schröder/Stein/*Stein,* AGG, § 16 Rnr. 7: verneint ebenfalls die Erstreckung des Maßregelungsverbots auf Außenstehende; verweist aber darauf, dass im Einzelfall eine sanktionierte Vertragsverweigerung gegen § 138 BGB verstoßen kann), die in einem Verfahren wegen sexueller Belästigung als Zeuge zugunsten des Beschäftigten aussagen, zukünftig Hausverbot erteilen. Insoweit gilt nichts anderes als bei den sonstigen arbeitsrechtlichen Maßregelungsverboten nach § 612 a BGB, § 21 Abs. 6 S. 3 GefahrStV, § 5 TzBfG, § 84 Abs. 3 BetrVG. 613

3. Inhalt der Benachteiligung

614 Bei § 612a BGB besteht Uneinigkeit darüber, wann eine Benachteiligung im Sinne der Norm vorliegt. Unklar ist dabei nicht nur, ob damit alle oder nur unverhältnismäßige und inadäquate Benachteiligungen erfasst werden (vgl. die Einschränkung *Hanau/Vossen*, DB 1992, 213, 221; *Gaul*, NJW 1994, 1024, 1027. Der Rechtsprechung ist diese Einschränkung nicht zu entnehmen, vgl. LAG Hamm v. 18.12.1987 – 17 Sa 1295/87, DB 1988, 917), sondern auch das Verhältnis zwischen Gleichbehandlungsgrundsatz und Maßregelungsverbot, die beide eine Benachteiligung von Arbeitnehmern verhindern sollen (*Gaul*, NJW 1994, 1024, 1030; *Schwarze*, NZA 1993, 967, 968). Richtigerweise wird man auch bei § 16 AGG davon ausgehen können, dass **sämtliche Benachteiligungen,** nicht nur inadäquate oder unverhältnismäßige Sanktionen des Arbeitgebers einzig in Bezug auf die zulässige Rechtsausübung nach diesem Gesetz, ausgeschlossen sind, denn Sanktionen des Arbeitgebers, die gerade im Hinblick auf eine zulässige Rechtsausübung erfolgen, sind immer inadäquat und ungerechtfertigt. Erforderlich ist allein, dass die Rechtsausübung eine *conditio sine qua non* für die Benachteiligung ist. Die Rechtsprechung hält zusätzlich als **subjektives Moment** eine Maßregelungsabsicht des Arbeitgebers in dem Sinne für erforderlich, dass die Rechtsausübung des Arbeitnehmers für die Maßnahmen oder Vereinbarungen seitens des Arbeitgebers nicht nur in irgendeiner Weise ursächlich und nicht nur äußerer Anlass sein darf, sondern für das Verhalten des Arbeitgebers ein tragender Beweggrund, d.h. wesentliches Motiv sein muss (BAG v. 2.4.1987 – 2 AZR 227/86, NZA 1988, 18; LAG Hamm v. 18.12.1987 – 17 Sa 1295/87, DB 1988, 917; differenzierend *Schwarze*, NZA 1993, 967, 973). Das vertragliche Einverständnis des Arbeitnehmers schließt eine Benachteiligung nicht aus. Unzulässig sind daher auch Vereinbarungen, die eine vorangegangene Rechtsausübung sanktionieren wollen (s. zu § 4 TzBfG: *Buschmann*/Dieball/Stevens-Bartol, TzBfG, § 5 Rnr. 3; ErfK/*Preis*, § 612a BGB Rnr. 9; *Thüsing*, NZA 1994, 723). Eine Ungleichbehandlung, die nach §§ 8ff. AGG erlaubt ist, ist auch nicht durch § 16 AGG verboten, soweit sie nicht mit dem Willen zur Maßregelung erfolgt.

4. Nachweis der Benachteiligung

615 Für den Nachweis der Benachteiligung gilt die Beweislastregel des § 22 AGG entsprechend, s. § 16 Abs. 3 AGG. Damit trägt der Beschäftigte die Beweislast für das Vorliegen der Benachteiligung. Der Beschäftigte hat die Tatsachen darzulegen, die vermuten lassen, dass die unterschiedliche Behandlung wegen der Inanspruchnahme von Rechten nach diesem Gesetz oder wegen der Weigerung, eine gegen dieses Gesetz verstoßende Anweisung auszuführen, erfolgt ist. Solche Tatsachen können ein unmittelbar zeitlicher Zusammenhang zwischen Wahrnehmung der Rechte und Benachteiligung sein, vorangegangene Drohungen des Arbeitgebers etc. Hält im Streitfall das Gericht das Vorliegen solcher Tatsachen für überwiegend wahrscheinlich, so trägt der Arbeitgeber die Beweislast dafür, dass die Benachteiligung andere Gründe hatte.

VIII. *Maßregelungsverbot nach § 16 AGG*

5. Rechtsfolgen

Die Vorschrift normiert ein gesetzliches Verbot im Sinne des § 134 BGB. Eine **616** Vereinbarung, die hiergegen verstößt, ist damit nichtig. Das Gleiche gilt für einseitige rechtsgestaltende Maßnahmen, wie etwa die Kündigung (BAG v. 2.4.1987 – 2 AZR 227/86, NZA 1988, 18; s. auch Staudinger/*Richardi*, Neubearbeitung 2005, BGB, § 612a Rnr. 20). Ist dem Arbeitnehmer ein materieller Schaden entstanden, kann er Schadensersatz aus § 280 BGB verlangen (*Bauer/Göpfert/Krieger*, AGG, § 16 Rnr. 16). Wie § 612a BGB (LAG Hamm v. 18.12.1987 – 17 Sa 1295/87, DB 1988, 917; Staudinger/*Richardi*, Neubearbeitung 2005, BGB, § 612a Rnr. 21; ErfK/*Preis*, § 612a BGB Rnr. 23), und nach richtiger Auffassung anders als § 7 Abs. 1 AGG (s. Rnr. 568), ist auch § 16 AGG Schutzgesetz i. S. v. § 823 Abs. 2 BGB; auch hierauf kann ein Schadensersatzanspruch gestützt werden (Wendeling-Schröder/Stei*n*/*Stein*, AGG, § 16 Rnr. 18).

Keinen Anspruch hat der Gemaßregelte auf eine **Entschädigung nach § 15** **617** **AGG**. Gemaßregelter und Benachteiligter unterliegen insoweit unterschiedlichen Rechtsfolgen. Im Ausland ist das anders (*Lewis/Norman*, Employment Discrimination Law in Practice, 2001, S. 97 ff.). Auch kann ein Gemaßregelter, dem durch die Maßregelung eine Einstellung entgangen ist, nicht verlangen, eingestellt zu werden. § 15 Abs. 6 AGG ist insoweit entsprechend anzuwenden (BAG v. 21.9. 2011 – 7 AZR 150/10, DB 2012, 524 zu § 612a BGB).

6. Berücksichtigungsverbot nach § 16 Abs. 2 AGG

Die Zurückweisung oder Duldung benachteiligender Verhaltensweisen durch **618** betroffene Beschäftigte darf nicht als Grundlage für eine Entscheidung herangezogen werden, die diese Beschäftigten berührt. Damit ist auch verboten, das duldende Entgegennehmen von Benachteiligungen, insbesondere von sexueller Belästigung, zu belohnen. § 16 Abs. 2 AGG enthält damit auch ein Bevorzugungsverbot. Da klageberechtigt aber nur der Benachteiligte selbst ist, wird es solche Prozesse in der Praxis nicht geben. Der Arbeitgeber kann hier die Vergünstigung nicht zurückfordern. Es gilt der Rechtsgedanke des § 817 S. 2 BGB (S. *Schwab*, 5. Aufl. § 817 BGB Rnr. 9; Staudinger/*Lorenz*, Neubearbeitung 2007, BGB, § 817 Rnr. 4 f.; Palandt/*Sprau*, BGB, § 817 Rnr. 11). Eine in Aussicht gestellte Belohnung für eine Duldung sexueller Belästigung (sog. *quid–pro–quo*-harassment), kann jedoch, da gegen § 7 Abs. 1 AGG verstoßend, nicht eingeklagt werden. Auch hier ist § 7 Abs. 1 AGG Verbotsgesetz i. S. d. § 134 BGB. Im Übrigen wäre eine solche Belohnung sittenwidrig und damit ihre Vereinbarung nach § 138 BGB nichtig – trotz ProstG, das insoweit nicht einschlägig ist.

G. Rechte des Betriebsrats und der Gewerkschaft

I. Unterlassungsanspruch nach § 17 Abs. 2 AGG

Literatur: *Klumpp*, § 23 AGG als Diskriminierungssanktion? NZA 2006, 832 sowie die Kommentare zu § 23 BetrVG.

619 In Betrieben, in denen die Voraussetzungen des § 1 Abs. 1 S. 1 BetrVG vorliegen, können gemäß **§ 17 Abs. 2 AGG bei einem groben Verstoß des Arbeitgebers gegen Vorschriften aus dem 2. Abschnitt des AGG** – also den Vorschriften zum Schutz von Beschäftigten – der Betriebsrat oder eine im Betrieb vertretene Gewerkschaft unter der Voraussetzung des § 23 Abs. 3 S. 1 BetrVG die dort genannten Rechte gerichtlich geltend machen (s. Hierzu umfassend *Schwering*, Das Allgemeine Gleichbehandlungsgesetz als Aufgabe und Instrument des Betriebsrates, Diss. 2010, S. 47 ff.); § 23 Abs. 3 S. 2 bis 5 BetrVG gilt entsprechend. Mit dem Antrag dürfen gemäß § 17 Abs. 2 S. 2 AGG nicht Ansprüche des Benachteiligten geltend gemacht werden (Wendeling-Schröder/Stein/*Wendeling-Schröder*, AGG, § 17 Rnr. 44; Schleusener/Suckow/Voigt/*Schleusener*, AGG, § 17 Rnr. 5; *Bauer/Göpfert/Krieger*, AGG, § 17 Rnr. 21).

620 Zur Betonung ihrer Verantwortlichkeit wird den Betriebsräten und den im Betrieb vertretenen Gewerkschaften die Möglichkeit eröffnet, unter der Voraussetzung des § 23 Abs. 3 S. 1 BetrVG die dort genannten Rechte gerichtlich geltend zu machen. Liegt ein grober Verstoß des Arbeitgebers gegen Vorschriften des zweiten Abschnitts vor, können Betriebsräte oder im Betrieb vertretene Gewerkschaften eine erforderliche Handlung, Duldung oder Unterlassung des Arbeitgebers verlangen, um Benachteiligungen wirksam zu unterbinden. Ein solcher Verstoß kann beispielsweise darin liegen, dass der Arbeitgeber die zum Schutz seiner Beschäftigten objektiv gebotenen Maßnahmen unterlässt oder selbst in grober Weise gegen das Benachteiligungsverbot verstößt (BT-Drucks. 16/1789, S. 39). Hinsichtlich der Zuwiderhandlung des Arbeitgebers gegen eine rechtskräftige gerichtliche Entscheidung verweist die Regelung auf die Vorschrift des § 23 Abs. 3 S. 2 und 3 BetrVG.

621 **Europarechtlich** ist ein solcher eigenständiger Anspruch der Arbeitnehmervertretung **nicht geboten;** hierfür wurde der deutsche Gesetzgeber kritisiert. In Kleinstbetrieben jenseits der Schwelle des § 1 Abs. 1 S. 1 BetrVG (in der Regel fünf ständig beschäftigte wahlberechtigte Arbeitnehmer, von denen drei wählbar sind), sowie in kirchlichen Einrichtungen (§ 118 Abs. 2 BetrVG) und in Einrichtungen des öffentlichen Dienstes (§ 130 BetrVG), die dem BPersVG oder den Landespersonalvertretungsgesetzen unterliegen, besteht ein entsprechender Anspruch nicht (*Bauer/Göpfert/Krieger*, AGG, § 17 Rnr. 12) – auch nicht für die im Betrieb vertretene Gewerkschaft, denn die „Voraussetzungen des § 23 BetrVG", der die Anwendbarkeit des BetrVG beinhaltet, liegen hier nicht vor.

I. Unterlassungsanspruch nach § 17 Abs. 2 AGG

1. Gesetzestechnische Gestaltung des Zwangsverfahrens gegen den Arbeitgeber

Die Vorschrift des § 23 BetrVG sieht ein **Zweistufenverfahren** vor: Die Verurteilung zu einem Ordnungsgeld oder zu einem Zwangsgeld kommt erst in Betracht, wenn das Arbeitsgericht rechtskräftig dem Arbeitgeber aufgegeben hat, eine Handlung zu unterlassen, die Vornahme einer Handlung zu dulden oder eine Handlung vorzunehmen, und dieser Entscheidung nicht entsprochen wird. Das Verfahren gegen den Arbeitgeber gliedert sich deshalb in das **Erkenntnisverfahren** (§ 23 Abs. 3 S. 1 BetrVG) und das **Vollstreckungsverfahren** (§ 23 Abs. 3 S. 2–5 BetrVG). Nur auf letztere verweist das AGG. Für das Erkenntnisverfahren ist der grobe Verstoß des Arbeitgebers gegen seine Verpflichtungen aus dem AGG nur eine Zulässigkeitsvoraussetzung. Bezweckt wird zwar ein gesetzeskonformes Verhalten des Arbeitgebers; es geht hier aber nicht um eine Beseitigung gesetzeswidriger Beeinträchtigung, sondern das Erkenntnisverfahren ist auf ein zukünftiges Verhalten des Arbeitgebers gerichtet. Darin liegt die eigenständige Bedeutung des hier geregelten Zwangsverfahrens gegenüber negatorischen Klagen. Wenn jedoch die grobe Pflichtverletzung des Arbeitgebers erwiesen ist, wird dem Arbeitgeber im Erkenntnisverfahren die Verpflichtung auferlegt, zur Sicherung gesetzeskonformen Verhaltens eine Handlung zu unterlassen, die Vornahme einer Handlung zu dulden oder eine Handlung vorzunehmen. Sofern der Arbeitgeber seiner Verpflichtung aus dieser arbeitsgerichtlichen Entscheidung nicht nachkommt, schließt sich das in § 23 Abs. 3 S. 2 bis 5 BetrVG geregelte Vollstreckungsverfahren an, um die arbeitsgerichtliche Entscheidung durch gerichtlich auferlegte Zwangsmaßnahmen durchzusetzen.

622

2. Anspruchsvoraussetzungen

a) Grober Verstoß des Arbeitgebers gegen seine Pflichten aus dem Gesetz als Rechtsschutzvoraussetzung

Der Antrag setzt einen Verstoß des Arbeitgebers gegen seine Pflichten aus dem AGG voraus (für die Voraussetzungen und Grenzen des Antragsrechts nach § 17 Abs. 2 S. 1 AGG s. *Kleinebrink*, ArbRB 2007,24; *Besgen/Roloff*, NZA 2007, 670); nicht hierher gehören also Pflichtverletzungen aus einem Tarifvertrag oder Einzelarbeitsverhältnis. Pflichten können hier sein sowohl die Pflicht nach § 7 AGG zur Unterlassung eigener Diskriminierungen als auch die Pflichten nach § 11 AGG zur diskriminierungsfreien Ausschreibung, nach § 12 AGG zur Schaffung eines benachteiligungsfreien Arbeitsumfelds, nach § 16 AGG zur Unterlassung von Maßregelungen oder auch die Verweigerung des Beschwerderechts nach § 13 AGG und die Nichtbeachtung des Leistungsverweigerungsrecht nach § 14 AGG. Dabei ist das Antragsrecht nach § 17 Abs. 2 AGG nicht belegschaftsbezogen. Das Benachteiligungsverbot schützt alle Beschäftigten gem. § 6 AGG und damit auch die im Betrieb noch nicht beschäftigten Stellenbewerber (LAG Hessen v. 6. 3. 2008 – 9 TaBV 251/07, ArbuR 2008, 315).

623

281

G. Rechte des Betriebsrats und der Gewerkschaft

624 In Betracht kommen damit **alle Pflichtverstöße unabhängig vom Verpflichtungsinhalt**. Zwar ist der Antrag darauf beschränkt, dem Arbeitgeber aufzugeben, eine Handlung zu unterlassen, die Vornahme einer Handlung zu dulden oder eine Handlung vorzunehmen. Daraus kann aber nicht abgeleitet werden, dass das in § 23 Abs. 3 BetrVG vorgesehene Verfahren nur auf Verpflichtungen beschränkt ist, die den Vollstreckungsvorschriften in §§ 887, 888 und § 890 ZPO zu Grunde liegen; es sichert vielmehr die Erfüllung *sämtlicher* Pflichten des Arbeitgebers aus dem AGG (ebenso für das BetrVG GK-BetrVG/*Oetker*, § 23 BetrVG Rnr. 168; *Weber*, Erzwingungsverfahren, 1979, S. 109 ff.; wohl auch BAG v. 5. 12. 1978 – 6 ABR 70/77, AP BetrVG 1972 § 101 Nr. 4; a. A. LAG Baden-Württemberg v. 4. 5. 1983 – 2 TaBV 7/82, ZIP 1983, 1238, 1241; *Fitting*, BetrVG, § 23 Rnr. 60).

625 Es muss sich um einen **groben Verstoß** handeln. Voraussetzung hierfür ist eine objektiv erhebliche und offensichtlich schwerwiegende Pflichtverletzung (BAG v. 18. 8. 2009 – 1 ABR 47/08, NZA 2010, 222; LAG Saarland v. 11. 2. 2009 – 1 TaBV 73/08, juris; LAG Hessen v. 6. 3. 2008 – 9 TaBV 251/07, ArbuR 2008, 315; Schleusener/Suckow/Voigt/*Schleusener*, AGG, § 17 Rnr. 16). Nicht erforderlich ist, dass eine wiederholte Verletzung vorliegt. Auch ein einmaliger Verstoß kann grob sein, sofern er objektiv erheblich ist (Schleusener/Suckow/Voigt/*Schleusener*, AGG, § 17 Rnr. 15; *Bauer/Göpfert/Krieger*, AGG, § 17 Rnr. 16). Andererseits können gerade durch Wiederholung leichtere Verstöße zu einem groben Verstoß werden. Vertritt der Arbeitgeber in einer schwierigen und ungeklärten Rechtsfrage eine bestimmte Meinung, so begeht er keinen groben Verstoß (ebenso für das BetrVG BAG v. 27. 11. 1973 – 1 ABR 11/73, AP BetrVG 1972 § 40 Nr. 4; BAG v. 8. 8. 1989 – 1 ABR 63/88, AP BetrVG 1972 § 95 Nr. 18; BAG v. 14. 11. 1989 – 1 ABR 87/88, AP BetrVG 1972 § 99 Nr. 76; Wendeling-Schröder/Stein/*Wendeling-Schröder*, AGG, § 17 Rnr. 43; Schleusener/Suckow/Voigt/*Schleusener*, AGG, § 17 Rnr. 17; *Bauer/Göpfert/Krieger*, AGG, § 17 Rnr. 18). Dies wird bei dem noch neuen Gesetz sicherlich nicht selten der Fall sein. Auf der anderen Seite kann die dauerhafte und betriebsweite Anwendung eines ungerechtfertigt benachteiligenden Tarifvertrags ein grober Verstoß gegen das AGG darstellen; der Betriebsrat – und in den Grenzen des Rechtsmissbrauchs auch die tarifvertragsabschließende Gewerkschaft – kann dann die Unterlassung der Benachteiligung und damit faktisch eine Anpassung nach oben beantragen. Dies ist eine erhebliche Konsequenz des Gesetzes.

626 Anders als bei der Amtsenthebung eines Betriebsratsmitglieds ist für den Antrag nach § 17 Abs. 2 AGG **keine Voraussetzung,** dass ein **Verschulden des Arbeitgebers** vorliegt (BAG v. 18. 8. 2009 – 1 ABR 47/08, NZA 2010, 222; Wendeling-Schröder/Stein/*Wendeling-Schröder*, AGG, § 17 Rnr. 43; Schleusener/Suckow/Voigt/*Schleusener*, AGG, § 17 Rnr. 16). Dies kann aber nicht damit begründet werden, dass der Arbeitgeber hier nicht als Einzelperson, sondern als Organ der Betriebsverfassung angesprochen werde (so für das BetrVG BAG v. 27. 11. 1990 – 1 ABR 77/89, AP BetrVG 1972 § 87 Nr. 41 Arbeitszeit), sondern entscheidend ist allein, dass das arbeitsgerichtliche Erkenntnisverfahren auf ein zukünftiges Verhalten des Arbeitgebers, nicht aber auf Sanktionen gegen ihn gerichtet ist (so insoweit zutreffend die ergänzende Begründung des BAG v. 27. 11. 1990 – 1 ABR 77/89, AP BetrVG 1972 § 87 Nr. 41 Arbeitszeit; so bereits BAG v. 8. 8. 1989 – 1 ABR 65/88, AP BetrVG 1972 § 87 Nr. 15 Ordnung des Betriebes). Deshalb hat

I. Unterlassungsanspruch nach § 17 Abs. 2 AGG

der grobe Verstoß gegen Verpflichtungen aus diesem Gesetz für das Verfahren eine ähnliche Bedeutung wie bei den *negatorischen Klagen* die in den materiellrechtlichen Vorschriften bezeichnete Wiederholungsgefahr und wie bei einer Klage auf künftige Leistung die Besorgnis der nicht rechtzeitigen Erfüllung; er stellt eine *Rechtsschutzvoraussetzung* dar. Die Pflichten, gegen die verstoßen wurde, müssen sich zwar auf das Verhalten des Arbeitgebers beziehen, das Gegenstand des Beschlussverfahrens ist. Bei dieser Betrachtungsweise kommt es aber weniger darauf an, dass dem Arbeitgeber ein Vorwurf gemacht werden kann, als vielmehr darauf, dass der Verstoß objektiv so erheblich war, dass unter Berücksichtigung des Gebots zur vertrauensvollen Zusammenarbeit die Anrufung des Arbeitsgerichts durch den Betriebsrat oder eine im Betrieb vertretene Gewerkschaft gerechtfertigt erscheint. Dieses Bedürfnis besteht unabhängig von einem Verschulden des Arbeitgebers.

b) Antragsberechtigung

Antragsberechtigt sind nur der **Betriebsrat** oder eine **im Betrieb vertretene Gewerkschaft,** nicht aber die Jugend- und Auszubildendenvertretung (ebenso zu § 23 Abs. 3 BetrVG: BAG v. 15. 8. 1978 – 6 ABR 10/76, AP BetrVG 1972 § 23 Nr. 1). Kirchliche Mitarbeitervertretungen oder Personalräte sind ebenfalls nicht antragsberechtigt. Eine Gewerkschaft ist im Betrieb vertreten, wenn sie zumindest ein Mitglied unter den im Betrieb beschäftigten Arbeitnehmern aufweist. Dieses ist zum Nachweis der Antragsberechtigung ggf. zu benennen. **Die Gewerkschaft ist freilich auch dann antragsberechtigt, wenn der Betrieb keinen Betriebsrat hat** (*Bauer/Göpfert/Krieger*, AGG, § 17 Rnr. 12). § 17 Abs. 2 AGG setzt nicht das Bestehen eines Betriebsrats voraus, sondern allein dessen Betriebsratsfähigkeit: Sie ist gegeben in Betrieben mit in der Regel mindestens fünf ständig wahlberechtigten Arbeitnehmern, von denen drei wählbar sind (§ 1 Abs. 1 S. 1 BetrVG), die nicht dem öffentlichen Dienst (§ 130 BetrVG) oder den Kirchen (§ 118 Abs. 2 BetrVG) zugeordnet sind.

627

Die Antragsberechtigung ist eine **Verfahrensvoraussetzung**; sie muss deshalb in jedem Stadium des Verfahrens, also auch noch im Zeitpunkt der letzten mündlichen Anhörung in der Rechtsbeschwerdeinstanz bestehen (s. auch Richardi/*Thüsing*, BetrVG, § 19 Rnr. 43). Wechselt der Betriebsrat, so hat dies auf den Fortgang des Verfahrens keinen Einfluss (Richardi/*Thüsing*, BetrVG, § 23 Rnr. 96).

628

c) Antrag

Beantragt kann nur werden, dem **Arbeitgeber aufzugeben, eine Handlung zu unterlassen, die Vornahme einer Handlung zu dulden oder eine Handlung vorzunehmen** (§ 23 Abs. 3 S. 1 BetrVG). Das gilt auch, wenn geltend gemacht wird, der Arbeitgeber habe seine Kostentragungspflicht nicht erfüllt. Der Antrag kann nicht dahin lauten, den Arbeitgeber zu einer Leistung zu verurteilen. Dieses Recht hat vielmehr nur der Gläubiger, der unter den allgemeinen Voraussetzungen ein Beschlussverfahren vor dem Arbeitsgericht einleiten und nach § 85 Abs. 1 ArbGG i. V. m. §§ 803 ff. ZPO vollstrecken kann. Der Antrag muss **hinreichend bestimmt**

629

sein (s. hierzu für das BetrVG auch LAG Schleswig-Holstein v. 22.11.2001 – 4 TaBV 39/00, DB 2002, 155).

630 Für die Einleitung des Verfahrens genügt nicht, dass lediglich festgestellt werden soll, der Arbeitgeber habe gegen Pflichten aus dem Gesetz grob verstoßen; ein derartiger Antrag kann nicht die Grundlage für das hier geregelte Zwangsverfahren bilden. Vollstreckungsfähig ist vielmehr nur ein Antrag, der auf ein **zukünftiges Verhalten** gerichtet ist (ebenso *Fitting*, BetrVG, § 23 Rnr. 75; H/S/W/G/N/R/*Schlochauer*, BetrVG, § 23 Rnr. 67). Daher ist es auch ausgeschlossen, einen Antrag, durch den das hier gestaltete Zwangsverfahren eingeleitet werden soll, in einen Feststellungsantrag umzudeuten (ebenso BAG v. 15.8.1978 – 6 ABR 10/76, AP BetrVG 1972 § 23 Nr. 1).

d) Entscheidung des Arbeitsgerichts

631 Das Arbeitsgericht entscheidet über den Antrag im **Urteilsverfahren**. Allerdings entscheidet das Arbeitsgericht im unmittelbaren Anwendungsbereich des § 23 BetrVG im Beschlussverfahren (§ 2a Abs. 1 Nr. 1, Abs. 2 i.V.m. §§ 80 ff. ArbGG). Bei Streitigkeiten nach dem AGG handelt es sich jedoch nicht um „Angelegenheiten aus dem Betriebsverfassungsgesetz". Der Weiterverweis auf die Voraussetzungen des § 23 BetrVG führt nicht zu einer Änderung des Rechtsgrundes. Betriebsverfassungsrechtliche Rechte und Pflichten stehen nicht in Rede. Nur wenn der Betriebsrat oder die Gewerkschaft den Anspruch unmittelbar auf § 23 Abs. 3 BetrVG stützt, weil eine grobe Verletzung des § 75 BetrVG gerügt wird, steht ihnen das Beschlussverfahren zur Verfügung. Gegen die Entscheidung findet dann die Beschwerde an das Landesarbeitsgericht, gegen dessen Beschluss die Rechtsbeschwerde an das Bundesarbeitsgericht statt (§§ 87, 92 ArbGG).

632 Liegt kein grober Verstoß des Arbeitgebers gegen seine gesetzlichen Pflichten vor, so fehlt eine Verfahrensvoraussetzung. Der Antrag ist deshalb als unzulässig zurückzuweisen (vgl. aber BAG v. 27.11.1973 – 1 ABR 11/73, AP BetrVG 1972 § 40 Nr. 4, wo das BAG dazu neigt, Unbegründetheit anzunehmen; für Zurückweisung als unbegründet *Fitting*, BetrVG, § 23 Rnr. 74; *Däubler/Kittner/Klebe/Trittin*, BetrVG, § 23 Rnr. 96; GK-BetrVG/*Oetker* § 23 Rnr. 194).

633 Gibt das Arbeitsgericht dem Antrag statt, so hat es den Arbeitgeber dahin zu verurteilen, ein bestimmtes, konkret umschriebenes Verhalten, in dem es den groben Verstoß des Arbeitgebers sieht, zu unterlassen oder ihm aufzugeben, eine bestimmte Handlung vorzunehmen bzw. die Vornahme einer Handlung zu dulden, damit der betriebsverfassungswidrige Zustand beseitigt wird.

e) Einstweilige Verfügung

634 Eine **einstweilige Verfügung** kann im Verfahren nach § 23 Abs. 3 BetrVG **nicht erlassen** werden (Ebenso LAG Köln v. 21.2.1989 – 8/2 TaBV 73/88, LAGE § 23 BetrVG 1972 Nr. 20, 3; LAG Niedersachsen v. 5.6.1987 – 12 TaBV 17/87, LAGE § 23 BetrVG 1972 Nr. 11, 2f.; LAG Rheinland-Pfalz v. 30.4.1986 – 2 TaBV 17/86, DB 1986, 1629; *Richardi/Thüsing*, BetrVG, § 23 Rnr. 103; a.A. LAG Düsseldorf v. 16.5.1990 – 12 TaBV 9/90, NZA 1991, 29f.; LAG Köln v. 22.4.

I. Unterlassungsanspruch nach § 17 Abs. 2 AGG

1985 – 6 TaBV 5/85, NZA 1985, 634; GK-BetrVG/*Oetker* § 23 Rnr. 192; *Fitting*, BetrVG, § 23 Rnr. 76). Dies gilt auch für das AGG *(Bauer/Göpfert/Krieger,* AGG, § 17 AGG Rnr. 6, 26; a.A. Wendeling-Schröder/Stein/*Wendeling-Schröder,* AGG, § 17 Rnr. 49; Schleusener/Suckow/Voigt/*Schleusener,* AGG, § 17 Rnr. 10). Die gegenteilige Meinung im unmittelbaren Anwendungsbereich des § 23 BetrVG übersieht, dass das Erkenntnisverfahren hier stets auf ein künftiges Verhalten des Arbeitgebers gerichtet ist. Der bereits begangene Verstoß des Arbeitgebers gegen seine Verpflichtungen aus diesem Gesetz kann zwar möglicherweise der Anlass für den Erlass einer einstweiligen Verfügung sein, um durch eine vorläufige Zwischenregelung eine bestehende Rechtsposition des Betriebsrats zu sichern. Der insoweit in Betracht kommende Anspruch ergibt sich aber nicht aus § 23 Abs. 3 BetrVG, sondern beruht auf einer anderen Rechtsgrundlage, z.B. auf Erfüllung einer Leistungspflicht oder auf Beseitigung eines vom Arbeitgeber veranlassten rechtswidrigen Zustandes.

3. Vollstreckungsverfahren

a) Sonderregelung der Zwangsvollstreckung

Handelt der Arbeitgeber nach Rechtskraft des arbeitsgerichtlichen Beschlusses **635** (oder eines Prozessvergleichs: LAG Berlin v. 9.4.2002 – 6 Ta 235/02, AP ArbGG 1979 § 83 Nr. 31; LAG Düsseldorf v. 14.5.2002 – 7 Ta 128/02, LAGE Nr. 1 zu § 23 n.F. BetrVG 2001) der ihm auferlegten Verpflichtung zuwider, so schließt sich das Zwangsverfahren an, das in § 23 Abs. 3 S. 2 bis 5 BetrVG geregelt ist. Die Gestaltung des Zwangsverfahrens entspricht weitgehend §§ 888, 890 ZPO. Es ist also zu unterscheiden, ob dem Arbeitgeber aufgegeben wurde, eine Handlung zu unterlassen oder die Vornahme einer Handlung zu dulden, oder ob er verurteilt wurde, eine Handlung vorzunehmen. Im ersteren Fall ist er auf Antrag vom Arbeitsgericht wegen einer jeden Zuwiderhandlung nach vorheriger Androhung zu einem Ordnungsgeld zu verurteilen (§ 23 Abs. 3 S. 2 BetrVG); im letzteren Fall ist auf Antrag vom Arbeitsgericht zu erkennen, dass er zur Vornahme der Handlung durch Zwangsgeld anzuhalten sei (§ 23 Abs. 3 S. 3 BetrVG).

b) Antragsberechtigung

Das Zwangsverfahren wird nicht von Amts wegen eingeleitet, sondern setzt **636** einen Antrag des Betriebsrates oder einer im Betrieb vertretenen Gewerkschaft voraus. Weil § 17 Abs. 2 auch auf § 23 Abs. 3 S. 4 BetrVG Be-zug nimmt, ist es nicht erforderlich, dass es sich um denselben Antragsteller handelt, der das Beschlussverfahren eingeleitet hat (ebenso für den unmittelbaren Anwendungsbereich des § 23 BetrVG *Fitting,* BetrVG, § 23 Rnr. 86; GK-BetrVG/*Oetker,* § 23 Rnr. 201; *Däubler/Kittner/Klebe/Trittin,* BetrVG, § 23 Rnr. 293).

c) Verpflichtung zur Unterlassung oder Duldung einer Handlung

637 Handelt der Arbeitgeber der ihm durch rechtskräftige gerichtliche Entscheidung auferlegten Verpflichtung zuwider, eine Handlung zu unterlassen oder die Vornahme einer Handlung zu dulden, so besteht das Zwangsmittel zur Erfüllung der Verpflichtung in der Verurteilung zu einem Ordnungsgeld (§ 23 Abs. 3 S. 2 BetrVG). Das Zwangsverfahren entspricht insoweit der Zwangsvollstreckung nach § 890 ZPO. Wie dort soll durch die Ersetzung der in der ursprünglichen Fassung des Gesetzes vorgesehenen Geldstrafe zum Ausdruck kommen, dass es sich nicht um eine Kriminalstrafe handelt, sondern um eine Zwangsmaßnahme. Das ändert aber nichts daran, dass die Verurteilung zu einem Ordnungsgeld zugleich auch den Charakter einer Strafsanktion hat.

638 Voraussetzung ist, dass dem Arbeitgeber die **Auferlegung des Ordnungsgeldes** vorher rechtskräftig **angedroht** wird. Ist dies nicht im Beschluss geschehen, der dem Arbeitgeber die Pflicht auferlegt hat, eine bestimmte Handlung zu unterlassen oder die Vornahme einer bestimmten Handlung zu dulden, so kann dies auch nachträglich durch Beschluss geschehen, der auf Antrag von dem Arbeitsgericht der ersten Instanz erlassen wird; es gilt insoweit § 890 Abs. 2 ZPO entsprechend (ebenso GK-BetrVG/*Oetker*, § 23 Rnr. 207). Der Androhungsbeschluss muss das Höchstmaß des Ordnungsgeldes angeben, wobei es genügt, auf das gesetzliche Höchstmaß hinzuweisen (vgl. LAG Düsseldorf v. 13. 8. 1987 – 7 Ta 207/87, LAGE Nr. 10 zu § 23 BetrVG 1972; Schleusener/Suckow/Voigt/*Schleusener*, AGG, § 17 Rnr. 28). Wird eine bestimmte Summe genannt, so wird damit die Grenze für das Ordnungsgeld bestimmt (ebenso *Fitting*, BetrVG, § 23 Rnr. 80, GK-BetrVG/*Oetker*, § 23 Rnr. 208; *Däubler/Kittner/Klebe/Trittin*, BetrVG, § 23 Rnr. 300). Da durch den Androhungsbeschluss die Zwangsvollstreckung beginnt, gilt für seinen Erlass und die Rechtsmittel Gleiches wie für den Beschluss, der das Ordnungsgeld festsetzt (s. Richardi/*Thüsing*, BetrVG, § 23 Rnr. 107).

639 Handelt der Arbeitgeber der ihm auferlegten Verpflichtung zuwider, so ist er auf Antrag vom Arbeitsgericht zu einem Ordnungsgeld zu verurteilen. Die **Zuwiderhandlung** muss **nach Eintritt der Rechtskraft des Beschlusses** erfolgt sein, der die Androhung enthält (ebenso *Fitting*, BetrVG, § 23 Rnr. 79; GLH/S/W/G/N/R *Schlochauer*, BetrVG, § 23 Rnr. 75; a.A. GK-BetrVG/*Oetker* § 23 Rnr. 209; *Däubler/Kittner/Klebe/Trittin*, BetrVG, § 23 Rnr. 104; ErfK/*Koch*, § 23 BetrVG Rnr. 25: bei nachträglich ergangenem Androhungsbeschluss braucht dieser nicht rechtskräftig zu sein).

640 Da die Verurteilung zu einem Ordnungsgeld nicht nur eine reine Zwangsmaßnahme darstellt, sondern auch den Charakter einer Strafsanktion hat, muss die Zuwiderhandlung **schuldhaft** sein; jedoch ist keine Voraussetzung, dass ein grobes Verschulden vorliegt (ebenso *Fitting*, BetrVG, § 23 Rnr. 84; GL/*Marienhagen*, BetrVG, § 23 Rnr. 65; GK-BetrVG/*Oetker* § 23 Rnr. 211; *Däubler/Kittner/Klebe/Trittin*, BetrVG, § 23 Rnr. 106; Schleusener/Suckow/Voigt/*Schleusener*, AGG, § 17 Rnr. 30; vgl. auch BAG v. 18. 4. 1985 – 6 ABR 19/84, AP BetrVG 1972 § 23 Nr. 5 unter Hinweis auf BVerfG v. 14. 7. 1981 – 1 BvR 575/80, ZIP 1981, 1031 (zu § 890 Abs. 1 ZPO)).

I. Unterlassungsanspruch nach § 17 Abs. 2 AGG

Das Ordnungsgeld ist verwirkt, wenn der Arbeitgeber vor Verhängung oder Vollstreckung des Ordnungsgeldes die Handlung unterlässt oder die Vornahme der Handlung duldet, die ihm durch den rechtskräftigen Beschluss des Arbeitsgerichts aufgegeben wurde (ebenso *Fitting*, BetrVG, § 23 Rnr. 93; GL/*Marienhagen*, BetrVG, § 23 Rnr. 68; GK-BetrVG/*Oetker* § 23 Rnr. 222; H/S/W/G/N/R/ *Schlochauer*, BetrVG, § 23 Rnr. 75; *Däubler/Kittner/Klebe/Trittin*, BetrVG, § 23 Rnr. 110). 641

d) Verpflichtung zur Vornahme einer Handlung

Wird der Arbeitgeber zur **Vornahme einer Handlung** verurteilt und führt er sie nicht durch, so besteht das Zwangsmittel in der Verurteilung zu einem **Zwangsgeld** (§ 23 Abs. 3 S. 3 BetrVG). Das Zwangsverfahren entspricht hier also der Zwangsvollstreckung nach § 888 ZPO, wobei im Gegensatz zu dort die Unterscheidung zwischen vertretbaren und unvertretbaren Handlungen keine Rolle spielt (ebenso GK-BetrVG/*Oetker*, § 23 Rnr. 220; *Däubler/Kittner/Klebe/Trittin*, BetrVG, § 23 Rnr. 108; a. A. *Grunsky*, ArbGG, § 85 Rnr. 9, der in diesem Fall § 887 ZPO für anwendbar hält). Die Festsetzung des Zwangsgeldes ist eine reine Zwangsmaßnahme; sie hat anders als die Verurteilung zu einem Ordnungsgeld nicht zugleich den Charakter einer Strafsanktion. Nicht erforderlich ist deshalb, dass dem Arbeitgeber das Zwangsgeld zunächst angedroht wird (ebenso *Fitting*, BetrVG, § 23 Rnr. 92; GK-BetrVG/*Oetker*, § 23 Rnr. 218; Schleusener/Suckow/ Voigt/*Schleusener*, AGG, § 17 Rnr. 34). Da die Festsetzung des Zwangsgeldes eine reine Zwangsmaßnahme darstellt, setzt seine Verhängung auch kein Verschulden des Arbeitgebers voraus (ebenso *Fitting*, BetrVG, § 23 Rnr. 93; GK-BetrVG/ *Oetker*, § 23 Rnr. 221; *Däubler/Kittner/Klebe/Trittin*, , BetrVG, § 23 Rnr. 321; Schleusener/Suckow/Voigt/*Schleusener*, AGG, § 17 Rnr. 35). Die Verhängung eines Zwangsgeldes, aber auch die Vollstreckung ist unzulässig, wenn der Arbeitgeber der Anordnung des Gerichts nachgekommen ist (ebenso LAG Hamm v. 30. 7. 1976 – 3 TaBV 27/76, EzA Nr. 4 zu § 23 BetrVG 1972; *Fitting*, BetrVG, § 23 Rnr. 93; GK-BetrVG/*Oetker*, § 23 Rnr. 223; *Däubler/Kittner/Klebe/Trittin*, BetrVG, § 23 Rnr. 321). 642

Die Verhängung eines Zwangsgeldes setzt einen **Antrag** des Betriebsrats oder einer im Betrieb vertretenen Gewerkschaft voraus. Der Antrag kann erst gestellt werden, wenn der **Beschluss**, durch den dem Arbeitgeber aufgegeben wird, die **Handlung vorzunehmen**, in **Rechtskraft** erwachsen ist. 643

e) Festsetzung des Ordnungs- und Zwangsgeldes

Der **Beschluss**, durch den der Arbeitgeber zu einem Ordnungsgeld verurteilt oder zur Vornahme der Handlung durch Zwangsgeld angehalten wird, kann **ohne mündliche Verhandlung** ergehen (§ 85 Abs. 1 ArbGG i. V. m. § 891 ZPO). In diesem Fall wird er vom Vorsitzenden der nach dem Geschäftsverteilungsplan zuständigen Kammer des Arbeitsgerichts allein erlassen (§ 53 Abs. 1 ArbGG; s. auch LAG Schleswig-Holstein v. 27. 12. 2001 – 1 TaBV 15 c/01, NZA-RR 2002, 357). Er kann aber nur ergehen, wenn dem Arbeitgeber zuvor rechtliches Gehör ge- 644 währt worden ist; ihm ist also Gelegenheit zur mündlichen oder schriftlichen Äußerung zu geben.

645 Gegen den Beschluss, der das Ordnungsgeld oder Zwangsgeld festsetzt, findet die **sofortige Beschwerde** zum Landesarbeitsgericht statt (§ 85 Abs. 1 ArbGG i. V. m. §§ 793, 577 ZPO). Dies gilt auch, wenn die Kammer nach Erörterung entscheidet (LAG Schleswig-Holstein v. 27. 12. 2001 – 1 TaBV 15 c/01, NZA-RR 2002, 357). Sofern die Entscheidung über die Beschwerde ohne mündliche Verhandlung ergeht (§ 573 Abs. 1 ZPO), erlässt sie der Vorsitzende der nach dem Geschäftsverteilungsplan zuständigen Kammer des Landesarbeitsgerichts allein. Eine weitere Beschwerde findet nicht statt (§ 78 Abs. 2 ArbGG).

646 Das Höchstmaß des einzelnen Ordnungsgeldes beträgt – da auch auf § 23 Abs. 3 S. 5 BetrVG Bezug genommen wird – nicht entsprechend § 85 Abs. 1 ArbGG i. V. m. § 890 Abs. 1 S. 2 ZPO 250 000 Euro, sondern 10 000 Euro. Werden bei der Festsetzung des Ordnungsgeldes im Beschluss mehrere Zuwiderhandlungen geahndet, so kann das Ordnungsgeld für jeden Verstoß gesondert festgesetzt werden. Möglich ist, dass deshalb die Summe der einzelnen Ordnungsgelder 10 000 Euro überschreitet. Kommt der Arbeitgeber auch nach Vollstreckung dem Gebot nicht nach, so kann er von neuem zu einem Ordnungsgeld verurteilt werden (ebenso GK-BetrVG/*Oetker*, § 23 Rnr. 223). Entsprechend kann auch, wenn die Beitreibung eines Zwangsgeldes nicht bewirkt, dass der Arbeitgeber die Handlung vornimmt, die ihm gerichtlich aufgegeben ist, ein Zwangsgeld wiederholt verhängt werden (ebenso GK-BetrVG/*Oetker*, § 23 Rnr. 223; Schleusener/Suckow/Voigt/*Schleusener*, AGG, § 17 Rnr. 35).

f) Vollstreckung des Ordnungs- und Zwangsgeldes

647 Die Vollstreckung des Beschlusses, der das Ordnungsgeld oder Zwangsgeld verhängt (§ 794 Abs. 1 Nr. 3 ZPO), erfolgt nach den Vorschriften der §§ 803 ff. ZPO (§ 85 Abs. 1 ArbGG). Die eingehenden Gelder verfallen der Staatskasse. Eine Umwandlung nicht einbringbarer Ordnungs- oder Zwangsgelder in eine Festsetzung von Ordnungs- oder Zwangshaft ist ausgeschlossen (§ 85 Abs. 1 S. 2 ArbGG).

II. Zustimmungsverweigerungsrecht nach § 99 Abs. 2 BetrVG bei Einstellungen, Versetzungen, Eingruppierungen und Umgruppierungen

648 Ein Zustimmungsverweigerungsgrund nach § 99 Abs. 2 BetrVG kann sich auch daraus ergeben, dass der Arbeitgeber gegen § 7 Abs. 1 AGG verstößt (*Fitting*, BetrVG, § 99 Rnr. 199; HWK/*Ricken*, BetrVG, § 99 Rnr. 65; Däubler/Kittner/Klebe/Kittner, BetrVG, § 99 Rnr. 174 f.; ebenso für § 611 a BGB Stege/Weinspach/*Schiefer*, BetrVG, §§ 99–101 Rnr. 59). Dies gilt jedoch nicht für **Einstellungen,** denn hier kann auch der Arbeitnehmer, der unmittelbar betroffen ist, die rechtswidrige Praxis nicht verhindern, sondern ist gemäß § 15 AGG auf Schadensersatz beschränkt. Das Gesetz gibt damit selbst einen deutlichen Hinweis dafür, dass nach dem Zweck der verletzten Norm der Benachteiligte seine Einstellung nicht erzwingen kann und damit auch nicht die Einstellung des Bevorzugten verhindern kann. Nichts anders gilt dann für das Betriebsverfassungsrecht.

Beim Unterbleiben einer nach § 93 BetrVG erforderlichen Ausschreibung hat **649** der Betriebsrat ein Zustimmungsverweigerungsrecht nach § 99 Abs. 2 Nr. 5 BetrVG. Der Zustimmungsverweigerungsgrund kommt nur bei einer **Einstellung** oder **Versetzung**, nicht dagegen bei der Eingruppierung und Umgruppierung in Betracht. Das Zustimmungsverweigerungsrecht ist nur gegeben, wenn eine **Pflicht zur Ausschreibung** besteht, der Betriebsrat also verlangt hatte, dass Arbeitsplätze, die besetzt werden sollen, allgemein oder für bestimmte Arten von Tätigkeiten vor ihrer Besetzung innerhalb des Betriebes ausgeschrieben werden, und der Arbeitgeber dies für die vorgesehene Einstellung oder Versetzung unterlassen hat (ebenso BAG v. 7.11.1977 – 1 ABR 55/75, AP BetrVG 1972 § 100 Nr. 1 m. zust. Anm. *Richardi*). Das Zustimmungsverweigerungsrecht besteht auch, wenn die Ausschreibung nicht in der Form erfolgt, die mit dem Betriebsrat vereinbart wurde (ebenso BAG v. 18.12.1990 – 1 ABR 15/90, AP BetrVG 1972 § 99 Nr. 85). Es kommt dagegen nicht in Betracht, wenn der Betriebsrat erst jetzt verlangt, dass der Arbeitsplatz, der besetzt werden soll, im Betrieb ausgeschrieben wird (BAG v. 14.12.2004 – 1 ABR 54/03, AP BetrVG 1972 § 99 Nr. 121; ebenso *Fitting*, BetrVG, § 99 Rnr. 247 a; GL/*Löwisch*, BetrVG, § 99 Rnr. 98; H/S/W/G/N/R/*Schlochauer*, BetrVG, § 99 Rnr. 132); anderes folgt auch nicht aus dem Gebot der vertrauensvollen Zusammenarbeit (BAG v. 14.12.2004 – 1 ABR 54/03, AP BetrVG 1972 § 99 Nr. 121). Kein Zustimmungsverweigerungsrecht besteht, wenn die Ausschreibung zwar erfolgt, aber gegen § 11 AGG verstößt (ebenso HWK/*Ricken*, BetrVG, § 99 Rnr. 84; aA *Fitting*, BetrVG, § 99 Rnr. 250; GK-BetrVG/*Raab* § 99 Rnr. 167). Überhaupt kommt es bei inhaltlich falschen oder gesetzeswidrigen Ausschreibungen darauf an, ob der ausgeschriebene Arbeitsplatz so genau und zutreffend beschrieben wurde, dass jedes interessierte Belegschaftsmitglied eine sinnvolle Entscheidung über seine Bewerbung treffen kann.

III. Beschwerderecht nach § 85 BetrVG

Der Betriebsrat hat gemäß § 85 BetrVG Beschwerden von Arbeitnehmern ent- **650** gegenzunehmen und, falls er sie für berechtigt erachtet, beim Arbeitgeber auf Abhilfe hinzuwirken. Bestehen zwischen Betriebsrat und Arbeitgeber Meinungsverschiedenheiten über die Berechtigung der Beschwerde, so kann der Betriebsrat die Einigungsstelle anrufen (Wendeling-Schröder/Stein/*Wendeling-Schröder*, AGG, § 17 Rnr. 23). Der Spruch der Einigungsstelle ersetzt die Einigung zwischen Arbeitgeber und Betriebsrat. Dies gilt nicht, soweit Gegenstand der Beschwerde ein Rechtsanspruch ist. Es gelten die allgemeinen Regeln (s. Richardi/*Thüsing*, BetrVG, § 85 Rnr. 1 ff.).

IV. Mitbestimmung nach § 87 Abs. 1 Nr. 1 BetrVG

Stellt der Arbeitgeber **Verhaltenskodices** im Betrieb auf, um seinen Pflichten **651** nach § 12 Abs. 1 AGG nachzukommen (s. Rnr. 707), so hat er das Mitbestimmungsrecht des Betriebsrats zu beachten. Verbietet der Arbeitgeber in der Ethikrichtlinie jegliche Belästigung von Mitarbeitern, ohne dass sich dieses Gebot ausschließlich auf eine Belästigung oder sexuelle Belästigung im Sinne des AGG beschränkt, unterliegt dieses Verbot der Mitbestimmung des Gesamtbetriebsrats. Wird eine sexuelle Belästigung von einem Mitarbeiter nicht erkennbar abgelehnt, hat der Gesamtbetriebsrat jedenfalls bei den vorbeugenden Maßnahmen nach § 12 Abs. 1 AGG ein Mitbestimmungsrecht (LAG Düsseldorf v. 14.11.2005 – 10 TaBV 46/05, NZA-RR 2006, 81 *[Wal-Mart]*; hierzu Anmerkungen *Bittmann*, DB 2006, 165; *Kolle/Deinert*, AuR 2006, 177; zur Vorinstanz *Simon*, DB 2005, 1800). Ordnet der Arbeitgeber an, dass ihr jeglicher Verstoß gegen die Ethikrichtlinie entweder über den Vorgesetzten, über eine anonyme Telefonhotline oder über ein Ethikbüro mitgeteilt werden muss, so unterliegt auch dieses Verfahren der Mitbestimmung nach § 87 Abs. 1 Nr. 1 BetrVG. Ob der Betriebsrat auch darüber mitbestimmen muss, bei welchen Verstößen eine Unterrichtung zu erfolgen hat, hat die Rechtsprechung offengelassen; auch dies ist aber in der Konsequenz des weiten Mitbestimmungsrecht nach § 87 Abs. 1 Nr. 1 BetrVG zu bejahen. Nicht nach § 87 I Nr. 1 BetrVG mitbestimmungspflichtig sind nur solche Maßnahmen, die nicht das Ordnungs-, sondern das Arbeitsverhalten regeln sollen. Dies sind solche Maßnahmen, mit denen die Arbeitspflicht unmittelbar konkretisiert und abgefordert wird (BAG v. 27.1.2004 – 1 ABR 7/03, BAGE 109, 235; BAG v. 11.6.2002 – 1 ABR 46/01, BAGE 101, 285 [287]). Dies ist bei der Regelung der Unterrichtung nicht der Fall.

652 Allzu weitgehende „**Vorfeldregelungen**" zur Verhinderung von sexuellen Belästigungen können mit den Persönlichkeitsrechten der betroffenen Arbeitnehmer kollidieren. Eine Ethikrichtlinie, die bestimmt, dass Mitarbeiter nicht mit jemanden ausgehen oder in eine Liebesbeziehung eingehen dürfen, der Einfluss auf die Arbeitsbedingungen nehmen kann oder deren Arbeitsbedingungen von der anderen Person beeinflusst werden können, verstößt gegen § 75 BetrVG und ist daher unwirksam (LAG Düsseldorf v. 14.11.2005 – 10 TaBV 46/05, NZA-RR 2006, 81).

V. Rechte nach § 80 Abs. 2 BetrVG

653 Der Betriebsrat hat gemäß § 8 Abs. 1 Nr. 1 BetrVG darüber zu wachen, dass die zugunsten der Arbeitnehmer geltenden Gesetze, Verordnungen, Unfallverhütungsvorschriften, Tarifverträge und Betriebsvereinbarungen durchgeführt werden. Nach § 80 Abs. 2 S. 2 BetrVG hat er dazu ein **Einsichtsrecht in die Bruttoentgeltlisten** der Arbeitnehmer. Durch das Inkrafttreten des AGG ist damit zu rechnen, dass dieses Einblicksrecht auch verstärkt dazu genutzt werden soll, um zu überprüfen, ob die Höhe der Vergütung gegen das AGG verstößt. Die allgemeinen Grenzen, die für das Einblicksrecht bestehen, sind auch hier zu beachten: Das Einblicksrecht in die Bruttolohn- und -gehaltslisten ist wie der Anspruch auf Überlassung der erforderlichen Unterlagen nach § 80 Abs. 2 S. 1 BetrVG eine Ergänzung des Informationsrechts. Modifiziert wird nur die sonst bestehende Pflicht, die Unterlagen zur Verfügung zu stellen; iÜ gelten dieselben Voraussetzungen. Das Einblicksrecht besteht, wie es im Gesetzestext heißt, „in diesem Rahmen". Aus dem systematischen Zusammenhang ergibt sich eindeutig, dass das Einblicksrecht nur in dem Rahmen besteht, in dem auch das **Informationsrecht** gegeben ist, also nur insoweit, als der **Betriebsrat** nach dem Gesetz Aufgaben hat.

V. Rechte nach § 80 Abs. 2 BetrVG

Die Sicherung der Beachtung des AGG ist eine solche Aufgabe. Das Einblicksrecht wird nicht begrenzt durch den begrenzten Unterlassungsanspruch nach § 17 Abs. 2 AGG. Es ist nicht davon abhängig, dass der Betriebsrat Verdachtsmomente eines erfolgten oder drohenden Verstoßes gegen die zu Gunsten der Arbeitnehmer ergangenen Regelungen schlüssig vorträgt. Er braucht für das Einblicksrecht auch sonst keinen besonderen Anlass darzulegen (BAG v. 30. 6. 1981 – 1 ABR 26/79, BAGE 35, 342 = AP BetrVG 1972 § 80 Nr. 15; bestätigt von BAG v. 3. 12. 1981 – 6 ABR 60/79, AP BetrVG 1972 § 80 Nr. 16 und BAG v. 10. 2. 1987 – 1 ABR 43/84, AP BetrVG 1972 § 80 Nr. 27; *Richardi/Thüsing*, BetrVG, § 80 Rnr. 69; *Kleinebrinck* FA 2006, 295).

H. Beweislast

Literatur: *Bergwitz,* Die neue EG-Richtlinie zur Beweislast bei geschlechtsbedingter Diskriminierung, DB 1999, 94–99; *Grobys,* Die Beweislast im Anti-Diskriminerungsprozess, NZA 2006, 898–903; *Hanau,* Die Beweislast bei Klagen wegen Benachteiligung bei Einstellungen und Beförderungen von Arbeitnehmern wegen des Geschlechts, FS Gnade, 1992, 351–366; *Prütting,* Beweisrecht und Beweislast im arbeitsgerichtlichen Diskriminierungsprozess, FS 50 Jahre BAG, 2004, 1311–1327; *Röthel,* Beweislast und Geschlechtsdiskriminierung, NJW 1999, 611–614; *Schlachter,* Richtlinie über die Beweislast bei Diskriminierung, RdA 1998, 321–326; *von Boesche,* Anmerkungen zu der Beweislastverteilung und der Klagebefugnis von Verbänden nach dem Regierungsentwurf eines Antidiskriminierungsgesetzes; Ausschuss für Famlie, Senioren, Frauen und Jugend, A-Drs. 15(12)440-R

I. Entstehungsgeschichte und Normzweck

654 Wenn im Streitfall die eine Partei Indizien beweist, die eine Benachteiligung wegen eines in § 1 AGG genannten Grundes vermuten lassen, trägt gemäß § 22 AGG die andere Partei die Beweislast dafür, dass kein Verstoß gegen die Bestimmungen zum Schutz vor Benachteiligungen vorgelegen hat. Die Vorschrift setzt – sehr unvollkommen, s. Rnr. 655 – Art. 8 der Richtlinie 2000/43/EG und Artikel 10 der Richtlinie 2000/78/EG sowie die Beweislastrichtlinie 97/80/EG um. Sie regelt die Grundsätze der Beweislast in den Fällen unterschiedlicher Behandlung und ist § 611 a Abs. 1 S. 3 BGB nachgebildet, weicht jedoch in wichtigen Einzelheiten davon ab. So hat in der ehemals geltenden Bestimmung der Begriff der Glaubhaftmachung zu Unklarheiten geführt, denn er entsprach nicht dem des § 294 ZPO (s. auch BAG v. 15.2.2005, 9 AZR 635/03, NZA 2005, 870). Der Kläger war (und ist weiterhin, s. Rnr. 655) daher nicht auf präsente Beweismittel gemäß § 294 Abs. 2 ZPO beschränkt, konnte sich aber auch nicht der Versicherung an Eides statt bedienen (allgM, Staudinger/*Annuß* Neubearbeitung 2005„ BGB, § 611 a Rnr. 113; ErfK/*Schlachter,* 7. Aufl. 2007, § 611 a BGB Rnr. 28; KR/*Pfeiffer,* 7. Aufl. 2004, BGB § 611 a Rnr. 140). Vielmehr betraf der Begriff der Glaubhaftmachung allein das Beweismaß, nicht das Beweismittel. Gleiches gilt nun für § 22 AGG, s. Rnr. 655.

655 Gerade im Hinblick auf die – durch die Rechtsprechung bereits ausgeräumten – Unklarheiten des Begriffs der Glaubhaftmachung kam es in letzter Minute des Gesetzgebungsverfahrens zu einer **Änderung im Wortlaut der Vorschrift**. Noch nach der ersten Lesung im Bundestag sollte sie lauten: „Wenn im Streitfall die eine Partei Tatsachen glaubhaft macht, die eine Benachteiligung wegen eines in § 1 AGG genannten Grundes vermuten lassen, trägt die andere Partei die Beweislast dafür, dass andere als in § 1 AGG genannte, sachliche Gründe die unterschiedliche Behandlung rechtfertigen oder die unterschiedliche Behandlung wegen eines in § 1 AGG genannten Grundes nach Maßgabe dieses Gesetzes zulässig ist." (BT-Drucks. 15/4538, S. 9). Die Begründung zur Änderung ist kryptisch. In der Beschlussempfehlung und im Bericht des Rechtsausschusses heißt es: „Die Diskussion des Allgemeinen Gleichbehandlungsgesetzes hat gezeigt, dass der – bereits in § 611a BGB – verwendete Begriff der „Glaubhaftmachung" oftmals dahingehend missverstanden wird, er beziehe sich auf § 294 ZPO und lasse die eidesstattliche Versicherung als Beweismittel zu. Es ist insoweit eine sprachliche Neufassung zur Bestimmung des Beweismaßes erfolgt. Dies ist eine erforderliche Klarstellung für die Praxis; eine Rechtsänderung ist damit nicht verbunden. Die Vorgaben der einschlägigen Richtlinien werden nach wie vor erfüllt." (BT-Drucks. 16/2022, S. 30). Das ist **falsch und es zeugt von schlechter Gesetzgebung** (ebenso *Windel* RdA 2007, 1f.; Die Änderung begrüßend von einem unzutreffenden Verständnis des europäischen Rechts aus *Düvell* BB 2006, 1741, 1744; auch kein „Umsetzungsdefizit" sehen *Bauer/Göpfert/Krieger*, AGG, § 22 Rnr. 3). Abweichend von den allgemeinen Regeln der Normbegünstigung braucht der Arbeitnehmer oder sonstige Benachteiligte nach europäischem Recht die Tatsachen nicht zur überzeugenden Wahrscheinlichkeit beweisen, sondern allein Tatsachen glaubhaft zu machen, die eine Benachteiligung wegen eines in § 1 AGG genannten Grundes vermuten lassen. Das Vorliegen der Tatsachen muss nicht voll bewiesen werden, sondern auch hier reicht – ebenso wie im einstweiligen Rechtsschutz – die überwiegende Wahrscheinlichkeit: „Die Glaubhaftmachung durch den Arbeitnehmer lässt die Beweisverteilung zunächst unberührt, sie senkt nur das Beweismaß" (BAG v. 5.2.2004, 8 AZR 112/03, NZA 2004, 540; unklarer BAG v. 15.2.2005 – 9 AZR 635/03, NZA 2005, 870). Dies schreibt die Beweislastrichtlinie 97/80/EG in Art. 4 ausdrücklich vor: „Die Mitgliedstaaten ergreifen im Einklang mit dem System ihrer nationalen Gerichtsbarkeit die erforderlichen Maßnahmen, nach denen dann, wenn Personen, die sich durch die Verletzung des Gleichbehandlungsgrundsatzes für beschwert halten und bei einem Gericht bzw. einer anderen zuständigen Stelle Tatsachen glaubhaft machen, die das Vorliegen einer unmittelbaren oder mittelbaren Diskriminierung vermuten lassen, es dem Beklagten obliegt zu beweisen, dass keine Verletzung des Gleichbehandlungsgrundsatzes vorgelegen hat.". Gleiches gilt für die Richtlinien 2000/43/EG und 2000/78/EG. Der Grund hierfür war, dass es in anderen Ländern ohnehin im Hinblick auf arbeitnehmerseitige Ansprüche allgemein ausreicht, dass das Vorliegen der anspruchsbegründenden Tatsachen überwiegend wahrscheinlich ist (*more probable than not,* s. hierzu die berühmten Ausführungen von Lord *Denning* in Miller v Minister of Pensions [1947] 2 All ER 372 at 373–374). Der europäische Gesetzgeber wollte den Diskriminierungsschutz einheitlich ausgestalten und hat damit dieses Beweismaß für alle Staaten verbindlich gemacht. Das deutsche Recht ist insoweit nicht europarechtskonform – versteht man es denn wörtlich. Eine **europarechtskonforme Auslegung** (s. Rnr. 41) hin zum ursprünglichen Wortlaut ist jedoch wohl möglich, unterstellt man entsprechend der Begründung, dass hier eine materielle Änderung nicht erfolgen sollte (s. auch *Bauer/Evers,* NZA 2006, 898, 901; offengelassen *Richardi*, NZA 2006, 814; *Windel* RdA 2007, 1f.). Inzwischen hat sich das europarechtliche geforderte Beweismaß überwiegender Wahrscheinlichkeit weitgehend durchgesetzt (vgl. nur BAG v. 17.12.2009 – 8 AZR 670/08, NZA 2010, 383; ErfK/*Schlachter,* § 22 AGG Rnr. 3; *Bauer/Göpfert/Krieger*, AGG, § 22 Rnr. 2; Wendeling-Schröder/Stein/*Stein*, AGG, § 22 Rnr. 29).

Auch mit der richtig verstandenen Beweislastregelung des AGG ist keine vollständige Umkehr der Beweislast verbunden, sondern eine **eigenständige**, mangels **656**

Vorbild dogmatisch nur schwierig einzuordnende **Beweislastregel** gefunden worden (kritisch daher in Bezug auf die Vorgängerregelung in § 611a Abs. 1 S. 3 BGB *Prütting*, Gegenwartsprobleme der Beweislast, 1983, S. 334; s. auch *Schlachter*, RdA 1998, 321; Staudinger/*Annuß*, Neubearbeitung 2005, BGB, § 611a Rnr. 109). Erst wenn der Arbeitnehmer die Vermutungstatsachen glaubhaft gemacht hat (1. Absenkung seiner Darlegungslast gegenüber den allgemeinen Regeln), und die Tatsachen, lägen sie denn vor, mit überwiegender Wahrscheinlichkeit auf eine Kausalität des verbotenen Merkmals zur Benachteiligung schließen lassen (2. Absenkung seiner Darlegungslast), trägt der Arbeitgeber die Beweislast dafür, dass nicht auf einen Grund nach § 1 AGG bezogene sachliche Gründe eine unterschiedliche Behandlung rechtfertigen (so bei der mittelbaren Diskriminierung) oder das Merkmal nach § 1 AGG unverzichtbare Voraussetzung bzw. wesentliche und entscheidende berufliche Anforderung für die Ausübung der Tätigkeit ist (so bei der unmittelbaren Diskriminierung).

II. Anwendungsbereich

657 Die Regelung des § 22 erfasst – entsprechend seiner Überschrift – nur die **Beweislast, nicht die Darlegungslast.** Letztere folgt den allgemeinen prozessualen Regeln. Der Kläger wird also seiner Obliegenheit nicht enthoben, die tatsächlichen Voraussetzungen einer unzulässigen Benachteiligung vorzutragen (*Wendtland/Gaier/Gaier*, AGG, § 22 Rnr. 164). Kommt er dem – trotz gerichtlichen Hinweises nach § 139 Abs. 1 S. 2 ZPO – nicht nach, so ist seine Klage ohne weiteres abzuweisen, so dass sich die Frage nach dem Eingreifen der Beweislastregel nicht stellt.

658 Ob diese Beweislastregel auch auf **Ansprüche außerhalb des AGG,** insbesondere deliktische Ansprüche anwendbar ist, soweit sie auf eine unzulässige Diskriminierung gestützt werden, hatte die Rechtsprechung für § 611a BGB offen gelassen (LAG Köln v. 10.5.1990 – 8 Sa 462/89, LAGE Nr. 5 zu § 611a BGB; hierfür *Hanau*, FS Gnade, S. 351, 353; Staudinger/*Annuß*, Neubearbeitung 2005, BGB, § 611a Rnr. 110). Hierfür spricht das Gebot der europarechtskonformen Auslegung; der Wortlaut von Art. 19 Richtlinie 2006/54/EG, Art. 8 Richtlinie 2000/43/EG und Art. 10 Richtlinie 2000/78/EG differenziert nicht nach der Anspruchsgrundlage. Auch bezieht sich die Beweislastregel nicht ausdrücklich auf Ansprüche aus diesem Gesetz, sondern bezieht alle Verfahren ein, in denen eine Benachteiligung geltend gemacht wird. Gleiches muss daher für einen Anspruch aus § 280 BGB i.V.m. § 7 Abs. 3 AGG, § 823 Abs. 2 BGB iVm. § 7 Abs. 1 AGG (so man die Norm als Schutzgesetz wertet) gelten oder für die Geltendmachung der Nichtigkeit einer Vereinbarung nach § 134 BGB, die auf Verstoß gegen das Benachteiligungsverbot beruht (Wendeling-Schröder/Stein/*Stein*, AGG, § 21 Rnr. 9; Schleusener/Suckow/Voigt/*Voigt*, AGG, § 21 Rnr. 8 f.; *Bamberger/Roth-Wendtland*, AGG, § 21 Rnr. 37, a.A. *Bauer/Göpfert/Krieger*, AGG, § 21 Rnr. 5; *Palandt/Grüneberg*, AGG, § 21 Rnr. 10; *Erman/Armbrüster*, AGG, § 21 Rnr. 21; *Windel* RdA 2007, 1, 8; *Grobys* NZA 2006, 898, 899). Im Strafprozess gilt § 22 AGG in Übereinstimmung mit den Richtlinien nicht, er kann aber durchaus auch im Verwaltungsprozess anzuwenden sein, etwa bei der Geltendmachung von Ansprüchen

eines Beamten gegen seinen Dienstherrn. Zwar gilt hier der Beibringungsgrundsatz, doch lässt dies offen, wie im Fall des *non liquet* entschieden werden muss. Der deutsche Gesetzgeber hat von der in den Richtlinien vorgesehenen Möglichkeit, diese Prozesse aus dem Anwendungsbereich der Norm auszunehmen, keinen Gebrauch gemacht.

III. Beweislast des Arbeitnehmers

Die Begünstigung des § 22 AGG greift nicht hinsichtlich des **Vorliegens einer** 659 **weniger günstigen Behandlung i.S.v. § 3 Abs. 1 und 2**, sondern nur hinsichtlich der Kausalität zwischen Ungleichbehandlung und einem der nach § 1 verpönten Merkmale (BT-Drucks. 15/4538 S. 45; BAG v. 27. 1. 2011 – 8 AZR 483/09, NZA 2011, 689 [zu § 611a BGB]; BAG v. 20. 5. 2010 – 8 AZR 287/08 (A), RdNr. 15f. (juris); LAG Hamburg v. 9. 11. 2007 – H 3 Sa 102/07, LAGE § 15 AGG Nr. 2; LAG Köln v. 15. 2. 2008 – 11 Sa 923/07, NZA-RR 2008, 622, 623; LAG Saarland v. 3. 12. 2008 – 1 Sa 71/08, RdNr. 53 (juris); Bamberger/Roth-*Wendtland*, AGG, § 22 Rnr. 2; Schleusener/Suckow/Voigt/*Voigt*, AGG, § 22 Rnr. 24 ff.; zu § 611a BGB schon ganz hM: Staudinger/*Annuß* Neubearbeitung 2005, BGB, § 611a Rnr. 111; Soergel/*Raab* § 611a Rnr. 77; ErfK/*Schlachter*, § 611 a BGB Rnr. 27; KR/*Pfeiffer*, BGB, 7. Aufl. 2004, § 611 a Rnr. 137; s. auch MüKo/*Müller-Glöge*, 4. Aufl. § 611a BGB Rnr. 80; aA Wendtland/Gaier/*Gaier*, AGG, § 22 Rnr. 138; *Windel* RdA 2007, 1, 2f.; auch unter Berücksichtigung der Umstände des Einzelfalls unrichtig LAG Baden-Württemberg v. 1. 2. 2011 – 22 Sa 67/10, NZA-RR 2011, 237).

Der Kläger muss daher zunächst den Vollbeweis führen, dass er gegenüber 660 einer anderen Person ungünstig behandelt worden ist. Er muss die von ihm angegriffene Maßnahme und ebenso das Betroffensein von dieser Maßnahme nachweisen (APS/*Preis* Grundlagen J. Rnr. 73a; aA *Röthel* NJW 1999, 611, 614; *Zwanziger* DB 1998, 1330, 1333). Dies ergibt sich zwar nicht aus dem – ohnehin missglückten – Wortlaut der Norm. Die Beweislastregel soll jedoch dem Kläger helfen, die als innere Tatsache oftmals nur schwer nachweisbare Motivation des Benachteiligenden zu belegen. Diese Beweisnot besteht im Hinblick auf das Vorliegen einer Benachteiligung jedoch nicht.

Bei der **mittelbaren Diskriminierung** hat er die Gruppen zu benennen, inner- 661 halb derer sich eine Maßnahme des Benachteiligenden ungleich auf die sich durch die Gründe des § 1 AGG unterscheidenden Gruppen auswirkt. Entsprechend der Rechtsprechung zum allgemeinen Gleichbehandlungsgrundsatz wird er jedoch nicht die genauen Zahlen darlegen müssen, zu welchen Anteilen Frauen und Männer oder Junge und Alte von einer Maßnahme des Arbeitgebers erfasst werden (s. BAG v. 19. 8. 1992 – 5 AZR 513/91, EzA Nr. 52 zu § 242 BGB Gleichbehandlung). Wenn dem Arbeitnehmer die genaueren Personalstrukturen verborgen sind, muss der Vortrag eines statistischen Überwiegens genügen, zumindest dann, wenn die vom Arbeitgeber vorgenommenen Differenzierungen intransparent sind (s. EuGH v. 17. 10. 1989 – Rs. 97 bis 99/87, Slg. 1989, 3199; ähnlich EuGH v. 30. 6. 1988 – Rs. 318/86, Slg. 1988, 3559; i. Erg. ebenso EuGH v. 27. 10. 1993 – Rs. C-127/92, Slg. 1993, I-5535).

662 Ob und in welchen Grenzen darüber hinaus ein **Auskunftsanspruch** des Arbeitnehmers besteht, der dem Arbeitnehmer die Auswahlvorgänge transparent macht, ist streitig (hierfür *Hanau*, FS Gnade, S. 361; *Soergel/Raab* § 611a Rnr. 79; aA LAG Hamburg v. 9.11.2007 – H 3 Sa 102/07, LAGE § 15 AGG Nr. 2 m. zustimmender Anm. *Schreiner/Kuhn*, EWiR 2008, 321; LAG Hessen v. 28.8.2009 – 19/3 Sa 340/08, DÖD 2010, 79; LAG Rheinland-Pfalz v. 17.6.2009 – Az. 8 Sa 639/08, Rnr. 27 (juris); Staudinger/*Annuß* Neubearbeitung 2005, BGB, § 611a Rnr. 115; *Bauer/Göpfert/Krieger*, AGG, § 22 Rnr. 11; Falke, in: Rust/Falke, AGG, 2007, § 22 Rnr. 107 ff.; Schleusener/Suchow/Voigt/*Voigt*, AGG, § 22 Rnr. 42 ff.; Palandt/*Grüneberg* Rnr. 1; *Grobys*, NZA 2006, 898, 903; s. auch *Müller-Glöge*, 4. Aufl. § 611a BGB Rnr. 83). Der EuGH hat die Frage in der **Rs. Meister** im Sinne eines Mittelwegs beantwortet. Einerseits bestehe kein Auskunftsanspruch, andererseits sei die verweigerte Auskunft als Indiz für eine Benachteiligung zu berücksichtigen (EuGH v. 19.4.2012 – C-415/10, NZA 2012, 493). Das ist nicht inkonsequent (so aber *Forst*, EWiR 2012, 265): Wenn – was der EuGH überzeugend begründet – kein Auskunftsanspruch besteht, ist das Schweigen des Arbeitgebers die zulässige Ausübung der eigenen Rechtsposition. Die zulässige Ausübung der eigenen Rechtsposition kann ihm jedoch zum Nachteil gereichen, weil es insgesamt darauf hindeuten kann, dass kein anderer als ein diskriminierender Grund die Auswahl bestimmt hat. Bereichsspezifische Ausnahmen werden durch Verneinung eines generellen Auskunftsanspruchs nicht ausgeschlossen: So bestimmt § 81 Abs. 1 S. 9 SGB IX, dass der Arbeitgeber alle Beteiligten über die getroffene Entscheidung unter Darlegung der Gründe unverzüglich zu unterrichten hat. Zu den Beteiligten zählt auch der abgelehnte Bewerber, das Gesetz räumt ihm einen Auskunftsanspruch ein (BAG v. 21.2.2013 – 8 AZR 180/12).

663 Den Kläger trifft auch die volle Beweislast für das **Vorliegen eines Benachteiligungsmerkmals** i.S.d. § 1 AGG (So auch *Bauer/Göpfert/Krieger*, AGG, § 22 Rnr. 6 ff.; Schleusener/Suckow/Voigt/*Voigt*, AGG, § 22 Rnr. 22; a.A. Wendeling-Schröder/Stein/*Stein*, AGG, § 22 Rnr. 12). Ob seine Überzeugung also eine Religion ist, muss er ebenso darlegen wie die Reichweite seiner Gesundheitsbeeinträchtigung, die eine Behinderung sein kann oder nicht. Ebenso muss er nachweisen, dass er Beschäftigter iS des Gesetzes ist oder dass sein Geschäft ein Massengeschäft nach § 19 Abs. 1 ist. Nicht nachweisen muss er, dass ein besonderes Näheverhältnis iS des § 19 Abs. 5 vorliegt. Für diesen Ausnahmetatbestand aus dem umfassenden zivilrechtlichen Benachteiligungsverbot trägt die Beweislast entsprechend den allgemeinen Regeln der Beklagte (Wendtland/Gaier/*Gaier*, AGG, § 22 Rnr. 184).

664 Hinsichtlich des **Beruhens der Benachteiligung auf einem Grund gemäß § 1 AGG** greift die Beweislastregelung des § 22 AGG (BT-Drucks. 15/4538 S. 45; BAG v. 20.5.2010 – 8 AZR 287/08 (A), Rnr. 15f. (juris); LAG Hamburg v. 9.11.2007 – H 3 Sa 102/07, LAGE § 15 AGG Nr. 2; LAG Köln v. 15.2.2008 – 11 Sa 923/07, NZA-RR 2008, 622, 623 LAG Saarland v. 3.12.2008 – 1 Sa 71/08, Rnr. 53 (juris); *Bauer/Göpfert/Krieger*, AGG, § 22 Rnr. 6 f.; *Schiek/Kocher* Rnr. 10 f.; zu § 611a BGB bereits ganz hM: BAGE 109, 265; Staudinger/*Annuß* Neubearbeitung 2005„ BGB, § 611a Rnr. 111; *Soergel/Raab* § 611a Rnr. 77; ErfK/*Schlachter*, § 22 AGG Rnr. 2; KR/*Treber*, AGG, § 22 Rnr. 5; s. auch *Müller-Glöge*, 4. Aufl. § 611a BGB Rnr. 80; a.A. Wendtland/Gaier/*Gaier*, AGG, § 22 Rnr. 138). Bei der unmittelbaren Diskriminierung bezieht sie sich auf die Kausali-

III. Beweislast des Arbeitnehmers

tät des Grundes für die Benachteiligung (BAG v. 20. 5. 2010 – 8 AZR 287/08 (A), Rnr. 16. (juris); *Bauer/Göpfert/Krieger*, AGG, §22 Rnr. 6; Wendeling-Schröder/Stein/Wendeling-*Schröder*, AGG, §22 Rnr. 15; KR/*Treber*, AGG, §22 Rnr. 10; ErfK/*Schlachter,*, §22 AGG Rnr. 3; LAG Hamburg v. 11. 2. 1987 – 7 Sa 55/86, LAGE §611a BGB Nr. 3). Der Beschäftigte muss nur sog. Vermutungstatsachen vortragen, aus denen sich schließen lässt, dass diese unterschiedliche Behandlung auf einem nach §1 AGG unzulässigen Grund beruht (BAG v. 27. 1. 2011 – 8 AZR 483/09, NZA 2011, 689 [zu §611a BGB]; BAG v. 22. 10. 2009 – 8 AZR 642/08, NZA 2010, 280, 283; s. auch zur Behindertendiskriminierung BAG v. 15. 2. 2005 – 9 AZR 635/03, AP SGB IX §81 Nr. 7). Diese muss er – trotz des irreführenden Wortlauts – nicht beweisen, sondern nur glaubhaft machen. Es reicht die **überwiegende Wahrscheinlichkeit** (BAG v. 7. 7. 2011 – 2 AZR 396/10, NZA 2012, 34; BAG v. 27. 1. 2011 – 8 AZR 483/09, NZA 2011, 689 [zu §611a BGB]; BAG v. 17. 12. 2009 – 8 AZR 670/08, NZA 2010, 383; BAG v. 20. 5. 2010 – 8 AZR 287/08 (A), Rnr. 16 juris); nicht erforderlich ist die überzeugende Wahrscheinlichkeit (s. Rnr. 645) (BAG v. 17. 12. 2009 – 8 AZR 670/08, NZA 2010, 383; BAG v. 20. 5. 2010 – 8 AZR 287/08 (A), Rnr. 16 juris), etwa, dass im Bewerbungsgespräch eine diskriminierende Frage gestellt wurde. Auch kann die bloße Nichtbeantwortung einer Stellenbewerbung in Verbindung mit weiteren Indizien ausreichend sein (LAG Schleswig-Holstein v. 13. 11. 2012 – 2 Sa 217/12, ArbR 2013, 84); ebenso können gegebene, jedoch falsche oder widersprüchliche Begründungen für ein benachteiligende Maßnahme Indizwirkung nach §22 AGG haben (BAG v. 21. 6. 2012 – 8 AZR 364/11, NZA 2012, 1345). Dabei genügt auch es, wenn glaubhaft gemacht wird, dass die genannten Gründe Bestandteil eines Motivbündels waren, das die Entscheidung beeinflusst hat (BAG v. 22. 10. 2009 – 8 AZR 642/08, NZA 2010, 280, 282 f.; LAG Niedersachsen v. 12. 3. 2010 – 10 Sa 583/09, LAGE §15 AGG Nr. 11 (Kurzwiedergabe); *Windel* RdA 2007, 1, 3). Bei **Kollegialentscheidungen** genügt es nach Ansicht des BGH, wenn feststeht, dass der Vorsitzende des Gremiums wegen eines der in §1 AGG genannten Merkmale diskriminiert hat; dies sei als Indiz dafür zu werten, dass alle Mitglieder aus denselben Motiven gehandelt haben (BGH v. 23. 4. 2012 – II ZR 163/10, NZG 2012, 777; a.A. *Thüsing/Stiebert*, NZG 2011, 641), Das überzeugt so nicht: Bei einer Kollegialentscheidung ist für die Kausalität der Benachteiligung für die Entscheidung erforderlich, dass die Mehrheit der Mitglieder des Gremiums unzulässig benachteiligt hat. Allein die Äußerung des Vorsitzenden lässt keine Rückschlüsse auf die Motivation der anderen Mitglieder des Gremiums zu.

Welche Anforderungen im Einzelfall an die Darlegung, dass die unterschiedliche Behandlung auf einem nach §1 AGG unzulässigen Grund beruht, zu stellen sind, können nur die Gerichte unter Berücksichtigung der Grundsätze des §138 ZPO beurteilen. Danach sind einerseits Erklärungen „ins Blaue hinein" unzulässig, andererseits ist zu beachten, welche Informationen einer Prozesspartei überhaupt zugänglich sind (BT-Drucks. 16/1780 S. 47; s. auch BAG v. 20. 5. 2010 – 8 AZR 287/08 (A), Rnr. 15 (juris)). Die Tatsache muss nicht zu einem zwingenden Schluss der geschlechts-, religions- oder altersbedingten Benachteiligung führen, sondern es reicht, dass sie nach allgemeiner Lebenserfahrung eine überwiegende Wahrscheinlichkeit für eine Diskriminierung bedeutet (*Windel* RdA 2007, 1, 4f. Zum ehemaligen Recht KR/*Treber,* AGG §22 Rnr. 11; *Eich* NJW 1980, 2329, 2330; Staudinger/

Annuß Neubearbeitung 2005, BGB, § 611 a Rnr. 112). Auch muss das Vorliegen der Tatsachen – trotz des missverständlichen Wortlauts, s. Rnr. 655 – nicht voll bewiesen werden, sondern auch hier reicht – ebenso wie im einstweiligen Rechtsschutz – wiederum die überwiegende Wahrscheinlichkeit (a.A. LAG Rheinland-Pfalz v. 17. 6. 2009 – 8 Sa 639/08 Rnr. 23 (juris)). Der Beklagte hat freilich zum Vortrag des Klägers gemäß § 138 ZPO konkret Stellung zu nehmen. Soweit einzelne Tatsachen nicht – ausreichend – bestritten werden, kommt es auf Beweisfragen nicht an. Stehen dem Kläger keine anderen Beweismittel, insbesondere Zeugen zur Verfügung, hat das Gericht alle zulässigen Möglichkeiten der Anhörung und Vernehmung des Klägers auszunutzen (BT-Drucks. 16/1780, S. 47; s. auch Europäischer Gerichtshof für Menschenrechte vom 27. 10. 1993, Az. 37/1992/382/460).

666 Mögliche Vermutungstatsachen (im Gesetz unbeholfen „Indizien" genannt), die der Darlegungslast des Benachteiligten genügen können, sind z.B. die Stellenausschreibung im Widerspruch zu § 11 AGG (*Schiek/Horstkötter*, NZA 1998, 863, 866; Staudinger/*Annuß*, Neubearbeitung 2005, BGB, § 611 a Rnr. 114; s. auch LAG Hamburg v. 11. 2. 1987 – 7 Sa 55/86, LAGE Nr. 3 zu § 611 a BGB; BVerfG v. 16. 11. 1993 – 1 BvR 258/86, BVerfGE 89, 276, 287; s. auch BT-Drucks. 15/4538, S. 45), aber auch Äußerungen des Arbeitgebers oder eines entscheidungsbefugten Vertreters (EuGH v. 16. 7. 2008 – C-54/07, Slg. 2008, I-5187 – Feryn). So kann in der Frage nach Erkrankungen oder Leiden im Einzelfall ein Indiz für die Diskriminierung wegen einer Behinderung liegen (BAG v. 17. 12. 2009 – 8 AZR 670/08, NZA 2010, 383); nach Ansicht des EuGH auch die Weigerung des Arbeitgebers, Auskunft über den Grund der Ablehnung zu geben (EuGH v. 19. 4. 2012 – C-415/10, NJW 2012, 2497). Verfahrensfehler im Auswahlverfahren haben indizielle Bedeutung nur, wenn sie irgendeinen Bezug zu einem der in § 1 AGG genannten Merkmale aufweisen (LAG Niedersachsen v. 4. 8. 2011 – 5 Sa 1351/10). Auch die Nichtbeachtung von Vorschriften über die Förderung der Chancen schwerbehinderter Bewerber können zu der Vermutungswirkung des § 22 AGG führen (BAG v. 21. 2. 2013 – 8 AZR 180/12). Eine Pflichtverletzung nach § 82 S 2 SGB 9 ist als Indiz im Sinne von § 22 AGG nur dann geeignet, wenn dem Arbeitgeber die Schwerbehinderteneigenschaft oder Gleichstellung des Bewerbers bekannt gewesen ist oder sich der Arbeitgeber aufgrund der Bewerbungsunterlagen diese Kenntnis hätte verschaffen können. Andernfalls ist der Pflichtenverstoß dem Arbeitgeber nicht zuzurechnen (BAG v. 16. 2. 2012 – 8 AZR 697/10, NZA 2012, 667). Wenn die festgestellten Tatsachen eine Benachteiligung wegen der Behinderung vermuten lassen, trägt der Arbeitgeber nach § 22 AGG die Beweislast dafür, dass eine solche Benachteiligung nicht vorlag. Er muss Tatsachen vortragen und gegebenenfalls beweisen, aus denen sich ergibt, dass es ausschließlich andere Gründe waren als die Behinderung, die zu der weniger günstigen Behandlung geführt haben, und in seinem Motivbündel weder die Behinderung als negatives noch die fehlende Behinderung als positives Kriterium enthalten war. (BAG v. 16. 2. 2012 – 8 AZR 697/10, NZA 2012, 667). Ebenso kommen in Betracht vorangegangene Benachteiligungen im Widerspruch zu § 7 Abs. 1 AGG (Soergel/*Raab*, BGB, § 611 a Rnr. 39; Staudinger/*Annuß*, Neubearbeitung 2005, BGB, § 611 a Rnr. 114). Keine Indizwirkung kommt jedoch einer Benachteiligung zu, die vor Inkrafttreten des AGG erlaubt war und daher vom Arbeitgeber praktiziert wurde. Bei der Diskriminierung wegen der Schwangerschaft kann ein

III. Beweislast des Arbeitnehmers

enger zeitlicher Zusammenhang mit der benachteiligenden Maßnahme zur Schwangerschaftsanzeige ausreichen (*Mauer*, BB 1991, 1867; KR/*Pfeiffer*, 7. Aufl. 2004, § 611 a BGB Rnr. 139). Steht fest, dass der Arbeitgeber die Schwerbehindertenvertretung entgegen § 81 Abs 1 S. 4 SGB IX nicht über die eingegangene Bewerbung eines bestimmten schwerbehinderten Menschen unterrichtet hat, so ist dessen Benachteiligung wegen der Schwerbehinderteneigenschaft nach der recht strengen Rechtsprechung des BAG zu vermuten (BAG v. 15. 2. 2005 – 9 AZR 635/03, AP SGB IX § 81 Nr. 7 – richtiger scheint es, darauf abzustellen, warum die Unterrichtung unterblieben ist; war es offensichtlich Nachlässigkeit oder rechtliche Unkenntnis fehlt die Vermutungsgrundlage). Nicht darauf an kommt es, ob der Schwerbehinderte von der Stelle anderweitig Kenntnis erlangen konnte (Zu Unrecht a.A. LAG Hamm v. 26. 6. 2008 – 15 Sa 198/08, DÖD 2009, 72). Beim öffentlichen Arbeitgeber reicht auch ein Verstoß gegen § 82 Abs. 2 SGB IX (VGH Baden-Württemberg v. 4. 8. 2009 – 9 S 3330/08, ZBR 2010, 128; vgl. auch BAG v. 12. 9. 2006 – 9 AZR 807/05, NZA 2007, 507). Es soll jedoch ausreichen, wenn die Unterrichtung verspätet, aber noch so rechtzeitig erfolgt, dass die Schwerbehindertenvertretung die Belange der schwerbehinderten Bewerber vertreten kann (LAG Hessen v. 28. 8. 2009 – 19/3 Sa 340/08, DÖD 2010, 79). Ganz generell wird man in der Missachtung von Normen, die durch besondere verfahrensmäßige Absicherungen die Diskriminierung wegen verpönter Merkmale verhindern sollen, ein Indiz für eine Diskriminierung erblicken können. Allerdings wird man im Einzelfall zwischen Missachtung und versehentlicher Außerachtlassung unterscheiden müssen – letzterer kommt keine Indizwirkung zu (vgl. auch *Bayreuther* NJW 2009, 806f). Eine personenbedingte Kündigung wegen häufigen und wieder zu erwartenden Arbeitsunfähigkeitszeiten soll regelmäßig keine hinreichende Indiztatsache für die Vermutung einer Benachteiligung wegen einer Behinderung sein (BAG v. 28. 4. 2011 – 8 AZR 515/10, NJW 2011, 2458). Dies wird man so pauschal nicht gelten lassen können: Eine chronische Krankheit kann eine Behinderung i.S.d. AGG sein. Erfolgt die Kündigung wegen der Erwartung, dass die Ausfallzeiten aufgrund der Erkrankung wiederkehren werden, kann dies Vermutungstatsache dafür sein, dass diese Behinderung erkannt wurde und der Grund für die Kündigung war. In diesem Fall ist die Kündigung wegen der Behinderung zu rechtfertigen. Bei *Testing-Verfahren* wird z.B. eine Vergleichsperson eingesetzt, um zu überprüfen, ob ein Verhalten gegenüber einer Person, bei der eines der in § 1 AGG genannten Merkmale vorliegt, gleichermaßen auch gegenüber der Vergleichsperson, bei der dies nicht der Fall ist, erfolgt (BT-Drucks. 16/1780, S. 47). Die **Anforderung eines Lichtbildes in einer Ausschreibung** stellt für sich allein nur ein schwaches Indiz unzulässiger Benachteiligung dar. Das Interesse des Arbeitgebers an einem Lichtbild braucht nicht allein in möglichen diskriminierenden Absichten zu liegen, sondern kann auch nicht diskriminierende Gründe haben. Weil das Lichtbild aber auch zum Ausschluss von Älteren, erkennbar Behinderten oder Farbigen in der ersten Stufe des Bewerbungsverfahrens führen kann, kann ein ausdrückliches Verlangen für ein Lichtbild zusammen mit anderen Indizien vom Bewerber genutzt werden, seine Darlegungslast nach § 22 AGG zu erfüllen (so auch *Gruber* NZA 2009, 1247, 1248).

Keine geeignete Vermutungstatsache bildet – entgegen der Rechtsprechung des BAG – die benachteiligende Ausschreibung entgegen § 11 AGG durch einen anderen als den Arbeitgeber, s. hierzu Rnr. 677 (ebenso *Adomeit/Mohr* NJW 2007, 2522). Ebenso untauglich ist allein die grundlose Absage eines angekündigten Vorstellungsgespräches, da dem – ohne Nachweis, dass z. B. allen älteren oder weiblichen Bewerbern abgesagt wurde – keine Anknüpfung des Arbeitgebers gerade an ein verbotenes Merkmal nach §1 AGG entnommen werden kann (Vgl. *Bauer/Göpfert/Krieger*, AGG, §22 Rnr. 11; Wendeling-Schröder/Stein/*Stein*, AGG, §22 Rnr. 24). Zu weit geht es auch, bei einer unterbliebenen Einstellung bereits allein an den Vortrag der eigenen Eignung und der Einstellung eines Arbeitnehmers anderen Alters, Geschlechts oder Hautfarbe diese Vermutung anzuknüpfen (So aber *Schiek/Horstkötter* NZA 1998, 863, 867; wie hier BAG v. 22.10.2009 – 8 AZR 642/08, NZA 2010, 280, 283; *Bauer/Göpfert/Krieger*, AGG, §22 Rnr. 10; *Herresthal* Anm. EzA BGB 2002 §611a Nr. 3). Die nicht erfolgte Einstellung kann viele Gründe haben, und dass gerade ein verbotener Grund nach §1 AGG insoweit ausschlaggebend war, ist nicht überwiegend wahrscheinlich, jedenfalls soweit nicht die Qualifikation des abgewiesenen Bewerbers deutlich besser ist. Auch hier können *soft skills* den Ausschlag gegeben haben. Auch die Formulierung in einer Stellenausschreibung "wir bieten einen zukunftssicheren Arbeitsplatz in einem jungen motivierten Team" stellt deshalb für sich genommen noch keine Tatsache dar, die eine Benachteiligung eines Bewerbers wegen des Alters vermuten lässt (zutreffend LAG Nürnberg v. 16.5.2012 – 2 Sa 574/11, BB 2012, 2824).

668 Von besonderer Bedeutung ist, inwieweit – über das für den Nachweis einer mittelbaren Benachteiligung Nötige hinaus – **statistische Nachweise** zum Nachweis einer Diskriminierung herangezogen werden können. Die Bedeutung derartiger Nachweise zeigen die entsprechenden Erfahrungen im US-amerikanischen Diskriminierungsrecht, wo sie in einer Vielzahl von Fällen in unterschiedlichen Funktionen vorkommen (grundlegend *International Brotherhood of Teamsters v. United States* 431 U.S. 324 (1977); s. auch *Hazelwood School District v. United States* 433 U.S. 299 (1977); *Cole/Baldus*, Statistical Proof of Discrimination, 1980, passim; *Laycock*, Statistical Proof and Theories of Discrimination, Law and Contemporary Problems, Vol. 49 (1986), pp. 97-106; *Rutherglen/Donohue*, Employment Discrimination, Law and Theory, 2nd Edition 2009, pp. 5ff; 116ff., 132ff.). Für das deutsche Recht ist anerkannt, dass statistische Daten grundsätzlich ein Indiz für eine – insbesondere geschlechtsspezifische – Benachteiligung sein können (vgl. BT-Dr 16/1780, S. 47; LAG Berlin-Brandenburg v. 12.2.2009 – 2 Sa 2070/08, NZA-RR 2009, 357; LAG Berlin Brandenburg v. 26.11.2008 – 15 Sa 517/08, LAGE §22 AGG Nr. 1; *Grobys* NZA 2006, 898, 902; Schleusener/Suckow/Voigt/*Voigt* , AGG., §22 Rnr. 32; Däubler/Bertzbach, §22 AGG Rnr. 45a; *Meinel/Heyn/Herms* §22 AGG Rnr. 29; *Bauer/Göpfert/Krieger*, AGG, §22 Rnr. 11; Wendeling-Schröder/Stein/*Stein*, AGG, §22 Rnr. 25; a.A. noch zu §611 Abs. 3 S. 1 BGB LAG Köln v. 13.6.2006 – 9 Sa 1508/05, Rnr. 67f. juris; differenzierend *Bayreuther* NJW 2009, 806; Windel RdA 2007, 1, 6).Welcher Aussagekraft ihnen jedoch im Einzelnen zukommt, ist umstritten: Zum Teil geht die Rechtsprechung davon aus, dass bereits aus einer Statistik, die zeigt, dass auf der fraglichen Ebene Frauen im Verhältnis zu ihrem Anteil an der Gesamtbelegschaft (stark) unterproportional vertreten sind, geschlossen werden kann, dass die Bewerbung einer Frau auf eine solche Stelle wegen ihres Geschlechts abgelehnt wurde (LAG Berlin-Brandenburg v. 26.11.2008 – 15 Sa 517/08, LAGE §22

III. Beweislast des Arbeitnehmers

AGG Nr. 1 (im Fall waren alle 27 Führungspositionen mit Männern besetzt, obwohl die Gesamtbelegschaft des Unternehmens zu ²/₃ aus Frauen bestand); LAG Baden-Württemberg v. 18. 6. 2007 – 4 Sa 14/07, AuA 2007, 624; ähnlich, wenn auch mit Bedenken Wendeling-Schröder/Stein/*Stein* § 22 AGG Rnr. 25; kritisch *Bayreuther* NJW 2009, 806). Andere dagegen halten solche auf die Geschlechterverteilung im Unternehmen bezogene Statistiken für nicht aussagekräftig und wollen nur einen Vergleich in Hinblick auf die konkrete Maßnahme zulassen (LAG Berlin-Brandenburg v. 12. 2. 2009 – 2 Sa 2070/08, NZA-RR 2009, 357; *Grobys* NZA 2006, 898, 902f.). Dies beschränkt den Vergleichsmaßstab ein auf diejenigen, die von der konkreten Maßnahme betroffen wurden – bei etwa einer Stellenbesetzung also auf den Kreis der Bewerber (LAG Berlin-Brandenburg v. 12.2. 2009 – 2 Sa 2070/08, NZA-RR 2009, 357; LAG München v. 7. 8. 2008 – 3 Sa 1112/07, Rnr. 52 (juris); Wendeling-Schröder/Stein/*Stein*, AGG, § 22 AGG Rnr. 28; *Heyn/Meinel* NZA 2009, 20, 21; *Meinel/Heyn/Herms* Rnr. 31).

Letzteres erscheint überzeugender: Die Aussagekraft statistischer Daten ist begrenzt, weil die Unterscheidung von **Kausalität und bloßer Korrelation** schwierig ist, und hängt von den Umständen des jeweiligen Falls ab (Das ist auch die Erkenntnis im amerikanischen Recht, vgl. nur *International Brotherhood of Teamsters v. United States* 431 U.S. 324 (1977), supra 14: "We caution only that statistics are not irrefutable; they come in infinite variety and, like any other kind of evidence, they may be rebutted. In short, their usefulness depends on all of the surrounding facts and circumstances.,). In vielen Branchen beruht die unterschiedliche Geschlechterverteilung, aber auch die Unter- oder Überrepräsentation bestimmter ethnischer Gruppen nicht auf einem diskriminierenden Verhalten des Arbeitsgebers, sondern auf individuellen Präferenzen der Gruppenmitglieder. Frauen interessieren sich – bisher – eher für Dienstleistungsberufe als für eine Tätigkeit als Kfz-Mechaniker, in Bereich der türkischen Schnellimbisse sind Türken über- und andere Ethnien unterrepräsentiert (S. *Bayreuther* NJW 2009, 806, 807f.; *Wackerbarth*, ZIP 2007, 453, 457f.; *Bauer/Göpfert/Krieger*, AGG, § 22 Rnr. 11). Dies zu ändern, mag wünschenswert sein und in der Stoßrichtung des AGG im Allgemeinen liegen (§ 5), jedoch enthält das AGG keine Pflicht des einzelnen Arbeitgebers, für eine ausgewogene Beschäftigtenstruktur zu sorgen. Eine allzu großzügige Gewichtung statistischer Verhältnisse führt jedoch faktisch zu einer solchen Pflicht und geht damit zu weit (So auch *Bayreuther* NJW 2009, 806, 807f.; *Heyn/Meinel* NZA 2009, 20, 21; *Bauer/Göpfert/Krieger*, AGG, § 22 Rnr. 11). Hinzu kommt noch, dass die Beschäftigungsstruktur in einer Zeit vor Geltung des AGG gewachsen ist, schon deshalb ist sie nicht an seinen Vorgaben zu messen. Abzulehnen ist daher im Regelfall, aus der Beschäftigtenstruktur insgesamt oder auf bestimmten Hierarchiestufen Indizien für Diskriminierungen zu entnehmen (der Supreme Court lässt solche Nachweise jedoch zu; die Vergleichsgruppe kann sogar der in Frage kommende Arbeitsmarkt sein. Man ist sich jedoch bewusst, dass dies damit kollidiert, dass das Gesetz gerade keine Verpflichtung kennt, für eine ausgewogene Beschäftigungsstruktur zu sorgen. Deshalb ist extreme Vorsicht bei der Verwendung solcher statistischer Daten angebracht, s. *International Brotherhood of Teamsters v. United States* 431 U.S. 324 (1977). Auch die Abnahme des Frauenanteils in Führungspositionen ist noch kein ausreichendes Indiz (LAG München v. 7. 8. 2008 – 3 Sa 1112/07 (juris)). Aussagekräftig kann es dagegen sein, Vergleiche innerhalb der konkreten Maßnahme oder auch mit ähnlichen Maßnahmen in der jüngeren Vergangenheit anzustellen. Ein ausreichendes Indiz ist es daher, dass nach Mitteilung der Schwangerschaft das befristete Arbeitsverhältnis einer Arbeitnehmerin nicht verlängert wurde, wohl aber die aller vergleichbaren Arbeitnehmer (LAG Köln v. 6. 4. 2009 – 5 Ta 89/09, NZA-RR 2009, 526). Die Aussagekraft statistischer Daten ist dabei umso größer, je mehr Arbeitnehmer von der Maßnahme betroffen sind (Vgl. ArbG Stuttgart v. 26. 4. 2007 – 15 Ca 11133/06, Rnr. 32 (juris)). Es ist aber stets eine **Würdigung der konkreten Aussagekraft im Einzelfall** erforderlich, pauschale Urteile verbieten sich.

670 Welche Vermutungstatsachen im **Zivilrecht** ausreichen können, ist bisher in Rechtsprechung kaum erörtert worden. Auch hier kann ein die Benachteiligung formulierendes Inserat wohl regelmäßig ausreichend sein. Da es hier meist nicht auf das persönliche Verhältnis zum Vertragspartner ankommt, ist der Raum für statistische Nachweise tendenziell größer als im Arbeitsrecht. Zumindest das Einholen einer Schufa-Auskunft lässt keine Diskriminierung vermuten (AG Potsdam v. 10. 7. 2008 – 22 C 25/08, MMR 2008, 769, 770); eine Differenzierung nach der Bonität der Vertragspartner ist erlaubt.

671 Unklar ist die Reichweite der **Vermutungswirkung bei mittelbarer Diskriminierung.** Richtigerweise muss man davon ausgehen, dass in Fällen der mittelbaren Diskriminierung seitens des Klägers die Vermutung der statistisch überwiegenden nachteiligen Betroffenheit eines Geschlechts, einer Religion oder eines Alters ausreicht, aber auch erforderlich ist: Solange aber der Benachteiligte nicht eine ungleiche Betroffenheit einer durch einen Grund nach § 1 AGG definierten Gruppe in dieser Weise darlegt, liegen Tatsachen, die eine Benachteiligung wegen des Geschlechts vermuten lassen, nicht vor (Ebenso wohl BAG v. 18. 10. 2005 – 3 AZR 506/04, DB 2006, 1014; a.A. Wendtland/Gaier/*Gaier*, AGG, § 22 Rnr. 156). Die Beweislasterleichterung greift dann ins Leere (a. A. Staudinger/*Annuß*, Neubearbeitung 2005, BGB, § 611a Rnr. 113). Nicht erforderlich ist jedoch, dass der Kläger bei der mittelbaren Benachteiligung das Fehlen eines rechtfertigenden Grundes glaubhaft macht (AA Wendtland/Gaier/*Gaier*, AGG, § 22 Rnr. 155; wie hier die ganz hM, s. nur BAG v. 22. 10. 2009 – 8 AZR 642/08, NZA 2010, 280, 282 f.; BAG v. 20. 5. 2010 – 8 AZR 287/08 (A), Rnr. 16 juris; *Prütting*, FS 50 Jahre BAG, 2004, S. 1311, 1319). Unabhängig von der Einordnung als negatives Tatbestandsmerkmal oder als rechtshindernde Einrede – für das erste spricht die Gesetzesbegründung (BT-Drucks. 16/1780 S. 33: „Bereits bei der Feststellung, ob tatbestandlich eine mittelbare Benachteiligung vorliegt, ist das Vorliegen sachlich rechtfertigender Gründe zu prüfen"), für die letzte spricht sehr nachhaltig der Wortlaut der Norm – streitet dafür nur die bisherige Handhabung bei § 611a BGB, an der der Gesetzgeber erklärtermaßen nichts ändern wollte (zu § 611a BGB in klaren Worten BAG v. 18. 10. 2005 – 3 AZR 506/04, DB 2006, 1014).

672 Bei **Belästigungen und sexuellen Belästigungen**, die ebenfalls als Benachteiligungen einzuordnen sind, hat der Kläger sämtliche Anspruchsvoraussetzungen als überwiegend wahrscheinlich darzulegen (enger: *Bauer/Göpfert/Krieger*, AGG, § 22 Rnr. 8; wohl weiter Wendeling-Schröder/Stein/*Stein*, AGG, § 22 Rnr. 3). Gelingt dies, dann bleibt dem Beklagten nur die Möglichkeit, dessen ungeachtet das Gegenteil zu beweisen. Das wird ihm regelmäßig nicht gelingen. Auf Rechtfertigungsgründe kann er sich nicht berufen.

IV. Beweislast des Arbeitgebers

Zur Umsetzung vergleichbarer Vorschriften im britischen Recht hat das *Employment Tribunal* im ersten englischen Berufungsverfahren ein 12 Punkte-**Prüfungsschema** herausgearbeitet, das näher konkretisieren soll, wie die Beweislast zu verteilen ist (Barton v. Investec Henderson Crosthwaite Securities Ltd., I. R. L. R. 332 [2003]). Es kann Anhaltspunkte auch für das deutsche Recht geben, soweit es um Klagen nach dem zweiten Abschnitt des AGG geht: **673**

1. Die auf Diskriminierung aufgrund des Geschlechts klagende Partei muss einen Tatbestand nachweisen, aus dem das Gericht nach Abwägung der Wahrscheinlichkeiten mangels einer angemessenen Erklärung schließen kann, dass der Beklagte einen Akt unrechtmäßiger Diskriminierung gegen die Klagepartei verübt hat.
2. Kann die klagende Partei einen solchen Tatbestand nicht nachweisen, scheitert die Klage.
3. Bei der Entscheidung, ob die Klagepartei einen entsprechenden Tatbestand nachweisen konnte, muss berücksichtigt werden, dass direkte Beweise für Geschlechterdiskriminierung nur in Ausnahmefällen vorgebracht werden können. Nur wenige Arbeitgeber dürften bereit sein, eine solche Diskriminierung zuzugeben, ja auch nur sich selbst einzugestehen. In manchen Fällen ist die Diskriminierung möglicherweise nicht beabsichtigt, sondern gründet sich auf die Annahme, dass „er oder sie nicht hereingepasst hätte".
4. Bei der Entscheidung darüber, ob die Klagepartei einen entsprechenden Nachweis erbringen konnte, ist zu bedenken, dass in dieser Phase das Ergebnis der Prüfung durch das Gericht in der Regel davon abhängt, welche Schlüsse sich vernünftigerweise aus dem zunächst festgestellten Tatbestand ziehen lassen.
5. In dieser Phase muss das Gericht noch nicht endgültig entscheiden, dass es aus diesem Tatbestand auf eine unrechtmäßige Diskriminierung schließen wird. Das Gericht prüft zunächst den von der Klagepartei nachgewiesenen Tatbestand daraufhin, welche Rückschlüsse auf Nebentatbestände er zulässt.
6. Das können gegebenenfalls auch Rückschlüsse sein, die sich, sofern dies recht und billig erscheint, aus einer ausweichenden oder widersprüchlichen Antwort des Arbeitgebers auf Fragen der Klagepartei ziehen lassen.
7. Rückschlüsse können auch aus der Nichteinhaltung eines wie auch immer gearteten Verhaltenskodex geschlossen werden.
8. Hat die Klagepartei einen Tatbestand nachgewiesen, der den Rückschluss zulässt, dass der Beklagte die Klagepartei aufgrund des Geschlechts weniger vorteilhaft behandelt hat, geht die Beweislast auf den Beklagten über.
9. In diesem Fall muss der Beklagte nachweisen, dass er die Tat nicht begangen hat.
10. Um die Beweislast zu erfüllen, muss er nachweisen, dass die Behandlung nach Abwägung der Wahrscheinlichkeiten in keinerlei Hinsicht aufgrund des Geschlechts erfolgt ist.
11. Hierzu muss das Gericht nicht nur bewerten, ob der Beklagte den Tatbestand belegen konnte, aus dem solche Rückschlüsse gezogen werden könnten. Es muss daraufhin auch entscheiden, ob nach Abwägung der Wahrscheinlichkeiten die Beweislast als erfüllt zu betrachten ist, also das Geschlecht in keiner Hinsicht einen Grund für die fragliche Behandlung darstellte.
12. Da einige der Beweismittel, die zum Beleg des Tatbestands notwendig sind, im Normalfall im Besitz des Beklagten sein dürften, erwartet ein Gericht in der Regel zur Erfüllung der Beweislast entscheidende Beweise. Besonders sorgfältig prüfen muss das Gericht Erklärungen für die Nichtbeantwortung von seitens der Klagepartei gestellten Fragen und die Nichteinhaltung eines Verhaltenskodex.

IV. Beweislast des Arbeitgebers

Der Arbeitgeber kann auf das Vorbringen des Arbeitnehmers dadurch reagieren, dass er den Gegenbeweis der Benachteiligung antritt. Ebenso kann er den Gegenbeweis hinsichtlich der Geschlechts-, Religions- oder Altersbedingtheit der **674**

Benachteiligung führen. Auf Grund der Beweislastregelung des § 22 AGG trägt er die volle Beweislast und auch das Risiko des *non liquet*, wenn der Kläger die überwiegende Wahrscheinlichkeit des Vorliegens der Vermutungstatsachen dargelegt hat (s. *Molitor*, RdA 1984, 13, 16; ErfK/*Schlachter*, § 22 AGG Rnr. 9; a. A. Staudinger/*Annuß*, Neubearbeitung 2005, BGB, § 611a Rnr. 113). Soweit darüber hinaus dem Arbeitgeber bei § 611a BGB das Recht einer **Gegenglaubhaftmachung** zugesprochen wurde (*Eich* NJW 1980, 2329, 2332; KR/*Pfeiffer*, 7. Auflage 2004, BGB § 611a Rnr. 142; dagegen bereits BVerfG v. 16.11.1993 – 1 BvR 258/86, BVerfGE 89, 276, 289), ist dies mit dem durch die Richtlinie vorgegebenen Schutzzweck der erleichterten Geltendmachung einer Diskriminierung nicht zu vereinbaren; dem Wortlaut der Norm ist es – wie schon dem Wortlaut des § 611a Abs. 1 S. 3 BGB – nicht zu entnehmen. Der Beklagte kann die Unrichtigkeit der vom Kläger vorgebrachten Vermutungstatsachen beweisen oder aber andere Umstände darlegen und ggf. beweisen, die die Vermutungswirkung der vom Kläger benannten Tatsachen entkräften. Die **Bedingtheit** einer unmittelbar benachteiligenden Entscheidung durch einen Grund nach § 1 AGG kann der Arbeitgeber auch bei der unmittelbaren Diskriminierung nicht dadurch widerlegen, dass er nachweist, die Maßnahme hätte ebenso getroffen werden können, falls der Arbeitnehmer dem anderen Geschlecht, einer anderen Religion oder einer anderen Altersklasse angehört hätte (BVerfG v. 16.11.1993 – 1 BvR 258/86, AP BGB § 611a Nr. 9; KR/*Treber*, AGG, § 22 Rnr. 21f.; ErfK/*Schlachter*, § 22 AGG Rnr. 9). Denn entscheidend ist nicht, welche Beweggründe der Arbeitgeber gehabt haben könnte, sondern welche er tatsächlich hatte (s. Rnr. 233). Dies schließt nicht aus, dass der Arbeitgeber seine Auswahlentscheidung mit Gründen rechtfertigt, die nicht Inhalt des Ablehnungsschreibens geworden sind, wenn er darlegen kann, dass sie tatsächlich für ihn maßgeblich waren (ArbG Hannover v. 15.11.1990 – 5 Ca 388/90, EzA Nr. 6 zu § 611a BGB). Dies kann er insbesondere tun, indem er ein differenziert ausgestaltetes Stellenbesetzungs- und Beurteilungsverfahren schafft und so die Auswahlentscheidung transparent und gerichtlich nachprüfbar macht (VGH München v. 12.3.2009 – 3 CE 08.2616, PersR 2009, 256). Im Einzelnen kommt zur Widerlegung der Kausalitätsvermutung etwa in Betracht: Der Nachweis der fehlenden objektiven Eignung des Kandidaten (LAG Köln v. 10.2.2010 – 5 Ta 408/09, NZA-RR 2010, 234; s. auch LAG Saarland 3.12.2008 – 1 Sa 71/08, Rnr. 74 (juris)) sowie der Nachweis, dass andere Kandidaten mit den entsprechenden Merkmalen eingestellt wurden. Ausreichen kann je nach Einzelfall auch die Einbeziehung solcher Kandidaten „in die engere Wahl" und ihre daraufhin erfolgende Einladung zum Vorstellungsgespräch (VG Mainz v. 21.1.2009 – 7 K 484/08.MZ, NVwZ-RR 2009, 570). Das Bessere ist dann der Feind des Guten. Ein nachträglich vorgebrachter Grund ist freilich genau zu prüfen. Nach der Begründung des Gesetzesentwurfes ist er nur dann geeignet, die unterschiedliche Behandlung zu rechtfertigen, wenn besondere Umstände erkennen lassen, dass dieser Grund nicht nur vorgeschoben ist (BT-Drucks. 15/4538, S. 45 im nicht ganz zutreffenden Hinweis auf BVerfG v. 16.11.1993 – 1 BvR 258/86, AP BGB § 611a Nr. 9; ebenso allerdings im Hinweis auf dieselbe Entscheidung BAG v. 5.2.2004 – 8 AZR 112/03, EzA Nr. 3 zu § 611a BGB 2002). Dies kann nur für Gründe gelten, die erst nachträglich im Prozess vorgebracht werden. Wird mit ihnen die Klage des Arbeitnehmers sofort erwidert, dann ist nicht entscheidend, dass sie im Vorfeld dem Arbeitnehmer, dem der Arbeitgeber nicht zur Rechenschaft verpflichtet ist, nicht genannt wurden. Schließlich kann der Arbeitgeber das Vorliegen eines Rechtfertigungsgrunds nach §§ 5 oder 8–10 AGG nachweisen.

Hinsichtlich des **Nachweises der Kausalität** zwischen Benachteiligung und Schaden und hinsichtlich des Schadensumfangs gelten die allgemeinen Regeln. Die Rechtsprechung zur entsprechenden Anwendung des § 282 BGB auf Fälle, in denen die Schadensursache im Gefahrenbereich des Arbeitgebers liegt, dürfte auch hier Anwendung finden (s. hierzu BAG v. 28. 7. 1972 – 3 AZR 468/71, AP BGB § 282 Nr. 7; MüKo/*Müller-Glöge*, 4. Aufl. 2004, BGB § 611 a Rnr. 34). Ob der Bewerber auch darlegen muss, dass er bei benachteiligungsfreier Auswahl eingestellt worden wäre, und ob der Kunde darlegen muss, gäbe es nicht Benachteiligung wegen eines unzulässigen Grundes, wäre der Vertrag abgeschlossen worden, ist umstritten. Zuweilen wird die Darlegungs- und Beweislast dem Arbeitgeber auferlegt, weil es sich hierbei um eine anspruchseinschränkende Tatsache handelt (ErfK/*Schlachter*, § 22 AGG Rnr. 2). Das ist unzutreffend: Es handelt sich um einen Umstand, der den Umfang des entstandenen Schadens und der zugefügten Benachteiligung beschreibt und damit – wie jede andere anspruchsbegründende Tatsache – grundsätzlich vom Bewerber darzulegen ist. Das abgesenkte Beweismaß des § 22 AGG greift hier nicht.

V. Entsprechende Geltung in Fällen des § 16 AGG

§ 22 AGG gilt gemäß § 16 Abs. 3 AGG für den Nachweis eines Verstoßes gegen das Maßregelungsverbot entsprechend. Weil der Kläger im unmittelbaren Anwendungsbereich des § 22 AGG beweisen muss, dass er benachteiligt wurde, muss der Kläger auch hier voll beweisen, dass ihn eine belastende Maßnahme getroffen hat. Erleichtert ist ihm der Beweis nur hinsichtlich der Frage eines ursächlichen Zusammenhangs mit der Inanspruchnahme von Rechten nach dem 2. Abschnitt dieses Gesetzes. Mögliche Indiztatsachen können auch hier vorangegangene Äußerungen des Arbeitgebers sein, aber auch schlicht die Ungleichbehandlung mit Arbeitnehmern in vergleichbarer Situation, die nicht benachteiligt wurden.

J. Praxisschwerpunkte

I. Ausschreibung und Bewerbung

1. Allgemeines

677 Gemäß § 11 AGG darf ein Arbeitsplatz nicht unter Verstoß gegen § 7 Abs. 1 AGG ausgeschrieben werden. Die Vorschrift bezweckt, dass schon bei der Ausschreibung einer Stelle eine mögliche Benachteiligung bestimmter Gruppen von Bewerbern unterbleibt und verbietet daher jede benachteiligende Form der Stellenausschreibung. Die Regelung ist gegenüber dem vergleichbaren § 611 b BGB und § 7 Abs. 1 TzBfG sprachlich gestrafft worden durch den Verzicht auf die Formulierung „weder öffentlich noch innerhalb des Betriebs". Eine inhaltliche Änderung ist damit nicht verbunden (BT-Drucks. 17/1780, S. 37). Es wird jede Ausschreibung einer Stelle für den in § 6 Abs. 1 AGG genannten Kreis von Beschäftigten von der Regelung erfasst, insbesondere auch für den Bereich der beruflichen Aus- und Weiterbildung.

2. Inhalt

a) Ausschreibung

678 Wo eine Differenzierung nach einem in § 1 AGG genannten Grund eine unzulässige Benachteiligung i. S. des § 7 Abs. 1 AGG ist, darf auch keine Ausschreibung differenzierend nach diesem Grund erfolgen. Ob der Arbeitgeber die Ausschreibung selber vornimmt (etwa durch Stellenanzeige) oder aber Dritte hierfür einsetzt (Arbeitsamt, Personalberatungsfirma) ist nach der Rechtsprechung des BAG unerheblich (BAG v. 5. 2. 2004 – 8 AZR 112/03, AP BGB § 611a Nr. 23 (Anm. *Westenberger*); BAG v. 5. 2. 2004 – 8 AZR 112/03, DVP 2005, 481 (Anm. *Vahle*); aA Wendeling-Schröder/Stein/*Stein* § 11 AGG Rnr. 5; vertiefend Schleusener/Suckow/Voigt/*Suckow*, AGG, § 11 Rnr. 8 ff.). Eine Ausschreibung umfasst jede Bekanntgabe einer Einstellungsabsicht oder eines Arbeitnehmerbedarfs, die darauf ausgerichtet ist, bislang nicht als Interessenten bekannte mögliche Bewerber für ein zu begründendes Arbeitsverhältnis zu gewinnen. Es ist eine *invitatio ad offerendum ad incertas personas*. **Öffentlich** ist jede Ausschreibung, die sich an einen unbestimmten Kreis von Personen wendet. Die gezielte Ansprache bestimmter Personen fällt also nicht hierunter. Eine diskriminierende **Ausschreibung innerhalb des Betriebs** ist zwar nicht öffentlich, aber nach dem insoweit nicht einschränkenden Wortlaut des Gesetzes dennoch verboten (Vgl. BAG v. 18. 8. 2009 – 1 ABR 47/08, NZA 2010, 222; Bauer/Göpfert/Krieger, AGG, § 11 Rnr. 5). Gleiches gilt für eine Ausschreibung innerhalb des Unternehmens oder Konzerns.

I. Ausschreibung und Bewerbung

Zulässig ist es, die Ausschreibung auf Medien zu beschränken, die sich typischerweise an ein Geschlecht, ein Alter, eine Religion richten, also in Frauenzeitschriften, Jugendzeitschriften oder der Kirchenzeitung auszuschreiben. Auch kann der Arbeitgeber sich entscheiden, auf eine **Ausschreibung zu verzichten** und eine Stelle gezielt allein weiblichen oder männlichen, jungen oder alten Interessenten anzubieten. Bewirbt sich dennoch ein Interessent des anderen Geschlechts, greift freilich § 7 AGG. An der Grenze kann es liegen, ausschließlich von bisherigen Arbeitnehmern empfohlene neue Bewerber zu akzeptieren und die Belegschaft zu solchen Empfehlungen aufzurufen. Denn ist die bisherige Belegschaft ethnisch einseitig strukturiert, wird dies auch bei der Gruppe der Empfohlenen oftmals der Fall sein. In den USA haben einige Gerichte auch dies als Indiz der Rassendiskriminierung gewertet.

679

b) Verstoß gegen § 7 Abs. 1 AGG

Nicht ganz einfach zu bestimmen ist es, wann eine Ausschreibung gegen § 7 Abs. 1 AGG verstößt. § 7 Abs. 1 AGG verbietet jede Benachteiligung, und damit nach § 3 Abs. 1 und 2 AGG sowohl die unmittelbare als auch die mittelbare. Würde man dies beim Wort nehmen, dann wäre eine unmittelbar nach den Merkmalen des § 1 AGG differenzierende Ausschreibung stets unzulässig, auch wenn der Arbeitgeber bei der Einstellung nach diesen Gründen, weil nach § 8 AGG gerechtfertigt, differenzieren könnte. Das kann nicht sein, und so ist der Wortlaut zu korrigieren und die Rechtfertigungsmöglichkeiten nach §§ 5, 8, 9 und 10 AGG stillschweigend mit hinein zu lesen (S. auch *Hanau*, FS Lüderitz, 2000, S. 241, 245; ErfK/*Schlachter* § 11 AGG Rnr. 2; HWK/*Rupp* § 11 AGG Rnr. 2; Schleusener//Suckow/Voigt/*Suckow*, AGG, § 11 Rnr. 45 f.). Dem öffentlichen Arbeitgeber ist es daher gestattet, in einer ansonsten geschlechtsneutral gehaltenen Ausschreibung darauf hinzuweisen, dass ein besonderes Interesse an der Bewerbung von Frauen besteht. Der öffentliche Arbeitgeber will mit der Hervorhebung – für Bewerber erkennbar – regelmäßig auf die ihm gesetzlich auferlegte Förderung von Frauen in unterrepräsentierten Bereichen hinweisen und diese zur Bewerbung ermutigen und hält sich damit im Rahmen des § 5 (LAG Düsseldorf v. 12. 11. 2008 – 12 Sa 1102/08, LAGE § 15 AGG Nr. 6a).

680

Geschlechtsneutral formuliert ist eine Ausschreibung, wenn sie „sich in ihrer gesamten Ausdrucksweise sowohl an Frauen als auch an Männer richtet" (s. BT-Drucks. 8/4259, S. 9). Dem ist zumindest dann Rechnung getragen, wenn die Berufsbezeichnung in männlicher und weiblicher Form verwendet wird (Bauleiter/Bauleiterin) oder aber ein geschlechtsunabhängiger Oberbegriff verwendet wird (Bauleitung). Aber auch wenn allein die *prima facie* männliche Bezeichnung verwandt wird, kann der Gesamtkontext der Ausschreibung ergeben, dass eine Geschlechtsdiskriminierung nicht beabsichtigt wird. Es entspricht dem allgemeinen Sprachgebrauch, dass eine männliche Bezeichnung verwandt werden kann, ohne allein auf männliche Arbeitnehmer hinzuweisen, ebenso wie die Vorgängervorschrift des § 611b BGB nur vom Arbeitnehmer, nicht aber auch von der Arbeitnehmerin sprach (*Thüsing* NJW 1996, 2634; ähnlich Staudinger/*Annuß*, Neubearbeitung 2005, BGB, § 611b Rnr. 6; § 611b Rnr. 4; s. auch LAG Berlin v.

681

16.5.2001 – 13 Sa 393/01, MedR 2002, 27: Zeitungsanzeige Altenpfleger/innen oder Krankenschwestern nicht geschlechtsdiskriminierend; zustimmend Schleusener/Suckow/Voigt/*Suckow*, AGG, § 11 Rnr. 33; Wendeling-Schröder/Stein/*Stein*, AGG, § 11 Rnr. 14). Generell kann man einem Arbeitgeber nicht vorwerfen, sich derselben Sprache zu bedienen wie das Gesetz (falsch deshalb OLG Karlsruhe v. 13.9.2011 – 17 U 99/10, ZIP 2011, 1979: „Geschäftsführer" sei keine neutrale, sondern eine männliche Bezeichnung). Schließlich stellte schon *Ulpian* im 46. Buch seines Edikten-Kommentars fest: *„Pronuntiatio sermonis in sexu masculino ad utrumque sexum plerumque porrigitur"* (D. 50, 16, 195, pr).

682 **Altersneutral** ist eine Ausschreibung formuliert, wenn sie kein bestimmtes Alter des Bewerbers fordert oder wünscht („Fernfahrer bis 40 Jahre"; „Steward/Stewardess bis 40 Jahre"; „Das ideale Alter des Bewerbers liegt zwischen 30 und 35 Jahren") oder keine bestimmte Bandbreite des Alters: „Junganwalt gesucht" ist genauso unzulässig wie „Senioren für Teilzeit gesucht", wenn nicht ein Rechtfertigungsgrund nach § 10 (insb. Nr. 2) AGG oder § 8 AGG eingreift (beispielhaft für unzulässige wegen des Alters diskriminierende Ausschreibungen: BAG v. 19.8.2010, 8 AZR 530/09, NZA 2010, 1412: „junge"; LAG Hamm v. 7.8.2008 – 11 Sa 284/08, LAGE § 15 AGG Nr. 6: "20 – 25 Jahre alt"; ArbG Stuttgart v. 5.9.2007 – 29 Ca 2793/07, RDV 2008, 16: "idealerweise nicht älter als 45"; VG Mainz v. 21.1.2009 – 7 K 484/08.MZ, NVwZ-RR 2009, 570: „junge"). Die Altersneutralität der Ausschreibung kann zweifelhaft sein, wenn zwar nicht explizit nur ein junger Bewerber angesprochen werden soll, jedoch der Gesamtkontext der Anzeige eine solche Erwartung des Arbeitgeber vermuten lässt: Wer einen Mitarbeiter für sein „junges dynamisches Team" sucht, der wird bewusst eher jugendliche Bewerber ansprechen (LAG Hamburg v. 23.6.2010 – 5 Sa 14/10; NZA-RR 2010, 629). Die Ausschreibung für „Berufsanfänger" muss deutlich machen, dass ggf. auch berufserfahrene Bewerber eingestellt werden, die sich bereit erklären, Arbeit eines Berufsanfängers zu den Konditionen eines Berufsanfängers zu machen (s. hierzu auch Rnr. 436).

683 Eine Stellenausschreibung differenziert dann noch nicht wegen der Behinderung, wenn sie auf die Merkmale „Flexibilität und Belastbarkeit" abstellt – das kann auch ein Behinderter erfüllen und auch nicht-behinderte können es nicht erfüllen (LAG Nürnberg v. 19.2.2008 6 Sa 675/07, NZA 2009, 148). Ausschreibungen differenzierend nach der **Religion** kommen in der Praxis wohl nur bei kirchlichen oder diakonischen/karitativen Arbeitgebern vor. Sie sind regelmäßig zulässig, da gerechtfertigt nach § 9 AGG (s. Rnr. 468).

3. Rechtsfolgen

a) Beweiserleichterung nach § 22 AGG

684 Die Regelung ist eine *lex imperfecta* ohne eigene Rechtsfolge. Bislang war nach der ständigen Rechtsprechung ein Verstoß gegen den § 611 b BGB jedoch ein Grund, der die Beweiserleichterung nach § 611 a BGB auslöst (BT-Drucks. 16/1780, S. 36; s. auch BAG v. 14.3.1989 – 8 AZR 447/87, NJW 1990, 65 und BAG v. 14.3.1989 – 8 AZR 351/86, NJW 1990, 67; BVerfG v. 16.11.1993 – 1

I. Ausschreibung und Bewerbung

BvR 258/86, NJW 1994, 647; LAG Rheinland-Pfalz v. 16.8.1996 – 4 Ta 162/96, NZA 1997, 115). Dies gilt grundsätzlich auch für einen Verstoß gegen § 7 Abs. 1 AGG (LAG Baden-Württemberg v. 22.3.2009 – 9 Sa 5/09; LAG Düsseldorf v. 12.11.2008 – 12 Sa 1102/08, LAGE § 15 AGG Nr. 6a; ArbG Köln v. 6.8.2008 – 9 Ca 7687/07, Streit 2008, 173). Der Beschäftigte erfüllt regelmäßig seine Beweislast im Hinblick auf eine mögliche Entschädigung wegen unmittelbarer Benachteiligung nach § 15 AGG. Bei mittelbarer Benachteiligung liegen die Dinge anders. Von der Verpflichtung Tatsachen darzulegen, die vermuten lassen, dass Personen wegen eines in § 1 AGG genannten Grundes in besonderer Weise gegenüber anderen Personen benachteiligt werden, dass also Frauen, Alte oder Behinderte überproportional von bestimmten in der Ausschreibung formulierten dem Anschein nach neutralen Anforderungen betroffen sind, entbindet der Hinweis auf die Ausschreibung jedoch nicht (s. auch Rnr. 665).

Auch ist fraglich, ob die Indizwirkung bei **Ausschreibungen durch Dritte** greift. **685** Das BAG nimmt dies an gestützt auf ein Argumentationsbündel zwischen eigener Sorgfaltspflicht zur Überwachung und Verschuldenszurechnung entsprechend § 278 BGB (BAG v. 5.2.2004 – 8 AZR 112/03, NJW 2004, 2112). Dies vermag nicht zu überzeugen. Allerdings trifft aufgrund der abweichenden Fassung des Wortlauts die Pflicht des § 11 AGG im Vergleich zu § 611 b BGB nicht nur den Arbeitgeber. Der Pflichtenverstoß eines Dritten, der die Einstellungsentscheidung selber nicht trifft, ist jedoch nicht geeignet, Aufschlüsse über die Diskriminierungswilligkeit des Arbeitgebers zu geben. Der Vermutungswirkung fehlt damit die faktische Grundlage. Zwar mag diese strenge Sicht dazu führen, dass ein Arbeitgeber dem mit der Ausschreibung beauftragten Dritten diskriminierende Vorgaben macht, die mangels Nachweis unentdeckt, aber dennoch wirksam bleiben. Hier verhält es sich aber nicht anders als bei anderen Diskriminierungen, die verboten sein mögen, aber nicht nachweisbar sind (im Ergebnis ebenso *Herresthal*, EzA Nr. 3 zu § 611a BGB 2002; a.A. ErfK/*Schlachter*, § 11 AGG Rnr. 1). Nur also wenn die benachteiligende Ausschreibung durch den zu verantworten ist, der auch entscheidet, kann die Indizwirkung eintreten. Auch das BVerfG hat freilich – dogmatisch kühn gestützt auf Art. 3 Abs. 2 GG – entschieden, dass den Arbeitgeber die Pflicht trifft, die Stellenanzeigen Dritter daraufhin zu überprüfen, ob diese geeignet seien geschlechtsdiskriminierend zu wirken (BVerfG v. 21.9.2006 – 1 BvR 308/03, NJW 2007, 137; hierzu kritisch *Adomeit/Mohr*, NJW 2007, 2522). Der Arbeitgeber kann sich seiner Verantwortung zur geschlechtsneutralen Stellenausschreibung also nicht durch Stellenanzeigen Dritter entledigen.

Dieselbe Indizwirkung kann auch dann greifen, wenn der Text der Ausschrei- **686** bung **zwar nicht gegen § 7 AGG verstößt**, jedoch dennoch erkennen lässt, dass die Entscheidung des Arbeitgebers diskriminierend war. Wenn zum Beispiel in zielgruppenspezifischen Medien (Kirchenzeitung, Jugendzeitschrift, Sportzeitung) inseriert wird und die Anzeige Bilder von Mitarbeitern enthält, die bestimmte Merkmale erfüllen, dann kann dies als Indiz gewertet werden, dass hier bestimmte Bewerbergruppen nicht berücksichtigt werden sollten. Freilich muss hier der Gesamteindruck entscheiden. Als Indiztatsache für sich allein dürfte dies regelmäßig nicht ausreichen.

b) Betriebsverfassungsrechtliche Sanktionen

687 Betriebsverfassungsrechtliche Sanktionen bestehen nicht. Allerdings hat der **Betriebsrat** gemäß § 80 Abs. 1 Nr. 1, 2 a BetrVG auf eine nicht diskriminierende Stellenausschreibung zu achten. Der Betriebsrat hat bei groben Verstößen gegen die §§ 11, 7, 1 einen Unterlassungsanspruch nach § 17 Abs. 2, § 23 Abs. 3 BetrVG (LAG Hessen v. 6.3.2008 – 9 TaBV 251/07, ArbuR 2008, 315). Ein Verstoß gegen § 11 AGG ist jedoch kein Zustimmungsverweigerungsgrund bei Einstellung (AA Wendeling-Schröder/Stein/*Stein*, AGG, § 11 Rnr. 29; Schleusener/Suckow/Voigt/*Suckow*, AGG, § 11 Rnr. 58), denn hier kann auch der Arbeitnehmer, der unmittelbar betroffen ist, die rechtswidrige Praxis nicht verhindern, sondern ist gemäß § 15 AGG auf eine Entschädigung beschränkt. Das Gesetz gibt damit einen deutlichen Hinweis dafür, dass nach dem Zweck der verletzten Norm die geplante Einstellung nicht unterbleiben muss (GK-BetrVG/*Raab* § 99 Rnr. 138; *Richardi/Thüsing*, BetrVG, § 99 Rnr. 191). Erst recht gilt dies für Verstöße gegen § 11 AGG, die die Einstellung als solche nicht berühren (Ebenso für § 611 b BGB *Soergel/Raab* § 611 b Rnr. 10; MüKo/*Müller-Glöge*, 4. Aufl. 611 b BGB Rnr. 6; aA ErfK/*Schlachter*, 7. Aufl. 2007, § 611 b BGB Rnr. 2 gestützt auf § 99 Abs. 2 Nr. 5 BetrVG). Dies gilt auch dann, wenn der Betriebsrat eine Ausschreibung innerhalb des Betriebs verlangt hat (AA LAG Hessen v. 13.7.1999 – 4 TaBV 192/97, NZA-RR 1999, 641; Wendeling-Schröder/Stein/*Stein*, AGG, § 11 Rnr. 30; *Soergel/Raab* § 611 b Rnr. 10; Staudinger/*Annuß* Neubearbeitung 2005, BGB, § 611 b Rnr. 8; wie hier, *Stege/Weinspach/Schiefer* BetrVG §§ 99–101 Rnr. 82; Schleusener/Suckow/Voigt/*Suckow*, AGG, § 11 Rnr. 61). Die Rechtsprechung, wonach die nach § 93 BetrVG erforderliche Ausschreibung im Betrieb auch dann als unterblieben anzusehen ist, wenn der Arbeitgeber eine bestimmte Stelle im Betrieb zwar ausschreibt, in einer Anzeige aber andere Anforderungen für eine Bewerbung um diesen Arbeitsplatz nennt (BAG v. 23.2.1988 – 1 ABR 82/86, NZA 1988, 551), steht dem nicht entgegen; die Ratio dieser Entscheidung kann auf den Gesetzesverstoß des § 11 AGG nicht übertragen werden. Auch bei einer Ausschreibung in Verstoß gegen § 11 AGG kann der Bewerber erkennen, welche Stelle ausgeschrieben ist, und was die beruflichen Qualifikationen sind, die für seine Ausübung erforderlich sind. Für den Öffentlichen Dienst und die Mitbestimmung des Personalrats nach § 75 Abs. 1 Nr. 1 i.V.m. § 77 Abs. 2 Nr. 1 BPersVG gilt Entsprechendes (a.A. bzgl. der Mitbestimmung des Personalrats: Wendeling-Schröder/*Stein*, AGG, § 11 Rnr. 33).

c) Schadensersatz – Regress

688 Ein Schadensersatzanspruch kann auf eine Verletzung des § 11 AGG regelmäßig nicht gestützt werden, da kein Schaden erkennbar ist, der allein auf der diskriminierenden Ausschreibung, nicht aber auf der diskriminierenden Besetzung des Arbeitsplatzes beruht.

689 Ein **Auskunftsanspruch** des benachteiligten Bewerbers gegenüber einer Personalagentur zu erfahren, welche Vorgaben der Arbeitgeber gemacht hat, besteht nicht. Ein solcher Anspruch kann auch nicht aus dem durch die bearbeitete Bewerbung begründeten Rechtsverhältnis zwischen Bewerber und Personalagentur als Nebenpflicht hergeleitet werden. Dies gilt insbesondere dann, wenn sich die Personalagentur vertraglich gegenüber dem Auftraggeber verpflichtet hat, solche Vorgaben nicht zu offenbaren. Handelt es sich bei der Stellenanzeige, deren diskriminierender Gehalt vom Arbeitgeber selbst ausgeht, um eine verdeckte, also um eine solche, die den Bewerber über die Identität des Arbeitgebers im Unklaren lässt, so hat der Bewerber jedoch einen Auskunftsanspruch gegenüber dem Dritten (*Diller*, NZA 2007, 649, 652). Gelingt dem Arbeitgeber dennoch der Nachweis der Diskriminierung, so kann die Personalagentur aus Delikt haften (s. Rnr. 303 ff.). Diese Haftung wird sich freilich regelmäßig auf den Vermögensschaden beschränken, der durch einen Bewerber nur dargelegt werden kann, wenn er bei benachteiligungsfreier Auswahl tatsächlich eingestellt worden wäre. Dies wird in den seltensten Fällen der Fall sein. Vertragliche Schadensersatzansprüche des Bewerbers gegenüber der Personalagentur bestehen nicht.

II. Fragerecht bei Einstellung

Literatur: *Bauer/Baeck/Merten*, Scientology – Fragerecht des Arbeitgebers und Kündigungsmöglichkeiten, DB 1997, 2534; *Bellgardt*, Der Personalfragebogen gem. § 94 Abs. 1 BetrVG als Mitbestimmungsproblem, AiB 1984, 61; *Brors*, Berechtigtes Informationsinteresse und Diskriminierungsverbot – Welche Fragen darf der Arbeitgeber bei der Einstellung eines behinderten Arbeitnehmers stellen?, DB 2003, 1734–1736; *Ehrich*, Fragerecht des Arbeitgebers bei Einstellungen und die Folgen der Falschbeantwortung, DB 2000, 421; *Eich*, Aids und Arbeitsrecht, NZA Beil. 2/1987, 10; *Erfurth*, Zur Frage des Arbeitgebers nach der Schwerbehinderung, EWiR 2012, 501–502; *Ertel*, Das Fragerecht des Arbeitgeber, DuD 2012, 126; *Falkenberg*, Fragen des Arbeitgebers an den einzustellenden Arbeitnehmer, BB 1970, 1013; *Feldhoff*, Die Frage nach der Schwangerschaft, ZTR 2004, 58; *Frey*, Können Arbeitsverhältnisse angefochten werden?, ArbuR 1953, 167; *Heilmann*, AIDS und (Arbeits-)Recht, BB 1989, 1413; *Hunold*, Das Fragerecht des Arbeitgebers, AuA 2010 (Sonderausgabe), 18; *Junker*, Die Verrechtlichung der Einstellung, NZA Beilage 2012 Nr. 2, 27; *Klak*, AIDS und die Folgen für das Arbeitsrecht, BB 1987, 1382; *Koop*, Auskunftsansprüche während des Einstellungsverfahrens, ÖAT 2012, 199–202; *Koppenfels-Spies*, Schwangerschaft und Schwerbehinderung- zwei weiterhin unbeliebte Fragen im Arbeitsrecht, AuR 2004, 43–47; *Knipp*, Einstellung des Arbeitnehmers, AR-Blattei SD 640, 1983, 1; *Künzl*, Das Fragerecht des Arbeitgebers bei der Einstellung, ArbR 2012, 235; *Lichtenberg/Schücking*, Stand der arbeitsrechtlichen Diskussion zur HIV-Infektion und AIDS-Erkrankung, NZA 1990, 41; *Linnekohl*, Arbeitsverhältnis und Vorstrafen-Fragen, ArbuR 1983, 129; *Löwisch*, Arbeitsrechtliche Fragen von AIDS-Erkrankung und AIDS-Infektion, DB 1987, 936; *Messingschlager*, „Sind Sie schwerbehindert?" – Das Ende einer (un)beliebten Frage, NZA 2003, 301–305; *Meyer*, Fragerecht nach der Gewerkschaftsmitgliedschaft bei Arbeitsbeginn? BB 2011, 2363; *Moritz*, Fragerecht des Arbeitgebers sowie Auskunfts- und/oder Offenbarungspflicht des Arbeitnehmers bei der Anbahnung von Arbeitsverhältnissen?, NZA 1987, 329; *Picker*, Die Anfechtung von Arbeitsverträgen, ZfA 1981, 1; *Porsche*, Tätigkeitsneutrale Fragen nach der Schwerbehinderung, SuP 2012, 44–60; *Raab*, Das Fragerecht des Arbeitgebers nach schwebenden Strafverfahren und die Unschuldsvermutung des Bewerbers, RdA 1995, 36; *Ramm*, Die Rechtswirkung der Anfechtung des Arbeitsvertrags, ArbuR 1963, 97; *Richardi*, Arbeitsrechtliche Probleme bei Einstellung und Entlassung, NZA 1988, 73; *Schaub*, Ist die Frage nach der Schwerbehinderung zulässig?, NZA 2003, 299–301; *Schmid*, Die arbeitsrechtlichen Aspekte des Personalfragebogens als Mittel der Personalauswahl, BB 1987, 1522; *Thüsing/Lambrich*, Das Fragerecht des Arbeitgebers – aktuelle Probleme zu einem klassischen Thema, BB 2002, 1146; *Wisskirchen/Bissels*, Das Fragerecht des Arbeitgebers bei Einstellung unter Berücksichtigung des AGG, NZA 2007, 169; *Wolf/*

Gangel, Anfechtung und Kündigungsschutz, ArbuR 1982, 271; *Wohlgemuth*, Fragerecht und Erhebungsrecht, ArbuR 1992, 46; *Zeller*, Die Einstellungsuntersuchung, BB 1987, 2439.

690 Eng mit der Ausschreibung zusammen hängt das Fragerecht des Arbeitgebers im Bewerbungsgespräch. Die Benachteiligungsverbote haben unmittelbar Auswirkungen auch auf die Reichweite des **Fragerechts des Arbeitgebers** gegenüber Bewerbern, die vom Schutz des AGG erfasst sind, s. § 6 Abs. 1 S. 2 AGG. Generell gilt: Wo eine Unterscheidung nicht gerechtfertigt wäre, darf der Arbeitgeber auch nicht die dafür erforderlichen Informationen erfragen. Ebenso wie das Diskriminierungsverbot schon im Vorfeld auf die Ausschreibung wirkt (§ 11 AGG), wirkt es auf die Informationsrechte des Arbeitgebers bei Begründung ein. Die Regeln des Fragerechts werden ergänzt durch Regelungen des Datenschutzes. In seiner am 23. 5. 2001 in Kraft getretenen Fassung kennt das BDSG erstmals Kategorien sensitiver Daten und hat für diese besondere Schutzanforderungen aufgestellt. **§ 3 Abs. 9 BDSG** spricht von besonderen Arten personenbezogener Daten und versteht darunter Angaben über die rassische und ethnische Herkunft, politische Meinungen, religiöse oder philosophische Überzeugungen, Gewerkschaftszugehörigkeit, Gesundheit oder Sexualleben. Der besondere Schutz, der diesen Daten zugute kommt, besteht zum einen darin, dass sich die Einwilligung hinsichtlich der Erhebung, Verarbeitung oder Nutzung solcher Daten ausdrücklich auf diese beziehen muss (§ 4a Abs. 3 BDSG); zum anderen werden in § 28 Abs. 6 bis 9 BDSG für das Erheben, Verarbeiten und Nutzen von besonderen Arten personenbezogener Daten strengere Zulässigkeitserfordernisse aufgestellt (*Gola*, RDV 2001, 125, 126: „doppeltes Verbot mit Erlaubnisvorbehalt").

1. Reichweite des Fragerechts: Abwägung der beiderseitigen berechtigten Interessen

691 Dass ein Arbeitgeber einem Bewerber nicht jede Frage stellen darf, die ihm in den Sinn kommt, ist international und historisch betrachtet keine Selbstverständlichkeit. In französischen Lehrbüchern des Arbeitsrechts fehlt ein Hinweis auf das Fragerecht des Arbeitgebers (s. nur *Lyon-Caen/Pélissier/Supiot*, Droit du travail, 2004), und auch die Arbeitsrechtslehrbücher der Weimarer Zeit vermerkten für das deutsche Arbeitsrecht diesen Streitpunkt nicht (sowohl *Kaskel*, Arbeitsrecht, 4. Aufl. 1932, als auch *Hueck/Nipperdey*, Arbeitsrecht, Bd. I, 3.–5. Aufl. 1932, kennen das Stichwort nicht). Die ständige Rechtsprechung des BAG hat dem Informationswunsch des Arbeitgebers jedoch zu Recht Grenzen stets gesetzt. Ein Fragerecht des Arbeitgebers bei Einstellungsverhandlungen ist nur insoweit anerkannt, als der Arbeitgeber ein „berechtigtes, billigenswertes und schutzwürdiges Interesse an der Beantwortung seiner Fragen im Hinblick auf das Arbeitsverhältnis" hat. Ein solches berechtigtes Interesse ist nur dann gegeben, wenn das Interesse des Arbeitgebers so gewichtig ist, dass dahinter das Interesse des Arbeitnehmers zurückzutreten hat, seine persönlichen Lebensumstände zum Schutz seines Persönlichkeitsrechts und zur Sicherung der Unverletzlichkeit seiner Individualsphäre geheim zu halten (BAG v. 7. 6. 1984 – 2 AZR 270/83, NJW 1985, 645; BAG v. 5. 10. 1995 – 2 AZR 923/94, NJW 1996, 2323; enger und im Ergebnis verfehlt *Däubler*, CR 1994, 101, 104, der **ein billigenswertes und schutzwürdiges**

II. Fragerecht bei Einstellung

Arbeitgeberinteresse nur bei Beeinträchtigung der Funktionsfähigkeit des Unternehmens annimmt). Aus diesem die gegenseitigen Interessen abwägenden Ansatz haben sich zwei Begrenzungen des Fragerechts herausgebildet, das Datenschutzrecht und das Diskriminierungsrecht (hierzu schon sehr anschaulich *Rieble*, Anmerkung zu BAG v. 11.11.1993 – 2 AZR 467/93, EzA Nr. 40 zu § 123 BGB): Zum einen muss die Antwort auf die Frage erforderlich für die Beurteilung der Fähigkeit sein, die Arbeit zu verrichten (§ 32 Abs. 1 BDSG); zum anderen darf auch Arbeitsplatzrelevantes nicht gefragt werden, soweit dies mit einem unverhältnismäßigen Eingriff in die Privatsphäre verbunden ist. Die Fallgruppen, die hieraus entwickelt wurden, sind begrenzt: Vorstrafen, Stasi-Mitarbeit und Behinderung sind die Fragen, welche die Rechtsprechung am häufigsten beschäftigt haben (S. den Überblick bei MüKo/*Müller-Glöge*, 5. Aufl. § 611 BGB Rnr. 619; HWK/*Thüsing* BGB § 123 Rnr. 24ff.; MünchArbR/*Buchner* § 30 Rnr. 263ff.; Schaub/*Linck*, Arbeitsrechts-Handbuch, § 26 Rnr. 17ff.; Kittner/Zwanziger/Becker, Arbeitsrecht, 2001, § 29 Rnr. 36ff.). Daneben können in einem zweiten Begründungsstrang Begrenzungen des Fragerechts daraus hergeleitet werden, dass die Antwort auf eine Frage einzig dem Zweck dienen kann, Grundlage einer durch das Gesetz verbotenen Differenzierung in der Arbeitgeberentscheidung zu sein. Dies war bislang insbesondere beim Verbot der Geschlechtsdiskriminierung gem. § 611 a BGB und damit bei der Frage nach der Schwangerschaft relevant geworden. Ist die Frage unzulässig, so braucht der Bewerber sie nicht richtig zu beantworten, ohne dass dies den Arbeitgeber zur Anfechtung des Arbeitsvertrags berechtigt; es besteht faktisch ein „**Recht zur Lüge**" (die Rspr. gebrauchte diesen Begriff erstmals in BAG v. 22.9.1961 – 1 AZR 241/60, AP BGB § 123 Nr. 15 m. Anm. *Larenz*; grundlegend *Nikisch*, Arbeitsrecht, 1961, Bd. 1, S. 815; krit. zur Terminologie MünchArbR/*Buchner* § 30 Rnr. 365, der zu Recht darauf hinweist, dass es nur darum geht, dass eine unrichtige Auskunft auf eine unzulässige Frage nicht eine arglistige Täuschung gemäß § 123 BGB darstellt; zu den mit der Anfechtung des Arbeitsvertrags verbundenen Rechtsproblemen *Strick* NZA 2000, 695).

2. Schranke des Fragerechts: Datenschutz – § 32 BDSG

Zentraler Dreh- und Angelpunkt der datenschutzrechtlichen Schranke des Fragerechts ist die Kollision der grundrechtlich geschützten Rechtspositionen beider Seiten. Zum einen muss das Recht auf informationelle Selbstbestimmung des Arbeitnehmers als Ausprägung des Allgemeinen Persönlichkeitsrecht gemäß Art. 1 Abs. 1 i.V.m. Art 2 Abs. 1 GG hinreichende Beachtung finden, zum anderen sind die Unternehmergrundrechte des Arbeitgebers aus Art. 12, 14 GG zu berücksichtigen. Im konkreten Fall stehen sich damit die Befugnis des Einzelnen, grundsätzlich selbst über die Preisgabe und Verwendung seiner persönlichen Daten zu bestimmen und das Interesse an einer effektiven Bewerberauswahl für das Unternehmen gegenüber. Das BDSG, welches sowohl für staatliche als auch für private datenverarbeitende Stellen gilt, begegnet diesem Konflikt mit einem **Verbot mit Erlaubnisvorbehalt**, § 4 Abs. 1 BDSG. Danach ist die Erhebung, Verarbeitung und Nutzung personenbezogener Daten nur zulässig, soweit dieses Gesetz oder eine

692

andere Rechtsvorschrift dies erlaubt oder anordnet oder der Betroffene eingewilligt hat. Mit der BDSG-Novelle II 2009 (BT-Drucks. 16/13657) wurde in § 3 Abs. 11 BDSG erstmals der Begriff des Beschäftigten in das Gesetz eingeführt und gleichzeitig ein strengerer Maßstab für die Datenverwendung im Arbeitsverhältnis aufgestellt, für die bisher § 28 BDSG galt, der allgemein alle privaten Rechtsverhältnisse umfasst. Die **Grundregel zur Rechtfertigung** findet sich daher nun in **§ 32 Abs. 1 S. 1 BDSG:** Personenbezogene Daten eines Beschäftigten dürfen für Zwecke des Beschäftigungsverhältnisses erhoben, verarbeitet oder genutzt werden, wenn dies für die Entscheidung über die Begründung eines Beschäftigungsverhältnisses erforderlich ist. Das Fragerecht kann sich damit nur auf bewerberspezifische Informationen beziehen, die für eine sachgerechte Entscheidung über dessen Bewerbung erforderlich sind (siehe dazu *Thüsing*, Arbeitnehmerdatenschutz und Compliance, 2010, Rnr. 378). Wissen, das über diesen Kreis hinausgeht, aber nicht erfragt wird, braucht zwar nicht erhoben zu werden, wird jedoch genutzt in dem Moment, in dem sich der Arbeitgeber auf dieses Wissen stützt. Der Arbeitgeber wird damit zu einer Entscheidung über die **Einstellung** gezwungen allein **aufgrund sachlicher Erwägungen**. Denn anderes Wissen zu berücksichtigen ist nicht „erforderlich" für die Entscheidung über die Einstellung (*Düwell*, FA 2009, 268; *Steinau-Steinrück/Mosch*, NJW Spezial 2009, 450). Damit stellt das BDSG eine Fortführung des AGG mit anderen Mitteln dar.

693 § 32 BDSG bildet jedoch nicht immer die alleinige Schranke. § 3 Abs. 9 BDSG spricht von **besonderen Arten personenbezogener Daten** und versteht darunter Angaben über die rassische und ethnische Herkunft, politische Meinungen, religiöse oder philosophische Überzeugungen, Gewerkschaftszugehörigkeit, Gesundheit oder Sexualleben. Der besondere Schutz, der diesen Daten zugutekommt, besteht zum einen darin, dass sich die Einwilligung hinsichtlich der Erhebung, Verarbeitung oder Nutzung solcher Daten ausdrücklich auf diese beziehen muss (§ 4 a Abs. 3 BDSG); zum anderen werden in § 28 Abs. 6 bis 9 BDSG für das Erheben, Verarbeiten und Nutzen von besonderen Arten personenbezogener Daten strengere Zulässigkeitserfordernisse aufgestellt (*Gola*, RDV 2001, 125, 126: „doppeltes Verbot mit Erlaubnisvorbehalt"). Die Regelung findet nach der Auffassung des Gesetzgebers auch nach Einfügung von § 32 BDSG weiterhin für Arbeitsverhältnisse Anwendung (BT-Drucks. 16/13657, S. 35; *Thüsing*, NZA 2009, 865 (867)).

694 Änderungen mag das europäische Recht bringen. Kommissarin *Viviane Reding* stellte am 25. 1. 2012 der Öffentlichkeit den Entwurf einer „**Datenschutz-Grundverordnung**" (KOM[2012]11) vor. Er enthält in 91 Artikeln allgemeine Regelungen zum Datenschutzrecht, die durch bereichsspezifische Regelungen ergänzt werden sollen. Da es sich um einen Verordnungsentwurf handelt, würden die Vorschriften nach dem Inkrafttreten der Verordnung gemäß Art. 288 Abs. 2 AEUV unmittelbar in jedem Mitgliedstaat gelten und bedürften nicht mehr der Umsetzung in mitgliedstaatliches Recht. Das BDSG würde dadurch in weiten Teilen obsolet. Der Entwurf belässt den Mitgliedstaaten für den Bereich des Beschäftigtendatenschutzrechts zwar einen weiten Gestaltungsspielraum, ermächtigt jedoch die Kommission, diesen mittels Durchführungsverordnungen einzuschränken (zum Ganzen ausführlich *Forst*, NZA 2012, 364).

3. Schranke des Fragerechts: Diskriminierungsrecht

Die Grenzen des Fragerechts sind durch das Diskriminierungsrecht dann noch einmal enger gezogen als durch das Persönlichkeitsrecht und den Datenschutz. In den USA hat sich hier allein aus dem Diskriminierungsschutz heraus eine ganze Liste von zulässigen und unzulässigen Fragen entwickelt (Beispielhaft *Rothstein/ Liebman*, Employment Discrimination Law, 3. Aufl. 1994, S. 115 f. S. auch den EEOC Pre-Employment Inquiry Guide von 1981, zu beziehen über www.eeoc.gov). Solche Muster können auch für Deutschland einen Anhaltspunkt geben – mehr aber auch nicht.

695

Gegenstand	Unproblematische Frage vor Einstellung	Frage vor Einstellung mit potentieller Indizwirkung
Name	Was ist ihr vollständiger Name? Haben Sie je unter diesem oder einem anderen Namen für die Firma gearbeitet?	Was ist ihr Geburtsname? – kann auf Diskriminierung wegen Familienstand oder sexueller Orientierung hindeuten (fehlende Heirat /Geschlechtsumwandlung)
Geburtsort		Eigener Geburtsort oder der von Verwandten: mögliche Rassendiskriminierung
Alter	Sind Sie über 18 Jahre alt? – zulässig, wenn Volljährigkeit erforderlich ist für die zu besetzende Position	Wie alt sind Sie?
Glaube oder Religion		Frage nach Religion gänzlich verboten. Frage nach religiösen Praktiken ebenfalls. Möglicher Konflikt auch bei Fragen nach der Verfügbarkeit am Samstag/Sonntag – Rechtfertigung erforderlich
Rasse oder Hautfarbe		Hinweis auf direkte Diskriminierung wegen der ethnischen Zugehörigkeit; ebenso: Frage nach der Hautfarbe des Ehepartners
Photographie		In den USA stets unzulässig – zuweilen mit Ausnahme: Modell oder Film-Industrie. Ansonsten Hinweis auf mögliche Rassen- und Altersdiskriminierung
Größe		Kann auf eine mittelbare Alters-, Behinderten-, Rassen- und Geschlechtsdiskriminierung hindeuten
Gewicht		Kann auf eine mittelbare Alters-, Behinderten- und Geschlechtsdiskriminierung hindeuten
Familienstand	Ist Ihr Ehepartner bei uns beschäftigt?	Sind Sie verheiratet? – kann auf eine Diskriminierung wegen sexueller Orientierung hindeuten. Wie heißt ihr Ehepartner? – kann auf eine Rassendiskriminierung hindeuten

J. Praxisschwerpunkte

Gegenstand	Unproblematische Frage vor Einstellung	Frage vor Einstellung mit potentieller Indizwirkung
Behinderung		Jede Frage hinsichtlich des aktuellen oder ehemaligen Gesundheitszustands, die nicht direkt berufsbezogen und die nicht auf einer gerechtfertigten Unterscheidung beruht. Jeder Gesundheitstest vor Einstellung kann auf Diskriminierung wegen Behinderung hindeuten.
Nationalität	Können Sie die Tätigkeit legal am gewünschten Arbeitsort verrichten?	Sind sie Deutscher oder Bürger eines anderen EU-Landes? – kann auf Diskriminierung wegen ethnischer Zugehörigkeit hindeuten
Sprachkenntnisse	Sprechen Sie fließend Englisch? Sprechen Sie fließend Deutsch? – zulässig, wenn für die angebotene Tätigkeit erforderlich	Kann in anderen Fällen auf mittelbare Diskriminierung wegen der ethnischen Zugehörigkeit hindeuten.
Ausbildung und Berufserfahrung	Grundsätzlich zulässig	Unzulässig, wenn nach Ausbildung oder Berufserfahrung gefragt wird, die nicht tätigkeitsrelevant ist – Hinweis auf mögliche Diskriminierung wegen der ethnischen Zugehörigkeit
Vorstrafen	Sind Sie je wegen eines Vergehens/Verbrechens verurteilt oder angeklagt worden?	Stets unzulässig nach Anklagen zu fragen, die nicht in Verurteilung mündeten. Im Übrigen wie in Deutschland nur tätigkeitsbezogen – ansonsten Hinweis auf mittelbare Diskriminierung wegen der ethnischen Zugehörigkeit (wegen der prozentual deutlich höheren Vorstrafen-Quote Farbiger in den USA)
Mitgliedschaften		Listen Sie alle Vereins-, Club- oder sonstige Mitgliedschaften auf – mittelbare Rassendiskriminierung

696 Ob dies in Deutschland in gleicher Strenge von den Gerichten nachvollzogen wird, bleibt abzuwarten. Anschauliches Beispiel mag hier auch der Umgang mit dem **Passbild** sein: In den USA wird die Anforderung eines Passbilds regelmäßig als ein Indiz unzulässiger Diskriminierung gewertet. Das Passbild kann freilich auch aus Gründen gewählt werden, die nichts mit einem Grund nach § 1 zu tun hat. Die Fälle, in denen es einfach für einen ersten persönlichen Eindruck und der Ausstrahlung des Bewerbers dienen, werden häufiger sein, als die Fälle, in denen es eine unzulässige Altersbenachteiligung oder Benachteiligung wegen der ethnischen Zugehörigkeit darstellt. Für sich allein sollte es daher nicht geeignet sein, die Darlegungslast eines zurückgewiesenen Bewerbers auf den Arbeitgeber übergehen zu lassen.

4. Einzelfragen

a) Frage nach der Schwangerschaft

Ein lange Zeit besonders umstrittener Informationswunsch war die Frage nach der Schwangerschaft. Während die Rechtsprechung sie in den Anfängen recht großzügig zuließ (BAG v. 22.9.1961 – 1 AZR 241/60, AP BGB § 123 Nr. 15 (Anm. *Larenz*), setzte sie ihr in der Folgezeit immer engere Grenzen; nun scheint sie gänzlich unzulässig geworden zu sein. In der Entscheidung Mahlburg vom 3.2.2000 setzte der EuGH der Rechtsprechung des BAG eine Schranke. Er stellte fest, dass die Anwendung der Vorschriften zum Schutz der werdenden Mutter keine Nachteile beim Zugang zur Beschäftigung mit sich bringen dürfe (EuGH v. 3.2.2000 – Rs. C-207/98, Slg. 2000 I, 549 – Mahlburg). Diese Entscheidung betraf noch einzig die unbefristete Einstellung von Schwangeren, die nicht wegen der Schwangerschaft verweigert werden durfte. Das wohl herrschende Schrifttum hat auch und gerade nach dieser Entscheidung für befristete Arbeitsverhältnisse anders gewertet (z. B. *Stürmer* NZA 2001, 527, 529; ähnlich auch bereits MüKo/*Müller-Glöge*, 3. Aufl. 1997 § 611 a BGB Rnr. 30; *Ehrich* DB 2000, 421, 425; *Sowka* NZA 1994, 967, 969. Das gilt auch international, s. zB *McGlynn* Northern Ireland Legal Quarterly 1995, 50, 59; *Szyszczak* Modern Law Review 1995, 860, 861; *Napier* New Law Journal 144 (1994), 1020: „What if there had been a fixed-term contract?"). In seiner Entscheidung vom 4.10.2001 in der Sache Tele Danmark hat der EuGH das Diskriminierungsverbot noch einmal etwas strenger interpretiert (EuGH v. 4.10.2001 – Rs. C-109/00, DB 2001, 2451 *(Thüsing)*): „Da nämlich die Entlassung einer Arbeitnehmerin wegen ihrer Schwangerschaft eine unmittelbare Diskriminierung auf Grund des Geschlechts darstellt, und zwar unabhängig von der Art und dem Umfang des wirtschaftlichen Schadens, der dem Arbeitgeber durch die schwangerschaftsbedingte Fehlzeit entsteht, ist es für die Beurteilung der Frage, ob die Entlassung diskriminierenden Charakter hat, unerheblich, ob der Arbeitsvertrag auf bestimmte oder unbestimmte Zeit abgeschlossen wurde. In beiden Fällen beruht die Unfähigkeit der Arbeitnehmerin, den Arbeitsvertrag zu erfüllen, auf der Schwangerschaft". Die Unterscheidung nach der Schwangerschaft ist damit regelmäßig unzulässig (wie hier MüKo/*Müller-Glöge*, 4. Aufl. § 611 a BGB Rnr. 47; **zu möglichen, bislang von der Rechtsprechung nicht anerkannten Ausnahmen** s. Rnr. 242), und damit auch die Frage nach der Schwangerschaft. Dies gilt unabhängig von etwaigen Beschäftigungsverboten und wohl auch für **befristete Tätigkeiten** (jüngst LAG Köln v. 11.10.2012 – 6 Sa 641/12, DB 2012, 3200; so auch Schleusener/Suckow/Voigt/*Voigt*, AGG, § 11 Rnr. 94), obwohl das BAG dies bislang noch nicht so bestätigt hat (s. aber BAG v. 6.2.2003 – 2 AZR 621/01, AP BGB § 611 a Nr. 21 [Anm. *Kamanabrou*], EzA Nr. zu § 123 BGB 2002 [Anm. *Pallasch*], SAE 2004, 126 [Anm. *Löwisch/Fischer*]): Die Frage des Arbeitgebers nach einer Schwangerschaft vor der geplanten unbefristeten Einstellung einer Frau verstößt regelmäßig gegen § 611 a BGB. Das gilt auch dann, wenn die Frau die vereinbarte Tätigkeit wegen eines mutterschutzrechtlichen Beschäftigungsverbotes zunächst nicht aufnehmen kann").

697

b) Frage nach einer Behinderung und nach der Schwerbehinderteneigenschaft

698 Enge Grenzen sind auch der Frage nach einer Behinderung und der Schwerbehinderteneigenschaft gezogen. Allerdings ist anders als bei der Frage nach der Schwangerschaft die Rechtsprechung in der Vergangenheit stets davon ausgegangen, dass die Frage nach der Schwerbehinderteneigenschaft zulässig sei (BAG v. 3.12.1998 – 2 AZR 754/97, BAGE 90, 251; BAG v. 5.10.1995 – 2 AZR 923/94, BAGE 81, 120; BAG v. 11.11.1993 – 2 AZR 467/93, BAGE 75, 77 = EzA BGB § 123 Nr. 40 *(Rieble)*; BAG v. 1.8.1985 – 2 AZR 101/83, BAGE 49, 214; s. Schaub/*Linck*, Arbeitsrechts-Handbuch, § 26 Rnr. 21; krit. unter Hinweis auf eine verfassungsrechtlich unzulässige Benachteiligung Schwerbehinderter ErfK/*Schmidt*, Art. 3 GG Rnr. 79; ErfK/*Preis* § 611 BGB Rnr. 274; für die Notwendigkeit eines Tätigkeitsbezugs *Großmann* NZA 1989, 702). Ausschlaggebend dafür war die Erwägung, dass sich an die Schwerbehinderteneigenschaft des Arbeitnehmers für den Arbeitgeber während der gesamten Dauer des Arbeitsverhältnisses zahlreiche gesetzliche Pflichten knüpfen. Diese begründeten ein berechtigtes Interesse. Zwischenzeitlich schien das BAG einschränken zu wollen, dass es an seiner bisherigen Rechtsprechung nicht festhalte, wenn die Schwerbehinderteneigenschaft für die auszuübende Tätigkeit von keiner Bedeutung sei, jedoch gab es diesen nur als *obiter dictum* formulierten Vorbehalt in Folgeentscheidungen wieder auf (BAG v. 5.10.1995 – 2 AZR 923/94, NJW 1996, 2323; BAG v. 3.12.1998 – 2 AZR 754/97, NZA 1999, 584 gegenüber BAG v. 11.11.1993 – 2 AZR 467/93, NJW 1994, 1363; EzA Nr. 40 zu § 123 BGB *(Rieble)*). Die Frage nach der Schwerbehinderung war damit – lässt man das Diskriminierungsrecht außen vor – auch zulässig, wenn die Behinderung, auf der die Anerkennung beruht, tätigkeitsneutral ist. In diesem Fall sollte allein die Frage nach der Behinderung selbst verboten sein (BAG v. 5.10.1995 – 2 AZR 923/94, NJW 1996, 2323). Diese Rechtsprechung war neu zu überdenken vor dem Hintergrund, dass mit § 81 Abs. 2 SGB IX und nun an seiner Stelle § 3 AGG ein Diskriminierungsverbot geschaffen wurde (so auch *Düwell*, BB 2001, 1527, 1530 allerdings ohne nähere Ausführungen zu den konkreten Auswirkungen für die Reichweite des Fragerechts). Eine Ungleichbehandlung behinderter Menschen ist damit nur zulässig, wenn die Differenzierung durch ähnlich schwer wiegende Erwägungen gerechtfertigt ist, die auch die Ungleichbehandlung nach dem Geschlecht legitimieren. Überträgt man die zur Frage nach der Schwangerschaft herausgearbeiteten Kriterien des EuGH auf das neu geschaffene Diskriminierungsverbot, dann scheint das Fragerecht deutlich eingeschränkt. Das BAG hält die Frage nach der Schwerbehinderung im bestehenden Beschäftigungsverhältnis aber jedenfalls nach Ablauf von sechs Monaten weiterhin für zulässig, insbesondere zur Vorbereitung beabsichtigter Kündigungen (BAG v. 16.2.2012 – 6 AZR 553/10, NZA 2012, 555). Vor Begründung des Arbeitsverhältnisses soll die Frage nach Ansicht mancher Gerichte grundsätzlich unzulässig sein (LAG Hamm v. 19.10.2006 – 15 Sa 740/06), jedoch hat sich das BAG hier noch nicht positioniert (offen lassend BAG v. 7.7.2011 – 2 AZR 396/10, NZA 2012, 34). Richtig scheint es, auch hier die allgemeinen Regeln des AGG anzuwenden.

II. Fragerecht bei Einstellung

Uneingeschränkt erlaubt bleibt die Frage nach einer Behinderung nur dann, **699** wenn ihr Fehlen eine **wesentliche und entscheidende berufliche Anforderung** für die Tätigkeit ist (*Wisskirchen*, DB 2006, 1491, 1994; *Düvell*, BB 2006, 1741, 1743). Gefragt werden darf dann nach dieser speziellen Behinderung, nicht nach der Feststellung der Eigenschaft als schwerbehinderter Mensch (§ 69 SGB IX) – etwa: „Haben Sie eine Behinderung, die es Ihnen unmöglich machen wird, die erwarteten Aufgaben zu erfüllen"). Insofern wird die bisherige Rechtsprechung, die es für die Frage nach der Behinderung ausreichen ließ, dass die Behinderung erfahrungsgemäß die Eignung des Stellenbewerbers für die vorgesehene Tätigkeit beeinträchtigt (BAG v. 7.7.1984 – 2 AZR 270/83, NJW 1985, 645; BAG v. 5.10.1995 – 2 AZR 923/94, NJW 1996, 2323), deutlich eingeschränkt. Eine bloße Beeinträchtigung ist nach der Wertung des Gesetzes kein hinreichender Grund zur Benachteiligung behinderter Menschen. Die Frage muss daher genauso unterbleiben wie die Frage nach der Schwangerschaft, mag beides auch mit finanziellen Belastungen für den Arbeitgeber verbunden sein. Die Frage nach der Eigenschaft als schwerbehinderter Mensch als solche ist gänzlich ausgeschlossen, denn die damit verbundenen Pflichten des Arbeitgebers können zwar wieder nicht unerhebliche Belastungen für ihn bedeuten, § 81 Abs. 2 S. 2 Nr. 1 S. 2 SGB IX sieht hierin jedoch keinen legitimen Grund zur Ungleichbehandlung. Also ist auch eine auf die Vermeidung dieser Kosten gerichtete Frage unzulässig. Allerdings ist anzuerkennen, dass damit der Arbeitgeber, der nicht um die Eigenschaft seines Arbeitnehmers als schwerbehinderter Mensch weiß, Gefahr läuft, seine gesetzlichen Pflichten nicht zu erfüllen. Hierbei verhält es sich aber nicht anders als beim gewerkschaftlich organisierten Arbeitnehmer, der vor Einstellung seine Gewerkschaftszugehörigkeit nicht offenbaren muss, nach Einstellung aber sehr wohl, fragt ihn der Arbeitgeber dies, weil er hiervon seine Entlohnung nach Tarif abhängig machen will (MünchArbR/*Buchner* § 30 Rnr. 245; ErfK/*Preis* § 611 BGB Rnr. 278; *Ehrich* DB 2000, 421, 426; *Wohlgemuth* AuR 1992, 46, 47; gegen eine Zulässigkeit Schaub/*Linck*, Arbeitsrechts-Handbuch, § 26 Rnr. 24 (anders in *Schaub* Arbeitsrechts-Handbuch, 11. Aufl. 2005, § 26 Rnr. 18).). Nach Einstellung besteht also eine Offenbarungspflicht des schwerbehinderten Beschäftigten. Sonst mag es sein, dass der Arbeitgeber, der eine ausreichende Zahl schwerbehinderter Menschen im Sinne des § 71 SGB IX beschäftigt, zusätzlich noch einmal Ausgleichsabgabe gemäß § 77 SGB IX zahlt. Offenbart sich der schwerbehinderte Arbeitnehmer nicht, macht er sich schadensersatzpflichtig aus § 280 Abs. 1 BGB. Eine Möglichkeit freilich verbleibt: Weil das Interesse des Arbeitgebers anzuerkennen ist, die Quote nach § 71 SGB IX zu erfüllen, muss es ihm möglich sein, gerade mit diesem Ziel einzustellen. Er darf daher in diesem Fall fragen, muss dem Bewerber jedoch seine Absicht, die Schwerbehinderung als positives Kriterium verwenden zu wollen, mitteilen. Auch dann bleibt es beim Recht des schwerbehinderten Bewerbers, der dem Arbeitgeber nicht zu trauen braucht, wahrheitswidrig zu antworten (ebenso *Düvell*, BB 2006, 1741, 1743). Auf dieses Recht hat der Arbeitgeber ihn hinzuweisen – ansonsten wäre dem Missbrauch Tür und Tor geöffnet (diese Möglichkeit wurde noch nicht dargelegt bei *Thüsing/Lambrich*, BB 2002, 1146, 1149).

c) Frage nach Religion, Weltanschauung und sexueller Identität

700 Die Frage nach der Religion, Weltanschauung und sexuellen Identität war bereits bisher regelmäßig unzulässig als ungerechtfertigter Eingriff in die Privatsphäre des Arbeitnehmers (s. auch Rnr. 691). Nur wo sie eine wesentliche und entscheidende berufliche Anforderung darstellt, ist sie weiterhin zulässig; die Fälle sind freilich selten, s. Rnr. 343. Das Verbot der **mittelbaren Benachteiligung** kann freilich auch hier Auswirkungen haben: Die Frage an den frommen Juden gestellt: „Stehen Sie auch Samstags zur Verfügung, wenn Not am Mann ist?" darf nur dann erfolgen, wenn dies sachlich gerechtfertigt ist, also tatsächlich Samstagsarbeit für diese Stelle zu erwarten ist und für andere – etwa ältere Arbeitnehmer – ebenso keine Ausnahmen gemacht werden (hierauf stellt aber die niederländische Gleichbehandlungskommission in der Entscheidung 147/2006 vom 12.7.2006, ähnlich bereits Urteil 49/1999 vom 1.6.1999, www.cgb.nl. Die Rechtsprechung kommt zu diesem Ergebnis bereits ohne Bezugnahme auf das AGG: „Auch bei einer Betriebsvereinbarung, die Samstagsarbeit einführt, hat die Arbeitgeberin das Grundrecht der Glaubensfreiheit zu beachten. Beruft sich eine Arbeitnehmerin auf dieses Grundrecht und lehnt deshalb Samstagsarbeit ab, so überwiegt das Grundrecht aus Art 12 GG für die Arbeitgeberin nur dann, wenn reale Gefährdungen konkret dargelegt sind. Bloße Vermutungen und Befürchtungen reichen nicht aus" (LAG Schleswig-Holstein v. 22.7.2005 – 4 Sa 120/05, n. v.).

701 Diese Wertung wird auch durch die Regelung des BDSG untermauert. Informationen über die Religionszugehörigkeit, Weltanschauung und sexuelle Identität eines Bewerbers stellen **besondere Arten personenbezogener Daten i.S.d. § 3 Abs. 9 BDSG** dar, deren Verwendung einer bedeutenderen Rechtfertigung nach § 28 Abs. 6 BDSG im Rahmen des Verbots mit Erlaubnisvorbehalt bedarf. Zu beachten ist mit Blick auf die Einwilligung nach § 4a Abs. 3 BDSG, dass im Arbeitsverhältnis überwiegend ein Machtgefälle besteht, das auch im Verhältnis zwischen Arbeitgeber und Bewerber, der sich um die Anstellung bemüht, einen Zweifel an der notwendigen Freiwilligkeit der Angabe aufwirft. Steht die Information außerdem nicht in direktem Zusammenhang mit der auszuübenden Tätigkeit, scheitert die datenschutzrechtliche Zulässigkeit nach § 32 BDSG schon an der mangelnden Erforderlichkeit (LAG Schleswig-Holstein vom 22.7.2005 – 4 Sa 120/05, AuA 2005, 617).

d) Frage nach Vorerkrankungen – Gesundheits- und Drogentests

702 Bereits vor Inkrafttreten des AGG war die Frage nach Vorerkrankungen des Bewerbers wegen des damit verbundenen Eingriffs in seine Intimsphäre engen Grenzen unterworfen. Ein unbeschränktes Fragerecht nach dem Gesundheitszustand existierte damit auch vor dem Inkrafttreten des AGG nicht. Die Rechtsprechung sah das Fragerecht des Arbeitgebers vielmehr im Wesentlichen darauf beschränkt, ob eine Krankheit bzw. eine Beeinträchtigung des Gesundheitszustandes vorliegt, durch die die Eignung für die vorgesehene Tätigkeit auf Dauer oder in periodisch wiederkehrenden Abständen eingeschränkt ist oder die wegen der mit ihr verbundenen Ansteckungsgefahr zukünftige Kollegen oder Kunden gefährden

II. Fragerecht bei Einstellung

könnte. Zulässig sollte überdies die Frage danach sein, ob zum Zeitpunkt des Dienstantritts bzw. in absehbarer Zeit mit einer Arbeitsunfähigkeit zu rechnen ist, z.B. durch eine geplante Operation, eine bewilligte Kur oder auch durch eine zur Zeit bestehende akute Erkrankung (BAG v. 7.6.1984 – 2 AZR 270/83, NJW 1985, 645; HWK/*Thüsing*, § 123 BGB Rnr. 19 m.w.N). Zukünftig ist zu beachten, dass bestimmte, in der Vergangenheit ausschließlich unter dem Gesichtspunkt der Krankheit thematisierte Erscheinungen wie beispielsweise die Neigung zu epileptischen Anfällen (s. LAG Hamm (Westfalen) v. 22.1.1999 – 5 Sa 702/98, BehindertenR 1999, 170) nunmehr dem **Behinderungsbegriff** des § 1 AGG Abs. unterfallen können (s. dazu Rnr. 200). Damit steigen regelmäßig die an die Zulässigkeit einer entsprechenden Frage zu stellenden Anforderungen. Sofern sie dem Diskriminierungsschutz behinderter Beschäftigter unterfällt, ist sie nur zulässig, wenn der Arbeitgeber nach einer Einschränkung fragt, deren Fehlen eine wesentliche und entscheidende berufliche Anforderung für die Tätigkeit ist (s. dazu bereits Rnr. 352). Die Feststellung eben jener Prämisse kann im Einzelfall allerdings mit nicht unwesentlichen praktischen Schwierigkeiten verbunden sein, weil der Arbeitgeber gerade nicht nach einer Behinderung fragt, sondern sich über das – prinzipiell in weiterem Rahmen zulässige – Vorliegen einer Krankheit erkundigt. Krankheit und Behinderung sind wiederum nicht deckungsgleich, und Fragen nach ihnen folgen jeweils eigenen Regeln; sie können sich aber im Einzelfall überschneiden. In diesem Fall gelten die strengeren Anforderungen an Fragen nach einer Behinderung (vgl. dazu Rnr. 206). Fragt der Arbeitgeber dementsprechend nach einer Krankheit, die ausschließlich bei Menschen mit einer bestimmten Behinderung auftritt, diskriminiert er verdeckt unmittelbar wegen einer Behinderung (vgl. hierzu Rnr. 206) mit der Folge, dass die Frage unzulässig ist. Schwieriger sind die Sachverhalte zu beurteilen, in denen die Krankheit zwar behinderte wie nicht behinderte Menschen betrifft, Erstere allerdings überproportional häufig. Die Frage nach entsprechenden Vorerkrankungen ist immer dann unzulässig, wenn sie zugleich als mittelbare Diskriminierung wegen einer Behinderung zu qualifizieren ist (s. dazu Rnr. 206). Unterstellt man Fälle der materiellen Benachteiligung wegen einer Behinderung dem mittelbaren Diskriminierungsbegriff, würde dies die bisherige Rechtsprechung des BAG zur Reichweite des Fragerechts nach Vorerkrankungen in weiten Bereichen obsolet machen. Nach vielen Krankheiten könnte nur dort gefragt werden, wo sich der Arbeitgeber zugleich nach dem Vorliegen einer Behinderung erkundigen dürfte.

Unzulässig können auch **Drogentests** als Bedingung zur Einstellung sein. Dies **703** gilt insbesondere dann, wenn durch den Drogentest auch ein lange zurückliegender Drogenkonsum überprüft werden kann, der keine Auswirkungen mehr auf die Fähigkeit der Arbeitsleistung aktuell hat. Auch ein **Gesundheitstest** als Voraussetzung für die Einstellungszusage kann ein Indiz im Sinne des § 22 AGG sein, wenn er dazu geeignet ist auch Vorerkrankungen, die als Behinderungen einzustufen sind, dem Arbeitgeber zur Kenntnis zu bringen, der sie seinerseits als Kriterium der Einstellungsentscheidung nutzen könnte. Wie weit hier die Indizwirkung reicht, wird vor allem davon abhängen, wann der Drogenkonsum oder eine Krankheit als Behinderung einzuordnen sind (s. hierzu Rnr. 208).

Spielen bei der Frage nach Vorerkrankungen genetische Eigenschaften eine Rolle, **704** sind die speziellen Regelungen des GenDiagnostikG zu beachten, das am 1.2.2010 in Kraft getreten ist. Das Gesetz soll eine Balance zwischen der gendiagnostischen Forschung und dem informationellen Selbstbestimmungsrecht gewährleisten (BT-Drucks. 16/10532, S. 16). Normiert ist in §§ 19-22 GenDiagnostikG ein generelles Verbot genetischer Untersuchungen im Arbeitsverhältnis. Damit wird dem Interesse des Arbeitgebers, sich vollumfänglich Kenntnis über den Gesundheitszustand seiner (künftigen) Arbeitnehmer zu verschaffen, eine grundsätzliche Absage erteilt.

e) Frage nach der Gewerkschaftszugehörigkeit

705   Die Frage nach der Gewerkschaftszugehörigkeit wird als Vorbedingung der Einstellung allgemein für unzulässig gehalten, da die Nichteinstellung aufgrund Gewerkschaftszugehörigkeit eine Maßnahme im Sinne des Art. 9 Abs. 3 S. 2 GG wäre (HWK/*Thüsing* BGB § 123 Rnr. 14; Schleusener/Suckow/Voigt/*Suckow*, AGG, § 11 Rnr. 87; anders die Frage nach Einstellung: Staudinger/*Richardi/Fischinger*, Neubearbeitung 2011, BGB, § 611 Rnr. 208; s. auch Schaub/*Linck*, Arbeitsrechts-Handbuch, § 26 Rnr. 24). Nach der Einstellung kann der Arbeitgeber jedoch ein berechtigtes Interesse an der Antwort auf diese Frage haben, insbesondere wenn er Organisierten und Nichtorganisierten unterschiedliche Arbeitsbedingungen gewährt: Eine Schlechterstellung der Organisierten ist nicht zulässig, wohl aber deren Besserstellung (Zu der der Arbeitgeber sich nicht im Tarifvertrag verpflichten kann, s. *Franzen* RdA 2006, 1; *Giesen* NZA 2004, 1317) oder deren gleichwertige Andersbehandlung (*Löwisch/Rieble* TVG § 3 Rnr. 458; ähnlich *Rieble*, GS Heinze, 2005, S. 687, 695; s. auch MünchArbR/*Löwisch/Rieble* § 156 Rnr. 41; ähnlich *Picker*, Die Tarifautonomie in der deutschen Arbeitsverfassung, in: Walter-Raymond-Stiftung (Hrsg.), Tarifautonomie – Informationsgesellschaft – globale Wirtschaft, 1997, S. 113 ff., 146 ff.). Auch kann infolge der Anerkennung der Tarifpluralität durch das BAG auf Seiten des Arbeitgebers das Bedürfnis entstehen, die Gewerkschaftsmitgliedschaft zu erfragen, um den jeweils anwendbaren Tarifvertrag zu ermitteln (ausführlich *Forst*, ZTR 2011, 587).

706   Auch das Merkmal der Gewerkschaftszugehörigkeit stellt ein besonderes personenbezogenes Datum nach § 3 Abs. 9 BDSG mit den entsprechenden Folgen dar. Ist die Information jedoch für die Auswahl des Bewerbers erforderlich, kommt eine datenschutzrechtliche Rechtfertigung nach § 32 BDSG in Betracht. Dies ist beispielsweise bei der Stellenausschreibung einer Gewerkschaft für eine inhaltliche Tätigkeit denkbar (s. auch *Forst*, ZTR 2011, 587 ff.).

III. Maßnahmen und Pflichten des Arbeitgebers zum Schutz vor Belästigung und Benachteiligung

1. Inhalt der Schutzpflichten nach § 12 AGG

707   Gemäß § 12 AGG ist der Arbeitgeber verpflichtet, die erforderlichen Maßnahmen zum Schutz vor Benachteiligungen wegen eines in § 1 AGG genannten Grundes zu treffen. Dieser Schutz umfasst auch vorbeugende Maßnahmen. Der Arbeitgeber soll in geeigneter Art und Weise, insbesondere im Rahmen der beruf-

III. Maßnahmen und Pflichten des Arbeitgebers

lichen Aus- und Fortbildung, auf die Unzulässigkeit solcher Benachteiligungen hinweisen und darauf hinwirken, dass diese unterbleiben. Hat der Arbeitgeber seine Beschäftigten in geeigneter Weise zum Zwecke der Verhinderung von Benachteiligung geschult, gilt dies als Erfüllung seiner Schutzpflichten. Verstoßen Beschäftigte gegen das Benachteiligungsverbot des § 7 Abs. 1 AGG, so hat der Arbeitgeber die im Einzelfall geeigneten, erforderlichen und angemessenen Maßnahmen zur Unterbindung der Benachteiligung wie Abmahnung, Umsetzung, Versetzung oder Kündigung zu ergreifen. Werden Beschäftigte bei der Ausübung ihrer Tätigkeit durch Dritte nach § 7 Abs. 1 AGG benachteiligt, so hat der Arbeitgeber die im Einzelfall geeigneten, erforderlichen und angemessenen Maßnahmen zum Schutz der Beschäftigten zu ergreifen.

Um unerwünschten Benachteiligungen im Beruf entgegenzuwirken, ist es Erfolg versprechender, deren Eintritt durch präventive Maßnahmen zu vermeiden, als erst nach deren Eintritt den Benachteiligten auf Ausgleichsansprüche zu verweisen. § 12 AGG begründet daher im Rahmen einer Generalklausel die Verpflichtung des Arbeitgebers, konkrete geeignete Maßnahmen zum Schutz der Beschäftigten vor Benachteiligungen durch Arbeitskollegen oder Dritte, wie etwa Kunden, zu treffen. Was „erforderlich" ist, ist nach objektiven Gesichtspunkten zu beurteilen, nicht nach der subjektiven Einschätzung auf Arbeitgeber- oder Arbeitnehmerseite. Welche Maßnahmen geboten sind, kann je nach der Größe des Betriebes unterschiedlich zu beurteilen sein. Die Verpflichtung kann immer nur so weit gehen, wie der Arbeitgeber rechtlich und tatsächlich zur Pflichterfüllung in diesem Bereich in der Lage ist. § 12 Abs. 1 S. 1 und 2 AGG sind an § 2 Abs. 1 des BeschSchG angelehnt, Abs. 2 lehnt sich an § 5 BeschSchG an, Abs. 3 verpflichtet in Anlehnung an § 4 Abs. 1 BeschSchG den Arbeitgeber, geeignete Maßnahmen zu ergreifen, wenn ein Beschäftigter oder eine Beschäftigte Opfer einer Benachteiligung durch andere Beschäftigte oder Dritte geworden ist. Die gegenüber Beschäftigten möglichen arbeitsrechtlichen Maßnahmen sind dabei nicht abschließend aufgezählt. Neben die ausdrücklich genannten arbeitsrechtlichen Maßnahmen treten bei Beamtinnen und Beamten insbesondere auch die disziplinarrechtlich vorgesehenen Verfahren und Sanktionsmöglichkeiten (BT-Drucks. 16/1780, S. 37). 708

2. Pflichten des Arbeitgebers zur Prävention

Bei den Pflichten des Arbeitgebers nach § 12 Abs. 1 AGG ist sowohl an organisatorische Maßnahmen als auch an eine Aufklärung über die Problematik der Benachteiligung zu denken. Absatz 2 macht deutlich, dass dabei insbesondere der beruflichen Aus- und Fortbildung erhebliche Bedeutung zukommt (s. auch die Empfehlung der Kommission 92/131/EWG v. 27.11.1991, ABl. EG Nr. L 49 v. 24.2.1992, S. 1). Häufigster Anwendungsfall wird wohl auch künftig der Schutz vor sexueller Belästigung sein. Im Bereich des Beamtenrechts treffen die Arbeitgeberverpflichtungen die jeweiligen Dienstvorgesetzten (BT-Drucks. 16/1780, S. 37; so schon § 2 BeschSchG, hierzu HWK/*Thüsing*, 2. Aufl. 2006, § 2 BeschSchG Rnr. 2). Dienstvorgesetzter ist nach § 3 Abs. 2 BBG, wer für beamtenrechtliche Entscheidungen über die persönlichen Angelegenheiten der ihm nachgeordneten 709

Beamten zuständig ist. Ein Vorgesetzter im privatrechtlichen Arbeitsverhältnis ist kein Dienstvorgesetzter.

710 Der Arbeitgeber/Dienstvorgesetzte trägt die Verantwortung dafür, dass seine Beschäftigten weder in ihrer Gesundheit, ihrem Leben noch in ihrer psychischen Integrität, also ihrer Würde verletzt werden. Die Schutzpflicht erfasst auch Benachteiligung und Belästigungen durch betriebsfremde Dritte oder den Arbeitgeber/Dienstvorgesetzten selbst (für das BeschSchG bereits BT-Drucks. 12/5468, S. 46). Die Benachteiligung und (sexuelle) Belästigung muss jedoch einen Arbeitsplatzbezug haben. Diesem Kriterium – ehemals ausdrücklich festgeschrieben in § 2 BeschSchG in Bezug auf die sexuelle Belästigung aber der Sache auch für § 12 AGG geltend – kommt die Aufgabe zu, tatbestandseingrenzend zu wirken, weil durch die Verpflichtung zur Gewährleistung effektiven arbeitsrechtlichen Schutzes die Verantwortung und das Haftungsrisiko des Arbeitgebers erweitert werden (vgl. *Schlachter,* NZA 2001, 121, 123). Die (sexuelle) Belästigung muss nach richtiger Ansicht aber **keinen räumlichen Bezug** zum **Arbeitsplatz** haben. Der Schutzzweck des Gesetzes umfasst vielmehr jede Verhaltensweise, die in **unmittelbarem Zusammenhang mit dem Arbeitsverhältnis** steht (LAG Frankfurt v. 2. 5. 2000 – 7 Sa 1291/99, n. v. [juris]). Dies folgt daraus, dass unerwünschte sexuelle Belästigungen außerhalb der Arbeitszeit, aber aus Anlass des betrieblichen Kontaktes, die psychische Integrität der Beschäftigten ebenso beeinträchtigen können wie im räumlichen Bereich des Arbeitsplatzes. In der Rechtsprechung ist anerkannt, dass z.B. betriebliche Feiern unter Kollegen (OLG Hamburg v. 15. 3. 1955 – 7 U 411/54, BB 1955, 575; OLG Celle v. 23. 2. 1973 – 5 W 4/73, NJW 1973, 1087, 1088), aber auch Betriebsausflüge, Dienstreisen, Seminare und Lehrgänge einen Zusammenhang mit dem Arbeitsverhältnis begründen (vgl. ErfK/*Schlachter,* § 12 AGG Rnr. 1). Ein in Ausübung oder bei Gelegenheit der Arbeitsleistung des Belästigenden auftretender Vorfall ist grundsätzlich geeignet, die Schutzpflichten auszulösen: Wer unter Ausnutzung seiner betrieblichen Stellung Betriebsangehörige belästigt, unterliegt dem Geltungsbereich des Gesetzes auch dann, wenn die Betroffenen sich im fraglichen Zeitpunkt auswärts oder zu Hause aufhalten; der notwendige Arbeitsplatzbezug wird durch den Belästiger hergestellt (*Schlachter,* NZA 2001, 121, 124). Die **Grenze** ist allerdings dann erreicht, wenn sich Belästigungen ausschließlich auf den Privatbereich beschränken. Zu verneinen ist der Arbeitsplatzbezug, wenn sich Betriebsangehörige nicht aus dienstlichem Anlass, sondern **infolge privater Kontakte** außerdienstlich treffen und lediglich die Bekanntschaft auf der gemeinsamen Tätigkeit im Betrieb beruht. Zwar kann eine außerdienstliche Zudringlichkeit in das Privatleben einen besonders gewichtigen Eingriff darstellen, wie z.B. mehrfache abendliche Anrufe (BVerwG v. 10. 11. 1998 – 2 WD 4/98, BVerwGE 113, 279, 285). In diesem Bereich ist dem Arbeitgeber jedoch die Durchführung effektiver Schutzmaßnahmen rechtlich und tatsächlich nicht möglich (diese Begrenzung gilt auch bei vorbeugenden Maßnahmen (BT-Drucks. 12/5468, S. 46). Handelt es sich um derartige **Belästigungen im Privatbereich** und bewirken diese eine **konkrete Störung des Arbeitsverhältnisses** selbst, ergibt sich mangels Arbeitsplatzbezuges keine Pflicht zur Ergreifung von Schutzmaßnahmen nach dem BeschSchG (*Schlachter,* NZA 2001, 121, 125). Vielmehr bestimmen sich die Eingriffspflichten nach den allgemeinen Grundsätzen bei außerdienstlichem Fehlverhalten (vgl. BAG v. 26. 3. 1992 – 2 AZR 519/91, NZA

III. Maßnahmen und Pflichten des Arbeitgebers

1992, 1121, 1123). Dies kann der Fall sein, wenn eine (sexuelle) Belästigung, die im Privatbereich stattfindet, die betriebliche Verbundenheit der Mitarbeiter in grober Weise beeinträchtigt (vgl. LAG Hamm v. 10. 3. 1999 – 18 Sa 2328/98, LAGE Nr. 75 zu § 1 KSchG Verhaltensbedingte Kündigung) und sich so das außerdienstliche Verhalten am Arbeitsplatz fortsetzt.

Da der Schutz vor (sexueller) Belästigung eine **arbeitsvertragliche Nebenverpflichtung** darstellt, steht dem Arbeitgeber/Dienstvorgesetzten unter Beachtung des Grundsatzes der Verhältnismäßigkeit ein **Ermessens- und Beurteilungsspielraum** zu, welche Schutzmaßnahmen er im Einzelnen ergreift (KassHdB/*Künzl* BeschSchG § 2 Rnr. 749; *Bauer/Göpfert/Krieger*, AGG, § 12 Rnr. 7; Schleusener/Suckow/Voigt/ *Suckow*, AGG, § 12 Rnr. 12; nur Ermessensspielraum Wendeling-Schröder/Stein/ *Stein*, AGG, § 12 Rnr. 11). Dabei hat der Arbeitnehmer gegen den Arbeitgeber lediglich einen Anspruch auf rechtsfehlerfreie Ermessensausübung, der sich jedoch im Einzelfall dann zu einer Pflicht eine bestimmte Maßnahme zu ergreifen verdichten kann, wenn bei objektiver Betrachtungsweise diese hinreichend erscheint (BAG v. 18. 11. 2008 – 9 AZN 836/08, NZA 2009, 223; hierzu kritisch *Gehlhaar* NZA 2009, 825, 626, der statt eines einklagbaren Erfüllungsanspruch einen bloßen Schadenersatzanspruch wegen Verletzung einer Rechtspflicht annimmt). Die vom Arbeitgeber zu ergreifenden **vorbeugenden Schutzmaßnahmen** werden nicht im Einzelnen genannt. Die Begründung zum Regierungsentwurf stellt lediglich klar, dass die Verpflichtung zu derartigen Maßnahmen immer nur soweit gehen könne, wie der Arbeitgeber und Dienstvorgesetzte rechtlich und tatsächlich zur Pflichterfüllung in diesem Bereich in der Lage sind (BT-Drucks. 16/1780, S. 37; ebenso bereits für das BeschSchG: BT-Drucks. 12/5468, S. 46). Dazu kann zB gehören, auf das ausgehängte AGG hinzuweisen (*Worzalla*, NZA 1994, 1016, 1017). Wegen der Häufigkeit der bisher festgestellten Belästigungen (vgl. *Holzbecher* u. a., Sexuelle Belästigung am Arbeitsplatz, 1991, S. 256) können auch weitergehende Maßnahmen wie Fortbildungsveranstaltungen (Zur Eignung von Schulungen zur Erfüllung der Rechtspflicht aus § 12 Abs. 1 s. *Hoch* BB 2007, 1732), die Einführung betrieblicher Verhaltensmaßregeln (zur Eignung sog. Ethikrichtlinien zur Erfüllung der Rechtspflicht aus § 12 Abs. 1 s. *Schneider/Sittard* NZA 2007, 654; Wirksamkeitsanforderungen entsprechender Richtlinien erläutern *Schröder/Schreier* BB 2010, 2565; Verhaltensmaßregeln unterliegen der Mitbestimmung durch den Betriebsrat nach § 87 Abs. 1 Nr. BetrVG s. BAG v. 22. 7. 2008 – 1 ABR 40/07, NZA 2008, 1248. Dabei müssen die Verhaltensregeln allerdings auch die betriebliche Ordnung betreffen, der Regelungsbereich der die Arbeitspflicht unmittelbar konkretisiert ist hingegen mitbestimmungsfrei, s. LAG München v. 27. 2. 2007 – 8 TaBV 56/06) sowie eine entsprechende Ausgestaltung des Arbeitsorts, z. B. Sichtblenden an Arbeitstischen, ausreichende Beleuchtung von Parkplätzen und Wegen o. ä., erforderlich werden (vgl. *Schiek*, AiB 1994, 450, 459; ErfK/*Schlachter*, § 12 AGG Rnr. 2). Dies ist insbesondere dann angezeigt, wenn der belästigte Beschäftigte die Unerwünschtheit von Belästigungen nicht gegenüber dem Belästigenden selbst deutlich macht (vgl. die Definition § 3 Abs. 3, Abs. 4 AGG), sondern sich an den Arbeitgeber/Dienstvorgesetzten wendet. Es kommen etwa Trainingsprogramme zur Verhinderung von sexueller Belästigung, Sensibilisierung vor allem der leitenden Angestellten oder Beamten im Hinblick auf Belästigungsbelange sowie eine eindeutige Unternehmenspolitik gegen sexuelle Belästigung am Arbeitsplatz in

Betracht (*Hohmann*, ZRP 1995, 167, 169). Die Reichweite der Präventionspflicht durch den Arbeitgeber/Dienstvorgesetzten ist mit all dem nur unvollkommen beschrieben, dürfte aber regelmäßig der entscheidende Streitpunkt sein. In den USA hat sich hierzu eine umfangreiche Kasuistik ergeben; die EEOC gibt hierzu *guidelines*. Die dort gefundenen Grenzen können Anregung auch hier geben (S. etwa *West* 68 Brook. L. Rev. 457 (2002). Die *guidelines* sind im Internet einsehbar unter www.eeoc.gov. Die Kommission gibt ihrerseits Hinweise auf der Webseite der Generaldirektion V: http://ec.europa.eu/social/main.jsp?catId=423&langId=en, zuletzt abgerufen am 24. 5. 2011).

3. Benachteiligung durch Beschäftigte

712 Der Arbeitgeber/Dienstvorgesetzte hat im Falle einer festgestellten Belästigung nicht nur Maßnahmen nach Abs. 1, sondern auf einer zweiten Stufe weitere **Maßregeln gegen den Belästiger** zu ergreifen. Die Aufzählung der Sanktionen im Gesetz ist nicht abschließend. Die Auswahl der arbeitsrechtlichen Maßnahmen im Einzelfall richtet sich nach dem Grundsatz der **Verhältnismäßigkeit** und eröffnet die Möglichkeit, der Schwere und Häufigkeit der (sexuellen Belästigung und dem notwendigen Schutz des Opfers angemessen Rechnung zu tragen (vgl. BT-Drucks. 12/5468, S. 47; ArbG Ludwigshafen v. 29. 11. 2000 – 3 Ca 2096/00, n. v. [juris]). Welche Maßnahme der Arbeitgeber im Einzelfall trifft unterliegt seinem pflichtgemäßen Ermessen (BAG v. 25. 10. 2007 – 8 AZR 593/06, BAGE 124, 295). Es ist ein Ausgleich zwischen den Interessen des Verletzten und des Störers zu finden. Reicht eine Maßnahme (z. B. Abmahnung) nicht aus, um die Fortsetzung der verbotenen Benachteiligungen mit der gebotenen Sicherheit zu unterbinden und kommt eine Umsetzung oder Versetzung nicht in Betracht, kann der Arbeitgeber mit einer ordentlichen, verhaltensbedingten Kündigung auf die Verfehlungen reagieren (LAG Hamm v. 22. 10. 1996 – 6 Sa 730/96, NZA 1997, 769; LAG Hamm v. 10. 3. 1999 – 18 Sa 2328/98, NZA-RR 1999, 623; Wendeling-Schröder/Stein/ *Stein*, AGG, § 12 Rnr. 40). Jedoch wird auch bei sexuellen Belästigungen, von Extremfällen abgesehen, der Kündigung des Arbeitsverhältnisses eine Abmahnung regelmäßig vorausgehen müssen (LAG Niedersachsen v. 13. 10. 2009 – 1 Sa 832/09, für den Fall, dass ein Arbeitnehmer eine Leiharbeitnehmerin wiederholt mit zum Teil sexuell äußerst anzüglichen und ehrverletzenden Bemerkungen konfrontiert. Äußerungen wie, „Dich würde ich auch nicht von der Bettkante stoßen" gehörten noch zum abmahnungswürdigen Verhalten). Instanzgerichte haben demgegenüber die Kündigung ohne vorherige Abmahnung auch bei nur verbalen sexuellen Belästigungen zugelassen (LAG Schleswig-Holstein v. 4. 3. 2009 – 3 Sa 410/08 für den Fall, dass ein Arbeitnehmer während der Arbeitszeit gegenüber seiner Kollegin auf drastische Weise äußerst, mit ihr in Intimkontakt treten zu wollen; s. hierzu Anm. *Herrmann* BB 2009, 816). Ist der Arbeitnehmer wegen gleichartiger Pflichtverletzungen schon einmal abgemahnt worden und verletzt er seine vertraglichen Pflichten gleichwohl erneut, kann regelmäßig davon ausgegangen werden, es werde auch weiterhin zu Vertragsstörungen kommen (BAG v. 9. 6. 2011 – 2 AZR 323/ 10, NJW 2012, 407). Eine außerordentliche Kündigung ist nur angemessen, wenn der Umfang und die Intensität der (sexuellen) Belästigungen sowie die Abwägung

III. Maßnahmen und Pflichten des Arbeitgebers

der beiderseitigen Interessen diese Maßnahme rechtfertigen (LAG Hamm v. 22.10.1996 – 6 Sa 730/96, NZA 1997, 769; LAG Hamburg v. 21.10.1998 – 4 Sa 53/98, LAGE BeschSchG § 4 Nr. 3; s. auch BAG v. 6.10.2005 – 2 AZR 280/ 04, NZA 2006, 431; Wendeling-Schröder/Stein/*Stein*, AGG, § 12 Rnr. 41). Die Erheblichkeit und die Bedeutung einer Benachteiligung ist dabei auch von der Dauer der Handlung abhängig (LAG Hamm v. 22.10.1996 – 6 Sa 730/96, NZA 1997, 769, 770). Eine Kündigung wegen des Verdachts einer Benachteiligung, insbesondere des Verdachts sexueller Belästigungen, bleibt nach den allgemeinen Grundsätzen zulässig (BAG v. 8.6.2000 – 2 ABR 1/00, NZA 2001, 91; zustimmend Wendeling-Schröder/Stein/*Stein*, AGG, § 12 Rnr. 37). Daran ändert auch nichts der Wortlaut des § 12 Abs. 3 AGG, der ausdrücklich darauf abstellt, dass gegen § 7 Abs. 1 AGG verstoßen wurde. Eine Privilegierung des Belästigers über die allgemeinen Regeln hinaus war damit jedoch nicht beabsichtigt; der Gesetzgeber hat nur den Regelfall des tatsächlichen Verstoßes beschrieben, wollte den besonderen Fall der Verdachtskündigung damit jedoch nicht ausschließen.

In der Praxis wird es wohl auch in Zukunft trotz des erweiterten Anwendungsbereichs vor allem um die Sanktionierung sexueller Belästigung gehen. Im **Einzelnen** rechtfertige das Umlegen eines Armes um die Schultern einer Auszubildenden durch den Ausbilder keine Kündigung, sondern nur eine Abmahnung (LAG Hamm v. 13.2.1997 – 17 Sa 1544/96, LAGE Nr. 110 zu § 626 BGB). Eine bloße formlose Ermahnung des Belästigers wäre im Falle einer einmaligen Belästigung durch sexuelle Witze, die gegen den Willen des Betroffenen erzählt werden, als angemessen anzusehen (*Mästle*, BB 2002, 250). Eine ordentliche Kündigung kam z. B. bei Berührungen der weiblichen Brust (LAG Hamm v. 22.10.1996 – 6 Sa 730/96, NZA 1997, 769, 770) oder Gewaltandrohungen bei Ablehnung sexueller Kontakte (LAG Hamm v. 10.3.1999 – 18 Sa 2328/98, LAGE Nr. 75 zu § 1 KSchG Verhaltensbedingte Kündigung) in Betracht sowie bei Durchführung eines Bewerbungsgesprächs in der Sauna (LAG Berlin v. 15.8.1989 – 13 Sa 109/71, LAGE Nr. 24 zu § 1 KSchG). Eine außerordentliche Kündigung wurde als angemessene Sanktion angesehen z. B. bei mehrmaligem Anfassen oder Klapsen des Gesäßes und Küssen auf den Mund, selbst wenn das Arbeitsverhältnis über 10 Jahre bestanden hat (Sächsisches LAG v. 10.3.2000 – 2 Sa 635/99, LAGE Nr. 130 zu § 626 BGB), desgleichen bei Aufforderungen zum Geschlechtsverkehr und sonstigen Bemerkungen mit sexuellem Inhalt bei gleichzeitigen Berührungen (ArbG Lübeck v. 2.11.2000 – 1 Ca 2479/00, EzA-SD 2001 Nr. 11, S. 12–13). Danach könne nur durch eine sofortige Entfernung aus dem Betrieb der Betriebsfrieden, an dessen Aufrechterhaltung die Beklagte berechtigte Interessen habe, wieder hergestellt werden (ArbG Lübeck v. 2.11.2000 – 1 Ca 2479/00, EzA-SD 2001 Nr. 11, S. 12–13). Schwerwiegende verbale Belästigungen können die fristlose Kündigung auchnn ohne vorherige Abmahnung rechtfertigen, wenn der Arbeitnehmer eine Betriebszugehörigkeit von über 20 Jahren aufweist (ArbG Düsseldorf v. 19.6.1997 – 11 Ca 122/97, AuR 1997, 447). Als unverhältnismäßig ist eine außerordentliche Kündigung eingestuft worden, die im Wesentlichen infolge eines Klapses auf das Gesäß ausgesprochen worden war (Sächsisches LAG v. 19.8.1997 – 7 Sa 870/96, n. v. [juris]).

Für den **öffentlichen Dienst** heißt dies entsprechend, dass der Dienstvorgesetzte die erforderlichen dienstrechtlichen und personalwirtschaftlichen Maßnahmen zu treffen hat (*Schaub*, Arbeitsrechts-Handbuch, 11. Aufl. 2005, § 166 Rnr. 45). In der Regel handelt es sich um die erforderlichen disziplinarrechtlichen Prüfungen und Maßnahmen, für die neben dem Dienstvorgesetzten teilweise auch noch andere Stellen zuständig sind. Gehaltskürzungen eines Beamten (BVerwG v. 14. 5. 2002 – 1 D 30/01, n. v. [juris]; BVerwG v. 4. 4. 2001 – 1 D 15/01, Buchholz 232 § 54 S. 3 BBG Nr. 27; BVerwG v. 15. 11. 1996 – 1 DB 5/96, Buchholz 235 § 126 BDO Nr. 2) und Herabsetzung des Dienstgrades (BVerwG v. 9. 10. 2001 – 2 WD 10/01, BVerwGE 115, 174; BVerwG v. 10. 11. 1998 – 2 WD 4/98, BVerwGE 113, 279, 289; BVerwG v. 19. 2. 1997 – 2 WD 27/96, Buchholz 235 § 34 WDO Nr. 27) sowie eine vorläufige Dienstenthebung (BVerwG v. 15. 11. 1996 – 1 DB 5/96, AP Beschäftigtenschutzgesetz § 2 Nr. 1) können nach Art und Schwere des Vorfalls geeignete Maßnahmen darstellen, wenn ein Fehlverhalten nachgewiesen ist.

715 Dem Belästiger steht es frei, eine gegen ihn ergriffene Maßnahme **gerichtlich überprüfen** zu lassen. Wird sie als rechtswidrig eingestuft, z. B. weil das Arbeitsgericht sie für unverhältnismäßig hält, hat der Arbeitgeber zur Erreichung des Schutzes des belästigten Beschäftigten andere Maßnahmen zu ergreifen. Genügt dagegen der Arbeitgeber seiner Schutzpflicht aus Abs. 2 nicht, kann der Belästigte darauf klagen, dass eine geeignete Maßnahme ergriffen werde. Wie im öffentlich-rechtlichen Arbeitnehmerschutzrecht ist diese gesetzlich begründete Nebenpflicht aus Abs. 2 selbstständig einklagbar (i.E. ähnlich Schleusener/Suckow/Voigt/*Suckow*, AGG, § 12 Rnr. 48, 53; zweifelnd Wendeling-Schröder/Stein/*Stein*, AGG, § 12 Rnr. 27). Im Kündigungsschutzprozess des Belästigers ist es daher zweckmäßig, dem Belästigten den **Streit zu verkünden,** um sich widersprechende Entscheidungen zu vermeiden (*Worzalla*, NZA 1994, 1016, 1020). Daneben besteht die Möglichkeit, **Schadensersatzansprüche** geltend zu machen. Regelmäßig wird Grundlage § 280 BGB sein, denkbar sind jedoch in Einzelfällen auch deliktische Schadensersatzansprüche, wenn die Vorwürfe sich als haltlos erweisen. Im ungerechtfertigten Vorwurf der Belästigung steckt eine Beleidigung.

4. Benachteiligung durch Dritte

716 Für den Fall, dass die Benachteiligung von einem Dritten ausgegangen ist, enthält das Gesetz keine konkreten Vorgaben. Sie kann weder regelmäßig, weder in unmittelbarer noch in mittelbarer Diskriminierung vorliegen, denn der Belästigte steht in keiner vertraglichen Beziehung zum Dritten. Möglich jedoch erschiene eine Benachteiligung insbesondere durch (sexuelle) Belästigung, u. U. auch durch Anweisung des Arbeitgebers, wenn man anders als hier vertreten für die Anweisung entsprechend dem Wortlaut des Gesetzes keine Weisungsbefugnis voraussetzt (s. Rnr. 293). Kunden können nach hiesigem Verständnis jedoch keine Anweisungen geben i. S. des § 3 Abs. 5 AGG. Keine Benachteiligung durch Dritte ist es daher, wenn eine ältere Dame wünscht, nur von einem älteren Mitarbeiter bedient zu werden, oder wenn ein türkischer Kunde über Geldangelegenheiten nur mit Männern reden will. Wenn dem Folge geleistet wird, dann haftet der Arbeitgeber, soweit diese Kundenwünsche nicht rechtfertigend wirken, s. Rnr. 329.

717 Gerade **in Kundenbeziehungen** kann die Form einer angemessenen Reaktion schwierig zu bestimmen sein. Aufgetreten ist ein solches Problem bereits in dem

III. Maßnahmen und Pflichten des Arbeitgebers

vom BAG entschiedenen Fall der kopftuchtragenden Verkäuferin (BAG v. 10.10.2002 – 2 AZR 472/01, NJW 2003, 1685; siehe hierzu *Thüsing/Wege*, ZEuP 2004, 404). Die Arbeitgeberin hatte ihre Kündigung mit zu erwartenden Umsatzeinbußen begründet, weil Kunden in Zukunft dem Kaufhaus fern blieben. Das BAG ließ offen, ob entgegenstehende Kundenwünsche (im angloamerikanischen Recht unter *customer preferences* bekannt) überhaupt im Ernstfall eine Kündigung rechtfertigen. Die Arbeitgeberin habe aber im konkreten Fall wirtschaftliche Einbußen nicht hinreichend dargelegt. Es ist schwer zu bestimmen, welche Maßnahmen in einem solchen Fall zumutbar sind, um die Benachteiligung zu unterbinden. Oftmals ausreichend mag eine Ermahnung sein. In jedem Fall muss deutlich werden, dass der Arbeitgeber die Benachteiligung durch Dritte nicht akzeptiert und sie sich erst recht nicht zu eigen macht. Verlangt ein Kunde als Ansprechpartner eine weibliche Mitarbeiterin/einen männlichen Mitarbeiter, ohne dass dies unverzichtbar wäre, so darf der Arbeitgeber diesem nicht nachkommen. **Im individuellen Gespräch** mit Kunden, die z.B. die Entlassung einer solchen Verkäuferin fordern oder rassistische Parolen von sich geben, ist der Arbeitgeber jedenfalls verpflichtet, zu beschwichtigen und auf eine Akzeptanz der diskriminierten Person hinzuwirken. Im Ernstfall ist auch an ein Hausverbot für Kunden zu denken, die diskriminierende Äußerungen von sich geben. Hingegen sind **Maßnahmen gegenüber sämtlichen Kunden** wohl kaum geeignet, um Diskriminierung zu verhindern. Ein Werbeschild für mehr Toleranz aufzustellen vermag wohl kaum Vorurteile abzubauen. Solche Maßnahmen könnten überdies eher kontraproduktiv wirken, indem Kunden erst durch sie auf bestimmte Merkmale einzelner Mitarbeiter (das Kopftuch oder die südländische Abstammung) aufmerksam würden.

Hat ein **Leiharbeitsunternehmen** einen Arbeitnehmer an einen Betrieb überlassen, in dem dieser Benachteiligungen bzw. Belästigungen ausgesetzt ist, so trifft den Verleiher die Pflicht auf den Entleiher einzuwirken, diese zukünftig zu unterbinden. Bleiben die Einwirkungen fruchtlos, so muss der Verleiher den Leiharbeitnehmer ggf. auch aus dem Entleiherbetrieb abziehen (*Oberwetter* BB 2007, 1109). Um seiner Fürsorgepflicht nach § 12 zu genügen, ist es für den Leiharbeitgeber tunlich, im Arbeitnehmerüberlassungsvertrag eine entsprechende Verpflichtung des Entleihers zu vereinbaren, geeignete Maßnahmen zum Schutz vor unzulässiger Benachteiligung oder Belästigung zu treffen (*Oberwetter* BB 2007, 1109). Den Entleiher treffen diese Pflichten jedoch auch schon nach § 6 Abs. 2 S. 2. 718

5. Rechtsfolgen der Pflichtverletzung

Aus der Einordnung als arbeitsvertragliche Nebenverpflichtung folgt, dass die Möglichkeit der **gerichtlichen Geltendmachung** dieser Pflicht besteht. Hieraus folgt aber auch, dass sich der Arbeitgeber bei ihrer Verletzung **schadensersatzpflichtig** machen kann (vgl. LAG Hamm v. 25.6.2002 – 18 Sa 1295/01, LAG Report 2002, 293, 294). Ein Anspruch nach § 15 besteht nicht (Vgl Schleusener/Suckow/Voigt/*Suckow*, AGG, § 12 Rnr. 56; aA *Bauer/Göpfert/Krieger*, AGG, § 12 Rnr. 5; Wendeling-Schröder/Stein/*Stein*, AGG, § 12 Rnr. 11), jedoch kommt ein Schadensersatzanspruch nach § 280 Abs. 1 BGB in Betracht. Hierbei muss sich 719 der Arbeitgeber ggf. das Verhalten seines Erfüllungsgehilfen nach § 278 BGB zurechnen lassen, wenn er ihn mit den Maßnahmen und Pflichten nach § 12 betraut hat. Die ehemals vorgesehene Sanktionsnorm des § 16 AGG einer Haftung des Arbeitgebers für Dritte ist demgegenüber im Gesetzgebungsverfahren fallen gelassen worden (s. hierzu noch BT-Drucks. 15/4538, S. 7). Ein Rückgriff auf die allgemeinen Vorschriften des Deliktsrechts ist ebenso möglich. Denkbar sind Schadensersatzansprüche gegen den Arbeitgeber aus § 823 Abs. 1 BGB wegen Persönlichkeitsverletzung oder § 823 Abs. 2 BGB i. V. m. § 185 StGB oder i. V. m. § 12 Abs. 1 AGG, wenn man hierin ein **Schutzgesetz** sieht (so einhellig die Literatur für § 11 Abs. 1 BeschSchG: überzeugend *Mästle* NJW 2001, 3317, 3318; *Hohmann* ZRP 1997, 167, 168; aA Schaub/*Linck*, Arbeitsrechts-Handbuch § 36 Rnr. 84, 85). In Betracht kommt der Ersatz **aller materieller Schäden** wie Behandlungs-, Therapie- und Rechtsverfolgungskosten, Verdienstausfall und Bewerbungskosten sowie Schmerzensgeld (*Hohmann,* ZRP 1995, 167, 168). Da sich § 12 Abs. 1 AGG hingegen nicht an den Belästiger richtet und gegen ein Schutzgesetz nur derjenige verstoßen kann, an den sich das Gesetz richtet, scheidet ein Anspruch aus § 823 Abs. 2 BGB i. V. m. § 12 Abs. 1 AGGgen den Belästiger aus (OLG Frankfurt v. 26. 8. 1999 – 15 U 103/97, NJW-RR 2000, 976, 977; *Mästle,* NJW 2001, 3317, 3318).

720 In Art. 8 b Abs. 3 und 4 der **Richtlinie 2002/73/EG** vom 23. 9. 2002 werden die Mitgliedstaaten aufgefordert, in Übereinstimmung mit den nationalen Gesetzen, Tarifverträgen und Gepflogenheiten die Arbeitgeber zu ersuchen, die Gleichbehandlung von Frauen und Männern am Arbeitsplatz in geplanter und systematischer Weise dadurch zu fördern, dass z. B. den Arbeitnehmern in regelmäßigen Abständen **Informationen über die Gleichbehandlung** in ihrem Betrieb gegeben werden (Richtlinie 2002/73/EG des Europäischen Parlaments und des Rates v. 23. 9. 2002, ABl. EG Nr. L 269/19 v. 5. 10. 2002). Diese Informationen können Statistiken über den Anteil von Frauen und Männern auf den unterschiedlichen Ebenen des Betriebs sowie mögliche Maßnahmen zur Verbesserung der Situation in Zusammenarbeit mit den Arbeitnehmervertretern enthalten. Die Durchsetzung der tatsächlichen Gleichstellung gehört gem. § 80 Abs. 1 Nr. 2 a BetrVG zu den **allgemeinen Aufgaben des Betriebsrates.** Er ist hierzu rechtzeitig und umfassend vom Arbeitgeber zu unterrichten (§ 80 Abs. 2 BetrVG). Da der Betriebsrat in regelmäßigen Abständen tagt, sind die Vorschriften des BetrVG ausreichend, um das Ziel der Richtlinie zu erreichen. Die Erstellung von Statistiken ist ohnehin freiwillig.

6. Erfolglosigkeit des Arbeitgeberbemühens

721 Keine Schadensersatzpflicht droht, wenn der Arbeitgeber das ihm Gebotene getan hat, aber erfolglos in einem Bemühen blieb, s. § 12 Abs. 2 S. 2 AGG. Hier kann der Arbeitgeber den Belästigten Arbeitnehmer umsetzen, oder ggf. letztlich auch kündigen, wenn anders nicht Abhilfe geschaffen werden kann. Es gelten hier die gleichen Grundsätze wie bei der Druckkündigung. Diese liegt vor, wenn Dritte dem Arbeitgeber Nachteile androhen, falls er nicht einen bestimmten Arbeitnehmer entlässt. Sie wird – je nach Fallgestaltung – von den Arbeitsgerichten alternativ als betriebs-, verhaltens- oder personenbedingte Kündigung geprüft (s. BAG v. 31.1.1996 – 2 AZR 158/95, NZA 1996, 581). Weil hier die objektive Rechtfertigung der Drohung fehlt, muss sich der Arbeitgeber zunächst schützend vor den Arbeitnehmer stellen und alles ihm Zumutbare tun, um Dritte von ihrer Drohung abzubringen. Nur falls er damit keinen Erfolg hat, kann im Einzelfall die Druckkündigung gerechtfertigt sein, um schwere Schäden vom Betrieb abzuwenden (BAG v. 19.6.1986 – 2 AZR 563/85, NJW 1987, 211). Ein solcher Schaden kann auch die fortgesetzte sexuelle Belästigung sein.

7. Bekanntmachungspflicht

§ 12 Abs. 5 AGG setzt Artikel 10 der Richtlinie 2000/43/EG, Artikel 12 der **722** Richtlinie 2000/78/EG und Artikel 8 der Richtlinie 2006/54/EG um. Der Arbeitgeber ist – wie schon nach dem Beschäftigtenschutzgesetz – verpflichtet, die gesetzlichen Vorschriften einschließlich der maßgeblichen Klagefrist in § 61b ArbGG bekannt zu machen. Um Betroffenen die Wahrnehmung ihrer Rechte zu erleichtern, ist weiter vorgesehen, dass zugleich auch über die vorhandenen, für die Behandlung von Beschwerden nach § 13 Abs. 1 zuständigen Stellen, zu informieren ist (BT-Drucks. 16/1780, S. 37). Jedenfalls dann, wenn sich der Arbeitgeber darauf beschränkt, die Beschäftigten lediglich im Sinne des § 12 Abs. 5 über die für die Behandlung von Beschwerden nach § 13 zuständigen Stellen zu unterrichten, bestehen keine Mitbestimmungsrechte des Betriebsrats nach § 87 Abs. 1 Nr. 1 BetrVG (LAG Hamburg v. 29.10.2008 – 5 TaBV 5/08, Rnr. 28).

Die Bekanntmachung kann durch Aushang oder Auslegung an geeigneter Stelle **723** oder entsprechend der neueren Entwicklung auch unter Einsatz der in dem Betrieb oder der Dienststelle üblichen Informations- und Kommunikationstechnik, wie z. B. das Intranet, erfolgen (Wendeling-Schröder/Stein/*Stein*, AGG, § 12 Rnr. 49). Er braucht die Bekanntmachung externen Bewerbern, die keinen Zugriff auf das Intranet haben, nicht gesondert zukommen zu lassen (ArbG Stuttgart v. 18.1.2012 – 20 Ca 1059/11, NZA-RR 2012, 241). Erforderlich ist aber, dass der Adressatenkreis von der Bekanntmachung Kenntnis erlangen kann (BT-Drucks. 16/1780, S. 37).

IV. AGG und Tarifvertrag

1. Adressaten des Diskriminierungsverbots

Grundsätzlich sind vom Anwendungsbereich des AGG gem. § 2 Abs. 1 Nr. 2 **724** AGG alle „individual- und kollektivrechtlichen Vereinbarungen und Maßnahmen bei der Durchführung und Beendigung eines Beschäftigungsverhältnisses sowie für den beruflichen Aufstieg" erfasst und somit am Maßstab der Diskriminierungsverbote der §§ 1, 7 AGG zu messen. Die Wortwahl lehnt sich an der Formulierung des ehemaligen § 611a BGB und § 81 Abs. 2 SGB IX an („Vereinbarung oder einer Maßnahme, insbesondere bei der Begründung des Arbeitsverhältnisses, beim beruflichen Aufstieg, bei einer Weisung oder einer Kündigung,) und greift die zugrundeliegenden unionsrechtlichen Vorschriften (Art. 3 Abs. 1 lit. a RL 2000/78/EG, Art. 4 Abs. 1 lit. a RL 2000/43/EG und Art. 1 lit. a und b RL 2006/54/EG) auf. Dem Diskriminierungsverbot steht damit nicht entgegen, dass es sich um tarifvertragliche Regelungen handelt.

725 Verpflichtet, nicht zu diskriminieren, kann aber nur derjenige sein, der selbst gehandelt hat. Bei einer tarifvertraglichen Regelung wären dies folglich die Tarifvertragsparteien. Die Tarifvertragsparteien dürfen damit zwar nicht diskriminieren, dies bezieht sich aber eben nur auf ihre konkrete eigene Tätigkeit. Bei dieser müssen sie die Arbeitnehmer gleich behandeln, dürfen also keine unterschiedlichen Löhne für Männer und Frauen festlegen.

726 Ein Vergleich mit anderen Tarifverträgen, bei deren Entstehung die Tarifvertragspartei nicht mitgewirkt hat, verbietet sich hingegen. Sehen also die Tarifvertragsparteien geringere Löhne als ein anderer Tarifvertrag vor, so ist dies keine Diskriminierung, sondern eine zulässige Ungleichbehandlung von Ungleichem. Ein Gebot, mit der Entgelthöhe die Entgelte anderer Tarifvertragsparteien nachzuvollziehen, existiert nicht und verbietet sich überdies bereits aus verfassungsrechtlichen Gründen vor dem Hintergrund der Tarifautonomie (Art. 9 Abs. 3 GG). Jedes andere Ergebnis hätte zur Folge, dass eine Orientierung an dem höchsten Tarifvertrag erfolgen würde. Dieses Ergebnis gilt selbst dann, wenn von einem Tarifvertrag überdurchschnittlich viele Frauen, vom anderen Tarifvertrag überdurchschnittlich viele Männer betroffen sind. Die Tarifvertragspartei kann allein an ihren eigenen Taten und Leistungen gemessen werden, nicht aber an den Leistungen und (Wohl-)Taten anderer – sonst würde sie jeglichen eigenen Spielraums beraubt.

2. Vergleichsgruppen

727 Die maßgebende Vergleichsgruppe im Arbeitsrecht umfasst grundsätzlich alle Arbeitnehmer eines Arbeitgebers. Darüber hinaus kann es Fälle eines den einzelnen Arbeitgeber übergreifenden Vergleichs geben, etwa wenn Tarifverträge mehrere Unternehmen erfassen oder eine Konzernmutter einheitlich die Arbeitsbedingungen in allen Betrieben ihrer Töchter vorgibt (Schlussanträge des GA *Geelhoed* v. 14. 3. 2002 im Verfahren „*Lawrence*, EuGH – C-320/00, Slg. 2002, I-7325; s. auch EuGH v. 13. 1. 2004 – C-256/01, Slg 2004, I-873 - *Allonby*; hierzu auch *Thüsing*, DB 2002, 2601). Erfasst wird immer der gesamte Regelungsbereich. Vergleichsgruppe beim Tarifvertrag ist damit der gesamte normative Anwendungsbereich (personell, örtlich, sachlich, dazu ausführlich MüKo/*Thüsing*, § 3 AGG Rnr. 2 ff.). Weiter erforderlich ist das Vorliegen einer vergleichbaren Situation (s. etwa BAG v. 7. 4. 2011 – 8 AZR 679/09, AP AGG § 15 Nr. 6).

728 Eine Entscheidung des BAG illustriert das Problem der Bestimmung der richtigen Vergleichgruppe. Der Sachverhalt ist schnell umschrieben: Die Klägerinnen machten geltend, dass sie als Sozialarbeiterinnen nach den Regelungen des Bundes-Angestelltentarifvertrags weniger verdienten als Ingenieure, obwohl beide Tätigkeiten einen Fachhochschulabschluss voraussetzten. Weil die Sozialarbeit vorwiegend von Frauen ausgeübt wird, Ingenieure aber überwiegend Männer sind, seien Frauen damit geschlechtsbedingt benachteiligt. Das BAG wies die

IV. AGG und Tarifvertrag

Klage ab und stellte fest, die Klägerinnen hätten falsche Vergleichsgruppen gebildet, da sie sich eine Arbeitnehmergruppe mit Fachhochschulabschluss herausgenommen, nicht aber alle vom Bundes-Angestelltentarifvertrag erfassten Tätigkeiten in Bezug genommen hätten, soweit sie einen solchen Abschluss voraussetzen. Hier sei eine Schlechterstellung nicht nachzuweisen (BAG v. 10.12.1997 – 4 AZR 264/96, BAGE 87, 272).

Ein Gleichbehandlungsgebot besteht also nur, wenn die relevanten Gruppen in dem hier beschriebenen Sinne vergleichbar sind. Aus diesen Gründen würde die Argumentation nicht verfangen, dass eine Tätigkeit „halbgleichwertig" zu einer anderen ist und demnach auch sämtliche Leistungen hälftig zu gewähren sind. Diese Funktion hat das AGG gerade nicht, wird hier ja gerade auch nicht mehr auf ein verpöntes Kriterium abgestellt. Eine solche relative Gleichbehandlung gebietet sich allenfalls dann, wenn die Tätigkeiten qualitativ vergleichbar sind und nur ein quantitativer Unterschied besteht, wie dies bei der Teilzeitbeschäftigung gegeben ist, wo folgerichtig auch der Grundsatz *„pro rata temporis"* (§ 4 Abs. 1 S. 2 TzBfG) greift. Die unterschiedliche Bezahlung von unterschiedlichen Gruppen von Beschäftigten beruht damit auf einer qualitativ unterschiedlichen und damit diskriminierungsrechtlich nicht vergleichbaren Tätigkeit, sodass sie keine Diskriminierung nach §§ 1, 3, 7 AGG darstellen kann.

729

3. Rechtfertigung – Einschätzungsprärogative der Tarifparteien

Die *Tarifautonomie* selbst stellt keinen sachlichen Grund zur Ungleichbehandlung dar, jedoch stellt sich die Frage, ob den Vertragsparteien eine begrenzte Einschätzungsprärogative zugutekommen kann bei der Beurteilung dessen, was ein sachlicher Grund ist, der eine mittelbare Ungleichbehandlung wegen des Geschlechts rechtfertigen kann. Es kann zwar trotz des besonderen Sachgrundes den Tarifvertragsparteien nicht unterstellt werden, dass die Regelung stets den Anforderungen des Diskriminierungsschutzes genüge, jedoch entspricht die Anerkennung einer Einschätzungsprärogative der Tarifvertragsparteien gefestigter Rspr. auch in anderen Fragen des Gleichbehandlungsrechts. Dem EuGH ist eine abschließende Grenzziehung noch nicht geglückt. Er weist darauf hin, dass nicht nur die Mitgliedstaaten, sondern auch „gegebenenfalls die Sozialpartner auf nationaler Ebene über einen weiten Ermessensspielraum nicht nur bei der Entscheidung über die Verfolgung eines bestimmten sozial- und beschäftigungspolitischen Ziels, sondern auch bei der Festlegung der für seine Erreichung geeigneten Maßnahmen verfügen (vgl. in diesem Sinne EuGH v. 5.7.2012 – C-141/11, NZA 2012, 785 Rnr. 32). Anderseits betont er in der Rs. *Hennings* (EuGH v. 8.9.2011 – C-297/10, C-298/10, NZA 2011, 1100): „Das Wesen durch Tarifvertrag erlassener Maßnahmen unterscheidet sich vom Wesen einseitig im Gesetz- oder Verordnungsweg von den Mitgliedstaaten erlassener Maßnahmen dadurch, dass die Sozialpartner bei der Wahrnehmung ihres in Art. 28 der Charta anerkannten Grundrechts auf Kollektivverhandlungen darauf geachtet haben, einen Ausgleich zwischen ihren jeweiligen Interessen festzulegen … Soweit das in Art. 28 der Charta proklamierte Recht auf Kollektivverhandlungen Bestandteil des Unionsrechts ist, muss es im Rahmen der Anwendung des Unionsrechts im

730-737

Einklang mit diesem ausgeübt werden ... Deshalb müssen die Sozialpartner beim Erlass von Maßnahmen, die in den Anwendungsbereich der im Bereich von Beschäftigung und Beruf das Verbot der Diskriminierung wegen des Alters konkretisierenden Richtlinie 2000/78/EG fallen, diese Richtlinie beachten". Folgerungen aus diesen recht allgemeinen Sätzen sind schwierig (zu Recht kritisiert *Forst*, EuZA 2012, 225 f., dass der EuGH es versäumt, Art. 28 der Charta zu präzisieren). Letztlich dürfte sich der Prüfungsmaßstab nationaler Gesetze und Tarifverträge nicht unterscheiden.

Teil 2: Arbeitsrechtliche Benachteiligungsverbote außerhalb des AGG

K. Verbot der Benachteiligung wegen Teilzeit und Befristung gemäß § 4 Abs. 1 und 2 TzBfG

Literatur: *Ahrend/Förster,* Betriebliche Altersversorgung auch für Teilzeitbeschäftigte, DB 1982, 1563; *Ahrend/Rühmann,* Betriebliche Altersversorgung – Bedeutung der Gleichbehandlung, AuA 1992, 207; *Ars/Teslau,* Der Ausschluss befristet beschäftigter Arbeitnehmer aus der betrieblichen Altersversorgung, NZA 2006, 297; *Bedhun,* Neues zur Gleichbehandlung von Teilzeitbeschäftigten, AuR 1996, 485; *Biermann,* Die Gleichbehandlung von Teilzeitbeschäftigten bei entgeltlichen Ansprüchen, 2000; *Feldhoff,* Mittelbare Diskriminierung teilzeitbeschäftigter Frauen, ZESAR 2008, 509; *Kallenborn-Schmidtke,* Nocheinmal: Die Gestaltungsfreiheit der Tarifvertragsparteien beim sachlichen Grund in § 2 Abs. 1 BeschFG 1990, ZTR 1993, 195; *Kort,* Zur Gleichbehandlung im deutschen und europäischen Arbeitsrecht, insbesondere beim Arbeitsentgelt teilzeitbeschäftigter Betriebsratsmitglieder, RdA 1997, 277; *Lubnow,* Die Rechtsprechung zur Gleichbehandlung von Teilzeitbeschäftigten in der betrieblichen Altersversorgung, BB 1992, 1204; *Oehlers,* Das Benachteiligungsverbot für Teilzeitbeschäftigte, Dissertation Köln 1988; *Otte,* Eingruppierung nach beruflicher Vorbildung und Diskriminierungsverbot, ZTR 1992, 460; *Peifer,* Die Teilzeitbeschäftigung in der neueren Rechtsprechung des Bundesarbeitsgerichts, ZfA 1999, 271; *Peter,* Anteilige Schicht- bzw. Wechselschichtzulage für Teilzeitbeschäftigte, ZTR 2007, 646; *Richardi,* Das Gleichbehandlungsgebot für Teilzeitarbeit und seine Auswirkungen auf Entgeltregelungen, NZA 1992, 625; *Rzadkoswski,* Zur Dauer des Erholungsurlaubs für Teilzeitbeschäftigte, PersR 1993, 161; *Saunders,* Gleiches Entgelt für die Teilzeitarbeit, 1997; *Schlüter,* Überstunden bei Teilzeitbeschäftigungsverhältnissen, RdA 1995, 113; *Schmidt, M.,* Neue Probleme der Teilzeitarbeit – Zur Rechtmäßigkeit der Bevorzugung Teilzeitbeschäftigter und zum Anspruch auf Reduzierung der Arbeitszeit –, AuR 2002, 245; *Schüren,* Der Anspruch Teilzeitbeschäftigter auf Überstundenzuschläge, RdA 1990, 282; *ders.,* Überstundenzuschläge für Teilzeitbeschäftigte, NZA 1993, 529; *ders.,* Gestaltungsfreiheit der Tarifvertragsparteien beim sachlichen Grund in § 2 BeschFG 1990, ZTR 1992, 355; *Stückmann,* Überstundenzuschläge für Teilzeitbeschäftigte – Endlich entschieden?, DB 1995, 826; *Thüsing,* Das Verbot der Diskriminierung wegen Teilzeit oder Befristung nach § 4 TzBfG, ZfA 2002, 249; *ders.,* Ungleichbehandlung geringfügig Beschäftigter in Tarifverträgen, ZTR 2005, 118; *Wachter,* Die Überstundenentlohnung bei Teilzeitbeschäftigten in Österreich, AuR 1980, 328.

I. Allgemeines

§ 4 Abs. 1 TzBfG setzt § 4 RV-Teilzeit um; § 4 Abs. 2 TzBfG setzt § 4 RV-Befristung um. Ihr Zweck ist, die Beseitigung von Diskriminierung von Teilzeitbeschäftigten sicherzustellen und die Qualität der Teilzeitarbeit zu verbessern bzw. durch Anwendung des Grundsatzes der Nicht-Diskriminierung die Qualität befristeter Arbeitsverhältnisse zu verbessern (§ 1a RV-Teilzeit; § 1a RV-Befristung). Diese jeweils an den Anfang der Rahmenvereinbarungen gesetzte Zweckbestimmung umreißt die Bedeutung, die das Diskriminierungsverbot für das TzBfG

738

K. Verbot der Benachteiligung wegen Teilzeit und Befristung

hat. Die Norm ist ein zentraler Baustein im Recht der Teilzeitbeschäftigten, wie auch die Begründung des deutschen Gesetzgebers bestätigt (BT-Drucks. 14/4374, S. 16). Ob eine ausdrückliche Normierung zur Umsetzung erforderlich war, oder man sich mit dem richterrechtlich herausgebildeten allgemeinen Gleichbehandlungsgrundsatz hätte begnügen können (s. Rnr. 926), kann nach Inkrafttreten des Gesetzes dahingestellt bleiben (für erforderlich halten es *Preis/Gotthardt*, DB 2000, 2070; *Wank/Börgmann*, RdA 1999, 383, 385; zur begrenzten Möglichkeit, Richtlinien durch Richterrecht umzusetzen EuGH v. 19. 5. 1999 – Rs. C-225/97, Slg. 1999, 3041; siehe hierzu auch *Thüsing/Lambrich*, BB 2002, 1146).

739 Das **Diskriminierungsverbot** ist **eines unter vielen** europarechtlich vorgegebenen: Durch die Richtlinie 2006/54/EG wird der deutsche Gesetzgeber verpflichtet, dem Arbeitgeber die Gleichbehandlung von Mann und Frau aufzugeben, nach Richtlinie 2000/43/EG soll der Arbeitgeber dazu verpflichtet werden, seine Arbeitnehmer nicht nach der Rasse und der ethnischen Zugehörigkeit zu unterscheiden; Richtlinie 2000/78/EG verbietet ihm die Unterscheidung nach der Religion oder der Weltanschauung, der Behinderung, des Alters oder der sexuellen Ausrichtung. Alle diese Diskriminierungsverbote finden ihre Grundlage in Art. 19 AEUV (ex-Art 13 EGV). Die Verbote des § 4 TzBfG können demgegenüber nicht aus europäischem Primärrecht hergeleitet werden. Sie unterscheiden sich dadurch, dass hiermit nicht das Merkmal oder die Eigenschaft eines Arbeitnehmers angesprochen werden, sondern bestimmte arbeitsvertragliche Gestaltungen einem Diskriminierungsverbot unterworfen werden. Das knüpft am Vertrag, nicht am Arbeitnehmer an. Damit stellt die Norm eine **wesentliche Fortentwicklung** des Diskriminierungsschutzes dar.

740 Nicht erfasst vom Schutz dieser Sonderform eines Arbeitsverhältnisses sind die **Leiharbeitnehmer.** Gemäß Nr. 13 der Präambel der Richtlinie 99/70/EG bestand die Überlegung, auch hierzu eine Regelung zu treffen; dies wurde jedoch auf später verschoben und inzwischen mit der Richtlinie 2008/104/EG verwirklicht. Man ist auf dem durch das TzBfG eingeschlagenen Weg weiter gegangen und hat auch hier ein Gleichbehandlungsgebot geschaffen, um der „Flucht aus dem normalen Arbeitsverhältnis" Rechnung zu tragen (s. auch den Vorschlag für eine Richtlinie des Europäischen Parlaments und des Rates über die Arbeitsbedingungen von Leiharbeitnehmern v. 20. 3. 2002, KOM [2002] 149 endgültig). Dessen wirtschaftliche Sinnhaftigkeit (s. *Thüsing*, DB 2002, 2218; *ders.*, DB 2003, 446. Eingehend auch *Rieble/Klebeck*, NZA 2003, 23) und auch dessen Verfassungskonformität (ausführlich *Kämmerer/Thüsing*, Leiharbeit und Verfassungsrecht, 2005) sind zweifelhaft, wurden vom BVerfG allerdings bejaht (BVerfG v. 29. 12. 2004 – 1 BvR 2283/03 u. a., APAEntG § 3 Nr. 2).

741 Entsprechend der Bedeutung der Norm richtet sie sich nicht nur an den Arbeitgeber, sondern auch an die Tarifvertragsparteien und die Betriebspartner (a. A. noch für § 2 BeschFG: LAG Berlin v. 27. 8. 1999 – 6 Sa 564/99, AuR 2000, 117). Sie ist **nicht abdingbar,** und zwar auch nicht durch Tarifvertrag (BAG v. 25. 4. 2007 – 6 AZR 746/06, BAGE 122, 215; BAG v. 11. 12. 2003 – 6 AZR 64/03, AP Nr. 7 zu § 4 TzBfG;. BAG v. 15. 10. 2003 – 4 AZR 606/02, AP Nr. 87 zu § 2 BeschFG 1985). Damit wird eine Unklarheit im Wortlaut des BeschFG beseitigt (§ 6 Abs. 1 BeschFG i. V. m. § 2 Abs. 1 BeschFG), die das BAG im Wege verfassungskonformer Auslegung bereinigen musste (BAG v. 28. 7. 1992 – 3 AZR

173/92, BB 1993, 437; BAG v. 28.3.1996 – 6 AZR 501/95, NZA 1996, 1280; BAG v. 24.5.2000 – 10 AZR 629/99, NZA 2001, 216 – auch mit Hinweis auf den Gleichheitssatz und das Verbot der mittelbaren Frauendiskriminierung). Die Vorschrift ist **Verbotsgesetz** im Sinne des § 134 BGB; ErfK/*Preis*, § 4 TzBfG Rnr. 5; ebenso für die Vorgängernorm § 2 BeschFG *Richardi*, NZA 1992, 625, 626). Unklar ist jedoch, ob es sich darüber hinaus um ein **Schutzgesetz** im Sinne des § 823 Abs. 2 BGB handelt (hierfür MHH-*Herms*, TzBfG § 4 Rnr. 56; für die Vorgängernorm BAG v. 12.6.1996 – 5 AZR 960/94, BB 1997, 262; BAG v. 25.4.2001 – 5 AZR 368/99, BB 2001, 1908; aA. die Vorinstanz LAG Niedersachsen v. 11.5.1999 – 16a Sa 2078/98, LAGE Nr. 33 zu § 2 BeschFG; ErfK/*Preis*, § 4 TzBfG Rnr. 6; *Adomeit*, NJW 1997, 2295). Die besseren Argumente sprechen dagegen: Schutzgesetze im Sinne des § 823 Abs. 2 BGB sind typischerweise Vorschriften, die Verhaltenspflichten normieren für einen Schädiger, der in keiner vertraglichen Beziehung zum Geschädigten steht. Hier ist ein Anspruch auf deliktischen Schadensersatz zum effektiven Rechtsschutz erforderlich. In das haftpflichtrechtliche Gesamtsystem des Zivil- und Arbeitsrechts passt der generelle Schutzgesetzcharakter des § 823 Abs. 2 BGB jedoch nicht (ebenso ErfK/*Preis*, § 4 TzBfG Rnr. 6). Nicht jede zwingende arbeitsrechtliche Vorschrift ist gleichzeitig auch Schutzgesetz. Ist Schadensersatz geltend zu machen, so ist dessen Grundlage die Verletzung arbeitsvertraglicher Pflichten. Allerdings führt dies dazu, dass (tarif-)vertragliche Ausschlussfristen, die deliktische Ansprüche u. U. nicht umfassen, die Geltendmachung des Anspruchs verhindern können. Dies ist jedoch hinzunehmen, und ebenso sprechen die besseren Argumente dafür, auch anderen Diskriminierungsverboten nicht den Charakter eines Schutzgesetzes beizulegen; das AGG und das TzBfG schafft seine eigenen Sanktionen, ohne dass ein Rückgriff auf § 823 Abs. 2 BGB zulässig wäre (ebenso MüKo/*Thüsing*, AGG, § 21 Rnr. 77; auch Staudinger/*Annuß*, BGB, Neubearbeitung 2005, § 611a Rnr 81 sowie *Ehmann/Emmert*, SAE 1997, 253 und MüKo/*Müller-Glöge*, 4. Aufl. 2004, BGB, § 611a Rnr. 41 zum alten § 611a BGB; aA. Erman/*Belling*, § 15 AGG Rnr. 13; Däubler/Bertzbach/*Deinert*, AGG, § 15 Rnr. 124; auch LAG Hamm 21.11.1996 – 17 Sa 987/96, BB 1997, 844 zu § 611a BGB).

II. Entstehungsgeschichte

1. Teilzeitbeschäftigte

Das Verbot der Benachteiligung Teilzeitbeschäftigter wurde bereits in der **Rechtsprechung** formuliert, bevor es der Gesetzgeber ausdrücklich normierte. Die Rechtsgrundlagen hierfür waren unterschiedlich: Der EuGH entschied bereits 1981, dass in der Benachteiligung von Teilzeitbeschäftigten eine mittelbare Frauendiskriminierung liegen könne, die durch Art. 119 EWGV (jetzt Art. 157 AEUV) sowie Richtlinie 76/207/EWG (jetzt 2006/54/EG) verboten sein kann (s. EuGH v. 31.3.1981 – 96/80, AP BetrAVG § 1 Nr. 1 zu § 1 Gleichbehandlung [*Pfarr*]; später EuGH v. 7.2.1991 – C-184/89, AP BAT § 23 a Nr. 25; EuGH v. 13.5.1986 – 170/84, BB 1986, 1509; siehe hierzu auch *Saunders*, Gleiches Entgelt für Teilzeitarbeit, 1997, S. 21, 23): Teilzeitarbeitnehmer sind überwiegend

K. Verbot der Benachteiligung wegen Teilzeit und Befristung

Frauen (für Statistiken vgl. Angaben in BAG v. 20.11.1990 – 3 AZR 613/89, BB 1991, 1570 und BT-Drucks. 14/4374, S. 11). Werden sie benachteiligt, ohne dass dafür ein sachlicher Grund besteht, dann bedeutet dies eine unzulässige mittelbare Diskriminierung wegen des Geschlechts.

743 Fast zeitgleich entwickelte sich die **Rechtsprechung des BAG.** Dies hat schon 1982 Benachteiligungen speziell wegen der Teilzeitbeschäftigung bei der betrieblichen Altersversorgung für unwirksam erklärt „wenn nicht besondere Gründe vorliegen, die eine solche Unterscheidung sachgerecht erscheinen lassen" (BAG v. 6.4.1982 – 3 AZR 134/79, BB 1982, 1176). Das Gericht stützte sich dabei auf den allgemeinen Gleichbehandlungsgrundsatz; eine unterschiedliche Betroffenheit von Frauen und Männern war nicht entscheidungserheblich. 1985 bestätigte der Gesetzgeber diese Rechtsprechung durch § 2 BeschFG. Obwohl es in der Gesetzesbegründung hieß, die Regelung verbessere die Rechtsstellung des Teilzeitarbeitnehmers (BT-Drucks. 10/3217, S.1), wurde hierdurch nur die bisherige Rechtslage festgeschrieben (s. auch BAG v. 28.7.1992 – 3 AZR 173/92, BB 1993, 437: „Das Verbot einer Ungleichbehandlung ohne sachliche Rechtfertigung galt auch in Bezug auf Teilzeitbeschäftigte nicht erst seit dem Inkrafttreten des BeschFG am 1.5.1985. § 2 Abs. 1 BeschFG konkretisiert lediglich ohnehin geltendes Recht"). In der Folgezeit stützte die Rechtsprechung das Gebot zur Gleichbehandlung Teilzeitbeschäftigter vor allem hierauf (BAG v. 25.1.1989 – 5 AZR 161/88, BB 1989, 1271; BAG v. 15.11.1990 – 8 AZR 283/89, BB 1991, 981; BAG v. 6.12.1990 – 6 AZR 159/89, BB 1991, 2299), nahm aber auch weiterhin Rückgriff auf den allgemeinen Gleichbehandlungsgrundsatz (BAG v. 25.10.1994 – 3 AZR 149/94, NZA 1995, 730) und den Gleichheitssatz nach Art. 3 Abs. 1 GG, den es ergänzend zur Begründung des allgemeinen Gleichbehandlungsgrundsatzes insbesondere bei der Kontrolle von Tarifverträgen heranzog (BAG v. 7.3.1995 – 3 AZR 282/94, BB 1995, 2217; BAG v. 16.1.1996 – 3 AZR 767/94, BB 1996, 1225; BAG v. 27.2.1996 – 3 AZR 886/94, BB 1996, 1561; BAG v. 12.3.1996 – 3 AZR 993/94, BB 1996, 1512).

744 § 4 Abs. 1 S. 1 TzBfG entspricht weitgehend dem ehemaligen § 2 Abs. 1 BeschFG. Weil nach den **Vorgaben der Richtlinie** auch in tarifvertraglichen Regelungen nicht vom Benachteiligungsverbot abgewichen werden darf, wurde der Wortlaut jedoch sprachlich der Rahmenvereinbarung über Teilzeitarbeit angepasst und nicht der Arbeitgeber als alleiniger Verbotsadressat benannt, sondern durch die passive Formulierung auch die Tarifvertragsparteien und Betriebspartner als mögliche Regelungsadressaten aufgenommen. § 4 Abs. 1 S. 2 TzBfG findet keine Entsprechung im § 2 BeschFG. Mit der Festschreibung des *pro-rata-temporis*-Grundsatzes wird die Gleichbehandlung konkretisiert in Übereinstimmung mit vorangegangener Rechtsprechung. Das TzBfG schreibt hier das bisherige Recht inhaltsgleich fort (BAG v. 16.1.2003 – 6 AZR 222/01, NZA 2003, 971; „Die gesetzliche Regelung zur anteiligen Vergütung für den Bereich der Teilzeitarbeit in § 4 Abs. 1 S. 2 TzBfG schafft gegenüber der früheren Vorschrift des § 2 Abs. 1 BeschFG keine neue Rechtslage.").

745 Die Besonderheit des § 4 TzBfG liegt damit vor allem in der **Konkretisierung des sachlichen Grundes.** Dass Teilzeit oder Befristung selber keine Gründe zur Differenzierung darstellen können, darf – trotz abweichender Formulierung in Rechtsprechung und Schrifttum (so noch ErfK/*Preis*, § 2 BeschFG Rnr. 2; BAG

II. Entstehungsgeschichte

v. 6.4.1982 – 3 AZR 134/79, NJW 1982, 2013; BAG v. 25.1.1989 – 5 AZR 161/88, BB 1989, 1271; EuGH 13.5.1994, AP EWG-Vertrag Art. 119 Nr. 10; EuGH 13.7.1989, AP EWG-Vertrag Art. 119 Nr. 16; a. A. noch LAG Köln v. 5.2.1986 – 5 Sa 1086/85, BB 1986, 2057. Wie hier jetzt auch ErfK/*Preis*, § 4 TzBfG Rnr. 2) – nur als Grundsatz verstanden werden. Entscheidend ist, ob sie bezogen auf die konkrete Ungleichbehandlung einen sachlichen Grund bilden; dann ist eine Ungleichbehandlung nicht ausgeschlossen. Dies belegt nicht nur der Wortlaut, sondern auch die Genese der Norm: Als gesetzgeberische Nachschöpfung der mittelbaren Diskriminierung wegen des Geschlechts hatte § 2 BeschFG das Verbot der Teilzeitdiskriminierung vom Nachweis der überproportionalen Betroffenheit des Geschlechts losgekoppelt, aber keine inhaltliche Änderung bewirkt. Die Vorstellung, dass an den sachlichen Grund des § 2 BeschFG, jetzt also § 4 Abs. 1 TzBfG, weniger strenge Anforderungen zu stellen sind als an den sachlichen Grund, der eine mittelbare Ungleichbehandlung wegen des Geschlechts rechtfertigt, findet sich zwar in älterer Rechtsprechung des BAG (s. z.B. BAG v. 14.3.1989 – 3 AZR 490/87, NZA 1990, 25; BAG v. 26.5.1993 – 5 AZR 184/92, NZA 1994, 413; BAG v. 5.10.1993 – 3 AZR 695/92, NZA 1994, 315; BAG v. 23.1.1990 – 3 AZR 58/88, NZA 1990, 778; BAG v. 20.11.1990 – 3 AZR 613/89, NZA 1991, 635; *Lipke*, AuR 1991, 76; m.w.N.; a. A. bereits *Eich*, NJW 1980, 2331). Heute besteht jedoch Einigkeit da-rüber, dass mit der Schaffung des § 2 BeschFG und nun durch § 4 Abs. 1 TzBfG das Rechtsinstitut der mittelbaren Geschlechtsdiskriminierung in Bezug auf Teilzeitbeschäftigte irrelevant wurde (s. auch MünchArbR/*Schüren*, § 45 Rnr. 138; *Winter*, ZTR 2001, 7; unnötig vorsichtig TZA/*Buschmann*, § 4 TzBfG Rnr. 8: „Die objektiven Faktoren des Art. 119 EGV/141 EG und die sachlichen Gründe des § 4 Abs. 1 S. 1 werden sich im Einzelfall weitgehend decken."). Ein Verstoß gegen das Verbot der mittelbaren Geschlechtsdiskriminierung, nicht aber gegen dasjenige der unmittelbaren Teilzeitdiskriminierung, wurde, soweit ersichtlich, in keinem Urteil angenommen. Der Rechtfertigungsmaßstab ist derselbe. Die verschwommene Terminologie, die zwischen „sachlichem Grund" und einer „Behandlung, die einem wirklichen Bedürfnis des Unternehmens dient und für die Erreichung dieses Ziels geeignet und nach den Grundsätzen des Verhältnismäßigkeitsgrundsatzes erforderlich und angemessen ist" (BAG v. 14.3.1989 – 3 AZR 490/87, BB 1989, 2115 m. zahlr. w. N.; siehe auch die Rechtfertigung der mittelbaren Diskriminierung in den Art. 2 Abs. 2 b Richtlinie 2000/78/EG und Art. 2 Abs. 2 b Richtlinie 2000/43/EG: Kriterien, die durch ein rechtmäßiges Ziel sachlich gerechtfertigt sind, und zur Erreichung des Ziel angemessen und erforderlich sind), unterschied, kann hierüber nicht hinweg täuschen. Die Differenz zwischen diesen Begriffen zu beschreiben ist sprachlich kaum möglich und sachlich entbehrlich; eine überzeugende Trennlinie scheint ohnehin rationell nicht begründbar.

2. Befristet Beschäftigte

Das Verbot der Diskriminierung von befristet Beschäftigten findet vor der Rahmenvereinbarung keinen europarechtlichen Vorläufer. Auch hier wird jedoch die erweiterte Durchsetzung des Verbots der Frauendiskriminierung mitursächlich ge-

746

wesen sein und das Verbot mittelbarer Diskriminierung der Geschlechter eine Brücke, die zur Neuregelung geführt hat. So stellt Nr. 9 der Präambel der RV-Befristung ausdrücklich fest, dass mehr als die Hälfte der Arbeitnehmer im befristeten Arbeitsverhältnis in der europäischen Union Frauen sind und durch diese Vereinbarung zur Verbesserung der Chancen der Gleichbehandlung zwischen Frauen und Männern beigetragen werden kann. Entscheidungen des EuGH allerdings, die eine Ungleichbehandlung befristeter Beschäftigung im Hinblick auf eine mittelbare Geschlechtsdiskriminierung für unzulässig gehalten hätten, sind nicht ersichtlich. Auch die Rechtsprechung des BAG ist hierzu sehr viel unergiebiger als zur Diskriminierung Teilzeitbeschäftigter. Streitpunkt war hier zumeist die Zulässigkeit von befristeten Verträgen, nicht aber ihre inhaltliche Ausgestaltung; nur Letztere aber wird vom Diskriminierungsverbot erfasst. Hier gab es nur vereinzelte Entscheidungen, die das Verbot der Ungleichbehandlung befristet Beschäftigter unter dem Gesichtspunkt des allgemeinen Gleichbehandlungsgrundsatzes beleuchten, siehe Rnr. 802. In anderen europäischen Ländern war man hier weiter voraus. Insbesondere das französische Recht war ein wichtiger Anstoß für die europarechtliche Normierung. Seit dem 12. Juli 1990 bestimmt Art. L. 122–3-3 CT ganz im Sinne von § 4 Abs. 2 S. 2 TzBfG, dass die Vergütung, die ein befristet Beschäftigter erhält, mindestens so hoch wie die eines unbefristet Beschäftigten gemessen an der Zeitspanne der Beschäftigung sein muss (Art. Loi 122–3-3 CT: *„La rémunération, au sens de l'article L0.120–2, que perçoit le salarié sous contrat de travail à durée déterminée ne peut être inférieure au montant de la rémunération que percevrait dans la même entreprise, après période d'essai, un salarié sous contrat de travail à durée indéterminée de qualification équivalente et occupant les mêmes actions;* siehe hierzu auch *Verkindt*, L'application du principe d'égalité de traitement au travailleur précaire, Droit social 1995, S. 870 f.). Die Kritik, den Schutz befristet Beschäftigter besser durch andere Regelungen als durch ein Diskriminierungsverbot realisieren zu können, und die allzu enge Anlehnung der RV-Befristung an die RV-Teilzeit wird man trotz dieser Vorbilder ernst nehmen müssen (*Kreimer-de Fries*, AuR 1997, 314; siehe auch *Kaufmann*, AuR 1999, 332, die darauf hinweist, dass die Arbeitgeberseite ursprünglich nur über einen Diskriminierungsschutz Befristeter verhandeln wollte, nicht aber über Regelungen zur Zulässigkeit von Befristungen). Freilich finden sich hier Friktionen eher bei der Zulässigkeit von befristeten Arbeitsverträgen, nicht bei deren Ausgestaltung (einzig zum *pro-rata-temporis*-Grundsatz siehe Rnr. 767, 813).

747 Die Regelung des § 4 Abs. 2 TzBfG findet eine direkte Entsprechung in § 4 der RV-Befristung. § 4 Abs. 2 S. 1 TzBfG setzt § 4 Abs. 1 der RV-Befristung in deutsches Recht um, § 4 S. 2 TzBfG folgt dem in § 4 Abs. 2 der RV-Befristung normierten *pro-rata-temporis*-Grundsatz, § 4 Abs. 2 S. 3 TzBfG bezieht sich auf § 4 Abs. 4 der Vereinbarung.

III. Zeitlicher Anwendungsbereich

748 § 4 TzBfG ist **seit dem 1.1.2001** geltendes Recht. Die Norm ist auf alle nach ihrem Inkrafttreten begründeten Arbeitsverhältnisse und ab diesem Stichtag auch auf solche Arbeitsverhältnisse anwendbar, die bereits zuvor bestanden haben

IV. Struktur der Diskriminierungsverbote

(BAG v. 11.12.2003, 6 AZR 19/03, n.v. [juris]; BAG v. 15.10.2003 – 4 AZR 606/02, NZA 2004, 551; BAG v. 15.1.2003 – 7 AZR 346/02, NZA 2003, 914). Zuvor galt für die Teilzeitbeschäftigten ab dem 1.5.1985 § 2 Abs. 1 BeschFG. Auch hier war das Diskriminierungsverbot bereits bei Erlass der Norm geltendes Recht, denn es wurde zuvor von der Rechtsprechung aus dem allgemeinen Gleichbehandlungsgrundsatz hergeleitet (BAG v. 28.7.1992 – 3 AZR 173/92, BB 1993, 437: „Das Verbot einer Ungleichbehandlung ohne sachliche Rechtfertigung galt auch in Bezug auf Teilzeitbeschäftigte nicht erst seit dem Inkrafttreten des BeschFG am 1.5.1985. § 2 Abs. 1 BeschFG konkretisiert lediglich ohnehin geltendes Recht."). Dies gilt – mit Einschränkung – auch für das Diskriminierungsverbot befristet Beschäftigter. Ungleichbehandlungen vor dem 1.1.2001 haben sich hier an dem allgemeinen Gleichbehandlungsgrundsatz zu messen, der zu demselben Ergebnis führen kann, siehe Rnr. 926 ff.

Soweit die Unzulässigkeit der Ungleichbehandlung auf **Europarecht**, insbesondere die mittelbare Geschlechtsdiskriminierung, gestützt wird, gilt hier als Stichtag die Entscheidung *Defrenne* vom 8.4.1976 (EuGH – 43/75, Slg. 1976, 455). Allein die Zeiten danach sind beim Bewährungsaufstieg und der Altersversorgung Teilzeitbeschäftigter anzurechnen (EuGH v. 28.9.1994 – C-128/93, AP EWG-Vertrag Art. 119 Nr. 56; EuGH v. 11.12.1997 – C-246/96, AP EG-Vertrag Art. 119 Nr. 8). Die europarechtlichen Grenzen gelten jedoch nicht für das deutsche Recht, auch soweit sie das Europarecht konkretisieren (BVerfG v. 27.11.1997 – 1 BvL 12/91, NJW 1998, 1215; siehe auch EuGH v. 10.2.2000 – C-270/97, AP EG-Vertrag Art. 119 Nr. 18, EWiR 2000, 391 *[Thüsing]*). 749

Entsteht durch die rückwirkende Geltendmachung der Diskriminierung eine besondere wirtschaftliche Belastung des Arbeitgebers, kann dies zur Einschränkung führen, wenn der Arbeitgeber von der Rechtmäßigkeit seines Handelns ausgehen konnte, siehe Rnr. 830. Zumindest für die Ungleichbehandlung Teilzeitbeschäftigter werden Korrekturen an der rückwirkenden Pflicht zur Gleichbehandlung jedoch regelmäßig ausscheiden, war dem Arbeitgeber doch spätestens seit 1985 das Diskriminierungsverbot erkennbar. 750

IV. Struktur der Diskriminierungsverbote

1. Allgemeiner Gleichbehandlungsgrundsatz und besondere Diskriminierungsverbote

Der allgemeine arbeitsrechtliche Gleichbehandlungsgrundsatz – anerkannt in der Rechtsprechung seit den Tagen des Reichsarbeitsgerichts (Grundlegend RAG v. 19.1.1938, ARS 33, 172) – verbietet dem Arbeitgeber eine Schlechterstellung einzelner Arbeitnehmer aus sachfremden Gründen gegenüber anderen Arbeitnehmern in vergleichbarer Lage (BAG v. 3.4.1957 – 4 AZR 644/54, AP Nr. 4 zu § 242 BGB Gleichbehandlung; in neuerer Zeit BAG v. 5.7.2000 – 5 AZR 901/98; BAG v. 14.12.1999 – 1 AZR 268/99; BAG v. 3.8.1999 – 1 AZR 677/98 – juris). Seine Geltung ist allgemein anerkannt, seine Herleitung jedoch umstritten. Teilweise wird unmittelbar auf Art. 3 Abs. 1 GG zurückgegriffen, wonach der Ar- 751 beitgeber ebenso wie die öffentliche Gewalt verpflichtet sein soll, wesensmäßig Gleiches gleich zu regeln. Teilweise lehnt man sich an § 315 Abs. 1 BGB an, wonach die arbeitsrechtliche Gleichbehandlungspflicht als ein Unterfall der allgemeinen Billigkeits- und Inhaltskontrollen von arbeitsvertraglichen Einheitsregelungen gewertet wird. Charakteristikum ist, dass jede sachwidrige Ungleichbehandlung verboten ist, gleichzeitig aber auch jeder sachliche Grund zur Rechtfertigung ausreicht.

752 Eine andere Struktur haben die **besonderen Diskriminierungsverbote**, die aus dem europäischen Recht herkommen. Durch sie wird – etwa wie bei § 7 AGG, § 81 Abs. 2 SGB IX – die Unterscheidung nur nach bestimmten Merkmalen verboten, gleichzeitig aber scheidet eine Rechtfertigung durch sachliche Gründe aus. Es handelt sich damit um strengere Differenzierungsverbote, die nur dann nicht greifen, wenn ein bestimmtes Merkmal eine unverzichtbare Voraussetzung für eine bestimmte Tätigkeit ist (Oder wie der europäische Gesetzgeber es ausdrückt: Eine „unabdingbare Voraussetzung" (Art. 2 Abs. 4 Richtlinie 76/207/EWG) bzw. eine „wesentliche und entscheidende berufliche Anforderung" (Art. 4 Richtlinie 2000/43/EG; Art. 4 Abs. 1 Richtlinie 2000/78/EG). Ausführlich hierzu Wiedemann, Die Gleichbehandlungsgebote im Arbeitsrecht, 2001, S. 59ff.). Beide Rechtsinstitute haben jeweils ihre eigene Geschichte, Aufgabe und Rechtsfolge. Der allgemeine Gleichheitssatz spricht die Verteilungsgerechtigkeit bei der Zuweisung von Gütern oder Lasten an. Die besonderen Diskriminierungsverbote haben ihre Wurzel in der Anerkennung der Menschenwürde; sie verbieten es, bestimmte Merkmale zum Unterscheidungskriterium einer Regelung oder einseitigen Maßnahme zu benutzen, wenn dadurch Personen herabgesetzt, ausgegrenzt oder sonst benachteiligt werden. Diskriminierungsverbote stellen allerdings keine absoluten Verhaltensnormen auf, sondern lassen in begrenztem Umfang begründete Ausnahmen zu – bei den verschiedenen Kriterien in unterschiedlichem Maße.

2. Struktur des § 4 TzBfG

a) Sonderfall des allgemeinen Gleichbehandlungsgrundsatzes

753 § 4 TzBfG ist damit ein **modifizierender Sonderfall des allgemeinen Gleichbehandlungsgrundsatzes** (siehe ErfK/*Preis*, § 4 TzBfG Rnr. 4 sowie die unter Rnr. 6 und 18 zitierte Rechtsprechung des BAG. Aus der neueren Rechtsprechung BAG v. 25. 4. 2007 – 6 AZR 746/06, BB 2007, 1680; BAG v. 24. 6. 2004 – 10 AZR 359/96, AP Nr. 6 zu § 34 BAT; BAG v. 11. 12. 2003 – 6 AZR 64/03, AP Nr. 7 zu § 4 TzBfG; BAG v. 16. 11. 2003 – 6 AZR 222/01, AP Nr. 3 zu § 4 TzBfG; BAG v. 5. 11. 2003 – 5 AZR 8/03, AP Nr. 6 zu § 4 TzBfG („gesetzlich geregelter Sonderfall des allgemeinen Gleichheitssatzes des Art. 3 Abs. 1 GG")). Mit den besonderen Diskriminierungsverboten hat die Regelung gemein, dass sie lediglich ein bestimmtes Merkmal als unzulässigen Unterscheidungsgrund benennt; sie unterscheidet sich jedoch davon, weil sie einen sachlichen Grund als Rechtfertigung zur Ungleichbehandlung ausreichen lässt. Eben wegen dieser Möglichkeit einer sachlichen Rechtfertigung besteht eine große Nähe zum allgemeinen Gleichbehandlungsgrundsatz. Ein Unterschied liegt aber darin, dass durch das Gesetz aus-

IV. Struktur der Diskriminierungsverbote

drücklich die Befristung und die Teilzeit als eine Ungleichbehandlung nicht rechtfertigende Gründe festgelegt werden. Während also beim allgemeinen Gleichbehandlungsgrundsatz die Wertung, was ein sachlicher Rechtfertigungsgrund zur Ungleichbehandlung ist, durch das Gesetz nicht festgelegt ist und allein durch den Richter bestimmt wird, ist es hier den Gerichten verwehrt, in der Befristung oder der Teilzeit selbst, unabhängig vom konkreten Sachverhalt, einen Umstand zu sehen, der eine unterschiedliche Behandlung rechtfertigen könnte. Dies allerdings entspricht bereits der Rechtsprechung zum allgemeinen Gleichbehandlungsgrundsatz, in der ein solch pauschales Urteil nicht zu finden ist.

Weil es sich bei dem Diskriminierungsverbot um einen Unterfall des allgemeinen **754** Gleichbehandlungsgrundsatzes handelt, liegt in einem Verstoß gegen § 4 TzBfG auch immer eine Verletzung des Gleichbehandlungsgrundsatzes (BAG 11.4.2006 – 9 AZR 528/05, NZA 2006, 1217) und kann die hierzu entwickelte **Dogmatik** weitgehend übernommen werden. Was hier zu Beweislast (Rnr. 954) und Rechtsfolgen (Rnr. 956) entwickelt wurde, lässt sich *mutatis mutandis* übertragen.

b) Unmittelbare und mittelbare Diskriminierung

Nach dem Wortlaut der Norm verboten ist es, teilzeitbeschäftigte oder befristet **755** beschäftigte Arbeitnehmer wegen Teilzeit bzw. Befristung schlechter zu behandeln als einen vergleichbaren vollzeitbeschäftigten oder unbefristet beschäftigten Arbeitnehmer. Verboten ist damit die unmittelbare Diskriminierung wegen der genannten Merkmale. Unklar ist, ob darüber hinaus auch die **mittelbare Diskriminierung** von § 4 TzBfG erfasst wird (hierfür Hess. LAG 2.6.2010 – 8 Sa 188/10 – juris; KSchR-*Däubler*, § 4 TzBfG Rnr. 13; KR-*Bader*, § 4 TzBfG Rnr. 11; MünchArbR/ *Schüren*, § 161 Rnr. 56; *Wank*, Anm. SAE 1994, 195, 196; *Beduhn*, AuR 1996, 485, 488; *Künster*, Anm. SAE 1995, 339, 342; offengelassen: BAG 19.4.2005, AP Nr. 7 zu § 1 TVG Tarifverträge: Deutsche Post; BAG 27.1.2011 – 6 AZR 382/09 – juris). Eine mittelbare Diskriminierung liegt vor, wenn dem Anschein nach neutrale Vorschriften, Kriterien und Verfahren Personen mit einem bestimmten Merkmal gegenüber anderen Personen ohne dieses Merkmal in besonderer Weise benachteiligen können, es sei denn, die betreffenden Vorschriften, Kriterien oder Verfahren sind durch ein rechtmäßiges Ziel sachlich gerechtfertigt und die Mittel sind zur Erreichung des Ziels angemessen und erforderlich (Definition nach Art. 2 Richtlinie 2000/43/EG bzw. Art. 2 Richtlinie 2000/78/EG). Dieses Rechtsinstitut, im europäischen Diskriminierungsschutz inzwischen fest etabliert, wurde aus der US-amerikanischen Rechtsprechung erstmals in der Sache Jenkins durch den EuGH bei der Diskriminierung von Frauen angewandt, noch bevor es Niederschlag im Gesetzestext genommen hatte (EuGH v. 31.3.1981 – 96/80, Slg. 1981, 911, AP BetrAVG § 1 Nr. 1 Gleichbehandlung *[Pfarr]*). Die § 4 TzBfG zu Grunde liegenden Rahmenvereinbarungen erwähnen die mittelbare Diskriminierung nicht, und auch das BAG hat sich bei § 2 BeschFG nicht auf dieses Rechtsinstitut gestützt, sondern hat in Fällen, in denen nur allein eine Teilgruppe von Teilzeitbeschäftigten benachteiligt wurde, eine unmittelbare Diskriminierung angenommen (BAG v. 12.6.1996 – 5 AZR 960/94, NJW 1997, 962; BAG v. 1.11.1995 – 5 AZR 880/94, AuR 1996, 507 [Ungleichbehandlung haupt- und nebenberufliche

Beschäftigung]; BAG v. 26. 9. 2001 – 10 AZR 714/00, DB 2002, 47 [Teilzeitbeschäftigte mit unterschiedlicher Lage der Arbeitszeit]), obwohl hier mit guten Gründen eine mittelbare Diskriminierung Teilzeitbeschäftigter hätte angenommen werden können (zum Parallelfall der Benachteiligung Schwangerer als Unterfall der direkten Frauendiskriminierung vgl. EuGH v. 4. 10. 2001 – C-109/00, BB 2001, 2478, DB 2001, 2451 mit Anm. *Thüsing*). Dem Verzicht auf diese Rechtsfigur wird man entgegenhalten können, dass das Verbot mittelbarer Diskriminierung notwendiger Bestandteil eines jeden Diskriminierungsschutzes ist. Es verhindert, dass auf vorgeschobene Kriterien abgestellt wird, um im Ergebnis dennoch eine Unterscheidung nach dem verbotenen Merkmal durchzusetzen. Vorliegend wäre also zu fragen, ob eine bestimmte Maßnahme teilzeitbeschäftigte oder befristet beschäftigte Arbeitnehmer gegenüber anderen Arbeitnehmern überproportional stark belastet und ob es für die Ungleichbehandlung sachliche Gründe gibt. Ein Rückgriff auf dieses Rechtsinstitut scheint jedoch entbehrlich, denn hier kann unmittelbar der allgemeine Gleichbehandlungsgrundsatz angewandt werden, der zumeist zu keinen anderen Ergebnissen führt (zu den verbleibenden Unterschieden in Sonderfällen siehe aber Rnr. 765). Auch hier ist nach einer sachlichen Rechtfertigung zu fragen, und die Rechtsfolgen sind keine anderen, als wenn man davon ausgehen würde, eine mittelbare Diskriminierung von teilzeitbeschäftigten oder befristet beschäftigten Arbeitnehmern läge vor. Dem entspricht es, dass auch in der staatsrechtlichen Literatur man davon ausgeht, dass eine mittelbare Diskriminierung nach Art. 3 Abs. 2 GG es nicht geben kann, weil diese stets von Art. 3 Abs. 1 GG erfasst ist (*Rüfner*, Die mittelbare Diskriminierung und die speziellen Gleichheitssätze in Art. 3 Abs. 2 und 3 GG, in: FS Friauf, S. 331, 334). Allerdings zeigt die Praxis der Gerichte, dass dies bei der Gleichbehandlung von Männern und Frauen nicht in gleicher Deutlichkeit eingehalten wurde, und auch das BAG das Verbot der mittelbaren Benachteiligung von Frauen nicht auf den allgemeinen Gleichbehandlungsgrundsatz, sondern auf § 611a BGB, nun wohl das AGG stützt (BAG v. 2. 12. 1992 – 4 AZR 152/92, BB 1993, 503; BAG v. 23. 2. 1994 – 4 AZR 219/93, AP EWG-Vertrag Art. 119 Nr. 51; BAG v. 20. 11. 1990 – 3 AZR 613/89, BB 1991, 1570). Hierfür kann jedoch die besondere Rechtsfolgenregelung des § 15 AGG geltend gemacht werden; diese fehlt bei § 4 TzBfG. Das europäische Recht selbst kennt keinen allgemeinen Gleichbehandlungsgrundsatz.

c) Kausalität

756 Die Teilzeitbeschäftigung oder die Befristung müssen kausal für die Benachteiligung sein. Erfolgt die Ungleichbehandlung demgegenüber aus einem anderen Grund, so liegt keine Ungleichbehandlung wegen der Teilzeitarbeit oder der Befristung vor. Dieses Kausalitätserfordernis hat nichts mit der Unterscheidung zwischen absoluten und relativen Diskriminierungsverboten zu tun (so auch *Oetker*, Anm. zu EzA Nr. 7 zu § 2 BeschFG 1985; ErfK/*Preis*, § 4 TzBfG Rnr. 33), sondern betrifft die Unterscheidung zwischen besonderem Diskriminierungsverbot und allgemeinem Gleichbehandlungsgrundsatz. Eine Ungleichbehandlung wegen der Teilzeitarbeit liegt stets dann vor, wenn bestimmte Arbeitsbedingungen ausdrücklich allein für vollzeitbeschäftigte oder teilzeitbeschäftigte Arbeitnehmer gelten sollen.

IV. Struktur der Diskriminierungsverbote

Daneben ist jedoch jede Differenzierung nach der regelmäßigen Wochenarbeitszeit eine Ungleichbehandlung wegen der Teilzeitarbeit. Ist eine regelmäßige Wochenarbeitszeit nicht vereinbart, so ist eine Differenzierung nach der Arbeitszeit dann eine Ungleichbehandlung wegen der Teilzeitarbeit, wenn sie auf die regelmäßige Arbeitszeit im Durchschnitt eines bis zu einem Jahr reichenden Beschäftigungszeitraums abstellt (§ 2 Abs. 1–2 TzBfG). Andere Differenzierungen nach der Dauer der Arbeitszeit können ein Verstoß gegen § 4 Abs. 2 TzBfG sein, nicht jedoch gegen § 4 Abs. 1 TzBfG.

Eine Ungleichbehandlung wegen der **Befristung** liegt vor, wenn das unterscheidende Kriterium der auf eine bestimmte Zeit geschlossene Arbeitsvertrag ist. Das ist nicht gegeben, wenn Beschäftigungsbedingungen von einer bestimmten Dauer des Bestands eines Arbeitsverhältnisses abhängen (z.B. der Anspruch auf vollen Jahresurlaub von einer sechsmonatigen Wartezeit, tarifliche Entgelt- oder Urlaubsansprüche von zurückzulegenden Beschäftigungszeiten). Gelten sie gleichermaßen für befristet beschäftigte wie für unbefristet beschäftigte Arbeitnehmer, so liegt darin eine Ungleichbehandlung befristet Beschäftigter auch dann nicht, wenn durch die zeitliche Begrenzung des Arbeitsverhältnisses von vornherein klar ist, dass eine bestimmte Vergünstigung sie nicht treffen wird (s. auch BT-Drucks. 14/4374, 16). 757

Zuweilen hat die Rechtsprechung in der Vergangenheit das Vorliegen einer Ungleichbehandlung nicht von der Frage ihrer **Rechtfertigung** getrennt (BAG v. 9.2.1989 – 6 AZR 174/87, BAGE 61, 77, BB 1989, 1341; BAG v. 12.6.1996 – 5 AZR 960/94, BAGE 83, 168, BB 1997, 262). Dennoch ist stets eine zweischrittige Prüfung erforderlich. Zunächst muss eine Ungleichbehandlung festgestellt werden, für die Teilzeitbeschäftigung oder Befristung kausal geworden sind, sodann ist zu fragen, ob für diese Unterscheidung ein sachlicher Grund vorliegt. 758

d) Subjektive Elemente

Auf eine besondere Diskriminierungsabsicht des Arbeitgebers kommt es nicht an. Ausschlaggebend ist allein die **objektive Ungleichbehandlung** (ebenso ErfK/Preis, § 4 TzBfG Rnr. 37; a. A. Oetker, Anm. zu EzA Nr. 7 zu § 2 BeschFG 1985). Allerdings war dies in älterer Literatur umstritten, insbesondere im Hinblick auf den ehemaligen § 611a BGB und das dortige Diskriminierungsverbot. Inzwischen hat sich jedoch allgemein das Verständnis durchgesetzt, dass dort, wo eine Unterscheidung nicht durch einen sachlichen Grund gerechtfertigt werden kann, sie eben auf dem unzulässigen Merkmal beruht. Eine zusätzliche Absicht, die über die willentliche Unterscheidung nach sachfremden Kriterien hinausgeht, ist dann nicht erforderlich. Unerheblich ist damit auch, ob der Arbeitgeber schuldhaft handelt oder nicht (BAG v. 28.7.1992 – 3 AZR 173/92, BB 1993, 437). 759

e) Vorrang der individuellen Vereinbarung

Teilweise wird gegenüber dem Diskriminierungsverbot des § 4 TzBfG eingewandt, es gelte – ebenso wie beim allgemeinen Gleichbehandlungsgrundsatz – der **Vorrang der individuellen Vereinbarung**, und wenn sich ein Teilzeitbeschäftigter billiger anbiete als ein Vollzeitbeschäftigter, so habe dessen Ungleichbehandlung 760 nichts mit der Teilzeitbeschäftigung zu tun, sondern beruhe auf der individuellen Vereinbarung zwischen Arbeitnehmer und Arbeitgeber (*Bauer*, BB 2001, 2174). Dieses Argument wird ähnlich auch bei der Ungleichbehandlung wegen des Geschlechts vorgebracht (Lord *Denning*, in Clay Cross v. Fletcher [1979] 1 All. E. R. 474: „I paid her less, because she was willing to come for less" kann keine Rechtfertigung sein; siehe auch *Thüsing*, NZA 2000, 574). Dort wie hier ist es zurückzuweisen: Unterschiedliche Arbeitsbedingungen können regelmäßig nur bestehen, wenn sich die betroffenen Arbeitnehmer bereit erklären, zu ihnen zu arbeiten. Die Tatsache, dass der Arbeitgeber eine Ungleichbehandlung durchsetzen kann, führt nicht dazu, dass er zu ihr berechtigt ist. Lässt daher sein Vergütungssystem eine generelle Benachteiligung von teilzeitbeschäftigten oder befristet beschäftigten Arbeitnehmern erkennen, so stellt dies eine Benachteiligung nach § 4 TzBfG dar (unzutreffend daher LAG Köln 3. 9. 1997 – 2 (1) Sa 345/97 – juris: Generell kein Anspruch, wenn nur ein vergleichbarer vollzeitbeschäftigter Arbeitnehmer. Wie hier bereits BAG v. 12. 6. 1996 – 5 AZR 960/94, BAGE 83, 168, BB 1997, 262). Nur wenn die unterschiedlichen Arbeitsbedingungen eine Unterscheidung zwischen diesen Beschäftigungsgruppen nicht erkennen lässt, also Teilzeitbeschäftigte oder befristet Beschäftigte durchschnittlich nicht schlechter stehen als andere Arbeitnehmer, kann eine Ungleichbehandlung im Sinne des § 4 Abs. 1 und 2 TzBfG nicht angenommen werden, siehe auch Rnr. 763.

V. Verbot der Diskriminierung von Teilzeitbeschäftigten

1. Ungleichbehandlung – Vergleichsrahmen

761 Eine Ungleichbehandlung wegen der Teilzeit setzt voraus, dass die Dauer der Arbeitszeit das Kriterium darstellt, welches an die Differenzierung hinsichtlich der unterschiedlichen Arbeitsbedingungen anknüpft (BAG v. 24. 9. 2003 – 10 AZR 675/02, AP TzBfG § 4 Nr. 4; BAG v. 16. 1. 2003 – 6 AZR 222/01, AP TzBfG § 4 Nr. 3; BAG v. 26. 9. 2001 – 10 AZR 714/00, BAGE 99, 140 = AP TzBfG § 4 Nr. 1; BAG v. 21. 4. 1999 – 5 AZR 200/98, BAGE 91, 262. Nicht gegeben, wenn nicht nach Teilzeit/Vollzeit, sondern nach Altersteilzeit/nicht Altersteilzeit unterschieden wird: BAG v. 21. 1. 2003 – 9 AZR 4/02, BAGE 104, 272). Daher ist Teilzeitbeschäftigter auch, wer bisher Vollzeit gearbeitet hat, an einer Arbeitszeiterhöhung der übrigen Beschäftigten aber nicht teilnimmt, sondern seine Arbeitszeit beibehält (BAG v. 30. 7. 2008 – 10 AZR 497/07, BB 2008, 2401). Die **Vergleichsgruppe,** gegenüber der teilzeitbeschäftigte Arbeitnehmer nicht benachteiligt werden dürfen, bilden die vergleichbaren vollzeitbeschäftigten Arbeitnehmer. Nicht hierdurch geregelt ist also die unterschiedliche Behandlung von verschiedenen Gruppen von Teilzeitarbeitnehmern untereinander (ebenso ErfK/*Preis*, § 4 TzBfG Rnr. 21; MHH/*Herms*, TzBfG, § 4 Rnr. 21; MünchArbR/*Schüren* ErgBd. § 161 Rnr. 50). Hierin liegt jedoch stets eine Ungleichbehandlung von einer Gruppe Teilzeitarbeitnehmer gegenüber Vollzeitbeschäftigten. Hier ist die Rechtsprechung eindeutig. Die unterschiedliche Behandlung einer Gruppe teilzeitbeschäftigter Arbeitnehmer gegenüber den vollzeitbeschäftigten Arbeitnehmern entfällt nach

V. Verbot der Diskriminierung von Teilzeitbeschäftigten

der Rechtsprechung des BAG nicht dadurch, dass der Arbeitgeber eine andere Gruppe teilzeitbeschäftigter Arbeitnehmer nicht diskriminiert (BAG v. 5.8.2009 – 10 AZR 634/08, AP Nr. 21 zu §4 TzBfG; BAG v. 25.4.2007 – 6 AZR 746/06, BB 2007, 1680; BAG v. 24.9.2003 – 10 AZR 675/02, AP Nr. 4 zu §4 TzBfG; siehe auch BAG v. 12.6.1996 – 5 AZR 960/94, AP Nr. 4 zu §611 BGB [Ungleichbehandlung Studenten]; BAG v. 1.11.1995 – 5 AZR 84/94, AP Nr. 45 zu §2 BeschFG 1985 [Ungleichbehandlung haupt- und nebenberufliche Beschäftigung]; BAG v. 26.9.2001 – 10 AZR 714/00, AP Nr. 1 zu §4 TzBfG [Teilzeitbeschäftigte mit unterschiedlicher Lage der Arbeitszeit]; MüKo/*Müller-Glöge*, §4 TzBfG Rnr. 24; aA. ErfK/*Preis*, §4 TzBfG Rnr. 22 – freilich ohne auf die abweichende Rspr. hinzuweisen). Mag damit auch die Frage für die Praxis entschieden sein, lohnt es dennoch hierüber nachzudenken. Die Frage begegnet dem Arbeitsrechtler ähnlich bei allen anderen Diskriminierungsverboten: Ist die Benachteiligung wegen eines Merkmals, das nur mit einem verbotenen Unterscheidungsmerkmal verbunden sein kann, aber nicht stets mit ihm verbunden ist, eine unmittelbare Diskriminierung oder nur eine mittelbare Diskriminierung? Der erkennende Senat hat sich hier für eine unmittelbare Diskriminierung entschieden, ebenso wie sich das BAG bei der Benachteiligung wegen einer Schwangerschaft in Übereinstimmung mit der Rechtsprechung des EuGH für unmittelbare Geschlechtsdiskriminierung entschieden hat (s. EuGH 4.10.2001 – C-109/00, DB 2001, 2451 mit Anm. *Thüsing* jetzt auch Art. 2 EWG-Richtlinie Nr. 76/207 seit der Änderung durch EWG-Richtlinie Nr. 2002/73). Schaut man genauer hin, dann kommen Zweifel, ob dies richtig ist. Unmittelbare Diskriminierung definiert sich dadurch, dass am verbotenen Unterscheidungsmerkmal selbst angeknüpft wird. Das ist aber hier nicht der Fall: Bloße Teilzeitbeschäftigung allein reicht nicht zum Anspruchsausschluss. Mittelbare Diskriminierung kennzeichnet sich dadurch, dass nach einem Merkmal unterschieden wird, das zumeist mit dem verbotenen Unterscheidungsmerkmal verbunden ist, aber nicht immer. Es kann also bei beiden Gruppen vorkommen, wenn auch überproportional bei einer von beiden. Auch dies trifft es hier nicht ganz, denn das Hilfsmerkmal kann ausschließlich bei einer der beiden Gruppen vorkommen, nicht überwiegend. Die Unterscheidung liegt also dogmatisch zwischen beiden Diskriminierungsformen, und eindeutige Argumente, sie der einen oder anderen Gruppe zuzuordnen, gibt es nicht. Die Frage mag bei der Teilzeit nicht allzu bedeutend sein, denn auch die mittelbare Teilzeitdiskriminierung dürfte durch §4 Abs. 1 TzBfG verboten sein und der Rechtfertigungsmaßstab für beide Diskriminierungsformen liegt sehr nahe beieinander; in beiden Fällen ist es der sachliche Grund, mag auch dieser Begriff bei der mittelbaren Diskriminierung in der Praxis der Gerichte einige Pegelstriche großzügiger interpretiert werden als bei der unmittelbaren Diskriminierung (s. hierzu Rnr. 765).

Unzulässig können nur Ungleichbehandlungen gegenüber **vergleichbaren Vollzeitarbeitnehmern** sein. Damit ist es keine Frage des sachlichen Grundes (der vom Arbeitgeber darzulegen ist), sondern der Ungleichbehandlung (die vom Arbeitnehmer darzulegen ist), wenn die verglichenen Vollzeitbeschäftigten eine andere Tätigkeit ausüben, eine andere Qualifikation vorweisen und eine andere Betriebszugehörigkeit haben als die teilzeitbeschäftigten Arbeitnehmer. Teilzeitbeschäftigte und vollzeitbeschäftigte Arbeitnehmer müssen gemäß §2 Abs. 1 S. 3 TzBfG eine

762

gleiche oder ähnliche Tätigkeit ausüben. Der Begriff der **ähnlichen Tätigkeit** fand sich bisher nicht im deutschen Diskriminierungsrecht und ist aus § 3 Nr. 2 RV-Teilzeit wörtlich übernommen worden. Es dürfte dennoch das gelten, was zur Konkretisierung der gleichen Arbeit in § 612 Abs. 3 BGB anerkannt war (heute §§ 7 Abs. 1, 8 Abs. 2 AGG). Weil es identische und damit tatsächlich gleiche Arbeiten im Betrieb zuweilen nicht gibt, hat man hier immer schon entsprechend dem Zweck der Norm ähnliche, das heißt funktional austauschbare Tätigkeiten mit in den Vergleich einbezogen (HWK-*Thüsing*, 2. Aufl., § 612 BGB Rnr. 59; *Wiedemann*, Die Gleichbehandlungsgebote im Arbeitsrecht, 2001, S. 64). Außen vor bleibt damit der umstrittene und letztlich kaum zu bestimmende Begriff der gleichwertigen Arbeit, den § 8 Abs. 2 AGG ausdrücklich als zulässige Vergleichsgrundlage für die Entgeltdifferenzierung bestimmt (ohne Begründung a. A. MünchArbR/*Schüren*, § 45 Rnr. 101). Die Gleichwertigkeit ist schwieriger zu bestimmen. Eine Austauschbarkeit der Arbeitnehmer ist hier nicht erforderlich. Vielmehr ist auch hier eine vergleichende Betrachtung anhand von Qualifikation, Belastung und Marktwert vorzunehmen (im Einzelnen *Thüsing*, NZA 2000, 570; *Schlachter*, Wege zur Gleichberechtigung, 1993, S. 415 ff.). Ob hier ungleich behandelt werden kann, richtet sich weiterhin nach dem allgemeinen Gleichbehandlungsgrundsatz, nicht nach § 4 TzBfG.

763 Werden **vergleichbare vollbeschäftigte Arbeitnehmer unterschiedlich behandelt**, so stellt sich die Frage, mit wem der teilzeitbeschäftigte Arbeitnehmer gleich zu behandeln ist. Zum Teil geht man davon aus, Vergleichsgruppe seien stets die ungünstigsten Arbeitsbedingungen vollzeitbeschäftigter Arbeitnehmer (*Bauer*, NZA 2000, 1039; ihm folgend *Kliemt*, NZA 2001, 70; *Bezani/Müller*, DStR 2001, 88; s. auch *Dassau* ZTR 2001, 64, 65; *Lunk/Fink*, AuA 2001, 59, 61), denn die darüber hinaus gehende Differenz könne keine Ungleichbehandlung wegen der Teilzeitarbeit sein. Dem wird man nicht in jedem Fall folgen können: Eine Ungleichbehandlung wegen der Teilzeitarbeit kann auch gegenüber einem Vollzeitbeschäftigten erfolgen, der seinerseits besser steht als andere Vollzeitbeschäftigte. Wechselte etwa das Gehaltsniveau je nach Zeitpunkt der Einstellung und je nach Lage des Arbeitsmarkts, so ist der Teilzeitbeschäftigte mit dem zeitnah eingestellten Vollzeitbeschäftigten zu vergleichen, mag dieser auch eine höhere Entlohnung bekommen als ein Vollzeitbeschäftigter, der einige Zeit zuvor eingestellt wurde (ebenso MünchArbR/*Schüren*, § 45 Rnr. 130; *Dörner*, Der befristete Arbeitsvertrag, Rnr. 91). Wurden beide Arbeitnehmer ungleich behandelt, dann spricht dies für eine Benachteiligung wegen der Teilzeit. Allerdings sind in diesen Fällen an die Darlegungslast des Arbeitnehmers strengere Anforderungen zu stellen.

764 § 4 Abs. 1 TzBfG gibt keinen Hinweis für den **räumlichen Geltungsbereich** des Diskriminierungsverbots. Dieser dürfte sich allerdings mittelbar aus der Definition des vergleichbaren vollzeitbeschäftigten Arbeitnehmers ergeben: Gemäß § 2 Abs. 1 S. 3 TzBfG ist vergleichbar ein vollzeitbeschäftigter Arbeitnehmers des Betriebes. Damit ist das Diskriminierungsverbot grundsätzlich betriebsbezogen (ohne nähere Auseinandersetzung mit dem Wortlaut des § 2 a. A. MünchArbR/*Schüren*, § 45 Rnr. 88), wie auch das Diskriminierungsverbot des § 2 BeschFG grundsätzlich betriebsbezogen war. Nur wenn es im Betrieb keine vergleichbaren vollzeitbeschäftigten Arbeitnehmer gibt, dann ist der vergleichbare vollzeitbeschäftigte Arbeit-

V. Verbot der Diskriminierung von Teilzeitbeschäftigten

nehmer auf Grund eines anwendbaren Tarifvertrags zu bestimmen, und in allen anderen Fällen ist darauf abzustellen, wer im jeweiligen Wirtschaftszweig üblicherweise als vergleichbarer vollzeitbeschäftigter Arbeitnehmer anzusehen ist. Man wird auch diese Erweiterung im Ansatz nicht nur als die Definition der Vollzeit, sondern gleichzeitig auch der vergleichbaren Arbeitnehmergruppe verstehen müssen. Hierfür spricht insbesondere der Wortlaut des § 3 Nr. 2 RV-Teilzeit, die der Fassung der deutschen Norm zu Grunde lag, und die Gesetzesbegründung, die ausdrücklich die Regelungsbereiche des § 2 TzBfG als für das Diskriminierungsverbot maßgeblich benennt (BT-Drucks. 14/4374, S. 15 – von MünchArbR/ *Schüren*, § 45 Rnr. 89 als „gedankenlose Wiederholung der Anknüpfungspunkte in § 2 Abs. 1" gewertet). Gerade deshalb ist die **Regelung missglückt**: Der Arbeitgeber kann damit Arbeitnehmer wegen ihrer Teilzeit benachteiligen, obwohl er gar keine Vollzeitbeschäftigten hat – in den Vergleich werden nicht nur die eigenen Arbeitnehmer, sondern auch die Arbeitnehmer fremder Arbeitgeber mit einbezogen. Dafür aber, dass der Arbeitgeber seinen Teilzeitbeschäftigten schlechtere Arbeitsbedingungen gewährt als andere Arbeitgeber ihren Vollzeitbeschäftigten, bedarf es regelmäßig keines rechtfertigenden Grundes, denn es besteht keine Pflicht des Arbeitgebers sich an den Arbeitsbedingungen der Konkurrenz zu orientieren (zu den Ausnahmen bei konzernmäßiger Verbundenheit siehe sogleich Rnr. 765). Man wird daher den **Wortlaut** der Norm zwar ernst nehmen, aber dennoch **einschränken** müssen: Nur dort, wo der Arbeitgeber, hätte er vollzeitbeschäftigte Arbeitnehmer, diese nachweisbar zu besseren Arbeitsbedingungen, nämlich die der Konkurrenz, beschäftigt hätte, muss er einen sachlichen Grund benennen, warum er dies für Teilzeitbeschäftigte nicht gelten lässt. Es ist also eine „Was-wäre-wenn-Betrachtung" erforderlich, der Vergleich nicht zu tatsächlich gewährten, sondern zu hypothetischen Arbeitsbedingungen. Dies stellt eine Erweiterung des Gleichbehandlungsschutzes dar, die europarechtliche Vorbilder hat (s. Art. 2 Abs. 2 a Richtlinie 2000/78/EG und Art. 2 Abs. 2 a 2000/43/EG), im deutschen Recht so aber noch nicht formuliert wurde.

Beispiel: Auf ein Inserat, das nur vollzeitbeschäftigten Arbeitnehmern den branchenüblichen Tariflohn in Aussicht stellt, melden sich nur Interessenten an einer Teilzeitstelle. Auch wenn der Arbeitgeber selber keinen vollzeitbeschäftigten Arbeitnehmer hat, muss er die schlechtere Entlohnung von Teilzeitbeschäftigten rechtfertigen.

Dieser grundsätzlich betriebsbezogene Anwendungsbereich steht im Gegensatz zum Anwendungsbereich des **allgemeinen Gleichbehandlungsgrundsatzes,** den nur das deutsche, nicht aber das europäische Recht kennt. Auch der wurde früher betriebsbezogen verstanden, nach heutiger Rechtsprechung und herrschender Meinung gilt er jedoch unternehmensweit (grundlegend BAG v. 17. 11. 1998 – 1 AZR 147/98, BB 1999, 692; siehe auch BAG v. 5. 12. 1957 – 2 AZR 474/55, AP BGB § 242 Nr. 13 Gleichbehandlung; BAG v. 26. 4. 1966 – 1 AZR 242/65, AP TVG § 1 Nr. 117 Auslegung) und unter Umständen konzernweit, wenn die Konzernspitze eine eigenständige Verteilungskompetenz in Anspruch nimmt und Weisungen oder Regelungen trifft, die konzerndimensional gelten oder umgesetzt werden (LAG Köln v. 24. 6. 1999 – 6 Sa 241/99, EWiR 2000, 9; siehe auch BAG v. 20. 8. 1986 – 4 AZR 257/85, AP TVG § 1 Nr. 6 Tarifverträge: Seniorität; *Wiedemann*, Gleichbehandlungsgebote im Arbeitsrecht, 2001, S. 11 m. w. N.). Damit

765

K. *Verbot der Benachteiligung wegen Teilzeit und Befristung*

kann sich eine **parallele Anwendung** des allgemeinen Gleichbehandlungsgrundsatzes und § 4 Abs. 1 TzBfG ergeben: Immer wenn § 4 Abs. 1 TzBfG verletzt ist, ist auch der allgemeine Gleichbehandlungsgrundsatz verletzt (So jetzt auch BAG v. 11. 4. 2006 – 9 AZR 528/05, NZA 2006, 1217), doch der kann auch andere Fälle erfassen, die § 4 Abs. 1 TzBfG nicht erfasst. Die Rechtsprechung zu § 2 BeschFG, die beide Rechtsinstitute zuweilen verband (BAG v. 12.1.1994 – 5 AZR 6/93, AP BGB § 242 Nr. 112 Gleichbehandlung; ebenso ErfK/*Preis*, § 4 TzBfG, Rnr. 27), führte nicht zu abweichenden Ergebnissen, ist dogmatisch jedoch schwer zu begründen.

766 Wie beim allgemeinen Gleichbehandlungsgrundsatz – und anders als bei § 6 Abs. 1 S. 2 AGG – erstreckt sich bei § 4 Abs. 1 TzBfG und § 4 Abs. 2 TzBfG der Diskriminierungsschutz nicht im gleichen Maße auf **Bewerber**. Es besteht keine Pflicht des Arbeitgebers, Teilzeitbeschäftigte gleichmäßig gegenüber Vollzeitbeschäftigten zu berücksichtigen oder bei der Einstellung dem Umfang der angebotenen Arbeitsdauer keine Bedeutung zuzumessen (MünchArbR/*Schüren*, § 45 Rnr. 90; siehe auch LAG Köln v. 31. 7. 1998 – 11 Sa 865/98, ZTR 1998, 562; wohl auch MHH/*Herms*, TzBfG, § 4 Rnr. 14; a. A. wohl TZA/*Buschmann*, § 4 TzBfG Rnr. 9 [Anwendung beim „Zugang zu Arbeitsverhältnissen"]). Stellt er sie jedoch ein, so ist er in der Gestaltung der Arbeitsbedingungen an das Diskriminierungsverbot gebunden. Dann ist es unzulässig, sich darauf berufen zu wollen, bei der Einstellung schlechtere Arbeitsbedingungen frei vereinbart zu haben, siehe auch Rnr. 760. Das BAG ist in neuerer Rechtsprechung allerdings anderer Ansicht. § 4 Abs. 2 TzBfG bezwecke nicht die Vermeidung von Nachteilen, die erst nach Ablauf des befristeten Arbeitsverhältnisses entstehen. Die Vorschrift verbietet nur eine Ungleichbehandlung während der Dauer der Befristung. Sie schütze Arbeitnehmer, die im Anschluss an ein befristetes Arbeitsverhältnis ein neues Arbeitsverhältnis mit dem Arbeitgeber eingehen, nicht vor einer Verschlechterung der Arbeitsbedingungen. Mit dem Ablauf der bisherigen Vertragsbedingungen wirke sich nur der Nachteil aus, der mit einer Befristung stets verbunden sei oder verbunden sein könne. Nach dem Ende einer wirksamen Befristung seien die Parteien bei der Neubegründung eines Arbeitsverhältnisses in der Gestaltung der Arbeitsbedingungen frei und an frühere Abmachungen nicht gebunden (BAG v. 27. 1. 2011 – 6 AZR 382/09, ZTR 2011, 214 Tz. 23 m. w. N.).

2. Gleichbehandlung nach dem *Pro-rata-temporis*-Grundsatz

a) Konkretisierung der Gleichbehandlung

767 § 4 Abs. 1 S. 2 TzBfG setzt § 4 Abs. 2 RV-Teilzeit um. Danach gilt der *Pro-rata-temporis*-Grundsatz, wo dies angemessen ist. Die Regelung konkretisiert den Grundsatz dahingehend, dass der Arbeitgeber das Arbeitsentgelt oder eine andere teilbare geldwerte Leistung für Teilzeitbeschäftigte regelmäßig entsprechend ihrer gegenüber vergleichbaren Vollzeitbeschäftigten verringerten Arbeitsleistung anteilig kürzen darf *(Pro-rata-temporis)*. Eine solche **Definition** ist erforderlich, denn sie ist durch den Gleichbehandlungsgrundsatz selber nicht vorgegeben.

V. Verbot der Diskriminierung von Teilzeitbeschäftigten

Beispiel 1: Ein Tarifvertrag kürzt allen Arbeitnehmern – Teilzeit wie Vollzeit – das Weihnachtsgeld um 1000 Euro (Unzulässig nach § 2 Abs. 1 BeschFG: BAG v. 24. 5. 2000 – 10 AZR 629/99, BB 2000, 2052; ebenso MHH/*Herms*, TzBfG, § 4 Rnr. 74). Beide Gruppen werden gleich behandelt, doch ist die Belastung wegen des unterschiedlichen Arbeitsvolumens und Entgeltanspruchs für den einen faktisch höher als für den anderen. Sie ist unzulässig.

Beispiel 2: Ein Tarifvertrag kürzt allen Arbeitnehmern – Teilzeit wie Vollzeit – das Weihnachtsgeld um 20%. Beide Gruppen werden gleich behandelt schaut man auf den Prozentsatz, aber ungleich behandelt, schaut man auf die absolute Summe. Auch wenn die Belastung für den Teilzeitbeschäftigten mit geringerem Entgelt faktisch eine stärkere Belastung bedeutet, soll dies nicht als Besserstellung der Vollzeitbeschäftigten verstanden werden; auch wenn dies eine höhere Zahlung für Vollzeitbeschäftigte bedeutet, soll dies nicht als Besserstellung der Teilzeitbeschäftigten verstanden werden.

Beispiel 3: Ein Tarifvertrag kürzt allen Arbeitnehmer – Teilzeit wie Vollzeit – das Weihnachtsgeld, den Vollzeitbeschäftigten um 20%, den Teilzeitbeschäftigten um 10%. Beide Gruppen werden ungleich behandelt. Die (geringer verdienenden) Teilzeitbeschäftigten werden besser gestellt (also ungleich behandelt) um eine vergleichbare Belastung zu erzielen (also faktisch gleich behandelt, entsprechend dem Gleichheitsverständnis im Steuerrecht, das mit der Progression der Einkommensteuer auf eine faktische Gleichbehandlung ausgerichtet ist). Diese Besserstellung ist eine Ungleichbehandlung, die durch § 4 Abs. 1 S. 2 TzBfG und § 4 Abs. 2 S. 2 TzBfG ausdrücklich nicht verboten ist („mindestens").

Weil § 4 Abs. 1 S. 2 TzBfG lediglich eine (notwendige) Konkretisierung des Gebots aus § 4 Abs. 1 S. 1 TzBfG ist, kann von der *Pro-rata-temporis*-Gleichbehandlung abgesehen werden, wenn hierfür ein sachlicher Grund besteht (ebenso – einheitlich für Abs. 1 und Abs. 2 – BAG v. 11. 12. 2003 – 6 AZR 19/03 – juris; BAG v. 5. 11. 2003 – 5 AZR 8/03, AP Nr. 6 zu § 4 TzBfG; BAG v. 24. 9. 2003 – 10 AZR 675/02, AP Nr. 4 zu § 4 TzBfG zu II 3a der Gründe; BAG v. 16. 1. 2003 – 6 AZR 222/01, AP Nr. 3 zu § 4 TzBfG zu II 5 der Gründe; MüKo/*Müller-Glöge*, § 4 TzBfG Rnr. 6; ErfK/*Preis*, § 4 TzBfG Rnr. 65; MHH/*Herms*, § 4 TzBfG Rnr. 103; *Richardi/Annuß*, BB 2000, 2201, 2204; *Bauer*, NZA 2000, 1039, 1040; *Hromadka*, BB 2001, 674, 675; *Lindemann/Simon*, BB 2001, 146, 147; *Kliemt*, NZA 2001, 63, 69; MünchArbR/*Wank*, § 95 Rnr. 153.; *Sievers*, § 4 TzBfG Rnr. 30; aA. *Dörner*, Der befristete Arbeitsvertrag, Rnr. 100; *Rolfs*, RdA 2001, 129, 131; *Däubler*, ZIP 2001, 218; *Nielebock*, AiB 2001, 75, 76; MünchArbR/*Schüren*, § 45 Rnr. 131ff.; Schaub-*Linck*, Arbeitsrechts-Handbuch, § 43 Rnr. 63). Ein Redaktionsversehen liegt hierin nicht (siehe aber *Kliemt*, NZA 2001, 305; ebenso *Richardi/Annuß*, BB 2000, 2201, 2204; wie hier MünchArbR/*Wank*, § 116 Rnr. 242), auch wenn der Wortlaut der Vorschrift, weil ohne ihren Zusammenhang zu § 4 Abs. 1 S. 1 TzBfG gelesen, zuweilen missverstanden worden ist. Vielmehr hat der Gesetzgeber genau das gesagt, was er sagen will: Die Gleichbehandlung ist bei teilbaren Entgeltleistungen als proportionale Gleichbehandlung (entsprechend Beispiel 2) zu verstehen und eine Besserstellung von Teilzeitbeschäftigten (entsprechend Beispiel 3) soll durch das Gesetz nicht verboten werden. Daher ist auch das geringfügige Unterschreiten des *Pro-rata-temporis*-Maßstabs eine Ungleichbehandlung, die zu rechtfertigen ist, u. U. aber nicht gerechtfertigt werden kann (s. BAG v. 22. 8. 2001 – 5 AZR 108/00, AP BGB § 611 Nr. 144 Lehrer: Teilzeitbeschäftigte Lehrkräfte sind für die Dauer der Teilnahme an ganztägigen

Klassenfahrten wie vollzeitbeschäftigte Lehrkräfte zu vergüten (teilweise Aufgabe von Senat 20. November 1996 – 5 AZR 414/95, BAGE 84, 335). Umgekehrt scheidet eine Ungleichbehandlung nach § 4 Abs. 1 S. 1 TzBfG nicht schon deshalb aus, weil der *Pro-rata-temporis*-Grundsatz nach § 4 Abs. 1 S. 2 TzBfG beachtet wurde (BAG v. 14. 12. 2011 – 5 AZR 457/10, NZA 2012, 663).

769 Wird ein **teilzeitbeschäftigter Arbeitnehmer besser** als ein vollzeitbeschäftigter Arbeitnehmer **behandelt**, liegt kein Verstoß gegen § 4 Abs. 1 TzBfG vor; der verbietet sowohl in Satz 1 als auch in Satz 2 nur die Benachteiligung. Der Arbeitgeber kann daher eine Leistung, die er Vollzeitbeschäftigten zukommen lässt, in gleichem Umfang auch Teilzeitbeschäftigten zukommen lassen (vgl. die Sachverhaltsgestaltung in Mt. 20, 1 – **Arbeiter im Weinberg**). Auch wenn es nicht geboten ist, so kann es doch zulässig sein, Überstundenzuschläge auch Teilzeitbeschäftigten ab der ersten Stunde über die individuelle Arbeitszeit hinaus zu zahlen (Siehe auch *Däubler*, ZIP 2001, 217) oder Teilzeitbeschäftigte generell nicht zu Überstunden heranzuziehen (Inwieweit der Arbeitgeber Teilzeitbeschäftigte von Überstunden ausnehmen muss, ist streitig: Siehe *Schaub*, Arbeitsrechts-Handbuch, 11. Aufl. 2005, § 44 Rnr. 45 einerseits und *Grobys*, DB 2001, 758, 761 andererseits). Möglich ist hier jedoch ein Verstoß gegen den **allgemeinen Gleichbehandlungsgrundsatz**, der nach beiden Seiten hin greift – Besserstellung und Schlechterstellung (*Willemsen/Bauer*, DB 2000, 2223; *Richardi/Annuß*, BB 2000, 2201, 2204; MHH-*Herms*, TzBfG, § 4 Rnr. 25; MüKo/*Müller-Glöge*, § 4 TzBfG Rnr. 9). Der wird zuweilen eine solche oder ähnliche Besserstellung Teilzeitbeschäftigter ohne sachlichen Grund verbieten, denn das Gleichheitsverständnis, das dem *Pro-rata-temporis*-Grundsatz zu Grunde liegt, gilt, wie die ältere Rechtsprechung des BAG zeigt, grundsätzlich auch für den allgemeinen Gleichbehandlungsgrundsatz, siehe Rnr. 745. Generell eine Teilzeitprämie (oder Befristetenprämie) zulassen zu wollen (*Däubler*, ZIP 2001, 218; KR/*Bader*, § 4 TzBfG Rnr. 7) kann daher nicht überzeugen, genauso wenig wie es überzeugt, in Teilzeit oder Befristung generell einen Grund zur Schlechterstellung zu sehen. Diese zu gewähren ist eine Ungleichbehandlung, für die ein sachlicher Grund dargelegt werden muss. Auch kann in diesen Fällen eine mittelbare Diskriminierung wegen des Geschlechts zu prüfen sein (zu Recht *Richardi/Annuß*, DB 2000, 2201). Das AGG erlaubt keine Besserstellung eines Geschlechts. Es müssen also konkret wirtschaftliche Nachteile dargelegt werden, die ausgeglichen werden sollen. Die rechtstatsächliche Bedeutung dieser Frage ist freilich recht gering. Die im Einzelfall zu prüfende Rechtfertigung einer Besserstellung kann etwa darin liegen, die besonderen Belastungen, die mit der Teilzeitarbeit verbunden sind, angemessen auszugleichen (etwa den Umstand, dass Teilzeitbeschäftigte relativ mehr Fahrzeit für ihre Arbeitszeit aufwenden müssen; siehe auch *Däubler*, ZIP 2001, 217; a. A. *Richardi/Annuß*, BB 2000, 2201).

770 Keine Gleichbehandlung entsprechend dem *Pro-rata-temporis*-Grundsatz ist möglich, wenn es sich um eine **unteilbare Leistung** handelt, wie etwa die Stellung eines Parkplatzes, die Möglichkeit zur Kantinennutzung, ein Platz im Betriebskindergarten und andere soziale Einrichtungen. Überwiegend wird vertreten, hier sei die Arbeitgeberleistung den Teilzeitbeschäftigten grundsätzlich ungekürzt zu gewähren (*Preis/Gotthardt*, DB 2000, 2066; MHH/*Herms*, TzBfG, § 4 Rnr. 43; differenzierend *Hanau*, NZA 2001, 1173: „angemessener Ausgleich" zu suchen).

V. Verbot der Diskriminierung von Teilzeitbeschäftigten

Der Wortlaut der Norm spricht in der Tat dafür, jedoch wirkt hier wiederum der allgemeine Gleichbehandlungsgrundsatz als Korrektiv: Ist die Besserstellung des teilzeitbeschäftigten gegenüber dem vollzeitbeschäftigten Arbeitnehmer erheblich, und würde ein dem Gleichheitssatz angemesseneres Ergebnis erzielt werden, wenn den Teilzeitbeschäftigten die Leistung vorenthalten würde, so kann dies ein sachlicher Grund im Sinne von § 4 Abs. 1 S. 1 TzBfG sein, der eine unterschiedliche Behandlung rechtfertigt.

Beispiel: Ein Arbeitgeber stellt allen leitenden Mitarbeitern einen **Dienstwagen** zur Verfügung, der auch privat genutzt werden kann. Von allen Arbeitnehmern mit weniger als der Hälfte der betriebsüblichen Arbeitszeit rechnet er den Vorteil mit einer Pauschalsumme auf ihr Gehalt an. Dies dürfte bereits unter dem Gesichtspunkt, unangemessene Besserstellungen von Teilzeitbeschäftigten zu vermeiden, zulässig, wenn nicht geboten sein (Einzelheiten zum Dienstwagen bei *Kelber/Zeißig*, NZA 2001, 577, 579).

Beispiel: Ein Medienunternehmen übereignet allen Arbeitnehmern zu Weihnachten einen Computer für die private Nutzung, schließt jedoch die Arbeitnehmer aus, die bereits gekündigt haben oder deren Arbeitsverhältnis befristet ist.

b) Folgerungen für die verschiedenen Arbeitsbedingungen

Beim **Entgelt im engeren Sinne** gilt uneingeschränkt der *Pro-rata-temporis-* **771** Grundsatz: Es ist den teilzeitbeschäftigten Arbeitnehmern in dem Umfang zu gewähren, der dem Anteil ihrer Arbeitszeit eines vergleichbaren vollzeitbeschäftigten Arbeitnehmers entspricht. Die Rechtsprechung hat dies bestätigt bei der **Grundvergütung** teilzeitbeschäftigter Lehrer (BAG v. 25. 1. 1989 – 5 AZR 161/88, BB 1989, 1271, AP BeschFG § 1 Nr. 2 *(Berger-Delhey);* BAG v. 3. 3. 1993 – 5 AZR 170/92, BB 1993, 1661; BAG v. 26. 5. 1993 – 4 AZR 461/92, AP BGB § 612 Nr. 2 Diskriminierung; BAG v. 16. 6. 1993 – 4 AZR 317/92, BB 1993, 2532; BAG v. 21. 4. 1999 – 10 AZR 70/97, ZTR 2000, 27). Dies gilt auch dann, wenn der Stundenlohn eines vollzeitbeschäftigten Arbeitnehmers zum Ausgleich einer tariflichen Arbeitszeitverkürzung erhöht wird; teilzeitbeschäftigte Arbeitnehmer haben dann bei unveränderter Arbeitszeit Anspruch auf eine entsprechende Lohnerhöhung je Arbeitsstunde (BAG v. 22. 10. 2008 – 10 AZR 734/07, BB 2009, 493; siehe auch LAG Sachsen-Anhalt v. 6. 3. 2001 – 11 Sa 684/00 – juris). Daran ändert sich auch nichts, wenn nicht der Stundenlohn selbst erhöht wird, sondern eine Ausgleichszulage nur für die von der Arbeitszeitverkürzung Betroffenen vereinbart wird (BAG v. 5. 8. 2009 – 10 AZR 634/08, AP Nr. 21 zu § 4 TzBfG). Wenn ein Arbeitgeber Vollzeitkräfte einer vom Tarifvertrag nicht erfassten Tätigkeit einer bestimmten Vergütungsgruppe zuordnet, so muss diese Zuordnung auch Teilzeitkräfte mit derselben Tätigkeit umfassen, und zwar auch dann, wenn die vollzeitbeschäftigten Arbeitnehmer dieselbe Tätigkeit nur in weniger als der Hälfte ihrer Arbeitszeit ausüben, absolut aber in gleicher Länge wie Teilzeitarbeitnehmer (BAG v. 15. 11. 1994 – 5 AZR 681/93, AP BeschFG 1985 § 2 Nr. 39). Eine Eingruppierung in verschiedene Vergütungsgruppen aufgrund unterschiedlicher Wochenarbeitszeiten verstößt dagegen gegen Abs. 1 (BAG v. 28. 6. 2006 – 10 ABR 42/05, BB 2006, 1913). Vergleichsobjekt ist die **Bruttovergütung** (LAG Düsseldorf v. 3. 2. 2011 – 5 Sa 1351/10, ZMV 2011, 278, Revision eingelegt unter dem Az. 6 AZR 255/11; LAG Hamm v. 29. 7. 2011 – 18 Sa 2049/10, ZMV 2012, 54). Eine unzulässige Ungleichbehandlung soll deshalb selbst dann vorliegen können, wenn ein geringfügig Beschäftigter netto genauso viel oder sogar mehr als vergleichbare Vollzeitkräfte verdient (LAG Düsseldorf v. 3. 2. 2011 – 5 Sa 1351/10, ZMV 2011, 278).

772 Der *Pro-rata-temporis*-Grundsatz gilt uneingeschränkt auch für **Zulagen**, sobald sie einzig für die besondere Belastung durch die Arbeit selbst gewährt werden. Die Rechtsprechung hat dies für Funktionszulagen (BAG v. 18. 3. 2009 – 10 AZR 338/08, AP Nr. 20 zu § 4 TzBfG; BAG 17. 4. 1996, BB 1996, 1564), für Geriatriezulagen gemäß dem BAT (jetzt TVöD; LAG Hamm v. 24. 9. 1998 – 17 Sa 682/98, ZTR 1999, 32), für Schichtarbeitszulagen (BAG v. 18. 12. 2008 – 6 AZR 420/07, ZTR 2009, 18; BAG v. 24. 9. 2008 – 10 AZR 669/07, BB 2008, 2233; BAG v. 11. 6. 1997 – 10 AZR 784/96, BB 1997, 2224; LAG Berlin-Brandenburg v. 27. 10. 2011 – 8 Sa 1136/11, ZTR 2012, 283 [Revision eingelegt unter dem Az. 10 AZR 4/12]; LAG Hamm v. 17. 5. 2011 – 12 Sa 348/11 [Verstoß gegen § 4 TzBfG verneint, Revision eingelegt unter dem Az. 10 AZR 348/11]; LAG Köln v. 1. 12. 1995 – 13 Sa 767/91, LAGE Nr. 29 zu § 2 BeschFG 1985), für Sicherheitszulagen nach dem TV Sicherheitszulage (BAG v. 11. 12. 1996 – 10 AZR 359/96, BB 1997, 636), für Spätarbeit- und Nachtarbeitszuschläge (BAG v. 15. 12. 1998 – 3 AZR 239/97, BB 1999, 1435, RdA 2000, 46 *(Schüren)* = AuA 2000, 182 *(Oetker)*) sowie für die Kürzung einer Theaterbetriebszulage nach dem TVöD-V (BAG v. 23. 2. 2011 – 10 AZR 299/10, ZTR 2011, 491) entschieden. Diese Pflicht zur anteilsmäßigen Gleichbehandlung beim Entgelt im engeren Sinn erfasst dann auch das Urlaubsentgelt nach § 11 Abs. 1 BUrlG, das sich nach dem durchschnittlichen (rechtmäßigen) Arbeitsverdienst berechnet (BAG v. 24. 10. 1989 – 8 AZR 5/89, BB 1990, 1414). Wird die *Pro-rata-temporis*-Zahlung an die Teilzeittätigkeit zu einem Stichtag geknüpft, so muss dieser sich am zu regelnden Sachverhalt orientieren, darf also nicht vor dem Zeitpunkt der Belastung liegen (LAG Hessen v. 10. 12. 2008 – 6/17 Sa 431/08 – juris). Wird der Zuschlag von bestimmten quantitativen Voraussetzungen, etwa dem Einsatz in einer bestimmten Tätigkeit in einer Mindestzahl an Wochenstunden, abhängig gemacht, so darf die Erfüllung diese Voraussetzungen bei Teilzeitkräften nur anteilig gefordert werden (BAG v. 18. 3. 2009 – 10 AZR 338/08, AP Nr 20 zu § 4 TzBfG; aA. noch die Vorinstanz: LAG Sachsen-Anhalt v. 30. 1. 2008 – 5 Sa 185/07 – juris). Die Ableistung einer festen Stundenzahl kann dagegen nur gefordert werden, wenn es sich um eine Erschwerniszulage handelt, die dann aber bei Erreichen dieser Voraussetzungen den Teilzeitbeschäftigten auch in voller Höhe zu zahlen ist. In diesem Fall ist dann auch eine Regelung zulässig, die es Teilzeitbeschäftigten unmöglich macht, die Zulage zu erhalten (BAG v. 18. 3. 2009 – 10 AZR 338/08, AP Nr. 20 zu § 4 TzBfG).

773 Ein dem Anteil entsprechender Anspruch besteht auch auf **Urlaub** und **Urlaubsgeld** (BAG v. 15. 11. 1990 – 8 AZR 283/89, BB 1991, 981; ArbG Hamburg v. 1. 11. 1993 – 21 Ca 203/93, ZTR 1994, 25). Eine Regelung, wie § 2 Abs. 1 Zuwendungs-TV, wonach die jährliche Zuwendung auch bei Wechsel von Vollzeit zu Teilzeit im öffentlichen Dienst nach dem infolge der verkürzten Arbeitszeit niedrigeren Urlaubsentgelt berechnet wird, ist nach Ansicht der deutschen Gerichte zulässig (BAG v. 18. 8. 1999, AP BAT §§ 22, 23 Nr. 22 Zuwendungs-TV;

V. Verbot der Diskriminierung von Teilzeitbeschäftigten

siehe zum Einfluss des Erziehungsurlaubs BAG v. 24.2.1999 – 10 AZR 5/98, BB 1999, 2190; BAG v. 12.1.2000 – 10 AZR 930/98, BB 2000, 1946; BAG v. 23.4.1996 – 9 AZR 696/94, BB 1997, 210). Dies wird jedoch durch ein neueres Urteil des EuGH infrage gestellt (EuGH v. 22.4.2010 – C-486/08, NZA 2010, 557). Danach muss einem Arbeitnehmer, der von Vollzeit in Teilzeit wechselt, für den während der Vollzeitbeschäftigung angefallenen Urlaub, der während der Teilzeitphase genommen wird, Vollzeitvergütung gezahlt werden. Das ArbG Nienburg hat daher dem Gerichtshof die Frage vorgelegt, ob die bisherige deutsche Rechtsprechung mit dem Unionsrecht vereinbar ist (ArbG Nienburg v. 4.9.2012 – 2 Ca 257/12 Ö, unter dem Az. C-415/12 bei dem EuGH anhängig).

Umfassende Rechtsprechung existiert zur Frage, ob auch **Überstundenzuschläge** 774 teilzeitbeschäftigten Arbeitnehmern anteilig zu gewähren sind. Einige Instanzgerichte neigten in älteren Entscheidungen dazu, aus Gründen der Gleichbehandlung teilzeitbeschäftigten Arbeitnehmern einen Überstundenzuschlag auch bei der Überschreitung der individuellen, nicht erst der regelmäßigen betrieblichen oder tariflichen Arbeitszeit zuzusprechen. Der EuGH hat entsprechende Vorlagen jedoch negativ beschieden (EuGH v. 15.12.1994 – C-399/92, BB 1995, 153; LAG Hamm 22.10.1992 – 17 Sa 1035/92, BB 1992, 2364; LAG Schleswig-Holstein 27.5.1993 – 4 Sa 490/92, AuR 1993, 304; ArbG Bochum v. 21.1.1993 – 3 Ca 2081/92, AuR 1993, 305; ArbG München 11.5.1993 – 20 Ca 14778/92, EuroAS 1993, Nr. 9, 11), und das BAG ist in späteren Entscheidungen diesem Ansatz gefolgt (BAG v. 16.6.2004 – 5 AZR 448/03, AP TVG § 1 Nr. 20 Tarifverträge: Großhandel; BAG v. 5.11.2003 – 5 AZR 8/03, AP TzBfG § 4 Nr. 6; BAG v. 7.2.1995 – 3 AZR 483/94, NZA 1995, 1048; BAG v. 20.6.1995 – 3 AZR 539/93, NZA 1996, 597; BAG v. 20.6.1995, NZA 1996, 600; BAG v. 20.1.1996 – 3 AZR 275/94 – juris; BAG v. 25.7.1996 – 6 AZR 138/94, BAGE 83, 327; BAG v. 23.4.1998 – 6 AZR 558/96 – juris). Für die Praxis ist die Frage damit entschieden: Die über die vertraglich geschuldete Arbeitszeit von Teilzeitbeschäftigten geleisteten Stunden sind als solche zu vergüten, jedoch ist ein Mehrarbeitszuschlag erst ab dem Arbeitsumfang zu zahlen, ab dem ein vollzeitbeschäftigter Arbeitnehmer den Zuschlag erhält. Das Ergebnis überzeugt: Würde man anders entscheiden, so läge eine Schlechterstellung der vollzeitbeschäftigten Arbeitnehmer vor, die zwar gemäß § 4 Abs. 1 TzBfG zulässig wäre, die jedoch am allgemeinen Gleichbehandlungsgrundsatz zu messen ist. Entscheidend ist letztlich, dass die Arbeit bei zunehmender Dauer schwerer fällt und eine überproportionale Belastung darstellt. Daher ist eine Arbeitsstunde jenseits der regelmäßigen betrieblichen oder tariflichen Arbeitszeit etwas anderes als eine Arbeitsstunde jenseits der individuellen Arbeitszeit eines Teilzeitbeschäftigten. Ein gestaffeltes Entlohnungssystem, bei welchem der Arbeitgeber längere wöchentliche Arbeitszeiten höher entlohnt als kürzere, kann daher nicht *per se* als eine Umgehung des Diskriminierungsverbots Teilzeitbeschäftigter angesehen werden (so aber ErfK/*Preis*, § 4 TzBfG Rnr. 32; ArbG Bocholt v. 13.6.2003 – 4 Ca 1598/02, AuR 2004, 167. Ausführlich hierzu Rnr. 793). Die Zulässigkeit der Differenzierung ergibt sich daher bereits aus der fehlenden Ungleichbehandlung und stellt keine Frage des sachlichen Grundes dar (so jetzt auch ErfK/*Preis*, § 4 TzBfG Rnr. 32). Etwas anderes kann nur dann gelten, wenn die Arbeitszeit vollzeitbeschäftigter Arbeitnehmer so gering ist, dass eine geringfügige Überschreitung der Wochenarbeitszeit (z.B. bis zur 40. Stunde)

K. Verbot der Benachteiligung wegen Teilzeit und Befristung

auch bei ihnen zu keiner besonders belastenden Gesamtarbeitsdauer führt. Hier deckt ein Überstundenzuschlag lediglich die Unannehmlichkeit der individuellen Arbeitszeitüberschreitung ab; die aber ist beim Teilzeitbeschäftigten die gleiche wie beim Vollzeitbeschäftigten und daher ab der ersten Stunde zu gewähren. Das Gesagte gilt *mutatis mutandis* ebenso wie für Zuschläge für den Bereitschaftsdienst, soweit dieser die individuelle bzw. die regelmäßige betriebliche oder tarifliche Arbeitszeit überschreitet (BAG v. 21.11.1991 – 6 AZR 551/89, BB 1992, 1562; siehe auch *Pfeifer*, ArbRGeg Bd. 30 1993, S. 139, 150). Ebenso wie Überstundenzuschläge Teilzeitbeschäftigten erst gewährt werden müssen, wenn sie die regelmäßige Arbeitszeit eines Vollzeitbeschäftigten überschreiten, muss ihnen bis zu dieser Grenze aber auch das gleiche Stunden-Entgelt gezahlt werden wie einem Vollzeitbeschäftigten, auch wenn dieser für Mehrarbeitsstunden weniger erhält als für reguläre Stunden (BAG v. 25.5.2005 – 5 AZR 566/04, BB 2005, 1972; BAG v. 24.9.2008 – 6 AZR 657/07, BB 2009, 493; entsprechend zu Art. 141 EG (jetzt 157 AEUV) als mittelbare Geschlechterdiskriminierung auch: EuGH v. 6.12.2007 – C-300/06, BB 2008, 59 = Slg 2007, I-10573). Sieht eine Regelung also vor, dass Teilzeitbeschäftigte für Überstunden das Gleiche erhalten wie Vollzeitbeschäftigte für deren Überstunden, ist dies aber weniger als beide für reguläre Stunden erhalten, so liegt hierin ein Verstoß gegen das Diskriminierungsverbot. Dabei sind auch Zuschläge wie Urlaubsgeld und vermögenswirksame Leistungen einzubeziehen (BAG v. 24.9.2008 – 6 AZR 657/07, BB 2009, 493). Eine Regelung jedoch, die einen Spätarbeitszuschlag für Teilzeitbeschäftigte an zusätzliche Bedingungen knüpft, während Vollzeitbeschäftigte bei gleichem Arbeitszeitende den Zuschlag auch dann erhalten, wenn sie diese Bedingungen nicht erfüllen, verstößt gegen § 4 Abs. 1 TzBfG (BAG v. 24.9.2003 – 10 AZR 675/02, AP TzBfG § 4 Nr. 4 [Spätarbeitszuschlag nur für in Wechselschicht arbeitende Teilzeitbeschäftigte]).

775 Für das **Entgelt im weiteren Sinne** gilt die Gleichbehandlung nach dem *pro-rata-temporis*-Grundsatz nicht im gleichen Maße. Entgelt im weiteren Sinne liegt vor, wenn nicht nur eine bestimmte Arbeitsleistung entgolten werden soll, sondern da-rüber hinaus andere Zwecke mit einer Zuwendung verfolgt werden, wie etwa die Belohnung von Betriebstreue oder die Abdeckung eines gewissen Arbeitnehmerbedarfs. Gilt hier keine Kürzungsvereinbarung, dann ist von einer Verpflichtung zur ungekürzten Gleichbehandlung auszugehen. Knüpft etwa ein Tarifvertrag eine Wechselschichtzulage einzig daran, dass der Arbeitnehmer in Wechselschicht arbeitet und innerhalb eines bestimmten Zeitraums eine bestimmte Mindestzahl von Nachtdienststunden leistet, so hat auch der Teilzeitbeschäftigte einen Anspruch auf die volle Höhe der Wechselschichtzulage (BAG v. 23.6.1993, BB 1993, 1875; zustimmend TZA/*Buschmann*, § 4 TzBfG, Rnr. 19. S. auch BAG v. 24.9.2003 – 10 AZR 675/02, AP TzBfG § 4 Nr. 4 [Spätarbeitszuschlag nur für in Wechselschicht arbeitende Teilzeitbeschäftigte als Verstoß gegen § 4 Abs. 1 TzBFG]). Eine Wechselschichtzulage kann dabei Entgelt im weiteren Sinne oder eine Zulage für die besondere Belastung sein; welcher der Fälle vorliegt, ist eine Frage der Auslegung der Regelung (BAG v. 24.9.2008 – 10 AZR 639/07, AP Nr. 2 zu § 24 TVöD; siehe auch Rnr. 50). Die Wechselschichtzulage aus §§ 8 Abs. 5, 24 Abs. 2 TVöD ist dabei, trotz abweichender Ansicht einiger Landesarbeitsgerichte (LAG Schleswig-Holstein v. 27.3.2007 – 5 Sa 557/06, ZTR 2007,

V. Verbot der Diskriminierung von Teilzeitbeschäftigten

545; LAG Düsseldorf v. 15.5.2007 – 8 Sa 405/07, ZTR 2007, 615; LAG Bremen v. 17.7.2007 – 1 Sa 49/07, ZTR 2007, 614), nur anteilig zu zahlen (BAG v. 24.9.2008 – 10 AZR 669/07, BB 2008, 2233; *Peter*, ZTR 2007, 646). Dementsprechend ist die Jubiläumszuwendung nach § 39 BAT (jetzt § 23 Abs. 2 S. 2 TVöD) Teilzeitbeschäftigten in voller Höhe zu zahlen (BAG v. 22.5.1996 – 10 AZR 618/95, BB 1996, 1724; siehe auch BAG v. 25.10.1994 – 3 AZR 149/94, AP BeschFG 1985 § 2 Nr. 40. Siehe aber auch BAG v. 13.12.2000 – 10 AZR 383/99, FA 2001, 158: „Eine betriebliche Regelung, die die Höhe einer Jubiläumszuwendung auch nach dem Umfang der Tätigkeit während der Betriebszugehörigkeit bemisst, verstößt nicht gegen § 2 BeschFG". Siehe auch LAG Hamburg 26.1.1999 – 2 Sa 76/98 – juris. Für die Berechnung der Dienstzeiten bei zT. geringfügiger Beschäftigung ArbG Bremen 29.10.1998 – 8 Ca 8108/98 – juris). Auch die Gewährung von Sonderkonditionen für Darlehenserwerb von Immobilien als Angestellter einer Bank kann man nicht einzelnen Arbeitsstunden zuordnen, so dass sie unterschiedslos auch teilzeitbeschäftigten Arbeitnehmern gewährt werden müssen (BAG v. 27.7.1994 – 10 AZR 538/93, BB 1994, 2279, AP BeschFG 1985 § 2 Nr. 37 – dort zum vollständigen Ausschluss Teilzeitbeschäftigter).

Auch beim Entgelt im weiteren Sinne kann der **Entgeltcharakter** so sehr in den Vordergrund treten, dass eine anteilige Kürzung entsprechend dem Arbeitsumfang Teilzeitbeschäftigter zulässig ist. Hierfür können die Abhängigkeit der Zulage von der Besoldungseinstufung und ihre Kürzung im Hinblick auf Zeiten, in denen dem Arbeitnehmer keine Ansprüche auf Vergütung, Urlaubsvergütung oder Krankenbezüge zustehen, sprechen (BAG v. 11.12.1996 – 10 AZR 359/96, BB 1997, 636, AP BAT §§ 22, 23 Nr. 19 Zulagen am Beispiel einer Sicherheitszulage). Generell wird man darauf abstellen müssen, dass eine Arbeitgeberleistung vom Umfang der geleisteten Arbeit abhängig gemacht wird, und nicht nur für den Fall der Teilzeitbeschäftigung. Daher kann ein **Weihnachtsgeld**, das sowohl als Vergütung für geleistete Dienste als auch als Zuwendung für erwiesene und zu erwartende Betriebstreue gewertet wird, anteilmäßig gekürzt werden (BAG v. 6.12.1990 – 6 AZR 159/89, BB 1991, 2299; siehe auch BAG v. 19.4.1995 – 10 AZR 344/94, BB 1995, 2272). Da das tarifliche Urlaubsgeld des Öffentlichen Dienstes auch die Vergütung von Arbeitsleistungen bezweckt, ist es zulässig, es anteilig entsprechend dem zeitlichen Umfang der Arbeitsleistung zu bemessen (BAG v. 15.4.2003 – 9 AZR 548/01, AP TVG § 1 *Nr.* 1 Urlaubsgeld). Eine tarifliche Regelung, nach der der monatliche Zuschlag zur Anerkennung der Unternehmens-/Betriebszugehörigkeit Teilzeitbeschäftigten entsprechend dem Verhältnis ihrer tatsächlichen Arbeitszeit zur tariflichen Wochenarbeitszeit gezahlt wird, verstößt nicht gegen das Diskriminierungsverbot. Der *pro-rata-temporis*-Grundsatz ist gewahrt, und so haben die Tarifvertragsparteien deutlich gemacht, dass sie auch die Arbeit, nicht allein die Betriebstreue vergüten wollen (BAG v. 16.4.2003 – 4 AZR 156/02, AP BeschFG 1985 § 2 Nr. 85). Auch einer pro-rata-temporis-Berechnung der **Abfindung** in einem Aufhebungsvertrag steht Abs. 1 nicht entgegen, (BAG v. 22.9.2009 – 1 AZR 316/08, DB 2009, 2664; BAG v. 13.2.2007 – 9 AZR 729/05, AP Nr. 13 zu § 4 TzBfG, das allerdings von sachlicher Rechtfertigung einer unterschiedlichen Behandlung spricht, vgl. Rnr. 64) sofern die Abfindungsvereinbarungen insgesamt an die geleistete Arbeit, etwa die

776

Beschäftigungsjahre, anknüpft. Das BAG (BAG v. 24.9.2008 – 10 AZR 669/07, BB 2008, 2233 unter so unzutreffendem Hinweis auf *Thüsing*, Arbeitsrechtlicher Diskriminierungsschutz, Rnr. 768) versteigt sich in diesem Zusammenhang allerdings in mittlerweile st. Rspr. (BAG v. 18.12.2008 – 6 AZR 420/07, ZTR 2009, 18; BAG v. 18.3.2009 – 10 AZR 293/08 – juris; BAG v. 18.3.2009 – 10 AZR 338/08, AP Nr. 20 zu § 4 TzBfG) zu der Aussage eine *pro-rata-temporis*-Gleichbehandlung schließe bei allen teilbaren geldwerten Leistungen eine Benachteiligung wegen der Teilzeitarbeit von vornherein aus. Dem kann – angesichts der oben dargestellten Fälle erforderlicher ungekürzter Gleichbehandlung – jedenfalls in dieser Pauschalität nicht gefolgt werden.

777 Bei der **betrieblichen Altersversorgung** gilt grundsätzlich die *pro-rata-temporis*-Gleichbehandlung. Mit der Einbeziehung des geringfügig Beschäftigten gemäß § 8 Abs. 1 Nr. 1 SGB IV in den Begriff des teilzeitbeschäftigten Arbeitnehmers durch § 2 Abs. 2 TzBfG steht fest, dass auch hier ein Ausschluss nur zulässig ist, wenn ein sachlicher Grund besteht, siehe hierzu Rnr. 821 (BAG v. 29.8.1989 – 3 AZR 370/88, BB 1989, 2116 = AP BeschFG § 2 Nr. 6 *[Schüren/Kirsten]*; BAG v. 28.7.1992 – 3 AZR 173/92, BB 1993, 437; für betriebliche Zusatzversorgung BAG v. 8.12.1992 – 3 AZR 253/92 – juris. Zur Frage, ob dies auch für Beschäftigte nach § 8 Abs. 1 Nr. 2 SGB IV gilt zweifelnd Hanau, 2001, 1173; siehe auch § 2 Rnr. 8). Teilzeitkräfte können jedoch keine gleich hohe betriebliche Altersversorgung fordern wie Vollzeitkräfte (BAG v. 25.10.1994 – 3 AZR 149/94, AP BeschFG 1985 § 2 Nr. 40; BAG v. 15.2.1994 – 3 AZR 708/93, AP BetrAVG § 1 Nr. 12 Gleichbehandlung; BAG v. 25.10.1994 – 3 AZR 149/94, AP BeschFG 1985 § 2 Nr. 40). Eine mittelbare Benachteiligung liegt vor, wenn die Vergütung oberhalb einer bestimmten Grenze höher angerechnet wird, da hiervon Teilzeitbeschäftigte in geringerem Maße profitieren. Dies kann allerdings dadurch gerechtfertigt werden, dass diese Einkommensbestandteile nicht für die gesetzliche Rente berücksichtigt werden und dies ausgeglichen werden soll (Hess. LAG v. 2.6.2010 – 8 Sa 188/10 – juris).

778 Auch bei **Beihilfenleistungen** ist darauf abzustellen, ob der Versorgungscharakter oder der Entgeltcharakter überwiegt. In älteren Entscheidungen ging das BAG davon aus, dass Teilzeitbeschäftigten Beihilfen nicht nur anteilig im Verhältnis der individuellen zur regelmäßigen Arbeitszeit vollzeitbeschäftigter Angestellter zu gewähren ist, sondern in gleicher Höhe wie diesen (BAG v. 25.9.1997 – 6 AZR 65/96, BB 1998, 590, AP BeschFG 1985 § 2 Nr. 63 *[Wedde]* [zu § 29 TV Angestellte Bundespost]; offen gelassen BAG v. 17.6.1993 – 6 AZR 620/92, BB 1994, 938, BAGE 73, 262 = AP BeschFG 1985 § 2 Nr. 32 *[Schüren]*). Weiterhin ging es davon aus, dass sich durch die Neufassung des § 40 BAT im Jahr 1994 der Zweck der Leistung geändert habe: Sie diene nun nicht mehr der Befriedigung des Bedarfs des Anspruchsberechtigten (der bei Teilzeitbeschäftigten ebenso hoch ist wie bei Vollzeitbeschäftigten), sondern stelle nur noch einen anlassbezogenen Zuschuss zur laufenden Vergütung dar; der könne entsprechend dem Arbeitsvolumen des Teilzeitbeschäftigten gekürzt werden (BAG v. 19.2.1998 – 6 AZR 460/96, BB 1998, 592, AP BAT § 40 Nr. 12 *[Beduhn]*; bestätigt BAG v. 19.2.1998 – 6 AZR 477/96, BB 1998, 2420; BAG v. 25.2.1999 – 6 AZR 488/97, ZTR 1999, 522; a. A. noch LAG Niedersachsen v. 6.5.1996 – 11 Sa 97/96, LAGE Nr. 31 zu § 2 BeschFG 1985). Obwohl der Ansatz grundsätzlich zutreffend ist, scheint diese

V. Verbot der Diskriminierung von Teilzeitbeschäftigten

Schlussfolgerung der Rechtsprechung und der durch sie verwandten Kriterien zweifelhaft. § 40 BAT differenzierte nicht nach der Höhe des Entgelts des Angestellten, nicht nach seiner Beschäftigungsdauer, nicht danach, ob der Arbeitnehmer durch krankheitsbedingte Fehlzeiten nur in gemindertem Umfang tätig war. Eine Kopplung an den Arbeitsumfang allein für den Fall der Teilzeitbeschäftigung ist eine Ungleichbehandlung, die durch sachliche Gründe gerechtfertigt werden muss. Für einen Essengeldzuschuss gilt das Gesagte entsprechend (BAG v. 26. 9. 2001 – 10 AZR 714/00, BB 2001, 2654).

Eine **an den Familienstand und die Anzahl der Kinder gekoppelte tarifliche Sonderzulage** kann entsprechend der Arbeitszeit anteilig gekürzt werden. Eine solche Kürzung bedeutet dann auch für teilzeitbeschäftigte Arbeitnehmer keine Ungleichbehandlung (BAG v. 7. 10. 1992 – 10 AZR 51/91, BB 1993, 652; ebenso für den Ehegattenanteil des Ortszuschlags BAG v. 19. 10. 2010 – 6 AZR 305/09, NZA-RR 2011, 159). **Sozialplanabfindungen** und **Übergangsgeld** haben primär Entgeltcharakter, so dass eine Kopplung an die Arbeitszeit des Arbeitnehmers zum Zeitpunkt der Beendigung des Arbeitsverhältnisses keine Ungleichbehandlung teilzeitbeschäftigter Arbeitnehmer darstellt (BAG v. 28. 10. 1992 – 10 AZR 129/92, BB 1993, 506; siehe auch BAG v. 28. 4. 1993 – 10 AZR 222/92, BB 1993, 1807; BAG v. 7. 11. 1991 – 6 AZR 392/88, AP BAT § 62 Nr. 14; BAG v. 10. 11. 1994 – 6 AZR 486/94, AP BAT § 63 Nr. 11). **779**

Sonstige Arbeitsbedingungen. Wie der allgemeine Gleichbehandlungsgrundsatz, so umfasst auch § 4 Abs. 1 TzBfG nicht nur die Gleichbehandlung beim Entgelt, sondern bei sämtlichen Arbeitsbedingungen. Ist eine Arbeitsbedingung von einer Beschäftigungszeit oder einer Bewährungszeit abhängig, so gebietet § 4 Abs. 1 TzBfG grundsätzlich die volle, nicht anteilsbezogene Gleichstellung der teilzeitbeschäftigten Arbeitnehmer. Eine Verlängerung von **Bewährungszeiten**, die einen höheren Vergütungsanspruch begründen, ist nur zulässig, wenn die einschlägigen anwendbaren Bestimmungen dies vorsehen (BAG v. 25. 9. 1991 – 4 AZR 33/91, NZA 1992, 280). Für die in der Praxis vorkommende Verlängerung von Bewährungszeiten bei teilzeitbeschäftigten gegenüber vollzeitbeschäftigten Arbeitnehmern wird es oftmals sachliche Gründe geben, siehe Rnr. 791 (siehe auch BAG v. 2. 12. 1992 – 4 AZR 152/92, BB 1993, 503). Ein gänzlicher Ausschluss von Teilzeitbeschäftigten aus dem Bewährungsaufstieg oder die Nichtanrechnung von ehemaligen Beschäftigungszeiten als Teilzeitbeschäftigter ist unzulässig (BAG v. 15. 5. 1997 – 6 AZR 40/96, BB 1997, 2224; siehe auch BAG v. 16. 9. 1993 – 6 AZR 691/92, NZA 1994, 900: § 9 Abs. 1 TVG Arb Bundespost, der Zeiten einer Beschäftigung mit weniger als der Hälfte der jeweils geltenden regelmäßigen Arbeitszeit eines vollbeschäftigten Arbeitnehmers nicht auf die Postdienstzeit anrechnet, ist nichtig). Auch müssen im Grundsatz als Bewährungszeiten voll anrechenbare Zeiten Teilzeitbeschäftigter im Fall des Übergangs zu längerer Arbeitszeit grundsätzlich völlig, nicht lediglich anteilig angerechnet werden (BAG v. 9. 3. 1994 – 4 AZR 301/93, NZA 1994, 1042 zu § 23a S. 2 Nr. 6b S. 2 BAT). Beim **Kündigungsschutz** gilt, dass Regelungen, die den Ausschluss einer ordentlichen Kündigung bei Teilzeitbeschäftigten von einer längeren Dienstzeit abhängig machen als bei Vollzeitbeschäftigten, unwirksam sind (BAG v. 13. 3. 1997 – 2 AZR 175/96, BB 1997, 1638) und es ebenso unzulässig ist, wenn unterhälftig beschäftigte Arbeitnehmer vom Ausschluss der ordentlichen Kündigung gänzlich **780**

ausgenommen werden (BAG v. 18.9.1997 – 2 AZR 592/96, BB 1998, 164 zu § 53 Abs. 3 BAT; ebenso schon LAG Köln v. 3.7.1996 – 2 Sa 321/96 zu § 53 Abs. 3 BAT, AP BAT § 53 Nr. 4). Auch Zeiten geringfügiger Beschäftigung nicht zu berücksichtigen, ist unzulässig (BAG v. 25.4.2007 – 6 AZR 746/06, BB 2007, 1680).

781 Es bedeutet Gleichbehandlung, nicht Ungleichbehandlung, wenn Teilzeitbeschäftigte, deren Arbeitszeit mittags endet, keinen Anspruch auf bezahlte **Freistellung** am Nachmittag haben, wenn der Arbeitgeber diese allen Arbeitnehmern am Heiligabend gewährt, die zu diesem Zeitpunkt noch arbeiten müssten (BAG v. 26.5.1993 – 5 AZR 184/92, BB 1993, 2451). Wird eine teilzeitbeschäftigte Pflegekraft zur gleichen Zahl von **Wochenenddiensten** herangezogen wie ein vollzeitbeschäftigter Kollege, so wird sie gegenüber diesem nicht wegen der Teilzeit ungleich behandelt. Allerdings hat es die Rechtsprechung offen gelassen, ob dann, wenn die wöchentliche Arbeitszeit der Teilzeitkraft nicht im gleichen Verhältnis wie bei den Vollzeitkräften auf den Wochenenddienst und den Dienst an den übrigen Wochentage verteilt wird, unzulässige Ungleichbehandlung wegen der Teilzeit vorliegen kann (BAG v. 1.12.1994 – 6 AZR 501/94, NZA 1995, 590). Man wird dies bejahen müssen, denn die Arbeitszeit am Wochenende stellt typischerweise eine größere Belastung für den Arbeitnehmer dar als an Wochentagen. Daher muss der *pro-rata-temporis*-Grundsatz greifen, nicht die formale Gleichbehandlung. Schreibt eine **Arbeitsschutznorm** ein bestimmtes zeitliches Höchstmaß für gesundheitsschädliche Arbeiten vor, und darf daher eine bestimmte Tätigkeit z.B. nicht mehr als vier Stunden täglich ausgeübt werden, so liegt eine Ungleichbehandlung wegen der Teilzeit nicht vor, wenn der Vollzeitbeschäftigte nur in der Regel zu 50% seiner Arbeitszeit mit der Tätigkeit befasst ist, der Teilzeitbeschäftigte jedoch unter Umständen zu 100% (BAG v. 9.2.1989 – 6 AZR 174/87, BB 1989, 1341 – zur Bildschirmarbeit – unter unzutreffender Annahme einer gerechtfertigten Ungleichbehandlung). Daher ist es auch keine Ungleichbehandlung oder auch mittelbare Geschlechtsdiskriminierung, wenn **Zusatzurlaub** bei gesundheitsgefährdenden Arbeiten erst ab dem überschreiten von 50% der betrieblichen, nicht der individuellen Arbeitszeit gewährt wird (BAG v. 19.3.2002 – 9 AZR 109/01, AuR 2002, 230 = ZTR 2002, 374). Auch eine **Ermäßigung der Unterrichtsverpflichtung** vollzeitbeschäftigter Lehrer wegen Alters ist teilzeitbeschäftigten Lehrern gleichen Alters anteilig zu gewähren. Eine Pauschalierung dieser Unterrichtsermäßigung bei Teilzeitbeschäftigten muss das Diskriminierungsverbot des § 4 Abs. 1 S. 2 TzBfG beachten (BAG v. 16.1.2003 – 6 AZR 222/01, BAGE 104, 250). Erlaubt eine Betriebsvereinbarung nur Vollzeitkräften eine Wahl zwischen zwei Arbeitszeitmodellen (Istzeiterfassung mit und ohne Arbeitszeitkonto), kann darin eine unzulässige Benachteiligung Teilzeitbeschäftigter liegen (ArbG Nienburg v. 22.3.2012 – 1 Ca 503/11, AuR 2012, 324).

782 Das Diskriminierungsverbot gilt auch bei **Gleitzeit**. Betriebsvereinbarungen, deren persönlicher Geltungsbereich sich auf Vollbeschäftigte beschränkt, stellen eine Ungleichbehandlung dar, für die sachliche Gründe schwer zu finden sind (LAG Hessen v. 10.11.1989 – 13 Sa 255/89, DB 1991, 918; MüKo/*Müller-Glöge*, § 4 TzBfG Rnr. 19). Beim Anspruch auf **Altersteilzeit** lässt es die Rechtsprechung zu, dass unterhälftig beschäftigte Arbeitnehmer durch den Tarifvertrag ausgeschlossen werden (LAG Köln 10.5.2000 – 12 [10] Sa 1474/99 – juris; LAG Köln

V. Verbot der Diskriminierung von Teilzeitbeschäftigten

16.2.2000 – 2 Sa 1228/99 – juris). Wird einem vollzeitbeschäftigten Lehrer eine **altersabhängige Unterrichtsermäßigung** gewährt, ist sie auch teilzeitbeschäftigten Kollegen zu gewähren (BAG v. 30.9.1998 – 5 AZR 18/98, BB 1999, 910; siehe auch LAG v. Hamburg 4.2.1994 – 3 Sa 37/92, LAGE Nr. 26 zu § 2 BeschFG 1985).

Eine tarifliche Regelung, nach der nur Vollbeschäftigte einen **Anspruch auf vor-** 783 **übergehende Verringerung ihrer Arbeitszeit** aus familienpolitischen Gründen haben, diskriminiert Teilzeitbeschäftigte (BAG v. 18.3.2003 – 9 AZR 126/02, AP TzBfG § 8 Nr. 3). Zu Recht führt das BAG aus, dass ein Bedürfnis nach Freiraum für zusätzliche Kinderbetreuung nicht nur bei Vollbeschäftigten besteht. Auch Teilzeitbeschäftigte können jederzeit in die Lage geraten, dass sich die arbeitsvertraglich vereinbarte Arbeitszeit mit ihrer familiären Situation nicht (mehr) vereinbaren lässt. Zulässig dürfte es jedoch sein, hier Teilzeitbeschäftigte mit geringerem Beschäftigungsumfang, etwa geringfügig Beschäftigte, vom Anspruch auszuschließen. Hier ist ein ähnliches Flexibilisierungsbedürfnis wie beim Vollzeitbeschäftigten nicht anzuerkennen.

3. Sachlicher Grund zur Ungleichbehandlung

a) Definition und Anwendungsbereich

Die Begründung zum § 2 BeschFG nannte als Gründe, die eine unterschiedliche 784 Behandlung wegen der Teilzeitarbeit erlauben, beispielhaft Arbeitsleistung, Qualifikation, Berufserfahrung, soziale Lage und unterschiedliche Arbeitsplatzanforderungen (BR-Drucks. 393/84, S. 25, 26; BAG v. 25.4.2001 – 5 AZR 368/99, BB 2001, 1908; MHH/*Herms,* TzBfG, § 4 Rnr. 30. Einschränkend zur sozialen Lage BAG v. 1.11.1995 – 5 AZR 84/94, BB 1996, 1385; siehe aber auch BAG v. 30.8.2000 – 4 AZR 563/99, BB 2001, 368 = RdA 2001, 110 [Dieterich]). Dies gilt unverändert für das TzBfG (BAG v. 5.8.2009 – 10 AZR 634/08, ZTR 2009, 646; v. 16.1.2003 – 6 AZR 222/01, BAGE 104, 250). Ein sachlicher Grund liegt damit stets vor, wenn die Unterscheidung einem legitimen Ziel dient, sie hierfür erforderlich und angemessen ist. Gleichsinnig formuliert neuere Rechtsprechung, dass eine Ungleichbehandlung sachlich gerechtfertigt sei, wenn dafür „objektive Gründe gegeben sind, die einem wirklichen Bedürfnis des Unternehmens dienen und für die Erreichung des Ziels geeignet und erforderlich sind" (LAG Hamm v. 27.1.2011 – 17 Sa 1365/10). Wenn dies gegeben ist, kann ein sachlicher Grund auch ein Umstand sein, der notwendiger Bestandteil allein der Teilzeitarbeit, nicht aber anderer Arbeitsvertragsgestaltungen ist, ebenso wie das Geschlecht eine Unterscheidung rechtfertigt, wenn es wesentliche und entscheidende berufliche Anforderung ist, Rnr. 316. Zur Rechtfertigung der Benachteiligung scheidet daher zB. nicht per se die geringere Besteuerung geringfügig Beschäftigter im Sinne von § 8 Abs. 1 Nr. 1 SGB IV aus oder aber ein größeres Angebot des Markts an Teilzeitkräften, obwohl dies Umstände sind, die nur Teilzeitbeschäftigte treffen können. Die herrschende Meinung sieht das freilich anders (AA. zum Marktargument MünchArbR/*Schüren,* § 45 Rnr. 133; aA. zur Versicherungsfreiheit LAG Köln v. 13.12.1995 – 2 Sa 953/95, LAGE Nr. 28 zu § 2 BeschFG 1985).

K. Verbot der Benachteiligung wegen Teilzeit und Befristung

785 Nicht ganz sicher scheint es, ob der Arbeitgeber in seiner Ungleichbehandlung mit der Teilzeitbeschäftigung auf ein **Hilfskriterium** abstellen kann, das zumeist sachlich gerechtfertigt ist, statt auf den eigentlichen Unterscheidungsgrund, der stets sachlich gerechtfertigt, aber vielleicht schwerer zu ermitteln und mit größerem Verwaltungsaufwand verbunden ist (zur parallelen Frage bei operationalen Legaldefinitionen eingehend *Wank*, Die juristische Begriffsbildung, 1985, S. 100 ff.). Die Rechtsprechung urteilt zu Recht restriktiv: Bei den besonderen Diskriminierungsverboten, wie es auch das Verbot der Unterscheidung nach der Teilzeit ist, ist eine solche Unterscheidung stets unzulässig, denn der Wortlaut des Gesetzes und der Sinn der Norm verlangt einen sachlichen Grund gerade für eine Unterscheidung nach dem verbotenen Merkmal. Eben darin liegt die gesetzgeberische Wahl, die zu bestimmten besonderen Diskriminierungsverboten geführt und zu anderen nicht geführt hat (Richtig daher die Entscheidung BAG v. 24. 9. 2003 – 10 AZR 675/02, AP Nr. 4 zu § 4 TzBfG: Spätschichtzuschlag nur für Teilzeitbeschäftigte in Wechselschicht). Damit fällt die Antwort anders als beim allgemeinen Gleichbehandlungsgrundsatz aus. Hier kann es zulässig sein, wenn an die gewerblichen Arbeitnehmer wegen erheblich höherer krankheitsbedingter Fehlzeiten in einer Gruppe ein gekürzter 13. Monatslohn gezahlt wird, die Angestellten dagegen einzelvertraglich ein ungekürztes 13. Monatsgehalt erhalten, s. Rnr. 951 (BAG v. 19. 4. 1995 – 10 AZR 136/94, NZA 1996, 133; dies gilt nach Auffassung des BAG auch dann, wenn das Risiko der Erkrankung arbeitsbedingt unterschiedlich ist (BAG v. 6. 12. 1995 – 10 AZR 123/95, AP Nr. 186 zu § 611 BGB Gratifikation im Hinblick auf das Braugewerbe; aufgehoben durch BVerfG v. 1. 9. 1997 – 1 BvR 1929/95, AP Nr. 203 zu § 611 BGB Gratifikation)).

786 Eine Rechtfertigung der Ungleichbehandlung durch einen sachlichen Grund ist auch beim **Arbeitsentgelt** im Sinne von § 4 Abs. 1 S. 2 TzBfG möglich (BAG v. 5. 8. 2009 – 10 AZR 634/08, AP Nr. 21 zu § 4 TzBfG; BAG v. 22. 10. 2008 – 10 AZR 734/07, BB 2009, 493), da es sich hierbei trotz des missglückten Wortlauts lediglich um eine Konkretisierung des Gleichbehandlungsgebotes handelt, das der Prüfung eines rechtfertigenden Grundes vorgelagert ist (siehe Rnr. 768; ebenso *Richardi/Annuß*, BB 2000, 2001; *Kliemt*, NZA 2001, 69; *Däubler*, ZIP 2000, 1961, 1964; MHH/*Herms*, TzBfG, § 4 Rnr. 42 – mit europarechtlicher und verfassungsrechtlicher Begründung;). Allerdings werden hier Gründe, Teilzeitbeschäftigte gänzlich vom Arbeitsentgelt auszuschließen, selten sein; die praktische Bedeutung der Frage ist gering. eine Ungleichbehandlung von teilzeit- und von vollzeitbeschäftigten Arbeitnehmern im Bereich des Arbeitsentgelts kann nur gerechtfertigt sein, wenn sich der Grund für die Differenzierung aus dem Leistungszweck ergibt (BAG v. 11. 12. 2003 – 6 AZR 19/03 – juris; BAG v. 24. 9. 2003 – 10 AZR 675/02, AP TzBfG § 4 Nr. 4, zu II 3 a der Gründe; BAG v. 26. 9. 2001 – 10 AZR 714/00, BAGE 99, 140, 148; BAG v. 19. 2. 1998 – 6 AZR 460/96, BAGE 88, 92, 96; BAG v. 25. 9. 1996 – 6 AZR 65/96, BAGE 86, 326, 330). Auf den Leistungszweck kann aus den jeweiligen Anspruchsvoraussetzungen oder den Ausschluss- oder Kürzungstatbeständen geschlossen werden (BAG v. 11. 12. 2003 – 6 AZR 19/03 – juris; BAG v. 5. 11. 2003 – 5 AZR 8/03, AP TzBfG § 4 Nr. 6; 24. 9. 2003 – 10 AZR 675/02, AP TzBfG § 4 Nr. 4, zu II 3 a der Gründe). Diese können die Tarifvertragsparteien grundsätzlich frei bestimmen. Dabei kommt es jedoch nicht auf die denkbaren Zwecke an, die mit der betreffenden Leistung ver-

V. Verbot der Diskriminierung von Teilzeitbeschäftigten

folgt werden können, sondern auf diejenigen, um die es den Tarifvertragsparteien bei der betreffenden Leistung nach ihrem im Tarifvertrag selbst zum Ausdruck gekommenen, durch die Tarifautonomie geschützten Willen geht. Dieser Wille ist durch Auslegung des Tarifvertrags zu ermitteln (BAG v. 5. 8. 2009 – 10 AZR 634/08, AP Nr. 21 zu § 4 TzBfG; BAG v. 5. 11. 2003 – 5 AZR 8/03, AP Nr. 6 zu § 4 TzBfG; BAG v. 18. 3. 2003 – 9 AZR 126/02, AP Nr. 3 zu § 8 TzBfG = BB 2004, 1568 im Anschluss an BAG v. 20. 6. 1995 – 3 AZR 684/93, BAGE 80, 173; BAG v. 20. 6. 1995 – 3 AZR 539/93, AP Nr. 1 zu § 1 TVG Tarifverträge Nährmittelindustrie; BAG v. 25. 7. 1996 – 6 AZR 179/95, BAGE 83, 327).

Ein sachlicher Grund für die **Besserstellung von Teilzeitbeschäftigten** ist nicht erforderlich, soweit es um das Diskriminierungsverbot nach § 4 Abs. 1 TzBfG geht. Die Diskriminierung von Vollzeitkräften bestimmt sich nach dem allgemeinen Gleichbehandlungsgrundsatz, ggf. nach dem Verbot mittelbarer Geschlechtsdiskriminierung, siehe Rnr. 262. **787**

b) Von der Rechtsprechung anerkannte sachliche Gründe

Die Liste möglicher Rechtfertigungsgründe ist nicht abschließend, doch zeigt die Rechtsprechung, dass es wohl nur eine Handvoll Argumente sind, die als sachlicher Grund zur Ungleichbehandlung erwägenswert zu sein scheinen: **788**

Arbeitsmarktgesichtspunkte können grundsätzlich eine Differenzierung zwischen Voll- und Teilzeitbeschäftigen rechtfertigen (AA. MünchArbR/*Schüren*, § 45 Rnr. 109 m. Hinweis auf LAG Bremen v. 5. 11. 2002 – 1 Sa 98/02, LAGE § 4 TzBfG Nr. 2; BAG v. 15. 5. 1997 – 6 AZR 40/96, BB 1997, 2224; wie hier *Wank*, RdA 1985, 1, 17; GK-TZA-*Lipke*, § 2 BeschFG Rnr. 219), wie ja wirtschaftliche Überlegungen auch der Einführung von Teilzeitarbeit entgegengehalten werden können, § 8 Abs. 4 S. 2 TzBfG. Soweit hiergegen geltend gemacht wird, dass dann entgegen § 7 Abs. 1 AGG (früher § 612 Abs. 3 S. 2 BGB) Frauen schlechter bezahlt werden könnten, wenn sich nachweisen lässt, dass die Stückkosten in der Produktion beim Einsatz von Frauen höher sind (MünchArbR/*Schüren*, § 45 Rnr. 109), ist dies schon deshalb verfehlt, weil es sich bei dem Verbot der Geschlechtsdiskriminierung um ein Differenzierungsverbot handelt, das einen sachlichen Grund zur Ungleichbehandlung nicht kennt. Dies gilt auch nach der einheitlichen Regelung der Rechtfertigungsmöglichkeiten in § 8 AGG, da nicht anzunehmen ist, dass dieser eine Verschlechterung des Schutzes gegenüber der alten Regelung in § 612 Abs. 3 Satz 2 BGB bewirken sollte. Wird allerdings vorgetragen, Teilzeitbeschäftigte seien am Arbeitsmarkt leicht zu gewinnen, während es schwieriger sei, qualifizierte Vollbeschäftigte zu gewinnen, so muss dies **hinreichend substantiiert** sein. Dies hat die Rechtsprechung wohl zu Recht noch in keinem Fall angenommen (s. BAG v. 27. 7. 1994 – 10 AZR 538/93, BB 1994, 2279; s. aber BAG v. 30. 5. 1984 – 4 AZR 146/82, AP MTL II § 21 *Nr.* 2). Wird eine **Ausgleichszulage** nur Vollzeitbeschäftigten gezahlt, weil auch nur diese eine Belastung, etwa die Absenkung von Arbeitszeit und -entgelt gegen ihren Willen, erleiden, so ist dies allenfalls dann ein sachlicher Grund, wenn mit der Zahlung nicht noch andere Gründe wie ein Ausgleich für die Absenkung einer anderen Zulage verfolgt werden (BAG v. 5. 8. 2009 – 10 AZR 634/08, AP Nr. 21 zu § 4 TzBfG). **789**

K. Verbot der Benachteiligung wegen Teilzeit und Befristung

790 Der größere Gewinn an **Erfahrungswissen,** der sich aus dem größeren Arbeitsvolumen vollzeitbeschäftigter Arbeitnehmer ergibt, kann grundsätzlich eine Ungleichbehandlung rechtfertigen. Die mit der wachsenden Dauer einer Tätigkeit zunehmende Erfahrung eines Arbeitnehmers, die ihn zu besserer Arbeitsleistung befähigt, erfordert aber eine Prüfung der Umstände des Einzelfalls, insbesondere der Frage, welche Beziehung zwischen der Art der ausgeübten Tätigkeit und der Erfahrung steht, die die Ausübung dieser Tätigkeit nach einer bestimmten Anzahl geleisteter Arbeitsstunden verschafft (EuGH 7. 5. 1991 – C-229/89, Slg. 1991 I, 2223, 2228; 13. 7. 1989 – Rs. 171/88, NZA 1990, 437; 13. 5. 1986 – Rs. 170/84, NZA 1986, 599; BAG v. 2. 12. 1992 – 4 AZR 152/92, BB 1993, 503. S. auch *M. Schmidt,* NZA 1998, 576). Ein relevanter Unterschied zwischen Vollzeit und Teilzeit wird insbesondere bei sehr qualifizierten Tätigkeiten und nach vergleichsweise kurzer Beschäftigungsdauer gegeben sein können. Zudem muss die zu rechtfertigende Ungleichbehandlung mit dem Erfahrungswissen im Zusammenhang stehen. Die Rechtsprechung ist bei beiden Erfordernissen zu Recht streng: Bei den Bewährungszeiten des BAT verneinte es einen sachlichen Grund auch für eine nur geringe Verlängerung der Bewährungszeit Teilzeitbeschäftigter (BAG v. 2. 12. 1992 – 4 AZR 152/92, BB 1993, 503; s. auch *Däubler,* FS Gnade 1992, S. 95, 109; a. A. noch BAG v. 14. 9. 1998 – 4 AZR 351/88, AP BAT § 23 a Nr. 24). Eine längere Betriebszugehörigkeit als Voraussetzung für die tarifliche Unkündbarkeit hielt das BAG ebenso für sachlich nicht gerechtfertigt, denn durch die Unkündbarkeit soll der Betriebstreue und der mit dem Lebensalter verbundenen zunehmenden Schwierigkeit, einen neuen Arbeitsplatz zu finden, Rechnung getragen werden. Hier besteht kein wesentlicher Unterschied zwischen Voll- und Teilzeitkräften (BAG v. 18. 9. 1997 – 2 AZR 592/96, BB 1998, 164; BAG v. 13. 3. 1997 – 2 AZR 175/96, BB 1997, 1638 – gemäß Art. 3 Abs. 1 GG; s. auch BAG v. 17. 6. 1999 – 2 AZR 185/98 – juris). Ein ähnliches Problem ergibt sich bei Musikern: Hier ist der Probeaufwand unabhängig von der Arbeitszeit gleich hoch, bei Teilzeitbeschäftigten also proportional höher. Dennoch stellt dies keinen Rechtfertigungsgrund für eine Ungleichbehandlung dar, der Teilzeitbeschäftigte muss dann in entsprechend weniger Produktionen eingesetzt werden (BAG v. 3. 12. 2008 – 5 AZR 469/07, AP Nr. 18 zu § 4 TzBfG).

791 Auch die Ehrenamtlichkeit des Betriebsratsamts wird oftmals kein Grund sein, das teilzeitbeschäftigte Betriebsratsmitglied schlechter als seinen vollbeschäftigten Kollegen zu behandeln. Nimmt ein **teilzeitbeschäftigtes Betriebsratsmitglied** außerhalb seiner Arbeitszeit an einer für die Betriebsratsarbeit erforderlichen Schulungsveranstaltung teil, besteht nach § 37 Abs. 6 S. 1 und 2 i. V. m. § 37 Abs. 3 S. 1 BetrVG ein Anspruch auf entsprechenden Freizeitausgleich. Der Umfang des Freizeitausgleichs nach diesen Bestimmungen ist auf die Arbeitszeit eines vollzeitbeschäftigten Arbeitnehmers an dem entsprechenden Schulungstag begrenzt. Dabei ist grundsätzlich die betriebsübliche Dauer und Lage der Arbeitszeit eines vollzeitbeschäftigten Arbeitnehmers maßgeblich (BAG v. 16. 2.. 2005 – 7 AZR 330/04, NZA 2005, 704; BAG v. 10. 11. 2004 – 7 AZR 131/04, noch n. v.; ausführlich Richardi/*Thüsing,* BetrVG, § 37 Rnr. 49 ff.). Nimmt ein Betriebsratsmitglied wegen Besonderheiten der betrieblichen.

792 **Geringfügige Beschäftigung und deren rechtliche Folgewirkungen** (ausführlich *Thüsing,* ZTR 2005, 118). Die Rechtsprechung ließ lange Zeit zu, dass geringfü-

V. Verbot der Diskriminierung von Teilzeitbeschäftigten

gig Beschäftigte von der betrieblichen Altersversorgung ausgeschlossen wurden (s. BAG v. 22.2.2000 – 3 AZR 845/98, AP BetrAVG § 1 Nr. 44 Gleichbehandlung; BAG v. 27.2.1996 – 3 AZR 886/94, AP BetrAVG § 1 Nr. 28 Gleichbehandlung; s. auch LAG Düsseldorf v. 10.2.1999 – 17 Sa 809/98, BB 1999, 1983). Grundlage und Voraussetzung war die Überlegung, dass die betriebliche Altersversorgung an einer Gesamtversorgung ausgerichtet war, die ihrerseits die gesetzliche Altersrente mit einschließt. Da die geringfügig Beschäftigten aus der Sozialversicherung herausgenommen wurden, (mit Billigung des EuGH: EuGH 14.12.1995, AuR 1996, 39 [Buschmann]) konnte sie auch der Arbeitgeber herausnehmen. Nach dem Gesetz zur Neuregelung der geringfügigen Beschäftigungsverhältnisse vom 24.3.1999 (BGBl. I 388) muss der Arbeitgeber für geringfügig Beschäftigte regelmäßig einen Pauschalbetrag in Höhe von 13% des Arbeitsentgelts zur Krankenversicherung sowie von 15% zur Rentenversicherung abführen (§ 249b S. 1 SGB V, § 172 Abs. 3 S. 1 SGB VI). Damit ist die Grundlage der bisherigen Entscheidungen entfallen. Dass diese Rechtsprechung weiterhin Bestand hat (dagegen die wohl allg. Meinung: MüKo/*Müller-Glöge*, § 4 TzBfG Rnr. 40; *Reichel/Hess*, BetrAV 2001, 529 ff.; wohl auch *Ackermann*, NZA 2000, 465; *Fodor*, DB 1999, 800 ff.; ausführlich *Rolfs*, RdA 2001, 130; offen gelassen BAG v. 22.2.2000 – 3 AZR 845/98, AP BetrAVG § 1 Nr. 44 Gleichbehandlung), ist unwahrscheinlich, wenn auch nicht ausgeschlossen: Das BAG hat zutreffend festgestellt, dass sozialrechtliche Wertungen nicht unbesehen auf das arbeitsrechtliche Betriebsrentenverhältnis übertragen werden können (BAG v. 27.2.1996 – 3 AZR 886/94, AP BetrAVG § 1 Nr. 28 Gleichbehandlung). Allerdings trifft es zu, dass nun nicht mehr die Ergänzungsfunktion der Zusatzversorgung als Grund für den gänzlichen Ausschluss von der betrieblichen Altersversorgung angeführt werden kann, denn eine Verzahnung beider Leistungen in einem Gesamtversorgungssystem ist nun möglich. Es bleibt jedoch der Umstand, dass die Verwaltungskosten für die Altersversorgung unter Umständen durch ihre Ausdehnung auf den fluktuationsgeneigten Personenkreis der Teilzeitbeschäftigten deutlich erhöht werden können. Eine Direktversicherung für geringfügig Beschäftigte würde oft nur wenige Jahre – vielleicht gar nur wenige Monate – bestehen. Verfällt die Versorgungsanwartschaft wegen Ausscheidens des Arbeitnehmers, dann würden nur sehr geringe Deckungsmittel dem Unternehmen zurückgewährt, die häufig unter dem Prämieneinsatz lägen. Diese Gründe allein haben der Rechtsprechung bisher freilich nicht für den Ausschluss gereicht, nahm sie doch an, dass Teilzeitkräfte, die erst auf Grund von Zusammenrechnung mehrerer geringfügiger Beschäftigungen der gesetzlichen Rentenversicherungspflicht unterfallen, auch von der betrieblichen Altersversorgung erfasst werden müssen (BAG v. 27.2.1996 – 3 AZR 886/94, AP BetrAVG § 1 Nr. 28 Gleichbehandlung; BAG v. 16.3.1993 – 3 AZR 389/92, AP BetrAVG § 1 Nr. 6 Teilzeit; BAG v. 7.3.1995 – 3 AZR 282/94, AP BetrAVG § 1 Nr. 26 Gleichbehandlung; BAG v. 16.1.1996 – 3 AZR 767/94, AP GG Art 3 Nr. 222).

Tragender Grund für eine Unterscheidung kann jedoch – zumindest in Tarifverträgen verbunden mit einer Einschätzungsprärogative der Tarifvertragsparteien – der Wille sein, jedem Arbeitnehmer netto den gleichen oder doch annähernd gleichen Stundenlohn zukommen zu lassen. Der **Wille, dass alle Arbeitnehmer nach Berücksichtigung unterschiedlicher Steuersätze das gleiche Entgelt bekommen,** ist ein anerkennenswertes Motiv. Deshalb hat die Rechtsprechung soweit ersichtlich noch nie eine Nettolohnvereinbarung am allgemeinen Gleichbehandlungsgrundsatz scheitern lassen. Auch kann festgestellt werden, dass soweit ersichtlich alle höchstrichterlichen Entscheidungen, die die Gleichbehandlung des geringfügig Beschäftigten mit dem Vollzeitbeschäftigten betrafen, Fälle waren, in denen es eben nicht um die Berücksichtigung der steuerlichen Unterschiede ging, sondern dem Arbeitnehmer unabhängig von der unterschiedlichen steuerlichen Gestaltung Vorteile (etwa eine Betriebsrente oder Sondergratifikation) gänzlich vorenthalten wurden. Darum geht es hier nicht. Vielmehr ist die Frage zu beantworten, ob die Tarifvertragsparteien auf das schauen dürfen, „was am Ende rauskommt". Alle sollen den gleichen Stundenlohn erhalten, und ob diese Gleichheit sich durch die Steuerersparnis letztlich aus arbeitgeberfremden Quellen speist, ist unerheblich. Dies hat das BAG auch in anderen Sachverhalten anerkannt. So entschied es, dass Zeitungsausstellern ein Weihnachtsgeld vorenthalten werden darf, weil diese regelmäßig ein Weihnachtsgeld von den Kunden erhalten. Am Ende hatten also alle Arbeitnehmer ungefähr das gleiche Entgelt, wenn auch die einen allein unter Einbeziehung der Zahlungen Dritter (BAG v. 19.4.1995 – 10 AZR 344/94, DB 1995, 2221; *Zumbansen/Kim*, BB 1999, 2454). Dieser Gedanke kann auf den vorliegenden Sachverhalt übertragen werden. Angestrebt ist gerade die Gleichheit der Entlohnung, nicht die Benachteiligung. Nur letztere verbietet § 4 Abs. 1 TzBfG. (a.A. *Hanau*, DB 2005, 946).

794 Das Gesagte bestätigt sich in einem Blick auf **parallele Fragen bei anderen Diskriminierungsverboten.** Beispielhaft sind hier die sog. Unisex-Tarife bei der betrieblichen Altersversorgung (hierzu *Hensche*, NZA 2004, 828; *Joussen*, ZESAR 2004, 311; *Körner*, NZA 2004, 760; *Raulf*, NZA-Beilage 2012, Nr. 3, 88; *Raulf/Gunia*, NZA 2003, 534 ff.; *Steinmeyer*, BetrAV 2003, 688 ff.; *Birk*, BetrAV 2003, 197 ff.). Frauen erhalten bei gleichen Beiträgen geringere Leistungen, weil ihnen die den Berechnungen zugrundeliegenden Statistiken ein längeres Leben zuweisen – am Ende erhalten sie also doch gleich viel wie ihre männlichen Kollegen, so die tragende Idee der Differenzierung. Eine starke Meinung geht davon aus, diese sei nicht zwingend geboten, trotz des Verbots der Geschlechtsdiskriminierung, weil keine Ungleichbehandlung vorliegt, oder doch zumindest diese Ungleichbehandlung gerechtfertigt ist – und auch die, die anderer Meinung sind, stützen sich nicht darauf, dass eine Ergebnisgleichheit nicht ein zulässiges Differenzierungskriterium sei, sondern begründen dies regelmäßig damit, dass der Nachweis längeren Lebensalters bei voll berufstätigen Frauen nicht hinreichend statistisch belegt sei. Zu Recht nahmen die Mitgliedstaaten der EU daher ursprünglich Abstand davon, solche Unisex-Tarife bindend vorzuschreiben. Sie wurden von vielen als ungerechtfertigte Benachteiligung von männlichen Arbeitnehmern empfunden – und ebenso wäre eine Gleichstellung im Bruttoentgelt eine Benachteiligung vollzeitbeschäftigter Arbeitnehmer. Der EuGH hat die entsprechende Richtlinienbestimmung (Art. 5 Abs. 2 Richtlinie 2004/113/EG) allerdings wegen Verletzung des Art. 21 EU-GRC zum 21.12.2012 für nichtig erklärt (EuGH v. 1.3.2011 – C-236/09, BetrAV 2011, 168; dazu *Armbrüster*, LMK 2011, 315339; *Kisters-Kölkes*, BetrAV 2011, 451; *Höfer*, BetrAV 2011, 586; *Langohr-Plato*, BetrAV 2012, 292; *Rolfs/Binz*, VersR 2011, 714). Damit hat er **Unisex-Tarife kraft Richterrechts** eingeführt. Während sich die Versicherungsbedingungen meist zu Lasten von Männern verschlechtert haben, ist im Vereinigten Königreich bei der Kfz-Versicherung

V. Verbot der Diskriminierung von Teilzeitbeschäftigten

das Gegenteil zu beobachten: Bewirkte das weibliche Geschlecht aufgrund der Unfallstatistik bislang einen Tarifrabatt, wurden diese Tarife infolge des Urteils deutlich angehoben.

795 Tritt man einen Schritt zurück, so lässt sich zeigen, dass es sich hier um einen Fall handelt, der nahe am Ziel materieller Gleichbehandlung, der sog. **substantive equality,** liegt. Hier behandelt eine Regelung zwar alle betroffenen Personen formal gleich, ihre Wirkungen sind aber für einzelne Personen oder Personengruppen unterschiedlich (s. hierzu *Wiedemann,* Die Gleichbehandlungsgebote im Arbeitsrecht, 2001, S. 29). Es gilt das schöne Beispiel *Anatol Frances* von der majestätischen Gleichheit des Gesetzes, die es Arm und Reich gleichermaßen verbietet, unter Brücken zu schlafen, in den Straßen zu betteln und ihr Brot zu stehlen. Eine Regelung behandelt formal gleich, und doch ist ihr Ergebnis ungleich und wird daher als ungerecht empfunden. Hier geht es um den entgegengesetzten Fall: Eine Regelung behandelt formal ungleich, jedoch ist das Ergebnis Gleichbehandlung, und diese wird durch den Gesetzgeber gerade angestrebt. Das Ergebnis ist gerecht.

796 Das Gesagte müsste hinterfragt werden, wenn denn der **Gesetzgeber** bei Schaffung der **Steuerbefreiung** für geringfügig Beschäftigte implizit oder explizit davon ausginge, dass es ein Vorteil allein des Arbeitnehmers wäre und dieser Vorteil zwingend bei ihm verbleiben sollte. Er hätte dann eine ausdrückliche Wertung gegen die Zulässigkeit einer Unterscheidung und gegen die Anerkennung eines sachlichen Grundes getroffen. Dies wird man jedoch nicht annehmen können: Die Vorschriften über die Pauschalierung der Lohnsteuer bei geringfügig Beschäftigten sind in § 40 a EStG enthalten. Im Gegensatz zu § 40 b EStG enthält diese Vorschrift keine echte Steuervergünstigung, sondern ist eine Vereinfachungsvorschrift. Der Lohnsteuerabzug soll in Fällen, in denen die Bemessungsgrundlage verhältnismäßig gering ist, vereinfacht werden. Damit soll ein administrativer Aufwand in Fällen, in denen das Ergebnis diesen Aufwand kaum rechtfertigt, vermieden werden (EStG/*Frotscher,* § 40 a Rnr. 1; Schmidt/*Drenseck,* EStG, § 40 a Rnr. 1). Auch wenn § 40 a EStG in der Systematik eine Vereinfachungsregelung ist, wirkt sie in manchen Bereichen faktisch wie eine Steuerbegünstigung. So hat sie die Herausbildung eines Arbeitsmarktes für Teilzeitbeschäftigte gefördert, da die Beschäftigungskosten durch die Pauschalierung der Lohnsteuer unter Einschluss der Sozialabgaben erheblich gemindert werden. Die Pauschalierung bei geringfügiger Beschäftigung hat bisher zu dem Vorteil geführt, dass eine geringere Bruttovergütung gezahlt werden musste, um eine bestimmte Nettovergütung für den Beschäftigten zu erreichen. Der Gesetzgeber hat durch wiederholte Erhöhungen des Pauschalsteuersatzes versucht, die Begünstigungswirkungen einzuschränken; so etwa durch das Gesetz vom 4. 3. 1999 (BGBl. I, 388), wodurch geringfügige Beschäftigungsverhältnisse eingeschränkt werden sollten (Begründung vgl. BT-Drucks. 14/280 und 14/441). Mit dem Zweiten Gesetz für moderne Dienstleistungen am Arbeitsmarkt vom 23. 12. 2002 (BGBl. I 02, 4621) ist der Gesetzgeber im Wesentlichen wieder zu der vor dem 1. 4. 1999 geltenden Rechtslage zurückgekehrt (Küttner/*Schlegel,* Personalbuch 2013, Stichwort: Geringfügige Beschäftigung, Rnr. 32f.). Mit der umfassenden Modernisierung der abgabenrechtlichen Vorschriften im Niedriglohnsektor verfolgt der Gesetzgeber erkennbar (eine ausdrückliche Begründung fehlt) das Ziel, Beschäftigungspotentiale im Bereich der geringfügigen Beschäftigung zu aktivieren (ausdrücklich *Niemann/Plenker,* DB 2003, 304, 308). Daran haben die Änderungen zum 1.1.2013 nichts geändert (hierzu Küttner/*Schlegel,* Personalbuch 2013, Stichwort: Geringfügige Beschäftigung, Rnr. 32f.; Stichwort: Minijob, Rnr. 5a).

797 **Zusammenfassend** lässt sich also feststellen, dass der ausdrückliche Zweck der Vorschrift lediglich der Vereinfachung des Verfahrens dient. Die aber wird durch die unterschiedliche Bruttoentlohnung der geringfügig Beschäftigten nicht umgangen. Damit verhält es sich im Hinblick auf die Berücksichtigung der Steuer anders als im Hinblick auf die Befreiung von der Sozialversicherungspflicht (unzutreffend beides zusammenfassend und verallgemeinernd, wenn auch im damaligen Fall richtig, weil allein für den Ausschluss aus einer Sondervergütung entschieden: LAG München v. 1.10.1998 – 4 Sa 1366/97, EWiR 2002, 777). Wenn hier die Gerichte übereinstimmend gesagt haben, die im Sozialversicherungsrecht geltenden Wertungen könnten nicht unbesehen eins zu eins ins Arbeitsrecht übertragen werden (BAG v. 21.1.1997 – 3 AZR 90/96, ZTR 1997, 317, BAG v. 13.5.1997 – 3 AZR 66/96, AP BetrAVG § 1 *Nr.* 36 Gleichbehandlung), ist dies zutreffend. Beim Steuerrecht handelt es sich aber um einen Gleichklang der Wertungen, bei dem in beiden Bereichen eine Rechtfertigung besteht. Eine Übertragung der Wertungen, wie beim Ausschluss aus der Betriebsrente, ist hier nicht erforderlich.

798 Weiterhin Bestand hat sicherlich der Ausschluss von geringfügig Beschäftigten nach **§ 8 Abs. 1 Nr. 2 SGB IV**, die von der Sozialversicherungspflicht ausgenommen bleiben (Beschäftigung innerhalb eines Jahres seit ihrem Beginn auf längstens zwei Monate oder 50 Arbeitstage begrenzt). Ob sie insgesamt aus dem Diskriminierungsverbot herausfallen, ist fraglich (*Hanau,* NZA 2001, 1173). Hierfür spricht zumindest, dass sie in § 2 Abs. 2 TzBfG nicht genannt werden und § 2 Nr. 2 RV-Teilzeit die Mitgliedstaaten ermächtigt, aus sachlichen Gründen Teilzeitbeschäftigte, die nur gelegentlich arbeiten, ganz oder teilweise aus dem Anwendungsbereich der Regelungen auszunehmen. Wer allerdings in § 2 Abs. 2 TzBfG nur eine der Sache nach überflüssige Erläuterung des § 4 Abs. 1 TzBfG sieht und vom Begriff des Teilzeitbeschäftigten her argumentiert, der wird einen ausdrücklichen Ausschluss für erforderlich halten; der aber fehlt. Die Gesetzesbegründung legt Letzteres nahe: In der Erläuterung zu § 4 Abs. 2 TzBfG heißt es, man wolle klarstellend einem weit verbreiteten Irrtum entgegentreten, dass geringfügig Beschäftigte keine Teilzeitarbeitnehmer seien (BT-Drucks, 14/4374, S.15). Dem ist ein Wille zur Ausgrenzung anderer geringfügig Beschäftigter nicht zu entnehmen. Damit bleibt es bei der allgemeinen Definition des § 2 Abs. 1 TzBfG, der auch die Arbeitnehmer nach § 8 Abs. 1 Nr. 2 SGB IV umfasst, soweit deren regelmäßige Wochenarbeitszeit kürzer ist als die eines vergleichbaren Vollzeitarbeitnehmers.

799 **Entgeltcharakter.** Teilweise hat die Rechtsprechung den Entgeltcharakter einer Arbeitgeberleistung als Grund zur bloß anteilsmäßigen Gewährung an Teilzeitbeschäftigte gewertet. Das Ergebnis ist in der Sache zutreffend, jedoch handelt es sich hierbei richtigerweise nicht um eine Frage des sachlichen Grundes, sondern der Konkretisierung der Gleichbehandlung. Lediglich anteilsmäßig stehen daher dem Teilzeitbeschäftigten einkommensabhängige Sonderzuwendungen (BAG v. 20.12.1995 – 10 AZR 12/95, ZTR 1996, 226), Weihnachtsgeld (BAG v. 6.10. 1993 – 10 AZR 450/92, AP BGB § 242 *Nr.* 107 Gleichbehandlung; BAG v. 6.12. 1990 – 6 AZR 159/89, BB 1991, 2299), Urlaubsgeld (BAG v. 23.7.1976 – 5

V. Verbot der Diskriminierung von Teilzeitbeschäftigten

AZR 492/75, AP BUrlG § 11 Nr. 1 Urlaubsgeld; BAG v. 15.11.1990 – 8 AZR 283/89, BB 1991, 981), betriebliche Altersversorgung (BAG v. 25.10.1994 – 3 AZR 149/94, AP BeschFG 1985 § 2 Nr. 40; Urlaubsgeld BAG v. 10.11.1994 – 6 AZR 486/94, AP BAT § 63 Nr. 11; BAG v. 30.3.1995 – 6 AZR 674/94, ZTR 1996, 72), Funktionszulagen (BAG v. 18.3.2009 – 10 AZR 338/08, AP Nr. 20 zu § 4 TzBfG; BAG v. 17.4.1996 – 10 AZR 617/95, BB 1996, 1564; LAG Hamm v. 16.12.1994 – 5 Sa 1057/94, ZTR 1995, 459; siehe auch *Jeske*, ZTR 1995, 3) und Sicherheitszulagen (BAG v. 11.12.1996 – 10 AZR 359/96, BB 1997, 636) zu. Ungekürzt, weil nicht als Entgelt einer bestimmten Arbeitszeit zuzuordnen, sind demgegenüber Erschwerniszulagen (BAG v. 17.4.1996 – 10 AZR 617/95, BB 1996, 1564), Zulagen für eine bestimmte Lage der Arbeitszeit (ArbG Marburg v. 2.9.1994 – 2 Ca 914/93, BB 1995, 1853) und Wechselschichtzulagen (BAG v. 23.6.1993 – 10 AZR 127/92, BB 1993, 1875; siehe auch BAG v. 11.3.1993 – 6 AZR 96/92, ZTR 1994, 211: Anspruch einer Teilzeitkraft auf anteilige Gewährung einer Arbeitszeitverkürzung, die dem Ausgleich besonderer Belastungen im Wechselschichtdienst dienen soll) Teilzeitbeschäftigten zu gewähren.

Eine Ungleichbehandlung ist durch sachlichen Grund auch gerechtfertigt, wenn **800** der **Leistungszweck** neutral gegenüber Teilzeit- oder Vollzeitbeschäftigung formuliert wurde, aber durch die Gewährung der Leistung auch an Teilzeitbeschäftigte der Leistungszweck geändert würde – wenn also die dem Teilzeitbeschäftigten gewährte Vergünstigung in ihrer Art nicht mehr dieselbe wäre wie die dem Vollzeitbeschäftigten gewährte (BAG v. 26.5.1993 – 5 AZR 184/92, BB 1993, 2451 – Freistellung am 24.12. nachmittags).

Soziale Lage. Schon die Gesetzesbegründung zu § 2 BeschFG 1985 erwähnte **801** die soziale Lage als einen möglichen Grund zur Ungleichbehandlung teilzeitbeschäftigter und vollzeitbeschäftigter Arbeitnehmer (BT-Drucks. 10/2102, S. 24 rechte Spalte). Die Rechtsprechung hat dies obiter dictum bisher lediglich bei der Vergabe von Plätzen im Betriebskindergarten und beim Essenszuschuss in Erwägung gezogen (BAG v. 1.11.1995 – 5 AZR 84/94, NZA 1996, 816; im Anschluss an *Schüren*, FS Gnade, S. 166; *ders.*, SAE 1991, 114, 117. Zum Essenszuschuss jetzt auch BAG v. 26.9.2001 – 10 AZR 714/00, BB 2001, 2654). Für den Stundensatz des Arbeitsentgelts hat es die soziale Lage nicht als sachlichen Grund der Ungleichbehandlung anerkannt. Die Arbeitsleistung verändere ihren Wert nicht durch die soziale Lage des Arbeitnehmers, der Arbeitgeber schulde dem Arbeitnehmer keinen Soziallohn oder dessen Alimentation nach beamtenrechtlichen Grundsätzen. Soweit bei der Lohnfindung die soziale Lage berücksichtigt wird, gilt dies gleichermaßen für Teilzeit- wie für Vollzeitarbeitnehmer, das heißt, die Bemessung des Arbeitsentgelts muss dann sowohl für Vollzeit- als auch für Teilzeitarbeitnehmer von deren sozialer Lage abhängig gemacht werden. Die Teilzeitbeschäftigung selbst könne nicht als Vertypung einer geringeren Schutzwürdigkeit gewählt werden (BAG v. 1.11.1995 – 5 AZR 84/94, NZA 1996, 816; BAG v. 9.10.1996 – 5 AZR 338/95, BB 1997, 1157; a. A. noch BAG v. 22.8.1990 – 5 AZR 543/89, BB 1991, 141; BAG v. 11.3.1992 – 5 AZR 237/91, BB 1992, 1356. Zum Essenszuschuss siehe auch BAG v. 26.9.2001 – 10 AZR 714/00, BB 2001, 2654; kritisch *Peifer*, ZfA 1999, 276; *Fastrich/Erling*, SAE 1997, 223). Dementsprechend gilt als sachlicher Grund für eine schlechtere Bezahlung eines Teilzeitarbeitnehmers auch nicht, dass er auf Grund seiner früheren hauptberuflichen Betätigung Altersruhegeld bezieht (BAG v. 1.11.1995 – 5 AZR 84/94, NZA 1996, 816). Ebenso reicht es nicht aus, dass der durch eigene Erwerbseinkünfte abgesicherte, nebenberuflich beschäftigte Teilzeitarbeitnehmer weniger sozial schutzbedürftig sein könnte als die Teilzeitkräfte, die auch auf die Einkünfte aus ihrer Teilzeittätigkeit angewiesen sind (BAG v. 1.11.1995 – 5 AZR 84/94, NZA 1996, 816; BAG v. 9.10.1996 – 5 AZR 338/95, BB 1997, 1157) oder dass der geringfügig beschäftigte Teilzeitarbeitnehmer durch das Einkommen seines Ehegatten abgesichert ist (LAG Düsseldorf v. 3.2.2011 – 5 Sa 1351/10, ZMV 2011, 278). Auch wenn man die Schlechterstellung nebenberuflich Erwerbstätiger als einen Unterfall des allgemeinen Gleichbehandlungsgrundsatzes wertet, nicht als einen Fall des § 4 Abs. 1 TzBfG, ändert sich am Ergebnis nichts (siehe Rnr. 755). Dies gilt auch für die neuere Rechtsprechung des BAG, geringere familienrechtliche Unterhaltsansprüche und die Versicherungsfreiheit von Studenten in der Sozialversicherung als sachlichen Grund für deren Schlechterstellung nicht anzuerkennen (BAG v. 12.6.1996 – 5 AZR 960/94, BB 1997, 262 [Ungleichbehandlung Studenten]; BAG v. 1.11.1995 – 5 AZR 84/94, AP BeschFG 1985 § 2 Nr. 45, 46 [Ungleichbehandlung Haupt- und nebenberufliche Beschäftigung]. Siehe auch LAG Köln v. 13.12.1995 – 2 Sa 953/95, LAGE Nr. 28 zu § 2 BeschFG 1985; BAG v. 28.3.1996 – 6 AZR 501/95, BB 1996, 2464; BAG v. 12.6.1996 – 5 AZR 960/94, BB 1997, 262; a.A. noch BAG v. 22.8.1990 – 5 AZR 543/89, BB 1991, 141; BAG v. 11.3.1992 – 5 AZR 237/91, BB 1992, 1356).

802 Die **Tarifautonomie** stellt keinen sachlichen Grund zur Ungleichbehandlung dar. Bereits zu § 2 Abs. 1 BeschFG war durch die Rechtsprechung anerkannt, dass trotz des einschränkungslosen Wortlauts von § 6 Abs. 1 BeschFG es den Tarifvertragsparteien nicht gestattet war, vom Grundsatz der Gleichbehandlung abzuweichen. Es ist unerheblich, mit welchen rechtstechnischen Mitteln der Ausschluss der teilzeitbeschäftigten Arbeitnehmer erfolgt. Auch wenn ältere Dogmatik und neuere Entscheidungen schlingern kann es deshalb nicht entscheidend sein, ob der Ausschluss erreicht wird durch Einschränkung des persönlichen Geltungsbereichs eines Tarifvertrags oder durch eine ausdrückliche Ausnahmeregelung – der Maßstab zur Rechtfertigung muss hier der gleiche sein (BAG v. 29.8.1989 – 3 AZR 370/88, BB 1989, 2116; siehe auch BAG v. 5.11.1992 – 6 AZR 420/91, NZA 1993, 511; BAG v. 21.3.1991 – 2 AZR 616/90, BB 1991, 1937). Allerdings kommt den Tarifvertragsparteien eine begrenzte **Einschätzungsprärogative** zu Gute bei der Beurteilung dessen, was ein sachlicher Grund zur Ungleichbehandlung ist (BAG 25.4.2007, BB 2007, 1680). Es kann zwar trotz der besonderen Sachkunde der Tarifvertragsparteien nicht unterstellt werden, dass ihre Regelungen stets den Anforderungen des Gleichheitssatzes genügen (BAG v. 13.3.1997 – 2 AZR 175/96, BB 1997, 1638), jedoch entspricht die Anerkennung einer Einschätzungsprärogative der Tarifvertragsparteien gefestigter Rechtsprechung auch in anderen Fragen des Diskriminierungsschutzes (ZB. LAG Köln v. 11.1.1996 – 6 Sa 901/95, LAGE Nr. 15 zu Art. 119 EWG-V [mit Anm. *Peters/Thüsing*] zur Frage gleichwertiger Arbeit; siehe auch EuGH 31.5.1995, BB 1995, 1484 = AP EWG-Vertrag Art. 119 Nr. 68: „Dennoch kann die Tatsache, dass die Entgeltbestandteile in Verhandlungen zwischen den Kollektivorganisationen ... [vereinbart wurden] ... als ein Gesichtspunkt bei der Beurteilung der Frage berücksichtigt werden, ob Unterschiede beim durchschnittlichen Entgelt von zwei Gruppen von

V. Verbot der Diskriminierung von Teilzeitbeschäftigten

Arbeitnehmern auf objektive Faktoren zurückgehen, die nichts mit einer Diskriminierung zu tun haben"; kritisch *Colneric*, FS Dieterich, S. 37. Im Ergebnis wie hier MHH/*Herms*, TzBfG, § 4 Rnr. 32). Daher ist es im Ergebnis richtig, dass das BAG in neuester Rechtsprechung auch die Herausnahme bestimmter Arbeitnehmergruppen trotz Bindung an Art. 3 Abs. 1 GG mit einem Ermessensspielraum der Tarifvertragsparteien verbunden und sie zugelassen hat (BAG v. 30. 8. 2000 – 4 AZR 563/99, BB 2001, 368; zustimmend MHH/*Herms*, TzBfG, § 4 Rnr. 33). Tragend ist dann aber nicht die Tarifautonomie, sondern deren geringere soziale Schutzbedürftigkeit. Abweichende Rechtsprechung, wonach regelmäßig geringere familienrechtliche Unterhaltsansprüche und die Versicherungsfreiheit von Studenten in der Sozialversicherung als sachlichen Grund für deren Schlechterstellung nicht anzuerkennen seien, sollte daher im Licht der neueren Entscheidung überprüft werden (BAG v. 12. 6. 1996 – 5 AZR 960/94, AuR 1997, 122 [Ungleichbehandlung Studenten]; BAG v. 1. 11. 1995 – 5 AZR 84/94, AP BeschFG 1985 § 2 Nr. 45, 46 [Ungleichbehandlung Haupt- und nebenberufliche Beschäftigung]. Siehe auch LAG Köln 13. 12. 1995 – 2 Sa 953/95, LAGE Nr. 28 zu § 2 BeschFG 1985; siehe auch BAG v. 28. 3. 1996 – 6 AZR 501/95, AP BeschFG 1985 § 2 Nr. 49; BAG v. 12. 6. 1996 – 5 AZR 960/94, AP BGB § 611 Nr. 4 Werkstudent; a. A. noch BAG v. 22. 8. 1990 – 5 AZR 543/89, BAGE 66, 17; BAG v. 11. 3. 1992 – 5 AZR 237/91, BAGE 70, 48; siehe jetzt auch BAG v. 30. 8. 2000 – 4 AZR 563/99, BB 2001, 368). Der Versuch der Entscheidung, die Grenze der personellen Reichweite aus der Kontrolle des Art. 3 GG herauszunehmen, scheint demgegenüber nur der zweitbeste Weg (siehe auch *Dieterich*, RdA 2001, 110; *Wiedemann*, Die Gleichbehandlungsgebote im Arbeitsrecht, 2001, S. 37).

802a Ferner hat die instanzgerichtliche Rechtsprechung entschieden, dass auch das **kirchliche Selbstbestimmungsrecht** nicht zu einer Befreiung von dem Gleichbehandlungsgebot führt. Sie unterwirft deshalb auch kirchliche Arbeitsvertragsregelungen, die durch (erz)bischöfliches Dekret zustande gekommen sind, einer Kontrolle anhand der allgemeinen Maßstäbe (LAG Hamm v. 29. 7. 2011 – 18 Sa 2049/10, juris Rnr. 63, s. auch BAG v. 25. 3. 2009 – 7 AZR 710/07, BAGE 130, 146 zu § 14 TzBfG).

803 Unternehmerische Entscheidung bei betriebsbedingten Kündigungen. Umstritten ist, inwieweit die unternehmerische Entscheidung, ein bestimmtes Arbeitszeitkonzept realisieren zu wollen, bei der betriebsbedingten Kündigung sachlicher Grund sein kann, Teilzeitbeschäftigte zu entlassen. Das BAG hat hier in jüngster Rechtsprechung für die Praxis Klarheit gebracht. Grundsätzlich kann der Arbeitgeber seinen Arbeitskräftebedarf selbst bestimmen. Nicht anders als die Anschaffung von Maschinen und die Gestaltung der Arbeitsabläufe gehört es zur Organisation des Betriebes, die Stärke der Belegschaft, mit der das Betriebsziel erreicht werden soll, festzulegen. Daher kann die Unternehmerentscheidung auch darin liegen, künftig auf Dauer mit weniger Personal zu arbeiten (BAG v. 24. 4. 1997 – 2 AZR 352/96, BB 1997, 1950; BAG v. 3. 12. 1998 – 2 AZR 341/98, BB 1999, 847; siehe auch *Hillbrecht*, ZfA 1991, 107, 110; *Tenczer/Stahlhacke*, Anm. zu LAGE § 1 KSchG Soziale Auswahl, Nr. 16). Dieser Entschluss zum Personalabbau kann daher zum Entschluss führen, vorrangig teilzeitbeschäftigte Arbeitnehmer zu entlassen. Die Rechtsprechung lässt dies großzügig zu (BAG v. 15. 7. 2004 – 2 AZR 376/03, AP KSchG § 1 Nr. 68 Soziale Auswahl; s. aber auch gegen allzu pauschale Argumente BAG v. 22.4.2004 – 2 AZR 244/03, AP KSchG 1969 § 1 Nr. 67 Soziale Auswahl: zuvor bereits BAG v. 3.12.1998 – 2 AZR 341/98, BB 1999, 847; BAG v. 12.8.1999 – 2 AZR 12/99, AP KSchG 1969 § 1 Nr. 44 § 1 Soziale Auswahl; BAG v. 17.1.2002 – 2 AZR 15/01, EzA KSchG § 1 Soziale Auswahl Nr. 47; siehe auch *Oetker*, FS Wiese 1998, S. 333, 349; *Bauer/Klein*, BB 1999, 1162), teilweise wird jedoch vertreten, in der unternehmerischen Entscheidung allein könne nie ein sachlicher Grund zur Ungleichbehandlung liegen (ErfK/*Preis*, § 4 TzBfG Rnr. 52; APS/*Preis*, TzBfG, § 4 Rnr. 31). Dieser Einwand, der einen gewissen Rückhalt in der gesetzgeberischen Wertung des § 4 Abs. 1 TzBfG hat, verliert an Gewicht, wenn das vom Arbeitgeber angestrebte Arbeitszeitmodell selbst sachliche Gründe hat, was regelmäßig angenommen werden kann. Diese mögen zum einen Kosten sein, die typischerweise mit Teilzeitarbeit verbunden sind (zB. höherer Aufwand in der Personalverwaltung), zumindest aber die Kosten, die nicht notwendig oder typischerweise mit ihr verbunden sind (z. B. höhere Raumkosten für Teilzeitbeschäftigte). Will der Arbeitgeber ein so gerechtfertigtes Arbeitszeitmodell durchsetzen, kann man hierin einen sachlichen Grund sehen zur Ungleichbehandlung Teilzeitbeschäftigter, oder man kann vollzeitbeschäftigte Arbeitnehmer als nicht vergleichbar einstufen (für letzteren Ansatz *Rheinfelder/Zwanziger*, DB 1996, 677, 680; siehe auch APS/*Preis*, TzBfG § 4 Rnr. 32).

804 Teilweise wurde eingewandt, diese Rechtsprechung sei nach **Einführung der §§ 8, 9 und 11 TzBfG** nicht mehr haltbar, denn hieraus ergebe sich, dass eine Veränderung individueller Arbeitszeiten unter Umständen auch gegen den ausdrücklichen Willen des Arbeitgebers durchgesetzt werden kann. Die Vorstellung von einer dem Gesetz vorgelagerten unternehmerischen Entscheidung, die auch die Dauer individueller Arbeitszeiten erfasst, sei damit unvereinbar (TZA/*Buschmann*, § 1 KSchG Rnr. 9 a; ähnlich KSchR/*Zwanziger*, 7. Aufl. 2008, § 4 TzBfG Rnr. 22). Es bleibt abzuwarten, ob die Rechtsprechung dieses Argument aufgreifen wird. Zwingend ist dies nicht: Dem Wortlaut nach greifen die Vorschriften nicht ein, und ihrem Rechtsgedanken entspricht es auch, dass betriebliche Gründe, die die unternehmerische Entscheidung ja strukturieren, weiterhin erheblich bleiben (§ 8 Abs. 4 S. 1 TzBfG, § 9 TzBfG) – wirtschaftlich sinnvoll wäre dies allemal.

805 Die **Rechtsprechung des BAG verdient also Zustimmung** und dürfte auch in Zukunft gültig sein: Reduziert sich auf Grund einer arbeitgeberseitigen Organisationsentscheidung lediglich das Arbeitsvolumen bzw. das Stundenkontingent im Betrieb oder in der Dienststelle, so sind teilzeit- und vollzeitbeschäftigte Arbeitnehmer im Rahmen der Sozialauswahl miteinander vergleichbar. Eine andere Lösung, die eine Differenzierung des Auswahlkreises bei der sozialen Auswahl von Teilzeitbeschäftigten einerseits und Vollzeitbeschäftigten andererseits ohne Vorliegen von sachlichen Gründen vornähme, würde auf eine unzulässige Diskriminierung hinauslaufen. Etwas anderes gilt nur dann, wenn der Arbeitgeber eine Organisationsentscheidung getroffen hat, nach der aus offensichtlich nicht unsachlichen Gründen Arbeitnehmer gerade mit einem bestimmten Arbeitszeitvolumen zukünftig benötigt werden. Der Arbeitgeber kann regelmäßig auch hinsichtlich der Arbeitszeitgestaltung eine unternehmerische Organisationsentscheidung treffen und Vorgaben machen, an denen das Arbeitsgericht nicht ohne weiteres vorbeigehen kann. In einem solchen Fall wäre eine Sozialauswahl nicht zu beanstanden, die bei diesen organisatorischen Rahmenbedingungen ansetzt. Allerdings bedarf es dann einer konkreten nachvollziehbaren Darlegung des unternehmerischen Arbeitszeitgestaltungskonzepts und seiner Begründung (BAG v. 22. 4. 2004 – 2 AZR 244/03, AP KSchG 1969 § 1 Nr. 67 Soziale Auswahl).

Ob eine Schlechterstellung in einem Fall durch eine **Vergünstigung in einem anderen Fall** gerechtfertigt werden kann ist fraglich (so BAG v. 5. 8. 2009 – 10 AZR 634/08, AP Nr. 21 zu § 4 TzBfG und BAG v. 24. 9. 2008 – 6 AZR 657/07, BB 2009, 493 sowie MHH-*Herms*, TzBfG, § 4 Rnr. 26 im Anschluss an Erman/*Edenfeld*, § 611 BGB Rnr. 223, der dies für den allgemeinen Gleichbehandlungsgrundsatz vertritt). Eine Übertragung der Rechtsprechung zum Günstigkeitsvergleich bei Tarifverträgen hilft hier nicht weiter (so aber BAG v. 5. 8. 2009 – 10 AZR 634/08, AP Nr. 21 zu § 4 TzBfG und BAG 24. 9. 2008 – 6 AZR 657/07, BB 2009, 493), denn hier geht es nicht um die Sicherstellung der Gleichbehandlung, sondern Durchsetzung normativer Wirkung. Das Gebot der Gleichbehandlung zwingt, nicht nur zur wertmäßigen, sondern zur tatsächlichen Gleichbehandlung. Allenfalls mag in Einzelfällen das Verbot des treuwidrigen Verhaltens dem Anspruch auf Gleichbehandlung entgegengehalten werden, insbesondere wenn der Arbeitnehmer die Kompensationsabsicht des Arbeitgebers bei der Vereinbarung der für ihn vorteilhaften Vertragsbedingung kennt. Das **BAG** wertet großzügiger: Ein Teilzeitbeschäftigter werde gegenüber einem vergleichbaren Vollzeitbeschäftigten in der Regel nicht schlechter behandelt, wenn er zum Ausgleich des entstandenen Nachteils einen Vorteil erhält. Als etwaige Kompensation kommen aber nur solche Leistungen in Betracht, die in einem sachlichen Zusammenhang zum entstandenen Nachteil stehen.

806

VI. Verbot der Diskriminierung befristet beschäftigter Arbeitnehmer

1. Geltungsbereich

Das Diskriminierungsverbot des § 4 Abs. 2 TzBfG greift bei allen Befristungen, also nicht nur denen nach § 14 Abs. 1–3 TzBfG, sondern auch nach anderen Vorschriften, wie z. B. § 21 BEEG oder §§ 1 ff. WissZeitVG. Erfasst werden also auch Befristungen, für die kein rechtfertigender Grund bestehen muss. Der Schutz der inhaltlichen Ausgestaltung eines befristeten Arbeitsverhältnisses reicht damit weiter als der Schutz vor Befristung. Dies steht in Übereinstimmung mit § 4 RV-Befristung. Wer befristet beschäftigt ist, bestimmt § 3 Abs. 1 TzBfG. Unterscheidungsmerkmal ist die Befristung, nicht die davon zu unterscheidende geringere Dauer eines Arbeitsverhältnisses.

807

2. Systematik entsprechend dem Verbot der Diskriminierung von Teilzeitbeschäftigten

In Übereinstimmung mit der **parallelen Gestaltung** der Rahmenvereinbarungen ist auch das Diskriminierungsverbot des § 4 Abs. 2 TzBfG parallel zu dem des § 4 Abs. 1 TzBfG aufgebaut. In § 4 Abs. 2 S. 1 TzBfG ist der allgemeine Grundsatz formuliert, dass niemand wegen der Befristung des Arbeitsvertrags schlechter be-

808

K. Verbot der Benachteiligung wegen Teilzeit und Befristung

handelt werden darf als ein vergleichbarer unbefristet beschäftigter Arbeitnehmer, es sei denn, dass sachliche Gründe eine unterschiedliche Behandlung rechtfertigen. In Konkretisierung dieses Grundsatzes regelt § 4 Abs. 2 S. 2 TzBfG ausdrücklich, dass Arbeitsentgelt oder andere teilbare geldwerte Leistungen, die für einen bestimmten Bemessungszeitraum gewährt werden (z. B. Deputate, Personalrabatte) dem befristet beschäftigten Arbeitnehmer mindestens entsprechend dem Anteil seiner Beschäftigungsdauer am Bemessungszeitraum zustehen. Dies soll den in § 4 Abs. 2 RV-Befristung festgelegten *Pro-rata-temporis*-Grundsatz umsetzen. Die Gesetzesbegründung macht jedoch wiederum deutlich, dass entgegen dem missglückten Wortlaut hierin eben nur eine Konkretisierung, nicht eine Abweichung von § 4 Abs. 2 S. 1 TzBfG gemeint ist. Keinen Vorstoß gegen das Diskriminierungsverbot stellt es daher auch hier dar, wenn die Ungleichbehandlung aus sachlichen Gründen gerechtfertigt ist (BT-Drucks. 14/4374, 16; *Richardi/Annuß*, BB 2000, 2204; a. A. *Preis/Gotthardt*, DB 2000, 2070; *Blanke*, AIB 2000, 730; *Däubler*, ZIP 2000, 1966; *Dörner*, Der befristete Arbeitsvertrag, Rnr. 100).

809 Die gewählte Form der Umsetzung ist problematischer als die entsprechende Regelung in § 4 Abs. 1 TzBfG, denn ihr Vergleichsmaßstab ist der Bemessungszeitraum einer Leistung, die unterschiedslos befristete wie nicht befristete Arbeitsverhältnisse vom Anspruch ausschließen mag. Nähme man § 4 Abs. 2 S. 2 TzBfG beim Wort, dann würde nur dem befristet Beschäftigten ein zeitanteiliger Anspruch eingeräumt, nicht aber dem, der in einem unbefristeten Arbeitsverhältnis vor Ende des Bemessungszeitraums aus dem Betrieb ausscheidet. Dies wäre eine systemwidrige obligatorische Besserstellung befristet Beschäftigter, für die es in der zu Grunde liegenden Rahmenvereinbarung keinen Anhaltspunkt gibt. Bedeutsam wird dies insbesondere bei Gratifikationszahlungen, siehe Rnr. 870. Besser wäre es, man hätte auf die Normierung des *Pro-rata-temporis*-Maßstabs verzichtet. Seine praktische Bedeutung ist bei der Befristung – anders als bei der Teilzeit – nur gering.

Beispiel: Unbefristet angestellten Mitarbeitern wird ein Monatsgehalt gezahlt, das heruntergerechnet auf die Woche über dem liegt, was ein für 3 Wochen zur Aushilfe eingestellter vergleichbarer Mitarbeiter erhält.

810 Auch § 4 Abs. 2 S. 3 TzBfG konkretisiert den Grundsatz der Nichtdiskriminierung in § 4 Abs. 2 S. 1 TzBfG. Mit ihm wird § 4 Abs. 4 RV-Befristung umgesetzt. Es wird klargestellt, dass Beschäftigungsbedingungen, deren Gewährung von einer bestimmten Dauer des Arbeitsverhältnisses abhängt (z. B. der Anspruch auf vollen Jahresurlaub von einer sechsmonatigen Wartezeit, tarifliche Entgelt- oder Urlaubsansprüche von zurückzulegenden Beschäftigungszeiten) für befristet beschäftigte dieselben Zeiten wie für unbefristet beschäftigte Arbeitnehmer zu berücksichtigen sind (BT-Drucks. 14/4374, 16). Bei Kettenbefristungen ist dabei nicht auf den letzten befristeten Vertrag isoliert abzustellen, sondern auch die vorangegangenen befristeten Arbeitsverträge einzubeziehen (BAG v. 20. 9. 2006 – 10 AZR 715/05, AP Nr. 44 zu § 1 TVG Bezugnahme auf Tarifvertrag).

811 Nicht erfasst vom Diskriminierungsverbot ist der Umstand, dass der Arbeitnehmer zunächst überhaupt befristet eingestellt und u. U. erst im Anschluss daran mit neuem Vertrag unbefristet weiterbeschäftigt wurde. Zwar hätte sich der Arbeitnehmer bei von vornherein unbefristeter Einstellung besser gestanden. Darin liegt jedoch keine Schlechterstellung im Sinne des Diskriminierungsverbots. Dieses bezieht sich auf eine Ungleichbehandlung während der Dauer der Befristung. **Es verbietet nicht etwa die Befristung als solche.** Auch dass der befristet Beschäftigte nach Auslaufen der Befristung keinen sozialen Schutz wie den des Kündigungsschutzes genießt, ist gerade Wesen der Befristung und damit keine Diskriminierung (BAG v. 11.7.2007 – 7 AZR 322/06 – juris). Nach dem Ende einer wirksamen Befristung sind die Parteien bei der Neubegründung eines Arbeitsverhältnisses in der Gestaltung der Arbeitsbedingungen frei und an frühere Abmachungen nicht gebunden (BAG v. 2.3.2004 – 1 AZR 271/03, AP TVG § 3 Nr. 31). § 4 Abs. 2 TzBfG schützt nicht Arbeitnehmer, die im Anschluss an ein befristetes Arbeitsverhältnis ein unbefristetes Arbeitsverhältnis zu geänderten Arbeitsbedingungen eingehen (BAG v. 27.11.2008 – 6 AZR 632/08, AP Nr. 1 zu § 1 TVÜ; BAG v. 9.5.2007 – 4 AZR 319/06, AP Nr. 8 zu § 305c BGB; BAG v. 11.12.2003–6 AZR 638/02 – juris). Wird in einem solchen folgenden unbefristeten Arbeitsverhältnis dann allerdings auf die Beschäftigungszeit abgestellt, ist auch eine Nichtberücksichtigung der Zeiten aus dem befristeten Arbeitsverhältnis eine Diskriminierung wegen der Befristung, obwohl das Arbeitsverhältnis zu diesem Zeitpunkt nicht mehr befristet ist (BAG v. 12.10.2010 – 9 AZR 518/09, PersR 2011, 116).

3. Vorläufer in der Rechtsprechung

Soweit sich die Rechtsprechung bisher mit der Ungleichbehandlung befristet beschäftigter Arbeitnehmer beschäftigt hat, war sie zu zurückhaltend. Das BAG betonte, dass die Rechtsprechung zur Gleichbehandlung von Teilzeitbeschäftigten mit Vollzeitbeschäftigten nicht die befristet Beschäftigten erfasse, denn teilzeitbeschäftigte Arbeitnehmer werden wie vollzeitbeschäftigte auf Dauer eingestellt (BAG v. 13.12.1994 – 3 AZR 367/94, NZA 1995, 886; siehe auch BAG v. 6.12.1990 – 6 AZR 159/89, BB 1991, 2299). Es entschied daher, dass die unterschiedliche Behandlung der befristet eingestellten Arbeitnehmer und der auf unbestimmte Zeit eingestellten Arbeitnehmer gemessen an dem Zweck einer betrieblichen Altersversorgung gerechtfertigt ist. Mit Zusagen auf eine betriebliche Altersversorgung will der Arbeitgeber in der Regel die Betriebstreue fördern und belohnen sowie den Arbeitnehmer an den Betrieb binden. Dieses Interesse fehle bei allen Arbeitnehmern, die der Arbeitgeber nur vorübergehend in einem Betrieb oder einer Dienststelle beschäftigen will (BAG v. 13.12.1994 – 3 AZR 367/94, NZA 1995, 886; BAG v. 12.5.1992 – 3 AZR 226/91, ZTR 1993, 67: Ein Tarifvertrag konnte Arbeitnehmer aus Altersversorgung ausnehmen, wenn sie für nicht mehr als zwölf Monate eingestellt werden). Diesen Wunsch, Betriebstreue zu entlohnen, wertet das BAG auch in anderen Entscheidungen als hinreichenden Grund einer Ungleichbehandlung, die es bei Teilzeitbeschäftigten gerade nicht akzeptierte (BAG v. 6.12.1990 – 6 AZR 159/89, BB 1991, 2299 gegenüber BAG v. 13.3.1997 – 2 AZR 175/96, BB 1997, 1638). Im Ergebnis ist also das Diskriminierungsverbot des § 4 Abs. 2 TzBfG neu für das deutsche Recht und in seiner Tragweite noch nicht ausgelotet (so auch *Däubler*, ZIP 2000, 1965; *Hanau*, NZA 2000, 1045). Nach Inkrafttreten des TzBfG entschied das BAG, dass die Tarifvertragsparteien Werkstudenten aus dem persönlichen Geltungsbereich eines Tarifvertrags ausschließen können (BAG v. 30. 8. 2000 – 4 AZR 563/99, BB 2001, 368, s. Rnr. 816). Hierin liegt sachlich eine mittelbare Ungleichbehandlung von befristet Beschäftigten, die das Gericht erst dann für unzulässig hielt, wenn die Differenzierung unter keinem Gesichtspunkt, auch koalitionspolitischer Art, plausibel erklärbar ist.

4. *Pro-rata-temporis*-Grundsatz und sachlicher Grund

813 Die Gleichbehandlungspflicht in § 4 Abs. 2 TzBfG entspricht der in § 4 Abs. 1 TzBfG: Grundsätzlich sind die Arbeitsbedingungen unbefristet beschäftigter Arbeitnehmer auch befristet beschäftigten Kollegen zu gewähren. Eher missverständlich als hilfreich ist die Anwendung des *Pro-rata-temporis*-Grundsatzes durch § 4 Abs. 2 S. 2 TzBfG. Erhält der unbefristet beschäftigte Arbeitnehmer für einen bestimmten Bemessungszeitraum Arbeitsentgelt oder eine andere teilbare geldwerte Leistung, so ist sie auch dem befristet Beschäftigten dem Anteil seiner Beschäftigungsdauer entsprechend zu zahlen. Erfasst wird hiervon insbesondere der Urlaubsanspruch des befristet Beschäftigten, der anteilsmäßig zu gewähren ist (im französischen Recht ausdrücklich normiert, Art. L. 124-4-3 CT: „Le salarié lié par un contrat de travail temporaire a droit à une indemnité compensatrice de congé payé pour chaque mission, quelle qu'ait été la durée de celle-ci"). Anders als beim Diskriminierungsverbot wegen Teilzeitbeschäftigung ergibt sich dies bereits aus der Grundregel in § 4 Abs. 2 S. 1 TzBfG.

814 **Sachlicher Grund**, der eine Ungleichbehandlung rechtfertigt, ist nach bisheriger Rechtsprechung und durch das neue Gesetz nicht aufgehoben die **Betriebstreue**. Der Wille des Arbeitgebers, Arbeitnehmer an sich zu binden und die durch die längere Eingliederung im Betrieb typischerweise verbundene größere Produktivität für sich zu nutzen, ist ein legitimes Entscheidungsmerkmal, das durch wirtschaftliche Erwägung gerechtfertigt ist. Wirtschaftliche Erwägungen können darüber hinaus ganz allgemein einen sachlichen Grund zur Ungleichbehandlung darstellen. Dies ist z. B. der Fall, wenn bei nur kurzzeitigen Arbeitsverhältnissen die anteilige Gewährung von bestimmten Zusatzleistungen nur zu sehr geringfügigen Beiträgen führt, die in keinem angemessenen Verhältnis zum Zweck der Leistung stehen (BT-Drucks. 14/4374, 16). Kein rechtfertigender Grund sind jedoch die mit einer befristeten Beschäftigung verbundenen durch größere Fluktuation entstehenden Kosten der Personalgewinnung oder Einweisung in die Arbeit, wenn der Arbeitgeber bei dauerhaft beschäftigten Arbeitnehmern das Entgelt die Eingruppierung nicht nach der Länge der Beschäftigung staffelt; knüpft er aber allgemein an die Ancienität an, darf er es nach § 4 Abs. 2 S. 3 TzBfG ausdrücklich auch beim befristet Beschäftigten (zweifelnd *Hanau*, NZA 2000, 1045). Sachlicher Grund kann auch in Grenzen die **soziale** Lage des Arbeitnehmers sein; es bestehen aber auch hier die für die Unterscheidung zwischen Vollzeit- und Teilzeitbeschäftigung dargestellten Unsicherheiten einer eher einschränkenden Rechtsprechung, siehe Rnr. 812.

VI. Verbot der Diskriminierung befristet beschäftigter Arbeitnehmer

5. Fallgruppen

In der Rechtsprechung haben sich nur langsam Fallgruppen herausgebildet. Relevant wird die Unterscheidung insbesondere bei folgenden Merkmalen: 815

Eine Differenzierung beim **Grundgehalt** zwischen befristet beschäftigten und unbefristet beschäftigten Arbeitnehmern ist regelmäßig unzulässig. Allerdings ist unklar, inwieweit der Ausschluss aus einem Tarifvertrag hier ein sachlicher Grund zur Ungleichbehandlung sein kann. Da sich das Diskriminierungsverbot auch an die Tarifvertragsparteien wendet, wird man dies verneinen müssen. Ein Ausschluss von Werkstudenten kann jedoch weiterhin zulässig sein. Denn hier wird nicht nach der Befristung differenziert, sondern allein Werkstudenten aus dem Tarifvertrag herausgenommen. Damit liegt rechtstechnisch eine Ungleichbehandlung befristet beschäftigter Arbeitnehmer vor, die durch sachliche Gründe gerechtfertigt werden kann. Diese sachlichen Gründe liegen in der von den Tarifvertragsparteien anerkannten abweichenden sozialen Lage des Werkstudenten gegenüber anderen Arbeitnehmern, auch bei sonstigen Aushilfskräften. Das betrifft nicht nur die familiäre Situation, sondern insbesondere den Umstand, dass das Studium typischerweise im Wesentlichen durch staatliche, familiäre oder andere Unterhaltsleistungen finanziert wird. Dass daneben der eigene Verdienst wegen vielfacher Faktoren (Dauer des Studiums, Divergenz zwischen Bedarf und Leistung, zeitliche Begrenzung der Leistung) an Bedeutung zugenommen hat, stellt den Grundsatz nicht in Frage. Das ändert freilich nichts daran, dass die Begrenzung des Tarifvertrags auf eine bestimmte Personengruppe selbst kein rechtfertigendes Moment zur Ungleichbehandlung befristet Beschäftigter ist; entscheidend sind die dahinter stehenden Gründe. 816

Befristet Beschäftigte haben den gleichen **Urlaubsanspruch** wie unbefristet beschäftigte Arbeitnehmer. Dass sie unter Umständen über mehr Freizeit verfügen, weil sich eine Anschlussbeschäftigung nicht direkt einstellt, und dass andererseits oftmals der Urlaubsanspruch abgegolten wird nach § 7 Abs. 4 BUrlG, ändert daran nichts. Keine Ungleichbehandlung befristet Beschäftigter stellt es dar, wenn bei der Urlaubsabgeltung Voraussetzung ist, dass es dem Arbeitnehmer bis zum Ende des Arbeitsverhältnisses möglich gewesen wäre, den Urlaub zu nehmen und nicht eine Arbeitsunfähigkeit bis zu diesem Zeitpunkt den Urlaubsanspruch vereitelt hat. Hierbei auf die gleiche Frist abzustellen wie bei unbefristet beschäftigten Arbeitnehmern, deren Urlaubsanspruch erst verfällt, wenn er bis zum Ende des Jahres oder bis zu einem Termin des folgenden Jahres nicht realisiert werden kann, wäre eine Besserstellung befristet beschäftigter Arbeitnehmer, die insbesondere beim Wechsel des Arbeitgebers zu offensichtlich unstimmigen Ergebnissen führt: Beim neuen Arbeitgeber sind die Zeiten des neuen Arbeitsvertrags maßgeblich, und würde man für den Urlaubsanspruch gegenüber dem Vor-Arbeitgeber hypothetische Zeiten berücksichtigen, dann könnten sie mit dem tatsächlichen Urlaub, der auf Grund des neuen Arbeitsverhältnisses genommen wird, kollidieren. 817

Bei **Jahressonderzahlungen** ist zu differenzieren. Handelt es sich um ein 13. Monatsgehalt, das allein erbrachte Arbeitsleistung, nicht aber Betriebstreue entlohnen will, so ist eine Minderung gegenüber dem befristet beschäftigten Arbeitnehmer nicht zulässig, weil auch der zuvor ausscheidende unbefristet beschäftigte Arbeitnehmer einen anteiligen Anspruch erhält. Will die Leistung jedoch zu- 818 sätzlich Betriebstreue entlohnen, die der befristet beschäftigte Arbeitnehmer auf Grund seines kürzeren Arbeitsverhältnisses nicht erbracht hat, so ist ein Ausschluss von der Leistung zulässig. Ob eine solche Leistung Betriebstreue entlohnen will, regelt sich danach, ob der Verbleib zu einem bestimmten Termin Voraussetzung für das Entstehen des Anspruchs sein soll, nicht lediglich der Zeitpunkt der Fälligkeit. Derartige Rückzahlungsklauseln können nach dem BAG allerdings bereits dazu führen, dass hierin eine abschließende Regelung gesehen wird, sodass der Arbeitgeber trotz Freiwilligkeitsvorbehalt die Zahlung an einen befristet Beschäftigten, dessen Vertrag vor Ende der festgelegten Zeit ausläuft, nicht mehr verweigern kann (BAG v. 28. 3. 2007 – 10 AZR 261/06, BB 2007, 1172). Soweit das BAG entschieden hat, dass auch ein 13. Monatsgehalt, das unbefristet Beschäftigten, die im Laufe des Jahres auf Grund betriebsbedingter Kündigung ausgeschieden sind, anteilig bezahlt wurde, befristet Beschäftigten nicht zu Gute kommen muss, so ist dies nach Inkrafttreten des TzBfG zulässig (BAG v. 6. 10. 1993 – 10 AZR 477/92, DB 1994, 539; MHH/*Herms*, TzBfG, § 4 Rnr. 118; a. A. KR/*Bader*, § 4 TzBfG Rnr. 22; KSchR/*Däubler*, § 4 TzBfG Rnr. 5; wohl auch APS/*Backhaus*, § 620 BGB Rnr. 243). Allerdings ist die Begründung, dass die für eine Befristung sprechenden betrieblichen Gründe nicht mit den dringenden betrieblichen Erfordernissen einer Kündigung verglichen werden können, recht tönern (so auch KSchR/*Däubler*, § 4 TzBfG Rnr. 5). Auch hier wird jedoch Betriebstreue entgolten, die der befristet Beschäftigte nicht erbringt. Aus dem gleichen Grunde wäre es zulässig, dass befristet Beschäftigte, die eine Jahressonderzahlung erhalten haben, diese zurückzahlen müssen, wenn ihr Arbeitsvertrag vor der mit allen Beschäftigten vereinbarten Bindungsfrist ausläuft, weil ihr Arbeitsverhältnis – etwa nach einer Probezeit – nicht verlängert wurde. Nichts anderes ergibt sich selbst, wenn eine Verpflichtung zur Rückzahlung unzulässig ist für den Fall betriebsbedingter Kündigung (so noch BAG v. 6. 5. 1998 – 5 AZR 535/97, BB 1998, 2476; seit BAG v. 28. 3. 2007 – 10 AZR 261/06, AP Nr. 265 zu § 611 BGB Gratifikation und BAG v. 24. 10. 2007 – 10 AZR 825/06, BB 2008, 166 wieder fraglich). Die beiden Fälle sind nämlich nicht gleich zu behandeln, auch wenn der Wunsch zur Befristung nicht vom Arbeitnehmer ausging, sondern vom Arbeitgeber: Der befristet beschäftigte Arbeitnehmer, der ausscheidet, hat keine Betriebstreue gezeigt und musste sie auch nicht zeigen. Dass er sie unter Umständen hätte zeigen wollen, ist unerheblich, da der Arbeitgeber dies von ihm nicht erwartet. Wird freilich ein ehemals befristetes Arbeitsverhältnis in ein unbefristetes überführt, dann sind die Zeiten der Befristung bei der Bemessung des Weihnachtsgelds ebenso anzurechnen wie Zeiten unbefristeter Beschäftigung.

819 Unklar ist die Bedeutung des Benachteiligungsverbots bei **Sozialplänen**. Zum Teil wird davon ausgegangen, dass die bisherige verbreitete Praxis, befristet Beschäftigte auszunehmen, in Zukunft nicht mehr möglich sein wird. Werde zum Beispiel ab einem Jahr Betriebszugehörigkeit eine Abfindung vorgesehen, so sei diese auch befristet Beschäftigten zu zahlen, die diese Voraussetzung erfüllen (*Däubler*, ZIP 2000, 1966; KSchR/*Däubler*, § 4 TzBfG Rnr. 8; Backmeister/*Trittin-Mayer*, § 4 TzBfG Rnr. 7; KR/*Bader*, § 4 TzBfG Rnr. 10; a. A. MHH/*Herms*, TzBfG, § 4 Rnr. 119; *Dörner*, Der befristete Arbeitsvertrag, Rnr. 104). Ein differenzierender Ansatz erscheint vorzugswürdig: Die Abfindung des Sozialplans soll dazu dienen, die wirtschaftlichen Nachteile, die Arbeitnehmer erleiden, die von

VI. Verbot der Diskriminierung befristet beschäftigter Arbeitnehmer

einer Betriebsänderung betroffen sind, auszugleichen. Der Verlust des Arbeitsplatzes ist als solcher schon ein wirtschaftlicher Nachteil, weil der Arbeitnehmer den bisher erworbenen Bestandsschutz und mit einer Betriebszugehörigkeit verbundenen Anwartschaften verliert. Dies ist beim befristeten Arbeitsverhältnis nicht der Fall. Wie lange es noch bestanden hätte, steht im Voraus bereits fest, und unter Umständen können es nur wenige Tage sein, die die Betriebsstilllegung der regulären Beendigung des Arbeitsverhältnisses zuvorkommt. Hier das befristete Arbeitsverhältnis dem unbefristeten Arbeitsverhältnis gleichzustellen, würde eine Besserstellung bedeuten, für die sachliche Gründe schwer zu finden sind. Daher ist es zulässig, eine gesonderte Regelung zu treffen, die hinter dem Ausgleich, den ein unbefristet beschäftigter Arbeitnehmer erhalten soll, bleibt. Dass das BAG in jüngerer Vergangenheit demgegenüber vor allem die Ausgleichs- und Überbrückungsfunktion des Sozialplans betont hat (BAG v. 28.10.1992 – 10 AZR 129/92, 11.8.1993 – 10 AZR 558/92, 9.11.1994 – 10 AZR 281/94, AP BetrVG 1972 § 112 Nr. 66, 71, 85. S. auch BAG v. 30.10.2001 – 1 AZR 65/01, AP BetrVG 1972 § 112 Nr. 145: „Bei dem Abfindungsanspruch aus einem Sozialplan steht die Ausgleichs- und Überbrückungsfunktion im Vordergrund"), deren Bedeutung für den befristet Beschäftigten wie für den unbefristet Beschäftigten gleich ist, ändert nichts daran, dass die Betriebspartner abweichende Gewichtungen vornehmen können und auch nach dem verlorenen Besitzstand differenzieren dürfen.

Kantine, Transport, Sozialeinrichtungen. Bei den Einrichtungen eines Unternehmens, die typischerweise allen Arbeitnehmern zu Gute kommt, unabhängig von der Dauer ihres Arbeitsverhältnisses, dürfen auch befristet Beschäftigte nicht ausgenommen werden (siehe auch *Wank/Börgmann*, RdA 1999, 384). Probleme der Praxis stellen sich dabei nicht; das Ausland hat dies jedoch teilweise ausdrücklich normiert (siehe Art. L 124–29 CT). **820**

In Übereinstimmung mit der bisherigen Rechtsprechung des BAG können befristet beschäftigte Arbeitnehmer aus der **Altersversorgung** ausgenommen werden (ebenso KSchR/*Däubler*, TzBfG § 4 Rnr. 6; *Kliemt*, NZA 2001, 305; MHH-*Herms*, TzBfG, § 4 Rnr. 116; aA. LAG Düsseldorf v. 23.11.2010 – 16 Sa 1093/10 – juris, n.rkr., ohne sich mit dem Argument der Betriebstreue auseinanderzusetzen; KR/*Bader*, § 4 TzBfG Rnr. 27; differenzierend nach der Ausgestaltung der Versorgungsregelung: *Ars/Teslau*, NZA 2006, 297). Entscheidendes Kriterium zur Differenzierung ist hier nicht nur die Betriebstreue, sondern der erhebliche Aufwand und Kosten des Arbeitgebers, die den Nutzen des Arbeitnehmers bei weitem übersteigen können. **821**

Bei der **Besitzstandzulage** ist grundsätzlich ein sachlicher Grund zur Schlechterstellung nicht anzuerkennen (BAG v. 11.12.2003 – 6 AZR 19/03 – juris; BAG v. 11.12.2003 – 6 AZR 638/02 – juris). Das Vertrauen eines befristet beschäftigten Arbeitnehmers auf den Fortbestand der bisherigen Arbeitsbedingungen für die Dauer der Befristung seines Arbeitsvertrags ist nicht geringer zu bewerten als das eines unbefristet beschäftigten Arbeitnehmers. Wird ein Arbeitsvertrag auf bestimmte Zeit abgeschlossen, ist zwar die Beendigung des Arbeitsverhältnisses absehbar. Daraus ergibt sich jedoch kein geringerer Inhaltsschutz des befristeten Arbeitsverhältnisses. Während der Zeit, für die das Arbeitsverhältnis eingegangen ist, wird ein befristet beschäftigter Arbeitnehmer von einer Absenkung seiner Grundvergütung ebenso betroffen wie ein unbefristet beschäftigter Arbeitnehmer. **822**

823 Der Ausschluss befristet Beschäftigter von der Gewährung der Zulagen nach § 24 und § 25 des Entgelttarifvertrages für die Arbeiter der Deutschen Post AG (Dritter Teil des Tarifvertrags Nr. 75 d) vom 20. Oktober 2000 (ETV-Arb) verstößt für die Dauer der befristeten Beschäftigung gegen § 4 Abs. 2 S. 2 TzBfG (BAG v. 19. 1. 2005 – 6 AZR 80/03 – juris). Wird für eine **Beförderung** eine bestimmte vorherige Mindestbeschäftigungsdauer gefordert, sind auch Zeiten einer befristeten Beschäftigung mitzuzählen (BAG v. 12. 10. 2010 – 9 AZR 518/09, PersR 2011, 116). Das heißt aber noch nicht, dass von Beförderungen befristet Beschäftigte nicht ausgenommen werden können. Besteht ein sachlicher Grund dafür, eine Beförderung nur bereits unbefristet Beschäftigten anzubieten, kann auch dies zulässig sein. Ein solcher Grund kann etwa vorliegen, wenn für die Stelle Kontinuität erforderlich ist und sie ohne Aufstockung des Personalbestands besetzt werden soll (zu Art. 33 Abs. 2 GG entschieden durch LAG Hamm v. 3. 5. 2007 – 11 Sa 2/07 – juris; offengelassen von BAG v. 12. 10. 2010 – 9 AZR 518/09, PersR 2011, 116).

VII. Beweislast

824 Entsprechend dem Normbegünstigungsgrundsatz gilt auch hier, dass die Parteien die Voraussetzungen der für sie günstigen Norm darzulegen und erforderlichenfalls zu beweisen haben. Eine gesonderte Beweislastregelung wie sie § 22 AGG entsprechend seiner europarechtlichen Grundlage vorsieht, gilt für das Diskriminierungsverbot nach Abs. 1 und Abs. 2 nicht. Der Arbeitnehmer muss damit darlegen, dass er ungleich behandelt wurde gegenüber vergleichbaren vollzeitbeschäftigten bzw. unbefristet beschäftigten Arbeitnehmern. Der Arbeitgeber muss seinerseits den sachlichen Grund der Ungleichbehandlung darlegen (BAG v. 29. 1. 1992 – 5 AZR 518/90, NZA 1992, 1037; *v. Hoyningen-Huene,* NJW 1985, 1801, 1802 anknüpfend an die sprachliche Fassung des § 2 Abs. 1 BeschFG, an der sich auch § 4 TzBfG orientiert). Er hat, wenn er Arbeitnehmer mit ähnlicher Tätigkeit nach unterschiedlichen Vergütungssystemen entlohnt, darzulegen, wie groß der begünstigte Personenkreis ist, wie er sich zusammensetzt, wie er abgegrenzt ist und warum der klagende Arbeitnehmer nicht dazugehört (siehe ErfK/*Preis,* § 4 TzBfG Rnr. 70; BAG v. 19. 8. 1992 – 5 AZR 513/91, BB 1992, 2431). Ohne eine solche Darlegungspflicht des Arbeitgebers würde der betroffene Arbeitnehmer häufig nicht in der Lage sein, sich darüber ein Bild zu machen, ob er gerecht behandelt wurde (BAG v. 5. 3. 1980 – 5 AZR 881/78, BB 1980, 1269; BAG v. 12. 11. 1991 – 3 AZR 489/90, BB 1992, 1358). Die Rechtsprechung des EuGH, die vom BAG übernommen wurde, wonach Beweislasterleichterung für den Arbeitnehmer bei undurchschaubaren Vergütungssystemen greift, gilt auch hier (EuGH 19. 10. 1989, NZA 1990, 772; EuGH 31. 5. 1995, BB 1995, 1484; MHH/*Herms,* TzBfG, § 4 Rnr. 45). Unter Umständen kann dem Arbeitnehmer ein aus § 242 BGB abgeleiteter Auskunftsanspruch zur Klärung der Frage, ob eine Diskriminierung vorliegt, zustehen (MHH/*Herms,* TzBfG, § 4 Rnr. 45; siehe auch BAG v. 18. 1. 1996 – 6 AZR 314/95, NZA 1997, 41, 42); die Grenzen dürften jedoch im Hinblick auf den fehlenden Auskunftsanspruch nach dem AGG (Rnr. 662) eng zu ziehen sein.

VIII. Rechtsfolgen

Rechtsfolge eines Verstoßes gegen § 4 Abs. 1 TzBfG oder § 4 Abs. 2 TzBfG ist **825** nicht die Unwirksamkeit der die gesamten Vollzeitkräfte und Teilzeitkräfte bzw. befristete und unbefristete Arbeitsverhältnisse unterschiedlich behandelnden Regelungen, sondern die **Teilunwirksamkeit** der Teilzeitkräfte oder befristet Beschäftigte benachteiligenden Bestimmungen. Bei § 4 Abs. 1 TzBfG und § 4 Abs. 2 TzBfG handelt es sich um ein Diskriminierungsverbot, das lediglich zur Unwirksamkeit des diskriminierenden Anspruchsausschlusses und damit zur uneingeschränkten Anwendbarkeit der begünstigenden Regelung führt (BAG v. 5. 8. 2009 – 10 AZR 634/08, AP Nr. 21 zu § 4 TzBfG; BAG v. 24. 9. 2008 – 6 AZR 657/07, BB 2009, 493; BAG v. 25. 4. 2007 – 6 AZR 746/06, BB 2007, 1680; BAG v. 17. 4. 2002 – 5 AZR 413/00, AP Nr. 84 zu § 2 BeschFG 1985; BAG v. 22. 5. 1996 – 10 AZR 618/95, BB 1996, 1724; mit weiteren Nachweisen BAG v. 9. 10. 1996 – 5 AZR 338/95, BB 1997, 1157; BAG v. 25. 9. 1997 – 6 AZR 65/96, BB 1998, 590). Daher kommt es regelmäßig zu einer „**Anpassung nach oben**", wie dies auch der ständigen Rechtsprechung des EuGH zur Wirkung des Diskriminierungsverbots aus Art. 157 AEUV (früher Art. 141 EG bzw. Art. 119 EGV) entspricht (EuGH 27. 6. 1990, AP EWG-Vertrag Art. 119 Nr. 21; ebenso BAG v. 24. 9. 2003 – 10 AZR 675/02, AP TzBfG § 4 Nr. 4; siehe auch BAG v. 20. 11. 1990 – 3 AZR 613/89, BB 1991, 1570; MHH/*Herms*, TzBfG, § 4 Rnr. 49. Zur Frage, ob der deutsche Gesetzgeber andere Rechtsfolgen als die Anpassung nach oben europarechtskonform vorsehen könnte s. Thüsing, Anm. BAG AP TzBfG § 4 Nr. 4). Eines Rückgriffs auf § 134 BGB bedarf es daher nicht. Allerdings hat das BAG anders als bei anderen Diskriminierungsverboten verschiedentlich festgestellt, dass ein Verstoß gegen das Diskriminierungsverbot des § 4 TzBfG (bzw. früher des § 2 BeschFG) zur Teilnichtigkeit der diskriminierenden Regelung des Arbeitsvertrags führt und die dadurch entstehende Lücke gemäß § 612 Abs. 2 BGB durch die **übliche Vergütung** zu füllen ist (BAG v. 5. 8. 2009 – 10 AZR 634/08, AP Nr. 21 zu § 4 TzBfG; BAG v. 24. 9. 2008 – 6 AZR 657/07, BB 2009, 493; BAG v. 17. 4. 2002 – 5 AZR 413/00, AP Nr. 84 zu § 2 BeschFG 1985; BAG v. 19. 8. 1992 – 5 AZR 513/91, AP Nr. 102 zu § 242 BGB Gleichbehandlung; BAG v. 25. 1. 1989 – 5 AZR 161/88, BB 1989, 1271; siehe bereits BAG v. 10. 3. 1960 – 5 AZR 426/58, AP Nr. 2 zu § 138 BGB; LAG Niedersachsen v. 24. 3. 2000 – 3 Sa 514/99 E; lediglich obiter dictum außerhalb des öffentlichen Dienstes BAG v. 25. 4. 2001 – 5 AZR 368/99, BB 2001, 1908; ebenso MHH-*Herms*, TzBfG, § 4 Rnr. 48; ErfK-*Preis*, § 4 TzBfG Rnr. 72; aA. MünchArbR/*Schüren*, § 45 Rnr. 120 und *Mosler*, AR-Blattei SD 1560 Teilzeitarbeit Rnr. 65, die den Anspruch direkt aus § 4 Abs. 1 TzBfG herleiten). Dies ist das Bruttostundenentgelt der Vollzeitbeschäftigten (LAG Hamm v. 29. 7. 2011 – 18 Sa 2049/10, juris Rnr. 60). Dieser Anspruch besteht nur solange, wie eine Benachteiligung wegen Teilzeitarbeit vorliegt (BAG v. 17. 4. 2002 – 5 AZR 413/00, AP BeschFG 1985 § 2 Nr. 84) Weil es sich hier jedoch stets um öffentliche Arbeitgeber handelte, die ihre Arbeitnehmer unterschiedslos nach BAT bezahlen, machte dies im Ergebnis keinen Unterschied. Die übliche Vergütung entsprach der Vergütung der Arbeitnehmer gegenüber denen gleichgestellt zu werden der klagende Teilzeit-

K. Verbot der Benachteiligung wegen Teilzeit und Befristung

beschäftigte verlangte. Der Umweg ist jedoch abzulehnen, denn er trägt dem Ziel des Diskriminierungsverbots dort nicht Rechnung, wo die übliche Vergütung schlechter oder besser ist als die Vergütung der vergleichbaren Vollzeitbeschäftigten oder unbefristet Beschäftigten (im Ergebnis wie hier MünchArbR/*Schüren*, § 45 Rnr. 120; AR-Blattei/*Mosler*, SD 1560 Teilzeitarbeit Rnr. 65). Der Anspruch geht dabei allerdings immer auf Beseitigung der konkreten Benachteiligung. Zieht etwa ein Arbeitgeber Vollzeitbeschäftigte nicht zur kompletten tarifvertraglich geschuldeten Arbeitsleistung heran, Teilzeitbeschäftigte dagegen (proportional) schon, so hat der Teilzeitbeschäftigte nicht etwa einen Anspruch auf mehr Lohn, sondern auf Freizeitausgleich (BAG v. 3. 12. 2008 – 5 AZR 469/07, AP Nr. 18 zu § 4 TzBfG).

826 Der Arbeitgeber kann nicht einwenden, eine Ungleichbehandlung gegenüber den vollzeitbeschäftigten oder unbefristet beschäftigten Arbeitnehmern sei durch **sachliche Gründe** gerechtfertigt, wenn sie auch nicht ganz so weit gehen wie die bisher rechtswidrig praktizierte Ungleichbehandlung.

Beispiel: Befristet beschäftigte Arbeitnehmer wurden vom Sozialplan ganz ausgenommen. Der Arbeitgeber bietet nun eine modifizierende Regelung für diese Arbeitnehmergruppe an, die als sachlich gerechtfertigt gelten kann, jedoch keine völlige Gleichstellung mit unbefristet Beschäftigten bedeutet.

827 Weil aber die in § 4 Abs. 1 S. 2 TzBfG und § 4 Abs. 2 S. 2 TzBfG beschriebene *Pro-rata-temporis*-Regel eine Konkretisierung der Gleichbehandlung ist, nicht ein Hinweis auf einen möglichen sachlichen Grund, kann in deren Anwendungsbereich der rechtswidrig gänzlich von einer geldwerten teilbaren Leistung ausgeschlossene Arbeitnehmer nur eine anteilsmäßige Gleichstellung verlangen, nicht die völlige Gleichbehandlung zum vollzeitbeschäftigten bzw. unbefristet beschäftigten Arbeitnehmer.

Beispiel: Befristet beschäftigte oder teilzeitbeschäftigte Arbeitnehmer wurden gänzlich vom 13. Monatsgehalt ausgenommen; sie können lediglich verlangen anteilsmäßig gleichgestellt zu werden.

828 Eben darin liegt eine wichtige Funktion der Regelung; sie ist keinesfalls überflüssig, wenn man in ihr zutreffend lediglich eine Konkretisierung des Gleichbehandlungsgrundsatzes sieht (a. A. *Däubler*, ZIP 2000, 1966). Missverständlich ist daher die Feststellung des BAG, wonach § 4 Abs. 1 TzBfG in Satz 2 hinsichtlich des Arbeitsentgelts oder einer anderen teilbaren geldwerten Leistung lediglich eine Untergrenze enthält. Dies ist es nicht. Wenn trotzdem der teilzeitbeschäftigte Arbeitnehmer, der von einem Spätarbeitszuschlag ausgeschlossen war, diesen in gleicher Höhe wie sein vollzeitbeschäftigter Kollege beanspruchen können soll, (BAG v. 24. 9. 2003 – 10 AZR 675/02, AP TzBfG § 4 Nr. 4) dann kann das nur dann richtig sein, wenn der Zweck der Leistung allein der Ausgleich der Erschwernis wegen des ungünstigen Endes der Arbeitszeit nach einer bestimmten Uhrzeit ist unabhängig von ihrer Länge. Dann ist es aber kein Entgelt für geleistete Arbeit im engeren Sinne.

829 Ist eine Gleichbehandlung nicht mehr möglich – z. B. bei vorenthaltener Nutzung einer betrieblichen Sozialeinrichtung – so kann der Arbeitgeber, sei es aus § 280 BGB, sei es aus § 823 Abs. 2 BGB (s. Rnr. 719) zum **Schadensersatz** ver-

VIII. Rechtsfolgen

pflichtet sein (MünchArbR/*Schüren,* § 45 Rnr. 124 f.). Dies gilt insb. auch für den Bereich der Altersversorgung: Wenn eine Nachversicherung nicht mehr möglich ist, dann ist ein gleichwertiger Versorgungsanspruch auf andere Art zu begründen (BAG v. 28. 7. 1992 – 3 AZR 173/92, NZA 1993, 215; BAG v. 12. 3. 1996 – 3 AZR 993/94, NZA 1996, 939; BAG v. 7. 3. 1995 – 3 AZR 282/94, NZA 1996, 48; BAG v. 9. 10. 1996 – 5 AZR 338/95, NZA 1997, 728; BAG v. 27. 1. 1997 – 3 AZR 90/96, ZTR 1997, 317; BAG v. 13. 5. 1997 – 3 AZR 66/96, NZA 1997, 1294; zum Ausgleich von Steuernachteilen BAG v. 14. 12. 1999 – 3 AZR 713/98, NZA 2000, 1348; zum Ausgleich von Zinsverlusten, LAG Hamm v. 13. 7. 1999 – 6 Sa 2249/98, NZA-RR 1999, 541).

Durch die Rechtsprechung noch nicht im Einzelnen ausgelotet ist die Frage, **830** inwieweit **rückwirkend** eine Anpassung nach oben geltend gemacht werden kann (s. zum BAT, der gegen das AGG verstößt, aber jetzt BAG v. 10. 11. 2011 – 6 AZR 481/09, ZTR 2012, 38). Eine allgemein anerkannte Grenze bilden die gesetzlichen Verjährungsfristen. Strittiger ist die Anwendung von tarifvertraglichen Ausschlussfristen. Wer den Anspruch des ungerechtfertigt ungleich Behandelten über § 612 Abs. 2 BGB bestimmt, mag der Auffassung sein, dass diese Norm nicht die Geltung der tariflichen Ausschlussklauseln mit umfasst, sondern nur die Höhe der Vergütung (so BAG v. 26. 9. 1990 – 5 AZR 218/90, NZA 1991, 247; BAG v. 8. 4. 1992 – 5 AZR 166/91 – juris; BAG v. 12. 1. 1994 – 5 AZR 6/93, AP BGB § 242 *Nr.* 112 Gleichbehandlung; *Dörner,* Der befristete Arbeitsvertrag, Rnr. 96). Diese Ansicht ist jedoch abzulehnen: dem Zweck des Diskriminierungsverbots entspricht die Gleichstellung, nicht eine Besserstellung gegenüber dem vollzeitbeschäftigten bzw. unbefristet beschäftigten Arbeitnehmer. Diese würde aber eintreten, wollte man Ausschlussfristen nicht auch für den klagenden Arbeitnehmer gelten lassen (wie hier LAG Niedersachsen v. 11. 5. 1999 – 16 a Sa 2078/98, LAGE Nr. 33 zu § 2 BeschFG; kritisch auch *Peifer,* ZfA 1999, 295). Dem entspricht es, dass auch nach der Rechtsprechung individualvertraglich vereinbarte Ausschlussfristen bei auf das Diskriminierungsverbot gestützten Klagen anzuwenden sind (BAG v. 9. 10. 1996 – 5 AZR 338/95, BB 1997, 1157; BAG v. 26. 9. 1990 – 5 AZR 218/90, NZA 1991, 247; BAG v. 8. 4. 1992 – 5 AZR 166/91 – juris). Dass eine rückwirkende Anpassung der Arbeitsverhältnisse, unter Umständen erheblicher Teile der Belegschaft, für das Unternehmen eine beträchtliche Mehrbelastung bedeuten kann, hat die Rechtsprechung erkannt, sie sieht hierin jedoch keinen Grund zur Korrektur (siehe grundlegend BAG v. 14. 10. 1986 – 3 AZR 66/83, BB 1987, 829; BAG v. 28. 7. 1992 – 3 AZR 613/89, BB 1993, 437; BAG v. 7. 3. 1995 – 3 AZR 282/94, BB 1995, 2217; BAG v. 7. 3. 1995 – 3 AZR 282/94, AP BetrAVG § 1 Nr. 26 Gleichbehandlung *[Bauschke]*). Ebenso hat sie nicht Überlegungen des Schrifttums aufgegriffen, wonach es der Autonomie der Tarifvertragsparteien unterfällt, die durch das Diskriminierungsverbot entstandene Lücke des Regelungswerks durch eigenständige Regelungen zu erfüllen (ausführlich hierzu *Wiedemann,* TVG Einl. Rnr. 61 f., 266 ff.). Allerdings hat es sich mit diesen Argumenten in einigen Entscheidungen auseinander gesetzt (BAG v. 28. 5. 1996 – 3 AZR 752/95, BB 1996, 2628; BAG v. 13. 5. 1997 – 3 AZR 66/96, BB 1997, 2008; BAG v. 15. 12. 1998 – 3 AZR 239/97, BB 1999, 1435. S. auch LAG Hamburg 11. 6. 1999 – 3 Sa 14/99 – juris). In allen Fällen nahm es jedoch an, dass die Anpassung nach oben sich bereits aus dem Diskriminierungsverbot ergebe (Art. 119 EGV, jetzt Art. 157 AEUV), und daher einen Regelungsspielraum zur Neugestaltung verneint.

831 Wertet man die Diskriminierungsverbote der § 4 Abs. 1 TzBfG und § 4 Abs. 2 TzBfG mit der Rechtsprechung als **Schutzgesetz** im Sinne des § 823 Abs. 2 BGB, so kann im Fall einer schuldhaften Verletzung hierauf ein Schadensersatzanspruch gestützt werden. Die Qualifizierung der Verletzung als unerlaubte Handlung hat Konsequenzen für tarifliche Ausschlussfristen, die deliktische Ansprüche unter Umständen nicht erfassen, nicht aber die gesetzliche Verjährung. Der Schadensersatzanspruch des Arbeitnehmers verjährt wie der Vergütungsanspruch, an dessen Stelle er tritt, nach § 195 BGB in 3 Jahren. Ob auch die Tarifvertragsparteien mögliche Schuldner eines Schadensersatzanspruchs sind, wird in der Literatur mit beachtlichen Argumenten erwogen (*Wiedemann*, FS Friauf, 1996, S. 135, 154), und dies wäre die konsequente Folge der Anerkennung als Schutzgesetz. Die praktische Bedeutung dürfte jedoch gering sein, da sie in Ansehung der durch Art. 9 Abs. 3 GG garantierten Tarifautonomie wohl nur bei vorsätzlicher Missachtung des Verbots greifen kann; die wird selten gegeben sein.

L. *Equal pay* und *Equal treatment* bei Leiharbeit – Gleichbehandlungspflicht nach dem AÜG

Literatur: *Blanke,* Der Gleichbehandlungsgrundsatz in der Arbeitnehmerüberlassung, DB 2010, 1528; *Forst,* Neue Rechte für Leiharbeitnehmer, AuR 2012, 97; *Fuchs,* Das Gleichbehandlungsgebot in der Leiharbeit nach der neuen Leiharbeitsrichtline, NZA 2009, 57; *Kock,* Neue Pflichten für Entleiher: Information über freie Stellen und Zugang zu Gemeinschaftseinrichtungen und -diensten (§ 13a und § 13b AÜG), BB 2012, 323; *Laux,* Der Equal-Pay-Anspruch des Leiharbeitnehmers, FS Arbeitsgerichtsbarkeit und Wissenschaft 2012, 335; *Lembke,* Neue Rechte von Leiharbeitnehmern gegenüber Entleihern, NZA 2011, 319; *Schüren/Wank,* Die neue Leiharbeitsrichtlinie und ihre Umsetzung in deutsches Recht, RdA 2011, 1; *Thüsing,* Equal pay bei Leiharbeit, DB 2003, 446; *ders.,* Europäische Impulse im Recht der Arbeitnehmerüberlassung, DB 2002, 2218; *ders/Stiebert,* Equal Pay und Arbeitnehmerüberlassung zwischen nationalem Recht und Unionsrecht, ZESAR 2012, 199; *Waas,* Der Gleichbehandlungsgrundsatz im neuen Arbeitnehmerüberlassungsgesetz, ZESAR 2012, 7; *Wank,* Der Richtlinienvorschlag der EG-Kommission zur Leiharbeit und das „Erste Gesetz für moderne Dienstleistungen am Arbeitsmarkt", NZA 2003, 14, 22; *Boemke/Lembke,* AÜG, 2 Aufl. 2010; *Sansone,* Gleichstellung von Leiharbeitnehmern nach deutschem und Unionsrecht, Dissertation 2011; *Schüren,* AÜG, 4. Aufl. 2010; *Thüsing,* AÜG, 3. Aufl. 2012; *Ulber,* AÜG, 4. Aufl. 2011; *Urban-Crell/Germakowski,* AÜG, 1. Aufl. 2010; *Waas,* Der Gleichbehandlungsgrundsatz im neuen AÜG, ZESAR 2012, 7; *Zimmer,* Der Grundsatz der Gleichbehandlung in der Leiharbeitsrichtlinie 2008/104/EG und seine Umsetzung ins deutsche Recht, NZA 2013, 289

I. Allgemeines

Gemäß §§ 3 Abs. 1 Nr. 3, 9 Nr. 2, 10 Abs. 4 AÜG haben Leiharbeitnehmer hinsichtlich der wesentlichen Arbeitsbedingungen, einschließlich des Arbeitsengelts grundsätzlich einen Anspruch auf Gleichstellung mit den vergleichbaren Arbeitnehmern des Entleihers. Ein zusätzliches Gleichbehandlungsgebot bezüglich Gemeinschaftseinrichtungen und Diensten ist in § 13b AÜG enthalten. Für das hiermit statuierte Gleichbehandlungsgebot bürgerten sich bereits im Gesetzgebungsverfahren die Schlagwörter *Equal pay* und *Equal treatment* ein. Der Arbeitnehmer kann den gleichen Lohn einklagen, dem Verleiher ist die Erlaubnis der Arbeitnehmerüberlassung zu versagen, hält er das Gebot nicht ein, ohne dass eines der Ausnahmen des AÜG greift. 832

II. Entstehungsgeschichte

1. Nationale Entwicklung

Im Bereich der Arbeitnehmerüberlassung ist der Gedanke der Gleichstellung von Leiharbeitnehmern mit den Arbeitnehmern des Entleihers ebenfalls nicht neu. In zehn Staaten der EU bestanden vor Einführung in das deutsche Recht bereits 833 tarifvertragliche oder gesetzliche Diskriminierungsverbote zugunsten von Leiharbeitern, die in ihrer Reichweite allerdings deutlich differieren (so z. B. in Österreich, Dänemark, Niederlande, Belgien, Frankreich, Italien, Portugal, Spanien, Luxemburg und Griechenland. S. KOM [2002] 149, S. 5; hierzu auch *Thüsing*, DB 2002, 2218). Auch in Deutschland existierte seit dem 1.1.2002 aufgrund des durch das **Job-AQTIV-Gesetz** neu geschaffenen § 10 Abs. 5 AÜG eine entsprechende Verpflichtung im Hinblick auf Leiharbeitnehmer ab dem 13. Monat ihrer Überlassung an denselben Arbeitgeber. Durch das **Erste Gesetz für moderne Dienstleistungen am Arbeitsmarkt** vom 23.12.2002 (BGBl. I 2002, S. 4607) wurde die Regelung in der neuen Gesetzesfassung insofern verschärft, als die Gleichstellungsverpflichtung nunmehr grundsätzlich vom ersten Tag der Überlassung gilt und ihre Verletzung zur Versagung der Erlaubnis führen kann. Auf der anderen Seite sah § 10 Abs. 5 AÜG a. F. im Gegensatz zu §§ 3 Abs. 1 Nr. 3, 9 Nr. 2 AÜG keinerlei Ausnahmemöglichkeiten vor, so dass insoweit eine Lockerung eingetreten ist (Thüsing/*Pelzner/Kock*, AÜG, § 3 Rnr. 61). Durch das Gesetz zur Änderung des Arbeitnehmerüberlassungsgesetzes (BTDrS 17/4804) wurden die Abweichungsmöglichkeiten erneut geändert, und insbesondere für diejenigen Fallkonstellationen ausgeschlossen in denen die Abweichungsmöglichkeit keine praktische Relevanz hatte.

834 Orientierungspunkte für das AÜG gibt es mehrere: War die Gesetzesfassung von 2002 vor allem von den Vorschlägen der Hartz-Kommission beeinflusst (Bericht „Moderne Dienstleistungen am Arbeitsmarkt") so hat die aktuelle (2011) Gesetzesänderung zum Ziel, die europarechtlichen Vorgaben der Leiharbeitsrichtlinie 2008/104/EG zu erfüllen. Gemäß der Begründung soll die Richtlinie Leiharbeitnehmern EU-weit ein Mindestmaß an Schutz gewähren und gleichzeitig einen Beitrag zur Weiterentwicklung der Leiharbeit als flexible Lösung für Arbeitgeber und Arbeitnehmer leisten (Erwägungsgrund 11). Die vorgeschlagenen Regelungen stellen einen Kompromiss zwischen den teilweise sehr unterschiedlichen Modellen der Leiharbeit in den einzelnen europäischen Staaten dar (Erwägungsgrund 10). Umzusetzen war die Richtlinie durch die Mitgliedsstaaten bis zum 5.12.2011.

835 Die verpflichtende Umsetzung der Richtlinie hat auch eine große Bedeutung für das nationale Recht der Arbeitnehmerüberlassung: So führt dies zum einen dazu, dass das Gesetz teilweise geändert und angepasst wurde, zum anderen aber vor allem auch dazu, dass neben die nationalen Auslegungsformen zusätzlich das Gebot der richtlinienkonformen Auslegung des AÜG trat. Dies hat Auswirkungen auf verschiedene inhaltliche Vorgaben des Gesetzes.

2. Europarechtliche Vorgaben

836 Bereits Anfang der achtziger Jahre hatten der Rat und das Europäische Parlament Entschließungen angenommen, in denen sie die Notwendigkeit betonten, eine Gemeinschaftsaktion zur Regelung der Leiharbeit und zum Schutz der betroffenen Arbeitnehmer in die Wege zu leiten (ABl. C 002 v. 4.1.1980, S. 1 und ABl. C 260 v. 24.10.1981, S. 54). Daraufhin unterbreitete die Kommission 1982 einen Richtlinienvorschlag, der 1984 geändert, jedoch nie angenommen wurde (s. Richtlinienvorschlag v. 6.4.1984, ABl. C 33, S. 1; Richtlinienvorschlag v.

II. Entstehungsgeschichte

7.5.1982, ABl. C 128, S. 2; ausführlich hierzu Schmidt, Die Richtlinienvorschlage der Kommission der Europäischen Gemeinschaften zu den atypischen Arbeitsverhältnissen, 1992, S. 81 ff., S. 125 ff.; s. auch *Becker/Bader*, RdA 1983, 1). In einem zweiten Anlauf ging sie einen etwas anderen Weg und orientierte sich nicht an den verschiedenen Vertragsarten, sondern schlug 1990 ein Bündel grundlegender Bestimmungen vor, die allgemein ein Minimum an Arbeitnehmerschutz für atypische Arbeitsverhältnisse gewährleisten sollten (KOM [1990] 228 endg. v. 29.6.1990, ABl. C 224 v. 8.9.1990, S. 8). Dieser Initiative war ein erster Erfolg beschieden; er führte zum Erlass der Richtlinie 91/383/EWG des Rates vom 25.6.1991 zur Ergänzung der Maßnahmen zur Verbesserung der Sicherheit und des Gesundheitsschutzes von Arbeitnehmern mit befristetem Arbeitsverhältnis oder Leiharbeitsverhältnis. Kommission und Rat gaben die Stafette weiter an die Sozialpartner, die ab 1996 um den Abschluss von Rahmenvereinbarungen verhandelten, zuerst betreffend teilzeitbeschäftigter Arbeitnehmer, dann hinsichtlich befristeter Arbeitsverträge. Während in diesen beiden Bereichen eine Einigung erzielt werden konnte, die in den Richtlinien 97/81/EG und 1999/70/EG umgesetzt wurde, mussten die Sozialpartner im Mai 2001 feststellen, dass bei den Leiharbeitnehmern kein Einvernehmen zu erzielen war (s. bereits Nr. 13 der Richtlinie 1999/70/EG, wonach die Sozialpartner erklärten, dass sie in Erwägung ziehen wollten, ob eine ähnliche Richtlinie für die Leiharbeit erforderlich sei). Daraufhin nahm die Kommission wieder die Tätigkeit auf, was zu einem Richtlinienentwurf führte (KOM [2002] 149 endg.; geänderte Fassung KOM [2002] 701 endg.; s. auch die Stellungnahme des Wirtschafts- und Sozialausschusses, ABl. Nr. C 061 v. 14.3.2003, S. 124). Auch dieser Entwurf scheiterte, insbesondere aufgrund des Widerstandes in Großbritannien, aber auch der Bundesrepublik Deutschland im Ministerrat (s. auch *Thüsing*, DB 2002, 2218; *Wank*, RdA 2003, 1; *Lembke*, BB 2003, 98; Schüren/*Riederer von Paar*, Einl. Rnr. 603 ff.; Urban-Crell/Germakowski/*Urban-Crell*, AÜG, § 3 Rnr. 76 f.). Umstritten war insbesondere das Gebot zur Gleichbehandlung (Art. 5 des Richtlinienentwurfs) – eine Regelung, die übertroffen wurde durch die Einführung des Equal pay-Gebots durch das Erste Gesetz für moderne Dienstleistungen am Arbeitsmarkt zum 1.1.2003.

Ihr vorläufiges Ende fand die Diskussion dann aber 2008 durch die Schaffung **837** der Richtlinie 2008/104/EG zur Leiharbeit, welche bis zum 5.12.2001 durch die Mitgliedsstaaten umzusetzen ist und auf dem Entwurf von 2002 basiert. Damit bestehen jetzt auch verbindliche europarechtliche Vorgaben für die Leiharbeit und damit verbunden insbesondere auch für den equal pay und equal treatment Grundsatz.

Zentrale Vorschriften der Richtlinie sind der Grundsatz der Gleichbehandlung **838** in Art. 5, und die speziellen Informations- und Zugangsvorschriften in Art. 6. Daneben sind in Art. 7 mitarbeitervertretungsrechtliche Vorgaben enthalten. Ziel der Richtlinie ist gemäß Art. 1 die „Qualität der Leiharbeit zu verbessern", und die „Einhaltung des Grundsatzes der Gleichbehandlung von Leiharbeitnehmern" zu sichern. Klar wird dadurch, die Leiharbeit als solche soll nicht verhindert und eingeschränkt, sondern als zulässige Beschäftigungsform anerkannt werden soll – ein Ergebnis das nicht ganz selbstverständlich ist, gab es doch zumindest in der Vergangenheit Mitgliedsstaaten, die die Leiharbeit nicht oder kaum zuließen. Verboten werden soll die Leiharbeit demnach nicht; die (Leih)Arbeitnehmer sollen aber dadurch geschützt werden, dass die Geltung des „Equal-pay-Grundsatzes" prinzipiell greift (Art 5 Abs. 1), sofern keine Ausnahme hiervon den Schutz der Arbeitnehmer gleichermaßen sichert (Art. 5 Abs. 2-4).

839 Die möglichen Ausnahmen vom Diskriminierungsverbot reichen weiter als das deutsche Recht in § 3 AÜG. Sie sind recht großzügig und würden die Gleichbehandlungspflicht im Regelfall unanwendbar machen: Dies aber auch zurecht. Dem nationalen Gesetzgeber soll (gerade aufgrund der Verschiedenheit der Regelungen zur Arbeitnehmerüberlassung) kein Konzept vorgeschrieben werden. Es steht nur fest, dass die Arbeitnehmer zu schützen sind; wie dies freilich zu erfolgen hat, will die Richtlinie nicht festschreiben. Gemäß Art. 5 Abs. 2 des Entwurfs können die Mitgliedstaaten die Möglichkeit vorsehen, vom Grundsatz der Nichtdiskriminierung abzuweichen, wenn Leiharbeitnehmer, die einen unbefristeten Vertrag mit dem Leiharbeitsunternehmen abgeschlossen haben, auch in der Zeit zwischen zwei den Überlassungen bezahlt werden. Dies ist in verschiedenen europäischen Ländern regelmäßig nicht der Fall. So existiert beispielsweise in Frankreich der Leiharbeitsvertrag nur für die Dauer der Überlassung (s. Art. L. 124-2 Code du travail und Art. L. 124-2-2 Code du travail). Da in Deutschland, wie die Entwurfsbegründung zutreffend formuliert, Leiharbeitnehmer zumeist unbefristete Arbeitsverhältnisse haben, lägen die Auswirkungen in der Praxis vor allem darin, dass zukünftig Zeitarbeitsfirmen auf befristete Probearbeitsverhältnisse verzichten müssten.

840 Gemäß Art. 5 Abs. 3 der Richtlinie können die Mitgliedstaaten den Sozialpartnern auf der geeigneten Ebene die Möglichkeit geben, Tarifverträge zu schließen, die von dem in Abs. 1 formulierten Grundsatz abweichen, sofern ein angemessenes Gesamtschutzniveau für den Leiharbeitnehmer gewährleistet ist (dies entspricht dem spanischen Recht, vgl. Art. 1 Abs. 1 lit. a) des Gesetzes 14/1994 vom 1.7.1994). Auch diese Ausnahme hat für das deutsche Recht eine große Bedeutung und wurde in § 9 Nr. 2 AÜG übernommen.

841 Schließlich gibt Art. 5 Abs. 4 den Mitgliedsstaaten selbst die Möglichkeit gesetzlich vom Gleichbehandlungsgebot abzuweichen – dies allerdings nur dann wenn eine Allgemeingültigkeit von Tarifverträgen gesetzlich nicht vorgesehen ist. Vorgaben bezüglich der möglichen Fallgestaltungen für solche Gesetze macht die Richtlinie nicht. Lediglich in Absatz 4 Satz 2 wird das Beispiel einer „Wartezeit für die Gleichbehandlung" gebracht. Für Deutschland hat diese Regelung keine eigenständige Bedeutung. Entsprechungen im AÜG gibt es nicht.

III. Reichweite der Gleichbehandlungspflicht

842 Bei der Konkretisierung dessen, was *Equal pay* bzw. *Equal Treatment* im Einzelnen heißt, bleiben einige Antworten unsicher. Der Gesetzeswortlaut ist bei den Versagungsgründen in § 3 Abs. 1 Nr. 3 AÜG, den Unwirksamkeitsbestimmungen nach § 9 Nr. 2 AÜG und den Rechtsfolgen der Unwirksamkeit nach § 10 Abs. 4 AÜG jeweils gleich gefasst: „Der Arbeitnehmer hat einen Anspruch auf die im Betrieb des Entleihers für einen vergleichbaren Arbeitnehmer geltenden wesentlichen Arbeitsbedingungen einschließlich des Arbeitsentgelts."

III. Reichweite der Gleichbehandlungspflicht

1. Geltungsbereich

a) Wirtschaftliche Tätigkeit

Das *Equal-pay*-Gebot gilt nach dem Gesetz zur Änderung des Arbeitnehmer- **843** überlassungsgesetzes (BT-DruckS 17/4804, S. 8), welches die §§ 1 Abs. 1; 1b Abs. 1 und 3; 16 Abs. 1 Nr. 1b entsprechend abänderte ausdrücklich sowohl für die gewerbsmäßige, als auch für die nichtgewerbsmäßige Arbeitnehmerüberlassung. Der Streit, ob es auch auf die nicht gewerbsmäßige Arbeitnehmerüberlassung Anwendung findet, ist damit nicht mehr relevant (vgl. zur Problematik die Vorauflage Rnr. 805). Eine Unterscheidung zwischen gewerbsmäßiger und nichtgewerbsmäßiger Arbeitnehmerüberlassung ist damit nicht mehr erforderlich. Die Gesetzesänderung ist nötig geworden, sieht doch die Richtlinie in Art. 1 Abs. 2 eine Differenzierung zwischen gewerblicher und nichtgewerblicher Arbeitnehmerüberlassung nicht vor. (*Thüsing*, DB 2002, 2018) Aus diesem Grund wird der Bezug auf die Gewerbsmäßigkeit (der in § 1 Abs. 1 AÜG enthalten war) durch eine Beschränkung auf eine Überlassung „im Rahmen ihrer wirtschaftlichen Tätigkeit" ersetzt. Was darunter zu verstehen ist, sagt das Gesetz freilich nicht. Die Gesetzesbegründung stellt lediglich fest, dass der neue Anwendungsbereich weiter ist als der alte (BT-Drs. 17/4804, S. 8) Hier ist eine Auslegung anhand der unionsrechtlichen Vorgaben geboten. Maßgeblich ist damit eine wettbewerbsrechtliche Definition (*Thüsing/Thieken*, DB 2012, 347, 348). Danach ist wesentliches Kriterium das Anbieten von Gütern oder Dienstleistungen auf einem Markt. Da konzerninterne Personalführungsgesellschaften dieser Definition nicht unterfielen, wären sie danach grundsätzlich nicht, auch wenn sie nicht zum Selbstkostenpreis arbeiten, vom AÜG erfasst, es sei denn, sie beteiligen sich auch am Wettbewerb mit externen Anbietern. Einer solchen Auslegung des AÜG stehen allerdings historische und systematische Argumente entgegen, sodass die konzerninterne Arbeitnehmerüberlassung – abweichend vom europäischen Verständnis – doch vom Begriff der „wirtschaftlichen Tätigkeit" im Sinne des AÜG erfasst ist. Dies ist auch nach der Richtlinie zulässig (ausführlich hierzu *Thüsing/Thieken*, DB 2012, 347). Zulässig bleibt darüber hinaus eine **Erlaubnispflicht**, wie sie das deutsche Recht für die Arbeitnehmerüberlassung in § 1 Abs. 1 S. 1 AÜG enthält (*Waas*, ZESAR 2009, 207, 208) – siehe auch Art. 4 Abs. 4 der Richtlinie.

b) Dauer des Gleichbehandlungsgebotes

Das Gleichbehandlungsgebot beginnt mit dem ersten Tag des Verleihs, ist aber **844** entsprechend seinem Wortlaut zeitlich auf die Zeiten der Überlassung begrenzt. Zwischen den Zeiten der Verleihung ist der Verleiher in der Höhe seiner Entlohnung frei (a. A. wohl ErfK/*Wank*, § 3 AÜG Rnr. 17, der es ablehnt, den Verleiher in der Regelung der Lohnhöhe völlig frei zu lassen, da dann die Gefahr bestehe, dass die Lohnhöhe zwischen den Verleiheinsätzen nur eine symbolische Höhe erreicht. Es müsse im Hinblick auf § 11 Abs. 4 S. 2 AÜG gewährleistet sein, dass der Leiharbeitnehmer auch in Zeiten des Nichtverleihs seinen Lohn erhält; ebenso

Thüsing/*Pelzner*/*Kock*, AÜG, § 3 Rnr. 82; Urban-Crell/Germakowski/*Urban-Crell*, AÜG, § 3 Rnr. 70, die eine Lohnzahlung in symbolischer Höhe oder eine Freistellung von der Arbeitsleistung ohne Entgeltzahlung für unzulässig halten). Dies wird in den Materialien auch ausdrücklich gesagt (BT-Drucks. 15/25, S. 38), und Versuche Anderes aus allgemeinen arbeitsrechtlichen Grundsätzen herzuleiten, dürfte damit der Boden entzogen sein. Es gelten aber auch hier die Grenzen der Sittenwidrigkeit und des Lohnwuchers (hierzu BAG v. 24. 3. 2004 – 5 AZR 303/03, AP BGB § 138 Nr. 59. S. auch Thüsing/*Mengel*, AÜG, § 9 Rnr. 29; *Hanau*, ZIP 2003, 1573, 1576; *Ulber*, AuR 2003, 7, 12, *Lembke*, BB 2003, 98, 102; Urban-Crell/Germakowski/*Urban-Crell*, AÜG, § 3 Rnr. 70 a.E.).

845 Auch europarechtlich ist eine solche Auslegung nicht zu beanstanden (so auch Urban-Crell/Germakowski/*Urban-Crell*, AÜG, § 3 Rnr. 78). Auch hier ist die Gleichbehandlung lediglich auf den **Zeitraum der Überlassung** (Art. 3 Abs. 1 lit. e der Richtlinie) beschränkt; außerhalb der Überlassungen bleibt der Leiharbeitnehmer zwar weiterhin Arbeitnehmer des Verleihers, für das Entgelt und weitere Beschäftigungsbedingungen, welche er während dieses Zeitraums erhält, bestehen allerdings keine europarechtlichen Vorgaben durch die Leiharbeitsrichtlinie. Eine solche Gleichbehandlung wäre mit der Dogmatik der Leiharbeitsrichtlinie auch nicht vereinbar – als Vergleichsgruppe sind stets die Arbeitnehmer des Entleihers maßgeblich, gerade diesen gegenüber soll eine Schlechterstellung nicht erfolgen, um damit den Anreiz zu nehmen die Leiharbeit zur Kostenminimierung einzusetzen. Außerhalb einer Überlassung stellt sich diese Gefahr hingegen nicht.

2. Wesentliche Arbeitsbedingungen

846 Gemäß §§ 3 Abs. 1 Nr. 3, 9 Nr. 2 AÜG ist der Verleiher gegenüber dem Leiharbeitnehmer zur Gewährung der „wesentlichen" Arbeitsbedingungen einschließlich des Arbeitsentgelts verpflichtet. Die Wortwahl des Gesetzes entspricht damit weitgehend der der Vorgängernorm in § 10 Abs. 5 AÜG a. F. Dort bezog sich die Gleichbehandlungspflicht allerdings generell auf Arbeitsbedingungen, nicht allein auf wesentliche Arbeitsbedingungen. Das neu geschaffene Gleichbehandlungsgebot ist also **inhaltlich begrenzt.** Die Gesetzesbegründung gibt aber nur dürren Hinweis darauf, wann eine Arbeitsbedingung „**wesentlich**" ist. Dort heißt es, ohne dass die Wesentlichkeit erwähnt wird: „Arbeitsbedingungen sind dabei alle nach dem allgemeinen Arbeitsrecht vereinbarten Bedingungen, wie Dauer der Arbeitszeit und des Urlaubs oder die Nutzung sozialer Einrichtungen. Unter Arbeitsentgelt ist nicht nur das laufende Arbeitsentgelt, sondern auch Zuschläge und andere Lohnbestandteile zu sehen". Vorbild für die Formulierung ist die Richtlinie zur Leiharbeit, bzw. deren europarechtliche Vorgänger (vertiefend. Rnr. 834). Diese definiert abschließend (ErfK/*Wank* § 3 AÜG Rnr. 13) in Art. 3 Abs. 1 f: „Wesentliche Arbeits- und Beschäftigungsbedingungen sind diejenigen Arbeits- und Beschäftigungsbedingungen [...], die sich auf folgende Punkte beziehen: i) Dauer der Arbeitszeit, Überstunden, Pausen, Ruhezeiten, Nachtarbeit, Urlaub, arbeitsfreie Tage, ii) Arbeitsentgelt". Dies ist für das Verständnis des deutschen Rechts zu übernehmen (so auch ErfK/*Wank*, § 3 AÜG Rnr. 13; a. A. allerdings vor Verbindlichkeit der Richtlinie Thüsing/*Pelzner*, AÜG, 2. Aufl. 2008, § 3 Rnr. 60, die

III. Reichweite der Gleichbehandlungspflicht

die wesentlichen Arbeitsbedingungen mangels Rechtsverbindlichkeit der Richtlinie allein anhand des geltenden deutschen Arbeitsrechts bestimmen wollten, anders nunmehr *Pelzner/Kock* in der 3. Aufl. 2012, § 3, Rnr. 69; kritisch auch *Lembke*, BB 2003, 98, 100. S. auch Thüsing/*Mengel*, AÜG, 2. Aufl. 2008, § 9 Rnr. 30, die auf den Kanon der wesentlichen Vertragsbedingungen nach § 2 Abs. 1 NachwG abstellt, nunmehr anders in der 3. Auf. 2012, § 9 Rnr. 30); denn durch die Verabschiedung der Richtlinie ergibt sich jetzt Pflicht zur europarechtskonformen Auslegung. Es bleibt also nicht allzu viel Freiraum. Keine Bindung besteht danach aber bei den Vereinbarungen zum Kündigungsschutz, bei Qualifizierungsansprüchen, Arbeitgeberdarlehen und Betriebsverfassungsrechten (*Thüsing*, DB 2003, 446, 447; Thüsing/*Mengel*, AÜG, § 9 Rnr. 30).

3. Arbeitsentgelt

§§ 3 Abs. 1 Nr. 3, 9 Nr. 2 AÜG nennen als wesentliche Arbeitsbedingung ausdrücklich das **Arbeitsentgelt**. Unter diesen Begriff fallen neben der Grundvergütung auch freiwillige Leistungen sowie **Sachleistungen**, wenn sie eine Gegenleistung für die geschuldete Arbeitsleistung darstellen (zum Begriff des Arbeitsentgelts s. ausführlich HWK/*Thüsing*, BGB, § 611 Rnr. 85 ff.; *Ulber*, AÜG, § 9 Rnr. 46 ff.; Urban-Crell/Germakowski/*Urban-Crell*, AÜG, § 3 Rnr. 100 ff.; vgl. auch die in Art. 141 Abs. 2 EGV enthaltene Begriffsdefinition; hierzu EUGH v. 17.9. 2002 – Rs. A. G. Lawrence u. a. C-320/00). Letztere wird der Verleiher in der Regel nicht in gleicher Weise wie der Entleiher erbringen können, so dass grundsätzlich eine Umrechnung in einen **Geldwert** zu erfolgen hat, der an den Leiharbeitnehmer auszuzahlen ist (Erfk/*Wank*, § 3 AÜG Rnr. 14; Thüsing/*Pelzner/Kock*, AÜG, § 3 Rnr. 71; *Rieble/Klebeck*, NZA 2003, 23, 25; *Lembke*, BB 2003, 98, 101; Urban-Crell/Germakowski/*Urban-Crell*, AÜG, § 3 Rnr. 102; kritisch *Bauer/Krets*, NJW 2003, 537, 539; Thüsing/*Mengel*, AÜG, § 9 Rnr. 32). Soweit die Zuwendungen eine Wartezeit voraussetzen, wird sie der Leiharbeitnehmer aufgrund der üblicherweise kurzen Einsatzzeit regelmäßig nicht erfüllen. Dies wird z. B. bei Anwartschaften in der betrieblichen Altersversorgung relevant, die erst nach einer Beschäftigungsdauer von 5 Jahren unverfallbar werden, § 1b BetrAVG (Thüsing/*Pelzner/Kock*, AÜG, § 3 Rnr. 73; Erfk/*Wank*, § 3 AÜG Rnr. 13; Däubler/*Deinert*, TVG, § 4 Rnr. 572 h, der auf die insoweit entscheidende Frage hinweist, welche Zeiten zur Wartezeit zählen und diesbezüglich eine am Zweck der Wartezeitbestimmung orientierte Einzelfallbetrachtung befürwortet; für eine Umrechnung in den Geldwert Thüsing/*Mengel*, AÜG, § 9 Rnr. 32; vgl. auch *Lembke*, BB 2003, 98, 101).

4. Nutzung sozialer Einrichtungen

In Art. 6 Abs. 4 der Richtlinie ist ein Anspruch auf Nutzung der **sozialen Einrichtungen** (Gemeinschaftseinrichtungen- oder Dienste, insbes. Gemeinschaftsverpflegung, Kinderbetreuungseinrichtungen und Beförderungsmittel) des Entleihers normiert, es sei denn, eine unterschiedliche Behandlung ist aus objektiven Gründen gerechtfertigt. Auch die Gesetzesbegründung des AÜG benennt die Nutzung soziale Einrichtungen als Arbeitsbedingung im Sinne des Gesetzes (BT- Drucks. 15/25, S. 38).

849 Was soziale Einrichtungen i. S. dieser Norm sind, wird zwar nicht in der Gesetzesbegründung zum AÜG näher konkretisiert. Sinnvoll erscheint aber ein Blick auf Art. L. 1251-24 Code du travail, der mit ein Vorbild für die Regelung der Richtlinie gewesen sein dürfte. Danach haben Leiharbeitnehmer im Entleiher-Betrieb unter den gleichen Bedingungen wie die reguläre Belegschaft Zugang zu den kollektiven Transportmitteln und Einrichtungen der Belegschaft, insbesondere zur Kantine (s. Art. L. 1251-24 Code du travail: „Les salariés temporaires ont accès, dans l'entreprise utilisatrice, dans les mêmes conditions que les salariés de cette entreprise, aux moyens de transport collectifs et aux installations collectives, notamment de restauration, dont peuvent bénéficier ces salariés.....“ Ebenso Art. 17 Abs. 2 des spanischen Gesetzes 14/1994 vom 1. 6. 1994: „Igualmente, tendrán derecho a la utilizatión de transporte e instalaciones colectivas de la empresa usuaria ...“). Damit ist ein engerer Bereich umschrieben.

850 Konkretisiert wird dieser zusätzlich noch durch die exemplarische Aufzählung der Gemeinschaftseinrichtungen und -dienste in der Richtlinie, so dass eine Umsetzung dieser Vorgaben unproblematisch möglich ist. Der deutsche Gesetzgeber hat dies dadurch realisiert, dass er die exemplarische Aufzählung in § 13b S. 2 AÜG übernommen hat. Diese ist nicht abschließend. Die Diskussion darum, was eine soziale Einrichtung ist, ist damit aber noch nicht beendet. Insbesondere stellt sich die Frage, ob auch Einrichtungen der betrieblichen Altersversorgung darunter fallen (ausführlich *Forst*, AuR 2012, 97, 99).

851 Die Richtlinie und die Umsetzung in § 13b AÜG sehen zudem vor, dass eine unterschiedliche Behandlung möglich sein soll, wenn diese aus sachlichen Gründen gerechtfertigt ist. Die Voraussetzungen einer Rechtfertigung sollten hier mindestens diejenigen sein, wie bei einer Diskriminierung allgemein (vgl. § 8 AGG). Darüber hinaus sind aber noch weitere Gründe denkbar, in denen eine Gleichbehandlung nicht erforderlich ist. Als sachlicher Grund kommen hier alle Erwägungen in Betracht, die nicht mit einer Beschäftigung als Leiharbeitnehmer in Verbindung stehen, bspw. wenn sich ein unverhältnismäßiger Organisations- bzw. Verwaltungsaufwand aufgrund der der individuellen Einsatzdauer ergibt (BT-DruckS 17/4804, S. 13). Allgemein zur Frage der Rechtfertigung einer Ungleichbehandlung aus sachlichem Grund, s. Rnr. 889.

5. Kollektivvertraglich geregelte Arbeitsbedingungen

852 Der Konkretisierung bedarf, auf welche Weise auf kollektivvertraglicher Ebene geregelte Arbeitsbedingungen vergleichbarer Arbeitnehmer des Entleihers im Verhältnis Verleiher und Leiharbeitnehmer Anwendung finden. Deren Einbeziehung ist deshalb notwendig, weil die Richtlinie in Art. 3 Abs. 1 lit. f vorschreibt, dass zu den wesentlichen Arbeits- und Beschäftigungsbedingungen auch diejenigen zählen, welche durch Tarifvertrag und andere verbindliche Bestimmungen im Entleiherbetrieb gelten. Sie sind damit vom Gleichbehandlungsgebot erfasst. Vorgaben zur Realisierung der Geltung macht die Richtlinie dagegen nicht. Den beim Entleiher geltenden Tarifverträgen kommt im Verhältnis zwischen Verleiher und Leih-

arbeitnehmer keine normative Wirkung zu, so dass der Verleiher diese Arbeitsbedingungen entweder auf Grund einer einzelvertraglichen Vereinbarung oder auf der gesetzlichen Grundlage des § 9 Nr. 2 AÜG i. V. m. dem Leiharbeitsverhältnis gewährt (*Boemke/Lembke*, DB 2002, 893, 898; *Lembke*, BB 2003, 98, 101; *Thüsing/Mengel*, AÜG, § 9 Rnr. 33). Hinsichtlich derartiger Regelungen in Betriebsvereinbarungen gilt grundsätzlich Entsprechendes, es sei denn der Leiharbeitnehmer fällt als aktiv Wahlberechtigter gemäß § 7 S. 2 BetrVG unter die Zuständigkeit des Betriebsrates des Entleiherbetriebes (s. hierzu *Boemke/Lembke*, DB 2002, 893, 898 zu § 10 Abs. 5 a. F.; *Lembke*, BB 2003, 98, 101).

6. Vergleichbarer Arbeitnehmer

Bezugspunkt des Vergleichs ist nach dem AÜG ein vergleichbarer Arbeitnehmer 853 des Entleihers. Vergleichbar ist nach der Gesetzesbegründung in Anknüpfung an die Definition in § 2 Abs. 1 S. 3, § 3 Abs. 2 S. 1 TzBfG ein Arbeitnehmer mit „gleicher oder ähnlicher Tätigkeit" (BT-Drucks. 15/25, S. 38. Zum TzBfG s. Annuß/Thüsing/*Thüsing*, TzBfG, § 4 Rnr. 25). Die Richtlinie schreibt diese Grundsätze für das AÜG nicht explizit vor, geht aber auch davon aus, wenn die Gleichbehandlung in Art. 5 Abs. 1 an eine Festanstellung im Entleiherbetrieb anknüpft. Im Ergebnis müssen hier gleiche Kriterien gelten, wie bei der Gleichstellung von Teilzeit- und befristet Beschäftigten (siehe hierzu Rnr. 738). Danach sind nicht nur gänzlich identische Beschäftigungen zu vergleichen, sondern auch funktional austauschbare mit gleichem Anforderungsprofil und gleicher Belastung (s. *Wiedemann*, Gleichbehandlungsgebote im Arbeitsrecht, S. 64; Annuß/Thüsing/*Thüsing*, TzBfG, § 4 Rnr. 25; Urban-Crell/Germakowski/*Urban-Crell*, AÜG, § 3 Rnr. 93; *Forst*, AuR 2012, 97, 100). Allzu große Schwierigkeiten dürfte dies nicht bereiten, insbesondere weil der umstrittene Begriff der „gleichwertigen" Tätigkeit, wie er sich in § 612 Abs. 3 BGB findet, damit außen vor bleibt (s. aber ohne Begründung a. A. in Bezug auf § 4 TzBfG MünchArbR/*Schüren*, § 161 Rnr. 59).

Auch **besondere persönliche Merkmale** wie z. B. Alter, Ausbildung, besondere 854 Fachkenntnisse oder langjährige Berufserfahrung sind für die Vergleichbarkeit von Bedeutung, wenn daran zulässigerweise die Gewährung bestimmter Arbeitsbedingungen im Entleiherbetrieb geknüpft ist (S. 22; s. auch *Ulber*, AÜG, § 9 Rnr. 71; Schüren/*Schüren*, AÜG, § 9 Rnr. 121 ff.; *Lembke*, BB 2003, 98, 100; *Neumann*, NZS 2003, 113, 114; Thüsing/*Pelzner/Kock*, AÜG, § 3 Rnr. 80; Thüsing/*Mengel*, AÜG, § 9 Rnr. 24; a. A. wohl *Boemke/Lembke*, AÜG, § 9 Rnr. 54).

Unklar ist, inwieweit **teilzeitbeschäftigte Leiharbeitnehmer** mit vollzeitbeschäf- 855 tigten Stammarbeitnehmern vergleichbar sind, wenn sie vergleichbare Tätigkeiten ausüben. Im Hinblick auf § 4 TzBfG erscheint ein Vergleich allenfalls möglich, sofern die Regelungen zum Arbeitszeitumfang nicht als Vergleichsmaßstab herangezogen werden (s. Thüsing/*Mengel*, AÜG, § 9 Rnr. 24; vgl. auch *Boemke/Lembke*, AÜG, § 9 Rnr. 56). Andernfalls würde sich die Arbeitszeit eines teilzeit-beschäftigten Leiharbeitnehmers aufgrund des Gleichbehandlungsgebotes verlängern, wenn alle mit denselben Tätigkeiten befassten Arbeitnehmer im Entleiherbetrieb vollzeitbeschäftigt sind, was mit dem Diskriminierungsverbot des § 4 TzBfG nicht vereinbar wäre (vgl. *Boemke/Lembke*, DB 2002, 983, 989; *Lembke*, BB, 2003, 98, 100;

Thüsing/*Mengel*, AÜG, § 9 Rnr. 24). Richtiger erscheint es hier jedoch, schon keine Vergleichbarkeit der Arbeitnehmer anzunehmen (so auch *Bauer/Krets*, NJW 2003, 537, 538; *Boemke/Lembke*, DB 2002, 893, 898; *Lembke*, BB 2003, 98, 100).

856 Maßgeblich für den Vergleich sind die Arbeitnehmer im Betrieb des Entleihers, in dem der Leiharbeitnehmer zum Einsatz kommen soll (*Thüsing*, DB 2003, 446, 447; Thüsing/*Mengel*, AÜG, § 9 Rnr. 24; Urban-Crell/Germakowski/*Urban-Crell*, AÜG, § 3 Rnr. 93; ähnlich *Rieble/Klebeck*, NZA 2003, 23, 24). Ein Anspruch auf Gleichbehandlung mit Leiharbeitnehmern anderer Betriebe des Entleihers oder anderer Unternehmen besteht daher nicht (*Thüsing*, DB 2003, 446, 447; Thüsing/ *Mengel*, AÜG, § 9 Rnr. 24).

a) Fehlen eines vergleichbaren Arbeitnehmers

857 Der Wortlaut des Gesetzes lässt die Frage offen, welche Arbeitsbedingungen dem Leiharbeitnehmer zu gewähren sind, wenn im Betrieb des Entleihers nur Leiharbeitnehmer, aber keine Stammbelegschaft beschäftigt sind, oder zumindest im Betrieb und Entgeltsystem des Entleihers Arbeitnehmer mit vergleichbaren Tätigkeiten nicht vorkommen. Fehlt ein vergleichbarer Arbeitnehmer im Entleiherbetrieb, so dürfte das Gebot entsprechend seines Wortlauts leer laufen. Es ist unzulässig, im Vergleich auf Arbeitnehmer eines anderen Betriebs im Unternehmen auszuweichen (so auch *Rieble/Klebeck*, NZA 2003, 23, 24; Thüsing/*Mengel*, AÜG, § 9 Rnr. 28; a. A. *Lembke*, BB 2003, 98, 100, der sich auf den Rechtsgedanken des § 10 Abs. 1 S. 4, 2. HS AÜG und des § 612 Abs. 2 BGB stützt; ErfK/ *Wank*, § 3 AÜG Rnr. 16; *Ulber*, AÜG, § 9 Rnr. 68).

858 Unklar ist, ob sich aus § 5 Abs. 1 der RL nicht ein abweichendes Ergebnis ergibt. Im Gegensatz zu den Diskriminierungsverboten bei Teilzeit und Befristung fordert die Norm, dass prinzipiell während der Dauer der Überlassung diejenigen Arbeits- und Beschäftigungsbedingungen gelten, welche gelten würden, wenn der Leiharbeitnehmer unmittelbar eingestellt worden wäre. Dies bedeutet auch, dass Bezugspunkt nur ein hypothetischer Arbeitnehmer und gerade kein tatsächlich Beschäftigter sein braucht. (s. auch Urban-Crell/Germakowski/*Urban-Crell*, AÜG, § 3 Rnr. 93; Thüsing/*Pelzner/Kock*, AÜG, § 3 Rnr. 79) Damit verbunden muss auch eine europarechtskonforme Auslegung des nationalen Rechts sein – auch hier genügt demnach ein hypothetischer Arbeitnehmer des Entleihers (*Thüsing*, RdA 2009, 118). Dies entspricht auch dem Ziel der Richtlinie und des Gesetzes, denn nach Erwägungsgrund 14 der Richtlinie sollen Leiharbeitnehmer als prekär Beschäftigte davor geschützt werden, schlechter behandelt zu werden als bei einer Festanstellung. Dieser Schutz kann nicht durch die Nichtbeschäftigung von Arbeitnehmern beim Entleiher umgangen werden. Damit ist beim Fehlen eines vergleichbaren Arbeitnehmers im Betrieb ein hypothetischer Vergleich anzustellen. Anhaltspunkte für die Berechnung sind hierbei die Arbeitsbedingungen in einem vergleichbaren Betrieb; zwingend sind diese aber keineswegs, wenn die hypothetische Berechnung ein anderes Ergebnis zeigt (so aber: *Lembke* BB 2003, 98, 100; ErfK/*Wank*, § 3 AÜG Rnr. 16; Thüsing/*Pelzner/Kock*, AÜG, § 3 Rnr. 79).

III. Reichweite der Gleichbehandlungspflicht

b) Kein einheitliches Lohnniveau im Entleiherbetrieb

Problematisch ist die Bildung einer Vergleichsgruppe auch dann, wenn es im Betrieb des Entleihers zwar mehrere vergleichbare Arbeitnehmer gibt, für diese aber jeweils unterschiedliche Arbeitsbedingungen gelten. Fraglich ist daher, wie der Leiharbeitnehmer zu behandeln ist, wenn im Entleiherbetrieb **kein einheitliches Lohnniveau** besteht, etwa nur gewerkschaftlich organisierte Arbeitnehmer nach Tarif bezahlt werden, neu eingestellte Arbeitnehmer anders vergütet werden als Arbeitnehmer zuvor oder – seltener – kein einheitliches Niveau existiert, weil jeweils eine individuelle Vereinbarung vorliegt. Hier ist nach den Ursachen für die unterschiedlichen Arbeitsbedingungen zu differenzieren. Ist die Ungleichbehandlung Ausdruck einer **geänderten Entlohnungsstruktur,** die nun aber einheitlich praktiziert wird, dann gelten die neuen Arbeitsbedingungen auch für Leiharbeitnehmer. Die Flucht aus dem Tarifvertrag durch Austritt aus dem Arbeitgeberverband wird also auch hier wirksam. Gelten aber ohne Stichtagsregelung unterschiedliche Arbeitsbedingungen, dann wurde bisher erwogen, die Gleichbehandlungspflicht auf die Arbeitsvertragsbedingungen desjenigen Arbeitnehmers mit den insgesamt **ungünstigsten Arbeitsbedingungen** zu beziehen (*Thüsing*, DB 2002, 2218, 2221; *ders.*, DB 2003, 446, 447, 448; *Thüsing/Mengel*, AÜG, §9 Rnr. 25; *Thüsing/Pelzner/Kock*, AÜG, §3 Rnr. 79; *Boemke/Lembke*, AÜG, §9 Rnr. 58; ErfK/*Wank*, §3 AÜG Rnr. 15; KDZ/*Zwanziger*, AÜG, §9 Rnr. 5; *Bauer/Krets*, NJW 2003, 537, 539; *Lembke*, BB 2003, 98, 100). Der Leiharbeitnehmer sollte wohl kaum ein gesetzliches Recht erhalten, besser zu stehen als einige seiner Kollegen im Entleiherbetrieb, die um ihren Lohn verhandeln mussten und weniger erfolgreich waren als andere (s. auch *Thüsing*, DB 2002, 2218, 2221; *ders.*, DB 2003, 446, 448; *Lembke*, BB 2003, 98, 101; *Bauer/Krets*, NJW 2003, 537, 539; *Thüsing/Pelzner/Kock*, AÜG, §3 Rnr. 79). Richtig daran ist auch weiterhin, dass nicht zwingend eine Gleichstellung mit demjenigen Arbeitgeber mit dem höchsten Entgelt zu erfolgen hat. Freilich zu fordern ist aber nach den Vorgaben der Richtlinie eine genaue Prüfung zum einen der Vergleichbarkeit, zum anderen aber auch welches Entgelt bei einer hypothetischen Festanstellung geleistet würde. Maßstab wird dabei im Regelfall der zuletzt eingestellte Arbeitnehmer sein, demgegenüber eine Gleichbehandlung geboten ist (*Thüsing*, RdA 2009, 118).

7. Günstigkeitsvergleich

Dem Wortlaut der Neuerung nicht klar zu entnehmen ist es, ob sich die Unwirksamkeit der Vereinbarung schlechterer Arbeitsbedingungen nach §9 Nr. 2 AÜG und der damit korrespondierende gesetzliche Anspruch nach §10 Abs. 4 AÜG auf jeden einzelnen Vertragsbestandteil bezieht oder eine schlechtere Vereinbarung nur vorliegt, wenn der Arbeitsvertrag insgesamt schlechter ist. Mit anderen Worten: Kann der Leiharbeitnehmer sich die jeweils besseren Arbeitsbedingungen bei beiden Arbeitgebern aussuchen (z. B. den längeren Urlaub beim Verleiherbetrieb, aber das höhere Entgelt beim Entleiherbetrieb), oder kann er nur eines von beiden Gesamtsystemen wählen? Nach bewährtem arbeitsrechtlichen Muster sollte entsprechend dem Günstigkeitsvergleich gem. §4 Abs. 3 TVG verfahren werden (so auch Urban-Crell/Germakowski/*Urban-Crell*, AÜG, § 3 Rnr. 106; im Einzelnen s. Wiedemann/*Wank*, TVG, §4 Rnr. 471). Unzulässig sind danach der Gesamtvergleich und auch der Einzelvergleich; maßgeblich ist vielmehr der **Sachgruppenvergleich,** der Regelungen zusammenzieht, die in einer sachlichen Einheit zueinander stehen (bereits *Thüsing*, DB 2003, 446, 447; *Ulber*, AÜG, §9 Rnr. 72 ff.; Thüsing/*Pelzner/Kock*, AÜG, § 3 Rnr. 65; *Boemke/Lembke*, AÜG, § 9 Rnr. 68 ff. ausführlich zu den einzelnen Arbeitsbedingungen; *Bauer/Krets*, NJW 2003, 536, 537; a. A. ErfK/*Wank*, § 3 AÜG Rnr. 19). Damit kann es allerdings zu einer Besserstellung der Leiharbeitnehmer gegenüber der Stammbelegschaft kommen. Die Norm zielt insoweit über den Zweck hinaus. Ratsam ist damit eine Vertragsgestaltung, nach der im Arbeitsvertrag des Leiharbeitnehmers hinsichtlich der Zeit der Entleihung vollständig auf die Arbeitsbedingungen im Entleiherbetrieb verwiesen wird, oder doch abweichende Regelungen unter den Vorbehalt der Geltendmachung des *Equal Pay* gestellt werden. Das NachwG und auch die Inhaltskontrolle von Formulararbeitsverträgen sowie die Rechtsprechung zu Teilbefristung und Widerruf von Arbeitsbedingungen dürften dieser Vertragsgestaltung nicht entgegenstehen. Im Hinblick auf Altverträge hilft dies freilich nicht.

861 Weichen die vom Verleiher gewährten Arbeitsbedingungen des Leiharbeitnehmers nicht ungünstig, sondern vorteilhaft von den Arbeitsbedingungen vergleichbarer Arbeitnehmer im Betrieb des Entleihers ab, greift das Prinzip der Gleichbehandlung nicht; es gelten dann die vereinbarten vertraglichen Regelungen (Thüsing/*Mengel*, AÜG, § 9 Rnr. 34; Thüsing/*Pelzner/Kock,* AÜG, § 3 Rnr. 64; *Boemke/Lembke*, AÜG, § 9 Rnr. 65). Auch zugunsten des Leiharbeitnehmers findet keine Meistbegünstigung statt, es ist vielmehr auch hier ein Sachgruppenvergleich anzustellen (Thüsing/*Mengel*, AÜG, § 9 Rnr. 34).

862 Der Umstand, dass die Arbeitsbedingungen im Entleiherbetrieb ungünstiger sind als die bisher für den Leiharbeitnehmer geltenden Bedingungen, rechtfertigt auch keine betriebsbedingte **Änderungskündigung** zum Zweck der Absenkung der Arbeitsbedingungen auf das Niveau des Entleihers (Thüsing/*Pelzner/Kock*, AÜG, § 3 Rnr. 64). Eine betriebsbedingte Änderungskündigung zur Entgeltsenkung ist nach der Rechtsprechung des BAG nur in sehr engen Grenzen zulässig (BAG v. 20. 8. 1998, AP KSchG 1969 § 2 Nr. 50; BAG v. 12. 11. 1998, AP KSchG 1969 § 2 Nr. 51). Besteht die vom Arbeitgeber angebotene Vertragsänderung allein in einer Absenkung der bisherigen Vergütung, so liegt daher ein dringendes betriebliches Erfordernis, das die Änderungskündigung rechtfertigen könnte, nur bei einer akuten Gefahr für die Existenz des Betriebes oder für den Bestand von Arbeitsplätzen vor (BAG v. 12. 1. 2006 – 2 AZR 126/05, BB 2006, 1115; BAG v. 23. 6. 2005 – 2 AZR 642/04, AP KschG 1969 § 2 Nr. 81; BAG v. 15. 5. 2002 – 2 AZR 292/01, NZA 2003, 147). Dem liegt die Auffassung zu Grunde, dass eine Entgeltkürzung nachhaltig in das arbeitsvertraglich vereinbarte Verhältnis von Leistung und Gegenleistung eingreift. Auch die Möglichkeit nach dem AÜG durch Tarifvertrag vom *Equal pay*-Grundsatz abzuweichen (§ 3 Abs. 1 Nr. 3 S. 2, 3, § 9 Nr. 2, 4. und 5. HS), rechtfertigt im Falle des Verbandsbeitritts des Verleihers keine Änderungskündigung zum Zwecke der Änderung des zuvor mit dem Leiharbeitnehmer vereinbarten Entgelts – so jüngst das BAG (BAG v. 12. 1. 2006 – 2 AZR 126/05, BB 2006, 1115).

8. Anwendung des Gleichbehandlungsgrundsatzes im Verleiherbetrieb

Die bislang wohl herrschende Meinung geht davon aus, dass es unzulässig ist, Leiharbeitnehmer, die in Mischunternehmen beschäftigt sind und verliehen werden sollen, bei gleicher Tätigkeit anders zu vergüten als diejenigen Arbeitnehmer, die im Verleihunternehmen eingesetzt werden, oder auch allgemein bei der Entlohnung sich an dem Entgelt zu orientieren, das der Verleiher für den entliehenen Arbeitnehmer erhält, sollte er denn gleichwertige Arbeitnehmer verschiedenen Firmen zu unterschiedlichen Tarifen zur Verfügung stellen (Kittner/Zwanziger/*Bachner*, Arbeitsrecht, § 131 Rnr. 37; *Ulber*, AÜG, § 1 Rnr. 69). Dies wird man aufgrund der Geltung des Diskriminierungsverbots nicht mehr annehmen können, denn der Arbeitnehmer kann nur einem Bezugrahmen der Gleichbehandlung unterfallen. Wäre er Schnittmenge zweier sich überschneidender gleich zu behandelnder Gemeinschaften, dann müssten sich die Arbeitsbedingungen des Verleihers an den besten Arbeitsbedingungen auch nur eines Entleiherbetriebs orientieren. Die gegenseitigen Gleichbehandlungspflichten würden sich potenzieren, was nicht vertretbar ist. Im sachlichen und persönlichen Anwendungsbereich des Diskriminierungsverbots wegen der Leiharbeit zum Entleiherbetrieb scheidet daher ein Rückgriff auf den allgemeinen arbeitsrechtlichen Gleichbehandlungsgrundsatz zum Verleiherbetrieb aus.

863

IV. Ausnahmen vom Diskriminierungsverbot

Das Gebot zur Gleichbehandlung kennt eine wichtige Ausnahme: „Ein Tarifvertrag kann abweichende Regelungen zulassen. Auch wenn eine normative Geltung nicht erfolgt, können im Geltungsbereich eines solchen Tarifvertrags nicht tarifgebundene Arbeitgeber und Arbeitnehmer die Geltung der tarifvertraglichen Regelungen vereinbaren", §§ 3 Nr. 3; 9 Nr. 2 AÜG..

864

Entfallen ist hingegen – auch mangels praktischer Relevanz – durch die Änderung des AÜG die Ausnahmeregelung für zuvor arbeitslose Arbeitnehmer in den ersten 6 Wochen der Überlassung (§§ 3 Nr. 3 HS. 2; 9 Nr. 2 HS. 2 AÜG a.F.).

865

1. Europarechtliche Grundlagen

Zur Vergegenwärtigung der Zulässigkeit einer Abkehr vom *Equal pay*-Grundsatz ist ein Blick auf die Richtlinie zu empfehlen. Zu unterscheiden ist zwischen zwei grundlegenden Modellen – dem **verleiherbezogenen Modell** und dem **entleiherbezogenen Modell**. Nach deutschem Recht griff lange Zeit der *Equal pay*-Grundsatz nicht. Bis dahin galt das "verleiherbezogene Modell,. Danach ist der Arbeitnehmer (auch während der Überlassung) als Arbeitnehmer des Verleihers anzusehen, mit der Folge, dass sich auch die Inhalte dieses Arbeitsvertrages (auch hinsichtlich des Lohnes und weiterer wesentlicher Arbeitsbedingungen) nur an diesem Betrieb orientieren. Dieser Nachteil, dass damit ein geringerer Lohn als im Entleiherbetrieb zulässig ist, wird dadurch aufgewogen, dass eine Bezahlung

866

unabhängig von Überlassungen möglich bleibt und eine Synchronisation des Arbeitsverhältnisses zur Überlassung unzulässig war. In denjenigen Ländern, in denen der equal-pay-Grundsatz unabhängig von der Richtlinie existierte, bestanden für den Arbeitnehmer solche Vorteile nicht, im Gegenzug wurde ihm aber der gleiche Lohn wie im Entleiherbetrieb gewährt ("**entleiherbezogenes Modell**,) (s. auch Urban-Crell/Germakowski/*Germakowski*, AÜG; Einleitung Rnr. 12; Schüren/*Riederer von Paar*, AÜG, Einleitung Rnr. 626). Die Regelungen im AÜG sind daher Mischung aus beiden Systemen – das Gleichbehandlungsgebot besteht; gleichfalls ist aber eine Synchronisation von Bezahlung und Überlassung unzulässig.

867   Europarechtlich zwingend ist ein solches Modell freilich nicht. Ziel soll zwar nach Erwägungsgrund 14 der Richtlinie eine Gleichbehandlung der Leiharbeitnehmer mit denjenigen des Entleihunternehmens sein; Erwägungsgrund 15 lässt aber eine Abweichung hiervon zu, wenn das Schutzbedürfnis der Arbeitnehmer bereits durch einen unbefristeten Vertrag gewahrt ist. Deutlich wird dies zudem durch die ausdrückliche Regelung in Art. 5 Abs. 2 der RL. Das aktuelle deutsche Recht wurde damit zwar vom Europarecht motiviert, zwingend ist es aber keineswegs, sondern es übererfüllt die Richtlinienvorgaben (Thüsing/*Thüsing*, AÜG, Einführung Rnr. 29). Damit wäre es bei Beibehaltung des deutschen Modells weiterhin möglich, den Gleichbehandlungsgrundsatz abzuschaffen; die Wahl dieser Regelung entspringt einer freien Entscheidung des Gesetzgebers und kann nicht mit dem Europarecht begründet werden.

2. Tarifvertragliche Regelungen

868   Vom Grundsatz der Gleichbehandlung kann aber, durch die expliziten gesetzlichen Regelungen, weiterhin abgewichen werden, wenn ein Tarifvertrag abweichende Regelungen zulässt (§§ 3 Nr. 3; 9 Nr. 2 AÜG). Mit dieser **Tariföffnungsklausel** sollen die Tarifvertragsparteien die Möglichkeit erhalten, die Arbeitsbedingungen flexibel zu gestalten, Pauschalierungen beim Arbeitsentgelt zuzulassen und die Leistungen für Zeiten des Verleihs und des Nichtverleihs in einem Gesamtkonzept zu regeln (BT-Drucks. 15/25, S. 38).

a) Zweckentfremdung des Tarifvertrags

869   Auffällig ist zunächst, dass dem Tarifvertrag im Rahmen der vorliegenden Regelung eine ganz andere Bedeutung zukommt, als er im Regelfall hat. Zielt der Tarifvertrag in seiner klassischen Funktion darauf ab, die Position der Arbeitnehmer zu stärken und ihre Arbeitsbedingungen zu verbessern, so ist hier ein Tarifvertrag zur Verschlechterung zugelassen und damit eine **Unterschreitung der gesetzlichen Mindestarbeitsbedingungen** für Leiharbeitnehmer eintritt (kritisch auch *Boemke/Lembke*, AÜG, § 9 Rnr. 93; EfK/*Wank*, AÜG, § 3 Rnr. 32; *Schöne*, DB 2004, 136; *Schüren/Riederer von Paar*, AuR 2004, 24; Urban-Crell/Germakowski/*Urban-Crell*, AÜG, § 3 Rnr. 116).

IV. Ausnahmen vom Diskriminierungsverbot

b) Inhalt des Tarifvertrags

An den Inhalt des Tarifvertrages sind keine besonderen Anforderungen zu stellen; die inhaltliche Gestaltung unterliegt weitestgehend der Vertragsfreiheit der Tarifvertragsparteien. Unklar ist jedoch, ob eine abweichende Regelung des Tarifvertrags nicht nur die Regelung materieller Arbeitsbedingungen sein kann, sondern auch bloße Zulassungsnorm, die sich darauf beschränkt, ein Abweichen von den Vorgaben des Gleichbehandlungsgebots zu gestatten, das dann im Arbeitsvertrag selber erfolgt (für Letzteres *Boemke/Lembke,* AÜG, § 9 Rnr. 113 ff.; Thüsing/*Pelzner/Kock,* AÜG, § 3 Rnr. 89; Thüsing/*Mengel,* AÜG, § 9 Rnr. 41; *Ulber,* AÜG, § 9 Rnr. 170; a. A. *Bauer/Krets,* NJW 2003, 537, 539; *Ulber,* AuR 2003, 7, 1). Vom Wortlaut des neuen Rechts ist beides gedeckt. Die Materialien deuten freilich in eine andere Richtung. Dort heißt es, es könne nur „durch" (BT-Drucks. 15/ 25, S. 38, 11) einen Tarifvertrag abgewichen werden, nicht aber „aufgrund". Da sich wohl kaum eine Gewerkschaft finden wird, die dem Arbeitgeber einen Freibrief zum Abweichen vom Gesetz ausstellen wird, ohne auf einen tarifvertraglichen Mindestschutz zu bestehen, dürfte diese Frage in der Praxis allerdings kaum auftauchen. 870

Nicht erforderlich ist, dass der Tarifvertrag, der vom gesetzlichen Gleichbehandlungsgebot Abweichungen zulässt, explizit erklärt, dass eine derartige Abweichung beabsichtigt ist. Es besteht **kein Zitiergebot** (*Boemke/Lembke,* AÜG, § 9 Rnr. 108; Thüsing/*Pelzner/Kock,* AÜG, § 3 Rnr. 89; Thüsing/*Mengel,* AÜG, § 9 Rnr. 38; Urban-Crell/Germakowski/*Urban-Crell,* AÜG, § 3 Rnr. 118). Daher ist es irrelevant, ob der Abweichungen enthaltende Tarifvertrag vor oder nach Inkrafttreten des Gesetzes am 1.1.2003 vereinbart oder in Kraft getreten ist (ausführlich hierzu Thüsing/*Mengel,* AÜG, § 9 Rnr. 38; s. auch *Boemke/Lembke,* AÜG, § 9 Rnr. 108; *Ankersen,* NZA 2003, 421, 424, Fn. 46; a. A. *Ulber,* AuR 2003, 7, 12; Thüsing/*Pelzner/Kock,* AÜG, § 3 Rnr. 90; HWK/*Kalb,* AÜG, § 3 Rnr. 36). 871

Regelt ein Tarifvertrag nur einen **Teil der wesentlichen Arbeitsbedingungen** ist zu differenzieren: Lässt der Tarifvertrag Kernbereiche wie z. B. Entgelt oder Urlaub ungeregelt, so suspendiert er nicht völlig von der Gleichstellung, sondern im Hinblick auf die sonstigen wesentlichen Arbeitsbedingungen ist der Leiharbeitnehmer den vergleichbaren Arbeitnehmern des Entleihers gleichzustellen. Sind hingegen nur kleine Teilbereiche im Tarifvertrag ungeregelt geblieben (z. B. Reisekosten, Verpflegungsmehraufwand), so sind nach Sinn und Zweck der Ausnahmebestimmung für weitergehende Ansprüche die allgemeinen gesetzlichen Bestimmungen (§ 670 BGB) und nicht die insoweit beim Entleiher geltenden Arbeitsbedingungen maßgeblich (s. hierzu auch *Boemke/Lembke,* AÜG, § 9 Rnr. 117 f.; Thüsing/*Pelzner/Kock,* AÜG, § 3 Rnr. 93; a. A. *Ulber,* AÜG, § 9 Rnr. 172). Hier muss quasi ein „Schlussstrich" unter die Pflicht zur Gleichstellung gezogen werden, um – insbesondere bei freiwillig gewährten Leistungen – eine dauernde Unsicherheit des Verleihers im Hinblick auf die zu gewährenden Arbeitsbedingungen zu verhindern (Thüsing/*Pelzner/Kock,* AÜG, § 3 Rnr. 93). 872

c) Gestaltungsgrenzen des tarifdispositiven Rechts

873 Nicht einheitlich beantwortet wird die Frage nach den **Grenzen** der tarifvertraglichen Gestaltungsmacht bei Abweichungen vom *Equal pay*-Grundsatz. Der zum Teil vertretenen Ansicht, dass nicht jede Absenkung der tariflichen Vergütung gegenüber dem im Entleiherbetrieb geltenden Standard zulässig sein soll, sondern der Tarifvertrag zumindest annähernd gleiche Arbeitsbedingungen vorsehen müsse, also am gesetzlichen **Standard der Gleichstellung** zu messen sei (Schüren/*Behrend*, NZA 2003, 521, 525; Thüsing/*Pelzner/Kock*, AÜG, § 3 Rnr. 93; so noch Schüren/*Schüren*, AÜG, 2. Aufl. 2003, § 9 Rnr. 222 ff., jeweils unter Berufung auf BAG v. 13. 3. 2002 – 5 AZR 648/00, AP EFZG § 5 Nr. 58; kritisch auch ErfK/*Wank*, § 3 AÜG Rnr. 22), kann zumindest aus den Regelungen im AÜG so nicht gefolgt werden (wie hier Thüsing/*Mengel*, AÜG, § 9 Rnr. 39; *Boemke/Lembke*, AÜG, § 9 Rnr. 110 ff.; *Böhm*, DB 2003, 2598; *Hanau*, ZIP 2003, 1573, 1577; *Raab*, ZfA 2003, 389, 409 f.; KDZ/*Zwanziger*, AÜG, § 9 Rnr. 12; Urban-Crell/Germakowski/*Urban-Crell*, AÜG, § 3 Rnr. 119; HWK/*Kalb*, § 3 AÜG Rnr. 37). Eine derartige Interpretation lässt sich dem Wortlaut der Vorschrift nicht entnehmen. Eine „Mindestvergütung" hat der Gesetzgeber für eine vom Gesetz abweichende, tarifliche Regelung – anders als bei der im zweiten Halbsatz der §§ 3 Abs. 1 Nr. 3, 9 Nr. 2 AÜG getroffenen Ausnahmebestimmung – gerade nicht vorgesehen. Zudem widerspräche eine solche Vorgabe der Tarifverträgen zukommenden Richtigkeitsvermutung. Es ist davon auszugehen, dass die Koalitionen gerade auch aufgrund ihres branchenbezogenen Expertenwissens eine angemessene Regelung getroffen haben (so auch *Boemke/Lembke*, AÜG, § 9 Rnr. 111; vgl. BAG v. 24. 3. 2004 – 5 AZR 303/03, AP BGB § 138 Nr. 59). Die Annahme einer Gestaltungsgrenze ist somit als Verstoß gegen die durch Art. 9 Abs. 3 GG gesicherte Tarifautonomie als unzulässig zu bewerten. Eine Beschränkung der Regelungsmacht kann sich daher nur aus den allgemeinen gesetzlichen Schranken der Tarifautonomie ergeben. So müssen tarifvertragliche Entgeltvereinbarungen nach Ansicht des BAG den in Artt. 2 Abs. 1, 20 Abs. 1 GG zum Ausdruck kommenden Gerechtigkeitsanforderungen genügen, wobei unter Berücksichtigung der Besonderheiten der von dem jeweiligen Tarifvertrag erfassten Beschäftigungsbetriebe und der dort zu verrichtenden Tätigkeiten festzustellen ist, ob das tarifliche Arbeitsentgelt für die nach dem Tarifvertrag jeweils geschuldete Arbeitsleistung dem Anstandsgefühl aller billig und gerecht Denkenden widerspricht. Hierbei sind auch verfassungsrechtliche Wertungen zu berücksichtigen, insbesondere die tarifvertraglich ausgehandelten Löhnen innewohnende Richtigkeitsgewähr. Auf Grund dieser Wertung kann die Höhe eines tarifvertraglich vereinbarten Arbeitsentgelts nur dann von den Gerichten als sittenwidrig beanstandet werden, wenn der Tariflohn unter Berücksichtigung aller Umstände des räumlichen, fachlichen und persönlichen Geltungsbereichs des Tarifvertrags sowie der im Geltungsbereich des Tarifvertrags zu verrichtenden Tätigkeiten einen „Hungerlohn" darstellt (BAG v. 24. 3. 2004 – 5 AZR 303/03, AP BGB § 138 Nr. 59; dem folgend Urban-Crell/Germakowski/*Urban-Crell*, AÜG, § 3 Rnr. 119). Diese Grenze ist nicht schon dann erreicht, wenn der Tariflohn für den Leiharbeitnehmer erheblich von den Tarifvergütungen der Entleiherbetriebe abweicht; vielmehr

IV. Ausnahmen vom Diskriminierungsverbot

können die Tarifpartner insoweit auch die Besonderheiten der Zeitarbeitsbranche zulässig berücksichtigen (BAG v. 24. 3. 2004 – 5 AZR 303/03, AP BGB § 138 Nr. 59. S. hierzu auch Thüsing/*Mengel*, AÜG, § 9 Rnr. 39).

Auch europarechtliche Argumente stellen dies nicht in Frage. Die Richtlinie gewährt zwar in Art. 5 Abs. 3 eine Abkehr vom Gleichbehandlungsgrundsatz durch Tarifverträge, dies aber nur unter der speziellen Berücksichtigung des „Gesamtschutzes von Leiharbeitnehmern". Es ist aber davon auszugehen, dass jedenfalls in Ländern in denen nach nationalem Maßstab die Richtigkeitsgewähr des Tarifvertrags anerkannt ist, die Wahrung des Gesamtschutzes damit bereits impliziert ist (*Thüsing*, RdA 2009, 118). Oben gezeigte Grundsätze müssen auch hier gelten. Damit ergibt sich jedenfalls nach deutschem Recht – nach dem die Richtigkeitsgewähr ein zentraler Grundsatz des Tarifvertragsrechts ist (zuletzt BAG v. 5. 10. 2010 – 1 ABR 88/09, NJW 2011, 1386)–, dass prinzipiell eine Abweichung durch Tarifverträge unabhängig von deren Inhalt zulässig ist. Andere Ansichten in der Literatur (*Waltermann*, NZA 2010, 482, 485; *Blanke*, DB 2010, 1525, 1531f., der als Grenze des Gesamtschutzes eine maximale Unterschreitung von 10 % des im Entleiherbetriebs geltenden Tarifvertrages fordert) vermögen nicht zu überzeugen. Zum einen erscheint eine pauschale Begrenzung rein willkürlich, zum anderen rezipiert diese Ansicht auch die gezeigten Argumente nur unzureichend und führt damit zu einer Tarifzensur, für die ein sachlicher Grund nicht ersichtlich erscheint. **874**

Wird ein Leiharbeitnehmer von seinem Entleiher mit Tätigkeiten beschäftigt, die in den Geltungsbereich eines für allgemeinverbindlich **erklärten Tarifvertrages** nach § 1 Abs. 1, 2 oder 3 AEntG oder einer Rechtsverordnung nach § 1 Abs. 3 a AEntG fallen, hat der Verleiher dem Leiharbeitnehmer das in diesem Tarifvertrag oder dieser Rechtsverordnung festgelegte Mindestentgelt zu zahlen, § 1 Abs. 2 a AEntG. Diese Regelung im AEntG ist Spezialregelung zu der im AÜG enthaltenen Öffnungsklausel, so dass durch einen Tarifvertrag der Zeitarbeitsbranche nicht zu Ungunsten des Leiharbeitnehmers hiervon abgewichen werden kann (s. zu einzelnen Mindestlohntarifverträgen Thüsing/*Pelzner/Kock*, AÜG, § 3 Rnr. 83). **875**

d) Besonderheit: Begrenzung durch Mindestlohn nach §§ 3 Abs. 1 Nr. 3 Hs. 2; 9 Nr. 2 Hs. 2; 3a AÜG

Abweichendes ergibt sich aber nunmehr durch die Schaffung eines gesetzlichen Mindestlohns für die Arbeitnehmerüberlassung (ausführlich zur gesetzlichen Entwicklung Urban-Crell/Germakowski/*Urban-Crell*, AÜG, § 3 Rnr. 150f.). Durch BR-DruckS 161/11 wurde das Gesetz zur Änderung des Arbeitnehmerüberlassungsgesetzes um diesen entscheidenden Passus erweitert. Inkraftgetreten ist diese Änderung gemäß Art. 2 Abs. 2 des Ersten Gesetzes zur Änderung des Arbeitnehmerüberlassungsgesetzes (BGBl. 2011, 642ff) am 30. 4. 2011. Eingefügt wird ein neuer § 3a AÜG, der eine absolute Lohnuntergrenze ermöglicht. Gemäß § 3a Abs. 1 und 2 AÜG kann damit durch Rechtsverordnung eine Lohnuntergrenze festgelegt werden. Die Vorgaben für diese Lohnuntergrenze sind nach § 3a Abs. 1 AÜG durch „Gewerkschaften und Vereinigungen von Arbeitgebern, die zumindest auch für ihre jeweiligen in der Arbeitnehmerüberlassung tätigen Mitarbeiter zu- **876** ständig sind" vorzuschlagen. Das Procedere bei mehreren Vorschlägen wurde in § 3a Abs. 4 AÜG geregelt – das BMAS hat damit hier eine Gesamtabwägung vorzunehmen und dabei die Repräsentativität der vorschlagenden Tarifvertragsparteien zu berücksichtigen. Die Vorgaben entsprechen hier denen des § 7 AEntG. Ein entsprechender Vorschlag wurde von den Tarifvertragsparteien gemäß § 3a Abs. 1 AÜG vorgenommen und vom BMAS per Rechtsverordnung gemäß § 3a Abs. 2 AÜG umgesetzt, sodass der Mindestlohn bis zum 31. 10. 2013 damit 8,19 Euro in Westdeutschland und 7,50 Euro in Ostdeutschland beträgt. Bis zum 31. 10. 2012 betrug der Mindestlohn 7,01 Euro bzw. 7,89 Euro. Damit ist im Sommer/Herbst 2013 mit einer neuen Mindestlohnverordnung zu rechnen.

877   Mit dem Mindestlohn verbunden sind auch **starke praktische Auswirkungen** – so bleibt das Entgelt zwar grundsätzlich tarifdispositiv, sodass weiterhin Tarifverträge als Abweichungsmöglichkeit vom *Equal pay*-Grundsatz geschlossen werden können, die Mindestgrenze liegt aber gemäß § 9 Nr. 2 Hs. 2 und §§ 3 Abs. 1 Nr. 3 S. 2 AÜG in dem durch die Rechtsverordnung geltenden Mindeststundenentgelt – eine weitere Abweichung nach unten ist unzulässig. Damit verbunden ist auch das Konkurrenzverhältnis zwischen den vom *Equal pay*-Grundsatz abweichenden Tarifverträgen und den Mindeststundenentgelten aus der Rechtsverordnung: Unterschreitet der Tarifvertrag die Mindestvorgaben der Rechtsverordnung, kann durch ihn bereits keine Ausnahme vom *Equal pay*-Gebot begründet werden, denn das Gesetz enthält diesen Mindeststandard bereits als Ausgestaltung des Tarifvertrages („soweit er nicht die in einer Rechtsverordnung nach § 3a Abs. 2 festgesetzten Mindeststundenentgelte unterschreitet"). Hingegen ist eine Abweichung nach oben von den Inhalten der Rechtsverordnung unstrittig möglich: Bereits der Wortlaut zeigt, dass es sich hierbei nur um Mindeststundenentgelte handelt. Verdeutlicht wird dies zudem auch in § 3a Abs. 2 S. 1 AÜG der formuliert, dass die Mindeststundenentgelte nur eine „verbindliche Lohnuntergrenze" sein sollen. Die Vereinbarung besserer Bedingungen bleibt also zulässig.

e) Tariffähigkeit der Koalitionen in der Zeitarbeitsbranche

878   Ein anderes, von der Fragestellung der inhaltlichen Beschränkung von Tarifverträgen streng zu unterscheidendes Problem, wird bezüglich der Tariffähigkeit von Gewerkschaften für die Zeitarbeitsbranche im Hinblick auf das geforderte Kriterium der sozialen Mächtigkeit diskutiert (s. nur *Ankersen*, NZA 2003, 421, 424; *Bayreuther*, NZA 2004, Sonderbeilage 1, 3, 7; *Schüren/Riederer v. Paar*, AuR 2004, 241; *Böhm*, DB 2003, 2598; *Buchner*, DB 2004, 1042; *Schüren/Behrend*, NZA 2003, 521, 524; *Rieble/Klebeck*, NZA 2003, 23, 28; *Schüren/Schüren*, AÜG, § 9 Rnr. 107 ff. jeweils m. w. N.; vgl. weiterführend *Rieble*, FS Wiedemann, 2003, S. 51; Urban-Crell/Germakowski/*Urban-Crell*, AÜG, § 3 Rnr. 152 ff.). Dieses Problem resultiert bei der Arbeitnehmerüberlassung daraus, dass durch den Abschluss von Tarifverträgen ein geringerer Lohn gezahlt werden kann als ohne Tarifverträge. Diese, dem Grundsatz von Tarifverträgen prinzipiell widersprechende Natur (vgl. Rnr. 869) führte auch dazu, dass insbesondere durch die CGZP ein Konkurrenzwettbewerb mit DGB-Gewerkschaften einsetzte. Der Abschluss eines eigenen Tarifvertrages und damit eine Abkehr vom *Equal pay*-Grundsatz nach

IV. Ausnahmen vom Diskriminierungsverbot

unten war für die etablierten Gewerkschaften damit das kleinere Übel gegenüber einer Geltung von noch niedrigeren Tarifverträgen der CGZP. Aus diesem Grund weist die Frage nach der Tariffähigkeit der CGZP für die Arbeitnehmerüberlassung eine immens hohe praktische Relevanz auf, würde doch die Verneinung dazu führen, dass die etablierten und mächtigen Gewerkschaften selbst wieder das Heft des Handelns in der Hand hätten.

Anzusetzen hat der Streit hinsichtlich der Tariffähigkeit der CGZP bei der Fragestellung der sozialen Mächtigkeit. Bestritten wird insbesondere die Tariffähigkeit der CGZP als Spitzenorganisation (BAG v. 14.12.2010 – 1 ABR 19/10, NZA 2011, 289). Problematisch ist hierbei, dass der Organisationsbereich der Spitzenorganisation nicht zwingend mit dem der eingeschlossenen Gewerkschaften übereinstimmt. Die Tariffähigkeit der Spitzenorganisation wird nur dann unproblematisch bejaht, wenn die Spitzenorganisation den gesamten Organisationsbereich der teilnehmenden Gewerkschaften widerspiegelt. Problematisch ist es damit sowohl, wenn die Gewerkschaften nur Teile ihres Organisationsbereichs in die Spitzenorganisation übertragen, als auch wenn die Spitzenorganisation kraft ihrer Satzung weitere Kompetenzen als die einzelnen Gewerkschaften hat. Letzteres ist bei der CGZP gegeben (BAG aaO). Grund für diese Sichtweise ist, dass die Tariffähigkeit der Spitzenorganisation von den Mitgliedsgewerkschaften abgeleitet werden muss. Dies ist aber nur soweit möglich, wie diese selbst tariffähig sind. Nur so kann die Tarifautonomie gesichert werden. **879**

Verneint man damit mit dem BAG die Tariffähigkeit der CGZP als Spitzenvereinigung so schließt sich zwingend die Frage nach den **Folgen dieser Rechtsprechung** an. Fest steht, dass damit durch einen solchen Tarifvertrag der CGZP keine Ausnahme vom *Equal pay*-Grundsatz mehr möglich ist, denn §§ 3 Nr. 3; 9 Nr. 2 AÜG fordern notwendigerweise einen wirksamen Tarifvertrag. Jedenfalls für die Zukunft gilt damit, sofern kein anderer wirksamer Tarifvertrag geschlossen wird, der *Equal pay* und *Equal treatment*-Grundsatz nach den oben gezeigten Maßstäben (vgl Rnr. 842 ff.) uneingeschränkt. Strittiger ist allerdings, ob dieser Grundsatz nicht auch von Anfang an gilt (so *Böhm*, DB 2003, 2598, 2599; *ders.*, DB 2004, 137; *ders.*, NZA 2003, 828, 829; *Schüren/Behrend*, NZA 2003, 521, 525; *Lembke*, BB 2010, 1533 [der aber mögliche abweichende Gestaltungen aufzeigt); *Ulber*, NZA 2008, 438, 442; *Schlegel*, NZA 2011, 380, 381 ff.; *Urban-Crell/Germakowski/Urban-Crell*, AÜG, § 3 Rnr. 155 ff.), mit der Folge von hohen Nachzahlungsverpflichtungen des Verleihers, die zu einem hohen Insolvenzrisiko führen (*Thüsing*, BB Die erste Seite 2010, Nr. 6). Das BAG entschied dass der *Equal pay*-Grundsatz von Anfang an gelte, jedoch der regelmäßigen Verjährungsfrist von drei Jahren unterliege (BAG v. 13.3. 2013 – 5 AZR 954/11). Umstritten ist zumindest, dass die Unwirksamkeit des Tarifvertrages nicht erst bei der gerichtlichen Feststellung ansetzt, sondern von Beginn an besteht (*Lembke*, BB 2010, 1533, 1535; jetzt auch explizit LAG Berlin-Brandenburg v. 9.1.2012 – 24 TaBV 1285/11 u.a., DB 2012, 693). Dessen ungeachtet wird dennoch teilweise eine solche *ex-tunc*-Wirkung des Tarifvertrages aus Vertrauensschutzgesichtspunkten abgelehnt (*Schöne*, DB 2004, 136, 137; *Gamillscheg*, Kollektives Arbeitsrecht Bd. I, 1997, S. 707 f.; im Ergebnis auch *Buchner*, DB 2004, 104) oder zumindest auf den Einzelfall hinsichtlich des Vertrauens abgestellt (*Wisskirchen/Bissels*, BB Die erste Seite 2011, Nr. 8; *Huke* BB 2011, 827, 831). Grundsätzlich ist hier **880** zwar eine parallele Behandlung zu den allgemeinen Rechtsfolgen eines Verstoßes gegen das *Equal pay*-Gebot (vertiefend hierzu Rnr. 890) zu fordern, wie weit sich aber durch den Vertrauensschutz andere Grundsätze ergeben können, ist streitig (ablehnend BAG v. 13.3.2013 – 5 AZR 954/11). Denkbar wäre diese Abweichung vom Grundsatz allemal, konnte bzw. musste der Arbeitgeber, der einen solchen Tarifvertrag anwendete doch auf dessen Richtigkeit vertrauen – der Mangel liegt hier, im Gegensatz zu einer bewussten Abweichung vom *Equal pay*-Grundsatz, nicht im Bereich des Arbeitgebers. Aus diesem Grund wird in der Literatur gefordert, den fehlerhaften, aber in Vollzug gesetzten Tarifvertrag – parallel zum fehlerhaften Arbeitsverhältnis und zur fehlerhaften Gesellschaft – für die Vergangenheit als wirksam zu behandeln (*Henssler* in Der CGZP Beschluss des Bundesarbeitsgerichts, 19, 32 ff.). Gute Gründe sprechen dafür, einer solchen Ansicht zu folgen, wird damit dem Vertrauensschutz des Arbeitgebers hinreichend Rechnung getragen und ein systematisch stimmiges Ergebnis gefunden.

f) Normative Geltung und Nachwirkung

881 Die Voraussetzung, dass ein für den Verleiher geltender Tarifvertrag abweichende Bedingungen zulässt, ist erfüllt, wenn und soweit ein Tarifvertrag normativ gilt. Handelt es sich um Inhaltsnormen, gilt dies nach § 3 Abs. 1 TVG nur für die organisierten Arbeitnehmer, handelt es sich um Betriebsnormen, ergreift die Regelung die gesamte Belegschaft, § 3 Abs. 2 TVG. Der Nichtorganisierte wird von den Regelungen der Arbeitsbedingungen also überwiegend nicht erfasst. Für ihn gilt damit grundsätzlich das Gleichbehandlungsgebot, mag auch der Wortlaut des Rechts insoweit missverständlich sein, als es für ein Abweichen vom Gesetz nur eine Zulassung durch den Tarifvertrag vorsieht. Grundvorstellung des Gesetzgebers war es aber, dass entweder der gesetzliche oder aber der tarifvertragliche Schutz eingreift; eine dritte Gruppe, ohne jeden Schutz, kann es daher nicht geben.

882 Ob ein Tarifvertrag auch dann wirksam bleibt, wenn er gem. § 4 Abs. 5 TVG **nachwirkt**, betrifft die allgemeine Frage, ob auch durch einen nachwirkenden Tarifvertrag von tarifdispositivem Gesetzesrecht abgewichen werden kann. Hier sind die Meinungen seit langem geteilt; die Rechtsprechung bejaht es im Grundsatz, wenn auch zögerlich und ohne klare Linie (s. allerdings BAG v. 27.6.1978 – 6 AZR 59/77, AP BUrlG § 13 Nr. 12 [Anm. *Wiedemann*]; tendenziell ebenso BAG v. 18.9.2012 – 9 AZR 1/11, ; s. auch Wiedemann/*Wank*, TVG, § 4 Rnr. 334; Wiedemann/*Wiedemann*, TVG, Einl. 406; a.A. *Däubler*, Tarifvertragsrecht, Rnr. 1461; s. auch Urban-Crell/Germakowski/*Urban-Crell*, AÜG, § 3 Rnr. 141). Dagegen spricht sicherlich, dass für einen abgelaufenen oder gekündigten Tarifvertrag die Richtigkeitsgewähr nicht mehr im gleichen Maße besteht, wie für einen normativ geltenden. Da die Organisationsrate in der Leiharbeit schon seit langem (verschwindend) gering ist, dürfte zudem ein neuer Tarifvertrag oftmals kaum erzwingbar sein. Der nachwirkende Tarifvertrag wäre dann eine Sperre gegen das Gleichbehandlungsgebot von u.U. recht langer Dauer. Dennoch dürfte der nachwirkende Tarifvertrag ausreichen (zustimmend ErfK/*Wank*, § 3 AÜG Rnr. 25). Eine normative Geltung verlangt der Wortlaut der Norm nicht, und so

IV. Ausnahmen vom Diskriminierungsverbot

ist auf die allgemeine Erkenntnis zu vertrauen, dass der Tarifvertrag mit der Nachwirkung nicht seine Gültigkeit, sondern lediglich die Qualität seiner Rechtsgeltung ändert (S. BAG v. 15.1.1987 – 6 AZR 589/84, AP BPersVG § 75 Nr. 21; ebenso Löwisch/*Rieble*, TVG, § 3 Rnr. 208; Wiedemann/*Wiedemann*, TVG, Einl. Rnr. 406).

g) Bezugnahme

Auszuloten sind auch die Grenzen, inwieweit die bloße Bezugnahme auf den Tarifvertrag vom Gleichbehandlungsgebot befreit. Hier spricht das Gesetz klare Worte: Die Bezugnahme ist grundsätzlich zulässig; das Gesetz bestimmt in §§ 3 Abs. 1, Nr. 3, 9 Nr. 2, 3. HS AÜG ausdrücklich, dass im Geltungsbereich eines Tarifvertrages, der ein Abweichen von der Gleichstellung ermöglicht, auch nicht tarifgebundene Arbeitgeber und Arbeitnehmer die Anwendung der tariflichen Regelungen vereinbaren können. Das ist stimmig, denn auch hier gilt die gleiche Angemessenheitsvermutung und Sachnähe des Tarifvertrags (a.A. wohl *Waltermann*, NZA 2010, 482, 486 f., der bei einer bei einem deutlichen Übermaß von Bezugnahme gegenüber normativer Geltung eine Gefährdung der Richtigkeitsgewähr attestiert – dann müsste die aber ebenso für den Tarifvertrag gelten). Auch europarechtlich ist eine solche Regelung zulässig. Zwar sieht Art. 5 Abs. 3 der RL die Bezugnahme auf Tarifverträge nicht explizit selbst vor; es kann aber nicht von einer Tarifbindung abhängig gemacht werden, ob der Ausnahmetatbestand greift, sofern die Arbeitnehmer im Geltungsbereich des Tarifvertrags liegen, denn auch hier greift die Richtigkeitsgewähr, sodass der Schutz der Leiharbeitnehmer gewahrt bleibt. Das Europarecht stellt nicht auf normative Geltung des Tarifvertrags ab (die es in einigen Mitgliedstaaten gar nicht gibt) oder gar auf die personellen Grenzen der normativen Wirkung (die in Frankreich anders als in Deutschland ist) (Thüsing/*Pelzner*/*Kockl*, AÜG, § 3 Rnr. 89; Schüren/*Schüren*, AÜG, § 9 Rnr. 175; Urban-Crell/Germakowski/*Urban-Crell*, AÜG, § 3 Rnr. 130; a.A. mit gedrechselter Argumentation *Rödl*/*Ulber*, NZA 2012, 841; *Nielebock*, FS Bepler, 2012, S. 455; differenzierend, im Ergebnis eine Bezugnahme aber ablehnend *Waas*, ZESAR 2012, 7). Die Bezugnahme muss nicht ausdrücklich, sondern kann auch stillschweigend, z. B. durch betriebliche Übung, erfolgen (BAG v. 19.1.1999 – 1 AZR 606/98, AP TVG § 1 Nr. 9 Bezugnahme auf Tarifvertrag). Erforderlich ist jedoch – wiederum entsprechend den Regeln zur Abbedingung tarifdispositiven Rechts (s. Wiedemann/*Wiedemann*, TVG, Einl. 402 unter Hinweis auf BAG v. 4.9.1996 – 4 AZR 135/95, AP TVG § 1 Nr. 5 Bezugnahme und vom 28.5.1997, DB 1997, 2130 = AP TVG § 1 Nr. 6 Bezugnahme) – die Bezugnahme auf den **brancheneinschlägigen** Tarifvertrag (zu der Frage, ob dies auch noch gilt, wenn ein Tarifvertrag keinen fachlich-inhaltlichen Geltungsbereich aufweist, sondern sich insoweit allein auf die „tarifgebundenen Mitglieder" des tarifvertragsschließenden Arbeitgeberverbandes bezieht, Thüsing/*Mengel*, AÜG, § 9 Rnr. 37). Denn nur ein solcher Tarifvertrag kann eine sachgerechte und angemessene Regelung treffen (Thüsing/*Pelzner*/*Kockl*, AÜG, § 3 Rnr. 105; *Boemke*/*Lembke*, AÜG, § 9 Rnr. 142; HWK/*Kalb*, AÜG, § 3 Rnr. 38). In **Mischunternehmen,** die nicht überwiegend Leiharbeitnehmer beschäftigen und damit nicht der Leiharbeitsbranche

883

angehören, scheidet somit eine Öffnung durch Bezugnahme auf einen für Unternehmen der Zeitarbeitsbranche geltenden Verbandstarifvertrag aus; sie unterfallen nicht dem fachlichen Geltungsbereich des Tarifvertrages (*Boemke/Lembke*, AÜG, § 9, Rnr. 144; Thüsing/*Mengel*, AÜG, § 9 Rnr. 37; Urban-Crell/Germakowski/ *Urban-Crell*, AÜG, § 3 Rnr. 135).

884 Einem nicht tarifgebundenen Verleiher steht es frei, mit einigen Leiharbeitnehmern die Anwendung eines Tarifvertrages, mit anderen eine Gleichstellung mit den Arbeitsbedingungen des Entleihers zu vereinbaren. Mit dem arbeitsrechtlichen Gleichbehandlungsgrundsatz ist dies vereinbar, da dieser bei Einstellung nicht greift, s. Rnr. 937 (Thüsing/*Pelzner/Kock*, AÜG, § 3 Rnr. 109; a. A. *Ulber*, AÜG. § 9 Rnr. 314).

885 Unklar ist, ob es sich um eine **Bezugnahme *in toto*** handeln muss und damit der Verweis auf bloße Einzelregelungen ausscheidet. Auch diese Frage stellt sich allgemein bei Normen, in denen der Gesetzgeber die Bezugnahme auf Tarifverträge gegenüber anderen arbeitsvertraglichen Einheitsregelungen privilegiert hat, jüngst etwa auch bei § 310 Abs. 4 S. 3 BGB (s. hierzu Thüsing/*Lambrich*, NZA 2002, 1361; Graf v. Westphalen/*Thüsing*, Vertragsrecht und AGB-Klauselwerke, Arbeitsvertrag Rnr. 79 ff.). Der Wortlaut der Norm ist insoweit undeutlich, spricht aber tendenziell wohl für die Zulässigkeit bloßer Teilregelungen. Dies stünde in Übereinstimmung z. B. zur herrschenden Meinung zum ähnlich lautenden § 14 Abs. 2 S. 4 TzBfG (s. Annuß/Thüsing/*Thüsing*, TzBfG, § 22 Rnr. 12, m. w. N.). Allerdings würde dies dazu führen, dass die Gestaltungsmöglichkeiten des nichtorganisierten Arbeitgebers und Arbeitnehmers größer als die des organisierten sind. Das liegt wohl nicht in der Absicht des Gesetzgebers. In diesem Gegensatz ist i. S. einer systemkonformen Einfügung der Norm in das arbeitsrechtliche Gesamtsystem entsprechend der herrschenden Meinung zu § 310 Abs. 4 S. 3 BGB zu entscheiden. Beide Regelungen haben die gleiche Grundannahme: Die Angemessenheit des Tarifvertragsschlusses. Das BAG ging in mehreren Entscheidungen davon aus, dass es einer Billigkeitskontrolle von arbeitsvertraglichen Einheitsregelungen dann nicht bedürfe, soweit es sich um eine Globalverweisung auf den ganzen Tarifvertrag oder aber auch auf einzelne, inhaltlich und sachlich zusammenhängende Regelungskomplexe handele; in diesen Fällen sei von der grundsätzlichen Richtigkeit der einbezogenen Tarifvertragsnormen auszugehen (BAG v. 6. 11. 1996 – 5 AZR 334/95, AP AVR § 10 a Nr. 1 Caritasverband; BAG v. 6. 9. 1995 – 5 AZR 174/94, AP BGB § 611 Nr. 22 Ausbildungsbeihilfe [Anm. v. *Hoyningen-Huene*]; BAG v. 28. 10. 1987 – 5 AZR 518/85, AP AVR § 7 Nr. 1 Caritasverband [Anm. *Mayer-Maly*]; *Rieble*, Arbeitsmarkt und Wettbewerb, 1996, Rnr. 1729; *Gamillscheg*, Kollektives Arbeitsrecht, Bd. 1, 1997, S. 739; *Hanau/Kania*, FS Schaub, 1998, S. 239, 245; *Preis*, ZIP 1989, 885, 887; *Fenski*, AuR 1989, 168, 172; wohl auch *Schliemann*, ZTR 2000 198, 20). Ebenso wird man hier werten müssen: Eine Globalverweisung ist nicht erforderlich, jedoch darf der Teilverweis sachlich zusammenhängende Regelungen nicht voneinander trennen (vgl. auch Thüsing/*Pelzner/Kock*, AÜG, § 3 Rnr. 106; Thüsing/*Mengel*, AÜG, § 9 Rnr. 36; *Boemke/Lembke*, AÜG, § 9 Rnr. 146 f.; HWK/*Kalb*, AÜG, § 3 Rnr. 38; a. A. *Melms/Lipinski*, BB 2004, 2409, 2412; KDZ/*Zwanziger*, AÜG, § 9, Rnr. 14). Für die nicht geregelten Bereiche gilt dann die Verpflichtung zur Gleichstellung.

IV. Ausnahmen vom Diskriminierungsverbot

Ob eine solche Bezugnahme auch auf einen **nachwirkenden Tarifvertrag** möglich ist, dürfte umstrittener sein. Das BAG hält auch dies beim tarifdispositiven Recht für zulässig (BAG v. 27.6.1978 – 6 AZR 59/77, AP BUrlG § 13 Nr. 12; BAG v. 27.1.1987 – 1 ABR 66/85, AP BetrVG 1972 § 99 Nr. 42; tendenziell ebenso BAG v. 18.9.2012 – 9 AZR 1/11, n.v.; zum Streitstand s. Wiedemann/*Wank*, TVG, § 4 Rnr. 335; Urban-Crell/Germakowski/*Urban-Crell*, AÜG, § 3 Rnr. 142f.), und nichts anderes kann hier gelten. Die Interessenlage ist keine andere als beim normativ Gebundenen (so auch Thüsing/*Mengel*, AÜG, § 9 Rnr. 36; *Boemke/Lembke*, AÜG, § 9 Rnr. 142).

886

h) Grenzüberschreitender Verleih

Im Fall des grenzüberschreitenden Verleihs durch einen Verleiher mit Sitz im EWR besteht die Verpflichtung zur Gleichstellung gemäß § 2 Nr. 4 AEntG i.V.m. § 8 AEntG in gleicher Weise wie für Verleiher mit Sitz in Deutschland. Das gleiche gilt für die Frage, unter welchen Voraussetzungen vom Gebot der Gleichstellung abgewichen werden kann. Ein Verleiher mit Sitz im EWR kann daher einen ausländischen Tarifvertrag in Bezug nehmen, soweit dies nach dem im Entsendestaat geltenden Arbeitsrecht möglich ist (vgl. *Ulber*, AÜG, § 9 Rnr. 311; *Boemke*, BB 2005, 266, 270; *Boemke/Lembke*, AÜG, § 9 Rnr. 142; Thüsing/*Pelzner/Kock*, AÜG, § 3 Rnr. 100, 110).

887

i) Ausnahme: Beschäftigung in letzten 6 Monaten

Eine spezielle Ausnahme zu den tarifvertraglichen Abkehrmöglichkeiten vom *Equal pay*-Grundsatz wurde durch die Neuregelung des AÜG durch das Gesetz zur Änderung des Arbeitnehmerüberlassungsgesetzes in §§ 3 Abs. 1 Nr. 3 S. 4 und § 9 Nr. 2 HS. 4 AÜG aufgenommen. Die abweichende tarifliche Regelung soll dann nicht gelten, wenn der Leiharbeitnehmer in den letzten sechs Monaten vor der Überlassung ein Arbeitsverhältnis mit dem Entleiher oder einem Konzernunternehmen des Entleihers nach § 18 AktG gehabt hat. Motiv dieser Neuregelung ist die Vermeidung des Einsatzes von Leiharbeitnehmern allein zur Lohnsenkung – insbesondere durch Gründung eigener konzerninterne Arbeitnehmerüberlassung. Die **Gründung von konzerninternen Verleihunternehmen zur Entgeltsenkung** soll damit ausgeschlossen werden (sog. „lex Schlecker"). Verhindert werden soll damit der sogenannte „**Drehtüreffekt**", das heißt die Entlassung von Arbeitnehmern und die sofortige oder alsbaldige Wiedereinstellung über konzerninterne Verleihunternehmen zu niedrigerem Entgelt (BT-Drucks 17/4804, S. 11). Es bleibt damit der Grundsatz bestehen, dass die Arbeitnehmerüberlassung prinzipiell zulässig sein soll und nur für spezielle Konstellationen bei besonderer Schutzbedürftigkeit bestimmte Schutznormen bestehen müssen. Dies zeigt sich hier auch darin, dass auch der „Drehtüreffekt" nicht prinzipiell unzulässig sein soll, sofern hierbei der *Equal pay*-Grundsatz gewahrt bleibt. Lediglich zur Entgeltsenkung soll der Einsatz unzulässig sein.

888

3. Rechtfertigung einer Ungleichbehandlung aus anderen Gründen?

889 Weitere Ausnahmen vom Gleichbehandlungsgebot von Leiharbeitnehmern bestehen nach deutschem Recht nicht mehr. Europarechtlich zulässig wären allerdings auch weitere Abkehrmöglichkeiten. Gemäß **Art. 5 Abs. 2** der Richtlinie können die Mitgliedstaaten die Möglichkeit vorsehen, vom Grundsatz der Nichtdiskriminierung abzuweichen, wenn Leiharbeitnehmer, die einen unbefristeten Vertrag mit dem Leiharbeitsunternehmen abgeschlossen haben, auch in der Zeit zwischen den Überlassungen bezahlt werden. Die Ausnahme wäre damit für die deutsche Arbeitsrechtspraxis relevant, wird aber vom Gesetz nicht berücksichtigt. Mangels Umsetzung durch den Gesetzgeber bleibt die Anwendung damit auf Tarifverträge als Ausnahmeregelung begrenzt – Tendenzen zur Erweiterung sind nicht ersichtlich.

V. Rechtsfolgen eines Verstoßes gegen das Gleichbehandlungsgebot

890 Sofern kein Ausnahmetatbestand zum Gebot der Gleichbehandlung eingreift, sind individualrechtliche Vereinbarungen zwischen Leiharbeitnehmer und Verleiher insoweit unwirksam, soweit sie den Leiharbeitnehmer schlechter stellen als vergleichbare Arbeitnehmer des Entleihers (Thüsing/*Mengel*, AÜG, § 9 Rnr. 50). § 139 BGB greift hier nicht (*Boemke/Lembke*, AÜG, § 9 Rnr. 2, 157; Thüsing/*Mengel*, AÜG, § 9 Rnr. 50). Beruhen die Arbeitsbedingungen auf kollektivrechtlichen Vereinbarungen, gelten diese im Verhältnis zum Verleiher nicht normativ, sondern nur als einzelvertragliche Ansprüche. Allerdings wird dieser einzelvertragliche Anspruch gegenüber dem Verleiher durch die normative Regelung im Betrieb des Entleihers quasi überlagert, soweit Betriebsvereinbarungen des Entleihers aufgrund des aktiven Wahlrechts im Entleiherbetrieb gemäß § 7 Abs. 2 BetrVG auch für Leiharbeitnehmer gelten (vgl. *Lembke*, BB 2003, 98, 102; Thüsing/*Mengel*, AÜG, § 9 Rnr. 50).

891 Bei Verstößen gegen das Gleichbehandlungsgebot tritt zwingend eine **Anpassung nach oben** ein, mit der Folge, dass die Leiharbeitnehmer mit den vergleichbaren Arbeitnehmern des entleihenden Unternehmens gleich zu behandeln sind. Probleme zeigen sich hierbei nur dann, wenn im Entleiherbetrieb ein uneinheitliches Lohnniveau herrscht (siehe auch Rnr. 859). Auch hier muss das oben Gesagte gelten; bei Vergleichbarkeit mit mehreren Arbeitnehmern genügt es nicht den europarechtlichen Vorgaben nur den geringsten Lohn zu gewähren (so aber noch: Urban-Crell/Germakowski/*Urban-Crell*, AÜG, § 3 Rnr. 94; ErfK/*Wank* § 3 AÜG Rnr. 15; Boemke/Lembke § 9 AÜG Rnr. 58). Stattdessen ist eine Prüfung des Einzelfalls geboten und zu ermitteln, welche Leistungen bei einer hypothetischen Einstellung gewährt worden wären. Maßstab ist hierfür im Regelfall der zuletzt Eingestellte (*Thüsing*, RdA 2009, 118). Diese Wirkung hat allerdings nicht nur ex nunc einzutreten sondern gleichwohl auch ex tunc. Nur so kann eine effektive Bestrafung und gleichfalls eine effektive Gleichstellung, welche von der Richtlinie ausdrücklich gefordert wird, herbeigeführt werden.

892 Der Leiharbeitnehmer hat im Falle der Verletzung des Gleichbehandlungsgebotes gemäß § 10 Abs. 4 AÜG einen **gesetzlichen Anspruch** gegen den Verleiher auf

V. Rechtsfolgen eines Verstoßes gegen das Gleichbehandlungsgebot

Gewährung der besseren Arbeitsbedingungen. Dieser Anspruch besteht jedoch nur für die Zeit der Überlassung, in verleihfreien Zeiten besteht das Gleichstellungsgebot nicht, sondern es gelten die vereinbarten Arbeitsbedingungen (Thüsing/Mengel, AÜG, § 9 Rnr. 50; Boemke/Lembke, AÜG, § 9 Rnr. 15).

Grundsätzlich lassen sich diese Rechtsfolgen auch aus der Leiharbeitsrichtlinie ableiten, in der die an einen Verstoß gegen die Vorgaben anknüpfenden Rechtsfolgen normiert sind. Die Mitgliedsstaaten haben gemäß Art. 10 Abs. 1 der Richtlinie „geeignete Maßnahmen" vorzusehen, welche bei Nichteinhaltung der Richtlinienvorgaben eintreten. Insbesondere müssen die Ansprüche aus der Richtlinie auch durchsetzbar sein. Zudem sind „wirksame, angemessene und abschreckende" Sanktionen festzulegen, welche bei Verstößen gegen die Richtlinie greifen. Die Formulierung gleicht derjenigen der Richtlinien zur Diskriminierung (vgl. Art 15 RL 2000/43/EG; Art. 17 RL 2000/78/EG; Art 8d RL 76/207/EWG). Denkbar sind damit beispielsweise Bußgelder bei Verstößen gegen die Informationspflichten. Allerdings erfüllen die deutschen Regelungen grundsätzlich den Ausnahmetatbestand zum *Equal pay*-Gebot, da hier durch das verleiherbezogene Modell gesichert ist, dass auch zwischen den Überlassungen das Arbeitsentgelt geleistet wird. **893**

Ein Verstoß gegen das Gleichbehandlungsgebot stellt weder eine **Ordnungswidrigkeit** noch eine Straftat dar, möglich ist allerdings eine Versagung oder der Widerruf der Verleiherlaubnis gemäß § 3 Abs.1 Nr. 3 und § 5 Abs. 1 Nr. 3 AÜG. **894-898**

M. Verbot der Benachteiligung wegen der Gewerkschaftsmitgliedschaft Art. 9 Abs. 3 GG

Literatur: *Bauer/Arnold*, Differenzierungsklauseln – Entscheidung des Großen Senats auf der Kippe?, NZA 2009, 1169; *Bauer/Arnold*, Tarifliche Differenzierungsklauseln – Gewerkschaften auf Abwegen!, NZA 2005, 1209; *Däubler*, Tarifliche Leistungen nur für Gewerkschaftsmitglieder?, BB 2002, 1643; *Dieterich*, Arbeitsgerichtlicher Schutz der kollektiven Koalitionsfreiheit, AuR 2005, 121; *Franzen*, Vorteilsregelungen für Gewerkschaftsmitglieder, RdA 2006, 1; *Gamillscheg*, Ihr naht euch wieder, schwankende Gestalten, NZA 2005, 146; *Giesen*, Tarifbonus für Gewerkschaftsmitglieder?, NZA 2004, 1317; *Greiner/Suhre*, Tarifvertragliche Exklusivleistungen für Gewerkschaftsmitglieder nach der Rechtsprechungsänderung des BAG, NJW 2010, 131; *Hartmann/Lobinger*, Die Arbeitsvertrags- und Wettbewerbsfreiheit als Grenze tarifvertraglicher Vorteilsregelungen, NZA 2010, 421; *Höfling/Burkiczak*, Die unmittelbare Drittwirkung gemäß Art. 9 Abs. 3 S. 2 GG, RdA 2004, 264; *Kamanabrou*, AP Nr. 41 zu § 3 TVG (Anmerkung zu BAG 4. Senat, Urteil vom 18. 3. 2009 – 4 AZR 64/08); *Kempen*, Die wiederbelebte tarifliche Differenzierungsklausel, FA 2005, 14; *Lobinger/Hartmann*, Einfache Differenzierungsklauseln als Prüfstein interessengerechter Vertragsauslegung und konsistenter Systembildung – Zugleich eine Besprechung des Urteils BAG v. 18. 3. 2009 – 4 AZR 64/08, RdA 2010, 235; *Löwisch*, Differenzierungsklauseln im öffentlichen Dienst?, NZA 2011, 187; *Maaß*, Gestaltungsformen und Inhalte von Differenzierungsklauseln – Vereinbarkeit mit der Koalitionsfreiheit gemäß Art. 9 III GG von Außenseitern, ArbRAktuell 2011, 140; *Richardi*, Gewerkschaftszugehörigkeit als Maßstab für die Verteilungsgerechtigkeit im Betrieb, NZA 2010, 417; *Spielberger*, Zulässigkeit einfacher Differenzierungsklauseln, NJW 2010, 170; *Thüsing*, Der Außenseiter im Arbeitskampf, 1997.

I. Allgemeines

899-900 Im grundgesetzlichen System der staatsgerichteten Grundrechte nimmt die Koalitionsfreiheit nach **Art. 9 Abs. 3 GG eine Ausnahmestellung** ein. Ihr Satz 2 („Abreden, die dieses Recht einschränken oder zu behindern suchen, sind nichtig, hierauf gerichtete Maßnahmen sind rechtswidrig.") wird allgemein als ein Fall der unmittelbaren Drittwirkung gesehen, mit der Folge, dass sich das Grundrecht des Art. 9 Abs. 3 GG auch direkt gegen Private richtet. Von Art. 9 Abs. 3 Satz 2 GG werden sowohl Abreden und Maßnahmen erfasst, die objektiv beeinträchtigende Wirkung haben („einschränken"), als auch jede subjektiv angestrebte bzw. beabsichtigte Beeinträchtigung („zu behindern suchen"; vgl. zum Ganzen Sachs/*Höfling*, GG, Art. 9 Rnr. 124; *Dietz*, in: Bettermann/Nipperdey/Scheuner, Grundrechte, S. 417, 449; *Löwer*, in: von Münch/Kunig, GG, Art. 9 Rnr. 106 ff.). Bei Maßnahmen wird aus dem Wortlaut („gerichtete") aber von der wohl herrschenden Meinung einschränkend gefolgert, dass die tatsächliche Wirkung der Einschränkung oder Behinderung vom Handelnden gewollt sein muss (*Seiter*, JZ 1979, 657, 660); der bloß objektive Effekt einer tatsächlichen Einschränkung reicht nicht aus, ist aber andererseits auch nicht erforderlich (*Dietz*, in: Bettermann/Nipperdey/Scheuner, Grundrechte, S. 417, 451; Sachs/*Höfling*, GG, Art. 9 Rnr. 124). Schließlich finden sich Stimmen, die davon ausgehen, dass Art. 9 Abs. 3

II. Individuelle Koalitionsfreiheit – Unerlaubt benachteiligende Abreden

Satz 2 GG generell, also auch für die Abreden, Vorsatz voraussetzt (*Gamillscheg*, Kollektives Arbeitsrecht, Band I, S. 208).

Dem **Wortlaut** nach gewährleistet Art. 9 Abs. 3 Satz 1 GG lediglich das Recht des Einzelnen, eine Koalition zu gründen, ihr beizutreten und ihr anzugehören (positive Koalitionsfreiheit), nach herrschender Ansicht und insbesondere ständiger Rechtsprechung von BAG und BVerfG aber auch das Recht, Koalitionen fernzubleiben bzw. aus ihnen auszutreten, die sog. negative Koalitionsfreiheit (vgl. nur BVerfG v. 15. 7. 1980 – 1 BvR 24/74 und – 1 BvR 439/79, E 55, 7, 21; v. 17. 2. 1981 – 2 BvR 384/78, E 57, 220, 245; v. 14. 6. 1983 – 2 BvR 488/80, E 64, 208, 213; v. 14. 11. 1995 – 1 BvR 601/92, E 93, 352, 357; Sachs/*Höfling*, GG, Art. 9 Rnr. 65 m. w. N.). Nach dem Verständnis des BVerfG und des überwiegenden Schrifttums sind über den Wortlaut hinaus ferner die Koalitionen selbst Träger des Grundrechts aus Art. 9 Abs. 3 GG (sog. „Doppelgrundrecht": BVerfG v. 18. 11. 1954 – 1 BvR 629/52, E 4, 96, 101 f.; zuletzt v. 3. 4. 2001 – 1 BvR 1681/94, – 1 BvR 2491/94, – 1 BvR 24/95, E 103, 293, 304; im Schrifttum ErfK/*Dieterich*, Art. 9 GG Rnr. 39; *Jarass*, in: Jarass/Pieroth, GG, Art. 9 Rnr. 44; *Wiedemann*, TVG, Einl. Rnr. 72 f. m. w. N. zu beiden Ansichten; dagegen: *Scholz*, in: Maunz/Dürig, GG, Art. 9 Rnr. 25; *Picker*, ZfA 1986, 199, 201 f.; *Höfling/Burkiczak*, RdA 2004, 263). Demnach schützt Art. 9 Abs. 3 GG nicht nur den Einzelnen in seiner Freiheit, eine Vereinigung zu gründen, ihr beizutreten oder fernzubleiben oder sie zu verlassen, sondern auch die Koalition selbst in ihrem Bestand, ihrer organisatorischen Ausgestaltung und ihren Betätigungen, sofern diese der Förderung der Arbeits- und Wirtschaftsbedingungen dienen. Das Bundesverfassungsgericht beschränkt diesen Schutz nicht auf den Kernbereich der koalitionsspezifischen Betätigung: alle koalitionsspezifischen Betätigungen sind erfasst, insbesondere auch die Tarifautonomie, die im Zentrum der den Koalitionen eingeräumten Möglichkeiten zur Verfolgung ihrer Zwecke steht (BVerfG v. 27. 4. 1999 – 1 BvR 2203/93, – 1 BvR 897/95, E 100, 271, 282; v. 3. 4. 2001 – 1 BvR 1681/94, 1 BvR 2491/94, 1 BvR 24/95, E 103, 293, 304). Bei der Bestimmung der Schutzgüter des Art. 9 Abs. 3 S. 2 GG ist somit zwischen der individuellen und der kollektiven Koalitionsfreiheit zu unterscheiden (s. *Höfling/Burkiczak*, 2004, 263).

II. Individuelle Koalitionsfreiheit – Unerlaubt benachteiligende Abreden

Im Bereich der **individuellen Koalitionsfreiheit** finden sich in Rechtsprechung und Schrifttum einige klassische Anwendungsfälle. Dazu gehören u. a. die sog. Absperr- und Organisationsklauseln, in denen sich ein Arbeitgeber im Tarifvertrag gegenüber der Gewerkschaft verpflichtet, ausschließlich organisierte Arbeitnehmer *(closed shop)* oder aber ausschließlich in der vertragsschließenden Gewerkschaft organisierte Arbeitnehmer *(union shop)* zu beschäftigen (vgl. nur *Gamillscheg*, Kollektives Arbeitsrecht, Band I, S. 204, 388 f.; *Kemper*, in: Mangoldt/Klein/Starck, GG, Band 1, Art. 9 Rnr. 137). Ferner sind die sog. Zwangssolidaritätsbeiträge, also Ausgleichsbeiträge der nicht organisierten Arbeitnehmer an die Gewerkschaft(en) (BAG v. 29. 11. 1967 – GS 1/67, E 20, 175, 218 f.; Sachs/*Höfling*, GG, Art. 9 Rnr. 125) zu nennen. Ein weiteres Beispiel waren lange Zeit tarifvertragliche, die organisierten Arbeitnehmer bevorzugende Differenzierungsklauseln

901

902

M. Verbot der Benachteiligung wegen der Gewerkschaftsmitgliedschaft

(s. dazu BAG v. 29.11.1967 – GS 1/67, E 20, 175, 218; Sachs/*Höfling*, GG, Art. 9 Rnr. 125). Im Hinblick auf Letztere ist die Rechtsprechung allerdings von dem Diktum der prinzipiellen Unzulässigkeit abgerückt, sie bleiben aber problematisch (BAG v. 18.3.2009 – 4 AZR 64/08, NZA 2009, 1028 einer- und BAG v. 23.3.2011 – 4 AZR 366/09, noch n.v. [juris] andererseits, genauer Rnr. 908 ff.). Der Gedanke, der in den genannten Fällen zur Unzulässigkeit der Gestaltung führt, ist immer der gleiche: Aufgrund des unzulässigen Beitrittszwangs auf Außenseiter ist deren negative Koalitionsfreiheit verletzt; Gleiches gilt für anderweitig organisierte Arbeitnehmer in Hinblick auf ihre positive Koalitionsfreiheit (*Bauer*, in: Dreier, GG, Band I, Art. 9 Rnr. 89; *Kemper*, in: Mangoldt/Klein/Starck, GG, Band 1, Art. 9 Rnr. 137; *Nikisch*, Arbeitsrecht, II. Band, S. 37 f.).

903 Auch in der **umgekehrten Konstellation**, also in Fällen, in denen Arbeitnehmer aufgrund ihrer Organisation in einer Gewerkschaft benachteiligt werden, liegt – je nach Fallgestaltung – ein Verstoß gegen die positive bzw. negative Koalitionsfreiheit vor. Exemplarisch sind Fälle zu nennen, in denen Arbeitnehmer durch das Führen sog. schwarzer Listen seitens der Arbeitgeber über organisierte Arbeitnehmer (*Gamillscheg*, Kollektives Arbeitsrecht, Band I, S. 203), durch Arbeitsvertragsklauseln die einen Gewerkschaftsbeitritt verbieten (*Guckelberger*, JuS 2003, 1151, 1152), durch den Ausschluss von übertariflichen Zulagen aufgrund der Gewerkschaftszugehörigkeit (*Gamillscheg*, Kollektives Arbeitsrecht, Band I, S. 197 ff.) oder durch die Weigerung, einen Arbeitnehmer wegen seiner Gewerkschaftszugehörigkeit einzustellen (BAG v. 2.6.1897 – 1 AZR 651/85, E 54, 353, 359 f.; BAG v. 28.3.2000 – 1 ABR 16/99, ZIP 2001, 209, 211 ff.; *Gamillscheg*, Kollektives Arbeitsrecht, Band I, S. 196) zum Austritt aus einer Gewerkschaft bzw. zum Nichteintritt bewegt werden sollen. Darüber hinaus sind selektive Aussperrungen, also Aussperrungen, von denen ausschließlich organisierte Arbeitnehmer betroffen sind, unzulässig, weil sich die Arbeitnehmer dadurch zu einem Austritt aus der Gewerkschaft gedrängt sehen könnten (BAG v. 10.6.1980 – 1 AZR 33/79, E 33, 195, 203; *Gamillscheg*, Kollektives Arbeitsrecht, Band I, S. 304, 1048 m.w.N. zum Streitstand; differenzierend: *Hanau/Kroll*, JZ 1980, 181 ff.; a. A.: *Seiter*, JZ 1979, 657 ff.; *ders.*, JZ 1980, 749 ff.). Unzulässig sind auch Streikbruchprämien, die nach Beendigung des Arbeitskampfs einzig zur Belohnung der unterlassenen Streikteilnahme gewährt werden, bei denen eine arbeitskampfbedingte Rechtfertigung also ebenso fehlt wie der Wille, substantielle Zusatzbelastung während des Streiks auszugleichen (BAG v. 13.7.1993 – 1 AZR 676/92, NZA 1993, 1135 ff.; s. auch HWK/*Thüsing*, § 612 a BGB Rnr. 15). *Gamillscheg* vertritt darüber hinaus zu Recht die Ansicht, dass bereits die Aufforderung des Arbeitgebers, aus der Gewerkschaft auszutreten, einen Verstoß gegen Art. 9 Abs. 3 GG darstellt (*Gamillscheg*, Kollektives Arbeitsrecht, Band I, S. 202; zum Ganzen auch *Höfling/Burkiczak*, 2004, 263, 267).

904 Nicht jede Abrede oder Maßnahme, welche die Freiheit zur Bildung von Koalitionen einschränkt, soll jedoch unwirksam oder rechtswidrig sein. Als **Beispiele zulässiger Vereinbarungen** mag man nennen eine Einschränkung der Austrittsfreiheit der Mitglieder seitens der Koalition durch entsprechende, angemessene Fristenregelungen (BGH v. 4.7.1977 – II ZR 30/76, AP Nr. 25 zu Art. 9 GG; *Kemper*, in: Mangold/Klein/Starck, GG, Band 1, 4. Aufl. 1999, Art. 9 Rnr. 280, 289). Zudem kann eine Gewerkschaft zur Vermeidung einer Mehrfachmitgliedschaft des

Arbeitnehmers in verschiedenen Gewerkschaften diesem die Aufnahme verweigern oder ihren Mitgliedern unter Androhung einer Verbandsstrafe die Werbung für eine andere, konkurrierende Koalition untersagen (BGH v. 4.7.1977 – II ZR 30/ 76, AP Nr. 25 zu Art. 9 GG; *Kemper*, in: Mangold/Klein/Starck, GG, Band 1, 4. Aufl. 1999, Art. 9 Rnr. 280, 289 m.w.N.; zusammenfassend: *Höfling/Burkiczak*, 2004, 263, 267). Alle diese Einschränkungen lassen sich im Ergebnis gut begründen, sie bieten aber dennoch keine allgemeinen Abgrenzungskriterien für die von Art. 9 Abs. 3 S. 2 GG erfassten und nicht erfassten Verhaltensweisen (*Höfling/Burkiczak*, 2004, 263, 267). Andererseits zeigen sie jedoch auf, warum Art. 9 Abs. 3 S. 2 GG wie ein **Diskriminierungsverbot wegen der Gewerkschaftsangehörigkeit** wirkt. Differenzierungen, die darauf abzielen, Mitglieder zum Austritt oder Wechsel in eine andere Gewerkschaft oder Nichtmitglieder zum Eintritt in eine Gewerkschaft zu bewegen, schränken ihre (negative oder positive) Koalitionsfreiheit ein, weil ihre freie Entscheidung zur Wahl einer oder zum Verzicht auf eine Koalition beeinträchtigt wird. Nicht jede Differenzierung zwischen Organisierten und Nichtorganisierten ist jedoch unzulässig. Die Rechtsprechung differenziert insofern zwischen erlaubten Anreizen und unzulässigem Druck oder Zwang (BAG v. 18.3.2009 – 4 AZR 64/08, NZA 2009, 1028 Rnr. 37 unter Verweis auf BVerfG v. 11.7.2006 – 1 BvL 4/00, BVerfGE 116, 202).

III. Kollektive Koalitionsfreiheit

Zu der Frage, ob auch die **kollektive Koalitionsfreiheit** durch Art. 9 Abs. 3 S. 2 GG geschützt ist, hat das Bundesverfassungsgericht noch nicht ausdrücklich Stellung genommen, die bisherige Rechtsprechung gibt jedoch keine Anzeichen dafür, dass die kollektive Koalitionsfreiheit von der unmittelbaren Drittwirkung ausgenommen ist (*Ruffert*, Vorrang der Verfassung und Eigenständigkeit des Privatrechts, 2001, S. 4; vgl. auch BVerfG v. 17.2.1981 – 2 BvR 384/78, E 57, 220, 245). Auch in der Literatur wird – mit Unterschieden im Detail – ganz überwiegend angenommen, dass sich die Schutzbereichsausdehnung des Art. 9 Abs. 3 S. 1 GG auch auf Art. 9 Abs. 3 S. 2 GG erstreckt (s. nur Sachs/*Höfling*, GG, Art. 9 Rnr. 66; ErfK/*Dieterich*, Art. 9 GG Rnr. 43; *Jarass*, in: Jarass/Pieroth, GG, Art. 9 Rnr. 37; MünchArbR/*Löwisch/Rieble*, Band 2, § 155 Rnr. 72 jeweils m.w.N.). Schließlich geht auch die Arbeitsgerichtsbarkeit davon aus, dass sich Art. 9 Abs. 3 S. 2 GG auch auf die kollektive Koalitionsfreiheit bezieht: In der prominenten Burda-Entscheidung hat das BAG ohne weitere Begründung die durch Art. 9 Abs. 3 S. 1 GG gewährleistete gewerkschaftliche Betätigung unter den Schutz des Art. 9 Abs. 3 S. 2 GG gestellt und der klagenden Gewerkschaft einen Unterlassungsanspruch aus §§ 1004 Abs. 1 S. 2, 823 BGB i.V.m. Art. 9 Abs. GG gegen die Einführung einer vertraglichen Einheitsregelung seitens des Arbeitgebers zugestanden, die zwar nicht die Entstehung oder der rechtliche Bestand eines Tarifvertrages betreffe, aber darauf gerichtet sei, dessen Wirkung zu vereiteln oder leer laufen zu lassen (BAG v. 20.4.1999 – 1 ABR 72/98, E 91, 210, 224, 227f.). Vorsichtiger hatte zuvor noch das ArbG Frankfurt am Main geurteilt, als es Art. 9 Abs. 3 S. 2 GG zwar ebenfalls auf die kollektive Koalitionsfreiheit bezog, als Erfordernis für die Grundrechtswidrigkeit und damit Nichtigkeit einer Abrede jedoch forderte, dass sie das in Art. 9 Abs. 3 S. 1 GG gewährleistete Grundrecht zielgerichtet bekämpfe; eine bloß mittelbare Beeinträchtigung der Koalitionsfreiheit sollte nach Ansicht des Gerichts hingegen nicht ausreichen (ArbG Frankfurt aM v. 28. 10. 1996 – 1 Ca 6331/96, NZA 1996, 1340, 1341). Einzelvertragliche Vereinbarungen über eine Verlängerung der Arbeitszeit zwischen dem Arbeitgeber und den nicht organisierten Arbeitnehmern im Rahmen eines „Bündnisses für Arbeit" hat das Gericht dementsprechend gebilligt, da Art. 9 Abs. 3 S. 2 GG den Gewerkschaften keinen Schutz vor dem Wettbewerb um die Gunst der (noch) nicht organisierten Arbeitnehmer gewährt. Demgegenüber stellt das gleiche Verhalten des Arbeitgebers gegenüber organisierten Arbeitnehmern nach Ansicht des Gerichtes eine Aufforderung zum Tarifvertragsbruch und damit einen Verstoß gegen Art. 9 Abs. 3 S. 2 GG dar (ArbG Frankfurt aM v. 28. 10. 1996 – 1 Ca 6331/96, NZA 1996, 1340, 1341).

IV. Insbesondere: Differenzierung der Entgelte zwischen organisierten und nicht organisierten Arbeitnehmern

1. Allgemeines

906 Nach § 3 Abs. 1 TVG erfasst der Tarifvertrag nur die Mitglieder der tarifvertragsabschließenden Parteien, so dass eine Differenzierung der Arbeitsbedingungen zwischen Organisierten und Nichtorganisierten *prima facie* bereits mit Blick auf den Gesetzeswortlaut möglich scheint. Diese Regelung ist international keine Selbstverständlichkeit, denn im Ausland hat oftmals die gesamte Belegschaft eines tarifgebundenen Arbeitgebers Anspruch auf die tariflichen Arbeitsbedingungen (so Frankreich: Art. L 2254-1 Code du travail; Österreich: § 12 I ArbVG; USA: Sec. 9(a) NLRA [National Labour Relations Act]; vgl. ferner Suviranta ELL Rdnrn. 78, 266.) Dass ausländische Rechtsordnungen die Differenzierung zwischen Organisierten und Nichtorganisierten zu vermeiden suchen, hat seinen guten Grund: Jede Differenzierung zwischen Organisierten und Nichtorganisierten ist geeignet, das Kräfteverhältnis zwischen Gewerkschaft und Arbeitgeber zu beeinflussen. Daher kann die Bevorzugung Nichtorganisierter die positive Koalitionsfreiheit der Organisierten ebenso verletzten wie das Recht der Koalition auf Bestandsschutz. Unzulässig ist daher die Besserstellung der nichtorganisierten Arbeitnehmer – der Arbeitgeber darf den Gewerkschaftsaustritt nicht belohnen. Aber auch die Bevorzugung von Organisierten ist problematisch, setzt sie doch Anreize, sich einer (bestimmten) Koalition anzuschließen. Dies kann wiederum die negative Koalitionsfreiheit der Nichtorganisierten und die positive Koalitionsfreiheit der Andersorganisierten verletzen (vgl. Großer Senat des BAG v. 29. 11. 1967 – GS 1/67, BAGE 20, 175, 226; BAG v. 18. 3. 2009 – 4 AZR 64/08, NZA 2009, 1028, Rnr. 34ff.). Allerdings begründet nicht jeder Vorteil und nicht jede Andersbehandlung einen unzulässigen Druck zum Beitritt oder zum Wechsel der Koalition. Insofern differenziert die Rechtsprechung zwischen zulässigem Anreiz und unzulässigem Druck oder Zwang (s. oben Rnr. 904). Im Einzelnen lassen sich folgende Eckpunkte festmachen:

IV. Insbesondere: Differenzierung der Entgelte

2. Keine Pflicht zur Gleichstellung von Nichtorganisierten wie Organisierten

Die ständige Rechtsprechung folgert aus der negativen Koalitionsfreiheit der **907** Nichtorganisierten bzw. der positiven Koalitionsfreiheit der Organisierten keine Pflicht, organisierte wie nichtorganisierte Arbeitnehmer gleich zu behandeln. Schon vor fast einem halben Jahrhundert stellte das BAG fest: „Der tarifgebundene Arbeitgeber ist nicht verpflichtet, auf Grund des sog. Gleichbehandlungsgrundsatzes seinen nichttarifgebundenen Arbeitnehmern das zu gewähren, was er auf Grund eines Tarifvertrags den tarifgebundenen Arbeitnehmern zu gewähren verpflichtet ist" (BAG v. 20. 7. 1960 – 4 AZR 199/59, AP Nr. 7 zu § 4 TVG Leitsatz 2 m. Anm. *Hueck* = SAE 1960, 146; siehe auch BAG v. 30. 9. 1998 – 4 AZR 547/97, AP Nr. 159 zu § 242 BGB Gleichbehandlung; BAG v. 2. 12. 1997 – 10 AZR 563/96, AP Nr. 149 zu § 242 BGB Gleichbehandlung; zuletzt BAG v. 18. 3. 2009 – 4 AZR 64/08, NZA 2009, 1028 Rnr. 54). Die Begründung ist recht knapp, hat aber im Schrifttum der folgenden Jahre kaum Widerspruch gefunden (wie das BAG das fast einstimmige Schrifttum, s. z.B. Däubler/*Zwanziger*, TVG, § 4 Rnr. 1058; a. A. in Bezug auf diejenigen Arbeitnehmer, die durch ihre Streikteilnahme den Tarifvertrag mit bewirkt haben allein *Thüsing*, Der Außenseiter im Arbeitskampf, 1996, S. 93 ff.; *ders.*, Der Anspruch des Nichtorganisierten auf Tariflohn, ZTR 1997, 433). Soweit es sich um die Anwendung der Normen eines Tarifvertrags handelt, ist der Unterschied zwischen tarifgebundenen und nichttarifgebundenen Arbeitnehmern nach den ausdrücklich in den §§ 3 Abs. 1 und 4 Abs. 1 TVG festgelegten Grundsätzen des geltenden Tarifrechts so wesentlich, dass die Andersbehandlung von Außenseitern damit sachlich gerechtfertigt ist und deshalb nicht als willkürlich verworfen werden kann. Etwas anderes gilt allein dann, wenn es sich um rein außertarifliche Vorgänge handelt. Hier zwischen organisierten und nichtorganisierten Arbeitnehmern unterscheiden zu wollen, wäre sachlich nicht berechtigt, also willkürlich und darum unzulässig.

3. Keine Pflicht zur Schlechterstellung von Organisierten gegenüber Nichtorganisierten

Auf der anderen Seite besteht auch keine Pflicht zur Schlechterstellung von **908** Nichtorganisierten gegenüber Organisierten. Lange Zeit hielt man im Anschluss an die grundlegende Entscheidung des Großen Senats des BAG v. 29. 1. 1967 (BAG GS v. 29. 11. 1967 – GS 1/67, E 20, 175 = AP Nr. 13 zu Art. 9 GG = AuR 1971, 4 m. Anm. Radke = SAE 1969, 246 m. Anm. Wiedemann; besprochen bei: Hanau, JuS 1969, 213) jegliche Form der Differenzierung zwischen Organisierten und Nichtorganisierten in Tarifverträgen für unwirksam. Der große Senat führte aus, "Differenzierungsklauseln überschritten die Grenzen der Tarifmacht und verletzten die negative Koalitionsfreiheit der nichtorganisierten und die positive Koalitionsfreiheit der anders organisierten Arbeitnehmer. Einschränkungslos stellte er fest: In Tarifverträgen darf zwischen den bei der vertragsschließenden Gewerkschaft organisierten und anders oder nicht organisierten Arbeitnehmern nicht differenziert werden". Heute kann man daran in dieser Absolutheit nicht mehr festhalten. In einer der jüngsten Entscheidungen hielt das BAG eine „**einfache**" **Differenzierungsklausel**, also eine Tarifklausel, die die Gewerkschaftsmitgliedschaft als Anspruchsvoraussetzung enthielt, für zulässig (BAG v. 18.3.2009 – 4 AZR 64/08, NZA 2009, 1028; noch offengelassen von BAG v. 9.5.2007 – 4 AZR 275/06, NZA 2007, 1439; bereits dazu *Franzen*, RdA 2006, 1; *Giesen*, NZA 2004, 1317; zuvor bereits *Zachert*, DB 1995, 322; *Däubler*, BB 2002, 1643). Eine solche Klausel führt zu einer Differenzierung zwischen Organisierten und Nichtorganisierten, für die der Tarifvertrag lediglich kraft arbeitsvertraglicher Bezugnahme gilt. Bezugnahmeklauseln fingieren nicht etwa die Gewerkschaftszugehörigkeit, sondern führen lediglich zu einer Einbeziehung des Tarifvertrages in den Arbeitsvertrag. Deshalb haben die Nichtorganisierten keinen Anspruch auf die für Gewerkschaftsmitglieder vorgesehenen Leistungen, weil auch nach der arbeitsvertraglichen Regelung die Gewerkschaftsmitgliedschaft Anspruchsvoraussetzung ist (BAG v. 18.3.2009 – 4 AZR 64/08, NZA 2009, 1028 Rnr. 26ff.; kritisch zu dieser Auslegung *Richardi* NZA 2010, 417, 419; *Greiner/Suhre* NJW 2010, 131, 133; *Bauer/Arnold* NZA 2009, 1169, 1171f.; *Lobinger/Hartmann* RdA 2010, 235, 236ff.). Dennoch handelt es sich nicht notwendigerweise um eine unzulässige Diskriminierung Nichtorganisierter. Zunächst betont das Gericht, dass Differenzierung zwischen Organisierten und Nichtorganisierten im deutschen Tarifvertragssystem bereits angelegt sei. Es bestehe kein Grundsatz, wonach Nichtorganisierte Organisierten gleichgestellt werden müssten, sondern im Gegenteil geht das deutsche Tarifrecht gerade davon aus, dass die Vorteile einer tariflichen Regelung nur den Organisierten zukämen (§§ 4 Abs. 1, 3 Abs. 1 TVG – BAG v. 18.3.2009 – 4 AZR 64/08, NZA 2009, 1028 Rnr. 54). Der Lohn Nichtorganisierter ergebe sich aus der arbeitsvertraglichen Abrede, wonach der Arbeitnehmer besser, schlechter oder eben genauso wie ein Organisierter stehen kann. Im Falle einer einfachen Differenzierungsklausel ist es ihm unbenommen, eine Gleich- oder Andersstellung auf arbeitsvertraglicher Grundlage zu erreichen, weil die Differenzierungsklausel die arbeitsvertragliche Gestaltungsfreiheit von Arbeitgeber und Arbeitnehmer nicht einschränkt. Letztlich geht daher von der einfachen Differenzierungsklausel nicht mehr Druck aus als von jeder anderen Tarifnorm – auch deren Vorteile muss der Außenseiter durch arbeitsvertragliche Regelung erst erreichen (BAG v. 18.3.2009 – 4 AZR 64/08, NZA 2009, 1028 Rnr. 55). Andererseits bindet das BAG die Ausgestaltung der Differenzierungsklausel an Anforderungen, was **Ausgestaltung** und **Höhe** angeht. Vom Ansatz einer umfassenden Regelungsaufgabe der Tarifvertragsparteien aus besteht die Pflicht, bei tariflichen Regelungen konkurrierende Rechte mit zu berücksichtigen. Freiheitsrechte des Arbeitgebers, was die individuelle Vertragsgestaltung angeht, müssen ebenso Teil des Abwägungsprozesses sein, wie die geschützte Freiheit der Außenseiter, einer Koalition fernzubleiben. Zudem kann es darauf ankommen, dass das geschaffene Tarifwerk als Ganzes einer umfassenden Gestaltungsaufgabe der Tarifvertragsparteien gerecht wird (BAG v. 18.3.2009 – 4 AZR 64/08, NZA 2009, 1028 Rnr. 78). Deshalb dürfen jedenfalls in aller Regel Differenzierungsklauseln nicht an den Regelungen des **Austauschverhältnisses von Leistung und Gegenleistung** anknüpfen, die Grundlage des laufenden Lebensunterhaltes sind. Ferner dürfen auch Sonderleistungen, die außerhalb des Austauschverhältnisses liegen, nicht eine

IV. Insbesondere: Differenzierung der Entgelte

Höhe erreichen, bei der sie dieses Verhältnis im wirtschaftlichen Ergebnis maßgeblich beeinflussen und sich bei wertender Betrachtung nur als eine Art Umschichtung des insgesamt versprochenen Entgelts von der laufenden Vergütung hin zu einer Einmalzahlung darstellen (BAG v. 18.3.2009 – 4 AZR 64/08, NZA 2009, 1028 Rnr. 79; in der Literatur wird kritisiert, dass auch Sonderleistungen nicht außerhalb des Austauschverhältnisses liegen *Greiner/Suhre* NJW 2010, 131, 133f;). *In concreto* hielt das BAG eine jährliche Sonderleistung für Gewerkschaftsmitglieder, die im Durchschnitt etwa ein Viertel einer Monatsvergütung und nicht mehr als zwei Jahresmitgliedsbeiträge ausmacht, für unproblematisch. Ein verständiger Arbeitnehmer werde allein im Hinblick darauf keinen mit Zwang vergleichbaren Druck verspüren.

Nach wie vor unzulässig sind dagegen **Spannensicherungsklauseln oder Abstandsklauseln**. Diese bezwecken den „Entgeltvorsprung" der Gewerkschaftsmitglieder dadurch zu sichern, dass etwaige Kompensationsleistungen des Arbeitgebers an nicht oder anders organisierte Arbeitnehmer jeweils zwingend und unmittelbar einen entsprechenden – zusätzlichen – Zahlungsanspruch auch für Gewerkschaftsmitglieder begründen, so dass der „Vorsprung" der Gewerkschaftsmitglieder erhalten bleibt (BAG v. 23.3.2011 – 4 AZR 366/09, BAGE 137, 231; dazu auch schon *Hartmann/Lobinger* NZA 2010, 421). Anders als im Falle der einfachen Differenzierungsklauseln wären die Nichtorganisierten gezwungen, Mitglied der Gewerkschaft zu werden, um den Vorteil der Organisierten zu erlangen, da sie diesen nicht durch privatautonome Vereinbarung erreichen können. Eine **Pflicht zur Schlechterstellung von Nichtorganisierten** darf also durch Tarifvertrag nach wie vor nicht begründet werden. Insofern behält das Urteil des Großen Senats vom 29.11.1967 (GS 1/67, E 20,175=AP Nr. 13 zu Art. 9 GG) seine Gültigkeit.

909

4. Kein Recht zur sachgrundlosen Besserstellung von Nichtorganisierten gegenüber Organisierten

Während bis hierhin der Rechtsprechung noch recht klare Aussagen entnommen werden können, sind die Maßstäbe zur Beurteilung von Besserstellung von nichtorganisierten gegenüber organisierten Arbeitnehmern schwerer festzumachen. Auch hier gilt wohl der – wenig aussagekräftige – Grundsatz, dass ein bloßer Anreiz zum Beitritt erlaubt sein wird, Druck oder Zwang daraufhin aber nicht (s. Rnr. 904).

910

a) Besserstellung von Nichtorganisierten

Unmittelbar einschlägige Entscheidungen fehlen. Die Rechtsprechung geht jedoch seit dem Urteil des BAG vom 10.6.1980 von der Unzulässigkeit einer Aussperrung aus, die gezielt nur die Mitglieder einer streikenden Gewerkschaft umfasst, Nichtorganisierte jedoch verschont (BAG v. 10.6.1980 – 1 AZR 331/79, E 33, 195 = AP Nr. 66 zu Art. 9 GG Arbeitskampf = AiB 2002, 363 m. Anm. *Schoof*; besprochen bei *Däubler/Wolter*, AuR 1982, 144; *Däubler*, AuR 1982, 361; *Lieb*, DB 1980, 2188; *Seiter*, RdA 1981, 65, s. auch *Thüsing*, ZTR 1999,

911

151). Das BAG und das ihm folgende Schrifttum stützen ihre Auffassung vor allem auf zwei rechtliche Aspekte, ohne sie teilweise argumentativ sauber voneinander zu trennen: Zum einen liege in einer selektiven Aussperrung ein Verstoß gegen die positive individuelle Koalitionsfreiheit, zum anderen eine Verletzung der kollektiven Koalitionsfreiheit in Form der Bestandsgarantie (vgl. insbesondere die Argumentation BAG v. 10.6.1980 – 1 AZR 331/79; vgl. auch *Scholz/Konzen*, Aussperrung, S. 263 ff.; *Konzen*, FS BAG, S. 273, 296 ff.; *Löwisch/Rieble*, Arbeitskampfrecht, Rnr. 325; *Wolter*, in: Däubler, Arbeitskampfrecht, § 21, Rnr. 58; *ders.*, AuR 79, 193, 202; *Rüthers*, in: Brox/Rüthers, Arbeitskampfrecht, Rnr. 216; *ders.*, Anmerk. zu BAG EZA Nr. 37 zu Art. 9 GG Arbeitskampf; *Pfarr*, AuR 77, 33 ff., alle jeweils m.w.N.). Eine Verletzung der positiven individuellen Koalitionsfreiheit liege deswegen vor, weil jede Schlechterstellung eines Gewerkschaftsmitgliedes gegenüber Nichtorganisierten ein Angriff auf die positive Koalitionsfreiheit sei, wenn nicht die Differenzierung durch sachliche Gründe gerechtfertigt ist: „Jede Schlechterstellung eines Gewerkschaftsmitglieds gegenüber Nichtorganisierten ist ein Angriff auf die positive Koalitionsfreiheit, wenn die Differenzierung nicht durch sachliche Gründe gerechtfertigt ist. Als sachlich gerechtfertigt können nur solche Gründe anerkannt werden, die von jeder koalitionspolitischen Tendenz frei sind" (BAG v. 10.6.1980 – 1 AZR 331/79, E 33, 195, 207). Daran wird man auch im Hinblick auf die neuere Rechtsprechung zu Differenzierungsklauseln (dazu oben Rnr. 902) festhalten können. Dort unterwirft das BAG die Differenzierungsklauseln einer Verhältnismäßigkeitsprüfung, also einer eher strengeren Prüfung als einer bloßen Willkürkontrolle. Auch bleibt es wohl beim Ausschluss koalitionspolitischer Motive. Zwar hielt das BAG in der Entscheidung vom 18.3.2009 (4 AZR 64/08, NZA 2009, 1028 Rnr. 74) das Interesse der Gewerkschaft, durch die Schaffung von Sondervorteilen, Mitglieder zu gewinnen, für legitim (kritisch dazu *Bauer/Arnold* NZA 2009, 1169, 1172 und *Richardi* NZA 2010, 417, 420 f., der die Tarifautonomie gänzlich koalitionspolitischen Zwecken entziehen möchte). Insofern kann sich die Gewerkschaft zumindest auch auf ihre kollektive Koalitionsfreiheit aus Art. 9 Abs. 3 GG berufen, die Nichtorganisierten wegen ihres Verzichts auf eine Koalition gerade nicht zu Gebote steht. Ihre individuellen Rechte (insbesondere ihre individuelle, negative Koalitionsfreiheit und ihre Vertragsfreiheit) rechtfertigen die Verfolgung ihrer eigenen Interessen, aber nicht den „Angriff" auf eine Koalition, weil zu dieser kein Konkurrenzverhältnis besteht.

b) Andersbehandlung von Organisierten

912 Die entscheidende Frage zur Beurteilung der Differenzierung ist also, ob eine Besserstellung der Nichtorganisierten vorliegt, und falls ja, ob sie hinreichend gerechtfertigt ist. Die Besserstellung ist von der „Andersstellung" abzugrenzen. Gerade im Hinblick auf eine Arbeitszeiterhöhung im Gegenzug für ein entsprechend höheres Gehalt wird dies von Teilen des Schrifttums ausdrücklich für zulässig gehalten (*Löwisch/Rieble*, TVG, § 3 Rnr. 458; ähnlich *Rieble*, GS Meinhard Heinze, 2005, S. 687, 695; s. auch MünchArbR/*Löwisch/Rieble*, Band 2, § 156 Rnr. 42; ähnlich *Picker*, Die Tarifautonomie in der deutschen Arbeitsverfassung, in: Wal-

IV. Insbesondere: Differenzierung der Entgelte

ter-Raymond-Stiftung (Hrsg.), Tarifautonomie – Informationsgesellschaft – globale Wirtschaft [1997], S. 113 ff., 146 ff.).

In der Tat: Wo ein Nichtorganisierter gegenüber einem Organisierten nicht besser gestellt wird, sondern allein anders behandelt wird, ist diese Differenzierung nicht Ausdruck einer gegen die Gewerkschaftsmitgliedschaft gerichteten Vergütungspolitik, sondern vielmehr eine Wahrnehmung der Privatautonomie, die intensional neutral im Hinblick auf die Ziele des Art. 9 Abs. 3 GG ist. Sie zuzulassen bedeutet, den unmittelbar Betroffenen größere Freiheit beim Ausgleich ihrer Interessen zu geben, ihnen die Möglichkeit zu geben, die Privatautonomie zu entfalten, ohne die Rechte der tarifgebundenen Arbeitnehmer zu schmälern. So zeigen schon älteste Stellungnahmen in der Literatur, dass als unzulässige Diskriminierung wegen der Gewerkschaftszugehörigkeit stets nur die „Schlechterstellung" des Organisierten gegenüber einem Nichtorganisierten gewertet wurde (so etwa schon Hueck/*Nipperdey,* Arbeitsrecht, Band 2, 1. Aufl., 1930, S. 432 für die Kündigung). Wo diese nicht festgestellt werden kann, muss die Differenzierung zulässig sein. Das wird durch die neuere Rechtsprechung zu tarifvertraglichen Differenzierungsklauseln (Rnr. 902) gestützt. Die Rechtsprechung betont nunmehr stärker, dass eine unterschiedliche Behandlung von Organisierten und Nichtorganisierten durch das deutsche System der Tarifbindung (§ 3 Abs. 1 TVG) gerade darauf abzielt, dass die tariflichen Regelungen nur für Organisierte gelten. Diese impliziert gerade die unterschiedliche Behandlung Organisierter und Nichtorganisierte – sie ist daher zulässig. 913

c) Wahlrecht als Besserstellung

Bei nichtorganisierten Arbeitnehmern erfolgen Änderungen der Arbeitsbedingungen nicht automatisch durch die normative Wirkung des Tarifvertrages, sondern können normalerweise nur durch Änderungsvertrag bewirkt werden. Nur sie, nicht aber die Organisierten erhalten so eine Wahl zwischen den geänderten und ihren aktuellen Arbeitsbedingungen. Mit anderen Worten: Der Nichtorganisierte steht günstiger, weil er ein Wahlrecht im Hinblick auf seine Rechte und Pflichten hat, das seinem gewerkschaftsorganisierten Kollegen nicht zukommt. Worunter er wählen kann ist unerheblich; die Besserstellung liegt im Wahlrecht selbst. 914

Die Frage hat Parallelen zur Beurteilung der **Günstigkeit nach § 4 Abs. 3 TVG.** Dort wo an und für sich günstigkeitsneutrale Abweichungen vom Tarifvertrag im Arbeitsvertrag vorgenommen werden, ist strittig, ob diese zulässig oder unzulässig sind. Dies gilt insbesondere etwa für eine arbeitsvertragliche Erhöhung der Arbeitszeit mit entsprechendem Lohnausgleich. Ein nicht unerheblicher Teil des Schrifttums argumentiert, dies sei zumindest dann günstiger und daher nach § 4 Abs. 3 TVG zulässig, wenn der Arbeitnehmer ein Wahlrecht zwischen der tarifvertraglichen und der arbeitsvertraglichen Gestaltung der Arbeitsbedingungen hat, er also – gegebenenfalls nach angemessener Ankündigungsfrist – trotz abweichendem Arbeitsvertrag wieder zu den Tarifvertragsregeln zurückkehren kann (s. die Darstellung Wiedemann/*Wank,* TVG § 4 Rnr. 492 ff.; ausführlich *Löwisch,* BB 1991, 56, 62 f.; a. A. *Buschmann,* NZA 1990, 387, 388; s. auch die Nachweise 915 bei *Schliemann*, NZA 2003, 122; *Buchner*, DB 1996, Beil. Nr. 12, S. 3. Eine vergleichbare Argumentation findet sich in BAG GS v. 7. 11. 1989 – GS 3/85, E 63, 211 = NZA 1990, 816 = RdA 2005, 45 m. Anm. *Löwisch/Geisenberger*).

916 Mag diese – nicht unumstrittene – **Argumentation** im Rahmen des Günstigkeitsprinzips nach § 4 Abs. 3 TVG richtig sein: Hier greift sie nicht. Es geht nicht darum, das Verhältnis von Tarifvertrag und Arbeitsvertrag auszuloten, sondern den **Begriff der die Koalitionsfreiheit** einschränkenden oder behindernden Maßnahmen nach Art. 9 Abs. 3 S. 1 GG zu bestimmen. Die Maßstäbe sind verschieden. Wenn in einer Besserstellung der Nichtorganisierten ein Eingriff in die Koalitionsfreiheit gesehen wird, dann deshalb, weil der Arbeitgeber hierdurch eine Präferenz für den Nichtorganisierten ausdrückt, ihm eine Prämie für fehlende Gewerkschaftszugehörigkeit gibt. Eine solche Prämierung fehlender Gewerkschaftszugehörigkeit ist nicht gegeben, wenn der Arbeitgeber den Arbeitnehmer, dessen Arbeitsverhältnis eben nicht zwingend durch den Tarifvertrag vorgeschrieben ist, größere Freiheit bei der Vereinbarung zubilligt, weil auch das Gesetz diese dem Arbeitnehmer zubilligt: Wenn § 4 Abs. 3 TVG dem Arbeitnehmer die Wahlmöglichkeit nimmt, in schlechtere Arbeitsbedingungen einzuwilligen als sie ihm der Tarifvertrag sichert, dann liegt darin auch keine Besserstellung des Organisierten, der in seine Schlechterbehandlung einwilligen kann – und bei hinreichendem Druck des Arbeitgebers vielleicht auch in Einzelfällen faktisch einwilligen muss. Umgekehrt gilt das eben auch.

917 Entscheidend für die Besserstellung ist vielmehr die **Bewertung der Angebote,** unter denen der Arbeitnehmer wählen kann. Kann er zwischen dem tariflichen Angebot und einem schlechteren Angebot wählen, liegt sicherlich keine Besserstellung des nichtorganisierten Arbeitnehmers vor. Sie ist andererseits gegeben, wenn die Arbeitsbedingungen, die der Nichtorganisierte wählen kann, günstiger sind als die tariflichen. Bei gleichwertigen Arbeitsbedingungen wäre es keine Diskriminierung, wenn der Arbeitgeber dem Nichtorganisierten die tariflichen Bedingungen zubilligt, ebenso wäre es keine Diskriminierung, wenn er mit ihm die nichttariflichen Bedingungen vereinbart. Wenn aber beides zulässig ist nach der Wahl des Arbeitgebers, dann muss es auch zulässig sein nach der Wahl des Arbeitnehmers; der Maßstab des Art. 9 Abs. 3 S. 2 GG ist auf beiden Seiten derselbe.

d) Besserstellung durch das Angebot günstigerer Arbeitsbedingungen

918 Durch die Differenzierung zwischen organisierten Arbeitnehmern, die tariflich entlohnt werden, und nicht organisierten Arbeitnehmern, die zunächst einmal – neutral formuliert – anders entlohnt werden, kann also nur dann ein Eingriff in Art. 9 Abs. 3 GG vorliegen, wenn die Nichtorganisierten zu günstigeren Konditionen arbeiten als ihre organisierten Kollegen. Ob ein solcher Eingriff zu rechtfertigen ist, muss solange nicht entschieden werden, wie die Arbeitsbedingungen für beide Arbeitnehmergruppen gleichwertig sind, und die eine Gruppe nicht besser behandelt wird als die andere. Wiederum stellt sich die Frage, anhand welchen Maßstabs die Günstigkeit einer Regelung zu bestimmen ist.

919 Einen **Anhaltspunkt** könnte auch hier die Burda-Entscheidung bieten. Das BAG hat wie dargestellt entschieden, dass bei einem Vergleich von tariflich und indivi-

IV. Insbesondere: Differenzierung der Entgelte

dualvertraglich vereinbarten Arbeitsbedingungen ein Sachgruppenvergleich zu erfolgen hat. Das Gericht hielt damals an seiner Rechtsprechung fest, dass bei einem Günstigkeitsvergleich nach § 4 Abs. 3 TVG nur sachlich zusammenhängende Arbeitsbedingungen vergleichbar sind (BAG v. 20. 4. 1999 – 1 ABR 72/98, E 91, 210 = NZA 1999, 887, s. Rnr. 229). Würde man das auf die Frage der Benachteiligung organisierter gegenüber nicht organisierten Arbeitnehmern übertragen, so käme man zu folgendem Ergebnis: Die Einräumung eines Kündigungsschutzes ist eine unzulässige Besserstellung, die verlängerte Arbeitszeit eine zulässige Schlechterstellung der Organisierten. Die eine ist also wirksam, die andere unwirksam.

Der Richterspruch bezieht sich jedoch allein auf den Günstigkeitsvergleich **920** gemäß § 4 Abs. 3 TVG. Dieser Maßstab, den das BAG für den Fall eines individualvertraglichen Angebots an die gesamte Belegschaft – einschließlich der tarifgebundenen Arbeitnehmer – festgelegt hat, ist aber nicht ohne weiteres auf andere Fallgestaltungen übertragbar. Bietet der Arbeitgeber nur den nicht organisierten Arbeitnehmern andere Arbeitsbedingungen an, ist dadurch § 4 Abs. 3 TVG nicht berührt. Es stellt sich vielmehr die Frage, ob durch ein Angebot günstigerer Arbeitsbedingungen nur an Nichtorganisierte in die durch Art. 9 Abs. 3 GG gewährleistete Koalitionsfreiheit eingegriffen wird. Anders als in der Burda-Entscheidung geht es nicht darum, mit den organisierten Arbeitnehmern vom Tarifvertrag abweichende Arbeitsbedingungen zu vereinbaren, sondern darum, nichtorganisierten Arbeitnehmern eine Alternative zur Gleichstellungsabrede anzubieten. Der Maßstab bei dieser Fragestellung muss daher ein anderer sein.

Als richtiger Maßstab erscheint hier allein die **Gesamtschau aller Arbeitsbedin- 921 gungen.** Das Wahlrecht des Arbeitnehmers wird durch die in Art. 2 Abs. 1 GG verankerte Privatautonomie gewährleistet. Ein Arbeitnehmer ist durchaus in der Lage, eine Entscheidung zwischen zwei alternativen Beschäftigungsbedingungen zu treffen. Die Argumente der Burda-Entscheidung deuten hier nicht auf eine Besserstellung der Nichtorganisierten, sondern sprechen vielmehr dagegen: Es war die zentrale Erkenntnis dieses Beschlusses, dass bei teilweise günstigeren, teilweise ungünstigeren Vereinbarungen kein Gesamturteil über deren Wertigkeit im Verhältnis zum Tarifvertrag getroffen werden kann. Konnte das BAG also nicht feststellen, ob Tarifvertrag oder Arbeitsvertrag günstiger ist, so kann es auch bei entsprechender Differenzierung zwischen organisierten und nichtorganisierten Arbeitnehmern nicht sagen, welche Arbeitnehmergruppe besser behandelt wird. Könnte das BAG es, würde es seine Rechtsprechung zum Günstigkeitsvergleich nach § 4 Abs. 3 TVG in Frage stellen, denn wenn das BAG sich außerstande sieht „Äpfel mit Birnen" im Rahmen des § 4 Abs. 3 TVG zu vergleichen, so muss dies ganz generell gelten. Wenn aber nicht gesagt werden kann, dass die Arbeitsbedingungen der Nichtorganisierten besser sind, so muss eine solche Vereinbarung zulässig sein. Wenn die Besserstellung der Nichtorganisierten nach den Vorgaben des BAG Voraussetzung für die Unwirksamkeit einer Abrede ist, dann ist dort, wo eine Besserstellung nicht festgestellt werden kann, von einer unzulässigen Vereinbarung nach Art. 9 Abs. 3 GG nicht auszugehen.

Auf dieser Argumentationslinie liegt auch die neuere Rechtsprechung zu den **922** Differenzierungsklauseln. Sie verdeutlicht zunächst, dass Art. 9 Abs. 3 GG der Maßstab ist, an dem die Ungleichbehandlung gemessen werden muss. Ferner zeigt sie auf, dass die Andersstellung von Organisierten und Nichtorganisierten bereits im deutschen Tarifvertragssystem angelegt ist. Richtigerweise stellt daher die **bloße Andersstellung von Nichtorganisierten schon keinen Eingriff in Art. 9 Abs. 3 GG** dar (vgl. BAG v. 18.3.2009 – 4 AZR 64/08, NZA 2009, 1028 Rnr. 59). Problematisch ist nur die Schlechterbehandlung. Schwierig ist allerdings die Abgrenzung zwischen Schlechter- und Andersbehandlung. Viel spricht dafür, die Linie zwischen Schlechter- und Andersstellung bei der **koalitionspolitischen Relevanz der unterschiedlichen Behandlung** zu ziehen: Das BAG setzt sich in seiner Entscheidung zur selektiven Aussperrung hinsichtlich der koalitionspolitischen Tendenz erkennbar ein intensionales Element voraus, indem es feststellt, dass eine selektive Aussperrung auf den Mitgliederbestand der kampfführenden Gewerkschaft „zielt" und eben deshalb unzulässig sei (BAG v. 10.6.1980 – 1 AZR 331/79, E 33, 195, 207). Es ist eben die „koalitionspolitische Tendenz" des arbeitgeberseitigen Handelns, die eine Differenzierung zu Lasten der Organisierten unzulässig macht. Daran aber fehlt es, wenn die Differenzierung der Vereinbarung nicht auf die Gewerkschaft unter Beeinflussung ihres Mitgliederbestands zielt, nicht auf die Tätigkeit im Tarifabschluss und generell nicht eine Schwächung der Gegenseite herbeiführen will – sie vielmehr Ausübung von Vertragsautonomie in den Bereichen ist, wo das Tarifvertragsrecht keine Schranken errichtet.

e) Rechtfertigung einer Besserstellung

923   Fehlt es also richtiger Ansicht nach bereits an einer Besserstellung, so scheidet ein Verstoß gegen die Koalitionsfreiheit nach Art. 9 Abs. 3 GG schon von vornherein aus. *Disputando causa* sei aber von einer Besserstellung ausgegangen. Dann ist nach der Rechtfertigung zu fragen. Diese liegt in erster Linie in der verfassungsrechtlich verbürgten Privatautonomie des Arbeitnehmers; an deren Seite tritt seine negative Koalitionsfreiheit.

924   Die **Vertragsfreiheit** verwirklicht sich regelmäßig dadurch, dass Verträge abgeschlossen werden, in denen sich beide Vertragsteile wechselseitig in ihrer beruflichen Handlungsfreiheit beschränken, und zwar im Austausch mit der vereinbarten Gegenleistung. Auf der Grundlage der Privatautonomie gestalten die Vertragspartner ihre Rechtsbeziehungen eigenverantwortlich. Sie bestimmen selbst, wie ihre gegenläufigen Interessen angemessen auszugleichen sind und verfügen damit zugleich über ihre grundrechtlich geschützten Positionen ohne staatlichen Zwang. Der Staat hat die im Rahmen der Privatautonomie getroffenen Regelungen grundsätzlich zu respektieren (BVerfG v. 7.2.1990 – 1 BvR 26/84, E 81, 242, 254). In der privatautonomen Entscheidung des Arbeitnehmers, mehr Arbeitszeit gegen Beschäftigungssicherung einzutauschen, liegt eine hinreichende Rechtfertigung für die Gültigkeit der Vereinbarung. Der Arbeitnehmer ist frei, die Vereinbarung anzunehmen oder zu unveränderten Bedingungen weiterzuarbeiten. Diese privatautonome Entscheidung wird bei ihm nicht durch den auf kollektiven Interessenausgleich gerichteten Tarifvertrag eingeschränkt. Dass in der Überlagerung des Arbeitsvertrags durch den Tarifvertrag ein Einschnitt in die Privatautonomie liegen kann, wird heute allgemein konzediert. Eben deshalb geht eine herrschende Meinung davon aus, dass das Günstigkeitsprinzip verfassungsrechtlich aus dem Verhältnismäßigkeitsgrundsatz vorgegeben ist und die Tarifvertragspar-

IV. Insbesondere: Differenzierung der Entgelte

teien nicht berechtigt sind, weitergehend noch Höchstarbeitsbedingungen festzuschreiben (s. insbesondere *Belling*, Das Günstigkeitsprinzip im Arbeitsrecht, 1984, passim; hierzu auch *Thüsing*, GS Meinhard Heinze, 2005, S. 901 ff.). Dort wo der Tarifvertrag jedoch nicht greift, muss die Privatautonomie nicht hinter der positiven Koalitionsfreiheit zurückstehen. In ihrer Entfaltung liegt eine eigenständige Rechtfertigung zur Anerkennung der Vereinbarung des Arbeitnehmers, zu anderen als den tarifvertraglichen Vereinbarungen arbeiten zu wollen. Wollte man anders entscheiden, so wäre es dem nichttarifgebundenen Arbeitgeber faktisch nur möglich, arbeitsvertraglich identische oder schlechtere Arbeitsbedingungen zu vereinbaren als der Arbeitgeber in dem Tarifvertrag für den organisierten Arbeitnehmer festgeschrieben hat: Da der Arbeitnehmer andernfalls nicht darlegen könnte, dass seine Arbeitsbedingungen den tariflichen nur gleichwertig, nicht aber günstiger sind, könnte er sich nur auf sicher ungünstigere Arbeitsbedingungen einigen. Dies wäre weder vom Schutzzweck des Arbeitsrechts noch von den Regeln zur Einschränkung der Privatautonomie getragen.

Ergänzend tritt auf der Seite des nichtorganisierten Arbeitnehmers dessen **negative Koalitionsfreiheit**. Auch mittelbarer Druck, Mitglied einer der tarifschließenden Parteien zu werden, kann daher, sofern er erheblich ist, die Koalitionsfreiheit verletzen (BVerfG v. 3. 7. 2000 – 1 BvR 945/00, DB 2000, 1772; v. 18. 7. 2000 – 1 BvR 948/00, DB 2000, 1768). Allerdings vertrat das BVerfG in mehreren Entscheidungen die Auffassung, die negative Koalitionsfreiheit sei nicht verletzt (sondern allenfalls Art. 2 Abs. 1 GG), wenn jemand den Vereinbarungen fremder Tarifvertragsvereinbarungen unterworfen werde. Der dadurch ausgeübte faktische Druck, sich einer Koalition anzuschließen und sich im koalitionsrechtlichen Sinn zu betätigen, stelle keinen gemäß Art. 9 Abs. 3 S. 1 GG unzulässigen Druck in Richtung auf einen Koalitionsbeitritt dar (BVerfG v. 15. 7. 1980 – 1 BvR 24/74 und – 1 BvR 439/79, E 55, 7, 22). Dies ist in der Literatur zu Recht auf Widerstand gestoßen und steht nicht in Übereinstimmung mit dem insofern weiter gefassten Verständnis der negativen Vereinigungsfreiheit des EuGH (s. jüngst die Entscheidung *Werhof*: EuGH v. 9. 3. 2006 – C-499/04, ZIP 2006, 723 und hierzu die Besprechung von *Nicolai*, DB 2006, 670; ferner *Thüsing*, NZA 2006, 473). Das Recht vom Tarifvertrag nicht erfasst zu werden, und damit den eigenen Vertragsschluss nicht durch den Vergleich mit tarifvertraglichen Regelungen einzuengen, ist Inhalt der negativen Koalitionsbetätigungsfreiheit. Wenn es Bestandteil der kollektiven Koalitionsfreiheit ist, Tarifverträge für die Mitglieder der Koalition abzuschließen, dann ist das Spiegelbild das Recht der Nichtorganisierten als Kollektiv nicht von Tarifverträgen getroffen zu werden (s. ausführlich *Kämmerer/Thüsing*, Leiharbeit und Verfassungsrecht 2005, S. 29 ff., gegen eine Reduzierung der negativen Koalitionsfreiheit zum Schutz vor Beitrittszwang insbesondere auch *Biedenkopf*, Grenzen der Tarifautonomie, 1964, S. 101; *Buchner*, Tarifvertragsgesetz und Koalitionsfreiheit, 1964, S. 60; *Wiedemann*, RdA 1969, S. 221, 230; *Zöllner*, RdA 1962, 451, 458). Würde man aber jede teils positiv, teils negativ von den tarifvertraglichen Vorgaben abweichende Arbeitsvertragsgestaltung mit nichtorganisierten Arbeitnehmern als rechtfertigungsbedürftige Maßnahme nach Art. 9 Abs. 3 GG einordnen, so wäre dies faktisch eben doch ein Zwang zur Gleich- oder gar Schlechterbehandlung von Nichtorganisierten. Der Eingriff in die negative Koalitionsfreiheit nach Art. 9 Abs. 3 GG ist offensichtlich. Dort also, wo Vereinbarungen teils positiv teils negativ vom tarifvertraglichen Niveau abweichen, muss eine solche partielle Schlechterstellung des Organisierten gegenüber dem Nichtorganisierten, die durch andere Vereinbarungsbestandteile kompensiert wird, als gerechtfertigt im Sinne des Art. 9 Abs. 3 GG gewertet werden. Alles andere würde dem Nichtorganisierten jegliche Luft zur vertraglichen Vereinbarung nehmen, seine Entscheidung, der Koalition nicht beizutreten würde zum *nudum ius* reduziert.

N. Allgemeiner arbeitsrechtlicher Gleichbehandlungsgrundsatz

Literatur: *Bauschke,* Zur Problematik des arbeitsrechtlichen Gleichbehandlungsgrundsatzes, RdA 1985, 72; *Bepler,* Gleichbehandlung in Betrieb, Unternehmen, Konzern, Sonderbeil. NZA 2004 Heft 18, 3; *Bittner,* Arbeitsrechtlicher Gleichbehandlungsgrundsatz und ausländisches Arbeitsvertragsstatut, NZA 1993, 161; *Fastrich,* Gleichbehandlung und Gleichstellung, RdA 2000, 65; *Grabner/Bode,* Neue BAG-Rechtsprechung zur vorgezogenen betrieblichen Altersrente im Widerspruch zur arbeitsrechtlichen Gleichbehandlung, BB 2001, 2425; *Herbold,* Gleichbehandlung in der betrieblichen Altersversorgung, 2007; *Konzen,* Gleichbehandlungsgrundsatz und personelle Grenzen der Kollektivautonomie, Arbeitsleben und Rechtspflege 1981, 245; *Reinecke,* Diskriminierungsverbote und Gleichbehandlungsgebote in der betrieblichen Altersversorgung, insbesondere Unisex, BetrAV 2012, 402; *Schmidt,* Fristlose Kündigung und Gleichbehandlungsgrundsatz beim illegitimen Streik, BB 1973, 432; *Schrader,* Der arbeitsrechtliche Gleichbehandlungsgrundsatz im Sozialplan – eine Analyse der Rechtsprechung, DB 1997, 1714; *Tschöpe,* Der räumliche Geltungsbereich des arbeitsrechtlichen Gleichbehandlungsgrundsatzes, DB 1994, 40; *Weber/Ehrich,* Der Gleichbehandlungsgrundsatz bei freiwilligen Leistungen des Arbeitgebers, ZIP 1997, 1681; *Widmaier,* Der Gleichbehandlungsgrundsatz in der jüngeren Rechtsprechung des BAG, ZTR 1990, 359; *Wiedemann,* Die Gleichbehandlungsgebote im Arbeitsrecht, 2001; *ders.,* Neuere Rechtsprechung zur Verteilungsgerechtigkeit und zu den Benachteiligungsverboten, RdA 2005, 193; *ders.,* Gedanken zum allgemeinen Gleichheitsgebot und zur mittelbaren Diskriminierung, FS Bepler, 2012, S. 605; *Wolf,* Gleichbehandlungsgrundsatz und privatrechtliches Teilhaberecht, Funktionswandel der Privatrechtsinstitutionen, FS Raiser, 1974, S. 597; *Zumbansen/Kim,* Zur Gleichbehandlung von Arbeitsentgelt und Trinkgeldern aus steuer- und arbeitsrechtlicher Sicht, BB 1999, 2454.

I. Allgemeines

1. Herkunft und Geltung

Der allgemeine arbeitsrechtliche Gleichbehandlungsanspruch ist weitgehend unbestritten in Literatur und Rechtsprechung, seine dogmatische Herleitung ist jedoch unsicher. Seinen Ursprung hat dieses Rechtsmittel in der Rechtsprechung der ausgehenden dreißiger Jahre – angefangen mit einem Urteil vom 19.1.1938, als das Reichsarbeitsgericht zum ersten Mal eine aus der Fürsorgepflicht des Arbeitgebers abgeleitete Verpflichtung annahm, zwischen einzelnen Arbeitnehmer(gruppe)n nicht willkürlich zu differenzieren (RAG v. 19.1.1938 – RAG. 153/37, RAS 33, 172; hierzu *Wiedemann,* Die Gleichbehandlungsgebote im Arbeitsrecht, S. 9; *G. Hueck,* Der Grundsatz der gleichmäßigen Behandlung im Privatrecht, S. 60). Da diese Annahme nicht spezifisch nationalsozialistisches Gedankengut enthält, blieb der Gleichbehandlungsanspruch auch nach Gründung der Bundesrepublik anerkannt und wurde vom ursprünglichen Anwendungsbereich der Gratifikationen und Sonderleistungen langsam auf weitere Arbeitsbedingungen ausgedehnt (zu dieser Entwicklung *Hueck/Nipperdey,* Arbeitsrecht I, 6. Aufl., S. 425). Seitdem variiert die Herleitung dieser Pflicht. Verbreitet wird auf **Art. 3 I GG** Bezug genommen (BAG v. 21.8.2012 – 3 AZR 81/10, juris Rnr. 23; BAG v. 16.2.2012 –

926

8 AZR 242/11, NZA 2012, 1307 Rnr. 79; BAG v. 17.11.1998 – 1 AZR 147/98, AP BGB § 242 Nr. 162 Gleichbehandlung *[Richardi]* m. w. N). Speziell für das Betriebsrentenrecht verweist das BAG auch auf **§ 1b Abs. 1 S. 4 BetrAVG** (BAG v. 21.8.2012 – 3 AZR 81/10, juris Rnr. 23). Andere Begründungsansätze sehen im allgemeinen arbeitsrechtlichen Gleichbehandlungsgrundsatz eine **Ausprägung der Verteilungsgerechtigkeit**, die überall da gesichert werden müsse, wo ein Gemeinschaftsverhältnis besteht, das nach einheitlichen Grundsätzen behandelt wird (vgl. bereits *G. Hueck*, Der Grundsatz der gleichmäßigen Behandlung im Privatrecht, S. 127 ff., 169 ff.). Auch gibt es gedankliche Anlehnung an **§ 315 Abs. 1 BGB**, wonach die arbeitsrechtliche Gleichbehandlungspflicht als ein Unterfall der allgemeinen Billigkeits- und Inhaltskontrolle von arbeitsrechtlichen Einheitsregelungen gewertet wird (*Söllner/Waltermann*, Arbeitsrecht, § 29 Rnr. 772). Ein weiterer Ansatz, der sich insbesondere im Schrifttum durchgesetzt hat, sieht den Grund der Gleichbehandlungspflicht des Arbeitgebers im **Vollzug einer selbst gesetzten Norm**; maßgeblich ist die Freiwilligkeit der Leistung und des darin liegenden Normenvollzugs, der einheitlich zu erfolgen habe (grundlegend *Bötticher*, RdA 1953, 161; heute MünchArbR/*Richardi*, 2000, § 14 Rnr. 7 f.; *Löwisch*, FS G. Müller, 1981, S. 301, 303). Das BAG nähert sich dieser Position in jüngeren Entscheidungen an (BAG. v. 27.6.2012 – 5 AZR 317/11, juris Rnr. 17). In den Instanzgerichten wird der Gleichbehandlungsgrundsatz vor allem als **Ausdruck der Fürsorgepflicht des Arbeitgebers**, des **Grundsatzes von Treu und Glauben** bzw. allgemeiner sozialer Gerechtigkeitserwägungen angesehen (beispielhaft LAG Düsseldorf v. 11.11.1981 – 22 Sa 421/81, DB 1982, 2715; s. auch MüKo/*Müller-Glöge*, BGB, § 611 Rnr. 1121). Die verschiedenen Begründungen ergänzen sich gegenseitig und münden im allgemeinen Rechtsbewusstsein, wonach Diskriminierung durch den Arbeitgeber verhindert werden soll. Einige gehen daher bereits von einer **gewohnheitsrechtlichen Anerkennung** des Gleichbehandlungsgrundsatzes aus (MüKo/*Müller-Glöge*, BGB, § 611 Rnr. 1122; *Boemke*, NZA 1993, 532, 535; a. A. MünchArbR/*Richardi*, 2000, § 14 Rnr. 8).

927 Worin auch der Ursprung des Gleichbehandlungsgrundsatzes gesehen werden mag, Einigkeit besteht über seinen **Inhalt** und seine **Voraussetzungen**. Nach ständiger Rechtsprechung gebietet es dieser Grundsatz dem Arbeitgeber, seine Arbeitnehmer oder Gruppen von Arbeitnehmern gleich zu behandeln, soweit sie sich in gleicher oder vergleichbarer Lage befinden. Verboten ist nicht nur die willkürliche Schlechterstellung einzelner Arbeitnehmer innerhalb einer Gruppe, sondern auch eine sachfremde Gruppenbildung (so die ständige Formulierung der Rechtsprechung: BAG v. 3.4.1957 – 4 AZR 644/54, AP BGB § 242 Nr. 4 Gleichbehandlung; BAG v. 21.6.2000 – 5 AZR 806/98, AP BGB § 612 Nr. 60, EzA Nr. 83 zu § 242 BGB Gleichbehandlung; BAG v. 16.2.2012 – 8 AZR 242/11, NZA 2012, 1307 Rnr. 79). Unterschiedliche Ergebnisse zwischen den verschiedenen Herleitungen im jeweils zu entscheidenden Einzelfall beruhen darauf, dass im Einzelnen unterschiedliche Auffassungen dazu vertreten werden, was eine willkürliche Schlechterstellung ist bzw. was als sachfremder Grund i. S. dieser Formel zu werten ist.

2. Abgrenzung

Der allgemeine arbeitsrechtliche Gleichbehandlungsgrundsatz ist abzugrenzen 928
vom besonderen Diskriminierungsschutz, durch den – wie etwa beim AGG, in
der Grundkonzeption auch bei § 4 Abs. 1 TzBfG und § 4 Abs. 2 TzBfG und § 9
Nr. 2 AÜG – die Unterscheidung nur nach bestimmten Merkmalen verboten wird.
Es handelt sich dabei um Differenzierungsverbote, die einen **eigenständigen Maßstab der Rechtfertigung** haben: Bei den Leiharbeitnehmern ist eine Ungleichbehandlung wohl gänzlich ausgeschlossen, beim Geschlecht kommt es auf die
Unverzichtbarkeit der Unterscheidung an, bei der Behinderung darauf, ob sie eine
wesentliche und entscheidende berufliche Anforderung betrifft, einzig bei der Teilzeit- und bei der befristeten Beschäftigung genügt der sachliche Grund.

Allgemeiner Gleichbehandlungsgrundsatz und besondere Diskriminierungsverbote haben jeweils ihre **eigene Geschichte, Aufgabe und Rechtsfolge.** Der allgemeine Gleichheitssatz spricht die Verteilungsgerechtigkeit bei der Zuweisung 929
von Gütern und Lasten an. Die besonderen Diskriminierungsverbote haben ihre
Wurzel in der Anerkennung der Menschenwürde; sie verbieten es, bestimmte
Merkmale zum Unterscheidungskriterium einer Regelung oder einseitigen Maßnahme zu nutzen, wenn dadurch Personen herabgesetzt, ausgegrenzt oder sonst
benachteiligt werden (vgl. hierzu auch *Wiedemann,* RdA 2005, 193).

II. Geltungsbereich

Voraussetzung der Anwendbarkeit des Gleichbehandlungsgrundsatzes ist es mit- 930
hin, dass der Arbeitgebergeber innerhalb eines bestehenden Arbeitsverhältnisses
eine allgemein gültige (= kollektive) Regelung trifft.

1. Maßnahmen mit kollektivem Bezug

Dem Gleichbehandlungsgrundsatz unterfallen alle Maßnahmen und Entschei- 931
dungen des Arbeitgebers, die einen kollektiven Bezug haben, die sich also nicht
allein in der einzelfall- und einzelpersonbezogenen Regelung erschöpfen. Erfasst
werden vertragliche Vereinbarungen, insbesondere arbeitsvertragliche Einheitsregelungen (BAG v. 14. 12. 2011 – 5 AZR 675/10, NZA 2012, 618) und Gesamtzusagen, aber auch die Ausübung des Direktionsrechts (s. LAG Köln v. 22. 6.
1994 – 2 Sa 1087/93, LAGE Nr. 19 zu § 611 BGB Direktionsrecht). Der Gleichbehandlungsgrundsatz ist damit nicht nur Anspruchsgrundlage, sondern auch
Schranke zur Ausübung arbeitsvertraglicher Rechte durch den Arbeitgeber.

Ob die Maßnahme kollektiven Bezug hat, kann nicht allein durch die Verhält- 932
niszahlen der jeweils begünstigten und benachteiligten Arbeitnehmer ermittelt
werden (in diese Richtung aber BAG v. 19. 8. 1992 – 5 AZR 513/91, AP BGB
§ 242 Nr. 102 Gleichbehandlung; s. auch ErfK/*Preis,* § 611 BGB Rnr. 575), sondern entscheidet sich danach, ob der Arbeitgeber nach einem bestimmten erkennbaren und **generalisierenden Prinzip** aufgrund einer abstrakten Regelung handelt

und dazu bestimmte Voraussetzungen oder Zwecke festlegt (BAG v. 14.12.2011 – 5 AZR 675/10, NZA 2012, 618; BAG v. 21.3.2002 – 6 AZR 144/01, EzA Nr. 88 zu § 242 BGB Gleichbehandlung; BAG v. 25.10.2001 – 6 AZR 560/00, NZA 2002, 872; BAG v. 27.7.1988 – 5 AZR 244/87, AP BGB § 242 Nr. 83 Gleichbehandlung; BAG v. 19.8.1992 – 5 AZR 513/91, AP BGB § 242 Nr. 102 Gleichbehandlung; BAG v. 23.8.1995 – 5 AZR 293/94, AP BGB § 242 Nr. 134 Gleichbehandlung; BAG v. 12.6.1996 – 5 AZR 960/94, AP BGB § 611 Nr. 4 Werkstudent). Entscheidend ist, ob der Arbeitgeber eine **verteilende Entscheidung** trifft (BAG v. 14.12.2011 – 5 AZR 675/10, NZA 2012, 618). Einer Maßnahme fehlt der kollektive Bezug, wenn sie **individuell mit dem Arbeitnehmer ausgehandelt** wurde. Der Gleichbehandlungsgrundsatz tritt dann hinter die Vertragsfreiheit zurück (BAG v. 25.2.2010 – 6 AZR 911/08, NZA 2010, 561; BAG v. 17.12.2009 – 6 AZR 242/09, NZA 2010, 273; BAG v. 13.2.2002 – 5 AZR 713/00, AP Nr. 184 zu § 242 BGB – Gleichbehandlung; BAG v. 17.2.1998 – 3 AZR 783/96, BAGE 88, 23 (27); BAG v. 27.7.1988 – 5 AZR 244/87, AP Nr. 83 zu § 242 BGB – Gleichbehandlung; BAG v. 24.10.1989 – 8 AZR 5/89, AP Nr. 29 zu § 11 BUrlG); der Gleichbehandlungsgrundsatz dient nicht dazu, die Ergebnisse individueller Verhandlungen zu korrigieren und ein unzureichendes Verhandlungsgeschick auszugleichen (BAG v. 25.5.2004 – 3 AZR 15/03, AP BetrAVG § 1 b Nr. 5). Eine Individualvereinbarung liegt freilich nicht vor, wenn einseitig gestellte Vertragsbedingungen des Arbeitgebers akzeptiert werden. So ist der Gleichbehandlungsgrundsatz nach Ansicht des BAG „trotz des Vorrangs der Vertragsfreiheit" anwendbar, wenn Arbeitsentgelte durch eine betriebliche Einheitsregelung generell angehoben werden (BAG v. 14.12.2011 – 5 AZR 675/10, NZA 2012, 618). Es gilt hier nichts anderes als bei der Abgrenzung von AGB und ausgehandelter Vereinbarung. Die Tatsache allein, dass der Arbeitgeber eine Ungleichbehandlung durchsetzen kann, führt nicht dazu, dass er zu ihr berechtigt ist. Eine individuelle Vereinbarung, die die Anwendung des Gleichbehandlungsgrundsatzes ausschließt, liegt nicht schon dann vor, wenn der Arbeitsvertrag eine übertarifliche Vergütung vorsieht (BAG v. 21.3.2002 – 6 AZR 144/01, EzA Nr. 88 zu § 242 BGB Gleichbehandlung).

933 Weil die Individualvereinbarung nicht an das allgemeine Gleichbehandlungsgebot gebunden ist, ist die **individuelle Besserstellung,** wenn sie Ausdruck einer einzelfallbezogenen Entscheidung ist, möglich (ebenso ErfK/*Preis*, § 611 BGB Rnr. 575; Schaub/*Linck*, Arbeitsrechts-Handbuch, § 112 Rnr. 6, 8; MüKo/*Müller-Glöge*, BGB, § 611 Rnr. 1122; vgl. auch ArbG München v. 31.10.2003 – 3 Ca 4946/03, n. v. [juris]), und auch ist der **Verzicht** des einzelnen Arbeitnehmer auf seine Rechte aus dem Gleichbehandlungsgrundsatz zulässig, etwa indem er eine Vertragsänderung ablehnt, die vergleichbare Arbeitnehmer, da für sie günstig, angenommen haben (BAG v. 4.5.1962 – 1 AZR 250/61, AP BGB § 242 Nr. 32 Gleichbehandlung; MünchArbR/*Richardi*, 2000, § 14 Rnr. 32 ff.; ErfK/*Preis*, § 611 BGB Rnr. 577).

934 Beim **Direktionsrecht** hat die Rechtsprechung entschieden in Bezug auf die Versetzung auf einen anderen Arbeitsplatz (BAG v. 12.7.1957 – 1 AZR 129/56, AP BGB § 242 Nr. 5 Gleichbehandlung), Torkontrollen (LAG Köln v. 3.11.1983 – 10 TaBV 19/83, n. v. [juris]), Zeiterfassung (LAG Berlin v. 9.1.1984 – 12 Sa 127/83, DB 1984, 2098), ein betriebliches Rauchverbot (LAG Frankfurt v. 6.7.1989 – 2

II. Geltungsbereich

Sa 1087/93, LAGE Nr. 5 zu § 611 BGB Direktionsrecht), Kürzung der regelmäßigen Arbeitszeit (BAG v. 15. 12. 1993 – 5 AZR 319/93, n. v. [juris]) und die Verteilung von Überstunden, Nacht- und Feiertagsarbeit (LAG Köln v. 22. 6. 1994 – 2 Sa 1087/93, LAGE Nr. 19 zu § 611 BGB Direktionsrecht).

Eine an den Gleichbehandlungsgrundsatz gebundene Maßnahme kann auch die **Kündigung** des Arbeitsverhältnisses durch den Arbeitgeber sein. Soweit der allgemeine Kündigungsschutz eingreift, hat dieser jedoch weitgehend den Gleichbehandlungsgrundsatz in sich aufgenommen. Dies gilt vor allem für die betriebsbedingte Kündigung, in der nach § 1 III KSchG eine soziale Auswahl getroffen werden muss. Anders kann es bei der personen- oder verhaltensbedingten Kündigung sein. Voraussetzung der Anwendbarkeit ist allerdings auch hier, dass die Maßnahme kollektiven Bezug hat. Dies ist z. B. denkbar bei der Weiterbeschäftigung nach einem rechtswidrigen Streik oder bei kollektiv begangenen strafbaren Handlungen. Einzelne dürften hier nicht sachwidrig ausgewählt werden (ebenso *Wiedemann*, Die Gleichbehandlungsgebote im Arbeitsrecht, S. 27). Sinnvoll erscheint es auch, den heute anerkannten **Wiedereinstellungsanspruch** für den Fall, dass zunächst berechtigte Kündigungsgründe vor Ablauf der Kündigungsfrist wegfallen, am allgemeinen Gleichbehandlungsgrundsatz zu messen für den Fall, dass mehrere Arbeitnehmer die Fortsetzung des Arbeitsverhältnisses geltend machen, der Arbeitgeber unter ihnen aber auswählen muss (im Ergebnis ebenso BAG v. 4. 12. 1997 – 2 AZR 140/97, AP KSchG 1969 § 1 Nr. 4 Wiedereinstellung, jedoch in Anlehnung an § 1 Abs. 3 KSchG und §§ 242, 315 BGB). **935**

Keine Maßnahme liegt vor, wenn der Arbeitgeber in einer Unterscheidung keine Regelung treffen will, sondern sich irrtümlich zu unterschiedlicher Behandlung verpflichtet glaubt (BAG v. 18. 11. 2009 – 4 AZR 491/08, NZA 2010, 835). Ein **Anspruch auf Gleichbehandlung im Rechtsirrtum** besteht daher nicht (BAG v. 21. 8. 1980 – 5 AZR 325/78, AP BetrVG 1972 § 77 Nr. 2; BAG v. 26. 11. 1998 – 6 AZR 335/97, AP BAT-O § 1 Nr. 11; BAG v. 24. 6. 2004 – 8 AZR 357/03, ZTR 2005, 92; LAG Hamm v. 21. 12. 2004 – 12 Sa 1387/04, n. v. [juris]; LAG Berlin v. 24. 1. 2003 – 2 Sa 1807/02, n. v. [juris]; LAG Hessen v. 17. 3. 2005 – 14/8 Sa 1592/04, n. v. [juris]). Ebenso verneint die Rechtsprechung recht streng einen Anspruch auf **Gleichbehandlung im Unrecht**. Der arbeitsrechtliche Gleichbehandlungsgrundsatz gewährt danach keinen Anspruch auf Wiederholung eines unrechtmäßigen Verwaltungshandelns. Dem steht der Grundsatz der Gesetzesbindung der Verwaltung entgegen (BAG v. 9. 2. 2003 – 7 AZR 67/02, NZA 2003, 1271). **936**

2. Bestehendes Rechtsverhältnis zwischen Arbeitgeber und Arbeitnehmer

Das Rechtsverhältnis zwischen Arbeitgeber und Arbeitnehmer, innerhalb dessen der Gleichbehandlungsgrundsatz Anwendung findet, ist regelmäßig das **Arbeitsverhältnis**. Darüber hinaus besteht ein Anspruch auf Gleichbehandlung im **Ruhestandsverhältnis**, etwa bei der betrieblichen Altersversorgung (BAG v. 18. 9. 2012 – 3 AZR 176/10, BetrAV 2012, 716; BAG v. 19. 6. 2012 – 3 AZR 558/10, BB 2012, 2880). Keine Gleichbehandlungspflicht besteht daher nach ständiger Rechtsprechung bei **Einstellungen,** da diese erst das Rechtsverhältnis zwischen Arbeitgeber und Arbeitnehmer begründen (BAG v. 28. 1. 1955 – GS 1/54, AP GG **937**

N. Allgemeiner arbeitsrechtlicher Gleichbehandlungsgrundsatz

Art. 9 Nr. 1 Arbeitskampf; BAG v. 26. 8. 1987 – 4 AZR 137/87, AP BAT 1975 §§ 22, 23 Nr. 137; s. aber zur Übernahme von Auszubildenden BVerfG v. 19. 5. 1992 – 1 BvR 126/85, AuR 1993, 254 [atomkraftkritischer Azubi bei Daimler]). Die besonderen Diskriminierungsverbote zeigen jedoch, dass auch hier Gleichbehandlungsgebote bestehen können: Die Benachteiligungsverbote des AGG beziehen sich ausdrücklich auch auf die Einstellung. Je nachdem, ob man darin Sondervorschriften oder aber auf alle Gleichbehandlungspflichten auszudehnende Einschränkungen der Abschlussfreiheiten sieht, kann dies in zukünftiger Rechtsentwicklung auf die Einstellungen durchschlagen. Bezugsgruppe ist dann nicht die Betriebsgemeinschaft, sondern die aktuelle oder potenzielle Bewerbergruppe (ausführlich *Wiedemann*, Die Gleichbehandlungsgebote im Arbeitsrecht, S. 23 f.). Einen Anspruch auf **Begründung eines Dauerarbeitsverhältnisses** aus Gleichbehandlung hat die Rechtsprechung abgelehnt (BAG v. 19. 2. 2003 – 7 AZR 67/02, NZA 2003, 1271). Gleiches muss für die Übernahme von einem Teilzeit- in ein Vollzeitarbeitsverhältnis gelten (großzügiger LAG Köln v. 27. 6. 2003 – 11 Sa 1206/02, PersV 2005, 75). Ein Änderungsangebot, dessen Inhalt den arbeitsrechtlichen Gleichbehandlungsgrundsatz verletzt, widerspricht dem Grundsatz der Verhältnismäßigkeit. Es muss vom Arbeitnehmer nicht billigerweise hingenommen werden und führt zur Unwirksamkeit der **Änderungskündigung** nach § 2 S. 1 KSchG i. V. m. § 1 Abs. 2 KSchG (BAG v. 3. 7. 2003 – 2 AZR 617/02, AP KSchG 1969 § 2 Nr. 73).

938 Ein hinreichendes Rechtsverhältnis bilden auch die **nachwirkenden Pflichten und Bindungen** eines gekündigten oder aus anderem Grund beendeten Arbeitsverhältnisses. Auch Wiedereinstellungsansprüche können daher an den allgemeinen Gleichbehandlungsgrundsatz gebunden sein (str., s. *Schaub*, Arbeitsrechts-Handbuch, 14. Aufl. 2012, § 112 Rnr. 20; a. A. wohl ErfK/*Preis*, § 611 BGB Rnr. 578). Das BAG hat es allerdings abgelehnt, dass bei vorübergehender Stilllegung eines Saison- und Kampagnebetriebes der Arbeitgeber bei der nur teilweisen Wiedereinstellung der Belegschaft die Grundsätze der sozialen Auswahl anwenden muss (BAG v. 15. 3. 1984 – 2 AZR 24/83, AP KSchG 1969 § 1 Nr. 2 Soziale Auswahl).

3. Tarifvertrag und Betriebsvereinbarung

939 Inwieweit Tarifvertrag und Betriebsvereinbarung an den allgemeinen arbeitsrechtlichen Gleichbehandlungsgrundsatz gebunden sind, ist bislang nicht befriedigend geklärt, in der Praxis jedoch ohne Bedeutung. Tarifvertragsnormen sind entsprechend ständiger Rechtsprechung an **Art. 3 I GG** gebunden, auch wenn die neuere Rechtsprechung bei den Freiheitsrechten nur von einer mittelbaren Bindung der Tarifverträge ausgeht (BAG v. 22. 12. 2009 – 3 AZR 895/07, NZA 2010, 521; BAG v. 27. 5. 2004 – 6 AZR 129/03, AP Nr. 5 zu § 1 TVG – Gleichbehandlung sowie BAG v. 16. 12. 2004 – 6 AZR 652/03, nv.). Es gelten daher grundsätzlich. die gleichen Maßstäbe. Nach hM ist der Arbeitgeber jedoch nicht verpflichtet, nicht tarifgebundenen Arbeitnehmern tarifliche Leistungen zu gewähren (s. Rnr. 907). Dies wird zumeist damit begründet, dass der Arbeitgeber berechtigt ist, gesetzliche Differenzierungen durchzuführen. § 3 TVG legt jedoch nur die Grenzen normativer Geltung fest, trifft aber keine Aussage zu dem auf anderer Grundlage beruhenden arbeitsrechtlichen Gleichbehandlungsgrundsatz. Eine Gleichbehandlung zumindest der Arbeitnehmer die einen Tarifvertrag mit erstreikt haben, ist daher denkbar (so *Thüsing*, ZTR 1997, 433; *Thüsing*, Der Außenseiter im Arbeitskampf, 1996, S. 119). Ebenso haben die Tarifparteien eine weit gehende Gestaltungsfreiheit hinsichtlich der Arbeitnehmergruppen, die sie in den personellen Geltungsbereich des Tarifvertrages einbeziehen (str.: BAG v. 30. 8. 2000 – 4 AZR 563/99, NZA 2001, 613; v. 12. 10. 2004 – 3 AZR 571/03, NZA 2005, 1127; v. 27. 5. 2004 – 6 AZR 129/03, AP Nr. 5 zu § 1 TVG – Gleichbehandlung; v. 18. 5. 2004 – 9 AZR 250/03, EzA § 4 TVG Luftfahrt Nr. 9; *Wißmann*, FS Dieterich, 1999, S. 683). Aufgrund deren normativer Wirkung ist der Arbeitgeber innerhalb des Anwendungsbereichs tarifvertraglicher Normen nicht unmittelbar an den Gleichbehandlungsgrundsatz gebunden (BAG v. 22. 12. 2009 – 3 AZR 895/07, NZA 2010, 521). Für unterschiedliche Tarifvertragsparteien besteht kein verfassungsrechtliches Gebot, ähnliche Sachverhalte in verschiedenen Ordnungs- und Regelungsbereichen gleich zu regeln (BAG v. 16. 12. 2003 – 3 AZR 668/02, AP Nr. 1 zu § 2 MTArb SR 2g). Ein nicht tarifgebundener Arbeitgeber kann sich ohne Verstoß gegen den Gleichbehandlungsgrundsatz darauf beschränken, nur mit Arbeitnehmern in Leitungsfunktionen eine Vergütung nach Tarif zu vereinbaren (BAG v. 19. 8. 1992 – 5 AZR 513/91, AP Nr. 102 zu § 242 BGB – Gleichbehandlung; v. 20. 11. 1996 – 5 AZR 401/95, NZA 1997, 724). Vereinbart der Arbeitgeber nach Kündigung eines Tarifvertrages mit allen neu eingestellten Arbeitnehmern eine geringere als die tarifliche Vergütung, ist dies als Stichtagsregelung zulässig (BAG v. 11. 6. 2002 – 1 AZR 390/01, DB 2002, 2725 = EWiR 2003, 95 (*Thüsing*); zur Zulässigkeit einer Stichtagsregelung im TV s. auch BAG v. 21. 4. 2005 – 6 AZR 440/04, nv.).

Für Betriebsvereinbarungen gilt § 75 Abs. 1 BetrVG. Zum dort normierten Gebot an Arbeitgeber und Betriebsrat, die Belegschaft nach Recht und Billigkeit zu behandeln, gehört allgemein anerkannt die Pflicht zur Gleichbehandlung, wo sachliche Gründe fehlen, die eine Differenzierung rechtfertigen (BAG v. 19. 4. 1983 – 1 AZR 498/81, AP Nr. 124 zu Art. 3 GG; v. 28. 4. 1993 – 10 AZR 222/92, v. 31. 7. 1996 – 10 AZR 45/96 und v. 11. 2. 1998 – 10 AZR 22/97, AP Nr. 67, Nr. 103 und Nr. 121 zu § 112 BetrVG 1972; v. 20. 7. 1993 – 3 AZR 52/93, AP Nr. 11 zu § 1 BetrAVG – Gleichbehandlung; v. 11. 11. 1986 – 3 ABR 74/85, NZA 1987, 449; v. 23. 11. 2004 – 9 AZR 639/03, NZA 2005, 833; v. 22. 3. 2005 – 1 AZR 49/04, AP Nr. 48 zu § 75 BetrVG 1972; v. 19. 1. 2010 – 3 ABR 19/08, AP Nr. 49 zu § 77 BetrVG 1972 Betriebsvereinbarung; zur Vereinbarkeit einer Besitzstandsklausel mit dem betriebsverfassungsrechtlichen Gleichbehandlungsgrundsatz s. LAG Düsseldorf v. 11. 4. 2005 – 14 Sa 1863/04, NZA-RR 2006, 30). **940**

III. Vergleichsgruppe

Gleichbehandlung kann verlangt werden zu **vergleichbaren Arbeitnehmern**. Vergleichbar ist ein Arbeitnehmer mit derselben Art des Arbeitsverhältnisses und der gleichen oder einer ähnlichen Tätigkeit. Ob Arbeitsverhältnisse derselben Art angehören ist ohne Rücksicht auf die Vorgaben und die Wortwahl des Vertrages nach der konkreten Tätigkeit zu entscheiden. Der Gleichbehandlungsgrundsatz **941** verbietet damit nicht nur die willkürliche Schlechterstellung einzelner Arbeitnehmer innerhalb der Gruppe, sondern auch eine sachfremde Gruppenbildung (BAG v. 31. 8. 2012 – 3 AZR 81/10, juris Rnr. 23; BAG v. 27. 7. 2010 – 1 AZR 874/08, NZA 2010, 1369; v. 21. 10. 2009 – 10 AZR 664/08, AP Nr. 210 zu § 242 BGB Gleichbehandlung). Die Tätigkeiten zweier Arbeitnehmer sind **gleich,** wenn identische Arbeitsvorgänge verrichtet werden, sie sind **ähnlich,** wenn sie trotz unterschiedlicher Arbeitsvorgänge im Hinblick auf Qualifikation, erworbene Fertigkeiten, Verantwortung und körperliche Belastbarkeit des Arbeitnehmers gleiche Anforderungen stellen und die mit ihnen befassten Arbeitnehmer deshalb jederzeit wechselseitig ausgetauscht werden können. Die bloße **Gleichwertigkeit** einer Tätigkeit führt nicht zur Anwendung des Gleichbehandlungsgrundsatzes. Sie ist von Bedeutung allein im Rahmen des § 612 III.

942 Mangels vergleichbarer Lage gilt der Gleichbehandlungsgrundsatz grds. nicht zwischen Arbeitnehmern und **Organmitgliedern** juristischer Personen (BGH v. 14. 5. 1990 – II ZR 122/89, GmbHR 1990, 389, WM 1990, 1461) und bei der Behandlung von **Beamten** und Angestellten, selbst wenn diese auf gleichen Dienstposten beschäftigt werden (BAG v. 18. 11. 2004 – 6 AZR 512/03, EzBAT Nr. 39 zu § 29 BAT; BAG v. 17. 7. 2003 – 8 AZR 319/02, EzBAT Nr. 2 zu §§ 22, 23 BAT K1 VergGr Ib; BAG v. 3. 4. 2003 – 6 AZR 633/01, AP BGB § 242 Nr. 185 Gleichbehandlung; LAG Köln v. 13. 11. 2003 – 5 Sa 759/03, NZA-RR 2004, 608; ArbG Essen v. 7. 12. 2004 – 2 Ca 2743/04, DB 2005, 1114; Schaub/*Linck*, Arbeitsrechts-Handbuch, § 112 Rnr. 14). Fehlende Voraussetzungen für die Übernahme in das Beamtenverhältnis sind für sich genommen jedoch kein sachlicher Grund zur Unterscheidung etwa beim Bewährungsaufstieg (BAG v. 24. 4. 1991 – 4 AZR 570/90, AP BGB § 242 Nr. 140 Gleichbehandlung). Einen Gleichbehandlungsgrundsatz zwischen **Handelsvertretern** (BGH v. 28. 1. 1971 – VII ZR 95/69, AP BGB § 242 Nr. 35 Gleichbehandlung) hat die Rechtsprechung abgelehnt. Der Gleichbehandlungsgrundsatz findet mangels Vergleichbarkeit der Personengruppen ebenfalls keine Anwendung zwischen **Prokuristen und Handlungsbevollmächtigten** (BAG v. 25. 5. 2004 – 3 AZR 15/03, AP BetrAVG § 1 b Nr. 5), da diese auch handelsrechtlich eine unterschiedliche Stellung haben und daher nicht miteinander vergleichbar sind; die Erteilung von Prokura stellt insoweit einen gesteigerten Vertrauensbeweis dar. **Heimarbeiter** (BAG v. 19. 6. 1957 – 2 AZR 84/55, AP BGB § 242 Nr. 12 Gleichbehandlung) können jedenfalls im Entgelt anders als ihre Kollegen behandelt werden. Zulässig ist auch eine Differenzierung zwischen **Dienstordnungsangestellten und Tarifangestellten** (BAG v. 29. 9. 2004 – 10 AZR 88/04, ZTR 2005, 216) bei der Gewährung einer tarifvertraglich vorgesehenen Jubiläumszuwendung oder einer prozentualen Vergütungssteigerung (BAG v. 9. 6. 2010 – 5 AZR 498/09, AP Nr. 82 zu § 1 TVG Bezugnahme auf Tarifvertrag). Der BGH erkennt eine abgeschwächte Gleichbehandlungspflicht unter Organmitgliedern an, nach der es möglich sein kann, ein Ruhegehalt, das bislang sämtlichen Organmitgliedern zugesprochen wurde, nun zwingend auf alle Organmitglieder zu erstrecken (s. BGH v. 14. 5. 1990 – II ZR 122/89, GmbHR 1990, 389, v. 19. 12. 1994 – II ZR 244/93, WM 1995, 627. Anders bei tarifvertraglich vorgegebener Gleichbehandlung: BAG v. 13. 12. 2001 – 8 AZR 94/01, ZTR 2002, 328).

943 Für die Anwendung des arbeitsrechtlichen Gleichbehandlungsgrundsatzes ist es grds. unerheblich, dass die **Gruppe der Begünstigten kleiner** ist als die Gruppe

III. Vergleichsgruppe

der von der übertariflichen Leistung ausgeschlossenen Arbeitnehmer (BAG v. 30. 3. 1994 – 10 AZR 681/92, AP BGB § 242 Nr. 113 Gleichbehandlung; BAG v. 25. 1. 1984 – 5 AZR 89/82, BAGE 45, 76); dies kann jedoch Auswirkungen auf die Rechtsfolgen haben.

Einzubeziehen in den Vergleich sind alle Arbeitnehmer des **Unternehmens, nicht allein des Betriebs** (BAG v. 22. 12. 2009 – 3 AZR 136/08, NZA-RR 2010, 541; v. 17. 11. 1998 – 1 AZR 147/98, AP Nr. 162 zu § 242 BGB – Gleichbehandlung (*Richardi*); v. 3. 12. 2008 – 5 AZR 74/08, NZA 2009, 367: „jedenfalls dann, wenn die verteilende Entscheidung des Arbeitgebers nicht auf einen einzelnen Betrieb beschränkt ist, sondern sich auf alle oder mehrere Betriebe des Unternehmens bezieht"; vorher bereits das herrschende Schrifttum Schaub/*Linck*, Arbeitsrechts-Handbuch, § 112 Rnr.. 15; MünchArbR/*Richardi*, § 9 Rz. 12; *Bepler*, Sonderbeil. NZA 2004 Heft 18, 3, 8 ff.; jeweils mwN). Der Gleichbehandlungsgrundsatz ist entsprechend Art. 3 GG kompetenzbezogen und bezieht sich damit auf den Bereich, auf den sich die Regelungskompetenz erstreckt. Als Normadressat ist der Arbeitgeber für das Unternehmen in seiner Gesamtheit verantwortlich. Die ehemals maßgebliche Ableitung aus der betrieblichen Gemeinschaft tritt damit zurück. Die unterschiedliche Betriebszugehörigkeit kann jedoch ein Grund zur Ungleichbehandlung sein, insbesondere wenn kein enger lebensmäßiger Zusammenhang zwischen den Angehörigen der verschiedenen Betriebe besteht und die Betriebe selber erhebliche Unterschiede aufweisen. Durch bloße **Betriebsaufspaltung** ohne materielle Änderungen des Betriebsablaufs kann der allgemeine Gleichbehandlungsgrundsatz freilich nicht umgangen werden (ebenso MünchArbR/*Richardi*, 2000, § 14 Rnr. 9; ErfK/*Preis*, § 611 BGB Rnr. 586). Anders herum führt der arbeitsrechtliche Gleichbehandlungsgrundsatz bei mehreren Betrieben nicht *per se* zu einer Unmöglichkeit einzelbetrieblicher Regelungen und kann damit nicht allein die Zuständigkeit des Gesamtbetriebsrates nach § 50 l BetrVG begründen (BAG v. 18. 5. 2010 – 1 ABR 96/08, NZA 2011, 171; BAG v. 23. 3. 2010 – 1 ABR 82/08, AP Nr. 135 zu § 87 BetrVG 1972 Lohngestaltung). Werden bisher **getrennte betriebliche Gemeinschaften zusammengeführt**, so verstößt die Beibehaltung unterschiedlicher Entgeltstrukturen nicht gegen den Gleichbehandlungsgrundsatz, eine Differenzierung nach dem übernommenen Besitzstand ist nicht sachwidrig, auch nicht nach Ablauf längerer Zeiträume (BAG v. 25. 8. 1976 – 5 AZR 788/75, AP BGB § 242 Nr. 41 Gleichbehandlung; ebenso BAG v. 21. 6. 2000 – 5 AZR 806/98, AP BGB § 612 Nr. 60; BAG v. 29. 8. 2001 – 4 AZR 352/00, AP GG Art. 3 Nr. 291 für den Tarifvertrag; BAG v. 31. 8. 2005 – 5 AZR 517/04, ZIP 2005, 2225 für den Fall der Verschmelzung nach dem UmwG mit Nachweisen zur Gegenmeinung). Überdies kann hier § 613 a BGB eine Schranke gegenüber der Vereinheitlichung der Arbeitsbedingungen bilden (detailliert hierzu *Rieble*, SAE 2003, 11).

Eine unternehmensübergreifende, insbesondere eine **konzernweite Geltung** des Gleichbehandlungsgrundsatzes besteht grds. nicht (BAG v. 20. 8. 1986 – 4 AZR 272/85, AP TVG § 1 Nr. 6 Tarifverträge: Seniorität; LAG Schl.-Holst. v. 20. 4. 2004 – 5 Sa 8/04, NZA-RR 2005, 93; *Schaub*, Arbeitsrechts-Handbuch, 11. Aufl. 2005, § 112 Rnr. 15; *Windbichler*, Arbeitsrecht im Konzern, 1989, S. 420). Der Grundsatz kennt freilich Ausnahmen. Wenn die Konzernspitze eine Verteilungskompetenz in Anspruch nimmt und Weisungen und Regelungen trifft, die konzernweit gelten oder umgesetzt werden, ist auch hier eine Gleichbehandlungspflicht anzuerkennen (LAG Köln v. 24. 6. 1999 – 6 Sa 241/99, EWiR 2000, 9 *[Thüsing]*; LAG Hess. v. 17. 3. 2005 – 14/8 Sa 1592/04, n. v. [juris]; ferner BAG v. 17. 6. 2009 – 7 AZR 112/08 (A), BAGE 131, 113 Rnr. 78; BAG v. 4. 10. 1994 – 3 AZR 910/93, BAGE 78, 87, 96; s. auch BAG v. 5. 10. 1999 – 3 AZR 230/98, AP BetrAVG § 1 Nr. 51 Zusatzversorgungskassen; s. auch zur Sozialauswahl BAG v. 17. 2. 2000 – 2 AZR 142/99, AP KSchG 1969 § 1 Nr. 46 Soziale Auswahl; s. auch zu Sozialleistungen LAG BW v. 30. 12. 2004 – 2 Sa 38/04, n. v. [juris]). Wer wie das BAG die Grundlage der Gleichbehandlungspflicht nicht mehr historischem Herkommen entsprechend in der betrieblichen Gemeinschaft sieht, die nach einheitlichen Grundsätzen behandelt werden muss, sondern dem Erkenntnisfortschritt des Verfassungsrechts auch für das Arbeitsrecht Rechnung trägt und die Gleichbehandlungspflicht kompetenzbezogen formuliert, der wird das Unternehmen nicht als die magische Grenze ansehen können, jenseits derer jegliche Pflicht zur Gleichbehandlung aufhört (s. insbesondere *Henssler*, Der Arbeitsvertrag im Konzern, 1983, S. 112 ff.; MünchArbR/*Richardi*, 2000, § 31 Rnrn. 28). Es bleibt aber der Umstand beachtlich, dass die in einem Konzern zusammengeschlossenen Unternehmen ihre rechtliche Selbstständigkeit behalten und auch wirtschaftlich mehr oder weniger selbstständig bleiben, und damit in einem Konzern mehrere unterschiedliche Arbeitgeber vorhanden sind. Wann also dennoch die Gleichbehandlungspflicht durchschlägt, bedarf der Konturierung. Die Gleichartigkeit der betroffenen Unternehmen und ein enger arbeitsorganisatorischer Zusammenhang zwischen ihnen ist für die Anwendung des Gleichbehandlungsgrundsatzes nicht erforderlich (s. aber BAG v. 26. 4. 1966 – 1 AZR 242/65, DB 1966, 1278 und BAG v. 20. 8. 1986 – 4 AZR 272/85, AP TVG § 1 Nr. 6 Tarifverträge: Seniorität). Sie kennzeichnen nur das Fehlen eines sachlichen Grundes, zwischen den einzelnen Unternehmen zu unterscheiden.

946 Aus den gleichen Gründen, aus denen für den Regelfall eine konzernweite Geltung des Gleichbehandlungsgrundsatzes abzulehnen ist, ist er auch nicht in einem **gemeinsamen Betrieb** verschiedener Unternehmen im Hinblick auf die verschiedenen Arbeitgeber anzuwenden (BAG v. 19. 11. 1992 – 10 AZR 290/91, AP BGB § 611 Nr. 148 Gratifikation. S. auch für einen Sonderfall BAG v. 30. 9. 1998 – 4 AZR 547/97, AP BGB § 242 Nr. 159 Gleichbehandlung).

IV. Rechtfertigungsgründe einer Ungleichbehandlung

947 Was ein sachlicher Grund zur Rechtfertigung einer Ungleichbehandlung ist, entscheidet sich im Einzelfall. **Ein abschließender Kanon existiert nicht.** Die Unterscheidung muss einem legitimen Ziel dienen und zur Erreichung dieses Ziels erforderlich und angemessen sein. Davon geht auch die Rechtsprechung aus, wenn sie fordert, dass eine Unterscheidung nach dem „Zweck der Leistung gerechtfertigt" sein muss (BAG v. 20. 7. 1993 – 3 AZR 52/93, AP BetrAVG § 1 Nr. 11 Gleichbehandlung; BAG v. 19. 4. 1995 – 10 AZR 344/94, AP BGB § 242 Nr. 124 Gleichbehandlung; BAG v. 28. 5. 1996 – 3 AZR 752/95, AP TVG § 1 Nr. 143 Tarifverträge: Metallindustrie), oder sie formuliert, eine Differenzierung sei sachfremd, wenn es für die unterschiedliche Behandlung keine billigenswerten Gründe

IV. Rechtfertigungsgründe einer Ungleichbehandlung

gibt, wenn also nach einer am Gleichheitsgedanken orientierten Betrachtungsweise die Regelung als willkürlich anzusehen ist (BAG v. 21. 3. 2002 – 6 AZR 144/01, n. v. [juris]; BVerfG v. 15. 10. 1985 – 2 BvL 4/83, BVerfGE 71, 39, 58). Billigenswert sind Gründe, die auf vernünftigen, einleuchtenden Erwägungen beruhen und gegen keine verfassungsrechtlichen oder sonstigen übergeordneten Wertentscheidungen verstoßen (BAG v. 18. 11. 2003 – 3 AZR 655/02, NZA 2004, 1296; BAG v. 18. 9. 2001 – 3 AZR 656/00, DB 2002, 225).

Als **generell ungeeignete Differenzierungsgründe werden** die in Art. 3 Abs. 2, 3 GG, § 75 BetrVG und § 67 BPersVG normierten Merkmale genannt (Geschlecht, Abstammung, Rasse, Sprache, Heimat und Herkunft, Glaube oder religiöse und politische Anschauung, sexuelle Identität sowie gewerkschaftliche Betätigung; ErfK/*Preis,* § 611 BGB Rnr. 591; Staudinger/*Richardi/Fischinger,* Neubearbeitung 2011, BGB, § 611 Rnr. 503; *Schaub,* Arbeitsrechts-Handbuch, 11. Aufl. 2005, § 112 Rnr. 23). Das ist in dieser Verkürzung nicht zutreffend. Schwangere nicht einzustellen hat einen sachlichen Grund – nämlich Kostenminimierung – und ist unzulässig, nicht im Hinblick auf den allgemeinen Gleichbehandlungsanspruch, sondern wegen des Verstoßes gegen das besondere Diskriminierungsverbot nach § 7 Abs. 1 AGG. Richtig aber ist, dass ein legitimer Zweck, dem die Unterscheidung dienen könnte, in der Tat hier oftmals nicht erkennbar ist. Diese Differenzierungen werden jedoch bereits jetzt (§ 611a BGB, Art. 9 Abs. 3 GG) oder doch in Umsetzung der RL 2000/34/EG, 2000/78/EG von den besonderen Diskriminierungsverboten erfasst, deren Rechtfertigungsmaßstab zumeist strenger ist. Dies gilt auch für Ungleichbehandlungen wegen des Alters (*Wiedemann/Thüsing,* NZA 2002, 1234). **948**

Auf der anderen Seite kann der Arbeitgeber **gesetzliche Differenzierungen** nachvollziehen. Leitende Angestellte haben daher auch aufgrund des Gleichbehandlungsgrundsatzes keinen Anspruch auf Einbeziehung in den Sozialplan (BAG v. 16. 7. 1985 – 1 AZR 206/81, DB 1985, 2207; s. hierzu *Löwisch,* FS G. Müller, 1981, S. 301; *Konzen,* FS G. Müller, 1981, S. 245). Auf die im Sozialversicherungs- und Steuerrecht getroffenen Differenzierungen kommt es bei der Ruhegeldzusage nicht an. Diese Vorschriften sind an ihren spezifisch öffentlich-rechtlichen Zwecken zu messen. Bei einer Zusatzversorgung ist demgegenüber auf die arbeitsrechtliche Bedeutung und Zielsetzung abzustellen. Es handelt sich um unterschiedliche, miteinander nicht zu vergleichende Rechtsgebiete (BAG v. 7. 3. 1995 – 3 AZR 282/94, AP BetrAVG § 1 Nr. 26 Gleichbehandlung). **949**

Ein rechtfertigender Grund zur Ungleichbehandlung liegt – zumindest bei der Entgelt- und Ruhegeldzusage – auch in der unterschiedlichen **Profitabilität** eines Arbeitsverhältnisses für den Arbeitgeber oder auch in den unterschiedlichen **Möglichkeiten der Refinanzierung** (BAG v. 19. 6. 2001 – 3 AZR 557/00, NZA 2002, 557; BAG v. 21. 5. 2003 – 10 AZR 524/02, BB 2003, 2014; siehe hierzu auch § 14 Abs. 1 Nr. 7 TzBfG). Unzulässig sind **maßregelnde Unterscheidungen**. Wieweit Arbeitnehmern, die einer (verschlechternden) Änderung ihres Vertrags zugestimmt haben, nachträglich Wohltaten erwiesen werden können, nicht aber denen, die auf ihren Vertrag bestanden, ist durch das BAG nicht abschließend geklärt (In recht gewundener Argumentation für einen Sonderfall verneinend BAG v. 26. 9. 2007 – 10 AZR 569/06, AP Nr. 205 zu § 242 BGB – Gleichbehandlung; v. 30. 7. 2008 – 10 AZR 497/07, NZA 2008, 1412; s. auch BAG v. **950**

15.7.2009 – AZR 486/08, DB 2009, 2946; BAG v. 17.3.2010 – 5 AZR 168/09, DB 2010, 1187). Stehen die Begünstigten sich immer noch nicht besser als die Kollegen mit unverändertem Vertrag, ist weder von einer Maßregelung noch einer unzulässigen Ungleichbehandlung auszugehen (kritischer *Reinecke*, DB 2012, 120).

951 Eine Ungleichbehandlung ist zulässig, wenn ein **Hilfskriterium zu einer Gruppenbildung** verwandt wird, die ihrerseits auf eine Unterscheidung abzielt, die durch sachliche Gründe gerechtfertigt ist. Dies entspricht allgemeinen Regeln auch zur Einordnung gesetzlicher Differenzierungen. Erforderlich ist allein, dass sich durch die Unterscheidung nach den Hilfskriterien hinreichend sicher das eigentliche Ziel fördern lässt und der Aufwand, eine feingliedrigere Abgrenzung vorzunehmen, unverhältnismäßig wäre. Ebenso wie also die Geschäftsfähigkeit anders als die Deliktsfähigkeit nicht in Ansehung des Einzelfalls bestimmt wird, sondern vergröbernd zwei Gruppen gebildet werden, bei denen eine hinreichende Verstandesreife vermutet oder nicht vermutet wird, kann es richtig sein, dass der Arbeitgeber nicht nach der Krankheitswahrscheinlichkeit im Einzelfall, sondern nach der Gruppenzugehörigkeit Arbeiter und Angestellte differenziert.

952 Stimmt der vom Arbeitgeber zu bestimmende Zweck einer Ungleichbehandlung jedoch mit dem Differenzierungsmerkmal nicht überein, ist er also nur **vorgeschoben,** kann er eine Differenzierung nicht rechtfertigen (BAG v. 15.5.2001 – 1 AZR 672/00, AP BGB § 242 Nr. 176 Gleichbehandlung). Die Annahme eines Arbeitgebers, er sei auf Mitarbeiter angewiesen, die ihre berufliche Qualifikation in einem rechtsstaatlichen und marktwirtschaftlichen System erlangt haben, konnte daher jedenfalls im Jahr 1996 nicht mehr sachlich rechtfertigen, Arbeitnehmern, die am 2.10.1990 ihren Wohnsitz in der DDR hatten, generell ein niedrigeres Gehalt zu zahlen als Arbeitnehmer, die in diesem Zeitpunkt in den alten Bundesländern ansässig waren.

953 **Stichtagsregelungen** sind für die Schaffung von Ansprüchen vielfach üblich und wurden bislang durchgehend von der Rechtsprechung des BAG anerkannt. Schon angesichts des ständigen Wandels der wirtschaftlichen Rahmenbedingungen ist der Arbeitgeber nicht aus Gleichbehandlungsgründen verpflichtet, einmal vereinbarte Vertragsinhalte auch künftigen Einstellungen immer wieder zugrunde zu legen (BAG v. 11.6.2002 – 1 AZR 390/01, DB 2002, 2725, EWiR 2003, 95 *[Thüsing]*; BAG v. 18.11.2003 – 1 AZR 604/02, AP BetrVG 1972 § 77 Nr. 15 Nachwirkung). Stichtagsregelungen sind nicht deshalb unzulässig, weil sie im Einzelfall zu Härten führen (BAG v. 24.1.1996 – 10 AZR 155/95, AP BetrVG 1972 § 112 Nr. 98; BAG v. 5.10.2000 – 1 AZR 48/0, AP BetrVG 1972 § 112 Nr. 141). Bei der Wahl des Stichtags besteht ein weiter Ermessensspielraum (BAG v. 15.11.2011 – 9 AZR 387/10, NZA 2012, 218). Der Zeitpunkt muss sich jedoch am gegebenen Sachverhalt orientieren und demnach sachlich vertretbar sein, d.h. die Interessenlage des Betroffenen angemessen erfassen (BAG v. 15.11.2011 – 9 AZR 387/10, NZA 2012, 218 Rnr. 32; BAG v. 21.4.2005 – 6 AZR 440/04, n.v. [juris]; BAG v. 18.3.2004 – 6 AZR 199/03, AP TVG § 4 Nr. 41 Rationalisierungsschutz; BAG v. 28.7.2004 – 10 AZR 19/04, AP BGB § 611 Nr. 257 Gratifikation; BAG v. 18.11.2003 – 9 AZR 659/02, n.v. [juris]; BAG v. 6.11.2003 – 6 AZR 505/02, ZTR 2004, 353; BAG v. 25.10.2001 – 6 AZR 560/00, NZA 2002, 872; BAG v. 19.4.1983 – 1 AZR 498/81, BAGE 42, 217, 222; BAG

v. 11. 9. 1980 – 3 AZR 606/79, AP BGB § 242 Nr. 187 Ruhegehalt; BAG v. 10. 8. 1988 – 5 AZR 676/87, n. v. [juris]; BAG v. 18. 10. 2000 – 10 AZR 643/99, AP BAT-O § 11 Nr. 24; vgl. u. a. BAG v. 30. 11. 1994 – 10 AZR 578/93, AP BetrVG 1972 § 112 Nr. 89; BAG v. 24. 1. 1996 – 10 AZR 155/95, AP BetrVG 1972 § 112 Nr. 98; s. auch BAG v. 25. 6. 2003 – 4 AZR 405/02, EzA Nr. 99 zu Art. 3 GG; LAG Köln v. 24. 3. 2005 – 6 Sa 1305/04, n. v. [juris]). Das Bestreben des Arbeitgebers, seine Kostenbelastung zu begrenzen, rechtfertigt freilich nicht jede beliebige zeitliche Differenzierung. Sie muss auf die jeweilige Leistung und deren Besonderheiten abgestimmt sein, wenn auch die Reichweite dieser Anpassungspflicht bislang nicht durch die Rechtsprechung konkretisiert ist (BAG v. 18. 9. 2001 – 3 AZR 656/00, DB 2002, 225; BAG v. 3. 7. 2003 – 2 AZR 617/02, AP KSchG 1969 § 2 Nr. 73; BAG v. 11. 9. 1980 – 3 AZR 606/79, AP BGB § 242 Nr. 187 Ruhegehalt und BAG v. 10. 4. 1984 – 3 AZR 57/82, AP BGB § 242 Nr. 64 Gleichbehandlung). Die in einem Runderlass festgelegte Höchstaltersgrenze für die Vorweggewährung von Lebensaltersstufen für angestellte Lehrer in Mangelfächern verstößt nach der Rechtsprechung des BAG nicht gegen den arbeitsrechtlichen Gleichbehandlungsgrundsatz, wenn die Differenzierung dazu dient, einen finanziellen Anreiz für den Verbleib im Landesdienst zu schaffen und damit einem Wechsel in andere Bundesländer entgegenzuwirken (BAG v. 29. 4. 2004 – 6 AZR 194/03, ZTR 2005, 40; ebenso LAG Hamm v. 13. 1. 2004 – 5 Sa 736/03, EzBAT Nr. 5 zu § 27 BAT Abschnitt C bzgl. einer zulässigen Differenzierung nach festgelegten Fächer-Schulform-Kombinationen beruhend auf einer Prognose zur Lehrerbedarfssituation). Eine tarifliche Regelung zur Beschäftigungssicherung, die einer nach dem Einstellungsdatum abgegrenzten Gruppe von Beschäftigten **zeitlich befristet Verschlechterungen der tariflichen Arbeitsbedingungen** zumutet, verstößt ebenfalls nicht gegen den allgemeinen Gleichheitssatz (Art. 3 Abs. 1 GG), wenn nach Einschätzung der Tarifvertragsparteien sonst betriebsbedingte Kündigungen drohen, die zahlenmäßig der betroffenen Gruppe entsprechen und im Rahmen der sozialen Auswahl vorrangig diese treffen würden (BAG v. 25. 6. 2003 – 4 AZR 405/02, AP TVG § 1 Nr. 1 Beschäftigungssicherung). Gehen nach einem **Betriebsübergang** Arbeitsverhältnisse vom Veräußerer auf den Erwerber über und gewährt der Erwerber den übernommenen Arbeitnehmern die mit dem früheren Arbeitgebern vereinbarten oder sich dort aus einer Betriebsvereinbarung ergebenden Arbeitsbedingungen weiter, können die übernommenen Arbeitnehmer aus dem Gleichbehandlungsgrundsatz keine Anpassung an die beim Erwerber bestehenden besseren Arbeitsbedingungen verlangen (BAG v. 31. 8. 2005 – 5 AZR 517/04, ZIP 2005, 2225).

V. Beweislast

Der **Arbeitnehmer** hat entsprechend den allgemeinen Regeln der Normbegünstigung die Voraussetzungen des Anspruchs auf Gleichbehandlung darzulegen. Er hat daher vergleichbare Arbeitnehmer zu nennen, die ihm gegenüber vorteilhaft behandelt werden. Dies gilt auch für das Fehlen eines sachlichen Grundes. Da es sich insoweit aber um den Beweis einer negativen Tatsache handelt, gelten hierfür allgemein die einschlägigen Beweiserleichterungen. Der Arbeitgeber hat das Vor-

954

bringen des Arbeitnehmers qualifiziert zu bestreiten und mögliche Rechtfertigungsgründe vorzubringen. Erst wenn diese benannt sind, muss sie der Arbeitnehmer durch Beweisantritt widerlegen. Nach ständiger Rechtsprechung hat der **Arbeitgeber** daher, falls er Arbeitnehmer mit ähnlicher Tätigkeit nach unterschiedlichen Vergütungssystemen entlohnt, darzulegen, wie groß der begünstigte Personenkreis ist, wie er sich zusammensetzt, wie er abgegrenzt ist und warum der klagende Arbeitnehmer nicht dazugehört (BAG v. 29. 9. 2004 – 5 AZR 43/04, AP BGB § 242 Nr. 192 Gleichbehandlung; BAG v. 19. 8. 1992 – 5 AZR 513/91, NZA 1993, 171; BAG v. 12. 11. 1991 – 3 AZR 489/90, NZA 1992, 837). Dies ist auch deshalb sachgerecht, weil der benachteiligte Arbeitnehmer ohne eine solche Offenbarung der Differenzierungsgründe durch den Arbeitgeber häufig nicht in der Lage sein wird, sich darüber ein Bild zu machen, ob er gerecht behandelt wurde. Der Arbeitgeber kann seinerseits die Gründe für die Gruppenbildung leicht darlegen, da er die maßgeblichen Kriterien selbst aufgestellt hat (s. auch BAG v. 30. 11. 1982 – 3 AZR 214/80, AP BGB § 242 Nr. 54 Gleichbehandlung; LAG München v. 13. 8. 1987 – 6 [7] Sa 863/86, BB 1988, 1824). Die **europarechtlich vorgegebenen Beweislastregeln** des AGG gelten jedoch nicht. Auch hier gilt aber, dass nachgeschobener Vortrag zur sachlichen Rechtfertigung nur insoweit berücksichtigt werden darf, als dass er nicht eine mögliche Rechtfertigung vorbringt, sondern tatsächlich den Beweggrund des Arbeitgebers (s. BAG v. 27. 10. 1988 – 9 AZR 299/97, AP BGB § 611 Nr. 211 Gratifikation unter Hinweis auf BVerfG v. 16. 11. 1993 – 1 BvR 258/86, AP BGB § 611a Nr. 9).

955 Gleiches gilt nach der Rechtsprechung des BAG, wenn der Arbeitgeber, **ohne nach einem erkennbaren und generalisierenden Prinzip** vorzugehen, im Betrieb mehrere Vergütungssysteme anwendet und dabei nicht nur einzelne Arbeitnehmer besser stellt. Anderenfalls wäre der Arbeitgeber im Vorteil, der von vornerein keine allgemeinen Grundsätze aufstellt, sondern nach Gutdünken verfährt (BAG v. 19. 8. 1992 – 5 AZR 513/91, NZA 1993, 171). Maßgeblich ist jedoch auch hier, ob es sich um individuelle Vereinbarungen handelt.

VI. Rechtsfolgen des Verstoßes

956 Einseitige Maßnahmen des Arbeitgebers, die den Arbeitnehmer unter Verletzung des Gleichbehandlungsgrundsatzes benachteiligen (Kündigung, Ausübung von Leistungsbestimmungsrechten und Widerrufsvorbehalten), sind **unwirksam gem. § 134 BGB**. Auch eine benachteiligende Vereinbarung ist unwirksam, soweit der Arbeitnehmer von einer begünstigenden Regelung ausgenommen wird. Rechtsgeschäfte, die andere Arbeitnehmer gleichheitswidrig begünstigen, sind demgegenüber grds. wirksam. Die nach § 134 BGB im Hinblick auf die benachteiligten Arbeitnehmer entstandene Regelungslücke wird **grds. nach oben** hin angepasst. Die benachteiligten Arbeitnehmer werden damit den Begünstigten gleichgestellt (s. BAG v. 20. 7. 1993 – 3 AZR 52/93, AP BetrAVG § 1 Nr. 11 Gleichbehandlung; BAG v. 11. 9. 1985 – 7 AZR 371/83, AP BGB § 242 Nr. 76 Gleichbehandlung; BAG v. 24. 4. 1991 – 4 AZR 570/90, AP BGB § 242 Nr. 140 Gleichbehandlung; BAG v. 30. 11. 1982 – 3 AZR 214/80, AP BGB § 242 Nr. 54 Gleichbehandlung). Dies entspricht auch der ständigen Rechtsprechung des EuGH

VI. Rechtsfolgen des Verstoßes

zur Wirkung des Diskriminierungsverbots aus Art. 157 AEUV (ex-Art 141 EG, vgl. EuGH v. 27. 6. 1990 – Rs. C-33/89, AP EWG-Vertrag Art. 119 Nr. 21; s. auch BAG v. 20. 11. 1990 – 3 AZR 613/89, BB 1991, 1570) und der Rechtsprechung in Bezug auf § 2 BeschFG/§ 4 TzBfG (BAG v. 9. 10. 1996 – 5 AZR 338/95, BB 1997, 1157; BAG v. 25. 9. 1997 – 6 AZR 65/96, BB 1998, 590;). Diese Voraussetzung rechtfertigt sich mit dem Gebot der effektiven Durchsetzung des Rechtsschutzes. Wollte man anders entscheiden, käme die Klage aus dem Gleichbehandlungsgrundsatz in die Nähe eines Prozesses aus Eifersucht oder Neid (ausführlich *Wiedemann*, Die Gleichbehandlungsgebote im Arbeitsrecht, S. 82).

Der Grundsatz der Anpassung nach oben gilt nicht ohne **Ausnahme**. Nach jüngerer Rechtsprechung des BAG verpflichtet der Gleichbehandlungsgrundsatz einen Arbeitgeber, der durch ein sachlich nicht gerechtfertigtes Merkmal eine **außerordentlich kleine Gruppe** der Belegschaft besser gestellt hat, nicht, diesen Vorteil allen Beschäftigten einzuräumen. Das der Pflicht zur Gleichbehandlung zugrunde liegende Gebot der Verteilungsgerechtigkeit trage diese Ausweitung nicht, weil in Fällen dieser Art die Freiheit des Arbeitgebers in der Bestimmung des Dotierungsrahmens freiwilliger Leistungen besonders nachhaltig verletzt werden würde und zu unverhältnismäßig hohen weiteren finanziellen Belastungen des Arbeitgebers führte (BAG v. 13. 2. 2002 – 5 AZR 713/00, AP BGB § 242 Nr. 184 Gleichbehandlung [4% der Belegschaft]). Dies findet Vorläufer in der Rechtsprechung zur Ausgestaltung von Sozialplänen. Werden in Sozialplänen Arbeitnehmer unter Verletzung des Gleichbehandlungsgrundsatzes benachteiligt, darf dies in Individualprozessen der schlechter gestellten Arbeitnehmer nicht dazu führen, dass die finanzielle Gesamtausstattung des Sozialplans wesentlich erhöht wird. Nur solange einzelne Arbeitnehmer benachteiligt worden sind und die hierdurch verursachten Mehrbelastungen des Arbeitgebers nicht ins Gewicht fallen, kann einem benachteiligten Arbeitnehmer wegen Verletzung des Gleichbehandlungsgrundsatzes der korrigierte volle Abfindungsbetrag zugesprochen werden (BAG v. 26. 6. 1990 – 1 AZR 263/88, BAGE 65, 199, 207). Die aus der Verletzung des allgemeinen Gleichbehandlungsgrundsatzes folgenden finanziellen Belastungen des Arbeitgebers sind in den Fällen, in denen die Gruppe der Bessergestellten außerordentlich klein ist, danach nur gerechtfertigt, wenn zugleich besondere verfassungsrechtliche oder gemeinschaftsrechtliche Differenzierungsverbote, wie bspw. das Verbot der Benachteiligung wegen des Geschlechts, verletzt worden sind. Das BAG hat freilich offen gelassen, was noch als „außerordentlich kleine Gruppe" anzusehen ist und wie in anderen Fällen eine **effektive Sanktion** aussieht. Die Rechtsprechung ist solange abzulehnen, wie sie hier nicht Wege nennt. Hier darf es – entgegen der bisherigen Rechtsprechung – nicht generell ausgeschlossen sein, dem Arbeitgeber Änderungskündigungsrechte und -pflichten zuzubilligen, um für die Zukunft die bisher nur einzelnen Arbeitnehmern gewährten Leistungen dem Gleichbehandlungsgrundsatz entsprechend auf eine größere Gruppe von Arbeitnehmern zu verteilen. 957

Wo eine Gleichbehandlung nicht mehr möglich ist (z. B. bei vorenthaltener Nutzung einer betrieblichen Sozialeinrichtung), kann der Arbeitgeber zum **Schadensersatz** aus § 280 BGB verpflichtet sein. Das hierfür erforderliche Verschulden wird zuweilen fehlen, denn zum Vorsatz gehört das Bewusstsein der Rechtswidrigkeit, nicht allein das Wissen und Wollen der Differenzierung. Die Rechtspre- 958 chung verzichtet daher auch in diesen Fällen auf das Verschulden und leitet einen Anspruch auf kompensatorische Maßnahmen zur Gleichbehandlung unmittelbar aus dem Gleichbehandlungsgrundsatz selbst ab. Dem Arbeitgeber steht allerdings ein Ermessensspielraum zu, wie er den Anspruch auf Gleichbehandlung in diesen Fällen verwirklicht. Wenn etwa eine Nachversicherung nicht mehr möglich ist, kann er einen gleichwertigen Versorgungsanspruch auf andere Art begründen (s. BAG v. 28.7.1992 – 3 AZR 173/92, NZA 1993, 215; v. 12.3.1996 – 3 AZR 963/94, NZA 1996, 939; v. 7.3.1995 – 3 AZR 282/94, NZA 1996, 48; v. 9.10.1996 – 5 AZR 338/95, NZA 1997, 728; v. 21.1.1997 – 3 AZR 90/96, ZTR 1997, 317; v. 13.5.1997 – 3 AZR 66/96, NZA 1997, 1294; zum Ausgleich von Steuernachteilen BAG v. 14.12.1999 – 3 AZR 713/98, NZA 2000, 1348; zum Ausgleich von Zinsverlusten LAG Hamm v. 13.7.1999 – 6 Sa 2249/98, NZA-RR 1999, 541).

959 Die Gleichstellung bisher benachteiligter Arbeitnehmer kann für den Arbeitgeber mit erheblichen zusätzlichen Kosten verbunden sein. Diese können ihn berechtigen, im Wege der **Änderungskündigung** eine Anpassung der Verträge oder der betrieblichen Übung zu erreichen. Nur in Ausnahmefällen kommt eine Kündigung aus wichtigem Grund in Betracht. Die Kündigung kann sowohl die bisher allein begünstigten Arbeitnehmer als auch die gleichzustellenden Arbeitnehmer erfassen. Es gelten jedoch die allgemeinen – strengen – Regeln zur Entgeltreduzierung durch Änderungskündigung. Die Wahrung des Gleichbehandlungsgrundsatzes stellt für sich genommen noch keinen betriebsbedingten Grund zur Rechtfertigung einer Änderungskündigung dar (BAG v. 28.4.1982 – 7 AZR 1139/79, AP KSchG 1969 § 2 Nr. 3; BAG v. 1.7.1999 – 2 AZR 826/98, AP KSchG 1969 § 2 Nr. 53). Auch dass sich der Arbeitgeber auf eine die angestrebte Neuregelung vorgebende (Gesamt-)Betriebsvereinbarung berufen kann, erleichtert die Änderungskündigung nicht (BAG v. 20.1.2000 – 2 ABR 40/99, AP BetrVG 1972 § 103 Nr. 40). Werden die Leistungen unter einem **Widerrufsvorbehalt** gewährt, kann eine Vereinheitlichung durch deren Widerruf möglich sein. Auch hier wiederum sind dann die Grenzen des Gleichbehandlungsgebots zu beachten. Für die Zukunft kann der Arbeitgeber auch darlegen, dass die bisherige Ungleichbehandlung zwar rechtswidrig, andere, weniger weit gehende Unterscheidungen jedoch durch sachliche Gründe gerechtfertigt sind; für die Vergangenheit ist ihm ein solcher Hinweis allerdings verwehrt.

960 Die **Grenzen einer rückwirkenden Gleichstellung** durch den Arbeitgeber sind bisher durch die Rechtsprechung noch nicht im Einzelnen ausgelotet (ausführlich *Wiedemann*, Die Gleichbehandlungsgebote im Arbeitsrecht, S. 87 f.). Im Grundsatz ist von einer unbegrenzten Verpflichtung für die Vergangenheit auszugehen, begrenzt nur durch die gesetzlichen Verjährungsvorschriften. Unterliegt der Anspruch, in den einbezogen zu werden der klagende Arbeitnehmer verlangt, einer Ausschlussfrist, dann ist sie zumindest als individualvertraglich vereinbarte Ausschlussfrist auch für den Anspruch auf Gleichbehandlung anzuwenden (s. BAG v. 9.10.1996 – 5 AZR 338/95, BB 1997, 1157; BAG v. 26.9.1990 – 5 AZR 112/90, NZA 1991, 247). Strittiger ist die Anwendung von tarifvertraglichen Ausschlussfristen. Diese sind bei Gleichbehandlungsbegehren von Teilzeitbeschäftigten im öffentlichen Dienst durch die Rechtsprechung nicht angewandt worden (BAG v. 26.9.1990 – 5 AZR 112/90, NZA 1991, 247; BAG v. 12.1.1994 – 5 AZR 6/

VI. Rechtsfolgen des Verstoßes

93, AP BGB § 242 Nr. 112 Gleichbehandlung; ausführlich Annuß/Thüsing/*Thüsing*, TzBfG, § 4 Rnr. 82). Dagegen spricht wohl, dass der Zweck des Gleichbehandlungsgebots eben die Verhinderung von Benachteiligungen, nicht aber die Bevorzugung sein kann. Freilich kann der bislang begünstigte Arbeitnehmer sich eher über das Bestehen des Anspruchs Klarheit verschaffen als der rechtswidrig ausgeschlossene, so dass ihm die Einhaltung der Ausschlussfrist eher zugemutet werden kann.

Inwieweit darüber hinaus der Arbeitgeber durch Gesichtspunkte des **Vertrauensschutzes** geschützt ist, wird unterschiedlich beurteilt. Die Rechtsprechung hat hier Ausnahmefälle nur im eng begrenzten Raum anerkannt. Für die rückwirkende Gleichstellung von Teilzeitarbeitnehmern wurde ein schutzwürdiger Vertrauenstatbestand generell verneint, jedoch die Anpassung durch Übergangsregelungen gemildert (BAG v. 20.11.1990 – 3 AZR 613/89, AP BetrAVG § 1 Nr. 8 Gleichberechtigung; s. auch BAG v. 23.1.1990 – 3 AZR 58/88, DB 1990, 1620; BAG v. 5.10.1993 – 3 AZR 695/92, DB 1994, 739). Bei Verstößen gegen den allgemeinen Gleichbehandlungsgrundsatz sollte man großzügiger sein als bei unmittelbarem oder mittelbarem Verstoß gegen das Verbot der Geschlechtsdiskriminierung, weil sich die Anschauungen in der Arbeits- und Berufswelt im Hinblick auf die Sachlichkeit einer Unterscheidung ändern. Maßstab dürften die **Offensichtlichkeit des Verstoßes,** das Ausmaß der zusätzlichen Belastung für den Arbeitgeber, dessen wirtschaftliche Leistungsfähigkeit sowie die Größe der ehemals allein begünstigten Arbeitnehmer-Gruppe sein. Ob sich orientiert an diesen Parametern hinreichend konkrete Rechtsprechungslinien abzeichnen werden, bleibt abzuwarten. 961

Besondere Regeln gelten für gegen Art. 3 Abs. 1 GG verstoßende **Tarifverträge.** Dem Gericht ist nur erlaubt Tarifverträge auszulegen, nicht aber durch eigenständige Regelungen in die Tarifautonomie einzugreifen. Eine gleichheitswidrig benachteiligende Regelung kann daher insgesamt nichtig und ein Anspruch für die Zukunft auch für die begünstigte Arbeitnehmergruppe ausgeschlossen sein (s. BAG v. 13.11.1985 – 4 AZR 234/84, DB 1986, 542 Verheiratetenzuschlag). Sie ist nur dann nicht insgesamt nichtig, wenn aufgrund des Regelungsgegenstands unter Berücksichtigung der Belastung aus einer „Anpassung nach oben" davon auszugehen ist, dass die Tarifvertragsparteien die Regelung ebenfalls getroffen hätten – wenn auch mit erweitertem Anwendungsbereich – wenn sie die Gleichheitswidrigkeit der von ihnen vorgenommenen Gruppenbildung erkannt hätten (BAG v. 7.3.1995 – 3 AZR 282/94, NZA 1996, 48; BAG v. 7.11.1995 – 3 AZR 1064/94, NZA 1996, 653; BAG v. 28.5.1996 – 3 AZR 752/95, AP TVG § 1 Nr. 143 Tarifverträge Metallindustrie). Die Lücke im Tarifvertrag ist dann von den Gerichten durch ergänzende Vertragsauslegung in diesem Sinne zu schließen (BAG v. 21.3.1991 – 2 AZR 323/84 [A], NZA 1991, 797). Entscheidend ist also der hypothetische Wille der Tarifvertragsparteien. Das BAG ist in diesem Sinne recht großzügig; eine Anpassung nach oben wurde vorgenommen beim Ausschluss unterhälftig Teilzeitbeschäftigter aus der Zusatzversorgung im öffentlichen Dienst (BAG v. 7.3.1995 – 3 AZR 282/94, AP BetrAVG § 1 Nr. 26 Gleichbehandlung; BAG v. 16.1.1996 – 3 AZR 767/94, AP GG Art. 3 Nr. 222; BAG v. 27.2.1996 – 3 AZR 886/94, NZA 1996, 992; BAG v. 12.3.1996 – 3 AZR 993/94, NZA 1996, 939), bei einem tarifvertraglich nicht vorgesehenen Anspruch auf Zuschuss zum Kurzarbeitergeld für solche Arbeitnehmer, die demnächst auf- 962 grund eines Aufhebungsvertrages aus dem Arbeitsverhältnis ausscheiden (BAG v. 7.11.1995 – 3 AZR 870/94, AP TVG § 1 Nr. 138 Tarifverträge: Metallindustrie) sowie bei einen Ausschluss männlicher Arbeitnehmer vom Bezug von Übergangsgeld, die bereits nach Vollendung des 63. Lebensjahres in den gesetzlichen Ruhestand wechselten, während weibliche Arbeitnehmer einen solchen Anspruch behielten, wenn sie bereits mit Vollendung des 60. Lebensjahres die gesetzliche Rente in Anspruch nahmen (BAG v. 7.11.1995 – 3 AZR 1064/94, AP EWG-Vertrag Art. 119 Nr. 71). Hinsichtlich der Rechtsfolgen ist also zu differenzieren: Aus dem Gleichheitssatz des Art. 3 Abs. 1 GG ergibt sich die Pflicht der Gerichte nicht nur für die Zukunft, sondern auch für **vergangene Zeiträume** eine dem Gleichheitssatz entsprechende Ordnung sicherzustellen. Deshalb haben die gleichheitswidrig aus dem Kreis der Begünstigten ausgeschlossenen Personen dann einen Anspruch, wenn nur auf diesem Weg dem Gleichheitssatz Rechnung getragen werden kann – auch wenn die tarifvertragliche Regelung insgesamt nichtig ist (BAG v. 28.5.1996 – 3 AZR 752/95, AP TVG § 1 Nr. 143 Tarifverträge: Metallindustrie; BVerfG v. 28.1.1992 – 1 BvR 1025/92, AP AZO § 19 Nr. 2, zu C.III.1 d.Gr.; BAG v. 13.11.1985 – 4 AZR 234/84, AP GG Art. 33 Nr. 136; BAG v. 21.3.1991 – 2 AZR 296/87 [B], AP BGB § 622 Nr. 30, zu B.II.3. b.bb und cc d.Gr.; BAG v. 7.3.1995 – 3 AZR 282/94, AP BetrAVG § 1 Nr. 26 Gleichbehandlung, zu B.III.2 d.Gr.). Dies soll jedenfalls dann gelten, wenn der Arbeitgeber in Kenntnis der Gefahr einer Überzahlung nicht sicherstellt, dass er etwaige Rückforderungsansprüche auch durchsetzen kann (BAG v. 28.5.1996 – 3 AZR 752/95, NZA 1997, 101). Für die **zukünftige Gleichstellung** bei insgesamt nichtiger Tarifregelung gilt dies jedoch grds. nicht, da hier der Gestaltungsspielraum der Tarifvertragsparteien nicht durch die rechtlich oder faktisch begrenzte Möglichkeit der Rückforderung gleichheitswidrig gewährter Vergünstigung berührt wird. Dies ist – neben den Fällen ergänzender Vertragsauslegung – allein anders bei Verstößen gegen das Verbot der Geschlechtsdiskriminierung. Der EuGH stellt die Gleichbehandlung über die Tarifautonomie und verlangt unabhängig von den verschiedenen Gestaltungsmöglichkeiten der Tarifvertragsparteien bei Verstößen gegen jetzt Art. 157 AEUV (ex-Art. 141 EG) und die ausführenden Richtlinien die Anpassung nach oben (s. EuGH v. 27.6.1990 – Rs. C-33/89, NZA 1990, 771; s. auch BAG v. 28.5.1996 – 3 AZR 752/95, BB 1996, 2628; BAG v. 13.5.1997 – 3 AZR 66/96, BB 1997, 2008; BAG v. 15.12.1998 – 3 AZR 239/97, BB 1999, 1435 – alle in Bezug auf Diskriminierung von Teilzeitbeschäftigten).

963 Inwieweit die dargelegten Regeln zur Beurteilung von Tarifverträgen auch für **Betriebsvereinbarungen** gelten, ist bislang nicht geklärt. Da für die Betriebspartner Art. 9 Abs. 3 GG nicht streitet, dürften sich die Rechtsfolgen eher an denen arbeitsvertraglicher Regelungen orientieren. Ist eine Betriebsvereinbarung bereits aus anderen Gründen wirksam, so kann der Arbeitnehmer einen Anspruch unter Berufung auf den Gleichbehandlungsgrundsatz nicht herleiten. Es gibt keinen Anspruch auf Gleichbehandlung im Unrecht, solange der Arbeitgeber nicht in Kenntnis der Unwirksamkeit der Betriebsvereinbarung die Leistung dennoch erbracht hat (s. BAG v. 26.4.2005 – 1 AZR 76/04, AP BetrVG 1972 § 87 Nr. 12; BAG v. 13.8.1980 – 5 AZR 325/78, DB 1981, 274).

VII. Einzelfragen

1. Ungleichbehandlung verschiedener Arbeitnehmergruppen

Eine Differenzierung zwischen **Arbeitern und Angestellten** ist grundsätzlich unzulässig. Weil aber eine Ungleichbehandlung zulässig ist, wenn ein Hilfskriterium zur Gruppenbildung verwandt wird, die ihrerseits auf eine gerechtfertigte Unterscheidung abzielt, kann es zulässig sein, wenn an die gewerblichen Arbeitnehmer wegen erheblich höherer krankheitsbedingter Fehlzeiten ein gekürzter 13. Monatslohn gezahlt wird, die Angestellten dagegen einzelvertraglich ein ungekürztes 13. Monatsgehalt erhalten (BAG v. 19. 4. 1995 – 10 AZR 136/94, NZA 1996, 133). Dies gilt nach Auffassung des BAG auch dann, wenn das Risiko der Erkrankung arbeitsbedingt unterschiedlich ist (BAG v. 6. 12. 1995 – 10 AZR 123/95, AP BGB § 611 Nr. 186 Gratifikation im Hinblick auf das Braugewerbe). Dem ist das BVerfG freilich entgegengetreten und hat eine Unterscheidung als Verstoß gegen Art. 3 Abs. 1 GG gewertet, solange nicht ausgeschlossen ist, dass der hohe Krankheitsstand auf von der Arbeitgeberseite zu verantwortenden gesundheitsschädlichen Arbeitsbedingungen beruht (BVerfG v. 1. 9. 1997 – 1 BvR 1929/95, AP BGB § 611 Nr. 203 Gratifikation, DB 1998, 204 *[Schulte]*). Im Schrifttum wird weitergehend festgestellt, sachgerecht sei es allein, eine Kürzung der Gratifikation an den tatsächlichen Fehlzeiten der Arbeitnehmer festzumachen (ErfK/ *Preis*, § 611 BGB Rnr. 536). Dies berücksichtigt jedoch nicht ausreichend, dass hiermit ein unter Umständen erheblicher Verwaltungsaufwand verbunden sein kann. Aus den gleichen Gründen ist es bedenklich, dass nach der Rechtsprechung des BAG der unterschiedliche Fluktuationsgrad von Arbeitern und Angestellten für sich allein kein sachlich gerechtfertigtes Unterscheidungsmerkmal für eine Gratifikation ist (BAG v. 25. 1. 1984 – 5 AZR 251/82, DB 1984, 2355).

964

Ein sachlicher Grund ist auch gegeben, wenn mit der Ungleichbehandlung der Zweck verfolgt wird, eine Benachteiligung der Angestellten bei der Zahlung übertariflicher Zahlungen auszugleichen (BAG v. 30. 3. 1994 – 10 AZR 681/92, NZA 1994, 786; BAG v. 25. 1. 1984 – 5 AZR 251/82, NZA 1984, 323). Eine Sicherheitszulage rechtfertigt demgegenüber keine Differenzierung (BAG v. 17. 12. 1992 – 10 AZR 306/91, AP BGB § 242 Nr. 105 Gleichbehandlung), und auch wenn es darum geht, den erhöhten finanziellen Bedarf zur Weihnachtszeit auszugleichen, ist eine Differenzierung unzulässig (BAG v. 27. 10. 1998 – 9 AZR 299/97, AP BGB § 611 Nr. 211 Gratifikation). Gelten für Arbeiter und Angestellte unterschiedliche Tarifverträge, so sind darauf begründete Unterschiede als Ausdruck der **Tarifautonomie nach Art. 9 Abs. 3 GG** zulässig, erst recht, wenn die Tarifverträge durch unterschiedliche Tarifpartner ausgehandelt wurden (BAG v. 4. 12. 1997 – 2 AZR 809/96, NZA 1998, 431 tarifvertragliche Ausschlussfristen; BVerfG v. 12. 12. 1990 – 1 BvR 633/89, ZTR 1991, 159; s. aber BAG v. 23. 1. 1992 – 2 AZR 389/91, AP BGB § 622 Nr. 35; BAG v. 17. 12. 1992 – 6 AZR 91/92, AP BAT SR 2 e II § 2 Nr. 1). Die verschiedenen Regelwerke bilden ein Gesamtergebnis der Verhandlungen, deren einzelne Teile nicht vergleichend gegenübergestellt werden können. Das Bedürfnis nach **flexibler Personalplanung** im produktiven Bereich rechtfertigt

965

wegen produkt-, mode- oder saisonbedingter Auftragsschwankungen erheblich kürzere Grundkündigungsfristen und darauf aufbauende verlängerte Fristen bei längerer Betriebszugehörigkeit für Arbeiter, wenn diese im Gegensatz zu Angestellten ganz überwiegend nur in der Produktion tätig sind – eine Unterscheidung unmittelbar nach der Mitarbeit in der Produktion ist nicht erforderlich (BAG v. 23. 1. 1992 – 2 AZR 460/91, NZA 1992, 787; BAG v. 28. 5. 1986 – 3 AZR 752/95, AP TVG § 1 Nr. 143 Tarifverträge: Metallindustrie).

966 Grundsätzlich aber gilt, dass unterschiedliche tarifliche **Kündigungsfristen** aufgrund pauschaler Unterscheidung zwischen Angestellten und Arbeitern unzulässig sind, soweit nicht zusätzliche rechtfertigende Gründe angeführt werden können. Sachlich gerechtfertigt sind hinreichend gruppenspezifisch ausgestaltete unterschiedliche Regelungen, die z. B. entweder nur eine verhältnismäßig kleine Gruppe nicht intensiv benachteiligen, oder funktions-, branchen- oder betriebsspezifischen Interessen im Geltungsbereich des Tarifvertrags mithilfe verkürzter Kündigungsfristen für Arbeiter entsprechen (z. B. überwiegende Beschäftigung von Arbeitern in der Produktion), oder gruppenspezifische Schwierigkeiten bestimmter Arbeitnehmer bei der Stellensuche mildern (Beispiel: Die höher- und hoch qualifizierten Arbeitnehmer gehören überwiegend zur Gruppe der Angestellten) (BAG v. 29. 10. 1998 – 2 AZR 683/97, AuA 1999, 85; BAG v. 21. 3. 1991 – 2 AZR 616/90, AP BGB § 622 Nr. 31; BAG v. 29. 8. 1991 – 2 AZR 220/91 [A], AP BGB § 622 Nr. 32). Ein sachgerechter Grund für eine Differenzierung kann jedoch darin liegen, Arbeitnehmer durch eine höhere Gratifikation an den Betrieb zu binden, weil ihr Weggang zu besonderen Belastungen führt. Eine an einen solchen Zweck anknüpfende Gruppenbildung ist nicht deshalb sachwidrig, weil von ihr Arbeitnehmer erfasst werden, bei denen der Grund für die beabsichtigte Bindung nicht bestehen kann. Das gilt jedenfalls solange, wie der verfolgte Zweck sich typischerweise in der begünstigten Gruppe verwirklichen kann, währenddessen er in der benachteiligten Gruppe fehlt (BAG v. 25. 1. 1984 – 5 AZR 89/82, NZA 1984, 326; ähnlich bereits BAG v. 5. 3. 1980 – 5 AZR 46/78, AP BGB § 242 Nr. 43 Gleichbehandlung [Fehlen von Bewerbern mit langjähriger Erfahrung auf dem Gebiet der produzierten Verpackungsmaschinen]; BAG v. 19. 3. 2003 – 10 AZR 365/02, AP BGB § 611 Nr. 248 Gratifikation; vgl. auch BAG v. 12. 10. 2005 – 10 AZR 640/04, NZA 2005, 1418). Begründet der Arbeitgeber eine Begünstigung der Angestellten mit der Absicht, diese stärker an sich zu binden, hat er zugeschnitten auf seinen Betrieb darzulegen, aus welchen Gründen eine stärkere Bindung der Angestellten einem objektiven, wirklichen Bedürfnis entspricht (BAG v. 12. 10. 2005 – 10 AZR 640/04, NZA 2005, 1418).

967 Zulässig ist eine Differenzierung zwischen **Pensionären und Aktiven,** etwa bei der Bemessung von Jubiläumsgeldern (LAG Düsseldorf v. 12. 3. 1987 – 5 Sa 4/87, NZA 1987, 706; so auch LAG Düsseldorf v. 31. 10. 2003 – 10 Sa 1247/03, LAGE Nr. 1 zu § 242 BGB 2002 Gleichbehandlung, für die Gewährung von Beihilfe im Krankheitsfall), und auch zwischen **Innen- und Außendienstmitarbeitern,** wenn den Außendienstmitarbeitern erhebliche Trinkgelder zufließen (BAG v. 19. 4. 1995 – 10 AZR 344/94, DB 1995, 2221; *Zumbansen/Kim,* BB 1999, 2454). Unzulässig ist es, erkrankte Arbeitnehmer bei einer Lohnerhöhung allein aufgrund ihrer Erkrankung nicht zu berücksichtigen (BAG v. 10. 3. 1982 – 4 AZR 540/79, DB 1982, 1223; BAG v. 9. 6. 1982 – 5 AZR 501/80, DB 1982, 2192). Ausgeschiedene

VII. Einzelfragen

oder ausscheidende Arbeitnehmer dürfen nach einer nicht unproblematischen Rechtsprechung des BAG nicht von einer rückwirkenden Lohnerhöhung ausgeschlossen werden; die Tarifvertragsparteien haben hier jedoch einen größeren Gestaltungsspielraum (BAG v. 10. 3. 1982 – 4 AZR 540/79, DB 1982, 1223). Entschließt sich der Arbeitgeber allgemein zu einer Gehaltserhöhung, bedarf es der Rechtfertigung, Höherverdienende hiervon auszunehmen (BAG v. 17. 5. 1978 – 5 AZR 132/77, DB 1979, 1887). Zwischen **Beamten und Arbeitnehmern des öffentlichen Dienstes** darf grds. differenziert werden. **Ärzte im Praktikum** mussten **Assistenzärzten** nicht gleichgestellt werden (BAG v. 24. 3. 1993 – 4 AZR 265/92, AP BGB § 242 Nr. 106 Gleichbehandlung). Es verstößt gegen den arbeitsrechtlichen Gleichbehandlungsgrundsatz an den Hochschulen, wenn beschäftigten **wissenschaftlichen Mitarbeitern** mit abgeschlossener Hochschulbildung eine jährliche Sonderzuwendung nach dem Gesetz über die Gewährung einer jährlichen Sonderzuwendung gewährt wird, den **studentischen Hilfskräften** jedoch nicht (BAG v. 6. 10. 1993 – 10 AZR 450/92, NZA 1994, 257). Eine Differenzierung zwischen Lehrern an Gymnasien und Lehrern an Gesamtschulen ist aufgrund der schulformabhängigen Unterschiede zulässig (vgl. BAG v. 6. 7. 2005 – 4 AZR 27/04, BAGE 115, 185). Eine Ungleichbehandlung von Mitarbeitern im Außendienst gegenüber Mitarbeitern im Innendienst ist bei der Ruhegeldzulage unzulässig (BAG v. 20. 7. 1993 – 3 AZR 52/93, NZA 1994, 125). Dies gilt jedenfalls, solange der Arbeitgeber nicht ein berechtigtes Interesse hat, gerade eine bestimmte Arbeitnehmergruppe an sich zu binden (BAG v. 17. 2. 1998 – 3 AZR 783/96, NZA 1998, 762: Bevorzugung leitender Mitarbeiter im Innendienst). Die Unterscheidung zwischen **Streikenden und Nichtstreikenden** ist bei der Streikbruchprämie zulässig, soweit tatsächlich Mehrbelastungen ausgeglichen werden sollen oder aber durch die Ankündigung oder Auszahlung der Streikwille beeinflusst werden sollte (s. auch BAG v. 13. 7. 1993 – 1 AZR 676/92, AP GG Art. 9 Nr. 127 Arbeitskampf). Die Ungleichbehandlung **befristet Beschäftigter gegenüber unbefristet Beschäftigten** und **Teilzeitbeschäftigter gegenüber Vollzeitbeschäftigten** richtet sich nach § 4 TzBfG (s. BAG v. 19. 1. 2005 – 6 AZR 80/03, n. v. [juris]; BAG v. 11. 12. 2003 – 6 AZR 64/03, AP TzBfG § 4 Nr. 7; BAG v. 15. 7. 2004 – 6 AZR 404/03, n. v. [juris]). Unzulässig ist es, Arbeitnehmer, die sich in **Altersteilzeit** befinden, bei einer Stundenermäßigung schlechter zu stellen als andere Arbeitnehmer gleichen Alters (BAG v. 21. 1. 2003 – 9 AZR 4/02, AP BGB § 611 Nr. 157 Lehrer, Dozenten; LAG Bremen v. 18. 1. 2005 – 1 Sa 199/04, n. v. [juris]; LAG München v. 27. 6. 2005 – 5 Sa 1184/04, n. v. [juris]). Mit dem Gleichheitssatz unvereinbar ist auch eine Regelung, die zu einer Kürzung des Entgelts für die Arbeitszeit führt, das der Arbeitnehmer ohne den Wechsel in das Altersteilzeitverhältnis erhalten hätte (BAG v. 14. 10. 2003 – 9 AZR 146/03, AP ATG § 3 Nr. 9). Ebenfalls als ein Verstoß gegen den arbeitsrechtlichen Gleichbehandlungsgrundsatz ist es zu bewerten, wenn der Arbeitgeber die Vergütung bei Lehrern in der Arbeitsphase der Altersteilzeit kürzt, nicht aber bei Lehrern, die sich bereits in der Freistellungsphase befinden (LAG Köln v. 2. 3. 2005 – 7 [2] Sa 1139/04, n. v. [juris]). Kein Verstoß gegen den Gleichheitssatz ist anzunehmen, wenn der Arbeitgeber diejenigen betriebsbedingt gekündigten Arbeitnehmer, die Kündigungsschutzklage erheben, von der Zahlung einer freiwilligen Abfindung ausschließt (BAG v. 15. 2. 2005 – 9 AZR 116/04, NZA 2005, 1117).

2. Arbeitsentgelt

a) Allgemeines

968 Der allgemeine Gleichbehandlungsgrundsatz ist im Bereich der Arbeitsvergütung nur eingeschränkt anwendbar. Eine Verpflichtung, von der individuellen Festlegung der Vergütung zur arbeitsvertraglichen Einheitsregelung überzugehen, besteht nicht (BAG v. 15.11.1994 – 5 AZR 682/93, BB 1995, 409). Auch ein allgemeines Prinzip „gleicher Lohn für gleiche Arbeit" gibt es im deutschen Recht nicht (BAG v. 21.6.2000 – 5 AZR 806/98, DB 2000, 1920, EWiR 2000, 953 [*Thüsing*]; s. dazu auch *Wiedemann*, Die Gleichbehandlungsgebote im Arbeitsrecht, S. 50). Beruht die Entgeltstruktur und -entwicklung des Betriebes jedoch auf arbeitsvertraglichen Einheitsregelungen, so ist der Arbeitgeber an das arbeitsrechtliche Gleichbehandlungsgebot gebunden. Erforderlich ist daher eine Transparenz seiner Lohnfindung. Die Kontrolle am allgemeinen Gleichheitsgebot sichert hier ein Mindestmaß an Sachgesetzlichkeit.

b) Lohnerhöhungen

969 Ein nicht tarifgebundener Arbeitgeber muss bei einer Lohnerhöhung nicht zwangsläufig alle Arbeitnehmer gleich behandeln. Im Hinblick auf den arbeitsrechtlichen Gleichbehandlungsgrundsatz stellt der Wunsch des Arbeitgebers nach Vereinheitlichung des innerbetrieblichen Lohngefüges und Angleichung der unterschiedlichen Bezahlung von Arbeitnehmern, die Gleiches leisten, einen sachlichen Grund dar, einzelne Arbeitnehmer von einer Lohnerhöhung auszuschließen (LAG Rh.-Pf. v. 24.3.2003 – 7 Sa 1233/02, n. v. [juris]). Erhöht der Arbeitgeber die Gehälter, ohne allein die tarifvertraglichen Lohnerhöhungen nachzuvollziehen, dann muss er den Gleichbehandlungsgrundsatz auch dann beachten, wenn er dies bei unterschiedlichen Berufsgruppen zu unterschiedlichen Zeitpunkten und in unterschiedlicher Höhe realisiert. Entscheidend ist, ob die Erhöhungen auf einer allgemeinen, **einzelfallübergreifenden Zweckverfolgung** beruhen. In einer linearen und über mehrere Jahre regelmäßig gewährten Lohnerhöhung einer ganz überwiegenden Anzahl der Arbeitnehmer (über 80 %) sah das BAG einen Inflationsausgleich, von dem Arbeitnehmer auch bei individuell unterschiedlich bemessenen Lohnerhöhungen nur bei Vorliegen sachlicher Gründe ausgeschlossen werden dürfen (s. BAG v. 11.9.1985 – 7 AZR 371/83, DB 1986, 2602; BAG v. 15.11.1994 – 5 AZR 682/93, BB 1995, 409). Eine Lohnerhöhung darf jedoch differenzieren, soweit dies Ausdruck einer spezifischen Zweckverfolgung ist. Zulässig ist es daher, eine Leistung aus Anlass einer Umstrukturierungsmaßnahme als Motivationsanreiz zu setzen und Arbeitnehmer mit höherer Vergütung in einem unwirtschaftlichen oder stillzulegenden Betriebsteil hiervon auszuschließen (BAG v. 10.3.1998 – 1 AZR 509/97, AP BGB § 611 Nr. 207 Gratifikation). Kommt es zu tariflichen Gehaltserhöhungen, kann der Arbeitgeber bisherige übertarifliche Zahlungen regelmäßig anrechnen. Er darf jedoch hierbei ohne sachlichen Grund nicht zwischen den einzelnen Arbeitnehmergruppen differenzieren (BAG v. 22.8.1979 – 5

VII. Einzelfragen

AZR 769/77, DB 1980, 406; BAG v. 6. 2. 1985 – 4 AZR 370/83, DB 1985, 1239; BAG v. 3. 6. 1987 – 4 AZR 44/87, NZA 1987, 84). Die fehlende Bereitschaft eines Arbeitnehmers, in eine andere Betriebsstätte zu wechseln, stellt kein sachliches Differenzierungskriterium dar, um einen Ausschluss von einer Gehaltserhöhung zu rechtfertigen (LAG Köln v. 17. 10. 2003 – 12 Sa 804/03, n. v. [juris]). Der von einer Lohnerhöhung ausgenommene Arbeitnehmer kann vom Arbeitgeber Auskunft über die bei der Lohnerhöhung angewandten Regeln verlangen (BAG v. 1. 12. 2004 – 5 AZR 664/03, NZA 2005, 289).

c) Gratifikationen

Der Zweck der Zulagen, Gratifikationen und Sonderzuwendungen gibt vor, **970** wie weit zwischen den verschiedenen Arbeitnehmergruppen differenziert werden kann. Grundsätzlich zulässige Kriterien sind (je nach Ziel der Zuwendung) Arbeitsleistung und -belastung (BAG v. 5. 8. 2009 – 10 AZR 666/08, NZA 2009, 1135; v. 5. 3. 1980 – 5 AZR 46/78, AP Nr. 43 zu § 242 BGB – Gleichbehandlung; v. 25. 1. 1984 – 5 AZR 89/82, AP Nr. 67 zu § 242 BGB – Gleichbehandlung), Qualifikation (auch wenn die aktuell ausgeübten Tätigkeiten die gleichen sind) (BAG v. 23. 2. 1994 – 4 AZR 219/93, AP EWG-Vertrag Art. 119 Nr. 51; BAG v. 30. 9. 1998 – 4 AZR 547/97, AP BGB § 242 Nr. 159 Gleichbehandlung im Hinblick auf Lehrkräfte mit und ohne Lehrbefähigung), Berufserfahrung, soziale Lage und unterschiedliche Arbeitsplatzanforderungen (BR-Drs. 393/84, S. 25, 26) in Erläuterung von § 2 TzBfG. Einschr. zur sozialen Lage BAG v. 1. 11. 1995 – 5 AZR 84/94, NZA 1996, 813; s. aber auch BAG v. 30. 8. 2000 – 4 AZR 563/99, NZA 2001, 613, RdA 2001, 110 *[Dieterich]*). So kann die Festlegung des Kreises der Bezugsberechtigten bei **Aktienoptionsprogrammen** ohne Verletzung des Gleichbehandlungsgrundsatzes auf bestimmte Hierarchieebenen beschränkt werden (BAG v. 21. 10. 2009 – 10 AZR 664/08, AP Nr. 210 zu § 242 BGB Gleichbehandlung – das Gericht sah hier allerdings eine willkürliche Schlechterstellung einzelner Arbeitnehmer gegeben). Daneben können je nach Leistung die Betriebszugehörigkeit, der Familienstand, aber auch die Kinderzahl legitimer Differenzierungsgrund sein (s. ErfK/*Preis*, § 611 BGB Rnr. 589; Küttner/*Kania*, Personalhandbuch, Gleichbehandlung, Rnr. 49). Auch eine Differenzierung danach, ob die Beendigung eines Arbeitsverhältnisses am Auszahlungstag feststeht oder nicht, ist zulässig (LAG Hamm v. 28. 1. 2005 – 15 Sa 1227/04, n. v. [juris]). Auf den Grund der Beendigung kommt es dabei nicht an, so dass der Umstand, dass der Arbeitnehmer wegen einer vereinbarten Befristung gehindert war, die Voraussetzungen zu erfüllen, bedeutungslos ist (BAG v. 23. 5. 2007 – 10 AZR 363/06, NZA 2007, 1015; v. 8. 3. 1995 – 10 AZR 208/94; dazu nicht widersprüchlich BAG v. 28. 3. 2007 – 10 AZR 261/06, NZA 2007, 687, da dort ausdrücklich vereinbart wurde, dass der Anspruch auf die Sonderzahlung nur ausgeschlossen ist, wenn die Beendigung des Arbeitsverhältnisses im Verantwortungsbereich des Arbeitnehmers liegt). Dies gilt auch für den Fall, dass der Arbeitnehmer im Laufe des Bezugsjahres ausscheiden wird, sein Überwechseln in das ausgegliederte Unternehmen jedoch nicht zu vertreten hat und somit nicht mehr in der Lage ist, die Betriebstreue zu erbringen (BAG v. 14. 2. 2007 – 10 AZR 181/06, AP Nr. 264 zu § 611 BGB – Gratifikation).

Ein unterschiedliches Lohnniveau kann der Arbeitgeber durch eine freiwillige Sonderzahlung nur dann ausgleichen, wenn die Leistung nicht auch anderen Zwecken dient und eine Kompensation dadurch verhindert wird. So verstößt es gegen den Gleichbehandlungsgrundsatz, wenn der Arbeitgeber eine Sonderzahlung, deren Höhe sich nach der Zahl der Anwesenheitstage berechnet und die im Hinblick auf Rückzahlungsklauseln auch die Betriebstreue für die Zukunft bezweckt, nur solchen Arbeitnehmern gewährt, die neue, verschlechternde Arbeitsverträge unterschrieben haben (BAG v. 1.4.2009 – 10 AZR 353/08, NJW-Spezial 2009, 452; v. 30.7.2008 – 10 AZR 497/07, NZA 2008, 1412; v. 26.9.2007 – 10 AZR 569/06, AP Nr. 205 zu § 242 BGB – Gleichbehandlung; BAG v. 5.8.2009 – 10 AZR 666/08, NZA 2009, 1135). Einen sachlichen Grund für eine Differenzierung im Rahmen einer freiwilligen Jahressonderzahlung stellt es dar, wenn durch die höhere Zahlung ein Ausgleich für nicht angeordnete Mehrarbeit pauschal gewährt werden soll (LAG Hamburg v. 16.1.2003 – 1 Sa 27/02, n.v. [juris]); s. zum Ausschluss von einer Gratifikationsleistung wegen mangelnder Zustimmung zu einer Arbeitszeitverlängerung ohne Lohnausgleich LAG Hamm v. 14.4.2005 – 8 Sa 2196/04, n.v. [juris]). Eine Unterscheidung zwischen Dauer- und Aushilfsarbeitnehmer (s. HzA/*Lipke*, Gruppe 2.3 Rnr. 151) misst sich am Verbot der Benachteiligung befristet Beschäftigter gem. § 4 Abs. 2 TzBfG. Eine Gleichstellung **eingetragener Lebenspartnerschaften** mit der Ehe ist bei der Gewährung von Zulagen nicht geboten (*Thüsing*, NZA 2001, 1062; *Powietzka*, BB 2002, 146; s. auch *Schulte*, DB 2001, 1832 – zum – u.U. abweichenden Maßstab nach der Rechtsprechung zum AGG s. Rnr. 349). **ABM-Kräfte** können von Tarifvertrag ausgenommen werden (BAG v. 18.6.1997 – 5 AZR 259/96, AP BAT § 3 d Nr. 2). Sachlicher Grund zur Differenzierung ist der arbeitsförderungsrechtliche Zweck der Arbeitsbeschaffungsmaßnahmen. Der Arbeitgeber darf bei Auszahlung von durch Drittmittel finanzierten Gratifikationen zwischen solchen Arbeitnehmern, die eine zuwendungsfinanzierte Stelle und solchen, die eine sog. leistungsfinanzierte Stelle haben, unterscheiden und die Gratifikationen nur an erstgenannte Arbeitnehmer weiterleiten (BAG v. 21.5.2003 – 10 AZR 524/02, BB 2003, 2014, 2015). Die Refinanzierungsmöglichkeit ist mithin zulässiges Differenzierungskriterium. Soll nach einer Erklärung des Arbeitgebers die Beseitigung des Rechtsanspruchs auf Zahlung von Weihnachtsgeld lediglich die durch Betriebsübung begründeten Ansprüche erfassen und Ansprüche aufgrund ausdrücklicher arbeitsvertraglicher Vereinbarung unangetastet bleiben, so liegt hierin nach unzutreffender instanzgerichtlicher Rechtsprechung eine ungerechtfertigte Ungleichbehandlung verschiedener Arbeitnehmergruppen und damit ein Verstoß gegen den arbeitsrechtlichen Gleichbehandlungsgrundsatz (LAG Hamm v. 11.12.2003 – 8 Sa 1204/03, LAGReport 2004, 266). Sachlich gerechtfertigt ist es hingegen, wenn der Arbeitgeber eine freiwillig gewährte Weihnachtszuwendung an seine Stammbelegschaft zahlt und die im Zuge eines Betriebübergangs übernommenen Arbeitnehmer von dieser Zahlung ausnimmt, wenn deren Vergütungsniveau insgesamt höher ist als das der Stammbelegschaft (LAG Düsseldorf v. 25.3.2003 – 16 [5] Sa 1504/02, LAGReport 2003, 263).

VII. Einzelfragen

d) Ruhegeldzusage

Inwieweit Ruhegeldzusagen auch Teilzeitbeschäftigten oder befristet Beschäftigten zu gewähren sind, beurteilt sich nach § 4 TzBfG (s. Rnr. 801). Die Zwecke, die die unterschiedlichen Behandlungen bei Leistungen der betrieblichen Altersversorgung rechtfertigen sollen, müssen aus der Versorgungsordnung erkennbar sein. Ist der Grund der Ungleichbehandlung nicht ohne weiteres erkennbar, muss der Arbeitgeber ihn spätestens dann offen legen, wenn ein von der Vergünstigung ausgeschlossener Arbeitnehmer Gleichbehandlung verlangt (BAG v. 20. 7. 1993 – 3 AZR 52/93, DB 1994, 102; Bestätigung von BAG v. 5. 3. 1980 – 5 AZR 881/78, AP BGB § 242 Nr. 44 Gleichbehandlung). Eine unterschiedliche Behandlung bei der Gewährung betrieblicher Versorgungsleistungen kann aus betrieblichen oder sozialen Gründen sachlich gerechtfertigt sein. Wird ein leitender Angestellter einer Bausparkasse mittels einer individualvertraglichen Absprache in den Anwendungsbereich einer Versorgungszusage einbezogen, bedeutet dies nicht, dass der Angestellte stets in Fragen der Versorgung mit den nichtleitenden Angestellten des Außendienstes und den Mitarbeitern des Innendienstes gleich zu behandeln wäre (BAG v. 20. 7. 2004 – 3 AZR 552/03, AP BetrAVG § 5 Nr. 49). Setzt sich die betriebliche Altersrente aus einem dienstzeitunabhängigen Sockelbetrag und aus dienstzeitabhängigen Steigerungsbeträgen zusammen, dürfen Versorgungsleistungen aus vorausgegangenen Arbeitsverhältnissen auf den Sockelbetrag angerechnet werden (BAG v. 20. 11. 1990 – 3 AZR 31/90, ZIP 1991, 951, EWiR 1991, 639 *[Griebeling]*). Eine betriebliche Versorgungsordnung kann vorsehen, dass eine Invalidenrente nur geschuldet wird, wenn die Invalidität nach Vollendung eines bestimmten Mindestalters (z. B. 50. Lebensjahr) eintritt (BAG v. 20. 10. 1987 – 3 AZR 208/86, BB 1988, 836). Eine Versorgungszusage i.R.d. betrieblichen Altersversorgung kann den Anspruch auf Witwen-/Witwerversorgung davon abhängig machen, dass die Ehe vor dem (vorzeitigen) Ausscheiden aus dem Arbeitsverhältnis geschlossen wurde; diese als neutrales Kriterium formulierte einschränkende Voraussetzung stellt keine mittelbare Benachteiligung oder Diskriminierung wegen des Alters oder des Geschlechts dar (BAG v. 20. 4. 2010 – 3 AZR 509/08, AP Nr. 26 zu § 1 BetrAVG Hinterbliebenenversorgung). Die Einführung einer Berechnungsobergrenze für das rentenfähige Einkommen ist ein sachlicher Grund für eine Differenzierung, die nicht alle Einkommensbestandteile, wie sie tatsächlich verdient wurden, in die Rentenberechnung einbezieht (BAG v. 15. 2. 2005 – 3 AZR 237/04, AP TVG § 1 Nr. 194 Tarifverträge: Metallindustrie). Der Arbeitgeber setzt sich auch nicht dem Vorwurf der Ungleichbehandlung aus, wenn er bei der betrieblichen Alterversorgung danach differenziert, welche Bedeutung die Arbeitsleistung für ihn hat und welche Position der Arbeitnehmer im Betrieb einnimmt (BAG v. 25. 5. 2004 – 3 AZR 15/03, AP BetrAVG § 1b Nr. 5). Auch die erheblichen Unterschiede der tariflichen Vergütungshöhe zwischen verschiedenen Arbeitnehmergruppen ist als Sachgrund bei der Bemessung der betrieblichen Altersversorgung anerkannt (BAG v. 27. 2. 2002 – 9 AZR 38/01, n. v. [juris]; BAG v. 25. 2. 1999 – 3 AZR 213/97, n. v. [juris]; BAG v. 25. 2. 1999 – 3 AZR 332/97, n. v. [juris]). Der arbeitsrechtliche Gleichbehandlungsgrundsatz verpflichtet einen Arbeitgeber nicht, eine besonders günstige Anspruchsberechnung für Arbeitneh-

971

mer, die vorgezogen Betriebsrente in Anspruch nehmen, nachdem sie bis zu diesem Zeitpunkt betriebstreu geblieben sind, auch anteilig an Arbeitnehmer weiterzugeben, die vorzeitig aus dem Betrieb ausgeschieden sind (BAG v. 23. 1. 2001 – 3 AZR 562/99, AP BetrAVG § 6 Nr. 26, EWiR 2002, 53 *[Thüsing/Lambrich]*). Ein Tarifvertrag kann ohne Verstoß gegen das Gleichbehandlungsgebot für die Berechnung einer vorgezogen in Anspruch genommenen Betriebsrente des vorzeitig ausgeschiedenen Arbeitnehmers die fehlende Betriebstreue zwischen dem vorgezogenen Ruhestand und der festen Altersgrenze grds. auch zweifach mindernd berücksichtigen (BAG v. 24. 7. 2001 – 3 AZR 681/00, AP BetrAVG § 1 Nr. 17 Berechnung). Kein Verstoß gegen den Gleichheitssatz liegt vor, wenn Zusatzrenten an ehemalige Arbeitnehmer mit Anspruch aus befreiender Lebensversicherung bis zum 65. Lebensjahr gezahlt werden, nicht jedoch an diejenigen Arbeitnehmer, die eine Rente aus gesetzlicher Altersversorgung in Anspruch nehmen können (BAG v. 18. 5. 2004 – 9 AZR 250/03, EzA Nr. 9 zu § 4 TVG Luftfahrt). Wird durch einen Tarifvertrag den Arbeitnehmern eines Konzernunternehmens, das in der Vergangenheit nicht zum Konzerntarifverbund gehörte, erstmals eine Übergangsversorgung zugesagt, liegt kein Verstoß gegen den arbeitsrechtlichen Gleichbehandlungsgrundsatz vor, sofern außerhalb des Konzerntarifverbundes erbrachte Beschäftigungsjahre bei Voraussetzungen und Umfang der Versorgungszusage nicht in gleicher Weise berücksichtigt werden wie Beschäftigungsjahre eines anderen Arbeitnehmers, die dieser innerhalb des Konzerntarifverbundes zurücklegte (LAG Hessen v. 20. 2. 2004 – 17/3 Sa 1340/03, n. v. [juris]).

e) Sozialplan

972 Will der Arbeitgeber auch die älteren Arbeitnehmer, die sich mit den Leistungen aus dem bestehenden Sozialplan nicht begnügen wollen, zu einem einvernehmlichen Ausscheiden aus dem Arbeitsverhältnis bewegen, so verstößt er nicht gegen den Gleichbehandlungsgrundsatz, wenn er zusätzliche Leistungen nur den Arbeitnehmern verspricht, die sich nicht schon zuvor mit einem Ausscheiden auf der Basis des bestehenden Sozialplans einverstanden erklärt haben (BAG v. 18. 9. 2001 – 3 AZR 656/00, DB 2002, 225). Die Grenzen des weiten Spielraums, den die Betriebspartner bei der Beurteilung der wirtschaftlichen Nachteile einer Betriebsänderung und der Ausgestaltung der darauf gerichteten Ausgleichsmaßnahmen haben, sind nicht überschritten, wenn bei der Bemessung einer Sozialplanabfindung Zeiten der Teilzeit- und der Vollzeitbeschäftigung anteilig berücksichtigt werden (BAG v. 14. 8. 2001 – 1 AZR 760/00, ZIP 2002, 94). Eine sachgerechte Differenzierung kann auch dann vorliegen, wenn Arbeitnehmer von Sozialplanleistungen ausgeschlossen werden, die wirtschaftlich abgesichert sind, weil sie die Voraussetzungen für die Inanspruchnahme eines vorgezogenen Altersruhegeldes erfüllen (BAG v. 3. 8. 1999 – 1 AZR 677/98, n. v. [juris]; BAG v. 26. 7. 1988 – 1 AZR 156/87, AP BetrVG 1972 § 112 Nr. 45; BAG v. 31. 7. 1996 – 10 AZR 45/96, AP BetrVG 1972 § 112 Nr. 103; BAG v. 17. 9. 1997 – 10 AZR 38/97, n. v. [juris]; s. auch BAG v. 31. 7. 1996 – 10 AZR 45/96, DB 1997, 281). Das Gleiche gilt, wenn Arbeitnehmer, die unmittelbar auf Vermittlung des Arbeitgebers weiterbeschäftigt werden, von Abfindungsansprüchen ausgenommen wer-

VII. Einzelfragen

den (BAG v. 22. 3. 2005 – 1 AZR 3/04, NZA 2005, 831; BAG v. 15. 11. 1995 – 10 AZR 267/95, n. v. [juris]; BAG v. 28. 10. 1992 – 10 AZR 129/92, AP BetrVG 1972 § 112 Nr. 66; BAG v. 27. 7. 1994 – 10 AZR 710/93, n. v. [juris]; BAG v. 12. 7. 1995 – 10 AZR 127/95, n. v. [juris]). Vereinbart der Konkursverwalter mit Arbeitnehmern, denen bereits vor Konkurseröffnung gekündigt worden war, dass sie gegen Zahlung einer Abfindung ihre Einwendungen gegen die Wirksamkeit der Kündigung fallen lassen und sich mit der Beendigung des Arbeitsverhältnisses einverstanden erklären, um so den Übergang des Restbetriebs auf einen Erwerber sicherzustellen, so verstößt es nicht gegen den arbeitsrechtlichen Gleichbehandlungsgrundsatz, wenn hierbei diejenigen Arbeitnehmer ausgenommen werden, die sich bereits in Kenntnis des Antrags auf Eröffnung des Konkursverfahrens mit der Beendigung des Arbeitsverhältnisses ausdrücklich einverstanden erklärt hatten (BAG v. 27. 10. 1998 – 1 AZR 94/98, AP KO § 61 Nr. 29). Ebenso ist es gerechtfertigt, wenn die Betriebspartner bei der Zuerkennung von Ansprüchen auf eine Abfindung in einem Sozialplan zwischen Arbeitnehmern, denen infolge der Betriebsänderung gekündigt worden ist, und solchen, die ihr Arbeitsverhältnis durch eine Eigenkündigung (oder einen Aufhebungsvertrag) beendet haben, zu unterscheiden (BAG v. 22. 4. 2004 – 2 AZR 281/03, AP BGB § 620 Nr. 27 Aufhebungsvertrag; BAG v. 11. 3. 1998 – 10 AZR 505/97, n. v. [juris]; BAG v. 19. 7. 1995 – 10 AZR 885/94, AP BetrVG 1972 § 112 Nr. 96 *[von Hoyningen-Huene]*; s. auch BAG v. 24. 8. 2004 – 1 ABR 23/03, DB 2005, 397). Dies gilt freilich nicht, wenn die Eigenkündigung vom Arbeitgeber veranlasst wurde (BAG v. 20. 4. 1994 – 10 AZR 323/93, AP BetrVG 1972 § 112 Nr. 77). Gegen den Gleichbehandlungsgrundsatz verstößt es, Sozialplanleistungen von einem Klageverzicht der Arbeitnehmer abhängig zu machen. Dieses Verknüpfungsverbot gilt auch dann, wenn lediglich die Zahlung eines Teils der Abfindung von einem Klageverzicht abhängig gemacht wird und der übrige Teil der Abfindung bedingungslos an die gekündigten Arbeitnehmer gezahlt wird. So ist die Beschränkung eines anteiligen Weihnachtsgeldanspruches im Jahr des Ausscheidens aus dem Arbeitsverhältnis auf Eigenkündigungen des Arbeitnehmers und Aufhebungsverträge unter Außerachtlassung betriebsbedingter Kündigungen unwirksam (LAG Köln v. 18. 2. 2009 – 3 Sa 1420/08). Allerdings sind die Betriebsparteien nicht gehindert, im Interesse des Arbeitgebers an alsbaldiger Planungssicherheit zusätzlich zum Sozialplan in einer freiwilligen Betriebsvereinbarung Leistungen für den Fall vorzusehen, dass der Arbeitnehmer von seinem Klagerecht keinen Gebrauch macht. Dadurch darf jedoch das Verbot, Sozialplanleistungen von einem entsprechenden Verzicht abhängig zu machen, nicht umgangen werden (BAG v. 31. 5. 2005 – 1 AZR 254/04, AP BetrVG 1972 § 112 Nr. 175; hierzu *Thüsing/Wege*, DB 2005, 2634). Keine Verletzung des Gleichbehandlungsgrundsatzes ist gegeben, wenn Arbeitnehmer, deren Arbeitsverhältnis vor einer Betriebsänderung aufgelöst worden ist, von dem über die Betriebsänderung beschlossenen Interessenausgleich und Sozialplan ausgenommen und insbesondere vom Bezug einer „Produktivitätsprämie", die für die tatsächliche Erbringung der Arbeitsleistung bis zum Kündigungstermin versprochen wird, ausgeschlossen werden (BAG v. 22. 3. 2005 – 1 AZR 49/04, AP BetrVG 1972 § 75 Nr. 48). Aufgrund der gesetzlichen Begrenzung von Sozialansprüchen in der Insolvenz ist es sachgerecht, nur diejenigen Arbeitnehmer einzubeziehen, die nach Eröffnung des Insolvenzverfahrens von Entlassungen betroffen sind (LAG Hamm v. 7. 7. 2004 – 2 Sa 163/04, LAGReport 2005, 116). Die Betriebspartner sind aus Gründen der praktikablen Durchführung einer Sozialplanregelung befugt, die Zahlung eines Abfindungszuschlags für unterhaltsberechtigte Kinder davon abhängig zu machen, dass diese auf der LStKarte eingetragen sind. Eine solche Regelung verstößt nicht gegen den Gleichbehandlungsgrundsatz (BAG v. 12. 3. 1997 – 10 AZR 648/96, DB 1997, 1522).

Teil 3: Anhang

Richtlinie 2006/54/EG des Europäischen Parlaments und des Rates
vom 5. Juli 2006

zur Verwirklichung des Grundsatzes der Chancengleichheit und Gleichbehandlung von Männern und Frauen in Arbeits- und Beschäftigungsfragen (Neufassung)

DAS EUROPÄISCHE PARLAMENT UND DER RAT DER EUROPÄISCHEN UNION –

gestützt auf den Vertrag zur Gründung der Europäischen Gemeinschaft, insbesondere auf Artikel 141 Absatz 3,
auf Vorschlag der Kommission,
nach Stellungnahme des Europäischen Wirtschafts- und Sozialausschusses (1),
gemäß dem Verfahren des Artikels 251 des Vertrags (2),
in Erwägung nachstehender Gründe:

(1) Die Richtlinie 76/207/EWG des Rates vom 9. Februar 1976 zur Verwirklichung des Grundsatzes der Gleichbehandlung von Männern und Frauen hinsichtlich des Zugangs zur Beschäftigung, zur Berufsbildung und zum beruflichen Aufstieg sowie in Bezug auf die Arbeitsbedingungen [3] und die Richtlinie 86/378/EWG des Rates vom 24. Juli 1986 zur Verwirklichung des Grundsatzes der Gleichbehandlung von Männern und Frauen bei den betrieblichen Systemen der sozialen Sicherheit [4] wurden erheblich geändert [5]. Die Richtlinie 75/117/EWG des Rates vom 10. Februar 1975 zur Angleichung der Rechtsvorschriften der Mitgliedstaaten über die Anwendung des Grundsatzes des gleichen Entgelts für Männer und Frauen [6] und die Richtlinie 97/80/EG des Rates vom 15. Dezember 1997 über die Beweislast bei Diskriminierung aufgrund des Geschlechts [7] enthalten ebenfalls Bestimmungen, deren Ziel die Verwirklichung des Grundsatzes der Gleichbehandlung von Männern und Frauen ist. Anlässlich neuerlicher Änderungen der genannten Richtlinien empfiehlt sich aus Gründen der Klarheit eine Neufassung sowie die Zusammenfassung der wichtigsten Bestimmungen auf diesem Gebiet mit verschiedenen Entwicklungen aufgrund der Rechtsprechung des Gerichtshofs der Europäischen Gemeinschaften (im Folgenden "Gerichtshof") in einem einzigen Text.
(2) Die Gleichstellung von Männern und Frauen stellt nach Artikel 2 und Artikel 3 Absatz 2 des Vertrags sowie nach der Rechtsprechung des Gerichtshofs ein grundlegendes Prinzip dar. In diesen Vertragsbestimmungen wird die Gleichstellung von Männern und Frauen als Aufgabe und Ziel der Gemeinschaft bezeichnet, und es wird eine positive Verpflichtung begründet, sie bei allen Tätigkeiten der Gemeinschaft zu fördern.
(3) Der Gerichtshof hat festgestellt, dass die Tragweite des Grundsatzes der Gleichbehandlung von Männern und Frauen nicht auf das Verbot der Diskriminierung aufgrund des natürlichen Geschlechts einer Person beschränkt werden kann. Angesichts seiner Zielsetzung und der Art der Rechte, die damit geschützt werden sollen, gilt er auch für Diskriminierungen aufgrund einer Geschlechtsumwandlung.
(4) Artikel 141 Absatz 3 des Vertrags bietet nunmehr eine spezifische Rechtsgrundlage für den Erlass von Gemeinschaftsmaßnahmen zur Sicherstellung des Grundsatzes der Chancengleichheit und der Gleichbehandlung in Arbeits- und Beschäftigungsfragen, einschließlich des gleichen Entgelts für gleiche oder gleichwertige Arbeit.
(5) Die Artikel 21 und 23 der Charta der Grundrechte der Europäischen Union verbieten ebenfalls jegliche Diskriminierung aufgrund des Geschlechts und verankern das Recht auf Gleichbehandlung von Männern und Frauen in allen Bereichen, einschließlich Beschäftigung, Arbeit und Entgelt.

(6) Die Belästigung einer Person und die sexuelle Belästigung stellen einen Verstoß gegen den Grundsatz der Gleichbehandlung von Männern und Frauen dar und sind somit als Diskriminierung aufgrund des Geschlechts im Sinne dieser Richtlinie anzusehen. Diese Formen der Diskriminierung kommen nicht nur am Arbeitsplatz vor, sondern auch im Zusammenhang mit dem Zugang zur Beschäftigung, zur Berufsbildung und zum beruflichen Aufstieg. Diese Formen der Diskriminierung sollten daher verboten werden, und es sollten wirksame, verhältnismäßige und abschreckende Sanktionen vorgesehen werden.

(7) In diesem Zusammenhang sollten die Arbeitgeber und die für Berufsbildung zuständigen Personen ersucht werden, Maßnahmen zu ergreifen, um im Einklang mit den innerstaatlichen Rechtsvorschriften und Gepflogenheiten gegen alle Formen der Diskriminierung aufgrund des Geschlechts vorzugehen und insbesondere präventive Maßnahmen zur Bekämpfung der Belästigung und der sexuellen Belästigung am Arbeitsplatz ebenso wie beim Zugang zur Beschäftigung, zur Berufsbildung und zum beruflichen Aufstieg zu treffen.

(8) Der Grundsatz des gleichen Entgelts für gleiche oder gleichwertige Arbeit, gemäß Artikel 141 des Vertrags, der vom Gerichtshof in ständiger Rechtsprechung bestätigt wurde, ist ein wichtiger Aspekt des Grundsatzes der Gleichbehandlung von Männern und Frauen und ein wesentlicher und unverzichtbarer Bestandteil sowohl des gemeinschaftlichen Besitzstands als auch der Rechtsprechung des Gerichtshofs im Bereich der Diskriminierung aufgrund des Geschlechts. Daher sollten weitere Bestimmungen zu seiner Verwirklichung festgelegt werden.

(9) Um festzustellen, ob Arbeitnehmer eine gleiche oder gleichwertige Arbeit verrichten, sollte gemäß der ständigen Rechtsprechung des Gerichtshofs geprüft werden, ob sich diese Arbeitnehmer in Bezug auf verschiedene Faktoren, zu denen unter anderem die Art der Arbeit und der Ausbildung und die Arbeitsbedingungen gehören, in einer vergleichbaren Lage befinden.

(10) Der Gerichtshof hat festgestellt, dass der Grundsatz des gleichen Entgelts unter bestimmten Umständen nicht nur für Situationen gilt, in denen Männer und Frauen für denselben Arbeitgeber arbeiten.

(11) Die Mitgliedstaaten sollten weiterhin gemeinsam mit den Sozialpartnern dem Problem des anhaltenden geschlechtsspezifischen Lohngefälles und der nach wie vor ausgeprägten Geschlechtertrennung auf dem Arbeitsmarkt beispielsweise durch flexible Arbeitszeitregelungen entgegenwirken, die es sowohl Männern als auch Frauen ermöglichen, Familie und Beruf besser miteinander in Einklang zu bringen. Dies könnte auch angemessene Regelungen für den Elternurlaub, die von beiden Elternteilen in Anspruch genommen werden könnten, sowie die Bereitstellung zugänglicher und erschwinglicher Einrichtungen für die Kinderbetreuung und die Betreuung pflegebedürftiger Personen einschließen.

(12) Es sollten spezifische Maßnahmen erlassen werden, um die Verwirklichung des Grundsatzes der Gleichbehandlung in den betrieblichen Systemen der sozialen Sicherheit zu gewährleisten und seinen Geltungsbereich klarer zu definieren.

(13) Mit seinem Urteil vom 17. Mai 1990 in der Rechtssache C-262/88 [8] befand der Gerichtshof, dass alle Formen von Betriebsrenten Bestandteil des Entgelts im Sinne von Artikel 141 des Vertrags sind.

(14) Auch wenn sich der Begriff des Entgelts im Sinne des Artikels 141 des Vertrags nicht auf Sozialversicherungsleistungen erstreckt, steht nunmehr fest, dass ein Rentensystem für Beschäftigte im öffentlichen Dienst unter den Grundsatz des gleichen Entgelts fällt, wenn die aus einem solchen System zu zahlenden Leistungen dem Arbeitnehmer aufgrund seines Beschäftigungsverhältnisses mit dem öffentlichen Arbeitgeber gezahlt werden, ungeachtet der Tatsache, dass ein solches System Teil eines allgemeinen, durch Gesetz geregelten Systems ist. Nach den Urteilen des Gerichtshofs vom 28. August 1984 in der Rechtssache C-7/93 [9] und vom 12. August in der Rechtssache C-351/00 [10] ist diese Bedingung erfüllt, wenn das Rentensystem eine bestimmte Gruppe von Arbeitnehmern betrifft und die Leistungen unmittelbar von der abgeleisteten Dienstzeit abhängig sind und ihre Höhe aufgrund der letzten Bezüge des Beamten berechnet wird. Um der Klarheit willen ist es daher angebracht, entsprechende spezifische Bestimmungen zu erlassen.

(15) Der Gerichtshof hat bestätigt, dass, auch wenn die Beiträge männlicher und weiblicher Arbeitnehmer zu einem Rentensystem mit Leistungszusage unter Artikel 141 des Vertrags fallen,

Ungleichheiten bei den im Rahmen von durch Kapitalansammlung finanzierten Systemen mit Leistungszusage gezahlten Arbeitgeberbeiträgen, die sich aus der Verwendung je nach Geschlecht unterschiedlicher versicherungsmathematischer Faktoren ergeben, nicht im Lichte dieser Bestimmung beurteilt werden können.

(16) Beispielsweise ist bei durch Kapitalansammlung finanzierten Systemen mit Leistungszusage hinsichtlich einiger Punkte, wie der Umwandlung eines Teils der regelmäßigen Rentenzahlungen in Kapital, der Übertragung der Rentenansprüche, der Hinterbliebenenrente, die an einen Anspruchsberechtigten auszuzahlen ist, der im Gegenzug auf einen Teil der jährlichen Rentenbezüge verzichtet oder einer gekürzten Rente, wenn der Arbeitnehmer sich für den vorgezogenen Ruhestand entscheidet, eine Ungleichbehandlung gestattet, wenn die Ungleichheit der Beträge darauf zurückzuführen ist, dass bei der Durchführung der Finanzierung des Systems je nach Geschlecht unterschiedliche versicherungstechnische Berechnungsfaktoren angewendet worden sind.

(17) Es steht fest, dass Leistungen, die aufgrund eines betrieblichen Systems der sozialen Sicherheit zu zahlen sind, nicht als Entgelt gelten, insofern sie auf Beschäftigungszeiten vor dem 17. Mai 1990 zurückgeführt werden können, außer im Fall von Arbeitnehmern oder ihren anspruchsberechtigten Angehörigen, die vor diesem Zeitpunkt eine Klage bei Gericht oder ein gleichwertiges Verfahren nach geltendem einzelstaatlichen Recht angestrengt haben. Es ist daher notwendig, die Anwendung des Grundsatzes der Gleichbehandlung entsprechend einzuschränken.

(18) Nach der ständigen Rechtsprechung des Gerichtshofs hat das Barber-Protokoll [11] keine Auswirkung auf den Anspruch auf Anschluss an ein Betriebsrentensystem, und die zeitliche Beschränkung der Wirkungen des Urteils in der Rechtssache C-262/88 gilt nicht für den Anspruch auf Anschluss an ein Betriebsrentensystem. Der Gerichtshof hat auch für Recht erkannt, dass Arbeitnehmern, die ihren Anspruch auf Anschluss an ein Betriebsrentensystem geltend machen, die einzelstaatlichen Vorschriften über die Fristen für die Rechtsverfolgung entgegengehalten werden können, sofern sie für derartige Klagen nicht ungünstiger sind als für gleichartige Klagen, die das innerstaatliche Recht betreffen, und sofern sie die Ausübung der durch das Gemeinschaftsrecht gewährten Rechte nicht praktisch unmöglich machen. Der Gerichtshof hat zudem dargelegt, dass ein Arbeitnehmer, der Anspruch auf den rückwirkenden Anschluss an ein Betriebsrentensystem hat, sich der Zahlung der Beiträge für den betreffenden Anschlusszeitraum nicht entziehen kann.

(19) Die Sicherstellung des gleichen Zugangs zur Beschäftigung und zur entsprechenden Berufsbildung ist grundlegend für die Anwendung des Grundsatzes der Gleichbehandlung von Männern und Frauen in Arbeits- und Beschäftigungsfragen. Jede Einschränkung dieses Grundsatzes sollte daher auf diejenigen beruflichen Tätigkeiten beschränkt bleiben, die aufgrund ihrer Art oder der Bedingungen ihrer Ausübung die Beschäftigung einer Person eines bestimmten Geschlechts erfordern, sofern damit ein legitimes Ziel verfolgt und dem Grundsatz der Verhältnismäßigkeit entsprochen wird.

(20) Diese Richtlinie berührt nicht die Vereinigungsfreiheit, einschließlich des Rechts jeder Person, zum Schutz ihrer Interessen Gewerkschaften zu gründen und Gewerkschaften beizutreten. Maßnahmen im Sinne von Artikel 141 Absatz 4 des Vertrags können die Mitgliedschaft in oder die Fortsetzung der Tätigkeit von Organisationen oder Gewerkschaften einschließen, deren Hauptziel es ist, dem Grundsatz der Gleichbehandlung von Männern und Frauen in der Praxis Geltung zu verschaffen.

(21) Das Diskriminierungsverbot sollte nicht der Beibehaltung oder dem Erlass von Maßnahmen entgegenstehen, mit denen bezweckt wird, Benachteiligungen von Personen eines Geschlechts zu verhindern oder auszugleichen. Diese Maßnahmen lassen die Einrichtung und Beibehaltung von Organisationen von Personen desselben Geschlechts zu, wenn deren Hauptzweck darin besteht, die besonderen Bedürfnisse dieser Personen zu berücksichtigen und die Gleichstellung von Männern und Frauen zu fördern.

(22) In Übereinstimmung mit Artikel 141 Absatz 4 des Vertrags hindert der Grundsatz der Gleichbehandlung die Mitgliedstaaten im Hinblick auf die effektive Gewährleistung der vollen Gleichstellung von Männern und Frauen im Arbeitsleben nicht daran, zur Erleichterung der Berufstätigkeit des unterrepräsentierten Geschlechts oder zur Verhinderung bzw. zum Ausgleich von Benachteiligungen in der beruflichen Laufbahn spezifische Vergünstigungen beizubehalten

oder zu beschließen. Angesichts der derzeitigen Lage und in Kenntnis der Erklärung Nr. 28 zum Vertrag von Amsterdam sollten die Mitgliedstaaten in erster Linie darauf hinwirken, die Lage der Frauen im Arbeitsleben zu verbessern.

(23) Aus der Rechtsprechung des Gerichtshofs ergibt sich klar, dass die Schlechterstellung einer Frau im Zusammenhang mit Schwangerschaft oder Mutterschaft eine unmittelbare Diskriminierung aufgrund des Geschlechts darstellt. Eine solche Behandlung sollte daher von der vorliegenden Richtlinie ausdrücklich erfasst werden.

(24) Der Gerichtshof hat in ständiger Rechtsprechung anerkannt, dass der Schutz der körperlichen Verfassung der Frau während und nach einer Schwangerschaft sowie Maßnahmen zum Mutterschutz legitime Mittel zur Erreichung einer nennenswerten Gleichstellung sind. Diese Richtlinie sollte somit die Richtlinie 92/85/EWG des Rates vom 19. Oktober 1992 über die Durchführung von Maßnahmen zur Verbesserung der Sicherheit und des Gesundheitsschutzes von schwangeren Arbeitnehmerinnen, Wöchnerinnen und stillenden Arbeitnehmerinnen am Arbeitsplatz [12] unberührt lassen. Sie sollte ferner die Richtlinie 96/34/EG des Rates vom 3. Juni 1996 zu der von UNICE, CEEP und EGB geschlossenen Rahmenvereinbarung über Elternurlaub [13] unberührt lassen.

(25) Aus Gründen der Klarheit ist es außerdem angebracht, ausdrücklich Bestimmungen zum Schutz der Rechte der Frauen im Bereich der Beschäftigung im Falle des Mutterschaftsurlaubs aufzunehmen, insbesondere den Anspruch auf Rückkehr an ihren früheren Arbeitsplatz oder einen gleichwertigen Arbeitsplatz ohne Verschlechterung der Arbeitsbedingungen aufgrund dieses Mutterschaftsurlaubs sowie darauf, dass ihnen auch alle Verbesserungen der Arbeitsbedingungen zugute kommen, auf die sie während ihrer Abwesenheit Anspruch gehabt hätten.

(26) In der Entschließung des Rates und der im Rat vereinigten Minister für Beschäftigung und Sozialpolitik vom 29. Juni 2000 über eine ausgewogene Teilhabe von Frauen und Männern am Berufs- und Familienleben [14] wurden die Mitgliedstaaten ermutigt, die Möglichkeit zu prüfen, in ihren jeweiligen Rechtsordnungen männlichen Arbeitnehmern unter Wahrung ihrer bestehenden arbeitsbezogenen Rechte ein individuelles, nicht übertragbares Recht auf Vaterschaftsurlaub zuzuerkennen.

(27) Ähnliche Bedingungen gelten für die Zuerkennung — durch die Mitgliedstaaten — eines individuellen, nicht übertragbaren Rechts auf Urlaub nach Adoption eines Kindes an Männer und Frauen. Es ist Sache der Mitgliedstaaten zu entscheiden, ob sie ein solches Recht auf Vaterschaftsurlaub und/oder Adoptionsurlaub zuerkennen oder nicht, sowie alle außerhalb des Geltungsbereichs dieser Richtlinie liegenden Bedingungen, mit Ausnahme derjenigen, die die Entlassung und die Rückkehr an den Arbeitsplatz betreffen, festzulegen.

(28) Die wirksame Anwendung des Grundsatzes der Gleichbehandlung erfordert die Schaffung angemessener Verfahren durch die Mitgliedstaaten.

(29) Die Schaffung angemessener rechtlicher und administrativer Verfahren zur Durchsetzung der Verpflichtungen aufgrund der vorliegenden Richtlinie ist wesentlich für die tatsächliche Verwirklichung des Grundsatzes der Gleichbehandlung.

(30) Der Erlass von Bestimmungen zur Beweislast ist wesentlich, um sicherzustellen, dass der Grundsatz der Gleichbehandlung wirksam durchgesetzt werden kann. Wie der Gerichtshof entschieden hat, sollten daher Bestimmungen vorgesehen werden, die sicherstellen, dass die Beweislast — außer im Zusammenhang mit Verfahren, in denen die Ermittlung des Sachverhalts dem Gericht oder der zuständigen nationalen Stelle obliegt — auf die beklagte Partei verlagert wird, wenn der Anschein einer Diskriminierung besteht. Es ist jedoch klarzustellen, dass die Bewertung der Tatsachen, die das Vorliegen einer unmittelbaren oder mittelbaren Diskriminierung vermuten lassen, weiterhin der einschlägigen einzelstaatlichen Stelle im Einklang mit den innerstaatlichen Rechtsvorschriften oder Gepflogenheiten obliegt. Außerdem bleibt es den Mitgliedstaaten überlassen, auf jeder Stufe des Verfahrens eine für die klagende Partei günstigere Beweislastregelung vorzusehen.

(31) Um den durch diese Richtlinie gewährleisteten Schutz weiter zu verbessern, sollte auch die Möglichkeit bestehen, dass sich Verbände, Organisationen und andere juristische Personen unbeschadet der nationalen Verfahrensregeln bezüglich der Vertretung und Verteidigung bei einem entsprechenden Beschluss der Mitgliedstaaten im Namen der beschwerten Person oder zu deren Unterstützung an einem Verfahren beteiligen.

(32) In Anbetracht des grundlegenden Charakters des Anspruchs auf einen effektiven Rechtsschutz ist es angebracht, dass Arbeitnehmer diesen Schutz selbst noch nach Beendigung des Verhältnisses genießen, aus dem sich der behauptete Verstoß gegen den Grundsatz der Gleichbehandlung ergibt. Ein Arbeitnehmer, der eine Person, die nach dieser Richtlinie Schutz genießt, verteidigt oder für sie als Zeuge aussagt, sollte den gleichen Schutz genießen.

(33) Der Gerichtshof hat eindeutig festgestellt, dass der Gleichbehandlungsgrundsatz nur dann als tatsächlich verwirklicht angesehen werden kann, wenn bei allen Verstößen eine dem erlittenen Schaden angemessene Entschädigung zuerkannt wird. Es ist daher angebracht, die Vorabfestlegung irgendeiner Höchstgrenze für eine solche Entschädigung auszuschließen, außer in den Fällen, in denen der Arbeitgeber nachweisen kann, dass der einem Bewerber infolge einer Diskriminierung im Sinne dieser Richtlinie entstandene Schaden allein darin besteht, dass die Berücksichtigung seiner Bewerbung verweigert wurde.

(34) Um die wirksame Umsetzung des Grundsatzes der Gleichbehandlung zu verstärken, sollten die Mitgliedstaaten den Dialog zwischen den Sozialpartnern und — im Rahmen der einzelstaatlichen Praxis — mit den Nichtregierungsorganisationen fördern.

(35) Die Mitgliedstaaten sollten wirksame, verhältnismäßige und abschreckende Sanktionen festlegen, die bei einer Verletzung der aus dieser Richtlinie erwachsenden Verpflichtungen zu verhängen sind.

(36) Da die Ziele dieser Richtlinie auf Ebene der Mitgliedstaaten nicht ausreichend verwirklicht werden können und daher besser auf Gemeinschaftsebene zu erreichen sind, kann die Gemeinschaft im Einklang mit dem in Artikel 5 des Vertrags niedergelegten Subsidiaritätsprinzip tätig werden. Entsprechend dem in demselben Artikel genannten Grundsatz der Verhältnismäßigkeit geht diese Richtlinie nicht über das zur Erreichung dieser Ziele erforderliche Maß hinaus.

(37) Zum besseren Verständnis der Ursachen der unterschiedlichen Behandlung von Männern und Frauen in Arbeits- und Beschäftigungsfragen sollten vergleichbare, nach Geschlechtern aufgeschlüsselte Statistiken weiterhin erstellt, ausgewertet und auf den geeigneten Ebenen zur Verfügung gestellt werden.

(38) Die Gleichbehandlung von Männern und Frauen in Arbeits- und Beschäftigungsfragen kann sich nicht auf gesetzgeberische Maßnahmen beschränken. Die Europäische Union und die Mitgliedstaaten sind vielmehr aufgefordert, den Prozess der Bewusstseinsbildung für das Problem der Lohndiskriminierung und ein Umdenken verstärkt zu fördern und dabei alle betroffenen Kräfte auf öffentlicher wie privater Ebene so weit wie möglich einzubinden. Dabei kann der Dialog zwischen den Sozialpartnern einen wichtigen Beitrag leisten.

(39) Die Verpflichtung zur Umsetzung dieser Richtlinie in nationales Recht sollte auf diejenigen Bestimmungen beschränkt werden, die eine inhaltliche Veränderung gegenüber den früheren Richtlinien darstellen. Die Verpflichtung zur Umsetzung derjenigen Bestimmungen, die inhaltlich unverändert bleiben, ergibt sich aus den früheren Richtlinien.

(40) Diese Richtlinie sollte unbeschadet der Verpflichtungen der Mitgliedstaaten in Bezug auf die Fristen zur Umsetzung der in Anhang I Teil B aufgeführten Richtlinien in einzelstaatliches Recht und zu ihrer Anwendung gelten.

(41) Entsprechend Nummer 34 der Interinstitutionellen Vereinbarung über bessere Rechtsetzung [15] sollten die Mitgliedstaaten für ihre eigenen Zwecke und im Interesse der Gemeinschaft eigene Tabellen aufstellen, denen im Rahmen des Möglichen die Entsprechungen zwischen dieser Richtlinie und den Umsetzungsmaßnahmen zu entnehmen sind, und diese veröffentlichen –

HABEN FOLGENDE RICHTLINIE ERLASSEN:

TITEL I
ALLGEMEINE BESTIMMUNGEN

Artikel 1
Gegenstand

Ziel der vorliegenden Richtlinie ist es, die Verwirklichung des Grundsatzes der Chancengleichheit und Gleichbehandlung von Männern und Frauen in Arbeits- und Beschäftigungsfragen sicherzustellen.

Zu diesem Zweck enthält sie Bestimmungen zur Verwirklichung des Grundsatzes der Gleichbehandlung in Bezug auf
a) den Zugang zur Beschäftigung einschließlich des beruflichen Aufstiegs und zur Berufsbildung,
b) Arbeitsbedingungen einschließlich des Entgelts,
c) betriebliche Systeme der sozialen Sicherheit.

Weiter enthält sie Bestimmungen, mit denen sichergestellt werden soll, dass die Verwirklichung durch die Schaffung angemessener Verfahren wirksamer gestaltet wird.

Artikel 2
Begriffsbestimmungen

(1) Im Sinne dieser Richtlinie bezeichnet der Ausdruck
a) „unmittelbare Diskriminierung" eine Situation, in der eine Person aufgrund ihres Geschlechts eine weniger günstige Behandlung erfährt, als eine andere Person in einer vergleichbaren Situation erfährt, erfahren hat oder erfahren würde;
b) „mittelbare Diskriminierung" eine Situation, in der dem Anschein nach neutrale Vorschriften, Kriterien oder Verfahren Personen des einen Geschlechts in besonderer Weise gegenüber Personen des anderen Geschlechts benachteiligen können, es sei denn, die betreffenden Vorschriften, Kriterien oder Verfahren sind durch ein rechtmäßiges Ziel sachlich gerechtfertigt und die Mittel sind zur Erreichung dieses Ziels angemessen und erforderlich;
c) „Belästigung" unerwünschte auf das Geschlecht einer Person bezogene Verhaltensweisen, die bezwecken oder bewirken, dass die Würde der betreffenden Person verletzt und ein von Einschüchterungen, Anfeindungen, Erniedrigungen, Entwürdigungen oder Beleidigungen gekennzeichnetes Umfeld geschaffen wird;
d) „sexuelle Belästigung" jede Form von unerwünschtem Verhalten sexueller Natur, das sich in unerwünschter verbaler, nicht-verbaler oder physischer Form äußert und das bezweckt oder bewirkt, dass die Würde der betreffenden Person verletzt wird, insbesondere wenn ein von Einschüchterungen, Anfeindungen, Erniedrigungen, Entwürdigungen und Beleidigungen gekennzeichnetes Umfeld geschaffen wird;
e) „Entgelt" die üblichen Grund- oder Mindestlöhne und -gehälter sowie alle sonstigen Vergütungen, die der Arbeitgeber aufgrund des Dienstverhältnisses dem Arbeitnehmer mittelbar oder unmittelbar als Geld- oder Sachleistung zahlt;
f) „betriebliche Systeme der sozialen Sicherheit" Systeme, die nicht durch die Richtlinie 79/7/EWG des Rates vom 19. Dezember 1978 zur schrittweisen Verwirklichung des Grundsatzes der Gleichbehandlung von Männern und Frauen im Bereich der sozialen Sicherheit [16] geregelt werden und deren Zweck darin besteht, den abhängig Beschäftigten und den Selbständigen in einem Unternehmen oder einer Unternehmensgruppe, in einem Wirtschaftszweig oder den Angehörigen eines Berufes oder einer Berufsgruppe Leistungen zu gewähren, die als Zusatzleistungen oder Ersatzleistungen die gesetzlichen Systeme der sozialen Sicherheit ergänzen oder an ihre Stelle treten, unabhängig davon, ob der Beitritt zu diesen Systemen Pflicht ist oder nicht.
(2) Im Sinne dieser Richtlinie gelten als Diskriminierung
a) Belästigung und sexuelle Belästigung sowie jede nachteilige Behandlung aufgrund der Zurückweisung oder Duldung solcher Verhaltensweisen durch die betreffende Person;
b) die Anweisung zur Diskriminierung einer Person aufgrund des Geschlechts;
c) jegliche ungünstigere Behandlung einer Frau im Zusammenhang mit Schwangerschaft oder Mutterschaftsurlaub im Sinne der Richtlinie 92/85/EWG.

Artikel 3
Positive Maßnahmen

Die Mitgliedstaaten können im Hinblick auf die Gewährleistung der vollen Gleichstellung von Männern und Frauen im Arbeitsleben Maßnahmen im Sinne von Artikel 141 Absatz 4 des Vertrags beibehalten oder beschließen.

Richtlinie 2006/54/EG

TITEL II
BESONDERE BESTIMMUNGEN

KAPITEL 1
Gleiches Entgelt

Artikel 4
Diskriminierungsverbot

Bei gleicher Arbeit oder bei einer Arbeit, die als gleichwertig anerkannt wird, wird mittelbare und unmittelbare Diskriminierung aufgrund des Geschlechts in Bezug auf sämtliche Entgeltbestandteile und -bedingungen beseitigt.

Insbesondere wenn zur Festlegung des Entgelts ein System beruflicher Einstufung verwendet wird, muss dieses System auf für männliche und weibliche Arbeitnehmer gemeinsamen Kriterien beruhen und so beschaffen sein, dass Diskriminierungen aufgrund des Geschlechts ausgeschlossen werden.

KAPITEL 2
Gleichbehandlung in betrieblichen Systemen der sozialen Sicherheit

Artikel 5
Diskriminierungsverbot

Unbeschadet des Artikels 4 darf es in betrieblichen Systemen der sozialen Sicherheit keine unmittelbare oder mittelbare Diskriminierung aufgrund des Geschlechts geben, insbesondere hinsichtlich
a) des Anwendungsbereichs solcher Systeme und die Bedingungen für den Zugang zu ihnen,
b) der Beitragspflicht und der Berechnung der Beiträge,
c) der Berechnung der Leistungen, einschließlich der Zuschläge für den Ehegatten und für unterhaltsberechtigte Personen, sowie der Bedingungen betreffend die Geltungsdauer und die Aufrecherhaltung des Leistungsanspruchs.

Artikel 6
Persönlicher Anwendungsbereich

Dieses Kapitel findet entsprechend den einzelstaatlichen Rechtsvorschriften und/oder Gepflogenheiten Anwendung auf die Erwerbsbevölkerung einschließlich der Selbständigen, der Arbeitnehmer, deren Erwerbstätigkeit durch Krankheit, Mutterschaft, Unfall oder unverschuldete Arbeitslosigkeit unterbrochen ist, und der Arbeitsuchenden sowie auf die sich im Ruhestand befindlichen oder arbeitsunfähigen Arbeitnehmer und auf ihre anspruchsberechtigten Angehörigen.

Artikel 7
Sachlicher Anwendungsbereich

(1) Dieses Kapitel findet Anwendung
a) auf betriebliche Systeme der sozialen Sicherheit, die Schutz gegen folgende Risiken bieten:
  i) Krankheit,
  ii) Invalidität,
  iii) Alter, einschließlich vorzeitige Versetzung in den Ruhestand,
  iv) Arbeitsunfall und Berufskrankheit,
  v) Arbeitslosigkeit;
b) auf betriebliche Systeme der sozialen Sicherheit, die sonstige Sozialleistungen in Form von Geld- oder Sachleistungen vorsehen, insbesondere Leistungen an Hinterbliebene und Familienleistungen, wenn diese Leistungen als vom Arbeitgeber aufgrund des Beschäftigungsverhältnisses an den Arbeitnehmer gezahlte Vergütungen gelten.

(2) Dieses Kapitel findet auch Anwendung auf Rentensysteme für eine besondere Gruppe von Arbeitnehmern wie beispielsweise Beamte, wenn die aus dem System zu zahlenden Leistungen

aufgrund des Beschäftigungsverhältnisses mit dem öffentlichen Arbeitgeber gezahlt werden. Die Tatsache, dass ein solches System Teil eines allgemeinen durch Gesetz geregelten Systems ist, steht dem nicht entgegen.

Artikel 8
Ausnahmen vom sachlichen Anwendungsbereich

(1) Dieses Kapitel gilt nicht
a) für Einzelverträge Selbständiger,
b) für Systeme Selbständiger mit nur einem Mitglied,
c) im Fall von abhängig Beschäftigten für Versicherungsverträge, bei denen der Arbeitgeber nicht Vertragspartei ist,
d) für fakultative Bestimmungen betrieblicher Systeme der sozialen Sicherheit, die einzelnen Mitgliedern eingeräumt werden, um ihnen
   i) entweder zusätzliche Leistungen
   ii) oder die Wahl des Zeitpunkts, zu dem die regulären Leistungen für Selbständige einsetzen, oder die Wahl zwischen mehreren Leistungen
zu garantieren,
e) für betriebliche Systeme der sozialen Sicherheit, sofern die Leistungen durch freiwillige Beiträge der Arbeitnehmer finanziert werden.

(2) Diesem Kapitel steht nicht entgegen, dass ein Arbeitgeber Personen, welche die Altersgrenze für die Gewährung einer Rente aus einem betrieblichen System der sozialen Sicherheit, jedoch noch nicht die Altersgrenze für die Gewährung einer gesetzlichen Rente erreicht haben, eine Zusatzrente gewährt, damit der Betrag der gesamten Leistungen dem Betrag entspricht oder nahe kommt, der Personen des anderen Geschlechts in derselben Lage, die bereits das gesetzliche Rentenalter erreicht haben, gewährt wird, bis die Bezieher der Zusatzrente das gesetzliche Rentenalter erreicht haben.

Artikel 9
Beispiele für Diskriminierung

(1) Dem Grundsatz der Gleichbehandlung entgegenstehende Bestimmungen sind solche, die sich unmittelbar oder mittelbar auf das Geschlecht stützen und Folgendes bewirken:
a) Festlegung der Personen, die zur Mitgliedschaft in einem betrieblichen System der sozialen Sicherheit zugelassen sind;
b) Regelung der Zwangsmitgliedschaft oder der freiwilligen Mitgliedschaft in einem betrieblichen System der sozialen Sicherheit;
c) unterschiedliche Regeln für das Beitrittsalter zum System oder für die Mindestdauer der Beschäftigung oder Zugehörigkeit zum System, die einen Leistungsanspruch begründen;
d) Festlegung – außer in den unter den Buchstaben h und j genannten Fällen – unterschiedlicher Regeln für die Erstattung der Beiträge, wenn der Arbeitnehmer aus dem System ausscheidet, ohne die Bedingungen erfüllt zu haben, die ihm einen aufgeschobenen Anspruch auf die langfristigen Leistungen garantieren;
e) Festlegung unterschiedlicher Bedingungen für die Gewährung der Leistungen oder die Beschränkung dieser Leistungen auf eines der beiden Geschlechter;
f) Festsetzung unterschiedlicher Altersgrenzen für den Eintritt in den Ruhestand;
g) Unterbrechung der Aufrechterhaltung oder des Erwerbs von Ansprüchen während eines gesetzlich oder tarifvertraglich festgelegten Mutterschaftsurlaubs oder Urlaubs aus familiären Gründen, der vom Arbeitgeber bezahlt wird;
h) Gewährung unterschiedlicher Leistungsniveaus, es sei denn, dass dies notwendig ist, um versicherungstechnischen Berechnungsfaktoren Rechnung zu tragen, die im Fall von Festbeitragssystemen je nach Geschlecht unterschiedlich sind; bei durch Kapitalansammlung finanzierten Festleistungssystemen ist hinsichtlich einiger Punkte eine Ungleichbehandlung gestattet, wenn die Ungleichheit der Beträge darauf zurückzuführen ist, dass bei der Durchführung der Finan-

zierung des Systems je nach Geschlecht unterschiedliche versicherungstechnische Berechnungsfaktoren angewendet worden sind;
i) Festlegung unterschiedlicher Höhen für die Beiträge der Arbeitnehmer;
j) Festlegung unterschiedlicher Höhen für die Beiträge der Arbeitgeber, außer
   i) im Fall von Festbeitragssystemen, sofern beabsichtigt wird, die Höhe der auf diesen Beiträgen beruhenden Rentenleistungen für Männer und Frauen auszugleichen oder anzunähern;
   ii) im Fall von durch Kapitalansammlung finanzierten Festleistungssystemen, sofern die Arbeitgeberbeiträge dazu bestimmt sind, die zur Deckung der Aufwendungen für die zugesagten Leistungen unerlässliche Finanzierungsgrundlage zu ergänzen;
k) Festlegung unterschiedlicher oder nur für Arbeitnehmer eines der Geschlechter geltender Regelungen — außer in den unter den Buchstaben h und j vorgesehenen Fällen — hinsichtlich der Garantie oder der Aufrechterhaltung des Anspruchs auf spätere Leistungen, wenn der Arbeitnehmer aus dem System ausscheidet.

(2) Steht die Gewährung von unter dieses Kapitel fallenden Leistungen im Ermessen der für das System zuständigen Verwaltungsstellen, so beachten diese den Grundsatz der Gleichbehandlung.

Artikel 10
Durchführung in Bezug auf Selbständige

(1) Die Mitgliedstaaten treffen die notwendigen Maßnahmen, um sicherzustellen, dass Bestimmungen betrieblicher Systeme der sozialen Sicherheit selbständig Erwerbstätiger, die dem Grundsatz der Gleichbehandlung entgegenstehen, spätestens mit Wirkung vom 1. Januar 1993 oder – für Mitgliedstaaten, die nach diesem Datum beigetreten sind – ab dem Datum, zu dem die Richtlinie 86/378/EG in ihrem Hoheitsgebiet anwendbar wurde, geändert werden.

(2) Dieses Kapitel steht dem nicht entgegen, dass für die Rechte und Pflichten, die sich aus einer vor dem Zeitpunkt der Änderung eines betrieblichen Systems der sozialen Sicherheit Selbständiger liegenden Zeit der Mitgliedschaft in dem betreffenden System ergeben, weiterhin die Bestimmungen des Systems gelten, die während dieses Versicherungszeitraums galten.

Artikel 11
Möglichkeit des Aufschubs in Bezug auf Selbständige

Was die betrieblichen Systeme der sozialen Sicherheit Selbständiger betrifft, können die Mitgliedstaaten die obligatorische Anwendung des Grundsatzes der Gleichbehandlung aufschieben
a) für die Festsetzung des Rentenalters für die Gewährung von Altersrenten oder Ruhestandsrenten sowie die Folgen, die sich daraus für andere Leistungen ergeben können, und zwar
   i) entweder bis zu dem Zeitpunkt, zu dem diese Gleichbehandlung in den gesetzlichen Systemen verwirklicht ist,
   ii) oder längstens bis zu dem Zeitpunkt, zu dem eine Richtlinie diese Gleichbehandlung vorschreibt;
b) für Hinterbliebenenrenten bis zu dem Zeitpunkt, zu dem für diese der Grundsatz der Gleichbehandlung in den gesetzlichen Systemen der sozialen Sicherheit durch das Gemeinschaftsrecht vorgeschrieben ist;
c) für die Anwendung des Artikels 9 Absatz 1 Buchstabe i in Bezug auf die Anwendung von versicherungstechnischen Berechnungsfaktoren bis zum 1. Januar 1999 oder — für Mitgliedstaaten, die nach diesem Datum beigetreten sind — bis zu dem Datum, zu dem die Richtlinie 86/378/EG in ihrem Hoheitsgebiet anwendbar wurde.

Artikel 12
Rückwirkung

(1) Jede Maßnahme zur Umsetzung dieses Kapitels in Bezug auf die Arbeitnehmer deckt alle Leistungen der betrieblichen Systeme der sozialen Sicherheit ab, die für Beschäftigungszeiten

nach dem 17. Mai 1990 gewährt werden, und gilt rückwirkend bis zu diesem Datum, außer im Fall von Arbeitnehmern oder ihren anspruchsberechtigten Angehörigen, die vor diesem Zeitpunkt Klage bei Gericht oder ein gleichwertiges Verfahren nach dem geltenden einzelstaatlichen Recht angestrengt haben. In diesem Fall werden die Umsetzungsmaßnahmen rückwirkend bis zum 8. April 1976 angewandt und decken alle Leistungen ab, die für Beschäftigungszeiten nach diesem Zeitpunkt gewährt werden. Für Mitgliedstaaten, die der Gemeinschaft nach dem 8. April 1976 und vor dem 17. Mai 1990 beigetreten sind, gilt anstelle dieses Datums das Datum, an dem Artikel 141 des Vertrags auf ihrem Hoheitsgebiet anwendbar wurde.

(2) Absatz 1 Satz 2 steht dem nicht entgegen, dass den Arbeitnehmern oder ihren Anspruchsberechtigten, die vor dem 17. Mai 1990 Klage erhoben haben, einzelstaatliche Vorschriften über die Fristen für die Rechtsverfolgung nach innerstaatlichem Recht entgegengehalten werden können, sofern sie für derartige Klagen nicht ungünstiger sind als für gleichartige Klagen, die das innerstaatliche Recht betreffen, und sofern sie die Ausübung der durch das Gemeinschaftsrecht gewährten Rechte nicht praktisch unmöglich machen.

(3) Für Mitgliedstaaten, die nach dem 17. Mai 1990 der Gemeinschaft beigetreten sind und zum 1. Januar 1994 Vertragsparteien des Abkommens über den Europäischen Wirtschaftsraum waren, wird das Datum „17. Mai 1990" in Absatz 1 Satz 1 durch „1. Januar 1994" ersetzt.

(4) Für andere Mitgliedstaaten, die nach dem 17. Mai 1990 beigetreten sind, wird das Datum „17. Mai 1990" in den Absätzen 1 und 2 durch das Datum ersetzt, zu dem Artikel 141 des Vertrags in ihrem Hoheitsgebiet anwendbar wurde.

Artikel 13
Flexibles Rentenalter

Haben Frauen und Männer zu gleichen Bedingungen Anspruch auf ein flexibles Rentenalter, so ist dies nicht als mit diesem Kapitel unvereinbar anzusehen.

KAPITEL 3

Gleichbehandlung hinsichtlich des Zugangs zur Beschäftigung zur Berufsbildung und zum beruflichen Aufstieg sowie in Bezug auf die Arbeitsbedingungen

Artikel 14
Diskriminierungsverbot

(1) Im öffentlichen und privaten Sektor einschließlich öffentlicher Stellen darf es in Bezug auf folgende Punkte keinerlei unmittelbare oder mittelbare Diskriminierung aufgrund des Geschlechts geben:
a) die Bedingungen — einschließlich Auswahlkriterien und Einstellungsbedingungen — für den Zugang zur Beschäftigung oder zu abhängiger oder selbständiger Erwerbstätigkeit, unabhängig von Tätigkeitsfeld und beruflicher Position einschließlich des beruflichen Aufstiegs;
b) den Zugang zu allen Formen und allen Ebenen der Berufsberatung, der Berufsausbildung, der beruflichen Weiterbildung und der Umschulung einschließlich der praktischen Berufserfahrung;
c) die Beschäftigungs- und Arbeitsbedingungen einschließlich der Entlassungsbedingungen sowie das Arbeitsentgelt nach Maßgabe von Artikel 141 des Vertrags;
d) die Mitgliedschaft und Mitwirkung in einer Arbeitnehmer- oder Arbeitgeberorganisation oder einer Organisation, deren Mitglieder einer bestimmten Berufsgruppe angehören, einschließlich der Inanspruchnahme der Leistungen solcher Organisationen.

(2) Die Mitgliedstaaten können im Hinblick auf den Zugang zur Beschäftigung einschließlich der zu diesem Zweck erfolgenden Berufsbildung vorsehen, dass eine Ungleichbehandlung wegen eines geschlechtsbezogenen Merkmals keine Diskriminierung darstellt, wenn das betreffende Merkmal aufgrund der Art einer bestimmten beruflichen Tätigkeit oder der Bedingungen ihrer Ausübung eine wesentliche und entscheidende berufliche Anforderung darstellt, sofern es sich um einen rechtmäßigen Zweck und eine angemessene Anforderung handelt.

Artikel 15
Rückkehr aus dem Mutterschaftsurlaub

Frauen im Mutterschaftsurlaub haben nach Ablauf des Mutterschaftsurlaubs Anspruch darauf, an ihren früheren Arbeitsplatz oder einen gleichwertigen Arbeitsplatz unter Bedingungen, die für sie nicht weniger günstig sind, zurückzukehren, und darauf, dass ihnen auch alle Verbesserungen der Arbeitsbedingungen, auf die sie während ihrer Abwesenheit Anspruch gehabt hätten, zugute kommen.

Artikel 16
Vaterschaftsurlaub und Adoptionsurlaub

Diese Richtlinie lässt das Recht der Mitgliedstaaten unberührt, eigene Rechte auf Vaterschaftsurlaub und/oder Adoptionsurlaub anzuerkennen. Die Mitgliedstaaten, die derartige Rechte anerkennen, treffen die erforderlichen Maßnahmen, um männliche und weibliche Arbeitnehmer vor Entlassung infolge der Inanspruchnahme dieser Rechte zu schützen, und gewährleisten, dass sie nach Ablauf des Urlaubs Anspruch darauf haben, an ihren früheren Arbeitsplatz oder einen gleichwertigen Arbeitsplatz unter Bedingungen, die für sie nicht weniger günstig sind, zurückzukehren, und darauf, dass ihnen auch alle Verbesserungen der Arbeitsbedingungen, auf die sie während ihrer Abwesenheit Anspruch gehabt hätten, zugute kommen.

TITEL III
HORIZONTALE BESTIMMUNGEN

KAPITEL 1
Rechtsmittel und Rechtsdurchsetzung

Abschnitt 1
Rechtsmittel

Artikel 17
Rechtsschutz

(1) Die Mitgliedstaaten stellen sicher, dass alle Personen, die sich durch die Nichtanwendung des Gleichbehandlungsgrundsatzes in ihren Rechten für verletzt halten, ihre Ansprüche aus dieser Richtlinie gegebenenfalls nach Inanspruchnahme anderer zuständiger Behörden oder, wenn die Mitgliedstaaten es für angezeigt halten, nach einem Schlichtungsverfahren auf dem Gerichtsweg geltend machen können, selbst wenn das Verhältnis, während dessen die Diskriminierung vorgekommen sein soll, bereits beendet ist.

(2) Die Mitgliedstaaten stellen sicher, dass Verbände, Organisationen oder andere juristische Personen, die gemäß den in ihrem einzelstaatlichen Recht festgelegten Kriterien ein rechtmäßiges Interesse daran haben, für die Einhaltung der Bestimmungen dieser Richtlinie zu sorgen, sich entweder im Namen der beschwerten Person oder zu deren Unterstützung mit deren Einwilligung an den in dieser Richtlinie zur Durchsetzung der Ansprüche vorgesehenen Gerichts- und/oder Verwaltungsverfahren beteiligen können.

(3) Die Absätze 1 und 2 lassen einzelstaatliche Regelungen über Fristen für die Rechtsverfolgung betreffend den Grundsatz der Gleichbehandlung unberührt.

Artikel 18
Schadenersatz oder Entschädigung

Die Mitgliedstaaten treffen im Rahmen ihrer nationalen Rechtsordnungen die erforderlichen Maßnahmen, um sicherzustellen, dass der einer Person durch eine Diskriminierung aufgrund des Geschlechts entstandene Schaden — je nach den Rechtsvorschriften der Mitgliedstaaten — tatsächlich und wirksam ausgeglichen oder ersetzt wird, wobei dies auf eine abschreckende und dem erlittenen Schaden angemessene Art und Weise geschehen muss. Dabei darf ein solcher

Ausgleich oder eine solche Entschädigung nur in den Fällen durch eine im Voraus festgelegte Höchstgrenze begrenzt werden, in denen der Arbeitgeber nachweisen kann, dass der einem Bewerber durch die Diskriminierung im Sinne dieser Richtlinie entstandene Schaden allein darin besteht, dass die Berücksichtigung seiner Bewerbung verweigert wurde.

Abschnitt 2
Beweislast

Artikel 19
Beweislast

(1) Die Mitgliedstaaten ergreifen im Einklang mit dem System ihrer nationalen Gerichtsbarkeit die erforderlichen Maßnahmen, nach denen dann, wenn Personen, die sich durch die Verletzung des Gleichbehandlungsgrundsatzes für beschwert halten und bei einem Gericht bzw. einer anderen zuständigen Stelle Tatsachen glaubhaft machen, die das Vorliegen einer unmittelbaren oder mittelbaren Diskriminierung vermuten lassen, es dem Beklagten obliegt zu beweisen, dass keine Verletzung des Gleichbehandlungsgrundsatzes vorgelegen hat.

(2) Absatz 1 lässt das Recht der Mitgliedstaaten, eine für die klagende Partei günstigere Beweislastregelung vorzusehen, unberührt.

(3) Die Mitgliedstaaten können davon absehen, Absatz 1 auf Verfahren anzuwenden, in denen die Ermittlung des Sachverhalts dem Gericht oder einer anderen zuständigen Stelle obliegt.

(4) Die Absätze 1, 2 und 3 finden ebenfalls Anwendung auf
a) die Situationen, die von Artikel 141 des Vertrags und — sofern die Frage einer Diskriminierung aufgrund des Geschlechts angesprochen ist — von den Richtlinien 92/85/EWG und 96/34/EG erfasst werden;
b) zivil- und verwaltungsrechtliche Verfahren sowohl im öffentlichen als auch im privaten Sektor, die Rechtsbehelfe nach innerstaatlichem Recht bei der Anwendung der Vorschriften gemäß Buchstabe a vorsehen, mit Ausnahme der freiwilligen oder in den innerstaatlichen Rechtsvorschriften vorgesehenen außergerichtlichen Verfahren.

(5) Soweit von den Mitgliedstaaten nicht anders geregelt, gilt dieser Artikel nicht für Strafverfahren.

KAPITEL 2
Förderung der Gleichbehandlung — Dialog

Artikel 20
Stellen zur Förderung der Gleichbehandlung

(1) Jeder Mitgliedstaat bezeichnet eine oder mehrere Stellen, deren Aufgabe darin besteht, die Verwirklichung der Gleichbehandlung aller Personen ohne Diskriminierung aufgrund des Geschlechts zu fördern, zu analysieren, zu beobachten und zu unterstützen. Diese Stellen können Teil von Einrichtungen sein, die auf nationaler Ebene für den Schutz der Menschenrechte oder der Rechte des Einzelnen verantwortlich sind.

(2) Die Mitgliedstaaten stellen sicher, dass es zu den Befugnissen dieser Stellen gehört,
a) unbeschadet der Rechte der Opfer und der Verbände, Organisationen oder anderer juristischer Personen nach Artikel 17 Absatz 2 die Opfer von Diskriminierungen auf unabhängige Weise dabei zu unterstützen, ihre Beschwerde wegen Diskriminierung zu verfolgen;
b) unabhängige Untersuchungen zum Thema der Diskriminierung durchzuführen;
c) unabhängige Berichte zu veröffentlichen und Empfehlungen zu allen Aspekten vorzulegen, die mit diesen Diskriminierungen in Zusammenhang stehen;
d) auf geeigneter Ebene mit entsprechenden europäischen Einrichtungen, wie beispielsweise einem künftigen Europäischen Institut für Gleichstellungsfragen verfügbare Informationen auszutauschen.

Artikel 21
Sozialer Dialog

(1) Die Mitgliedstaaten treffen im Einklang mit den nationalen Gepflogenheiten und Verfahren geeignete Maßnahmen zur Förderung des sozialen Dialogs zwischen den Sozialpartnern mit dem Ziel, die Verwirklichung der Gleichbehandlung voranzubringen, beispielsweise durch Beobachtung der Praktiken am Arbeitsplatz und beim Zugang zur Beschäftigung, zur Berufsbildung und zum beruflichen Aufstieg sowie durch Beobachtung der Tarifverträge und durch Verhaltenskodizes, Forschungsarbeiten oder den Austausch von Erfahrungen und bewährten Verfahren.

(2) Soweit mit den nationalen Gepflogenheiten und Verfahren vereinbar, ersuchen die Mitgliedstaaten die Sozialpartner ohne Eingriff in deren Autonomie, die Gleichstellung von Männern und Frauen durch flexible Arbeitsbedingungen zur besseren Vereinbarkeit von Privatleben und Beruf zu fördern und auf geeigneter Ebene Antidiskriminierungsvereinbarungen zu schließen, die die in Artikel 1 genannten Bereiche betreffen, soweit diese in den Verantwortungsbereich der Tarifparteien fallen. Die Vereinbarungen müssen den Bestimmungen dieser Richtlinie sowie den einschlägigen nationalen Durchführungsbestimmungen entsprechen.

(3) Die Mitgliedstaaten ersuchen in Übereinstimmung mit den nationalen Gesetzen, Tarifverträgen oder Gepflogenheiten die Arbeitgeber, die Gleichbehandlung von Männern und Frauen am Arbeitsplatz sowie beim Zugang zur Beschäftigung, zur Berufsbildung und zum beruflichen Aufstieg in geplanter und systematischer Weise zu fördern.

(4) Zu diesem Zweck werden die Arbeitgeber ersucht, den Arbeitnehmern und/oder den Arbeitnehmervertretern in regelmäßigen angemessenen Abständen Informationen über die Gleichbehandlung von Männern und Frauen in ihrem Betrieb zu geben.

Diese Informationen können Übersichten über den Anteil von Männern und Frauen auf den unterschiedlichen Ebenen des Betriebs, ihr Entgelt sowie Unterschiede beim Entgelt und mögliche Maßnahmen zur Verbesserung der Situation in Zusammenarbeit mit den Arbeitnehmervertretern enthalten.

Artikel 22
Dialog mit Nichtregierungsorganisationen

Die Mitgliedstaaten fördern den Dialog mit den jeweiligen Nichtregierungsorganisationen, die gemäß den einzelstaatlichen Rechtsvorschriften und Gepflogenheiten ein rechtmäßiges Interesse daran haben, sich an der Bekämpfung von Diskriminierung aufgrund des Geschlechts zu beteiligen, um die Einhaltung des Grundsatzes der Gleichbehandlung zu fördern.

KAPITEL 3
Allgemeine horizontale Bestimmungen

Artikel 23
Einhaltung

Die Mitgliedstaaten treffen alle erforderlichen Maßnahmen, um sicherzustellen, dass
a) die Rechts- und Verwaltungsvorschriften, die dem Gleichbehandlungsgrundsatz zuwiderlaufen, aufgehoben werden;
b) mit dem Gleichbehandlungsgrundsatz nicht zu vereinbarende Bestimmungen in Arbeits- und Tarifverträgen, Betriebsordnungen und Statuten der freien Berufe und der Arbeitgeber- und Arbeitnehmerorganisationen und allen sonstigen Vereinbarungen und Regelungen nichtig sind, für nichtig erklärt werden können oder geändert werden;
c) betriebliche Systeme der sozialen Sicherheit, die solche Bestimmungen enthalten, nicht durch Verwaltungsmaßnahmen genehmigt oder für allgemeinverbindlich erklärt werden können.

Artikel 24
Viktimisierung

Die Mitgliedstaaten treffen im Rahmen ihrer nationalen Rechtsordnungen die erforderlichen Maßnahmen, um die Arbeitnehmer sowie die aufgrund der innerstaatlichen Rechtsvorschriften und/oder Gepflogenheiten vorgesehenen Arbeitnehmervertreter vor Entlassung oder anderen Benachteiligungen durch den Arbeitgeber zu schützen, die als Reaktion auf eine Beschwerde innerhalb des betreffenden Unternehmens oder auf die Einleitung eines Verfahrens zur Durchsetzung des Gleichbehandlungsgrundsatzes erfolgen.

Artikel 25
Sanktionen

Die Mitgliedstaaten legen die Regeln für die Sanktionen fest, die bei einem Verstoß gegen die einzelstaatlichen Vorschriften zur Umsetzung dieser Richtlinie zu verhängen sind, und treffen alle erforderlichen Maßnahmen, um deren Anwendung zu gewährleisten. Die Sanktionen, die auch Schadenersatzleistungen an die Opfer umfassen können, müssen wirksam, verhältnismäßig und abschreckend sein. Die Mitgliedstaaten teilen diese Vorschriften der Kommission spätestens bis zum 5. Oktober 2005 mit und unterrichten sie unverzüglich über alle späteren Änderungen dieser Vorschriften.

Artikel 26
Vorbeugung von Diskriminierung

Die Mitgliedstaaten ersuchen in Einklang mit ihren nationalen Rechtsvorschriften, Tarifverträgen oder Gepflogenheiten die Arbeitgeber und die für Berufsbildung zuständigen Personen, wirksame Maßnahmen zu ergreifen, um allen Formen der Diskriminierung aufgrund des Geschlechts und insbesondere Belästigung und sexueller Belästigung am Arbeitsplatz sowie beim Zugang zur Beschäftigung, zur Berufsbildung und zum beruflichen Aufstieg vorzubeugen.

Artikel 27
Mindestanforderungen

(1) Die Mitgliedstaaten können Vorschriften erlassen oder beibehalten, die im Hinblick auf die Wahrung des Gleichbehandlungsgrundsatzes günstiger als die in dieser Richtlinie vorgesehenen Vorschriften sind.

(2) Die Durchführung dieser Richtlinie rechtfertigt in keinem Fall eine Beeinträchtigung des Schutzniveaus der Arbeitnehmer in dem von ihr abgedeckten Bereich; das Recht der Mitgliedstaaten, als Reaktion auf eine veränderte Situation Rechts- und Verwaltungsvorschriften zu erlassen, die sich von denen unterscheiden, die zum Zeitpunkt der Bekanntgabe dieser Richtlinie in Kraft waren, bleibt unberührt, solange die Bestimmungen dieser Richtlinie eingehalten werden.

Artikel 28
Verhältnis zu gemeinschaftlichen und einzelstaatlichen Vorschriften

(1) Diese Richtlinie steht Vorschriften zum Schutz der Frau, insbesondere bei Schwangerschaft und Mutterschaft, nicht entgegen.

(2) Diese Richtlinie berührt nicht die Bestimmungen der Richtlinien 96/34/EG und 92/85/EWG.

Artikel 29
Durchgängige Berücksichtigung des Gleichstellungsaspekts

Die Mitgliedstaaten berücksichtigen aktiv das Ziel der Gleichstellung von Männern und Frauen bei der Formulierung und Durchführung von Rechts- und Verwaltungsvorschriften, Politiken und Tätigkeiten in den in dieser Richtlinie genannten Bereichen.

Artikel 30
Verbreitung von Informationen

Die Mitgliedstaaten tragen dafür Sorge, dass die in Anwendung dieser Richtlinie ergehenden Maßnahmen sowie die bereits geltenden einschlägigen Vorschriften allen Betroffenen in geeigneter Form und gegebenenfalls in den Betrieben bekannt gemacht werden.

TITEL IV
SCHLUSSBESTIMMUNGEN

Artikel 31
Berichte

(1) Die Mitgliedstaaten übermitteln der Kommission bis zum 15. Februar 2011 alle Informationen, die diese benötigt, um einen Bericht an das Europäische Parlament und den Rat über die Anwendung der Richtlinie zu erstellen.

(2) Unbeschadet des Absatzes 1 übermitteln die Mitgliedstaaten der Kommission alle vier Jahre den Wortlaut aller Maßnahmen nach Artikel 141 Absatz 4 des Vertrags sowie Berichte über diese Maßnahmen und deren Durchführung. Auf der Grundlage dieser Informationen verabschiedet und veröffentlicht die Kommission alle vier Jahre einen Bericht, der eine vergleichende Bewertung solcher Maßnahmen unter Berücksichtigung der Erklärung Nr. 28 in der Schlussakte des Vertrags von Amsterdam enthält.

(3) Die Mitgliedstaaten prüfen in regelmäßigen Abständen die in Artikel 14 Absatz 2 genannten beruflichen Tätigkeiten, um unter Berücksichtigung der sozialen Entwicklung festzustellen, ob es gerechtfertigt ist, die betreffenden Ausnahmen aufrechtzuerhalten. Sie übermitteln der Kommission das Ergebnis dieser Prüfung regelmäßig, zumindest aber alle acht Jahre.

Artikel 32
Überprüfung

Die Kommission überprüft spätestens bis zum 15. Februar 2013 die Anwendung dieser Richtlinie und schlägt, soweit sie dies für erforderlich hält, Änderungen vor.

Artikel 33
Umsetzung

Die Mitgliedstaaten setzen die Rechts- und Verwaltungsvorschriften in Kraft, die erforderlich sind, um dieser Richtlinie spätestens ab dem 15. August 2008 nachzukommen, oder stellen bis zu diesem Zeitpunkt sicher, dass die Sozialpartner im Wege einer Vereinbarung die erforderlichen Bestimmungen einführen. Den Mitgliedstaaten kann längstens ein weiteres Jahr eingeräumt werden, um dieser Richtlinie nachzukommen, wenn dies aufgrund besonderer Schwierigkeiten erforderlich ist. Die Mitgliedstaaten treffen alle notwendigen Maßnahmen, um jederzeit gewährleisten zu können, dass die durch die Richtlinie vorgeschriebenen Ergebnisse erzielt werden. Sie teilen der Kommission unverzüglich den Wortlaut dieser Vorschriften mit.

Wenn die Mitgliedstaaten diese Vorschriften erlassen, nehmen sie in den Vorschriften selbst oder durch einen Hinweis bei der amtlichen Veröffentlichung auf diese Richtlinie Bezug. Diese Bezugnahme enthält außerdem eine Erklärung, wonach Bezugnahmen in bestehenden Rechts- oder Verwaltungsvorschriften auf durch diese Richtlinie aufgehobene Richtlinien als Bezugnahmen auf die vorliegende Richtlinie zu verstehen sind. Die Mitgliedstaaten regeln die Einzelheiten der Bezugnahme und die Formulierung der genannten Erklärung.

Die Verpflichtung zur Umsetzung dieser Richtlinie in innerstaatliches Recht beschränkt sich auf diejenigen Bestimmungen, die eine inhaltliche Veränderung gegenüber den früheren Richtlinien darstellen. Die Verpflichtung zur Umsetzung derjenigen Bestimmungen, die inhaltlich unverändert bleiben, ergibt sich aus den früheren Richtlinien.

Die Mitgliedstaaten teilen der Kommission den Wortlaut der wichtigsten innerstaatlichen Rechtsvorschriften mit, die sie auf dem unter diese Richtlinie fallenden Gebiet erlassen.

Anhang

Artikel 34
Aufhebung

(1) Die Richtlinien 75/117/EWG, 76/207/EWG, 86/378/EWG und 97/80/EG werden mit Wirkung vom 15. August 2009 aufgehoben; die Verpflichtung der Mitgliedstaaten hinsichtlich der Fristen für die Umsetzung der in Anhang I Teil B genannten Richtlinien in einzelstaatliches Recht und für ihre Anwendung bleibt hiervon unberührt.
(2) Verweisungen auf die aufgehobenen Richtlinien gelten als Verweisungen auf die vorliegende Richtlinie und sind nach der Entsprechungstabelle in Anhang II zu lesen.

Artikel 35
Inkrafttreten

Diese Richtlinie tritt am zwanzigsten Tag nach ihrer Veröffentlichung im Amtsblatt der Europäischen Union in Kraft.

Artikel 36
Adressaten

Diese Richtlinie ist an die Mitgliedstaaten gerichtet.
Geschehen zu Straßburg am 5. Juli 2006.
Im Namen des Europäischen Parlaments
Der Präsident
J. Borrell Fontelles
Im Namen des Rates
Die Präsidentin
P. Lehtomäki

[1] ABl. C 157 vom 28. 6. 2005, S. 83.
[2] Stellungnahme des Europäischen Parlaments vom 6. Juli 2005 (noch nicht im Amtsblatt veröffentlicht), Gemeinsamer Standpunkt des Rates vom 10. März 2006 (ABl. C 126 E vom 30. 5. 2006, S. 33) und Standpunkt des Europäischen Parlaments vom 1. Juni 2006 (noch nicht im Amtsblatt veröffentlicht).
[3] ABl. L 39 vom 14. 2. 1976, S. 40. Geändert durch die Richtlinie 2002/73/EG des Europäischen Parlaments und des Rates (ABl. L 269 vom 5. 10. 2002, S. 15).
[4] ABl. L 225 vom 12. 8. 1986, S. 40. Geändert durch die Richtlinie 96/97/EG (ABl. L 46 vom 17. 2. 1997, S. 20).
[5] Siehe Anhang I Teil A.
[6] ABl. L 45 vom 19. 2. 1975, S. 19.
[7] ABl. L 14 vom 20. 1. 1998, S. 6. Geändert durch die Richtlinie 98/52/EG (ABl. L 205 vom 22. 7. 1998, S. 66).
[8] Rechtssache C-262/88: Barber gegen Guardian Royal Exchange Assurance Group, Slg. 1990, I-1889.
[9] Rechtssache C-7/93: Bestuur van het Algemeen Burgerlijk Pensioensfonds gegen G. A. Beune, Slg. 1994, I-4471.
[10] Rechtssache C-351/00: Pirkko Niemi, Slg. 2002, I-7007.
[11] Protokoll Nr. 17 zu Artikel 141 des Vertrags zur Gründung der Europäischen Gemeinschaft (1992).
[12] ABl. L 348 vom 28. 11. 1992, S. 1.
[13] ABl. L 145 vom 19. 6. 1996, S. 4. Geändert durch die Richtlinie 97/75/EG (ABl. L 10 vom 16. 1. 1998, S. 24).
[14] ABl. C 218 vom 31. 7. 2000, S. 5.
[15] ABl. C 321 vom 31. 12. 2003, S. 1.
[16] ABl. L 6 vom 10. 1. 1979, S. 24.

Richtlinie 2000/43/EG des Rates
vom 29. Juni 2000

zur Anwendung des Gleichbehandlungsgrundsatzes ohne Unterschied der Rasse oder der ethnischen Herkunft

DER RAT DER EUROPÄISCHEN UNION –

gestützt auf den Vertrag zur Gründung der Europäischen Gemeinschaft, insbesondere auf Artikel 13,
auf Vorschlag der Kommission(1),
nach Stellungnahme des Europäischen Parlaments(2),
nach Stellungnahme des Wirtschafts- und Sozialausschusses(3),
nach Stellungnahme des Ausschusses der Regionen(4),
in Erwägung nachstehender Gründe:

(1) Der Vertrag über die Europäische Union markiert den Beginn einer neuen Etappe im Prozeß des immer engeren Zusammenwachsens der Völker Europas.

(2) Nach Artikel 6 des Vertrags über die Europäische Union beruht die Europäische Union auf den Grundsätzen der Freiheit, der Demokratie, der Achtung der Menschenrechte und Grundfreiheiten sowie der Rechtsstaatlichkeit; diese Grundsätze sind den Mitgliedstaaten gemeinsam. Nach Artikel 6 EU-Vertrag sollte die Union ferner die Grundrechte, wie sie in der Europäischen Konvention zum Schutze der Menschenrechte und Grundfreiheiten gewährleistet sind und wie sie sich aus den gemeinsamen Verfassungsüberlieferungen als allgemeine Grundsätze des Gemeinschaftsrechts ergeben, achten.

(3) Die Gleichheit vor dem Gesetz und der Schutz aller Menschen vor Diskriminierung ist ein allgemeines Menschenrecht. Dieses Recht wurde in der Allgemeinen Erklärung der Menschenrechte, im VN-Übereinkommen über die Beseitigung aller Formen der Diskriminierung von Frauen, im Internationalen Übereinkommen zur Beseitigung jeder Form von Rassendiskriminierung, im Internationalen Pakt der VN über bürgerliche und politische Rechte sowie im Internationalen Pakt der VN über wirtschaftliche, soziale und kulturelle Rechte und in der Europäischen Konvention zum Schutz der Menschenrechte und der Grundfreiheiten anerkannt, die von allen Mitgliedstaaten unterzeichnet wurden.

(4) Es ist wichtig, daß diese Grundrechte und Grundfreiheiten, einschließlich der Vereinigungsfreiheit, geachtet werden. Ferner ist es wichtig, daß im Zusammenhang mit dem Zugang zu und der Versorgung mit Gütern und Dienstleistungen der Schutz der Privatsphäre und des Familienlebens sowie der in diesem Kontext getätigten Geschäfte gewahrt bleibt.

(5) Das Europäische Parlament hat eine Reihe von Entschließungen zur Bekämpfung des Rassismus in der Europäischen Union angenommen.

(6) Die Europäische Union weist Theorien, mit denen versucht wird, die Existenz verschiedener menschlicher Rassen zu belegen, zurück. Die Verwendung des Begriffs „Rasse" in dieser Richtlinie impliziert nicht die Akzeptanz solcher Theorien.

(7) Auf seiner Tagung in Tampere vom 15. und 16. Oktober 1999 ersuchte der Europäische Rat die Kommission, so bald wie möglich Vorschläge zur Durchführung des Artikels 13 EG-Vertrag im Hinblick auf die Bekämpfung von Rassismus und Fremdenfeindlichkeit vorzulegen.

(8) In den vom Europäischen Rat auf seiner Tagung vom 10. und 11. Dezember 1999 in Helsinki vereinbarten beschäftigungspolitischen Leitlinien für das Jahr 2000 wird die Notwendigkeit unterstrichen, günstigere Bedingungen für die Entstehung eines Arbeitsmarktes zu schaffen, der soziale Integration fördert; dies soll durch ein Bündel aufeinander abgestimmter Maßnahmen geschehen, die darauf abstellen, Diskriminierungen bestimmter gesellschaftlicher Gruppen, wie ethnischer Minderheiten, zu bekämpfen.

(9) Diskriminierungen aus Gründen der Rasse oder der ethnischen Herkunft können die Verwirklichung der im EG-Vertrag festgelegten Ziele unterminieren, insbesondere die Erreichung

eines hohen Beschäftigungsniveaus und eines hohen Maßes an sozialem Schutz, die Hebung des Lebensstandards und der Lebensqualität, den wirtschaftlichen und sozialen Zusammenhalt sowie die Solidarität. Ferner kann das Ziel der Weiterentwicklung der Europäischen Union zu einem Raum der Freiheit, der Sicherheit und des Rechts beeinträchtigt werden.

(10) Die Kommission legte im Dezember 1995 eine Mitteilung über Rassismus, Fremdenfeindlichkeit und Antisemitismus vor.

(11) Der Rat hat am 15. Juli 1996 die Gemeinsame Maßnahme 96/443/JI zur Bekämpfung von Rassismus und Fremdenfeindlichkeit(5) angenommen, mit der sich die Mitgliedstaaten verpflichten, eine wirksame justitielle Zusammenarbeit bei Vergehen, die auf rassistischen oder fremdenfeindlichen Verhaltensweisen beruhen, zu gewährleisten.

(12) Um die Entwicklung demokratischer und toleranter Gesellschaften zu gewährleisten, die allen Menschen – ohne Unterschied der Rasse oder der ethnischen Herkunft – eine Teilhabe ermöglichen, sollten spezifische Maßnahmen zur Bekämpfung von Diskriminierungen aus Gründen der Rasse oder der ethnischen Herkunft über die Gewährleistung des Zugangs zu unselbständiger und selbständiger Erwerbstätigkeit hinausgehen und auch Aspekte wie Bildung, Sozialschutz, einschließlich sozialer Sicherheit und der Gesundheitsdienste, soziale Vergünstigungen, Zugang zu und Versorgung mit Gütern und Dienstleistungen, mit abdecken.

(13) Daher sollte jede unmittelbare oder mittelbare Diskriminierung aus Gründen der Rasse oder der ethnischen Herkunft in den von der Richtlinie abgedeckten Bereichen gemeinschaftsweit untersagt werden. Dieses Diskriminierungsverbot sollte auch hinsichtlich Drittstaatsangehörigen angewandt werden, betrifft jedoch keine Ungleichbehandlungen aufgrund der Staatsangehörigkeit und läßt die Vorschriften über die Einreise und den Aufenthalt von Drittstaatsangehörigen und ihren Zugang zu Beschäftigung und Beruf unberührt.

(14) Bei der Anwendung des Grundsatzes der Gleichbehandlung ohne Ansehen der Rasse oder der ethnischen Herkunft sollte die Gemeinschaft im Einklang mit Artikel 3 Absatz 2 EG-Vertrag bemüht sein, Ungleichheiten zu beseitigen und die Gleichstellung von Männern und Frauen zu fördern, zumal Frauen häufig Opfer mehrfacher Diskriminierungen sind.

(15) Die Beurteilung von Tatbeständen, die auf eine unmittelbare oder mittelbare Diskriminierung schließen lassen, obliegt den einzelstaatlichen gerichtlichen Instanzen oder anderen zuständigen Stellen nach den nationalen Rechtsvorschriften oder Gepflogenheiten. In diesen einzelstaatlichen Vorschriften kann insbesondere vorgesehen sein, daß mittelbare Diskriminierung mit allen Mitteln, einschließlich statistischer Beweise, festzustellen ist.

(16) Es ist wichtig, alle natürlichen Personen gegen Diskriminierung aus Gründen der Rasse oder der ethnischen Herkunft zu schützen. Die Mitgliedstaaten sollten auch, soweit es angemessen ist und im Einklang mit ihren nationalen Gepflogenheiten und Verfahren steht, den Schutz juristischer Personen vorsehen, wenn diese aufgrund der Rasse oder der ethnischen Herkunft ihrer Mitglieder Diskriminierungen erleiden.

(17) Das Diskriminierungsverbot sollte nicht der Beibehaltung oder dem Erlaß von Maßnahmen entgegenstehen, mit denen bezweckt wird, Benachteiligungen von Angehörigen einer bestimmten Rasse oder ethnischen Gruppe zu verhindern oder auszugleichen, und diese Maßnahmen können Organisation von Personen einer bestimmten Rasse oder ethnischer Herkunft gestatten, wenn deren Zweck hauptsächlich darin besteht, für die besonderen Bedürfnisse dieser Personen einzutreten.

(18) Unter sehr begrenzten Bedingungen kann eine unterschiedliche Behandlung gerechtfertigt sein, wenn ein Merkmal, das mit der Rasse oder ethnischen Herkunft zusammenhängt, eine wesentliche und entscheidende berufliche Anforderung darstellt, sofern es sich um einen legitimen Zweck und eine angemessene Anforderung handelt. Diese Bedingungen sollten in die Informationen aufgenommen werden, die die Mitgliedstaaten der Kommission übermitteln.

(19) Opfer von Diskriminierungen aus Gründen der Rasse oder der ethnischen Herkunft sollten über einen angemessenen Rechtsschutz verfügen. Um einen effektiveren Schutz zu gewährleisten, sollte auch die Möglichkeit bestehen, daß sich Verbände oder andere juristische Personen unbeschadet der nationalen Verfahrensordnung bezüglich der Vertretung und Verteidigung vor Gericht bei einem entsprechenden Beschluß der Mitgliedstaaten im Namen eines Opfers oder zu seiner Unterstützung an einem Verfahren beteiligen.

(20) Voraussetzungen für eine effektive Anwendung des Gleichheitsgrundsatzes sind ein angemessener Schutz vor Viktimisierung.

(21) Eine Änderung der Regeln für die Beweislastverteilung ist geboten, wenn ein glaubhafter Anschein einer Diskriminierung besteht. Zur wirksamen Anwendung des Gleichbehandlungsgrundsatzes ist eine Verlagerung der Beweislast auf die beklagte Partei erforderlich, wenn eine solche Diskriminierung nachgewiesen ist.

(22) Die Mitgliedstaaten können davon absehen, die Regeln für die Beweislastverteilung auf Verfahren anzuwenden, in denen die Ermittlung des Sachverhalts dem Gericht oder der zuständigen Stelle obliegt. Dies betrifft Verfahren, in denen die klagende Partei den Beweis des Sachverhalts, dessen Ermittlung dem Gericht oder der zuständigen Stelle obliegt, nicht anzutreten braucht.

(23) Die Mitgliedstaaten sollten den Dialog zwischen den Sozialpartnern und mit Nichtregierungsorganisationen fördern, mit dem Ziel, gegen die verschiedenen Formen von Diskriminierung anzugehen und diese zu bekämpfen.

(24) Der Schutz vor Diskriminierung aus Gründen der Rasse oder der ethnischen Herkunft würde verstärkt, wenn es in jedem Mitgliedstaat eine Stelle bzw. Stellen gäbe, die für die Analyse der mit Diskriminierungen verbundenen Probleme, die Prüfung möglicher Lösungen und die Bereitstellung konkreter Hilfsangebote an die Opfer zuständig wäre.

(25) In dieser Richtlinie werden Mindestanforderungen festgelegt; den Mitgliedstaaten steht es somit frei, günstigere Vorschriften beizubehalten oder einzuführen. Die Umsetzung der Richtlinie darf nicht als Rechtfertigung für eine Absenkung des in den Mitgliedstaaten bereits bestehenden Schutzniveaus benutzt werden.

(26) Die Mitgliedstaaten sollten wirksame, verhältnismäßige und abschreckende Sanktionen für den Fall vorsehen, daß gegen die aus der Richtlinie erwachsenden Verpflichtungen verstoßen wird.

(27) Die Mitgliedstaaten können den Sozialpartnern auf deren gemeinsamen Antrag die Durchführung der Bestimmungen dieser Richtlinie übertragen, die in den Anwendungsbereich von Tarifverträgen fallen, sofern sie alle erforderlichen Maßnahmen treffen, um jederzeit gewährleisten zu können, daß die durch diese Richtlinie vorgeschriebenen Ergebnisse erzielt werden.

(28) Entsprechend dem in Artikel 5 EG-Vertrag niedergelegten Subsidiaritäts- und Verhältnismäßigkeitsprinzip kann das Ziel dieser Richtlinie, nämlich ein einheitliches, hohes Niveau des Schutzes vor Diskriminierungen in allen Mitgliedstaaten zu gewährleisten, auf der Ebene de Mitgliedstaaten nicht ausreichend erreicht werden; es kann daher wegen des Umfangs und der Wirkung der vorgeschlagenen Maßnahme besser auf Gemeinschaftsebene verwirklicht werden. Diese Richtlinie geht nicht über das für die Erreichung dieser Ziele erforderliche Maß hinaus –

HAT FOLGENDE RICHTLINIE ERLASSEN:

Kapitel I. Allgemeine Bestimmungen
Artikel 1 Zweck

Zweck dieser Richtlinie ist die Schaffung eines Rahmens zur Bekämpfung der Diskriminierung aufgrund der Rasse oder der ethnischen Herkunft im Hinblick auf die Verwirklichung des Grundsatzes der Gleichbehandlung in den Mitgliedstaaten.

Artikel 2 Der Begriff „Diskriminierung"

(1) Im Sinne dieser Richtlinie bedeutet „Gleichbehandlungsgrundsatz", daß es keine unmittelbare oder mittelbare Diskriminierung aus Gründen der Rasse oder der ethnischen Herkunft geben darf.

(2) Im Sinne von Absatz 1
a) liegt eine unmittelbare Diskriminierung vor, wenn eine Person aufgrund ihrer Rasse oder ethnischen Herkunft in einer vergleichbaren Situation eine weniger günstige Behandlung als eine andere Person erfährt, erfahren hat oder erfahren würde;
b) liegt eine mittelbare Diskriminierung vor, wenn dem Anschein nach neutrale Vorschriften, Kriterien oder Verfahren Personen, die einer Rasse oder ethnischen Gruppe angehören, in beson-

derer Weise benachteiligen können, es sei denn, die betreffenden Vorschriften, Kriterien oder Verfahren sind durch ein rechtmäßiges Ziel sachlich gerechtfertigt, und die Mittel sind zur Erreichung dieses Ziels angemessen und erforderlich.

(3) Unerwünschte Verhaltensweisen, die im Zusammenhang mit der Rasse oder der ethnischen Herkunft einer Person stehen und bezwecken oder bewirken, daß die Würde der betreffenden Person verletzt und ein von Einschüchterungen, Anfeindungen, Erniedrigungen, Entwürdigungen oder Beleidigungen gekennzeichnetes Umfeld geschaffen wird, sind Belästigungen, die als Diskriminierung im Sinne von Absatz 1 gelten. In diesem Zusammenhang können die Mitgliedstaaten den Begriff „Belästigung" im Einklang mit den einzelstaatlichen Rechtsvorschriften und Gepflogenheiten definieren.

(4) Die Anweisung zur Diskriminierung einer Person aus Gründen der Rasse oder der ethnischen Herkunft gilt als Diskriminierung im Sinne von Absatz 1.

Artikel 3 Geltungsbereich

(1) Im Rahmen der auf die Gemeinschaft übertragenen Zuständigkeiten gilt diese Richtlinie für alle Personen in öffentlichen und privaten Bereichen, einschließlich öffentlicher Stellen, in bezug auf:

a) die Bedingungen – einschließlich Auswahlkriterien und Einstellungsbedingungen – für den Zugang zu unselbständiger und selbständiger Erwerbstätigkeit, unabhängig von Tätigkeitsfeld und beruflicher Position, sowie für den beruflichen Aufstieg;
b) den Zugang zu allen Formen und allen Ebenen der Berufsberatung, der Berufsausbildung, der beruflichen Weiterbildung und der Umschulung einschließlich der praktischen Berufserfahrung;
c) die Beschäftigungs- und Arbeitsbedingungen, einschließlich Entlassungsbedingungen und Arbeitsentgelt;
d) die Mitgliedschaft und Mitwirkung in einer Arbeitnehmer- oder Arbeitgeberorganisation oder einer Organisation, deren Mitglieder einer bestimmten Berufsgruppe angehören, einschließlich der Innanspruchnahme der Leistungen solcher Organisationen;
e) den Sozialschutz, einschließlich der sozialen Sicherheit und der Gesundheitsdienste;
f) die sozialen Vergünstigungen;
g) die Bildung;
h) den Zugang zu und die Versorgung mit Gütern und Dienstleistungen, die der Öffentlichkeit zur Verfügung stehen, einschließlich von Wohnraum.

(2) Diese Richtlinie betrifft nicht unterschiedliche Behandlungen aus Gründen der Staatsangehörigkeit und berührt nicht die Vorschriften und Bedingungen für die Einreise von Staatsangehörigen dritter Staaten oder staatenlosen Personen in das Hoheitsgebiet der Mitgliedstaaten oder deren Aufenthalt in diesem Hoheitsgebiet sowie eine Behandlung, die sich aus der Rechtsstellung von Staatsangehörigen dritter Staaten oder staatenlosen Personen ergibt.

Artikel 4 Wesentliche und entscheidende berufliche Anforderungen

Ungeachtet des Artikels 2 Absätze 1 und 2 können die Mitgliedstaaten vorsehen, daß eine Ungleichbehandlung aufgrund eines mit der Rasse oder der ethnischen Herkunft zusammenhängenden Merkmals keine Diskriminierung darstellt, wenn das betreffende Merkmal aufgrund der Art einer bestimmten beruflichen Tätigkeit oder der Rahmenbedingungen ihrer Ausübung eine wesentliche und entscheidende berufliche Voraussetzung darstellt und sofern es sich um einen rechtmäßigen Zweck und eine angemessene Anforderung handelt.

Artikel 5 Positive Maßnahmen

Der Gleichbehandlungsgrundsatz hindert die Mitgliedstaaten nicht daran, zur Gewährleistung der vollen Gleichstellung in der Praxis spezifische Maßnahmen, mit denen Benachteiligungen aufgrund der Rasse oder ethnischen Herkunft verhindert oder ausgeglichen werden, beizubehalten oder zu beschließen.

Artikel 6 Mindestanforderungen

(1) Es bleibt den Mitgliedstaaten unbenommen, Vorschriften einzuführen oder beizubehalten, die im Hinblick auf die Wahrung des Gleichbehandlungsgrundsatzes günstiger als die in dieser Richtlinie vorgesehenen Vorschriften sind.

(2) Die Umsetzung dieser Richtlinie darf keinesfalls als Rechtfertigung für eine Absenkung des von den Mitgliedstaaten bereits garantierten Schutzniveaus in bezug auf Diskriminierungen in den von der Richtlinie abgedeckten Bereichen benutzt werden.

Kapitel II. Rechtsbehelfe und Rechtsdurchsetzung

Artikel 7 Rechtsschutz

(1) Die Mitgliedstaaten stellen sicher, daß alle Personen, die sich durch die Nichtanwendung des Gleichbehandlungsgrundsatzes in ihren Rechten für verletzt halten, ihre Ansprüche aus dieser Richtlinie auf dem Gerichts- und/oder Verwaltungsweg sowie, wenn die Mitgliedstaaten es für angezeigt halten, in Schlichtungsverfahren geltend machen können, selbst wenn das Verhältnis, während dessen die Diskriminierung vorgekommen sein soll, bereits beendet ist.

(2) Die Mitgliedstaaten stellen sicher, daß Verbände, Organisationen oder andere juristische Personen, die gemäß den in ihrem einzelstaatlichen Recht festgelegten Kriterien ein rechtmäßiges Interesse daran haben, für die Einhaltung der Bestimmungen dieser Richtlinie zu sorgen, sich entweder im Namen der beschwerten Person oder zu deren Unterstützung und mit deren Einwilligung an den in dieser Richtlinie zur Durchsetzung der Ansprüche vorgesehenen Gerichts- und/oder Verwaltungsverfahren beteiligen können.

(3) Die Absätze 1 und 2 lassen einzelstaatliche Regelungen über Fristen für die Rechtsverfolgung betreffend den Gleichbehandlungsgrundsatz unberührt.

Artikel 8 Beweislast

(1) Die Mitgliedstaaten ergreifen im Einklang mit ihrem nationalen Gerichtswesen die erforderlichen Maßnahmen, um zu gewährleisten, daß immer dann, wenn Personen, die sich durch die Nichtanwendung des Gleichbehandlungsgrundsatzes für verletzt halten und bei einem Gericht oder einer anderen zuständigen Stelle Tatsachen glaubhaft machen, die das Vorliegen einer unmittelbaren oder mittelbaren Diskriminierung vermuten lassen, es dem Beklagten obliegt zu beweisen, daß keine Verletzung des Gleichbehandlungsgrundsatzes vorgelegen hat.

(2) Absatz 1 läßt das Recht der Mitgliedstaaten, eine für den Kläger günstigere Beweislastregelung vorzusehen, unberührt.

(3) Absatz 1 gilt nicht für Strafverfahren.

(4) Die Absätze 1, 2 und 3 gelten auch für Verfahren gemäß Artikel 7 Absatz 2.

(5) Die Mitgliedstaaten können davon absehen, Absatz 1 auf Verfahren anzuwenden, in denen die Ermittlung des Sachverhalts dem Gericht oder der zuständigen Stelle obliegt.

Artikel 9 Viktimisierung

Die Mitgliedstaaten treffen im Rahmen ihrer nationalen Rechtsordnung die erforderlichen Maßnahmen, um den einzelnen vor Benachteiligungen zu schützen, die als Reaktion auf eine Beschwerde oder auf die Einleitung eines Verfahrens zur Durchsetzung des Gleichbehandlungsgrundsatzes erfolgen.

Artikel 10 Unterrichtung

Die Mitgliedstaaten tragen dafür Sorge, daß die gemäß dieser Richtlinie getroffenen Maßnahmen sowie die bereits geltenden einschlägigen Vorschriften allen Betroffenen in geeigneter Form in ihrem Hoheitsgebiet bekanntgemacht werden.

Anhang

Artikel 11 Sozialer Dialog

(1) Die Mitgliedstaaten treffen im Einklang mit den nationalen Gepflogenheiten und Verfahren geeignete Maßnahmen zur Förderung des sozialen Dialogs zwischen Arbeitgebern und Arbeitnehmern, mit dem Ziel, die Verwirklichung des Gleichbehandlungsgrundsatzes durch Überwachung der betrieblichen Praxis, durch Tarifverträge, Verhaltenskodizes, Forschungsarbeiten oder durch einen Austausch von Erfahrungen und bewährten Lösungen voranzubringen.

(2) Soweit vereinbar mit den nationalen Gepflogenheiten und Verfahren, fordern die Mitgliedstaaten Arbeitgeber und Arbeitnehmer ohne Eingriff in deren Autonomie auf, auf geeigneter Ebene Antidiskriminierungsvereinbarungen zu schließen, die die in Artikel 3 genannten Bereiche betreffen, soweit diese in den Verantwortungsbereich der Tarifparteien fallen. Die Vereinbarungen müssen den in dieser Richtlinie festgelegten Mindestanforderungen sowie den einschlägigen nationalen Durchführungsbestimmungen entsprechen.

Artikel 12 Dialog mit Nichtregierungsorganisationen

Die Mitgliedstaaten fördern den Dialog mit geeigneten Nichtregierungsorganisationen, die gemäß ihren nationalen Rechtsvorschriften und Gepflogenheiten ein rechtmäßiges Interesse daran haben, sich an der Bekämpfung von Diskriminierung aus Gründen der Rasse oder der ethnischen Herkunft zu beteiligen, um den Grundsatz der Gleichbehandlung zu fördern.

Kapitel III. Mit der Förderung der Gleichbehandlung befasste Stellen

Artikel 13

(1) Jeder Mitgliedstaat bezeichnet eine oder mehrere Stellen, deren Aufgabe darin besteht, die Verwirklichung des Grundsatzes der Gleichbehandlung aller Personen ohne Diskriminierung aufgrund der Rasse oder der ethnischen Herkunft zu fördern. Diese Stellen können Teil einer Einrichtung sein, die auf nationaler Ebene für den Schutz der Menschenrechte oder der Rechte des einzelnen zuständig ist.

(2) Die Mitgliedstaaten stellen sicher, daß es zu den Zuständigkeiten dieser Stellen gehört,
– unbeschadet der Rechte der Opfer und der Verbände, der Organisationen oder anderer juristischer Personen nach Artikel 7 Absatz 2 die Opfer von Diskriminierungen auf unabhängige Weise dabei zu unterstützen, ihrer Beschwerde wegen Diskriminierung nachzugehen;
– unabhängige Untersuchungen zum Thema der Diskriminierung durchzuführen;
– unabhängige Berichte zu veröffentlichen und Empfehlungen zu allen Aspekten vorzulegen, die mit diesen Diskriminierungen in Zusammenhang stehen.

Kapitel IV. Schlussbestimmungen

Artikel 14 Einhaltung

Die Mitgliedstaaten treffen die erforderlichen Maßnahmen, um sicherzustellen,
a) daß sämtliche Rechts- und Verwaltungsvorschriften, die dem Gleichbehandlungsgrundsatz zuwiderlaufen, aufgehoben werden;
b) daß sämtliche mit dem Gleichbehandlungsgrundsatz nicht zu vereinbarenden Bestimmungen in Einzel- oder Kollektivverträgen oder -vereinbarungen, Betriebsordnungen, Statuten von Vereinigungen mit oder ohne Erwerbszweck sowie Statuten der freien Berufe und der Arbeitnehmer- und Arbeitgeberorganisationen für nichtig erklärt werden oder erklärt werden können oder geändert werden.

Artikel 15 Sanktionen

Die Mitgliedstaaten legen die Sanktionen fest, die bei einem Verstoß gegen die einzelstaatlichen Vorschriften zur Anwendung dieser Richtlinie zu verhängen sind, und treffen alle geeigneten Maßnahmen, um deren Durchsetzung zu gewährleisten. Die Sanktionen, die auch Schadenersatzleistungen an die Opfer umfassen können, müssen wirksam, verhältnismäßig und abschreckend sein. Die Mitgliedstaaten teilen der Kommission diese Bestimmungen bis zum 19. Juli 2003 mit und melden alle sie betreffenden Änderungen unverzüglich.

Artikel 16 Umsetzung

Die Mitgliedstaaten erlassen die erforderlichen Rechts- und Verwaltungsvorschriften, um dieser Richtlinie bis zum 19. Juli 2003 nachzukommen, oder können den Sozialpartnern auf deren gemeinsamen Antrag die Durchführung der Bestimmungen dieser Richtlinie übertragen, die in den Anwendungsbereich von Tarifverträgen fallen. In diesem Fall gewährleisten die Mitgliedstaaten, daß die Sozialpartner bis zum 19. Juli 2003 im Wege einer Vereinbarung die erforderlichen Maßnahmen getroffen haben; dabei haben die Mitgliedstaaten alle erforderlichen Maßnahmen zu treffen, um jederzeit gewährleisten zu können, daß die durch diese Richtlinie vorgeschriebenen Ergebnisse erzielt werden. Sie setzen die Kommission unverzüglich davon in Kenntnis.
Wenn die Mitgliedstaaten derartige Vorschriften erlassen, nehmen sie in den Vorschriften selbst oder durch einen Hinweis bei der amtlichen Veröffentlichung auf diese Richtlinie Bezug. Die Mitgliedstaaten regeln die Einzelheiten der Bezugnahme.

Artikel 17 Bericht

(1) Bis zum 19. Juli 2005 und in der Folge alle fünf Jahre übermitteln die Mitgliedstaaten der Kommission sämtliche Informationen, die diese für die Erstellung eines dem Europäischen Parlament und dem Rat vorzulegenden Berichts über die Anwendung dieser Richtlinie benötigt.
(2) Die Kommission berücksichtigt in ihrem Bericht in angemessener Weise die Ansichten der Europäischen Stelle zur Beobachtung von Rassismus und Fremdenfeindlichkeit sowie die Standpunkte der Sozialpartner und der einschlägigen Nichtregierungsorganisationen. Im Einklang mit dem Grundsatz der Berücksichtigung geschlechterspezifischer Fragen wird ferner in dem Bericht die Auswirkung der Maßnahmen auf Frauen und Männer bewertet. Unter Berücksichtigung der übermittelten Informationen enthält der Bericht gegebenenfalls auch Vorschläge für eine Änderung und Aktualisierung dieser Richtlinie.

Artikel 18 Inkrafttreten

Diese Richtlinie tritt am Tag ihrer Veröffentlichung im Amtsblatt der Europäischen Gemeinschaften in Kraft.

Artikel 19 Adressaten

Diese Richtlinie ist an die Mitgliedstaaten gerichtet.

Geschehen zu Luxemburg am 29. Juni 2000.
Im Namen des Rates
Der Präsident
M. Arcanjo

(1) Noch nicht im Amtsblatt veröffentlicht.
(2) Stellungnahme vom 18. Mai 2000 (noch nicht im Amtsblatt veröffentlicht).
(3) Stellungnahme vom 12. April 2000 (noch nicht im Amtsblatt veröffentlicht).
(4) Stellungnahme vom 31. Mai 2000 (noch nicht im Amtsblatt veröffentlicht).
(5) ABl. L 185 vom 24. 7. 1996, S. 5.

Anhang

Richtlinie 2000/78/EG des Rates
vom 27. November 2000

zur Festlegung eines allgemeinen Rahmens für die Verwirklichung der Gleichbehandlung in Beschäftigung und Beruf

DER RAT DER EUROPÄISCHEN UNION –

gestützt auf den Vertrag zur Gründung der Europäischen Gemeinschaft, insbesondere auf Artikel 13,
auf Vorschlag der Kommission(1),
nach Stellungnahme des Europäischen Parlaments(2),
nach Stellungnahme des Wirtschafts- und Sozialausschusses(3),
nach Stellungnahme des Ausschusses der Regionen(4),
in Erwägung nachstehender Gründe:

(1) Nach Artikel 6 Absatz 2 des Vertrags über die Europäische Union beruht die Europäische Union auf den Grundsätzen der Freiheit, der Demokratie, der Achtung der Menschenrechte und Grundfreiheiten sowie der Rechtsstaatlichkeit; diese Grundsätze sind allen Mitgliedstaaten gemeinsam. Die Union achtet die Grundrechte, wie sie in der Europäischen Konvention zum Schutze der Menschenrechte und Grundfreiheiten gewährleistet sind und wie sie sich aus den gemeinsamen Verfassungsüberlieferungen der Mitgliedstaaten als allgemeine Grundsätze des Gemeinschaftsrechts ergeben.

(2) Der Grundsatz der Gleichbehandlung von Männern und Frauen wurde in zahlreichen Rechtsakten der Gemeinschaft fest verankert, insbesondere in der Richtlinie 76/207/EWG des Rates vom 9. Februar 1976 zur Verwirklichung des Grundsatzes der Gleichbehandlung von Männern und Frauen hinsichtlich des Zugangs zur Beschäftigung, zur Berufsbildung und zum beruflichen Aufstieg sowie in Bezug auf die Arbeitsbedingungen(5).

(3) Bei der Anwendung des Grundsatzes der Gleichbehandlung ist die Gemeinschaft gemäß Artikel 3 Absatz 2 des EG-Vertrags bemüht, Ungleichheiten zu beseitigen und die Gleichstellung von Männern und Frauen zu fördern, zumal Frauen häufig Opfer mehrfacher Diskriminierung sind.

(4) Die Gleichheit aller Menschen vor dem Gesetz und der Schutz vor Diskriminierung ist ein allgemeines Menschenrecht; dieses Recht wurde in der Allgemeinen Erklärung der Menschenrechte, im VN-Übereinkommen zur Beseitigung aller Formen der Diskriminierung von Frauen, im Internationalen Pakt der VN über bürgerliche und politische Rechte, im Internationalen Pakt der VN über wirtschaftliche, soziale und kulturelle Rechte sowie in der Europäischen Konvention zum Schutze der Menschenrechte und Grundfreiheiten anerkannt, die von allen Mitgliedstaaten unterzeichnet wurden. Das Übereinkommen 111 der Internationalen Arbeitsorganisation untersagt Diskriminierungen in Beschäftigung und Beruf.

(5) Es ist wichtig, dass diese Grundrechte und Grundfreiheiten geachtet werden. Diese Richtlinie berührt nicht die Vereinigungsfreiheit, was das Recht jeder Person umfasst, zum Schutze ihrer Interessen Gewerkschaften zu gründen und Gewerkschaften beizutreten.

(6) In der Gemeinschaftscharta der sozialen Grundrechte der Arbeitnehmer wird anerkannt, wie wichtig die Bekämpfung jeder Art von Diskriminierung und geeignete Maßnahmen zur sozialen und wirtschaftlichen Eingliederung älterer Menschen und von Menschen mit Behinderung sind.

(7) Der EG-Vertrag nennt als eines der Ziele der Gemeinschaft die Förderung der Koordinierung der Beschäftigungspolitiken der Mitgliedstaaten. Zu diesem Zweck wurde in den EG-Vertrag ein neues Beschäftigungskapitel eingefügt, das die Grundlage bildet für die Entwicklung einer koordinierten Beschäftigungsstrategie und für die Förderung der Qualifizierung, Ausbildung und Anpassungsfähigkeit der Arbeitnehmer.

(8) In den vom Europäischen Rat auf seiner Tagung am 10. und 11. Dezember 1999 in Helsinki vereinbarten beschäftigungspolitischen Leitlinien für 2000 wird die Notwendigkeit unter-

strichen, einen Arbeitsmarkt zu schaffen, der die soziale Eingliederung fördert, indem ein ganzes Bündel aufeinander abgestimmter Maßnahmen getroffen wird, die darauf abstellen, die Diskriminierung von benachteiligten Gruppen, wie den Menschen mit Behinderung, zu bekämpfen. Ferner wird betont, dass der Unterstützung älterer Arbeitnehmer mit dem Ziel der Erhöhung ihres Anteils an der Erwerbsbevölkerung besondere Aufmerksamkeit gebührt.

(9) Beschäftigung und Beruf sind Bereiche, die für die Gewährleistung gleicher Chancen für alle und für eine volle Teilhabe der Bürger am wirtschaftlichen, kulturellen und sozialen Leben sowie für die individuelle Entfaltung von entscheidender Bedeutung sind.

(10) Der Rat hat am 29. Juni 2000 die Richtlinie 2000/43/EG(6) zur Anwendung des Gleichbehandlungsgrundsatzes ohne Unterschied der Rasse oder der ethnischen Herkunft angenommen, die bereits einen Schutz vor solchen Diskriminierungen in Beschäftigung und Beruf gewährleistet.

(11) Diskriminierungen wegen der Religion oder der Weltanschauung, einer Behinderung, des Alters oder der sexuellen Ausrichtung können die Verwirklichung der im EG-Vertrag festgelegten Ziele unterminieren, insbesondere die Erreichung eines hohen Beschäftigungsniveaus und eines hohen Maßes an sozialem Schutz, die Hebung des Lebensstandards und der Lebensqualität, den wirtschaftlichen und sozialen Zusammenhalt, die Solidarität sowie die Freizügigkeit.

(12) Daher sollte jede unmittelbare oder mittelbare Diskriminierung wegen der Religion oder der Weltanschauung, einer Behinderung, des Alters oder der sexuellen Ausrichtung in den von der Richtlinie abgedeckten Bereichen gemeinschaftsweit untersagt werden. Dieses Diskriminierungsverbot sollte auch für Staatsangehörige dritter Länder gelten, betrifft jedoch nicht die Ungleichbehandlungen aus Gründen der Staatsangehörigkeit und lässt die Vorschriften über die Einreise und den Aufenthalt von Staatsangehörigen dritter Länder und ihren Zugang zu Beschäftigung und Beruf unberührt.

(13) Diese Richtlinie findet weder Anwendung auf die Sozialversicherungs- und Sozialschutzsysteme, deren Leistungen nicht einem Arbeitsentgelt in dem Sinne gleichgestellt werden, der diesem Begriff für die Anwendung des Artikels 141 des EG-Vertrags gegeben wurde, noch auf Vergütungen jeder Art seitens des Staates, die den Zugang zu einer Beschäftigung oder die Aufrechterhaltung eines Beschäftigungsverhältnisses zum Ziel haben.

(14) Diese Richtlinie berührt nicht die einzelstaatlichen Bestimmungen über die Festsetzung der Altersgrenzen für den Eintritt in den Ruhestand.

(15) Die Beurteilung von Tatbeständen, die auf eine unmittelbare oder mittelbare Diskriminierung schließen lassen, obliegt den einzelstaatlichen gerichtlichen Instanzen oder anderen zuständigen Stellen nach den einzelstaatlichen Rechtsvorschriften oder Gepflogenheiten; in diesen einzelstaatlichen Vorschriften kann insbesondere vorgesehen sein, dass mittelbare Diskriminierung mit allen Mitteln, einschließlich statistischer Beweise, festzustellen ist.

(16) Maßnahmen, die darauf abstellen, den Bedürfnissen von Menschen mit Behinderung am Arbeitsplatz Rechnung zu tragen, spielen eine wichtige Rolle bei der Bekämpfung von Diskriminierungen wegen einer Behinderung.

(17) Mit dieser Richtlinie wird unbeschadet der Verpflichtung, für Menschen mit Behinderung angemessene Vorkehrungen zu treffen, nicht die Einstellung, der berufliche Aufstieg, die Weiterbeschäftigung oder die Teilnahme an Aus- und Weiterbildungsmaßnahmen einer Person vorgeschrieben, wenn diese Person für die Erfuellung der wesentlichen Funktionen des Arbeitsplatzes oder zur Absolvierung einer bestimmten Ausbildung nicht kompetent, fähig oder verfügbar ist.

(18) Insbesondere darf mit dieser Richtlinie den Streitkräften sowie der Polizei, den Haftanstalten oder den Notfalldiensten unter Berücksichtigung des rechtmäßigen Ziels, die Einsatzbereitschaft dieser Dienste zu wahren, nicht zur Auflage gemacht werden, Personen einzustellen oder weiter zu beschäftigen, die nicht den jeweiligen Anforderungen entsprechen, um sämtliche Aufgaben zu erfuellen, die ihnen übertragen werden können.

(19) Ferner können die Mitgliedstaaten zur Sicherung der Schlagkraft ihrer Streitkräfte sich dafür entscheiden, dass die eine Behinderung und das Alter betreffenden Bestimmungen dieser Richtlinie auf alle Streitkräfte oder einen Teil ihrer Streitkräfte keine Anwendung finden. Die Mitgliedstaaten, die eine derartige Entscheidung treffen, müssen den Anwendungsbereich dieser Ausnahmeregelung festlegen.

Anhang

(20) Es sollten geeignete Maßnahmen vorgesehen werden, d.h. wirksame und praktikable Maßnahmen, um den Arbeitsplatz der Behinderung entsprechend einzurichten, z.B. durch eine entsprechende Gestaltung der Räumlichkeiten oder eine Anpassung des Arbeitsgeräts, des Arbeitsrhythmus, der Aufgabenverteilung oder des Angebots an Ausbildungs- und Einarbeitungsmaßnahmen.

(21) Bei der Prüfung der Frage, ob diese Maßnahmen zu übermäßigen Belastungen führen, sollten insbesondere der mit ihnen verbundene finanzielle und sonstige Aufwand sowie die Größe, die finanziellen Ressourcen und der Gesamtumsatz der Organisation oder des Unternehmens und die Verfügbarkeit von öffentlichen Mitteln oder anderen Unterstützungsmöglichkeiten berücksichtigt werden.

(22) Diese Richtlinie lässt die einzelstaatlichen Rechtsvorschriften über den Familienstand und davon abhängige Leistungen unberührt.

(23) Unter sehr begrenzten Bedingungen kann eine unterschiedliche Behandlung gerechtfertigt sein, wenn ein Merkmal, das mit der Religion oder Weltanschauung, einer Behinderung, dem Alter oder der sexuellen Ausrichtung zusammenhängt, eine wesentliche und entscheidende berufliche Anforderung darstellt, sofern es sich um einen rechtmäßigen Zweck und eine angemessene Anforderung handelt. Diese Bedingungen sollten in die Informationen aufgenommen werden, die die Mitgliedstaaten der Kommission übermitteln.

(24) Die Europäische Union hat in ihrer der Schlussakte zum Vertrag von Amsterdam beigefügten Erklärung Nr. 11 zum Status der Kirchen und weltanschaulichen Gemeinschaften ausdrücklich anerkannt, dass sie den Status, den Kirchen und religiöse Vereinigungen oder Gemeinschaften in den Mitgliedstaaten nach deren Rechtsvorschriften genießen, achtet und ihn nicht beeinträchtigt und dass dies in gleicher Weise für den Status von weltanschaulichen Gemeinschaften gilt. Die Mitgliedstaaten können in dieser Hinsicht spezifische Bestimmungen über die wesentlichen, rechtmäßigen und gerechtfertigten beruflichen Anforderungen beibehalten oder vorsehen, die Voraussetzung für die Ausübung einer diesbezüglichen beruflichen Tätigkeit sein können.

(25) Das Verbot der Diskriminierung wegen des Alters stellt ein wesentliches Element zur Erreichung der Ziele der beschäftigungspolitischen Leitlinien und zur Förderung der Vielfalt im Bereich der Beschäftigung dar. Ungleichbehandlungen wegen des Alters können unter bestimmten Umständen jedoch gerechtfertigt sein und erfordern daher besondere Bestimmungen, die je nach der Situation der Mitgliedstaaten unterschiedlich sein können. Es ist daher unbedingt zu unterscheiden zwischen einer Ungleichbehandlung, die insbesondere durch rechtmäßige Ziele im Bereich der Beschäftigungspolitik, des Arbeitsmarktes und der beruflichen Bildung gerechtfertigt ist, und einer Diskriminierung, die zu verbieten ist.

(26) Das Diskriminierungsverbot sollte nicht der Beibehaltung oder dem Erlass von Maßnahmen entgegenstehen, mit denen bezweckt wird, Benachteiligungen von Personen mit einer bestimmten Religion oder Weltanschauung, einer bestimmten Behinderung, einem bestimmten Alter oder einer bestimmten sexuellen Ausrichtung zu verhindern oder auszugleichen, und diese Maßnahmen können die Einrichtung und Beibehaltung von Organisationen von Personen mit einer bestimmten Religion oder Weltanschauung, einer bestimmten Behinderung, einem bestimmten Alter oder einer bestimmten sexuellen Ausrichtung zulassen, wenn deren Zweck hauptsächlich darin besteht, die besonderen Bedürfnisse dieser Personen zu fördern.

(27) Der Rat hat in seiner Empfehlung 86/379/EWG vom 24. Juli 1986(7) zur Beschäftigung von Behinderten in der Gemeinschaft einen Orientierungsrahmen festgelegt, der Beispiele für positive Aktionen für die Beschäftigung und Berufsbildung von Menschen mit Behinderung anführt; in seiner Entschließung vom 17. Juni 1999 betreffend gleiche Beschäftigungschancen für behinderte Menschen(8) hat er bekräftigt, dass es wichtig ist, insbesondere der Einstellung, der Aufrechterhaltung des Beschäftigungsverhältnisses sowie der beruflichen Bildung und dem lebensbegleitenden Lernen von Menschen mit Behinderung besondere Aufmerksamkeit zu widmen.

(28) In dieser Richtlinie werden Mindestanforderungen festgelegt; es steht den Mitgliedstaaten somit frei, günstigere Vorschriften einzuführen oder beizubehalten. Die Umsetzung dieser Richtlinie darf nicht eine Absenkung des in den Mitgliedstaaten bereits bestehenden Schutzniveaus rechtfertigen.

(29) Opfer von Diskriminierungen wegen der Religion oder Weltanschauung, einer Behinderung, des Alters oder der sexuellen Ausrichtung sollten über einen angemessenen Rechtsschutz verfügen. Um einen effektiveren Schutz zu gewährleisten, sollte auch die Möglichkeit bestehen, dass sich Verbände oder andere juristische Personen unbeschadet der nationalen Verfahrensordnung bezüglich der Vertretung und Verteidigung vor Gericht bei einem entsprechenden Beschluss der Mitgliedstaaten im Namen eines Opfers oder zu seiner Unterstützung an einem Verfahren beteiligen.

(30) Die effektive Anwendung des Gleichheitsgrundsatzes erfordert einen angemessenen Schutz vor Viktimisierung.

(31) Eine Änderung der Regeln für die Beweislast ist geboten, wenn ein glaubhafter Anschein einer Diskriminierung besteht. Zur wirksamen Anwendung des Gleichbehandlungsgrundsatzes ist eine Verlagerung der Beweislast auf die beklagte Partei erforderlich, wenn eine solche Diskriminierung nachgewiesen ist. Allerdings obliegt es dem Beklagten nicht, nachzuweisen, dass der Kläger einer bestimmten Religion angehört, eine bestimmte Weltanschauung hat, eine bestimmte Behinderung aufweist, ein bestimmtes Alter oder eine bestimmte sexuelle Ausrichtung hat.

(32) Die Mitgliedstaaten können davon absehen, die Regeln für die Beweislastverteilung auf Verfahren anzuwenden, in denen die Ermittlung des Sachverhalts dem Gericht oder der zuständigen Stelle obliegt. Dies betrifft Verfahren, in denen die klagende Partei den Beweis des Sachverhalts, dessen Ermittlung dem Gericht oder der zuständigen Stelle obliegt, nicht anzutreten braucht.

(33) Die Mitgliedstaaten sollten den Dialog zwischen den Sozialpartnern und im Rahmen der einzelstaatlichen Gepflogenheiten mit Nichtregierungsorganisationen mit dem Ziel fördern, gegen die verschiedenen Formen von Diskriminierung am Arbeitsplatz anzugehen und diese zu bekämpfen.

(34) In Anbetracht der Notwendigkeit, den Frieden und die Aussöhnung zwischen den wichtigsten Gemeinschaften in Nordirland zu fördern, sollten in diese Richtlinie besondere Bestimmungen aufgenommen werden.

(35) Die Mitgliedstaaten sollten wirksame, verhältnismäßige und abschreckende Sanktionen für den Fall vorsehen, dass gegen die aus dieser Richtlinie erwachsenden Verpflichtungen verstoßen wird.

(36) Die Mitgliedstaaten können den Sozialpartnern auf deren gemeinsamen Antrag die Durchführung der Bestimmungen dieser Richtlinie übertragen, die in den Anwendungsbereich von Tarifverträgen fallen, sofern sie alle erforderlichen Maßnahmen treffen, um jederzeit gewährleisten zu können, dass die durch diese Richtlinie vorgeschriebenen Ergebnisse erzielt werden.

(37) Im Einklang mit dem Subsidiaritätsprinzip nach Artikel 5 des EG-Vertrags kann das Ziel dieser Richtlinie, nämlich die Schaffung gleicher Ausgangsbedingungen in der Gemeinschaft bezüglich der Gleichbehandlung in Beschäftigung und Beruf, auf der Ebene der Mitgliedstaaten nicht ausreichend erreicht werden und kann daher wegen des Umfangs und der Wirkung der Maßnahme besser auf Gemeinschaftsebene verwirklicht werden. Im Einklang mit dem Verhältnismäßigkeitsprinzip nach jenem Artikel geht diese Richtlinie nicht über das für die Erreichung dieses Ziels erforderliche Maß hinaus –

HAT FOLGENDE RICHTLINIE ERLASSEN:

Kapitel I. Allgemeine Bestimmungen

Artikel 1 Zweck

Zweck dieser Richtlinie ist die Schaffung eines allgemeinen Rahmens zur Bekämpfung der Diskriminierung wegen der Religion oder der Weltanschauung, einer Behinderung, des Alters oder der sexuellen Ausrichtung in Beschäftigung und Beruf im Hinblick auf die Verwirklichung des Grundsatzes der Gleichbehandlung in den Mitgliedstaaten.

Anhang

Artikel 2 Der Begriff „Diskriminierung"

(1) Im Sinne dieser Richtlinie bedeutet „Gleichbehandlungsgrundsatz", dass es keine unmittelbare oder mittelbare Diskriminierung wegen eines der in Artikel 1 genannten Gründe geben darf.
(2) Im Sinne des Absatzes 1
a) liegt eine unmittelbare Diskriminierung vor, wenn eine Person wegen eines der in Artikel 1 genannten Gründe in einer vergleichbaren Situation eine weniger günstige Behandlung erfährt, als eine andere Person erfährt, erfahren hat oder erfahren würde;
b) liegt eine mittelbare Diskriminierung vor, wenn dem Anschein nach neutrale Vorschriften, Kriterien oder Verfahren Personen mit einer bestimmten Religion oder Weltanschauung, einer bestimmten Behinderung, eines bestimmten Alters oder mit einer bestimmten sexuellen Ausrichtung gegenüber anderen Personen in besonderer Weise benachteiligen können, es sei denn:
  i) diese Vorschriften, Kriterien oder Verfahren sind durch ein rechtmäßiges Ziel sachlich gerechtfertigt, und die Mittel sind zur Erreichung dieses Ziels angemessen und erforderlich, oder
  ii) der Arbeitgeber oder jede Person oder Organisation, auf die diese Richtlinie Anwendung findet, ist im Falle von Personen mit einer bestimmten Behinderung aufgrund des einzelstaatlichen Rechts verpflichtet, geeignete Maßnahmen entsprechend den in Artikel 5 enthaltenen Grundsätzen vorzusehen, um die sich durch diese Vorschrift, dieses Kriterium oder dieses Verfahren ergebenden Nachteile zu beseitigen.
(3) Unerwünschte Verhaltensweisen, die mit einem der Gründe nach Artikel 1 in Zusammenhang stehen und bezwecken oder bewirken, dass die Würde der betreffenden Person verletzt und ein von Einschüchterungen, Anfeindungen, Erniedrigungen, Entwürdigungen oder Beleidigungen gekennzeichnetes Umfeld geschaffen wird, sind Belästigungen, die als Diskriminierung im Sinne von Absatz 1 gelten. In diesem Zusammenhang können die Mitgliedstaaten den Begriff „Belästigung" im Einklang mit den einzelstaatlichen Rechtsvorschriften und Gepflogenheiten definieren.
(4) Die Anweisung zur Diskriminierung einer Person wegen eines der Gründe nach Artikel 1 gilt als Diskriminierung im Sinne des Absatzes 1.
(5) Diese Richtlinie berührt nicht die im einzelstaatlichen Recht vorgesehenen Maßnahmen, die in einer demokratischen Gesellschaft für die Gewährleistung der öffentlichen Sicherheit, die Verteidigung der Ordnung und die Verhütung von Straftaten, zum Schutz der Gesundheit und zum Schutz der Rechte und Freiheiten anderer notwendig sind.

Artikel 3 Geltungsbereich

(1) Im Rahmen der auf die Gemeinschaft übertragenen Zuständigkeiten gilt diese Richtlinie für alle Personen in öffentlichen und privaten Bereichen, einschließlich öffentlicher Stellen, in Bezug auf
a) die Bedingungen – einschließlich Auswahlkriterien und Einstellungsbedingungen – für den Zugang zu unselbständiger und selbständiger Erwerbstätigkeit, unabhängig von Tätigkeitsfeld und beruflicher Position, einschließlich des beruflichen Aufstiegs;
b) den Zugang zu allen Formen und allen Ebenen der Berufsberatung, der Berufsausbildung, der beruflichen Weiterbildung und der Umschulung, einschließlich der praktischen Berufserfahrung;
c) die Beschäftigungs- und Arbeitsbedingungen, einschließlich der Entlassungsbedingungen und des Arbeitsentgelts;
d) die Mitgliedschaft und Mitwirkung in einer Arbeitnehmer- oder Arbeitgeberorganisation oder einer Organisation, deren Mitglieder einer bestimmten Berufsgruppe angehören, einschließlich der Inanspruchnahme der Leistungen solcher Organisationen.
(2) Diese Richtlinie betrifft nicht unterschiedliche Behandlungen aus Gründen der Staatsangehörigkeit und berührt nicht die Vorschriften und Bedingungen für die Einreise von Staatsangehörigen dritter Länder oder staatenlosen Personen in das Hoheitsgebiet der Mitgliedstaaten oder deren Aufenthalt in diesem Hoheitsgebiet sowie eine Behandlung, die sich aus der Rechtsstellung von Staatsangehörigen dritter Länder oder staatenlosen Personen ergibt.

Richtlinie 2000/78/EG

(3) Diese Richtlinie gilt nicht für Leistungen jeder Art seitens der staatlichen Systeme oder der damit gleichgestellten Systeme einschließlich der staatlichen Systeme der sozialen Sicherheit oder des sozialen Schutzes.

(4) Die Mitgliedstaaten können vorsehen, dass diese Richtlinie hinsichtlich von Diskriminierungen wegen einer Behinderung und des Alters nicht für die Streitkräfte gilt.

Artikel 4 Berufliche Anforderungen

(1) Ungeachtet des Artikels 2 Absätze 1 und 2 können die Mitgliedstaaten vorsehen, dass eine Ungleichbehandlung wegen eines Merkmals, das im Zusammenhang mit einem der in Artikel 1 genannten Diskriminierungsgründe steht, keine Diskriminierung darstellt, wenn das betreffende Merkmal aufgrund der Art einer bestimmten beruflichen Tätigkeit oder der Bedingungen ihrer Ausübung eine wesentliche und entscheidende berufliche Anforderung darstellt, sofern es sich um einen rechtmäßigen Zweck und eine angemessene Anforderung handelt.

(2) Die Mitgliedstaaten können in Bezug auf berufliche Tätigkeiten innerhalb von Kirchen und anderen öffentlichen oder privaten Organisationen, deren Ethos auf religiösen Grundsätzen oder Weltanschauungen beruht, Bestimmungen in ihren zum Zeitpunkt der Annahme dieser Richtlinie geltenden Rechtsvorschriften beibehalten oder in künftigen Rechtsvorschriften Bestimmungen vorsehen, die zum Zeitpunkt der Annahme dieser Richtlinie bestehende einzelstaatliche Gepflogenheiten widerspiegeln und wonach eine Ungleichbehandlung wegen der Religion oder Weltanschauung einer Person keine Diskriminierung darstellt, wenn die Religion oder die Weltanschauung dieser Person nach der Art dieser Tätigkeiten oder der Umstände ihrer Ausübung eine wesentliche, rechtmäßige und gerechtfertigte berufliche Anforderung angesichts des Ethos der Organisation darstellt. Eine solche Ungleichbehandlung muss die verfassungsrechtlichen Bestimmungen und Grundsätze der Mitgliedstaaten sowie die allgemeinen Grundsätze des Gemeinschaftsrechts beachten und rechtfertigt keine Diskriminierung aus einem anderen Grund.

Sofern die Bestimmungen dieser Richtlinie im übrigen eingehalten werden, können die Kirchen und anderen öffentlichen oder privaten Organisationen, deren Ethos auf religiösen Grundsätzen oder Weltanschauungen beruht, im Einklang mit den einzelstaatlichen verfassungsrechtlichen Bestimmungen und Rechtsvorschriften von den für sie arbeitenden Personen verlangen, dass sie sich loyal und aufrichtig im Sinne des Ethos der Organisation verhalten.

Artikel 5 Angemessene Vorkehrungen für Menschen mit Behinderung

Um die Anwendung des Gleichbehandlungsgrundsatzes auf Menschen mit Behinderung zu gewährleisten, sind angemessene Vorkehrungen zu treffen. Das bedeutet, dass der Arbeitgeber die geeigneten und im konkreten Fall erforderlichen Maßnahmen ergreift, um den Menschen mit Behinderung den Zugang zur Beschäftigung, die Ausübung eines Berufes, den beruflichen Aufstieg und die Teilnahme an Aus- und Weiterbildungsmaßnahmen zu ermöglichen, es sei denn, diese Maßnahmen würden den Arbeitgeber unverhältnismäßig belasten. Diese Belastung ist nicht unverhältnismäßig, wenn sie durch geltende Maßnahmen im Rahmen der Behindertenpolitik des Mitgliedstaates ausreichend kompensiert wird.

Artikel 6 Gerechtfertigte Ungleichbehandlung wegen des Alters

(1) Ungeachtet des Artikels 2 Absatz 2 können die Mitgliedstaaten vorsehen, dass Ungleichbehandlungen wegen des Alters keine Diskriminierung darstellen, sofern sie objektiv und angemessen sind und im Rahmen des nationalen Rechts durch ein legitimes Ziel, worunter insbesondere rechtmäßige Ziele aus den Bereichen Beschäftigungspolitik, Arbeitsmarkt und berufliche Bildung zu verstehen sind, gerechtfertigt sind und die Mittel zur Erreichung dieses Ziels angemessen und erforderlich sind.

Derartige Ungleichbehandlungen können insbesondere Folgendes einschließen:
a) die Festlegung besonderer Bedingungen für den Zugang zur Beschäftigung und zur beruflichen Bildung sowie besonderer Beschäftigungs- und Arbeitsbedingungen, einschließlich der Bedingungen für Entlassung und Entlohnung, um die berufliche Eingliederung von Jugendlichen, älteren Arbeitnehmern und Personen mit Fürsorgepflichten zu fördern oder ihren Schutz sicherzustellen;

b) die Festlegung von Mindestanforderungen an das Alter, die Berufserfahrung oder das Dienstalter für den Zugang zur Beschäftigung oder für bestimmte mit der Beschäftigung verbundene Vorteile;

c) die Festsetzung eines Höchstalters für die Einstellung aufgrund der spezifischen Ausbildungsanforderungen eines bestimmten Arbeitsplatzes oder aufgrund der Notwendigkeit einer angemessenen Beschäftigungszeit vor dem Eintritt in den Ruhestand.

(2) Ungeachtet des Artikels 2 Absatz 2 können die Mitgliedstaaten vorsehen, dass bei den betrieblichen Systemen der sozialen Sicherheit die Festsetzung von Altersgrenzen als Voraussetzung für die Mitgliedschaft oder den Bezug von Altersrente oder von Leistungen bei Invalidität einschließlich der Festsetzung unterschiedlicher Altersgrenzen im Rahmen dieser Systeme für bestimmte Beschäftigte oder Gruppen bzw. Kategorien von Beschäftigten und die Verwendung im Rahmen dieser Systeme von Alterskriterien für versicherungsmathematische Berechnungen keine Diskriminierung wegen des Alters darstellt, solange dies nicht zu Diskriminierungen wegen des Geschlechts führt.

Artikel 7 Positive und spezifische Maßnahmen

(1) Der Gleichbehandlungsgrundsatz hindert die Mitgliedstaaten nicht daran, zur Gewährleistung der völligen Gleichstellung im Berufsleben spezifische Maßnahmen beizubehalten oder einzuführen, mit denen Benachteiligungen wegen eines in Artikel 1 genannten Diskriminierungsgrunds verhindert oder ausgeglichen werden.

(2) Im Falle von Menschen mit Behinderung steht der Gleichbehandlungsgrundsatz weder dem Recht der Mitgliedstaaten entgegen, Bestimmungen zum Schutz der Gesundheit und der Sicherheit am Arbeitsplatz beizubehalten oder zu erlassen, noch steht er Maßnahmen entgegen, mit denen Bestimmungen oder Vorkehrungen eingeführt oder beibehalten werden sollen, die einer Eingliederung von Menschen mit Behinderung in die Arbeitswelt dienen oder diese Eingliederung fördern.

Artikel 8 Mindestanforderungen

(1) Die Mitgliedstaaten können Vorschriften einführen oder beibehalten, die im Hinblick auf die Wahrung des Gleichbehandlungsgrundsatzes günstiger als die in dieser Richtlinie vorgesehenen Vorschriften sind.

(2) Die Umsetzung dieser Richtlinie darf keinesfalls als Rechtfertigung für eine Absenkung des von den Mitgliedstaaten bereits garantierten allgemeinen Schutzniveaus in Bezug auf Diskriminierungen in den von der Richtlinie abgedeckten Bereichen benutzt werden.

Kapitel II. Rechtsbehelfe und Rechtsdurchsetzung

Artikel 9 Rechtsschutz

(1) Die Mitgliedstaaten stellen sicher, dass alle Personen, die sich durch die Nichtanwendung des Gleichbehandlungsgrundsatzes in ihren Rechten für verletzt halten, ihre Ansprüche aus dieser Richtlinie auf dem Gerichts- und/oder Verwaltungsweg sowie, wenn die Mitgliedstaaten es für angezeigt halten, in Schlichtungsverfahren geltend machen können, selbst wenn das Verhältnis, während dessen die Diskriminierung vorgekommen sein soll, bereits beendet ist.

(2) Die Mitgliedstaaten stellen sicher, dass Verbände, Organisationen oder andere juristische Personen, die gemäß den in ihrem einzelstaatlichen Recht festgelegten Kriterien ein rechtmäßiges Interesse daran haben, für die Einhaltung der Bestimmungen dieser Richtlinie zu sorgen, sich entweder im Namen der beschwerten Person oder zu deren Unterstützung und mit deren Einwilligung an den in dieser Richtlinie zur Durchsetzung der Ansprüche vorgesehenen Gerichts- und/oder Verwaltungsverfahren beteiligen können.

(3) Die Absätze 1 und 2 lassen einzelstaatliche Regelungen über Fristen für die Rechtsverfolgung betreffend den Gleichbehandlungsgrundsatz unberührt.

Richtlinie 2000/78/EG

Artikel 10 Beweislast

(1) Die Mitgliedstaaten ergreifen im Einklang mit ihrem nationalen Gerichtswesen die erforderlichen Maßnahmen, um zu gewährleisten, dass immer dann, wenn Personen, die sich durch die Nichtanwendung des Gleichbehandlungsgrundsatzes für verletzt halten und bei einem Gericht oder einer anderen zuständigen Stelle Tatsachen glaubhaft machen, die das Vorliegen einer unmittelbaren oder mittelbaren Diskriminierung vermuten lassen, es dem Beklagten obliegt zu beweisen, dass keine Verletzung des Gleichbehandlungsgrundsatzes vorgelegen hat.
(2) Absatz 1 lässt das Recht der Mitgliedstaaten, eine für den Kläger günstigere Beweislastregelung vorzusehen, unberührt.
(3) Absatz 1 gilt nicht für Strafverfahren.
(4) Die Absätze 1, 2 und 3 gelten auch für Verfahren gemäß Artikel 9 Absatz 2.
(5) Die Mitgliedstaaten können davon absehen, Absatz 1 auf Verfahren anzuwenden, in denen die Ermittlung des Sachverhalts dem Gericht oder der zuständigen Stelle obliegt.

Artikel 11 Viktimisierung

Die Mitgliedstaaten treffen im Rahmen ihrer nationalen Rechtsordnung die erforderlichen Maßnahmen, um die Arbeitnehmer vor Entlassung oder anderen Benachteiligungen durch den Arbeitgeber zu schützen, die als Reaktion auf eine Beschwerde innerhalb des betreffenden Unternehmens oder auf die Einleitung eines Verfahrens zur Durchsetzung des Gleichbehandlungsgrundsatzes erfolgen.

Artikel 12 Unterrichtung

Die Mitgliedstaaten tragen dafür Sorge, dass die gemäß dieser Richtlinie getroffenen Maßnahmen sowie die bereits geltenden einschlägigen Vorschriften allen Betroffenen in geeigneter Form, zum Beispiel am Arbeitsplatz, in ihrem Hoheitsgebiet bekannt gemacht werden.

Artikel 13 Sozialer Dialog

(1) Die Mitgliedstaaten treffen im Einklang mit den einzelstaatlichen Gepflogenheiten und Verfahren geeignete Maßnahmen zur Förderung des sozialen Dialogs zwischen Arbeitgebern und Arbeitnehmern mit dem Ziel, die Verwirklichung des Gleichbehandlungsgrundsatzes durch Überwachung der betrieblichen Praxis, durch Tarifverträge, Verhaltenskodizes, Forschungsarbeiten oder durch einen Austausch von Erfahrungen und bewährten Verfahren, voranzubringen.
(2) Soweit vereinbar mit den einzelstaatlichen Gepflogenheiten und Verfahren, fordern die Mitgliedstaaten Arbeitgeber und Arbeitnehmer ohne Eingriff in deren Autonomie auf, auf geeigneter Ebene Antidiskriminierungsvereinbarungen zu schließen, die die in Artikel 3 genannten Bereiche betreffen, soweit diese in den Verantwortungsbereich der Tarifparteien fallen. Die Vereinbarungen müssen den in dieser Richtlinie sowie den in den einschlägigen nationalen Durchführungsbestimmungen festgelegten Mindestanforderungen entsprechen.

Artikel 14 Dialog mit Nichtregierungsorganisationen

Die Mitgliedstaaten fördern den Dialog mit den jeweiligen Nichtregierungsorganisationen, die gemäß den einzelstaatlichen Rechtsvorschriften und Gepflogenheiten ein rechtmäßiges Interesse daran haben, sich an der Bekämpfung von Diskriminierung wegen eines der in Artikel 1 genannten Gründe zu beteiligen, um die Einhaltung des Grundsatzes der Gleichbehandlung zu fördern.

Anhang

Kapitel III. Besondere Bestimmungen

Artikel 15 Nordirland

(1) Angesichts des Problems, dass eine der wichtigsten Religionsgemeinschaften Nordirlands im dortigen Polizeidienst unterrepräsentiert ist, gilt die unterschiedliche Behandlung bei der Einstellung der Bediensteten dieses Dienstes – auch von Hilfspersonal – nicht als Diskriminierung, sofern diese unterschiedliche Behandlung gemäß den einzelstaatlichen Rechtsvorschriften ausdrücklich gestattet ist.

(2) Um eine Ausgewogenheit der Beschäftigungsmöglichkeiten für Lehrkräfte in Nordirland zu gewährleisten und zugleich einen Beitrag zur Überwindung der historischen Gegensätze zwischen den wichtigsten Religionsgemeinschaften Nordirlands zu leisten, finden die Bestimmungen dieser Richtlinie über Religion oder Weltanschauung keine Anwendung auf die Einstellung von Lehrkräften in Schulen Nordirlands, sofern dies gemäß den einzelstaatlichen Rechtsvorschriften ausdrücklich gestattet ist.

Kapitel IV. Schlussbestimmungen

Artikel 16 Einhaltung

Die Mitgliedstaaten treffen die erforderlichen Maßnahmen, um sicherzustellen, dass
a) die Rechts- und Verwaltungsvorschriften, die dem Gleichbehandlungsgrundsatz zuwiderlaufen, aufgehoben werden;
b) die mit dem Gleichbehandlungsgrundsatz nicht zu vereinbarenden Bestimmungen in Arbeits- und Tarifverträgen, Betriebsordnungen und Statuten der freien Berufe und der Arbeitgeber- und Arbeitnehmerorganisationen für nichtig erklärt werden oder erklärt werden können oder geändert werden.

Artikel 17 Sanktionen

Die Mitgliedstaaten legen die Sanktionen fest, die bei einem Verstoß gegen die einzelstaatlichen Vorschriften zur Anwendung dieser Richtlinie zu verhängen sind, und treffen alle erforderlichen Maßnahmen, um deren Durchführung zu gewährleisten. Die Sanktionen, die auch Schadenersatzleistungen an die Opfer umfassen können, müssen wirksam, verhältnismäßig und abschreckend sein. Die Mitgliedstaaten teilen diese Bestimmungen der Kommission spätestens am 2. Dezember 2003 mit und melden alle sie betreffenden späteren Änderungen unverzüglich.

Artikel 18 Umsetzung der Richtlinie

Die Mitgliedstaaten erlassen die erforderlichen Rechts- und Verwaltungsvorschriften, um dieser Richtlinie spätestens zum 2. Dezember 2003 nachzukommen, oder können den Sozialpartnern auf deren gemeinsamen Antrag die Durchführung der Bestimmungen dieser Richtlinie übertragen, die in den Anwendungsbereich von Tarifverträgen fallen. In diesem Fall gewährleisten die Mitgliedstaaten, dass die Sozialpartner spätestens zum 2. Dezember 2003 im Weg einer Vereinbarung die erforderlichen Maßnahmen getroffen haben; dabei haben die Mitgliedstaaten alle erforderlichen Maßnahmen zu treffen, um jederzeit gewährleisten zu können, dass die durch diese Richtlinie vorgeschriebenen Ergebnisse erzielt werden. Sie setzen die Kommission unverzüglich davon in Kenntnis.

Um besonderen Bedingungen Rechnung zu tragen, können die Mitgliedstaaten erforderlichenfalls eine Zusatzfrist von drei Jahren ab dem 2. Dezember 2003, d. h. insgesamt sechs Jahre, in Anspruch nehmen, um die Bestimmungen dieser Richtlinie über die Diskriminierung wegen des Alters und einer Behinderung umzusetzen. In diesem Fall setzen sie die Kommission unverzüglich davon in Kenntnis. Ein Mitgliedstaat, der die Inanspruchnahme dieser Zusatzfrist beschließt, erstattet der Kommission jährlich Bericht über die von ihm ergriffenen Maßnahmen zur Bekämpfung der Diskriminierung wegen des Alters und einer Behinderung und über die Fortschritte, die bei der Umsetzung der Richtlinie erzielt werden konnten. Die Kommission erstattet dem Rat jährlich Bericht.

Wenn die Mitgliedstaaten derartige Vorschriften erlassen, nehmen sie in den Vorschriften selbst oder durch einen Hinweis bei der amtlichen Veröffentlichung auf diese Richtlinie Bezug. Die Mitgliedstaaten regeln die Einzelheiten der Bezugnahme.

Artikel 19 Bericht

(1) Bis zum 2. Dezember 2005 und in der Folge alle fünf Jahre übermitteln die Mitgliedstaaten der Kommission sämtliche Informationen, die diese für die Erstellung eines dem Europäischen Parlament und dem Rat vorzulegenden Berichts über die Anwendung dieser Richtlinie benötigt.

(2) Die Kommission berücksichtigt in ihrem Bericht in angemessener Weise die Standpunkte der Sozialpartner und der einschlägigen Nichtregierungsorganisationen. Im Einklang mit dem Grundsatz der systematischen Berücksichtigung geschlechterspezifischer Fragen wird ferner in dem Bericht die Auswirkung der Maßnahmen auf Frauen und Männer bewertet. Unter Berücksichtigung der übermittelten Informationen enthält der Bericht erforderlichenfalls auch Vorschläge für eine Änderung und Aktualisierung dieser Richtlinie.

Artikel 20 Inkrafttreten

Diese Richtlinie tritt am Tag ihrer Veröffentlichung im Amtsblatt der Europäischen Gemeinschaften in Kraft.

Artikel 21 Adressaten

Diese Richtlinie ist an die Mitgliedstaaten gerichtet.

Geschehen zu Brüssel am 27. November 2000.
Im Namen des Rates
Der Präsident
É. Guigou

(1) ABl. C 177 E vom 27. 6. 2000, S. 42.
(2) Stellungnahme vom 12. Oktober 2000 (noch nicht im Amtsblatt veröffentlicht).
(3) ABl. C 204 vom 18. 7. 2000, S. 82.
(4) ABl. C 226 vom 8. 8. 2000, S. 1.
(5) ABl. L 39 vom 14. 2. 1976, S. 40.
(6) ABl. L 180 vom 19. 7. 2000, S. 22.
(7) ABl. L 225 vom 12. 8. 1986, S. 43.
(8) ABl. C 186 vom 2. 7. 1999, S. 3.

Sachverzeichnis

AGG
- Analogiefähigkeit 217 ff.
- - Ansichten, politische 218 ff.
- - Krankheit 225
- - Staatsangehörigkeit 224
- Definition des Arbeitgeberbegriffs 136 ff.
- - Heimarbeit 142
- - Kleine und mittlere Unternehmen 143
- - Leiharbeit 137 ff.
- Gesetzesänderungen
- - Flankierende anlässl. der Verabsch. d. AGG 61 ff.
- Gesetzesentstehung 1 ff.
- - Entwicklung 2 ff.
- Internationale Geltung 81 ff.
- Konkurrenzen 144
- Persönlicher Anwendungsbereich 120 ff.
- Sachlicher Anwendungsbereich 94 ff.
- Unabdingbarkeit 86 ff.
- Zeitlicher Geltungsbereich 135 ff.

Alkoholismus 208 f.
Alter 76, 210 f., 265 ff., 340 ff., 406, 408 ff.
Höchstaltersgrenzen 431 ff.
Mindestaltersgrenzen 426 ff.
- Sozialauswahl 455 ff.
- Unisex-Tarife 369, 794
Altersruhegeld, s. Altersversorgung, betriebliche
Altersteilzeit 460
Altersversorgung, betriebliche 21, 75, 366, 371, 377, 382, 463 ff., 501, 503, 743, 777, 792, 799, 812, 937
- Kein Ausschluss gemäß § 2 Abs. 2 S. 2 AGG 119
Ansichten, politische 218 ff.
Arbeitgeber, kirchlicher 468 ff.
Arbeitgeberverband 104
Arbeitnehmerbegriff 122 ff.
Arbeitsentgelt 38, 808, 925 ff.
Ausschreibung 649 ff.

Befristet Beschäftigte 165, 738 ff.
Behinderung 173, 200 ff., 268 f., 352 f., 403 f., 683 f.
Belästigung 272 ff., 310
- Geschlechtsbezogene 286
- Sexuelle 284 ff., 289 ff.
Benachteiligung 226 ff.

- Anweisung zur B. als Benachteiligung 293 ff.
- aus mehreren Gründen 306 ff.
- Begriff 226 ff.
- Gründe 50 ff.
- Mittelbare 246 ff., 309, 380 ff., 467
- Rechtfertigung 258 ff., 313 ff.
- - durch positive Maßnahmen i. S. d. § 5 AGG 311, 385 ff.
- - nach § 8 Abs. 2 AGG 355 ff.
- - unmittelbarer B. nach § 8 Abs. 1 AGG 316 ff.
- - Maßstab des § 9 AGG 478 ff.
- sex plus-Diskriminierung 237
- Unmittelbare 230 ff., 308, 375 ff.
- Verbot wegen Teilzeit und Befristung 738 ff.
- - Befristet Beschäftigte 807 ff.
- - Teilzeitbeschäftigte 761 ff.
- Verdeckte 236
- von Teilgruppen 237 f.
Benachteiligungsgefahr als Benachteiligung? 231 ff., 261
Beschwerderecht
- nach § 13 AGG 589 ff.
- nach § 85 BetrVG 650
Betriebsrat und Gewerkschaft, Rechte 619 ff.
- Beschwerderecht nach § 85 BetrVG 650
- Mitbestimmungsrecht nach § 87 Abs. 1 Nr. 1 BetrVG 651 f.
- Unterlassungsanspruch nach § 17 Abs. 2 AGG 619 ff.
- Vollstreckungsverfahren 635 ff.
- Zustimmungsverweigerungsrecht nach § 99 Abs. 2 BetrVG 648 f.
Betriebsvereinbarung
- und allgemeiner arbeitsrechtlicher Gleichbehandlungsgrundsatz 926 f.
Beweiserleichterung nach § 22 AGG 684 ff.
Beweislast 17, 35, 40, 113, 250, 506, 510, 545, 600, 615, 654 ff., 824, 954 f.
Bewerbung 677 ff.
Direktionsrecht des Arbeitgebers, s. Weisungsrecht d. A.
Diskriminierung, s. Benachteiligung
Diskriminierungsmerkmale des AGG 176 ff.
- bloße Annahme solcher 231 ff.

Sachverzeichnis

Diskriminierungsschutz 2 ff., 6, 707 ff.
– Bedeutung für die Entwicklung des Arbeitsrechts 72 ff.
– und Effizienz 49 ff.
– und Verfassungsrecht 48
– Ziele 145 ff.
Diskriminierungsverbot 14 ff.
– als Konkretisierung vertraglicher Nebenpflichten 504 f.
– wegen genetischer Merkmale 78
Drogentests 209, 702 f.

Einstellungsanspruch 159, 558 f.
Europarechtliche Vorgaben 15 ff.
– Konsequenzen 36 ff.

Fragerecht bei Einstellung 690 ff.

Genetische Merkmale 78, 166,
Geschlecht 38, 182 f., 262, 274 ff., 337 ff., 401 f.
Gesundheitstests 703 f.
Gewerkschaftszugehörigkeit 104
– Frage nach der G. bei Einstellung 705
– Rechtfertigung einer Besserstellung von Nichtorganisierten 923 ff.
– Verbot der Benachteiligung wegen der G. gemäße Art. 9 Abs. 3 GG 900 ff.
Gleiche oder gleichwertige Arbeit 359 ff.
Gleichbehandlungsgrundsatz, allgemeiner arbeitsrechtlicher 148 ff., 751 f., 832, 926 ff.

HIV-Infektion 200

Jugenddiskriminierung 211

Kausalität 235, 756 ff.
Koalitionsfreiheit 878 ff., 896 ff., 902
Kollektivvereinbarungen 551 ff., 890, s. auch Betriebsvereinbarung und Tarifvertrag
Kopftuchverbot 73, 110, 237 f., 331, 344 f., 354, 717
Krankheit 207, 225, 702 f.
Kündigung
– Ausschluss gemäß § 2 Abs. 4 AGG 105 ff.
– Betriebsbedingte 111
– Kündigungsfristen und Unkündbarkeit 450 ff.
– Personenbedingte 109
Kündigungsschutz 7, 74, 105 ff., 115, 152, 450 f., 461, 780, 919
Leiharbeit 137 ff., 832 ff.
– Ausnahmen vom Diskriminierungsverbot 864 ff.

– Equal pay und Equal treatment 165, 832 ff.
– Rechtfertigung einer Ungleichbehandlung aus sachlichen Gründen? 813 f., 947
Leistungsverweigerungsrecht 171, 570 ff.
Loyalitätspflichten 487 ff.

Maßregelungsverbot 602 ff.

Nichtvermögensschaden 515 ff.
Nikotinsucht 209

Pro-rata-temporis-Grundsatz 767 ff., 813 f.

Rasse und ethnische Zugehörigkeit 177 ff., 271, 335 f.
Rechtsfolgen
– bei Verstoß gegen das AGG 312, 492 ff., 616 f., 684 ff., 719 f.
– bei Verstoß gegen das AÜG 890 ff.
– bei Verstoß gegen das TzBfG 825 ff.
– bei Verstoß gegen den allgemeinen arbeitsrechtlichen Gleichbehandlungsgrundsatz 956 ff.
Religion 168 ff., 184 ff., 270, 343 ff., 407, 468 ff., 700 f.
Religionsgemeinschaft 482
Richtlinienumsetzung 14 ff.

Sachgruppenvergleich 860 f.
Sachlicher Grund 266, 323, 784 ff.. 910 ff.
– Altersabstandsklauseln in der Witwenversorgung 379
– Altersgrenzen durch Tarifvertrag 440
– Arbeitsförderungsrechtliche Zweck der ABM-Maßnahmen 970
– Arbeitszeitkonzept 803 ff.
– Ausschluss aus einem Tarifvertrag 816
– Berechnungsobergrenze für das rentenfähige Einkommen 971
– Betriebstreue 814
  Betriebszugehörigkeit 456 f. i. S. v. § 4 Abs. 1 S. 1 TzBfG 819
– Pro-rata-temporis-Grundsatz 813 f.
– Soziale Lage 801
– Tarifautonomie 260, 802
Sanktionen 114
Schadensersatzanspruch 42, 512 ff., 688 f., 829
– aus Delikt 566 ff.
Schmerzensgeldanspruch 278
Schutzpflichten des Arbeitgebers nach § 12 AGG 707 ff.

Sachverzeichnis

Schwangerschaft
- Benachteilung wegen der 239 ff.
- Frage nach der S. bei Einstellung 697
Sexuelle Identität 212 ff., 346 ff., 700 f.
Sozialauswahl 455 ff.
Sozialplan 445 ff., 972
Staatsangehörigkeit 224
Subjektive Elemente 230, 759

Tarifvertrag 256
- und allgemeiner arbeitsrechtlicher Gleichbehandlungsgrundsatz 939 f.
- und AÜG 868 ff.
Teilzeitarbeit 165, 738 ff.

Unisex-Tarife 369, 794
Unterlassungsanspruch
- nach § 1004 BGB 566 ff.

- nach § 17 Abs. 2 AGG 619 ff.
Unwirksamkeit 493 ff.

Verfügung, einstweilige 634
Vergleich 89 f.
Vergleichsgruppe 255, 265 ff., 309, 399
Vermögensschaden 537 ff.
Vertragsfreiheit 4, 870 ff., 924
Vertragspflichtverletzung 504 ff.
Vertretenmüssen 540 f.
Verzicht 88
Vollstreckungsverfahren 635 ff.

Weisungsrecht des Arbeitgebers 168
Weltanschauung 3, 194 ff., 700 f.
Weltanschauungsgemeinschaft 471, 482 ff.
Wesentliche und entscheidende berufliche Anforderungen, § 8 Abs. 1 AGG 324 ff.